Heidelberger Kommentar

Verwaltungs-Vollstreckungsgesetz Verwaltungs-zustellungsgesetz

Kommentar anhand der Rechtsprechung

von

Dr. Gerhard Sadler
Leitender Magistratsdirektor a. D. †

Professor Dr. Reiner Tillmanns
Fachhochschule für öffentliche Verwaltung Nordrhein-Westfalen

10., neu bearbeitete Auflage

CFM C.F. Müller

Bibliografische Information der Deutschen Nationalbibliothek

Die Deutsche Nationalbibliothek verzeichnet diese Publikation in der Deutschen Nationalbibliografie; detaillierte bibliografische Daten sind im Internet über <http://dnb.d-nb.de> abrufbar.

ISBN 978-3-8114-0653-7

E-Mail: kundenservice@cfmueller.de

Telefon: +49 89 2183 7923
Telefax: +49 89 2183 7620

www.cfmueller.de

Satz: TypoScript GmbH, München
Druck: Westermann Druck, Zwickau

Vorwort

Gerhard Sadler hat diesen Kommentar begründet und bis zur 9. Auflage mit hohem praktischem Sachverstand und wissenschaftlicher Akribie in beeindruckender Weise zur Gänze selbst bearbeitet. Sein Werk übernehmen und fortführen zu dürfen ist Ehre und Verpflichtung zugleich.

Die Fußspuren, die Gerhard Sadler hinterlassen hat, sind zu groß, als dass ein einzelner sie auszufüllen vermöchte. Die Neuauflage ist daher von einem Autorenteam besorgt worden. Die Autoren, die für die 10. Auflage gewonnen werden konnten, sind als Lehrende an der Fachhochschule für öffentliche Verwaltung NRW und der Deutschen Hochschule der Polizei mit der Vollstreckung und Zustellung durch Verwaltungsbehörden in Theorie und Praxis eng vertraut.

Die Neubearbeitung zielt darauf ab, die rechtlich komplexe und praktisch schwierige Materie des Verwaltungsvollstreckungs- und Verwaltungszustellungsrechts wissenschaftlich zu durchdringen und mit Blick auf die Verwaltungspraxis darzustellen und zu erläutern. Auch die 10. Auflage orientiert sich streng an den Erfordernissen der Praxis und steht damit in der Tradition Sadlers, der das Werk als Praxiskommentar konzipiert und ausgestaltet hat.

Die Neuauflage bringt den Kommentar im Verwaltungsvollstreckungsrecht auf den Stand des Gesetzes zur Verbesserung der Sachaufklärung in der Verwaltungsvollstreckung vom 30.6.2017 (BGBl. 2017 Teil I Nr. 44), durch das die § 5a und § 5b in das Gesetz eingefügt wurden. Die Kommentierung des Verwaltungszustellungsgesetzes befindet sich auf dem Stand des eIDAS-Durchführungsgesetzes vom 18.7.2017 (BGBl. I S. 2745), durch dessen Art. 11 Abs. 3 eine Änderung des § 5 Abs. 5 Satz 3 VwZG bewirkt wurde. Die korrespondierenden Bestimmungen der Abgabenordnung, des Verwaltungsvollstreckungs- und Zustellungsrechts der Länder und der Europäischen Union sind erfasst. Die einschlägige Rechtsprechung konnte im Wesentlichen bis zum 1.1.2019 berücksichtigt werden.

Für Hinweise, Anregungen und Kritik bin ich dankbar, sie können an den Verlag oder durch E-Mail an info@reiner-tillmanns unmittelbar an mich gerichtet werden:

Köln, Oktober 2019 *Reiner Tillmanns*

Bearbeiterverzeichnis

Es haben bearbeitet:

Kapitel I. Kommentar zum Verwaltungs-Vollstreckungsgesetz (VwVG)

Einleitung VwVG	*Sadler/Tillmanns*

Erster Abschnitt. Vollstreckung wegen Geldforderungen

§§ 1-5 VwVG	*Sadler/Kremer*
§§ 5a, 5b VwVG	*Kremer*

Zweiter Abschnitt. Erzwingung von Handlungen, Duldungen oder Unterlassungen

§§ 6-18 VwVG	*Sadler/Tillmanns*

Dritter Abschnitt. Kosten

§ 19 VwVG	*Sadler/Tillmanns*
§ 19a VwVG	*Tillmanns*

Vierter Abschnitt. Übergangs- und Schlussvorschriften

§§ 20-22 VwVG	*Sadler/Tillmanns*

Kapitel II. Kommentar zum Verwaltungszustellungsgesetz (VwZG)

Einleitung VwZG	*Olthaus*
§§ 1-4 VwZG	*Thiel*
§§ 5, 5a VwZG	*Bätge*
§§ 6-10 VwZG	*Olthaus*

Zitiervorschlag

Sadler/Tillmanns-*Bearbeiter* § 1 Rn. 1

Inhaltsverzeichnis

Kapitel I
Kommentar zum Verwaltungs-Vollstreckungsgesetz (VwVG)

Erster Abschnitt
Vollstreckung wegen Geldforderungen

Zweiter Abschnitt
Erzwingung von Handlungen, Duldungen oder Unterlassungen

Anhang

A. Anhang VwVG: Muster

B. Anhang VwZG: Gesetzesmaterialien

Abkürzungsverzeichnis

a.A.	anderer Ansicht
a.a.O.	am angegebenen Ort
ABl., Amtsbl.	Amtsblatt
AEAO	Anwendungserlass zur Abgabenordnung
AEG	Allgemeines Eisenbahngesetz
AfP	Archiv für Presserecht
AG	Aktiengesellschaft
AG	Amtsgericht
AGB	Allgemeine Geschäftsbedingungen
AgrarR	Agrar- und Umweltrecht
AktG	Aktiengesetz
AMG	Arzneimittelgesetz
Anm.	Anmerkung
AnwBl.	Anwaltsblatt
AO	Abgabenordnung
APF	Archiv für das Post- und Fernmeldewesen
apf	Ausbildung, Prüfung, Fortbildung
APT	Archiv für Post und Telekommunikation
ArbG	Arbeitsgericht
ArbGG	Arbeitsgerichtgesetz
Art	Artikel
ArztR	Arztrecht
AS	Amtliche Sammlung
ASOG	Allgemeines Sicherheits- und Ordnungsgesetz
AsylVfG	Asylverfahrensgesetz
AtomG	Atomgesetz
AufenthG	Aufenthaltsgesetz
AuslG	Ausländergesetz
AVV-VwZG	Allgemeine Verwaltungsvorschriften zum VwZG
B	Beschluss
BAG	Bundesarbeitsgericht
BAGE	Entscheidungen des Bundesarbeitsgerichts
BAnz	Bundesanzeiger
BauGB	Baugesetzbuch
BauR	Baurecht
BayObLG	Bayerisches Oberstes Landesgericht
BayObLGSt	Entscheidungen des Bayerischen Obersten Landesgerichts in Strafsachen
BayObLGZ	Entscheidungen des Bayerischen Obersten Landesgerichts in Zivilsachen
BayVBl.	Bayerische Verwaltungsblätter
BB	Betriebs-Berater

BBauBl.	Bundesbaublatt
BBesG	Bundesbesoldungsgesetz
BBG	Bundesbeamtengesetz
Bbg	Brandenburg
BbgVwZG	Brandenburgisches Verwaltungszustellungsgesetz
BBodSchG	Bundes-Bodenschutzgesetz
BDG	Bundesdisziplinargesetz
BDSG	Bundesdatenschutzgesetz
BeamtStG	Beamtenstatusgesetz
BeckRS	Elektronische Entscheidungsdatenbank in beck-online
BeschG	Beschussgesetz
BeurkG	Beurkundungsgesetz
BFH	Bundesfinanzhof
BFHE	Entscheidungen des Bundesfinanzhofs
BFH/NV	Sammlung amtlich nicht veröffentlichter Entscheidungen des Bundesfinanzhofs
BGB	Bürgerliches Gesetzbuch
BGBl.	Bundesgesetzblatt
BGH	Bundesgerichtshof
BGHSt	Entscheidungen des Bundesgerichtshofes in Strafsachen
BGHZ	Entscheidungen des Bundesgerichtshofes in Zivilsachen
BHO	Bundeshaushaltsordnung
BImSchG	Bundes-Immissionsschutzgesetz
BJagdG	Bundesjagdgesetz
BlGBW	Blätter für Grundstücks-, Bau- und Wohnungswesen
BNatSchG	Bundesnaturschutzgesetz
BPatG	Bundespatentgericht
BPolG	Bundespolizeigesetz
BR	Bundesrat
BRAO	Bundesrechtsanwaltsordnung
Breithaupt	Sammlung von Entscheidungen der Sozialversicherung, Versorgung und Arbeitslosen
BremGBl.	Gesetzblatt der Freien Hansestadt Bremen
BremGVG	Bremisches Gesetz über die Vollstreckung von Geldforderungen im Verwaltungswege
BremVwVG	Gesetz über das Verfahren zur Erzwingung von Handlungen, Duldungen oder Unterlassungen
BremVwZG	Bremisches Verwaltungszustellungsgesetz
BRRG	Beamtenrechtsrahmengesetz
BRS	Baurechtssammlung
BSG	Bundessozialgericht
BSE	Entscheidungen des Bundessozialgerichts
BStBl.	Bundessteuerblatt
BT	Bundestag
BT-Drucks.	Bundestagsdrucksache
BTMG	Betäubungsmittelgesetz
Buchholz	Sammel- und Nachschlagewerk der Rechtsprechung des Bundesverwaltungsgerichts

BVerfG	Bundesverfassungsgericht
BVerfGE	Entscheidungen des Bundesverfassungsgerichts
BVerfGG	Bundesverfassungsgerichtsgesetz
BVerfGK	Sammlung der Kammerbeschlüsse des Bundesverfassungsgerichts
BVerwG	Bundesverwaltungsgericht
BVerwGE	Entscheidungen des Bundesverwaltungsgerichts
BWVBl.	Baden-Württembergisches Verwaltungsblatt
BWVPr.	Baden-Württembergische Verwaltungspraxis
c/o	care of als Zustellungsanschrift
CuR	Computer und Recht
DAR	Deutsches Autorecht
DB	Der Betrieb
DGVZ	Deutsche Gerichtsvollzieher-Zeitung
DNotZ	Deutsche Notar-Zeitschrift
DÖD	Der Öffentliche Dienst
DOK	Die Ortskrankenkasse
DokBerA	Dokumentarische Berichte aus dem BVerwG, Ausgabe A
DÖV	Die Öffentliche Verwaltung
DRiG	Deutsches Richtergesetz
DRiZ	Deutsche Richterzeitung
DRsp	Deutsche Rechtsprechung
DStR	Deutsches Steuerrecht
DStZ	Deutsche Steuerzeitung
DVBl.	Deutsches Verwaltungsblatt
DVO	Durchführungsverordnung
DVP	Deutsche Verwaltungspraxis
DWW	Deutsche Wohnungswirtschaft
E	Entscheidung
EFG	Entscheidungen der Finanzgerichte
EG	Einführungsgesetz
EGBeitrG	EG-Beitreibungsgesetz
EG	Europäische Gemeinschaft
EGBGB	Einführungsgesetz zum Bürgerlichen Gesetzbuch
EGMR	Europäischer Gerichtshof für Menschenrechte
Einf.	Einführung
EMRK	Europäische Menschenrechtskonvention
EnWG	Energiewirtschaftsgesetz
Erl.	Erläuterung
ESVGH	Entscheidungssammlung des Verwaltungsgerichtshofs
EU	Europäische Union
EUBeitrG	EU-Beitreibungsgesetz
EuGH	Europäischer Gerichtshof
EuGHE	Entscheidungen des Europäischen Gerichtshofes
EuGRZ	Europäische Grundrechte-Zeitschrift

EuR	Europarecht
EuZW	Europäische Zeitschrift für Wirtschaftsrecht
FamFG	Gesetz über das Verfahren in Familiensachen und in den Angelegenheiten der freiwilligen Gerichtsbarkeit
FamRZ	Zeitschrift für das gesamte Familienrecht
FeV	Fahrerlaubnis-Verordnung
FEVS	Fürsorgerechtliche Entscheidungen der Verwaltungs- und Sozialgerichte
FG	Finanzgericht
FGO	Finanzgerichtsordnung
FlurbG	Flurbereinigungsgesetz
FPR	Familie, Partnerschaft, Recht
FR	Finanzrundschau
FreizügG	Freizügigkeitsgesetz/EU
FStrG	Bundesfernstraßengesetz
FuR	Familie und Recht
GastG	Gaststättengesetz
GBl.	Gesetzblatt
GemH	Der Gemeindehaushalt
GemTg	Gemeindetag
GenTG	Gentechnikgesetz
GewArch	Gewerbearchiv
GewO	Gewerbeordnung
GG	Grundgesetz für die Bundesrepublik Deutschland
GmbH	Gesellschaft mit beschränkter Haftung
GmbHG	Gesetz betreffend die Gesellschaft mit beschränkter Haftung
GMBl.	Gemeinsames Ministerialblatt
GmS-OGB	Gemeinsamer Senat der Obersten Gerichtshöfe des Bundes
GrundE	Grundeigentum
GRUR	Gewerblicher Rechtsschutz und Urheberrecht
GS	Großer Senat
GS., Ges.-S.	Gesetzsammlung
GVBl.	Gesetz- und Verordnungsblatt
GV NRW	Gesetzblatt für Nordrhein-Westfalen
GVOBl.	Gesetz- und Verordnungsblatt
GVG	Gerichtsverfassungsgesetz
GWB	Wettbewerbsbeschränkungsgesetz
HessVGRspr	Rechtsprechung der Hessischen Verwaltungsgerichte
HessVwVG	Hessisches Verwaltungsvollstreckungsgesetz
HessVwZG	Hessisches Verwaltungszustellungsgesetz
HFR	Höchstrichterliche Finanzrechtsprechung
HGB	Handelsgesetzbuch
HmbVwZG	Hamburgisches Verwaltungszustellungsgesetz

IBR	Immobilien- & Baurecht
IfSG	Infektionsschutzgesetz
IGV	Internationale Gesundheitsvorschriften
InfAuslR	Informationsbrief Ausländerrecht
InsO	Insolvenzordnung
i.S.d.	im Sinne des
i.V.m.	in Verbindung mit
JA	Juristische Arbeitsblätter
JbSächsOVG	Jahrbücher des Sächsischen Oberverwaltungsgerichts
JR	Juristische Rundschau
Jura	Juristische Ausbildung
JuS	Juristische Schulung
Juris	Juristisches Informationssystem für die Bundesrepublik Deutschland
JZ	Juristenzeitung
KG	Kammergericht
KG	Kommanditgesellschaft
KKZ	Kommunal-Kassen-Zeitschrift
KrWG	Kreislaufwirtschaftsgesetz
KrWaffG	Kriegswaffenkontrollgesetz
KStZ	Kommunale Steuer-Zeitschrift
KWG	Kreditwesengesetz
L	Leitsatz
LAG	Landesarbeitsgericht
LAG	Lastenausgleichsgesetz
LFGB	Lebensmittel- und Futtermittelgesetzbuch
LG	Landgericht
LKV	Landes- und Kommunalverwaltung
LRE	Lebensmittelrechtliche Entscheidungen
LSA	Land Sachsen-Anhalt
LSG	Landessozialgericht
LuftSiG	Luftsicherheitsgesetz
LuftVG	Luftverkehrsgesetz
LuftVZO	Luftverkehrszulassungsordnung
LVwG	Landesverwaltungsgesetz
LVwVfG	Landesverwaltungsverfahrensgesetz
LVwVG	Landesverwaltungsvollstreckungsgesetz
LVwZG	Landesverwaltungszustellungsgesetz
LZG	Landeszustellungsgesetz
MDR	Monatsschrift für Deutsches Recht
MedR	Medizinrecht
MEPolG	Musterentwurf eines einheitlichen Polizeigesetzes des Bundes und der Länder
MMR	MultiMedia und Recht

MOG	Marktorganisationsgesetz
MoMiG	Gesetz zur Modernisierung des GmbH-Rechts und zur Bekämpfung von Missbräuchen
M-V	Mecklenburg-Vorpommern
NdsGVBl.	Niedersächsisches Gesetz- und Verordnungsblatt
NdsRPfl	Niedersächsische Rechtspflege
Nds.SOG	Niedersächsisches Sicherheits- und Ordnungsgesetz
NdsVBl.	Niedersächsische Verwaltungsblätter
NdsVwZG	Niedersächsisches Verwaltungszustellungsgesetz
NJ	Neue Justiz
NJOZ	Neue Juristische Online-Zeitschrift
NJW	Neue Juristische Wochenschrift
NJW-RR	NJW-Rechtsprechungs-Report
NordÖR	Zeitschrift für öffentliches Recht in Norddeutschland
NPA	Neues Polizeiarchiv
NRW	Nordrhein-Westfalen
NStZ	Neue Zeitschrift für Strafrecht
NStZ-RR	NStZ-Rechtsprechungs-Report
NuR	Natur und Recht
NVwVG	Niedersächsisches Verwaltungsvollstreckungsgesetz
NVwZ	Neue Zeitschrift für Verwaltungsrecht
NVwZ-RR	NVwZ-Rechtsprechungs-Report
NWVBl.	Nordrhein-Westfälische Verwaltungsblätter
NZA	Neue Zeitschrift für Arbeits- und Sozialrecht
NZBau	Neue Zeitschrift für Baurecht und Vergaberecht
NZG	Neue Zeitschrift für Gesellschaftsrecht
NZI	Neue Zeitschrift für Insolvenzrecht
NZM	Neue Zeitschrift für Mietrecht
NZS	Neue Zeitschrift für Sozialrecht
NZV	Neue Zeitschrift für Verkehrsrecht
NZWehr	Neue Zeitschrift für Wehrrecht
OBG	Ordnungsbehördengesetz
ÖffBauR	Öffentliches Baurecht
OHG	Offene Handelsgesellschaft
OLG	Oberlandesgericht
OLGZ	Entscheidungen der Oberlandesgerichte in Zivilsachen
OVG	Oberverwaltungsgericht
OVGE	Entscheidungen des Oberverwaltungsgerichts
OWiG	Gesetz über Ordnungswidrigkeiten
PAG	Polizeiaufgabengesetz
PatG	Patentgesetz
PersV	Die Personalvertretung
PolG	Polizeigesetz
Polizei	Die Polizei, Fachzeitschrift für die öffentliche Sicherheit
PostG	Postgesetz

PreußOVG	Preußisches Oberverwaltungsgericht
PreußOVGE	Entscheidungen des Preußischen Oberverwaltungsgerichts
PUDLV	Post-Universaldienstleistungsverordnung
PVG	Polizeiverwaltungsgesetz
PZU	Postzustellungsurkunde
RAO	Reichsabgabenordnung
RdA	Recht der Arbeit
RdE	Recht der Energiewirtschaft
RdJB	Recht der Jugend und des Bildungswesens
RdL	Recht der Landwirtschaft
RG	Reichsgericht
RGBl.	Reichsgesetzblatt
RGZ	Entscheidungen des Reichsgerichts in Zivilsachen
RiA	Recht im Amt
RMBl.	Reichsministerialblatt
Rn.	Randnummer(n)
Rpfleger	Der Deutsche Rechtspfleger
Rs	Rechtssache des Europäischen Gerichtshofes
SächsGVBl.	Sächsisches Gesetz- und Verordnungsblatt
SächsVBl.	Sächsische Verwaltungsblätter
SächsVwVG	Sächsisches Verwaltungsvollstreckungsgesetz
SächsVwVfZG	Sächsisches Verwaltungsverfahrens- und Verwaltungszustellungsgesetz
SchfG	Schornsteinfegergesetz
SchfHwG	Schornsteinfeger-Handwerksgesetz
SchlHAnz	Schleswig-Holsteinische Anzeigen
SG	Sozialgericht
SGB	Sozialgesetzbuch
Sgb/SGB	Die Sozialgerichtsbarkeit
SGG	Sozialgerichtsgesetz
SigG	Signaturgesetz
SOG	Sicherheits- und Ordnungsgesetz
SprengG	Sprengstoffgesetz
StAG	Staatsangehörigkeitsgesetz
StGB	Strafgesetzbuch
StGH	Staatsgerichtshof
StPO	Strafprozessordnung
StTg	Der Städtetag
StV	Strafverteidiger
StVG	Straßenverkehrsgesetz
StVO	Straßenverkehrs-Ordnung
StVZO	Straßenverkehrs-Zulassungs-Ordnung
SVR	Straßenverkehrsrecht
SVwVG	Saarländisches Verwaltungsvollstreckungsgesetz
SVwZG	Saarländisches Verwaltungszustellungsgesetz

ThürVBl.	Thüringer Verwaltungsblätter
ThürVGRspr	Rechtsprechung der Thüringer Verwaltungsgerichte
ThürVwZVG	Thüringer Verwaltungszustellungs- und Vollstreckungsgesetz
TierSchG	Tierschutzgesetz
TierSchTrV	Tierschutztransportverordnung
TierSG	Tierseuchengesetz
TKG	Telekommunikationsgesetz
TKMR	Telekommunikations- und Medienrecht
U	Urteil
UPR	Umwelt- und Planungsrecht
UZwG	Gesetz über den unmittelbaren Zwang bei Ausübung öffentlicher Gewalt
VA	Verwaltungsakt
VBlBW	Verwaltungsblätter für Baden-Württemberg
VereinsG	Vereinsgesetz
VerfG	Verfassungsgericht
VerfGH	Verfassungsgerichtshof
VerkBl.	Verkehrsblatt
VerkMitt.	Verkehrsrechtliche Mitteilungen
VersG	Versammlungsgesetz
VersR	Versicherungsrecht
Verwaltung	Die Verwaltung, Zeitschrift für Verwaltungsrecht
VerwArch	Verwaltungsarchiv
VerwRspr.	Verwaltungsrechtsprechung in Deutschland
VG	Verwaltungsgericht
VGH	Verwaltungsgerichtshof
VGHE	Entscheidungen des Verwaltungsgerichtshofs
VIZ	Zeitschrift für Vermögens- und Immobilienrecht
VMBl.	Ministerialblatt des Bundesministeriums der Verteidigung
VR	Verwaltungsrundschau
VRS	Verkehrsrechts-Sammlung
VSchDG	Verbraucherschutzdurchsetzungsgesetz
VwGO	Verwaltungsgerichtsordnung
VwVfG	Verwaltungsverfahrensgesetz
VwVG	Verwaltungs-Vollstreckungsgesetz des Bundes; Verwaltungsvollstreckungsgesetz eines Landes
VwV-StVO	Allgemeine Verwaltungsvorschrift zur StVO
VwZG	Verwaltungszustellungsgesetz
VwZVG	Verwaltungszustellungs- und Vollstreckungsgesetz
VZOG	Vermögenszuordnungsgesetz
WaffG	Waffengesetz
Warn	Warneyer: Rechtsprechung des Bundesgerichtshofes in Zivilsachen
WaStrG	Wasserstraßengesetz
WBO	Wehrbeschwerdeordnung

WDO	Wehrdisziplinarordnung
WEG	Wohnungseigentumsgesetz
WHG	Wasserhaushaltsgesetz
WoBindG	Wohnungsbindungsgesetz
WPflG	Wehrpflichtgesetz
WPM	Wertpapier-Mitteilungen
WRV	Weimarer Reichsverfassung
WuM	Wohnungswirtschaft und Mietrecht
WuW	Wirtschaft und Wettbewerb
WVVO	Wasserverbandverordnung
ZBR	Zeitschrift für Beamtenrecht
ZDG	Zivildienstgesetz
ZfBR	Zeitschrift für deutsches und internationales Bau- und Vergaberecht
ZfSH	Zeitschrift für Sozialhilfe
ZFSH/SGB	Zeitschrift für Sozialrecht in Deutschland und Europa
ZfW	Zeitschrift für Wasserrecht
ZfZ	Zeitschrift für Zölle und Verbrauchsteuern
ZIP	Zeitschrift für Wirtschaftsrecht (früher Zeitschrift für Insolvenzpraxis)
ZKF	Zeitschrift für Kommunalfinanzen
ZLR	Zeitschrift für das gesamte Lebensmittelrecht
ZLW	Zeitschrift für Luft- und Weltraumrecht
ZMR	Zeitschrift für Miet- und Raumrecht
ZPO	Zivilprozessordnung
ZRP	Zeitschrift für Rechtspolitik
ZTR	Zeitschrift für Tarif-, Arbeits- und Sozialrecht des öffentlichen Dienstes
ZUR	Zeitschrift für Umweltrecht
ZustRG	Zustellungsreformgesetz
ZustVV	Zustellungsvordruckverordnung
ZVG	Gesetz über die Zwangsversteigerung und die Zwangsverwaltung

Literaturverzeichnis

Albrecht/Braun: Albrecht, Florian/Braun, Frank, Und seid ihr nicht willig, so brauchen wir Gewalt! Die Verwaltungsvollstreckung der Bundespolizei, VR 2018, S. 73-82, 109-117

App/Wettlaufer/Klomfaß: App, Michael/Wettlaufer, Arno/Klomfaß, Ralf, Praxishandbuch Verwaltungsvollstreckungsrecht, 5. Aufl. 2019

Arndt: Arndt Gottfried, Der Verwaltungsakt als Grundlage der Verwaltungsvollstreckung, 1967

Bader/Funke-Kaiser/Stuhlfauth/von Albedyll: Bader, Johann/Funke-Kaiser, Michael/Stuhlfauth, Thomas/von Albedyl, Jörg, Verwaltungsgerichtsordnung, 7. Aufl. 2018

Bader/Ronellenfitsch (Bearbeiter): Bader, Johann/Ronellenfitsch, Michael, Verwaltungsverfahrensgesetz mit Verwaltungs-Vollstreckungsgesetz und Verwaltungszustellungsgesetz, 2. Aufl. 2016

Badura/von Danwitz/Herdegen/Sedemund/Stern: Badura, Peter/von Danwitz, Thomas/Herdegen, Matthias/Sedemund, Joachim/Stern, Klaus, Postgesetz, 2. Aufl. 2004

Bales/Baumann/Schnitzler: Bales, Stefan/Baumann, Hans Georg/Schnitzler, Norbert, Infektionsschutzgesetz, 3. Aufl. 2019

Baumbach/Lauterbach/Albers/Hartmann: Baumbach, Adolf/Lauterbach, Wolfgang/Albers, Jan/Hartmann, Peter, Zivilprozessordnung, 77. Aufl. 2019

Beermann/Gosch: Beermann, Albert/Gosch, Dietmar, Abgabenordnung Finanzgerichtsordnung, Stand 147. Aktualisierung 2019

Brühl: Brühl, Raimund, Die Prüfung der Rechtmäßigkeit des Verwaltungszwangs im gestreckten Verfahren, JuS 1997 S. 926–932; S. 1021–1027

Dietel, Güntzel, Kniesel: Dietel, Alfred/Gintzel, Kurt/Kniesel, Michael, Versammlungsgesetze, 18. Aufl. 2019

Drewes/Malmberg/Wagner/Walter: Drewes, Michael/Malmberg, Karl Magnus/Wagner, Marc/Walter, Bernd, Bundespolizeigesetz – BPolG – Zwangsanwendung nach Bundesrecht VwVg/UZwG, 6. Aufl. 2019

Drews/Lassar/Berner: Drews, Bill/Lassar, Gerhard/Berner: Verwaltungsgesetze für Preußen, Landesverwaltungsgesetz, 1932

Ders./Wacke/Vogel/Martens: Ders./Wacke, Gerhard/Vogel, Klaus/Martens, Wolfgang, Gefahrenabwehr, 9. Aufl. 1986

Dünchheim: Thomas Dünchheim, Besondere Probleme des Verwaltungszwanges, VR 1994, S. 123–132

Engelhardt/App/Schlatmann: Engelhardt, Hanns (Begr.)/Schlatmann, Arne (Hrsg.), Verwaltungs-Vollstreckungsgesetz/Verwaltungszustellungsgesetz, 11. Aufl. 2017

Erichsen/Rauschenberg: Erichsen, Hans-Uwe/Rauschenberg Dirk, Verwaltungsvollstreckung, Jura 1998, S. 31–42

Erlenkämper/Rhein: Erlenkämper, Friedel/Rhein, Kay-Uwe, Verwaltungsvollstreckungsgesetz und Verwaltungszustellungsgesetz Nordrhein-Westfalen, 4. Aufl. 2010

Eyermann (Bearbeiter): Eyermann, Erich, Verwaltungsgerichtsordnung, 15. Aufl. 2019

Fehling/Kastner: Fehling, Michael/Kastner, Berthold, Verwaltungsrecht, 4. Aufl. 2016

Finkelnburg/Dombert/Külpmann: Finkelnburg, Klaus/Dombert, Matthias/Külpmann, Christoph, Vorläufiger Rechtsschutz im Verwaltungsstreitverfahren, 7. Aufl. 2017

Forsthoff: Forsthoff, Ernst, Lehrbuch des Verwaltungsrechts, Band 1, Allgemeiner Teil, 10. Aufl. 1973

Gärditz (Bearbeiter): Gärditz, Klaus F., Verwaltungsgerichtsordnung mit Nebengesetzen, 2. Aufl. 2018

Gersdorf: Gersdorf, Hubertus, Verwaltungsprozessrecht, 5. Aufl. 2015

Glotzbach: Glotzbach, Hans-Jürgen: Hessisches Verwaltungsvollstreckungsgesetz, 5. Aufl. 2013

Göhler: Göhler, Erich: Gesetz über Ordnungswidrigkeiten, 17. Aufl. 2017

Goldschmidt: Goldschmidt, James, Das Verwaltungsstrafrecht. Eine Untersuchung der Grenzgebiete zwischen Strafrecht und Verwaltungsrecht auf rechtsgeschichtlicher und rechtsvergleichender Grundlage, 1902

Götz/Geis: Götz, Volkmar/Geis, Max-Emanuel, Allgemeines Polizei- und Ordnungsrecht, 16. Aufl. 2017

Hirt/Maisack/Moritz: Hirt, Almuth/Maisack, Christoph/Moritz, Johanna, Tierschutzgesetz, 3. Aufl. 2016

Hoffmann-Riem/Schmidt-Aßmann/Voßkuhle: Hoffmann-Riem, Wolfgang/Schmidt-Aßmann, Eberhard/Voßkuhle, Andreas, Grundlagen des Verwaltungsrechts, Band III, 2. Aufl. 2012

Hohrmann: Hohrmann, Friedrich A., Abgabenordnung in Hübschmann/Hepp/Spitaler, Abgabenordnung, Finanzgerichtsordnung, Loseblatt-Kommentar

Hübschmann/Hepp/Spitaler: Hübschmann, Walter/Hepp, Ernst/Spitaler, Armin, Abgabenordnung, Finanzgerichtsordnung, Loseblatt-Kommentar

Jarass/Pieroth: Jarass, Hans/Pieroth, Bodo, Grundgesetz für die Bundesrepublik Deutschland, 15. Aufl. 2018

Kleerbaum/Palmen (Bearbeiter): Kleerbaum, Klaus Viktor/Palmen, Manfred (Hrsg.), Gemeindeordnung Nordrhein-Westfalen. Kommentar für die kommunale Praxis, 2008

Kluge: Kluge, Hans-Georg, Tierschutzgesetz, 2002

Knack (Bearbeiter): Knack, Hans Joachim/Henneke, Hans-Günter/Bearbeiter, Verwaltungsverfahrensgesetz, 10. Aufl. 2014

Kopp/Kopp: Kopp, Ferdinand O./Kopp, Ferdinand J., Die länderübergreifende Amtshilfe und Verwaltungsvollstreckungshilfe, BayVBl. 1994 S. 229–233

Ders./Ramsauer: Ders./Ramsauer, Ulrich, Verwaltungsverfahrensgesetz, 19. Aufl. 2018

Ders/Schenke: Ders./Schenke, Wolf-Rüdiger, Verwaltungsgerichtsordnung, 24. Aufl. 2018

Leinius: Leinius, Robert, Anwendung von Zwangsmitteln ohne vorausgehenden Verwaltungsakt, Dissertation, FU Berlin, 1978

Lemke: Lemke, Hanno-Dirk, Verwaltungsvollstreckungsrecht des Bundes und der Länder, 1997

Lemke/Mosbacher: Lemke, Michael/Mosbacher, Andreas, Ordnungswidrigkeitengesetz, 2. Aufl. 2005

Linhart: Linhart, Helmut, Der Bescheid, 5. Aufl. 2017

Lisken/Denninger (Bearbeiter): Lisken, Hans (Mitbegr.)/Bäcker, Matthias/Denninger, Erhard/ Graulich, Kurt (Hrsg.), Handbuch des Polizeirechts. Gefahrenabwehr – Strafverfolgung – Rechtsschutz, 6. Aufl. 2018

Lorz/Metzger: Lorz, Albert/Metzger, Ernst, Tierschutzgesetz, 7. Aufl. 2019

Malmendier: Malmendier, Bertrand, Die Zwangsmittelfestsetzung in der Verwaltungsvollstreckung des Bundes und der Länder, VerwArch Band 94 (2003), 25

Mann/Wahrendorf: Mann, Thomas/Wahrendorf, Volker, Verwaltungsprozessrecht, 4. Aufl. 2015

Maunz/Dürig (Bearbeiter): Maunz, Theodor/ Dürig, Günter, Grundgesetz, Loseblatt Kommentar

Maurer/Waldhoff: Maurer, Hartmut/Waldhoff, Christian, Allgemeines Verwaltungsrecht, 19. Aufl. 2017

Mayer/Kopp: Mayer, Franz/Kopp, Ferdinand, Allgemeines Verwaltungsrecht, 5. Aufl. 1985

Möller/Warg: Möller, Manfred/Warg, Gunter, Allgemeines Polizei- und Ordnungsrecht mit Verwaltungszwang und Bescheidtechnik, 6. Aufl. 2012

Muckel: Muckel, Stefan, Verwaltungsvollstreckung in der Klausur, JA 2012, S. 272–279, 355–361

Palandt (Bearbeiter): Palandt, Otto (Begr.), Bürgerliches Gesetzbuch, 78. Aufl. 2019

Posser/Wolff: Posser, Herbert/Wolff, Heinrich Amadeus, Verwaltungsgerichtsordnung, 2. Aufl. 2014

Redeker/von Oertzen: Redeker, Konrad/von Oertzen, Hans-Joachim, Verwaltungsgerichtsordnung, 16. Aufl. 2014

von Rosen-von Hoewel: von Rosen-von Hoewel, Harry, Verwaltungs-Vollstreckungsgesetz und Verwaltungszustellungsgesetz, 1953

Rudolf: Rudolf, Walter, Polizei gegen Hoheitsträger, 1965

Rudolph: Rudolph, Inge, Das Zwangsgeld als Institut des Verwaltungszwangs, 1992

Schoch/Schneider/Bier (vormals Schoch/Schmidt-Aßmann/Pietzner): Schoch, Friedrich/Schneider, Jens-Peter/Bier, Wolfgang, Verwaltungsgerichtsordnung, Loseblatt-Kommentar

Schönenbroicher: Schönenbroicher, Klaus/Kamp, Michael, Bauordnung Nordrhein-Westfalen (BauO NRW). Kommentar, 2012

Schunck/De Clerck: Schunck, Egon/De Clerck, Hans, Verwaltungsgerichtsordnung, 3. Aufl. 1977

Schwarz: Schwarz, Hansjürgen, Verwaltungszustellungsgesetz, in Hübschmann/Hepp/Spitaler, Abgabenordnung, Finanzgerichtsordnung, Loseblatt-Kommentar

Schweikert: Schweikert, Veronika, Der Rechtswidrigkeitszusammenhang im Verwaltungsvollstreckungsrecht, 2013

Selmer/Gersdorf: Selmer, Peter/Gersdorf, Hubert, Verwaltungsvollstreckungsverfahren. Typologie und Einzelfragen des Vollstreckungsrechts des Bundes und der Länder bei der Durchführung ordnungs- und polizeirechtlicher Maßnahmen, 1996

Sodan/Ziekow: Sodan, Helge/Ziekow, Jan, Verwaltungsgerichtsordnung, 5. Aufl. 2018

Sparwasser/Engel/Vosskuhle: Sparwasser, Reinhard/Engel, Rüdiger/Vosskuhle, Andreas, Umweltrecht, 2003

Stelkens/Bonk/Sachs: Stelkens, Paul/Bonk, Joachim/Sachs, Michael, Verwaltungsverfahrensgesetz, 9. Aufl. 2018

Thiel: Thiel, Markus, Polizei- und Ordnungsrecht, 4. Aufl. 2019

Tipke/Kruse: Tipke, Klaus/Kruse, Wilhelm, Abgabenordnung – Finanzgerichtsordnung, Stand 156. Aktualisierung 2019

Thomas/Putzo: Thomas, Heinz/Putzo, Hans, Zivilprozessordnung, 39. Aufl. 2018

Umbach/Clemens: Umbach, Dieter C./Clemens, Thomas, Grundgesetz, Heidelberger Kommentar, 2002

Waldhoff: Waldhoff, Christian, Vollstreckung und Sanktionen, in: Hoffmann-Riem/Schmidt-Aßmann/Voßkuhle: Grundlagen des Verwaltungsrechts Band III, 2009

Wolff/Bachof/Stober/Kluth (Bearbeiter): Wolff, Hans J./Bachof, Otto/Stober, Rolf/Kluth, Winfried, Verwaltungsrecht I, 13. Aufl. 2017
von Wulffen/Schütze: von Wulffen, Mattias/Schütze, Bernd, Sozialgesetzbuch X, 8. Aufl. 2014
Ziekow: Ziekow, Jan, Verwaltungsverfahrensgesetz, 4. Aufl. 2019
Zöller (Bearbeiter): Zöller, Richard, Zivilprozessordnung, 32. Aufl. 2018

Kapitel I

Kommentar zum Verwaltungs-Vollstreckungsgesetz (VwVG)

vom 27.4.1953 (BGBl. I S. 157/BGBl. III 201-4),

geändert durch Gesetz vom 12.4.1961 (BGBl. I S. 429), Art. 4 des Kostenermächtigungs-Änderungsgesetzes vom 23.6.1970 (BGBl. I S. 805), Art. 36 des Einführungsgesetzes zum Strafgesetzbuch vom 2.3.1974 (BGBl. I S. 469), Art. 40 des Einführungsgesetzes zur Abgabenordnung vom 14.12.1976 (BGBl. I S. 3341), Art. 2 Abs. 1 der Zweiten Zwangsvollstreckungsnovelle vom 17.12.1997 (BGBl. I S. 3039), Art. 4 Abs. 1 des Gesetzes zur Reform der Sachaufklärung in der Zwangsvollstreckung vom 29.7.2009 (BGBl. I S. 2258) mit Inkrafttreten dieser Änderung am 1.1.2013, Art. 1 des Sechsten Gesetzes zur Änderung des Verwaltungs-Vollstreckungsgesetzes vom 25.11.2014 (BGBl. I S. 1770), Art. 15 Abs. 1 des Gesetzes zur Durchführung der Verordnung (EU) Nr. 655/2014 sowie zur Änderung sonstiger zivilprozessualer, grundbuchrechtlicher und vermögensrechtlicher Vorschriften und zur Änderung der Justizbeitreibungsordnung vom 21.11.2016 (BGBl. I S. 2591), Art. 3 des Gesetzes zur Einbeziehung der Bundespolizei in den Anwendungsbereich des Bundesgebührengesetzes vom 10.3.2017 (BGBl. I S. 417) und Art. 1 des Gesetzes zur Verbesserung der Sachaufklärung in der Verwaltungsvollstreckung vom 30.6.2017 (BGBl. I S. 2094).

Einleitung

Übersicht

I. Geschichtliche Entwicklung

1 Der historische Rückblick zeigt, dass es im **Reichsrecht** eine Ordnung zur Beitreibung **öffentlich-rechtlicher Geldforderungen** nur für zwei Gebiete gab (hierzu die Begründung der Bundesregierung zum Entwurf eines Verwaltungs-Vollstreckungsgesetzes v. 29.12.1952, BT-Drs. 1/3981 S. 5):

Zum einen konnten Leistungen, die durch Steuergesetze geschuldet wurden, von den **Finanzbehörden** nach den Bestimmungen der **Reichsabgabenordnung** (§§ 325 bis 381) und der zu ihr ergangenen **Beitreibungsordnung** v. 23.6.1923 (RMBl. S. 595) ohne Inanspruchnahme der Gerichte im Verwaltungswege eingezogen werden. Sodann konnten die **Gerichtskassen** Leistungen, die der Justiz zustanden, nach der **Justizbeitreibungsordnung** v. 11.3.1938 (RGBl. I S. 298) im Verwaltungswege beitreiben.

Für Leistungen, die sich nicht aus Steuergesetzen ergaben und nicht zum Bereich der Justiz gehörten, unterblieb eine allgemeine gesetzliche Regelung des Verwaltungszwangsverfahrens. Nur in einzelnen Gesetzen wurde bestimmt, dass die Beitreibungsvorschriften der **Reichsabgabenordnung entsprechende Anwendung** fanden. Eine solche Regelung enthielten zB das Erstattungsgesetz v. 18.4.1937 (RGBl. I S. 461), § 26 des Gesetzes über die Zwangsanleihe v. 20.7.1922 (RGBl. I S. 601), §§ 114, 148 des Gesetzes über das Branntweinmonopol v. 8.4.1922 (RGBl. I S. 405), §§ 9, 12 Abs. 1, 17 des Süßstoffgesetzes v. 8.4.1922 (RGBl. I S. 390) und §§ 13, 14 der Ausführungsbestimmungen über die Außenhandelskontrolle v. 8.4.1920 (RGBl. S. 500).

An dieser Rechtslage hatte sich bis zum Inkrafttreten des Verwaltungs-Vollstreckungsgesetzes nichts geändert. Es gab **keine allgemeine bundesrechtlichen Kodifikation** des Verwaltungszwangsverfahrens. Die Bundesbehörden hatten sich angesichts dieser **Gesetzeslücke** dadurch zu helfen gesucht, dass sie die geschuldeten Leistungen von den Vollstreckungsbehörden der **Länder** im Wege der **Amtshilfe** beitreiben ließen.

Dieses Verfahren hatte wegen der Unübersichtlichkeit und Verschiedenartigkeit der in Frage kommenden landesrechtlichen Bestimmungen zu Schwierigkeiten geführt. Daher waren manche Bundesbehörden dazu übergegangen, ihre öffentlich-rechtlichen Geldforderungen vor den **ordentlichen Gerichten** einzuklagen und die auf diese Weise erlangten Titel nach den Bestimmungen der **Zivilprozessordnung** zu vollstrecken. Dieser Weg bedeutete eine Erschwerung der Beitreibung. Er führte auch zu einer Belastung der Gerichte und Verwaltungsbehörden.

Für die **Erzwingung von Handlungen, Duldungen oder Unterlassungen** gab es früher gleichfalls keine allgemeine bundesgesetzliche Regelung. Nach herrschender Auffassung war die Vollstreckungsbefugnis ein der Verwaltung zustehendes Recht, dessen Ausübung unabhängig von einer gesetzlichen Grundlage zulässig sei. Es galt: Was eine Behörde kraft ihrer gesetzlichen Vollmacht anordnen könne, müsse sie auch erzwingen dürfen, notfalls mit physischer Gewalt. Indessen bestanden Unklarheiten über den Umfang des Zwanges. Darum hielten es **Landesgesetzgeber** für notwendig, den Verwaltungszwang zu ordnen. Zur Geschichte siehe *Malmendier, Bertrand*: Die Zwangsmittelfestsetzung in der Verwaltungsvollstreckung des Bundes und der Länder, VerwArch Band 94 (2003), 25.

Beispiele:

- **Thüringen:** Landesverwaltungsordnung vom 10.6.1926 (Ges.-S. S. 177), §§ 147–168.
- **Preußen:** Polizeiverwaltungsgesetz vom 1.6.1931 (GS. S. 77), §§ 55–57 sowie § 79 Abs. 2 Buchst. m i. V. m. §§ 132–135 des Gesetzes über die allgemeine Landesverwaltung vom 30.7.1883 (GS. S. 195). Diese beiden Gesetze sind die **Rechtsvorgänger** des Verwaltungs-Vollstreckungsgesetzes.
- **Bremen:** Gesetz über das Verwaltungsverfahren und den Verwaltungszwang vom 11.4.1934 (GBl. S. 132), §§ 19–22.
- **Niedersachsen:** Gesetz über die öffentliche Sicherheit und Ordnung vom 21.3.1951 (GVBl. S. 79), §§ 35–39.

Schließlich war es auch im Bereich der **Bundesverwaltung** geboten, dieses Rechtsgebiet zu kodifizieren. Damit entsprach der Bundesgesetzgeber dem **Grundsatz der Gesetzmäßigkeit der Verwaltung** gemäß Art. 20 Abs. 3 GG.

Der Grundsatz der Gesetzmäßigkeit der Verwaltung zielt auf die Bindung der Verwaltung an das geltende Recht (Vorrang des Gesetzes), die Legitimierung von Eingriffen durch formelles Gesetz (Vorbehalt des Gesetzes) und die ausreichende Bestimmtheit der gesetzlichen Ermächtigung. Nach dem Vorbehalt des Gesetzes darf ein Hoheitsträger gegenüber einem Bürger nur dann einen belastenden Eingriff vornehmen, wenn es dafür eine formell-gesetzliche Grundlage gibt (*BVerfG* B 12.11.1958 – 2 BvL 4, 26, 40/56; 1, 7/57, BVerfGE 8, 274, 276, 325 = NJW 1959, 475 = DVBl. 1959, 171 = JZ 1959, 355 = BB 1959, 133 = DWW 1959, 164 = VersR 1959, 181 = VerwRspr. 11, 769).

Nach dieser Entscheidung des *Bundesverfassungsgerichts* (Leitsatz 7) fordern die Grundsätze des Rechtsstaates, „dass auch Ermächtigungen der Exekutive zur Vornahme belastender Verwaltungsakte durch das ermächtigende Gesetz nach Inhalt, Gegenstand, Zweck und Ausmaß hinreichend bestimmt und begrenzt sind, so dass die Eingriffe messbar und in gewissem Umfang für den Staatsbürger voraussehbar und berechenbar werden. Das folgt aus dem Grundsatz der Gesetzmäßigkeit der Verwaltung, dem Prinzip der Gewaltenteilung und aus der rechtsstaatlichen Forderung nach möglichst lückenlosem gerichtlichem Schutz gegen die Verletzung der Rechtssphäre des Einzelnen durch Eingriffe der öffentlichen Gewalt“. Mit gleichem Inhalt und Ziel entschied bereits das *Bundesverwaltungsgericht* (U 20.5.1955 – 5 C 14/55, BVerwGE 2, 114 = DÖV 1955, 635 = NJW 1955, 1693 = DVBl. 1955, 770 = VerwRspr. 8, 157).

II. Geltung des Gesetzes für die Bundesverwaltung

2 Die Verwaltungsvollstreckung ist die Fortsetzung des Verwaltungsverfahrens. Das Verwaltungsvollstreckungsverfahren gehört daher zum **allgemeinen Verwaltungsrecht.** Dieses hat drei Träger:

- das grundlegende Verwaltungsverfahren,
- das Verwaltungszustellungsverfahren und
- das Verwaltungsvollstreckungsverfahren.

Zwar ist die Zuständigkeit für die Gesetzgebung über das allgemeine Verwaltungsrecht im Grundgesetz nicht ausdrücklich geregelt. Sie ist aber gleichwohl eine notwendige und verfassungsrechtlich zulässige **Annexkompetenz** der dem Bund und den Ländern in Art. 70 ff. GG verliehenen sachlichen Zuständigkeit. Denn das Recht zur Gesetzgebung auf einem bestimmten Sachgebiet schließt die Befugnis ein, die dieses Gebiet betreffenden Verfahrensgesetze zu schaffen (*BVerfG* B 29.4.1958 – 2 BvO 3/56, BVerfGE 8, 143, 149, 150 = NJW 1959, 29 = GewArch 1959, 21 = DÖV 1959, 66 = DVBl. 1959, 393 = BayVBl. 1959, 151 = VerwRspr. 11, 513). Hier wird also keine neue Kompetenz eigenmächtig geschaffen, sondern eine bereits vorhandene mit dem erforderlichen Inhalt ausgefüllt (vgl. *Jarras/Pieroth*, Art. 70 Rn. 7). Auf dieser Rechtslage beruht das Verwaltungs-Vollstreckungsgesetz.

Im Übrigen ist der Bund nicht befugt, das Vollstreckungsverfahren in der Verwaltung allgemein auch für die Bundesländer vorzuschreiben. Die (konkurrierende) Gesetzgebung des Bundes erstreckt sich nämlich auf das „gerichtliche“ Verfahren. Das ergibt sich aus Art. 30, 70, 72, 74 Nr. 1 GG. Also muss das Gesetz auf die Bundesverwaltung beschränkt sein.

Hiervon gibt es gemäß Art. 83, 84 Abs. 1 GG eine Ausnahme: Führen die Länder die Bundesgesetze als eigene Angelegenheit aus, so regeln sie die Einrichtung der Behörden und das Verwaltungsverfahren, soweit nicht Bundesgesetze etwas anderes bestimmen (Beispiele: § 1 Rn. 2). Insoweit sind die Vollstreckungsvorschriften, die der Bund den Ländern vorgibt, ebenfalls ein Annex des Sachgebiets, das der Bund jedoch kraft seiner besonderen Gesetzgebungskompetenz geregelt hat (*BVerfG* B 29.4.1958, vorstehend). – Ergänzend sei auf die Sonderregelung für das Verfahren der Finanzbehörden nach Art. 108 Abs. 5 GG hingewiesen. Die Regelung dieses Verfahrens liegt demnach in der ausschließlichen Kompetenz des Bundesgesetzgebers. Er hat dabei nicht nur die Befugnis, sondern die Pflicht zur Regelung (*Maunz,* Art. 108 Rn. 56; *Umbach/Clemens,* Art. 70 Rn. 34–38).

Die Berechtigung des Bundes zu Sonderregelungen ergibt sich aus Art. 84 Abs. 1 S. 5 GG; dort heißt es: „In Ausnahmefällen kann der Bund wegen eines besonderen Bedürfnisses nach bundeseinheitlicher Regelung das Verwaltungsverfahren ohne Abweichungsmöglichkeit für die Länder regeln.“ Dazu *Mammen,* Der neue Typus der konkurrierenden Gesetzgebung mit Abweichungsrecht, DÖV 2007, S. 376–380. Abweichungen von den Regelungen des Verwaltungsverfahrens sind zum Beispiel ausgeschlossen durch Art. 3 und 4 des Gesetzes zu den Internationalen Gesundheitsvorschriften (2005) (IGV) vom 23.5.2005, erlassen am 20.7.2007 (BGBl. II S. 930); dazu Gesetz zur Durchführung der IGV vom 21.3.2013 (BGBl. I S. 566). Ausgeschlossen sind Abweichungen auch in § 14 des Freizügigkeitsgesetzes/EU, in § 105a des Aufenthaltsgesetzes, in § 16 des Visa-Warndateigesetzes, in § 71 des Kreislaufwirtschaftsgesetzes, in § 41 des Staatsangehörigkeitsgesetzes, in § 16 des Öko-Landbaugesetzes und in § 115a des Gesetzes gegen Wettbewerbsbeschränkungen.

Dem Bund steht das Recht aus Art. 84 Abs. 1 GG zu, sofern dies für die Gewährleistung eines wirksamen Gesetzesvollzugs notwendig ist (*BVerfG* U 18.7.1967 – 2 BvF 3/62, BVerfGE 22, 180, 181 = NJW 1967, 1795 = DÖV 1967, 629 = DVBl.

1967, 822 = RdJB 1967, 214 = BayVBl. 1967, 343 = BB 1967, 858 = DB 1967, 1419; Anm. VerwArch 59, 67).

Mitunter erklärt der Bund den Verzicht auf seine Gesetzgebungsbefugnis. Das ist zum Beispiel in § 27 des Personenbeförderungsgesetzes geschehen; dort heißt es: Das Verwaltungszwangsverfahren richtet sich, soweit dieses Gesetz von Behörden der Länder ausgeführt wird, nach den landesrechtlichen Vorschriften. Gleiches gilt gemäß § 14 Abs. 2 S. 5 des Wasch- und Reinigungsmittelgesetzes. Gleiches gilt auch nach § 4 Abs. 5 S. 1 des EU-Fahrgastrechte-Kraftomnibusgesetzes.

Zur **Bundesverwaltung** gehören umfassend alle Behörden, Körperschaften, Anstalten und Stiftungen des öffentlichen Rechts, die nicht oder nicht nur Landesbehörden sind.

III. Das Gesetz als Berliner Landesgesetz

3 In Berlin ist das Bundesgesetz in der jeweils geltenden Fassung seit dem 1.10.1953 ununterbrochen als Landesgesetz in Kraft (GVBl. 1953 S. 361; GVBl. 1958 S. 951). Gegenwärtig beruht diese Rechtslage auf § 8 Abs. 1 S. 1 des Gesetzes über das Verfahren der Berliner Verwaltung vom 21.4.2016 – *VwVfG Berlin* – (GVBl. S. 218; zuletzt geändert durch Art. 1 des Gesetzes vom 5.7.2018, GVBl. S. 462). Abweichungen vom Bundesrecht sind in § 8 Abs. 1 S. 2-4 VwVfG Berlin geregelt: § 11 Abs. 3 des VwVG gilt mit der Maßgabe, dass die Höhe des Zwangsgeldes höchstens 50 000 Euro beträgt. § 7 VwVG gilt mit der Maßgabe, dass für Maßnahmen im Straßenverkehr auch der Polizeipräsident in Berlin, die Bezirksämter von Berlin und die Berliner Verkehrsbetriebe (BVG) Vollzugsbehörden sind. § 19 Abs. 1 VwVG gilt mit der Maßgabe, dass für Amtshandlungen im Zusammenhang mit Vollstreckungsmaßnahmen nach § 10 VwVG zur Deckung des Verwaltungsaufwands Gebühren nach den Vorschriften des Gesetzes über Gebühren und Beiträge vom 22.5.1957 (GVBl. S. 516) in der jeweils geltenden Fassung erhoben werden.

Die in Berlin vorgenommene **dynamische Verweisung eines Landesgesetzes auf ein Bundesgesetz** in der jeweils geltenden Fassung ist rechtlich zulässig (vgl. *BVerwG* U 16.1.1976 – 4 C 25/74, JR 1976, 387, 391; *BVerwG* B 3.3.2005 – 7 B 151/04, DÖV 2005, 745 = NVwZ 2005, 699).

Gegen eine Verweisung bestehen keine rechtlichen Bedenken (*BVerfG* B 23.3.1982 – 2 BvL 13/79, BVerfGE 60, 135, 155 = NJW 1982, 2859 = BayVBl. 1982, 432): Soll nach der Verweisungsnorm das Verweisungsobjekt in seiner jeweiligen Fassung, also auch mit allen Änderungen gelten, handelt es sich um eine „dynamische" Verweisung.

Bei einem Landesgesetz, welches eine dynamische Verweisung auf ein Bundesgesetz enthält, handelt es sich um **Landesrecht**, für das gemäß § 137 VwGO die **Revision nicht zulässig** ist. Solches liegt vor, wenn eine Vorschrift des Bundesrechts nicht kraft Gesetzesbefehls des Bundesgesetzgebers, sondern nur kraft der Bezugnahme im Landesrecht und damit aufgrund einer gesetzgeberischen Entscheidung des Landes Geltung beansprucht (*BVerwG* B 10.8.2007 – 9 B 19/07, Buchholz 310 § 137 Abs. 1 VwGO Nr. 29; *BVerwG* B 2.7.2009 – 7 B 9/09, Original S. 3, 4 = NVwZ 2009, 1037 = DÖV 2009, 823 L = DVBl. 2009, 1122 L).

Soll hingegen der bei Erlass der Verweisungsnorm geltende Text maßgebend sein, liegt eine „statische" Verweisung vor. Diese ist für die Praxis nachteilig, wie sich zum Beispiel bei § 11 des Berliner Kirchensteuergesetzes zeigt: Danach gilt das Verwaltungs-Vollstreckungsgesetz (nur) entsprechend. Hier muss der Berliner Gesetzgeber das Kirchensteuergesetz gesondert ändern und dem VwVG anpassen, wenn dieses eine neue Fassung erhalten hat. Der Praktiker hat also auf den geltenden Gesetzesstand zu achten.

IV. Verwaltungsvollstreckungsgesetze der Länder

Wie zuvor erörtert, gilt das Bundesgesetz für die Bundesverwaltung. Demzufolge gibt es **in den Bundesländern Landesverwaltungsvollstreckungsgesetze**. Diese sind nach § 137 VwGO nicht revisibel (vgl. *BVerwG* B 30.11.1994 – 4 B 243/94, DÖV 1995, 384 = UPR 1995, 195 = NVwZ-RR 1995, 299 = BRS 56 Nr. 213 = Buchholz 310 § 80 VwGO Nr. 59). Trotz dieser Vielfalt von Einzelgesetzen herrscht weitgehend inhaltliche Übereinstimmung des Landesrechts mit dem VwVG des Bundes. In den Bundesländern sind **folgende Gesetze** erlassen worden: 4

(1) Baden-Württemberg: Verwaltungsvollstreckungsgesetz für Baden-Württemberg (Landesverwaltungsvollstreckungsgesetz – LVwVG) vom 12.3.1974 (GBl. S. 93), zuletzt geändert am 23.2.2011 (GBl. S. 99, 100).

(2) Bayern: Bayerisches Verwaltungszustellungs- und Vollstreckungsgesetz (VwZVG) in der Fassung der Bekanntmachung vom 11.11.1970 (GVBl. 1971 S. 1), zuletzt geändert am 15.5.2018 (GVBl. S. 260).

(3) Berlin: § 8 des Gesetzes über das Verfahren der Berliner Verwaltung v. 21.4.2016 (GVBl. S. 218), zuletzt geändert am 5.7.2018 (GVBl. S. 462); siehe Rn. 3: Das VwVG gilt in seiner jeweils aktuellen Fassung.

(4) Brandenburg: Verwaltungsvollstreckungsgesetz (VwVGBbg) für das Land Brandenburg vom 15.10.2018 (GVBl. I Nr. 18 S. 29).

(5) Bremen: Gesetz über das Verfahren zur Erzwingung von Handlungen, Duldungen oder Unterlassungen (Bremisches Verwaltungsvollstreckungsgesetz – BremVwVG) in der Neufassung vom 1.4.1960 (BremGBl. S. 37), zuletzt geändert am 30.8.2016 (BremGBl. S. 510).

Bremisches Gesetz über die Vollstreckung von Geldforderungen im Verwaltungswege (BremGVG) vom 29.9.2015 (Brem.GBl. S. 448).

(6) Hamburg: Hamburgisches Verwaltungsvollstreckungsgesetz (HmbVwVG) vom 4.12.2012 (HmbGVBl. I S. 510), geändert am 21.5.2013 (HmbGBl. I S. 210).

(7) Hessen: Hessisches Verwaltungsvollstreckungsgesetz (HessVwVG) in der Neufassung vom 12.12.2008 (GVBl. I 2009 S. 2), zuletzt geändert am 21.11.2012 (GVBl. I S. 430).

(8) Mecklenburg-Vorpommern: Verwaltungsverfahrens-, Zustellungs- und Vollstreckungsgesetz des Landes Mecklenburg-Vorpommern (Landesverwaltungsverfahrensgesetz – VwVfG M-V) vom 1.9.2014 (GVOBl. S. 476, ber. 2015, 148), zuletzt geändert am 25.4.2016 (GVOBl. S. 198, 202). Der 3. Hauptteil des VwVfG M-V regelt in den §§ 110 und 111 das Vollstreckungsverfahren.

Gemäß § 110 VwVfG M-V gelten bei dem Vollzug von Verwaltungsakten, die auf Herausgabe einer Sache oder auf Vornahme einer Handlung oder auf Duldung oder Unterlassung gerichtet sind, die §§ 79 bis 100 des Gesetzes über die öffentliche Sicherheit und Ordnung in Mecklenburg-Vorpommern (Sicherheits- und Ordnungsgesetz – SOG M-V) in der Neufassung vom 9.5.2011 (GVOBl. S. 246). § 111 VwVG M-V betrifft die Vollstreckung öffentlich-rechtlicher Geldforderungen (§ 1 Rn. 23).

(9) Niedersachsen: Niedersächsisches Verwaltungsvollstreckungsgesetz (NVwVG) in der Neufassung vom 4.7.2011 (Nds. GVBl. S. 238), zuletzt geändert am 1.2.2017 (Nds. GVBl. S. 16).

Eine besondere Zuweisung enthält § 70 NVwVG: Verwaltungsakte, die auf die Herausgabe einer Sache oder auf eine sonstige Handlung oder eine Duldung oder Unterlassung gerichtet sind und die nicht unter § 2 Abs. 1 fallen, werden, auch wenn sie nicht der Gefahrenabwehr dienen, nach dem Sechsten Teil des Niedersächsischen Gesetzes über die öffentliche Sicherheit und Ordnung (Nds.SOG) durchgesetzt. Nach § 72 NVwVG gilt das auch für sofort vollstreckbare öffentlich-rechtliche Verträge.

(10) Nordrhein-Westfalen: Verwaltungsvollstreckungsgesetz für das Land Nordrhein-Westfalen (VwVG NRW) in der Fassung der Bekanntmachung vom 19.2.2003 (GV. NRW. S. 156), zuletzt geändert am 8.7.2016 (GV.NRW S. 557).

(11) Rheinland-Pfalz: Landesverwaltungsvollstreckungsgesetz (LVwVG) vom 8.7.1957 (GVBl. S. 101), zuletzt geändert am 12.9.2012 (GVBl. S. 311).

(12) Saarland: Saarländisches Verwaltungsvollstreckungsgesetz (SVwVG) vom 27.3.1974 (Amtsbl. I S. 430), zuletzt geändert am 1.12.2015 (Amtsbl. I S. 913).

(13) Sachsen: Verwaltungsvollstreckungsgesetz für den Freistaat Sachsen (SächsVwVG) in der Neufassung vom 10.9.2003 (SächsGVBl. S. 614, 615), zuletzt geändert am 6.10.2013 (SächsGVBl. S. 802).

(14) Sachsen-Anhalt: Verwaltungsvollstreckungsgesetz des Landes Sachsen-Anhalt (VwVG LSA) vom 20.2.2015 (GVBl. LSA S. 50, 51).

Eine besondere Zuweisung enthält § 71 VwVG LSA: Verwaltungsakte, die auf die Herausgabe einer Sache oder auf eine sonstige Handlung oder eine Duldung oder Unterlassung gerichtet sind und die nicht unter § 2 Abs. 1 fallen, werden, auch wenn sie nicht der Gefahrenabwehr dienen, nach dem Vierten Teil des Gesetzes über die öffentliche Sicherheit und Ordnung (SOG LSA) durchgesetzt. Gemäß § 73 VwVG LSA gilt das auch für sofort vollstreckbare öffentlich-rechtliche Verträge.

(15) Schleswig-Holstein: Allgemeines Verwaltungsgesetz für das Land Schleswig-Holstein (Landesverwaltungsgesetz – LVwG –) in der Fassung vom 2.6.1992 (GVOBl. S. 243); § 1 Abs. 1, §§ 2, 3, §§ 228 bis 322 LVwG, zuletzt geändert am 25.9.2018 (GVOBl. S. 648).

(16) Thüringen: Thüringer Verwaltungszustellungs- und Vollstreckungsgesetz (ThürVwZVG) in der Neubekanntmachung vom 5.2.2009 (GVBl. S. 24), zuletzt geändert am 23.9.2015 (GVBl. S. 131, 133).

Nach der Wiedervereinigung Deutschlands am 3.10.1990 hatten auch die östlichen neuen Bundesländer das Recht der Verwaltungsvollstreckung in eigener Zuständigkeit zu regeln. Die erlassenen Gesetze sind eigenständige Schöpfungen mit verschiedenartigem Aufbau und unterschiedlicher Gestaltung. Sie orientieren sich am Recht des Bundes und der westdeutschen Bundesländer. Daraus sowie aus später folgenden gesetzlichen Regelungen hat sich inzwischen eine weitgehende Rechtseinheit in

Gesamtdeutschland ergeben. Das ist zu begrüßen (*Sadler*, Die Verwaltungsvollstreckungsgesetze der neuen Bundesländer, LKV 1995, 409, 417).

V. Vollstreckung nach pflichtgemäßem Ermessen

Das Verwaltungs-Vollstreckungsgesetz verpflichtet die Vollzugsbehörde nicht, eine 5
Handlung, Duldung oder Unterlassung zu erzwingen. Vielmehr entscheidet sie nach **pflichtgemäßem freien Ermessen** im Rahmen ihrer dienstlichen Ordnung (vgl. *BVerfG* B 7.12.1998 – 1 BvR 831/89, BayVBl. 1999, 303 = ZBR 1999, 127 = NVwZ 1999, 290; *BVerwG* U 25.9.2008 – 7 C 5/08, DVBl. 2009, 132 = NVwZ 2009, 122 = DÖV 2009, 132 L = BeckRS 2008, 40173; *BVerwG* U 15.2.1990 – 4 C 45/87, *BVerwGE* 84, 354, 360 = DVBl. 1990, 583 = DÖV 1990, 705 = NVwZ 1990, 663 = UPR 1990, 226 = ZfBR 1990, 196 = StTg 1990, 506 = JZ 1991, 241 = JuS 1991, 82 = BRS 50 Nr. 205 = Buchholz 406.11 § 39b Nr. 2).

Alle Vollstreckungsvorschriften sind „Kann"-Bestimmungen. Das ergibt sich aus dem Text der §§ 6 ff. VwVG. Es herrscht das **Opportunitätsprinzip. Inhalt und Bedeutung des Ermessens** ergeben sich aus § 40 VwVfG; dort heißt es: „Ist die Behörde ermächtigt, nach ihrem Ermessen zu handeln, hat sie ihr Ermessen entsprechend dem Zweck der Ermächtigung auszuüben und die gesetzlichen Grenzen des Ermessens einzuhalten."

Bund und Länder haben inhaltsgleiches Recht. Auch die Vollzugsbehörden der Länder entscheiden nach pflichtgemäßem Ermessen über die Durchführung von Zwangsmaßnahmen (vgl. *OVG Bautzen* B 28.5.1998 – 1 S 149/98, *JbSächsOVG* 6, 143 = NVwZ-RR 1999, 101).

Für die Finanzbehörden ist das Ermessen in § 5 AO im Zusammenhang mit der „Kann"-Bestimmung des § 328 Abs. 1 AO definiert. Sie entscheiden also ebenso nach pflichtgemäßem Ermessen über den Verwaltungszwang (*BFH U* 6.11.2012 – VII R 72/11, BFHE 239, 15 – BStBl. II 2013, 141).

Daraus folgt, dass die Behörde auch ein bereits eingeleitetes Verwaltungszwangsverfahren in jedem Stadium des Verwaltungs- und Verwaltungsgerichtsverfahrens einstellen sowie insgesamt von einem zulässigen Vollzug absehen kann. Es gibt für sie also keinen Automatismus und Zugzwang.

„Das Prinzip des Rechtsstaates fordert, dass der einzelne wissen muss, inwieweit die Verwaltung in seinen Rechtskreis eingreifen darf. Es fordert aber weder, dass der Gesetzgeber die Verwaltung bindet, den möglichen Eingriff immer zu vollziehen, noch dass der Gesetzgeber tatbestandsmäßig genau umreißt, wann die Verwaltung von einem zulässigen, nach Tatbestand und Folge eindeutig geregelten Eingriff Abstand nehmen darf."

So lautet der Leitsatz folgender Entscheidung des Bundesverfassungsgerichts: *BVerfG* B 3.2.1959 – 2 BvL 10/56, BVerfGE 9, 137, 147–149 = NJW 1959, 931 = DVBl. 1959, 326 = DÖV 1959, 302 = VerwRspr. 12, 15.

Insoweit ist der Aussage von *Rudolph* zuzustimmen (S. 25): Eine gesetzliche Verpflichtung zum Vollzug wäre auch rechtspolitisch verfehlt. Denn das Ansehen der Verwaltung in der Öffentlichkeit und damit die Bereitschaft zur freiwilligen Befolgung hoheitlich auferlegter Pflichten seitens der Bürger kann durch Verhandlungs- und Verständigungsbereitschaft der Behörden eher gefördert werden als durch die Brechung des entgegenstehenden Willens mit Zwangsmaßnahmen. Die Behörde würde aber natürlich unglaubwürdig werden, wenn sie ohne besondere Gründe von dem Vollzug absehen sollte.

Allerdings kann es Ausnahmefälle geben, in denen das **Ermessen reduziert** und auf **„Null“** geschrumpft ist. Hier ist „nur eine einzige ermessensfehlerfreie Entschließung, nämlich die zum Einschreiten, denkbar“ (*BVerwG* U 18.8.1960 – 1 C 42/59, BVerwGE 11, 95, 97 = NJW 1961, 793 = DVBl. 1961, 125 = BBauBl. 1961, 24 = ZMR 1961, 181 = BayVBl. 1961, 53 = VerwRspr. 13, 180 = BRS 12 S. 174). Dann ist die Behörde verpflichtet, ein Verwaltungszwangsverfahren durchzuführen (vgl. *OVG Münster* B 8.2.1995 – 20 B 73/95, NVwZ-RR 1996, 182 = NWVBl. 1995, 260). Eine Ermessensreduzierung auf Null kann sowohl das Entschließungsermessen, ob ein Verwaltungszwangsverfahren durchzuführen ist, als auch das Auswahlermessen, in welcher Weise zu vollstrecken ist, betreffen.

Sollten jedoch **spezialgesetzliche Vorschriften die Durchsetzung** eines Verwaltungsaktes zwingend **anordnen,** muss die Behörde das Verwaltungszwangsverfahren durchführen. Das ist z.B. gemäß § 5 des EG-Verbraucherschutzdurchsetzungsgesetzes, § 30 Abs. 2 des Infektionsschutzgesetzes, § 41 Abs. 3, 4 des Lebensmittel- und Futtermittelgesetzbuches, § 16a des Tierschutzgesetzes, § 2 Abs. 1 S. 1 des Katzen- und Hundefell-Einfuhr-Verbotsgesetzes, § 3 des Luftsicherheitsgesetzes, § 15 Abs. 4 des Versammlungsgesetzes, § 34a des Asylgesetzes und § 58 Abs. 1 des Aufenthaltsgesetzes der Fall. Diese gesetzlich vorgeschriebene Handlungspflicht ergibt sich aus dem **Legalitätsprinzip.**

Zwischen den reinen Ermessensvorschriften, nach denen die Vollstreckungsbehörde einen Verwaltungsakt durchsetzen kann, und den gebundenen Vorschriften, nach denen die Vollstreckungsbehörde einen Verwaltungsakt durchsetzen muss, liegen die sog. **Soll-Vorschriften**. Ein Beispiel bildet § 57 Abs. 1 des Aufenthaltsgesetzes. Hiernach soll ein Ausländer, der in Verbindung mit der unerlaubten Einreise über eine Außengrenze aufgegriffen wird, zurückgeschoben werden. Derartige „Soll-Vorschriften“ verpflichten die Behörde im Regelfall, das Gesollte zu tun, lassen ihr in besonders gelagerten Ausnahmefällen (atypische Fällen) aber die Möglichkeit, von der Norm abzugehen. (Zu den „Soll-Vorschriften“ siehe im Einzelnen die Kommentierungen zu § 40 VwVfG.)

Sofern der Verwaltungszwang die Wohnung des Verantwortlichen erfasst, ist auf Art. 13 Abs. 7 GG hinzuweisen; dort heißt es u.a.: „Eingriffe und Beschränkungen dürfen im Übrigen nur zur … Verhütung dringender Gefahren für die öffentliche Sicherheit und Ordnung, insbesondere … zur Bekämpfung von Seuchengefahr oder zum Schutze gefährdeter Jugendlicher vorgenommen werden.“ Hierbei handelt es sich nicht um Durchsuchungen. Der Richtervorbehalt des Art. 13 Abs. 2 GG gilt also nicht.

Das **Recht auf informationelle Selbstbestimmung steht** nach dem Volkszählungsurteil des *Bundesverfassungsgerichts* erforderlichen **Vollstreckungsmaßnahmen nicht entgegen** (U 15.12.1983 – 1 BvR 209/83, BVerfGE 65, 1, 43, 44, 70, 71 = EuGRZ 1983, 577, 596 = NJW 1984, 419, 428 = DVBl. 1984, 128, 136). Im Bereich der **Gefahrenabwehr** muss es hier Ausnahmen geben (*Maunz/Dürig/Di Fabio,* Art. 2 Rn. 179). Das gilt zum Beispiel bei Fahruntauglichkeit eines Kraftfahrers (*BVerwG* U 15.4.1988 – 7 C 100/86, NJW 1988, 1863 = DAR 1988, 247 = NZV 1988, 79 = VerkMitt. 1988, 82 = VRS 75, 133; *VGH Mannheim* U 14.9.2004 – 10 S 1283/04, NJW 2005, 234). Insoweit hat die Polizei gemäß § 2 Abs. 12 StVG eine Meldepflicht gegenüber der Fahrerlaubnisbehörde.

Hieraus ergibt sich: Das Recht auf informationelle Selbstbestimmung ist nicht schrankenlos gewährleistet. Der einzelne Bürger hat kein Recht im Sinne einer absoluten uneinschränkbaren Herrschaft über „seine“ Daten. Jenseits des unantastbaren Kernbereichs privater Lebensgestaltung (vgl. hierzu BVerfGE 27, 344 [350 f.]; 120, 274 [335]; 130, 1 [22]; 141, 220 [276 Rn. 120, 278 Rn. 124]) kann es auf der Grundlage eines Gesetzes beschränkt werden, sofern dies im überwiegenden Allgemeininteresse liegt, sich Voraussetzungen und Umfang der Beschränkungen klar und für den Bürger erkennbar aus dem Gesetz ergeben und der Grundsatz der Verhältnismäßigkeit gewahrt ist (vgl. *BVerfG* U 15.12.1983 – 1 BvR 209/83 (ua), BVerfGE 65, 1, 44; *BVerfG* U 20.4.2016 – 1 BvR 966/09, 1 BvR 1140/09, 141, 220, 264 f). Hierzu jüngst *BVerfG* U 19.9.2018 – 2 BvF 1/15 –, juris Rn. 220 [Zensus 2011].)

VI. Maßnahmen der staatlichen Kommunalaufsicht

Das Einschreiten der Aufsichtsbehörde gegen einen selbstständigen Verwaltungsträger durch Zwang ist kein Verwaltungszwang im Sinne des Verwaltungs-Vollstreckungsgesetzes. Dabei handelt es sich um einen Sonderfall der Staatsaufsicht (*Forsthoff*, S. 290). 6

Nach geltendem Recht ist die insoweit vorgesehene Ersatzvornahme durch die Aufsichtsbehörde allein deren **Selbsteintritt.** Dieser leitet sich aus den klassischen Aufsichtsrechten: Informationsrecht, Weisungsrecht und Eintrittsrecht her. Zum Selbsteintritt kann die Aufsichtsbehörde greifen, wenn die nachgeordnete Behörde eine ihr als Pflicht übertragene Auftragsangelegenheit nicht erfüllt. Das kann zum Beispiel im Baurecht der Fall sein (*BVerfG* B 29.5.2007 – 2 BvR 695/07, BVerfGK 11, 241 = NVwZ 2007, 1176 = LKV 2007, 509; *BVerwG* U 17.9.2003 – 4 CN 14/01, BVerwGE 119, 25, 43–45 = UPR 2004, 452).

Auch die kommunalaufsichtliche Ersatzvornahme gegenüber einer Gemeinde (vgl. z.B. § 13 des Berliner Allgemeinen Zuständigkeitsgesetzes, § 116 der Kommunalverfassung des Landes Brandenburg oder § 123 Abs. 2 Gemeindeordnung NRW) ist also keine Ersatzvornahme im Sinne des § 10 und des zulässigen Vollzugs gegen eine Behörde nach § 17 des Gesetzes. – Daher wird sie dort auch nicht behandelt. Gleiches gilt für das Vollstreckungsrecht der Länder (*OVG Münster* B 22.8.2007 – 15 B 1328/07, NVwZ-RR 2008, 50). Hierzu Kleerbaum/Palmen/*Buttler*, Gemeindeordnung NRW. Kommentar für die kommunale Praxis, 2008, Erl. III. 1. zu § 123 GO NRW; *Maurer/Waldhoff*, § 23 Rn. 26; *Waldhoff*, § 46 Rn. 102.

VII. Bundesgesetzlicher Ausschluss des landesrechtlichen Verwaltungszwanges

Die Anwendung des Verwaltungszwanges auf der Grundlage von Verwaltungsvollstreckungsgesetzen der Länder **kann** durch **vorrangige Bundesgesetze** ausgeschlossen sein. Voraussetzung hierfür ist, dass dem Bund insoweit die Befugnis der Gesetzgebung zusteht. Das ist z.B. gemäß Art. 73 Abs. 1 Nr. 12 GG bei dem Waffen- und Sprengstoffrecht der Fall. 7

So scheidet das Landesrecht durch § 46 Abs. 2–5 des **Waffengesetzes** bei der Sicherstellung und Verwertung von Waffen aus (*BVerwG* U 30.4.1985 – 1 C 12/83, BVerwGE 71, 234, 246–248 = DVBl. 1985, 1311 = NVwZ 1986, 558). Das trifft ebenso auf die in § 13 des **Kriegswaffenkontrollgesetzes** vorgesehene Sicherstellung und Einziehung von Waffen zu. Gleiches gilt nach § 32 Abs. 5 des **Sprengstoffgesetzes** bei der Sicherstellung und Vernichtung explosionsgefährlicher Stoffe.

Erster Abschnitt
Vollstreckung wegen Geldforderungen

§ 1 Vollstreckbare Geldforderungen

(1) Die öffentlich-rechtlichen Geldforderungen des Bundes und der bundesunmittelbaren juristischen Personen des öffentlichen Rechts werden nach den Bestimmungen dieses Gesetzes im Verwaltungswege vollstreckt.

(2) Ausgenommen sind solche öffentlich-rechtlichen Geldforderungen, die im Wege des Parteistreites vor den Verwaltungsgerichten verfolgt werden oder für die ein anderer Rechtsweg als der Verwaltungsrechtsweg begründet ist.

(3) Die Vorschriften der Abgabenordnung, des Sozialversicherungsrechts einschließlich der Arbeitslosenversicherung und des Justizbeitreibungsgesetzes bleiben unberührt.

Übersicht

I. Zu Absatz 1

1 In dieser Bestimmung wird der **sachliche Geltungsbereich des Gesetzes** grundsätzlich festgelegt. Danach beschränkt es sich auf die Bundesverwaltung und auf öffentlich-rechtliche Geldforderungen.

2 **1. Vollstreckung zugunsten der Bundesverwaltung.** Zur Bundesverwaltung gehören zunächst die **Bundesbehörden**, welche die bundeseigene Verwaltung nach Art. 87, 87b, 87d, 87e, 87f Abs 2 S 2, 89, 90 GG ausüben. Sodann gehören die **bundesunmittelbaren juristischen Personen** des öffentlichen Rechts dazu. Das sind die Körperschaften, Anstalten und Stiftungen. Hier gilt das Gleiche wie bei der Verwaltungszustellung (VwZG § 1 Rn. 2, 3).

Das Verwaltungszwangsverfahren gehört zum allgemeinen Verwaltungsrecht und nicht zum „gerichtlichen" Verfahren. Deshalb hat der Bund gemäß Art. 30, 70, 72, 74 Abs. 1 Nr. 1, 83, 84 GG, von besonderen Fällen abgesehen, keine Gesetzgebungskompetenz für die Länder (Näheres: Einleitung Rn. 2).

Beispiele für Sonderregelungen des Bundes:

- Arbeitnehmerüberlassungsgesetz: § 6.
- Aufenthaltsgesetz: § 68 Abs. 2 S. 2.
- Anlegerentschädigungsgesetz: § 8 Abs. 10 S 1, § 16 Abs. 1.
- Finanzdienstleistungsaufsichtsgesetz: § 17.
- Flurbereinigungsgesetz: § 136 Abs. 1.
- Lastenausgleichsgesetz: § 350b mit Abweichung in Abs. 5.
- Sozialgerichtsgesetz: § 200.

- Sozialgesetzbuch X: § 66 Abs. 1, Abs. 2 (vgl. Rn. 20).
- Versicherungsaufsichtsgesetz: § Abs. 226 Abs. 8 S. 1, § 231 Abs. 1.
- Verwaltungsgerichtsordnung: § 169 Abs. 1.
- Gesetz gegen Wettbewerbsbeschränkungen: § 168 Abs. 3 S. 2, § 169 Abs. 3. S 4.

Eine besondere Berechtigung des Bundes zu Sonderregelungen ergibt sich aus Art. 84 Abs. 1 S. 5 GG; dort heißt es: „In Ausnahmefällen kann der Bund wegen eines besonderen Bedürfnisses nach bundeseinheitlicher Regelung das Verwaltungsverfahren ohne Abweichungsmöglichkeit für die Länder regeln.“ Beispiele: Einleitung Rn. 2.

2. Vollstreckung von öffentlich-rechtlichen Geldforderungen. Die öffentlich-rechtlichen Geldforderungen sind in Absatz 1 nicht einzeln aufgezählt. Das Gesetz enthält für die Zulässigkeit des Verwaltungszwangsverfahrens lediglich eine allgemeine Klausel. Es entspricht damit der Regelung des § 40 Abs. 1 S. 1 VwGO über die Zulässigkeit des Verwaltungsrechtsweges. 3

Rechtsgrundlage einer öffentlich-rechtlichen Geldforderung muss ein **Gesetz** sein (vgl. App/Wettlaufer/*Klomfaß*, Kapitel 15 Rn 5). Hiervon folgt, dass analog § 233 S. 1 AO Zinsen auf die Grundforderung nur geschuldet werden, wenn sie gesetzlich ausdrücklich vorgeschrieben sind (vgl. *BVerwG* U 3.11.1988 – 5 C 38/84, juris Rn. 8 = NVwZ 1989, 870 (870 f.)). Eine Zinsforderung kann auch auf EG-Recht beruhen (*BVerwG* U 16.12.2010 – 3 C 7/10, juris Rn 13 f. = NVwZ-RR 2011, 275 (276)). 4

Solche Vorschriften über Zinsen gibt es für die Kosten der Ersatzvornahme in den Vollstreckungsgesetzen der Länder Bayern, Nordrhein-Westfalen, Sachsen und Thüringen (§ 19 Rn. 55). Nach Bundesrecht sind Zinsen zum Beispiel in § 14 MOG vorgeschrieben.

Wichtig ist die **Zinsregelung des § 49a VwVfG:** Soweit ein Verwaltungsakt mit Wirkung für die Vergangenheit zurückgenommen oder widerrufen worden oder infolge Eintritts einer auflösenden Bedingung unwirksam geworden ist, sind bereits erbrachte Leistungen zu erstatten. Der zu erstattende Betrag ist zu verzinsen (vgl. *BVerwG* U 10.12.2003 – 3 C 22/02, juris Rn. 42 = NVwZ-RR 2004, 413 (416)). Wird eine Leistung nicht alsbald nach der Auszahlung für den bestimmten Zweck verwendet, können für die Zeit bis zur zweckentsprechenden Verwendung Zinsen verlangt werden. Diese Zinsen sind öffentlich-rechtliche Geldschulden, die gemäß § 1 Abs. 1 nach den Bestimmungen des Verwaltungs-Vollstreckungsgesetzes im Verwaltungswege vollstreckt werden. Die Vorschrift des § 49a VwVfG entspricht dem aufgehobenen § 44a der Bundeshaushaltsordnung. Gleiche Regelungen sind in allen Haushaltsordnungen der Bundesländer enthalten (vgl. *OVG Weimar* U 18.2.1999 – 2 KO 61/96, juris Rn. 41 ff. = NVwZ-RR 1999, 435 (436)). 5

Ein **Anspruch auf Zinsen** nach § 49a Abs. 4 VwVfG wegen Verzögerung der Leistung entsteht zu dem Zeitpunkt, in welchem die Leistung nicht alsbald nach Auszahlung bestimmungsgemäß verwendet worden ist. Der Anspruch wird mit dem gemäß § 49a Abs. 1 VwVfG bekanntgegebenen Leistungsbescheid oder mit dem im Leistungsbescheid bestimmten Zeitpunkt fällig (*BVerwG* U 27.4.2005 – 8 C 5/04, juris Rn. 15 ff. = NVwZ 2005, 964 (965)).

Für die **Verjährung des Zinsanspruchs** gelten die Bestimmungen des Bürgerlichen Gesetzbuches (*OVG Greifswald* U 9.2.2005 – 2 L 66/03, juris Rn. 21 = NordÖR 2005,

161). Gemäß § 195 BGB beträgt die (hier regelmäßige) Verjährungsfrist drei Jahre. Aber nach § 199 Abs. 1 BGB beginnt die Frist erst mit dem Schluss des Jahres, in dem

1. der Anspruch entstanden ist und
2. der Gläubiger von den den Anspruch begründenden Umständen und der Person des Schuldners Kenntnis erlangt oder ohne grobe Fahrlässigkeit erlangen müsste.

6 Um eine **Verjährung zu vermeiden**, ist bei dem Widerruf auf die **Jahresfrist des § 49 Abs. 3 S. 2, § 48 Abs. 4 S. 1 VwVfG** zu achten. Äußerst wichtig für die Praxis ist die Berechnung der Jahresfrist. Hier gilt die höchstrichterliche Rechtsprechung: Die Frist beginnt, wenn der Behörde die für ihre Entscheidung erheblichen Tatsachen bekannt sind (*BVerwG* B 19.12.1984 – Gr. Sen. 1, 2/84, juris Rn. 17 ff. = NJW 1985, 819 (820 f.); *BVerwG* U 24.1.2001 – 8 C 8/00, juris Rn. 10 ff.; = NJW 2001, 1440 (1440 f.)). Das trifft auch auf die Jahresfrist des § 45 Abs. 4 S. 2 SGB X zu (*BSG* U 25.10.1995 – 5/4 RA 66/94, juris Rn. 15 = NVwZ 1996, 1248; *BVerwG* U 19.12.1995 – 5 C 10/94, juris Rn. 11 = NVwZ 1996, 1217 (1217)).

Hat ein Widerspruchsverfahren oder Verwaltungsgerichtsprozess stattgefunden, so beginnt die Jahresfrist erst nach der Unanfechtbarkeit des angefochtenen Verwaltungsaktes zu laufen (*BVerwG* U 28.6.2012 – 2 C 13/11, juris Rn. 30).

Ferner ist bei der Erklärung des Widerrufs zu beachten:

Sollte es um die Rücknahme eines rechtswidrigen Verwaltungsaktes gehen, der von einer sachlich unzuständigen Behörde erlassen wurde, gilt Folgendes (*BVerwG* U 20.12.1999 – 7 C 42/98, juris Rn. 12 ff. = NJW 2000, 1512 (1513)): Die Zuständigkeit richtet sich nach dem jeweils anzuwendenden Fachrecht. Fehlen derartige Regelungen, ist nach allgemeinen verfahrensrechtlichen Grundsätzen die Behörde zuständig, die zum Zeitpunkt der Rücknahmeentscheidung für den Erlass des aufzuhebenden Verwaltungsaktes sachlich zuständig wäre.

Der Widerrufsbescheid muss eine klare Aussage über den zahlenmäßigen Umfang der Höhe nach enthalten. Denn eine Zuwendungsbewilligung kann nicht nur dem Grunde nach widerrufen werden. Einen derartigen allgemeinen Widerruf kennt § 49 VwVfG nicht (*BVerwG* U 15.6.2000 – 5 C 20/99, juris Rn. 8 = NVwZ 2001, 556 (556 f.)). Sollte das dennoch fehlerhaft geschehen, tritt nach Ablauf der Jahresfrist für den Widerruf Verjährung ein.

7 Sowohl der Widerruf als auch der schriftliche Erstattungsbescheid sind Verwaltungsakte (§ 49a Abs. 1 VwVfG). Zweckmäßig und vollstreckungswirksam ist es, beide Verwaltungsakte in einem Bescheid zu verbinden und gleichzeitig die sofortige Vollziehung nach § 80 Abs. 2 Nr. 4 VwGO anzuordnen. Das gilt auch für die Rücknahme. Denn die sofortige Vollziehung des Erstattungsbescheides ist nur dann rechtmäßig, wenn auch der Widerruf sofort vollziehbar ist (vgl. zur Rücknahme *VGH München* B 15.5.1985 – 12 CS. 84 A. 2718, juris = NVwZ 1985, 663; *Linhart, Bescheid,* S. 18).

8 Ohne ausdrückliche gesetzliche Grundlage besteht nach der Rechtsprechung ein **Zinsanspruch** im Zusammenhang mit der **Beamtenhaftung** (*BVerwG* U 19.7.2001 – 2 C 42/00, juris Rn. 13 f. = NVwZ 2001, 1408). Hat der Beamte seinem Dienstherrn Gelder entzogen, so erfasst der gemäß § 75 BBG geschuldete Schadensersatz auch Zinsen auf das zu ersetzende Kapital.

Öffentlich-rechtliche Geldforderungen beruhen in allen Fällen auf einem öffentlich-rechtlichen Verhältnis. Sie gehören also nicht zum Privatrecht. 9

Die **Europäische Union** kann auf die Vollstreckung von öffentlich-rechtlichen Geldforderungen Einfluss ausüben. Hieran sind die deutschen Behörden und Gerichte gebunden. Denn das Europarecht hat grundsätzlich Vorrang. 10

So **entfällt die Jahresfrist des §48 Abs. 4 VwVfG** für die Rücknahme eines rechtswidrigen Verwaltungsaktes auf dem Wirtschaftsgebiet der Subventionen. Bei der Rücknahme einer gemeinschaftsrechtswidrigen Subvention findet die Jahresfrist keine Anwendung (*BVerwG* U 23.4.1998 – 3 C 15/97, juris Rn. 20 ff. = NJW 1998, 3728 (3729f.)).

Die Europäische Union kann durch ihre zuständige **Kommission** auch an die Bundesrepublik Deutschland das **verbindliche Ersuchen** richten, eine gemeinschaftsrechtswidrige Beihilfe zurückzufordern. Daraufhin hat die deutsche Behörde einen Rückerstattungsbescheid zu erlassen. Sie muss das Interesse der Europäischen Gemeinschaft an der Wiederherstellung der Wettbewerbsordnung berücksichtigen (*EuGH* U 20.3.1997 – Rs C – 24/95, juris Rn. 27 ff. = NVwZ 1998, 45 (46 ff.); *OVG Berlin-Brandenburg* B 7.11.2005 – 8 S. 93/05, juris Rn. 13f. = NVwZ 2006, 104 (104f.)).

Bei der Rückforderung einer gemeinschaftsrechtswidrigen Subvention greift das Unionsrecht sogar noch schärfer ein: Die Entscheidung eines nationalen Gerichts, welche die Rückforderung behindert, erlangt keine Rechtskraft (*EuGH* U 18.7.2007 – C-119/05, juris Rn. 63 = DVBl. 2007, 1167 (1169)).

Beispiele für öffentlich-rechtliche Geldforderungen:

- Kosten nach Anwendung des Verwaltungszwanges ohne vorausgehenden Verwaltungsakt, auch bei unmittelbarer Ausführung einer Maßnahme durch sofortigen Vollzug: §6 Abs. 2 VwVG (vgl. *BVerwG* U 21.11.1980 – 4 C 71/78, juris = DÖV 1981, 799; *OVG Berlin* U 3.11.1995 – 2 B 17/93, juris = MDR 1996, 430; *OVG Münster* B 19.4.1994 – 19 A 2644/92, juris = NWVBl. 1995, 394; *OVG Lüneburg* U 9.3.1970 – 5 A 124/68, juris L, OVGE Lüneburg 26, 437). 11
- Kosten der Ersatzvornahme: §§10, 13 Abs. 4 VwVG (dazu ausführlich *OVG Berlin* U 30.1.1981 – 2 B 75/78, juris = NJW 1981, 2484; bestätigt durch *BVerwG* U 13.4.1984 – 4 C 31/81, juris = NJW 1984, 2591. Diese sind keine öffentlichen Abgaben und Kosten des §80 Abs. 2 Nr. 1 VwGO (§10 Rn. 40).
- Zwangsgelder und Kosten der Ersatzzwangshaft: §§11, 16 VwVG. Diese sind keine öffentlichen Abgaben und Kosten des §80 Abs. 2 Nr. 1 VwGO (ebenso *Engelhardt/App/Schlatmann,* VwVG §11 Rn. 1; *Lemke,* S. 350; *Bader/Funke-Kaiser,* §80 Rn. 31; *Kopp/Schenke,* §80 Rn. 63).
- Kosten des unmittelbaren Zwanges: §12 VwVG.
- Kosten, Gebühren und Auslagen für Amtshandlungen nach dem Gesetz: §19 Abs. 1 VwVG.
- Kosten der Unterbringung von Tieren: §16a des Tierschutzgesetzes (*Kluge,* §16a Rn. 29; *Hirt/Maisack/Moritz,* §16a Rn. 19; *VGH Mannheim* B 27.11.2006 – 1 S. 1925/06, juris = NVwZ-RR 2007, 296; *VGH München* B 9.6.2005 – 25 CS. 05.295, juris = NVwZ-RR 2006, 305).
- Kosten für Tätigkeiten der Schornsteinfeger: §20 des Schornsteinfeger-Handwerksgesetzes.
- Ausgleichsabgaben privater Arbeitgeber: §160 des Sozialgesetzbuchs IX, früher §11 des Schwerbehindertengesetzes (vgl. *BVerwG* U 13.12.2001 – 5 C 26/01, juris = *BVerwGE* 115, 312; *BVerwG* U 16.12.2004 – 5 C 70/03, juris = NJW 2005, 1674; *VGH München* B

22.11.1979 – 961 XII/78, juris = NJW 1980, 720). Die Verpflichtung zur Zahlung der Ausgleichsabgabe ist verfassungsgemäß (*BVerfG* U 26.5.1981 – 1 BvL 56, 57, 58/78, juris = BVerfGE 57, 139, 153 ff.; *BVerfG* B 1.10.2004 – 1 BvR 2221/03, juris = NJW 2005, 737; *BVerfG* B 10.11.2004 – 1 BvR 1785/01, juris = NVwZ-RR 2005, 321).

- Ausgleichsbeträge für Stellplätze nach Landesbaurecht (*BVerfG* B 5.3.2009 – 2 BvR 1824/05, juris = NVwZ 2009, 837).
- Gebührenforderungen. Man unterscheidet zwischen Verwaltungsgebühren und Benutzungsgebühren. Verwaltungsgebühren werden für die Vornahme von einzelnen Amtshandlungen erhoben, die auf Veranlassung der Beteiligten oder auf Grund gesetzlicher Ermächtigungen in überwiegendem Interesse einzelner vorgenommen werden (vgl. *OVG Berlin-Brandenburg* U 22.6.2005 – 2 B 7/05, juris = OVGE Berlin-Brandenburg 26, 109). Allerdings werden für nur einfache mündliche oder schriftliche Auskünfte einer Behörde keine Verwaltungsgebühren erhoben (*OVG Münster* U 5.12.2011 – 9 A 2184/08, juris = DVBl. 2012, 309). Benutzungsgebühren werden als Gegenleistung für die Benutzung öffentlicher Einrichtungen sowie für damit in Zusammenhang stehende Leistungen gefordert (*BVerwG* U 25.7.2001 – 6 C 8/00, juris = *BVerwGE* 115, 32). Die Gebührenpflicht ist unabhängig davon, in welchem Umfang der Schuldner die Einrichtung nutzt (*OVG Hamburg* U 14.4.2010 – 3 Bf 147/08, juris = NVwZ-RR 2010, 718).
- Zum Wesen der Gebühren wird im Übrigen Bezug genommen auf *BVerfG* B 11.8.1998 – 1 BvR 1270/94, juris = NVwZ 1999, 176; *BVerwG* U 3.3.1994 – 4 C 1/93, juris = BVerwGE 95, 188; *BVerwG* U 21.4.2004 – 6 C 20/03, juris = BVerwGE 120, 311.
- Kostenpflicht nach Landesrecht für die Beförderung hilfloser Personen durch die Polizei (*OVG Lüneburg* U 26.1.2012 – 11 LB 226/11, juris = NJW 2012, 1898).
- Beitragsforderungen. Beiträge werden zur Verringerung oder Deckung der Kosten für die Herstellung und die Unterhaltung öffentlicher Einrichtungen und Anlagen von denjenigen erhoben, die davon besondere Vorteile haben können. Ob der Beitragspflichtige von diesem Vorteil Gebrauch macht oder nicht, ist ohne Bedeutung. Es genügt im Sinne der Typengerechtigkeit, wenn der Vorteil sich als solcher auswirken kann. Das gilt insbesondere für Erschließungsbeiträge (vgl. *BVerwG* U 19.10.1966 – 4 C 99/65, juris = BVerwGE 25, 147, 149; *BVerwG* U 27.9.2006 – 9 C 4/05, juris = BVerwGE 126, 378).
  Zum Wesen der Beiträge wird im Übrigen Bezug genommen auf *BVerfG* B 20.5.1959 – 1 BvL 1, 7/58, juris Rn. 26 ff. = BVerfGE 9, 291 (297 f.); *BVerwG* U 15.10.1971 – 7 C 20/70, juris Rn. 13 = BVerwGE 39, 5 (6).
- Geldbußen: § 90 Abs. 1 des Gesetzes über Ordnungswidrigkeiten. Grundlage und Voraussetzung für die Vollstreckung einer Geldbuße ist der rechtskräftige Bußgeldbescheid. Er ist ein spezialgesetzlicher Leistungsbescheid im Sinne von § 3 Abs. 2 Buchst. a. Mit seiner Zustellung an den Schuldner tritt die Fälligkeit der Forderung nach § 3 Abs. 2 Buchst. b ein.
- Ansprüche des Dienstherrn gegen Beamten wegen Dienstpflichtverletzung (*BVerwG* U 15.6.2006 – 2 C 10/05, juris = NJW 2006, 3225).
- Ansprüche des Dienstherrn gegenüber Beamten auf Erstattung zu viel gezahlter Dienstbezüge (vgl. *BVerwG* U 28.9.1967 – 2 C 37/67, juris = BVerwGE 28, 1; *BVerwG* U 21.10.1999 – 2 C 27/98, juris = BVerwGE 109, 357; *BVerwG* U 25.8.2011 – 2 C 31/10, juris = NVwZ-RR 2012, 208). Nach Möglichkeit hat der Dienstherr überbezahlte Beiträge mit laufenden Dienstbezügen des Beamten zu verrechnen (*BVerwG* U 27.1.1994 – 2 C 19/92, juris = BVerwGE 95, 94). Der Erstattungsanspruch kann mit dem Erlass eines Leistungsbescheides, im Wege der Leistungsklage oder durch Aufrechnung geltend gemacht werden (vgl. *BVerwG* U 28.2.2002 – 2 C 2/01, juris Rn. 21 = BVerwGE 116, 74 (77)).
- Abschiebungskosten: §§ 66, 67 des Aufenthaltsgesetzes (§ 19 Rn. 5).

Eine **Ausnahme** von dem Grundsatz des Absatzes 1, dass öffentlich-rechtliche Geldforderungen vollstreckt werden, enthält § 20 Abs. 3 S. 1 Schornsteinfeger-Handwerksgesetz (*OVG Saarlouis* B 20.2.2006 – 1 W 4/06, juris = NVwZ-RR 2006, 738 noch für § 25 Abs. 4 des Schornsteinfegergesetzes). Hiernach können alle Forderungen des Bezirksschornsteinfegermeisters aus dem Kehrvertrag im Verwaltungswege beigetrieben werden (*Lemke*, S. 99, 100; *Waldhoff*, § 46 Rn. 70). **12**

Hier ist darauf hinzuweisen, dass das Schornsteinfeger- Handwerksgesetz im Verhältnis zum Bundes-Immissionsschutzgesetz ein eigenständiges Gesetz ist. Bei den Gebühren hat deshalb § 20 Abs. 3 SchfHwG gegenüber § 52 Abs. 4 BImSchG den selbstständigen Vorrang (*OVG Lüneburg* B 24.11.2006 – 8 ME 152/06, juris = NVwZ-RR 2007, 96). Auf das Verhältnis des Schornsteinfegerwesens zu Bestimmungen des Immissionsschutzes weist § 22 SchfHwG hin.

Die **Vollstreckung privatrechtlicher Forderungen** im Verwaltungswege kann auch nach **Landesrecht** zulässig sein. Das gilt in folgenden Bundesländern (ausführlich: *Lemke*, S. 95 ff.; *Waldhoff*, § 46 Rn. 70 ff.; *Engelhardt/App/Schlatmann*, VwVG § 1 Rn. 23, 24): **13**

(1) Berlin: § 9 VwVfG Berlin.

(2) Bremen: § 1 Abs. 2, § 7 BremGVG.

(3) Hamburg: § 3 Abs. 2 Nr. 2 HmbVwVG.

(4) Hessen: § 66 HessVwVG.

(5) Mecklenburg-Vorpommern: § 14 Abs. 1 S. 1 des Kommunalabgabengesetzes.

(6) Nordrhein-Westfalen: § 1 Abs. 2–4 VwVG NRW. Dazu Verordnung über die Beitreibung privatrechtlicher Geldforderungen im Verwaltungsvollstreckungsverfahren vom 10.3.2003 (GV.NRW. S. 170).

(7) Rheinland-Pfalz: § 71 Abs. 1 LVwVG. Siehe dazu *BGH* U 1.7.1987 – VIII ZR 194/86, juris = NVwZ 1988, 760.

(8) Saarland: § 1 Abs. 2 Nr. 1, § 74 SVwVG.

(9) Sachsen-Anhalt: § 2 Abs. 3 VwVG LSA.

(10) Schleswig-Holstein: § 319 LVwG.

(11) Thüringen: § 42 ThürVwZVG.

Privatrechtliche Forderungen können aber nur dann im Verwaltungszwangsverfahren vollstreckt werden, wenn es eine **Rechtsvorschrift zulässt.** Eine solche Rechtsvorschrift kann ein Verwaltungsvollstreckungsgesetz, ein anderes Gesetz oder eine dazu erlassene Rechtsverordnung sein.

Der Staat darf allerdings seine privatrechtlichen Forderungen nur dann im Verwaltungswege vollstrecken, wenn er nicht wettbewerbswidrig gegen den Gleichheitsgrundsatz des Art. 3 Abs. 1 GG verstößt. Denn er darf nicht ohne sachlichen Grund einerseits die Vorteile des Privatrechts benutzen und andererseits im Konfliktfall auf die Härte des hoheitlichen Vollstreckungsrechts zurückgreifen. In privatrechtlicher Form können als öffentliche Aufgaben etwa wahrgenommen werden: Sozialeinrichtungen, Bibliotheken, Abfallbeseitigung, Wasserversorgung sowie die Lieferung von Elektrizität und Gas. Hier darf die staatliche Unternehmertätigkeit nicht erwerbswirtschaftlich sein. Sie muss vielmehr der **Daseinsvorsorge** dienen. Dabei handelt es sich hauptsächlich um Angelegenheiten der kommunalen Selbstverwaltung im Sinne von Art. 28 Abs. 2 GG (*BVerwG* U 20.1.2005 – 3 C 31/03, juris = BVerwGE 122, 350; *BVerwG* U 6.4.2005 – 8 CN 1/04, juris = BVerwGE 123, 159.

II. Zu Absatz 2

14 Das Verwaltungs-Vollstreckungsgesetz ist im Interesse der Verwaltung erlassen worden. Es verleiht der Behörde obrigkeitliche Rechtsmacht. Sie ist die höherrangige Gläubigerin des Schuldners. Diese Rechtsmacht der Behörde muss aus rechtsstaatlichen Gründen und mit Rücksicht auf die Gewaltenteilung allerdings Grenzen haben. Deshalb sind **in Absatz 2 notwendige Ausnahmen** zu finden.

15 **1. Öffentlich-rechtliche Geldforderungen des Parteistreites.** Zunächst sind wegen der **Gleichberechtigung der Beteiligten** diejenigen öffentlich-rechtlichen Geldforderungen ausgenommen, die durch Parteistreit vor den Verwaltungsgerichten verfolgt werden müssen. Um einen solchen handelt es sich nur dann, wenn die Verwaltungsbehörde das strittige Rechtsverhältnis nicht selbst auf Grund obrigkeitlicher Gewalt durch Verwaltungsakt regeln kann (*BVerwG* U 21.9.1966 – 5 C 155/65, juris Rn. 23 ff. = BVerwGE 25, 72 (77 f.)).

Der Grundsatz, dass die Vollstreckungsgewalt einer Verwaltungsbehörde ihrer Verfügungsgewalt entspricht, gilt demnach auch für öffentlich-rechtliche Geldforderungen. Parteistreitigkeiten sind also Streitigkeiten des öffentlichen Rechts zwischen gleichgeordneten selbstständigen Rechtsträgern (ausführlich: *Schunck/De Clerck*, §40 S. 177 f.).

Beispiele:

16 – Streitigkeiten aus öffentlich-rechtlichen Verträgen nach §54 S. 1 VwVfG, sofern es sich um koordinationsrechtliche Verträge handelt, bei denen kein Vertragspartner dem anderen (subordinationsrechtlich) untergeordnet ist.
– Streitigkeiten über Geldleistungen, bei denen die öffentlich-rechtlichen Verhältnisse von öffentlichen Sachen umstritten sind. Dabei kann es sich etwa um Streitigkeiten eines Gemeindeangehörigen mit einem anderen oder mit der Gemeindeverwaltung über die Benutzung des Gemeindevermögens einschließlich der Straßen, Flüsse, Anlagen und Einrichtungen handeln. Hier ist die Zuständigkeit des Verwaltungsgerichts, wie auch sonst allgemein, aus §40 Abs. 1 S. 1 VwGO herzuleiten.

Insoweit sagt die Regelung des Absatzes 2 ihrem Sinngehalt nach zugleich aus, dass die Behörde bei Parteistreitigkeiten einen Leistungsbescheid gemäß § 3 Abs. 2 Buchst. a nicht erlassen darf. Andernfalls wäre die Bestimmung des Absatzes 2 bedeutungslos, weil dann öffentlich-rechtliche Geldforderungen ausschließlich durch Leistungsbescheid durchzusetzen wären (*BVerwG* U 28.6.1968 – 7 C 118/66, juris Rn. 44 ff. = NJW 1969, 809 (810)).

17 **2. Anderer Rechtsweg als der Verwaltungsrechtsweg.** Sodann sind auch diejenigen öffentlich-rechtlichen Geldforderungen ausgenommen, für die ein anderer Rechtsweg als der Verwaltungsrechtsweg begründet ist. Die Vollstreckung dieser Geldforderungen bestimmt sich nach den Vorschriften, welche für die Vollstreckung der Titel gelten, die in dem betroffenen Verfahren erwirkt worden sind.

Beispiele:

- Für den Amtshaftungsanspruch auf Schadensersatz und den Rückgriff des Staates gegen den Amtsträger ist der ordentliche Rechtsweg vorgeschrieben: Art. 34 S. 3 GG. **18**
- Das Gleiche gilt für vermögensrechtliche Ansprüche des Staates gegen den Bürger aus Schadensfällen bei öffentlich-rechtlicher Verwahrung: § 40 Abs. 2 S. 1 VwGO.
- Rückständige Kammerbeiträge der Notare werden nach den Vorschriften beigetrieben, die für die Vollstreckung von Urteilen in bürgerlichen Rechtsstreitigkeiten gelten: § 73 Abs. 2 Bundesnotarordnung (vgl. *BGH* U 8.7.2002 – NotZ 25/01, juris = NJW 2002, 3026).
- Das Gleiche gilt für rückständige Kammerbeiträge der Rechtsanwälte: § 84 Abs. 1 Bundesrechtsanwaltsordnung.
- Ansprüche nach Artikel VIII Abs. 5 des NATO-Truppenstatus gegenüber der Bundesrepublik Deutschland sind vor den ordentlichen Gerichten geltend zu machen. Das trifft u. a. auf die Erstattung von Kosten zu, die der Polizei bei sofortiger Abwehr einer drohenden Grundwasserverseuchung durch ausgelaufenes Öl eines ausländischen Manöverfahrzeugs entstanden sind (*BGH* U 27.4.1970 – III ZR 49/69, juris = BGHZ 54, 21).

III. Zu Absatz 3

Hier legt der Gesetzgeber klärend fest, dass die Vorschriften der Abgabenordnung, des Sozialversicherungsrechts einschließlich der Arbeitslosenversicherung und der Justizbeitreibungsordnung unberührt bleiben. **19**

Insoweit enthält § 66 Abs. 1 S. 1 Sozialgesetzbuch X eine besondere Regelung: Für die Vollstreckung zugunsten der Behörden des Bundes, der bundesunmittelbaren Körperschaften. Anstalten und Stiftungen des öffentlichen Rechts gilt ebenfalls das Verwaltungs-Vollstreckungsgesetz (vgl. *von Wulffen/Roos*, § 66 Rn. 4 ff.). Nach Absatz 2 dieser Bestimmung gilt das auch für die Vollstreckung durch Verwaltungsbehörden der Kriegsopferversorgung. Für die Vollstreckung zugunsten der übrigen Behörden gelten gemäß § 66 Abs. 3 SGB X die jeweiligen landesrechtlichen Vorschriften über das Verwaltungsvollstreckungsverfahren (vgl. *LG Darmstadt* B 29.9.1998 – 5 T 879/98, juris L, NVwZ-RR 2001, 314). **20**

Gemäß § 66 Abs. 4 SGB X kann die Behörde die Zwangsvollstreckung aus einem Verwaltungsakt in der Gestalt des Leistungsbescheides auch in entsprechender Anwendung der Zivilprozessordnung vornehmen. Hierfür gelten dann die §§ 704 ff. ZPO. Die Durchführung der Zwangsvollstreckung erfordert die Vorlage der mit einer Vollstreckungsklausel nach § 725 ZPO versehenen vollstreckbaren Ausfertigung des Leistungsbescheides. Das ergibt sich aus der analogen Anwendung des § 724 Abs. 1 ZPO (*BGH* B 25.10.2007 – 1 ZB 19/07, juris = MDR 2008, 712).

Über Absatz 3 hinaus bleiben aber auch, allerdings seltene, Vorschriften in Gesetzen unberührt, welche die Vollstreckung besonders regeln. So bestimmt zum Beispiel § 10 Abs. 4 des Betriebsrentengesetzes – BetrAVG –, dass die Zwangsvollstreckung aus Beitragsbescheiden in entsprechender Anwendung der Vorschriften der ZPO stattfindet. Das hat ferner für Verwaltungsakte zu gelten, die als Meldebescheide nach § 11 Abs. 2 BetrAVG zulässig und als Grundlage für den späteren Erlass des Beitragsbescheides notwendig sind (*BVerwG* U 22.11.1994 – 1 C 22/92, juris = BVerwGE 97, 117). **21**

Anhang:
Vergleichbares Landesrecht

22 **(1) Baden-Württemberg:** §1, §13 LVwVG.

Gemäß §1 Abs. 2 S. 1 gilt das Landesgesetz auch, soweit Bundesrecht oder eine völkerrechtliche Vereinbarung eine Vollstreckung im Verwaltungswege nach landesrechtlichen Vorschriften vorsieht. Die Berücksichtigung des Völkerrechts ist durch Artikel 6 des Gesetzes zur Änderung des Landesverwaltungsverfahrensgesetzes und des Landesverwaltungsvollstreckungsgesetzes vom 25.4.1991 (GBl. S. 223, 225) aufgenommen worden. Das ist eine nachahmenswerte Besonderheit, der sich inzwischen Thüringen in §18 Abs. 2 S. 1 ThürVwZVG angeschlossen hat.

Nach §1 Abs. 2 S. 2 gilt das Landesgesetz ferner, soweit Bundesrecht die Länder ermächtigt zu bestimmen, dass die landesrechtlichen Vorschriften über die Verwaltungsvollstreckung anzuwenden sind.

(2) Bayern: Art. 18 VwZVG.

(3) Berlin: §8 Abs. 1 S. 1 VwVfG Berlin verweist auf das VwVG.

(4) Brandenburg: §§1, 17 VwVGBbg.
Sind die Länder durch Bundesgesetz ermächtigt zu bestimmen, dass die landesrechtlichen Vorschriften über das Verwaltungszwangsverfahren anzuwenden sind, so findet gemäß §1 Abs. 3 die Vollstreckung nach den Vorschriften des VwVGBbg statt.

Nach §1 Abs. 2 gelten die Bestimmungen des Landesgesetzes auch für die Vollstreckung aus solchen schriftlichen öffentlich-rechtlichen Verträgen und gesetzlich zugelassenen schriftlichen Erklärungen, in denen der Schuldner sich zu einer Geldleistung verpflichtet und der Vollstreckung im Verwaltungswege unterworfen hat.

(5) Bremen: §1 BremGVG.

(6) Hamburg: §1–3 HmbVwVG.

(7) Hessen: §1, §§15–17b, §66 HessVwVG.

(8) Mecklenburg-Vorpommern: §111 Abs. 1 VwVfG M-V.
Es gelten die §§1 bis 3 und §5 VwVG einschließlich der in §5 Abs. 1 VwVG aufgeführten Vorschriften der Abgabenordnung mit Ausnahme des §249 AO. Das gilt entsprechend für Stellen und Personen, denen hoheitliche Aufgaben übertragen sind.

(9) Niedersachsen: §1–67b NVwVG.

(10) Nordrhein-Westfalen: §1 VwVG NRW.

Sind die Länder durch Bundesgesetz ermächtigt zu bestimmen, dass die landesrechtlichen Vorschriften über das Verwaltungszwangsverfahren anzuwenden sind, so findet gemäß §1 Abs. 5 die Vollstreckung nach den Vorschriften des VwVG NRW statt.

Nach §1 Abs. 6 gelten die Bestimmungen des Landesgesetzes auch für die Vollstreckung aus solchen schriftlichen öffentlich-rechtlichen Verträgen und gesetzlich zugelassenen schriftlichen Erklärungen, in denen der Schuldner sich zu einer Geldleistung verpflichtet und der Vollstreckung im Verwaltungswege unterworfen hat.

(11) Rheinland-Pfalz: §1, §68, §71 LVwVG

Gemäß §68 Abs. 1 Nr. 1 findet die Vollstreckung bei Ansprüchen, für die der Verwaltungsrechtsweg begründet ist, auch aus Verzeichnissen, Tabellen und ähnlichen Urkunden statt, sofern die Vollstreckung durch Gesetz oder auf Grund eines Gesetzes besonders zugelassen ist.

Nach §68 Abs. 1 Nr. 2 findet diese Vollstreckung ferner aus Verträgen statt, wenn sich der Vollstreckungsschuldner in der Urkunde der sofortigen Vollstreckung ausdrücklich unterworfen hat, jedoch mit Ausnahme verwaltungsgerichtlicher Vergleiche.

(12) Saarland: §1, §73, §74 SVwVG.

Gemäß §73 Abs. 1 Nr. 1 gilt das Landesgesetz entsprechend für die Vollstreckung von Ansprüchen aus öffentlich-rechtlichen Verträgen und gesetzlich zugelassenen schriftlichen Erklärungen, in denen sich der Pflichtige zu einer Handlung, Duldung, Unterlassung oder einer Geldleistung verpflichtet und der Vollstreckung im Verwaltungsvollstreckungsverfahren unterworfen hat.

Nach §73 Abs. 1 Nr. 2 gilt das Landesgesetz ferner entsprechend für die Vollstreckung von Ansprüchen aus Verzeichnissen, Tabellen und ähnlichen Urkunden, sofern die Vollstreckung durch Gesetz oder auf Grund eines Gesetzes besonders zugelassen ist.

(13) Sachsen: §1, §12 SächsVwVG.

Gemäß §1 Abs. 1 Nr. 2 gilt das Gesetz auch für die Vollstreckungshilfe, welche die vorrangigen Landesbehörden (Abs. 1 Nr. 1) anderen Behörden leisten.

Nach §1 Abs. 2 gelten die Vorschriften über die Vollstreckung von Verwaltungsakten entsprechend für die Vollstreckung aus öffentlich-rechtlichen Verträgen zu Gunsten der in Absatz 1 Nr. 1 genannten Behörden, Körperschaften, Anstalten und Stiftungen des öffentlichen Rechts, wenn sich der Schuldner in dem Vertrag der sofortigen Vollstreckung unterworfen hat.

Gemäß §1 Abs. 3 S. 2 gilt das Gesetz ferner, soweit Bundesrecht die Länder ermächtigt, zu bestimmen, dass die landesrechtlichen Vorschriften über die Verwaltungsvollstreckung anzuwenden sind.

(14) Sachsen-Anhalt: §1, §§71-73 VwVG LSA.

(15) Schleswig-Holstein: §1 Abs. 1, §2, §3, §262, §§317–320 LVwG.

Gemäß §318 sind die Bestimmungen über die Vollstreckung öffentlich-rechtlicher Geldforderungen auf öffentlich-rechtliche Verträge entsprechend anzuwenden, wenn Vertragschließende eine Behörde ist.

(16) Thüringen: §18 ThürVwZVG.

Gemäß §18 Abs. 2 S. 1 gilt das Landesgesetz auch, soweit Bundesrecht oder eine völkerrechtliche Vereinbarung eine Vollstreckung im Verwaltungswege nach landesrechtlichen Vorschriften vorsieht. Das Völkerrecht wird bislang nur von Baden-Württemberg in §1 Abs. 2 S. 1 LVwVG berücksichtigt. Thüringen hat sich dieser Regelung in der Neubekanntmachung des ThürVwZVG vom 27.9.1994 (GVBl. S. 1053, 1057) angeschlossen.

Nach § 18 Abs. 2 S. 2 gilt das Landesgesetz ferner, soweit Bundesrecht die Länder ermächtigt zu bestimmen, dass die landesrechtlichen Vorschriften über die Verwaltungsvollstreckung anzuwenden sind.

§ 2 Vollstreckungsschuldner

(1) Als Vollstreckungsschuldner kann in Anspruch genommen werden,

a) wer eine Leistung als Selbstschuldner schuldet;
b) wer für die Leistung, die ein anderer schuldet, persönlich haftet.

(2) Wer zur Duldung der Zwangsvollstreckung verpflichtet ist, wird dem Vollstreckungsschuldner gleichgestellt, soweit die Duldungspflicht reicht.

Übersicht

1 Die Regelung des § 2 **grenzt den Vollstreckungsschuldner materiell ab** und definiert ihn für den Bereich des Verwaltungs-Vollstreckungsgesetzes. Demnach bestimmt die Vorschrift verbindlich, wer als Vollstreckungsschuldner in Anspruch genommen werden kann. Hier darf also nicht die Definition des § 253 AO, der gemäß § 5 Abs. 1 auch für das Verwaltungszwangsverfahren gilt, benutzt werden. Nach § 253 AO ist Vollstreckungsschuldner allgemein und umfassend derjenige, gegen den sich ein Vollstreckungsverfahren richtet. Denn § 2 enthält eine materielle Voraussetzung für die Einleitung der Vollstreckung, § 5 Abs. 1 mit § 253 AO hingegen Verfahrensvorschriften für ihre Durchführung (*BFH* U 30.3.1976 – VII R 94/75, juris Rn. 9 = BFHE 118, 533 (535)).

Für Vollstreckungen gegen **Soldaten** der Bundeswehr im Verwaltungszwangsverfahren gilt der Erlass des *Bundesministeriums der Verteidigung* über „Zustellungen, Ladungen, Vorführungen und Zwangsvollstreckungen bezüglich Soldaten der Bundeswehr" in der Neufassung vom 23.7.1998 (VMBl. S. 246), geändert durch Erlass vom 10.3.2003 (VMBl 2003, S. 95), durch Erlass vom 14.6.2004 (VMBl 2004, S. 109) und durch Erlass vom 5.10.2016 (GMBl. 2016, 1047) sowie bereinigt am 13.3.2017 (JMBl. NRW 2017, S. 78). Nach Nr. 502 i.V.m. Nr. 501 S. 2 ist im Interesse einer reibungslosen Durchführung der Vollstreckung die vorherige Anzeige an die militärische Dienststelle erforderlich. Sodann wird die Vollstreckung nach den allgemeinen Vorschriften, hier § 5 VwVG, durchgeführt.

2 Bei der **Vollstreckung zugunsten der öffentlichen Hand** durch den **Vorsitzenden des Gerichts** des ersten Rechtszuges gemäß § 169 VwGO findet **§ 2 keine Anwendung.** Denn nur die Ausführung der Vollstreckung durch den Gerichtsvorsitzenden richtet sich nach dem Verwaltungs-Vollstreckungsgesetz. Die materielle Voraussetzung dafür, wer also hier Vollstreckungsschuldner ist, bestimmt ausschließlich der nach § 168 Abs. 1 VwGO zu vollstreckende Titel (*Bader* § 169 Rn. 2; *Redeker/von Oertzen*, § 169 Rn. 7). Dort ist der Schuldner speziell bezeichnet.

I. Zu Absatz 1

1. Der Selbstschuldner. Vollstreckungsschuldner ist nach Absatz 1 Buchst. a zunächst der Selbstschuldner. Er schuldet eine Leistung als **persönliche Schuld.** Das gilt auch für den Fall einer Pfändungsverfügung nach §5 Abs. 1 VwVG i.V.m. §309 Abs. 1 S. 1 AO (vgl. *VG Mainz* B 21.4.2010 – 3 L 233/10, juris = NVwZ-RR 2010, 631). Selbstschuldner kann auch eine Personenmehrheit, etwa eine Wohnungseigentümergemeinschaft, sein (*OVG Lüneburg* B 1.7.2010 – 9 ME 15/10, juris = ZWE 2010, 426, DVBl. 2010, 1060 L). Außer dem ursprünglichen Schuldner ist auch der Gesamtrechtsnachfolger Selbstschuldner, zum Beispiel bei Verschmelzung von Gesellschaften und bei Erbfolge (vgl. §45 AO). 3

Nach §45 Abs. 1 S. 2 AO gilt das jedoch bei der Erbfolge nicht für Zwangsgelder. Denn diese sind höchstpersönlicher Natur. Hier besteht die gleiche Rechtslage wie bei Geldbußen (§101 OWiG).

Der **Erbe** ist gemäß §1922 BGB Gesamtrechtsnachfolger des Erblassers. Er ist Selbstschuldner und nicht Haftungsschuldner nach Absatz 1 Buchst. b. Eine Nachlassverbindlichkeit gemäß §1967 BGB ist eine persönliche Schuld des Erben. Infolgedessen kann er nicht für die Leistung, die ein anderer schuldet, haften: Der verstorbene Rechtsvorgänger schuldet nichts mehr. 4

Beispiele für Nachlassverbindlichkeiten:
- *BVerwG* U 18.9.1981 – 8 C 72/80, juris = BVerwGE 64, 105.
- *BVerwG* U 9.1.1963 – 5 C 74/62, juris = BVerwGE 15, 234.
- *BSG* U 17.12.1965 – 8 RV 749/64, juris = BSGE 24, 190.
- Zahlungsverpflichtung des Erben gemäß §12 Abs. 4 des Bundesbesoldungsgesetzes.

Ebenfalls Selbstschuldner ist der **Sicherungseigentümer** (vgl. *BVerwG* U 16.7.1968 – 1 C 5/68, juris L, DÖV 1969, 471). 5

Selbstschuldner können auch **Gesamtschuldner** sein. Das Wesen der Gesamtschuld ergibt sich aus §421 BGB: Mehrere schulden eine Leistung in der Weise, dass jeder verpflichtet ist, die ganze Leistung zu bewirken. Aber der Gläubiger darf die Leistung nur einmal fordern (*BVerwG* B 4.10.2010 – 3 B 17/10, juris, NVwZ-RR 2011, 45). Der Gläubiger kann die Leistung nach seinem Belieben von jedem der Schuldner ganz oder teilweise fordern. Bis zur Bewirkung der ganzen Leistung bleiben sämtliche Schuldner verpflichtet. Für die Gesamtschuld im Steuerrecht gilt §44 AO. 6

§421 BGB ist eine allgemein gültige Rechtsgrundlage der selbstschuldnerischen Haftung. Hierbei haben in der Verwaltungsvollstreckung an die Stelle der Worte „nach seinem Belieben" sinngemäß die Worte „nach seinem Ermessen" zu treten. Maßstab der Ermessensbildung haben die Zweckmäßigkeit und die Billigkeit zu sein (*BVerfG* U 29.9.1982 – 8 C 138/81, juris Rn. 21 = NVwZ 1983, 222 (223)).

Beispiele:
- Mehrere Wohnungsinhaber für Fehlbelegungsabgabe (*BVerwG* U 22.1.1993 – 8 C 57/91, juris = NJW 1993, 1667.
- Erben gemäß §2058 BGB (*VGH München* U 19.7.1976 – 219 VI 74, juris L, BayVBl. 1976, 756).
- Mitglieder einer ungeteilten Erbengemeinschaft für Ausgleichsbetrag nach §154 BauGB (*VG Koblenz* B 16.12.1993 – 8 L 4832/93, juris = NVwZ-RR 1994, 637).

- Mehrere Gesellschafter für die offene Handelsgesellschaft (*OVG Münster* U 18.9.1974 – 2 B 508/74, juris = OVGE Münster 50, 54 zu § 6 Abs. 1 Nr. 1 VwVG NRW).
- Mehrere Grundstückseigentümer für Schornsteinfegergebühren (*BVerwG* U 21.10.1994 – 8 C 11/93, juris = NVwZ-RR 1995, 305).
- Wohnungseigentümergemeinschaft für Grundbesitzabgaben (*BVerwG* B 11.11.2005 – 10 B 65/05, juris = NJW 2006, 791; *VGH Mannheim* U 26.9.2008 – 2 S 1500/06, juris = NJW 2009, 1017; *BGH* U 18.6.2009 – VII ZR 196/08, juris = BGHZ 181, 304; *BGH* U 11.5.2010 – IX ZR 127/09, juris = NZM 2010, 672).
- Ehegatten für Straßenreinigungsgebühren (*BVerwG* B 25.3.1996 – 8 B 48/96, juris = NVwZ-RR 1997, 248).
- Mehrere Veranlasser der Gefahr für das Grundwasser auf einem ehemaligen Tankstellengrundstück (*VGH München* U 15.3.1999 – 22 B 95.2164, juris = NVwZ 2000, 450).
- Miteigentümer für Grundbesitzabgaben (*OVG Münster* B 27.2.2001 – 9 B 157/01 –, juris = NVwZ-RR 2001, 596; *OVG Münster* U 15.12.1995 – 9 A 3413/95, juris = NVwZ-RR 1997, 121).

7 Selbstschuldner, die als Gesamtschuldner haften, werden nach **öffentlichem Recht** in Anspruch genommen. Denn das Verwaltungsvollstreckungsverfahren ist von hoheitlicher Natur. Vollstreckungsgrundlage kann zum Beispiel ein Leistungsbescheid sein, der auf Grund einer Gemeindesatzung über die gesamtschuldnerische Haftung von Eltern für Gebühren erlassen wird, die wegen der Benutzung einer Kindertagesstätte durch ihr Kind fällig werden. Dieser Anspruch der Behörde ist vom bürgerlichen Recht unabhängig. Daher ist ein Elternteil auch dann Schuldner der Behörde, wenn er gleichzeitig Unterhalt für sein Kind zahlt (*VG Braunschweig* U 21.2.2005 – 5 A 319/04, juris Rn. 13 = NJW 2005, 2170 (2171)).

8 Die Entscheidung der Behörde über die **Auswahl** unter mehreren gesamtschuldnerisch haftenden Personen darf **nicht ermessensfehlerhaft,** insbesondere nicht offenbar unbillig sein (*VGH München* U 1.7.1998 – 22 B 98.198, juris = NVwZ-RR 1999, 99; *OVG Bautzen* U 11.1.1999 – 2 S 518/98, juris = NVwZ-RR 1999, 788; *VGH Mannheim* B 25.3.2003 – 1 S 190/03, juris = NJW 2003, 2550; *BFH* U 11.3.2004 – VII R 52/02, juris = NJW 2004, 3061; *OVG Greifswald* B 17.11.2003 – 1 M 169/03, juris = LKV 2004, 230; *VGH München* B 14.8.2003 – 22 ZB 03.1661, juris, ZUR 2004, 51 L; *OVG Hamburg* U 4.5.2001 – 1 Bf. 388/98, juris = NVwZ-RR 2002, 458; *VG Chemnitz* B 29.1.1997 – 1 K 1996/96, juris = NVwZ-RR 1998, 414; *VG Schleswig* U 14.6.2004 – 14 A 344/02, juris, NVwZ-RR 2005, 86 L).

9 In den Leistungsbescheiden, die an mehrere Adressaten gerichtet sind, muss die Gläubigerbehörde nicht wörtlich auf die gesamtschuldnerische Haftung hinweisen. Sie sollte es zwar tun. Aber für die gemäß § 37 Abs. 1 VwVfG hinreichende Bestimmtheit eines Leistungsbescheides genügt es, wenn sich durch seine Auslegung eindeutig ermitteln lässt, dass der geforderte Betrag von jedem Adressaten in voller Höhe geschuldet wird, jedoch insgesamt nur einmal zu zahlen ist (*BVerwG* B 25.3.1996 – 8 B 48/96, juris Rn. 6 = = NVwZ-RR 1997, 248).

10 Eine selbstschuldnerische Haftung scheidet aus, wenn die Inanspruchnahme des Betreffenden grob unbillig wäre (vergleichbar §§ 1579, 1611 Abs. 1 BGB). Dann läge nämlich eine **unbillige Härte** vor. So haftet zum **Beispiel** die Tochter nicht für die Bestattungskosten bei dem Tod ihres Vaters, den sie niemals gesehen und der auch nie Unterhalt für sie gezahlt hat (*OVG Münster* B 2.2.1996 – 19 A 3802/95, juris =NVwZ-RR 1997, 99). In einem solchen Fall ist das Ermessen der Behörde derart auf „Null“ reduziert, dass sie davon absehen muss, ihre Bestattungskosten geltend zu machen.

Die Entscheidung der Behörde über eine unbillige Härte ist nach Feststellung des Gemeinsamen Senats der Obersten Gerichtshöfe des Bundes zwar von den Gerichten nach den für Ermessensentscheidungen geltenden Grundsätzen zu prüfen. Jedoch kommt es zu einer weitgehenden Nachprüfbarkeit. Denn der Maßstab der Billigkeit bestimmt Inhalt und Grenzen des pflichtgemäßen Ermessens (*GmS-OGB* B 19.10.1971 – *GmS-OGB* 3/71, juris = BVerwGE 39, 355).

Mitunter ist unklar, wer Pflichtiger und damit Vollstreckungsschuldner ist. Dieser **11** muss einwandfrei bestimmt sein. Denn er ist Adressat des Leistungsbescheides nach § 3 Abs. 2 Buchst. a. Eine solche Ungewissheit besteht zum **Beispiel**, wenn die Eigentumsverhältnisse an einem Grundstück nicht feststehen, auf welches sich der Vollzug bezieht. Man denke an Kosten einer Ersatzvornahme. Dann wird zweckmäßigerweise dem Betroffenen eine angemessene Frist gesetzt, diese zivilrechtliche Vorfrage gerichtlich klären zu lassen (*VGH München* B 9.4.2003 – 20 CS 03.525, juris = NVwZ-RR 2003, 542).

Bei einer Bestattung im eiligen Notfall durch eine Gemeinde kann regelmäßig nicht gleich ermittelt werden, wer für die Bestattung primär verpflichtet ist und folglich deren Kosten zu tragen hat. Sobald die Behörde den Verantwortlichen gefunden hat, nimmt sie ihn als Selbstschuldner in Anspruch.

2. Der Haftungsschuldner. Vollstreckungsschuldner ist nach Absatz 1 Buchst. b ferner **12** der Haftungsschuldner. Er **haftet persönlich** und grundsätzlich auch unbeschränkt an Stelle des Selbstschuldners oder neben ihm für dessen gesetzliche Leistungsschuld (*BVerwG* U 29.6.2000 – 1 C 25/99, juris Rn. 12 = NVwZ 2000, 1424). Die Haftung kann auch gesamtschuldnerisch sein.

Gegen den Haftungsschuldner kann nur vollstreckt werden, wenn die Gläubigerbehörde gegen ihn einen Verwaltungsakt erlassen hat, mit dem seine Haftungsschuld begründet ist. Dieser Verwaltungsakt ist ein **Leistungsbescheid** nach §3 Abs. 2 Buchst. a (*Engelhardt/App/Schlatmann*, VwVG §2 Rn. 3; *App/Wettlaufer*, §5 Rn. 17; zum entsprechenden §20 Abs. 2 Nr. 2 ThürVwZVG *VG Meiningen* B 11.5.1998 – 5 K 1261/97, juris = NVwZ-RR 1999, 220). Der Leistungsbescheid ist notwendig. Denn er ist die grundsätzliche Voraussetzung für die Einleitung der Vollstreckung (§3 Rn. 9, 28).

Beispiele für Haftungsschuld:

- Haftung des überlebenden Ehegatten bei Gesamtgutverpflichtungen der fortgesetzten Gütergemeinschaft: § 1489 BGB.
- Erbschaftskauf: §2382 BGB.
- Erwerb eines Handelsgeschäfts: §25 HGB.
- Eintritt in das Geschäft eines Einzelkaufmanns: §28 HGB.
- Haftung des Gesellschafters der OHG: §128 HGB.
- Haftung der Komplementäre der KG: §161 Abs. 2, §128 HGB.
- Haftung des Kommanditisten: §171 Abs. 1 HGB.
- Kostenhaftung des Ausländers und anderer Personen: §66, §68 AufenthG (*BVerwG* U 14.6.2005 – 1 C 11/04, juris = BVerwGE 123, 382; *BVerwG* U 14.6.2005 – 1 C 15/04 –, juris = BVerwGE 124, 1; *VGH München* B 8.9.2006 – 24 ZB 06.1326, juris = DÖV 2006, 1010).

Eine besondere Haftungsschuld gibt es bei der Einziehung von **Kurbeiträgen in Badeorten.** Für diese sind die Kurgäste beitragspflichtig. Jedoch können nach Satzungsrecht auch Personen oder Unternehmen, die Personen beherbergen, verpflichtet sein, die Kurbeiträge einzuziehen und an den Staat abzuliefern (*VGH Kassel* B 22.2.1995 – **13**

5 N 2973/88, juris = NVwZ 1996, 1136; *OVG Lüneburg* U 13.6.2001 – 9 K 1975/00, juris = NVwZ-RR 2002, 456; *OVG Lüneburg* U 22.11.2010 – 9 LC 393/08, juris = NdsVBl 2011, 84; *VGH München* U 12.2.2004 – 5 N 02.1674, juris = NVwZ-RR 2004, 895; *OVG Koblenz* U 17.5.2011 – 6 C 11337/10, juris = NVwZ-RR 2011, 778). Der Kurbeitragspflichtige und der Wohnungsgeber können als Gesamtschuldner haften (*OVG Lüneburg* B 29.3.2005 – 9 LA 33/05, juris = NVwZ-RR 2005, 567).

Neben Übernachtungsgästen können auch Tagesgäste kurbeitragspflichtig sein, falls sie kostenaufwendige Einrichtungen des Kurortes in Anspruch nehmen (*OVG Lüneburg* B 10.6.2011 – 9 LA 122/10, juris = NVwZ-RR 2011, 784).

14 Bei **Schuldübernahme** nach § 414 BGB oder **Bürgschaft** nach § 765 BGB entsteht keine öffentlich-rechtliche Haftungsschuld zugunsten der Behörde gemäß Absatz 1 Buchst. b. Denn hierbei handelt es sich um privatrechtliche Verträge zwischen dem Übernehmenden oder Bürgen und der Behörde. Ein öffentlich-rechtlicher Vertrag im Sinne von § 54 VwVfG scheidet aus, weil die öffentlich-rechtlichen Beziehungen zwischen den Vertragsparteien fehlen. Diese bestehen nur zwischen dem Selbstschuldner und der Behörde. Deshalb ist hier gemäß § 13 des Gerichtsverfassungsgesetzes der ordentliche Rechtsweg gegeben. Vgl. zur Bürgschaft: *BGH* U 16.2.1984 – IX ZR 45/83, juris = BGHZ 90, 187; *OVG Lüneburg* B 29.1.1993 – 1 M 5564/92, juris = NVwZ 1994, 87; *OLG Frankfurt/Main* U 14.4.1983 – 1 U 216/82, juris = NVwZ 1983, 573.

Für Fremdenverkehrsbeiträge kann auch der Verwalter von Wohnungseigentum haften (*OVG Lüneburg* B 18.10.2012 – 9 LA 151/11, juris = ZMR 2013, 1007).

Sowohl die Schuldübernahme als auch die Bürgschaft können aus folgenden Gründen keine Rechtsgrundlage für eine Haftungsschuld sein: Eine Haftung des Übernehmenden oder Bürgen ergibt sich nicht unmittelbar aus § 414 BGB oder § 765 BGB (**a.A.** für die Bürgschaft: *Erlenkämper/Rhein*, VwVG NRW § 4 Rn. 22). Denn diese Rechtsinstitute beruhen im Rahmen der Vertragsfreiheit des § 311 BGB ausschließlich auf zivilrechtlichen Grundgeschäften. Folglich würden Rechtsstreitigkeiten in den Zuständigkeitsbereich der ordentlichen Gerichte fallen. Dagegen wäre für Streitigkeiten im hoheitlichen Verwaltungsvollstreckungsverfahren der Verwaltungsrechtsweg gegeben. Hieraus ergibt sich: Eine Haftungsschuld kann allein durch einen freiwilligen öffentlich-rechtlichen Vertrag gemäß § 54 S. 1 VwVfG zwischen der Vollzugsbehörde und dem Garanten begründet werden. Das sollte mit der Unterwerfung unter die sofortige Vollstreckung nach § 61 VwVfG geschehen.

Für die Bürgschaft im Zusammenhang mit dem Verwaltungsakt einer staatlichen Subventionsbehörde gilt Folgendes: Der Sicherungszweck einer Bürgschaft für eine durch Verwaltungsakt festzusetzende Rückforderung einer staatlichen Subvention reicht im Zweifel nur soweit, wie die zuständige Behörde den Empfänger der Subvention bei fehlerfreier Ermessenausübung tatsächlich in Anspruch genommen hätte (*BGH* U 28.4.2009 – XI ZR 86/08, juris = WM 2009, 1180).

15 **3. Die öffentliche Hand als Schuldner.** Die Vollstreckung gegen Behörden und juristische Personen des öffentlichen Rechts wegen Geldforderungen ist nicht ausdrücklich geregelt. Es fehlt eine dem § 17 entsprechende Bestimmung. Jedoch ergibt sich aus § 5 in Verbindung mit § 255 AO Folgendes: Gegen den Bund oder ein Land ist die Vollstreckung nicht zulässig.

Jedoch sei auf § 170 VwGO hingewiesen. Dort ist die zulässige Vollstreckung gegen die öffentliche Hand aus den gerichtlichen Titeln des § 168 VwGO geregelt (vgl. *OVG Berlin-Brandenburg* B 7.4.2009 – 9 L 29/09, juris = LKV 2009, 287).

Eine besondere Regelung für sofort vollstreckbare öffentlich-rechtliche Verträge enthält § 61 Abs. 2 S. 2 VwVfG. Ferner lässt § 114 Abs. 3 S. 2 GWB die Vollstreckung gegen Hoheitsträger zu.

Im Übrigen ist die Vollstreckung gegen juristische Personen des öffentlichen Rechts, die der Staatsaufsicht unterliegen, nur mit Zustimmung der betreffenden Aufsichtsbehörde zulässig. Unter dem Begriff Land ist ein Bundesland in seiner staatsrechtlichen Einheit zu verstehen. Als Untergliederungen eines Landes gehören die Gemeinden zu den juristischen Personen des öffentlichen Rechts (vgl. *BGH* B 11.2.2010 – VII ZB 3/09, juris = WM 2010, 769). Die Aufsichtsbehörde bestimmt den Zeitpunkt der Vollstreckung und die Vermögensgegenstände, in die vollstreckt werden kann. Gegenüber öffentlich-rechtlichen Kreditinstituten gelten diese Bestimmungen nicht (siehe auch § 170 Abs. 4 VwGO, § 255 Abs. 2 AO, § 152 Abs. 4 FGO, § 882a Abs. 3 S. 2 ZPO). Das wird in § 17 des Finanzdienstleistungsaufsichtsgesetzes besonders hervorgehoben. Die gleiche Rechtslage gilt auch in folgenden Bundesländern:

(1) Baden-Württemberg: § 17 LVwVG. 16

(2) Berlin: § 8 Abs. 1 S. 1 VwVfG Bln verweist auf VwVG und damit auch auf § 5 VwVG

(3) Brandenburg: § 7 VwVGBbg in Verbindung mit § 118 der Kommunalverfassung des Landes Brandenburg, jedoch mit der Einschränkung in § 118 Abs. 2 der Kommunalverfassung, dass ein Insolvenzverfahren nicht stattfindet.

(Bremen: § 2 Abs. 1 BremGVG verweist auf AO, angelehnt an § 5 VwVG.

(5) Hessen: § 26 HessVwVG mit der Einschränkung in Abs. 1 S. 2, dass ein Insolvenzverfahren nicht stattfindet.

(6) Mecklenburg-Vorpommern: § 111 Abs. 1 VwVfG M-V = § 5 VwVG.

(7) Niedersachsen: § 21 NVwVG.

(8) Nordrhein-Westfalen: § 78 VwVG NRW mit der Einschränkung in Abs. 3 S. 2, dass ein Insolvenzverfahren nicht stattfindet.

9) Saarland: § 37 SVwVG mit der Einschränkung in Abs. 1 S. 4, dass ein Insolvenzverfahren nicht stattfindet.

(10) Sachsen: § 18 SächsVwVG. Die Zulassungsverfügung der Aufsichtsbehörde muss genau begründet werden (*VG Dresden* B 18.12.1998 – 7 K 3246/98, juris L, SächsVBl. 1999, 88).

(11) Sachsen-Anhalt: § 21 VwVG LSA.

(12) Schleswig-Holstein: § 271 LVwG.

(13) Thüringen: § 40 ThürVwZVG

Ein **Ausschluss der Insolvenz**fähigkeit, der früheren Konkursfähigkeit, ist verfassungsrechtlich zulässig. Das hat das *Bundesverfassungsgericht* zu § 26 Abs. 1 S. 4 HessVwVG entschieden (B 6.12.1983 – 2 BvL 1/82, juris = BVerfGE 65, 359; vgl. auch *BVerfG* B 5.10.1993 – 1 BvL 34/81, juris = BVerfGE 89, 132).

Die Zustimmung der Rechtsaufsichtsbehörde betrifft alle bürgerlich-rechtlichen Geldforderungen. Das gilt auch für die Zwangsvollstreckung aus arbeitsgerichtlichen Titeln (*BGH* B 11.2.2010 – VII ZB 3/09, juris = WM 2010, 769).

Als Hoheitsakt ist die **Zustimmung ein Verwaltungsakt**. Sie muss als solcher gelten. Denn gegen sie ist der Widerspruch zulässig. Diesen gibt es aber nur gegen einen Verwaltungsakt (*BGH* B 11.2.2010 a.a.O.).

Das hat für die Zwangsvollstreckung gegen eine Gemeinde bedeutsame Folgen: Die Gemeinde kann gegen die Verfügung der Rechtsaufsichtsbehörde **Widerspruch** erheben. Diese ist infolgedessen nicht vollziehbar, wenn das Verwaltungsgericht die aufschiebende Wirkung des Widerspruchs gemäß §80 Abs. 5 S. 1 VwGO wiederhergestellt hat (*BGH* B 11.2.2010 a.a.O.). Ist vor der Entscheidung über die Wiederherstellung der aufschiebenden Wirkung etwa bereits ein Pfändungs- und Überweisungsbeschluss ergangen, so kann das Verwaltungsgericht in entsprechender Anwendung des § 80 Abs. 5 S. 3 VwGO diese Maßnahme aufheben (*BGH* B 11.2.2010, a.a.O.).

17 **4. Rangfolge bei Inanspruchnahme eines Schuldners.** In welcher **Rangfolge** die Behörde den Selbstschuldner oder den Haftungsschuldner in Anspruch nehmen darf, hat der Gesetzgeber offengelassen. Es fehlt die gebotene Aussage über die Inanspruchnahme des Haftungsschuldners an Stelle des Selbstschuldners, wie sie in §§ 191, 219 AO enthalten ist. Nach dem Grundsatz der Verhältnismäßigkeit wird die Behörde in erster Linie den Selbstschuldner in Anspruch nehmen. *Engelhardt/App/Schlatmann* (VwVG § 2 Rn. 5) ist zuzustimmen, dass die Behörde eine Ermessensentscheidung trifft und die etwaige Inanspruchnahme des Haftungsschuldners vor dem Selbstschuldner besonders zu begründen hat (entsprechend § 39 Abs. 1 S. 3 VwVfG).

Eine **spezialgesetzliche Regelung** über die Rangfolge enthält § 66 Abs. 4 AufenthG: Für die Kosten der Abschiebung oder Zurückschiebung eines Ausländers haftet, wer diesen unerlaubt als Arbeitnehmer beschäftigt hat. In gleicher Weise haftet, wer eine nach § 96 AufenthG strafbare Handlung (Einschleusen von Ausländern) begeht. Der Ausländer haftet für die Kosten nur, soweit sie von dem anderen Kostenschuldner nicht beigetrieben werden können.

II. Zu Absatz 2

18 **Der duldungspflichtige Schuldner** wird in dieser Vorschrift dem Vollstreckungsschuldner nur insoweit gleichgestellt, als die Duldungspflicht reicht. Daher ist er nur zur Duldung der Vollstreckung in Gegenstände verpflichtet, die er für den Schuldner verwaltet. Für die fremde Schuld haftet er nicht mit seinem eigenen Vermögen.

Beispiele für Duldungsschuldner:
- Nießbraucher: §§ 1086, 1089 BGB.
- Eltern: § 1626 Abs. 1 BGB.
- Vormund von Minderjährigen: § 1793 BGB.
- Betreuer von Volljährigen: § 1901 BGB.
- Nachlassverwalter: § 1985 BGB.
- Testamentsvollstrecker: §§ 2205, 2213 BGB.

19 Besondere Fälle der öffentlich-rechtlichen Duldungspflicht bilden die **öffentlichen Lasten** als dingliche Verwertungsrechte, die auf öffentlichem Recht beruhen. Als öffentliche Last werden in bundes- und landesrechtlichen Vorschriften nur solche Abgaben

ausdrücklich bezeichnet, die in einem inneren Zusammenhang mit dem Grundstück stehen. Sie werden insbesondere für Leistungen geschuldet, die einer dauernden Werterhaltung oder Wertsteigerung dienen. In der Vollstreckung gilt für die Duldungspflicht §5 Abs. 1 VwVG i.V.m. §77 AO (*OVG Frankfurt/Oder* B 6.5.2004 – 2 A 178/02, juris = NVwZ-RR 2005, 566; *VG Kassel* B 22.1.2010 – 5 B 3254/09, juris = NJW 2010, 1987). Damit wird die Duldungspflicht des §2 Abs. 2 VwVG durch §77 AO klarstellend ergänzt.

Beispiele für öffentliche Lasten:

- Ausgleichsbetrag des Grundstückseigentümers im Sanierungsgebiet: §154 Abs. 1 S. 1 des Baugesetzbuchs (dazu *BVerwG* U 17.12.1992 – 4 C 30/90, juris =NVwZ 1993, 1112; *OVG Lüneburg* B 7.3.2003 – 1 ME 341/02, juris = NVwZ-RR 2003, 674).
- Erschließungsbeiträge: §§ 134, 135 des Baugesetzbuchs (zur Zahlungsverjährung *BVerwG* U 14.2.2001 – 11 C 9/00, juris = BVerwGE 114, 1).
- Ausgleichsleistungen für Mehrwerte im Umlegungsverfahren: §64 Abs. 3 des Baugesetzbuchs.
- Öffentliche Grundstückslasten: §10 Abs. 1 Nr. 3 des Gesetzes über die Zwangsversteigerung und die Zwangsverwaltung (dazu *BGH* U 30.6.1988 – IX ZR 141/87, juris = NJW 1989, 107).
- Abgabenschulden (*OVG Lüneburg* B 31.8.2009 – 9 LA 419/07, juris = NVwZ-RR 2009, 906).
- Grundstücksbezogene öffentlich-rechtliche Benutzungsgebühren nach Landesrecht (*BGH* U 11.5.2010 – IX ZR 127/09, juris =WM 2010, 1715).
- Kehr- und Überprüfungsgebühren: § 20 Abs. 1 Schornsteinfeger-Handwerksgesetz (zu den Vorgängervorschriften §24 Abs. 1, §25 Abs. 4 des Schornsteinfegergesetzes *BVerwG* B 18.12.1989 – 8 B 141/89, juris = BVerwGE 84, 244; *BVerwG* U 12.5.1992 – 1 C 3/89, juris = NVwZ-RR 1993, 662). Diese sind gegenüber den Gebühren nach § 52 Abs. 4 BImSchG verschiedenartig (*OVG Lüneburg* B 24.11.2006 – 8 ME 152/05, juris = NVwZ-RR 2007, 96). Bei Wohnungseigentum ist Gebührenschuldner die Wohnungseigentümergemeinschaft (*VG Darmstadt* B 7.12.2006 – 9 G 1892/06, juris = NVwZ-RR 2007, 437).
- Beiträge der Mitglieder und Nießbraucher der Wasser- und Bodenverbände: §29 Gesetz über Wasser- und Bodenverbände.
- Beitrags- und Vorschusspflicht: §20 des Flurbereinigungsgesetzes.

Anhang:
Vergleichbares Landesrecht

(1) Baden-Württemberg: §3, §13 LVwVG. Rechtsnachfolger: §3. **20**

(2) Bayern: Art. 19 Abs. 2 VwZVG.

(3) Berlin: §8 Abs. 1 VwVfG Berlin verweist auf VwVG.

(4) Brandenburg: §6 VwVGBbg.

(5) Bremen: §3 BremGVG.

(6) Hamburg: §32 HmbVwVG. Öffentliche Lasten: §32 Abs. 3.

(7) Hessen: §4, §20 HessVwVG. Rechtsnachfolger: §4 Abs. 3.

(8) Mecklenburg-Vorpommern: §111 Abs. 1 VwVfG M-V = §2 VwVG.

(9) Niedersachsen: §2 Abs. 5 NVwVG.

(10) Nordrhein-Westfalen: § 4, § 10 VwVG NRW. Öffentliche Lasten: § 4 Abs. 3.

(11) Rheinland-Pfalz: § 6, § 23 LVwVG. Öffentliche Lasten: § 23 Abs. Abs. 2.

(12) Saarland: § 32 SVwVG. Öffentliche Lasten: § 32 Abs. 3.

(13) Sachsen: § 3 SächsVwVG. Rechtsnachfolger: § 3 Abs. 3.

(14) Sachsen-Anhalt: § 2 Abs. 4 VwVG LSA.

(15) Schleswig-Holstein: § 264 LVwG. Öffentliche Lasten: § 264 Abs. 3.

(16) Thüringen: § 20 ThürVwZVG. Rechtsnachfolger: § 20 Abs. 4.

§ 3 Vollstreckungsanordnung

(1) Die Vollstreckung wird gegen den Vollstreckungsschuldner durch Vollstreckungsanordnung eingeleitet; eines vollstreckbaren Titels bedarf es nicht.

(2) Voraussetzungen für die Einleitung der Vollstreckung sind:

a) der Leistungsbescheid, durch den der Schuldner zur Leistung aufgefordert worden ist;

b) die Fälligkeit der Leistung;

c) der Ablauf einer Frist von einer Woche seit Bekanntgabe des Leistungsbescheides oder, wenn die Leistung erst danach fällig wird, der Ablauf einer Frist von einer Woche nach Eintritt der Fälligkeit.

(3) Vor Anordnung der Vollstreckung soll der Schuldner ferner mit einer Zahlungsfrist von einer weiteren Woche besonders gemahnt werden.

(4) Die Vollstreckungsanordnung wird von der Behörde erlassen, die den Anspruch geltend machen darf.

Übersicht

I. Zu Absatz 1

1 **1. Vollstreckungsanordnung.** Sie ist das behördeninterne Ergebnis einer Prüfung des Falles. Daher enthält sie noch keine Regelung eines Einzelfalles mit unmittelbarer Rechtswirkung nach außen. Also ist die Vollstreckungsanordnung **kein Verwaltungsakt** im Sinne des § 35 S. 1 VwVfG (**a.A.:** *Mayer/Kopp,* § 46 S. 388).

2 Bereits vor Inkrafttreten des Verwaltungsverfahrensgesetzes hat das Bundesverwaltungsgericht entschieden, dass die Vollstreckungsanordnung kein Verwaltungsakt ist (*BVerwG* U 18.11.1960 – 7 C 184/57, juris Rn. 6 u. 12 = NJW 1961, 332 (333)).

Gegen die Vollstreckungsanordnung ist deshalb auch kein Rechtsbehelf gegeben. Widerspruch und Anfechtungsklage sind nicht zulässig. Mangels Regelungs- und Außenwirkung der Vollstreckungsanordnung kann der Vollstreckungsschuldner durch sie nicht in seinen Rechten verletzt sein.

Daraus folgt, dass die Behörde nicht verpflichtet sein kann, ihre Vollstreckungsanordnung dem Schuldner bekannt zu geben. Es ist ihr aber unbenommen, es zu tun. Das wäre eine möglicherweise wirkungsvolle warnende Aufklärung im Sinne des §25 VwVfG darüber, dass es nun ernst werden soll. Für diese Mitteilung ist eine förmliche Zustellung nicht erforderlich. Denn ein Fall gesetzlicher Zustellungspflicht gemäß §1 Abs.2 erste Fallgruppe VwZG liegt nicht vor.

Man könnte die Vollstreckungsanordnung als den Auftrag der Anordnungsbehörde an die Vollstreckungsbehörde ansehen, die Vollstreckung durchzuführen (so *Engelhardt/App/Schlatmann,* VwVG §3 Rn.9). Jedoch sagt §3 Abs.1 hierüber nichts aus. Die Lösung findet sich vielmehr in §5 Abs.1 VwVG i.V.m. §250 Abs.1 AO. Danach leistet die Vollstreckungsbehörde spezialgesetzliche Amtshilfe für die Anordnungsbehörde. Diese Amtshilfe findet ohne Außenwirkung auf den Schuldner im Innenverhältnis der beiden Behörden statt. Sie ist also kein anfechtbarer Verwaltungsakt. Die Verweigerung der Amtshilfe ist in §250 Abs.2 AO besonders (und nicht in §5 Abs. 2–5 VwVfG allgemein) geregelt.

Für die Europäische Union gelten zur Verwaltungszusammenarbeit bei einer Amtshilfe die Vorschriften der §§8a bis 8e VwVfG. Ergänzend ist das deutsche Beitreibungsrichtlinie-Umsetzungsgesetz vom 7.12.2011 (BGBl. I S.2592) erlassen worden, welches als Artikel 1 das EU-Beitreibungsgesetz enthält.

Die Regelung, dass die Vollstreckungsanordnung von der Gläubigerbehörde und nicht von der Vollstreckungsbehörde erlassen wird, geht auf preußisches Recht zurück (*OVG Koblenz* B 19.4.1972 – 1 B 40/71, juris L, VerwRspr. 25, 248). Sie entspricht der Verordnung betreffend das Verwaltungszwangsverfahren wegen Beitreibung von Geldbeträgen vom 15.11.1899 (GS S. 545).

Nach ihrem Wesen und Zweck dient die Vollstreckungsanordnung hauptsächlich **3**
dazu, unberechtigte oder unzweckmäßige Vollstreckungsverfahren zu verhindern. Die inhaltliche Richtigkeit der Vollstreckungsanordnung und -ankündigung ist keine Rechtmäßigkeitsvoraussetzung der Vollstreckung (*OVG Münster* B 21.12.2015 12 A 1034/15, juris Rn.7ff.). Als Gläubigerin prüft und entscheidet die anordnungsbefugte Behörde, ob die Vollstreckung gegen den Schuldner durchgeführt werden soll. Sie ist nur zulässig, wenn alle gesetzlichen Voraussetzungen dafür vorliegen. Sollte die Gläubigerbehörde erkennen, dass die Vollstreckung aus einem Leistungsbescheid schlechthin unerträglich wäre, weil er rechtswidrig ist, wird sie selbstverständlich eine Vollstreckungsanordnung nicht erlassen. Sie wird vielmehr diesen Verwaltungsakt aufheben. Das gebietet der Grundsatz von **Treu und Glauben** (*OVG Magdeburg* B 1.2.2 011 – 4 L 158/10, juris = NVwZ-RR 2011, 617).

Die Vollstreckung ist aber unzweckmäßig, wenn der Schuldner offenkundig mittellos ist. Im Übrigen geht es auch darum, unbillige Härten zu vermeiden. Das ist durch §5 Abs.1 VwVG i.V.m. §258 AO vorgeschrieben. Die Billigkeitsentscheidung hat möglichst allen Umständen des Falles gerecht zu werden. Sie soll sowohl für die Gläubigerbehörde als auch für den Schuldner eine sachlich und persönlich vertretbare

Lösung erreichen. Dadurch wird die formale Strenge des Vollstreckungsrechts ausgeglichen. Eine spezialgesetzliche Billigkeitsregelung enthält § 12 Abs. 2 S. 3 BBesG (*BVerwG* U 27.1.1994 – 2 C 19/92, juris = BVerwGE 95, 94; *BVerwG* U 28.2.2002 – 2 C 2/01, juris Rn. 20 ff. = BVerwGE 116, 74 (77 f.); BVerwG U 26.4.2012 – 2 C 15/10, juris = NVwZ-RR 2012, 930; *OVG Berlin-Brandenburg* U 12.3.2009 – 4 B 43/08, juris = NVwZ-RR 2009, 731).

Als innerdienstliche Verfügung hat die Vollstreckungsanordnung demzufolge die Wirkung, dass die Anordnungsbehörde sich dazu entschließt und es zulässt, die Vollstreckung einzuleiten.

4 Eine solche Vollstreckungsanordnung gibt es nur im Verwaltungs-Vollstreckungsgesetz des Bundes und im darauf verweisenden Gesetz über das Verfahren der Berliner Verwaltung vom 21.4.2016 (GVBl. 2016, 218). – So ist auch die in **Bayern** gemäß Art. 24 VwZVG bezeichnete Vollstreckungsanordnung ein nach außen wirkendes Ersuchen an das Finanzamt, die Vollstreckung durchzuführen.

5 Gemäß § 66 Abs. 5 S. 2 AufenthG kann eine Kostenschuld „ohne vorherige Vollstreckungsanordnung" vollstreckt werden. Davon sind der Ausländer und andere Kostenschuldner betroffen. Die Rechtsnatur dieser Vollstreckungsanordnung ist nicht klar erkennbar. Nach hiesiger Ansicht handelt es sich um eine behördeninterne Angelegenheit im Sinne des § 3 Abs. 1.

6 **2. Vollstreckung ohne gerichtlichen Titel.** Für das Vollstreckungsrecht des hoheitlich tätigen Staates gilt der **Grundsatz der Selbsttitulierung**. Das bedeutet: Im Gegensatz zum zivilgerichtlichen Zwangsvollstreckungsverfahren ist für die Vollstreckung einer öffentlich-rechtlichen Geldforderung ein vollstreckbarer Titel nicht erforderlich. Denn im Verwaltungsvollstreckungsverfahren sind **Staatsgewalt und Gläubiger identisch;** die Behörde ist mit einschneidender Rechtsmacht ausgestattet. Sie bescheinigt sich – richterähnlich – selbst die Vollstreckbarkeit ihrer Forderung. Hier gilt also der **Grundsatz der Selbstvollstreckung** (*BVerwG* U 14.3.2006 – 1 C 11/05, juris = BVerwGE 125, 110). Der Leistungsbescheid ist der Vollstreckungstitel. Das verpflichtet die Behörde naturgemäß zu besonderer Sorgfalt (vgl. *BGH* U 25.1.1980 – V ZR 161/76, juris = NJW 1980, 1754).

7 **Anders** ist es, wenn gemäß **§ 169 VwGO** zugunsten der öffentlichen Hand vollstreckt werden soll. Hier ist ein Titel nach § 168 VwGO erforderlich. Denn der Vorsitzende des Verwaltungsgerichts des ersten Rechtszuges schafft nicht in eigener Machtvollkommenheit selbst einen Titel. Er vollstreckt vielmehr aus einem bereits vorhandenen (Rn. 76; § 4 Rn. 9). Im Übrigen müssen auch hier die sonstigen Voraussetzungen für die Einleitung der Vollstreckung gemäß § 3 Abs. 2 vorliegen. Ferner muss der Schuldner nach § 3 Abs. 3 besonders gemahnt worden sein. Gemäß § 171 VwGO ist eine Vollstreckungsklausel nicht erforderlich.

Der Gerichtsvorsitzende vollstreckt nur aus den gerichtlichen Titeln des § 168 VwGO. Das ergibt sich aus den §§ 169, 170, 172 VwGO. Er vollstreckt also weder einen Verwaltungsakt (§ 35 VwVfG) noch einen öffentlich-rechtlichen Vertrag (§§ 54, 61 VwVfG). Die Vollstreckung richtet sich allein gegen Private. Der Titel muss gemäß § 56 VwGO zugestellt sein.

II. Zu Absatz 2

1. Einleitung der Vollstreckung. Die Einleitung der Vollstreckung ist nur dann zulässig und rechtmäßig, wenn alle drei im Gesetz aufgestellten **Voraussetzungen** vorliegen. Diese stimmen mit den Voraussetzungen für den Beginn der Vollstreckung nach §254 Abs. 1 S. 1 AO i.V.m. §5 Abs. 1 VwVG überein. 8

a) Leistungsbescheid. Durch den Leistungsbescheid wird der Schuldner mit genauer Angabe der Höhe und des Grundes der geschuldeten Leistung unmissverständlich zur Zahlung aufgefordert. Bei ihm handelt es sich **regelmäßig** um die hoheitliche Entscheidung einer Verwaltungsbehörde zur Regelung eines Einzelfalles mit unmittelbarer Rechtswirkung nach außen, mithin um einen **Verwaltungsakt** im Sinne des §35 S. 1 VwVfG. Selbstverständlich ist materielle Vorbedingung für den Erlass eines Leistungsbescheides, dass die Verwaltungsbehörden auf Grund obrigkeitlicher Gewalt entscheiden darf. Denn die Vollstreckungsgewalt der Behörde entspricht ihrer Verfügungsgewalt (*BVerwG* U 21.9.1966 – 5 C 155/65, juris Rn. 25 = BVerwGE 25, 72 (77 f.)). Maßgebend ist also, dass die Behörde einen Verwaltungsakt erlassen darf. 9

Diese zuständige Behörde darf aber eine juristische Person des Privatrechts nicht ohne gesetzliche Grundlage ermächtigen, an ihrer Stelle den Leistungsbescheid zu erlassen. Er wäre nichtig (*VGH Kassel* B 17.3.2010 – 5 A 3242/09.Z, juris = NVwZ 2010, 1254).

Steht der Gläubigerbehörde außer einer Hauptforderung auch eine Nebenforderung zu, kann sie einen gemeinsamen Leistungsbescheid erlassen. Will sie aber wegen der beiden Forderungen getrennt vollstrecken, dann muss sie für ihre Forderungen getrennte Leistungsbescheide erlassen (vgl. *VG Lüneburg* U 14.4.2010 – 3 A 91/08 –, juris = NVwZ-RR 2010, 590).

Nach **§254 Abs. 1 S. 1 AO** gehört zu den Voraussetzungen für den Beginn der Vollstreckung ein **Leistungsgebot.** Dessen Legaldefinition besagt, dass der „Vollstreckungsschuldner zur Leistung oder Duldung oder Unterlassung aufgefordert worden" sein muss. Leistungsgebot ist eine andere Bezeichnung für den Leistungsbescheid. Auch das Leistungsgebot ist ein Verwaltungsakt (*BFH* U 22.10.2002 – VII R 56/00, juris = NJW 2003, 1070; *OVG Münster* B 6.10.1993 – 3 A 2828/88, juris = NVwZ-RR 1994, 414).

Ein Festsetzungsbescheid, der lediglich feststellt, dass eine Zahlungsverpflichtung in bestimmter Höhe besteht, ist kein Leistungsbescheid. Denn er ist ein rechtsgestaltender Verwaltungsakt im Sinne von §80 Abs. 1 S. 2 VwGO, der noch keine Zahlungsforderung enthält (vgl. *VG Gera* B 6.5.2004 – 5 E 71/04, juris = NVwZ-RR 2005, 5; *Bader/Funke-Kaiser,* §80 Rn. 32). 10

Hat ein **Vorverfahren** stattgefunden, ist Voraussetzung für die Einleitung der Vollstreckung entsprechend §79 Abs. 1 Nr. 1 VwGO der ursprüngliche Leistungsbescheid in der Gestalt, die er durch den Widerspruchsbescheid gefunden hat. So kann der Widerspruchsbescheid die Aufforderung an den Schuldner enthalten, die Leistung zu einem bestimmten Zeitpunkt an einer bestimmten Zahlstelle zu erbringen (*OVG Lüneburg* B 13.9.1994 – 9 M 4213/94, juris = KKZ 1996, 12). 11

Die Widerspruchsbehörde muss beachten, dass der Widerspruchsbescheid gegenüber dem Leistungsbescheid grundsätzlich keine Verschlechterung enthalten darf. Denn hier gilt das überlieferte Verbot der reformatio in pejus (vgl. *OVG Weimar* U 21.7.2010 – 4 KO 173/08, juris = LKV 2011, 92).

Im Klageverfahren kann das Gericht Bestimmungen über den Inhalt eines Leistungsbescheides treffen. Das ergibt sich aus § 113 Abs. 2 VwGO (*BVerwG* U 3.6.2010 – 9 C 4/09, juris = BVerwGE 137, 105).

12 Der Leistungsbescheid muss den tatsächlichen Vollstreckungsschuldner benennen. Denn ein irrtümlich an einen Nichtschuldner gerichteter Bescheid kann nach Erlöschen der Forderung nicht mehr durch Auswechslung der Schuldnerbezeichnung berichtigt werden (*VGH München* U 15.12.1989 – 23 B 87.03459, juris = NVwZ-RR 1990, 393).

Man beachte die Handlungsunfähigkeit von Minderjährigen. So kann zum Beispiel ein Zwölfjähriger nicht Gebührenschuldner eines von ihm veranlassten Polizeieinsatzes sein (*VGH Kassel* B 23.3.2011 – 5 A 2224/10.Z, juris = NVwZ 2011, 893).

13 Die zuständige Verwaltungsbehörde erlässt Leistungsbescheide nicht nur in eigener Sache als Gläubiger, sondern auch als Aufsichtsbehörde für **beliehene Unternehmer.** Das ist zum **Beispiel** bei dem Bezirksschornsteinfegermeister der Fall. Dieser nimmt zwar Aufgaben der öffentlichen Gewalt wahr und ist deshalb Behörde im Sinne des § 1 Abs. 4 VwVfG. Er ist jedoch gesetzlich nicht dazu ermächtigt, die Gebühren selbst durch Leistungsbescheid festzusetzen und beitreiben zu lassen. Insoweit wird auf seinen Antrag die Aufsichtsbehörde für ihn tätig (*BVerwG* B 18.12.1989 – 8 B 141/89, juris = BVerwGE 84, 244; *VGH Mannheim* U 29.7.1993 – 2 S. 246/93, juris = NVwZ 1994, 1135).

14 Jedoch kann der beliehene Unternehmer nach Landesrecht auch ermächtigt sein, einen Leistungsbescheid zu erlassen. Das ist zum **Beispiel** im Berliner Bauordnungsrecht der Fall: Der Prüfingenieur für Baustatik hat die Kosten gegenüber dem Bauherrn, der zur Zahlung verpflichtet ist, selbst geltend zu machen. Die Kosten werden auf Antrag des Prüfingenieurs im Verwaltungszwangsverfahren beigetrieben. Die Vollstreckungsanordnung erlässt die zuständige Baubehörde. Das gilt u.a. gemäß § 17 Abs. 2 Nr. 4 VwVGBbg auch im Land Brandenburg (*VG Potsdam* B 20.2.2002 – 5 L 1142/01, juris, NVwZ-RR 2002, 624 L). Die Behörde ist weisungsbefugt (vgl. *VGH Mannheim* B 30.1.2003 – 5 S 492/01, juris = BauR 2003, 1368). Vergleichbares gilt für einen öffentlich bestellten Vermessungsingenieur (*OVG Magdeburg* U 14.5.2009 – 2 L 78/08, juris = LKV 2009, 329).

Zum Unterschied zwischen dem beliehenen Unternehmer und dem Privaten als nachgeordneter Geschäftsbesorger einer Behörde wird auf die Erklärung in der Randnummer 26 verwiesen.

15 Soll aus einem **Kostenfestsetzungsbeschluss** des Verwaltungsgerichts zugunsten der öffentlichen Hand vollstreckt werden, setzt das keinen Leistungsbescheid der Gläubigerbehörde voraus (*VG Bremen* B 13.2.1998 – 2 KE 179/98, juris = NJW 1998, 2378). Denn der Kostenfestsetzungsbeschluss ist ein originärer und damit vorrangiger Leistungsbescheid des Gerichts.

16 Einen besonderen Leistungsbescheid gibt es in **Bayern:** Gemäß **Art. 31 Abs. 3 S. 2 VwZVG** ist die **Androhung eines Zwangsgeldes ein Leistungsbescheid** (*VGH München* B 15.6.2000 – 4 B 98.775, juris = NJW 2000, 3297; *VGH München* B 18.10.1993 –

24 B 93/92, juris = NVwZ-RR 1994, 548; *BayObLG* U 25.5.1999 – 2 Z RR 670/98, juris = NVwZ-RR 1999, 785).

Bei der Regelung des Art. 31 Abs. 3 S. 2 VwZVG handelt es sich um einen **aufschiebend bedingten Leistungsbescheid** über eine Geldforderung. Sie entsteht und wird fällig, wenn **zwei Bedingungen** erfüllt sind (*VGH München* B 11.7.2001 – 1 ZB 01.1255 , juris Rn. 13 ff. = NVwZ-RR 2002, 608 (609)):

- Während des maßgeblichen Zeitraums bzw. zum maßgeblichen Zeitpunkt müssen alle Vollstreckungsvoraussetzungen gegeben sein. Die Vollstreckungsvoraussetzungen müssen nicht nur bei Ablauf der gemäß Art. 36 Abs. 1 S. 2 VwZVG bestimmten Frist, innerhalb welcher dem Pflichtigen der Vollzug billigerweise zugemutet werden kann, sondern auch schon während des davorliegenden Zeitraumes bestehen.
- Bei Ablauf der zumutbaren Erfüllungsfrist des Art. 36 Abs. 1 S. 2 VwZVG muss die Verpflichtung aus dem Grundverwaltungsakt noch nicht erfüllt sein. Damit ist nach Art. 31 Abs. 3 S. 3 i.V.m. Art. 31 Abs. 1 VwZVG die Zwangsgeldforderung fällig.

Hiernach ist die Androhung des Zwangsgeldes erst dann ein vollstreckbarer Leistungsbescheid, wenn beide Bedingungen eingetreten sind.

Wird die Verpflichtung nicht innerhalb der in der Androhung bestimmten Frist erfüllt, so kann die Vollstreckungsbehörde nach Art. 37 Abs. 1 S. 1 VwZVG das angedrohte Zwangsmittel anwenden.

Allerdings hat die Behörde vor der Beitreibung des Zwangsgeldes ein **„Anwendungsermessen“** auszuüben (so *VGH München* B 20.12.2001 – 1 ZE 01.2820, juris = NVwZ-RR 2002, 809). Das bedeutet: Die Rechtsschutzgarantie des Art. 19 Abs. 4 GG verlangt, dass die Rechte des Betroffenen bei der Ausübung des in Art. 37 Abs. 1 VwZVG eingeräumten Anwendungsermessens berücksichtigt werden.

In der Regel wird es ermessensfehlerhaft sein, das Zwangsmittel bereits vor der Entscheidung des Gerichts über einen Antrag auf vorläufigen Rechtsschutz gemäß § 80 Abs. 5 VwGO anzuwenden. Denn der Betroffene kann grundsätzlich beanspruchen, dass ein Zwangsmittel zumindest bis zur Entscheidung der ersten gerichtlichen Instanz nicht angewendet wird.

Ferner müsste die Behörde während des anhängigen Antragsverfahrens mit einem „Hängebeschluss“ als Zwischenentscheidung des Gerichts rechnen (§ 6 Rn. 227). Eine Ausnahme kann etwa dann in Betracht kommen, wenn der Betroffene den Rechtsschutzantrag erst kurz vor Ablauf einer im Sinne von Art. 36 Abs. 1 S. 2 VwZVG zumutbaren Erfüllungsfrist gestellt hat.

Der **Bußgeldbescheid** der Verwaltungsbehörde ist ebenfalls ein Leistungsbescheid im **17**
Sinne des § 3 Abs. 2 Buchst. a VwVG. Mit ihm ahndet die Behörde gemäß §§ 35, 46 Abs. 2, 65, 66 OWiG **Verwaltungsunrecht.** Ein Bußgeldbescheid ist vollstreckbar, wenn er rechtskräftig geworden ist (§ 89 OWiG). Er wird nach den Vorschriften des Verwaltungs-Vollstreckungsgesetzes oder nach den entsprechenden landesrechtlichen Vorschriften vollstreckt. Das bestimmt § 90 Abs. 1 OWiG. Für die Vollstreckung ist die Verwaltungsbehörde zuständig, die den Bußgeldbescheid erlassen hat (§ 92 OWiG).

Ordnungswidrigkeiten gehören nach der Rechtsprechung des *Bundesverfassungsgerichts* zum **Bereich des Strafrechts.** Denn die Gesetzgebungskompetenz „Strafrecht“ des Art. 74 Nr. 1 GG umfasst hiernach nicht nur das Strafrecht im herkömmlichen

Sinne, sondern auch das Ordnungswidrigkeitenrecht (*BVerfG* B 16.7.1969 – 2 BvL 2/69, juris = BVerfGE 27, 18).

Rechtshistorischer Rückblick: Die jetzt so bezeichneten Ordnungswidrigkeiten waren früher im Strafgesetzbuch als „Übertretungen" enthalten und in den weggefallenen §§ 360 bis 370 StGB als Straftatbestände ausgewiesen. Das führte zu dem untragbaren Zustand, dass unzählige redliche Menschen „vorbestraft" waren.

Daraus ergibt sich, dass der **Bußgeldbescheid kein Verwaltungsakt** nach der Legaldefinition in § 35 VwVfG sein kann (umstritten, vgl. *Engelhardt/App/Schlatmann*, § 1 Rn. 6). Ein solcher Verwaltungsakt ist nämlich die rein wertneutrale Regelung eines Falles ohne Bezug zu einem etwaigen schuldhaften Verhalten des Betreffenden. Eingriffe und Zwangsmaßnahmen sind also von jeglicher Schuld unabhängig (§ 6 Rn. 266; § 9 Rn. 16 f.).

Im Gegensatz dazu ist ein Fehlverhalten des Betreffenden die gesetzliche Grundlage eines Bußgeldbescheides (§ 1 OWiG). Nach der Rechtsprechung des *Bundesverfassungsgerichts* gehört zwar zum Wesen der Ordnungswidrigkeit, „dass der Schuldvorwurf die Sphäre des Ethischen nicht erreicht" (*BVerfG* B 4.2.1959 – 1 BvR 197/53, juris = BVerfGE 9, 167, 171). Folglich ist das Verwaltungsunrecht nicht kriminell. Aber es ist doch Unrecht. Es enthält nämlich laut vorstehender Entscheidung des *BVerfG* einen „Schuldvorwurf". Das ist der Unterschied zum Verwaltungsakt des § 35 S. 1 VwVfG im Bereich des allgemeinen Verwaltungsrechts.

Rechtlich ist der Bußgeldbescheid der Verwaltungsbehörde ein **Justizverwaltungsakt** spezialgesetzlicher Natur. Denn die Behörde erlässt ihn gemäß § 46 OWiG auf dem Gebiet der Strafrechtspflege. Aus § 71 Abs. 1 OWiG folgt, dass der Bußgeldbescheid den Rang eines Strafbefehls hat. Über seine Rechtmäßigkeit entscheidet nach § 23 Abs. 1 des Einführungsgesetzes zum Gerichtsverfassungsgesetz und § 68 OWiG das ordentliche Gericht. Diese Kompetenz liegt mithin nicht bei dem Verwaltungsgericht; für dieses Gericht gelten vielmehr die §§ 40 Abs. 1, 42, 68 ff. VwGO.

Des Weiteren ist diese Rechtslage auch für den Fall von Bedeutung, dass der Vollstreckungsschuldner analog § 5 Abs. 1 VwVG i.V.m. § 256 AO Einwendungen erheben sollte. – Insoweit wird auf die Erläuterungen in § 5 Rn. 20 Bezug genommen.

18 Ferner ist die **Disziplinarentscheidung** der Verwaltungsbehörde und des Verwaltungsgerichts über die **Kürzung der Dienstbezüge** des Beamten ein **Leistungsbescheid** im Sinne des § 3 Abs. 2 Buchst a. Hier besteht folgende Rechtslage:

Gemäß § 33 BDG kann die **Verwaltungsbehörde** eine entsprechende **Disziplinarverfügung** erlassen. Sie ist ein Verwaltungsakt allgemeiner Art. Für die Vollstreckung aus diesem Leistungsbescheid finden die Regelungen des § 3 also unmittelbar Anwendung.

Das Disziplinarrecht der **Bundesländer** entspricht allgemein dem Recht des Bundes (vgl. *VGH Mannheim* B 18.11.2009 – 16 S 1921/09, juris = NVwZ-RR 2010, 277).

Anders ist es im Bereich der Disziplinargerichtsbarkeit. Zunächst kann das **Verwaltungsgericht** nach § 59 BDG einen **Disziplinarbeschluss** fassen. Sodann kann es gemäß § 60 BDG durch **Disziplinarurteil** erkennen. Die disziplinargerichtliche Entscheidung hat unmittelbar eine Minderung des gesetzlichen Anspruchs auf Besoldung zur Folge und modifiziert den Grundsatz des § 2 Abs. 1 BBesG einengend, dass die Besoldung ausschließlich durch Gesetz bestimmt wird (*BVerwG* U 28.2.2002 – 2 C 2/01, juris

Rn. 11 = BVerwGE 116, 74 (75)). Also ist eine solche Gerichtsentscheidung in ihrer rechtlichen Gestaltungswirkung ein sogleich **vollstreckungsfähiger Leistungsbescheid**, wie ihn § 3 Abs. 2 Buchst. a voraussetzt. Das ist ein Rechtsakt besonderer Art (sui generis).

Nach § 8 Abs. 2 BDG beginnt die Kürzung der Dienstbezüge in allen vorstehenden Fällen mit dem Kalendermonat, der auf den Eintritt der **Unanfechtbarkeit der Entscheidung** folgt. Bei der Disziplinarverfügung der Verwaltungsbehörde ist das die Unanfechtbarkeit dieses Verwaltungsaktes. Bei dem Disziplinarbeschluss und dem Disziplinarurteil des Verwaltungsgerichts ist das die Rechtskraft dieser Entscheidung. Gemäß § 59 Abs. 2 BDG steht der rechtskräftige Beschluss einem rechtskräftigen Urteil gleich.

Eine **Vollstreckungsmaßnahme ohne Leistungsbescheid** ist nach der Rechtsprechung 19 des Bundesfinanzhofs nicht nach § 125 Abs. 1 AO offensichtlich nichtig, sondern nur **rechtswidrig** (*BFH* U 22.10.2002 – VII R 56/00, juris = NJW 2003, 1070). Sie ist also wirksam. Aber sie ist anfechtbar und kann vom Gericht aufgehoben werden. Der Betroffene muss sich wehren. Die Vollstreckungsmaßnahme kann auch nicht dadurch „geheilt" werden, dass nachträglich ein Leistungsbescheid für die bereits durchgeführte Handlung erlassen wird. Hier muss vielmehr ein neuer Leistungsbescheid erlassen und damit die Vollstreckungsgrundlage für eine etwa notwendige Vollstreckung geschaffen werden. Das gilt auch für § 44 Abs. 1 VwVfG.

Bei einem **Darlehen der öffentlichen Hand** kann in folgenden Fällen **kein Leistungs-** 20 **bescheid** ergehen:

Die Behörde bewilligt ein zinsloses Darlehen zur Förderung der gewerblichen Wirtschaft (*BVerwG* U 8.9.2005 – 3 C 50/04, juris = NJW 2006, 536): Hierbei kommt nach dem Willen der Behörde und des Antragstellers die Zwei-Stufen-Theorie zur Anwendung. Das bedeutet: Zunächst bewilligt die Behörde das Darlehen durch Verwaltungsakt (§ 35 VwVfG). Sodann wird das Darlehen auf Grund eines zivilrechtlichen Darlehensvertrages ausgezahlt. Infolgedessen kann das Darlehen bei Unwirksamkeit des Bewilligungsbescheides nicht nach § 49a VwVfG durch Verwaltungsakt zurückgefordert werden. Ein Leistungsbescheid gemäß § 3 Abs. 2 Buchst a ist also ausgeschlossen.

Die Behörde bewilligt ein Darlehen zum Bau eines Familienheims (*BVerwG* U 25.10.1972 – 8 C 179/71, juris = BVerwGE 41, 127): Der Streit zwischen dem öffentlichen Darlehensgeber und dem Darlehensnehmer über die Pflicht zur sofortigen Rückzahlung nach Kündigung des Darlehens ist eine bürgerlich-rechtliche Streitigkeit. Auch in diesem Fall kommt die Zwei-Stufen-Theorie zur Anwendung.

Als Grundverwaltungsakt kann der **Leistungsbescheid** selbst noch **keine Maßnahme** 21 **der Vollstreckung,** sondern ausschließlich deren Voraussetzung sein. „Der Leistungsbescheid ist, wie sich aus § 3 Abs. 2 Buchst. a VwVG ergibt, Voraussetzung, nicht aber Maßnahme der Vollstreckung." (So: *BVerwG* U 28.6.1968 – 7 C 118/66, juris = NJW 1969, 809. Ebenso: *BFH* B 4.7.1986 – VII B 151/85, juris = NVwZ 1987, 535).

Auch seinem Wesen nach kann ein **Leistungsbescheid** keine Maßnahme der Verwaltungsvollstreckung sein. Denn er ist nur die **Grundlage für die Vollstreckung** wegen Geldforderungen. Darum heißt es in § 3 Abs. 2, dass der Leistungsbescheid Voraussetzung für die Einleitung der Vollstreckung ist (vgl. *OVG Münster* B 29.11.1966 – 7 B 455/66, juris = NJW 1967, 1980; *OVG Münster* B 26.9.1983 – 4 B 1650/83, juris = NJW

1984, 2844; *OVG Bautzen* B 21.2.2003 – 4 BS. 435/02, juris = NVwZ-RR 2003, 475). Damit wird die in § 3 Abs. 1 angeordnete Vollstreckung in Gang gesetzt.

22 Inhalt eines Leistungsbescheides kann auch die **Vorauszahlung von Kosten** für die vorgesehene Vollstreckung sein. Das ist bei der Vorauszahlung von Kosten einer Ersatzvornahme der Fall (§ 13 Rn. 22). Ferner trifft es auf die Vorauszahlung von Kosten zu, die wegen der Abschiebung eines Ausländers entstehen (*OVG Hamburg* B 4.5.2000 – 3 Bs 422/98, juris = DÖV 2000, 780).

23 Hieraus folgt, dass **Widerspruch und Anfechtungsklage** gegen einen Leistungsbescheid gemäß § 80 Abs. 1 VwGO grundsätzlich **aufschiebende Wirkung** haben (vgl. *VGH Mannheim* B 9.9.1999 – 1 S 1306/99, juris = NVwZ-RR 2000, 189; *OVG Schleswig* B 27.12.2000 – 2 M 13/00, juris = NVwZ-RR 2001, 586).

24 Davon gibt es in **Sachsen** eine begrüßenswerte **Ausnahme:** Nach § 24 Abs. 3 S. 2 SächsVwVG ist der Leistungsbescheid sofort vollziehbar, wenn Kosten der Ersatzvornahme gefordert werden. Das entspricht sowohl § 80 Abs. 2 S. 1 Nr. 3 als auch § 80 Abs. 2 S. 2 VwGO.

25 Wie jeder Verwaltungsakt muss auch der Leistungsbescheid **inhaltlich hinreichend bestimmt** sein. Das ist in § 37 Abs. 1 VwVfG vorgeschrieben. In Anlehnung an § 157 Abs. 1 S. 2 AO ist zu Form und Inhalt des Leistungsbescheides festzustellen: Er muss die geforderte Leistung nach Art und Betrag bezeichnen und den Schuldner angeben (vgl. *VGH Mannheim* U 28.4.2010 – 2 S 2312/09, juris, DVBl. 2010, 1583 L). Deshalb muss der **Leistungsbescheid als verbindliche Zahlungsregelung** ausgewiesen sein. Eine bloße Rechnung ist kein Verwaltungsakt (vgl. *BVerwG* U 26.10.1978 – 5 C 52/77, juris = BVerwGE 57, 26; *BVerwG* U 12.1.1973 – 7 C 3/71, juris = BVerwGE 41, 305).

Das gilt auch dann, wenn eine Rechnung von einem städtischen Versorgungsunternehmen ausgestellt wird, ein Hinweis auf den behördlichen Auftrag an „versteckter" Stelle aber für den Adressaten nicht erkennbar ist. Denn hier kommt es auf die Erkenntnis eines objektiven Horizonts des Empfängers des Schreibens nach Treu und Glauben an (*VGH Mannheim* U 15.10.2009 – 2 S. 1457/09, juris = DVBl 2010, 196-).

Mitunter werden behördliche Zahlungsbescheide als **Rechnung** bezeichnet. Um Irrtümer zu vermeiden, ist ein solcher Bescheid mit der unmissverständlichen und verbindlichen Aufforderung zu erteilen, den darin aufgeführten Geldbetrag zu zahlen. Also muss erkennbar sein, dass die Behörde den Betrag nach öffentlichem Recht hoheitlich geltend macht. Form und Inhalt des Bescheides haben das zu beweisen. Dazu dient die Rechtsbehelfsbelehrung. Denn sie ist das allgemeine Kennzeichen eines Verwaltungsaktes (vgl. *BVerwG* U 10.10.1961 – 6 C 123/59, juris Rn. 15 = *BVerwGE* 13, 99 (103); *VGH München* B 6.10.2005 – 8 CE 05.585, juris = NJW 2006, 2282).

Leitet die Behörde auf der Grundlage einer bloßen Rechnung **Vollstreckungsmaßnahmen** ein, sind diese im Rechtsmittelverfahren **einzustellen.** Denn sie sind unzulässig. So kann zum **Beispiel** ein rechtswidrig erlassener Pfändungs- und Überweisungsbeschluss auch im Revisionsverfahren vor dem *Bundesverwaltungsgericht* aufgehoben werden (*BVerwG* U 17.5.1973 – 5 C 24/72, juris = AgrarR 1974, 78).

Sollte die Behörde dennoch aus einer Rechnung vollstrecken, ist dem Betroffenen Rechtsschutz durch Erlass einer einstweiligen Anordnung nach § 123 VwGO zu gewährleisten (*VGH München* B 4.5.1994 – 23 CS 94.913, juris = NVwZ-RR 1995,

477). Gleiches gilt für eine bloße Zahlungsaufforderung ohne Rechtsbehelfsbelehrung, die nicht als Verwaltungsakt erkennbar ist (*OVG Berlin-Brandenburg* B 23.7.2010 – 5 S 13/10, juris = NVwZ-RR 2010, 908).

Qualifiziert jedoch die Widerspruchsbehörde im Widerspruchsbescheid die Rechnung als „Verwaltungsakt", so ist gegen die so umgestaltete Rechnung die Anfechtungsklage statthaft. Das gebietet die Rechtsschutzgarantie des Art. 19 Abs. 4 S. 1 GG (*BVerwG* U 26.6.1987 – 8 C 21/86, juris = BVerwGE 78, 3).

26 Im Fall von Zweifeln am Inhalt eines Verwaltungsaktes gilt die allgemeine Regel des § 133 BGB. Sie ist im öffentlichen Recht entsprechend anzuwenden (vgl. *Palandt,* § 133 Rn. 4; *Forsthoff,* S. 161; *BVerwG* U 2.9.1999 – 2 C 22/08, juris Rn. 43 = BVerwGE 109, 283 (288); *BVerwG* U 26.8.2010 – 3 C 35/09, juris Rn. 12 = BVerwGE 137, 377 (378)). Danach ist bei der Auslegung einer Willenserklärung der wirkliche Wille zu erforschen und nicht am buchstäblichen Sinne des Ausdrucks zu haften. Das den Betroffenen weniger belastende Auslegungsergebnis ist vorzuziehen (*BFH* U 18.2.1997 – VII R 96/95, juris = NVwZ-RR 1997, 571; *BVerwG* U 27.6.2012 – 9 C 7/11, juris Rn. 10 ff. = NVwZ 2012, 1413 (1414 f.); *BVerwG* U 20.6.2013 – 8 C 46/12, juris = DÖV 2014, 35).

Bei Willenserklärungen der Behörde kommt es allein darauf an, wie der Betroffene sie bei verständiger Würdigung nach **Treu und Glauben** verstehen konnte (*BVerwG* U 28.2.1961 – 1 C 54/57, juris Rn. 30 = BVerwGE 12, 87 (91); *BVerwG* B 13.9.1999 – 11 B 14/99, juris = NVwZ-RR 2000, 135; *OVG Schleswig* U 7.7.1999 – 2 L 264/98, juris = NJW 2000, 1059; *BFH* B 25.8.1981 – VII B 3/81, juris = BFHE 134, 97; *BFH* U 8.2.2007 – IV R 65/01, juris = BFHE 216, 412, Bestätigung von BFHE 211, 387). Gleiches gilt für Willenserklärungen des Bürgers gegenüber der Behörde (*BVerwG* U 12.12.2001 – 8 C 17/01, juris = BVerwGE 115, 302; *OVG Greifswald* B 4.3.2002 – 2 L 170/01, juris = NVwZ-RR 2003, 5; *OVG Weimar* B 26.7.2002 – 4 EO 331/02, juris = NVwZ-RR 2003, 232; *VGH Mannheim* U 28.4.2010 – 2 S 2312/09, juris, DVBl. 2010, 1583 L).

Die Auslegung ist auch vorzunehmen, wenn ein **beliehener Unternehmer** als Behörde im Sinne von § 1 Abs. 4 VwVfG tätig wird. Das kann zum Beispiel ein Prüfingenieur für Baustatik sein (Rn. 14). Er erlässt den Leistungsbescheid.

Für die Annahme eines Verwaltungsaktes in Abgrenzung von einem Nichtakt (Scheinverwaltungsakt) gilt die Auslegungsregel des § 133 BGB in gleicher Weise. So ist in folgendem Fall ein Verwaltungsakt zu bejahen: Ein Gebührenbescheid weist eine Behörde als Entscheidungsträger aus. Intern hat jedoch ein Privater als vertraglicher **Geschäftsbesorger** der Behörde die Maßnahme getroffen (*BVerwG* U 23.8.2011 – 9 C 2/11, juris Rn. 9 ff. = NVwZ 2012, 506 (507)).

Als Geschäftsbesorger ist ein Privater kein beliehener Unternehmer. Denn er handelt lediglich nachgeordnet im Hoheitsbereich einer Behörde als deren fachkundiger Unterstützer. Dagegen wird ein beliehener Unternehmer innerhalb seines Aufgabengebietes selbstständig als Behörde tätig.

27 Übrigens ist im umgekehrten Fall die Behörde verpflichtet, eine Willenserklärung des Bürgers gegenüber der Behörde sorgfältig auszulegen. So hat sie neben dem Wortlaut eines Antrags auch zu berücksichtigen, ob der Antragsteller mit seiner Erklärung nicht einen anderen Sinn verbunden hat, als es dem allgemeinen Sprachgebrauch entspricht. Dies gilt, wenn der Zweck des Antrags und erkennbare Begleitumstände die

Auslegung erforderlich machen (*BVerwG* U 3.3.2005 – 2 C 13/04, juris = NVwZ-RR 2005, 591). Grundsätzlich ist davon auszugehen, dass der Betroffene denjenigen Verwaltungsakt anfechten will, welcher angefochten werden muss, um zu dem erkennbar angestrebten Erfolg zu kommen (*BFH* U 8.5.2008 – VI R 12/05, juris = NVwZ-RR 2009, 190; *BGH* U 20.11.2012 – X ZR 108/10, juris = MDR 2013, 136).

28 Richtet sich der Leistungsbescheid an einen **Haftungsschuldner** oder an einen **Duldungsschuldner**, so hat die Behörde zur Klarstellung in ihrem Bescheid auch den Namen des Selbstschuldners anzugeben. Das gebietet die Begründungspflicht des § 39 Abs. 1 VwVfG.

29 Bei **juristischen Personen** sind entsprechend § 12 Abs. 1 Nr. 3 VwVfG deren gesetzliche Vertreter im Leistungsbescheid zur Zahlung aufzufordern. Für die Zustellung gilt § 6 Abs. 1–4 VwZG (VwZG, § 6 Rn. 11 ff.).

30 Haftet eine **nicht rechtsfähige Personenmehrheit** gesamtschuldnerisch, zum Beispiel Eheleute, Miteigentümer, Gesellschafter, Erbengemeinschaft, muss jeder Betroffene eine gesonderte, für ihn selbst bestimmte Ausfertigung des Leistungsbescheides erhalten. Der Bescheid kann nämlich nur gegenüber demjenigen, „für den er bestimmt ist", mit der Bekanntgabe oder Zustellung rechtswirksam werden. Das folgt aus § 43 Abs. 1 S. 1, § 41 Abs. 5 VwVfG (VwZG, § 2 Rn. 14, § 3 Rn. 14). Hier liegen für die Verwaltungspraxis gefahrträchtige Fehlerquellen. Man denke an die Folgen einer Verjährung, etwa bei Erschließungsbeiträgen oder Kosten der Ersatzvornahme.

31 Gemäß § 37 Abs. 3 VwVfG muss ein schriftlicher oder elektronischer Verwaltungsakt die **Unterschrift oder Namenswiedergabe** des Behördenleiters, seines Vertreters oder Beauftragten enthalten. Nach dieser Vorschrift ist die Namenswiedergabe auch bei einem elektronischen Verwaltungsakt unerlässlich.

32 Für alle Rechtsgebiete ist darauf hinzuweisen, dass eine Unterschrift „rechtsverbindlich" ist, wenn sie von einer Person stammt, die dazu berechtigt ist (*BGH* U 20.11.2012 – X ZR 108/10, juris = MDR 2013, 136).

Es gibt zwei Arten der **Unterschrift**. Die erste Art ist der eigenhändige Schriftzug des vollen Familiennamens. Der Vorname kann dem Familiennamen vorangestellt werden. Eine Unterschrift nur mit dem Vornamen, wie bei Ausländern mitunter üblich, ist ungültig (*BGH* U 25.10.2002 – V ZR 279/01, juris =NJW 2003, 1120). Die eigenhändige Unterschrift gewährleistet, dass nicht nur ein Entwurf, sondern eine gewollte Erklärung vorliegt, dass die Erklärung von einer bestimmten Person herrührt und diese für den Inhalt die Verantwortung übernimmt (*BVerwG* U 5.6.1974 – 8 C 1/74, juris = NJW 1974, 2101).

Der Familienname muss als Name erkennbar sein. Dazu gehört, dass mindestens einzelne Buchstaben deutlich sind. Sonst fehlt es an dem Merkmal einer Schrift überhaupt. Das Schriftzeichen muss also ausreichende individuelle Merkmale aufweisen (vgl. *BGH* U 11.2.1982 – III ZR 39/81, juris = NJW 1982, 1467; *BFH* B 16.1.1986 – III R 50/84, juris = NJW 1987, 343).

Insoweit erkennt das *BVerwG* (B 11.9.1978 – 7 B 173/78, juris = VerwRspr. 30, 880): Es entspricht allgemeiner Auffassung, dass die **Lesbarkeit** der Unterschrift **nicht erforderlich** ist. Vielmehr genügt ein **individueller Schriftzug**, der die Individualität des Unterzeichners ausreichend kennzeichnet, einmalig ist und entsprechende charakteristische Merkmale einer Unterschrift aufweist; vgl.:

- *BGH* U 10.7.1997 – IX ZR 24/97, juris = NJW 1997, 3380;
- *BGH* B 27.9.2005 – VIII ZB 105/04, juris = NJW 2005, 3775;
- *BGH* U 11.10.2005 – XI ZR 398/04, juris = NJW 2005, 3773;
- *BFH* U 23.6.1999 – X R 113/96, juris = NJW 2000, 607;
- *BAG* B 30.8.2000 – 5 AZB 17/00, juris = NJW 2001, 316.

Angesichts mangelnder Sorgfalt in diesem doch wichtigen Bereich sollte bedacht werden: Senkrecht oder schräg nach oben und unten gezogene Striche, Wellenlinien oder gekrümmte Linien sind keine rechtswirksamen Unterschriften (zur gekrümmten Linie *BGH* B 21.3.1974 – VII ZB 2/74, juris = NJW 1974, 1090; zur Wellenlinie großzügig: *OLG Köln* U 28.6.2005 – 22 U 34/01, juris = NJW-RR 2005, 1252). Ebenso sind der Vorname und lediglich der Anfangsbuchstabe des Nachnamens keine Unterschrift (*OLG Stuttgart* U 14.11.2001 – 3 U 123/01, juris = MDR 2002, 145). Um so weniger handelt es sich um eine Unterschrift, wenn lediglich der Anfangsbuchstabe eines Namens auf das Schriftstück gesetzt wird. Dann handelt es sich nur um ein Handzeichen (*LAG Berlin* B 12.10.2001 – 6 Sa 1727/01, juris = NJW 2002, 989). 33

Fehlt somit eine rechtswirksame Unterschrift, ist das Schriftstück **kein Verwaltungsakt**. Es ist also auch **kein Leistungsbescheid,** sondern lediglich ein nutzloses Stück Papier. Aus ihm kann selbstverständlich nicht vollstreckt werden. 34

Zum Problem der Unterschrift ist rechtsvergleichend auf den neu gefassten §130 Nr.6 ZPO hinzuweisen. Die Vorschrift regelt die Unterschrift in einem vorbereitenden Schriftsatz; sie besagt: Bei der Übermittlung des Schriftsatzes durch einen Telefaxdienst (Telekopie) enthält der Schriftsatz „die Wiedergabe der Unterschrift in der Kopie“ (*BGH* B 10.10.2006 – XI ZB 40/05, juris = NJW 2006, 3784). Dieser Beschluss ergänzt den Beschluss des Gemeinsamen Senats der *Obersten Gerichtshöfe des Bundes* vom 5.4.2000 – GmS-OGB 1/98, juris = BVerwGE 111, 377. Zu dem dazugehörigen §130a ZPO vgl. *BGH* U 14.1.2010 – VII ZB 112/08, juris = BGHZ 184, 75). 35

An die Unterschrift bei Computerfax und herkömmlichem Telefax kann es unterschiedliche Anforderungen geben. Das betrifft Art. 2 Abs. 1, Art. 3 Abs. 1, Art. 20 Abs. 3 GG, §130 Nr. 6, §519 Abs. 4 ZPO. Hiernach ist es zulässig, dass Gerichte bei verfahrensbestimmenden Schriftsätzen eine eingescannte Unterschrift bei einem Computerfax genügen lassen, während sie bei einem herkömmlichen Telefax an dem Erfordernis der eigenhändigen Unterschrift auf dem Original festhalten (*BVerfG* B 18.4.2007 – 1 BvR 110/07, juris = NJW 2007, 3117). Mit diesem Beschluss wurde die Verfassungsbeschwerde gegen den vorgenannten Beschluss des *BGH* vom 10.10.2006 nicht zur Entscheidung angenommen.

Ein bloßes Handzeichen, eine **Paraphe**, ist keine nach außen wirkende vollständige Unterschrift (*BGH* U 22.10.1993 – V ZR 112/92, juris = NJW 1994, 55; zweifelnd: *BFH* B 29.11.1995 – X B 56/95, juris = NJW 1996, 1432; jetzt wie hier: *BFH* U 16.3.1999 – X R 41/96, juris = NJW 1999, 2919). Das Handzeichen hat ausschließlich behördeninterne Bedeutung; sie ist erheblich: Durch die Paraphierung des bei den Behördenakten verbleibenden Originals des Verwaltungsaktes ist nachgewiesen, dass dieser mit Wissen und Willen des dafür Verantwortlichen erlassen wurde. Zugleich stellt das Handzeichen, ebenso wie eine volle Unterschrift, sicher, dass es sich wirklich um einen Verwaltungsakt und nicht nur um dessen Entwurf handelt. Wenn also die dem Betroffenen zugestellte Ausfertigung den vollen Namen des Unterzeichners 36 trägt, liegt damit ein ordnungsgemäßer schriftlicher Verwaltungsakt vor (*BGH* U 16.3.1984 – RiZ (R) 6/83, juris = NJW 1984, 2533).

Wenn in dieser Weise ein Schriftstück nur mit einem Handzeichen versehen wird, dann liegt auch aus einem weiteren Grund eine Namensunterschrift im Rechtssinne nicht vor: Auf eine derartige Paraphe kann die Vermutung des § 440 Abs. 2 ZPO und die Beweisregel des § 416 ZPO nicht entsprechend gestützt werden (vgl. *BGH* U 15.11.2006 – IV ZR 122/05, juris = NJW-RR 2007, 351).

Wird ein Schriftstück lediglich mit einer Paraphe markiert, fehlt die Unterschrift. Also liegt ein **Verwaltungsakt nicht** vor. Entsprechendes gilt für bestimmende Schriftsätze im gerichtlichen Verfahren (*BVerwG* U 4.10.1999 – 6 C 31/98, juris = NVwZ 2000, 190). Jedoch erkennt der *BFH* in seinem vorzitierten Urteil vom 16.3.1999: Der Anspruch auf ein faires Verfahren erfordert es, dem Rechtsuchenden die Möglichkeit der Wiedereinsetzung in den vorigen Stand zu eröffnen, wenn die Unterzeichnung mit einer Paraphe im Geschäftsverkehr, bei Behörden und in Gerichtsverfahren unbeanstandet verwendet wurde. Das gilt besonders bei jahrelanger Duldung (*BGH* B 11.4.2013 – VII ZB 43/12, juris = NJW 2013, 1966).

37 Die zweite Art ist die faksimilierte Unterschrift. Mitunter wird das **Faksimile** nicht als Unterschrift, sondern als Namenswiedergabe gewertet. Doch das hat auf die nach außen gerichtete Rechtswirksamkeit der Dokumentation des Namens keinen Einfluss. Beide Ansichten sind vertretbar.

38 Bei der **Namenswiedergabe** wird der Familienname handschriftlich, mit Maschinenschrift, elektronisch oder durch Stempelaufdruck auf das Schriftstück gesetzt. Verwaltungsinterne Anweisungen schreiben regelmäßig eine Beglaubigung der Namenswiedergabe vor. Fehlt die Beglaubigung, ist das nach außen dennoch unschädlich. Denn es kommt allein auf die Erkennbarkeit des Namens an (vgl. *BVerwG* B 5.5.1997 – 1 B 129/96, juris = Buchholz 402.240 § 45 AuslG 1990 Nr. 11; *BVerwG* U 25.1.1995 – 11 C 29/93, juris Rn. 21 = BVerwGE 97, 323, 327; *VGH Mannheim* B 20.3.1997 – 4 S 2774/96, juris = DÖV 1997, 602; *VGH Kassel* B 8.12.2011 – 1 B 2172/11, juris = NJW 2012, 1243; *OVG Magdeburg* B 24.8.2012 – 1 L 20/12, juris = NVwZ-RR 2013, 131; *Knack,* § 37 Rn. 57; *Stelkens,* § 37 Rn. 52; *Bader/Ronellenfitsch*, § 37 Rn. 48; **a.A.:** *Kopp/Ramsauer,* § 37 Rn. 35, jedoch mit dem Zugeständnis, dass auch „gez." vor dem wiedergegebenen Familiennamen genügen kann).

Wird auf dem Schriftstück ein **Beglaubigungsvermerk** angebracht, muss er aus vorstehenden Gründen auch nicht mit einem Dienstsiegel versehen sein.

Diese **Rechtslage ergibt sich aus dem Wortlaut** des § 37 Abs. 3 VwVfG, des § 33 Abs. 3 SGB X und des § 119 Abs. 3 AO. Dort ist entweder eine Unterschrift oder eine Namenswiedergabe vorgeschrieben. Die Beglaubigung der Namenswiedergabe oder gar deren Siegelung wird nicht zusätzlich verlangt (ebenso *Linhart,* Bescheid, S. 8).

Eine **Beglaubigung** der Namenswiedergabe ist nur **in bestimmten gerichtlichen Verfahren** vorgeschrieben. Doch ist auch hier die Siegelung entbehrlich (*GmS-OGB* B 30.4.1979 – GmS-OGB 1/78, juris Rn. 37 ff. = BVerwGE 58, 359 (367 f.); *BVerwG,* B 15.6.1959 – Gr.Sen. 1/58, juris = BVerwGE 10, 1; *BFH* U 22.6.2010 – VIII R 38/08, juris = MMR 2010, 866).

Die Berechtigung zum Erlass eines Leistungsbescheides stützt sich auf die jeweilige **materielle Rechtsgrundlage,** aus welcher die Behörde ihren Anspruch herleitet, zum Beispiel bei Erschließungsbeiträgen auf die §§ 127 bis 135 des Baugesetzbuchs. 39

Ist ein Leistungsbescheid vom Verwaltungsgericht aus materiell-rechtlichen Gründen als rechtswidrig aufgehoben worden, verbietet es die materielle Rechtskraft dieser Entscheidung, die gleiche Forderung auf Grund einer anderen Anspruchsgrundlage erneut geltend zu machen. Das ergibt sich gemäß § 121 VwGO aus der bindenden Wirkung rechtskräftiger Urteile (*OVG Koblenz* B 9.4.2010 – 10 A 11315/09, juris = NVwZ 2010, 1109).

Gegen die im Leistungsbescheid erhobene Forderung kann der **Vollstreckungsschuldner die Aufrechnung erklären** und dadurch ihr Erlöschen bewirken. Das Rechtsinstitut der Aufrechnung findet auch im öffentlichen Recht Anwendung. Die Regelungen der §§ 387 bis 396 BGB sind entsprechend anzuwenden; denn sie enthalten einen allgemeinen Rechtsgedanken (vgl. *BVerwG* U 20.11.2008 – 3 C 13/08, juris = NJW 2009, 1099; *BVerwG* U 12.2.1987 – 3 C 22/86, juris Rn. 28 ff. = BVerwGE 77, 19 (21f.); *BVerwG* U 27.10.1982 – 3 C 6/82, juris = BVerwGE 66, 218; *Palandt,* § 395 Rn. 1). 40

Ebenso kann übrigens auch die Behörde gegenüber dem Betroffenen aufrechnen (*BVerwG* U 13.10.1971 – 6 C 137/67, juris = DÖV 1972, 573; *BFH* U 19.10.1982 – VII R 64/80, juris = NVwZ 1984, 199). Ihre Aufrechnungserklärung ist aber kein Verwaltungsakt; sie ist eine öffentlich-rechtliche Willenserklärung (*BFH* U 2.4.1987 – VII R 148/83, juris = NVwZ 1987, 1118; *OVG Magdeburg* B 12.3.2002 – 1 M 6/02, juris = NVwZ-RR 2002, 907; *OVG Magdeburg* B 21.7.2008 – 3 M 390/08, juris = NVwZ-RR 2009, 226; *VGH München* B 13.1.1997 – 12 CE 96.504, juris = NJW 1997, 3392). Gemäß § 406 BGB ist die Aufrechnung auch gegenüber dem neuen Gläubiger zulässig (*BFH* U 15.10.1996 – VII R 46/96, juris = NVwZ-RR 1997, 489).

Als verbindliche Willenserklärung muss die Aufrechnung eindeutig und inhaltlich bestimmt sein (*VGH Mannheim* U 14.12.2010 – 4 S 2447/09, juris, DÖV 2011, 326 L).

Die Aufrechnung mit zivilrechtlichen Ansprüchen gegen öffentlich-rechtliche Ansprüche und umgekehrt ist grundsätzlich zulässig, soweit die allgemeinen Voraussetzungen der Aufrechnung gegeben sind und keine gesetzlichen Einschränkungen vorliegen. Sie ist auch dann zulässig und materiell-rechtlich wirksam, wenn Forderung und Gegenforderung in verschiedenen gerichtlichen Verfahrensarten geltend zu machen sind. Dabei kann es sich um ein Zivilgericht, ein Finanzgericht oder ein Verwaltungsgericht handeln. Gemäß § 17 Abs. 2 S. 1 GVG entscheidet das Gericht des zulässigen Rechtsweges „unter allen in Betracht kommenden rechtlichen Gesichtspunkten" (vgl. *BFH* B 9.4.2002 – VII B 73/01, juris = NJW 2002, 3126).

In diesem Zusammenhang stellt das *Bundesverwaltungsgericht* klar, dass die Anfechtung eines Leistungsbescheides und die damit einsetzende aufschiebende Wirkung nicht eine bereits eingetretene Fälligkeit der im Bescheid konkretisierten Forderung beseitigt (U 27.10.1982 – 3 C 6/82, juris = BVerwGE 66, 218). Eine Aufrechnung ist also auch im Rechtsbehelfsverfahren möglich. Sie setzt nicht die Vollziehbarkeit des Leistungsbescheides voraus (dazu auch *OVG Bremen* B 16.7.1999 – 2 B 93/99, juris = NVwZ-RR 2000, 524; *VG Freiburg* U 11.11.2009 – 3 K 879/08, juris, DÖV 2011, 43 L). Denn die Aufrechnungserklärung ist die Ausübung eines schuldrechtlichen Gestaltungsrechts. 41

42 Für das Verwaltungs-Vollstreckungsgesetz gilt nach § 5 Abs. 1 die Vorschrift des § 226 AO nicht. Diese enthält Beschränkungen der Aufrechnung (vgl. *BFH* U 23.6.1976 – I R 165/74, juris = NJW 1976, 2183; *BVerwG* U 3.6.1983 – 8 C 43/81, juris = NVwZ 1984, 168).

43 Eine **Vollstreckung ohne Leistungsbescheid** nach § 3 Abs. 2 Buchst. a VwVG ist gemäß § 61 VwVfG zulässig. Hier hat sich der Schuldner vertraglich der sofortigen Vollstreckung aus einem subordinationsrechtlichen **öffentlich-rechtlichen Vertrag** im Sinne des § 54 S. 2 VwVfG unterworfen. Damit tritt der öffentlich-rechtliche Vertrag als eigenständige Vollstreckungsgrundlage an die Stelle des Leistungsbescheides. Im Übrigen ist gemäß § 61 Abs. 2 S. 1 VwVfG das Verwaltungs-Vollstreckungsgesetz entsprechend anzuwenden.

44 **b) Fälligkeit der Leistung.** Fälligkeit ist der Zeitpunkt, in welchem der Gläubiger seine Forderung geltend machen darf und der Schuldner seine Verpflichtung erfüllen muss. Fälligkeit ist also **Leistungszeit**. Der Begriff stammt aus dem bürgerlichen Recht (§ 271 BGB). Die Fälligkeit der Leistung kann sofort mit der Bekanntgabe des Leistungsbescheides eintreten. Das wäre zum Beispiel bei Abschleppkosten der Fall (*VG Gelsenkirchen* U 27.9.2001 – 16 K 779/00, juris = NWVBl. 2002, 160).

Hat die Vollzugsbehörde dem Schuldner **Stundung** gewährt, tritt die Fälligkeit erst mit Ablauf der Stundungsfrist ein. Stundung bedeutet, dass der Gläubiger die Fälligkeit seiner Forderung hinausschiebt und damit dem Schuldner Zahlungsaufschub einräumt.

Auf die Stundung besteht grundsätzlich kein Rechtsanspruch. Darum kann die Behörde eine **Stundung widerrufen.** Der Widerruf ist ein rechtsgestaltender Verwaltungsakt. Widerspruch und Klage dagegen haben nach § 80 Abs. 1 S. 2 VwGO aufschiebende Wirkung (*VGH München* B 26.5.1987 – 23 AS 87.00408, juris = NVwZ 1988, 745).

In **Sachsen** ist gemäß § 2a Abs. 1 Nr. 5 SächsVwVG die Vollstreckung einzustellen oder zu beschränken, wenn die mit dem Verwaltungsakt geforderte Leistung gestundet wurde.

Stundungsfristen können laut § 31 Abs. 7 VwVfG **verlängert** werden. Denn sie sind von einer Behörde und nicht vom Gesetzgeber gesetzt. Hiernach können auch bereits abgelaufene Fristen verlängert werden. Dadurch sollen insbesondere unbillige Härten vermieden werden.

Dagegen darf die Behörde ihre **Stundungsfrist nicht eigenmächtig verkürzen.** Die Behörde würde bei einer derartigen unzulässigen Rechtsausübung gegen den Grundsatz von Treu und Glauben verstoßen (venire contra factum proprium). Deswegen ist die Behörde auf den vorbehandelten Widerruf der Stundung angewiesen. Sie muss folglich einen entsprechenden Verwaltungsakt erlassen. Dabei kann sie dem Schuldner durchaus noch eine Schonfrist einräumen. Das ergibt sich aus § 10 VwVfG. Danach ist das Verwaltungsverfahren grundsätzlich an bestimmte Formen nicht gebunden. Es ist einfach, zweckmäßig und zügig durchzuführen. Gleiches bestimmt § 9 SGB X.

Eine **Vollstreckung** während der laufenden Stundungsfrist ist **nicht zulässig.** Denn sie ist gehemmt. Das Vorgehen der Behörde ist ein rechtswidriger verschleierter Widerruf als Verwaltungsakt im Sinne von § 49 VwVfG. Der Schuldner hat somit einen Anspruch auf **Rechtsschutz** nach **§80 Abs. 5 VwGO.** Ist dieser Rechtsschutz aus Zeitnot nicht gewährleistet, kommt gemäß §123 VwGO eine einstweilige Anordnung zum Zuge. Denn der in §123 Abs.5 VwGO enthaltene Ausschluss des §80 VwGO entfällt in einem solchen Eilfall.

Mit *Engelhardt/App/Schlatmann* (§3 VwVG Rn.6) ist darauf hinzuweisen, dass der Leistungsbescheid schon vor Eintritt der Fälligkeit erlassen werden kann. Das ergibt sich aus §3 Abs.2 Buchst.c. In diesem Fall muss der Bescheid die Angabe über den Zeitpunkt der Fälligkeit enthalten. So ist für den Schuldner klar erkennbar, wann er zahlen muss oder mit der Vollstreckung zu rechnen hat. **45**

Zwischen der schuldrechtlichen Fälligkeit der Leistung und der hoheitlichen Vollstreckbarkeit des Leistungsbescheides ist zu unterscheiden. Beide sind voneinander unabhängig. Folglich beseitigt die Anfechtung eines Leistungsbescheides nicht eine bereits eingetretene Fälligkeit der im Leistungsbescheid konkretisierten Forderung. Also ist auch eine Aufrechnung entsprechend den §§387ff. BGB nach Anfechtung des Leistungsbescheides im Rechtsbehelfsverfahren möglich (*BVerwG* U 27.10.1982 – 3 C 6/82, juris = NJW 1983, 776). **46**

c) Ablauf der Wochenfrist. Bei der Wochenfrist handelt es sich regelmäßig um diejenige, welche seit Bekanntgabe des Leistungsbescheides verstrichen sein muss. Wurde der Leistungsbescheid ausnahmsweise schon vor Fälligkeit der Leistung bekannt gegeben, läuft die Frist erst eine Woche nach Eintritt der Fälligkeit ab. **47**

Die Wochenfrist ist eine **Schonfrist,** die das Gesetz zwingend vorschreibt. Sie soll dem Schuldner Gelegenheit geben, die Leistung freiwillig zu erbringen, um damit die Vollstreckung zu vermeiden (Engelhardt/App/*Schlatmann,* §3 VwVG Rn.7). Ein Verstoß gegen diese Bestimmung ist jedoch heilbar. Denn sie dient als eine von drei Voraussetzungen auch der innerdienstlichen Vorbereitung einer ebenfalls internen Verfügung der Behörde, nämlich der Vollstreckungsanordnung. Diese ist, wie bereits festgestellt, kein Verwaltungsakt (Rn.1). Ein derartiges innerdienstliches Versehen hat keine Regelungswirkung nach außen und kann demzufolge behördenintern korrigiert werden.

Durch diese Schonfrist wird die bereits eingetretene Fälligkeit der Leistung nicht berührt. Der Zeitpunkt der Fälligkeit wird nicht um eine Woche verlängert. Denn dann würde die Behörde ohne gesetzliche Grundlage eine weitere Wochenfrist als Schonfrist gewähren müssen. Vielmehr wird der Beginn der Vollstreckung im Interesse des Schuldners nur hinausgeschoben.

Auch bei der Gerichtsvollstreckung nach §169 VwGO ist dem Vollstreckungsschuldner die Schonfrist eingeräumt (Schoch/Schneider/Bier/*Möller*, §169 Rn.50; Sodan/Ziekow/*Heckmann*, §169 Rn.45). Gleiches gilt ferner gemäß §254 Abs.1 S.1 AO.

In **Nordrhein-Westfalen** können gemäß §6 Abs.4 VwVG NRW ohne Einhaltung der **Schonfrist** beigetrieben werden: Zwangsgelder und Kosten einer Ersatzvornahme sowie Säumniszuschläge, Zinsen, Kosten und andere Nebenforderungen, wenn im Leistungsbescheid über die Hauptforderung auf sie dem Grunde nach hingewiesen worden ist.

Für die **Geldbuße** aus einem Bußgeldbescheid (Rn.17) enthält §95 Abs.1 OWiG folgende Regelung: Die Geldbuße wird vor Ablauf von **zwei Wochen** nach Eintritt der **48**

Fälligkeit nur beigetrieben, wenn auf Grund bestimmter Tatsachen erkennbar ist, dass sich der Betroffene der Zahlung entziehen will.

49 **2. Vollziehbarkeit von Leistungsbescheiden.** Die Behörde kann die Vollstreckung auch einleiten, wenn ihr **Leistungsbescheid noch nicht unanfechtbar** ist. Das ergibt sich aus § 5 Abs. 1 VwVG i.V.m. § 251 Abs. 1 AO. Allerdings finden die in § 251 AO genannten Bestimmungen des § 361 AO und des § 69 FGO keine Anwendung. Denn sie sind in § 5 Abs. 1 VwVG nicht aufgeführt. Hier gelten vielmehr die in § 80 Abs. 2 bis 8 VwGO festgelegten Aussetzungsvorschriften (vgl. Engelhardt/App/Schlatmann, § 251 AO Rn. 2). Insoweit werden in § 3 nicht so strenge Anforderungen für den Beginn der Vollstreckung gestellt, wie sie in § 6 Abs. 1 für die Erzwingung von Handlungen, Duldungen oder Unterlassungen enthalten sind. Dennoch ist zu empfehlen, grundsätzlich entsprechend zu verfahren.

50 Zunächst wird es wohl keine Behörde geben, die haushaltsmäßig nicht in der Lage wäre, die Rechtsbehelfsfrist von einem Monat abzuwarten. Sodann sollte die Behörde das prozessrechtliche Risiko bedenken, welches sie unnötigerweise eingeht. Denn die schon vor Unanfechtbarkeit des Leistungsbescheides eingeleitete Vollstreckung könnte rechtswidrig sein (*OVG Bautzen* B 29.11.2005 – 5 Bs 4/04, juris = NVwZ-RR 2007, 68; *OVG Hamburg* B 18.12.2006 – 3 Bs 218/05, juris = NVwZ 2007, 364).

Aus diesen Gründen schreibt **Sachsen** in § 24 Abs. 4 SächsVwVG vor, dass Kosten der Ersatzvornahme innerhalb von zwei Wochen nach Zustellung des Leistungsbescheides zu zahlen sind. Ebenso zweckmäßig ist die Bestimmung des § 24 Abs. 3 S. 2 SächsVwVG, wonach der Leistungsbescheid sofort vollziehbar ist.

51 Die Unanfechtbarkeit oder die sofortige Vollziehbarkeit ist Voraussetzung für die Beitreibung in folgenden **Bundesländern:**

(1) Baden-Württemberg: § 2 LVwVG.

(2) Bayern: Art. 19 Abs. 1 VwZVG.

(3) Hessen: § 2 HessVwVG.

(4) Niedersachsen: § 3 Abs. 1 Nr. 1 NVwVG.

(5) Rheinland-Pfalz: § 2 LVwVG.

(6) Saarland: § 30 Abs. 1 Nr. 1 SVwVG.

(7) Sachsen-Anhalt: § 3 Abs. 1 Nr. 1 VwVG LSA.

(8) Thüringen: § 19 ThürVwZVG.

52 Wenn die Behörde ausnahmsweise die Unanfechtbarkeit des Leistungsbescheides nicht abwarten kann, sollte sie die **sofortige Vollziehung des Leistungsbescheides gemäß § 80 Abs. 2 Nr. 4 VwGO anordnen.** Damit nimmt sie einem etwaigen Rechtsbehelf die aufschiebende Wirkung. In einem solchen Fall wird stets ein besonderes öffentliches und auch gerichtsfest begründbares Interesse an der sofortigen Vollziehung des Bescheides bestehen.

53 Sollte sich schließlich die Notwendigkeit ergeben, die Vollstreckung noch vor rechtskräftigem Abschluss eines langwierigen Verwaltungsstreitverfahrens durchzuführen, hat die Behörde auch dann immer noch die Möglichkeit, die sofortige Vollziehung anzuordnen. Sie kann nämlich diese Anordnung auch nach Erlass ihres angefochte-

nen Verwaltungsaktes in jeder Lage des Verfahrens treffen, also auch im Verwaltungsstreitverfahren.

Von diesen Grundsätzen gibt es mit Rücksicht auf zwingende Gründe der staatlichen Haushaltswirtschaft Ausnahmen bei der **Erstattung von Leistungen.** Das trifft auf **§ 49a VwVfG** zu: Bei Bescheiden nach Landesrecht gilt das entsprechende Verfahrensrecht des betreffenden Landes. Soweit ein Verwaltungsakt mit Wirkung für die Vergangenheit zurückgenommen oder widerrufen worden oder infolge Eintritts einer auflösenden Bedingung unwirksam geworden ist, sind bereits erbrachte Leistungen zu erstatten. 54

Für die Wirksamkeit der Rücknahme und des Widerrufs ist entscheidend, dass die Behörde die Jahresfrist des §48 Abs.4 und §49 Abs.3 S.2 VwVfG eingehalten hat (zur Berechnung der Frist siehe *BVerwG* B 19.12.1984 – Gr. Sen. 1, 2/84, juris = BVerwGE 70, 356; *BVerwG* U 24.1.2001 – 8 C 8/00, juris = BVerwGE 112, 360; *BVerwG* U 28.6.2012 – 2 C 13/11, juris = BVerwGE 143, 230). Zum Vergleich: Gemäß §45 Abs.4 S.2 SGB X gilt ebenfalls eine Jahresfrist (*BSG* U 25.10.1995 – 5/4 RA 66/94, juris = NVwZ 1996, 1248). 55

Führt der Leistungsempfänger wegen der Zuwendung einen Verwaltungsrechtsstreit gegen die Bewilligungsbehörde, so gilt: Die Jahresfrist beginnt erst mit der Beendigung des Prozesses zu laufen (BVerwGE 143, 230 Rn. 30 a.a.O.; *OVG Magdeburg* B 26.1.2010 – 1 L 10/10, juris = NVwZ-RR 2010, 551; *OVG Bremen* U 16.2.2011 – 2 A 37/09, juris = NordÖR 2011, 197).

Im Verwaltungsprivatrecht scheidet ein Rückgriff auf die Jahresfrist aus (*BGH* U 6.11.2009 – V ZR 63/09, juris = NVwZ 2010, 531).

Die Jahresfrist des §48 Abs.4 VwVfG kann nach Unionsrecht entfallen. Sie findet zum Beispiel bei der Rücknahme einer gemeinschaftsrechtswidrigen Subvention keine Anwendung (*BVerwG* U 23.4.1998 – 3 C 15/97, juris = BVerwGE 106, 328).

Bei der Rückforderung einer gemeinschaftsrechtswidrigen Subvention greift das Unionsrecht sogar noch schärfer ein: Die Entscheidung eines nationalen Gerichts, welche die Rückforderung behindert, erlangt keine Rechtskraft (*EuGH* U 18.7.2007 – C-119/05, juris = DÖV 2007, 835).

Sollte es um die Rücknahme eines rechtswidrigen Verwaltungsaktes gehen, der von einer sachlich unzuständigen Behörde erlassen wurde, gilt Folgendes (*BVerwG* U 20.12.1999 – 7 C 42/98, juris = BVerwGE 110, 226): Die Zuständigkeit richtet sich nach dem jeweils anzuwendenden Fachrecht. Fehlen derartige Regelungen, ist nach allgemeinen verfahrensrechtlichen Grundsätzen die Behörde zuständig, die zum Zeitpunkt der Rücknahmeentscheidung für den Erlass des aufzuhebenden Verwaltungsaktes sachlich zuständig wäre. 56

Die zu erstattende Leistung ist gemäß §49a Abs.1 S.2 VwVfG durch schriftlichen Verwaltungsakt festzusetzen. Um nicht als rechtswidrig oder sogar nichtig zu gelten, muss er gemäß § 37 Abs.1 VwVfG hinreichend bestimmt sein (vgl. *VGH München* B 22.4.2008 – 19 ZB 08.489, juris = NVwZ-RR 2009, 268). Das ist unser Leistungsbescheid (*BVerwG* U 3.3.2011 – 3 C 19/10, juris = BVerwGE 139, 125). Er sollte regelmäßig noch vor seiner Unanfechtbarkeit vollstreckt werden. Hierzu dient die Anordnung der sofortigen Vollziehung. 57

Das gilt insbesondere für Subventionen und Investitionen. Ausgangspunkt des besonderen öffentlichen Interesses an der sofortigen Vollziehung eines Erstattungsbescheides ist § 7 der Bundeshaushaltsordnung. Diese Bestimmung ist wortgleich in allen Landeshaushaltsordnungen enthalten. Hiernach sind bei der Aufstellung und Ausführung des Haushaltsplans die Grundsätze der Wirtschaftlichkeit und Sparsamkeit zu beachten (*BVerwG* U 16.6.1997 – 3 C 22/96, juris = BVerwGE 105, 55 *BVerwG* U 10.12.2003 – 3 C 22/02, juris = NVwZ-RR 2004, 413). An der schleunigen Einziehung ausstehender Gelder besteht aus Haushaltsgründen naturgemäß ein besonders großes öffentliches Interesse. Denn dadurch wird die Investitionsbehörde in ihrer Eigenschaft als Hoheitsträger in die Lage versetzt, durch begünstigenden Verwaltungsakt ein neues Förderprogramm zu bewilligen. Dieses öffentliche Interesse steht also dem des § 80 Abs. 2 Nr. 1 VwGO gleich, öffentliche Kosten ohne verfahrensrechtliche Verzögerungen zu beanspruchen.

58 Folgerichtig enthält § 49a VwVfG auch die grundsätzliche Verpflichtung, dass der zu erstattende Betrag zu verzinsen ist (*BVerwG* U 26.6.2002 – 8 C 30/01, juris = BVerwGE 116, 332).

Von der Geltendmachung des Zinsanspruchs kann gemäß § 49a Abs. 3 S. 2 VwVfG ausnahmsweise abgesehen werden (*BVerwG* U 19.11.2009 – 3 C 7/09, juris = BVerwGE 135, 238).

Ein Anspruch auf Zinsen nach § 49a Abs. 4 VwVfG wegen Verzögerung der Leistung entsteht zu dem Zeitpunkt, in welchem die Leistung nicht alsbald nach Auszahlung bestimmungsgemäß verwendet worden ist. Der Anspruch wird mit dem gemäß § 49a Abs. 1 VwVfG bekanntgegebenen Leistungsbescheid oder mit dem im Leistungsbescheid bestimmten Zeitpunkt fällig (*BVerwG* U 27.4.2005 – 8 C 5/04, juris = BVerwGE 123, 303).

59 Hieraus leitet sich zugleich das überwiegende Interesse eines Beteiligten an der sofortigen Vollziehung eines Erstattungsbescheides gemäß § 80 Abs. 2 Nr. 4 zweite Fallgruppe VwGO ab. Denn bei staatlichen Förderprogrammen kann die Investitionsbehörde einem Bewilligungsantrag nur stattgeben, wenn die dafür erforderlichen Geldmittel vorhanden sind. Diese fehlen jedoch, wenn geschuldete Leistungen ausstehen. Also muss, entsprechend vergleichbar kommunizierenden Röhren, der notwendige Ausgleich geschaffen werden. Das führt zu dem Ergebnis, dass das Ermessen der Behörde im Regelfall auf Null reduziert ist (vgl. *BVerwG* U 16.6.1996 3 C 22/96, juris Rn. 16 = BVerwGE 105, 55 (57); *OVG Münster* U 13.6.2002 – 12 A 693/99, juris = NVwZ-RR 2003, 803).

60 Die **Anordnung der sofortigen Vollziehung** eines Rückerstattungsbescheides gemäß § 80 Abs. 2 Nr. 4 VwGO kann auch auf das **Gemeinschaftsrecht der Europäischen Union** gestützt werden. Denn die an die Bundesrepublik Deutschland gerichtete Entscheidung der Europäischen Kommission, eine gemeinschaftsrechtswidrige Beihilfe zurückzufordern, ist öffentlich-rechtlicher Natur. Diese Entscheidung der Europäischen Kommission kann nach ihrem Inhalt und ihren Wirkungen gegenüber dem betroffenen Beihilfeempfänger das Rückforderungsverhältnis ebenfalls öffentlich-rechtlich gestalten.

Für das gerichtliche Antragsverfahren nach § 80 Abs. 5 VwGO gilt aus vorstehendem Grund: Bei der im Rahmen der Entscheidung über die Anordnung der sofortigen Vollziehung des nationalen Rückerstattungsbescheides vorzunehmenden Interessenabwägung ist das **Gemeinschaftsinteresse** an der Wiederherstellung der **Wettbewerbsordnung** zu berücksichtigen. Die in der Rechtsprechung der europäischen Gerichtsbarkeit entwickelten Maßstäbe sind für die Gewichtung der widerstreitenden öffentlichen und privaten Interessen maßgeblich (*OVG Berlin-Brandenburg* B 7.11.2005 – 8 S. 93/05, juris = NVwZ 2006, 104).

Eine **Sonderregelung** enthält das **Investitionszulagengesetz 2010** vom 7.12.2008 (BGBl. I S. 2350) S. Gemäß § 12 gelten für die Verzinsung des Rückforderungsanspruchs § 238 und § 175 Abs. 1 S. 1 Nr. 2 AO. Nach § 14 S. 2 des Gesetzes ist für Verwaltungsakte der Finanzbehörden der Finanzrechtsweg gegeben. **61**

Etwas anderes gilt, wenn ein Rechtsbehelf kraft Gesetzes keine aufschiebende Wirkung hat. Das ist nach **§ 80 Abs. 2 Nr. 1 VwGO bei der Anforderung von öffentlichen Abgaben und Kosten** der Fall. Zu diesen gehören gesetzlich bestimmte Steuern, Gebühren, Beiträge und reine Geldleistungen, die zur haushaltsplangemäßen Deckung des staatlichen Finanzbedarfs wesentlich und unabweisbar notwendig sind. **62**

Beispiele:

- Ausgleichsbetrag des Eigentümers eines im Sanierungsgebiet gelegenen Grundstücks: § 154 Abs. 1 S. 1 BauGB (vgl. *BVerwG* U 17.12.1992 – 4 C 30/90, juris = NVwZ 1993, 1112; *OVG Hamburg* B 7.3.1990 – Bs VI 98/89, juris = NVwZ 1990, 1002; *OVG Bremen* B 26.11.1987 – 1 B 84/87, juris = NVwZ 1988, 752; **a.A.:** *OVG Münster* B 23.11.1987 – 22 B 2787/87, juris = NVwZ 1988, 751);
- Erschließungsbeitrag: § 127 BauGB (vgl. *BVerwG* U 12.1.1983 – 8 C 78, 79/81, juris = NVwZ 1983, 472).
- Kosten des Widerspruchsverfahrens (*OVG Lüneburg* B 13.8.2013 – 7 M 1/12, juris = NordÖR 2013, 490; *OVG Bautzen* B 22.9.2010 – 4 B 214/10, juris = NVwZ-RR 2011, 225).
- Gebühr für die Entziehung der Fahrerlaubnis (*OVG Koblenz* B 25.6.2003 – 12 B 10793/03, juris = NVwZ-RR 2004, 157).

Folglich könnte die Behörde die Vollziehungsanordnung noch vor Unanfechtbarkeit des Leistungsbescheides erlassen. Sie sollte aber im Interesse des Betroffenen auch hier grundsätzlich die Rechtsbehelfsfrist von einem Monat berücksichtigen und ihn nicht unnötig oder gar unverantwortlich unter Zeitdruck setzen.

Beispiel: Ein Bauordnungsamt versagte die Erteilung der Baugenehmigung. Die Widerspruchsbehörde wies den Widerspruch zurück und setzte dafür eine Gebühr in Höhe von 750 € fest. Hierbei bestimmte sie eine Zahlungsfrist von zwei (!) Wochen. Damit verletzte sie den Anspruch des Bürgers auf wirksamen Rechtsschutz (vgl. § 13 Rn. 33). Denn sein Antrag nach § 80 Abs. 5 VwGO bei dem Verwaltungsgericht, die aufschiebende Wirkung der Anfechtungsklage anzuordnen, ist gemäß § 80 Abs. 6 S. 1 i.V.m. § 80 Abs. 4 VwGO nur zulässig, wenn die Widerspruchsbehörde zuvor seinen Aussetzungsantrag abgelehnt hat. – Die Behörde möge auch bedenken: Das Gericht könnte der Anfechtungsklage stattgeben.

Insoweit ist der allgemeine Ausschluss der aufschiebenden Wirkung der Rechtsbehelfe nach **Landesrecht** bedeutsam.

Im Zusammenhang mit Geldforderungen ist im Übrigen zu beachten: Der Rechtsbehelf gegen einen Verwaltungsakt, welcher nicht die Anforderung von öffentlichen Abgaben und Kosten selbst betrifft, sondern die spätere Vollstreckung eines solchen Verwaltungsaktes, hat gemäß § 80 Abs. 1 S. 1 VwGO aufschiebende Wirkung. Das träfe z.B. auf eine Pfändungsverfügung zu (§ 5 Abs. 1 VwVG i.V.m. § 309 AO).

Fügt die Behörde einer Sachentscheidung einen Leistungsbescheid über öffentliche Abgaben oder Kosten bei, hat sie zu beachten: Gemäß §80 Abs.1 S.1 VwGO hat der Rechtsbehelf gegen die Sachentscheidung aufschiebende Wirkung. Nach §80 Abs.2 Nr.1 VwGO entfällt die aufschiebende Wirkung des Rechtsbehelfs bei dem Leistungsbescheid (*OVG Bautzen* B 22.9.2010 – 4 B 214/10, juris = NVwZ-RR 2011, 225; *OVG Lüneburg* B 13.8.2013 – 7 Me 1/12, juris = NordÖR 2013, 490; *OVG Koblenz* B 25.6.2003 – 12 B 10793/03, juris = NVwZ-RR 2004, 157; *OVG Weimar* B 18.11.2003 – 3 EO 381/02, juris = NVwZ-RR 2004, 393).

63 Auch nach **§80 Abs.2 Nr.3 VwGO** kann der Rechtsbehelf gegen einen Leistungsbescheid keine aufschiebende Wirkung haben. Das ist zum Beispiel gemäß §93 Abs.3 des Zwölften Buches Sozialgesetzbuch der Fall. Dabei handelt es sich um den Übergang von Ansprüchen auf den Träger der Sozialhilfe, Geld zu zahlen. Diese Vorschrift hat die entsprechende Bestimmung des §90 Abs.3 des aufgehobenen Bundessozialhilfegesetzes mit Wirkung vom 1.1.2005 ersetzt.

III. Zu Absatz 3

64 Hier ist eine **Mahnung** vorgeschrieben. Die Behörde ist nach fruchtlosem Ablauf der in §3 Abs.2 Buchst.c vorgeschriebenen Wochenfrist verpflichtet, vor Erlass der Vollstreckungsanordnung den Schuldner noch mit einer **Zahlungsfrist von einer weiteren Woche** besonders zu mahnen. Denn erfahrungsgemäß würden sich viele Zwangsvollstreckungen erübrigen, wenn die Behörde den Schuldner vor Einleitung der Vollstreckung an die Erfüllung seiner Zahlungspflicht erinnerte.

Mahnung bedeutet: Die Gläubigerbehörde fordert den Vollstreckungsschuldner schriftlich oder formlos eindeutig auf, den fälligen Geldbetrag nebst der Mahngebühr des §19 Abs.2 binnen einer Woche nach Bekanntgabe oder Zustellung an die angegebene Kasse zu zahlen.

65 Aus der Behördenakte muss sich eindeutig ergeben, dass die Mahnung erfolgt ist. Das gilt auch dann, wenn die Mahnung im Wege der elektronischen Datenverarbeitung erstellt und ausgeführt wird (*VG Leipzig* B 8.12.1999 – 6 K 2131/99, juris = NVwZ 2000, 1321).

66 Für die Mahnung kommt es allein darauf an, dass sie eine öffentlich-rechtliche Geldforderung im Sinne von §1 Abs.1 betrifft. Darum kann aus einem vollstreckungsreifen Leistungsbescheid auch dann vollstreckt werden, wenn in der Mahnung die Forderung als eine private gekennzeichnet wurde (*OVG Weimar* B 8.10.1996 – 2 OE 849/95, juris L, KKZ 1998, 17; hier Gebühr für einen Einsatz der Feuerwehr: OVG Weimar U 8.10.1996 2 EO 849/95, juris L, ThürVBl. 1997, 40).

67 Bei der **Berechnung der Wochenfrist** für die Mahnung gelten die §§187 bis 193 BGB. Denn diese Bestimmungen sind laut §186 BGB allgemein für Fristen aller Rechtsgebiete heranzuziehen (*GmS-OGB* B 6.7.1972 – *GmS-OGB* 2/71, juris = BVerwGE 40, 363). Das bedeutet zum **Beispiel:**

Die Mahnung wird dem Schuldner am 13. eines Monats bekanntgegeben oder zugestellt. Gemäß §187 Abs.1 BGB wird dieser Tag nicht mitgerechnet. Daher beginnt die Frist am 14. um 00 Uhr. Nach §188 Abs.2 BGB endet sie am 20. desselben Monats um 24 Uhr. Fällt das Ende der Frist auf einen Sonntag, gesetzlichen Feiertag oder Sonnabend, so endet sie aber gemäß §193 BGB erst mit dem Ablauf des nächsten Werktages.

Eine schriftliche Mahnung, die durch die Post im Inland mit einfachem Brief oder als Einschreiben durch Übergabe übermittelt wird, gilt mit dem dritten Tage nach der Aufgabe zur Post als bekanntgegeben oder zugestellt. Das ist in Analogie zur Übermittlung eines Verwaltungsaktes nach §41 Abs.2 VwVfG, §122 Abs.2 Nr.1 AO, §37 Abs.2 SGB X oder §4 Abs.2 VwZG anzunehmen (vgl. App/Wettlaufer, §16 Rn.8; *VG Gera* B 19.7.2000 – 5 E 1581/99, juris = NVwZ-RR 2001, 627). Die analoge Anwendung dieser Bestimmungen ist sachgerecht. Denn die Mahnung dient dazu, einen Verwaltungsakt durchzusetzen. Ist der Mahnbrief am 10. eines Monats gestempelt zu Post aufgegeben worden, gilt er also am 13. desselben Monats als bekanntgegeben oder zugestellt (siehe VwZG §4 Rn.11ff.).

Überbringt ein Bediensteter der Gläubigerbehörde die Mahnung dem Schuldner direkt, so ist sie bereits am selben Tage zugestellt. Wegen des urkundlichen Beweiswerts sollte eine Mahnung nicht mündlich, sondern schriftlich übermittelt werden. Am sichersten ist die Zustellung gemäß §5 Abs.1 VwZG. Geschieht das am 13. eines Monats, endet die Frist also am 20. desselben Monats.

Die Mahnung ist **kein Verwaltungsakt.** Denn sie enthält keine über den Leistungsbescheid hinausgehende Regelung des Falles ((vgl. App/Wettlaufer/*Klomfaß,* Kapitel 16 Rn. 22*;* **a.A.:** *OVG Bautzen* B 29.11.2005 – 5 Bs 4/04, juris = NVwZ-RR 2007, 68).

Infolgedessen ist die **Mahnung keine Vollstreckungsmaßnahme.** Sie ist vielmehr eine **68**
Vollstreckungsvoraussetzung für den Ablauf des weiteren Verfahrens (*BVerwG* U 12.5.1992 – IC 3/89, juris =NVwZ-RR 1993, 662).

Mit der Mahnung wird also die Zwangsvollstreckung noch nicht eingeleitet (*VG Lüneburg* U 14.4.2010 – 3 A 91/08, juris = NVwZ-RR 2010, 590).

In **Sachsen** bestimmt §13 Abs.2 SächsVwVG, dass der Schuldner von der Behörde, **69**
die den Verwaltungsakt erlassen hat, zu mahnen ist. Die Mahnung erfolgt demnach nicht durch das Finanzamt. Das entspricht der Regelung in §4 Abs.3 S.1 Nr.6, S.2 SächsVwVG.

Aber die Verpflichtung zur Mahnung beruht auf einer grundsätzlich verbindlichen **70**
Sollvorschrift. Deren Verletzung ist ein Verfahrensfehler. Denn §3 Abs.3 lässt die Vollstreckung eben grundsätzlich erst zu, wenn der Schuldner zuvor gemahnt worden ist (vgl. *VG Göttingen* B 4.2.2004 – 2 B 339/03, juris = NVwZ-RR 2005, 71). Infolgedessen kann die Mahnung auch nicht lediglich als „nobile officium" gewertet werden, wie von *Rosen-von Hoewel* meint (VwVG §3 Erl. III 1 d). Allerdings wird sich der Schuldner mit einer solchen formell rechtswidrigen Vollstreckung abfinden müssen, wenn sie mit der materiell-rechtlichen Regelung des Leistungsbescheides übereinstimmt. Das folgt aus dem Rechtsgedanken des §46 VwVfG in Verbindung mit §44a S.1 VwGO. Auf diese Weise wird ein unnötiger Streit um seiner selbst willen ausgeschlossen.

Das gilt besonders dann, wenn die mangels Mahnung formell rechtswidrige Vollstreckung einen materiell rechtmäßigen Leistungsbescheid betrifft, der bereits unanfechtbar geworden ist. Hier wäre es auch abwegig, dem Schuldner einen Folgenbeseitigungsanspruch auf Rückzahlung des beigetriebenen Geldbetrages zuzuerkennen *(VGH Mannheim* U 30.3.1982 – 1 S.1267/80, juris = VBlBW 1982, 293). Denn die Behörde käme durch ein neues, nunmehr formell richtiges Verfahren ohnehin wieder zu dem ihr doch zustehenden Geld.

71 Als **Soll-Vorschrift** ist § 3 Abs. 3 eine Muss-Vorschrift mit dem **Ausnahmevorbehalt** für atypische Fälle (vgl. *BVerwG* U 26.3.1981 – 5 C 28/80, juris Rn. 29 ff. = BVerwGE 62, 108 (112); *BVerwG* U 15.12.1989 – 7 C 35/87, juris Rn. 29 = BVerwGE 84, 220 (233)). Die Soll-Vorschrift ist verbindlich, „sofern nicht ein besonderer Ausnahmegrund für ein gegenteiliges Handeln vorliegt" (vgl. *BVerwG* U 28.1.2004 – 2 WD 13/03, juris Rn. 6 ff. = BVerwGE 120, 105 (108); *BVerwG* U 30.5.2013, – 2 C 68/11, juris = BVerwGE 146, 347). Ein solcher Ausnahmefall liegt vor, wenn Tatsachen darauf schließen lassen, dass die Mahnung den Vollstreckungserfolg gefährden würde (Engelhardt/App/*Schlatmann,* VwVG § 3 Rn. 8). Den Ausnahmevorbehalt gibt es ausdrücklich in folgenden **Bundesländern:**

(1) Baden-Württemberg: § 14 Abs. 4 LVwVG.

(2) Bayern: Art. 23 Abs. 3 VwZVG.

(3) Bremen: § 2 Abs. 2 BremGVG.

(4) Hessen: § 19 Abs. 3 Nr. 1 Hess VwVG.

(5) Niedersachsen: §§ 3, 4 Abs. 3 NVwVG.

(6) Saarland: § 31 Abs. 2 Nr. 1 SVwVG.

(7) Sachsen: § 13 Abs. 5 SächsVwVG.

(8) Sachsen-Anhalt: § 4 Abs. 3 Nr. 1 VwVG LSA.

(9) Schleswig-Holstein: § 269 Abs. 4 LVwG.

(10) Thüringen: § 34 Abs. 1 Nr. 2 ThürVwZVG.

72 Darüber hinaus lassen fast alle Bundesländer eine **vereinfachte Vollstreckung** zu (Rn. 77). Danach ist auch eine Mahnung entbehrlich, wenn bestimmte Geldforderungen, zum Beispiel Zwangsgelder oder Kosten einer Ersatzvornahme, beigetrieben werden sollen.

73 Ausnahmsweise ist die **Mahnung** des Schuldners dann **entbehrlich,** wenn dieser vor Einleitung der Vollstreckung ernsthaft erklärt hat, er werde keinesfalls leisten (vgl. *OVG Münster* B 15.7.1964 – 2 B 380/64, juris = OVGE Münster 20, 150). Denn in einem solchen Fall kann der Schuldner auch nicht in seinen Rechten verletzt sein.

Wenn der Schuldner wiederholt erklärt, nicht zahlen zu wollen, entfällt im Übrigen auch der weitere Zweck der Mahnung, den Schuldner vor einer überraschenden Zwangsvollstreckung zu bewahren *(OVG Münster* B 6.1.1982 – 8 B 1774/81, juris = OVGE Münster 36, 68).

74 Für die Mahnung wird gemäß § 19 Abs. 2 eine Gebühr in der dort bestimmten Höhe erhoben. Die **Mahngebühr** wird zusammen mit der Hauptforderung eingezogen. Eines weiteren Leistungsbescheides bedarf es nicht. Das ergibt sich nach § 5 Abs. 1 VwVG aus § 254 Abs. 2 AO.

Anders ist es im **Steuerrecht.** Denn dort bestimmt § 337 Abs. 2 AO: Für das **Mahnverfahren** werden **keine Kosten** erhoben. Jedoch hat der Vollstreckungsschuldner die Kosten zu tragen, die durch einen Postnachnahmeauftrag (§ 259 S. 2 AO) entstehen.

IV. Zu Absatz 4

Diese Bestimmung **ergänzt Absatz 1;** hier kann man beide Regelungen zusammenfassen: Die Vollstreckung wird gegen den Vollstreckungsschuldner durch Vollstreckungsanordnung eingeleitet. Die Vollstreckungsanordnung wird von der Behörde erlassen, die den Anspruch geltend machen darf. Eines vollstreckbaren Titels bedarf es nicht. 75

Eine **Besonderheit ergibt sich aus §§ 168, 169 VwGO:** Soll ein gerichtlicher Titel zugunsten der öffentlichen Hand vollstreckt werden, findet das Verwaltungs-Vollstreckungsgesetz ebenfalls Anwendung. Das gilt auch nach § 200 des Sozialgerichtsgesetzes. Vollstreckungsbehörde im Sinne des § 4 ist der **Vorsitzende des Verwaltungsgerichts.** Er ist aber nicht „Behörde", sondern Prozessgericht (§ 4 Rn. 11). 76

Der Gerichtsvorsitzende ist auch für den Erlass der Vollstreckungsanordnung zuständig, wenn aus **Kostenfestsetzungsbeschlüssen** nach § 168 Nr. 4 VwGO vollstreckt wird. Denn bei diesen Beschlüssen handelt es sich um solche eines Gerichts, also der rechtsprechenden Gewalt. Das Gericht und nicht die Verwaltungsbehörde schafft hier die Anspruchsgrundlage für die Vollstreckung der öffentlich-rechtlichen Forderung. Die Behörde wäre dazu nicht in der Lage; sie ist nur Antragstellerin vor Gericht (vgl. *VGH München* B 19.11.1984 – 8 C 84 A. 2557, juris = NVwZ 1985, 352).

Sind **sonstige Titel** aus § 168 VwGO betroffen, fällt die Vollstreckungsanordnung in die Zuständigkeit der Verwaltungsbehörde *(OVG Koblenz* B 19.4.1972 – 1 B 40/71, juris = Verw-Rspr. 25, 248; *VGH München* B 20.2.1984 – 8 C 83 A. 3196, juris = NVwZ 1984, 736; *VGH Mannheim* B 20.12.1991 – 9 S. 2886/91, juris = NVwZ 1993, 73). Sie ist die Gläubigerin; ihr steht der Anspruch zu (Absatz 4). Das ist zum **Beispiel** bei der Vollstreckung aus einem verwaltungsgerichtlichen **Vergleich** der Fall (vgl. *OVG Münster* B 30.9.1983 – 8 B 1724/83, juris = NVwZ 1984, 111). Der Gerichtsvorsitzende ist also nicht zuständig *(OVG Koblenz* B 15.10.1985 – 1 E 30/85, juris = NJW 1986, 1191).

Der Gerichtsvorsitzende wird **nicht von Amts wegen** tätig. Vielmehr kann er die Vollstreckung nur **auf Antrag** der Gläubigerin einleiten (*OVG Münster* B 30.9.1983 a.a.O.; *OVG Lüneburg* B 18.10.1990 – 9 O 36/90, juris = DÖV 1991, 565; *OVG Weimar* B 28.2.1995 – 1 VO 9/95, juris = NVwZ 1995, 480; Schoch/Schneider/Bier/*Möller*, § 169 Rn. 37; *Bader,* § 169 Rn. 2, 4; Redeker/von Oertzen, § 167 Rn. 4; Kopp/Schenke, § 167 Rn. 4; Schunck/De Clerck, § 167 Anm. 2a; Eyermann/*Kraft,* § 169 Rn. 5; Sodan/Ziekow/*Heckmann*, § 169 Rn. 35).

Anhang:
Vergleichbares Landesrecht

(1) Baden-Württemberg: § 13, § 14 LVwVG. Vereinfachte Vollstreckung: § 14 Abs. 4. 77

(2) Bayern: Art. 23 VwZVG. Gemäß Art. 23 Abs. 1 Nr. 1 ist der Leistungsbescheid zuzustellen. Davon gibt es nach Art. 23 Abs. 2 folgende Ausnahme: Bei Verwaltungsakten, die bei der Festsetzung und Erhebung von Realsteuern ergehen, genügt an Stelle der Zustellung die Zusendung gemäß Art. 17. Vereinfachte Vollstreckung: Art. 23 Abs. 3. Die Androhung eines Zwangsgeldes ist ein Leistungsbescheid: Art. 31 Abs. 3 S. 2 (Rn. 16).

(3) Berlin: § 8 VwVfG Berlin verweist auf VwVG.

(4) Brandenburg: § 19, § 20 VwVGBbg.

(5) Bremen: § 2, § 6 Abs. 2 Nr. 2 BremGVG. Vereinfachte Vollstreckung: § 2 Abs. 2.

(6) Hamburg: § 30, § 31 HmbVwVG.

(7) Hessen: § 18, § 19, § 66 Abs. 2 HessVwVG. Gemäß § 18 Abs. 1 Nr. 1 ist der Leistungsbescheid zuzustellen; in Abgabesachen genügt die Bekanntgabe. Vereinfachte Vollstreckung: § 19 Abs. 4.

(8) Mecklenburg-Vorpommern: § 111 Abs. 1 VwVfG M-V = § 3 VwVG.

(9) Niedersachsen: § 1, §§ 3–5 NVwVG. Vereinfachte Vollstreckung: § 4 Abs. 3. Pfändungs- und Überweisungsverfügung: §§ 45, 50 (*LSG Niedersachsen-Bremen* U 22.1.2004 – L 8 AL 17/03, juris = NVwZ-RR 2005, 367).

(10) Nordrhein-Westfalen: § 6, § 10, § 19 VwVG NRW. Vereinfachte Vollstreckung: § 6 Abs. 4.

(11) Rheinland-Pfalz: § 22, § 68, § 73 LVwVG. Nach § 68 Abs. 2 tritt die vollstreckbare Urkunde an die Stelle des Leistungsbescheides.

(12) Saarland: § 30, § 31 SVwVG. Nach § 73 Abs. 2 tritt die vollstreckbare Urkunde an die Stelle des Leistungsbescheides. Vereinfachte Vollstreckung: § 31 Abs. 2.

(13) Sachsen: § 2, § 12, § 13, § 24 SächsVwVG. Gemäß § 24 Abs. 3, 4 S. 1 ist der Leistungsbescheid über die festgesetzten Kosten der Ersatzvornahme zuzustellen. Vereinfachte Vollstreckung: § 13 Abs. 5.

(14) Sachsen-Anhalt: § 1, §§ 3–5, § 20 VwVG LSA.

(15) Schleswig-Holstein: § 269, § 270 LVwG. Vereinfachte Vollstreckung: § 269 Abs. 3, Abs. 4.

(16) Thüringen: § 33, § 34, § 48 Abs. 3, § 50 Abs. 3 ThürVwZVG. Vereinfachte Vollstreckung: § 34.

§ 4 Vollstreckungsbehörden

Vollstreckungsbehörden sind:

a) die von einer obersten Bundesbehörde im Einvernehmen mit dem Bundesminister des Innern bestimmten Behörden des betreffenden Verwaltungszweiges;

b) die Vollstreckungsbehörden der Bundesfinanzverwaltung, wenn eine Bestimmung nach Buchstabe a nicht getroffen worden ist.

Übersicht

I. Vollstreckungsbehörden nach Bundesrecht

1 Als Vollstreckungsbehörden bezeichnet man die Behörden, die für die Vollstreckung von öffentlich-rechtlichen Geldforderungen zuständig sind. Ihre **Zuständigkeit** beginnt, sobald die Anspruchsbehörde, welche als Gläubigerin die Vollstreckungsanordnung erlassen hat, sie um die Durchführung der Vollstreckung ersucht.

Hierzu bestimmt § 252 AO: Im Vollstreckungsverfahren gilt die Körperschaft als Gläubigerin der zu vollstreckenden Ansprüche, der die Vollstreckungsbehörde angehört (vgl. *BGH* B 14.2.2013 – IX ZR 115/12, juris = MDR 2013, 620S). Die Geltung des §252 AO ist im Falle des §4 VwVG durch §5 Abs. 1 VwVG vorgeschrieben.

2 Mit ihrem Ersuchen bittet die Gläubigerbehörde die Vollstreckungsbehörde um **Amtshilfe**. Rechtsgrundlage ist Art. 35 Abs. 1 GG i.V.m. §§4 bis 8 VwVfG. Die Ausführungsvorschriften des Verwaltungsverfahrensgesetzes sind erforderlich. Denn sie füllen den Rahmen des Art. 35 Abs. 1 GG aus. So wird die Amtshilfe konkretisiert. Nach der Legaldefinition des §4 Abs. 1 VwVfG handelt es sich bei der Amtshilfe um „ergänzende Hilfe". Das bedeutet: Die um Amtshilfe ersuchte Behörde ergänzt durch ein Nebenverfahren das Verfahren der ersuchenden Behörde, bei welcher die Hauptsache anhängig ist. In diesem Zusammenhang sei auf die Bedeutung einer gesetzlichen Begriffsbestimmung hingewiesen.

Ihrem Wesen nach ist die gesetzliche Begriffsbestimmung ein nahezu einzigartiges Element im Rechtssystem. Denn sie ist die allgemein verbindliche Auslegung eines Rechtsbegriffs durch den Gesetzgeber mit Kurzfassung in einer Klammer. Mit der Kurzfassung erklärt der Gesetzgeber bindend, was ein voranstehender Gesetzestext zu bedeuten hat. Diese Festlegung gilt nunmehr für alle Rechtsgebiete. Ausführlich *Sadler,* Bedeutung der gesetzlichen Begriffsbestimmung, Polizei 2009 S. 266–268.

Die Voraussetzungen und Grenzen der Amtshilfe werden in §5 VwVfG behandelt. Mit dem Ausdruck „insbesondere" in §5 Abs. 1 VwVfG weist der Gesetzgeber aber darauf hin, dass es sich bei den dort genannten Fällen nur um wichtige Beispiele für ein Amtshilfeersuchen und also nicht um eine abschließende Regelung handelt.

Gemäß §5 Abs. 1 Nr. 1 VwVfG muss die Gläubigerbehörde um die Amtshilfe bitten, wenn sie „aus rechtlichen Gründen die Amtshandlung nicht selbst vornehmen kann". Ihr rechtliches Unvermögen ergibt sich aus §4 VwVG. Denn danach ist sie wegen der Sonderregelung des §4 Buchst. a VwVG keine Vollstreckungsbehörde. Vielmehr sind laut §249 Abs. 1 S. 3 i.V.m. §250 AO die Finanzämter und die Hauptzollämter als Vollstreckungsbehörden für derartige Vollstreckungsersuchen im Wege der Amtshilfe zuständig.

Eine derartige rechtliche Konstellation ist nach der Rechtsprechung des Bundesverwaltungsgerichts zulässig: Amtshilfe ist auch dann gegeben, wenn eine Behörde keine Zwangsbefugnis besitzt und sich zwecks Vollstreckung ihrer Anordnungen an Behörden mit entsprechenden Befugnissen wendet (*BVerwG* U 28.2.1969 – 7 C 22/67, juris Rn. 19f. = BVerwGE 31, 328 (329)).

Allgemein ist für jede Amtshilfe der Verwaltungsbehörden und Gerichte Folgendes zu berücksichtigen: Entsprechend der Legaldefinition des §4 Abs. 1 VwVfG ist sie in allen Fällen nur eine „ergänzende" Hilfe. „Grundsätzlich gilt, dass der Verwaltungsträger, dem durch eine Kompetenznorm des Grundgesetzes Verwaltungsaufgaben zugewiesen sind, diese Aufgaben durch eigene Verwaltungseinrichtungen – mit eigenen personellen und sächlichen Mitteln -wahrnimmt" (*BVerfG* B 12.1.1983 – 2 BvL 23/81, juris Rn. 131 = BVerfGE 63, 1 (32)). Also ist die **Amtshilfe auf Teilgebiete eines Verwaltungsverfahrens begrenzt** (*BVerfG* B 13.7.2011 – 2 BvL 742/10, juris = NVwZ 2011, 1254).

In dem **Vollstreckungsersuchen** sollte die Anspruchsbehörde bestätigen: „Wir haben bereits gemahnt. Die Vollstreckung ist angeordnet. Wir bescheinigen hierdurch die Vollstreckbarkeit der Forderung."

Das Vollstreckungsersuchen **ist kein Verwaltungsakt** (*BVerwG* U 18.11.1960 – 7 C 184/57, juris = NJW 1961, 332). Denn das Ersuchen dient nur dem Zweck, einen schon erlassenen Verwaltungsakt, nämlich den Leistungsbescheid, durchzusetzen. Es ist ein innerdienstlicher Vorgang zwischen zwei Behörden. Daher fehlt die für einen Verwaltungsakt erforderliche Rechtswirkung nach außen (*OVG Magdeburg* B 23.12.2008 – 2 M 235/08, juris = NVwZ-RR 2009, 410).

3 Die **Anordnungsbehörde ist** gegenüber der Vollstreckungsbehörde sachlich **lenkungsbefugt.** Denn allein sie ist die Behörde, die den zu vollstreckenden Anspruch geltend machen darf (§ 3 Abs. 4). Sie kann also die materielle Art. der Vollstreckung bestimmen (z.B. keine Mobiliarpfändung, keine Vollstreckungshandlung zur Nachtzeit sowie an Sonn- und Feiertagen), die Einstellung der Vollstreckung verfügen oder ihren Anspruch summenmäßig begrenzen.

4 Das Recht der Anordnungsbehörde, im Wege der **Amtshilfe** Organe der **Länder** mit der Vollstreckung zu beauftragen, bleibt gemäß § 5 Abs. 2 unberührt. Die Rechtsgrundlage dafür ist Art. 35 Abs. 1 GG i.V.m. §§ 4 bis 8 VwVfG. Hier gilt das Gleiche wie bei der vorgenannten Amtshilfe von Organen des Bundes.

5 Es gibt **vier Arten** von Vollstreckungsbehörden, nämlich die in § 4 genannten und zwei weitere:

6 **1. Vorrangige Vollstreckungsbehörden nach Buchstabe a.** Das sind die von einer obersten Bundesbehörde mit Zustimmung des Bundesministeriums des Innern bestimmten Behörden ihres Geschäftsbereichs. Oberste Bundesbehörden sind das Bundespräsidialamt, das Bundeskanzleramt, die Bundesministerien, das Presse- und Informationsamt der Bundesregierung sowie der Bundesrechnungshof. Besondere Vollstreckungsbehörden gibt es nicht mehr.

In organisatorischer Beziehung beugt das Gesetz der Möglichkeit vor, dass sich eine Bundesverwaltung eine Vollstreckungseinrichtung schafft, ohne dass hierfür ein sachliches Bedürfnis besteht. Deshalb dürfen Bundesbehörden von einer obersten Bundesbehörde nur im Einvernehmen mit dem Bundesministerium des Innern als Vollstreckungsbehörde bestimmt werden.

Gemäß § 169 Abs. 1 VwGO hat der Vorsitzende des Gerichts des ersten Rechtszuges den hohen und exklusiven Rang einer Bundesvollstreckungsbehörde (Rn. 9). In dieser Eigenschaft ist er zugleich Durchsuchungsrichter nach Art. 13 Abs. 2 GG und Haftrichter gemäß Art. 104 Abs. 2 GG (Schoch/Schneider/Bier/*Möller*, § 169 Rn. 31).

7 **2. Vollstreckungsbehörden der Bundesfinanzverwaltung nach Buchstabe b.** Das sind die **Hauptzollämter.** Aus § 5 Abs. 1 VwVG i. V m. § 249 Abs. 1 S. 3 AO könnte man schließen, dass auch die Finanzämter Vollstreckungsbehörden der Bundesverwaltung

seien. Doch trifft das nicht zu (vgl. auch App/*Wettlaufer* Kap. 17 Rn. 2). Denn § 2 Abs. 1 Nr. 4 des Finanzverwaltungsgesetzes weist die Finanzämter als Landesbehörden aus. Die Hauptzollämter werden für die gesamte Bundesverwaltung tätig. Soweit § 249 Abs. 1 S. 3 AO auch die Finanzämter zu Vollstreckungsbehörden bestellt, gilt das nur für die Finanzverwaltung der Länder.

3. Gesetzlich bestimmte Vollstreckungsbehörden.
- **Parteiengesetz,** § 38 Abs. 1 S. 2 2. Hs., Abs. 2 S. 2 2. Hs.: Der Bundeswahlleiter und der Präsident des Deutschen Bundestages sind Vollstreckungs- und Vollzugsbehörde. 8
- **Flurbereinigungsgesetz,** § 136 Abs. 2: Vollstreckungsbehörde ist die Flurbereinigungsbehörde.
- **Sozialgesetzbuch X,** § 66 Abs. 2: Für die Vollstreckung durch Verwaltungsbehörden der Kriegsopferversorgung bestimmt das einzelne Bundesland die Vollstreckungsbehörde.
- **Aufenthaltsgesetz,** § 71 Abs. 1: Ausländerbehörde.

4. Gerichtsvorsitzender als Vollstreckungsbehörde. Soll aus einem Vollstreckungstitel nach § 168 VwGO **zugunsten des Bundes, eines Landes,** eines Gemeindeverbandes, einer Gemeinde oder einer Körperschaft, Anstalt oder Stiftung des öffentlichen Rechts vollstreckt werden, so richtet sich die Vollstreckung gemäß **§ 169 Abs. 1 VwGO** nach dem Verwaltungs-Vollstreckungsgesetz. Somit gelten auch die durch § 5 Abs. 1 einbezogenen Vorschriften der Abgabenordnung. 9

Der Gerichtsvorsitzende vollstreckt nur aus den gerichtlichen Titeln des § 168 VwGO. Das ergibt sich aus den §§ 169, 170, 172 VwGO. Er vollstreckt also weder einen Verwaltungsakt (§ 35 VwVfG) noch einen öffentlich-rechtlichen Vertrag (§§ 54, 61 VwVfG). Die Vollstreckung richtet sich allein gegen Private. Der Titel muss gemäß § 56 VwGO zugestellt sein.

Einer Vollstreckungsklausel bedarf es nach § 171 VwGO nicht. Denn es wäre nicht sinnvoll, dem Gericht eine vollstreckbare Ausfertigung vorzulegen, die von ihm zuvor selbst oder allenfalls von der Rechtsmittelinstanz erteilt worden ist. Daher hat die Verwaltungsgerichtsordnung auf das Erfordernis einer Vollstreckungsklausel verzichtet. Hier gilt das Gleiche wie im umgekehrten Fall der Vollstreckung gegen eine Behörde gemäß § 172 VwGO (*OVG Münster* B 10.7.2006 – 8 E 91/06, juris = NVwZ-RR 2007, 140).

Nach seinem Wortlaut betrifft § 169 VwGO nur die Vollstreckung zugunsten der öffentlichen Hand. Andere Vereinigungen und Institutionen sind also ausgeschlossen (*OVG Lüneburg* B 20.10.1998 – 13 0 3662/98, juris = NJW 1999, 1882 betreffend Zentralrat der Juden).

Für das Vollstreckungsverfahren ist ein Antrag der Gläubigerin erforderlich. Denn die Vollstreckung findet nicht von Amts wegen statt (§ 3 Rn. 76). 10

Antragsberechtigt ist auch der Rechtsnachfolger des im Vollstreckungstitel bezeichneten Rechtsvorgängers. Denn ein gerichtlicher Titel nach § 168 VwGO schafft objektive Rechte und Pflichten, die durch persönliche Veränderungen auf Seiten des Gläubigers und des Schuldners nicht beeinträchtigt werden können. So geht auch eine titulierte Vollstreckungsschuld von dem Rechtsvorgänger auf den Rechtsnachfolger über, zum Beispiel auf den Erben.

11 Vollstreckungsbehörde im Sinne des Gesetzes ist der Vorsitzende des Gerichts des ersten Rechtszuges. In dieser Eigenschaft hat der **Gerichtsvorsitzende** als Landesrichter gemäß § 169 Abs. 1 VwGO den Rang einer **Bundesvollstreckungsbehörde.** Deshalb trägt er die Verantwortung für die Rechtmäßigkeit der Vollstreckung (vgl. § 5 Abs. 1 VwVG i.V.m. § 250 Abs. 1 S. 2 AO).

Mit dieser Regelung bewahrt der Gesetzgeber den Grundsatz der Gewaltenteilung nach Art. 20 Abs. 2 S. 2 GG: Die obsiegende Behörde der Exekutive kann nicht die Vollstreckung einer Entscheidung der rechtsprechenden Gewalt vornehmen. Diese soll es vielmehr tun. Dafür ist der Gerichtsvorsitzende in seiner exklusiven und exponierten Position zuständig.

12 Der Gerichtsvorsitzende kann für die Ausführung der Vollstreckung eine andere Vollstreckungsbehörde oder einen Gerichtsvollzieher in Anspruch nehmen. Aber er muss die Kontrolle über die Vollstreckungsmaßnahmen behalten (vgl. *OVG Lüneburg* B 5.2.1975 – 6 B 8/75, juris L, OVGE Lüneburg 31, 341; *OVG Koblenz* B 15.10.1985 – 1 E 30/85, juris =*S.* NJW 1986, 1191; *VGH München* B 19.11.1984 – 8 C 84 A.2527, juris = NVwZ 1985, 352; *VG Gelsenkirchen* B 12.3.2012 – 15 M 7/12, juris = NVwZ-RR 2012, 457).

Das ergibt sich eindeutig aus § 250 AO: Soweit eine Vollstreckungsbehörde auf Ersuchen einer anderen Vollstreckungsbehörde Vollstreckungsmaßnahmen ausführt, tritt sie zwar an die Stelle der anderen Vollstreckungsbehörde. Aber für die Vollstreckbarkeit des Anspruchs bleibt die ersuchende Vollstreckungsbehörde verantwortlich.

13 Darüber hinaus kann der Gerichtsvorsitzende bei der Vollstreckung in das unbewegliche Vermögen die Hilfe der Amtsgerichte in Anspruch nehmen. Hier kämen insbesondere das Grundbuchamt für die Eintragung einer Sicherungshypothek sowie das Amtsgericht als Vollstreckungsgericht für die Zwangsverwaltung oder Zwangsversteigerung in Betracht. Das ergibt sich aus § 5 Abs. 1 VwVG i.V.m. § 322 Abs. 1 S. 2 AO und den dort weiterführenden Gesetzen. Ferner dürften keine Bedenken dagegen bestehen, auch andere Gerichte und dabei vor allem deren Vorsitzende einzubeziehen. Denn das Recht und die Pflicht zur Rechtshilfe sowie zur Amtshilfe nach Art. 35 Abs. 1 GG gelten allgemein und umfassend.

14 Zur Befugnis des Gerichtsvorsitzenden, die Vollstreckungsanordnung zu erlassen, wird auf die Ausführungen bei § 3 Rn. 76 verwiesen.

Allerdings ist der Ausdruck „Vollstreckungsbehörde" hier nicht korrekt. Stattdessen müsste der Vorsitzende als **Vollstreckungsbeauftragter** bezeichnet werden. Denn er ist „Organ der Rechtsprechung" gemäß Gewaltenteilung in Art. 20 Abs. 2 S. 2 GG (vgl. Schoch/Schneider/Bier/*Möller*, § 169 Rn. 26). Die Dreiteilung der Gewalten schließt die gesetzliche Befugnis nicht aus, dass eine von ihnen im Bereich der anderen sachlich zuständig ist; Beispiele: Nach Art. 80 GG erlässt die Exekutive im Bereich der Legislative Rechtsverordnungen. Dennoch ändert sich am Charakter der Gewalten nichts. Gemäß §§ 35, 65, 66 OWiG handelt die Exekutive durch Bußgeldbescheide strafrechtlich (*BVerfG* B 16.7.1969 – 2 BvL 2/69, juris = BVerfGE 27, 18S.) auf dem Gebiet der Judikative, ohne ihr Wesen zu verändern. Dazu ausführlich *Sadler,* Verwaltungsvollstreckung neben Geldstrafen und Geldbußen, Polizei 2007 S. 296–300.

Das hat folgenden Grund: Die originär sachlich zuständige Gewalt behält ihren verfassungsmäßigen Vorrang gegenüber der nachrangigen Gewalt. Sie kann infolgedessen auch korrigierend eingreifen. Das gilt insbesondere zu Gunsten des strafgerichtlichen Amtsgerichts in Bußgeldverfahren: Gemäß § 68 OWiG entscheidet nämlich das Gericht über den Einspruch gegen den Bußgeldbescheid der Verwaltungsbehörde.

Die Gewaltenteilung ist ein „tragendes Organisationsprinzip des Grundgesetzes“, das die Balance zwischen den gleichrangigen drei Gewalten sichert (*BVerfG* U 18.12.1953 – 1 BvL 106/53, juris Rn. 54 = BVerfGE 3, 225 (247); zu Überschneidungen von Gewalten vgl. *BVerfG* B 10.10.1972 – 2 BvL 51/69, juris = BVerfGE 34, 52).

Der Vorsitzende ist als **Vollstreckungsbeauftragter das Vollstreckungsgericht.** Das ergibt sich aus § 167 Abs. 1 S. 2 VwGO (ebenso *Redeker/von Oertzen,* § 169 Rn. 5; *Kopp/Schenke,* § 169 VwGO Rn. 2; Sodan/Ziekow/*Heckmann*, § 169 Rn. 22; Eyermann/*Kraft*, § 169 Rn. 3). Gegen die Entscheidungen des Gerichtsvorsitzenden ist die Beschwerde nach § 146 Abs. 1 VwGO zulässig (§ 5 Rn. 17). 15

Die Beschwerde des Vollstreckungsgläubigers gegen einen ablehnenden Beschluss des Vorsitzenden richtet sich ebenfalls nach § 146 VwGO (*VGH Kassel* B 26.3.2004 – 3 TM 1626/03, juris = NVwZ-RR 2004, 524; *VGH Mannheim* B 20.12.1991 – 9 S. 2886/91, juris = NVwZ 1993, 73).

Die **Zuständigkeit des Vorsitzenden** ist nach § 169 Abs. 1 S. 2 VwGO **personenbezogen.** Er übt ein eigenständiges Amt aus. Dabei wird er nicht als Vorsitzender Richter seiner Kammer tätig, sondern losgelöst von ihr. Seine besondere Funktionszuständigkeit kann infolgedessen auch nicht gemäß § 6 VwGO auf den Einzelrichter übertragen werden (vgl. Schoch/Schneider/Bier/*Stelkens/Clausing,* § 6 Rn. 19). Denn die Übertragung kann nur von der Kammer des Gerichts vorgenommen werden (vgl. *Bader,* § 169 Rn. 3; *OVG Weimar* B 28.2.1995 – 1 VO 9/95, juris = NVwZ-RR 1995, 480; *OVG Münster* B 1.6.1994 – 11 E 239/94, juris = NVwZ-RR 1994, 619). 16

Eine Übertragung auf den Einzelrichter ist allseits ausgeschlossen. Sie kann darum nicht durch ein entsprechendes Einverständnis der Beteiligten begründet werden (*OVG Münster* B 1.6.1994 a.a.O.).

Der Einzelrichter ist auch dann nicht Vollstreckungsbehörde, wenn der zu vollstreckende Titel aus einem Verfahren stammt, das ihm zur Entscheidung übertragen war. Denn sobald er die Kammer verlässt, würde er seine persönliche Funktion als Vollstreckungsbehörde verlieren. Zu dieser Funktion dürfte mangels Rechtsgrundlage die Kammer ein anderes Mitglied nicht bestellen. Das wäre ebenso dem Kammervorsitzenden verwehrt (**a.A.:** *VG Darmstadt* B 18.11.1999 – 2 M 1436/99, juris = NVwZ-RR 2000, 734).

Örtlich zuständig ist der Vorsitzende jenes Gerichts, das in dem Rechtsstreit, der zum Erlass des zu vollstreckenden Titels geführt hat, Gericht des ersten Rechtszuges gewesen ist (§ 7 Rn. 29). 17

II. Vollstreckungsbehörden nach Landesrecht

(1) Baden-Württemberg: Landesverwaltungsvollstreckungsgesetz, § 4 Abs. 1: Vollstreckungsbehörde ist die Behörde, die den Verwaltungsakt erlassen hat. Sie kann den Gerichtsvollzieher um Beitreibung ersuchen (§ 15a Abs. 1 LVwVG). 18

(2) Bayern: Verwaltungszustellungs- und Vollstreckungsgesetz, Art. 25 Abs. 1: Geldforderungen des Staates werden durch die Finanzämter vollstreckt. Art. 26 Abs. 1:

Gemeinden, Landkreise, Bezirke und Zweckverbände sind berechtigt, zur Beitreibung von Geldforderungen, die sie durch einen Leistungsbescheid geltend machen, eine Vollstreckungsanordnung gemäß Art. 24 zu erteilen. Einzelheiten und besondere Regelungen enthalten die Art. 26, 27 und 44.

(3) Berlin: Gesetz über das Verfahren der Berliner Verwaltung, § 8 Abs. 1 verweist mit gewissen Vorgaben auf das VwVG, jedoch vollumfänglich auf § 4 VwVG.

(4) Brandenburg: Verwaltungsvollstreckungsgesetz, § 17: Die Beitreibung von Geldforderungen ist grundsätzlich eine Aufgabe der Vollstreckungsbehörden. Besonderheiten sind in großem Umfang geregelt.

(5) Bremen: Geldforderungen-Vollstreckungsgesetz, § 5: für das Land und die Stadtgemeinde Bremen und für die sonstigen der Aufsicht des Landes unterstehenden juristischen Personen des öffentlichen Rechts die Landesfinanzbehörden. Für die Stadtgemeinde Bremerhaven ist der Magistrat Vollstreckungsbehörde.

(6) Hamburg: Hamburgisches Verwaltungsvollstreckungsgesetz, § 4 S. 1: Der Senat bestimmt die Vollstreckungsbehörden. Das ist durch die Anordnung über Vollstreckungsbehörden vom 1.6.1999 (Amtl. Anz. 1999, S. 1457) geschehen.

(7) Hessen: Verwaltungsvollstreckungsgesetz, § 15: Verwaltungsakte, mit denen eine Geldleistung an das Land gefordert wird, werden durch die Finanzämter vollstreckt. Leistungsbescheide des Landrats als Behörde des Landes vollstreckt die Kasse des Landkreises. § 16: Zugunsten der Gemeinden und Landkreise vollstrecken deren Kassen. Für Gemeinden ohne eigene Vollstreckungsbeamte oder Vollstreckungsstellen vollstreckt die Kasse des Landkreises. § 17: Die Vollstreckung für andere juristische Personen des öffentlichen Rechts wird von diesen selbst oder von den Kassen der Gemeinden und Landkreise oder von den Finanzämtern vorgenommen. Bei bürgerlichen Forderungen gilt § 66.

(8) Mecklenburg-Vorpommern: Landesverwaltungsverfahrensgesetz, § 111 Abs. 2: Die zuständigen Vollstreckungsbehörden bestimmt die Landesregierung durch Rechtsverordnung, soweit sie nicht gesetzlich bestimmt sind.

(9) Niedersachsen: Verwaltungsvollstreckungsgesetz, § 6: Zur Vollstreckung sind die Kommunen, mit Ausnahme der Mitgliedsgemeinden von Samtgemeinden, und das Niedersächsische Landesamt für Bezüge und Versorgung befugt. Die Landesregierung ist ermächtigt, durch Verordnung weitere Vollstreckungsbehörden zu bestimmen.

(10) Nordrhein-Westfalen: Verwaltungsvollstreckungsgesetz, § 2: Die Aufgaben der Vollstreckungsbehörden werden von den staatlichen Kassen, von den Vollstreckungsbehörden der Finanzverwaltung sowie von den vom Finanzministerium und vom für Inneres zuständigen Ministerium im Einvernehmen mit dem zuständigen Fachministerium bestimmten Landesbehörden sowie bei den Gemeinden, Kreisen und Landschaftsverbänden von den jeweils für das Mahn- und Vollstreckungsverfahren bestimmten zentralen Stellen wahrgenommen.. Auch Körperschaften, Anstalten und Stiftungen des öffentlichen Rechts nehmen diese Aufgaben wahr, soweit gesetzliche Vorschriften dies vorsehen.

(11) Rheinland-Pfalz: Verwaltungsvollstreckungsgesetz, § 4: Vollstreckungsbehörden sind, soweit dieses Gesetz oder eine andere Rechtsvorschrift nichts Abweichendes bestimmen, die Behörden, die den Verwaltungsakt erlassen haben; es werden auch

Beschwerdeentscheidungen vollstreckt. Oberste, obere und mittlere Landesbehörden können die ihnen nachgeordneten Behörden allgemein oder im Einzelfalle mit der Vollstreckung beauftragen. § 19: Die Befugnisse der Vollstreckungsbehörde werden von ihrer Kasse ausgeübt. Dies gilt nicht, wenn aufgrund von Bundesrecht eine andere Regelung getroffen ist.

(12) Saarland: Verwaltungsvollstreckungsgesetz, § 29, § 2: Ein Verwaltungsakt, mit dem eine Geldleistung gefordert wird (Leistungsbescheid), ist von der Behörde zu vollstrecken, die ihn erlassen hat. Ist eine oberste Landesbehörde, eine Landesmittelbehörde oder ein Landesamt Vollstreckungsgläubiger, so werden die Vollstreckungsbefugnisse regelmäßig von den Finanzämtern wahrgenommen. Ist eine untere Landesbehörde, eine Gemeinde, ein Gemeindeverband oder eine sonstige Körperschaft, Anstalt oder Stiftung des öffentlichen Rechts Vollstreckungsgläubiger, ist regelmäßig die Gemeindekasse zur Vollstreckung befugt. §§ 73, 74 regeln sonstige Fälle und privatrechtliche Geldforderungen.

(13) Sachsen: Verwaltungsvollstreckungsgesetz, § 4 Abs. 1 Nr. 1: Vollstreckungsbehörden für Leistungsbescheide der Behörden des Freistaates sind die Finanzämter. § 4 Abs. 1 Nr. 2: Vollstreckungsbehörden für Leistungsbescheide der übrigen Behörden sind diese selbst. § 4 Abs. 1 Nr. 3: Vollstreckungsbehörden für sonstige Verwaltungsakte sind die Behörden, welche sie erlassen haben. § 4 Abs. 1 Nr. 4: Ferner sind auch diejenigen Behörden zu Vollstreckungsbehörden bestimmt, welche von anderen Behörden erlassene Verwaltungsakte im Wege der Vollstreckungshilfe vollstrecken.

(14) Sachsen-Anhalt: Verwaltungsvollstreckungsgesetz, § 6: Zur Vollstreckung sind die Gemeinden, mit Ausnahme der Mitgliedsgemeinden von Verbandsgemeinden, und die Verbandsgemeinden, die Landkreise, das Finanzamt Dessau-Roßlau, Landeshauptkasse Sachsen-Anhalt, die Abfall-, Wasser- und Abwasserzweckverbände im Rahmen des Verbandszwecks, die Kommunalunternehmen und die gemeinsamen Kommunalunternehmen nach dem Anstaltsgesetz im Rahmen der ihnen übertragenen Aufgaben und die landesunmittelbaren gesetzlichen Krankenkassen und Kassenverbände befugt. Zur Vollstreckung befugt sind auch die nach anderen Gesetzen des Landes Sachsen-Anhalt für die Vollstreckung von Geldforderungen bestimmten Vollstreckungsbehörden. Die Landesregierung ist ermächtigt, durch Rechtsverordnung weitere Vollstreckungsbehörden zu bestimmen. § 7a: Für die Vollstreckung der Bescheide über rückständige Rundfunkgebühren sind die Gemeinden, mit Ausnahme der Mitgliedsgemeinden von Verbandsgemeinden, und die Verbandsgemeinden zuständig.

(15) Schleswig-Holstein: Landesverwaltungsgesetz, § 263: Vollstreckungsbehörden sind für das Land und seine juristischen Personen des öffentlichen Rechts die durch Gesetz oder durch Verordnung der Landesregierung bestimmten Behörden, für den Kreis der Kreisausschuss, für die Stadt der Magistrat, für die amtsfreie Gemeinde der Bürgermeister und für die amtsangehörige Gemeinde oder das Amt der Amtsvorsteher. Ergänzende Befugnisse der Vollstreckungsbehörden enthalten § 281, § 306 Abs. 3, Abs. 4, § 315.

(16) Thüringen: Verwaltungszustellungs- und Vollstreckungsgesetz, § 21: Vollstreckungsbehörde ist die Behörde, die für die Vollstreckung eines Verwaltungsaktes zuständig ist. § 35: Geldforderungen des Staates werden durch die Finanzämter vollstreckt, soweit nichts anderes bestimmt ist. Leistungsbescheide eines Landratsamts werden auch durch die Kasse des Landkreises vollstreckt. § 36: Für die Vollstreckung von Geldforderungen der Gemeinden und Gemeindeverbände sind deren Kassen oder hilfsweise die Kasse des Landkreises zuständig. Sofern eine Gemeinde einer Verwaltungsgemeinschaft angehört, werden ihre Verwaltungsakte durch die Kasse der Verwaltungsgemeinschaft vollstreckt. § 37: Geldforderungen anderer juristischer Personen des öffentlichen Rechts werden nach gesetzlicher Zuweisung vollstreckt. Entsprechendes gilt für die Vollstreckung zugunsten von Personen, soweit diesen durch Beleihung Hoheitsrechte übertragen sind. § 37a: Vollstreckung von Friedhofs- und Bestattungsgebühren zu Gunsten von Religions- oder Weltanschauungsgemeinschaften. § 37b: Besondere Befugnisse der Gemeinden und Landkreise zur Nutzung von Daten bei der Vollstreckung.

III. Verweigerung der Beitreibung durch die Vollstreckungsbehörde

19 Die Vollstreckungsbehörde führt die **Beitreibung aus eigenem Recht** nach den in § 5 Abs. 1 genannten Vorschriften der **Abgabenordnung** durch. Sie handelt im Wege der **Amtshilfe** für die Anspruchsbehörde, die als Gläubigerin die Vollstreckungsanordnung erlassen hat. Denn die Anspruchsbehörde ist grundsätzlich nicht berechtigt, ihre Geldforderungen selbst einzuziehen (Rn. 1). Ausnahmen gibt es im Recht der Bundesländer (Rn. 18).

In seltenen Fällen kann es vorkommen, dass die Vollstreckungsbehörde sich **weigert,** die Beitreibung vorzunehmen. Dann ist die Rechtslage unterschiedlich:

20 Gehört die Vollstreckungsbehörde zu **derselben Körperschaft** wie die Anspruchsbehörde, so entscheidet die gemeinsame **Fachaufsichtsbehörde** in einem In-Sich-Verfahren über den Streitfall. Insbesondere bei den Hauptzollämtern wird es hier keine Schwierigkeiten geben. Im äußersten – mehr theoretischen – Fall entscheidet das Bundeskabinett durch Beschluss (*Engelhardt/App/Schlatmann,* VwVG § 3 Rn. 11). Das ergibt sich aus § 15 Buchst. f der Geschäftsordnung der Bundesregierung.

21 Gehört die Vollstreckungsbehörde zu einer **anderen Körperschaft** als die Anspruchsbehörde, so wendet sich diese zunächst an die **Fachaufsichtsbehörde** der Vollstreckungsbehörde. Das ist durchweg erfolgversprechend. Sollte die Aufsichtsbehörde die Bedenken ihrer nachgeordneten Behörde teilen, wird die Anspruchsbehörde das im Allgemeinen hinnehmen.

Jedoch steht der Anspruchsbehörde notfalls der **Verwaltungsrechtsweg** offen. Denn insoweit handelt es sich um eine öffentlich-rechtliche Streitigkeit im Sinne des § 40 VwGO und nicht um einen unzulässigen In-Sich-Prozess.

§ 5 Anzuwendende Vollstreckungsvorschriften

(1) Das Verwaltungszwangsverfahren und der Vollstreckungsschutz richten sich im Falle des § 4 nach den Vorschriften der Abgabenordnung (§§ 77, 249 bis 258, 260, 262 bis 267, 281 bis 317, 318 Abs. 1 bis 4, §§ 319 bis 327).

(2) Wird die Vollstreckung im Wege der Amtshilfe von Organen der Länder vorgenommen, so ist sie nach landesrechtlichen Bestimmungen durchzuführen.

Übersicht

I. Zu Absatz 1

Die Vollstreckungsvorschriften des Absatzes 1 sind **auf alle Vollstreckungsbehörden anzuwenden.** Denn die in §4 nicht genannten sind durch andere Gesetze zu Vollstreckungsbehörden im Sinne des Verwaltungs-Vollstreckungsgesetzes bestimmt worden (§4 Rn. 8, 9). 1

Außer den Bestimmungen in den §§1 bis 4 hat der Gesetzgeber in Absatz 1 für das Verfahren zur Vollstreckung von Geldforderungen keine weiteren Vorschriften erlassen. Es erscheint nämlich zweckmäßig, weitgehend Vollstreckungsvorschriften der **Abgabenordnung** Anwendung finden zu lassen. Eine solche Regelung ist insbesondere deshalb naheliegend, weil die Vollstreckung den Hauptzollämtern, also Bundesbehörden, obliegt. Diese Behörden verfahren ohnehin nach der Abgabenordnung. 2

Auf diese Weise wird der erfahrene Vollstreckungsapparat der Bundesfinanzverwaltung auch für die Vollstreckung von Ansprüchen der übrigen Behörden des Bundes nutzbar gemacht.

Mit der Globalzuweisung auf Bestimmungen der Abgabenordnung bezieht der Gesetzgeber gleichzeitig noch andere Gesetze mit ein. Das geschieht zum Beispiel über §322 Abs. 1 AO. So wird das Grundbuchamt bei der Eintragung einer Sicherungshypothek gemäß §866 Abs. 1, §867 ZPO tätig (vgl. *OLG Frankfurt* B 16.2.2010 – 20 W 49/10, juris = NVwZ-RR 2010, 651; *OVG Bautzen* U 16.4.2013 – 4 A 263/12, juris = LKV 2013, 369S). Nach §866 Abs. 1 ZPO erfolgt die Zwangsvollstreckung in ein Grundstück ferner durch Zwangsversteigerung oder Zwangsverwaltung. Hier gilt das entsprechende Gesetz. Zuständig ist das Amtsgericht der grundstücksbelegenen Sache. 3

Bei §5 handelt es sich um **spezialgesetzliche Vorschriften** über das Verfahren, welches für die Vollstreckung von Geldforderungen gilt. Daher ist das Verwaltungsverfahrensgesetz nicht anwendbar. Das trifft hier insbesondere für den Begriff des Verwaltungsverfahrens nach §9 VwVfG zu. Denn es geht nicht um den Erlass einer behördlichen Maßnahme, sondern nur noch um deren Durchführung nach ihrem Erlass. 4

5 Eine besondere Zuweisung enthält § 34 Abs. 5 des Gesetzes zur Durchführung der Gemeinsamen Marktorganisationen und der Direktzahlungen – MOG – in der Neufassung vom 7. November 2017 (BGBl. I S. 3746); danach gilt: Bei der Vollstreckung öffentlich-rechtlicher Geldforderungen, für die gemäß § 34 Abs. 1 MOG der Finanzrechtsweg gegeben ist, sind die §§ 2 bis 5 und § 19 VwVG anzuwenden.

6 **1. Verwaltungszwangsverfahren.** Die Verweisung auf Vorschriften der Abgabenordnung betrifft nur die **Durchführung der Vollstreckung.** Die Beantwortung der Frage, wer materiell-rechtlich Vollstreckungsschuldner ist und welche tatbestandlichen Voraussetzungen vor der Einleitung der Vollstreckung erfüllt sein müssen, richtet sich nach den §§ 2 und 3 des Verwaltungs-Vollstreckungsgesetzes.

Hauptsächliche Voraussetzung für die Rechtmäßigkeit der Vollstreckung ist, dass ein **Leistungsbescheid** wirksam erlassen und dem Schuldner ordnungsgemäß bekannt gegeben wurde. Die Rechtmäßigkeitsvoraussetzungen sind in jedem Stadium der Vollstreckung von Amts wegen zu prüfen (vgl. *BFH* B 4.7.1986 – VII B 151/85, juris = NVwZ 1987, 535; *BFH* U 30.3.1976 – VII R 94/75, juris = BFHE 118, 533).

Die Verfahrensweise bei der Vollstreckung ist in den genannten Vorschriften der Abgabenordnung eingehend geregelt. Hier sei auf zwei Besonderheiten hingewiesen:

7 Nach § 287 Abs. 4 AO ist für die richterliche Anordnung einer **Durchsuchung** nicht etwa das Finanzgericht, sondern das Amtsgericht zuständig, in dessen Bezirk die Durchsuchung vorgenommen werden soll (Beispiel: *BGH* B 30.8.1985 – I ARs 533/85, juris = MDR 1986, 123). Der Antrag kann nur von der Vollstreckungsbehörde gestellt werden. Das ergibt sich aus § 285 Abs. 1 AO.

Sollte die Behörde den Durchsuchungsantrag irrtümlich bei dem Finanzgericht stellen, müsste dieses ihn ablehnen. Gleiches gilt für das Verwaltungsgericht *(VG Dresden* B 8.1.1996 – 7 K 3270/ 95, juris = LKV 1997, 104). Eine Verweisung an das Amtsgericht ist nicht zulässig. Denn eine solche kommt nur bei einem Rechtsstreit in Betracht. Das ergibt sich aus § 155 FGO und § 173 VwGO i.V.m. § 17a Abs. 2 S. 1 GVG. Ein einseitiger Durchsuchungsantrag ist aber kein zweiseitiger Rechtsstreit.

Bei anderen Durchsuchungsfällen ist die Rechtslage in den Ländern nicht einheitlich.

Beispiele: (1) Baden-Württemberg, § 6 Abs. 2 LVwVG: Verwaltungsgericht. Dieses und nicht das Amtsgericht ist auch dann zuständig, wenn die Durchsuchung in Amtshilfe nach § 4 Abs. 3 S. 1 vom Polizeivollzugsdienst vorgenommen wird *(VGH Mannheim* B 10.12.1999 – 11 S 240/99, juris = NVwZ-RR 2000, 394).

(2) Hamburg, § 35 Abs. 1 HmbVwVG i.V.m. § 287 Abs. 4 AO: Amtsgericht.

(3) Hessen, § 7 Abs. 3 HessVwVG: Amtsgericht.

(4) Niedersachsen, § 9 Abs. 2 NVwVG: Amtsgericht.

(5) Nordrhein-Westfalen, § 14 Abs. 4 VwVG NRW: Amtsgericht.

(6) Rheinland-Pfalz, § 9 Abs. 2 LVwVG: Verwaltungsgericht oder Sozialgericht.

(7) Saarland, § 5 Abs. 3 SVwVG: Amtsgericht.

(8) Sachsen, § 6 SächsVwVG: Amtsgericht.

(9) Sachsen-Anhalt, § 9 Abs. 1 Nr. 2 VwVG LSA: Amtsgericht.

(10) Schleswig-Holstein, § 275 Abs. 4 LVwG: Amtsgericht.

(11) Thüringen, § 24 Abs. 2 ThürVwZVG: Amtsgericht.

Jedoch ist zu beachten, dass es bei der Vollstreckung von **Geldbußen** eine bundesrechtlich einheitliche gerichtliche Zuständigkeit gibt: Gemäß § 104 i.V.m. § 68 OWiG ist das **Amtsgericht** zuständig.

Befindet sich die Schuldnerwohnung im Mitgewahrsam einer **Wohngemeinschaft,** dann ist die richterliche **Durchsuchungsanordnung allein gegen den Vollstreckungsschuldner** ausreichend. Dabei kann es sich um Eheleute, eheähnlich Lebende, Verwandte oder andere Mitinhaber der Wohnung handeln. Kein Mitbewohner ist aber berechtigt, die Durchsuchung unter Berufung auf die Unverletzlichkeit der Wohnung nach Art. 13 GG zu verhindern (vgl. *BFH* B 12.5.1980 – VII B 9/80, juris = BFHE 130, 136 (140); *OVG Bautzen* B 8.4.1999 – 1 S. 186/99, juris = NVwZ 1999, 891; *VGH München* B 29.3.1994 – 4 C 94.1274, juris L = KKZ 1997, 34: *OVG Lüneburg* B 30.11.1983 – 12 B 145/83, juris L = NJW 1984, 1369).

In **Sachsen** bestimmt § 6 Abs. 3 SächsVwVG ausdrücklich, dass „Personen, die Mitgewahrsam an der Wohnung des Schuldners haben, die Durchsuchung zu dulden" haben. Die gleiche Regelung gilt in **Baden-Württemberg** nach § 6 Abs. 3 LVwVG.

Gemäß § 287 Abs. 3 AO kann der Vollziehungsbeamte, wenn er **Widerstand** findet, Gewalt anwenden und hierzu um Unterstützung durch Polizeivollzugsbeamte nachsuchen (*Sadler*, Spezialgesetzliche Amtshilfe der Polizei, Polizei 2003, S. 194–198). Ferner ist nach § 288 AO bei Vollstreckungshandlungen auch ein Polizeibeamter als Zeuge zuzuziehen.

Die gleiche spezialgesetzliche Amtshilfe hat die Polizei gemäß § 758 Abs. 3, § 759 ZPO auch dem Gerichtsvollzieher zu leisten.

Widerstand bedeutet jedes rechtswidrige Verhalten des Vollstreckungsschuldners oder einer anwesenden Person, durch welches die rechtmäßige Vollstreckungshandlung verhindert oder erschwert werden soll. Dabei handelt es sich um Tätlichkeiten oder ernste Drohungen gegen den Vollziehungsbeamten.

Der gewaltbereite Störer sollte mahnend und warnend darauf hingewiesen werden, dass Widerstand gegen Vollstreckungsbeamte nach § 113 StGB strafbar ist.

Für **Soldaten in Gemeinschaftsunterkunft** ist der in § 2 Rn. 1 genannte Erlass des Bundesministeriums der Verteidigung entsprechend einschlägig. Nach Nr. 504 kann der Vollstreckungsbeamte verlangen, dass ihm Zutritt zu dem Wohnraum des Soldaten gewährt wird, gegen den vollstreckt werden soll.

Vor Erlass der richterlichen Durchsuchungsanordnung ist dem Schuldner grundsätzlich kein rechtliches Gehör zuzubilligen. Das könnte nämlich den Durchsuchungserfolg gefährden (*BVerfG* B 16.6.1981 – 1 BvR 1094/80, juris Rn. 54 = *BVerfGE* 57, 346 (359 f.)S).

Das gilt auch in den Bundesländern.

Eine derartige Einschränkung gibt es im Verwaltungs-Vollstreckungsgesetz für die Vollzugsbehörden bei der Erzwingung von Handlungen, Duldungen oder Unterlassungen nicht. Jedoch gibt es eine derartige umfassende Einschränkung nach **Landesrecht** (Rn. 8).

Gemäß § 289 AO darf zur **Nachtzeit** sowie an **Sonntagen** und staatlich anerkannten allgemeinen **Feiertagen** eine Vollstreckungshandlung nur mit schriftlicher Erlaubnis der Vollstreckungsbehörde vorgenommen werden. Die Erlaubnis ist bei der Vollstreckung vorzuzeigen.

Die **Nachtzeit** ist in § 289 Abs. 1 AO i.V.m. § 758a Abs. 4 S. 2 ZPO festgelegt. Sie umfasst die Stunden von einundzwanzig bis sechs Uhr.

8 Die **Bundesländer** haben die Nachtzeit unterschiedlich bestimmt. Es gelten folgende Regelungen:

(1) Baden-Württemberg: § 9 LVwVG: Vom 1. April bis 30. September von einundzwanzig bis vier Uhr und vom 1. Oktober bis 31. März von einundzwanzig bis sechs Uhr.

(2) Bayern: Art. 5 Abs. 3 S. 2 VwZVG: wie Bundesrecht.

(3) Berlin: § 8 Abs. 1 S. 1 VwVfG Berlin: Verweis auf Bundesrecht.

(4) Brandenburg: § 12 VwVGBbg: wie Bundesrecht.

(5) Bremen: § 2 Abs. 1 BremGVG i.V.m. § § 289 Abs. 1 AO: wie Bundesrecht.

(6) Hamburg: § 35 Abs. 1 HmbVwVG i.V.m. § § 289 Abs. 1 AO: wie Bundesrecht.

(7) Hessen: § 10 Abs. 2 HessVwVG: wie Bundesrecht.

(8) Mecklenburg-Vorpommern: § 111 Abs. 1 VwVfG M-V: wie Bundesrecht.

(9) Niedersachsen: § 12 Abs. 1 NVwVG: wie Bundesrecht.

(10) Nordrhein-Westfalen: § 16 Abs. 2 VwVG NRW: wie Bundesrecht.

(11) Rheinland-Pfalz: § 8 Abs. 2 LVwVG: Vom 1. April bis 30. September von einundzwanzig bis vier Uhr und vom 1. Oktober bis 31. März von einundzwanzig bis sechs Uhr.

(12) Saarland: § 8 Abs. 2 SVwVG: Vom 1. April bis 30. September von einundzwanzig bis vier Uhr und vom 1. Oktober bis 31. März von einundzwanzig bis sechs Uhr.

(13) Sachsen: § 9 Abs. 2 SächsVwVG: Von zweiundzwanzig bis sechs Uhr.

(14) Sachsen-Anhalt: § 12 Abs. 2 VwVG LSA: wie Bundesrecht.

(15) Schleswig-Holstein: § 324 LVwG: wie Bundesrecht.

(16) Thüringen: § 27 Abs. 2 i.V.m. § 12 Abs. 2 ThürVwZVG: wie Bundesrecht.

9 **Verfassungsrechtliche Grundlage** des besonderen Schutzes von **Sonntagen** und staatlich anerkannten **Feiertagen** ist **Art. 139 der Weimarer Reichsverfassung** vom 11.8.1919: Er ist gemäß Art. 140 GG Bestandteil des Grundgesetzes. Dazu kommen entsprechende Bestimmungen in den **Verfassungen und Feiertagsgesetzen der Bundesländer.** Außer den Sonntagen sind **allgemeine Feiertage:**

- der Neujahrstag,
- der Karfreitag,
- der Ostermontag,
- der 1. Mai,
- der Himmelfahrtstag,
- der Pfingstmontag,
- der 3. Oktober als Tag der deutschen Einheit,
- der 1. Weihnachtstag und
- der 2. Weihnachtstag.

Regionale Feiertage, die für einzelne Länder und deren katholische oder evangelische Bevölkerung oder Gebiete gelten, sind:
- das Fest der Heiligen Drei Könige am 6. Januar, auch Epiphanias,
- Fronleichnam am 2. Donnerstag nach Pfingsten,
- das Friedensfest am 8. August,
- Mariä Himmelfahrt am 15. August,
- der Reformationstag am 31. Oktober,
- Allerheiligen am 1. November und
- der Buß- und Bettag im November.

Der Vollstreckungsschuldner ist verpflichtet, die Vollstreckung zu dulden. Er darf keinen **Widerstand** leisten. Tut er das trotzdem, begeht er eine Straftat nach § 113 StGB. Der Vollstreckungsbeamte hat das Recht, Widerstand mit Gewalt zu brechen. Auf sein Verlangen hat die Polizei Amtshilfe zu leisten. Der Vollstreckungsbeamte hat Zeugen zuzuziehen. Gemäß § 5 VwVG gelten die §§ 287, 288 AO. Die Abwehr des Widerstandes, die Unterstützung durch Polizeibeamte und die Zuziehung von Zeugen haben alle **Bundesländer** in folgenden Bestimmungen geregelt: 10

(1) Baden-Württemberg: §§ 7, 8 LVwVG.

(2) Bayern: Art. 25 Abs. 2 VwZVG: Geltung der §§ 287 Abs. 3, 288 AO.

(3) Berlin: § 8 Abs. 1 S. 1 VwVfG Berlin: wie Bundesrecht.

(4) Brandenburg: § 2 Abs. 1, §§ 11, 22 VwVGBbg.

(5) Bremen: § 2 Abs. 1 BremGVG: Geltung der §§ 287 Abs. 3, 288 AO.

(6) Hamburg: § 35 Abs. 1 HmbVwVG: Geltung der §§ 287 Abs. 3, 288 AO.

(7) Hessen: §§ 8, 9 HessVwVG.

(8) Mecklenburg-Vorpommern: § 111 Abs. 1 VwVfG M-V: Geltung des Bundesrechts.

(9) Niedersachsen: §§ 10, 11 NVwVG.

(10) Nordrhein-Westfalen: §§ 14, 15 VwVG NRW.

(11) Rheinland-Pfalz: §§ 10, 11 LVwVG.

(12) Saarland: §§ 6, 7 SVwVG.

(13) Sachsen: §§ 7, 8 SächsVwVG.

(14) Sachsen-Anhalt: §§ 10, 11 VwVG LSA.

(15) Schleswig-Holstein: §§ 275, 276 LVwG.

(16) Thüringen: §§ 25, 26 ThürVwZVG.

2. Vollstreckungsschutz nach der Abgabenordnung. Insoweit enthält die Abgabenordnung nur zwei direkte Vorschriften, nämlich § 257 und § 258. Sie betreffen die **Einstellung und Beschränkung der Vollstreckung.** Dieser Rechtsschutz wird von der **Vollstreckungsbehörde** gewährt. 11

Sie hat die Rechtmäßigkeit der Vollstreckung von Amts wegen zu prüfen (Rn. 6). – Hier ist auch der Gerichtsvorsitzende als Vollstreckungsbehörde nach § 169 Abs. 1 VwGO betroffen.

12 Sofern aus gerichtlichen Kostenfestsetzungsbeschlüssen (§ 168 Abs. 1 Nr. 4 VwGO) vollstreckt wird, hat der **Gerichtsvorsitzende** die Rechte und Pflichten gemäß §§ 257, 258 AO. Gegen seine Entscheidungen ist ausschließlich die **Beschwerde** nach § 146 Abs. 1 VwGO gegeben (*VGH Mannheim* B 20.12.1991 – 9 S. 2886/91, juris = NVwZ 1993, 73; *VGH Kassel* B 19.6.1997 – 5 TM 1890/97, juris = NVwZ-RR 1998, 77; *OVG Weimar* B 22.8.2006 – 4 VO 691/06, juris = DÖV 2007, 305).

Eine Erinnerung gemäß § 167 Abs. 1 VwGO in Verbindung mit § 766 ZPO kommt nicht in Betracht. Denn § 146 Abs. 1 VwGO enthält eine eigenständige, abschließende Zuweisung des Rechtsschutzes. Über Einwendungen gegen die Art und Weise der Zwangsvollstreckung durch den Vorsitzenden des Verwaltungsgerichts des ersten Rechtszuges kann nicht etwa seine Kammer, sondern nur ein Oberverwaltungsgericht oder Verwaltungsgerichtshof entscheiden. „Verwaltungsgerichtshof" ist die gemäß § 184 VwGO historisch überlieferte andere Bezeichnung für ein Oberverwaltungsgericht.

Wenn die Erinnerung zulässig wäre, dann würde man den Gerichtsvorsitzenden auf den Rang eines Rechtspflegers oder Gerichtsvollziehers abstufen. Das kommt nicht in Frage. Der gegenteiligen Auffassung kann daher nicht gefolgt werden (zum Meinungsstand vgl. unter vielen: *VGH Mannheim* B 14.9.1988 – 9 S. 2550/88, juris L, NVwZ-RR 1989, 512; *OVG Koblenz* B 22.8.1988 – 2 B 21/88, juris L, NVwZ 1989, 572; *OVG Berlin* B 10.8.1983 – 6 L 4/83, juris L = NJW 1984, 1370; Schoch/Schneider/Bier/*Möller*, § 169 Rn. 145 ff.).

13 **3. Rechtsschutz bei Einwendungen gegen den zu vollstreckenden Verwaltungsakt.** Im Übrigen sagt zum **Rechtsschutz § 256 AO** allgemein aus: Einwendungen gegen den zu vollstreckenden Verwaltungsakt sind **außerhalb des Vollstreckungsverfahrens** mit den hierfür zugelassenen Rechtsbehelfen zu verfolgen. Damit ist der **Verwaltungsrechtsweg nach § 40 Abs. 1 S. 1 VwGO** eröffnet.

Gleiches gilt nach Landesverwaltungsvollstreckungsrecht (vgl. *OLG Frankfurt* B 16.2.2010 – 10 W 49/10, juris = NVwZ-RR 2010, 651). Das ist so für **Rheinland-Pfalz** ausdrücklich in § 16 LVwVG und für **Bayern** entsprechend in Art. 38 VwZVG geregelt.

Die Einwendungen richten sich gegen die **Gläubigerbehörde.** Sie ist Adressatin im Rechtsschutzverfahren. Dabei könnte es zum Beispiel darum gehen, dass der Schuldner die Einrede der Verjährung erhebt (§ 19 Rn. 47 f.).

Entsprechendes hat zu gelten, wenn die Gläubigerbehörde irrtümlich annehmen sollte, sie vollstrecke aus einem Verwaltungsakt, ein solcher jedoch nicht vorliegt. Das träfe etwa zu, falls die Behörde **keinen Leistungsbescheid erlassen,** sondern lediglich eine Rechnung ausgestellt hätte, die kein Verwaltungsakt ist (§ 3 Rn. 25). Hier kommt als Rechtsschutz der Erlass einer einstweiligen Anordnung nach § 123 VwGO in Betracht *(VGH München* B 4.5.1994 – 23 CS. 94.913, juris = NVwZ-RR 1995, 477). Diese ist gemäß § 168 Abs. 1 Nr. 2 VwGO ein vollstreckbarer Titel. Gleiches gilt für eine bloße Zahlungsaufforderung ohne Verwaltungsaktcharakter (*OVG Berlin-Brandenburg* B 3.7.2010 – 5 S 13/10, juris = NVwZ-RR 2010, 908).

Dieser Rechtsschutz bezieht sich ausschließlich auf die Vollstreckung wegen Geldforderungen nach dem ersten Abschnitt des Gesetzes (§§ 1 bis 5). Daher können hier die „Rechtsmittel" des § 18 nicht, auch nicht hilfsweise, zugezogen werden. Denn sie betreffen allein den Rechtsschutz bei der Vollstreckung zur Erzwingung von Handlungen, Duldungen oder Unterlassungen nach dem zweiten Abschnitt des Gesetzes (§§ 6 bis 18).

a) Anfechtungsklage. Gemäß § 42 VwGO kann durch diese Klage die Aufhebung eines belastenden Verwaltungsaktes begehrt werden. Hier kann es sich allein um einen **Leistungsbescheid** handeln. Denn außer in § 3 Abs. 2 Buchst. a gibt es bei der Vollstreckung wegen Geldforderungen keinen weiteren Verwaltungsakt. Die Anfechtungsklage einschließlich des Vorverfahrens nach §§ 68 ff. VwGO und der Untätigkeitsklage des § 75 VwGO gewährt im Zusammenhang mit § 113 VwGO vollen Rechtsschutz, wenn die Behörde die Vollstreckung vor Unanfechtbarkeit des Leistungsbescheides einleitet (§ 3 Rn. 49). Die Anfechtungsklage richtet sich gemäß § 78 Abs. 1 VwGO **gegen die Anordnungsbehörde,** welche den Leistungsbescheid erlassen hat, also nicht gegen die Vollstreckungsbehörde. 14

Bei der Anfechtung eines Geldleistungsbescheides kann es zu verschiedenartigen Urteilen kommen.

Vordringlich bestimmt § 113 Abs. 1 S. 1 VwGO: Soweit der Verwaltungsakt rechtswidrig und der Kläger dadurch in seinen Rechten verletzt ist, hebt das Gericht den Verwaltungsakt und den etwaigen Widerspruchsbescheid auf.

Folgerichtig bestimmt sodann § 113 Abs. 1 S. 2 VwGO: Ist der Verwaltungsakt schon vollzogen, so kann das Gericht auf Antrag auch aussprechen, dass und wie die Verwaltungsbehörde die Vollziehung rückgängig zu machen hat (vgl. *VG Magdeburg* U 14.12.2012 – 7 A 126/11, juris = NVwZ-RR 2013, 453). Dieser Ausspruch ist aber nach § 113 Abs. 1 S. 3 VwGO nur zulässig, wenn die Behörde dazu in der Lage und diese Frage spruchreif ist. In einem solchen Fall käme eine Fortsetzungsfeststellungsklage laut § 113 Abs. 1 S. 4 VwGO in Betracht.

Gemäß § 113 Abs, 2 S, 1 VwGO kann das Gericht den Betrag in anderer Höhe festsetzen oder die Feststellung des Betrages durch eine andere ersetzen.

Ist diese Entscheidung aus Zeitgründen nicht möglich, erlässt das Gericht ein Bestimmungsurteil nach § 113 Abs. 2 S. 2 VwGO (*BVerwG* U 3.6.2010 – 9 C 4/09, juris = BVerwGE 137, 105).

Eine mit der Anfechtungsklage verbundene vorbeugende Feststellungsklage, mit welcher der Kläger den Vollzug des Leistungsbescheides abwehren will, ist nicht zulässig. Denn insoweit fehlt das Rechtsschutzbedürfnis für eine Feststellung *(BVerwG* U 3.6.1983 – 8 C 43/81, juris = NVwZ 1984, 168).

b) Verpflichtungsklage. Ebenfalls nach § 42 VwGO kann durch diese Klage die Verurteilung zum Erlass eines abgelehnten oder unterlassenen Verwaltungsaktes begehrt werden. Die Verpflichtungsklage einschließlich des Vorverfahrens und der Untätigkeitsklage gewährt im Zusammenhang mit § 113 VwGO vollen Rechtsschutz, wenn der Schuldner sich gegen einen **unanfechtbaren Leistungsbescheid** wendet. Er beantragt, die **Anordnungsbehörde** zur Aufhebung dieses Bescheides zu verurteilen. 15

Hier ist die Rechtslage geklärt (vgl. *BVerwG* B 16.1.1968 – 4 B 156/67 –: Buchholz 310 § 42 VwGO Nr. 27; *BVerwG* U 26.5.1967 – 7 C 69/65, juris = BVerwGE 27, 141S. ; *OVG Lüneburg* U 18.6.1970 – 4 A 143/69, juris = NJW 1971, 72; *VGH Kassel* B 4.5.1988 – 4 TH 3493/86, juris = NVwZ-RR 1989, 507).

c) Feststellungsklage. Überwiegend wird der Rechtsschutz des Schuldners durch die Feststellungsklage gewährleistet. Gemäß § 43 VwGO kann die Feststellung des Bestehens oder Nichtbestehens eines Rechtsverhältnisses oder der Nichtigkeit eines Verwaltungsaktes begehrt werden. Beklagte ist auch hier die **Anordnungsbehörde.** 16

Beispiele:
- Die Anordnungsbehörde hat keinen wirksamen Leistungsbescheid erlassen. Sie hat dem Schuldner eine bloße Rechnung geschickt. Eine Rechnung ist kein Verwaltungsakt (§3 Rn. 25).
- Der „Schuldner" hat einen Rückzahlungsanspruch (§6 Rn. 112).
- Der Schuldner hat aufgerechnet (§3 Rn. 40).
- Der Leistungsbescheid ist wegen fehlender sachlicher (Ressort-)Zuständigkeit der Behörde nach §44 Abs. 1 VwVfG nichtig und damit gemäß §43 Abs. 3 VwVfG unwirksam.
- Der Erschließungsbeitragsbescheid des örtlich nicht zuständigen Nachbarbezirks ist nach §3 Abs. 1 Nr. 1, §44 Abs. 2 Nr. 3, §43 Abs. 3 VwVfG gleichfalls nichtig und unwirksam.

17 **d) Beschwerde.** Gemäß §146 Abs. 1 VwGO ist gegen Entscheidungen des **Gerichtsvorsitzenden,** die nicht Urteile oder Gerichtsbescheide sind, die Beschwerde an das Oberverwaltungsgericht bzw. an den Verwaltungsgerichtshof gegeben. „Verwaltungsgerichtshof" ist die gemäß §184 VwGO historisch überlieferte andere Bezeichnung für ein Oberverwaltungsgericht. Damit ist klar, dass die Beschwerde der alleinige Rechtsbehelf gegen Entscheidungen des Vorsitzenden ist, die er als „Vollstreckungsbehörde" (§4 Rn. 9) nach §169 Abs. 1 VwGO trifft.

Eine **Vollstreckungsabwehrklage** gemäß §167 Abs. 1 VwGO in Verbindung mit §767 ZPO **scheidet,** vom Ausnahmefall der nachfolgenden Randnummer 18 abgesehen, grundsätzlich **aus.** Denn der Rechtsschutz ist in §146 Abs. 1 VwGO abschließend festgelegt. Eine gesetzliche Regelungslücke ist nicht vorhanden. Im Übrigen würde eine solche Klage den Vorsitzenden in unzulässiger Weise abwerten; denn sie schreibt die Entscheidung des Prozessgerichts, also der Kammer des Vorsitzenden vor.

18 **e) Vollstreckungsabwehrklage.** Die Vollstreckungsabwehrklage des §767 ZPO könnte nach §183 VwGO, §79 Abs. 2 des Gesetzes über das Bundesverfassungsgericht und §47 Abs. 5 VwGO in Betracht kommen. Voraussetzung dafür wäre, dass eine Norm, auf welcher der Leistungsbescheid beruht, für nichtig erklärt wurde (vgl. *BVerwG* U 26.5.1967 – 7 C 69/65, juris Rn. 21 ff. = BVerwGE 27, 141, (143 f.)). In **Hessen** gilt gemäß §3 Abs. 4 HessVwVG §767 ZPO entsprechend. Eine derartige Regelung gibt es in den anderen Bundesländern nicht.

19 Im Übrigen gibt es insgesamt für das Vollstreckungsverfahren **keine gesetzliche Regelungslücke,** die eine Anwendung der Vollstreckungsabwehrklage notwendig machen würde. Die Verwaltungsgerichtsordnung gewährleistet im Vollstreckungsverfahren umfassenden und vollen Rechtsschutz. Aus diesem Grund ist gemäß §173 VwGO die **Vollstreckungsabwehrklage ausgeschlossen,** also nicht zulässig (ebenso *VGH Mannheim* U 24.2.1992 – 5 S. 2520/91, juris = NVwZ 1993, 72). Das ist **umstritten** (Nachweis bei *Lemke,* S. 483–487).

Im Meinungsstreit über den Vollstreckungsschutz werden insbesondere folgende Entscheidungen des Bundesverwaltungsgerichts behandelt: *BVerwG* U 26.10.1984 – 4 C 53/80, juris = BVerwGE 70, 227; *BVerwG* U 6.9.1988 – 4 C 26/88, juris = BVerwGE 80, 178.

Diese Urteile sind nicht einschlägig: Sie betreffen andere Rechtsbereiche und sind deshalb im Vollstreckungsverfahren nicht verwertbar.

4. Rechtsschutz bei Einwendungen gegen den zu vollstreckenden Bußgeldbescheid.

20 Der Bußgeldbescheid der Verwaltungsbehörde ist **kein Verwaltungsakt im Sinne des**

§ 35 S. 1 VwVfG. Denn die Behörde erlässt ihn nach §§ 35, 46 Abs. 2, 65, 66 OWiG i.V.m. § 23 Abs. 1 des Einführungsgesetzes zum Gerichtsverfassungsgesetz auf dem Gebiet der **Strafrechtspflege.** Infolgedessen ist der Bußgeldbescheid ein spezialgesetzlicher **Justizverwaltungsakt** (§ 3 Rn. 17). Mit ihm ahndet die Behörde Verwaltungsunrecht. Für das Vollstreckungsverfahren und den Rechtsschutz gilt Folgendes:

Gemäß § 89 OWiG sind Bußgeldentscheidungen vollstreckbar, wenn sie rechtskräftig geworden sind. Der Bußgeldbescheid der Verwaltungsbehörde wird nach den Vorschriften des Verwaltungs-Vollstreckungsgesetzes oder nach den entsprechenden landesrechtlichen Vorschriften vollstreckt. Das bestimmt § 90 Abs. 1 OWiG. Vollstreckungsbehörde ist gemäß § 92 OWiG die Verwaltungsbehörde, die den Bußgeldbescheid erlassen hat.

In ihrer Eigenschaft als Vollstreckungsbehörde ist die Verwaltungsbehörde dafür zuständig, als erste Rechtsschutzinstanz über Einwendungen gegen den zu vollstreckenden Bußgeldbescheid zu entscheiden. Hierfür fehlt zwar eine ausdrückliche Rechtsschutzgrundlage. Jedoch ist es im Hinblick auf den Verwaltungsakt sachgerecht und geboten, § 5 Abs. 1 VwVG i.V.m. § 256 AO analog anzuwenden. Deshalb kann die Behörde, auch vergleichbar § 72 VwGO, abhelfen, indem sie der Einwendung ganz oder teilweise stattgibt.

Dieses Recht steht der Verwaltungsbehörde nach der Opportunitätsbestimmung des § 47 Abs. 1 OWiG zu; sie besagt: Die Verfolgung von Ordnungswidrigkeiten liegt im pflichtgemäßen Ermessen der Verfolgungsbehörde. Solange das Verfahren bei ihr anhängig ist, kann sie es einstellen.

Der Bußgeldbescheid hat den **Rang eines Strafbefehls.** Das ergibt sich aus § 71 Abs. 1 OWiG. Er muss wegen seiner inhaltlichen Strenge schriftlich erlassen und förmlich zugestellt werden. Deshalb kann die Verwaltungsbehörde bei Einstellung des Verfahrens ihren Bußgeldbescheid auch nur schriftlich aufheben. Das ist ein notwendiges Gebot der Rechtsklarheit bei der Erledigung eines bisherigen Schuldvorwurfs. Eine Zustellung des begünstigenden Aufhebungsbescheides ist nicht erforderlich. Denn er löst keine Rechtsbehelfsfrist aus.

Hilft die Verwaltungsbehörde nicht ab, so entscheidet gemäß § 103 Abs. 1 Nr. 1, § 104 Abs. 1 Nrn 1, 3, § 68 OWiG das Amtsgericht oder der Jugendrichter über Einwendungen gegen die Zulässigkeit der Vollstreckung. Diese Entscheidung hat die Verwaltungsbehörde dem Finanzamt bzw. dem Hauptzollamt mitzuteilen. Daraufhin wird die Beitreibung, je nachdem, entweder fortgeführt oder analog § 257 AO eingestellt.

Vorstehender Rechtsschutz gilt nur für Einwendungen gegen das Vollstreckungsverfahren. Denn Einwendungen gegen die Rechtmäßigkeit eines rechtskräftigen Bußgeldbescheides fallen in den materiellen Bereich der Wiederaufnahme des Verfahrens nach § 85 OWiG. Auch hier zeigt sich der wesensmäßige Unterschied zwischen der Unanfechtbarkeit eines Verwaltungsaktes und der Rechtskraft einer gerichtlichen Entscheidung (§ 6 Rn. 101).

5. Rechtsschutz durch einstweilige Anordnung. Als letztes Mittel, Rechtsschutz zu **21**
gewährleisten, kommt allgemein der Erlass einer einstweiligen Anordnung nach § 123 VwGO in Betracht (*VGH Mannheim* B 16.11.2011 – 3 S. 1317/11, juris = NVwZ-RR 2012, 129). Eine solche ist zum Beispiel geboten, wenn die Beitreibung einer Geldforderung gegen Treu und Glauben verstoßen würde *(OVG Münster* B 8.6.2000 –

14 B 2135/99, juris = NVwZ-RR 2001, 54; *OVG Münster* B 8.6.2000 – 7 L 747/99, juris = NVwZ-RR 2001, 54).

II. Zu Absatz 2

22 **1. Allgemeine Amtshilfe nach Art. 35 Abs. 1 GG.** Ausgangspunkt und umfassende Rechtsgrundlage jeglicher Amtshilfe in Deutschland ist Art. 35 Abs. 1 GG. Die hier gesicherte Beistandsleistung ist die notwendige Folge der **Ausübung der Staatsgewalt durch verschiedene Behörden** (so *BVerfG* B 28.11.1957 – 2 BvL 11/56, juris Rn. 29 = BVerfGE 7, 183 (190)). Im Bereich der Verwaltungsvollstreckung ist die Amtshilfe als **Vollstreckungshilfe** zu konkretisieren *(Kopp/Kopp:* Die länderübergreifende Amtshilfe und Verwaltungsvollstreckungshilfe, BayVBl. 1994, 229–233; Umbach/Clemens/*Magen,* Art. 35 Rn. 5, 23).

Allgemein ist für jede Amtshilfe der Verwaltungsbehörden und Gerichte Folgendes zu berücksichtigen: Entsprechend der Legaldefinition des § 4 Abs. 1 VwVfG ist sie in allen Fällen nur eine „ergänzende" Hilfe. „Grundsätzlich gilt, dass der Verwaltungsträger, dem durch eine Kompetenznorm des Grundgesetzes Verwaltungsaufgaben zugewiesen sind, diese Aufgaben durch eigene Verwaltungseinrichtungen – mit eigenen personellen und sächlichen Mitteln – wahrnimmt" (*BVerfG* B 12.1.1083 – 2 BvL 23/81, juris Rn. 131 = BVerfGE 63, 1 (32)). Also ist die **Amtshilfe auf Teilgebiete eines Verwaltungsverfahrens begrenzt** (*BVerfG* B 13.7.2011 – 2 BA 742/10, juris = NVwZ 2011, 1254).

Alle Behörden leisten die Hilfe im **Gleichordnungsverhältnis.** Insbesondere zwischen Behörden des Bundes und der Länder besteht kein Über-/Unterordnungsverhältnis (*Maunz,* Art. 35 Rn. 1; *Sodan/Leisner*, Art. 35 Rn. 2; *Jarass/Pieroth*, Art. 35 Rn. 4). Denn das lässt der Wortlaut des Art. 35 Abs. 1 GG nicht zu. Daher gibt es hier auch kein Weisungsrecht des Bundes gegenüber Landesbehörden.

23 **Rechtsvorgänger** der Vollstreckungshilfe ist das Reichsgesetz über den Beistand bei Einziehung von Abgaben und Vollstreckung von Vermögensstrafen vom 9.6.1895 (RGBl. S. 256/BGBl. III 201-1). Das **Beistandsgesetz** galt als Landesrecht weiter (*BGH* U 22.5.1970 – IV ZR 1008/68, juris Rn. 17 = BGHZ 54, 157 (163). Inzwischen ist es durch § 7 VwVfG ersetzt worden.

24 **2. Amtshilfe der Länder für den Bund.** In § 5 Abs. 2 wird das Recht des Bundes gegenüber den Ländern, sie um Amtshilfe ersuchen zu können, vorausgesetzt. Das ist mit Rücksicht auf Art. 35 Abs. 1 GG gerechtfertigt: Der Bund hat das **Recht auf Amtshilfe/Vollstreckungshilfe.** Dieses Recht wird in den Gesetzen folgender Länder bestätigt:

(1) Baden-Württemberg: § 4 Abs. 3 LVwVG.

(2) Hamburg: §§ 5, 36 HmbVwVG.

(3) Niedersachsen: § 7 NVwVG.

(4) Sachsen: § 4 Abs. 2 S. 1 SächsVwVG.

(5) Sachsen-Anhalt: § 7 VwVG LSA.

(6) Thüringen: § 22 Abs. 1 S. 2 ThürVwZVG.

25 Die **Art und Weise der Amtshilfe** ist in den Bestimmungen der §§ 4 bis 8e VwVfG geregelt. Die Legaldefinition der Amtshilfe ist in § 4 Abs. 1 VwVfG enthalten. Danach

handelt es sich bei ihr um eine „ergänzende Hilfe“. Das bedeutet: Die um Amtshilfe ersuchte Behörde ergänzt durch ein Nebenverfahren das Verfahren der ersuchenden Behörde, bei welcher die Hauptsache anhängig ist. Diese §§4 bis 8e VwVfG konkretisieren Art. 35 Abs. 1 GG (*VGH Mannheim* U 15.3.1990 –1 S. 282/90, juris = NVwZ-RR 1990, 337). Sie sind als Landesrecht mit dem übereinstimmenden Bundesrecht gleichrangig und deshalb gemäß §137 Abs. 1 Nr. 2 VwGO revisibel. Hiernach ist im Übrigen die Zulässigkeit der Revision umfassend (vgl. *BVerwG* U 26.6.2002 – 8 C 30/01, juris = BVerwGE 116, 332).

Um das zu verstehen, muss man den **historischen Ursprung des heutigen Rechts** kennen. Gemäß Art. 74 Abs. 1 Nr. 1 GG erstreckt sich die konkurrierende Gesetzgebung des Bundes nur auf das gerichtliche Verfahren und nicht auch auf das allgemeine Verwaltungsrecht (Einleitung Rn. 2). Somit steht dem Bund hier nur die Befugnis zur Gesetzgebung für die Bundesverwaltung zu, nicht aber auch für die Länder. Das führte in der Vergangenheit zu einer unzumutbaren Zersplitterung des Verwaltungsverfahrensrechts.

Deswegen wurde im Einvernehmen mit dem Bundesminister des Innern auf der Ständigen Konferenz der Innenminister der Länder am 20.2.1976 folgender Beschluss gefasst (Drucksache des Abgeordnetenhauses von Berlin 7/650 vom 5.11.1976):

„Die Innenminister sind der Auffassung, dass nach Erlass des Verwaltungsverfahrensgesetzes des Bundes in den Ländern Landesverwaltungsverfahrensgesetze inhaltsgleich erlassen werden müssen. Die Innenminister werden darauf hinwirken, dass alsbald nach Verabschiedung des Bundesgesetzes im Interesse der Rechtseinheit entsprechende Landesgesetze verabschiedet werden.“

Nach Inkrafttreten des Verwaltungsverfahrensgesetzes des Bundes vom 25.5.1976 am 1.1.1977 haben die damaligen Bundesländer die angestrebte Rechtseinheit vollzogen. Gleiches haben später auch die neuen Bundesländer getan. Inzwischen ist das Gesetz durch die §§8a–e erweitert worden.

Nach §169 Abs. 1 VwGO kann auch der Gerichtsvorsitzende Vollstreckungshilfe in **26**
Anspruch nehmen. Dabei bleibt er Herr des Verfahrens. Das ist wegen des Rechtsschutzes wichtig. Denn eine Beschwerde gemäß §146 Abs. 1 VwGO (Rn. 17) wäre gegen ihn zu richten. Für die Vollstreckungshilfe bzw. Amtshilfe gilt §5 VwVG.

Aus §5 Abs. 1 VwVG i.V.m. §250 Abs. 2 AO könnte hergeleitet werden, dass Maßnahmen im Wege der Vollstreckungshilfe oder Amtshilfe nicht dem Gerichtsvorsitzenden, sondern der ersuchten Stelle zugerechnet werden (*Kopp/Schenke,* §169 Rn. 4; *Eyermann/Kraft,* §169 Rn. 11). Indessen ist §250 Abs. 1 S. 1 AO so zu verstehen, dass die ersuchte Behörde entsprechend §7 Abs. 1 VwVfG nur die Vollstreckungshandlungen als solche zu vertreten hat (*App/Wettlaufer,* §5 Rn. 10). Folglich bleibt der Gerichtsvorsitzende Herr des Verfahrens (ebenso *Redeker/von Oertzen,* §169 Rn. 6, 12–14).

Die Vollstreckungsbehörde kann auch einen notwendigen **Verwaltungsakt erlassen.** **27**
Das trifft auf die **Pfändungsverfügung wegen einer Geldforderung** zu. Gegen diesen Verwaltungsakt ist der **Widerspruch** des Vollstreckungsschuldners, nicht des Drittschuldners, zulässig (*BGH* U 22.5.1970 – IV ZR 1008/68, juris Rn. 20 = BGHZ 54, 157 (165); *Engelhardt/App,* §309 AO Rn. 3).

28 Zugleich ergibt sich aber aus Art. 35 Abs. 1 GG das Recht der Länder auf Hilfe gegenüber dem Bund und seine Pflicht dazu. Für diesen Fall stellt **Rheinland-Pfalz** in § 5 Abs. 5 LVwVG zutreffend fest, dass sich die Durchführung der Vollstreckungshilfe nach Bundesrecht richtet.

29 Eine Amtshilfe kann auch auf einer **Spezialvorschrift** beruhen; dazu gehören deutsches Recht und Unionsrecht.

30 **3. Forderungsvollstreckung des Bundes in einem Land.** Gemäß § 5 Abs. 2 ist die Vollstreckung im Wege der Amtshilfe nach den jeweiligen **landesrechtlichen Bestimmungen** durchzuführen. Das entspricht der Landeshoheit und ist also zwingend. Die Länder können jedoch Ausnahmen zulassen und inländischen Vollstreckungsbehörden, so auch denen des Bundes, ein Vollstreckungsrecht in ihrem Land gewähren. Das ist bei **Pfändungsverfügungen wegen einer Geldforderung** zweckmäßig und in folgenden Ländern geschehen:

(1) Baden-Württemberg: § 15 Abs. 2, Abs. 3 LVwVG. Hier ist eine Zustellung im Wege der Postzustellung vorgesehen.

(2) Rheinland-Pfalz: § 43 Abs. 4, Abs. 5 LVwVG.

(3) Sachsen: § 15 Abs. 2, Abs. 3 SächsVwVG.

(4) Thüringen: § 38 Abs. 2, Abs. 3 ThürVwZVG.

31 Damit verleihen diese Länder den Vollstreckungsbehörden des Bundes (§ 4 Rn. 6–9) insoweit das **gleiche Recht** wie ihren eigenen. Die Vollstreckung richtet sich dann nach § 5 Abs. 1 VwVG i.V.m. § 309 AO.

32 **4. Amtshilfe der Länder untereinander.** Rechtsgrundlagen dieser Vollstreckungshilfe sind ebenfalls **Art. 35 Abs. 1 GG und §§ 4 bis 8 VwVfG.** Eine zusätzliche Regelung hat **Rheinland-Pfalz** in § 5 Abs. 5 LVwVG, wonach ausdrücklich das Recht der helfenden Behörde gilt. § 7 Abs. 1 VwVfG besagt grundsätzlich und dabei zwingend, dass sich die Durchführung der Amtshilfe nach dem für die **ersuchte** Behörde geltenden Recht richtet. **Baden-Württemberg** bestimmt die Vollstreckungshilfe in § 4 Abs. 3 LVwVG.

Eine länderübergreifende Amtshilfe wird allgemein und umfassend als „grenzüberschreitende" Hilfe bezeichnet (vgl. *BVerwG* U 6.2.1986 – 3 C 74/84, juris = NVwZ 1986, 467).

33 **5. Forderungsvollstreckung eines Landes im anderen Land.** Diese grundsätzliche Rechtslage besteht auch bei **Pfändungsverfügungen wegen einer Geldforderung.** Denn die Vollstreckungsbehörde eines Landes darf nicht in die Hoheit eines anderen Landes einwirken. Ihre Pfändungsverfügung wäre nichtig (*BGH* U 22.5.1970 – IV ZR 1008/68, juris Rn. 17 = *BGHZ* 64, 157 (164)). Nach weniger strenger Auffassung ist sie nur rechtswidrig (*VG Leipzig* B 8.12.1999 – 6 K 2131/99, juris = NVwZ 2000, 1321).

Nichtigkeit ist abzulehnen. Statt dessen ist **§ 46 VwVfG oder § 127 AO** anzunehmen. Danach kann die Aufhebung eines fehlerhaften Verwaltungsaktes, der nicht nichtig ist, nicht allein deshalb beansprucht werden, weil er unter Verletzung von Vorschriften über die örtliche Zuständigkeit zustande gekommen ist. Allerdings muss hierbei offensichtlich sein, dass die Verletzung der örtlichen Zuständigkeit die Entscheidung in der Sache nicht beeinträchtigt hat (so zutreffend *OVG Lüneburg* B 2.2.2006 – 9 LA 32/04, juris = NVwZ-RR 2006, 375). Die gleiche Regelung ist in **§ 42 SGB X** enthalten.

Allerdings können die Länder in ihrem Hoheitsgebiet **Vollstreckungsmaßnahmen inländischer Vollstreckungsbehörden** zulassen. Das ist bei Pfändungsverfügungen notwendig, bisher aber nur in folgenden Ländern geschehen: 34

(1) Baden-Württemberg: § 15 Abs. 2, Abs. 3 LVwVG. Hier ist eine Zustellung im Wege der Postzustellung vorgesehen.

(2) Brandenburg: § 24 VwVGBbg.

(3) Hessen: § 45 Abs. 3, Abs. 4 HessVwVG.

(4) Niedersachsen: § 45 NVwVG.

(5) Nordrhein-Westfalen: § 40 Abs. 3, Abs. 4 VwVG NRW. Dazu erkennt das OVG Münster: Dem Land Nordrhein-Westfalen fehlt die Verbandskompetenz, die länderübergreifende Zustellung einer Forderungspfändung zuzulassen, soweit bei der Zustellung eine Zustellungshandlung in einem anderen Bundesland erforderlich ist. Denn die Zustellung ist eine hoheitliche Rechtshandlung. Der Wortlaut der Regelung in § 40 Abs. 4 Buchst. b VwVG NRW ist daher einschränkend auszulegen (*OVG Münster* B 14.7.2011 – 13 B 696/11, juris = GewArch 2011, 398).

(6) Rheinland-Pfalz: § 43 Abs. 4, Abs. 5 LVwVG.

(7) Sachsen: § 15 Abs. 2, Abs. 3 SächsVwVG.

(8) Thüringen: § 38 Abs. 2, Abs. 3 ThürVwZVG

6. Zwischenstaatliche Amtshilfe bei Steuern. Die Rechtsgrundlagen der zwischenstaatlichen Amtshilfe bei der **Steuererhebung** ergeben sich aus dem Recht der Europäischen Gemeinschaften (Richtlinie 76/308/EWG in der Fassung der Richtlinie 2001/44/EG – EG-Beitreibungsrichtlinie, ABl. L 175 vom 28.6.2001 S. 17 –), aus einer Reihe von Doppelbesteuerungsabkommen sowie aus Verträgen über Amtshilfe und Rechtshilfe in Steuersachen. Die EG-Beitreibungsrichtlinie ist durch das deutsche EG-Beitreibungsgesetz (BStBl. I 2003 S. 319 ff.) in innerstaatliches Recht umgesetzt worden. Die Doppelbesteuerungsabkommen und die Verträge über Amtshilfe und Rechtshilfe sind völkerrechtliche Vereinbarungen, die gemäß Art. 59 Abs. 2 S. 1 GG durch deutsche Zustimmungsgesetze innerstaatliches Recht geworden sind. 35

Insoweit wird verwiesen auf das Merkblatt des Bundesministeriums der Finanzen zur zwischenstaatlichen Amtshilfe bei der Steuererhebung (Beitreibung) vom 19.1.2004 (BStBl. I 2004, S. 66 ff.). 36

Anhang:
Vergleichbares Landesrecht

(1) Baden-Württemberg: § 2, § 3, § 4 Abs. 3, §§ 5–11, § 13, §§ 15–17 LVwVG. Nach § 15 Abs. 1 sind auf die Beitreibung hauptsächlich Vorschriften der Abgabenordnung sinngemäß anzuwenden. 37

(2) Bayern: Art. 19 Abs. 2, Art. 21, Art. 22, Art. 25, Art. 28 VwZVG. Gemäß Art. 25 Abs. 2 gelten für das Verfahren der Finanzämter bei der Vollstreckung die Vorschriften der Abgabenordnung. Art. 21 regelt Einwendungen gegen die Vollstreckung, die den zu vollstreckenden Anspruch betreffen (dazu *BVerwG* U 3.6.1983 – 8 C 43/81, juris = NVwZ 1984, 168).

(3) Berlin: § 8 Abs. 1 VwVfG Berlin verweist auf VwVG.

(4) Brandenburg: § 2, 22 VwVGBbg.

(5) Bremen: § 2 Abs. 1 BremGVG. Hier gelten Vorschriften der Abgabenordnung.

(6) Hamburg: § 5, §§ 30–37 HmbVwVG.

(7) Hessen: § 2, § 3, §§ 5–11, §§ 15–65, § 66 Abs. 3, § 67 HessVwVG. Das Land hat ein eigenständiges Gesetz.

(8) Mecklenburg-Vorpommern: § 111 Abs. 1 VwVfG M-V = § 5 Abs. 1 VwVG (ohne § 249 AO).

(9) Niedersachsen: §§ 2–59 NVwVG. Das Land hat ein eigenständiges Gesetz.

(10) Nordrhein-Westfalen: § 3, § 5, §§ 7–54 VwVG NRW. Das Land hat ein eigenständiges Gesetz. Wird die Vollstreckung von den Finanzämtern vorgenommen, so ist sie gemäß § 3 Abs. 1 nach den für die Finanzämter geltenden Bestimmungen durchzuführen.

(11) Rheinland-Pfalz: § 2, § 5, §§ 7–60, § 68 Abs. 2, § 70, § 71, §§ 73–82 LVwVG. Das Land hat ein eigenständiges Gesetz. § 16 Abs. 2 regelt Einwendungen, die den Anspruch selbst betreffen (vgl. *OVG Koblenz* B 17.11.1981 – 1 B 60/81, juris = *S.* NJW 1982, 2276S. Nr.). Eine Präklusion gilt auch für den Rechtsnachfolger (*OVG Koblenz* U 26.6.1983 – 8 A 62/83, juris L, NVwZ 1985, 431).

(12) Saarland: §§ 3–10, §§ 32–76 SVwVG. Das Land hat ein eigenständiges Gesetz.

(13) Sachsen: §§ 4–6, §§ 8–10, §§ 14–17 SächsVwVG. Gemäß §§ 14–16 gelten für die Beitreibung Bestimmungen der Abgabenordnung entsprechend.

(14) Sachsen-Anhalt: §§ 7–59, 64–66, 68 VwVG LSA. Das Land hat ein eigenständiges Gesetz.

(15) Schleswig-Holstein: §§ 264–268, §§ 272–322, § 324 LVwG. Das Land hat ein eigenständiges Gesetz.

(16) Thüringen: §§ 22–29, § 31, § 35 Abs. 1, §§ 38–41 ThürVwZVG. Gemäß § 35 Abs. 1 gelten für das Verfahren der Finanzämter bei der Vollstreckung die Bestimmungen der Abgabenordnung.

§ 5a Ermittlung des Aufenthaltsorts des Vollstreckungsschuldners

(1) Ist der Wohnsitz oder der gewöhnliche Aufenthaltsort des Vollstreckungsschuldners nicht durch Anfrage bei der Meldebehörde zu ermitteln, so darf die Vollstreckungsbehörde folgende Angaben erheben:

1. beim Ausländerzentralregister die Angaben zur aktenführenden Ausländerbehörde und die Angaben zum Zuzug oder Fortzug des Vollstreckungsschuldners und bei der Ausländerbehörde, die nach der Auskunft aus dem Ausländerzentralregister aktenführend ist, den Aufenthaltsort des Vollstreckungsschuldners,

2. bei den Trägern der gesetzlichen Rentenversicherung die dort bekannte derzeitige Anschrift und den derzeitigen oder zukünftigen Aufenthaltsort des Vollstreckungsschuldners sowie

3. beim Kraftfahrt-Bundesamt die Halterdaten nach § 35 Absatz 4c Nummer 2 des Straßenverkehrsgesetzes.

(2) Die Vollstreckungsbehörde darf die gegenwärtigen Anschriften, den Ort der Hauptniederlassung oder den Sitz des Vollstreckungsschuldners erheben

1. durch Einsicht in das Handels-, Genossenschafts-, Partnerschafts-, Unternehmens- oder Vereinsregister oder

2. durch Einholung der Anschrift bei den nach Landesrecht für die Durchführung der Aufgaben nach § 14 Absatz 1 der Gewerbeordnung zuständigen Behörden.

(3) Nach Absatz 1 Nummer 2 und Absatz 2 erhobene Daten, die innerhalb der letzten drei Monate bei der Vollstreckungsbehörde eingegangen sind, dürfen von der Vollstreckungsbehörde auch einer weiteren Vollstreckungsbehörde übermittelt werden, wenn die Voraussetzungen für die Datenerhebung auch bei der weiteren Vollstreckungsbehörde vorliegen.

(4) [1]Ist der Vollstreckungsschuldner Unionsbürger, so darf die Vollstreckungsbehörde die Daten nach Absatz 1 Nummer 1 nur erheben, wenn ihr tatsächliche Anhaltspunkte für die Vermutung vorliegen, dass bei der betroffenen Person das Nichtbestehen oder der Verlust des Freizügigkeitsrechts festgestellt worden ist. [2]Eine Übermittlung der Daten nach Absatz 1 Nummer 1 an die Vollstreckungsbehörde ist ausgeschlossen, wenn der Vollstreckungsschuldner ein Unionsbürger ist, für den eine Feststellung des Nichtbestehens oder des Verlusts des Freizügigkeitsrechts nicht vorliegt.

Übersicht

I. Zu Absatz 1

Mit Einführung von § 5a und § 5b in das Verwaltungs-Vollstreckungsgesetz durch das Gesetz zur Verbesserung der Sachaufklärung in der Verwaltungsvollstreckung vom 30.6.2017 (BGBl. 2017 Teil I Nr. 44) sollen die Benachteiligungen beseitigt werden, die seit dem Inkrafttreten des Gesetzes zur Reform der Sachaufklärung in der Zwangsvollstreckung und des Gesetzes zur Durchführung der Verordnung (EU) Nr. 665/2014 sowie zur Änderung sonstiger zivilprozessualer, grundbuchrechtlicher und vermögensrechtlicher Vorschriften und zur Änderung der Justizbeitreibungsordnung vom 21. November 2016 (BGBl. I S. 2591 – EuKoPfVODG) aufgrund fehlender Sachaufklärungsbefugnisse bei der Vollstreckung öffentlich-rechtlicher Geldforderungen durch die Vollstreckungsbehörden des Bundes gegenüber der Vollstreckung privat-rechtlicher Geldforderungen durch die Gerichtsvollzieher bestehen. Zu diesem Zweck werden den Vollstreckungsbehörden des Bundes soweit erforderlich durch die §§ 5a und 5b im Wesentlichen die gleichen Befugnisse eingeräumt, wie sie der Gerichtsvollzieher nach den §§ 755 und 802l ZPO besitzt. Damit wird ein Gleichlauf der öffentlichen-rechtlichen und zivilprozessualen Vollstreckung gewährleistet (BT-Drs. 18/11613, S. 14). 1

2 In Anlehnung an § 755 Abs. 2 S. 1 ZPO begründet § 5a Abs. 1 im Wesentlichen entsprechende Befugnisse zur Ermittlung des Aufenthaltsorts des Vollstreckungsschuldners für die Vollstreckungsbehörde. Diese Befugnisse stehen der Vollstreckungsbehörde nach Erlass der Vollstreckungsanordnung zu. Die Vollstreckungsanordnung ersetzt den in § 755 Abs. 1 ZPO geregelten Vollstreckungsauftrag des Gläubigers („dafür ist eine ausdrückliche Regelung in § 5a im Hinblick auf § 3 VwVG nicht erforderlich", so BT-Drs. 18/11613, S. 15). Somit sind isolierte Aufenthaltsermittlungen, also etwa bevor eine Vollstreckungsanordnung ergeht, unzulässig (vgl. zu isolierten Aufenthaltsermittlungsaufträgen im Rahmen von § 755 ZPO *BGH* B 21.6.2017 – VII ZB 5/14, juris Rn. 6 ff. = NJW-RR 2017, 960).

3 **1. Anfrage bei der Meldebehörde.** Wie der Gerichtsvollzieher gemäß § 755 Abs. 1 S. 1 ZPO hat die Vollstreckungsbehörde vorrangig Daten bei der Meldebehörde zu erheben. Die Subsidiarität der in § 5a geregelten Auskunftsansprüche gegenüber der Abfrage bei den Meldebehörden dient dazu, die verpflichteten Behörden nicht übermäßig in Anspruch zu nehmen und Fehler bei der Übertragung der geschützten personenbezogenen Daten zu vermeiden (BT-Drs. 18/11613, S. 15). Die Übermittlungsbefugnis der Meldebehörde resultiert aus § 34 Abs. 1 S. 1 Nr. 6 und Nr. 7 Bundesmeldegesetz (BMG).

4 Einer dem § 755 Abs. 1 S. 1 ZPO entsprechenden ausdrücklichen Begründung der Befugnis der Vollstreckungsbehörde zur Datenerhebung bei den Meldebehörden bedarf es nicht, da sich diese bereits aus der Befugnis der Vollstreckungsbehörde zur Ermittlung der Vermögens- und Einkommensverhältnisse des Vollstreckungsschuldners nach § 5 VwVG i.V.m. § 249 Abs. 2 S. 1 AO und der korrespondierenden Übermittlungsbefugnis der Meldebehörde nach § 34 Abs. 1 S. 1 Nr. 6 und 7 des Bundesmeldegesetzes ergibt (BT-Drs. 18/11613, S. 15). Ebenso wie bei Befugnis des Gerichtsvollziehers nach § 755 Abs. 1 S. 1 ZPO zur Ermittlung des Aufenthaltsortes des Vollstreckungsschuldners ist auch bei der Befugnis der Vollstreckungsbehörde die Erhebung der gegenwärtigen Anschriften des Vollstreckungsschuldners sowie von Angaben zu dessen Haupt- und Nebenwohnung inbegriffen.

Führt die Anfrage bei der Meldebehörde nicht zum Erfolg, kann die Vollstreckungsbehörde bei den in Absatz 1 Nummer 1 bis 3 genannten Behörden Daten zur Bestimmung des Aufenthaltsortes des Vollstreckungsschuldners erheben. Der Gesetzgeber verwendet im Hinblick auf die Befugnis zur Datenerhebnung das Wort „darf" – wie auch in Absatz 2 –. Dies ist ein typisches Anzeichen für eine der Vollstreckungsbehörde zustehende Ermessensentscheidung (vgl. zu der Begrifflichkeit *BVerwG* B 5.5.2014 – 6 B 46/13, juris Rn. 8 = NVwZ 2014, 1034 (1035); Schoch/Schneider/Bier/*Gerhardt*, VwGO, 33. EL Juni 2017, § 114 Rn. 16; Stelkens/Bonk/*Sachs* § 40 Rn. 21; a.A. bzgl. § 5a Bader/Ronellenfitsch/*Deusch/Burr*, BeckOK VwVfG, 39. Ed. 1.1.2018, VwVG § 5a Rn. 4 unter Bezugnahme auf die Begründung des Gesetzgebers zu § 755 ZPO (BT-Drs. 16/13432, S. 43), wobei dort jedoch lediglich mitgeteilt wird, dass mit der Änderung des Wortes "darf" statt „kann" die Terminologie der Befugnisnorm zur Datenerhebung an die im Bundesdatenschutzrecht übliche Terminologie angepasst werde).

5 **2. Angaben erheben beim Ausländerzentralregister (Nr. 1).** Anhand von Nummer 1 wird die Befugnis der Vollstreckungsbehörde begründet, beim Ausländerzentralregister die Angaben zur aktenführenden Ausländerbehörde sowie zum Zuzug oder Fort-

zug des Vollstreckungsschuldners aus der Bundesrepublik Deutschland und anschließend bei der gemäß der Auskunft aus dem Ausländerzentralregister aktenführenden Ausländerbehörde den Aufenthaltsort des Vollstreckungsschuldners zu erheben. Diese Regelung entspricht § 755 Abs. 2 S. 1 Nr. 1 ZPO.

Die Übermittlungsbefugnisse für das Ausländerzentralregister ergeben sich aus § 14 Abs. 1 Nr. 3 und 4 Gesetz über das Ausländerzentralregister (AZRG) und für die Ausländerbehörde aus § 90 Abs. 6 Gesetz über den Aufenthalt, die Erwerbstätigkeit und die Integration von Ausländern im Bundesgebiet (AufenthG).

3. Angaben erheben beim Träger der gesetzlichen Rentenversicherung (Nr. 2). Die Befugnis, die bei den Trägern der gesetzlichen Rentenversicherung bekannte derzeitige Anschrift und den derzeitigen oder zukünftigen Aufenthaltsort des Vollstreckungsschuldners zu erheben, wird durch Nummer 2 festgelegt. Hierbei findet es sich die Entsprechung zu § 755 Abs. 2 S. 1 Nr. 2 ZPO. 6

Die Träger der gesetzlichen Rentenversicherung leiten ihre Übermittlungsbefugnisse aus § 74a Abs. 1 SGB X ab.

4. Angaben erheben beim Kraftfahrt-Bundesamt (Nr. 3). Wiederholt wird zur Klarstellung die bereits gegenwärtig bestehende Befugnis der Vollstreckungsbehörde zur Abfrage der Halterdaten des Vollstreckungsschuldners nach § 39 Abs. 3 S. 1 des Straßenverkehrsgesetzes (StVG) beim Kraftfahrt-Bundesamt (BT-Drs. 18/11613, S. 16). 7

Das Kraftfahrt-Bundesamt wird durch § 39 Abs. 3 StVG zur Datenübermittlung berechtigt.

II. Zu Absatz 2

Die Ermittlung der Anschrift, des Ortes der Hauptniederlassung oder des Sitzes des Vollstreckungsschuldners wird durch die Einsichtnahme in unterschiedliche Register (Nr. 1) oder durch Einholung der Auskunft beim für § 14 Abs. 1 Gewerbeordnung (GewO) zuständigen Gewerbeamt ermöglicht. Es handelt sich um Vollstreckungsschuldner, die juristische Personen, Personenvereinigungen, Kaufleute sowie sonstige Gewerbetreibende darstellen. 8

Die Regelung entspricht § 755 Abs. 1 S. 2 ZPO.

Die Einsichtnahme in das Registerportal der Länder (§ 9 Abs. 1 S. 4 Handelsgesetzbuch (HGB) und das Unternehmensregister (§ 8b HGB) – welche jeweils einen Online-Zugang zu den Informationen aus dem Handelsregister, dem Partnerschaftsregister und dem Genossenschaftsregister ermöglichen – ist zwar ohnehin jedem zu Informationszwecken gestattet (§ 9 Abs. 1 S. 1 HGB i.V.m. § 5 Abs. 2 Partnerschaftsgesellschaftsgesetz, § 156 Abs. 1 S. 1 Genossenschaftsgesetz und § 9 Abs. 6 S. 1 HGB). Gemäß § 79 Abs. 1 S. 1 BGB ist zudem jedem die Einsicht in das Vereinsregister gestattet. Durch Absatz 2 soll für die Vollstreckungsbehörde – wie für den Gerichtsvollzieher – aber eine eindeutige Rechtsgrundlage dafür geschaffen werden, dass diese zur Ermittlung der Hauptniederlassung oder des Sitzes und – soweit im jeweiligen Register erfasst – der Anschrift des Vollstreckungsschuldners in das Handels-, Genossenschafts-, Partnerschafts-, Unternehmens- oder Vereinsregister Einsicht nehmen kann. Dies gilt ebenfalls mit Blick auf Anschriften, die im Rahmen der Anzeige nach § 14 Abs. 1 GewO erfasst werden und gemäß § 14 Abs. 5 S. 2 GewO allgemein zugänglich gemacht werden dürfen (BT-Drs. 18/11613, S. 16). 9

III. Zu Absatz 3

10 In Anlehnung an §755 Abs. 3 ZPO werden Befugnisse zur Übermittlung von nach Abs. 1 Nr 2 und Abs. 2 gewonnenen Daten an eine weitere Vollstreckungsbehörde begründet, wenn die Voraussetzungen für die Datenerhebung auch bei dieser vorliegen. An die Stelle der Vollstreckungsgläubiger des §755 Abs. 3 ZPO treten bei der Verwaltungsvollstreckung nach §252 AO, der über §5 Abs. 1 VwVG Anwendung findet, die Vollstreckungsbehörden.

Bereits §755 Abs. 3 ZPO diente der Klärung der zuvor in der Zwangsvollstreckung streitigen Frage, ob und unter welchen Voraussetzungen der Gerichtsvollzieher Ermittlungsergebnisse zum Aufenthaltsort, die auf Grund des Vollstreckungsauftrages eines Gläubigers eingeholt wurden, auch für einen Auftrag eines weiteren Gläubigers genutzt werden dürfen, wenn dem Gerichtsvollzieher diese Daten zum Zeitpunkt des Auftrags des zweiten Gläubigers noch zulässigerweise vorliegen und dem zweiten Gläubiger der Wohnsitz oder gewöhnliche Aufenthaltsort des Schuldners unbekannt ist (BT-Drs. 18/11613, S. 16).

11 Warum eine inhaltliche Abweichung von §755 Abs. 3 ZPO durch eine Einschränkung auf die in Abs. 1 Nr. 2 beim gesetzlichen Rentenversicherunsträger erhobenen Daten erfolgt ist, kann der Begründung des Gesetzgebers nicht entnommen werden. Ein sachlicher Grund ist für diese Einschränkung nicht ersichtlich (Bader/Ronellenfitsch/*Deusch/Burr*, BeckOK VwVfG, 39. Ed. 1.1.2018, VwVG §5a Rn. 15). Ein Versehen des Gesetzgebers wird wohl auszuschließen sein (a.A. Bader/Ronellenfitsch/*Deusch/Burr*), denn der Gesetzgeber macht deutlich, dass er mit §5a Abs. 3 lediglich „in Anlehnung an §755 Abs. 3 ZPO entsprechende Befugnisse" begründen möchte (BT-Drs. 18/11613, S. 16),

12 Bei den zu übermittelnden Daten darf es sich lediglich um solche handeln, die innerhalb der letzten drei Monate bei der Vollstreckungsbehörde eingegangen sind. Hierbei ist auf den Zeitraum zwischen dem Eingang der Ermittlungsergebnisse bei der Vollstreckungsbehörde in dem der Erhebung zugrundeliegenden Verwaltungsvollstreckungsverfahren und dem Eingang des Auskunftsersuchens aus dem Verfahren der weiteren Vollstreckungsbehörde abzustellen (BT-Drs. 18/11613, S. 16). Der Gesetzgeber begründet diese Dreimonatsfrist mit der sonst fehlenden Aktualität des Inhalts (vgl. BT-Drs. 18/11613, S. 16).

§5a Abs. 3 bestimmt nicht, dass die Vollstreckungsbehörde den Inhalt jeder einzelnen Erhebung drei Monate speichern muss; auch werden die Befugnisse der Vollstreckungsbehörde, bei Vorliegen von Auskunftsdaten aus einem vorherigen Vollstreckungsverfahren neue Erhebungen nach §5a Abs. 1 und 2 vorzunehmen, nicht eingeschränkt. Vielmehr wird allein die Übermittlung vorhandener, der Vollstreckungsbehörde bekannter und verfügbarer Ermittlungsergebnisse an andere Vollstreckungsbehörden klarstellend geregelt und im Interesse des Datenschutzes und der Effektivität der Vollstreckung beschränkt. Im Übrigen verbleibt es deshalb bei den allgemeinen Vorschriften zur Löschung personenbezogener Daten durch die Vollstreckungsbehörde (BT-Drs. 18/11613, S. 16f.).

IV. Zu Absatz 4

Für Datenerhebungen nach Absatz 1 Nummer 1 werden in Anlehnung an die paralle- 13
len Vorschriften in §755 Abs.2 S.2 und 3 ZPO Beschränkungen zugunsten von Unionsbürgern festgelegt.

§ 5b Auskunftsrechte der Vollstreckungsbehörde

(1) Kommt der Vollstreckungsschuldner seiner Pflicht, eine Vermögensauskunft nach §5 Absatz 1 dieses Gesetzes in Verbindung mit §284 Absatz 1 der Abgabenordnung zu erteilen, nicht nach oder ist bei einer Vollstreckung in die in der Vermögensauskunft angeführten Vermögensgegenstände eine vollständige Befriedigung der Forderung, wegen der die Vermögensauskunft verlangt wird, voraussichtlich nicht zu erwarten, so darf die Vollstreckungsbehörde

1. bei den Trägern der gesetzlichen Rentenversicherung den Namen und die Vornamen oder die Firma sowie die Anschriften der derzeitigen Arbeitgeber eines versicherungspflichtigen Beschäftigungsverhältnisses des Vollstreckungsschuldners erheben und

2. beim Kraftfahrt-Bundesamt die Fahrzeug- und Halterdaten nach § 35 Absatz 1 Nummer 17 des Straßenverkehrsgesetzes.

(2) Nach Absatz 1 erhobene Daten, die innerhalb der letzten drei Monate bei der Vollstreckungsbehörde eingegangen sind, dürfen von der Vollstreckungsbehörde auch einer weiteren Vollstreckungsbehörde übermittelt werden, wenn die Voraussetzungen für die Datenerhebung auch bei der weiteren Vollstreckungsbehörde vorliegen.

Übersicht

I. Zu Absatz 1

Mit §5b Abs.1 werden im Wesentlichen in Anlehnung an §802l Abs.1 S.1 ZPO ent- 1
sprechende Auskunftsrechte der Vollstreckungsbehörde begründet. So sind Datenerhebungen nach den Nummern 1 und 2 zulässig, wenn der Vollstreckungsschuldner seiner Pflicht zur Vermögensauskunft nach §5 Abs.1 VwVG i.V.m. §284 Abs.1 AO nicht nachkommt oder eine vollständige Befriedigung der Forderung voraussichtlich nicht zu erwarten ist.

Wie auch in §802l Abs.1 S.1 ZPO werden die sich aus den Nummern 1 und 2 ergebenden Auskunftsrechte der Vollstreckungsbehörde nur subsidiär zur Selbstauskunft des Vollstreckungsschuldners begründet. Dies wahrt den Verhältnismäßigkeitsgrundsatz, da im Rahmen der Abwägung von informationellem Selbstbestimmungsrecht des Vollstreckungsschuldners einerseits und dem Interesse der Vollstreckungsbehörde an einer zügigen und erfolgreichen Vollstreckung andererseits ein Ausgleich durch die abgestufte Vorgehensweise gesichert wird (BT-Drs. 18/11613, S.17).

Wie bei §802l Abs.1 ZPO ist die zu erlangende Auskunft begrenzt auf solche Bereiche, die typischerweise für die Vollstreckung von Bedeutung sind, nämlich der Bezug von Arbeitseinkommen (Nummer 1) und das Vorhandensein eines Kraftfahrzeugs (Nummer 2).

2 **1. Zu Nummer 1.** Nummer 1 entspricht §802l Abs. 1 S. 1 Nr. 1 ZPO. Sie begründet die Befugnis der Vollstreckungsbehörde zur Erhebung von Namen, Vornamen oder der Firma sowie der Anschriften der derzeitigen Arbeitgeber eines versicherungspflichtigen Beschäftigungsverhältnisses des Vollstreckungsschuldners bei den Trägern der gesetzlichen Rentenversicherung. Die Erhebung zielt auf die Klärung ab, ob eine Lohnpfändung möglich ist.

Aus Gründen der Effektivität und der Effizienz ist die Abfrage als einstufiges Verfahren ausgestaltet. Der Gerichtsvollzieher kann sein Ersuchen an jeden Träger der gesetzlichen Rentenversicherung richten und muss damit den zuständigen Träger nicht erst ermitteln. Wenn der ersuchte Träger die Daten nicht kennt, leitet er das Gesuch an den zuständigen Rentenversicherungsträger weiter (Krüger/Rauscher/*Wagner*, Münchener Kommentar, ZPO, 5. Aufl. 2016, §802l Rn. 21).

Die Übermittlungsbefugnisse der gesetzlichen Rentenversicherungsträger ergeben sich aus §74a Abs. 1 S. 1 SGB X.

3 **2. Zu Nummer 2.** Die mit §802l Abs. 1 S. 1 Nr. 3 ZPO korrespondierende Nummer 2 wiederholt zur Klarstellung die bereits gegenwärtig bestehende Befugnis der Vollstreckungsbehörde, bei dem Kraftfahrt-Bundesamt die Fahrzeug- und Halterdaten des Vollstreckungsschuldners nach §39 Abs. 3 S. 1 StVG zu erheben. Nachdem die Haltereigenschaft das Eigentum an dem betreffenden Fahrzeug indiziert, ermöglicht diese Abfrage wichtige Informationen über denkbare Vollstreckungsobjekte.

Die entsprechenden Übermittlungsbefugnisse des Kraftfahrt-Bundesamtes ergeben sich aus §39 Abs. 3 StVG.

II. Zu Absatz 2

4 Hier wird vollumfänglich auf die Ausführungen zu §5a Abs. 3 verwiesen.

Zweiter Abschnitt
Erzwingung von Handlungen, Duldungen oder Unterlassungen

§6 Zulässigkeit des Verwaltungszwanges

(1) Der Verwaltungsakt, der auf die Herausgabe einer Sache oder auf die Vornahme einer Handlung oder auf Duldung oder Unterlassung gerichtet ist, kann mit den Zwangsmitteln nach §9 durchgesetzt werden, wenn er unanfechtbar ist oder wenn sein sofortiger Vollzug angeordnet oder wenn dem Rechtsmittel keine aufschiebende Wirkung beigelegt ist.

(2) Der Verwaltungszwang kann ohne vorausgehenden Verwaltungsakt angewendet werden, wenn der sofortige Vollzug zur Verhinderung einer rechtswidrigen Tat, die einen Straf- oder Bußgeldtatbestand verwirklicht, oder zur Abwendung einer drohenden Gefahr notwendig ist und die Behörde hierbei innerhalb ihrer gesetzlichen Befugnisse handelt.

Übersicht

A. Zu Absatz 1: Reguläres Verfahren

1 Die Vorschrift des Absatzes 1 regelt die **Selbstvollstreckung** durch die Vollzugsbehörde im eigenständigen Verwaltungswege ohne gerichtlichen Titel. Der Grundsatz der Selbstvollstreckung ist in § 7 verankert (*BVerwG* U 14.3.2006 – 1 C 11/05, BVerwGE 125, 110 = NJW 2006, 2280 = DVBl. 2006, 1042).

Das Recht der Behörde, den von ihr erlassenen Verwaltungsakt selbst zu vollziehen, ergibt sich aus ihrer Ermächtigung zur **Selbsttitulierung.** Das bedeutet: Im Gegensatz zum zivilgerichtlichen Zwangsvollstreckungsverfahren ist für das hoheitliche Vollstreckungsverfahren des Staates ein **gerichtlicher Titel nicht vorgesehen.** Denn der Verwaltungsakt der Behörde tritt eigenständig und verbindlich an die Stelle eines gerichtlichen Titels. Die Behörde handelt also **richterähnlich.** Das verpflichtet sie naturgemäß zu besonderer Sorgfalt. Hier gilt das Gleiche wie bei der Vollstreckung wegen Geldforderungen (*BGH* U 25.1.1980 – V ZR 161/76, Rpfleger 1980, 183 = KKZ 1980, 115 = NJW 1980, 1754 = MDR 1980, 569 = Warn 1980, 54).

Im Einzelnen und abschließend enthält Absatz 1 des § 6 die Voraussetzungen für die zwangsweise **Durchsetzung eines Grundverwaltungsaktes.** Das geschieht **im gestreckten Verwaltungszwangsverfahren** mit den Zwangsmitteln Ersatzvornahme (§ 10), Zwangsgeld (§ 11) und unmittelbarer Zwang (§ 12) nach § 9 Abs. 1. Diese werden zunächst angedroht (§ 13), sodann festgesetzt (§ 14) und schließlich angewendet (§ 15). Die Anwendung von Verwaltungszwang ist also erst zulässig, wenn zuvor diese drei Verwaltungsakte (Grundverfügung, Androhung und Festsetzung) erlassen worden sind.

Darin liegt der wesensmäßige Unterschied zu Absatz 2 des § 6: Hiernach kann der Verwaltungszwang im Notfall auch ohne vorausgehenden Verwaltungsakt durch sofortigen Vollzug angewendet werden (Rn. 246 ff.). Er ist die sofortige Verwirklichung einer hoheitlichen eiligen Maßnahme. Auch der sofortige Vollzug ist Selbstvollstreckung der Vollzugsbehörde.

Insoweit haben **Bund und Länder** inhaltlich **weitgehend übereinstimmendes Recht.** Verwaltungspraxis und Rechtsprechung führen demzufolge durchweg zu entsprechend rechtsgleichen Ergebnissen.

Der Verwaltungszwang betrifft das allgemeine und besondere Verwaltungsrecht (hier insbesondere das Polizei- und Ordnungsrecht), das Verwaltungsprozessrecht sowie Grundrechte. Diese Gebiete werden in der Kommentierung entsprechend ihrer Bedeutung behandelt.

Für das Verwaltungsvollstreckungsverfahren der **Finanzverwaltung** gilt nicht das Verwaltungs-Vollstreckungsgesetz, sondern die Abgabenordnung. Jedoch stimmen die Vorschriften der §§ 328 bis 335 AO nahezu wortgleich mit denen der §§ 6 ff. überein. Kommentare dieser Gesetze können – mutatis mutandis – wechselseitig benutzt werden (z.B. Hübschmann/Hepp/Spitaler/*Hohrmann*, §§ 328 bis 335 AO).

Durch **vorrangige Bundesgesetze** kann der Verwaltungszwang besonders geregelt sein. In einem solchen Fall ist das Verwaltungszwangsverfahren auf der Grundlage von Vollstreckungsgesetzen der Länder ausgeschlossen (Einleitung Rn. 7).

Die Vollzugsbehörde führt das **Verwaltungszwangsverfahren nach pflichtgemäßem Ermessen** (§ 40 VwVfG) durch (Einleitung Rn. 5). Dabei hat sie die Vorschriften des

Absatzes 1 sorgfältig zu befolgen. Denn diese sind die bedeutsamsten und gefahrträchtigsten des Gesetzes.

Das gestreckte Verwaltungsvollstreckungsverfahren kommt gemäß § 169 Abs. 1 S. 1 VwGO auch zur Anwendung, wenn aus einem Vollstreckungstitel des § 168 VwGO zu Gunsten der öffentlichen Hand vollstreckt werden soll. Da § 169 VwGO einen vollstreckbaren Titel voraussetzt, ist ein sofortiger Vollzug i.S.d. §6 Abs. 2 im gerichtlichen Verfahren ausgeschlossen (hierzu auch § 7 Rn. 31). Der § 169 Abs. 1 S. 1 VwGO verweist nicht auf die Vollstreckungsvoraussetzungen, sondern auf das Vollstreckungsverfahren (*Bader*/Funke-Kaiser/Stuhlfauth/von Albedyl, § 169 VwGO Rn. 2). Die Vollstreckung wird eingeleitet durch die nach § 13 Abs. 1 erforderliche schriftliche Androhung eines Zwangsmittels und richtet sich im Weiteren nach den §§ 14 ff. (vgl. SächsOVG B 18.1.2010 – 1 E 138/09). 2

Für das Vollstreckungsverfahren ist ein **Antrag der Gläubigerin** erforderlich. Es kann nicht von Amts wegen eingeleitet werden (ebenso § 3 Rn. 76).

Vollstreckungsbehörde ist gemäß § 169 Abs. 1 S. 2 VwGO der **Vorsitzende des Verwaltungsgerichts** des ersten Rechtszuges. Er hat den hohen Rang einer Bundesvollzugsbehörde (§ 4 Rn. 9; § 7 Rn. 24).

I. Der Verwaltungsakt als Vollstreckungsgrundlage

In der Praxis ist der Verwaltungsakt die bei weitem **wichtigste Vollstreckungsgrundlage.** Der Verwaltungsakt wird meistens individuell und ausnahmsweise als Allgemeinverfügung erlassen. Er ist in § 35 VwVfG wie folgt **definiert:** 3

„Verwaltungsakt ist jede Verfügung, Entscheidung oder andere hoheitliche Maßnahme, die eine Behörde zur Regelung eines Einzelfalles auf dem Gebiet des öffentlichen Rechts trifft und die auf unmittelbare Rechtswirkung nach außen gerichtet ist. Allgemeinverfügung ist ein Verwaltungsakt, der sich an einen nach allgemeinen Merkmalen bestimmten oder bestimmbaren Personenkreis richtet oder die öffentlich-rechtliche Eigenschaft einer Sache oder ihre Benutzung durch die Allgemeinheit betrifft."

Ergänzt wird § 35 VwVfG durch § 39 Abs. 1 VwVfG; dort heißt es: „Ein schriftlicher oder elektronischer sowie ein schriftlich oder elektronisch bestätigter Verwaltungsakt ist mit einer Begründung zu versehen. In der Begründung sind die wesentlichen tatsächlichen und rechtlichen Gründe mitzuteilen, die die Behörde zu ihrer Entscheidung bewogen haben. Die Begründung von Ermessensentscheidungen soll auch die Gesichtspunkte erkennen lassen, von denen die Behörde bei der Ausübung ihres Ermessens ausgegangen ist."

Kein Verwaltungsakt im vorstehenden Sinne ist die sogenannte **„wiederholende Verfügung".** Unter einer wiederholenden Verfügung ist die Wiederholung einer Entscheidung oder Maßnahme oder der Hinweis auf eine solche Entscheidung oder Maßnahme zu verstehen, ohne dass eine erneute Entscheidung ergeht. Sie bestätigt lediglich, dass ein bereits erlassener Verwaltungsakt die Rechtsgrundlage eines Verbotes oder Gebotes ist, ohne selbst eine Regelung i.S.d. § 35 S. 1 VwVfG zu setzen. Die wiederholende Verfügung regelt also nichts Neues. Mitunter kann es zweifelhaft sein, ob es sich um eine wiederholende Verfügung oder einen neuen Verwaltungsakt (sog. **Zweitbescheid**) handelt. Ob ein Bescheid (ganz oder teilweise) als Zweitbescheid oder lediglich als wiederholende Verfügung anzusehen ist, bestimmt sich danach, ob und 4 inwieweit die Behörde durch ihre Verlautbarung eine neue Sachentscheidung getroffen hat. Das ist durch Auslegung des Bescheids zu ermitteln (stRspr, vgl. z.B. BVerwG B 25.2.2016 – 1 WB 33/15, juris Rn. 35 = Buchholz 450.1 § 17 WBO Nr. 94).

Wesensmäßiges Kennzeichen eines Verwaltungsaktes ist regelmäßig eine erteilte **Rechtsbehelfsbelehrung** (*BVerwG* U 10.10.1961 – 6 C 123/59, BVerwGE 13, 99, 103) = NJW 1962, 362; *VGH München* B 6.10.2005 – 8 CE 05.585, NJW 2006, 2282).

5 Es gibt **belastende und begünstigende** Verwaltungsakte. Begünstigend ist nach der Legaldefinition des § 48 Abs. 1 S. 2 VwVfG „ein Verwaltungsakt, der ein Recht oder einen rechtlich erheblichen Vorteil begründet oder bestätigt hat". Ein Verwaltungsakt, der diese Merkmale nicht erfüllt, ist in der Regel belastend. Er ist jedenfalls dann belastend, wenn er ein Recht oder einen rechtlich erheblichen Nachteil begründet oder bestätigt.

6 **Grundlage des Verwaltungszwangsverfahrens ist nur ein belastender Verwaltungsakt**, der etwas ge- oder verbietet. Bei Verwaltungsakten mit Doppelwirkung ist die Belastung „janusköpfig" zugleich die Begünstigung für einen Dritten (§ 80a Abs. 2 VwGO). So belastet eine Abrissverfügung der Bauaufsichtsbehörde den Eigentümer und begünstigt zugleich dessen Nachbarn. Außer nachbarrechtlichen Entscheidungen haben Restitutionsbescheide zunehmende Bedeutung erlangt.

7 Im gestreckten Verfahren nach § 6 Abs. 1 richtet sich die Vollstreckung gegen denjenigen, der durch die Grundverfügung zu einem Tun, Dulden oder Unterlassen verpflichtet worden ist. Sind **mehrere Personen ordnungspflichtig,** entscheidet die Erlassbehörde nach pflichtgemäßem **Auswahlermessen,** gegen wen sie die Grundverfügung richtet. Insoweit gelten die allgemeinen Grundsätze und Regeln, vor allem des Polizeirechts und des gleichartigen Ordnungsrechts. Nach den allgemeinen Grundsätzen des Polizei- und Ordnungsrechts der Bundesländer sind Ordnungsverfügungen grundsätzlich gegen den zu richten, der eine Gefahr durch sein Verhalten (sog. Verhaltensverantwortlicher, z.B. § 17 OBG NRW) oder den Zustand seiner Sachen (Zustandsverantwortlicher, z.B. § 18 OBG NRW) verursacht hat. Sind mehrere für den Eintritt einer Gefahr verantwortlich, ist in erster Linie derjenige in die Pflicht zu nehmen, der die Gefahr am effektivsten beseitigen kann (zu den Grundsätzen der Störerauswahl *Möller/Warg*, Rn. 141 ff.)

Unter mehreren verantwortlichen Personen befindet sich mitunter ein „Zweckveranlasser" (vgl. Rn. 277). Das kann ein „Strohmann" oder eine „Strohfrau" sein. Dazu ausführlich § 13 Rn. 133.

8 Ist die Verantwortlichkeit mehrerer Personen in einem Spezialgesetz angeordnet, so geht dieses dem allgemeinen Polizei- und Ordnungsrecht vor.

Beispiele:

- Bundes-Bodenschutzgesetz: § 4 (*BVerwG* U 26.4.2006 – 7 C 15/05, BVerwGE 126, 1 = NVwZ 2006, 1667 = DÖV 2006, 960; *VGH Kassel* B 6.1.2006 – 6 TG 1392/04, NVwZ-RR 2006, 781; *VGH Mannheim* B 3.9.2002 – 10 S 957/02, NuR 2003, 29 = DÖV 2003, 421 = NVwZ-RR 2003, 103; *VGH Mannheim* B 29.4.2002 – 10 S 2367/01, NVwZ 2002, 1260 = VBlBW 2002, 431 = UPR 2002, 398 = NuR 2003, 101 = NJW 2003, 160 L; *VGH Mannheim* U 18.12.2007 – 10 S 2351/06, DVBl. 2008, 732 L = DÖV 2008, 693 L).
- Sprengstoffgesetz: § 19, § 28.
- Tierschutzgesetz: § 2.

- Tiergesundheitsgesetz: §3.
- Bundeswasserstraßengesetz: §25.
- Bundespolizeigesetz: §§17, 18.
- Wohnungseigentumsgesetz: § 14. Die Wohnungseigentümer sind gemeinschaftlich zur Instandhaltung des Sondereigentums verpflichtet. Ihre Ordnungspflicht beträfe z.B. die Herstellung eines zweiten Rettungsweges am Gebäude (*OVG Münster* U 28.8.2001 – 10 A 3051/99 BauR 2002, 763 = NWVBl. 2002, 388 = BRS 64 Nr. 201; *OVG Münster* B 28.1.2011 – 2 B 1495/10, NVwZ-RR 2011, 351).

Nach pflichtgemäßem Auswahlermessen kann die Behörde Grundverwaltungsakte auch gegen **mehrere Verantwortliche** richten. Sie darf z.B. bei der Nutzung von Räumen zur illegalen Lagerung wassergefährdender Chemikalien den Eigentümer und Vermieter als Zustandsverantwortlichen und auch den Mieter als Handlungsverantwortlichen in Anspruch nehmen. Entschließt sich die Behörde, die Ordnungsverfügung gegen den Eigentümer und Vermieter im Wege des Verwaltungszwanges durchzusetzen, liegt in der gegen den Mieter erlassenen gleichlautenden Verfügung als „minus" zugleich die Verpflichtung zur Duldung der vom Vermieter durchzuführenden Gefahrenbeseitigung (*BVerwG* U 18.10.1991 – 7 C 2/91, juris Rn. 23 = BVerwGE 89, 138 = ZfW 1992, 423 = UPR 1992, 149 = NuR 1992, 231 = RdL 1992, 62 = DÖV 1992, 353 = NVwZ 1992, 480 = DVBl. 1992, 308 = BayVBl. 1992, 346).

Verwaltungsakte können auch gegen den **Rechtsnachfolger** im Wege des Verwaltungszwanges durchgesetzt werden. Zum Teil ist dies im Landesrecht ausdrücklich geregelt (§83 Abs. 1 Nr. 2 Sicherheits- und Ordnungsgesetz M-V, §232 Abs. 1 Nr. 2 Landesverwaltungsgesetz SH, §20 Abs. 4 ThürVwZVG). Im Übrigen wird hinsichtlich des Übergangs der Ordnungspflicht (aus dem Grundverwaltungsakt) auf den Rechtsnachfolger zwischen der Zustands- und der Verhaltensverantwortlichkeit unterschieden: Im Bereich der Zustandsverantwortlichkeit wird eine Rechtsnachfolge für den Fall der Gesamtrechtsnachfolge (insbesondere Erbfall) ganz überwiegend bejaht (grundlegend *BVerwG* U 22.1.1971 – IV C 62.66, juris Rn. 18 = NJW 1971, 1624). Im Falle der Einzelrechtsnachfolge wird die Rechtsnachfolge in Ordnungspflichten vor allem in der Rspr bejaht (*OVG NRW* U 9.9.1986 – 11 A 1538/86: DÖV 1987, 601; NVwZ 1987, 427; *VGH Hessen* B 1.12.2014 – 3 B 1633/14, juris Rn. 16 = NVwZ-RR 2015, 270; *OVG Lüneburg* B 25.4.2013 – 12 ME 41/13, juris Rn. 23 = NVwZ-RR 2013, 595), im Schrifttum wird hierfür zum Teil eine gesetzliche Grundlage gefordert (aA *Möller/Warg*, Rn. 140 m.w.N.). Im Bereich der Verhaltensverantwortlichkeit wird die Möglichkeit einer Rechtsnachfolge weitgehend ausgeschlossen, soweit spezialgesetzliche Vorschriften eine Rechtsnachfolge in Verhaltenspflichten nicht ausdrücklich vorsehen, wie z.B. §4 Abs. 3 S. 1 BBodSchG. 9

Manche Bundesländer haben festgelegt, dass der Vollzug, der im Zeitpunkt des Eintritts der Rechtsnachfolge bereits begonnen hat, gegen den Rechtsnachfolger fortgesetzt werden darf (§ 84 Abs. 2 S. 1 SOG Mecklenburg-Vorpommern, § 233 Abs. 2 LVwG Schleswig-Holstein, §20 Abs. 4 S. 2 VwZVG Thüringen). Im Übrigen haben die Vollstreckungsbehörden zu beachten, dass zwischen den einzelnen Stufen des Vollstreckungsverfahrens (Androhung, Festsetzung und Anwendung) kein Adressatenwechsel eintreten darf, weil die Entscheidungen im Verfahren des Verwaltungszwangs in konkreter Ansehung des jeweiligen Adressaten und seiner individuellen Bereitwilligkeit zur Befolgung der Anordnung ergehen (*OVG NRW* U 9.3.1997 – XI A 963/78, NJW 1980, 415; *Möller/Warg*, Rn. 140).

10 Jeder Verwaltungsakt muss **inhaltlich hinreichend bestimmt** sein (§ 37 Abs. 1 VwVfG). Dies ist der Fall, wenn der Inhalt der getroffenen Regelung klar und unzweideutig erkennbar ist. Das gilt zunächst für den Adressaten des Verwaltungsaktes. Denn nun kann und soll er sein Verhalten danach einrichten. Das gilt ferner für die Behörden, welche mit der Angelegenheit befasst sind. Denn nun können und sollen sie den erkannten Inhalt des Verwaltungsakts ihren Entscheidungen zugrunde legen. Diese Erkenntnis ist insbesondere für Vollstreckungsmaßnahmen wichtig.

Im Einzelnen richten sich die Anforderungen an die notwendige Bestimmtheit eines Verwaltungsakts nach den Besonderheiten des jeweils anzuwendenden und mit dem Verwaltungsakt umzusetzenden materiellen Rechts (*VGH Mannheim* U 10.1.2013 – 8 C 2919/11, DÖV 2013, 399 L = NVwZ-RR 2013, 451; *VGH Mannheim* U 25.10.2012 – 1 S 1401/11, DVBl. 2013, 119). Zur **Bestimmung des Inhalts** der getroffenen Regelung führt der **Entscheidungssatz des Verwaltungsakts** (Tenor). Daneben sind seine Begründung sowie die sonst bekannten oder ohne Weiteres erkennbaren Umstände heranzuziehen (*BVerwG* U 22.9.2004 – 6 C 29/03, BVerwGE 122, 29, 33; *BVerwG* U 15.2.1990 – 4 C 41/87, BVerwGE 84, 335, 338).

Hat die Unbestimmtheit lediglich die Rechtswidrigkeit des Verwaltungsaktes und nicht dessen Nichtigkeit nach § 44 VwVfG zur Folge, ist die Behörde grundsätzlich befugt, den Verstoß gegen das Bestimmtheitsgebot durch eine nachträgliche klarstellende Änderung zu heilen. Dies kann auch noch im gerichtlichen Verfahren geschehen (*BVerwG* B 21.6.2006 – 4 B 32/06, NVwZ-RR 2006, 589; *OVG Lüneburg* B 23.1.2007 – 2 LA 692/06, juris Rn. 7 = DVP 2007, 211; *VGH Bayern* U 27.3.2012 – 8 B 12.112, juris Rn. 37 = BayVBl 2013, 342).

Das Bestimmtheitserfordernis des § 37 Abs. 1 VwVfG bezieht sich auf den verfügenden Teil des Verwaltungsakts und nicht auf seine Begründung. Die Begründung ist in § 39 VwVfG geregelt. Eine fehlende Begründung kann nach § 45 Abs. 1 Nr. 2 VwVfG nachgeholt werden.

Dazu kommt die in § 37 Abs. 6 VwVfG enthaltene Verpflichtung der Behörde, bei dem Erlass eines anfechtbaren schriftlichen oder elektronischen Verwaltungsakts eine Rechtsbehelfsbelehrung zu erteilen. Ist die Rechtsbehelfsbelehrung unterblieben oder unrichtig erteilt, bleibt der Verwaltungsakt rechtmäßig. Jedoch verlängert sich die Anfechtungsfrist von einem Monat (§ 74 VwGO) auf ein Jahr (§ 58 Abs. 2 VwGO).

11 Die Behörde darf mit einem Zwangsmittel **nicht etwas anderes oder mehr durchsetzen,** als es dem zu erzwingenden Verwaltungsakt entspricht. Denn sonst würde es sich um einen neuen Verwaltungsakt handeln (Engelhardt/App/*Schlatmann/Mosbacher*, vor § 6 VwVG Rn. 3; dazu § 15 Rn. 15).

12 Das gilt auch für eine **Auflage.** Ihre Rechtsgrundlage ist entweder die allgemeine Bestimmung des § 36 Abs. 2 Nr. 4 VwVfG oder ein Spezialgesetz, z.B. § 12 BImSchG (*VGH Kassel* B 7.1.2002 – 2 TZ 3262/01, *ESVGH* 52, 129 = NVwZ-RR 2002, 340), § 12 Abs. 6, § 19 GenTG, § 5 GastG (*VGH München* B 27.5.2008 – 22 ZB 07.3428, NVwZ-RR 2009, 19), § 33i, § 69a GewO, § 9 WaffG (*OVG Saarlouis* B 11.12.2008 – 1 B 355/08, NVwZ-RR 2009, 282), § 10 KrWaffG, § 5 Abs. 2, § 10, § 17 Abs. 3, § 27 Abs. 2 SprengG, § 18 Abs. 1 BeschG, § 17 Abs. 1 AtomG (*BVerwG* U 2.7.2008 – 7 C 38/07, BVerwGE 131, 259 . NVwZ 2009, 52), § 15 Abs. 1 VersG (*OVG Lüneburg* B 28.7.2011 – 11 LA 101/11, DÖV 2011, 820 L), das Verbot eines „schwarzen Blocks" in der Versammlung

(*OVG Lüneburg* B 19.8.2011 – 11 LA 108/11, Polizei 2011, 329 L DÖV 2011, 900 L). Die Auflage ist ein **belastender Verwaltungsakt und als solcher im Wege des Verwaltungszwanges selbstständig vollstreckbar**. Sie wird als akzessorische Nebenbestimmung zu einem begünstigenden Verwaltungsakt erlassen. Dabei schreibt sie dem Betroffenen ein Tun, Dulden oder Unterlassen vor. Das kann z.B. das Verbot des Ausschanks alkoholischer Getränke am Fußballstadion (*VGH Mannheim* B 14.9.2004 – 6 S 21/04 BauR 2003, 1877 = NJW 2005, 238), ein Abbruchgebot (*OVG Münster* B 1.8.2003 – 7 B 968/03, NVwZ-RR 2004, 478) oder die nachträgliche Anordnung der Immissionsschutzbehörde sein, den Schornstein eines Wohnhauses zu erhöhen, um die Nachbarn vor Luftverunreinigungen zu schützen (*BVerwG* B 9.3.1988 – 7 B 34/88 UPR 1988, 345 = DÖV 1988, 560 = DVBl. 1988, 541 = NuR 1989, 35 = NJW 1989, 2552 = JuS 1989, 413).

In den meisten Fällen ergehen Auflagen vielfältiger Art und Schärfe für Versammlungen und Aufzüge nach §15 Abs. 1 VersG zum Schutz der öffentlichen Sicherheit oder Ordnung.

Die **Auflage ist selbstständig anfechtbar** (*BVerwG* U 12.3.1982 – 8 C 23/80, BVerwGE 65, 139 = NJW 1982, 2269 = DVBl. 1982, 637 = DÖV 1982, 501 = JA 1983, 92 = BBauBl. 1983, 167 = JuS 1983, 22; *BVerwG* U 19.1.1989 – 7 C 31/87, BVerwGE 81, 185, 186 = DVBl. 1989, 517 = JZ 1989, 895 = NVwZ 1989, 864 = NuR 1990, 75 = JuS 1990, 60). Das gilt auch für eine **nachträgliche** Auflage (*BVerwG* U 2.7.2008 – 7 C 38/07, BVerwGE 131, 259 = NVwZ 2009, 52).

Erfüllt der Adressat eines Verwaltungsakts die Auflage nicht oder nicht rechtzeitig, kann die Behörde die Auflage isoliert vollstrecken oder den (Haupt-)Verwaltungsakt, mit dem sie verbunden ist, nach §49 Abs. 2 S. 1 Nr. 2 VwVfG widerrufen. Durch den Widerruf wird der (Haupt-)Verwaltungsakt nach § 43 Abs. 2 VwVfG unwirksam; damit verliert auch die Auflage als akzessorische Nebenbestimmung ihre Rechtswirksamkeit.

Gegen belastende Nebenbestimmungen eines Verwaltungsakts ist die **Anfechtungsklage** gegeben. Ob diese zur isolierten Aufhebung der Nebenbestimmung führen kann, ist eine Frage der Begründetheit und nicht der Zulässigkeit der Klage, sofern nicht eine isolierte Aufhebbarkeit offenkundig von vornherein ausscheidet (*BVerwG* U 22.11.2000 – 11 C 2/00, BVerwGE 112, 221, 224 = NVwZ 2001, 429 = DÖV 2001, 691 = UPR 2001, 148 = BayVBl. 2001, 632 = NuR 2001, 455 = ZUR 2001, 278).

Insoweit unterläuft in der Verwaltungspraxis häufig folgender **Fehler**: Einer Bauerlaubnis sind **Hinweise auf** die bestehende **Rechtslage** beigefügt. Diese werden als **„Auflage"** bezeichnet und mit einer Rechtsbehelfsbelehrung versehen. Mitunter wird gleichzeitig ein Zwangsgeld für den Fall des Verstoßes gegen eine aufgeführte Rechtsvorschrift angedroht (vgl. *VGH München* U 13.7.1979 – Nr. 31 II 77, VGHE München 33, 6). Das ist unzutreffend: Derartige Hinweise sind keine Verwaltungsakte, da sie lediglich die Rechtslage beschreiben und keine Rechtsfolge setzen, mithin keine Regelung iSd §35 S. 1 VwVfG enthalten. Mithin können sie nicht im Wege des Verwaltungszwanges durchgesetzt werden.

Besondere Bedeutung hat die Auflage zur **Gefahrenabwehr im Versammlungsrecht.** Sie ist gemäß §15 Abs. 1 VersG zulässig, „wenn nach den zur Zeit des Erlasses der Verfügung erkennbaren Umständen die öffentliche Sicherheit oder Ordnung bei

Durchführung der Versammlung oder des Aufzuges unmittelbar gefährdet ist". Unter Berücksichtigung der Bedeutung der Versammlungsfreiheit darf die Behörde hierbei keine zu geringen Anforderungen an die **Gefahrenprognose** stellen. Als Grundlage der Gefahrenprognose sind konkrete und nachvollziehbare tatsächliche Anhaltspunkte erforderlich. Bloße Verdachtsmomente oder Vermutungen reichen hierfür nicht aus (*BVerfG* B 12.5.2010 – 1 BvR 2636/04, Original Nr. 17 = BVerfGK 17, 303 = DVP 2010, 256 = NVwZ-RR 2010, 625 = DÖV 2010, 698 L; *VGH Kassel* B 23.4.2010 – 6 B 961/10, NVwZ-RR 2010, 597).

13 Ist ein **Verwaltungsakt in seinem Inhalt unbestimmt,** kann er nicht Grundlage der Vollstreckung sein. Denn die Unmöglichkeit, die Pflicht des Betroffenen konkret festzustellen, führt dazu, dass der **fehlerhafte Verwaltungsakt nicht vollstreckungsfähig** ist:

- *OVG Münster* U 22.11.1994 – 11 A 4214/92, NWVBl. 1995, 344 = BauR 1995, 376 = BRS 56 Nr. 199;
- *OVG Münster* U 7.4.1987 – 7 A 508/87 UPR 1988, 229 = BRS 47 Nr. 187;
- *VGH Mannheim* U 9.4.1981 – 10 S 2129/80 –; VBlBW 1982, 97;
- *VGH Kassel* B 24.3.2000 – 11 TG 3096/99, NVwZ-RR 2000, 544;
- *VGH Kassel* B 4.10.1982 – 4 OE 72/81, *ESVGH* 33, 79 L = BRS 39 Nr. 219;
- *OVG Bautzen* U 16.3.2006 – 1 B 735/05, DVBl. 2006, 1536 L = DÖV 2007, 41 L.

In einem solchen Fall wäre also die **Androhung eines Zwangsmittels rechtswidrig.**

Ebenso rechtswidrig ist ein Verwaltungsakt z.B. in folgendem Fall (*VGH Kassel* U 7.11.1973 – 4 OE 6/73, ESVGH 24, 141 = BRS 27 Nr. 101): Die Behörde gibt dem Betroffenen auf, ein Gebäude entweder zu beseitigen oder zu verkleinern. Hierbei handelt es sich um zwei vertretbare Handlungen zur Erfüllung nach Wahl. Diese sind nicht vollstreckbar. Denn der Adressat ist nicht verpflichtet, eine von mehreren gebotenen Maßnahmen zur Gefahrenabwehr auszuwählen.

14 Im Verwaltungszwangsverfahren ist besonders auf **spezialgesetzliche Vorschriften** zu achten, welche die inhaltliche Bestimmtheit des Verwaltungsakts fordern. Das trifft z.B. vordringlich auf das Polizeirecht, das Ordnungsrecht sowie auf das zur Gefahrenabwehr erlassene Besondere Verwaltungsrecht zu (vgl. zum Bauordnungsrecht *VGH Kassel* B 4.10.1982 – 4 OE 72/81, ESVGH 33, 79 L, 153 L = BRS 39 Nr. 219).

15 Ein Verwaltungsakt kann schriftlich, elektronisch, mündlich oder in anderer Weise erlassen werden (§ 37 Abs. 2 S. 1 VwVfG). Nach § 37 Abs. 2 S. 2 VwVfG ist er schriftlich (oder elektronisch) zu bestätigen, wenn hieran ein berechtigtes Interesse besteht und der Betroffene dies unverzüglich verlangt. Durch das Antragserfordernis wird eine Bestätigung von Amts wegen nicht ausgeschlossen, wenn die Behörde erkennt, dass ein berechtigtes Interesse auf Seiten des Berechtigten besteht (Stelkens/Bonk/Sachs/*U. Stelkens*, § 37 VwVfG Rn. 82). Ein derartiges Bestätigungsinteresse ist offenkundig gegeben, wenn ein mündlich erteilter Verwaltungsakt vollstreckt werden soll. Daher müssen Verwaltungsakte nach § 6, die mündlich erlassen wurden, anschließend **schriftlich** bestätigt werden. Dies ist unerlässlich:

Zunächst ist nur so die schriftliche Androhung eines Zwangsmittels praktisch möglich (§ 13 Abs. 1 S. 1). Denn die schriftliche Bestätigung ist die Grundlage der Androhung. Sodann verlangt es der Rechtsschutz (§ 79 VwVfG im Zusammenhang mit §§ 58, 68 ff., 80, 80a VwGO).

Diese angenommene Rechtslage stützt sich auch auf § 37 Abs. 6 VwVfG. Danach hat die Behörde bei dem Erlass eines schriftlichen oder elektronischen Verwaltungsakts eine Rechtsbehelfsbelehrung zu erteilen. Das gilt nach § 37 Abs. 6 S. 2 VwVfG auch für die schriftliche oder elektronische Bestätigung eines Verwaltungsaktes.

Der Verwaltungsakt wird nach § 41 Abs. 1 bis 4 VwVfG **bekannt gegeben**, soweit 16
gesetzlich vorgeschrieben (z.B. § 13 Abs. 7 S. 1) oder von der Behörde als zweckmäßig angesehen, förmlich **zugestellt** (§ 41 Abs. 5 VwVfG, § 1 Abs. 2 VwZG). Damit ist der Verwaltungsakt gemäß § 43 Abs. 1 S. 1 VwVfG **wirksam und erwächst nach Ablauf der Rechtsbehelfsfristen in Bestandskraft.**

Das ist allerdings nicht ohne Weiteres der Fall, wenn der Adressat des Verwaltungsak- 17
tes gemäß § 12 VwVfG **nicht handlungsfähig** ist. Bei Geschäftsunfähigen und beschränkt Geschäftsfähigen ist grundsätzlich an den gesetzlichen Vertreter bekannt zu geben bzw zuzustellen. Eine Zustellung an den Geschäftsunfähigen selbst ist unwirksam. Der Mangel kann allerdings geheilt werden, indem der gesetzliche Vertreter den Zugang genehmigt.

Beispiel: Die Behörde übermittelt einem Geschäftsunfähigen den Bescheid über die Entziehung der Fahrerlaubnis persönlich. Auch wenn sie die Geschäftsunfähigkeit des Adressaten nicht kennt, ist ihr Verwaltungsakt nicht rechtswirksam zugestellt und somit nicht wirksam geworden (§ 6 VwZG Rn. 3, 4; *VGH München* U 25.10.1983 – 11 B 83 A. 496 BayVBl. 1984, 51 = DAR 1984, 95 = NJW 1984, 2845 = DÖV 1984, 433 zu Art. 12 VwVfG; *VGH Mannheim* U 2.11.2010 – 11 S 2079/10, DÖV 2011, 288 L).

Beruft sich der Adressat einer belastenden Verfügung auf seine Handlungsunfähigkeit, liegt die **Beweislast** – anders als bei der Frage des Zugangs des Bescheids (siehe § 41 Abs. 2 S. 3 VwVfG, § 4 Abs. 2 S. 3 VwZG) – nicht bei der Behörde, sondern beim Empfänger, da dieser einen Ausnahmetatbestand für sich in Anspruch nimmt (*VGH Baden-Württemberg* B 8.3.2005 – 1 S 254/05, juris Rn. 8 = NuR 2006, 440).

Der Verwaltungsakt ist auch Vollstreckungsgrundlage, wenn die Behörde sich in sei- 18
ner **Rechtsgrundlage geirrt** hatte.

Hat die Behörde eine ungültige oder eine unanwendbare Bestimmung angegeben, ist das unschädlich, wenn es eine andere Vorschrift gibt, die den Verwaltungsakt mit gleichem Inhalt trägt. Die Verwaltungsgerichte sind verpflichtet, den streitgegenständlichen Verwaltungsakt unter allen rechtlichen Gesichtspunkten zu überprüfen. Maßgeblich dabei ist, ob die getroffene Regelung durch das materielle Recht getragen wird (*OVG NRW* B 5.02.2014 – 12 A 2630/13, juris Rn. 6 m.w.N.). Dabei kann ein angefochtener Bescheid unter einer anderen als der von der Behörde angewandten Rechtsgrundlage aufrechterhalten werden, wenn die Identität der getroffenen Regelung nicht verändert wird d.h. wenn der Bescheid sowie die ihn tragenden Erwägungen dadurch keine Wesensänderung erfahren. Die Rechtsprechung des Bundesverwaltungsgerichts zieht die Grenze der Wesensänderung dort, wo auch ein Nachschieben von Gründen nicht mehr möglich ist (*BVerwG* B 27.1.1982 – 8 C 12/81, juris Rn. 12 mwN) dh wenn dem Bescheid dann eine anderweitige rechtliche Begründung oder andere Tatsachen zugrunde gelegt werden müssten (*VG Regensburg* U 13.11.2014 – RN 5 K 14.1125, juris Rn. 36; BayVGH B 20.4.2015 – 20 ZB 15.106, juris Rn. 4; *BVerwG* U 31.3.2010 – 8 C 12/09, juris Rn. 16 = NVwZ-RR 2010, 636). Das gilt auch, falls der Verwaltungsakt zwar irrtümlich auf eine landesrechtliche Vorschrift gestützt wurde, er aber durch eine bundesrechtliche gerechtfertigt ist (*BVerwG* U 8.5.1958 – 4 C 108/57, BVerwGE 7, 17 = DVBl. 1958, 757 = RdL 1958, 331 = Buchholz 445.2 § 96 Nr. 1).

Die Tatsache, dass die Behörden ihren Verwaltungsakt statt auf eine ordnungsbehördliche Spezialvorschrift auf eine Generalklausel des Polizei- und Ordnungsrechts, also auf eine allgemeine Eingriffsermächtigung, gestützt hat, beeinträchtigt ebenfalls dessen Rechtmäßigkeit nicht, wenn die zu Grunde liegenden Erwägungen den Eingriffsvoraussetzungen der Spezialvorschrift entsprechen (vgl. *OVG Magdeburg* B 2.9.2010 – 3 M 301/10, DVBl. 2010, 1454 L).

So geht es in einem Rechtsbehelfsverfahren auch nicht um die Korrektur fehlerhafter Begründungen, sondern um die Korrektur unrichtiger Entscheidungen (*OVG Weimar* B 5.10.2001 – 2 ZEO 648/01, NVwZ 2002, 231 = ThürVBl. 2002, 122 = NuR 2002, 505 = DÖV 2002, 128).

19 Der Verwaltungsakt i.S.d. § 35 VwVfG regelt einen konkreten Einzelfall. Ein personenbezogener Verwaltungsakt richtet sich an eine Person oder einen bestimmten Personenkreis. Nur dieser Verwaltungsakt kann mit einem Zwangsmittel durchgesetzt werden. Dagegen ist eine **Rechtsverordnung nicht vollstreckungsfähig.** Eine solche wird gemäß Art. 80 GG oder entsprechenden Bestimmungen der Landesverfassungen von der Regierungsverwaltung erlassen. Hierzu wird die Exekutive in einem Parlamentsgesetz ermächtigt.

Eine Rechtsverordnung dient nach ihrem Inhalt, Zweck und Ausmaß der Durchführung und Ausführung eines Gesetzes. Sie ist eine abstrakte und generelle Rechtsnorm. Denn sie richtet sich für unbestimmt viele Einzelfälle allgemeinverbindlich an einen unbestimmten Personenkreis.

Infolgedessen kann eine derartige allgemeine Rechtsnorm nicht die unmittelbare Rechtsgrundlage eines konkreten Verwaltungszwangsverfahrens sein. Wird eines ihrer Gebote oder Verbote verletzt, kann die Verwaltungsbehörde diesen Verstoß im Einzelfall durch Erlass eines Verwaltungsaktes regeln. (*VGH München* B 6.10.2005 – 8 CE 05.585, NJW 2006, 2282; *OVG Münster* B 26.2.2007 – 4 B 1552/06, NVwZ-RR 2007, 390; *OVG Hamburg* B 18.1.2007 – 1 Bs 281/06, NVwZ-RR 2007, 391). Nach dem Rechtsstaatsprinzip des Art. 20 Abs. 3 GG bedarf sie für einen solchen Eingriff aber der Erlaubnis in einem Gesetz. Das ist der **Vorbehalt des Gesetzes** (*BVerfG* B 12.11.1958 – 2 BvL 4, 26, 40/ 56; 1, 7/57 BVerfGE 8, 274, 276, 325 = NJW 1959, 475 = DVBl. 1959, 171 = JZ 1959, 355 = VersR 1959, 181 = BB 1959, 133 = DWW 1959, 164 = VerwRspr. 11, 769; *BVerwG* U 20.5.1955 – 5 C 14/55, BVerwGE 2, 114 = DVBl. 1955, 770 = NJW 1955, 1693 = DÖV 1955, 635).

20 Die wohl wichtigste Ermächtigung zum Erlass von Rechtsverordnungen enthält § 6 StVG. Zu ihrer Ausführung bestimmt z.B. § 46 Abs. 2 FeV: Erweist sich der Inhaber einer Fahrerlaubnis nur noch als bedingt geeignet zum Führen von Kraftfahrzeugen, schränkt die Fahrerlaubnisbehörde die Fahrerlaubnis soweit wie notwendig ein oder ordnet die erforderlichen Auflagen an. Das ist erst die Regelung des Einzelfalls, der vollstreckungsfähige Verwaltungsakt.

Weiteres **Beispiel:** In einem Landesgesetz wird die Regierung ermächtigt, eine Rechtsverordnung zur Nummerierung von Grundstücken zu erlassen. Diese schreibt die Anbringung von Nummernleuchten vor. Auf der Grundlage dieser Verordnung gibt die zuständige Behörde dem Bürger durch Verwaltungsakt auf, eine Nummernleuchte an seinem Hauseingang anzubringen. Wird dieses Gebot nicht befolgt, schreitet die Vollzugsbehörde ein (*OVG Berlin* B 26.6.1989 – 2 B 47/87, OVGE Berlin, 18, 167; *OVG Berlin* U 22.3.1991 – 2 B 20.89, OVGE Berlin 19, 147 = LKV 1991, 374).

Von den Rechtsverordnungen sind die **Verwaltungsvorschriften** zu unterscheiden. Verwaltungsvorschriften haben nicht den hohen Rang einer allgemein verbindlichen Rechtsnorm mit Außenwirkung. Sie haben nur behördeninterne Innenwirkung. Ihrem Inhalt nach enthalten sie Anordnungen der vorgesetzten gegenüber den nachgeordneten Behörden für eine Vielzahl sachtypischer Fälle (vgl. *BGH* B 24.6.2010 – III ZR 315/09, DÖV 2010, 788 L = NVwZ-RR 2010, 675). Derartige Verwaltungsvorschriften können weder im Wege des Verwaltungszwanges durchgesetzt werden, noch genügen sie als Ermächtigungsgrundlage für den Erlass einer vollstreckbaren Grundverfügung iSd § 6 Abs. 1. Allerdings macht ein Verstoß gegen eine Verwaltungsvorschrift eine Grundverfügung allein nicht rechtswidrig (zur Außenwirkung von Verwaltungsvorschriften über den Gleichheitssatz *Maurer/Waldhoff*, § 24 Rn. 27 ff.).

1. Der individuelle Verwaltungsakt. Bei dem individuellen Verwaltungsakt handelt es **21**
sich um die **Regelung eines Einzelfalles** auf dem Gebiet des öffentlichen Rechts gemäß § 35 S. 1 VwVfG. Die hoheitlich handelnde Behörde richtet ihn mit unmittelbarer Rechtswirkung nach außen an eine **Einzelperson oder bestimmbare Personenmehrheit** wie Ehegatten, Miteigentümer, Gesellschafter, Mitglieder einer Erbengemeinschaft.

a) Zwei Beispiele für Verwaltungsakte besonderer Art. *Gesetzliches Auskunftsersuchen:* **22**

Die Zulässigkeit eines speziellen Auskunftsverlangens der Behörde ergibt sich aus vielen Gesetzen. Aber hier lässt der Gesetzgeber zwar den Erlass eines Verwaltungsaktes zu, in besonderen Fällen jedoch nicht seine zwangsweise Durchsetzung.

Bei der **Kreislaufwirtschaft und Abfallbeseitigung** gelten, wie früher, gemäß § 47 **23**
KrWG weitgehende Auskunftsrechte der zuständigen Behörde und umfangreiche Auskunftspflichten der Verantwortlichen (vgl. *VGH München* B 31.7.2007 – 12 ZB 07.554, NVwZ-RR 2008, 23; *VGH Mannheim* B 30.3.2001 – 10 S 1184/00, DVBl. 2001, 1291 = NuR 2001, 694 = ZUR 2001, 349 = UPR 2001, 278 = VBlBW 2002, 26 = NVwZ-RR 2003, 20; *VGH Mannheim* B 29.1.2002 – 10 S 1185/00, NuR 2002, 499 = UPR 2002, 237 = NVwZ 2002, 748; *Sparwasser/Engel/Voßkuhle*, § 11 Rn. 388).

Jedoch verleiht § 47 Abs. 5 KrWG den Verantwortlichen einen wichtigen Schutz. Danach steht ihnen nämlich ein **Auskunftsverweigerungsrecht** entsprechend § 55 StPO zu. Hierdurch wird der Vollzugsbehörde die Anwendung von Zwang verwehrt.

Öffentlich-rechtliches Hausverbot in Dienstgebäuden: **24**

Ein Dienstgebäude ist für öffentliche Zwecke bestimmt. In ihm regeln die Bürger ihre Angelegenheiten mit der zuständigen Verwaltungsbehörde. Diese öffentlich-rechtliche Zweckbestimmung des Hauses berechtigt die Behörde, gegen Personen einzuschreiten, die ihr Zutrittsrecht missbrauchen und den ordnungsgemäßen Ablauf des Dienstbetriebes stören und eine gedeihliche Abwicklung der Dienstgeschäfte nachhaltig gefährden.

Die Behörde ist in derartigen Fällen befugt, von ihrem Hausrecht Gebrauch zu **25**
machen und den Zutritt zum Gebäude zu untersagen. Ein solches Hausverbot enthält

ein hoheitliches Verbot, an einer öffentlichen Einrichtung teilzunehmen. Es bedeutet die Regelung eines Einzelfalles auf dem Gebiet des öffentlichen Rechts mit unmittelbarer Rechtswirkung nach außen. Deshalb ist es ein Verwaltungsakt iSd § 35 S. 1 VwVfG. – Die Übertretung eines vollziehbaren Hausverbots erfüllt den Tatbestand des Hausfriedensbruch nach § 123 StGB.

Hier gilt im Ergebnis das Gleiche wie im bürgerlichen Recht gemäß §§ 858 ff. 903, 1004 BGB.

Das von einer Kirchengemeinde gegenüber einem Kirchenmitglied wegen einer Störung des Gottesdienstes ausgesprochene und auf kirchenrechtliche Bestimmungen gestützte Hausverbot ist bereits kein Akt der öffentlichen Gewalt. Als innerkirchliche Angelegenheit unterliegt es zudem nicht der verwaltungsgerichtlichen Kontrolle. Darum ist der Verwaltungsrechtsweg ausgeschlossen (*OVG Lüneburg* B 20.4.2010 – 13 ME 37/10, NJW 2010, 2679 = KirchE 55, 244).

Zum Hausverbot vgl. *BVerwG* U 13.3.1970 – 7 C 80/67, BVerwGE 35, 103, 106 = JA 1970, 558 = MDR 1970, 614 = DVBl. 1971, 111 = DÖV 1971, 137 – JuS 1971, 322 = JZ 1971, 96 = VerwRspr. 22, 237; *OVG Berlin* U 2.7.1952 – 1 B 158/51, OVGE Berlin, 1, 254 = DÖV 1953, 61 = DVBl. 1952, 763; *OVG Bremen* U 21.11.1989 – 1 BA 22/89, NJW 1990, 931; *OVG Münster* U 14.10.1988 – 15 A 188/86, NWVBl. 1989, 91 = NVwZ-RR 1989, 316; *OVG Münster* B 11.2.1998 – 25 E 960/97, NWVBl. 1998, 350 = NVwZ-RR 1998, 595; *OVG Lüneburg* B 12.6.1974 – 2 B 133/73, NJW 1975, 136; *OVG Lüneburg* B 14.7.2010 – 2 ME 167/10, NJW 2010, 2905; *VGH München* B 23.6.2003 – 7 CE 03.1294, NVwZ-RR 2004, 185; *VG Saarlouis* B 6.7.2012 – 1 L 636/12, NJW 2012, 3803; *BSG* B 1.4.2009 – B 14 SF 1/8 R DVP 2011, 393: Rechtsweg zum Sozialgericht).

Durch ein Hausverbot wird die Menschenwürde nicht verletzt (*BVerwG* B 15.11.1979 – 2 B 66/79 Buchholz 310 § 113 VwGO Nr. 92). Ein Hausverbot verstößt auch nicht gegen das Grundrecht der Versammlungsfreiheit aus Art. 8 Abs. 1 GG. Die Versammlungsfreiheit verschafft kein Zutrittsrecht zu beliebigen Orten. Insbesondere gewährt sie dem Bürger keinen Zutritt zu Orten, die der Öffentlichkeit nicht allgemein zugänglich sind oder zu denen schon den äußeren Umständen nach nur zu bestimmten Zwecken Zugang gewährt wird. Die Durchführung von Versammlungen etwa in Verwaltungsgebäuden oder in eingefriedeten, der Allgemeinheit nicht geöffneten Anlagen ist von Art. 8 Abs 1 GG ebenso wenig geschützt wie etwa in einem öffentlichen Schwimmbad oder Krankenhaus (*OVG NRW* B 29.12.2016 – 15 B 1500/16, juris Rn. 10).

26 Das Hausverbot gehört nicht zum Polizei- und Ordnungsrecht, sondern zum **Hausrecht der Selbstverwaltung** (Maunz/Dürig/*Scholz*, Art. 5 Abs. 3 Rn. 171; Maunz/Dürig/*Papier*, Art. 13 Rn. 18). Bei ihm handelt es sich nicht um die Abwehr einer Gefahr für die öffentliche Sicherheit oder Ordnung im üblichen Sinne. Das Hausverbot beruht vielmehr auf der gewohnheitsrechtlichen, übergeordneten Rechtsmacht der Behörde, ihr ureigenes Hausrecht im Interesse der Allgemeinheit zu schützen (*BVerwG* B 17.5.2011 – 7 B 17/11, NJW 2011, 2530 = LKV 2011, 370). Aus diesem Grund entscheidet über einen Widerspruch gegen das Hausverbot gemäß § 73 Abs. 1 S. 2 Nr. 3 VwGO die Selbstverwaltungsbehörde, die es erlassen hat. – Hier wird klar, dass das Verwaltungszwangsverfahren nicht nur, wie mitunter irrtümlich angenommen wird, das Polizei- und Ordnungsrecht betrifft.

Gewohnheitsrecht steht gleichrangig neben dem geschriebenen Recht (*BVerwG* U 23.5.1973 – 4 C 33/70, BVerwGE 42, 222, 227 = DÖV 1973, 784 = DVBl. 1973, 798 = KStZ 1973, 234 = RdL 1974, 41 = MDR 1974, 257 = JuS 1974, 122). Daher ist für das Hausverbot eine schriftgesetzliche Rechtsgrundlage nicht erforderlich. Das ist umstritten. Nach überwiegender Meinung ergibt sich die Berechtigung zum Erlass eines Hausverbotes jedenfalls aus der ungeschriebenen Annexkompetenz der Behörde, für einen störungsfreien Ablauf des Dienstbetriebes innerhalb ihres räumlichen Verwaltungsbereiches zu sorgen (vgl. *Kopp/Ramsauer*, § 35 Rn. 74; *Maurer/Waldhoff*, § 3 Rn. 35; Wolff/Bachof/Stober/*Kluth* I, § 22 Rn. 47; Bader/Ronellenfitsch/*Wolff/Brink*, § 35 Rn. 79.1).

Hier geht es eben nicht um Polizei- und Ordnungsrecht, sondern um die Souveränität der Selbstverwaltung. Diese sollte geachtet werden. Die gewohnheitsrechtliche Hoheit über ihr Hausrecht gehört zu den ganz wenigen ungeschriebenen Rechten, die der selbstverwaltenden Behörde noch verblieben sind.

Um ihrem Hausverbot Wirksamkeit zu verschaffen, wird die Behörde gleichzeitig den **unmittelbaren Zwang (§ 12) androhen** und gemäß § 80 Abs. 2 S. 1 Nr. 4, 80 Abs. 3 S. 1 VwGO die sofortige Vollziehung anordnen. – Notfalls muss das Hausverbot im sofortigen Vollzug (§ 6 Abs. 2) durchgesetzt werden. 27

Das Hausverbot kann nicht nur im Dienstgebäude einer Verwaltungsbehörde angeordnet werden. Denn das Hausrecht des befriedeten Bereichs gilt auch für die Gebäude der **Parlamente**. Deshalb ist z.B. der Präsident des Deutschen Bundestages zum Erlass eines Hausverbotes im Berliner Reichstagsgebäude berechtigt (*VG Berlin* U 18.6.2001 – 27 A 344/00, AfP 2001, 437 = NJW 2002, 1063). 28

Dem Bundestagspräsidenten steht das Ermessen zu, frei darüber zu entscheiden, wie die Räume des Bundestages funktionsgerecht zu nutzen sind. Seine Ermessensentscheidung ist auch von den Fachgerichten und dem Bundesverfassungsgericht zu achten (*BVerfG* B 6.5.2005 – 1 BvQ 16/05, NJW 2005, 2843 = NVwZ 2005, 1412 L).

Das Hausrecht des befriedeten Bereichs gilt ebenso für die Gebäude der **Gerichte**. Deshalb ist ein Gerichtspräsident zum Erlass eines Hausverbotes im Gericht berechtigt. Das ist selbstverständlich bei Hausfriedensbruch zulässig. In Ausübung seines Hausrechts kann der Gerichtspräsident aber auch ein spezielles Hausverbot als Sicherungsverfügung erlassen. Das bedeutet: Während eines laufenden Verfahrens haben sich Besucher dieses Termins an bestimmte Gebote und Verbote zu halten. So wird z.B. allen Personen untersagt, Bekleidungsstücke zu tragen, welche sie als Mitglieder des Motorradclubs Hells Angels kennzeichnen. Dadurch soll insbesondere die Einschüchterung von Zeugen verhindert werden (*BVerfG* B 14.3.2012 – 2 BvR 2405/11, DÖV 2012, 605 L = NJW 2012, 1863; *VGH Mannheim* B 9.1.2012 – 1 S 2823/11 Beck/RS 2012, 45891 = NVwZ-RR 2012, 201 L = DÖV 2012, 285 L; *OVG Berlin-Brandenburg* B 20.12.2010 – 10 S 51/10, OVGE Berlin-Brandenburg 31, 264 = NJW 2011, 1093).

Hausverbote können schließlich auch im virtuellen Raum verhängt werden. Stellt eine öffentlich-rechtliche Rundfunkanstalt für programmbezogene Diskussionen eine Kommentarfunktion auf dem Facebook-Account zur Verfügung, handelt sich um eine (virtuelle) öffentliche Einrichtung, für die der Rundfunkanstalt ein **virtuelles Hausrecht** zusteht. Sperrt die Anstalt einen Nutzer, so dass dieser die Facebook-Seite zwar weiterhin besuchen, die geposteten Programmbeiträge aber nicht mehr kommentieren kann, übt sie ihr Hausrecht aus (hierzu *VG Mainz* U 13.4.2018 – 4 K 762/17.MZ, juris Rn. 63 ff. = MMR 2018, 556 = K&R 2018, 662).

Für das Hausverbot in einem so genannten Jobcenter ist der **Verwaltungsrechtsweg** gegeben (*OVG Münster* B 13.5.2011 – 16 E 174/11, NJW 2011, 2379 = DVB1. 2011, 983 L; *VG Berlin* B 15.3.2010 – 34 K 78/09, NVwZ-RR 2010, 783; *VG Hamburg* B 15.12.2011 – 5 E 2409/11, NVwZ-RR 2012, 536). Ein von einem Träger öffentlicher Verwaltung verhängtes Hausverbot dient nämlich im Regelfall der Sicherung der widmungsgemäßen Aufgabenwahrnehmung einer öffentlichen Einrichtung und ist daher als öffentlich-rechtlich zu qualifizieren (*OVG Rheinland-Pfalz* B 14.3.2014 – 7 D 10039/14, juris Rn. 4 m.w.N.; *OVG Sachsen-Anhalt* B 29.8.2017 – 3 O 161/17, juris Rn. 8). Darauf, ob die Störung, die Anlass für das Hausverbot gewesen ist, anlässlich privatrechtlicher oder öffentlich-rechtlicher Vorgänge erfolgt ist, kommt es nicht an (*OVG Sachsen-Anhalt*, a.a.O.).

29 **b) Nicht vollstreckungsfähiger Verwaltungsakt im Beamtenrecht und Versammlungsrecht.** Die vorübergehende **Abordnung** (§ 27 BBG) oder dauernde **Versetzung** (§ 28 BBG) **eines Beamten** zu einer anderen Dienststelle ist ein **Verwaltungsakt.** Er kann aber nicht mit Zwangsgeld (§ 11 Abs. 2) oder physischem unmittelbaren Zwang (§ 12) durchgesetzt werden. Dienstwille ist nicht erzwingbar. Stattdessen kann gegen den Beamten nach § 17 BDG oder den entsprechenden Vorschriften der Landesdisziplinargesetze wegen Verletzung der Gehorsamspflicht ein Disziplinarverfahren eingeleitet werden (*BVerwG* U 28.11.1969 – 7 C 18/69, BVerwGE 34, 248, 250 = DÖV 1970, 570 = NJW 1970, 1989).

An dieser Rechtslage ändern § 54 Abs. 4 BeamtStG und § 126 Abs. 4 BBG nichts. Hiernach haben Widerspruch und Anfechtungsklage gegen die Versetzung oder die Abordnung keine aufschiebende Wirkung. Denn die Nichtbefolgung eines derartigen vollziehbaren Verwaltungsaktes kann nur zu dienstrechtlichen Maßnahmen, aber nicht zum Zwang führen.

Von vornherein gesetzlich ausgeschlossen ist die Vollstreckung der **Umsetzung** eines Beamten. Denn sie ist, ebenso wie die Änderung des Aufgabenkreises des Beamten, nur eine behördeninterne, innerorganisatorische Maßnahme und infolgedessen **kein Verwaltungsakt** (vgl. *VGH Baden-Württemberg* B 9.10.2018 – 4 S 1773/18, juris Rn. 3; *BVerfG* B 30.1.2008 – 2 BvR 754/07, NVwZ 2008, 547; *BVerwG* U 1.6.1995 – 2 C 20/94, BVerwGE 98,334 = DÖV 1995, 1003 = DVBl. 1995, 1245 = DÖD 1996, 34 = MedR 1996, 326 = NVwZ 1997, 72; *BVerwG* U 28.11.1991 – 2 C 41/89, BVerwGE 89, 199 = DÖV 1992, 493 = NVwZ 1992, 572 = Buchholz 232 § 26 BBG Nr. 34; *BVerwG* U 22.5.1980 – 2 C 30/78, BVerwGE 60,144 = DVBl. 1980, 882 = DÖD 1980, 203 = ZBR 1981, 28 = NJW 1981, 67 = DÖV 1981, 98 = BayVBl. 1981, 57).

Für die Umsetzung ist eine spezielle gesetzliche Grundlage nicht erforderlich. Das gilt auch dann, wenn sie mit einem Wechsel des Dienstortes des Beamten verbunden ist. Zwar steht die Umsetzung im pflichtgemäßen Ermessen des Dienstherrn. Dieser muss dabei jedoch seine Entscheidung mit den Folgen für den beruflichen Werdegang und die private Lebensführung des Betroffenen abwägen (*BVerwG* B 21.6.2012 – 2 B 23/12, DÖV 2012, 894 L = NVwZ 2012, 1481).

Eine **„Auflage" im Versammlungsrecht** nach §15 Abs. 1, 2 VersG ist ein Verwaltungsakt, der zur Abwehr einer Gefahr für die öffentliche Sicherheit und Ordnung erlassen wird. Kommt der Versammlungsleiter der vollziehbaren Auflage nicht nach, droht ihm gemäß §25 Nr. 2 VersG eine Freiheits- oder Geldstrafe (ausführlich: *Dietel/Gintzel/Kniesel*, §25 Rn. 5 ff.). Einem Versammlungsteilnehmer droht nach §29 Abs. 1 Nr. 3 VersG eine Geldbuße (*BVerfG* B 21.3.2007 – 1 BvR 232/04 BVerfGK 10, 493 = NVwZ 2007, 1183). Darüber hinaus kann die Behörde die Versammlung nach §15 Abs. 3, 4 VersG auflösen. Mit diesen beiden Möglichkeiten sieht das Versammlungsgesetz spezielle Sanktionen vor. Der Behörde ist es somit verwehrt, eine versammlungsrechtliche Auflage durch das Zwangsmittel der Ersatzvornahme gemäß §10 zwangsweise durchzusetzen (*BVerwG* U 6.9.1988 – 1 C 15/86 , juris Rn. 21 = BVerwGE 80, 164, 170 = NJW 1989, 53 = DVBl. 1989, 59 = BayVBl. 1989, 150 = VBlBW 1989, 131 = JZ 1989, 340 = Polizei 1989, 172 = JA 1989, 316). Denn versammlungsspezifische Maßnahmen der Gefahrenabwehr richten sich nach den hierfür speziell erlassenen vorrangigen Versammlungsgesetzen (*BVerfG* B 10.12.2010 – 1 BvR 1402/06, NVwZ 2011, 422, 424 = DÖV 2011, 282 L). 30

c) Fehlen der Eigenschaft als Verwaltungsakt. Keine Verwaltungsakte sind solche Maßnahmen der Behörde, die keine oder noch **keine Regelung des Einzelfalles** darstellen. Sie betreffen die Erforschung des Sachverhalts gemäß §24 VwVfG und Beweismittel nach §26 VwVfG. Es sind also nur Verfahrenshandlungen, die der Vorbereitung des Verwaltungsaktes dienen (§9 VwVfG). 31

So ist die Anordnung der Verwaltungsbehörde, die dem Inhaber einer Fahrerlaubnis aufgibt, das **Gutachten einer medizinisch-psychologischen Untersuchungsstelle** über seine Eignung zum Führen von Kraftfahrzeugen beizubringen, kein Verwaltungsakt (*BVerwG* U 28.11.1969 – 7 C 18/69, BVerwGE 34, 248 = NJW 1970, 1989 = DÖV 1970, 570 = VerkMitt. 1970, 44 = DAR 1970, 167 = BayVBl. 1970, 256 = VRS 38, 394; *BVerwG* U 27.9.1995 – 11 C 34/94, BVerwGE 99, 249, 251 = DAR 1996, 70 = NZV 1996, 84 = VerkMitt. 1996, 65 = DÖV 1996, 378). Rechtsgrundlage ist §46 Abs. 3 FeV; früher war sie §15b Abs. 2 StVZO. Die Anordnung ist nach ihrem so bestimmten Inhalt rechtlich unverändert lediglich eine vorbereitende Verfahrenshandlung, die der Aufklärung des Sachverhalts dient (*OVG Münster* B 22.1.2001 – 19 B 1757/00, NJW 2001, 3427 = NZV 2001, 396 = NWVBl. 2001, 478 = VRS 100 Nr. 137 = NVwZ 2001, 1428 L). Auch das amtsärztliche Gutachten ist kein Verwaltungsakt (*BVerwG* B 30.9.1960 – 1 B 97/59, DVBl. 1961, 87). 32

Gleiches gilt für die Anordnung zur Vorlage eines **flugpsychologischen Gutachtens** (*OVG Lüneburg* B 15.8.2013 – 7 LA 88/11, DÖV 2013, 810 L).

An die Rechtmäßigkeit der Gutachtensanordnung sind strenge Maßstäbe anzulegen, weil der Antragsteller sie gemäß §44 VwGO nicht direkt anfechten kann (Bader/Funke-Kaiser/Stuhlfauth/*v. Albedyll*, §44 VwGO Rn. 8). Die **Anordnung** der Verwaltungsbehörde muss insbesondere **inhaltlich bestimmt** sein. Sie hat dem Kraftfahrer mitzuteilen, welche konkreten Anhaltspunkte bestehen, an seiner Fahrtauglichkeit zu zweifeln und darum der Klärung bedürfen. Für diese rechtmäßige Vorstufe eines etwaigen Verwaltungsaktes gilt das Gleiche wie gemäß §37 Abs. 1 VwVfG für ihn selbst (vgl. *VGH Mannheim* B 30.6.2011 – 10 S 2785/10, DÖV 2011, 783 L = NJW 2011, 3257). Die behördliche Anordnung ist einem gerichtlichen Beweisbeschluss nach §358a S. 2 Nr. 4 und §359 Nr. 2 ZPO vergleichbar (*VGH Mannheim* B 20.4.2010 – 10 S 319/10, NJW 2010, 3256).

Für die Beurteilung der **Rechtmäßigkeit der Anordnung** eines medizinisch-psychologischen Gutachtens ist auf den Zeitpunkt der Anforderung des Gutachtens abzustellen. Ein danach eintretendes Verwertungsverbot für einen Verkehrsverstoß lässt die Rechtmäßigkeit der darauf gestützten Anordnung des Gutachtens nicht entfallen (*OVG Berlin-Brandenburg* B 18.1.2011 – 1 S 233/10, NJW 2011, 1832; *OVG Berlin-Brandenburg* B 30.10.2012 – 1 B 9/12, juris Rn. 20 = NJW 2013, 1548. AA wohl die Spruchpraxis des *BayVGH*, vgl. B 22.8.2011 – 11 ZB 10.2620, juris Rn. 29, unter Hinweis auf B 6.5.2005 – 11 CS 08.551, juris Rn. 39, 43).

Bei einer **Personenmehrheit** kann mitunter nicht ermittelt werden, wem der Besitz und Gebrauch von Betäubungsmitteln zuzuordnen ist. Das ist z.B. der Fall, wenn die Betäubungsmittel im Wohnzimmerschrank von Eheleuten gefunden werden. Wenn diese die Auskunft verweigern, ist die Fahrerlaubnisbehörde berechtigt, das Gutachten von beiden Personen zu verlangen und ihnen im Falle der Weigerung die Fahrerlaubnis zu entziehen (*VG Saarlouis* B 9.8.2011 – 10 L 540/11, NJW 2012, 405).

Die Anordnung der Beibringung eines medizinisch-psychologischen Gutachtens und die Entziehung der Fahrerlaubnis sind in Ausnahmefällen auch zulässig, wenn der Betroffene außerhalb der Teilnahme am Straßenverkehr mehrfach unter Einfluss von Alkohol aggressiv in Erscheinung getreten ist (*OVG Bremen* B 19.10.2011 – 2 B 148/11, NJW 2012, 473).

Die **Bindung** der Verwaltungsbehörde an die Beurteilung der Kraftfahreignung in einem **Strafurteil** steht einer Anordnung entgegen, ein Gutachten anzufordern (*BVerwG* U 15.7.1988 – 7 C 46/87, BVerwGE 80, 43 = DAR 1988, 390 = DÖV 1989, 266 = NJW 1989, 116 = NVwZ 1989, 156 L).

Das Recht der Fahrerlaubnisbehörde, ein Eignungsgutachten zu fordern, erstreckt sich nicht nur auf Kraftfahrzeuge. Denn die Eignung bezieht sich gemäß § 3 FeV auf das Führen von Fahrzeugen aller Art und Tieren. Das gilt somit auch für Fahrräder (*BVerwG* B 20.6.2013 – 3 B 102/12, NJW 2013, 2696).

In allen Fällen ist die Fahrerlaubnisbehörde nach dem Gesetzeswortlaut zwingend verpflichtet, ein Gutachten zu fordern. Sie hat also **kein Ermessen.** Der Anlass für die Anforderung darf aber nicht unverhältnismäßig lange Zeit zurückliegen (*VGH Kassel* B 24.11.2010 – 2 B 2190/10, DÖV 2011, 286 L = NJW 2011, 1691 L).

33 **Weigert sich der Kraftfahrzeugführer**, sich untersuchen zu lassen, oder bringt er das von der Fahrerlaubnisbehörde geforderte Gutachten nicht fristgerecht bei, darf die Fahrerlaubnisbehörde bei ihrer Entscheidung auf die Nichteignung schließen (§ 11 Abs. 8 S. 1 FeV). Damit hat die Fahrerlaubnisbehörde die Fahrerlaubnis nach § 3 Abs. 1 S. 1 StVG, § 46 Abs. 1 S. 1 FeV zu entziehen. Das ist erst der Verwaltungsakt (vgl. *BVerwG* U 2.12.1960 – 7 C 43/59, BVerwGE 11, 274 = NJW 1961, 283 = DÖV 1961, 462 = DAR 1961, 63 = GewArch 1961, 128 = MDR 1961, 176 = VRS 20, 71; *BVerwG* B 7.2.1983 – 7 B 216/81, NVwZ 1983, 345 = AnwBl. 1983, 277 = VR 1983, 223; *BVerwG* U 9.6.2005 – 3 C 25/04, NJW 2005, 3081 = Buchholz 442.10 § 2 StVG Nr. 12). Eine solche Umkehr der Beweislast gibt es auch nach § 45 Abs. 4 WaffG. Das gilt ferner gemäß § 4 Abs. 3 LuftVG i.V.m. § 29 Abs. 1 S. 1 LuftVZO (*BVerwG* B 24.10.1996 – 11 B 58/96, NZV 1997, 94 = NVwZ-RR 1997, 285; *OVG Lüneburg* B 12.3.2007 – 12 ME 137/07, NVwZ-RR 2007, 526).

Die Entziehung darf allerdings nicht auf ein medizinisch-psychologisches Gutachten gestützt werden, das die Fahrerlaubnisbehörde ohne Zustimmung des Betroffenen auf anderem Wege zur Kenntnis bekommen hat (*BVerwG* B 11.6.2008 – 3 B 99/07, NJW 2008, 3014 = NJW-Spezial 2008, 650 = DÖV 2008, 869 = DVBl. 2008, 1137 L).

Ist der Betroffene nicht in der Lage, die **Kosten des Gutachtens** aufzubringen, wird ihm die **Fahrerlaubnis** ebenfalls **entzogen**. Dies erfordert der Schutzzweck der die Sicherheit des Straßenverkehrs betreffenden Regelungen (*OVG Hamburg* B 10.1.1995 – Bs VII 273/94, juris Rn. 5 =, NVwZ-RR 1995, 475 = VRS 89 Nr. 68; *OVG Hamburg* B 15.12.2005 – 3 Bs 214/05, NJW 2006, 1367 = NVwZ 2006, 1084 L). Auf die wirtschaftlichen Verhältnisse des Betroffenen kommt es grundsätzlich nicht an (*BVerwG* U 12.3.1985 – 7 C 26/83 BVerwG 71, 93, 98 = NJW 1985, 2490 = DVBl. 1985, 885 = BayVBl. 1985, 471 = DÖV 1985, 785 = VerkMitt. 1985, 59). 34

Die Entziehung der Fahrerlaubnis durch eine **örtlich unzuständige Behörde** ist nach §46 VwVfG **wirksam** (*BVerwG*, 8.9.1994 – 11 B 73/94, NJW 1995, 346 = NZV 1995, 86 = NVwZ 1995, 275 L = Buchholz 442.16 §68 StVZO Nr. 4; *BVerwG* U 17.2.1981 – 7 C 55/79, DVBl. 1981, 683 = VerkMitt. 1981, 50 = VRS 61, 227). Die Zuständigkeiten sind in §73 FeV geregelt. Früher galt §68 StVZO. §46 VwVfG ist auch anwendbar, wenn die Gleichstellungsbeauftragte im Verfahren nicht beteiligt worden ist (*BVerwG* B 20.8.2014 – 2 B 78/13, juris Rn. 7 = Buchholz 232.0 §44 BBG 2009 Nr. 5). 35

Ebenso ist die durch **gerichtlichen Vergleich** begründete Verpflichtung, sich einer medizinisch-psychologischen Untersuchung zum Nachweis der Fahreignung zu unterziehen, keine Vollstreckungsgrundlage (*OVG Lüneburg* B 22.7.1970 – 6 B 15/70, NJW 1971, 263 = DÖV 1970, 827). Auch hier geht es um die Vorbereitung einer künftigen Entscheidung. 36

Das trifft auch für den Fall zu, dass die Verwaltungsbehörde nach Ablauf der **vom Strafrichter festgesetzten Sperrfrist** für die Neuerteilung der Fahrerlaubnis (§ 69a StGB) die Eignung des Betroffenen zum Führen eines Kraftfahrzeugs in vollem Umfang prüft (*BVerfG* B 18.11.1966 – 1 BvR 173/63 BVerfGE 20, 365, 369 ff. = NJW 1967, 29 = DVBl. 1967, 768 = DÖV 1967, 130 = VerkBl. 1967, 142 = DAR 1967, 47 = VerkMitt 1967, 28 = Rpfleger 1967, 44 = BayVBl. 1967, 58 = JZ 1967, 24 = VRS 32, 1; Anm. VerwArch 58, 183). Denn gemäß §20 Abs. 1 FeV gelten für die Neuerteilung einer Fahrerlaubnis die Vorschriften für deren Ersterteilung (*BVerwG* U 9.6.2005 – 3 C 21/04, NJW 2005, 3440; *VG Augsburg* B 3.9.2018 – Au 7 K 18.306, juris Rn. 59). 37

Auf Grund eines Verkehrsverstoßes, der eine sofortige Entziehung der Fahrerlaubnis noch nicht rechtfertigt, kann die Verwaltungsbehörde eine **Warnung** mit der Ankündigung der Entziehung der Fahrerlaubnis im Falle weiterer Verkehrsverstöße aussprechen. Die Warnung ist **kein Verwaltungsakt** (*BVerwG* B 8.2.1956 – 1 B 70/54, DAR 1956, 138 = NJW 1956, 684 = MDR 1957, 57). Auch behördliche Warnungen, die an die Öffentlichkeit adressiert werden, sind keine Verwaltungsakte, sondern Realakte (*Maurer/Waldhoff*, §15 Rn. 8). 38

Dagegen ist die Anordnung der Fahrerlaubnisbehörde gemäß §4 Abs. 3 Nr. 2 StVG, an einem **Aufbauseminar** teilzunehmen, ein **Verwaltungsakt** (*BVerwG* U 3.3.2011 – 3 C 1/10, BVerwGE 139, 120 = NJW 2011, 1690; *OVG Magdeburg* B 18.8.2011 – 3 M 148/11, NJW 2011, 3466; *OVG Bremen* B 29.6.2006 – 1 B 167/06, NJW 2007, 394). Ferner ist die behördliche Vorladung zur Teilnahme am **Verkehrsunterricht** nach §6 StVG i.V.m. §48 StVO ein **Verwaltungsakt.** 39

Ebenso ist die behördliche Anordnung einer **Fahrtenbuchauflage** gemäß § 6 StVG i.V.m. § 31a StVZO ein Verwaltungsakt, ebenso deren Erstreckung auf mehrere Fahrzeuge (*OVG Saarland* B 7.2.2018 – 1 A 342/17; juris Rn. 10 = DAR 2018, 226 = DV 2018, 107). Denn das ist eine hoheitliche Maßnahme zur Regelung eines Einzelfalles mit unmittelbarer Rechtswirkung nach außen im Sinne von § 35 S. 1 VwVfG. Es handelt sich also nicht um die vorbereitende Prüfung der Voraussetzungen für die Entziehung der Fahrerlaubnis. Das ist herrschende Meinung. Die Fahrtenbuchauflage gilt auch für mehrere Fahrzeuge (*VGH Mannheim* B 4.8.2009 – 10 S 1499/09, NJW 2009, 3802) und für Ersatzfahrzeuge (*OVG Lüneburg* B 17.9.2007 – 12 ME 225/07, NJW 2008, 167; *OVG Lüneburg* B 10.1.2011 – 12 LA 167/09, NJW 2011, 1620).

Eine Fahrtenbuchauflage kann auch angeordnet werden, wenn sich der Betroffene, etwa ein Rechtsanwalt, auf seine berufliche Schweigepflicht und damit auf ein Aussage- und Zeugnisverweigerungsrecht berufen sollte (*VGH Mannheim* B 15.4.2009 – 10 S 584/09, DÖV 2009, 686 L; *OVG Bautzen* B 25.9.2012 – 3 B 215/12, DÖV 2013, 162 L).

Auch dem Halter eines Dienstwagens darf eine Fahrtenbuchauflage auferlegt werden (*OVG Berlin-Brandenburg* B 30.6.2010 – 1 N 42/10, NJW 2010, 2743).

Ferner kann die Anordnung einer Fahrtenbuchauflage gegenüber einer Autovermietung ergehen (*OVG Lüneburg* B 11.7.2012 – 12 LA 169/11, DÖV 2012, 779 L).

Für Fahrzeuge, die mit einem Fahrtenschreiber ausgerüstet sind, ist eine Fahrtenbuchauflage in der Regel unverhältnismäßig (*OVG Bautzen* U 26.8.2010 – 3 A 176/10, juris Rn. 17 ff. = NJW 2011, 471 = DAR 2011, 43).

Maßgeblicher Zeitpunkt für die Unmöglichkeit, bei Verkehrsverstößen den Fahrer festzustellen, ist erst der Eintritt der Verfolgungsverjährung. Je gravierender der Verkehrsverstoß ist und je weniger der Halter des Fahrzeugs bei der Aufklärung des Sachverhalts mitwirkt, desto geringere Anforderungen sind an die Darlegung für die behördlichen Ermessenserwägungen zu stellen (*VGH Mannheim* B 30.11.2010 – 10 S 1860/10, NJW 2011, 628 = DÖV 2011, 246 L = DVBl. 2011, 187 L; *OVG Lüneburg* B 24.1.2013 – 12 ME 272/12, DÖV 2013, 323 L; *OVG Lüneburg* B 1.2.2013 – 12 LA 122/12, DÖV 2013, 398 L).

Die Behörde bemisst die **Dauer der Fahrtenbuchauflage** nach ihrem Ermessen. Deshalb soll im Sinne von muss die Begründung für diese Anordnung nach § 39 Abs. 1 S. 3 VwVfG auch die Gesichtspunkte erkennen lassen, von denen die Behörde bei der Ausübung ihres Ermessens ausgegangen ist (*VGH München* B 18.5.2010 – 11 CS 10.357, NJW 2011, 326). Bei der Bemessung der Dauer der Fahrtenbuchauflage ist insbesondere das Gewicht des festgestellten Verkehrsverstoßes zu berücksichtigen. Je schwerer der Verstoß wiegt, umso größer wird das Interesse der Allgemeinheit, der Gefahr entgegenzuwirken, bei weiteren Zuwiderhandlungen vergleichbarer Schwere den Fahrer nicht ermitteln zu können (*VG Göttingen* B 27.9.2018 – 1 B 289/17, juris Rn. 17).

Für ein ordnungsgemäßes **Fahrtenbuch** gibt es nach höchstrichterlicher Rechtsprechung **Mindestanforderungen.** Es muss insbesondere Datum und Ziel der jeweiligen Fahrten ausweisen. Dem ist nicht entsprochen, wenn als Fahrtziele jeweils nur Straßennamen angegeben sind und diese Angaben erst mit nachträglich erstellten Auflistungen präzisiert werden (*BFH* U 16.3.2006 – VI R 87/04 BFHE 212, 546 = BStBl. II

2006, 625; *BFH* U 1.3.2012 – VI R 33/10 BStBl. II 2012, 505 = NJW 2012, 2751 = *BFHE* 230, 497; *BFH* U 20.3.2014 – VI R 35/12 BFHE 245, 192 = BStBl. II 2014, 643; *FG Sachsen* U 28.6.2018 – 4 K 1235/14, juris Rn. 51).

Das informationelle Selbstbestimmungsrecht wird durch die Anordnung einer Fahrtenbuchauflage nicht verletzt (*OVG Münster* B 7.4.2011 – 8 B 306/11, DÖV 2011, 658 L).

In diesem Zusammenhang gibt es im **Beamtenrecht** folgendes Problem: Bestehen **Zweifel über die Dienstunfähigkeit** des Beamten, so ist er verpflichtet, sich nach Weisung der Behörde ärztlich untersuchen zu lassen (§44 Abs. 6, §48 Abs. 1 BBG). **Diese Anordnung ist kein Verwaltungsakt** (*BVerwG* U 26.4.2012 – 2 C 17/10, NVwZ 2012, 1483; *BVerwG* U 30.5.2013, Rn. 16 – 2 C 68/11, BVerwGE 146, 347 = NVwZ 2013, 1619). Die Aufforderung der Behörde stellt lediglich eine der Sachverhaltsaufklärung (§§ 24, 26 VwVfG) dienende, vorbereitende und nicht selbstständig angreifbare Maßnahme iSd §44a VwGO dar (*VG Düsseldorf* B 3.7.2018 – 2 L 1722/18, juris Rn. 5 ff). 40

Entzieht sich der Beamte ohne hinreichenden Grund der Verpflichtung, sich ärztlich untersuchen zu lassen, kann ihn seine Dienstbehörde als dienstunfähig behandeln. Dies ist teilweise im Landesrecht geregelt (z.B. §53 Abs. 1 S. 4 LBG Baden-Württemberg, §39 Abs. 1 S. 3 LBG Berlin) und stellt – vergleichbar mit dem allgemeinen Rechtsgedanken der §§ 427, 444 und 446 ZPO – eine Beweisregel dar. Sie gestattet, im Rahmen der Beweiswürdigung Schlüsse aus dem Verhalten des Beamten zu ziehen, der die rechtmäßig abverlangte Mitwirkung an der Klärung des Sachverhalts verweigert hat (*BVerwG* U 30.5.2013 – 2 C 68/11, juris Rn. 14 = BVerwGE 146, 347 = NVwZ 2013, 1619,).

Der als dienstunfähig erkannte Beamte ist in den Ruhestand zu versetzen (§44 Abs. 1 S. 1 BBG, ebenso das Landesrecht, siehe etwa §53 Abs. 1 S. 1 LBG Baden-Württemberg). Die Zurruhesetzungs-Verfügung ist ein Verwaltungsakt.

Auch die an einen Beamten gerichtete **Weisung zum Dienstantritt ist kein Verwaltungsakt**, sondern lediglich eine innerdienstliche Anordnung bzw. ein innerdienstlicher Hinweis auf die gesetzliche Verpflichtung des Beamten zur Dienstleistung (*OVG Koblenz* B 19.8.2002 – 2 B 11124/02, juris Rn. 4 = DÖD 2002, 318 = DVBl. 2002, 1647 = RiA 2003, 51 = NVwZ-RR 2003, 223; *VG Schleswig-Holstein* B 11.9.2018 – 12 B 56/18, juris Rn. 26). Zwang scheidet daher aus. Denn Dienst tun gehört nach §§ 60 ff. BBG zu den Grundpflichten des Beamten. Er hat diese im Rahmen seines Dienst- und Treueverhältnisses (§3 Abs. 1 BeamtStG) zu erfüllen, ohne durch einen Verwaltungsakt dazu angehalten zu werden. Das ergibt sich auch aus dem Diensteid, den der Beamte gemäß §64 BBG geleistet hat.

Entsprechendes gilt für einen **Rechtsanwalt,** an dessen **geistiger Eignung zur Ausübung des anwaltlichen Berufs** ernsthafte Zweifel bestehen. Kommt der Rechtsanwalt der Aufforderung, sich fachärztlich untersuchen zu lassen, innerhalb der ihm gesetzten Frist nicht nach, ohne zur Verweigerung berechtigt zu sein, wird vermutet, dass er nicht nur vorübergehend unfähig ist, seinen Beruf uneingeschränkt auszuüben (§15 Abs. 3 S. 1 BRAO). Infolge dessen kann ihm nach §14 Abs. 2 Nr. 3 BRAO die Anwaltszulassung entzogen werden (*BGH* B 2.4.2001 – AnwZ (B) 32/00, juris Rn. 9 = NJW-RR 2001, 1426 = NJW 2002, 304 L). Auch hier ist **Verwaltungszwang ausgeschlossen.** Die Aufforderung der Behörde muss den Bestimmtheitsanforderungen 41 gemäß § 15 i.V.m. § 8a Abs. 1 BRAO genügen (*BGH* B 23.9.2002 – AnwZ (B) 56/01, NJW 2003, 215; *BGH* B 22.11.2010 – AnwZ (B) 74/07 BeckRS 2010, 30047 = NJW-Spezial 2011, 287).

42 Die **Ladung zur Musterung** durch das Kreiswehrersatzamt an einen Anwärter für den Dienst in der Bundeswehr ist kein Verwaltungsakt (*BVerwG* U 25.5.1984 – 8 C 87/82, NJW 1984, 2541 = BayVBl. 1984, 761 = NVwZ 1984, 728 L = DÖV 1985, 120 = Buchholz 448.0 § 17 WPflG Nr. 6 S. 3, 5). Denn die Ladung zur Musterung dient lediglich dazu, die spätere Entscheidung der Wehrbehörde über die Tauglichkeit des Betroffenen (Musterungsbescheid) vorzubereiten. Sie regelt also keinen Einzelfall i.S.d. § 35 VwVfG und ist infolgedessen auch nicht vollstreckungsfähig.

43 **2. Die Allgemeinverfügung.** Die Allgemeinverfügung ist eine besondere Form des Verwaltungsaktes. Während der einfache Verwaltungsakt i.S.d. § 35 S. 1 VwVfG eine bestimmte Anzahl von Sachverhalten regelt und sich an eine bestimmte Anzahl von Adressaten richtet, regelt die Allgemeinverfügung zwar auch eine bestimmte Anzahl von Sachverhalten, richtet sich aber an eine unbestimmte Vielzahl von Adressaten. Klassisches Beispiel für eine Allgemeinverfügung ist das Verkehrsschild, das ein Ge- oder Verbot zum Ausdruck bringt. Ein solches Verkehrsschild regelt eine konkrete Verkehrslage und gilt für alle Autofahrer, die in seinen Geltungsbereich kommen.

Der Gesetzgeber hat die Allgemeinverfügung in § 35 S. 2 VwVfG legaldefiniert als „ein Verwaltungsakt, der sich an einen nach allgemeinen Merkmalen bestimmten oder bestimmbaren Personenkreis richtet oder die öffentlich-rechtliche Eigenschaft einer Sache oder ihre Benutzung durch die Allgemeinheit betrifft."

Als Vollstreckungsgrundlage kommt zum einen eine solche Allgemeinverfügung in Betracht, die sich an einen nach allgemeinen Merkmalen bestimmten oder bestimmbaren **Personenkreis** richtet (§ 35 S. 2, Fallgruppe 1 VwVfG). Personenbezogene Allgemeinverfügungen sind z.B. das präventive Versammlungsverbot, die Auflösung einer Versammlung oder die Feststellung des Smog-Alarms.

Zum anderen betrifft die Allgemeinverfügung die öffentlich-rechtliche **Eigenschaft einer Sache und** regelt dadurch öffentlich-sachenrechtlich **ihre Benutzung durch die Allgemeinheit** (§ 35 S. 2, Fallgruppe 2 VwVfG). Das ist z.B. bei der Widmung von Straßen für den öffentlichen Verkehr (vgl. § 6 Abs. 1 StrWG NRW), der Festsetzung von Flugsperrgebieten und Flugbeschränkungen der Fall (*BVerfG* B 11.12.1973 – 2 BvR 389/72, ZLW 1974,141; *OLG Celle* U 23.3.1972 – 1 Ss 170/71, NJW 1972, 1767 = ZLW 1973, 45). Gleiches gilt für Sichtzeichen in einer Seeschifffahrtsstraße (*BVerwG* B 1.11.2006 – 9 B 25/05, DÖV 2007, 210 = NVwZ 2007, 340). Einschneidende allgemeine Eingriffe durch die Bundeswehr sind nach dem Schutzbereichsgesetz zulässig (*BVerwG* U 7.9.1984 – 4 C 16/81, BVerwGE 70, 77 = DVBl. 1985, 118 = NVwZ 1985, 39 = DÖV 1985, 108 = NuR 1985, 21 = RdL 1985, 22 = UPR 1985, 91 = BayVBl. 1985, 729 = JA 1985, 361 = BBauBl. 1985, 245; *BVerwG* B 25.1.2002 – 4 B 37/01, NVwZ-RR 2002, 444; *VGH Mannheim* B 18.2.2009 – 1 S 893/08, DÖV 2009, 548 L).

Von großer Bedeutung sind die **Verkehrszeichen.** Sie sind technische Verwaltungsakte in Form von Allgemeinverfügungen nach § 35 S. 2, Fallgruppe 2 VwVfG (Rn. 184). Allgemeinverfügungen werden nach § 41 Abs. 3 und 4 VwVfG öffentlich bekannt gegeben. Daher ist es für die rechtliche Wirksamkeit von ordnungsgemäß aufgestellten und wahrnehmbaren Verkehrszeichen gleichgültig, ob der Verkehrsteilnehmer sie tatsächlich wahrnimmt.

Da Verkehrsschildern keine Rechtsbehelfsbelehrung beigegeben wird, läuft für die Einlegung eines Rechtsbehelfs die Jahresfrist des § 58 Abs. 2 VwGO. Diese beginnt für einen Verkehrsteilnehmer zu laufen, wenn er zum ersten Mal auf das Verkehrszeichen trifft. Die Jahresfrist beginnt allerdings nicht erneut zu laufen, wenn sich derselbe Verkehrsteilnehmer demselben Verkehrszeichen ein weiteres Mal gegenübersieht (*BVerwG* U 23.9.2010 – 3 C 37/09, juris Rn. 15, 18 = BVerwGE 138, 21 = NJW 2011, 246 = DÖV 2011, 167 L = DVBl. 2011, 121 L).

Als Faustregel gilt sowohl für personenbezogene als auch für technische Allgemeinverfügungen: Ihre konkreten Gebote und Verbote richten sich **an jeden, den es angeht.**

Nach der neuen Bestimmung des § 27a VwVfG sollen Allgemeinverfügungen neben der öffentlichen oder ortstypischen Bekanntgabe i.S.d. § 41 Abs. 4 S. 1 VwVfG auch elektronisch im Internet bekannt gegeben werden (BT-Drucks. 17/11473 S. 50).

Mitunter ist an Stelle einer Allgemeinverfügung ein Verwaltungsakt angebracht. So kann ein allgemeines Betretungs- oder Aufenthaltsverbot in Form einer Allgemeinverfügung unverhältnismäßig sein, wenn die Gefahr auch durch individuelle Platzverweise abgewehrt werden kann (vgl. *VGH Mannheim* B 4.10.2002 – 1 S 1963/02, ESVGH 53, 65 = DÖV 2003, 127 = NVwZ 2003, 115).

Weitere Beispiele für Allgemeinverfügungen: a) Wohl die bekannteste Allgemeinverfü- 44
gung ist die des Stuttgarter Oberbürgermeisters vom 18.1.1953 („Endiviensalatfall"): Wegen **epidemischer Erkrankungen an Typhus** verbot er durch Weisungen über Rundfunk, Fernsehen und Presse ab sofort den Verkauf von Endiviensalat, der mit größter Wahrscheinlichkeit die Infektionsquelle war (*BVerwG* U 28.2.1961 – 1 C 54/57, BVerwGE 12, 87 = NJW 1961, 2077 = DVBl. 1961, 444 = BWVBl. 1961, 104 = BayVBl. 1961.246 = JuS 1961, 266 = MDR 1961, 621 = VerwRspr. 13, 797 = Buchholz 310 § 40 VwGO Nr. 9).

Vergleichbare Fälle: **Gift** in Milchtransportbehälter, vergiftetes Obst, Pflanzenschutzgifte in Lebensmitteln, Schadstoffe in Konservendosen und dergleichen kommen in der Verwaltungspraxis laufend vor.

Man denke auch an die **atomare Verseuchung** durch das Kernkraftwerk Tschernobyl im Frühjahr 1986 oder an die **chemikalische Verseuchung** durch Sandoz in Basel im Herbst 1986. Hier gab es viele Allgemeinverfügungen.

b) Ein aufsehenerregender Fall betrifft den **Pockeneinbruch** 1969/1970 in Meschede/Westfa- 45
len. Damals ergingen öffentliche Anordnungen der Gesundheitsbehörden an die Flugpassagiere aus einem asiatischen Infektionsgebiet und ihre Kontaktpersonen, sich sofort der amtsärztlichen Untersuchung zu stellen oder der Pockenquarantäne zu unterziehen.

Infolge des weltweiten Reiseverkehrs, der Kontinente in wenigen Stunden verbindet, ist ständig mit Allgemeinverfügungen nach den **Internationalen Gesundheitsvorschriften** für den Land-, Luft- und Seeverkehr zu rechnen. Die Internationalen Gesundheitsvorschriften (IGV) sind am 23.5.2005 neu gefasst und für die Bundesrepublik Deutschland durch Gesetz vom 20.7.2007 übernommen worden (BGBl. II S. 930, 932). Dazu gilt das Gesetz zur Durchführung der IGV vom 21.3.2013 (BGBl. I S. 566). Gesundheitsschutzmaßnahmen sind in Art. 4 des deutschen Gesetzes und in Art. 13 IGV vorgesehen und aufgeführt. Um schnell Abwehrmaßnahmen treffen zu können, haben dabei die nationalen Behörden auch nach internationalem Recht die Befugnis, jedes wirksame Mittel anzuwenden. Das geschah z.B. im August 1993 in Berlin:

Ein pakistanisches Mädchen wurde mit Verdacht auf **Cholera** in die Sonderstation der Rudolf-Virchow-Universitätsklinik eingeliefert. Dort ergab die Diagnose tatsächlich Cholera. Die Behörde ermittelte, dass die Patientin mit einem Flugzeug aus Pakistan eingereist war. Daraufhin stellte sie die **Passagierliste** sicher und veranlasste die sofortige **Quarantäne aller Fluggäste** in der Klinik.

46 c) Die Gesundheitsbehörde richtete ständig dringende Aufforderungen durch Megaphon, Lautsprecherwagen, Fernsehen und Rundfunk an alle Personen, die von einem **tollwütigen Hund** gebissen wurden oder mit ihm gespielt hatten: Sie sollten sich zum Schutz gegen den Ausbruch der Tollwut sofort in der Landesimpfanstalt impfen lassen.

47 d) Beim Auftreten einer meldepflichtigen übertragbaren Krankheit in epidemischer Form kann die Gesundheitsbehörde gemäß § 28 **Infektionsschutzgesetz** Ansammlungen einer größeren Anzahl von Menschen beschränken oder verbieten. Das gilt insbesondere für Veranstaltungen in Räumen und auf Plätzen sowie für Ansammlungen in Badeanstalten.

48 e) Nach Ausbruch der **Maul- und Klauenseuche** ordnet die Veterinärbehörde über Rundfunk und Fernsehen für ein bestimmtes Gebiet einen Sperrbezirk an. Überhaupt ergehen gerade im Bereich der Tierseuchenbekämpfung besonders viele Allgemeinverfügungen. Hierzu ergangen ist die Verordnung zum Schutz gegen die Maul- und Klauenseuche (MKS-Verordnung) vom 25.7.2017 (BGBl. I S. 2655). Diese entspricht einschlägigen Richtlinien der Europäischen Union (*EuGH* U 10.3.2005 – C 96, 97/03, NVwZ 2005, 674).

Nach amtlicher Feststellung der **Schweinepest** ordnet die Veterinärbehörde auf alle Arten der öffentlichen Bekanntmachung für das betroffene Gebiet einen Sperrbezirk an. Das geschieht gemäß § 11 der Verordnung zum Schutz gegen die Schweinepest und die Afrikanische Schweinepest (Schweinepest-Verordnung) in der Neufassung vom 20.3.2018 (BGBl. I S. 383). Diese Verordnung dient ebenfalls der Durchsetzung von EG-Rechtsakten (BGBl. I 2011 S. 1960). Entsprechendes gilt nach der Geflügelpest-Verordnung vom 15.10.2018 (BGBl. I S. 1665).

Das geschah auch bei Abwehrmaßnahmen gegen die **Tierseuche BSE**. Deswegen kam es in den Jahren 2000/2001 in Europa zur millionenfachen Tötung von Tieren und weltweiten Reaktionen auf die Seuche.

49 f) Die Straßenverkehrsbehörde verbietet bei Schneekatastrophen allgemein die Benutzung von **Kraftfahrzeugen** für Privatfahrten. Gleiches gilt bei Katastropheneinsätzen wegen Überflutung von Flüssen.

50 g) Wegen wechselnder Wetterlage verbietet die Wasserbehörde das Betreten der **Eisfläche** auf einem See sowie ihr Befahren mit Fahrzeugen aller Art einschließlich Rodel- und Segelschlitten.

51 h) In **Berlin** erließ die Senatsverwaltung für Umweltschutz eine Allgemeinverfügung folgenden Inhalts: Sie schränkte den **Gemeingebrauch** im Bereich des gesamten Zitadellengrabens sowie der unmittelbar angrenzenden Teile der Oberhavel vor der Bastion Brandenburg im Bezirk Spandau ein und untersagte: 1. das Baden, 2. das Befahren mit Fahrzeugen aller Art und 3. die Ausübung der Fischerei. Denn in diesem Sperrgebiet liegen unsachgemäß verwahrte **Kampf- und Giftstoffe** auf dem Gewässergrund, die unbedingt geborgen werden müssen.

52 i) Das Bundesinstitut für Arzneimittel ordnet an, dass **Fertigarzneimittel,** die bestimmte Stoffe enthalten, nur noch in kindergesicherten Behältnissen oder Verpackungen in Verkehr gebracht werden dürfen (dazu: *VG Berlin* U 1.2.1982 – 14 A 368/80, DVBl. 1983, 281).

53 j) Die Bauaufsichtsbehörde erlässt ein Nutzungsverbot und eine Beseitigungsanordnung für eine **„Wagenburg“** in Form einer personenbezogenen Allgemeinverfügung. Sie droht zutreffend bei dem Nutzungsverbot ein Zwangsgeld und bei der Beseitigungsanordnung die

Ersatzvornahme an (*OVG Lüneburg* B 18.10.2004 – 1 ME 205/04 BauR 2005, 84 = NVwZ-RR 2005, 93).

k) Versammlungsverbot der Bezirksregierung Lüneburg wegen **Behinderung von Castor-Transporten** (*OLG Celle* B 23.6.2005 – 22 W 32/05, NVwZ-RR 2006, 254; *OVG Lüneburg* U 29.5.2008 – 11 LC 138/06, Polizei 2008, 241 = DVBl. 2008, 987). Das Verbot war auch notwendig, um rechtswidrige „Sitzblockaden" zu verhindern. 54

l) Verbot der berüchtigten **„Chaos-Tage"** in Hannover (*VG Hannover* B 30.7.1996 – 10 B 4000/96, NVwZ-RR 1997, 622). 55

m) Ausschankverbot alkoholischer Getränke bei Fußballspielen (*VG Düsseldorf* B 22.10.2009 – 12 L 1623/09, NVwZ 2010, 71 = KommJur 2010, 198).

n) Verbot des Mitführens und Benutzens von Glasbehältnissen im öffentlichen Straßenraum (*OVG Nordrhein-Westfalen* B 9.11.2010 – 5 B 1475/10), juris Rn. 5 = NWVBl 2011, 108 – Kölner Karneval).

3. Entsprechende Anwendung auf öffentlich-rechtlichen Vertrag und Baulast. Eine Vollstreckung nach Maßgabe des Verwaltungs-Vollstreckungsgesetzes ist auch bei öffentlich-rechtlichen Verträgen (Verwaltungsverträgen) möglich. § 6 Abs. 1 nennt als Grundlage für den Verwaltungszwang zwar nur den Verwaltungsakt i.S.d. § 35 VwVfG. Das Verwaltungs-Vollstreckungsgesetz ist nach § 61 Abs. 2 S. 1 VwVfG jedoch entsprechend auf öffentlich-rechtliche Verträge i.S.d. § 61 Abs. 1 S. 1 VwVfG anwendbar, wenn Vertragsschließender eine Behörde i.S.d. § 1 Abs. 1 Nr. 1 VwVfG ist. 56

Der öffentliche-rechtliche Vertrag ist in den §§ 54 bis 62 VwVfG grundlegend geregelt. Ein Vertrag ist öffentlich-rechtlich, wenn das in ihm geregelte Rechtsverhältnis dem öffentlichen Recht zuzuordnen ist, § 54 S. 1 VwVfG. Der Vertragsgegenstand muss öffentlich-rechtlich sein. Das Gesetz unterscheidet zwei Arten öffentlich-rechtlicher Verträge. Ein sog. koordinationsrechtlicher Vertrag liegt vor, wenn die Behörde und der vertragschließende Bürger in Bezug auf den Regelungsgegenstand des Vertrages in einem Gleichordnungsverhältnis („auf gleicher Augenhöhe") zueinanderstehen. Stehen die Behörde und der vertragschließende Bürger demgegenüber in einem Über- und Unterordnungsverhältnis zueinander und entscheidet die Behörde in dieser Situation, nicht durch Verwaltungsakt einseitig-hoheitlich gegen den Bürger vorzugehen, sondern mit ihm einen Vertrag zu schließen, handelt es sich um einen sog. subordinationsrechtlichen Vertrag gemäß § 54 S. 2 VwVfG.

Dem öffentlich-rechtlichen Vertrag kommt **keine Titelfunktion** zu. Kommt es im Vertragsverhältnis zu Störungen, kann die Behörde ihre vertraglichen Rechte auch nicht einseitig-hoheitlich durch Verwaltungsakt festsetzen und im Wege der Verwaltungsvollstreckung selbst durchsetzen. Sie ist vielmehr darauf verwiesen, ihre vertraglichen Ansprüche vor dem Verwaltungsgericht einzuklagen und aus dem Urteil (oder Vergleich, vgl. § 168 VwGO) die Vollstreckung zu betreiben. Soll aus dem Urteil zugunsten der öffentlichen Hand vollstreckt werden, richtet sich die Vollstreckung gemäß § 169 Abs. 1 S. 1 VwGO nach dem Verwaltungs-Vollstreckungsgesetz. Das Verfahren wird durch einen Antrag des Vollstreckungsgläubigers eingeleitet. Vollstreckungsbehörde i.S.d. § 4 ist der Vorsitzende des Gerichts des ersten Rechtszuges, § 169 Abs. 1 S. 2 VwGO. Die Erzwingung von Handlungen, Duldungen und Unterlassungen richtet sich nach den §§ 6 bis 18 (*Bader*/Funke-Kaiser/Stuhlfauth/von Albedyll, § 169 VwGO Rn. 4).

Wollen die Vertragspartner die Mühen und Risiken einer gerichtlichen Auseinandersetzung vermeiden, können sie sich – ähnlich wie in § 794 Abs. 1 Nr. 5 ZPO – gemäß § 61 Abs. 1 S. 1 VwVfG **der sofortigen Vollstreckung** aus einem subordinationsrechtlichen Vertrag i.S.d. § 54 S. 2 VwVfG **unterwerfen** und damit den Vertrag selbst zu einem Vollstreckungstitel werden lassen. In diesem Fall kann die Behörde ihre Ansprüche aus dem Vertrag, der gleichsam an die Stelle des Verwaltungsaktes nach § 6 Abs. 1 tritt, nach Maßgabe des Verwaltungs-Vollstreckungsgesetzes dgurchsetzen, § 61 Abs. 2 S. 1 VwVfG. Demzufolge kann die Behörde im Ernstfall ohne weiteres gleich ein Zwangsmittel gegen den ungetreuen Vertragspartner androhen, festsetzen und anwenden. Richtet sich die Vollstreckung wegen der Erzwingung einer Handlung, Duldung oder Unterlassung gegen eine Behörde i.S.d. § 1 Abs. 1 Nr. 2 VwVfG, ist § 172 VwGO entsprechend anzuwenden, § 61 Abs. 2 S. 3 VwVfG.

Bei der Unterwerfung unter die sofortige Vollstreckung muss die Behörde gemäß § 61 Abs. 1 S. 2 VwVfG von ihrem Leiter, seinem allgemeinen Vertreter oder einem „Volljuristen" vertreten werden. Anderenfalls ist die Unterwerfung nicht wirksam (*BVerwG* U 3 .3.1995 – 8 C 32/93, BVerwGE 98,58 = JZ 1996, 97 = NJW 1996, 608 = KKZ 1996, 94 = NVwZ 1996, 372 L = DokBerA 1995, 206). Die Unwirksamkeit der Unterwerfung berührt die Gültigkeit des Vertrages im Übrigen gemäß § 59 Abs. 3 VwVfG nur dann, wenn nicht anzunehmen ist, dass der Vertrag auch ohne Unterwerfungserklärung geschlossen worden wäre (*OVG Nordrhein-Westfalen* U 26.11.1996 – 14 A 1205/94, juris Rn. 14 = NJWE-MietR 1997, 185 = KKZ 1999, 23).

57 In einem öffentlich-rechtlichen Vertrag können die Partner auch eine **Vertragsstrafe** vereinbaren. Für die Behörde ist das zweckmäßig. Denn sie wird dadurch in die vorteilhafte Lage versetzt, die Vertragserfüllung ohne Androhung, Festsetzung und Anwendung eines Zwangsmittels durch ein indirektes Druckmittel erreichen zu können (vgl. *VGH Mannheim* U 18.5.1981 – 5 S 196/81, NVwZ 1982, 252).

Soweit im Vertrag keine anderweitige Vereinbarung getroffen worden ist, kann die Behörde nach freiem Ermessen entscheiden, ob sie die Vertragsstrafe oder den Verwaltungszwang wählt. Auf Zwang ist die Behörde angewiesen, wenn die Vertragsstrafe keinen Erfolg hat. Der Zwang ist durch die Vertragsstrafe nicht verbraucht. Denn die Vertragsstrafe ist kein Zwangsmittel. Sie ist also auch kein Zwangsgeld gemäß § 11. Das liegt darin begründet, dass der Zwang und der Vertrag voneinander unabhängige und verschiedenartige Rechtsinstitute sind.

58 Die entsprechende Anwendung der Vollzugsvorschriften auf öffentlich-rechtliche Verträge ist in **Mecklenburg-Vorpommern** durch § 95 SOG Mecklenburg-Vorpommern, in **Niedersachsen** durch § 72 NVwVG, in **Sachsen-Anhalt** durch § 73 VwVG Sachsen-Anhalt und in **Schleswig-Holstein** durch § 244 LVwG vorgeschrieben.

59 Im **Sozialverfahrensrecht** ist die Unterwerfung unter die sofortige Vollstreckung in § 60 SGB X geregelt. Nach § 66 Abs. 1 S. 1 SGB X gilt für die Vollstreckung zugunsten der Behörden des Bundes, der bundesunmittelbaren Körperschaften, Anstalten und Stiftungen des öffentlichen Rechts ebenfalls das Verwaltungs-Vollstreckungsgesetz.

60 Dem öffentlich-rechtlichen Vertrag des § 54 S. 2 VwVfG kann die öffentlich-rechtliche **Baulast** gleichgesetzt werden. Mit ihr übernimmt ein Grundstückseigentümer gegenüber der Bauaufsichtsbehörde öffentlich-rechtliche Verpflichtungen zu einem grundstücksbezogenen Tun, Dulden oder Unterlassen (vgl. § 83 Abs. 1 S. 1 Musterbauordnung – MBO). Die Baulast ist kein öffentlich-rechtlicher Vertrag eines Grundstückeigentümers mit der Bauaufsichtsbehörde. Die Baulasterklärung ist vielmehr einseitige öffentlich-rechtliche Willenserklärung (*Schönenbroicher/Kamp*, § 83 BauO NRW Rn. 12). Die Baulast entsteht mit der Eintragung in das **Baulastenverzeichnis** der Bauaufsichtsbehörde (vgl. § 83 Abs. 1 S. 2 MBO). Der Rechtscharakter der Eintragung ist umstritten, überwiegend wird sie als beurkundender Verwaltungsakt eingestuft (*OVG Bremen* U 21.110.1997 – 1 BA 23/97, juris Rn. 20 = NVwZ 1998, 1322; *OVG Saarlouis* U 18.6.2002 – 2 R 2/01, NJW 2003, 768 = NVwZ 2003, 761 L; aA VGH Baden-Württemberg U 1.6.1990 – 8 S 637/90, juris Rn. 19 = NJW 1991, 2786). Auf diese Weise entsteht durch die Eintragung der Baulast in das Baulastenverzeichnis eine Vollstreckungsgrundlage i.S.d. § 6 Abs. 1.

Erfüllt der Grundstückseigentümer seine Verpflichtung aus der Baulast nicht, ist das ein Verstoß gegen öffentlich-rechtliche Vorschriften. Dann ist die Bauaufsichtsbehörde berechtigt, unmittelbar aus der Baulast oder über die bauordnungsrechtliche Generalermächtigung (str.) einen entsprechenden Verwaltungsakt zu erlassen und diesen nach den Vorschriften des Verwaltungs-Vollstreckungsgesetzes **mit einem Zwangsmittel durchzusetzen** (vgl. *OVG Berlin* U 29.10.1993 – 2 B 35/92, OVGE Berlin 21, 74 = NJW 1994, 2971 = GewArch 1994, 346 = MDR 1994, 481; *OVG Koblenz* B 6.11.2009 – 8 A 10851/09, NVwZ-RR 2010, 137).

Eine öffentlich-rechtliche **Baulast** besteht selbstständig **neben** einer entsprechenden **61**
Grunddienstbarkeit, die als zusätzliche privat-rechtliche Sicherung ins Grundbuch eingetragen werden kann. Das Erlöschen der Grunddienstbarkeit, etwa durch Zwangsversteigerung des Grundstücks, lässt die Baulast unberührt. Der **Verwaltungszwang** ist also unverändert **zulässig** (*OVG Lüneburg* B 8.12.1995 – 1 M 7201/95, NJW 1996, 1363 = MDR 1996, 360 = BRS 57 Nr. 129).

Wie bei anderen grundstücksbezogenen Verpflichtungen gibt es auch bei der Baulast eine **dingliche Rechtsnachfolge** (§ 13 Rn. 8). Die Baulast gilt auch gegenüber Rechtsnachfolgern des Grundstückseigentümers (vgl. § 83 Abs. 1 S. 2 MBO).

II. Die Vollstreckungsziele

§ 6 Abs. 1 bestimmt **vier Arten von belastenden Verwaltungsakten,** die Gegenstand **62**
einer Vollstreckung sein können. Ihre Aufzählung ist abschließend. Nur die hier genannten Verwaltungsakte sind vollstreckungsfähig. Die Vollstreckungsziele sind danach:

1. Herausgabe einer Sache,
2. Vornahme einer Handlung,
3. Duldung,
4. Unterlassung.

Entsprechende Vollstreckungsziele sind in § 249 Abs. 1 S. 1 und § 328 Abs. 1 S. 1 AO enthalten.

Die Herausgabe einer Sache ist eine konkrete Handlung und könnte als Spezialfall der Vornahme einer Handlung zugeordnet werden (*Lemke*, S. 72; *Waldhoff*, § 46 Rn. 105). Ihre besondere Nennung als Vollstreckungsziel ist somit entbehrlich, für die Verwaltungspraxis aber dienlich.

Die Abgabe einer Erklärung ist nach Bundesrecht, anders als in einigen Ländern, nicht eigenständig geregelt, sondern die Vornahme einer Handlung (§ 11 Rn. 4; § 16 Rn. 10).

63 In § 6 Abs. 1 sind Verwaltungsakte, durch die Rechtsverhältnisse oder einzelne Rechte oder Pflichten verbindlich und in einer auf Rechtsbeständigkeit angelegten Weise festgestellt werden, nicht aufgeführt. Solch **feststellende Verwaltungsakte** verwirklichen sich ipso iure in der Sphäre des Rechts; sie setzen keine Rechtsfolge, die sich in der Wirklichkeit abspielt und ausgeführt werden könnte. Deshalb sind sie bereits ihrer Eigenart nach der **Vollstreckung weder fähig noch bedürftig**. Dies gilt etwa für die Feststellung der Denkmaleigenschaft eines Gebäudes, die Feststellung des Besoldungsdienstalters eines Beamten, die Anerkennung als Asylbewerber oder die Feststellung der Genehmigungsbedürftigkeit nach § 34c GewO (*Kopp/Ramsauer*, § 35 VwVfG Rn. 92 ff).

Wenn die Behörde Feststellungen über Rechte und Pflichten trifft, die sich bereits aus dem Gesetz ergeben, ist durch Auslegung der behördlichen Erklärung festzustellen, ob eine lediglich beschreibende Feststellung gemeint oder ob eine „regelnde Feststellung" (*BVerwG* U 15.11.1985 – 8 C 43/83, juris Rn. 17 = BVerwGE 72, 232 = NJW 1986, 1628) rechtsverbindlich als Verwaltungsakt gewollt ist.

Auch **rechtsgestaltende Verwaltungsakte** sind ihrer rechtlichen Natur nach **nicht vollstreckungsfähig.** Das gilt insbesondere für die Rücknahme und den Widerruf eines Verwaltungsaktes. Dabei ist die Jahresfrist nach § 48 Abs. 4, 49 Abs. 2 S. 2 VwVfG zu beachten (zur Jahresfrist vgl. *BVerwG* U 24.1.2001 – 8 C 8/00, BVerwGE 112,360 = NJW 2001, 1440 = DVBl. 2001, 1221 = JuS 2001, 825 = BayVBl. 2001, 599 = DokBerA 2001, 127). Sie gilt aber nicht bei dem Widerruf einer ärztlichen Approbation (*BVerwG* U 16.9.1997 – 3 C 12/95, BVerwGE 105, 214 = MedR 1998, 142 = DÖV 1998, 293 = NJW 1998, 2756 = DVBl. 1998, 528 = NVwZ 1998, 1078 L). Die Jahresfrist gilt ferner nicht für den Widerruf einer Waffenbesitzkarte (*BVerwG* U 26.3.1996 – 1 C 12/95, BVerwGE 101, 24 = DVBl. 1996, 1439 = RdL 1996, 306 = DÖV 1997, 338 = NJW 1997, 336 = GewArch 1997, 69 = BayVBl. 1997, 118).

Ein rechtsgestaltender Verwaltungsakt kann im Sinne der Legaldefinition des § 48 Abs. 1 S. 2 VwVfG ein begünstigender Verwaltungsakt oder das Gegenteil davon sein. Begünstigend ist er hiernach, wenn er ein Recht oder einen rechtlich erheblichen Vorteil begründet oder bestätigt. Die Begünstigung entfällt wieder, wenn die Behörde dem Betroffenen diese rechtliche Position entzieht. In einem negativen Fall schafft der rechtsgestaltende Verwaltungsakt die Voraussetzung für eine etwa notwendige Vollstreckung.

64 So kann z.B. der **Widerruf einer Gaststättenerlaubnis** nicht mit einem Zwangsgeld in die Praxis umgesetzt werden (*VGH Mannheim* B 4.11.1993 – 14 S 2322/93, GewArch 1994, 30 = NVwZ-RR 1994, 78). Vielmehr muss die Behörde eine unberechtigte Fortsetzung des Betriebes gemäß § 4 Abs. 1 Nr. 1, § 15 Abs. 1, § 31 GastG i.V.m. § 15 Abs. 2 GewO durch eine Betriebsuntersagung mit Schließungsverfügung unterbinden (*OVG Koblenz* B 27.8.1996 – 11 B 12401/96, GewArch 1996, 489 = NVwZ-RR 1997, 223; *VG Weimar* B 17.1.2000 – 8 E 4343/99, ThürVBl. 2000, 165).

Zweckmäßig und vollstreckungswirksam ist es, im selben Bescheid die Gaststättenerlaubnis zu widerrufen und die Fortsetzung des Betriebes zu untersagen (*VGH Mann-*

heim B 29.1.1996 – 14 S 46/96, GewArch 1996, 208 = NVwZ-RR 1996, 327 = DÖV 1996, 382). Das gilt ebenso für alle Rechtsbereiche (vgl. *VG Dessau* U 20.3.2003 – 2 A 132/02 DE, GewArch 2003, 296). Gleichzeitig sollte die sofortige Vollziehung nach § 80 Abs. 2 S. 1 Nr. 4 VwGO angeordnet werden (*OVG Berlin* B 2.7.2002 – 1 SN 74/00, NVwZ-RR 2002, 739). Diese ist nämlich sowohl für den Widerruf als auch für die Untersagung notwendig.

Für den Widerruf ergibt sich die Notwendigkeit, die sofortige Vollziehung anzuordnen, aus § 80 Abs. 1 S. 2 VwGO. Hiernach haben der Widerspruch und die Anfechtungsklage auch bei rechtsgestaltenden Verwaltungsakten aufschiebende Wirkung. Zu diesen Verwaltungsakten gehört, wie bereits festgestellt, der Widerruf. Die sofortige Vollziehung des Widerrufs schafft sogleich die Voraussetzung für die nachfolgende Untersagung und Schließung des Betriebes. Nunmehr ist der Verwaltungszwang nach § 6 Abs. 1 zulässig. Entsprechend § 15 Abs. 2 GewO kann also die Fortsetzung des Betriebes verhindert werden. Dazu gehört die Möglichkeit, gemäß § 12 unmittelbaren Zwang durch Versiegelung der Betriebsräume anzuwenden (vgl. *VGH Kassel* B 20.2.1996 – 14 TG 430/95, GewArch 1996, 291; *VG Freiburg* B 21.6.2018 – 5 K 3478/18; juris Rn. 8).

Auch bei der Auflösung einer **Versammlung** nach § 15 Abs. 2, 3 VersG handelt es sich **65**
um einen lediglich rechtsgestaltenden Verwaltungsakt. Die Versammlung verliert mit ihrer Auflösung den hohen Rang der Versammlungsfreiheit nach Art. 8 GG. Sie ist damit nur noch eine bloße Ansammlung von Menschen. Die Auflösungsverfügung kann mit Platzverweisen und unmittelbarem Zwang durchgesetzt werden (*BVerfG* B 26.10.2004 – 1 BvR 1726/01, NVwZ-RR 2005, 80).

Maßnahmen der Gefahrenabwehr gegen öffentliche Versammlungen richten sich in erster Linie nach dem Versammlungsgesetz. Seine im Vergleich zum allgemeinen Polizeirecht besonderen Voraussetzungen für beschränkende Maßnahmen sind Ausprägungen des Grundrechts der Versammlungsfreiheit. Soweit das Versammlungsgesetz abschließende Regelungen hinsichtlich der polizeilichen Eingriffsbefugnisse enthält, geht es daher als Spezialgesetz dem allgemeinen Polizeirecht vor. Diese sog. **Polizeifestigkeit der Versammlungsfreiheit** bedeutet freilich nicht, dass in die Versammlungsfreiheit nur auf der Grundlage des Versammlungsgesetzes eingegriffen werden könnte; denn das Versammlungsgesetz enthält keine abschließende Regelung für die Abwehr von Gefahren, die im Zusammenhang mit Versammlungen auftreten können. Vielmehr ist das Versammlungswesen im Versammlungsgesetz nicht umfassend und vollständig, sondern nur teilweise und lückenhaft geregelt, so dass in Ermangelung einer speziellen Regelung auf das allgemeine Gefahrenabwehrrecht der Länder zurückgegriffen werden muss. Hieraus ergibt sich ohne Weiteres, dass auf das allgemeine Gefahrenabwehrrecht auch insoweit zurückgegriffen werden kann, als es um die Verhütung von Gefahren geht, die allein aus der Ansammlung einer Vielzahl von Menschen an einem dafür ungeeigneten Ort entstehen, unabhängig davon, ob es sich bei dieser Ansammlung um eine Versammlung i.S.d. Versammlungsrechts handelt (*VG Düsseldorf* B 6.9.2018 – 28 L 2641/18, juris Rn. 36 ff m.w.N.). Daher kann die **Auflösung** einer Versammlung unabhängig vom Versammlungsrecht in Betracht kommen. Denn diese Maßnahme ist **zur Gefahrenabwehr** nach der polizeilichen **Generalklausel** zulässig. Das gilt z.B. bei einer drohenden Brandgefahr und natürlich bei einem ausgebrochenen Feuer (vgl. *VGH Mannheim* U 12.7.2010 – 1 S 349/10, DVBl. 2010, 1254 L = DÖV 2010, 866 L). Hier ist das Ermessen auf Null reduziert.

66 Gemäß §18 BJagdG muss oder kann die Behörde einen **Jagdschein für ungültig erklären** und anschließend **einziehen.** Die Ungültigerklärung ist ein nicht vollstreckungsfähiger rechtsgestaltender Verwaltungsakt. Erst die Einziehungsverfügung ist die Grundlage für die Vollstreckung nach §6 Abs.1; auf ihrer Grundlage kann die Rückgabe des Scheines zwangsweise durchgesetzt werden (*OVG Lüneburg* B 1.6.2004 – 8 ME 116/04, NVwZ-RR 2005, 110; *OVG Lüneburg* B 19.5.2006 – 8 ME 50/06, NVwZ-RR 2006, 796; *OVG Hamburg* B 25.11.2009 – 3 BS 80/09, NVwZ 2010, 335 = BeckRS 2009, 42415; *VG Oldenburg* B 2.4.2004 – 12 B 829/04, NVwZ-RR 2005, 112; *BayVGH* B 16.5.2018 – 21 CS 18.72, juris Rn.18ff).

67 Für den **Luftverkehr** gilt das Gleiche: Ordnet die Luftsicherheitsbehörde gemäß §4 Abs.3 LuftVG i.V.m. §29 Abs.3 S.1 LuftVZO das Ruhen der **Luftfahrererlaubnis** an, kann sie diesen rechtsgestaltenden Verwaltungsakt nur realisieren, wenn sie den Luftfahrerschein einzieht und die Einziehungsverfügung sodann durch Verwaltungszwang durchsetzt (*OVG Lüneburg* B 12.3.2007 – 12 ME 137/07, NVwZ-RR 2007, 526; *VG Ansbach* U 29.11.2012 – AN 10 K 12.01542, AN 10 K 12.01543, juris Rn.43).

III. Die Vollstreckungsmittel

68 Die Vollstreckungsbehörde kann Verwaltungsakte nicht auf beliebige Weise durchsetzen. §6 Abs.1 verweist die Behörde vielmehr auf bestimmte, in §9 Abs.1 genannte Zwangsmittel. Das sind

1. die Ersatzvornahme nach §10,
2. das Zwangsgeld nach §11 und
3. der unmittelbarer Zwang nach §12.

Die Ersatzzwangshaft nach §16 ist kein eigenständiges Zwangsmittel (siehe dort).

Diese **Aufzählung ist abschließend.** Weitere Zwangsmittel sieht das Verwaltungs-Vollstreckungsgesetz nicht vor und dürfen von der Vollstreckungsbehörde demgemäß auch nicht angewendet werden. Der Numerus clausus der Zwangsmittel (*Waldhoff*, Rn.130) soll die Vollstreckungsmacht des Staates limitieren und für den Bürger vorhersehbar machen. Angesichts der hohen Eingriffsintensität des Verwaltungszwanges ist dies rechtsstaatlich geboten.

Den Verwaltungsbehörden ist es damit untersagt, Verwaltungsakte mit sonstigen Mitteln durchzusetzen, mögen diese auch zweckmäßig erscheinen oder gerecht anmuten. So darf die Bauaufsichtsbehörde die Verfügung zur Beseitigung einer baurechtswidrigen Gartenlaube nicht durchsetzen, indem sie dem Eigentümer androht, für sein Wohnhaus Gas, Wasser oder Strom abzustellen. Eine derartige Androhung kann indes als Inaussichtstellung einer Vertragskündigung rechtmäßig sein, wenn die Voraussetzungen für eine Kündigung vorliegen, etwa weil der Eigentümer seinen Zahlungspflichten aus dem Benutzungsverhältnis nicht nachkommt. Sie darf allerdings nicht mit der Beseitigungsverfügung verbunden sein und deren Durchsetzung bezwecken (vgl. App/Wettlaufer/*Klomfaß*, Kap 4 Rn. 37).

Im Abgabenrecht findet §6 Abs.1 seine Entsprechung in §328 Abs.1 S.1 AO.

IV. Die Vollstreckungsvoraussetzungen

69 Ein Verwaltungsakt kann nur mit Zwangsmitteln durchgesetzt werden, wenn er vollstreckbar (vollziehbar) ist. Die Vollstreckbarkeit liegt nicht bereits vor, wenn ein Verwaltungsakt einen vollstreckbaren Inhalt hat, der Verwaltungsakt selbst muss vielmehr auch vollstreckungsreif sein. Vollstreckungsreife ist nach § 6 Abs. 1 gegeben, wenn der zu vollstreckende Verwaltungsakt unanfechtbar ist (im Folgenden unter 1.), sein sofortiger Vollzug angeordnet ist (im Folgenden unter 2.) oder wenn dem Rechtsmittel keine aufschiebende Wirkung beigegeben ist (im Folgenden unter 3.).

1. Unanfechtbarkeit des Verwaltungsaktes. Die **grundsätzliche Voraussetzung** für den 70
Vollzug eines Verwaltungsaktes ist dessen Unanfechtbarkeit. In der Verwaltungspraxis ist sie die häufigste Vollstreckungsvoraussetzung. Unanfechtbarkeit tritt ein mit Ablauf der Frist für die Einlegung des jeweils gegebenen Rechtsbehelfs. Dabei handelt es sich um den Ablauf der Fristen von je einem Monat für den Widerspruch (§ 70 Abs. 1 VwGO), die Anfechtungsklage (§ 74 Abs. 1 VwGO), die Berufung (§ 124a Abs. 2 S. 1, Abs. 4 S. 1 VwGO) und die Revision (§ 133 Abs. 2 S. 1, § 139 Abs. 1 S. 1 VwGO).

a) Ablauf der Rechtsbehelfsfrist. Der Ablauf der Rechtsbehelfsfrist führt zur Unan- 71
fechtbarkeit des Verwaltungsaktes. Für die Ermittlung, ob eine Rechtsbehelfsfrist abgelaufen ist, ist neben der Fristdauer entscheidend, wie die Frist genau zu berechnen ist. Abgaben über die Fristberechnung finden sich vor allem in § 31 VwVfG und § 57 VwGO. § 31 VwVfG regelt die Berechnung von Fristen und Terminen für das Verwaltungsverfahren; die Vorschrift gilt für den gesamten Bereich der öffentlichen Verwaltung (*Kopp/Ramsauer*, § 31 Rn. 3 f). Für verwaltungsprozessuale Fristen, d.h. für Fristen aus der VwGO, gilt § 57 VwGO; hiernach berechnen sich insbesondere die Fristen für die Einlegung der Anfechtungsklage Berufung und Revision. Ob die Widerspruchsfrist aus § 70 VwGO nach § 31 VwVfG oder nach § 57 VwGO zu berechnen ist, wird unterschiedlich beurteilt (Bader/*Funke-Kaiser*/Stuhlfauth/von Albedyll, § 70 VwGO Rn. 4 m.w.N.). Der Streit kann in der Praxis dahinstehen, da beide Normen im Ergebnis auf die §§ 187 ff. BGB verweisen.

Gemäß § 31 Abs. 1 VwVfG und § 57 Abs. 2 VwGO i.V.m. § 222 ZPO gelten für die **Berechnung von Fristen** die §§ 187 bis 193 BGB entsprechend. Diese Bestimmungen des BGB sind allgemein für Fristen aller Art und Rechtsgebiete heranzuziehen (*GmS-OGB* B 6.7.1972 – GmS-OGB 2/71 B*GHZ* 59, 396 = BVerwGE 40, 363 = NJW 1972, 2035 = DÖV 1972, 820 = JZ 1972, 741 = ZMR 1973, 46 = DVBl. 1973, 30 = MDR 1973, 28). Das ergibt sich aus § 186 BGB; danach gelten allseits die Auslegungsvorschriften der §§ 187 bis 193 BGB. Das trifft ebenso auf § 222 ZPO zu. Fällt das Ende der Frist auf einen Sonntag, gesetzlichen Feiertag oder Sonnabend, so endet die Frist gemäß § 31 Abs. 3 VwVfG, entsprechend § 193 BGB, erst mit dem Ablauf des nächsten Werktages.

Für die **Berechnung der Rechtsbehelfsfrist von einem Monat** gilt bei der Bekanntgabe eines Verwaltungsaktes zunächst **§ 187 Abs. 1 BGB:** Danach ist für den Anfang einer Frist ein Ereignis oder ein in den Lauf eines Tages fallender Zeitpunkt maßgebend. Beides trifft auf die Bekanntgabe eines belastenden Verwaltungsaktes zu. Dieser Tag wird bei der Berechnung der Frist nicht mitgerechnet. Infolge dessen beginnt die Frist erst am nächsten Tag um 0.00 Uhr. Dadurch wird sichergestellt, dass dem Rechtsuchenden nicht einige Stunden des Vortages, an dem die Zustellung zu einer beliebigen Zeit erfolgte, verloren gehen.

Beispiel: Gibt die Behörde einen Bescheid am 16. Januar zur Post, gilt er gemäß § 41 Abs. 2 S. 1 VwVfG am dritten Tage nach der Aufgabe zur Post als bekannt gegeben.

(Für elektronische Verwaltungsakte gilt dies nach § 41 Abs. 2 S. 2 VwVfG entsprechend.) Die Bekanntgabe erfolgt somit am 19. Januar; Fristbeginn ist der 20. Januar, 0.00 Uhr.

Für das **Ende der Frist von einem Monat** gilt in diesem Zusammenhang **§ 188 Abs. 2, 1. Fallgruppe BGB:** Die Frist endigt mit dem Ablauf desjenigen Tages des letzten Monats, welcher durch seine Benennung dem Tage entspricht, in den das Ereignis oder der Zeitpunkt fällt.

Für die **Berechnung der Frist an unterschiedlichen Monatsenden** gilt § 188 Abs. 3 BGB; dort heißt es: Fehlt bei einer nach Monaten bestimmten Frist in dem letzten Monat der für ihren Ablauf maßgebende Tag, so endigt die Frist mit dem Ablauf des letzten Tages dieses Monats.

Beispiele:

- 31. Januar bis 28. oder 29. Februar, 24.00 Uhr;
- 28. oder 29. Februar bis 28. oder 29. März, 24.00 Uhr;
- 31. März bis 30. April, 24.00 Uhr;
- 30. April bis 30. Mai, 24.00 Uhr;
- 31. Mai bis 30. Juni, 24.00 Uhr;
- 30. Juni bis 30. Juli, 24.00 Uhr;
- 31. Juli stimmt mit 31. August überein;
- 31. August bis 30. September, 24.00 Uhr;
- 30. September bis 30. Oktober, 24.00 Uhr;
- 31. Oktober bis 30. November, 24.00 Uhr;
- 30. November bis 30. Dezember, 24.00 Uhr;
- 31. Dezember stimmt mit 31. Januar überein.

Wird die fristgebundene Entscheidung einer Verwaltungsbehörde oder eines Gerichts an einem Sonnabend bekannt gegeben, führt das nicht zur Verlängerung der Rechtsbehelfsfrist auf das Ende des nächstfolgenden Werktags. Denn das ist in allen Verfahrensvorschriften nur für das Fristende vorgeschrieben (*OVG Greifswald* B 13.10.2011 – 2 L 257/11, NJW 2012, 953).

Beispiel: Gibt die Behörde einen Bescheid am 16. Januar zur Post, gilt er gemäß § 41 Abs. 2 S. 1 VwVfG am 19. Januar als bekannt gegeben. Fällt der 19. Januar auf einen Sonnabend, beginnt die Frist am folgenden Sonntag, 20. Januar, 0.00 Uhr.

Die gesetzlichen Fristbestimmungen sind klar, eindeutig und nicht auslegbar (*BVerfG* B 14.8.2013 – 2 BvR 425/12 BeckRS 2013, 56437 = NJW 2013, 3776 L).

Das gilt auch für den Ablauf der Rechtsbehelfsfrist bei einem Verwaltungsakt mit Drittwirkung (z.B. Baugenehmigungen und Bauordnungsverfügungen). Wird die einem solchen Verwaltungsakt beigefügte Rechtsbehelfsbelehrung neutral abgefasst und abstrakt darüber belehrt, dass gegen den Bescheid Widerspruch eingelegt oder Klage erhoben werden kann, bezieht sich die Rechtsbehelfsbelehrung einschränkungslos auf jeden, der glaubt, durch den Bescheid in seinen Rechten verletzt zu sein. Bei einer solchen Fassung der Rechtsbehelfsbelehrung wird der Lauf der Rechtsmittelfrist auch gegenüber potentiell Drittbetroffenen ausgelöst (*BVerwG* B 11.3.2010 – 7 B 36/09, juris Rn. 16 =, NJW 2010, 1686 = DVBl. 2010, 663 L = DÖV 2010, 532 L = DVP 2010, 522).

Die zu einem begünstigenden Verwaltungsakt mit drittbelastender Wirkung erteilte Rechtsbehelfsbelehrung gilt nur dann auch gegenüber dem Dritten, wenn er sie in Anbetracht der Gesamtumstände eindeutig auch auf sich beziehen musste (*BVerwG* B 7.7.2008 – 6 B 14/08, DÖV 2008, 962 = NVwZ 2009, 191). Das entspricht dem Bestimmtheitsgebot des vorausgehenden Verwaltungsaktes und im Ergebnis dem Rechtsschutz des Betroffenen im anhängigen Verfahren.

Allerdings ist hier ein warnender Hinweis angebracht: Bei einem Verwaltungsakt mit Drittwirkung muss eine bürgerfreundliche Rechtsbehelfsbelehrung unterbleiben. Es darf nicht heißen: „Gegen diesen Bescheid können Sie Widerspruch/Klage erheben." Denn aus diesem Wortlaut kann der Drittbetroffene entnehmen, dass die Rechtsbehelfsbelehrung nicht auch ihn, sondern („Sie") allein den unmittelbaren, im Adressfeld genannten Adressaten, etwa einen Bauherrn, betreffe. Einen derartigen Einwand kann die Behörde kaum widerlegen. Infolgedessen läuft bei dem Drittbetroffenen für die Einlegung des Rechtsbehelfs die Jahresfrist des § 58 Abs. 2 VwGO. Also ist die herkömmliche Belehrung zweckmäßig.

Für den Ablauf einer Rechtsbehelfsfrist an einem gesetzlichen **Feiertag,** der nicht bun- **72**
deseinheitlich, sondern nur **regional** gilt, ist zu beachten: Maßgebend sind die Verhältnisse an dem Ort, an dem die Frist zu wahren ist. Das trifft z.B. auf den regionalen Feiertag Mariä Himmelfahrt am 15. August zu (*BGH* B 10.1.2012 – VI ZA 27/11, MDR 2012, 301 = NJW-RR 2012, 254; *VGH München* B 9.8.1996 – 23 AA 95.30922, NJW 1997, 2130 = BayVBl. 1997, 151 = NVwZ 1997, 1005 L). Das trifft ferner auf den regionalen Feiertag Fronleichnam am zweiten Donnerstag nach Pfingsten zu (*BAG* B 24.8.2011 – 8 AZN 808/11).

Ebenso gilt das für den Bayerischen Feiertag Heilige Drei Könige (*OVG Münster* B 16.2.2010 – 13 C 112/10, DVBl. 2010, 597 L).

In diesem Zusammenhang ist es auch ohne Bedeutung, an welchem Ort sich die **Kanz-** **73**
lei des Verfahrensbevollmächtigten befindet. Sollte sie sich im Land Nordrhein-Westfalen befinden, wo Fronleichnam Feiertag ist, das Gerichtsverfahren aber im Land Brandenburg anhängig sein, wo Fronleichnam kein Feiertag ist, dann kommt es allein auf die Rechtslage im Land Brandenburg an. Eine Rechtsbehelfsfrist läuft also im Land Brandenburg an Fronleichnam um 24.00 Uhr ab (*OVG Frankfurt/Oder* B 30.6.2004 – 2 A 247/04, NJW 2004, 3795 = NVwZ 2005, 605 L).

Unter diese Sonderregelung für Fristen fallen aber nicht auch Wochentage, die regio- **74**
nal **gewohnheitsmäßig als Festtage begangen** werden. Solche feiertagsähnlichen Ereignisse sind insbesondere der Rosenmontag und die Fastnacht. Am Heiligen Abend und am Silvestertag endet die Frist ebenfalls, wenn sie Wochentage sind. Denn diese Tage gehören nicht zu den gesetzlichen Feiertagen.

Der Bürger ist berechtigt, eine **Rechtsbehelfsfrist bis zu ihrer Grenze auszunutzen.** **75**
Das ist um 24 Uhr des Tages, an welchem die Frist endet (*BVerfG* B 14.5.1985 – 1 BvR 370/84 BVerfGE 69, 381, 385 = MDR 1985, 816 = NJW 1986, 244 = CuR 1986, 491). Deshalb ist dieses Fristende vom Dienstschluss der betreffenden Behörde unabhängig (*BVerfG* B 11.2.1976 – 2 BvR 652/75 BVerfGE 41, 323, 327, 328 = DRiZ 1976, 150 = NJW 1976, 747 = EuGRZ 1976, 106 = Rpfleger 1976, 172 = JZ 1976, 272 = DVBl. 1976, 302 = MDR 1976, 733; *BVerfG* B 29.8.2005 – 1 BvR 2138/03, NJW 2005, 3346). Insoweit ist ein Nachtbriefkasten erforderlich.

Bei gemeinsamer Nutzung eines Nachtbriefkastens im selben Gebäude durch OVG/VGH und VG ist Sorgfalt geboten: Das zuständige Gericht ist richtig zu adressieren. Denn sonst kann, insbesondere bei Einwurf am letzten Tag einer Frist, das Dokument nach seiner Weiterleitung an das zuständige Gericht dort verspätet eingehen. In einem solchen Fall dürften die Voraussetzungen für einen Anspruch auf Wiedereinsetzung in den vorigen Stand gemäß §§32 VwVfG, 60 VwGO kaum gegeben sein. Das Verschulden des Absenders ist nämlich meistens offensichtlich. Nach §173 VwGO, §85 Abs.2 ZPO muss sich ein Kläger das Verschulden seines Prozessbevollmächtigten wie eigenes Verschulden zurechnen lassen (siehe auch §32 Abs.1 S.2 VwVfG).

76 Die Monatsfrist für den Widerspruch oder die Anfechtungsklage beginnt gemäß §58 Abs.1 VwGO nur zu laufen, wenn die Behörde den Betroffenen laut §37 Abs.6 VwVfG über deren Zulässigkeit nach §§70, 74 VwGO ordnungsgemäß belehrt hat. Ist die **Rechtsbehelfsbelehrung unterblieben oder unrichtig erteilt,** beträgt die Rechtsbehelfsfrist gemäß §58 Abs.2 VwGO ein Jahr. Gleiches ist in §66 Abs.2 SGG und in §55 Abs.2 FGO bestimmt.

Hat eine Behörde den **Zustellungsvorgang für elektronische Dokumente** eröffnet (§3a VwVfG), muss sie in der Rechtsbehelfsbelehrung **nicht darauf hinweisen,** dass der **Rechtsbehelf elektronisch** eingelegt werden kann. Das ist umstritten. Eine klärende Revisionsentscheidung des Bundesverwaltungsgerichts ist noch nicht ergangen. **Für eine Belehrung** ist unter vielen das *OVG Koblenz* (U 8.3.2012 – 1 A 11258/11 BeckRS 2012, 48956 = DÖV 2012, 571 L = NVwZ-RR 2012, 457 L). **Gegen eine Belehrung** etwa *OVG Nordrhein-Westfalen* B 1.12.2015 – 13 A 1266/14.A, juris Rn.19 = AuAS 2016, 34; *OVG Bremen,* U 8.8.2012 – 2 A 53/12, NVwZ-RR 2012, 950; *OVG Bremen* U 17.8.2018 – 1 B 162/18, juris Rn.3).

Ein derartiger **Hinweis** ist gesetzlich **nicht zwingend** geboten. §58 Abs.1 VwGO fordert nach seinem eindeutigen Wortlaut keine Belehrung über die für den Rechtsbehelf bzw. seine Begründung geltenden Formvorschriften, sondern lediglich über die Frist. Deren Erwähnung steht auch der Annahme entgegen, die Belehrung „über den Rechtsbehelf" schließe eine Belehrung über geltende Formerfordernisse ein (*BVerwG* U 27.2.1976 – IV C 74.74, juris Rn.18ff. = BVerwGE 50, 248 = NJW 1976, 1332; *OVG Nordrhein-Westfalen* B 1.12.2015 – 13 A 1266/14.A, juris Rn.19 = AuAS 2016, 34).

In der Rechtsbehelfsbelehrung ist die Behörde, bei welcher der Rechtsbehelf einzulegen ist, hinreichend deutlich zu bezeichnen. Daher genügt es, wenn der Betroffene erkennen kann, wo er den Rechtsbehelf einlegen kann (vgl. *OVG Brandenburg* B 7.10.2003 – 2 B 332/03, NVwZ-RR 2004, 315).

77 Gemäß **§ 77 Abs. 2 AufenthG** gilt folgende Regelung: Die Versagung und die Beschränkung eines Visums und eines Passersatzes vor der Einreise eines Ausländers bedürfen keiner Begründung und Rechtsbehelfsbelehrung. Die Versagung an der Grenze bedarf auch nicht der Schriftform. Damit entfällt die Notwendigkeit einer Rechtsbehelfsbelehrung.

78 Hinweis: Bei der **Bundeswehr** bedürfen schriftliche Maßnahmen im truppendienstlichen Bereich keiner Rechtsbehelfsbelehrung (*BVerwG* B 25.4.1974 – 1 WB 47/73; 1 WB 75/73, BVerwGE 46, 251 = DÖV 1974, 824 L; *BVerwG* B 1.10.1997 – 1 WB 29/97, NZWehr 1998, 120). Rechtsbehelf ist die Beschwerde, nicht der Widerspruch. Die Beschwerdefrist beträgt gemäß §6 Abs.1 WBO einen Monat.

In der Rechtsbehelfsbelehrung muss die Behörde nicht auf Besonderheiten des Ablaufs einer Frist hinweisen. Das gilt insbesondere für die verkürzte Frist des Monats Februar (*BVerwG* B 28.11.1975 – 7 B 151/75, NJW 1976, 865 = MDR 1976, 603 = DÖV 1976, 605 L = Buchholz 310 § 58 VwGO Nr. 30). **79**

Für den Fall, dass die Behörde irrtümlich eine längere Frist als die gesetzliche Frist angibt, hat das Bundesverwaltungsgericht offen gelassen, ob für den Adressaten infolge der fehlerhaften Rechtsmittelbelehrung die Rechtsfolge des § 58 Abs. 2 VwGO eintritt oder ob er sich an der in der Rechtsmittelbelehrung genannte Frist festhalten lassen muss (*BVerwG* U 10.2.1999 – 11 C 9/97, juris Rn. 10 = BVerwGE 108, 269 = NVwZ 1999, 653). Da die irrtümliche Nennung einer längeren Frist die Einlegung des Rechtsbehelfs nicht erschwert, dürfte dem Rechtsschutzinteresse des Adressaten genügen, wenn die genannte, längere Frist gilt (so auch *Kopp/Schenke*, § 58 VwGO Rn. 14). **80**

Gibt die Behörde irrtümlich eine kürzere Frist als die gesetzliche Frist an, gilt weder die angegebene noch die gesetzlich vorgesehene Frist, sondern die Jahresfrist gemäß § 58 Abs. 2 VwGO. **81**

Beispiele für unrichtige Rechtsbehelfsbelehrungen: **82**

- Eine Belehrung erweckt den Eindruck, der Widerspruch könne nur schriftlich eingelegt und müsse innerhalb der Widerspruchsfrist auch begründet werden (*BVerwG* U 13.12.1978 – 6 C 77/78, BVerwGE 57, 188 – NJW 1979, 1670 – RIA 1979,145 = ZBR 1980, 24 = ArztR 1980, 23 = DVP 1980, 263 = VerwRspr. 30, 762 = Buchholz 310 § 58 VwGO Nr. 39). Die rechtlich unzulässig verkürzte Belehrung, der Widerspruch sei „schriftlich oder zur Niederschrift“ einzulegen, ist auch nicht in Ordnung (*BVerwG* B 14.2.2000 – 7 B 200/99 Buchholz 310 § 58 VwGO Nr. 77 = VIZ 2000, 337). Jedoch ist in einer Belehrung die Formulierung unschädlich, der Widerspruch sei schriftlich „bzw.“ zur Niederschrift bei der Behörde zu erheben (*BVerwG* B 27.2.1981 – 6 B 19/81, DÖV 1981, 635 = ZBR 1981, 319 = DVP 1984, 23 = VerwRspr. 32, 1051). Notwendiger Inhalt einer Rechtsbehelfsbelehrung sind nur die in § 58 Abs. 1 VwGO geforderten Angaben (*BVerwG* U 27.2.1976 – 4 C 74/74, BVerwGE 50, 248 = RdL 1976, 306 = BayVBl. 1976, 568 = NJW 1976, 1332 = MDR 1976, 603 = Buchholz 310 § 58 VwGO Nr. 31).
- In der Belehrung heißt es, der schriftlich erhobenen Klage seien vier Abschriften beizufügen (*BVerwG* U 17.1.1980 – 7 C 32/79, NJW 1980, 1707 = DVBl. 1980, 879 = DÖV 1980, 918 = BayVBl. 1980, 305 = DRsp 557, 129 = VerwRspr. 32, 371 = Buchholz 310 § 58 VwGO Nr. 41).
- Ebenso unrichtig ist die Belehrung. der Widerspruch sei in doppelter Ausfertigung einzulegen (*BSG* U 17.12.1959 – 8 RV 469/58 BSGE 11, 213). Das gilt gleichermaßen für die Klageschrift, sonstige Schriftsätze sowie alle notwendig erscheinenden Unterlagen (*BSG* U 22.7.1982 – 7 RAr 115/81, MDR 1983, 174). Allerdings ist es nicht zu beanstanden, wenn die Behörde ihrer Belehrung den Zusatz beifügt, der Widerspruch werde in mehrfacher Ausfertigung „erbeten“ (*OVG Berlin* U 25.10.1996 – 2 B 6/94, NVwZ-RR 1998, 270).
- In der Rechtsbehelfsbelehrung ist der Sitz der Widerspruchsbehörde nicht klar genannt (*BVerwG* U 23.8.1990 – 8 C 30/88, BVerwGE 85, 298 = DVBl. 1990, 1354 = BayVBl. 1991, 154 = DÖV 1991, 115 = KStZ 1991, 38 = NVwZ 1991, 261; *OVG Bautzen* B 27.1.2010 – 2 A 626/08 DÖV 2010, 532 L = NVwZ-RR 2010, 543 L = BeckRS 2010, 47880).
- Gleiches gilt für eine Rechtsbehelfsbelehrung, die auf einen falschen Rechtsweg verweist (*BGH* U 10.12.1998 – III ZR 2/98 BGHZ 140, 208 = NJW 1999, 1113 = JZ 1999, 400 = DVBl. 1999, 777 = JR 2000, 21).

- Das trifft auch auf eine Rechtsbehelfsbelehrung zu, die das anzurufende Gericht nicht zutreffend bezeichnet (*OVG Frankfurt/Oder* U 14.10.1999 – 3 D 64/97, NVwZ-RR 2000, 49; *VG Darmstadt* B 23.11.1999 – 5 G 2093/89, HessVGRspr. 2000, 3 = NVwZ 2000, 591; *OVG Hamburg* U 6.5.2008 – 3 Bf 105/05, DVBl. 2008, 999 L).
- In der Praxis kommt mitunter folgender Fehler vor: Der Inhalt einer Rechtsbehelfsbelehrung ist geeignet, bei dem Betroffenen einen Irrtum über die formellen und materiellen Voraussetzungen des in Betracht kommenden Rechtsbehelfs hervorzurufen. Sie kann ihn dadurch abhalten, den Rechtsbehelf überhaupt, rechtzeitig oder in der richtigen Form einzulegen. Dieses wäre der Fall, wenn die Belehrung durch die Vielzahl der in ihr enthaltenen Informationen den Eindruck erweckt, alle zu erfüllenden Anforderungen vollständig aufgeführt zu haben (*BVerwG* U 21.3.2002 – 4 C 2/01, DVBl. 2002, 1553 = JA 2002, 936 = BayVBl. 2002, 678).
- Falsch ist auch eine Rechtsbehelfsbelehrung, die nicht, wie es sich gesetzlich gehört, vor, sondern hinter der Anordnung der sofortigen Vollziehung nach § 80 Abs. 2 S. 1 Nr. 4 VwGO steht (siehe Rn. 168).
- Ebenso falsch ist es, wenn im Text des Bescheides vor der Rechtsbehelfsbelehrung eine zusätzliche Strafe oder Geldbuße angekündigt wird (siehe Rn. 169). – Auch hier ist die Praxis reich an vermeidbaren Fehlern.
- Fehlerhaft ist weiter eine Belehrung, die entgegen dem klaren Wortlaut des Gesetzes statt des richtigen Ausdrucks „Zustellung" die falsche Bezeichnung „Bekanntgabe" benutzt (VwZG Einleitung Rn. 4).
- Schließlich ist eine Belehrung gesetzwidrig, die statt des richtigen Ausdrucks „Zustellung" die falsche Bezeichnung „Zugang" benutzt (VwZG Einleitung Rn. 4).
- Eine Rechtsbehelfsbelehrung, die für den Fall der schriftlichen Einlegung des Widerspruchs bei der Angabe der Dienststelle, wo der Widerspruch eingelegt werden kann, lediglich ein Postschließfach angibt, ist nach Ansicht des *OVG Bautzen* geeignet, bei dem Adressaten einen Irrtum zu erregen, und genügt nicht den Anforderungen des § 58 Abs. 1 VwGO (B 16.12.1996 – 3 S 610/96, SächsVBl. 1997, 159 = LKV 1997, 228 = NVwZ 1997, 802 L). Das ist richtig. Denn § 58 Abs. 1 VwGO verlangt, dass der Betroffene auch über den „Sitz" der Verwaltungsbehörde belehrt wird. Das Postschließfach ist aber kein solcher Sitz, sondern nur eine technische Zwischenstation zu ihm. Hinzu kommt: In einer derartigen Rechtsbehelfsbelehrung fehlt der Hinweis, dass der Widerspruch gemäß § 70 Abs. 1 VwGO auch zur Niederschrift bei der Behörde, die den Verwaltungsakt erlassen oder den Widerspruchsbescheid zu erlassen hat, eingelegt werden kann. Dieser belehrende Hinweis ist jedoch unerlässlich. Denn der Betroffene muss erfahren, in welchem Amtssitz er die Möglichkeit hat, persönlich vorzusprechen und seinen Widerspruch protokollieren zu lassen. Bei einem Postschließfach kann er das nicht.

83 Allerdings ist eine Rechtsbehelfsbelehrung nicht deshalb fehlerhaft, weil sie dem Bescheid nur **mit einem getrennten Anschreiben beigefügt** ist (*BVerwG* B 11.2.1998 – 7 B 30/98, VIZ 1998, 326 = NJW 1998, 3070 L = BayVBl. 1999, 58). Entscheidend ist allein, dass überhaupt eine Rechtsbehelfsbelehrung erteilt wird. § 58 Abs. 1 VwGO schreibt lediglich vor, dass sie schriftlich zu erteilen ist. Das ist bei einer Anlage der Fall. Dementsprechend verlangt § 37 Abs. 6 VwVfG von einer Bundesbehörde auch nur, dass sie dem Verwaltungsakt eine Rechtsbehelfsbelehrung „beizufügen" hat.

84 Im Übrigen kann eine Belehrung auch dann dem Erfordernis des § 58 Abs. 1 VwGO entsprechen, wenn sie **schriftlich nachgeholt** wird. Das ist jederzeit zulässig. In einem solchen Fall beginnt die Rechtsbehelfsfrist gemäß § 58 VwGO und § 31 Abs. 1 VwVfG i.V.m. § 187 Abs. 1 BGB mit Beginn des Tages nach der Bekanntgabe zu laufen. War der Verwaltungsakt förmlich zuzustellen, muss auch die nachgeholte Rechtsbehelfsbelehrung zugestellt werden. Obgleich die Belehrung selbst kein Verwaltungsakt ist, hat sie im Falle der Übermittlung durch die Post analog §41 Abs.2 VwVfG mit dem dritten Tage nach der Aufgabe zur Post als bekannt gegeben zu gelten. Denn bei der nachträglichen Erteilung der Rechtsbehelfsbelehrung kann der Adressat nicht anders gestellt sein ab bei ihrer gleichzeitigen Erteilung mit dem Verwaltungsakt.

Sollte die Behörde eine **Rechtsbehelfsbelehrung unrichtig erteilt** haben, hat sie wahlweise zwei Möglichkeiten, diesen offenbaren Fehler zu berichtigen: Sie kann die Rechtsbehelfsbelehrung durch ein Schreiben an den Adressaten nachholen. Sie kann aber auch den ursprünglichen Bescheid durch einen neuen Bescheid mit einer nunmehr zutreffenden Rechtsbehelfsbelehrung ersetzen. In diesem Fall ist rechtlich entscheidend, ob die Behörde lediglich den ursprünglichen Verwaltungsakt erneut – nun mit Rechtsbehelfsbelehrung – versendet oder ob sie einen neuen Verwaltungsakt inhaltsgleich erlässt. Im ersten Fall ergeht eine rein wiederholende Verfügung ohne eigene Verwaltungsaktsqualität. Im zweiten Fall würde der ursprüngliche Verwaltungsakt mit dem Erlass des neuen, inhaltsgleichen Verwaltungsaktes konkludent aufgehoben und damit unwirksam gemäß §43 Abs.2 VwVfG. Eine solche Aufhebung ist, auch konkludent, nur möglich, wenn die rechtlichen Voraussetzungen für eine Rücknahme (§48 VwVfG) oder einen Widerruf (§49 VwVfG) vorliegen. Während belastende Verwaltungsakte nach §48 Abs.1 VwVfG oder §49 Abs.1 VwVfG in aller Regel aufgehoben werden können, gilt dies für Verwaltungsakte, die den Bürger begünstigen, nach §48 Abs.2ff. VwVfG und §49 Abs.2ff. VwVfG nur eingeschränkt. Insbesondere wenn die Behörde einen begünstigenden Verwaltungsakt neu erlassen möchte, muss sie darauf sehen, ob die Voraussetzungen für die Aufhebung des ursprünglichen Verwaltungsaktes vorliegen. Zudem sollte sie beachten, dass durch den Erlass eines neuen Verwaltungsaktes ggf. Fristen neu in Gang gesetzt werden. So kommt es in der Praxis immer wieder vor, dass Bauaufsichtsbehörden eine Änderung in der Bauausführung zum Anlass nehmen, die gesamte Baugenehmigung neu zu erteilen mit der Folge, dass die Klagefrist für den Nachbarn erneut zu laufen beginnt. 85

Manchmal stellt eine Behörde **im selben Umschlag,** aber in getrennten Exemplaren, gleichzeitig einen **Widerspruchsbescheid** und einen **Bescheid über dessen Kosten** zu. Hier kommt es darauf an, dass sowohl der Widerspruchsbescheid als auch der Kostenfestsetzungsbescheid mit der jeweils zutreffenden Rechtsbehelfsbelehrung versehen sind. Ist das der Fall, kann kein Irrtum über die formellen oder materiellen Voraussetzungen der in Betracht kommenden Rechtsbehelfe entstehen. Der Betroffene kann dadurch nicht abgehalten werden, einen Rechtsbehelf überhaupt oder rechtzeitig einzulegen (*BVerwG* B 11.5.1994 – 11 B 66/94, NVwZ-RR 1994, 617 = Buchholz 310 §58 VwGO Nr.63). 86

Hat die Behörde eine **Rechtsbehelfsbelehrung unterlassen oder unrichtig erteilt,** muss sie diese entweder getrennt nachholen oder ihren Bescheid entsprechend berichtigen und erneut zustellen. Gleiches gilt für das Gericht (*BVerwG* U 4.10.1999 – 6 C 31/98, BVerwGE 109, 336, 342 = DVBl. 2000, 562 = NVwZ 2000, 190 = DÖV 2000, 377; *VGH München* B 6.12.2004 – 1 C 03.2374, NVwZ-RR 2006, 582). 87

Eine verwaltungsgerichtliche Rechtsbehelfsbelehrung ist nicht deshalb unrichtig i.S.d. §58 Abs.2 VwGO erteilt, weil in ihr der Hinweis auf den in §67 Abs.4 VwGO vorgeschriebenen qualifizierten Vertretungszwang fehlt. Es entspricht ständiger Rechtsprechung des *Bundesverwaltungsgerichts,* dass eine Rechtsmittelbelehrung gemäß §58 Abs.1 VwGO nicht über einen gesetzlichen Vertretungszwang belehren muss, um die 88

Rechtsmittelfrist in Lauf zu setzen (U 15.4.1977 – 4 C 3.74, BVerwGE 52, 226, 231 f m.w.N.; B 27.8.1997 – 1 B 145.97 Buchholz 310 § 58 VwGO Nr. 67 = NVwZ 1997, 1211; B 7.10.2009 – 9 B 83.09 Buchholz 310 § 60 VwGO Nr.Nr. 266 = NVwZ-RR 2010, 36; *BVerwG* B 24.10.2012 – 1 B 23/12, juris Rn. 5 = NVwZ-RR 2013, 128 = BayVBl 2013, 220; kritisch: *Kopp/Schenke*, § 58 VwGO Rn. 10).

89 Die Rechtsbehelfsbelehrung ist in deutscher Sprache zu erteilen. Denn gemäß § 23 Abs. 1 VwVfG ist die Amtssprache deutsch. Gleiches gilt nach § 55 VwGO i.V.m. § 184 GVG für die Gerichtssprache (vgl. *BGH* U 26.1.2011 – 2 Str 338/10 BeckRS 2011, 04342 = NJW-Spezial 2011, 186). Grundsätzlich hat ein Ausländer daher keinen Anspruch darauf, dass ihm die Rechtsbehelfsbelehrung in seiner Heimatsprache erteilt wird (*BVerfG* B 7.4.1976 – 2 BvR 728/75, BVerfGE 42, 120, 125; BVerwG B 14.4.1978 – 1 B 113.78 Buchholz 310 § 58 VwGO Nr.Nr. 37 S. 16; *BVerwG* U 29.8.2018 – 1 C 6/18, juris Rn. 21).

90 **Hinweis für die Verwaltungspraxis:** Einen Verwaltungsakt sollte die Behörde vorerst nicht als unanfechtbar durchsetzen, wenn Widerspruch oder Klage gegen ihn zwar verspätet erhoben wurden, aber mit **Wiedereinsetzung in den vorigen Stand** nach § 60 VwGO zu rechnen ist, weil die Rechtsmittelfrist unverschuldet versäumt wurde. Der Widerspruchsführer oder Kläger muss den Wiedereinsetzungsantrag nach § 60 Abs. 2 S. 1 VwGO allerdings innerhalb von zwei Wochen nach Wegfall des Hindernisses stellen. Versäumt er diese Frist, kommt eine Wiedereinsetzung nicht mehr in Betracht.

Ist ein Rechtsbehelf verspätet eingelegt worden, ist der angefochtene Verwaltungsakt in Bestandskraft erwachsen und damit unanfechtbar; in gleicher Weise erwächst ein Urteil in Rechtskraft, wenn die Klage verfristet erhoben wird. Infolgedessen ist das Verwaltungszwangsverfahren nicht mehr gehemmt. Daran ändert ein Antrag auf Wiedereinsetzung zunächst nichts. Die bereits eingetretene Bestandskraft des angefochtenen Verwaltungsaktes entfällt nicht bereits mit der Antragstellung, sondern erst durch die gerichtliche Entscheidung der Wiedereinsetzung (*BVerwG* U 5.2.1965 – 7 C 154/64, BVerwGE 20, 240, 243; *BVerwG* B 9.10.2015 –3 B 70/15, 3 B 70/15 (3 B 46/14), juris Rn. 5 = BVerwGE 153, 169 = NVwZ 2016, 468).

Die Behörde oder das Gericht wird dem Antrag auf Wiedereinsetzung stattgeben, wenn die Voraussetzungen des § 32 VwVfG bzw. § 60 VwGO gegeben sind. Im Zentrum der Prüfung steht zumeist die Frage, ob der Antragsteller die Rechtsmittelfrist unverschuldet versäumt hat. Das ist insbesondere dann der Fall, wenn die Post Briefe mit Verzögerung („Schneckentempo") befördert hat (*BVerfG* B 4.5.1977 – 2 BvR 616/75 BVerfGE 44, 302 = EuGRZ 1977, 359 = NJW 1977, 1233; *BVerfG* B 15.4.1980 – 2 BvR 461/79 BVerfGE 54, 80, 84 = EuGRZ 1980, 374 = Rpfleger 1980, 269; *BVerfG* B 1.12.1982 – 1 BvR 607/82 BVerfGE 62, 334, 336, 337 = NJW 1983, 1479 = SGB 1983, 154). Der Bürger darf auf normale Postlaufzeiten vertrauen. In seinem Verantwortungsbereich liegt lediglich, die Sendung so rechtzeitig und ordnungsgemäß zur Post zu geben, dass diese bei normalem Verlauf der Dinge den Empfänger fristgerecht erreichen können. Verzögerungen bei der Briefbeförderung muss er sich nicht als Verschulden zurechnen lassen (*BGH* B 18.7.2007 – XII ZB 32/07, juris Rn. 13 = NJW 2007, 2778, , ; *BGH* B 13.5.2004 – V ZB 62/03, juris Rn. 11 = NJW-RR 2004, 1217; *BVerwG* B 27.3.2017 – 4 BN 33/16, juris Rn. 5; Bader/*Funke-Kaiser*/Stuhlfauth/*von Albedyll*, § 60 VwGO Rn. 5).

91 An der Maßgeblichkeit dieser Grundsätze hat sich durch die Neuorganisation der Post im Zuge der **Postreform** (VwZG Einleitung Rn. 1, 6) nichts geändert. Der Bürger darf weiter darauf vertrauen, dass die Postlaufzeiten, welche nach ihren organisatorischen und betrieblichen Vorkehrungen für den Normalfall festgelegt sind, eingehalten werden. Das gilt auch für eine Sendung, die am Freitag in den Postbriefkasten vor dessen letzter Leerung eingeworfen wird (*BVerfG* B 22.9.2000 – 1 BvR 1059/00, NJW 2001, 744 = VersR 2001, 656 L = NVwZ 2001, 426 L).

Insoweit bestimmt § 2 Nr. 3 S. 1 Post-Universaldienstleistungsverordnung (PUDLV) vom 15.12.1999 (BGBl. I S. 2418) i.V.m. § 11 Abs. 2 PostG: Von den an einem Werktag eingelieferten inländischen Briefsendungen müssen im Jahresdurchschnitt mindestens 80 vom Hundert an dem ersten auf den Einlieferungstag folgenden Werktag und 95 vom Hundert bis zum zweiten auf den Einlieferungstag folgenden Werktag ausgeliefert werden. Der Bürger darf davon ausgehen, dass im Bundesgebiet werktags aufgegebene Postsendungen grundsätzlich am folgenden Werktag ausgeliefert werden (*BGH* B 21.10.2010 – IX ZB 73/10 BeckRS 2010, 28515 = MDR 2011, 124 = NJW-Spezial 2011, 31; *BVerwG* U 20.6.2013 – 4 C 2/12, juris Rn. 8 = BVerwGE 147, 37 = NVwZ 2013, 1288).

Grundsätzlich gilt für alle Rechtsbereiche: Wirft der Absender den Brief so rechtzeitig in den Briefkasten, dass dieser nach den normalen Postlaufzeiten fristgerecht bei dem Adressaten eingeht, besteht Vertrauensschutz. Das trifft nur dann nicht zu, wenn dem Absender besondere Umstände bekannt sind, die zu einer Verlängerung der normalen Postlaufzeiten führen können. Demgemäß hat der Absender auch einen Anspruch auf Wiedereinsetzung in den vorigen Stand (vgl. *BGH* B 30.9.2003 – VI ZB 60/02, NJW 2003, 3712 = MDR 2004, 227; *BGH* B 13.5.2004 – V ZB 62/03, IBR 2004, 467 = MDR 2004, 1072).

92 Die **Fristversäumnis** kann auch dadurch verursacht worden sein, dass die absendende Behörde dem Adressaten aus Versehen eine **falsche Postleitzahl oder Anschrift** angegeben hat. Ein solcher Fehler darf nicht zu Lasten des Betroffenen gehen. Ihm ist deshalb Wiedereinsetzung in den vorigen Stand zu gewähren (*BFH* U 10.6.1999 – V R 33/97, NJW 2000, 1520 = NVwZ 2000, 840 L; *OVG Hamburg* U 6.5.2008 – 3 Bf 105/05, DVBl. 2008, 999 L).

93 Bei der **Versäumung** einer gesetzlichen Frist gilt für alle Rechtsgebiete: Beruht die Versäumung nicht auf einem Verschulden des Rechtsuchenden, sondern auf einem **Fehler der Behörde oder des Gerichts,** ist die Wiedereinsetzung in den vorigen Stand von Amts wegen zu gewähren. Über diese Möglichkeit hat die Behörde oder das Gericht den Betroffenen zu belehren. Das gebietet der Grundsatz fairer Verfahrensführung gemäß Art. 20 Abs. 3 GG (*BverfG* B 11.11.2001 – 2 BvR 1471/01, juris Rn. 15 = Rpfleger 2002, 279; *BVerfG* B 27.9.2005 – 2 BvR 172/04, NJW 2005, 3629 = NVwZ 2006, 328 L).

Als unverschuldet ist die Fristversäumnis auch anzusehen, wenn der Antragsteller zunächst einen von ihm zu vertretenden Fehler begangen hat, dann aber ein zusätzlicher Fehler des Gerichts hinzugekommen ist, auf dem letztlich die Fristversäumnis beruht (*BverwG* B 25.7.2007 – 2 WDB 1/07, NJW 2007, 3797).

94 **Nach einem Jahr** seit dem Ende der versäumten Frist kann die **Wiedereinsetzung** in den vorigen Stand **nicht mehr gewährt werden,** außer wenn es dem Betroffenen

infolge höherer Gewalt nicht möglich war, den Wiedereinsetzungsantrag vor Ablauf der Jahresfrist zu stellen. Das bestimmen §32 Abs.3 VwVfG und §60 Abs.3 VwGO. Gleiches Recht gibt es im Übrigen gemäß §27 Abs.3 SGB X, §67 Abs.3 SGG, §110 Abs.3 AO, §56 Abs.3 FGO und §234 Abs.3 ZPO (dazu *OLG Stuttgart* B 8.11.2001 – 6 W 30/01, NJW-RR 2002, 716 = MDR 2002, 353). Diese Ausschlussfrist ist endgültig (vgl. *BGH* B 1.6.1987 – II ZB 43/87, VerwR 1987, 1237). Sie verfolgt den Zweck, Verfahren für vergangene Zeiträume angemessen zu beschränken. Insoweit dient sie der gerade im Rahmen einer Massenverwaltung besonders wichtigen Rechtssicherheit und Vereinfachung, weil der Säumige mit der Rechtshandlung ohne weitere Prüfung ausgeschlossen wird (*BverwG* U 18.4.1997 – 8 C 38/95, juris Rn.13 = NJW 1997, 2966).

Unter den **Begriff der „höheren Gewalt"** fallen nicht nur Naturereignisse und vergleichbare der menschlichen Steuerung entzogene Umstände. Unter höherer Gewalt ist vielmehr „ein Ereignis zu verstehen, das unter den gegebenen Umständen auch durch die größte, nach den Umständen des gegebenen Falles vernünftigerweise von dem Betroffenen unter Anlegung subjektiver Maßstäbe – also unter Berücksichtigung seiner Lage, Erfahrung und Bildung – zu erwartende und zumutbare Sorgfalt nicht abgewendet werden konnte" (*BverwG* U 30.10.1997 – 3 C 35/96 BverwGE 105, 288, 300 = NVwZ 1998, 1292 = BayVBl. 1998, 374; *BverfG* B 16.10.2007 – 2 BvR 51/05 BverfGK 12, 303 = NJW 2008, 429 = DVP 2009, 125). Auch ein rechts- oder treuwidriges Verhalten der Behörde kann einen Fall höherer Gewalt begründen. Hierfür genügt jedoch nicht jede Irreführung durch eine Behörde. Bei einer Klage ist ein Fall höherer Gewalt allenfalls dann gegeben, wenn die Behörde beim Kläger einen Irrtum über die Möglichkeit der eigenen Betroffenheit und damit seiner Klagebefugnis oder über die hinreichenden Erfolgsaussichten einer Klage erregt oder arglistig über einen für den Erfolg der Klage relevanten Umstand getäuscht hat (*BverwG* U 31.7.2012 – 4 A 5000/10, 4 A 5001/10, 4 A 5002/10, 4 A 7000/11, 4 A 5000/10, 4 A 5001/10, 4 A 5002/10, 4 A 7000/11, juris Rn.41 = BverwGE 144, 1 = NVwZ 2013, 284).

95 **b) Rechtskräftiges Urteil.** Weist das Verwaltungsgericht die Anfechtungsklage ab, wird der angefochtene Verwaltungsakt in dem Zeitpunkt bestandskräftig und damit unanfechtbar, in dem das Klageabweisungsurteil rechtskräftig wird. Das Urteil wird rechtskräftig, wenn die Fristen für die Einlegung von Rechtsmitteln (Berufungsfrist gemäß §124a Abs.2 S.1 VwGO, Revisionsfrist gemäß §139 Abs.1 S.1 VwGO) erfolglos verstrichen sind oder in der Sache das letztinstanzliche Urteil, das durch Rechtsmittel nicht mehr angefochten werden kann (idR das Revisionsurteil), ergangen ist.

96 **c) Prozessvergleich.** Klageverfahren vor Gericht werden idR durch Urteil entschieden. Die Prozessparteien können einen Rechtsstreit auch dadurch erledigen, dass sie vor Gericht einen Vergleich i.S.d. §106 VwGO schließen. Der Prozessvergleich hat nach hM eine Doppelnatur (Bader/Funke-Kaiser/*Stuhlfauth*/von Albedyll, §106 VwGO Rn.6): Er ist einerseits ein öffentlich-rechtlicher Vertrag, andererseits eine Prozesshandlung. In verwaltungsprozessualer Hinsicht beendet er die Rechtshängigkeit der Streitsache (§90 VwGO) unmittelbar; damit endet die aufschiebende Wirkung der Klage aus §80 Abs.1 S.1 VwGO; hierdurch erwächst der Verwaltungsakt in Bestandskraft und wird unanfechtbar (*BverwG* B 14.12.1967 – 8 B 146/67 BverwGE 28, 332, 334 = DÖV 1968, 293 = ZMR 1968, 184). Die Unanfechtbarkeit tritt ein, sobald der Vergleich rechtswirksam wird. Das ist regelmäßig am Tage seines Abschlusses vor dem Verwaltungsgericht der Fall.

Hier gilt das Gleiche wie im bürgerlichen Recht: Nehmen die Parteien einen Vergleich vor dem Gericht an, so ist dieser rechtswirksam. Ein späterer, nicht vorbehaltener Widerruf ist unbeachtlich (*OLG Hamm* U 13.12.2010 – 31 U 99/07, MDR 2011, 507 = NJW 2011, 1373).

Eine vergleichsweise Beilegung des Rechtsstreits wird nicht selten durch das Gericht angeregt. Ein solcher Vorschlag trifft die Prozessparteien bisweilen unvorbereitet. Wegen der weitreichenden Folgen eines Prozessvergleichs ist der Wunsch, die vorgeschlagene Vereinbarung zu überdenken und ggf. näher zu prüfen, verständlich. In dieser Situation bietet sich an, sich im Vergleich den Widerruf innerhalb einer bestimmten Frist vorzubehalten. Materiell-rechtlich kann der **Widerrufsvorbehalt** als aufschiebende Bedingung, als auflösende Bedingung oder als Rücktrittsvorbehalt ausgestaltet werden. Im Falle einer aufschiebenden Bedingung wird der Vergleich erst wirksam, wenn in der Frist der Widerruf nicht erklärt wird. Wird eine auflösende Bedingung oder ein Rücktrittsvorbehalt vereinbart, wird der Vergleich mit Abschluss unmittelbar wirksam; seine Rechtswirksamkeit kann durch Ausübung des Widerrufs jedoch wieder beseitigt werden. In der Praxis empfiehlt es sich, den Widerrufsvorbehalt als aufschiebende Bedingung auszugestalten, damit keine Rückabwicklung erforderlich wird (Gärditz/*Aschke*, § 106 VwGO Rn. 52). Prozessrechtlich ist der Vergleich bis zum Ablauf der Widerrufsfrist schwebend unwirksam; wird der Widerruf fristgemäß erklärt, wird er vollends unwirksam, ansonsten wirksam (Bader/Funke-Kaiser/*Stuhlfauth*/von Albedyll, § 106 VwGO Rn. 21).

Bei Streit über seine Rechtsgültigkeit entscheidet das Prozessgericht (*BVerwG* U 27.9.1961 – 1 C 93/58, GewArch 1962, 68 = DÖV 1962, 423 = Buchholz 310 § 106 VwGO Nr. 2; *BVerwG* B 27.10.1993 – 4 B 175/93, NJW 1994, 2306 = DVBl. 1994, 211 = NVwZ 1994, 999 L; *OVG Lüneburg* U 22.10.1999 – 1 L 506/98, NVwZ 2000, 1309 = BauR 2000, 879 = UPR 2000, 238 = NuR 2000, 645; *VGH München* U 21.12.1999 – 20 N 96.2625/20 B 96.2509, NVwZ 2000, 1310 = BayVBl. 2000, 533 = DVBl. 2000, 568).

Bei Versäumung der Widerrufsfrist kann das Gericht Wiedereinsetzung in den vorigen Stand nicht gewähren (st Rspr, vgl. nur *BVerwG* B 24.8.1999 – 4 B 72/99, juris Rn. 8 = BverwGE 109, 268 = NVwZ-RR 2000, 255).

In materiell-rechtlicher Hinsicht ist der Prozessvergleich ein öffentlich-rechtlicher **97**
Vertrag i.S.d. § 54 S. 2 VwVfG, der als **Vergleichsvertrag** nach § 55 VwVfG, ggf. auch als Austauschvertrag nach § 56 VwVfG, vor dem Gericht geschlossen wird. Für die Berechnung der Frist zum Widerruf eines Prozessvergleichs finden deshalb § 79, § 31 Abs. 1, 3 VwVfG und § 57 Abs. 2 VwGO Anwendung. Fällt das Ende der Widerrufsfrist auf einen Sonntag, einen gesetzlichen Feiertag oder einen Sonnabend, so endet die Frist entsprechend § 193 BGB erst mit dem Ablauf des nächstfolgenden Werktages (vgl. *GmS-OGB* B 6.7.1972 – GmS-OGB 2/71 BGHZ 59, 396 = BverwGE 40, 363 = JZ 1972, 741 = DÖV 1972, 820 = NJW 1972, 2035; *VGH Kassel* B 24.3.2000 – 11 TG 3096/99, NVwZ-RR 2000, 544; *VG Frankfurt/Main* U 9.9.1999 – 15 E 4015/96, NVwZ-RR 2000, 262). Zu diesem übereinstimmenden Ergebnis führen alle vorgenannten Bestimmungen.

Ein Prozessvergleich, der rechtsnachfolgefähige Rechte und Pflichten zum Gegen- **98**
stand hat, geht auf den Rechtsnachfolger über und kann gegen ihn vollstreckt werden, § 167 i.V.m. §§ 795 S. 1, 727 Abs. 1, 325 ZPO (Bader/Funke-Kaiser/*Stuhlfauth*/von

Albedyll, §106 VwGO Rn.7). So bindet ein gerichtlicher Vergleich, der die **bauliche Nutzung** eines Grundstücks regelt, auch den **Rechtsnachfolger** (*VGH Mannheim* U 26.1.2005 – 5 S 1662/03, NVwZ-RR 2006, 81; *VGH München* B 13.3.2000 – 22 C 00.514 BayVBl. 2000, 662 = NVwZ 2000, 1312).

Der wirksame Prozessvergleich stellt einen Vollstreckungstitel dar, §168 Abs.1 Nr.3 VwGO. Soll aus einem gerichtlichen Prozessvergleich zugunsten der öffentlichen Hand vollstreckt werden, richtet sich die Vollstreckung gemäß §169 Abs.1 S.1 VwGO nach dem Verwaltungs-Vollstreckungsgesetz.

99 **d) Zurücknahme des Rechtsbehelfs.** Der Kläger kann einen Verwaltungsprozess einseitig beenden, indem er die Klage gemäß §92 VwGO zurücknimmt. Die Klagerücknahme beendet den Rechtsstreit. Die Klage gilt als nicht anhängig geworden, §173 VwGO i.V.m. §269 Abs.3 S.1 ZPO.

Nimmt der Bürger die gegen einen Verwaltungsakt gerichtete Klage zurück, hat dies weitreichende Konsequenzen. Zwar hindert die Klagerücknahme ihn nicht daran, gegen den Verwaltungsakt erneut Anfechtungsklage zu erheben. In der Zwischenzeit dürfte häufig allerdings die Klagefrist des §74 Abs.1 S.1 VwVfG abgelaufen sein, so dass der Verwaltungsakt in Bestandskraft erwachsen und damit unanfechtbar geworden ist.

100 **e) Verzicht auf den Rechtsbehelf.** Von der Klagerücknahme ist der Klageverzicht (§173 VwGO i.V.m. §306 ZPO) zu unterscheiden. Während die Klagerücknahme ausschließlich die bereits erhobene Klage zum Gegenstand hat, beinhaltet der Klageverzicht, das verfolgte Klagebegehren auch zu einem späteren Zeitpunkt nicht geltend zu machen.

Der Verzicht auf einen Rechtsbehelf kann bereits im Vorfeld eines Verwaltungsprozesses von den Parteien vereinbart werden. Diese Vereinbarung können die Parteien selbst treffen (*OVG Münster* B 6.9.2011 – 15 A 716/11, NJW 2012, 872). Der Verzicht kann auch Gegenstand eines gerichtlichen Vergleichs sein und auch in Bezug auf einen künftigen, genau formulierten Verwaltungsakt erklärt werden (*OVG Berlin* U 9.2.1978 – 3 B 15/78, OVGE Berlin 14, 178).

Der vor Gericht wirksam erklärte Rechtsbehelfsverzicht aller Beteiligten (vgl. §63 VwGO) führt unmittelbar die Unanfechtbarkeit und damit Bestandskraft des Verwaltungsaktes herbei. Damit kann der Verwaltungsakt im Wege des Verwaltungszwanges durchgesetzt werden.

101 Ein **Verwaltungsakt** kann nur **formell unanfechtbar,** aber nicht wie eine Gerichtsentscheidung materiell rechtskräftig (unabänderlich) werden (vgl. *BVerfG* B 9.5.1973 – 2 BvL 43, 44/71 BVerfGE 35, 65, 73 = NJW 1973, 1683 = DÖV 1973, 645 = BayVBl. 1973, 462 = JuS 1974, 58; *BVerwG* U 25.10.1957 – 3 C 370/56, BVerwGE 5, 312, 313 = NJW 1958, 884 = DVBl. 1958, 285 = DÖV 1958, 178).

102 Auch ein **Widerspruchsbescheid** wird lediglich **formell unanfechtbar.** Er ist nämlich laut §79 i.V.m. §9 VwVfG ein Verwaltungsakt besonderer Art. Das Widerspruchsverfahren ist gemäß §68 VwGO ein Vorverfahren der Exekutive. Es bildet die Sachurteilsvoraussetzung für die Anfechtungsklage und die Verpflichtungsklage des §42 VwGO. Denn der Widerspruch ist selbst noch keine Prozesshandlung, sondern nur ein vorprozessualer Rechtsbehelf innerhalb der instanziellen Zuständigkeit der Verwal-

tung (*BVerwG* U 12.12.2001 – 8 C 17/01, BVerwGE 115, 302 = NJ 2002, 439 = DVBl. 2002, 1043 = NJW 2002, 1137). Folgerichtig hat die Widerspruchsbehörde keine Aufgaben der Rechtsprechung. Ihr Bescheid kann also nicht rechtskräftig werden (*BVerfG* B 9.5.1973 – 2 BvL 43, 44/71 BVerfGE 35, 65, 72, 73 = DÖV 1973, 645 = BayVBl. 1973, 462 = NJW 1973, 1683 = JuS 1974, 58).

Das Ausgangsverfahren bildet mit dem Widerspruchsverfahren ein einheitliches Verwaltungsverfahren i.S.d. § 9 VwVfG. Hierauf weist § 79 Abs. 1 Nr. 1 VwGO ausdrücklich hin (*BVerwG* U 28.2.2002 – 7 C 17/01, NVwZ 2002, 1252 = JA 2002, 851 = BayVBl. 2002, 566 = NJ 2002, 440 = NordÖR 2002, 362 = VIZ 2002, 467 = DVBl. 2002, 1045). Es wird erst mit dem Erlass des Widerspruchsbescheides beendet (*BVerwG* U 27.9.1989 – 8 C 88/88, BVerwGE 82, 336, 338 = NVwZ 1990, 651 = DVBl. 1990, 433 = BayVBl. 1990, 89 = DÖV 1990, 207 = KStZ 1990, 72; *BVerwG* U 18.4.1986 – 8 C 81/83, VR 1986, 395 = NVwZ 1987, 224 = Buchholz 316 § 3 VwVfG Nr. 2; *VGH Mannheim* U 4.2.1991 – 2 S 652/89, ESVGH 41, 176 = VBlBW 1991, 346 = NVwZ 1992, 584).

Die formelle **Unanfechtbarkeit eines Verwaltungsaktes** ist von der formellen **Rechtskraft verwaltungsgerichtlicher Entscheidungen** zu unterscheiden. Formelle Rechtskraft bedeutet, dass eine Entscheidung mit ordentlichen Rechtsmitteln (Berufung, Revision Beschwerde) nicht mehr angegriffen werden kann. Eine rechtskräftige gerichtliche Entscheidung bindet das Gericht; es kann seine Entscheidung nicht mehr ändern oder aufheben. Dem gegenüber ist es den Verwaltungsbehörden nicht verwehrt, auch unanfechtbare Verwaltungsakte unter den Voraussetzungen der §§ 48 bis 51 VwVfG zu ändern oder aufzuheben. 103

Die Unanfechtbarkeit trifft und bindet also nur den Adressaten des Verwaltungsaktes: Er kann einen unanfechtbaren Verwaltungsakt nicht (mehr) durch Widerspruch und Anfechtungsklage gemäß § 42, §§ 68 ff. VwGO anfechten (vgl. *VGH Mannheim* B 3.6.2004 – 6 S 30/04, NJW 2004, 2690 = DÖV 2004, 844 = DVBl. 2004, 1051 L; *OVG Berlin* U 16.10.1985 – 1 B 37/83, OVGE Berlin 17, 162).

Allerdings darf die Widerspruchsbehörde als „Herrin des Vorverfahrens“ auch einen **verspätet eingelegten Widerspruch sachlich bescheiden.** Dadurch wird die Fristversäumnis geheilt. Das hat zur Folge, dass auch die Klage zulässig ist und der Klageweg dadurch wieder frei wird (*BVerwG* U 13.12.1967 – 4 C 124/ 65, BVerwGE 28, 305, 308 = NJW 1968, 955 = DÖV 1968, 253 = BayVBl. 1968, 277 – StTg 1968, 376 = JZ 1968, 788 = JuS 1968, 388 = MDR 1968, 608 = Buchholz 310 § 76 Nr. 4; *BVerwG* U 28.10.1982 – 2 C 4/80 BayVBl. 1983, 311 = RiA 1983, 53 = NVwZ 1983, 608 = BWVPr. 1983, 246; *BVerwG* U 20.6.1988 – 6 C 24/87, ZfSH/SGB 1988, 644 = NVwZ-RR 1989, 85). In diesem Fall erübrigt sich eine Wiedereinsetzung in den vorigen Stand gemäß § 70 Abs. 2 i.V.m. § 60 Abs. 1 bis 4 VwGO. 104

Anders ist es im **Abgabenrecht**. Nach § 358 S. 2 AO ist ein verspätet eingelegter Einspruch als unzulässig zu verwerfen.

Die Widerspruchsbehörde heilt den Mangel der Versäumung der Widerspruchsfrist durch ihre Sachentscheidung auch dann, wenn sie zu Unrecht Wiedereinsetzung in den vorigen Stand gewährt hat. Aus welchem Grund die Widerspruchsbehörde in der Sache entschieden hat, ist unbeachtlich. Maßgeblich ist allein, dass sie sich mit der Sache befasst und damit dem Aspekt der Selbstkontrolle der Verwaltung Rechnung getragen hat (*VGH Mannheim* U 14.3.2001 – 8 S 1989/00, juris Rn. 26 =, VBlBW 2001, 487 = NVwZ-RR 2002, 6).

Nimmt die Widerspruchsbehörde irrtümlich an, sie sei verpflichtet, einen verspäteten Widerspruch als unzulässig zurückzuweisen, handelt sie ermessensfehlerhaft (*VGH Mannheim* U 31.8.1979 – V 3404/78, DÖV 1980, 383 = NJW 1980, 2270 = JA 1980, 679 = JuS 1980, 765). Der Widerspruchsbescheid ist rechtmäßig.

105 Nicht möglich ist die Annahme verfristeter Widersprüche durch die Widerspruchsbehörde bei **Verwaltungsakten mit Drittwirkung (Doppelwirkung)**. In den Bundesländern, die das Widerspruchsverfahren gegen Entscheidungen der Bauaufsichtsbehörden nicht abgeschafft haben, bildet der Erlass von Baugenehmigungen und Bauordnungsverfügungen, die sowohl den Bauherren als auch den Nachbarn rechtlich betreffen, nach wie vor praktisch bedeutsame Beispiele. So darf die Widerspruchsbehörde über den gegen eine **Baugenehmigung** nach Ablauf der Widerspruchsfrist eingelegten **Nachbarwiderspruch** nicht mehr sachlich entscheiden (*BVerwG* U 4.8.1982 – 4 C 42/79, DVBl. 1982, 1097 = DÖV 1982, 940 = AgrarR 1982, 332 = UPR 1983, 26 = NuR 1983, 120 = NVwZ 1983, 285 = JZ 1983, 143 = BayVBl. 1983, 27 = JuS 1983, 722 = MDR 1983, 162 = DVP 1984, 48 = Buchholz 406.19 Nr. 49 = BRS 39 Nr. 160; zustimmend *OVG Weimar* B 25.5.1994 – 1 EO 178/93, LKV 1994, 408 = ThürVBl. 1995, 67). Gleiches gilt beim **Restitutionsbescheid** (*BVerwG* B 11.2.1998 – 7 B 30/98, NJW 1998, 3070 L = VIZ 1998, 326 = BayVBl. 1999, 58).

Der Grund hierfür liegt darin, dass der durch den unanfechtbaren Verwaltungsakt Begünstigte eine **gesicherte Rechtsposition** erlangt hat. Diese könnte ihm durch eine neue Entscheidung entzogen werden. Dafür wiederum müsste eine besondere Ermächtigungsgrundlage bestehen. Die §§ 68 ff. VwGO enthalten eine solche nicht (*BVerwG* B 11.3.2010 – 7 B 36/09, NJW 2010, 1686, 1688 = DVP 2010, 522 = MV 2010, 532 L = DVBl. 2010, 663 L).

106 Die Widerspruchsfrist nach §70 VwGO und Klagefrist nach §74 VwGO kommen nur in Gang, wenn die Verfügung der Bauaufsichtsbehörde oder der Widerspruchsbescheid der nächst höheren Behörde dem Nachbarn ordnungsgemäß bekanntgegeben wurde. Dies ist, wie oben im Zusammenhang mit der Rechtsbehelfsbelehrung bereits erörtert, häufig nicht der Fall. Wir die Baugenehmigung dem Nachbarn bekannt gegeben, richtet sich die Rechtsbehelfsfrist danach, ob dem Bescheid eine Rechtsbehelfsbelehrung beigefügt ist, die der Nachbar auf sich beziehen kann (hierzu oben Rn. 71). Wird die Baugenehmigung dem Nachbarn aber nicht bekannt gegeben, beginnt auch die Jahresfrist nach §58 Abs. 2 VwGO nicht zu laufen. Dann ist für den Beginn der Rechtsmittelfrist auf den Zeitpunkt abzustellen, in dem der Nachbar von der Baugenehmigung in sonstiger Weise Kenntnis erlangt hat oder hätte erlangen müssen. Von diesem Zeitpunkt an läuft die Jahresfrist in entsprechender Anwendung der §§70 und 58 Abs. 2 VwGO. Allerdings ist es dem Nachbarn nach Treu und Glauben versagt, die Jahresfrist auszuschöpfen, um erst dann gegen das Bauvorhaben rechtlich vorzugehen, wenn dieses weit gediehen ist. In diesem Falle hat er sein Widerspruchs- bzw. Klagerecht verwirkt (*BVerwG* U 16.5.1991 – 4 C 4/89 BauR 1991, 597 = UPR 1991, 345 = NVwZ 1991, 1182 = BayVBl. 1991, 726 = VBlBW 1992,134; *OVG Schleswig* B 11.8.2003 – 1 LA 137/02, NordÖR 2004, 244; *OVG Berlin-Brandenburg* B 29.4.2010 – 10 S 5/10 –; *OVG Lüneburg* B 5.7.2011 – 1 LA 207/08 BeckRS 2011, 532238 = NVwZ-RR 2011, 807; *VG Koblenz* U 12.4.2011 – 7 K 1059/10 BeckRS 2011, 50694 = NVwZ-RR 2011, 594 L).

Gleiches gilt bei einem Planfeststellungsbeschluss (*BVerwG* U 10.8.2000 – 4 A 11/99, DVBl. 2000, 1862 = UPR 2001, 69 = NVwZ 2001, 206 = BayVBl. 2001, 727 = NZV 2001, 93 = BRS 63 Nr. 202).

Ein etwaiges Abwehrrecht des Nachbarn wird nicht dadurch ausgeschlossen, dass bei dem betroffenen Grundstück ein **Wechsel des Eigentümers** stattgefunden hat. Denn das Abwehrrecht ist dinglich auf die beteiligten Grundstücke bezogen. Infolgedessen rückt der neue Eigentümer in die Rechtsstellung des früheren ein (*OVG Magdeburg* B 4.6.2012 – 2 L 56/11 BeckRS 2012, 52770 = NVwZ-RR 2012, 752).

Diese Verwirkung von Nachbarrechten erstreckt sich uneingeschränkt auf den **107** **Rechtsnachfolger.** Für ihn gilt der Einwand einer unzulässigen Rechtsausübung nach Treu und Glauben auch für den Fall, dass er das Grundstück in der **Zwangsversteigerung** erworben hat. Denn er ist im Hinblick auf die öffentlich-rechtliche Abwehrposition eines Nachbarn als Rechtsnachfolger des vorigen Nachbarn anzusehen (*OVG Greifswald* B 5.11.2001 – 3 M 93/01, NJ 2002, 220 = NVwZ-RR 2003, 15; *OVG Münster* U 26.4.1994 – 11 A 2345/92, NWVBl. 1994, 416 = NJW 1994, 3370 L). Das gilt ebenso für eine Baulast (*OVG Hamburg* U 12.11.1992 – Bf II 29/91, MDR 1993, 762 = Rpfleger 1993, 361 = NJW 1993, 1877 L; *OVG Lüneburg* U 8.7.2004 – 1 LB 48/04, NVwZ-RR 2005, 791).

Im Übrigen ist bei Widersprüchen allgemein zu beachten: Es gehört zur **Amtspflicht** **108** der Baugenehmigungsbehörde, den Bauherrn unverzüglich **von einem Nachbarwiderspruch gegen eine erteilte Baugenehmigung zu unterrichten.** Bei einer Unterlassung haftet sonst die Behörde wegen Amtspflichtverletzung gemäß § 839 BGB i.V.m. Art. 34 GG (*BGH* U 9.10.2003 – III ZR 414/02, juris Rn. 6 ff. =, NVwZ-RR 2004, 638 = BauR 2004, 817 = MDR 2004, 212).

Bis zum Eintritt der Unanfechtbarkeit des Verwaltungsaktes ist das **Verwaltungs-** **109** **zwangsverfahren grundsätzlich gehemmt.** Hiervon gibt es gemäß § 80b VwGO Ausnahmen (Rn. 122). Somit ist die Unanfechtbarkeit eine unabdingbare Voraussetzung für das Verwaltungszwangsverfahren. Ein belastender Verwaltungsakt darf daher zunächst nicht zwangsweise durchgesetzt werden. Der Gegenansicht kann nicht gefolgt werden.

Ausgangspunkt für die Begründung dieser Rechtsansicht ist Art. 20 Abs. 3 GG. Hiernach ist auch die Verwaltung als vollziehende Gewalt an Gesetz und Recht gebunden. Dazu gehört, dass die Vollzugsverwaltung die Rechtsschutzgarantie des Art. 19 Abs. 4 S. 1 GG beachtet, welche dort dem Bürger gegeben wird.

Darum muss die Behörde nach § 37 Abs. 6 VwVfG dem Bürger eine Rechtsbehelfsbelehrung erteilen. Als Rechtsbehelfe kommen insoweit der Widerspruch (§ 69 VwGO) und die Anfechtungsklage (§ 42 Abs. 1 VwGO) in Betracht. Beide Rechtsbehelfe haben gemäß § 80 Abs. 1 S. 1 VwGO grundsätzlich aufschiebende Wirkung. Diese entfällt nur bei den Ausnahmen des § 80 Abs. 2 VwGO.

Daraus folgt: Sofern eine derartige Ausnahme nicht besteht, ist das Verwaltungszwangsverfahren bis zur Unanfechtbarkeit des Verwaltungsaktes gehemmt. Es ist gesetzlich blockiert. Diese Rechtslage enthält das Verbot, während des Laufs der Rechtsbehelfsfrist von einem Monat ein Zwangsmittel anzudrohen, festzusetzen und anzuwenden. Denn die Rechtsbehelfsfrist ist eine Schutzfrist für den Betroffenen. Sie verwirklicht die grundgesetzliche Rechtsschutzgarantie in der Verwaltungspraxis nach Recht und Gesetz.

Das Verwaltungszwangsverfahren ist demnach schon von seinem Beginn an und nicht erst ab dem Zeitpunkt gehemmt, in welchem der Rechtsbehelf erhoben und damit gemäß § 80 Abs. 1 VwGO die aufschiebende Wirkung eingetreten ist. § 6 Abs 1 enthält ein **Vollstreckungsverbot**, das nach seinem Wortlaut eindeutig ist. Das ist **herrschende Ansicht.** Eine gewichtige gegensätzliche Meinung vertreten nur *Redeker/von Oertzen* (§ 80 Rn. 7).

110 Die abweichende Meinung berücksichtigt nicht, dass das Verwaltungs-Vollstreckungsgesetz jede differenzierte Auslegung unmöglich macht: Der Verwaltungsakt ist nicht sofort vollziehbar. Er ist – im Gegenteil – nach § 6 Abs 1 und auch nach allen Landesgesetzen eindeutig blockiert – von Anfang an bis zu seiner Unanfechtbarkeit in den Grenzen des § 80b VwGO (Rn. 122).

Eine Vollziehbarkeit des Verwaltungsaktes sogleich nach seinem Erlass wäre für den betroffenen Bürger auch rechtlich nicht verständlich: In der Rechtsbehelfsbelehrung wird ihm mitgeteilt, dass er eine Frist von einem Monat hat, Widerspruch oder Anfechtungsklage zu erheben. Er kann sich nun zeitlich darauf einstellen. Dann muss der Bürger aber zu seinem durchaus berechtigten Erstaunen feststellen, dass die Behörde trotz der ihm zustehenden Monatsfrist bereits die Vollstreckung einleitet. Er ist deshalb auf sofortigen gerichtlichen Rechtsschutz angewiesen. Damit konterkariert die Behörde im Übrigen die intensiven Bemühungen des Gesetzgebers, die Verwaltungsgerichte zu entlasten (Engelhardt/App/Schlatmann/*Mosbacher*, § 6 VwVG Rn. 3).

111 Darüber hinaus verkennt die Gegenansicht das **Risiko** ihrer praktischen Anwendung. Das Risiko kann unvertretbar groß sein. Dies verdeutlicht folgendes

Beispiel: Die Behörde ordnet Instandsetzungsarbeiten an einem viergeschossigen Miethaus an. Sie unterlässt die Vollziehungsanordnung. Während der laufenden Rechtsbehelfsfrist droht sie **Ersatzvornahme** an. Der Verantwortliche unternimmt nichts. Darauf setzt die Behörde das Zwangsmittel fest. Schließlich lässt sie die Ersatzvornahme durchführen. Die Kosten betragen eine Viertelmillion Euro. Diese Kosten kann die Behörde von dem Verantwortlichen nicht fordern. Er schuldet sie nicht. Denn die Ersatzvornahme war rechtswidrig: Das Zwangsmittel wurde während der laufenden Rechtsbehelfsfrist angedroht, obwohl zu dieser Zeit der Grundverwaltungsakt nicht vollziehbar war. Dadurch hat die Behörde den Betroffenen in seinen Rechten verletzt (§ 113 Abs. 1 S. 1 VwGO).

Wegen eindeutig fehlender Rechtsgrundlage der Ersatzvornahme steht der Behörde also ein Anspruch auf Erstattung ihrer Aufwendungen nicht zu. Einen solchen kann sie auch nicht aus **Geschäftsführung ohne Auftrag** gemäß §§ 677 ff. BGB herleiten. Diese setzt nämlich ein bürgerlich-rechtliches Gleichordnungsverhältnis voraus. Ein solches besteht zwischen der Behörde und dem Verantwortlichen aber nicht. Es kann auch nicht bestehen. Denn die Ersatzvornahme ist eine hoheitliche Maßnahme des Staates im Über-/Unterordnungsverhältnis zum Bürger (*BVerwG* U 9.5.1960 – 1 C 55/59, BVerwGE 10, 282, 289, 290 = BBauBl. 1960, 465 = DÖV 1960, 545 = NJW 1960, 1588 = DVBl. 1960, 637 = MDR 1960, 949 = VerwRspr. 13, 142; § 10 Rn. 9).

Die Annahme einer Geschäftsführung ohne Auftrag (GoA) im Bereich der Verwaltungsvollstreckung ist auch deshalb abzulehnen, weil das Verwaltungs-Vollstreckungsgesetz ein abschließendes System an Eingriffsbefugnissen (§§ 6 ff.), Verfahrensvorschriften (§§ 13 ff.) und Kostentragungsregelungen (§§ 19 f.) vorsieht, das für einen Rückgriff auf das allgemeine Institut der GoA keinen Raum lässt. Zudem verstößt die Heranziehung weiterer Anspruchsgrundlagen zur Begründung von Vollstreckungsmaßnahmen und Kostenforderungen gegen den Vorbehalt des Gesetzes, dem gerade im eingriffsintensiven Vollstreckungsrecht eine besondere Bedeutung zukommt.

Sollte der Betroffene in Verkennung seiner Leistungsverpflichtung dennoch zahlen, stünde ihm ein **Anspruch aus ungerechtfertigter Bereicherung** nach § 812 Abs. 1 BGB zu. Die Behörde müsste die Viertelmillion Euro entsprechend § 5 Abs. 1 i.V.m. § 257 Abs. 1 Nr. 3, 2 AO an den Betroffenen zurückzahlen. 112

Im Übrigen ist nicht einzusehen, welche Gründe eine Behörde veranlassen sollten, ein Zwangsmittel während des Laufs der Rechtsbehelfsfrist ohne vorherige Vollziehungsanordnung anzudrohen, zumal die Vollziehungsanordnung auch noch nachträglich gesondert getroffen und dem Verwaltungsakt nachgeschoben werden kann (Kopp/*Schenke*, § 80 VwGO Rn. 83).

Auch wenn die Behörde die hier vertretene Ansicht nicht teilt, ist es für sie doch empfehlenswert und jedenfalls unschädlich, danach vorzugehen:

Ordnet sie nämlich die sofortige Vollziehung an, und sollte diese nicht erforderlich sein, hat sie lediglich eine zweite (überflüssige) Rechtsgrundlage für die Androhung des Zwangsmittels zu schaffen versucht. – Darin liegt kein Risiko.

Unterlässt die Behörde dagegen die Anordnung der sofortigen Vollziehung, und sollte diese notwendig sein, hat sie überhaupt keine Rechtsgrundlage für die Androhung des Zwangsmittels. – Darin liegt die große Gefahr.

Die **aufschiebende Wirkung** des Widerspruchs und der Anfechtungsklage dauert im Übrigen **bis zur Unanfechtbarkeit** des Verwaltungsaktes an, § 80b VwGO (Rn. 122). Währenddessen sind strafprozessuale Maßnahmen zulässig (*OVG Münster* B 8.7.1992 – 13 B 2110/92, NVwZ-RR 1993, 385 = NZV 1993, 207 L). 113

Rechtsbehelfe, die nach § 80 Abs. 1 VwGO aufschiebende Wirkung entfalten, können nicht nur schriftlich im eigentlichen Sinne, sondern auch durch Telegramm, Fernschreiben, Funkfax und Telefax eingelegt werden (vgl. *GmS-OGB* B 5.4.2000 – GmS-OGB 1/98, BVerwGE 111, 377 = BGHZ 144, 116 = Buchholz 310 § 81 VwGO Nr. 15 = NJW 2000, 2340 = NZA 2000, 959 = NVwZ 2000, 1039 L = JR 2001, 371; *BGH* B 10.10.2006 – XI ZB 40/05, NJW 2006, 3784 = MMR 2007, 103; *BVerwG* B 30.3.2006 – 8 B 8/06, NJW 2006, 1989). Nach §§ 79, 3a Abs. 2 VwVfG und den entsprechenden Vorschriften der Verwaltungsgesetze der Länder kann der Widerspruch auch durch ein elektronisches Dokument, das mit einer qualifizierten elektronischen Signatur versehen ist, eingereicht werden. Für die elektronische Erhebung verwaltungsgerichtlicher Klagen gilt § 55a VwGO. 114

Legt der Betreffende den Rechtsbehelf durch Telefax ein, muss das Schriftstück bis 24.00 Uhr des Tages vollständig übermittelt worden sein, an dem die Frist endet. Denn sollte die Übertragung über Mitternacht bis in den neuen Tag hinein dauern, ist die Frist nicht gewahrt. Dieses Risiko ist dem Absender bewusst. Infolgedessen kann er nicht mit einer Wiedereinsetzung in den vorigen Stand gemäß § 60 VwGO rechnen (vgl. in anderem Zusammenhang *OVG Schleswig* B 23.4.2010 – 2 LA 24/10, NJW 2010, 3110). 115

Sorgfalt ist geboten, falls der Betroffene **mündlich Widerspruch** einlegt. Gemäß § 70 Abs. 1 VwGO kann der Widerspruch auch zur Niederschrift bei der Behörde erhoben werden. Wenn der Betroffene dort erscheint und seinen Widerspruch erklärt, ist sie dementsprechend nach § 25 VwVfG und § 70 Abs. 1 VwGO verpflichtet, ihn über die gesetzliche Notwendigkeit der Aufnahme einer Niederschrift zu beraten und diese aufzunehmen. Tut die Behörde es nicht, handelt sie rechtswidrig. Das geht zu ihren Lasten: Der mündliche Widerspruch gilt als zulässig und hat aufschiebende Wirkung. Vor Inkrafttreten des VwVfG war die Rechtslage anders (*BVerwG* U 16.2.1967 – 3 C 4/66, BVerwGE 26, 201). Allerdings muss die Erklärung des Betreffenden unzweideutig sein, sie darf nicht nur als spontane Unmutsäußerung erscheinen (*OVG Weimar* B 17.5.2001 – 4 ZKO 263/01, DÖV 2001, 963 = NVwZ-RR 2002, 408).

116 Ist die **Widerspruchsschrift nicht unterzeichnet,** so genügt sie gleichwohl dem Erfordernis der Schriftlichkeit, wenn sich aus ihr allein oder i.V.m. beigefügten Anlagen hinreichend sicher, ohne Rückfrage oder Beweiserhebung, ergibt, dass sie von dem Widersprechenden herrührt und mit dessen Willen in den Verkehr gelangt ist (*BVerwG* U 17.10.1968 – 2 C 112/65, BVerwGE 30, 274 = DÖV 1969, 470 = MDR 1969, 330 = ZBR 1969, 123 = DÖD 1969, 92 = BayVBl. 1969, 212 = DVBl. 1970, 278 = VerwRspr. 20, 758; *VG Neustadt an der Weinstraße* B 3.7.2006 – 4 L 989/06, NJW 2007, 619).

Sendet die Behörde das Schriftstück zur Nachholung der Unterschrift an den Absender zurück, zeigt dies, dass sie offenbar keinen Zweifel an der Urheberschaft des Absenders hegt (BVerwGE 30, 274, 278). Gleiches gilt, falls sich der Sachbearbeiter der Behörde den Widerspruch bestätigen und damit die Unterschrift nachholen lässt (*OVG Hamburg* U 17.5.2000 – 5 Bf 31/96, juris Rn. 138 =, NVwZ 2001, 215). Das entspricht §§ 10, 25, 79 VwVfG. Für die Klageschrift nach § 81 Abs. 1 S. 1 VwGO trifft das ebenfalls zu (*BVerwG* U 6.12.1988 – 9 C 40/87, BVerwGE 81, 32 = NJW 1989, 1175 = BayVBl. 1989, 631 = VBlBW 1989, 328 = DÖV 1990, 26; *BGH* U 10.5.2005 – XI ZR 128/04, NJW 2005, 2086; *OVG Münster* B 16.8.2007 – 18 E 787/07 –; NVwZ 2008, 344; *OVG Weimar* B 27.4.2000 – 4 ZKO 704/98, ThürVGRspr. 2000, 161).

117 Dagegen war und ist laut § 70 VwGO ein **telefonischer „Widerspruch"** unzulässig. Er kann allenfalls Grund für eine Wiedereinsetzung in den vorigen Stand gemäß § 70 Abs. 2 i.V.m. § 60 VwGO sein (*BVerwG* U 27.2.1976 – 4 C 74/74, BVerwGE 50, 248, 254 = NJW 1976, 1332 = BayVBl. 1976, 568 = RdL 1976, 306 = MDR 1976, 603; vgl. auch *BGH* B 12.3.2009 – V ZB 71/08 –). Hiervon abweichend ist der telefonische und protokollierte Einspruch gegen einen Bußgeldbescheid nach § 67 OWiG zulässig (*BGH* B 20.12.1979 – 1 StR 164/79 BGHSt 29, 173 = NJW 1980, 1290 = MDR 1980, 332).

118 Nach **Europarecht** gibt es besondere **Unterrichtungspflichten über die Unanfechtbarkeit** von Verwaltungsakten. Dadurch sollen Gefahren für Leben und Gesundheit der Unionsbürger abgewehrt werden. Die Vollzugsbehörde muss die zuständigen Stellen der Kommission und der Mitgliedstaaten der Europäischen Gemeinschaften über die Gefahr unterrichten.

Beispiel: Gemäß § 31 Abs. 1 S. 1 des Produktsicherheitsgesetzes vom 8.11.2011 (BGBl. I S. 2178, 2179; 2012 I S. 131) macht die Bundesanstalt für Arbeitsschutz und Arbeitsmedizin Anordnungen nach § 26 Abs. 2 S. 2 Nr. 6, 7, 8 und 9 und Abs. 4, die unanfechtbar geworden sind oder deren sofortiger Vollzug angeordnet worden ist, öffentlich bekannt.

119 **2. Anordnung der sofortigen Vollziehung des Verwaltungsaktes.** Ein Verwaltungsakt kann schon vor Eintritt seiner Unanfechtbarkeit vollstreckt werden, wenn die Erlassbehörde seine sofortige Vollziehung anordnet. Eine Anordnung sofortiger Vollziehung ist sowohl bei einem personenbezogenen Verwaltungsakt als auch bei einer Allgemeinverfügung iSd § 35 S. 2 VwVfG zulässig (*OVG Lüneburg* B 18.10.2004 – 1 ME 205/04 – NVwZ-RR 2005, 93 = BauR 2005, 84; *OVG Lüneburg* B 6.11.2004 – 11 ME 322/04, NVwZ-RR 2005, 820 = NdsVBl. 2005, 49 = NdsRPfl 2005, 42 = NordÖR 2004, 490; *OVG Hamburg* B 3.7.2017 – 4 Bs 142/17, juris Rn. 131 = NVwZ-RR 2017, 969 L = NordÖR 2018, 42 L – Versammlungsverbot anlässlich des G20-Gipfels in Hamburg).

Nach § 80 Abs. 1 VwGO haben Widerspruch und Anfechtungsklage **aufschiebende** 120
Wirkung. Die aufschiebende Wirkung anfechtender verwaltungsrechtlicher Rechtsbehelfe ist ein verfassungsgebotener Grundsatz, der dem Gebot effektiven Rechtsschutzes aus Art. 19 Abs. 4 GG dient (vgl. *BVerfG* B 31.1.1984 – 2 BvR 507/81, juris Rn. 21 = UPR 1984, 191 = NVwZ 1984, 429 = DRsp 557, 134). Sie soll verhindern, dass die Behörde vollendete Tatsachen schafft und Rechte des Bürgers beeinträchtigt, bevor die Rechtmäßigkeit des zugrundeliegenden Verwaltungsaktes gerichtlich überprüft worden ist. Die aufschiebende Wirkung steht der Vollziehbarkeit des Verwaltungsaktes entgegen; solange sie besteht, kann er nicht vollstreckt werden.

Allerdings kann ein Rechtsbehelf **keine aufschiebende Wirkung** auslösen, wenn er **offensichtlich unzulässig** ist. Das trifft zu, wenn der angefochtene Verwaltungsakt bereits unanfechtbar geworden ist oder wenn ein Dritter den Rechtsbehelf eingelegt hat, der von dem angefochtenen Verwaltungsakt sachlich nicht betroffen und daher nicht i.S.d. § 42 Abs. 2 VwGO in seinen Rechten verletzt sein kann (*BVerwG* U 30.10.1992 – 7 C 24/92, DVBl. 1993, 256 = NJW 1993, 1610 = BayVBl. 1993, 376 = NWVBl. 1993, 252 = KKZ 1994,121 = Buchholz 310 § 137 VwGO Nr. 175; *VGH Mannheim* U 1.2.1996 – 8 S 1961/95, *ESVGH* 46, 131 = NuR 1996, 607 = NVwZ 1997, 594 = UPR 1997, 110; *OVG Weimar* B 18.10.1996 – 1 EO 662/95, ThürVBl. 1997, 41 = UPR 1997, 156 = BBauBl. 1997, 137).

Die Behörde kann die aufschiebende Wirkung des Widerspruchs und der Anfechtungsklage aufheben, indem sie gemäß § 80 Abs. 2 S. 1 Nr. 4 VwGO die **sofortige Vollziehung** des Verwaltungsaktes im öffentlichen Interesse oder im überwiegenden Interesse eines Beteiligten **anordnet**. Der Verwaltungsakt ist damit vollziehbar und kann sofort vollstreckt werden; auf seine Unanfechtbarkeit kommt es nicht an.

Ist der Adressat, an den ein Verwaltungsakt mit Anordnung der sofortigen Vollziehung ergangen ist, der Auffassung, dass die Voraussetzungen für die Anordnung nicht gegeben sind, kann er bei Gericht gemäß § 80 Abs. 5 S. 1 VwGO **beantragen, die aufschiebende Wirkung seines Rechtsbehelfs wiederherzustellen**. Unabhängig hiervon und kumulativ hierzu kann er bei der Erlass- oder der Widerspruchsbehörde gemäß § 80 Abs. 4 S. 1 VwGO **beantragen, die Vollziehung des Verwaltungsaktes auszusetzen**.

a) Die aufschiebende Wirkung. Der Gesetzgeber hat den **Begriff der aufschiebenden** 121
Wirkung nicht bestimmt. Die fehlende Legaldefinition führt zu Zweifelsfragen über die rechtliche Natur der Anordnung der sofortigen Vollziehung. Umstritten ist, ob die aufschiebende Wirkung die Wirksamkeit oder lediglich die Vollziehbarkeit des angefochtenen Verwaltungsaktes hemmt (zum Streitstand Kopp/*Schenke*, § 80 Rn. 22). Im Zusammenhang mit § 6 Abs. 1 kann dieser Meinungsstreit dahinstehen, da die aufschiebende Wirkung nach allen vertretenen Auffassungen der Vollstreckung des Verwaltungsaktes entgegensteht.

Nach der hier vertretenen Ansicht betrifft sie nicht die materiell-rechtliche Wirksamkeit des Verwaltungsaktes, sondern seine verfahrensrechtliche Vollziehbarkeit (Rn. 135). Dies entspricht der höchstrichterlichen Verwaltungsrechtsprechung.

Diese Rechtsprechung besagt grundsätzlich (*BVerwG* U 21.6.1961 – 8 C 398/59, BVerwGE 13, 1, 8, 9 = DÖV 1961, 948 = JZ 1962, 221 = DVBl. 1962, 608 = JR 1962, 312 = VerwRspr. 14, 750 = Buchholz 310 § 80 VwGO Nr.Nr. 2): „Bezöge sich … die aufschiebende Wirkung unmittelbar auf die Wirksamkeit des Verwaltungsaktes bzw. auf das Inkrafttreten der in ihm getroffenen Regelung, so hätte der vom Verwaltungsakt Betroffene es in der Hand, diese Rechtsfolgen durch Widerspruch und Klage bis zur rechtskräftigen Erledigung des Rechtsmittelverfahrens hinzuhalten. … Das würde bedeuten, dass der Anfechtung des Verwaltungsaktes hinsichtlich der verfügten Rechtsänderung gestaltungsähnliche Wirkungen beizumessen wären derart, dass der behördliche Gestaltungsakt bis auf weiteres seiner Wirksamkeit entkleidet würde. Da gemäß § 80 VwGO die aufschiebende Wirkung auch dann eintritt, wenn Widerspruch oder Klage unzulässig oder offensichtlich unbegründet sind, wären die praktischen Folgen einer solchen Auslegung von einer Tragweite, die weit über die Erfordernisse des durch den Suspensiveffekt von Widerspruch und Klage bezweckten vorbeugenden Rechtsschutz hinausgehen würden."

Wesen und Wert der aufschiebenden Wirkung eines Rechtsbehelfs hat das Bundesverwaltungsgericht gleich zu Beginn seiner Rechtsprechung eindrucksvoll und zeitlos gültig beschrieben:

„Dieser Suspensiveffekt ist ein Wesensmerkmal des im Grundgesetz (Art. 19 Abs. 4 S. 1) gewährleisteten Verwaltungsrechtsschutzes. Denn ohne den Suspensiveffekt der Klage würde der Verwaltungsrechtsschutz häufig hinfällig werden, weil bei sofortiger Vollziehung des Verwaltungsaktes, in Anbetracht des erfahrungsgemäß sich längere Zeit hinziehenden verwaltungsgerichtlichen Verfahrens, vollendete Tatsachen geschaffen würden. Dadurch würde der Zweck der Nachprüfung des Verwaltungsaktes durch unabhängige Gerichte vereitelt, also der vom Verwaltungsakt Betroffene im Ergebnis des verwaltungsgerichtlichen Schutzes beraubt werden. Die Sicherstellung eines dem Grundgesetz entsprechenden Verwaltungsrechtsschutzes als eines der Fundamente des Rechtsstaates wird durch das öffentliche Interesse geboten. Stellt das Gericht fest, dass der Suspensiveffekt der Klage zu Unrecht aufgehoben und dadurch die Gewährung eines dem Grundgesetz entsprechenden Verwaltungsrechtsschutzes gefährdet ist, so gebietet es das öffentliche Interesse, den Suspensiveffekt durch Aussetzung der Vollziehung wiederherzustellen. Das Gericht hat, um dieser Pflicht genügen zu können, selbstständig – d.h. unabhängig von den Feststellungen der Verwaltungsbehörde – zu prüfen, ob durch die Anordnung der Vollziehung seitens der Verwaltungsbehörde der Suspensiveffekt der Klage zu Recht aufgehoben worden ist. Bei der entscheidenden Bedeutung des Suspensiveffekts ist … die Anordnung der Vollziehung nur dann zulässig, wenn die Vollziehung nicht ohne schwerwiegende Beeinträchtigung des öffentlichen Interesses aufgeschoben werden kann. Liegt eine solche schwerwiegende Beeinträchtigung des öffentlichen Interesses nicht vor, so ist die Aufhebung des Suspensiveffekts zu Unrecht erfolgt; dann gebietet es das öffentliche Interesse, das verletzte Wesensmerkmal des Verwaltungsrechtsschutzes wiederherzustellen."

So wörtlich in: *BVerwG* B vom 8.9.1953 – 1 A 18/53, BVerwGE 1, 11, 12 = NJW 1953, 1607 = DVBl. 1954, 25 = Buchholz 321 § 29 BVerwGG Nr. 1.

Früher dauerte die aufschiebende Wirkung bis zur Unanfechtbarkeit des Verwaltungsaktes (*BVerwG* U 27.10.1987 – 1 C 19/85, BVerwGE 78,192, 208–210 = NVwZ 1988, 251 = DVBl. 1988, 289). **Gemäß §80b Abs. 1 VwGO, der mit Wirkung zum** 1.1.1997 in das Verwaltungsverfahrensgesetz eingefügt worden ist, endet die aufschiebende Wirkung „mit der Unanfechtbarkeit oder, wenn die Anfechtungsklage im ersten Rechtszug abgewiesen worden ist, drei Monate nach Ablauf der gesetzlichen Begründungsfrist des gegen die abweisende Entscheidung gegebenen Rechtsmittels. Dies gilt auch, wenn die Vollziehung durch die Behörde ausgesetzt oder die aufschiebende Wirkung durch das Gericht wiederhergestellt oder angeordnet worden ist, es sei denn, die Behörde hat die Vollziehung bis zur Unanfechtbarkeit ausgesetzt." **122**

Die Einführung des **§ 80b VwGO** entsprach praktischen Bedürfnissen der Verwaltungsgerichtsbarkeit. Nach der Vorstellung des Gesetzgebers werden Klagen gegen belastende Verwaltungsakte zuweilen anhängig gemacht, um den Suspensiveffekt auszunutzen. In diesen Fällen gehe es – entgegen dem Anliegen der Prozessordnung – dem klagenden Bürger um eine möglichst lange Dauer der Prozesse im Hauptsacheverfahren. Deshalb beschränke §80b Abs. 1 S. 2 VwGO die Dauer der aufschiebenden Wirkung des außergerichtlichen Rechtsbehelfs und der Anfechtungsklage. Denn: Habe eine Anfechtungsklage im ersten Rechtszug nach eingehender Prüfung des Rechtsschutzbegehrens keinen Erfolg, sei es in der Regel nicht gerechtfertigt, dass die aufschiebende Wirkung auch noch während eines evtl. Rechtsmittelverfahrens fortdauere. Soweit die Besonderheiten des Einzelfalles etwas anderes geböten, könne dem durch die Möglichkeit besonderer gerichtlicher Anordnungen Rechnung getragen werden (BT-Drucks. 13/3993 v 6.3.1996, S. 11 f.; hierzu auch *OVG Münster* B 29.5.2001 – 13 B 434/01, OVGE Münster 48, 209 = DVBl. 2001, 1227 = NWVBl. 2002, 69 = NVwZ-RR 2002, 76).

§ 80b Abs. 1 S. 2 VwGO stellt klar, dass der Fortfall der aufschiebenden Wirkung grundsätzlich auch dann eintritt, wenn sie durch die Behörde (nach § 80 Abs. 4 VwGO) oder das Gericht (nach §80 Abs. 5 VwGO) wiederhergestellt oder angeordnet worden ist. Das gilt nicht, wenn die Behörde, etwa bei zweifelhafter Sach- und Rechtslage, die aufschiebende Wirkung von vornherein bis zum Eintreten der Rechtskraft der Hauptsacheentscheidung angeordnet hat (BT-Drucks. 13/3993 v 6.3.1996, S. 12). Die Behörde kann aber nach freiem Ermessen eine kürzere Frist wählen (*OVG Lüneburg* B 29.8.2011 – 8 MC 138/11, DVBl. 2011, 1376 L).

Das Oberverwaltungsgericht (gemeint ist das jeweilige Rechtsmittelgericht B*VerwG* B 19.6.2007 – 4 VR 2/07, BVerwGE 129, 58, 61, 62 = NVwZ 2007, 1097) kann auf Antrag anordnen, dass die aufschiebende Wirkung fortdauert. Hierfür gelten die §§ 80 Abs. 5 bis 8 und 80a VwGO entsprechend (§ 80b Abs. 3 VwGO). Die Anordnung der Fortdauer der aufschiebenden Wirkung wird in Betracht kommen, wenn besonders schwierige Rechtsfragen zu klären sind oder wenn die Würdigung der Tatsachen sich besonders schwierig gestaltet (BT-Drucks. 13/3993 v 6.3.1996, S. 12). Hat das Berufungsgericht unter Berücksichtigung der erstinstanzlichen Klageabweisung zunächst die aufschiebende Wirkung der Anfechtungsklage angeordnet, so dauert die aufschiebende Wirkung – über die spätere Zurückweisung der Berufung hinaus – bis zur Unanfechtbarkeit des angefochtenen Bescheides (§ 80 Abs. 1 VwGO). Für einen Antrag nach §80 Abs. 5 VwGO an das Bundesverwaltungsgericht – parallel zu einer Beschwerde gegen die Nichtzulassung der Revision – fehlt daher das Rechtsschutzbedürfnis (*BVerwG* B 6.9.2011 – 9 B 48/11, juris Rn. 2 = BeckRS 2011, 54743 = NVwZ 2012, 376 = DÖV 2012, 123 L = NJW 2012, 1020 L).

Eine Parallelvorschrift zu § 80b VwGO gibt es weder in der Finanzgerichtsordnung noch in der Abgabenordnung, noch im Sozialgerichtsgesetz (vgl. *LSG Baden-Württemberg* B 16.4.2008 – L 7 AS 1398/08, DÖV 2008, 650 L).

123 **b) Unterscheidung zwischen sofortiger Vollziehung und sofortigem Vollzug.** Die Anordnung der „sofortigen Vollziehung" gemäß § 80 Abs. 2 S. 1 Nr. 4 VwGO ist grundlegend vom Verwaltungszwang im „sofortigen Vollzug" gemäß § 6 Abs. 2 (hierzu unten unter B) zu unterscheiden. Beide Rechtsbegriffe sind sorgfältig auseinander zu halten.

Gleichwohl wird in der behördlichen Praxis nicht selten von „sofortigem Vollzug" gesprochen, wenn die „sofortige Vollziehung" gemeint ist. Der Gesetzgeber selbst ermuntert zu dieser Begriffsverwechselung, indem er in § 6 Abs. 1 in irreführender Weise von „sofortigem Vollzug" spricht, aber die „sofortige Vollziehung" meint.

124 Die Bezeichnung **„sofortiger Vollzug" in § 6 Abs. 1 ist unzutreffend.** Dazu ausführlich *Sadler*, „Sofortige Vollziehung" und „sofortiger Vollzug" in der Praxis, Polizei 2005 S. 185–189. **Gemeint ist hier die „sofortige Vollziehung"** eines Verwaltungsaktes durch eine besondere Anordnung nach § 80 Abs. 2 S. 1 Nr. 4 VwGO. Die Anordnung der „sofortigen Vollziehung" eines Verwaltungsaktes ermöglicht seine zwangsweise Durchsetzung noch vor der Unanfechtbarkeit. Die Vollstreckung ist durch Rechtsbehelfe nicht mehr aufschiebbar. (Der Kläger kann die aufschiebende Wirkung seines Rechtsbehelfs freilich nach § 80 Abs. 5 S. 1 VwGO durch das Gericht wiederherstellen lassen.)

Der Grund für diese Unstimmigkeit liegt im Gesetzgebungsverfahren: Insoweit war in § 6 Abs. 1 des Entwurfs des VwVG (BT-Drucks. 1952 Nr. 3981, S. 3) vorgesehen, dass der Verwaltungsakt u.a. zwangsweise durchgesetzt werden könne, wenn „seine sofortige Vollziehbarkeit angeordnet" sei. Der Bundesrat schlug die Änderung in „sofortiger Vollzug" vor. Die Bundesregierung stimmte diesem Änderungsvorschlag zu, weil es sich um eine, wie sie meinte, „redaktionelle Verbesserung und Klarstellung" handele. Doch das war ein Irrtum. Das Gegenteil trifft zu.

125 Dagegen ist die Bezeichnung **„sofortiger Vollzug" in § 6 Abs. 2 richtig**. Hiernach kann der Verwaltungszwang ausnahmsweise auch ohne vorausgehenden Verwaltungsakt angewendet werden, wenn der „sofortige Vollzug" zur Gefahrenabwehr notwendig ist.

Während also bei der „sofortigen Vollziehung" nach Absatz 1 ein Verwaltungsakt bereits vorliegt, wird gemäß Absatz 2 der Verwaltungszwang ohne Verwaltungsakt unmittelbar im „sofortigen Vollzug" angewendet (ebenso ua *Leinius* S. 40 ff.).

Folglich sollte man in Absatz 1 (zudem in § 13 Abs. 2 S. 2) die unrichtige Bezeichnung „sofortiger Vollzug" streichen und durch den hier zutreffenden Begriff der „sofortigen Vollziehung" ersetzen. Man sollte auch die verbreitete und irreführende Wortwahl „Sofortvollzug" und „Vollzugsanordnung" vermeiden. Denn diese willkürlichen Ausdrücke widersprechen eindeutig dem Wortlaut des § 80 Abs. 2 S. 1 Nr. 4 VwGO.

126 Für die ordnungsgemäße Arbeit der Vollzugsbehörden kommt es entscheidend darauf an, zwischen der Anordnung der „sofortigen Vollziehung" i.S.d. § 6 Abs 1 und der Anwendung von Zwang durch „sofortigen Vollzug" gemäß § 6 Abs 2 inhaltlich und begrifflich klar zu unterscheiden.

c) Anordnung der sofortigen Vollziehung durch die Behörde. Gemäß § 80 Abs. 2 S. 1 Nr. 4 VwGO entfällt die aufschiebende Wirkung des Widerspruchs und der Anfechtungsklage, wenn die sofortige Vollziehung im öffentlichen Interesse oder im überwiegenden Interesse eines Beteiligten von der Behörde, die den Verwaltungsakt erlassen oder über den Widerspruch zu entscheiden hat, besonders angeordnet wird. 127

Die Regelung ist aus dem Preußischen Polizeiverwaltungsgesetz übernommen worden. § 53 PVG bestimmte: „Die Einlegung eines Rechtsmittels hat aufschiebende Wirkung, Soweit nicht das Gesetz ausdrücklich etwas anderes bestimmt oder diejenige Behörde, welche die Verfügung erlassen hat, aus überwiegenden Gründen des öffentlichen Interesses die sofortige Ausführung verlangt."

Die aufschiebende Wirkung kann aber nur entfallen, wenn die Behörde die sofortige Vollziehung besonders angeordnet hat. Eine besondere Form für die Anordnung ist nicht vorgeschrieben. Wie das Adverb „besonders" verdeutlicht, muss die Anordnung allerdings **ausdrücklich und klar** sein. Deshalb ist die Annahme einer stillschweigenden oder konkludenten Anordnung nicht vertretbar (*VGH Mannheim* B 30.4.1994 – 1 S 1144/94, VBlBW 1995, 17 = NVwZ 1995, 813 = DVBl. 1995, 302). In der Praxis sollte die sofortige Vollziehung schon aus Beweisgründen, wann immer möglich, schriftlich angeordnet werden.

Die Behörde kann die sofortige Vollziehung **von Amts wegen oder auf Antrag** des Beteiligten anordnen. Beteiligter könnte z.B. der Nachbar eines Grundstücks sein, auf welchem ein „Schwarzbau" errichtet werden soll. Legt ein Betroffener Drittwiderspruch ein und beantragt er nach § 80a Abs. 2 i.V.m. § 80 Abs. 2 S. 1 Nr. 4 VwGO bei der Behörde, die sofortige Vollziehung anzuordnen, muss die Behörde von Gesetzes wegen über diesen Antrag entscheiden.

Hinweis: Die sofortige Vollziehung kann im öffentlichen Interesse oder im überwiegenden Interesse eines Beteiligten selbstverständlich auch bei der Vollstreckung wegen Geldforderungen angeordnet werden (vgl. *BGH* B 11.2.2010 – VII ZB 3/09, DÖV 2010, 703 L).

Soweit das gegenständlich möglich ist, darf die Behörde ihren Verwaltungsakt auch nur **teilweise für sofort vollziehbar** erklären. Das kann bei einem aktuellen und dringenden Bedürfnis am sofortigen Teilvollzug im öffentlichen Interesse geboten sein (vgl. *VGH Kassel* B 1.10.1990 – 2 TH 507/90, NVwZ-RR 1991, 177).

Ferner kann die Behörde einen **Zeitpunkt** für den Eintritt der Wirksamkeit der Anordnung der sofortigen Vollziehung bestimmen, etwa eine Woche nach Zustellung der Anordnung (*OVG Bremen* B 5.10.2009 – 2 B 273/09, juris Rn. 6 =, NVwZ-RR 2010, 102).

Zitierweise: Der Zitierweise des Gesetzgebers in §§ 80 Abs. 3, 5; 80a Abs. 1, 2 VwGO entspricht es, bei § 80 Abs. 2 Nr. 4 VwGO den Satz 1 nicht zu nennen. Diese vereinfachte Zitierweise haben Rechtsprechung und Literatur teilweise übernommen. Dem wird hier (in Abweichung zur Vorauflage, siehe ebd, § 6 Rn. 127) nicht gefolgt.

Gemäß § 80 Abs. 3 S. 1 VwGO muss die Behörde, die den Verwaltungsakt erlassen hat, das **besondere Interesse an der sofortigen Vollziehung schriftlich begründen**. Dies bedeutet nicht, dass auch die Anordnung der sofortigen Vollziehung schriftlich erfolgen müsste, ist in der Praxis jedoch naheliegend. Eine Ausnahme vom Erfordernis der 128

Schriftlichkeit eröffnet § 80 Abs. 3 S. 2 VwGO für den Notstandsfall. Dieser zwingt die Behörde jedoch in der Praxis zum sofortigen Vollzug gemäß § 6 Abs. 2 (Rn. 170).

129 Wenn sich die Behörde dazu entschließt, die sofortige Vollziehung anzuordnen, sollte sie die **Entscheidung** auch energisch **durchsetzen, um nicht Gefahr zu laufen,** zur Karikatur zu werden. Einen derartigen Fall hatte das *VG Berlin* zu verhandeln (B 9.7.1986 – 14 A 151/86, LRE 19, 390): In einem Einzelhandelsgeschäft mit Milchkonzession waren die Verkaufsräume und die Lagerräume völlig verschmutzt. Verdorbene und unverdorbene Lebensmittel lagen wahllos nebeneinander. Die Lebensmittelaufsichtsbehörde versuchte seit Jahren (!) ohne Erfolg, diese gefahrträchtigen Missstände unter Anordnung der sofortigen Vollziehung abzustellen. Das Gericht wies deshalb darauf hin, dass es angebracht sei, einen solchen Laden zu schließen.

130 Das Recht, die sofortige Vollziehung anzuordnen, hat gemäß § 80 Abs. 2 S. 1 Nr. 4 VwGO auch die **Widerspruchsbehörde**. Ihre Kompetenz ist aber zeitlich begrenzt. Die Anordnungsbefugnis der Widerspruchsbehörde endet mit ihrer Entscheidung über den Widerspruch. Das ist nach dem Wortlaut des Gesetzes eindeutig. Nunmehr ist nur noch die Ausgangsbehörde zuständig. Verstößt die Widerspruchsbehörde hiergegen, ist ihre Anordnung unwirksam und nichtig. Dann liegt keine Vollziehungsanordnung vor. Das Verwaltungszwangsverfahren ist bis zur (nachträglichen) Anordnung der sofortigen Vollziehung, anderenfalls bis zur Unanfechtbarkeit des Verwaltungsaktes gehemmt. Der Verwaltungsakt ist nicht vollstreckbar. – Die Folgen einer rechtsfehlerhaften Vollstreckung wurden bereits geschildert (Rn. 111). Wie hier z.B.: *VGH Mannheim* B 16.11.1990 – 9 S 2359/90, VBlBW 1991, 180; *VGH München* B 6.8.1987 – Nr. 22 *AS* 87.00866, 87.00589, VGHE München 40, 96 = BayVBl. 1988, 86.

131 Mitunter ist Unionsrecht zu berücksichtigen. Die Anordnung der sofortigen Vollziehung kann nämlich durch die **Europäische Union** vorgegeben sein. Das trifft für die **Rückforderung einer gemeinschaftswidrigen Beihilfe** zu. Denn die Europäische Union kann durch ihre zuständige Kommission an die Bundesrepublik Deutschland das verbindliche Ersuchen richten, eine gemeinschaftswidrige Beihilfe zurückzufordern. Nach Art. 14 Abs. 3 S. 1 BVVO „erfolgt die Rückforderung unverzüglich und nach den Verfahren des betreffenden Mitgliedstaats, sofern hierdurch die sofortige und tatsächliche Vollstreckung der Kommissionsentscheidung ermöglicht wird" (hierzu *OVG Berlin-Brandenburg* B 7.11.2005 – OVG 8 S 93.05, juris Rn. 21 = NVwZ 2006, 104 = EuZW 2006, 91).

Zu diesem Zweck erlässt die deutsche Vollzugsbehörde einen **Rückerstattungsbescheid.** Dazu ordnet sie die sofortige Vollziehung nach § 80 Abs. 2 S. 1 Nr. 4 VwGO an. Bei der hier vorzunehmenden Interessenabwägung ist das Gemeinschaftsinteresse an der Wiederherstellung der Wettbewerbsordnung zu berücksichtigen. Die in der Rechtsprechung der europäischen Gerichtsbarkeit entwickelten Maßstäbe sind für die Gewichtung der widerstreitenden öffentlichen und privaten Interessen maßgeblich.

132 Die Anordnung der sofortigen Vollziehung eines Verwaltungsaktes ist nach ganz hM **kein Verwaltungsakt** (*BVerwG* U 12.5.1966 – 2 C 197/62, BVerwGE 24, 92, 94 = MDR 1966, 1027 = ZBR 1966, 287 = DÖD 1966,55 = Buchholz 232 § 87 BBG Nr. 31; → *OVG Berlin* B 13.7.1992 – 6 S 72/92, OVGE Berlin 20, 49 = NVwZ 1993, 198; → *OVG Berlin* U 3.12.1968 – 2 B 55/67, OVGE Berlin 10, 87 = JR 1968, 476 = BRS 20 Nr. 203; *OVG Koblenz* B 25.11.1987 – 12 B 112/87, NVwZ 1988, 748; → *OVG Schleswig*, B 2.9.1992 – 2 M 34/92, DÖV 1993, 169 = NVwZ-RR 1993, 587; *VGH Mannheim* B 17.6.1990 – 10 S 797/90, NVwZ-RR 1990, 561).

Diese Anordnung regelt nämlich keinen Einzelfall. Sie enthält keine eigenständige Regelung, sondern verleiht der Regelung des Verwaltungsaktes lediglich eine größere Durchsetzungskraft. Die Anordnung der sofortigen Vollziehung dient dazu, die Vollstreckungsfähigkeit eines Verwaltungsaktes vorzeitig zu erreichen. Sie ist damit **Vollstreckungsvoraussetzung eines Verwaltungsaktes.**

Wäre die Vollziehungsanordnung ein Verwaltungsakt, hätte die Behörde laut § 58 VwGO eine Rechtsbehelfsbelehrung zu erteilen. Sowohl der Widerspruch als auch die Anfechtungsklage kämen nicht in Betracht. Denn das Antragsverfahren des § 80 Abs. 5 VwGO hat den klaren gesetzlichen Vorrang. Er blockiert jedes andere Rechtsschutzverfahren. Damit steht aber zugleich fest, dass die Vollziehungsanordnung nur der Annex eines zuvor erlassenen Verwaltungsaktes ist.

Als Verwaltungsakt wird die Anordnung der sofortigen Vollziehung mitunter von Verwaltungsbehörden angesehen. In der Literatur geschieht das selten (vgl. Nachweise bei *Sodan/Puttler*, § 80 VwGO Rn. 80 Fn 160; Kopp/*Schenke*, § 80 VwGO Rn. 78 Fn 141). Als akzessorischen Verwaltungsakt i.S.d. § 35 VwVfG bezeichnet der *VGH Mannheim* die Vollziehungsanordnung (B 30.8.1990 – 8 S 1470/90, ZfW 1991, 177 = DÖV 1991, 167 = NVwZ 1991, 491).

Gegen die Annahme, die Anordnung der sofortigen Vollziehung als Verwaltungsakt anzusehen, spricht auch § 80a Abs. 3 VwGO. Danach kann das Verwaltungsgericht u.a. entsprechend § 80 Abs. 5 VwGO die sofortige Vollziehung anordnen. Dabei erlässt das Gericht keinen Verwaltungsakt, sondern einen Beschluss. Dieser wiederum ist nicht mit Widerspruch und Anfechtungsklage nach § 42, §§ 68 ff. VwGO, sondern mit der Beschwerde nach § 146 Abs. 1 VwGO anfechtbar. Gerade durch die Einführung des § 80a VwGO wird die Rechtslage verdeutlicht. Weil nämlich das höher stehende Gericht keinen Verwaltungsakt erlässt, kann das erst recht nicht der vom Gericht kontrollierten und abhängigen Verwaltung zustehen.

Daraus ergibt sich, dass die Anordnung der sofortigen Vollziehung nur der **Annex eines** zuvor erlassenen und mit ihrer Hilfe zu vollstreckenden **Verwaltungsaktes** sein kann. Vor der Anordnung der sofortigen Vollziehung muss der Beteiligte deshalb nicht nach § 28 VwVfG angehört werden. Auch eine entsprechende Anwendung dieser Vorschrift kommt nicht in Betracht. Denn § 80 VwGO ist eine spezialgesetzliche und abschließende Regelung des gerichtlichen Verfahrens gemäß Art. 74 Nr. 1 GG im Zusammenhang mit § 79 VwVfG. Wenn der Gesetzgeber dem Betroffenen hier, wie vor Erlass des Grundverwaltungsaktes, rechtliches Gehör hätte gewähren wollen, dann hätte er die Verpflichtung der Behörde dazu in § 80 VwGO aufnehmen müssen.

Er hat es jedoch auch bei Änderung des § 80 VwGO durch das Gesetz vom 17.12.1990 (BGBl. I S. 2809) sowie durch das Gesetz vom 1.11.1996 (BGBl. I S. 1626, Rn. 129) nicht getan. Folglich ist die Anhörung als gesetzliches Gebot ausgeschlossen und dem Ermessen der Behörde anheimgestellt.

Angesichts dieser Weigerung des Gesetzgebers, auch hier rechtliches Gehör vorzuschreiben, kann eine Verpflichtung dazu nicht in das Gesetz hineingedeutet werden. Das ist schließlich auch nicht erforderlich. Denn der Betroffene kennt seit Erlass des Grundverwaltungsaktes alle erheblichen Tatsachen und die Rechtslage des Falles.

Zu diesem Ergebnis führt auch die Formvorschrift des § 80 Abs. 3 S. 1 VwGO. Danach ist **133**
das besondere Interesse an der sofortigen Vollziehung schriftlich zu begründen. Die

Begründung kann in entsprechender Anwendung des § 45 Abs. 1 Nr. 2 nachträglich gegeben werden. Dann tritt eine Heilung des Formfehlers in gleicher Weise ein wie bei fehlender Begründung des Verwaltungsaktes (§ 39 Abs. 1 VwVfG). Dagegen ist das Fehlen der Anhörung vor Anordnung der sofortigen Vollziehung kein Verfahrensfehler, der analog § 45 Abs. 1 Nr. 3, Abs. 2 VwVfG zu heilen und heilbar wäre. Denn diese Heilung betrifft wortausdrücklich eine „erforderliche Anhörung“, und eine solche ist in § 80 VwGO nicht vorgeschrieben. Anders ist es gemäß Art. 103 Abs. 1 GG im gerichtlichen Verfahren (vgl. *BVerfG* B 3.11.1983 – 2 BvR 348/83 BVerfGE 65, 227 = DVBl. 1984, 384 = DÖV 1984, 717 = NJW 1984, 719 = MDR 1984, 286).

134 Auf jeden Fall hat der Betroffene einen **Anspruch auf Gewährung rechtlichen Gehörs,** wenn die Entscheidung „überfallartig“ sein sollte. Das träfe z.B. zu, sofern die Behörde ihre Entscheidung auf Tatsachen und Beweisergebnisse stützen würde, die dem Betroffenen nicht bekannt sind: Hier gilt das Gleiche wie im gerichtlichen Verfahren des eiligen Rechtsschutzes nach § 80 Abs. 5 VwGO (dazu *BVerfG* B 18.6.1985 – 2 BvR 414/84 BVerfGE 70, 180, 188, 189 = DVBl. 1986, 31 = BayVBl. 1986, 45 = ZfSH/SGB 1986, 328 = NJW 1986, 371 = JA 1986, 450 = DRsp 519, 98; *VGH Mannheim* B 1.3.1999 – 13 S 819/98, VBlBW 1999, 265 = NVwZ-RR 1999, 696 = InfAuslR 1999, 337). Unter diesem Gesichtspunkt wird man die Behörde auch als verpflichtet ansehen müssen, den Betroffenen anzuhören, wenn sie die Vollziehung gemäß § 80 Abs. 4 VwGO zunächst ausgesetzt hat und nun erneut anordnet (vgl. hierzu *OVG Bremen* B 25.3.1999 – 1 B 65/99, juris Rn. 9 = NordÖR 1999, 284 = InfAuslR 1999, 409 = NVwZ-RR 1999, 682 L).

Ein Mangel an der Heilung kann unter strengen Anforderungen geheilt werden (*BVerwG* U 24.6.2010 – 3 C 14/09, BVerwGE 137, 199, Rn. 37 = NVwZ 2011, 115; *VGH Kassel* B 23.9.2011 – 6 B 1701/11, DÖV 2012, 40 L).

Mangels Verwaltungsakts-Qualität ist die Anordnung der sofortigen Vollziehung auch nicht gemäß § 42, §§ 68 ff VwGO mit Widerspruch und Anfechtungsklage anfechtbar. Dieser volle Rechtsschutz wird dem Betroffenen bei der Vollziehungsanordnung versagt. Für sie gibt es als Nebenverfahren lediglich das spezialgesetzliche Antragsverfahren des § 80 Abs. 5 – 8 VwGO. Dieses ist erkennbar von anderem Wert als der Rechtsschutz im Hauptsacheverfahren.

Folgerichtig muss die Behörde in der Rechtsbehelfsbelehrung, die dem Verwaltungsakt nach § 37 Abs. 6 VwVfG beizugeben ist, nicht darauf hinweisen, dass gegen die Anordnung der sofortigen Vollziehung das Antragsverfahren nach § 80 Abs. 5 VwGO gegeben ist. Die Rechtsbehelfsbelehrung erstreckt sich gemäß § 58 Abs. 1 VwGO allein auf den Widerspruch (§ 70 VwGO) und die Anfechtungsklage (§ 74 VwGO). Deshalb ist der gesetzlich nicht vorgeschriebene gelegentliche Hinweis der Verwaltungsbehörde auf die Zulässigkeit des Rechtsschutzverfahrens nach § 80 Abs. 5 VwGO nur eine freiwillige Beratung entsprechend § 25 VwVfG, also ein nobile officium.

Hinweis: Entschließt sich die Behörde, den Adressaten des Verwaltungsaktes auf die Möglichkeit, gegen die Anordnung der sofortigen Vollziehung gemäß § 80 Abs. 5 S. 1 VwGO bei dem Gericht der Hauptsache einen Antrag auf Wiederherstellung der aufschiebenden Wirkung zu stellen, sollte dieser Hinweis nicht unter der Überschrift „Rechtsbehelfsbelehrung“, sondern – getrennt davon – als „Hinweis“ erfolgen.

Die Anordnung der sofortigen Vollziehung des Verwaltungsaktes betrifft nicht seine materiell-rechtliche Wirksamkeit, sondern allein dessen **verfahrensrechtliche Vollziehbarkeit** und als deren Folge seine sofortige praktische Verwirklichung unter Ausschluss der aufschiebenden Wirkung des eingelegten Rechtsbehelfs (umstr., wie hier: *BVerfG* B 7.12.1998 – 1 BvR 831/89, ZBR 1999, 127 = BayVBl. 1999, 303 = NVwZ 1999, 290; *BVerwG* U 27.10.1982 – 3 C 6/82, BVerwGE 66, 218, 222 = DRsp 557, 131 = Buchholz 451.55 §71; *BVerwG* U 21.6.1961 – 8 C 398/59, BVerwGE 13, 1, 5–9 = DÖV 1961, 948 = NJW 1962, 602 = JR 1962, 312 = DVBl. 1962, 608). Denn hier gilt §43 Abs. 1 VwVfG: Entscheidend ist allein, dass der Verwaltungsakt dem Betroffenen bekannt gegeben worden ist. Trifft das zu, so ist der Verwaltungsakt mit dem Inhalt wirksam, mit dem er bekannt gegeben wird. Er kann nicht nach §43 Abs. 2 VwVfG unwirksam werden. Denn die Anordnung der sofortigen Vollziehung gehört nicht zu den dortigen Voraussetzungen der Unwirksamkeit. Die Wirksamkeit entfiele gemäß §43 Abs. 3, §44 VwVfG nur, wenn der Verwaltungsakt nichtig sein sollte (*Gersdorf*, Rn. 141; *Mann/Wahrendorf*, §23 Rn. 7). 135

Für die Wirksamkeit des Verwaltungsaktes spricht auch §84 Abs. 2 S. 1 AufenthG. Widerspruch und Klage eines Ausländers lassen unbeschadet ihrer aufschiebenden Wirkung die Wirksamkeit der Ausweisung und eines sonstigen Verwaltungsaktes, der die Rechtmäßigkeit des Aufenthalts beendet, unberührt. Wenn die aufschiebende Wirkung lediglich die Vollziehbarkeit des Verwaltungsaktes hindert, seine Wirksamkeit aber nicht berührt (hierzu bereits oben Rn. 121), dann kann auch die Anordnung der sofortigen Vollziehung, welche die aufschiebende Wirkung aufhebt, lediglich die Vollziehbarkeit des Verwaltungsaktes zum Gegenstand haben.

Hier ist die Rechtslage die gleiche wie die bei der Vollstreckung von Geldforderungen (vgl. *BVerwG* U 17.8.1995 – 3 C 17/94, BVerwGE 99, 109, 112 = BayVBl. 1996, 183; *BVerwG* U 20.2.1992 – 5 C 66/88, BVerwGE 90, 25, 32 = NVwZ 1993, 481 = Buchholz 436.36 §45 BAföG Nr. 3; *BVerwG* U 12.5.1966 – 2 C 197/62, BVerwGE 24, 92, 98, 99 = DÖV 1966, 55 = ZBR 1966, 287 = MDR 1966, 1027).

Die Anordnung der sofortigen Vollziehung setzt nicht voraus, dass der Verwaltungsakt, dem sie beigegeben wird, rechtmäßig ist. Er muss lediglich wirksam sein. Für das Verwaltungszwangsverfahren gilt dieser Grundsatz allgemein und umfassend: **„Tragender Grundsatz des Verwaltungs-Vollstreckungsrechts ist,** dass die **Wirksamkeit und nicht die Rechtmäßigkeit vorausgegangener Verwaltungsakte** Bedingung für die Rechtmäßigkeit der folgenden Akte und letztlich der Anwendung des Zwangsmittels ist." So klarstellend: *BVerwG* U 13.4.1984 – 4 C 31/81, NJW 1984, 2591 = DWW 1984, 265 = DÖV 1984, 887 = DVBl. 1984, 1172 = JuS 1985, 242 = VBlBW 1985, 15 = BauR 1985, 183 = BayVBl. 1985, 538 = BRS 42 Nr. 229 = Buchholz 345 §10 VwVG Nr. 4; ebenso *BVerfG* B 7.12.1998 – 1 BvR 831/89, ZBR 1999, 127 BayVBl. 1999, 303 = NVwZ 1999, 290; *BVerwG* U 16.12.2004 – 1 C 30/03, BVerwGE 122, 293, 297 = NVwZ 2005, 819 = DÖV 2005, 566 = DVBl. 2005, 645 = DVP 2005, 166; *BVerwG* U 25.9.2008 – 7 C 5/08, DVBl. 2009, 132 = NVwZ 2009, 122 = DÖV 2009, 132 L = BeckRS 2008, 40173. 136

Das trifft nicht nur auf das deutsche Recht zu. Vielmehr gebietet es auch Unionsrecht nicht, die Rechtmäßigkeit eines vollziehbaren Grundverwaltungsaktes nochmals zu überprüfen. Dafür gibt es weder nach deutschem noch nach Unionsrecht eine entsprechende Norm. Im Übrigen wäre anderenfalls das Verwaltungszwangsverfahren wegen der langen Verfahrensdauer eines gerichtlichen Klärungsprozesses in völlig unzumutbarer und offensichtlich unvertretbarer Weise gehemmt (vgl. *OVG Münster* B 14.7.2011 – 13 B 696/11, DVBl. 2011, 1180 L = DÖV 2011, 863 L; *OVG Lüneburg* B 7.12.2010 – 11 LA 446/08 BeckRS 2010, 56757 = DÖV 2011, 208 L = DVBl. 2011, 123 L = NVwZ-RR 2011, 151 L). Man denke insbesondere an die dringend notwendige Abwehr von Gefahren für die öffentliche Sicherheit oder Ordnung.

137 Die Behörde kann nach ihrem Ermessen (Einleitung Rn. 5) die sofortige Vollziehung des Verwaltungsaktes **in jeder Lage des Verfahrens anordnen,** also im Verwaltungsverfahren, im Widerspruchsverfahren und im Verwaltungsstreitverfahren bis hin zum Bundesverwaltungsgericht. Die Notwendigkeit der Gefahrenabwehr ist vom Instanzenzug unabhängig! Gemäß § 39 des Bundesleistungsgesetzes (BLG) ist die Anforderungsbehörde verpflichtet, die sofortige Vollziehung des Leistungsbescheids auf Antrag des Bedarfsträgers anzuordnen. In diesem Fall kann die Widerspruchsbehörde die Vollziehung nicht aussetzen.

Die nachträgliche Anordnung der sofortigen Vollziehung spielt insbesondere bei **Verwaltungsakten mit Doppelwirkung** eine wichtige Rolle. Für die Behörde ist die nachträgliche Anordnung in § 80a Abs. 1 Nr. 1, Abs. 2 VwGO ausdrücklich vorgesehen (*Linhart,* Bescheid, S. 18); das Gericht ist hierzu gemäß § 80a Abs. 3 VwGO berechtigt.

Bekanntlich führt die Vollzugsbehörde das Verwaltungszwangsverfahren nach pflichtgemäßem Ermessen (§ 40 VwVfG) durch (Einleitung Rn. 5; Rn. 1). Zu dieser Ermessenausübung gehört, dass sie grundsätzlich vor der Anordnung der sofortigen Vollziehung die **Erfolgsaussichten** des Rechtsbehelfs prüft, welchen der Betroffene eingelegt hat. Das gilt gleichermaßen für den Widerspruch und die Anfechtungsklage. Denn entsprechend § 68 Abs. 1 VwGO ist die Behörde verpflichtet, die Rechtmäßigkeit und Zweckmäßigkeit ihres Verwaltungsaktes nachzuprüfen, den sie noch vor seiner Unanfechtbarkeit durchsetzen will.

138 Die Befugnis der Behörde, die sofortige Vollziehung anzuordnen, ist **unabhängig** davon, **wie lange** der **Anlass** dazu objektiv schon **vorhanden** ist. Es kommt nur darauf an, wann die Notwendigkeit dazu der Behörde bewusst wird (*OVG Greifswald* B 24.1.2006 – 3 M 73/05, NVwZ-RR 2007, 21). Besteht zB ein wasserrechtlicher Missstand, der eine Gesundheitsgefahr für die Allgemeinheit darstellt, bereits hundert Jahre, wird das öffentliche Interesse an seiner sofortigen Beseitigung durch den Zeitablauf nicht beeinträchtigt (*VGH München* B 12.2.1969 – 242 VIII 68 BayVBl. 1969, 393).

Allerdings hat die Vollzugsbehörde zu bedenken, dass ihre Anordnung in zeitlicher Nähe zum tatsächlichen Vollzug stehen muss. So fehlt es an einem aktuellen öffentlichen Interesse an der sofortigen Vollziehung eines Verwaltungsaktes, wenn bei dessen Erlass bereits absehbar ist, dass mit seiner Umsetzung erst zu einem deutlich späteren Zeitpunkt (etwa frühestens in 1 1/4 Jahren) zu rechnen ist (vgl. *BVerwG* B 31.3.2011 – 9 VR 2/11, juris Rn. 2 = BeckRS 2011, 49490 = NVwZ 2011, 820 = Buchholz 310 § 80 VwGO Nr. 84).

Das Vorliegen eines überwiegenden öffentlichen Vollzugsintereses wird umso zweifelhafter, je länger die Behörde einen **rechtswidrigen Zustand bewusst hinnimmt**. So kann eine bewusste langjährige Duldung rechtswidriger Verhältnisse ausnahmsweise einem behördlichen Einschreiten im Wege des Sofortvollzuges entgegenstehen

(Beschlüsse des *OVG NRW* B 19.12.1995 – 10 B 3012/95 – (11-jährige Duldung); *OVG NRW* B 22.4.1996 – 7 B 315/96 – (6-jährige Duldung).

Dies kann indes nur in ausnahmehaften Fallgestaltungen gelten. Könnte die Behörde sich wegen einer vorübergehenden Duldung des rechtswidrigen Zustandes nicht auf durchgreifende öffentliche Interessen für die Anordnung eines Sofortvollzuges ihrer Ordnungsverfügung berufen, liefe das im Ergebnis darauf hinaus, dass die Behörde nur die Wahl hätte, entweder unverzüglich unter Anordnung der sofortigen Vollziehung gegen rechtswidrige Zustände vorzugehen oder diese ggf. auf lange Zeit, ggf. bis zum Abschluss des Hauptsacheverfahrens, dulden zu müssen. Hierzu ist die Behörde im Rahmen pflichtgemäßer Ermessensausübung nach § 40 VwVfG regelmäßig aber nicht verpflichtet. Das Bauordnungsrecht verpflichtet nicht zu einem kompromisslosen „entweder – oder". So ist es einer Bauaufsichtsbehörde gestattet, Nutzungsuntersagungen und Räumungsgebote mit Augenmaß und großzügiger Fristbestimmung auszusprechen, sofern hierfür sachgerechte Gründe vorhanden sind (*OVG NRW* B 6.8.2001 – 10 B 705/01, juris Rn. 7 = BauR 2001, 1892 = NVwZ-RR 2002, 11 = BRS 64 Nr. 196 [rechtswidrige Wagenburg]; siehe auch *OVG Berlin* B 22.1.2003 – 2 S 45/02 UPR 2003, 154).

Die Behörde muss bei ihrem Vorgehen aber den **Gleichheitsgrundsatz aus Art. 3 Abs. 1 GG** beachten. Die Behörde verletzt den Bürger in seinen Gleichheitsrechten, wenn sie nur in seinem Fall dem Gesetz Geltung verschafft und lediglich ihm gegenüber eine hoheitliche Maßnahme erlässt, während in anderen vergleichbaren Fällen ohne sachlichen Grund der behördliche Eingriff ausbleibt. Ein zunächst isoliertes Vorgehen gegen einen einzelnen Bürger kann nach Lage des Einzelfalls jedoch sachgerecht und willkürfrei erscheinen, wenn die Behörde nicht von sich aus einen Fall herausgreift, sondern ohnehin mit ihm befasst ist und auf die illegale Tätigkeit zeitnah reagiert. Eine allgemein gültige zeitliche Grenze für ein unterschiedliches Vorgehen gegen rechtswidrige Zustände ergibt sich aus Art. 3 Abs. 1 GG nicht. Dies eröffnet der Behörde aber in der Regel nicht die Möglichkeit, nur gegen neue Vorhaben einzuschreiten und bestehende Nutzungen bis zu deren (freiwilliger) Aufgabe zu dulden (*VGH Kassel* B 28.1.2009 – 4 B 2166/08, juris Rn. 7 = ESVGH 59, 193 = BRS 74 Nr. 200 (2009) =, DÖV 2009, 593 L = NVwZ-RR 2009, 790 L = BeckRS 2009, 35301).

Im **Bereich des Tierschutzes** besteht die Gefahr, dass ohne sofortiges Einschreiten der **139**
Behörde anhaltende und oft erhebliche Schmerzen, Leiden oder Schäden des Tieres fortdauern. Das muss gemäß §§ 1, 2, 16a TierSchG abgewehrt werden. Deshalb ist die Anordnung der sofortigen Vollziehung zwingend geboten (vgl. *Hirt/Maisack/Moritz*, § 16a Rn. 8; *Lorz/Metzger*, § 16a Rn. 11).

Im Recht der **Gefahrenabwehr** ist das besondere öffentliche Interesse oder das von **140**
der Behörde wahrzunehmende private Interesse für die Anordnung der sofortigen Vollziehung der Ordnungsverfügung in der Regel gegeben (Bsp bei Bader/*Funke-Kaiser*/Stuhlfauth/von Albedyll, § 80 VwGO Rn. 50). Das gilt insbesondere, wenn sich die Gefahr durch Verzögerungen in nicht hinnehmbarer Weise steigern und verwirklichen kann oder hochrangige öffentliche oder private Rechtsgüter gefährdet sind. Man denke etwa an die Gefährdung des Grundwassers und die Trinkwasserversorgung (*VGH Mannheim* B 3.9.2002 – 10 S 957/02, NuR 2003, 29 = DÖV 2003, 421 = NVwZ-RR 2003, 103; *VGH München* B 15.1.2003 – 22 CS 02.3223, NVwZ 2003, 1137).

In steigendem Maß ist die Anordnung der sofortigen Vollziehung notwendig, um die Gefahr von terroristischen Angriffen abzuwehren. Hier geht es insbesondere um die Sicherung von Eisenbahnen, Flugzeugen und Flughäfen (vgl. *OVG Lüneburg* B 3.5.2005 – 12 MS 122/05, NVwZ-RR 2006, 33).

Im **Ausländerrecht** ist das besondere öffentliche Interesse an der sofortigen Vollziehung einer Ausweisungsverfügung zu bejahen, wenn – mit Blick auf den spezialpräventiven Zweck der Ausweisung – die begründete Besorgnis besteht, die vom Ausländer ausgehende, mit der Ausweisung bekämpfte Gefahr werde sich schon in dem Zeitraum bis zu einer rechtskräftigen gerichtlichen Entscheidung über die Rechtmäßigkeit der Ausweisung realisieren; der allgemeine Verdacht einer Beeinträchtigung erheblicher Belange der Bundesrepublik genügt nicht. Die das Sofortvollzugsinteresse begründende negative Gefahrenprognose muss auf Tatsachen beruhen, bloße Behauptungen und Vermutungen genügen nicht (*VGH Baden-Württemberg* B 26.9.2016 – 11 S 1413/16, juris Rn. 48 = ZAR 2017, 100 L = DÖV 2017, 40 L unter Verweis auf BVerfG, K 13.06.2005 – 2 BvR 485/05).

Aufgrund der Risiken, die mit jedem Waffenbesitz verbunden sind, ist bei einem unzuverlässigen Jagdscheininhaber die sofort vollziehbare Ungültigerklärung und anschließende **Einziehung des Jagdscheins** nach § 18 BJagdG zur Gefahrenabwehr dringend geboten (*OVG Lüneburg* B 19.5.2006 – 8 ME 50/06, NVwZ-RR 2006, 796; *OVG Lüneburg* B 1.6.2004 – 8 ME 116/04, NVwZ-RR 2005, 110; *VG Oldenburg* B 2.4.2004 – 12 B 829/04, NVwZ-RR 2005, 112). Hingegen ist der Entzug der waffenrechtlichen Erlaubnis wegen mangelnder Zuverlässigkeit oder Eignung schon von Gesetzes wegen sofortig vollziehbar (§ 45 Abs. 5 WaffG), so dass es einer Anordnung der sofortigen Vollziehung durch die Behörde nicht bedarf (hierzu unlängst *VGH Bayern* B 25.4.2018 – 21 CS 17.2459, juris Rn. 29 ff).

Ebenso unabweisbar ist es zur Gefahrenabwehr erforderlich, einem Ausbilder sofort vollziehbar die Ausbildung von weiblichen Auszubildenden wegen deren **sexuellen Belästigungen** zu untersagen (*VGH München* B 12.8.2004 – 22 Cs 04.1679, NVwZ-RR 2005, 49). Bei einem solchen Sachverhalt gilt das auch für die Entziehung der Fahrlehrererlaubnis (*OVG Münster* B 7.6.2002 – 8 B 636/02, NZV 2002, 527 = NVwZ 2003, 628 = NWVBl. 2003, 150 = NJW 2003, 2257 L).

141 Allgemein ist die Anordnung der sofortigen Vollziehung geboten, wenn der vorzeitig durchzusetzende Verwaltungsakt den Erhalt von Gebäuden bezweckt. Denn diese können bis zum Ausgang des Hauptsacheverfahrens witterungsbedingt weiteren Schaden an der Originalsubstanz erleiden. Das kann nur vermieden werden, wenn die angeordneten Schutzmaßnahmen umgehend verwirklicht werden. So würde z.B. der **Denkmalschutz** die Anordnung der sofortigen Vollziehung fordern (*VGH Mannheim* B 25.3.2003 – 1 S 190/03, NJW 2003, 2550).

142 Ein besonderes öffentliches Interesse besteht in aller Regel auch für die sofortige Vollziehung einer Ordnungsverfügung, mit der die Verwaltungsbehörde dem Fahrer gemäß § 31a StVZO aufgibt, zeitlich befristet ein **Fahrtenbuch** zu führen. Es liegt im besonderen öffentlichen Interesse, dass alles Erforderliche getan wird, um den bei Verkehrsverstößen oder Straftaten in Betracht kommenden Personenkreis so schnell wie möglich zu erfassen. Sinn und Zweck der Fahrtenbuchauflage ist es, Kraftfahrer mit mangelnder Einstellung zu den Verkehrsvorschriften zu ermitteln und geeignete Maßnahmen gegen sie ergreifen zu können. Die Effizienz behördlichen Handelns bei

Sicherheitsgefahren wäre in Frage gestellt, wenn durch die Einlegung eines Rechtsmittels über einen längeren Zeitraum die Wirksamkeit der Maßnahme hinausgezögert werden könnte. Da das Führen eines Fahrtenbuches auch keine allzu schwerwiegende Belastung mit sich bringt und über eine gewisse, mit geringem Zeitaufwand verbundene Belästigung nicht hinaus geht, überwiegt das öffentliche Vollzugsinteresse das private Interesse, zunächst von der Führung des Fahrtenbuches verschont zu bleiben (*VG Düsseldorf* B 30.9.2013 – 14 L 1781/13, juris Rn. 49; *OVG Berlin* B 13.3.2003 – 8 S 330/02, NJW 2003, 2402; *VGH Mannheim* B 30.11.2010 – 10 S 1860/10, NJW 2011, 628 = DÖV 2011, 246.L = DVBl. 2011, 187 L; *OVG Lüneburg* B 24.1.2013 – 12 ME 272/12 –).

Gleiches gilt bei der Notwendigkeit, einem fahruntauglichen Kraftfahrer gemäß § 3 Abs. 1 oder § 4 Abs. 3 S. 1 Nr. 3, Abs. 7 StVG die **Fahrerlaubnis** sofort zu entziehen. Diese Rechtslage wird durch § 46 Abs. 1 FeV bestätigt. Danach ist die Entziehung zwingend (*OVG Berlin-Brandenburg* B 7.3.2007, – 5 S 9/07, OVGE 28, 45).

Besonders dringlich ist die Anordnung der sofortigen Vollziehung, wenn einem Kraft- **143**
fahrer **wegen Rauschgiftkonsums die Fahrerlaubnis entzogen** wird (*OVG Magdeburg* B 25.8.2010 – 3 M 359/10, NJW 2010, 3465; *OVG Bremen* B 20.4.2010 – 1 B 23/10, NJW 2010, 3255; *VGH Mannheim* U 13.12.2007 – 10 S 1272/07, DVBl. 2008, 336 L; *VGH Mannheim* B 25.11.2010 – 10 S 2162/10, NJW 2011, 1303; *OVG Münster* U 21.3.2013 – 16 A 2006/12, NJW 2013, 2841). Im Hinblick auf die Gefährdung anderer Verkehrsteilnehmer ist es in solchen Fällen rechtlich unbedenklich, dass die Behörde die sofortige Vollziehung nicht nur ausnahmsweise, sondern in der Masse der Fälle anordnet. Hier besteht die gleiche Gefahrenlage wie im Strafrecht. Denn gemäß § 111a StPO kann der Richter dem Beschuldigten die Fahrerlaubnis vorläufig entziehen (*OVG Hamburg* B 15.12.2005 – 3 Bs 214/05, NJW 2006, 1367 = NVwZ 2006, 1084 L).

Im Übrigen kann die Behörde unter Anordnung der sofortigen Vollziehung auch das **Führen eines erlaubnisfreien Fahrzeugs**, etwa Fahrrad oder Mofa, **untersagen**. Denn entscheidend ist, dass sich der Betroffene als ungeeignet zum Führen von Fahrzeugen erwiesen hat (*BVerwG* U 21.5.2008 – 3 C 32/07, BVerwGE 131, 163 = NJW 2008, 2601 = DÖV 2008, 777 = NJW-Spezial 2008, 523 = NZV 2008, 646; *OVG Lüneburg* B 1.4.2008 – 12 ME 35/08, NJW 2008, 2059).

Das allgemeine Verwaltungsrecht und das Verwaltungs-Vollstreckungsrecht kennen – anders als das Strafrecht – **kein striktes Verwertungsverbot für Beweismittel, die unter Verstoß gegen geltendes Recht, insbesondere durch Verletzung von Beweiserhebungsverboten, gewonnen worden sind**. Soweit – wie im Verwaltungsvollstreckungsrecht – ein ausdrückliches Beweisverwertungsverbot nicht besteht, ist bei der Verwertung dieses Materials zwischen dem Integritätsinteresse des von dem Eingriff betroffenen Grundrechtsträgers und dem Gewicht der sonst zu beachtenden Belange abzuwägen (*OVG NRW* B 26.9.2016 – 16 B 685/16, juris Rn. 15; *VG Mainz* U 8.6.2017 – 1 K 4/14.MZ, juris Rn. 75).

Diese Abwägung fällt im Fahrerlaubnisrecht in aller Regel zu Lasten des jeweiligen Fahrerlaubnisinhabers aus. Mit dem Schutz der Allgemeinheit vor ungeeigneten Fahrerlaubnisinhabern wäre es nicht zu vereinbaren, wenn die Fahrerlaubnisbehörden an der Berücksichtigung (eventuell) strafprozessual fehlerhaft gewonnener Erkenntnisse allgemein gehindert wären bzw. wegen eines außerhalb ihres Verantwortungsbereichs begangenen Verfahrensfehlers sehenden Auges die gravierenden Gefahren hinzunehmen hätten, die mit der Verkehrsteilnahme eines derzeit kraftfahrungeeigneten Fahrerlaubnisinhabers verbunden sind (*OVG NRW* B 2.9.2013 – 16 B 976/13, juris Rn. 3 ff; *OVG NRW* B 26.9.2016 – 16 B 685/16, juris Rn. 15). So darf die Fahrerlaubnisbehörde auch das Ergebnis der Untersuchung einer Blutprobe berücksichtigen, die unter Verstoß gegen den Richtervorbehalt des § 81a Abs. 2 StPO entnommen wurde (*VGH Mannheim* B 21.6.2010 – 10 S 4/10, Original S. 5–8 = DÖV 2010, 742 L).

Im Übrigen kann ein derartiges Verwertungsverbot selbst im Strafprozess ausgeschlossen sein. Allerdings müssen besondere Ausnahmegründe vom Richtervorbehalt vorliegen (*BVerfG* B 11.6.2010 – 2 BvR 1046/08 BVerfGK 17, 340 = NJW 2010, 2864 = Polizei 2010, 302 = DVP 2011, 36 = NStZ 2011, 289; *BVerfG* B 24.2.2011 – 2 BvR 1596/10, DÖV 2011, 489 L = DVP 2011, 477).

144 Beim Entzug der Approbation im Berufsrecht ist eine Gefahrenlage für wichtige Gemeinschafts- oder Individualgüter mit den Folgen, die für den betroffenen Arzt mit der Anordnung des Sofortvollzuges verbunden sind, abzuwägen (*BVerfG*, Einstw. Anordnung 29.12.2004 – 1 BvR 2820/04, 1 BvR 2851/04, juris Rn. 15). Hierbei ist die Anordnung der sofortigen Vollziehung des Ruhens oder des Widerrufs der **Approbation** eines Arztes oder Zahnarztes regelmäßig notwendig und auch gerichtsfest begründbar, soweit die schleunige Abwehr konkreter Gefahren für die körperliche Unversehrtheit und das Leben von Patienten in Rede steht. Das ist insbesondere der Fall, wenn der Arzt bei der Behandlung von Patienten Straftaten begangen hat und Wiederholungsgefahr besteht (vgl. *BVerwG* U 16.9.1997 – 3 C 12/95, BVerwGE 105, 214, 222 = DÖV 1998, 293 = MedR 1998, 142 = DVBl. 1998, 528 = NJW 1998, 2756; *OVG Saarlouis* B 21.1.2004 – 1 W 29/03, NJW 2004, 2033; *OVG Münster* B 9.12.2003 – 13 B 1944/03, NJW 2004, 2034). Ein Zuwarten der Behörde muss also nicht zu verantworten sein (vgl. *BVerfG* B 12.3.2004 – 1 BvR 540/04, NVwZ-RR 2004, 545; *OVG Lüneburg* B 16.3.2004 – 8 ME 164/03, NJW 2004, 1750 = NdsVBl. 2004, 216 = DVBl. 2004, 1380 L; *OVG Münster* B 21.3.2012 – 13 B 228/12, NJW 2012, 2132). Gleiches gilt für die Approbation eines Apothekers. Neben den Heilberufen trifft das ebenso auf die Heilhilfsberufe zu (vgl. *BVerwG* U 28.4.2010 – 3 C 22/09, BVerwGE 137, 1 = NJW 2010, 2901).

Insgesamt handelt es sich um die **persönliche Unwürdigkeit** des Betroffenen (*OVG Münster* B 17.12.2004 – 13 B 2314/04, NVwZ 2005, 470; *OVG Lüneburg* B 29.8.2002 – 8 LA 92/02, NVwZ-RR 2003, 49).

Anlass für den Widerruf der Approbation wegen Unwürdigkeit können allerdings nur gravierende Verfehlungen sein. Diese müssen geeignet sein, das Vertrauen der Öffentlichkeit in den Berufsstand nachhaltig zu erschüttern, wenn das Fehlverhalten für den Fortbestand der Approbation folgenlos bliebe. Insoweit handelt es sich um die Zusammenfassung und Bestätigung der Rechtsprechung des *Bundesverwaltungsgerichts* (B 27.1.2011 – 3 B 63/10, NJW 2011, 1830 = DVBl. 2011, 511 L).

So ist der Widerruf einer Berufserlaubnis sofort vollziehbar, wenn ein Heilpraktiker die anderweitig notwendige fachärztliche Spezialbehandlung verhindert (*VGH Mannheim* B 2.10.2008 – 9 S 1782/08, NJW 2009, 458 = DÖV 2009, 173 L; *OVG Lüneburg* B 26.10.2010 – 8 ME 181/10, DVBl. 2010, 1586 L = DÖV 2011, 82 L).

145 Diese Entscheidungen der Vollzugsbehörde stellen einen Eingriff in die durch Art. 12 Abs. 1 GG gewährleistete **Freiheit der Berufswahl und der Berufsausübung** dar. Die

Verwaltungsbehörde muss das Grundrecht des Betroffenen im Rahmen der Abwägung angemessen berücksichtigen. Dabei ist das grundlegende und bis heute maßgebliche „Apothekenurteil“ als Leitlinie des Verwaltungshandelns zu beachten (*BVerfG* U 11.6.1958 – 1 BvR 569/56 BVerfGE 7, 377 = NJW 1958, 1035 = DVBl. 1958, 500 = DÖV 1958, 538 = JZ 1958, 472 = BayVBl. 1958, 243 = MDR 1958, 573 = VerwRspr. 10, 781).

Der Widerruf einer Approbation bei Unwürdigkeit des Betroffenen zur Ausübung des Berufes ist mit Art. 12 Abs. 1 GG vereinbar (*VGH Mannheim* B 19.4.2006 – 9 S 2317/05, DÖV 2006, 746 = NVwZ 2006, 1202 = NJW 2006, 3371 L).

In einem **Pflegeheim** drohen den Heiminsassen durch Überbelegung Gesundheitsgefahren. Dann muss die Behörde einen Aufnahmestopp nach § 17 Abs. 1 S. 1 des Heimgesetzes verfügen. Die Anordnung der sofortigen Vollziehung des Aufnahmestopps ist jedenfalls vor dem Hintergrund verhältnismäßig, dass bei Bewohnern während ihres Heimaufenthalts gesundheitliche Beeinträchtigungen aufgetreten sind und einer entsprechenden Gefährdung künftiger Bewohner nur durch einen Aufnahmestopp begegnet werden kann (*VGH Mannheim* B 8.6.2004 – 6 S 22/04, juris Rn. 15 = NVwZ-RR 2004, 756). 146

Muss die Behörde eine notwendige Maßnahme zur Gefahrenabwehr anordnen, so hindert sie ein **wirtschaftliches Unvermögen** des Verantwortlichen nicht daran, die sofortige Vollziehung des Verwaltungsaktes anzuordnen. Das träfe etwa bei einer wasserrechtlichen Untersuchungsanordnung zu (*VGH Mannheim* B 3.12.1991 – 8 S 2850/91, NVwZ 1992, 467 = ZfW 1993, 37). 147

Auch eine auf die Einhaltung zwingender baurechtlicher Vorschriften gerichtete Verfügung kann im Interesse des vorbeugenden Schutzes von Leben, Gesundheit und Eigentum regelmäßig für sofort vollziehbar erklärt werden (*OVG Berlin* B 22.5.2002 – 2 S 10/02 BauR 2003, 1355; *OVG Münster* B 15.4.2009 – 10 B 304/09, NJW 2009, 3528 = NZM 2009, 912 = DÖV 2009, 685 L; *OVG Münster* U 22.2.2010 – 7 A 1235/08, DVBl. 2010, 914 = DÖV 2010, 700; *VG Düsseldorf* U 20.8.2010 – 25 K 3682/10 BeckRS 2010, 52691 = NJW-Spezial 2010, 706). 148

Mit der Erweiterung der Europäischen Union erstreckt sich die Gefahrenabwehr zunehmend auf den missbräuchlichen **„Führerschein-Tourismus“** (*EuGH* U 13.10.2011 – C – 224/10 -: NJW 2012, 369; *BVerwG* U 25.8.2011 – 3 C 25/10, BVerwGE 140, 256 = DÖV 2012, 162 L). Ein Verbot, von der ausländischen Fahrerlaubnis im Bundesgebiet Gebrauch zu machen, und dessen sofortige Vollziehung lässt sich mit der Gefahr, die mit der Teilnahme ungeeigneter Kraftfahrer am Straßenverkehr für die Allgemeinheit verbunden ist, und der angesichts dieser Gefahr bestehenden Notwendigkeit eines schnellen Eingreifens begründet. Diese auf die typische Interessenlage abstellende Begründung ist zulässig und ausreichend, weil es um die Abwehr von Gefahren für die Sicherheit und Ordnung des öffentlichen Straßenverkehrs geht. Daher liegt die Anordnung der sofortigen Vollziehung zwingend im besonderen öffentlichen Interesse (vgl. *EuGH* U 19.5.2011 – C – 184/10, NJW 2011, 3635; *EuGH* B 22.11.2011 – C 590/10, NJW 2012, 2018; *BVerwG* U 25.2.2010 – 3 C 15/09, NJW 2010, 1828 = DVBl. 2010, 793 L = DÖV 2010, 618 L = NZV 2010 321 = BVerwGE 136, 149; *VGH Mannheim* B 21.7.2006 – 10 S 1337/06, NJW 2007, 99; *VGH Kassel* B 3.8.2006 – 2 TG 673/06, NZV 2006, 668 = NJW 2007, 102; *VGH Kassel* B 19.2.2007 – 2 TG 13/07, NJW 2007, 1897; *OVG Greifswald* B 29.8.2006 – 1 M 46/06, NJW 2007, 1154; *OVG Münster* B 23.2.2007 – 16 B 178/07, NJOZ 2007, 1765 = 149

NJW 2007, 1900 L; *OVG Bautzen* B 13.2.2007 – 3 Bs 86/06, DÖV 2007, 562; *OVG Koblenz* B 21.6.2007 – 10 B 10291/07, NJW 2007, 2650; *OVG Koblenz* U 18.6.2010 – 10 A 10411/10, DÖV 2010, 826 L; *VG Saarland* B 21.10.2016 – 5 L 1896/16, juris Rn. 19).

Ein Führerschein, welcher in einem Staat der Europäischen Union ausgestellt wurde, enthält zwar die Berechtigung, davon in allen Staaten der Union Gebrauch zu machen. Er schränkt aber nicht die souveräne Befugnis der Unionsstaaten zur Gefahrenabwehr ein. Das bedeutet: Im deutschen Inland kann die Fahrerlaubnisbehörde den Betroffenen auffordern, das Gutachten einer medizinisch-psychologischen Untersuchungsstelle über seine Eignung zum Führen von Kraftfahrzeugen beizubringen. Wird dabei die mangelnde Fahreignung des Betroffenen festgestellt, kann ihm die Behörde das Recht aberkennen, von der EU-Fahrerlaubnis in Deutschland Gebrauch zu machen (*BVerwG* U 28.4.2010 – 3 C 20/09 – 3 C 2/10, DVBl. 2010, 989 L = DÖV 2010, 742 L = NJW 2010, 3318 = BVerwGE 137, 10). Die deutsche Behörde kann einen inländischen Ungültigkeitsvermerk auf einer ausländischen Fahrerlaubnis anbringen (*VGH München* U 13.12.2011 – 11 B 11.2336, NVwZ-RR 2012, 436).

Die deutschen Fahrerlaubnisbehörden müssen auch folgenden Täuschungsversuch vereiteln: Einem deutschen Staatsbürger droht die Entziehung der deutschen Fahrerlaubnis. Im Rahmen des eingeleiteten Entziehungsverfahrens verzichtet er auf die deutsche Fahrerlaubnis, um der kostenpflichtigen Entziehung zu entgehen. Danach erwirbt er im benachbarten Ausland eine EU-Fahrerlaubnis. Im Führerschein ist sein deutscher Wohnsitz eingetragen. In diesem Fall kann die deutsche Fahrerlaubnisbehörde dem Betroffenen untersagen, von der EU-Fahrerlaubnis in der Bundesrepublik Deutschland Gebrauch zu machen, weil der erklärte Verzicht dem „Entzug" der Fahrerlaubnis gleichzustellen ist. Wenn die Fahrerlaubnis von der Fahrerlaubnisbehörde wegen Fahrungeeignetheit zwangsläufig zu entziehen gewesen wäre, ist der zuvor erklärte Verzicht nicht anders zu behandeln als die förmliche Entziehung. (*OVG Weimar* B 10.3.2010 – 2 ZKO 421/09, DÖV 2011, 329 L = ThürVBl 2011, 81 = VRS 120, 203-207 [2011]).

Im Übrigen gilt für alle Mitgliedstaaten der Europäischen Union: Sie können die Anerkennung eines Führerscheins verweigern, wenn feststeht, dass dessen Inhaber die Voraussetzungen eines ordentlichen Wohnsitzes nicht erfüllt, er also den **Führerschein erschlichen** hat (*EuGH* U 1.3.2012 – C – 467/10 BeckRS 2012, 80440 = NJW 2012, 1341; *VGH Mannheim* B 21.6.2012 – 10 S 968/12, DÖV 2012, 739 L; *BVerwG* U 27.9.2012 – 3 C 34/11, BVerwGE 144, 220 = NJW 2013, 487 = DÖV 2013, 203 L; *BVerwG* U 30.5.2013 – 3 C 18/12 BeckRS 2013, 12178 = NJW-Spezial 2013, 587; *BayVGH* B 11.7.2018 – 11 CS 18.66, juris Rn. 14 ff).

150 Das **besondere Interesse** an der sofortigen Vollziehung ist gemäß § 80 Abs. 3 S. 1 VwGO **schriftlich zu begründen.** Entbehrlich ist eine schriftliche Begründung nur bei Notstandsmaßnahmen i.S.d. § 80 Abs. 3 S. 2 VwGO, die ausdrücklich als solche zu bezeichnen sind. Fehlt die Bezeichnung, ist die Anordnung der sofortigen Vollziehung in Anlehnung an § 44 Abs. 1 VwVfG nichtig (Bader/*Funke-Kaiser*/Stuhlfauth/von Albedyll, § 80 VwGO Rn. 53).

Das Erfordernis gesonderter schriftlicher Begründung soll den Betroffenen in die Lage versetzen, seine Rechte wirksam wahrzunehmen und die Erfolgsaussichten eines Rechtsmittels abzuschätzen. Insoweit ist § 80 Abs. 3 S. 1 VwGO eine spezialgesetzliche Ausprägung der rechtsstaatlichen Pflicht, behördliche Eingriffsakte zu begründen, um dem Bürger eine sachgerechte Verteidigung seiner Rechte zu ermöglichen (*BVerfG* B

28.2.1779 – 2 BvR 84/79, NJW 1979, 1161). Außerdem soll die Begründungspflicht der Behörde den **Ausnahmecharakter der Vollziehungsanordnung** vor Augen führen. Es soll sie veranlassen, das besondere Interesse aus den Umständen des Einzelfalles zu rechtfertigen. Die Behörde muss also darlegen, weshalb gerade in diesem Falle ausnahmsweise ein Interesse daran besteht, vom Regelfall des § 80 Abs. 1 S. 1 VwGO abzusehen, wonach der Widerspruch und die ihm nachfolgende Anfechtungsklage aufschiebende Wirkung haben. Dabei sind dem Adressaten die Gründe mitzuteilen, die er nicht kennt (*OVG Lüneburg* B 18.10.2004 – 1 ME 205/04, NVwZ-RR 2005, 93, 94). Schließlich dient die Begründung nach § 80 Abs. 3 S. 1 VwGO der gerichtlichen Kontrolle der Behördenentscheidung durch die Verwaltungsgerichte (Kopp/*Schenke*, § 80 Rn. 84).

§ 80 Abs. 3 VwGO wird als **abschließende Sonderregelung** angesehen, die keinen Raum lässt für einen Rückgriff auf die allgemeinen Bestimmungen für den Verwaltungsakt (Bader/*Funke-Kaiser*/Stuhlfauth/von Albedyll, § 80 VwGO Rn. 54). Demnach muss ihre Begründung den Anforderungen des § 39 VwVfG nicht genügen. Ob ihr Fehlen heilbar ist nach § 45 Abs. 1 Nr. 2 VwVfG, wird indes unterschiedlich beurteilt (*OVG Berlin-Brandenburg* B 16.4.2008 – OVG 3 S 106.07, juris Rn. 7 ff. m zahlr Nachw = OVGE BE 29, 45 = NVwZ-RR 2008, 727). Eine höchstrichterliche Klärung ist bislang nicht erfolgt (offen gelassen etwa *BVerwG* B 18.9.2001 – 1 DB 26.01, juris Rn. 8). Hierzu unten Rn. 153.

Das besondere Interesse an der sofortigen Vollziehung **„ist“** am Einzelfall individuell **nachzuweisen**. Die Begründungspflicht ist, von Notstandsmaßnahmen abgesehen, also eine Mussvorschrift. Sie gilt auch bei Anordnungen gegen **mehrere Personen** und ebenso für Verwaltungsakte mit Doppelwirkung nach § 80a VwGO (*VGH München* B 23.12.1996 – 26 CS 96.2760 BayVBl. 1997, 409 = NVwZ-RR 1998, 271).

Aus Sinn und Zweck des § 80 Abs. 3 S. 1 VwGO ergibt sich, dass die Begründung individuell auf den Einzelfall bezogen sein muss. Sie kann daher nicht auf die Gründe eines anderen Bescheides gestützt werden (zu Zweifelsfragen *OVG Greifswald* B 8.7.2009 – 3 M 84/09–: BeckRS 2009, 41126 = NVwZ-RR 2010, 266).

Dabei ist das besondere öffentliche Interesse an der sofortigen Vollziehung des Verwaltungsaktes gegenüber dem öffentlichen Interesse an der Aufrechterhaltung der aufschiebenden Wirkung des Rechtsbehelfs oder dem überwiegenden privaten Interesse des Betroffenen gegeneinander **abzuwägen**. Es muss sich um ein besonders großes Interesse an der Anordnung der sofortigen Vollziehung handeln (*VerfGH Berlin* B 1.6.2010 – 15/09, DVBl. 2010, 906, 907; *OVG Berlin* B 19.4.1961 – la ER 25/61, OVGE Berlin 7, 26, 29; *VGH Kassel* B 25.10.1973 – 7 TH 72/ 73, DÖV 1974, 606 = HessVGRspr 1974,36 = GemTg 1974, 221 = VerwRspr. 26, 65; *OVG Greifswald* B 24.1.2006 – 3 M 73/05, NVwZ-RR 2007, 21).

Für die sofortige Vollziehung eines Verwaltungsaktes ist dabei ein **besonderes öffentliches Interesse** erforderlich, das über jenes Interesse hinausgeht, das den Verwaltungsakt selbst rechtfertigt. Das ist unumstritten und ständige Rechtsprechung (vgl. *BVerfG* B 12.9.1995 – 2 BvR 1179/95, DVBl. 1995, 1297 = InfAuslR 1995, 397 = NVwZ 1996, 58 = BayVBl. 1996, 47; *BVerfG* B 19.12.2007 – 1 BvR 2157/07, NJW 2008, 1369 = NZS 2008, 476; *BVerfG* B 21.3.1985 – 2 BvR 1642/83 BVerfGE 69, 220 = ZfSH/SGB 1985, 410 = EuGRZ 1985, 312 = NVwZ 1985, 409 = DVBl. 1985, 567 = JZ 1985, 481 = BayVBl. 1985, 433 = MDR 1985, 643).

Je nach dem Sachverhalt des Falles gilt für die Begründung: Sie muss aufzeigen, dass die Behörde den Grundsatz der Verhältnismäßigkeit gewahrt hat (*BVerfG* B 8.4.2010 – 1 BvR 2709/09 BVerfGK 17, 228 = NJW 2010, 2268).

151 Ob die Anordnung der sofortigen Vollziehung auch durch ein **„fiskalisches" Interesse** begründet werden kann, ist umstritten. Hilfreich wäre es, diese Bezeichnung zu vermeiden. Stattdessen könnte man von einem **Haushaltsinteresse** sprechen. Denn hier geht es nicht um eine echt fiskalische Betätigung des Staates im privatrechtlichen Bereich. Bei der Anordnung der sofortigen Vollziehung handelt die Vollzugsbehörde vielmehr als Hoheitsträger. Dabei hat sie auch Haushaltsmittel einzusetzen, um im öffentlichen Interesse oder im überwiegenden Interesse eines Beteiligten vor allem Gefahren für die öffentliche Sicherheit und Ordnung schnell und wirksam abzuwehren. Hierfür wird Geld benötigt.

Das trifft besonders für die Ersatzvornahme, aber auch für den unmittelbaren Zwang zu. Je zeitiger eine derartige Maßnahme durchgeführt wird, desto eher kann eine weitere Gefahr bekämpft werden. Dazu ist die Vollzugsbehörde aber regelmäßig nur in der Lage, wenn sie die erstatteten Kosten aus der ersten Maßnahme sogleich für die nächste zur Verfügung hat. Hierauf kann infolgedessen die in § 80 Abs. 3 S. 1 VwGO vorgeschriebene Begründung für das besondere Interesse an der Anordnung der sofortigen Vollziehung gestützt werden (*OVG Münster* B 6.7.2010 – 13 B.663/10 –). Sonst kommt es zu der verbreiteten schädlichen Praxis, wegen ausstehender Geldmittel nicht oder nicht rechtzeitig handeln zu können. Der Schaden bei Unterlassen ist oft erheblich. Insoweit steht das Interesse der Vollzugsbehörde dem des § 80 Abs. 2 S. 1 Nr. 1 VwGO gleich, öffentliche Kosten zu beanspruchen.

Das Haushaltsinteresse darf allerdings nicht nur geringfügig sein. So können Gebührenausfälle ein überwiegendes öffentliches Interesse am Sofortvollzug einer streitigen Verfügung allenfalls dann rechtfertigen, wenn sie im Verhältnis zum gesamten Gebührenaufkommen mehr als geringfügig sind, die Gebührenkalkulation für die öffentliche Einrichtung nachhaltig erschüttern oder gar die Finanzierung der Einrichtung bedrohen (*OVG Rheinland-Pfalz* B 15.7.2004 – 8 B 10999/04, juris Rn. 10 = NVwZ-RR 2005, 621).

Im Übrigen lösen fiskalische Interessen die Vollzugsbehörde nicht von ihrer Pflicht, notwendige Maßnahmen zur Gefahrenabwehr zu treffen. Sie kann im Falle einer konkreten Gefahr den Verantwortlichen nicht auf den Zivilrechtsweg mit einem weiteren Verantwortlichen, z.B. Nachbar, verweisen, um der Kostenlast einer gebotenen Ersatzvornahme zu entgehen (*OVG Saarlouis* B 21.8.2012 – 2 B 178/12 BeckRS 2012, 58342 = NVwZ-RR 2013, 17 L).

152 Sollte die **Begründung unrichtig** sein, so berührt dies die Wirksamkeit der Anordnung der sofortigen Vollziehung nicht. Das trifft schon für den Verwaltungsakt zu (Rn. 18). Es gilt erst recht für die Anordnung der sofortigen Vollziehung, die doch nur ein Nebenverfahren zur Durchsetzung des Verwaltungsaktes betrifft. Ob die Darlegungen der Behörde zutreffend sind und die Anordnung der sofortigen Vollziehung inhaltlich zu rechtfertigen vermögen, ist im Rahmen der Formvorschrift des § 80 Abs. 3 S. 1 VwGO ohne Bedeutung (*OVG Weimar* B 5.10.2001 – 2 ZEO 648/01, NVwZ 2002, 231 = ThürVBl. 2002, 122 = NuR 2002, 505 = DÖV 2002, 128; *OVG Münster* B 8.8.2008 – 13 B 1022/08, DVBl. 2008, 1262; *VGH Mannheim* B 9.8.1994 – 10 S 1767/94, VBlBW 1995, 92 = NVwZ-RR 1995, 174; *OVG Bremen* B 12.3.2002 – 1 B 23/02, NJW 2002,

3119 = NordÖR 2002, 174; *VG Düsseldorf* B 24.6.2010 – 23 L 953/10, NVwZ-RR 2010, 841). Der Mangel macht die Anordnung jedoch rechtswidrig und führt im gerichtlichen Verfahren zu ihrer Aufhebung.

Fehlt die Begründung, kann dieser Formfehler geheilt werden: Die Begründung kann in entsprechender Anwendung des §45 Abs.1 Nr.2, Abs.2 VwVfG bis zum Abschluss der letzten Tatsacheninstanz eines verwaltungsgerichtlichen Verfahrens (anders teilweise das Landesrecht, z.B. §45 Abs.2 VwVfG NRW) nachgeholt werden (ebenso: *OVG Lüneburg* B 5.6.2003 – 8 ME 87/03, NdsVBl. 2003, 301 = NuR 2003, 635; *OVG Koblenz* B 3.4.2012 – 1 B 10136/12, DÖV 2012 693 L; *Finkelnburg/Külpmann*, Rn.750; *Redeker/von Oertzen*, §80 Rn.27a; a.A.: Bader/*Funke-Kaiser*/Stuhlfauth/von Albedyll, §80 VwGO Rn.51; *Schoch*/Schneider/Bier, §80 Rn.249; Sodan/Ziekow/*Puttler*, §80 Rn.99; Posser/Wolff/*Gersdorf*, §80 Rn.92; *VGH München* B 24.3.1999 – 10 CS 99.77 BayVBl. 1999, 465). Das könnte die Behörde auch durch einen Schriftsatz im vorläufigen Rechtsschutzverfahren nach §80 Abs.5 VwGO, der dem Betroffenen zugeht, tun. Dabei muss die Erklärung der Behörde allerdings eindeutig erkennen lassen, dass es sich um die nachgeholte Begründung handelt (*OVG Greifswald* B 20.11.1998 – 3 M 67/98, NVwZ-RR 1999, 409). Die Begründung kann auch im Widerspruchsbescheid nachgeholt werden (*VGH München* B 3.6.2002 – 7 CS 02.875, NJW 2002, 3044 = DÖV 2002, 919). Die Heilung dient der Prozessökonomie (*OVG Berlin-Brandenburg* B 16.4.2008 – 3 B 106/07, OVGE 29, 45 = NVwZ-RR 2008, 727). 153

Danach können selbstverständlich auch Ermessenserwägungen nachgeschoben werden. Denn sie sind laut §39 Abs.1 S.3 VwVfG im Zusammenhang mit §40 VwVfG Bestandteil der Begründung.

Hierdurch wird verhindert, dass die Behörde eine neue Anordnung der sofortigen Vollziehung mit der ergänzten Begründung nach §80 Abs.2 S.1 Nr.4, Abs.3 S.1 VwGO zu erlassen hat, gegen die der Antragsteller wiederum mit einem Antrag gemäß §80 Abs.5 VwGO vorgehen müsste (vgl. *OVG Berlin* B 23.8.1988 – 2 S 7/88, OVGE Berlin 18, 119, 124).

§45 Abs.1 Nr.2, Abs.2 VwVfG betrifft zwar unmittelbar die Heilung eines Begründungsmangels, mit dem der Verwaltungsakt selbst behaftet ist. Umso eher muss eine Heilung aber möglich sein, wenn lediglich die Begründung für die nachrangige vorzeitige Vollziehbarkeit des Verwaltungsaktes nachgeholt werden soll. Deshalb ist vom Höheren auf das Kleinere zu schließen (a maiore ad minus). Dafür sprechen auch **Gründe der Prozessökonomie.** Analogie ist also geboten und zulässig. 154

Heilt die Behörde den Begründungsmangel nicht, ist die Vollziehungsanordnung rechtswidrig. Das Gericht wird allein aus diesem Grund dem Antrag auf Wiederherstellung der aufschiebenden Wirkung nach §80 Abs.5 S.1 VwGO ohne weitere sachliche Prüfung stattgeben (vgl. *OVG Magdeburg* B 2.12.1993 – 4 M 10193, LKV 1994, 295 = DVBl. 1994, 808 = DÖV 1994, 352; *OVG Schleswig* B 21.5.1992 – 4 M 44/92, NVwZ-RR 1992, 590; *OVG Schleswig* B 25.6.2001 – 1 M 12/01, NordÖR 2001, 353 = NVwZ-RR 2002, 541; *VGH Kassel* B 22.10.1982 – 4 TH 36/82, *ESVGH* 33, 154 L = HessVGRspr 1983, 45 = NJW 1983, 2404 = DÖV 1983, 386; hM). 155

Die **Begründung darf nicht nur formelhaft** in dem Sinne sein, dass sie nur **allgemeine Wendungen** ohne Bezug auf den konkreten Fall enthält. (Rn.158). Sie muss auf den konkreten Fall abstellen, also Fallbezug aufweisen (vgl. *OVG Koblenz* B 15.7.2004 – 156

8 B 10999/04, juris Rn. 2 =, NVwZ-RR 2005, 621; *OVG Greifswald* B 19.6.1997 – 3 M 115/96, NVwZ 1997, 1027 = NuR 1998, 380 = NordÖR 1998, 39 = ZfW 1998, 440; *OVG Schleswig* B 19.6.1991 – 4 M 43/91, NVwZ 1992, 688); vgl. zur Literatur: Bader/*Funke-Kaiser*/Stuhlfauth/von Albedyll, § 80 VwGO Rn. 50; *Eyermann/ Schmidt*, § 80 VwGO Rn. 43; *Kopp/Schenke*, § 80 VwGO Rn. 84; → *Redeker/von Oertzen*, § 80 VwGO Rn. 26; *Schoch*/Schneider/Bier, § 80 VwGO Rn. 247; → Sodan/Ziekow/*Puttler*, § 80 VwGO Rn. 96; Posser/Wolff/*Gersdorf*, § 80 VwGO Rn. 88; *Finkelnburg/Külpmann*, Rn. 745, 746.

Eine Begründung liegt auch nicht vor, wenn sie nur den Gesetzestext wiederholt. Allerdings ist eine knappe Aussage zum konkreten Fall ausreichend (*OVG Berlin* B 13.3.2003 – 8 S 330/02, NJW 2003, 2402).

Insgesamt dürfen die Anforderungen an die Begründung nicht überspannt werden: Den Anforderungen des § 80 Abs. 3 S. 1 VwGO genügt jede schriftliche Begründung, die – sei sie sprachlich oder gedanklich auch noch so unvollkommen – zu erkennen gibt, dass die Behörde aus Gründen des zu entscheidenden Einzelfalls eine sofortige Vollziehung ausnahmsweise für geboten hält. Dabei kommt es nicht darauf an, ob die zur Begründung der Vollziehungsanordnung angeführten Gründe den Sofortvollzug tatsächlich rechtfertigen und ob die für die sofortige Vollziehung angeführten Gründe erschöpfend und zutreffend dargelegt sind (vgl. *OVG NRW* B 8.8.2008 – 13 B 1022/08 –, DVBl. 2008, 1262; *OVG NRW* B 9.11.2007 – 13 B 1192/07 –, MedR 2008, 229; *OVG NRW* B 28.3.2007 – 13 B 2254/06 –, LRE 54, 348 m.w.N.; *OVG NRW*, B 30.3.2009 – 13 B 1910/08, juris Rn. 2 =, NWVBl 2009, 390 = LRE 58, 425 = DÖV 2009, 592 L).

157 Mitunter trägt zwar bereits die **Grundverfügung das öffentliche Interesse** an der Vollziehungsanordnung. So ist bei der Begründung der sofortigen Vollziehbarkeit von Fahrtenbuchauflagen eine einzelfallbezogene Interessenabwägung regelmäßig nicht erforderlich. Denn § 31a StVZO gehört zu den Vorschriften, bei denen zur Abwehr von Gefahren für wichtige Gemeinschaftsgüter – nämlich die Ordnung und Sicherheit im Straßenverkehr – das besondere öffentliche Vollzugsinteresse nach § 80 Abs. 2 S. 1 Nr. 4 VwGO im Regelfall mit dem Interesse am Erlass des Verwaltungsakts selbst zusammenfällt (*OVG Sachsen* B 25.7.2016 – 3 B 40/16, juris Rn. 7 = SächsVBl 2016, 257 = DÖV 2016, 919 L).

Dennoch muss auch in einem solchen Fall das besondere Interesse begründet werden (a.A.: *OVG Bautzen* B 20.1.1997 – 3 S 315/96, JbSächsOVG 5, 135 = SächsVBl. 1997, 212 = DÖV 1997, 424 = GewArch 1997, 335 = NVwZ-RR 1997, 411). Wenn die Gründe, die zum Erlass des Verwaltungsaktes führen, zugleich die Notwendigkeit für die Anordnung seiner sofortigen Vollziehung aufzeigen, kann die Behörde darauf hinweisen und sich auf diese Gründe beziehen (*OVG Münster* B 10.9.2003 – 13 B 1313/03, NVwZ-RR 2004, 316; *OVG Münster* B 8.8.2008 – 13 B 1022/08, DVBl. 2008, 1262; Bader/*Funke-Kaiser*/Stuhlfauth/von Albedyll, § 80 VwGO Rn. 54). Sicherheitshalber sollte sie aber wenigstens noch mit einem Satz das besondere Interesse darlegen. Denn die offensichtliche Rechtmäßigkeit der Grundverfügung allein reicht nicht aus (*VGH Mannheim* B 12.10.2010 – 9 S 1937/10, DVBl. 2011, 58 L = DÖV 2011, 84 L).

158 Eine **formblattmäßige Begründung** ist ebenfalls keine ausreichende Begründung i.S.d. Gesetzes. Benutzt die Behörde ein Formular, so muss sie die individuellen Gründe des Einzelfalles zusätzlich eintragen. Das wird bei Formularen leicht übersehen. Allerdings sind bei gleichartigen Verwaltungsakten eines Massenverfahrens (zB Volkszählung) gleiche oder gruppentypisierte Begründungen zulässig (*VGH München* B 22.5.1987 – 5 CS 87.01400 – NJW 1987, 2538).

Bei **Allgemeinverfügungen**, die nach §41 Abs.3, 4 VwVfG öffentlich bekannt gegeben werden, muss die Begründung der Anordnung der sofortigen Vollziehung nicht auch öffentlich bekannt gemacht werden. Es genügt, die Anordnung als solche zu verfügen. Die Begründung kann, ebenso wie die des Verwaltungsaktes, bei der Behörde (zB im Rathaus) eingesehen werden (vgl. *OVG Bremen* B 2.10.1985 – 1 B 39/85, NVwZ 1986, 1038). 159

Das besondere öffentliche Interesse liegt immer dann vor, wenn das Rechtsinstitut der aufschiebenden Wirkung in offensichtlich **rechtsmissbräuchlicher Weise** in Anspruch genommen wird: *BVerwG* B 22.11.1965 – 4 CB 224/65, DVBl. 1966, 273 = BayVBl. 1966, 279 = VerwRspr. 18, 365; *OVG Berlin* B 24.5.1968 – 2 B 29/68, OVGE Berlin 9, 168 = NJW 1968, 1491 = DÖV 1968, 705 L = BRS 20 Nr. 199; → *OVG Berlin* B 8.10.1974 – 1 S 68/74, *OVGE Berlin* 13, 34; *OVG Lüneburg* B 19.5.2010 – 1 ME 81/10, DVBl. 2010, 924 L = DÖV 2010, 700 L; *OVG Münster* B 10.11.1980 – 4 B 1121/80, OVGE Münster 35, 125 = GewArch 1981,129 = DÖV 1981, 544 = VerwRspr. 32, 753; *VGH München* B 6.10.1981 – 22 CS 81 A 1936, GewArch 1982, 238. 160

In den meisten Fällen derartigen Rechtsmissbrauchs erstrebt der Betroffene, das Verfahren zu verzögern. Er will z.B. möglichst lange finanzielle Vorteile aus einer angemaßten oder arglistig erlangten Rechtsposition ziehen (vgl. *VGH München* B 14.10.1983 – 22 CS 83 A.2404 BayVBl. 1984, 213 = GewArch 1984, 126). Häufig handelt es sich um Fälle illegalen („Schwarz"-)Bauens und ungenehmigter Betriebseröffnung sowie des Asylmissbrauchs zur Erlangung von Sozialhilfe.

Die Bauaufsichtsbehörde kann eine **Nutzungsuntersagung** nach hM **schon bei formeller Illegalität** (fehlender Baugenehmigung) der baulichen Anlage verfügen. Auf derselben Grundlage kann sie die Untersagungsverfügung für sofortig vollziehbar erklären. Auch für die Anordnung der sofortigen Vollziehung ist nicht zu fordern, dass die bauliche Anlage auch materiell illegal, dh inhaltlich mit dem Baurecht nicht vereinbar ist. Würde ein sofort vollziehbares Nutzungsverbot neben der formellen auch die materielle Illegalität voraussetzen, müsste das Gericht im Rahmen eines Antrags auf Wiederherstellung der aufschiebenden Wirkung gemäß §80 Abs.5 S.1 VwGO trotz Erfüllung eines Ordnungswidrigkeitstatbestands auch die materiell-rechtliche Zulässigkeit des streitbefangenen baulichen Anlage prüfen; damit würde die Verwaltungsgerichtsbarkeit bei ungenehmigten Baumaßnahmen praktisch in die Rolle der Bauaufsichtsbehörde gedrängt, was, abgesehen von der Vorwegnahme der Hauptsache, im Gegensatz zur gesetzlichen Kompetenzordnung und zur verfassungsrechtlich gewährleisteten Gewaltenteilung stünde. Es brauchte nur jemand ein Gebäude illegal zu nutzen, um im Ergebnis an dem vorgesehenen bauaufsichtlichen Genehmigungsverfahren vorbei im Eilverfahren eine mindestens beschränkt rechtskräftige materiell-rechtliche Prüfung seines Vorhabens erreichen zu können. Ein Schwarzbauer könnte sich damit einen nicht unbedeutenden zeitlichen Vorteil vor rechtstreuen Bauantragstellern verschaffen, was unabhängig von der illegalen Vorgehensweise auch mit dem Gleichheitssatz des Art.3 Abs.1 GG nicht vereinbar wäre. Ließe man einer illegalen Baumaßnahme oder Nutzungsänderung entgegen dem erfüllten Tatbestand einer Ordnungswidrigkeit einen vorgezogenen und einstweiligen Schutz der Rechtsordnung 161 zukommen, führte dies auch wirtschaftlich zu unangemessenen Wettbewerbsverzerrungen (*VGH Hessen* B 30.10.1995 – 3 TG 3115/95, juris Rd 5 =, ESVGH 46, 152 = HessVGRspr. 1996, 54 = NVwZ-RR 1996, 487, = MDR 1996, 259 = BRS 57 Nr. 255)

162 Die Anordnung der sofortigen Vollziehung einer Nutzungsuntersagung für ein formell illegal errichtetes Gebäude kann auf die Erwägung gestützt werden, dass eine Nutzung formell illegaler baulicher Anlagen während der Dauer eines Rechtsbehelfsverfahrens – ggf. also über einen mehrjährigen Zeitraum – eine **negative Vorbildwirkung** hätte. Diejenigen, die in rechtmäßiger Weise erst nach Erteilung einer Baugenehmigung die genehmigte Anlage errichten, wären gegenüber denjenigen benachteiligt, die Nutzungsvorteile aus einem rechtswidrigen Verhalten ziehen könnten, weil sie die noch nicht genehmigte Anlage bis zum Abschluss eines Verfahrens ohne Rücksicht auf ihre materielle Rechtmäßigkeit nutzen könnten. Einer weiteren Begründung bedarf es nicht. Auf die Massivität des Verstoßes gegen das Baurecht oder die Intensität der wirtschaftlichen Nutzungsvorteile kommt es im Normalfall nicht an (*OVG Nordrhein-Westfalen* B 26.11.2008 – 10 B 1696/08, juris Rn. 3 = BRS 73 Nr. 124 [2008]).

Ändert sich nach der Erteilung einer Baugenehmigung die **Sach- und Rechtslage** zuungunsten des Bauherrn, so spielt dies für die Beurteilung der Rechtmäßigkeit einer Baugenehmigung grundsätzlich keine Rolle (*BVerwG*, U 20.8.2008 – 4 C 11.07, juris Rn. 21, st Rspr). Deshalb können nachträgliche Änderungen zu Lasten des Bauherrn auch kein öffentliches Interesse an der Nichtvollziehung einer erteilten Baugenehmigung begründen (*OVG Berlin-Brandenburg* B 27.11.2009 – OVG 11 S 49.09, juris Rn. 21 = LKV 2010, 138).

163 In diesem Zusammenhang kann auch der **Denkmalschutz** bedeutsam sein, so z.B. durch die Beseitigung eines illegalen Bauwerks gegenüber den denkmalgeschützten Gebäuden des Bundesrates und eines Bundesministeriums in Berlin (*OVG Berlin* B 8.6.2000 – 2 SN 15/00, OVGE Berlin 23, 195 = LKV 2000, 458 = BauR 2001, 618 = BRS 63 Nr. 183).

164 Die **Fehlerhaftigkeit** einer Vollziehungsanordnung **ergreift nicht** den für sofort vollziehbar erklärten **Verwaltungsakt**. Sie bleibt auf die Vollziehungsanordnung beschränkt (*BVerwG* U 26.6.1969 – 8 C 82/68, DÖV 1969, 755 = Buchholz 448.0 §35 Nr. 4). Der Verwaltungsakt bleibt rechtmäßig, lediglich seine zwangsweise Durchsetzung ist gehemmt.

Hat das Verwaltungsgericht eine fehlerhafte Anordnung der sofortigen Vollziehung auf Antrag nach §80 Abs. 5 S. 1 VwGO aufgehoben, ist es der Behörde **verboten,** die vom Gericht aufgehobene Vollziehungsanordnung durch eine neue und neu begründete **zu ersetzen.** Sie hat nur die Möglichkeit, die Änderung oder Aufhebung des negativen Gerichtsbeschlusses wegen veränderter oder im ursprünglichen Verfahren ohne Verschulden nicht geltend gemachter Umstände zu beantragen (§80 Abs. 7 S. 2 VwGO). Dieses Recht steht jedem Beteiligten zu.

165 Trifft die Behörde **in einem Bescheid mehrere Regelungen**, kann es sein, dass die aufschiebende Wirkung von Rechtsbehelfen in Bezug auf einige dieser Regelungen nach §80 Abs. 1 S. 1 VwGO gegeben, in Bezug auf andere Regelungen aber kraft Gesetzes gemäß §80 Abs. 2 S. 1 Nr. 3 VwGO ausgeschlossen ist. In diesem Fall muss die Behörde die sofortige Vollziehung (nur) bezüglich derjenigen Regelungen anordnen, die nicht schon kraft Gesetzes sofortig vollziehbar sind. Im Verfahren des einstweiligen Rechtsschutzes muss der betroffene Bürger in Bezug auf die Regelungen, die bereits kraft Gesetzes sofortig vollziehbar sind, gemäß §80 Abs. 1 S. 1, 1. Alt VwGO die „Anordnung“ der aufschiebenden Wirkung beantragen, während er in Bezug auf die Regelungen, deren sofortige Vollziehung die Behörde angeordnet hat, gemäß §80 Abs. 1 S. 1, 2. Alt VwGO die „Wiederherstellung“ der aufschiebenden Wirkung beantragen muss.

Beispiel: Die Anfechtung von Maßnahmen nach §5 Abs. 1 Tiergesundheitsgesetz (v 22.5.2013 BGBl. I S. 1324) hat gemäß §37 S. 2 Tiergesundheitsgesetz keine aufschiebende Wirkung. Dagegen tritt bei der Anfechtung von Schutzmaßregeln nach §8 Tiergesundheitsgesetz aufschiebende Wirkung ein. Deshalb muss insoweit die Veterinärbehörde im Fall des §8 Tiergesundheitsgesetz notfalls die sofortige Vollziehung anordnen. Sie sollte in ihrem Bescheid den Betroffenen darüber aufklären, dass Widerspruch und Anfechtungsklage gegen die auf Grund von §5 Abs. 1 Tiergesundheitsgesetz getroffenen Anordnungen keine aufschiebende Wirkung haben.

– *Muster 33* –

Die Behörde ist selbstverständlich nicht gehindert, nur **einzelne Teile einer Verfügung für sofortig vollziehbar zu erklären**, die übrigen Teile hingegen nicht. Wenn der Bürger sich gegen die Verfügung rechtlich zur Wehr setzen will, muss er die Verfügung mit Widerspruch und/oder Klage anfechten und hinsichtlich der für sofortig vollziehbar erklären Teile zusätzlich einen Antrag nach §80 Abs. 5 S. 1, 2. Alt VwGO auf Wiederherstellung der aufschiebenden Wirkung stellen.

Beispiel: In Ziffer 1 eines Bescheides wird einem Hundehalter unter Anordnung der sofortigen Vollziehung untersagt, Hunde jeglicher Art zu halten und zu führen. Ihm wird aufgegeben, sämtliche von ihm gehaltenen Hunde binnen vier Wochen nach Zustellung dieser Verfügung wegzugeben und sonstige in Verwahrung befindliche Hunde bis zu diesem Zeitpunkt den Hundehaltern zurückzugeben. Für den Fall, dass er der verfügten Abgabe der Hunde nicht nachkommt, wird die Beschlagnahme angeordnet. In Ziffer 2 der Verfügung wird – ebenfalls unter Anordnung der sofortigen Vollziehung – angeordnet, dass die Hunde bis zur endgültigen Vollziehung/Erledigung der Anordnung in Ziffer 1 im Freien auf dem Hofanwesen nur mit einem das Beißen verhindernden Maulkorb frei laufen gelassen werden dürfen und außerhalb der Hofgrundstücke nur mit einem das Beißen verhindernden Maulkorb und nur an der Leine geführt werden dürfen. In Ziffer 3 wurde für den Fall, dass die Hunde nicht innerhalb der unter Ziffer 1 festgesetzten Frist weggegeben werden, der unmittelbare Zwang in Form der Wegnahme der Hunde und der Verbringung in ein Tierheim angedroht. In Ziffer 4 droht die Antragsgegnerin für den Fall, dass der Anordnung Ziffer 2 nicht oder nicht vollständig nachgekommen wird, ein Zwangsgeld in Höhe von 1.000 € an.

Der Bescheid enthält vier Verwaltungsakte, gegen die der Adressat – je nach Landesrecht – Widerspruch nach §§68 ff VwGO einlegen und im Hauptsacheverfahren vor Gericht Anfechtungsklage gemäß §42 Abs. 1 VwGO erheben kann. Daneben kann er im Verfahren des einstweiligen Rechtsschutzes beantragen, dass die aufschiebende Wirkung seines Rechtsbehelfs gegen die Ziffern 1 und 2 wiederhergestellt wird. Gegen die Ziffern 3 und 4 braucht er keinen einstweiligen Rechtsschutz zu beantragen, weil Rechtsbehelfe gegen Maßnahmen der Verwaltungsvollstreckung im Bund aufschiebende Wirkung haben (vgl. die Kommentierung zu §18). Auf der Ebene der Bundesländer entspricht die Rechtslage in Berlin der Gesetzeslage im Bund, da §8

Abs. 1 des Gesetzes über das Verfahren der Berliner Verwaltung im Wesentlichen auf das VwVG verweist. In allen anderen Bundesländern haben Rechtsbehelfe gegen Maßnahmen in der Verwaltungsvollstreckung von Gesetzes wegen (§ 80 Abs. 2 S. 1 Nr. 3 VwGO) keine aufschiebende Wirkung (vgl. § 80 Abs. 2 S. 2 VwGO). Hier muss der Betroffene, wenn er die sofortige Vollziehung verhindern will – bei Gericht gemäß § 80 Abs. 5 S. 1, 1. Alt VwGO die Anordnung der aufschiebenden Wirkung seiner Rechtsbehelfe beantragen (so z.B. in *VGH Baden-Württemberg* B 12.4.2011 – 1 S 2849/10, juris Rn. 9 = VBlBW 2011, 425)

166 Mitunter **ordnet** die Vollzugsbehörde **irrtümlich die sofortige Vollziehung an,** obwohl Widerspruch und Anfechtungsklage schon kraft eines Bundesgesetzes keine aufschiebende Wirkung haben. Ein derartiger Irrtum ist rechtlich unschädlich: Zwar wird nun der Betroffene bei dem Verwaltungsgericht regelmäßig den Antrag stellen, die aufschiebende Wirkung (statt anzuordnen) wiederherzustellen. Doch das Gericht wird den Antrag gemäß § 86 Abs. 3 VwGO von Gerichts wegen als einen zulässigen Antrag auf Anordnung der aufschiebenden Wirkung behandeln. Die Kostenentscheidung des Gerichts wird dadurch nicht beeinflusst.

Das Gleiche gilt, der Rechtsbehelf kraft Landesrechts (Rn. 192, 193) keine aufschiebende Wirkung hat (dazu *OVG Schleswig* B 23.10.1995 – 3 M 82/95, GewArch 1996, 24 = NVwZ-RR 1996, 200).

Ordnet die Behörde irrtümlich für einen **nicht vollzugsfähigen Verwaltungsakt** die sofortige Vollziehung an, geht der Rechtsschutzantrag als unstatthaft ins Leere (*OVG Weimar* B 10.6.1993 – 2 B 93/92, juris Rn. 35 =, LKV 1993, 347). Das Gericht wird den Antrag abweisen. Damit unterliegt der Bürger und hätte gemäß § 154 Abs. 1 VwGO die Verfahrenskosten zu tragen. Allerdings hatte die Behörde durch die Anordnung des Sofortvollzuges des nicht vollzugsfähigen Verwaltungsaktes die Einlegung eines unzulässigen Rechtsbehelfs provoziert und auf diese Weise das Entstehen unnötiger Kosten verschuldet. Deshalb ist es angezeigt, der **Behörde** gemäß § 155 Abs. 1 VwGO die **Kosten des Verfahrens zur Hälfte aufzuerlegen** (*OVG Weimar* B 10.6.1993 – 2 B 93/92, juris Rn. 41 = LKV 1993, 347).

167 Im Gegensatz dazu wäre es **unheilbar rechtswidrig,** wenn die Behörde irrtümlich den gesetzlichen Ausschluss der aufschiebenden Wirkung annehmen und ohne die gesetzlich notwendige Vollziehungsanordnung Zwang anwenden würde. Der Zwang hätte keine Rechtsgrundlage. Dann läge ein Verstoß gegen den Vorbehalt des Gesetzes vor (siehe Rn. 251). Die nachteilige Folge dieses verfahrensrechtlichen Fehlers wäre, dass die Behörde keinen Anspruch auf Erstattung ihrer Kosten nach § 19 Abs. 1 hätte (vgl. dazu Beispiel in Rn. 111) und einen beim Vollstreckungsschuldner eintretenden Schaden nach Amtshaftungsansprüchen ersetzen müsste.

168 Die nach § 37 Abs. 6 VwVfG vorgeschriebene **Rechtsbehelfsbelehrung** darf sich nur auf den Verwaltungsakt, nicht auch auf die Anordnung der sofortigen Vollziehung beziehen. Steht die Anordnung im Bescheid vor der Rechtsbehelfsbelehrung, sollte die Behörde durch eine geeignete Formulierung klarstellen, dass die Belehrung nur den Verwaltungsakt zum Gegenstand hat. Hierfür sind unscharfe Formulierungen wie „*Gegen diesen Bescheid* können Sie …“ ungeeignet. Präziser und damit vorzugswürdig ist etwa die Formulierung „*Gegen die Verfügung in Ziffer 1* können Sie …“.

Selbiges gilt, wenn im Bescheid die **Ankündigung einer Strafe oder Geldbuße** (§13 Abs. 6 S. 1) **vor der Rechtsbehelfsbelehrung** steht. 169

Zwar können laut §13 Abs. 6 S. 1 Zwangsmittel auch neben einer Strafe oder Geldbuße angedroht werden. Aber für beide sind nicht die Rechtsbehelfe des Widerspruchs gemäß §68 ff VwGO oder der Anfechtungsklage nach §42 Abs. 1 VwGO, sondern der Strafrechtsweg vorgeschrieben. Rechtsbehelf im Ordnungswidrigkeitenrecht ist der Einspruch gegen den Bußgeldbescheid gemäß §§67 ff. OWiG. Denn Ordnungswidrigkeiten gehören zum Strafrecht (*BVerfG* B 16.7.1969 – 2 BvL 2/69 BVerfGE 27, 16 = DRiZ 1969, 292 = NJW 1969, 1619 = DÖV 1969, 715 = DAR 1969, 296 = JuS 1969, 538 = Rpfleger, 1969, 343 = BayVBl. 1970, 57).

Einer Begründung bedarf es gemäß §80 Abs. 3 S. 2 VwGO ausnahmsweise nicht, wenn die Behörde bei gegenwärtiger erheblicher Gefahr, insbesondere bei drohenden Nachteilen für Leben, Gesundheit oder Eigentum eine als solche bezeichnete **Notstandsmaßnahme** im **öffentlichen Interesse** trifft. Mit dem überwiegenden Interesse eines Beteiligten lässt sich die Notstandsmaßnahme nicht begründen. 170

Zur Definition dieses bundesrechtlichen und prozessualen Begriffs „Gefahr im Verzug" kann nicht auf das materielle landesrechtliche Ordnungsrecht abgestellt werden, vielmehr muss der Begriff aus dem Zusammenhang der Einzelregelungen des § 80 Abs. 1, Abs. 2 S. 1 Nr. 4 und Abs. 3 S. 1 VwGO ausgelegt werden. Gefahr ist nur dann „im Verzug", wenn deren Abwendung keinen Aufschub duldet, wenn also gerade durch das Fertigen der an sich regelmäßig erforderlichen formellen Rechtfertigung für die Anordnung der sofortigen Vollziehung der Zweck des Verwaltungsakts vereitelt zu werden droht (*OVG Sachsen-Anhalt* B 23.11.1992 – 2 M 148/92, juris Rn. 13).

Beispiel: Eine Vollzugsbehörde erließ zur Gefahrenabwehr den Grundverwaltungsakt, drohte die Ersatzvornahme an und forderte die Vorauszahlung der geschätzten Kosten. Sie erklärte sämtliche Verfügungen ohne Begründung gemäß §80 Abs. 3 S. 2 VwGO als Notstandsmaßnahme für sofort vollziehbar. Das Verwaltungsgericht stellte zu Recht die aufschiebende Wirkung des Widerspruchs der Betroffenen wieder her (*VG Hannover* B 31.3.1998 – 11 B 1273/98, NVwZ-RR 1999, 118). Wenn eine Behörde nämlich die Zeit dafür hatte, ihren Bescheid schriftlich abzufassen und zuzustellen sowie auch noch die Vorauszahlung der Kosten zu erwarten, dann hätte sie die sofortige Vollziehung nach §80 Abs. 2 S. 1 Nr. 4, §80 Abs. 3 S. 1 VwGO anordnen und diese schriftlich begründen können.

Trifft die Vollzugsbehörde die Notstandsmaßnahme am Ort des Geschehens mündlich und ordnet sie sogleich mündlich die sofortige Vollziehung an, ist die Maßnahme vollstreckbar. Das bedeutet aber lediglich, dass die Behörde nunmehr verfahrensrechtlich befugt wäre, den unmittelbaren Zwang anzudrohen. Jedoch kann sie es nicht rechtswirksam tun. Denn gemäß §13 Abs. 1 S. 1 muss das Zwangsmittel schriftlich angedroht werden. Zusätzlich schreibt §13 Abs. 7 dann auch noch die förmliche Zustellung der Androhung vor. Folglich bleibt der Behörde nichts anderes übrig, als das reguläre Verfahren abzubrechen und zum sofortigen Vollzug nach §6 Abs. 2 überzugehen (siehe Beispiel Rn. 260). – Aus diesen Gründen hat §80 Abs. 3 S. 2 VwGO keine praktische Bedeutung.

Die **Zuwiderhandlung** gegen einen Verwaltungsakt, dessen sofortige Vollziehung angeordnet ist, kann einen **Straf- oder Bußgeldtatbestand** verwirklichen. Das ist verfassungsgemäß (vgl. *BVerfG* B 15.6.1989 – 2 BvL 4/87 BVerfGE 80, 244 = NJW 1990, 37 = MDR 1990, 217). Die Verwaltungsbehörde, der Staatsanwalt oder der Strafrich- 171 ter brauchen in diesem Fall nicht die Unanfechtbarkeit des Widerspruchsbescheides oder die Rechtskraft der Anfechtungsklage abzuwarten. Die etwaige spätere Aufhebung eines straf- oder bußgeldbewehrten Verwaltungsaktes lässt die Strafbarkeit und Ahndung einer bereits vorher begangenen Zuwiderhandlung unberührt (vgl. *BGH* B 23.7.1969 – 4 StR 371/68 BGHSt 23, 86, 92 = NJW 1969, 2023 = MDR 1969, 947 = DÖV 1969, 718 = JZ 1969, 747 = VerkMitt 1969, 89 = VRS 37, 461). Gleiches gilt, wenn das Gericht später die aufschiebende Wirkung wieder herstellt (*OLG Frankfurt/Main* U 21.8.1987 – 1 Ss 488/86, NVwZ 1988, 286 = MDR 1988, 520 = NJW 1988, 3110 L). **Beispiele** unter vielen sowohl für Strafen als auch für Geldbußen:

- § 25 Abs. 1 Nr. 2, § 26 des Arbeitsschutzgesetzes.
- § 58 des Jugendarbeitsschutzgesetzes.
- § 22 Abs. 1 Nr. 7, § 23 des Arbeitszeitgesetzes.
- § 32 des Heimarbeitsgesetzes.
- § 29 Abs. 1 Nr. 11, § 32 Abs. 1 Nr. 4 des Betäubungsmittelgesetzes.
- §§ 32, 33 des Mutterschutzgesetzes.
- §§ 39, 40 des Geräte- und Produktsicherheitsgesetzes.
- § 73 Abs. 1 Nr. 22, § 74, § 75 Abs. 1 Nr. 1 des Infektionsschutzgesetzes; dieses hat das Bundes-Seuchengesetz abgelöst.
- § 38 Abs. 1 Nr. 8, § 39 Abs. 3, 4 des Gentechnikgesetzes.
- §§ 69, 71 des Bundesnaturschutzgesetzes.
- §§ 16a, 17, 18 des Tierschutzgesetzes.
- §§ 31 u. 32 Tiergesundheitsgesetz, welches das Tierseuchengesetz abgelöst hat.
- § 95 Abs. 1 Nr. 2, § 98 des Aufenthaltsgesetzes.
- § 24 Abs. 1 Nr. 1, § 25 Abs. 1 des Passgesetzes.
- § 41 Abs. 1 Nr. 3, § 42 des Sprengstoffgesetzes.

Solche Bestimmungen legen nahe, den straf- oder bußgeldbewehrten Verwaltungsakt für sofortig vollziehbar zu erklären. Droht der Gesetzgeber für den Fall, dass ein Verwaltungsakt nicht befolgt wird, eine Kriminalstrafe oder ein Bußgeld an, dann zeigt dies, dass an der Vollziehung des Verwaltungsaktes ein besonderes öffentliches Interesse besteht. In diesen Fällen dürften in aller Regel dann auch die Voraussetzungen für die Anordnung der sofortigen Vollziehung gemäß § 80 Abs. 2 S. 1 Nr. 4 VwGO gegeben sein. In der Verwaltungspraxis empfiehlt es sich deshalb, zusätzlich zu der erforderlichen individuellen Begründung des besonderen öffentlichen Interesses auf die Straf- oder Bußgeldbewehrung hinzuweisen.

172 Nach **Europarecht** gibt es **Unterrichtungspflichten über die Anordnung der sofortigen Vollziehung** von Verwaltungsakten (Rn. 118).

173 Die Anordnung der **sofortigen Vollziehung** kann auf die allgemeine Ermächtigung in § 80 Abs. 2 S. 1 Nr. 4 VwGO gestützt werden. Daneben ermöglichen spezialgesetzliche Vorschriften der Verwaltungsbehörde, die sofortige Vollziehung anzuordnen. Das ist z.B. in § 14 des EU-Verbraucherschutzdurchsetzungsgesetzes (VSchDG), § 65 GWB und in § 77 EnWG bestimmt. Solche speziellen Anordnungsermächtigungen gehen der allgemeinen Ermächtigung in ihrem Anwendungsbereich vor und sind daher vorab zu prüfen.

174 **d) Anordnung der sofortigen Vollziehung durch das Gericht.** § 80a Abs. 3 VwGO gibt dem Verwaltungsgericht die Befugnis, die sofortige Vollziehung eines Verwaltungsaktes mit Doppelwirkung selbst anzuordnen. **Verwaltungsakte mit Doppelwirkung** zeichnen sich dadurch aus, dass sie den Adressaten begünstigen oder belasten und hierdurch zugleich und unmittelbar einen Dritten rechtlich belasten oder begünstigen. Die Regelung des §80a Abs.3 VwGO soll den Begünstigten vor dem Angriff des durch die Doppelwirkung Benachteiligten schützen.

§80a Abs.3 i.V.m. Abs.1 VwGO regelt die Konstellation, in der ein Verwaltungsakt mit Doppelwirkung den Adressaten begünstigt und hierdurch – gleichsam spiegelbildlich – einen Dritten unmittelbar rechtlich belastet. Eine solche Situation liegt vor, wenn die Bauaufsichtsbehörde dem Eigentümer die Errichtung einer baulichen Anlage genehmigt, die gegen Abstandsflächenvorschriften verstößt und dadurch den Nachbarn in seinen Rechten verletzt. Wendet sich der Nachbar mit dem Widerspruch oder der Klage gegen die Baugenehmigung, hat der entsprechende Rechtsbehelf nach §80 Abs.1 S.2 VwGO aufschiebende Wirkung. In dieser Lage kann der Bauherr gemäß §80a Abs.3 VwGO bei Gericht beantragen, die sofortige Vollziehung der Verfügung nach §80 Abs.2 S.1 Nr.4 VwGO anzuordnen.

§80 Abs.3 i.V.m. Abs.2 VwGO hat den umgekehrten Fall zum Gegenstand, in dem der Adressat durch den Verwaltungsakt belastet und ein Dritter hierdurch unmittelbar rechtlich begünstigt wird. Eine solche Situation ist gegeben, wenn die Bauaufsichtsbehörde den Eigentümer verpflichtet, eine bauliche Anlage zu beseitigen, weil diese gegen Abstandsflächenvorschriften verstößt und dadurch den Nachbarn in seinen Rechten verletzt. Wendet sich der Eigentümer mit dem Widerspruch oder der Klage gegen die Abrissverfügung, hat der entsprechende Rechtsbehelf nach §80 Abs.1 S.2 VwGO aufschiebende Wirkung. In dieser Lage kann der Nachbar gemäß §80a Abs.3 VwGO bei Gericht beantragen, die sofortige Vollziehung der Verfügung nach §80 Abs.2 S.1 Nr.4 VwGO anzuordnen.

Für die Entscheidung des Gerichts über Anträge nach §80a Abs.3 VwGO gilt **§80 Abs.5 bis 8 VwGO entsprechend** (§80a Abs 3 S.2 VwGO). Das Gericht wird die sofortige Vollziehung anordnen, wenn der Antragsteller ein besonderes Interesse an der sofortigen Vollziehung glaubhaft gemacht hat. Hierfür stellt das Gericht maßgebend auf die Erfolgsaussichten des Widerspruchs oder der Klage ab (*BVerfG* B 1.10.2008 – 1 BvR 2466/08 BVerfGK 14, 728 = NVwZ 2009, 240 = NJW 2009, 1334 L; *VGH Mannheim* B 19.4.2002 – 3 S 590/02, TKMR 2002, 395 = GewArch 2003, 175; *OVG Berlin* B 18.9.1998 – 2 S 5/98, OVGE Berlin 23, 84 = LKV 1999, 196 = NJ 1999, 277; *OVG Koblenz* B 3.4.2012, 1 B 10136/12, DÖV 2012, 693 L). 175

Der Betroffene kann einen Antrag nach §80a Abs.3 VwGO bei Gericht stellen, ohne zuvor bei der Behörde die Aussetzung der Vollziehung gemäß §80a Abs.1 VwGO beantragt zu haben. Eine Ausnahme besteht nur für Verwaltungsakte mit Doppelwirkung in Abgaben- und Kostensachen. Dies folgt aus §80 Abs.6 VwGO, der über §80a Abs.3 S.2 VwGO auf das gerichtliche Antragsverfahren entsprechend zur Anwendung kommt. Nach §80 Abs.6 VwGO ist bei der Anforderung von öffentlichen Abgaben oder Kosten i.S.d. §80 Abs.2 S.1 Nr.1 VwGO ein Antrag an das Gericht nur zulässig, wenn die Behörde einen Antrag auf Aussetzung der Vollziehung zuvor abgelehnt hat. Da §80 Abs.6 VwGO ein **vorgängiges behördliches Aussetzungsverfahren** nur bei Verwaltungsakten in Abgaben- und Kostensachen vorschreibt, ist ein solches – im Umkehrschluss – für andere Verwaltungsakte nicht zu fordern (Bader/*Funke-Kaiser*/Stuhlfauth/von Albedyll, §80a VwGO Rn. 42; *VGH Mannheim* B 29.6.1994 – 10 S 2510/93, NVwZ 1995, 292 = ZfW 1995, 212; *OVG Hamburg* 176

B 19.9.1994 – Bs II 35/94 BauR 1995, 379 = DÖV 1995, 476 = NVwZ-RR 1995, 551; *VGH Kassel* B 1.8.1991 – 4 TG 1159/91, *ESVGH* 42, 30, 32; *OVG Bremen* B 24.1.1992 – 1 B 1/92, NVwZ 1993, 592 = BauR 1992, 608 = BRS 54 Nr. 168); **a.A.:** *Redeker/von Oertzen*, § 80a Rn. 5a; *OVG Lüneburg* B 21.5.1992 – 6 M 1995/92 BauR 1992, 603 = DVBl. 1993, 123 = NVwZ 1993, 592 = BRS 54 Nr. 170).

177 Das Verwaltungsgericht kann ausnahmsweise statt einer Anordnung der sofortigen Vollziehung nach § 80a Abs. 3 VwGO eine **einstweilige Anordnung gemäß § 123 VwGO** erlassen. Das geschieht, wenn die Behörde grundlos den berechtigten Nachbarschutz verweigert, obwohl ihr Ermessen auf Null reduziert ist. Hier ist die einstweilige Anordnung ein notwendiger Vorgriff auf die Entscheidung des Gerichts in der Hauptsache.

Einen solchen Fall entschied das *OVG Berlin* (B 13.3.1998 – 2 S 2/98, OVGE Berlin 23, 10, 18 = LKV 1998, 355 = NVwZ 1998, 978 L = BRS 60 Nr. 206): Die Behörde duldete im Stadtgebiet von Berlin eine formell und materiell illegale sogenannte „Wagenburg". Diese bildete faktisch eine baurechtsfreie Enklave. Deshalb stand dem antragstellenden Eigentümer eines Nachbargrundstücks wegen Verletzung des Rücksichtnahmegebotes ein Anspruch auf Beseitigung der Wagenburg zu (dazu auch *OVG Berlin* B 22.1.2003 – 2 S 45/02 UPR 2003, 154).

178 **3. Gesetzlicher Ausschluss der aufschiebenden Wirkung des Rechtsbehelfs.** Gemäß § 6 Abs. 1 kann ein Verwaltungsakt auch dann mit Zwangsmitteln durchgesetzt werden, wenn dem Rechtmittel keine aufschiebende Wirkung beigelegt ist. Mit dieser dritten Alternative bezieht § 6 Abs. 1 sich auf die Fälle, in denen die aufschiebende Wirkung von Rechtsbehelfen durch Gesetz von vorn herein ausgeschlossen ist. Eine aufschiebende Wirkung, welche die Behörde durch die Anordnung sofortiger Vollziehung nach § 80 Abs. 2 S. 1 Nr. 4 VwGO beseitigen müsste, entsteht hier erst gar nicht.

Dem Ausschluss kraft Gesetzes liegt die Entscheidung des Gesetzgebers zugrunde, dass bei abstrakt-genereller Betrachtung das öffentliche Interesse an der sofortigen Vollziehung (Beschleunigungsinteresse) höher zu bewerten ist als das private Interesse des Betroffenen an der aufschiebenden Wirkung des Rechtsbehelfs (Aufschubinteresse). Der gesetzliche Ausschluss der aufschiebenden Wirkung indiziert somit ein ganz besonderes allgemeines Interesse an der zügigen Durchführung des Verwaltungszwangsverfahrens besteht (*BVerfG* B 10.10.2003 – 1 BvR 2025/03, NVwZ 2004, 93 = NJW 2004, 930 L; *BVerwG* B 14.4.2005 – 4 VR 1005/04, BVerwGE 123, 241 = BauR 2005, 1145 = UPR 2005, 277 = DVBl. 2005, 717 = BRS 69 Nr.Nr. 182; *VGH Kassel* B 12.4.1995 – 3 TH 2470/94, ESVGH 45, 272 = NVwZ-RR 1996, 361 = KKZ 1996, 75; *VGH Mannheim* B 16.6.1995 – 3 S 1200/95, NVwZ-RR 1996, 541; *OVG Bautzen* B 4.11.2003 – 4 BS 332/03, LKV 2004, 180 = ZKF 2004, 53).

Die Rechtsschutzgarantie des Art. 19 Abs. 4 GG oder der Gleichheitssatz des Art. 3 Abs. 1 GG wird hierdurch nicht verletzt (OVG Hamburg B 25.11.2009 – 3 BS 80/09 BeckRS 2009, 42415 NVwZ 2010, 335 = DÖV 2010, 278 L).

Die aufschiebende Wirkung kann durch **Bundes-** oder durch **Landesrecht** ausgeschlossen sein:

a) Bundesgesetzlicher Ausschluss der aufschiebenden Wirkung des Rechtsbehelfs.

179 Der bundesgesetzliche Ausschluss ergibt sich aus § 80 Abs. 2 VwGO. Von den dort genannten Fällen treffen hier zwei zu:

aa) § 80 Abs. 2 S. 1 Nr. 2 VwGO: Unaufschiebbare Anordnungen und Maßnahmen von Polizeivollzugsbeamten. Unaufschiebbar ist eine Anordnung und Maßnahme, wenn sonst „ein Zeitverlust einträte, der mit hoher Wahrscheinlichkeit zur Folge hätte, dass der Zweck der zu treffenden Regelung nicht erreicht wird“ (so zur gleichartigen „Gefahr im Verzuge“ *BVerwG* U 15.12.1983 – 3 C 27/82, BVerwGE 68, 267 = NVwZ 1984, 577 = BayVBl. 1984, 439 = DVBl. 1984, 530). 180

Polizeivollzugsbeamte des Bundes sind „die mit polizeilichen Aufgaben betrauten und zur Anwendung unmittelbaren Zwanges befugten Beamten“ (§ 1 Abs. 1 S. 2, 1. Halbs des Bundespolizeibeamtengesetzes). Für die Polizeien der Bundesländer gilt das Gleiche nach Landesgesetzen. Die Regelung betrifft die Vollzugspolizei im institutionellen Sinne, d.h. die Schutzpolizei, zu der insbesondere die Verkehrs-, Kriminal-, Bereitschafts- und Wasserschutzpolizei und der Bundesgrenzschutz zählen (Sodan/Ziekow/*Puttler*, § 80 VwGO Rn. 64).

Über die Art und Weise der unaufschiebbaren Anordnungen und Maßnahmen sagt § 80 Abs. 2 S. 1 Nr. 2 VwGO nichts. Es gilt der Grundsatz der Formfreiheit nach § 37 Abs. 2 S. 1 VwVfG. Hiernach können Verwaltungsakte schriftlich, elektronisch, mündlich oder in anderer Weise erlassen werden. Unaufschiebbare Anordnungen und Maßnahmen iSd § 80 Abs. 2 S. 1 Nr. 1 VwGO werden in der Praxis zumeist **mündlich oder durch Zeichen** verfügt. (Dazu ausführlich *Sadler* Unmittelbarer Zwang des Polizeivollzugsbeamten bei der mündlichen Platzverweisung, Polizei 2004 S. 4–9.)

Unaufschiebbare Anordnungen und Maßnahmen von Polizeivollzugsbeamten werden vornehmlich im **Straßenverkehr** getroffen (vgl. hierzu *BGH* U 30.4.1974 – 4 StR 67/74 BGHSt 25, 313 = NJW 1974, 1254 = MDR 1974, 679 = JR 1975, 118 = VRS 47, 177 = NPA 317, 50 § 113 StGB; *OLG Düsseldorf* B 10.7.1980 – 5 Ss OWi 349/80 I, DAR 1980, 378 = VRS 60,149 = Polizei 1981, 159).

Solche Anordnungen und Maßnahmen sind auch zunehmend häufig auf Straßen und Plätzen anlässlich von Versammlungen unter freiem Himmel und Aufzügen notwendig. Dazu gehört der Einsatz von Wasserwerfern (*BVerfG* B 7.12.1998 – 1 BvR 831/89, ZBR 1999, 127 = NVwZ 1999, 290 = BayVBl. 1999, 303).

In der vorstehenden Entscheidung vom 7.12.1998 erinnert das *Bundesverfassungsgericht* an folgende, gerade für die Polizeivollzugsbeamten wichtige Rechtslage: Die Rechtmäßigkeit der sofortigen Anwendung des unmittelbaren Zwanges hängt nicht von der Rechtmäßigkeit der Grundverfügung ab. Denn auf deren Rechtmäßigkeit kommt es bei der Beurteilung der Rechtmäßigkeit einer Vollstreckungsmaßnahme nicht an.

Diese Rechtslage ist aber nicht etwa auf die Anwendung des unmittelbaren Zwanges beschränkt. Sie bezieht die gesamte Vollstreckung ein. So gilt sie im Übrigen ebenso für die Vollstreckung wegen Geldforderungen (*BVerwG* B 14.7.1978 – 7 N 1/78, BVerwGE 56, 172, 177 = DÖV 1978, 924 = DVBl. 1978, 963 = NJW 1978, 2522 = JuS 1979, 220 = KKZ 1979, 11 = KStZ 1979, 34). Dem kann auch nicht der Grundsatz der Gesetzmäßigkeit der Verwaltung aus Art. 20 Abs. 3 GG entgegengehalten werden. Denn dieser steht gerade für die hier gebotene Rechtssicherheit.

Wenn Polizeibeamte nicht polizeiliche Aufgaben, sondern **Ordnungsaufgaben für Ordnungsbehörden** wahrnehmen, sind sie nicht Polizeivollzugsbeamte iSd § 80 Abs. 2 S. 1 Nr. 2 VwGO. Ordnungsaufgaben sind den Polizeibehörden vielfach übertragen, 181 z.B. Waffen- und Sprengstoffaufsicht, Ausweisung und Abschiebung von Ausländern, Pass- und Ausweisangelegenheiten, Meldewesen, Versammlungsaufsicht, Erteilung des Bestattungsscheins, Erlaubnis zur Feuerbestattung, Aufsicht über Sammlungen und Lotterien, Schutz der Sonn- und Feiertage, Behandlung von Fundsachen, Verlängerung der Sperrzeit, Aufgaben der Straßenverkehrsbehörde, Entziehung der Fahrerlaubnis, Fahrtenbuchauflage. Das ist **Verwaltungsdienst,** den auch andere Beamte außerhalb des Polizeidienstes tun könnten, wenn die personellen und organisatorischen Voraussetzungen vorlägen (vgl. *BVerfG* B 29.4.1958 – 2 BvO 3/56 BVerfGE 8, 143, 149, 150 = GewArch 1959, 21 = NJW 1959, 29 = DÖV 1959, 66 = DVBl. 1959, 393 = BayVBl. 1959, 151 = VerwRspr. 11, 513).

182 **In Straßenverkehrsangelegenheiten** berühren und ergänzen sich **Verwaltungsaufgaben und Vollzugsdienst** der Polizei. Beispiel: Der Polizeivollzugsbeamte trifft zur unmittelbaren Regelung des Straßenverkehrs unaufschiebbare Anordnungen und Maßnahmen. Dabei nimmt er einem angetrunkenen Kraftfahrer den Führerschein ab und die Fahrzeugschlüssel weg. Er meldet den Vorfall als besonderes Vorkommnis seiner Dienststelle. Nunmehr nimmt ein Kollege im Verwaltungsdienst eine Ordnungsaufgabe wahr, indem er eine Fahrtenbuchauflage erteilt oder die Fahrerlaubnis entzieht.

Sowohl die Fahrtenbuchauflage als auch die Entziehung der Fahrerlaubnis sind keine unaufschiebbaren Anordnungen und Maßnahmen von Polizeivollzugsbeamten, die kraft Gesetzes sofort vollziehbar wären. Vielmehr sind sie allgemeine Verwaltungsakte, die nur dann mit Zwangsmitteln durchgesetzt werden könnten, wenn sie unanfechtbar wären oder die Behörde die sofortige Vollziehung angeordnet hätte.

183 **Vollzugsbeamte anderer Behörden** sind **keine Polizeibeamten.** Sie können also auch keine Polizeivollzugsbeamten sein. Für die Ordnungsverwaltung, z.B. die Gesundheits-, Veterinär- Umwelt-, Wohnungs-, Bau- und Gewerbeaufsicht, gibt es keine derartige Ausnahmeregelung, wie sie für Polizeivollzugsbeamte in § 80 Abs. 2 S. 1 Nr. 2 VwGO vorgeschrieben ist.

Die Anordnung oder Maßnahme muss **unaufschiebbar** sein. Dies setzt voraus, dass der mit dem Verwaltungsakt verfolgte Zweck mit hoher Wahrscheinlichkeit nur bei sofortiger Durchsetzung erreichbar ist (*VG Frankfurt* B 5.10.1989 – V/2 H 1826/89, NVwZ 1990, 1100). Das wird vor allem in Situationen der Fall sein, in denen zur Abwendung einer unmittelbar bevorstehenden oder bereits eingetretenen Gefahr ein sofortiges Einschreiten von Polizeivollzugsbeamten durch tatsächliches Handeln oder Vollzugsmaßnahmen erforderlich ist (*VG Schleswig-Holstein* B 15.6.2004 – 3 B 77/04, juris Rn. 5 = NVwZ-RR 2004, 848).

184 **Verkehrszeichen** sind ebenfalls **sofort vollziehbar.** Denn sie gelten sinngemäß oder analog als unaufschiebbare Anordnungen und Maßnahmen von Polizeivollzugsbeamten. Darum kann man sie „technische Polizeivollzugsbeamte" nennen (*Sadler,* Unmittelbare Ausführung einer Maßnahme durch sofortigen Vollzug, DVBl. 2009 S. 292, 297; Polizei 2009 S. 125, 129). Verkehrszeichen sind technische Verwaltungsakte in Form von **Allgemeinverfügungen** nach § 35 S. 2 VwVfG. Dabei handelt es sich um die Regelung der „Benutzung durch die Allgemeinheit" (*BVerwG* U 13.12.1979 – 7 C 46/78, BVerwGE 59, 221,225 = NJW 1980, 1640 = DÖV 1980, 308 = VerkBl. 1980, 238 = DVBl. 1980, 299 = JuS 1980, 615 = BayVBl. 1980, 214 = JA 1980, 740 = NUR 1981, 97 = VRS 58, 314 = NPA 928, 4 [§ 45 StVO] = Buchholz 442.151 § 45 Nr. 6 = VerwRspr. 31, 967; *BVerwG* U 27.1.1993 – 11 C 35/92, BVerwGE 92, 32, 34 = DAR 1993, 400 =

VerkMitt 1993, 57 = DÖV 1993, 823 = NJW 1993, 1729 = NZV 1993, 284 = DVBl. 1993, 612 = BayVBl. 1993, 534 = NVwZ 1993, 777 L; *BVerwG* U 24.5.2018 – 3 C 25/16, juris Rn. 14 = NJW 2018, 2910 = NWVBl 2018, 409 = ZfSch 2018, 534 = DV 2018, 159). Dazu gehören auch Parkuhren (*BVerwG* B 26.1.1988 – 1 B 189/87, DAR 1988, 212 = VerkMitt 1988, 67 = DÖV 1988, 694 = NVwZ 1988, 623 = NJW 1988, 2814 L = BayVBl. 1989, 248).

Im Übrigen gilt § 80 Abs. 2 S. 1 Nr. 2 VwGO nicht nur für die **Aufstellung,** sondern auch bei der **Entfernung von Verkehrszeichen** (actus contrarius: *OVG Münster* B 12.2.1997 – 25 B 2562/96, NZV 1997, 414 = NJW 1998, 329 = NVwZ 1998, 207 L = VRS 93 Nr. 158).

Die Verkehrszeichen sind ein **Gebot** oder **Verbot** oder beides. So bedeutet z.B. das Haltverbot des Vorschriftzeichens 283 in Anlage 2 Nr. 62 i.V.m. § 41 Abs. 1 StVO zugleich das Gebot, bei verkehrswidrigem Halten sofort wegzufahren (*BVerwG* B 7.11.1977 – 7 B 135/77, NJW 1978, 656 = DÖV 1978, 374 = MDR 1978, 257 = NPA 721, 7 = VRS 54, 235; *BVerwG* U 11.12.1996– 11 C 15/95, BVerwGE 102, 316, 319 = NZV 1997, 246 = DAR 1997, 119 = NJW 1997, 1021 = DÖV 1997, 506 = NJ 1997, 379 = BayVBl. 1997, 377 = SächsVBl. 1997, 134 = ThürVBl. 1997, 161 = JZ 1997, 780 = DVBl. 1998, 93; *BGH* U 26.1.2006 – I ZR 83/03, NJW 2006, 1804 = NVwZ 2006, 964; *VG Düsseldorf* U 18.5.2017 – 6 K 6022/16, juris Rn. 107 = NZV 2017, 591; *BVerwG* U 24.5.2018 – 3 C 25/16, juris Rn. 14 = NJW 2018, 2910 = NWVBl 2018, 409 = ZfSch 2018, 534 = DV 2018, 159). Der **Verwaltungszwang** richtet sich nach den Regeln des Verwaltungsvollstreckungsrechts (*BVerwG* B 15.6.1981 – 7 B 216/80, DÖV 1981, 919 = NJW 1982, 348 = NPA 721,14 = VRS 62, 156).

Demzufolge kommt es insoweit zu einer notwendigen Verbindung von Bundesrecht und Landesrecht: Die Kompetenz des Bundes zur Schaffung verkehrsregelnden Gebote und Verbote gemäß § 41 StVO folgt aus Art. 74 Nr. 22 GG. Die Durchsetzung der Gebote und Verbote richtet sich hingegen nach dem Vollstreckungsrecht des jeweiligen Bundeslandes, weil die Ausführung der Straßenverkehrsordnung gemäß § 44 StVO den Straßenverkehrsbehörden der Länder obliegt.

Für das Verwaltungsprozessrecht gilt: Die **Klagebefugnis eines Verkehrsteilnehmers** gegen ein Verkehrszeichen, mit dem er bereits konfrontiert worden ist, setzt nicht voraus, dass er von dem Verkehrszeichen nach seinen persönlichen Lebensumständen in einer gewissen Regelmäßigkeit oder Nachhaltigkeit tatsächlich betroffen worden ist (*BVerwG* U 21.8.2003 – 3 C 15/03, DAR 2004, 45 = NZV 2004, 52, 541 = NJW 2004, 698 = DÖV 2004, 166 = JuS 2004, 637 = DVBl. 2004, 518; *OVG Hamburg* U 4.11.2002 – 3 Bf 23/02, NZV 2003, 351).

Die **Frist für die Anfechtung eines Verkehrsverbots**, das durch Verkehrszeichen bekannt gegeben wird, beginnt für einen Verkehrsteilnehmer zu laufen, wenn er zum ersten Mal auf das Verkehrszeichen trifft. Die Frist wird für ihn nicht erneut ausgelöst, wenn er sich dem Verkehrszeichen später ein weiteres Mal gegenübersieht. Wegen des Fehlens einer Rechtsbehelfsbelehrung läuft für die Einlegung eines Rechtsbehelfs die Jahresfrist des § 58 Abs. 2 VwGO (*BVerwG* U 23.9.2010 – 3 C 32/09 BeckRS 2010, 56020 = NVwZ-RR 2011, 93 L; *BVerwG* U 23.9.2010 – 3 C 37/09, BVerwGE 138, 21 = NJW 2011, 246 = DÖV 2011, 167 L = DVBl. 2011, 121 L; *VG Düsseldorf* U 26.6.2018 – 14 K 6037/17, juris Rn. 29).

Verkehrsschilder, die von **Privatpersonen** aufgestellt werden, sind keine vollstreckbaren Allgemeinverfügungen iSd § 35 S. 2 VwVfG. Aus der Legaldefinition in § 35 S. 1 VwVfG folgt, dass Verwaltungsakte – und somit auch Allgemeinverfügungen – nur von Behörden iSd § 1 Abs. 2 VwVfG erlassen werden können. Stellt eine Privatperson ein Halteverbotsschild für ihr Umzugsunternehmen auf, so handelt es sich – verwaltungsrechtlich gesehen – um einen Nichtakt, dem jede Rechtswirkung abgeht (*VGH Mannheim* U 16.12.2009 – 1 S 3263/08, DÖV 2010, 410 L). Eine derartige „Selbsthilfe" kann jedoch als Amtsanmaßung (§ 132 StGB) strafbar sein; auch private Phantasiezeichen sind gemäß § 33 Abs. 2 StVO verboten, wenn sie mit ordentlichen Verkehrszeichen verwechselt werden können.

Anders liegt der Fall, wenn Mitarbeiter eines privaten Umzugsunternehmens auf der Grundlage einer straßenverkehrsrechtlichen Ausnahmegenehmigung der Stadt zur Vorbereitung eines privaten Umzugs Haltverbotsschilder aufstellen. Die Verkehrsschilder werden hier durch die städtische Behörde verfügt und von den Mitarbeitern des Umzugsunternehmens als **Verwaltungshelfer** aufgestellt (so in *BVerwG* U 24.5.2018 – 3 C 25/16, juris Rn. 2, 16 = NJW 2018, 2910 = NWVBl 2018, 409 = ZfSch 2018, 534 = DV 2018, 159).

185 **Luftpolizeiliche und schiffspolizeiliche Zeichen** gehören ihrem Wesen nach auch zu diesen sofort vollziehbaren technischen Verwaltungsakten in Form von Allgemeinverfügungen (*VG Karlsruhe* B 11.7.1975 – IV 81/75, ZLW 1976, 79; *BVerwG* B 1.11.2006 – 9 B 25/.05, DÖV 2007, 210 = NVwZ 2007, 340).

186 **bb) § 80 Abs. 2 S. 1 Nr. 3 VwGO: Durch Bundesgesetz vorgeschriebene Fälle.** In dieser Bestimmung schließt der Gesetzgeber die aufschiebende Wirkung des Rechtsbehelfs allgemein aus. Das kann nur in einem formellen Gesetz, nicht aber durch eine Rechtsverordnung geschehen. Der Ausschluss der aufschiebenden Wirkung muss im Gesetz zudem ausdrücklich und eindeutig geregelt sein (*OVG Münster* B 30.8.1999 – 8 B 902/99, NVwZ-RR 2000, 121; Bader/*Funke-Kaiser*/Stuhlfauth/von Albedyll, § 80 VwGO Rn. 39). Dadurch unterscheidet sie sich von der auf den Einzelfall bezogenen Anordnung der sofortigen Vollziehung nach § 80 Abs. 2 S. 1 Nr. 4 VwGO.

Hierbei handelt es sich um folgende Gesetze:

187 Abwasserabgabengesetz: § 12a.
Allgemeines Eisenbahngesetz: § 18e Abs. 2, § 21 Abs. 7 S. 1.
Sozialgesetzbuch III: § 336a.
Arbeitssicherstellungsgesetz: § 27 Abs. 2.
Asylgesetz: § 75.
Aufenthaltsgesetz: § 84 Abs. 1.
Auslandinvestment-Gesetz: § 8 Abs. 5.
Außenwirtschaftsgesetz: § 14 Abs. 2.
Baugesetzbuch: § 212 Abs. 2, § 212a, § 224.
Bundesberggesetz: § 132 Abs. 4 S. 3.
Bundeserziehungsgeldgesetz: § 13 Abs. 2.
Bundesfernstraßengesetz: § 17e Abs. 2, § 18f Abs. 6a, 7.
Bundesstatistikgesetz: § 15 Abs. 7.
Bundeswasserstraßengesetz: § 14e Abs. 2, § 20 Abs. 7.
Chemikaliengesetz: § 12g Abs. 1 S. 2, § 23 Abs. 3.

Elektro- und Elektronikgerätegesetz: §44 Abs.2.
Elektromagnetische Verträglichkeit von Betriebsmitteln, Gesetz: §32 Abs.1.
Energiesicherungsgesetz: §5.
Energiewirtschaftsgesetz: §43e Abs.1, §44b Abs.7.
Festlandsockelgesetz: §3 Abs.2.
Finanzkonglomerate-Aufsichtsgesetz: §31.
Finanzmarktstabilisierungsfondsgesetz: §15
Geldwäschegesetz: §40 Abs.6.
Hebammengesetz: §26 Abs.1 Nr.1.
Heimgesetz: §15 Abs.5, §17 Abs.2, 3, §19 Abs.3.
Infektionsschutzgesetz: §16 Abs.8, §17 Abs.6, §28 Abs.3, §39 Abs.2 Nr.2.
Internationale Gesundheitsvorschriften, Gesetz zur Durchführung: §5 Abs.1 S.3.
Investitionsvorranggesetz: §12 Abs.1.
Jugendschutzgesetz: §25 Abs.4.
Kapitalanlagegesetzbuch: §7.
Katzen- und Hundefell-Einfuhr-Verbotsgesetz: §2 Abs.3.
Kreditwesengesetz: §28 Abs.1 S.2, §49.
Lastenausgleichsgesetz: §343 Abs.2, Abs.3, §360 Abs.2 S.3.
Lebensmittel- Bedarfsgegenstände- und Futtermittelgesetzbuch: § 39 Abs. 7; § 41 Abs.2 S.4.
Luftverkehrsgesetz: §6 Abs.6, 10 Abs.4 S.1, §27g Abs.7, §29 Abs.3 S.7, §31d Abs.5, §31f Abs.5.
Magnetschwebebahnplanungsgesetz: §2d Abs.2.
Milch- und Fettgesetz: §23 Abs.1.
Parteiengesetz: §32 Abs.4.
Passgesetz: §14.
Personalausweisgesetz: §30.
Personenbeförderungsgesetz: §29 Abs.6 S.2, §29a Abs.7 S.1.
Pfandbriefgesetz: §37.
Raumordnungsgesetz: §12 Abs.3.
Schornsteinfeger-Handwerksgesetz: §12 Abs.3; 14a Abs.5 S.1; §25 Abs.4.
Sozialgesetzbuch: §160 Abs.4 S.5, §171 Abs.4.
Stammzellgesetz: §6 Abs.6 S.3.
Straßenverkehrsgesetz: §2a Abs.6, §4 Abs.9.
Telekommunikationsgesetz: §137 Abs.1.
Tiergesundheitsgesetz: §37.
Vereinsgesetz: §6 Abs.2, §8 Abs.2 S.3.
Verkehrswegeplanungs-Beschleunigungsgesetz: §5 Abs.2 S.1.
Vermögensgesetz: §6a Abs.2 S.3.
Versicherungsaufsichtsgesetz: §222 Abs.8, §227 Abs.1 S.3, §310 Abs.2.
Waffengesetz: §45 Abs.5.
Wasch- und Reinigungsmittelgesetz: §14 Abs.2 S.4.
Wehrbeschwerdeordnung: §3 Abs.1 S.1, §17 Abs.6 S.1, §21 Abs.2 S.1, §22, §22a Abs.3, §22b Abs.1, §23 Abs.6 S.2.
Wertpapierhandelsgesetz: §13, §14 Abs.4 S.4, §15 Abs.2, §29 Abs.4, §30 Abs.7, §53 Abs.3, §61 S.4, §87 Abs.6 S.4, §88 Abs.3, §89 Abs.3 S.2, §112 Abs.2, §113 Abs.1.
Wertpapierprospektgesetz: §20.

Wettbewerbsbeschränkungsgesetz: § 64, § 65 Abs. 3 S. 2, 3.
Wirtschaftsprüferordnung: § 20 Abs. 3, § 118 Abs. 1 S. 2.
Zahlungsdiensteaufsichtsgesetz: § 9.

Bei der vorstehend genannten Bestimmung des § 4 Abs. 9 StVG geht es um die Entziehung der Fahrerlaubnis. Diese richtet sich nach dem Punktesystem des § 4 StVG (vgl. *OVG Lüneburg* B 21.1.2003 – 12 ME 810/02, NJW 2003, 1472). Auf die Erläuterungen in § 9 Rn. 22 wird Bezug genommen.

Einige dieser Gesetze betreffen die Vollziehbarkeit von **Verwaltungsakten mit Doppelwirkung** nach § 80 Abs. 1 S. 2, § 80a, § 80b VwGO. Insoweit haben auch **Rechtsbehelfe eines Dritten keine aufschiebende Wirkung.** Hier geht es also nicht darum, einer Vollzugsbehörde die schnelle Durchsetzung eines einseitig belastenden Verwaltungsaktes zu ermöglichen. Vielmehr handelt es sich um den gesetzlichen Schutz des Begünstigten vor dem Angriff eines Dritten auf seine Rechtsposition.

Für die Verwaltungspraxis ist insbesondere **§ 212a BauGB** von großer Bedeutung, wonach Widerspruch und Anfechtungsklage eines Dritten gegen die bauaufsichtliche Zulassung eines Vorhabens keine aufschiebende Wirkung haben. Danach kann der Bauherr sein Bauvorhaben auch dann fortsetzen, wenn der Nachbar sich mit Widerspruch oder Klage gegen seine Baugenehmigung wendet. § 212a BauGB gilt allerdings nicht für Bauvorbescheide (umstritten, siehe *VGH Baden-Württemberg* U 25.9.2018 – 5 S 978/17, juris Rn. 52 m.w.N.).

188 **Der gesetzliche Ausschluss** der aufschiebenden Wirkung der Rechtsbehelfe **erstreckt sich** nicht allein auf den Grundverwaltungsakt, sondern **auch auf die Vollstreckungsmaßnahmen.** Daher hat die Anfechtung der Androhung, der Festsetzung und der Anwendung der Zwangsmittel ebenfalls keine aufschiebende Wirkung. Indem der Bundesgesetzgeber bereits für den Grundverwaltungsakt den Wegfall der aufschiebenden Wirkung anordnet, verfügt er damit gleichzeitig auch die sofortige Vollziehbarkeit der Vollstreckungs- und Vollzugsmaßnahmen, die zu seiner Durchsetzung erforderlich sind. Andernfalls wäre die Bestimmung des § 80 Abs. 2 S. 1 Nr. 3 VwGO in unverständlicher und auch unvertretbarer Weise (man denke an Seuchenfälle) ausgehöhlt (umstritten, wie hier Bader/*Funke-Kaiser*/Stuhlfauth/von Albedyll, § 80 VwGO Rn. 43; *Finkelnburg/Jank*, Rn. 728; aA *Kopp/Schenke*, § 80 VwGO Rn. 66; offen gelassen *BayVGH* B 19.3.1984 – 10 CS 84 A.150 BayVBl 1984, 371).

– Muster 3, 9, 15, 36, 42, 48 –

189 Der gesetzliche Ausschluss der aufschiebenden Wirkung der Rechtsbehelfe erstreckt sich nicht nur auf Vollstreckungsmaßnahmen, die nach **Bundesrecht** durchgeführt werden. Diese Rechtslage gilt vielmehr auch, wenn ein bundesgesetzlich sofort vollziehbarer Verwaltungsakt nach **Landesrecht** vollstreckt wird. Denn gemäß Art. 31 GG geht Bundesrecht dem Landesrecht vor.

– Muster 5, 11, 17, 38, 44, 52 –

Die **bundesgesetzlich** vorgeschriebene Durchsetzung eines Verwaltungsaktes auf der Grundlage des landesrechtlichen Vollstreckungsgesetzes betrifft zB **folgende Fälle:**
– Umlegungsplan, § 72 Abs. 2 BauGB.
– Grenzregelung, § 83 Abs. 2 BauGB.
– Sicherung der Zweckbestimmung von Sozialwohnungen, § 24 WoBindG.
– Abschiebung eines Ausländers, § 58 AufenthG.

Der gesetzliche Ausschluss der aufschiebenden Wirkung trifft nicht nur auf individuelle Verwaltungsakte, sondern ebenso auf **Allgemeinverfügungen** zu. Denn das Gesetz unterscheidet nicht zwischen dem individuellen und dem allgemeinen Verwaltungsakt. 190

Ordnet die Behörde **irrtümlich die sofortige Vollziehung** an, obwohl der Rechtsbehelf bereits kraft Gesetzes keine aufschiebende Wirkung hat, so ist das rechtlich unschädlich (Rn. 166). 191

b) Landesgesetzlicher Ausschluss der aufschiebenden Wirkung des Rechtsbehelfs. Gemäß **§ 80 Abs. 2 S. 1 Nr. 3 VwGO** entfällt die aufschiebende Wirkung ferner in anderen **für Landesrecht durch Landesgesetz** vorgeschriebenen Fällen. Damit ist der Landesgesetzgeber dem Bundesgesetzgeber gleichgestellt. 192

Nach § 80 Abs. 2 S. 2 VwGO können die Länder auch bestimmen, dass Rechtsbehelfe keine aufschiebende Wirkung haben, soweit sie sich gegen Maßnahmen richten, die in der **Verwaltungsvollstreckung durch die Länder nach Bundesrecht** getroffen werden.

Diese Rechtslage ergibt sich aus Art. 1 Nr. 12 des 6. VwGOÄndG vom 1.11.1996 BGBl. I S. 1626. Der früher für das Landesrecht einschlägige § 187 Abs. 3 VwGO ist in Art. 1 Nr. 32 dieses Gesetzes aufgehoben worden.

Die **Länder** haben die **aufschiebende Wirkung** der Rechtsbehelfe in folgenden Gesetzen **ausgeschlossen:**

(1) Baden-Württemberg: § 12 des Landesverwaltungsvollstreckungsgesetzes. 193

(2) Bayern: Artikel 21a des Verwaltungszustellungs- und Vollstreckungsgesetzes und Artikel 5 Abs. 2 des Katastrophenschutzgesetzes.

(3) Berlin: § 4 des Ausführungsgesetzes zur Verwaltungsgerichtsordnung.

(4) Brandenburg: § 16 des Verwaltungsvollstreckungsgesetzes.

(5) Bremen: Artikel 11 des Ausführungsgesetzes zur Verwaltungsgerichtsordnung schließt die aufschiebende Wirkung nur für Rechtsbehelfe aus, die sich gegen Maßnahmen in der Verwaltungsvollstreckung zur Beitreibung von Geldbeträgen nach Bundesrecht richten. Dazu gehören das Zwangsgeld sowie Kosten der Ersatzzwangshaft, der Ersatzvornahme und des unmittelbaren Zwanges.

(6) Hamburg: § 29 HmbVwVG.

(7) Hessen: § 16 des Ausführungsgesetzes zur Verwaltungsgerichtsordnung.

(8) Mecklenburg-Vorpommern: § 99 Abs. 1 S. 2 des Gesetzes über die öffentliche Sicherheit und Ordnung.

(9) Niedersachsen: § 70 des Verwaltungsvollstreckungsgesetzes i.V.m. § 64 Abs. 4 des Gesetzes über die öffentliche Sicherheit und Ordnung.

(10) Nordrhein-Westfalen: § 112 des Justizgesetzes.

(11) Rheinland-Pfalz: § 16 Abs. 5 des Verwaltungsvollstreckungsgesetzes.

(12) Saarland: § 20 des Ausführungsgesetzes zur Verwaltungsgerichtsordnung.

(13) Sachsen: § 11 des Verwaltungsvollstreckungsgesetzes.

(14) Sachsen-Anhalt: § 9 des Ausführungsgesetzes zur Verwaltungsgerichtsordnung und § 71 des Verwaltungsvollstreckungsgesetzes i.V.m. § 53 Abs. 4 des Gesetzes über die öffentliche Sicherheit und Ordnung.

(15) Schleswig-Holstein: §248 Abs. 1, §322 Abs. 1 des Landesverwaltungsgesetzes.

(16) Thüringen: §30 des Verwaltungszustellungs- und Vollstreckungsgesetzes und §8, §8a des Gesetzes zur Ausführung der Verwaltungsgerichtsordnung.

194 Der landesgesetzliche Ausschluss der aufschiebenden Wirkung kann den ersten Verwaltungsakt, den **Grundverwaltungsakt,** auch Grundverfügung genannt, **nicht betreffen.** Denn für den Grundverwaltungsakt gilt ausschließlich die **vorrangige bundesrechtliche Vorschrift** des §80 Abs. 1 VwGO. Danach haben Widerspruch und Anfechtungsklage aufschiebende Wirkung.

195 Erlässt die Behörde den Grundverwaltungsakt und droht sie gleichzeitig im selben Bescheid ein Zwangsmittel an (§13 Abs. 2), hat der Rechtsbehelf aufschiebende Wirkung. Diese erstreckt sich zugleich auf die **nachrangige landesrechtliche Androhung.** Gemäß Art. 31 i.V.m. Art. 74 Nr. 1 GG gilt hier: **Bundesrecht bricht Landesrecht.** Übrigens ist „bricht" als „geht vor" zu lesen (wie Rn. 189). Also: Bundesrecht geht vor Landesrecht.

Für Rheinland-Pfalz, §1, §2, §16 Abs. 1 und V, §66 Abs. 6 LVwVG, hat dessen Oberverwaltungsgericht frühzeitig in diesem Sinne bundesweit klärend entschieden (*OVG Koblenz* B 4.1.1961 –1 B 27/ 60, *AS* 8, 166 = NJW 1961, 1597 = VerwRspr. 13, 858 = DÖV 1961, 913 L).

Wie das *OVG Koblenz* haben weitere Landesobergerichte erkannt (*VGH Kassel* B 8.8.1966 – B IV 43/66 BRS 17 Nr. 152; *VGH Mannheim* U 3.11.1977 – V 145/77, *ESVGH* 28, 42 = BWVPr. 1978, 152; *OVG Münster* U 18.10.1979 – 4 A 2512/78, OVGE Münster 34, 240 = AgrarR 1980, 111 = RdL 1980, 49).

196 **Der landesgesetzliche Ausschluss** der aufschiebenden Wirkung der Rechtsbehelfe **erfasst** also **nur die** vom Grundverwaltungsakt getrennte, isolierte **spätere Androhung und die Festsetzung des Zwangsmittels.**

Die landesgesetzliche sofortige Vollziehbarkeit wirkt sich für den Betroffenen nicht nachteilig aus. Denn ihm standen bereits die bundesgesetzlichen Rechtsbehelfe zur Verfügung (vgl. *OVG Berlin* B 13.4.1995 – 2 S 3/95, OVGE Berlin 21, 218, 224 = NVwZ-RR 1995, 575 = MDR 1995, 957 = KKZ 1996, 72).

V. Rechtsschutz gegen Anordnung der sofortigen Vollziehung und bei gesetzlichem Ausschluss der aufschiebenden Wirkung

197 Auch beim einstweiligen Rechtsschutz ist zu beachten, dass Deutschland in die **Europäische Union** eingebunden ist und europarechtliche Vorgaben zu beachten hat.

Die Mitgliedstaaten der Europäischen Union sind verpflichtet, **Rechtsschutz** einschließlich einer Aussetzung der Vollziehung der angegriffenen Maßnahmen zu gewähren. EWGRL 221/64 Art. 8 verpflichtet die Mitgliedstaaten, den unter die Richtlinie fallenden Personen Rechtsschutz – gegebenenfalls einschließlich der Aussetzung der Vollziehung der angegriffenen Maßnahmen – zu gewähren, der mindestens so weit geht wie der Rechtsschutz, den sie ihren eigenen Staatsangehörigen bei Rechtsbehelfen gegen Maßnahmen der Verwaltung gewähren (*EuGH* U 5.3.1980 – Rs 98/79, EuGHE 1980, 691 = EuGRZ 1980, 346 = NJW 1980, 2630 = DVBl. 1981, 132). Das gilt auch für den gerichtlichen Rechtsschutz (*EuGH* U 22.5.1980 – Rs 131/79, EuGHE 1980, 1585 = EuGRZ 1980, 546 = DVBl. 1981, 182; *EuGH* U 19.6.1990 – Rs C 213/89 = EuZW 1990, 578 = WuW 1990, 926 = BayVBl. 1991, 15).

Ein nationales Gericht darf die **Vollziehung eines auf Unionsrecht beruhenden nationalen Verwaltungsaktes nur aussetzen**, wenn es erhebliche Zweifel an der Gültigkeit des Rechts hat und die Entscheidung dringlich ist. Das ist der Fall, wenn dem Antragsteller ein schwerer und nicht wieder gutzumachender Schaden droht. Die Aussetzung der Vollziehung muss jedoch vorläufig bleiben. Sie ist nur so lange zulässig, bis der Europäische Gerichtshof über die vorgelegte Frage der Gültigkeit des Unionsrechts entschieden hat. Das nationale Gericht ist zur Vorlage an den EuGH verpflichtet (vgl. *EuGH* U 21.2.1991 – C 143/88, C 92/89, DVBl. 1991, 480 = NVwZ 1991, 460 = JZ 1992, 36; *EuGH* U 9.11.1995 – Rs C 465/93, *EuGH* Nr. 30/1995, 5 = EuroAS 1995, 206 = EuR 1995, 416 = EuGRZ 1995,605 = EuZW 1995, 837 = NJW 1996, 1333 = DVBl. 1996, 247 = BayVBl. 1996, 366 = LRE 32, 168; *OVG Münster* B 26.11.2001 – 13 B 942/01, NVwZ 2002, 612). 198

Die **Voraussetzungen**, unter denen eine **Vorlage eines Rechtsstreits an den EuGH** in Betracht kommt, ergeben sich aus Art. 234 EG. In Verfahren des einstweiligen Rechtsschutzes besteht grundsätzlich keine Vorlagepflicht nach Art. 234 Abs. 3 EG (vgl. *BVerfG* B 29.11.1991 – 2 BvR 1642/91, NVwZ 1992, 360). Eine Pflicht zur Vorlage einer Rechtssache im Verfahren des einstweiligen Rechtsschutzes lässt sich der Rechtsprechung des EuGH nur für den Fall entnehmen, dass ein nationales Gericht die Aussetzung der Vollziehung eines auf einer Gemeinschaftsverordnung beruhenden nationalen Verwaltungsakts anordnen will (*BVerfG* B 7.12.2006 – 2 BvR 2428/06, juris Rn. 18 = BVerfGK 10, 48 = NJW 2007, 1521 = NVwZ 2007, 950 L, unter Verweis auf *EuGH* U 21.2.1991, verbundene Rs C-143/88 u. C-92/89; vgl. auch *EuGH* U 9.11.1995, Rs C-465/93, Slg 1995, S. I-3761 Rn. 19 ff.). 199

Die Europäische Union kann fordern, dass die Einhaltung europarechtlicher Vorschriften im Wege nationalstaatlicher Vollstreckung durchgesetzt wird. Ein praktisch bedeutsames Beispiel bildet die **Rückforderung europarechtswidrig gewährter Beihilfen**. Auf Grund der Art. 87 Abs. 1, 88 Abs. 2 des Vertrages zur Gründung der Europäischen Gemeinschaft (EGV) in der Fassung des Vertrages von Amsterdam vom 2. Oktober 1997, der durch Zustimmungsgesetz vom 8. April 1998 (BGBl. 1998 II S. 386 ff., ber. BGBl. 1999 II S. 416) innerstaatliche Rechtsverbindlichkeit erlangt hat, kann die Kommission feststellen, dass eine Beihilfe gemeinschaftswidrig ist und der Mitgliedstaat sie gemäß den innerstaatlichen Verfahren – sofort vollstreckbar – zurückzufordern hat (*OVG Berlin-Brandenburg* B 7.11.2005 – 8 S 93/05, juris Rn. 14 = EuZW 2006, 91 =, NVwZ 2006, 104 = NJW 2006, 460 L). 200

1. Behördlicher Rechtsschutz des Adressaten des Verwaltungsaktes. Gemäß **§ 80 Abs. 4 VwGO** kann die Behörde, die den Verwaltungsakt erlassen oder über den Widerspruch zu entscheiden hat, die **Vollziehung des Verwaltungsaktes** in den Fällen des § 80 Abs. 2 VwGO **aussetzen.** Die Aussetzung der Vollziehung kann auch außerhalb der Verwaltungsgerichtsordnung durch ein besonderes Bundesgesetz (z.B. § 65 Abs. 3 S. 2 GWB) geregelt werden. 201

Nach der allgemeinen Bestimmung des § 80 Abs. 4 VwGO ist eine Aussetzung nicht möglich, soweit bundesgesetzlich etwas anderes bestimmt ist; Beispiel: § 39 S. 2 des Bundesleistungsgesetzes. Unabhängig von § 80 Abs. 4 VwGO kann die Behörde die **sofortige Vollziehung**, die sie nach § 80 Abs. 2 S. 1 Nr. 4 VwGO angeordnet hat, **aufheben.** Das ist zwar gesetzlich nicht geregelt, aber zulässig. Die gesetzliche Ermächtigung der Behörde, die sofortige Vollziehung anzuordnen, enthält zugleich ihre Befugnis, sie aufzuheben.

Auf eine entsprechende **Anregung des Gerichts** verpflichtet sich die Behörde in der Regel, das Zwangsmittel nicht vor der gerichtlichen Entscheidung über einen Antrag auf vorläufigen Rechtsschutz nach § 80 Abs. 5 VwGO anzuwenden (vgl. *VGH München* B 20.12.2001 – 1 ZE 01.2820, NVwZ-RR 2002, 809 = BayVBl. 2002, 437 = BauR 2002, 1068 = BRS 64 Nr. 204). Ansonsten muss die Behörde den Erlass eines sog „Hängebeschlusses" (hierzu *Bader/Funke-Kaiser*/Stuhlfauth/von Albedyll, § 80 VwGO Rn. 127) gewärtigen, mit dem das Gericht ihr förmlich aufgibt, von der Vollstreckung des Verwaltungsaktes abzusehen, bis über den Antrag auf einstweiligen Rechtsschutz entschieden ist (Rn. 227). Die in diesem Zusammenhang gegebene Erklärung der Behörde an das Gericht, von Vollstreckungsmaßnahmen einstweilen abzusehen, ist keine Aussetzung iSd § 80 Abs. 4 VwGO (Bader/*Funke-Kaiser*/Stuhlfauth/von Albedyll, § 80 VwGO Rn. 63).

Ihre Entscheidung, die Vollziehung nach § 80 Abs. 4 VwGO auszusetzen, trifft die Behörde nach pflichtgemäßem **Ermessen** gemäß § 40 VwVfG (Einleitung Rn. 5). Dabei gibt es für sie keine zeitliche Beschränkung. So kann die Behörde die Vollziehung **in jeder Lage des Verfahrens aussetzen,** also im Verwaltungsverfahren, im Widerspruchsverfahren und im Verwaltungsstreitverfahren bis hin zum Bundesverwaltungsgericht. Sie kann die Vollziehung auch dann aussetzen, wenn das Gericht einen Rechtsschutzantrag nach § 80 Abs. 5 VwGO abgelehnt hat. Denn die Behörde wird durch die Gerichtsentscheidung nicht daran gehindert, zu Gunsten des Betroffenen zu handeln. Eine Aussetzung kommt erst dann nicht mehr in Betracht, wenn der betreffende Verwaltungsakt durch ein rechtskräftiges Urteil bestätigt oder sonst unanfechtbar geworden ist (vgl. *BVerwG* B 17.9.2001 – 4 VR 19/01, 4 A 40/01, juris Rn. 7 = NVwZ-RR 2002, 153 = DVBl 2001, 1861).

202 Nach dem Wortlaut des § 80 Abs. 4 VwGO hat das Aussetzungsverfahren nicht zur Voraussetzung, dass der Betroffene einen entsprechenden Antrag stellt. Damit unterscheidet sich dieses Verfahren vom gerichtlichen Antragsverfahren nach § 80 Abs. 5 VwGO. Die Behörde kann die Vollziehung sowohl auf **Antrag** als auch **von Amts wegen** aussetzen. Das entspricht der Verfahrensherrschaft der Behörde und ihrem Auftrag laut § 79 i.V.m. § 10 VwVfG, das Verfahren einfach, zweckmäßig und zügig durchzuführen. Abweichendes gilt für Verwaltungsakte mit Doppelwirkung; diese kann die Behörde nach § 80a Abs. 1 Nr. 2 VwGO nur auf Antrag des Dritten aussetzen.

Die Aussetzung durch die Behörde ist kein Verwaltungsakt, sondern ein **unselbstständiger Annex**. Das gilt auch für ihre Entscheidung, die Aussetzung aufzuheben oder zu ändern (vgl. *OVG Münster* B 18.5.2004 – 15 B 748/04, ZKF 2004, 214 = NVwZ-RR 2004, 725). Lehnt die Behörde einen Antrag, die Vollziehung auszusetzen, ab, ist die Anfechtungsklage nach § 42 Abs. 1 VwGO mithin nicht statthaft. Der Betroffene kann nur einen Rechtsschutzantrag gemäß § 80 Abs. 5 VwGO oder § 80a Abs. 3 VwGO bei dem Verwaltungsgericht stellen (vgl. *VGH München* U 29.11.1995 – 4 B 94.2089 BayVBl. 1996, 279 = NVwZ-RR 1997, 136; *OVG Münster* B 18.5.2004 – 15 B 748/04, NVwZ-RR 2004, 725 = ZKF 2004, 214).

203 Die Behörde kann die Vollziehung nach § 80 Abs. 4 VwGO mit Wirkung auch für die Vergangenheit (ex tunc) oder nur für die Zukunft (ex nunc), ganz oder teilweise, unter Bedingungen, mit Auflagen oder – entsprechend § 80 Abs. 5 S. 4 VwGO – gegen Sicherheitsleistung aussetzen. **Bereits erfolgte Vollziehungsmaßnahmen** kann sie analog § 80 Abs. 5 S. 3 VwGO rückgängig machen (*Kopp/Schenke*, § 80 VwGO Rn. 117).

Denn sie handelt dabei zu Gunsten des Betroffenen, indem die Vollziehung verhindert oder hinausgeschoben wird.

Während eines **Widerspruchsverfahrens** steht es der Ausgangsbehörde frei, die Vollziehung zunächst auszusetzen, um die Entscheidung der Widerspruchsbehörde abzuwarten (*OVG Münster* B 28.4.1993 – 18 B 4891/92, NWVBl. 1993, 474 = NVwZ-RR 1994, 62). 204

Setzt die Widerspruchsbehörde die Vollziehung aus, so bindet diese Entscheidung die Ausgangsbehörde und hindert sie, Zwangsmaßnahmen einzuleiten. Hat z.B. die Widerspruchsbehörde die Vollziehung des Widerrufs einer Schankerlaubnis ausgesetzt, darf die Ausgangsbehörde die Gaststätte nicht schließen (*OVG Saarlouis* B 8.4.1975 – 1 W 9/75, *AS* 14, 196 = GewArch 1975, 301 = DVBl. 1976, 410 L). Hingegen ist die Widerspruchsbehörde an die Aussetzungsentscheidung der Ausgangsbehörde nicht gebunden und kann diese aufheben oder ändern (*Bader/Funke-Kaiser*, § 80 VwGO Rn. 62). Der Erlassbehörde steht kein Rechtsbehelf gegen die Widerspruchsbehörde zu, wenn diese die Vollziehung aussetzt (vgl. *VGH München* B 23.7.1987 – 23 CS 87.0049, DVBl. 1988, 249 = NVwZ-RR 1988, 127 = DÖV 1988, 132 = KStZ 1988, 37 = BayVBl. 1988, 22).

Während der Dauer der Aussetzung ist das **Verwaltungszwangsverfahren gehemmt.** Vollstreckungsmaßnahmen sind unzulässig. Führt die Vollzugsbehörde dennoch eine Ersatzvornahme durch, handelt sie rechtswidrig. Der Betroffene ist gemäß § 113 Abs. 1 S. 1 VwGO in seinen Rechten verletzt. Die Kosten der Ersatzvornahme können ihm nicht auferlegt werden. Die Vollzugsbehörde muss diese Kosten selber tragen, auch wenn der Verantwortliche materiell-rechtlich zur Vornahme verpflichtet war. Denn der Rechtsmangel kann nach Durchführung der Maßnahme nicht mehr mit heilender Wirkung behoben werden. Hier besteht die gleiche Rechtslage wie in dem Fall, dass die Behörde die Ersatzvornahme vor Unanfechtbarkeit des Grundverwaltungsaktes durchführt (Rn. 111). Dazu anschaulich und abschreckend: *VGH Mannheim* U 27.6.1990 – 5 S 2180/89, VBlBW 1991, 17 = NVwZ 1991, 686 = NuR 1992, 233.

Inhaltliche Vorgaben für die Entscheidung der Behörde über die Aussetzung der Vollziehung enthält § 80 Abs. 4 VwGO nur für die Anforderung von öffentlichen Abgaben oder Kosten. Gemäß § 80 Abs. 4 S. 3 VwGO soll die Aussetzung bei öffentlichen Abgaben und Kosten erfolgen, wenn ernstliche Zweifel an der Rechtmäßigkeit des angegriffenen Verwaltungsakts bestehen oder wenn die Vollziehung für den Abgaben- oder Kostenpflichtigen eine unbillige, nicht durch überwiegende öffentliche Interessen gebotene Härte zur Folge hätte. Ob und ggf. inwieweit dieser Entscheidungsmaßstab auf die anderen Fälle übertragen werden kann, wird unterschiedlich beurteilt (Bader/*Funke-Kaiser*/Stuhlfauth/von Albedyll, § 80 VwGO Rn. 67). Zwar mag es auch außerhalb des Anwendungsbereichs des § 80 Abs. 4 S. 3 VwGO vielfach der gesetzlichen Risikoverteilung entsprechen, sich an der Interessenbewertung zu orientieren, die dieser Vorschrift zu Grunde liegt. Das schließt die Berücksichtigung anderer Kriterien jedoch nicht aus. So wird die Behörde die Vollziehung insbesondere dann aussetzen, wenn sie **zunächst nicht beabsichtigt**, den sofort vollziehbaren **Verwaltungsakt durchzusetzen**, und der Antrag auf Gewährung vorläufigen Rechtsschutzes gemäß § 80 Abs. 5 VwGO nur innerhalb einer bestimmten Frist zulässig ist, um auf diese Weise einem unnötigen gerichtliche Rechtsschutzverfahren vorzubeugen (Rn. 237; *BVerwG* B 17.9.2001 – 4 VR 19/01, juris Rn. 6 = DVBl. 2001, 1861 = NZV 2002, 51 = UPR 2002, 72 = NVwZ-RR 2002, 153 = BauR 2002, 63).

Durch eine Aussetzung der Vollziehung erlegt sich die Behörde keine Bindungen auf, die es ihr für die Zukunft erschweren, die Möglichkeiten auszuschöpfen, die ihr der Gesetzgeber mit dem Wegfall der aufschiebenden Wirkung zubilligt. Die zuständige Behörde kann, soweit keine anderweitigen rechtlichen Bindungen bestehen, die Aussetzungsentscheidung ändern oder aufheben. Zwar findet sich in § 80 Abs. 4 VwGO keine dem § 80 Abs. 7 S. 1 VwGO entsprechende Regelung. Das bedeutet aber allenfalls, dass die Aussetzungsentscheidung nicht im Sinne dieser Vorschrift jederzeit geändert oder aufgehoben werden darf. Zu einer Neubeurteilung berechtigen indes allemal veränderte Umstände. Eine neue Sachlage, die die Behörde zum Anlass für eine Änderung oder eine Aufhebung der Aussetzung nehmen darf, ist jedenfalls auch dann gegeben, wenn das tatsächliche oder rechtliche Hindernis wegfällt, das im Zeitpunkt der Entscheidung einer sofortigen Vollziehung im Wege stand (*BVerwG* B 17.9.2001 – 4 VR 19/01, 4 A 40/01, juris Rn. 7 = NVwZ-RR 2002, 153 = DVBl 2001, 1861).

205 **2. Gerichtlicher Rechtsschutz.** Gemäß **§ 80 Abs. 5 S. 1 VwGO** kann das **Gericht der Hauptsache** auf Antrag des Betroffenen durch Beschluss die **aufschiebende Wirkung** des Widerspruchs oder der Anfechtungsklage ganz oder teilweise **anordnen oder wiederherstellen.** Der Antrag wird in der Gerichtspraxis bisweilen als „Stoppantrag" bezeichnet (vgl. *VGH Kassel* B 14.3.2003 – 9 TG 2894/02, NVwZ-RR 2004, 32; VG Frankfurt B 2.10.2009 – 8 L 4128/08.F, juris Rn. 17). Die einstweilige Anordnung ist dem gegenüber subsidiär, § 123 Abs. 5 VwGO.

Für das gerichtliche Eilverfahren ist ein **hinreichend bestimmter Antrag** erforderlich; die §§ 81, 82 VwGO finden entsprechende Anwendung (Bader/Funke/Kaiser/*Stuhlfauth*/v. Albedyll, § 81 VwGO Rn. 4).

Das Antragsverfahren des § 80 Abs. 5 VwGO ist grundsätzlich nur zulässig, **solange der sofort vollziehbare Verwaltungsakt** noch **nicht unanfechtbar** ist. Dies entspricht § 80b Abs. 1 S. 1 Halbs 1 VwGO, wonach die aufschiebende Wirkung des Widerspruchs und der Anfechtungsklage mit der Unanfechtbarkeit des Verwaltungsaktes endet. Damit ist dem Verfahren nach § 80 Abs. 5 VwGO die rechtliche Grundlage entzogen.

Diese Rechtslage gilt jedenfalls dann, wenn an der Unanfechtbarkeit des angefochtenen Verwaltungsaktes wegen verspäteter Einlegung des Rechtsbehelfs keine vernünftigen Zweifel bestehen. Sie gilt ferner, wenn die Verfristung offensichtlich ist. Schließlich gilt diese Rechtslage auch für den Fall, dass eine Wiedereinsetzung in den vorigen Stand offensichtlich nicht in Betracht kommt.

Lässt sich hingegen die Frage der Verfristung im Hinblick auf Unklarheiten des Sachverhalts oder wegen der Notwendigkeit der Klärung schwieriger Rechtsfragen im Rahmen der summarischen Prüfung nicht entscheiden, ist ein Antrag auf Wiederherstellung oder Anordnung der aufschiebenden Wirkung zulässig (*OVG Münster* B 22.11.1985 – 14 B 2406/85, DÖV 1986, 619 = NVwZ-RR 1987, 334 = NJW 1987, 1285 L = JA 1987, 639; *OVG Sachsen-Anhalt* B 2.8.2012 – 2 M 58/12, juris Rn. 7 =, NVwZ-RR 2013, 85 = LKV 2012, 568). Ein derartiger Fall bildet jedoch die Ausnahme zu dem Grundsatz, dass die verspätete Einlegung eines Rechtsbehelfs die Unanfechtbarkeit des Verwaltungsaktes nicht berührt.

Hat der Antragsteller die Antragsfrist unverschuldet versäumt, steht es ihm frei, seinen verspätet eingelegten Rechtsbehelf mit einem Antrag auf Wiedereinsetzung in den vorigen Stand gemäß §60 VwGO zu verbinden. Gibt das Gericht dem Wiedereinsetzungsantrag statt, entfällt die Unanfechtbarkeit des Verwaltungsaktes, .

Der Antrag nach §80 Abs. 5 VwGO muss sich auf einen noch nicht bestandskräftigen Verwaltungsakt beziehen, der entweder gemäß §80 Abs. 2 S. 1 Nr. 1 bis 3 VwGO kraft Gesetzes oder gemäß §80 Abs. 2 S. 1 Nr. 4 VwGO durch behördliche Anordnung sofortig vollziehbar ist. Handelt es sich bei der zugrunde liegenden Maßnahme Behörde nicht um einen Verwaltungsakt iSd §35 VwVfG, kann ein Verfahren nach §80 Abs. 5 VwGO nicht stattfinden. Bei einem gemäß §44 VwVfG nichtigen Verwaltungsakt gilt das nur, wenn keine Zweifel an der Nichtigkeit bestehen. Anderenfalls ist ein Rechtsschutzantrag bis zur Feststellung der Nichtigkeit zulässig.

Setzt die Verwaltungsbehörde durch die Anordnung der sofortigen Vollziehung einer Maßnahme den **Rechtsschein eines Verwaltungsaktes,** ist vorläufiger Rechtsschutz nach §80 Abs. 5 VwGO unabhängig davon zulässig, ob es sich bei der Maßnahme tatsächlich um einen Verwaltungsakt handelt (*OVG Bremen* B 21.8.2002 – 1 B 143/02, NordÖR 2002, 420). **206**

Von Ausnahmen abgesehen (Rn. 213, 214), ist die **Behörde nicht verpflichtet,** den Betroffenen über die Möglichkeit des vorläufigen Rechtsschutzes **zu belehren** (ebenso *Linhart*, Bescheid, S. 6). Dergleichen ist weder in den §§80, 80a, 80b VwGO noch durch entsprechende Anwendung des §§58 VwGO vorgeschrieben. Der Gesetzgeber hat die Belehrungspflicht auch bei den Änderungen der VwGO nicht eingeführt. **207**

Die Verwaltungsgerichtsordnung ist insoweit vorrangig. Aus diesem Grund kann eine Verpflichtung zur Belehrung auch nicht aus der allgemeinen und damit nachrangigen Beratungspflicht aus §25 VwVfG hergeleitet werden. Erteilt die Behörde dennoch eine Belehrung und ist diese unzutreffend, trägt sie gemäß §155 Abs. 4 VwGO die Verfahrenskosten (*OVG Bremen* B 24.7.1986 – 1 B 20/86, MedR 1987, 47).

Auch eine entsprechende Verpflichtung zur Rechtsbehelfsbelehrung nach *§37 Abs. 6 VwVfG* kann hier nicht angenommen werden. Denn diese Vorschrift betrifft anfechtbare schriftliche oder elektronische Verwaltungsakte, nicht Gerichtsentscheidungen.

Der Antrag nach §80 Abs. 5 S. 1 VwGO ist gemäß §80 Abs. 5 S. 2 VwGO schon **vor Erhebung der Anfechtungsklage** zulässig. Ist ein Widerspruchsverfahren gesetzlich vorgeschrieben, ist er aber erst **nach Erhebung des Widerspruchs** zulässig. Nach überwiegender Meinung soll hingegen der Antrag noch vor Erhebung des Widerspruchs gestellt werden können (siehe *Kopp/Schenke*, §80 VwGO Rn. 130, 139). Hiergegen ist einzuwenden: **208**

Es geht um ein Hauptverfahren und um ein Nebenverfahren. Das Verfahren in der Hauptsache betrifft einen Verwaltungsakt. Dieser ist durch Widerspruch angefochten, aber noch nicht unanfechtbar. Das dazu nachrangige Rechtsschutzverfahren betrifft lediglich die Vollziehbarkeit dieses Verwaltungsaktes vor seiner Unanfechtbarkeit. Es ist mithin subsidär und akzessorisch.

Aus §80 Abs. 1 VwGO ergibt sich, dass der Widerspruch bereits eingelegt sein muss, um seine grundsätzlich aufschiebende Wirkung auszulösen. Aus §80 Abs. 2 VwGO ergibt sich sodann, dass die aufschiebende Wirkung in den dort aufgeführten Bereichen ausnahmsweise entfällt. Jedoch muss auch insoweit der Widerspruch eingelegt worden sein. Auch die Gewährung vorläufigen Rechtsschutzes gemäß §80a Abs. 3,

§ 80 Abs. 5 VwGO setzt die Einlegung eines Widerspruchs voraus (*OVG Münster* B 5.5.1995 – 10 B 894/95, NWVBl. 1995, 392 = DÖV 1995, 874 = NVwZ-RR 1996, 184 = DVBl. 1996, 115). Dessen aufschiebende Wirkung kann nämlich nur entfallen, wenn sie vorhanden ist. Erst jetzt lässt § 80 Abs. 5 VwGO den Rechtsschutzantrag zu. Denn hiernach ist der Antrag vor Erhebung eines Rechtsbehelfs allein bei der Anfechtungsklage zulässig. Eine formalistische Verzögerung tritt nicht ein. Denn der Antrag kann ohne jede Begründung gestellt werden. Eine solche wird laut § 82 VwGO erst bei der Klage erwartet, weil § 82 Abs. 1 S. 3 VwGO eine Soll-Vorschrift ist.

Dass der Antrag schon vor Erhebung der Anfechtungsklage zulässig ist, bedeutet zusammenfassend: Von der Ausnahme des § 74 Abs. 1 S. 2 VwGO und der Untätigkeitsklage nach § 75 VwGO abgesehen, muss vor Erhebung der Anfechtungsklage als deren Zugangsvoraussetzung ein Widerspruchsverfahren stattfinden. Deshalb kann der Rechtsschutzantrag nur zulässig sein, wenn der Betroffene noch vor seinem Antrag oder gleichzeitig mit diesem Widerspruch erhoben hat. Hier sollte der Gesetzgeber Klarheit schaffen.

Insoweit ist vor allem von einem Rechtsanwalt besondere Umsicht und Sorgfalt zu erwarten. Beantragt er bei dem Gericht vorläufigen Rechtschutz und übersendet er eine Abschrift des Antrags an die Vollzugsbehörde zur Kenntnis mit der Bitte, vor der Entscheidung über den Antrag keine Vollzugsmaßnahmen einzuleiten, so liegt allein darin regelmäßig noch nicht die Erhebung eines Widerspruchs (*VGH Mannheim* B 12.11.2001 – 11 S. 1594/01, NVwZ-RR 2002, 407). Folglich droht mit Ablauf der Widerspruchsfrist die Unanfechtbarkeit des Verwaltungsaktes. Das wäre ein erheblicher Rechtsverlust.

Der Antragsteller muss die Durchführung des Widerspruchsverfahrens oder gar den Erlass des Widerspruchsbescheides nicht abwarten. Voraussetzung für die Zulässigkeit seines Antrags ist lediglich, dass er den Widerspruch bereits erhoben hat (*Schoch*/Schneider/Bier, § 80 VwGO Rn. 460).

209 Die **Zulässigkeit des Antragsverfahrens** nach § 80 Abs. 5 VwGO ist, abgesehen von dem Ausnahmefall des § 80 Abs. 6 S. 1 VwGO, **nicht** davon abhängig, dass der Betroffene zuvor einen **Antrag bei der Erlass- oder der Widerspruchsbehörde** gestellt hat, gemäß die Vollziehung § 80 Abs. 4 VwGO auszusetzen.

Nach § 80 Abs. 6 S. 1 VwGO ist bei der Anforderung von öffentlichen Abgaben und Kosten gemäß § 80 Abs. 2 S. 1 Nr. 1 VwGO vorgeschrieben, dass die Behörde zuvor einen Antrag auf Aussetzung der Vollziehung ganz oder zum Teil abgelehnt hat. In § 80 Abs. 6 S. 1 VwGO ist weder für den Aussetzungsantrag noch für seine Ablehnung die Schriftform vorgeschrieben (*OVG Münster* B 18.4.1996 – 15 B 3499/95, DÖV 1996, 1009 = NWVBl. 1997, 23 = NVwZ 1997, 87 = DVBl. 1997, 672). „Behörde" ist sowohl die Ausgangs- als auch die Widerspruchsbehörde. Findet ein Vorverfahren gemäß § 68 Abs. 1 S. 2 VwGO nicht statt, ist der Aussetzungsantrag bei der Behörde zu stellen, die den Verwaltungsakt erlassen hat (vgl. *VGH Kassel* B 8.11.1994 – 5 TH 3004/94, NVwZ-RR 1995, 235 = DÖV 1995, 519). Die Zugangsvoraussetzung des § 80 Abs. 6 S. 1 VwGO kann nach dem Wortlaut des Gesetzes nicht auf die Fälle des § 80 Abs. 2 Nr. 2 bis 4 VwGO erstreckt werden (Bader/*Funke-Kaiser*/Stuhlfauth/von Albedyll, § 80 VwGO Rn. 130; *OVG Weimar* B 27.6.1996 – 1 EO 425/95, ThürVBl. 1997, 16 = LKV 1997, 370 = KKZ 1998, 211 = BRS 58 Nr. 208; a.A.: *OVG Lüneburg* B 8.7.2004 – 1 ME 167/04, ÖffBauR 2004, 11 = BauR 2004, 1596 = NVwZ-RR 2005, 69; *OVG Lüneburg* B 15.4.2010 – 1 ME 22/10, NVwZ-RR 2010, 552).

Rechtsvergleich: §69 Abs.4 S.1 FGO enthält die Zugangsvoraussetzung für die Aussetzung und Aufhebung der Vollziehung (*BFH* B 12.3.2013 – XI 8 14/13 BStBl. II 2013, 390 = NVwZ-RR 2013, 704).

Ein mit einem Widerspruch verbundenes Gesuch um eine Billigkeitsentscheidung, z.B. Stundung, Niederschlagung oder Erlass der Forderung, erfüllt die Voraussetzung des §80 Abs.6 S.1 VwGO nicht (vgl. *OVG Saarlouis* B 22.6.1992 – 1 W 29/92, NVwZ 1993, 490 = KKZ 1993, 117).

Nach **§80 Abs.8 VwGO** kann in dringenden Fällen der **Vorsitzende** des Gerichts über einen Antrag auf Anordnung oder Wiederherstellung der aufschiebenden Wirkung entscheiden. Das trifft z.B. zu, wenn die Kammer des Verwaltungsgerichts am Wochenende nicht vollzählig anwesend ist, um über das Verbot einer bereits in zwei Tagen durchzuführenden extremistischen Veranstaltung zu entscheiden, bei der erhebliche Straftaten geplant sind (Fall des Polizeipräsidenten in Berlin: *VG Berlin* B 3.3.2006 – 1 A 58/06). **210**

Der Vorsitzende fungiert als Mitglied seiner Spruchkammer und nicht etwa als Einzelrichter. Denn seine Entscheidung ist ja nur notwendig, weil die Kammer nicht tätig werden kann. Also handelt der Vorsitzende vergleichsweise in einer Situation der Gefahr im Verzuge.

Da nach §80 Abs.8 VwGO auch in dringenden Fällen einstweiliger Rechtsschutz durch die Anordnung der Wiederherstellung der aufschiebenden Wirkung eines Rechtsbehelfs gegen einen belastenden Verwaltungsakt erreicht werden kann, ist der von einem Drittbetroffenen gestellte Antrag, der Genehmigungsbehörde den Erlass des belastenden Verwaltungsaktes durch einstweilige Anordnung zu untersagen, unzulässig (*BayVGH* B 15.10.2018 – 22 CE 18.2092, juris Rn.9).

Gegen die Entscheidung des Vorsitzenden ist unter den Voraussetzungen des §146 VwGO die Beschwerde zulässig.

Antragsgegner ist in entsprechender Anwendung des §78 Abs.1 Nr.1 VwGO der Rechtsträger der Behörde, die den Verwaltungsakt erlassen hat. Sie gilt nach überwiegender Rspr auch dann, wenn die sofortige Vollziehung von der Widerspruchsbehörde angeordnet wurde (vgl. *OVG Bautzen* B 10.11.1995 – 3 S 464/95, SächsVBl. 1996, 42; *OVG Münster* B 28.4.1993 – 18 B 4891/92, NWVBl. 1993, 474 = NVwZ-RR 1994, 62; *OVG Lüneburg* B 21.11.1988 – 3 B 167/88, SchlHAnz 1989, 159 = NJW 1989, 2147; *VGH München* B 6.8.1987 – Nr.22 AS 87.00866, 87.00589, *VGHE München* 40,96 = BayVBl. 1988, 86; *VGH Mannheim* B 6.3.1974 – V 943/73, DÖV 1974, 607; aA *OVG Nordrhein-Westfalen* B 28.4.1993 – 18 B 4891/92, juris Rn.7 = NVwZ-RR 1994, 62 = DÖV 1993, 1103 = NWVBl 1993, 474). **211**

Der Rechtsträger der Ausgangsbehörde ist grundsätzlich selbst dann richtiger Antragsgegner, wenn die Widerspruchsbehörde den Ausgangsbescheid geändert oder ergänzt hat (*OVG Bautzen* B 15.1.2001 – 1 BS 333/00, SächsVBl. 2001, 122 = NVwZ-RR 2002, 74). Das folgt aus §70 Abs.1, §73 Abs.1 i.V.m. §185 Abs.2, §78 Abs.1, §79 Abs.1 Nr.1 VwGO. Denn hier handelt es sich um ein Nebenverfahren zum Klageverfahren in der Hauptsache.

Nach dem Text des §80 VwGO ist §78 VwGO auf den Antragsgegner allerdings nicht unmittelbar anzuwenden; denn §78 VwGO betrifft die Klage. Diese Bestimmung gilt jedoch analog für das Antragsverfahren des § 80 VwGO. Das ist unbestritten. Folgerichtig trifft das ebenso auf § 79 Abs. 1 Nr. 1 VwGO zu.

212 Der **Antrag kann** in jedem Stadium des Verfahrens ohne Einwilligung des Gegners **zurückgenommen werden.** Die Einschränkung des § 92 Abs. 1 S. 2 VwGO gilt hier mangels entsprechender gesetzlicher Regelung nicht (*VGH München* B 25.6.1982 – 20 AS 81 D. 110, VGHE München 35, 124 = BayVBl. 1982, 631 = DVBl. 1982, 1011 = DÖV 1983, 42).

213 **Nach § 80 Abs. 5 VwGO ist der Antrag nicht fristgebunden.** Fachgesetze sehen allerdings Fristen vor, etwa das Asylrecht. Durch § 75 des Asylgesetzes (AsylG) ist die aufschiebende Wirkung der Anfechtungsklage, bis auf hier nicht interessierende Fälle, ausgeschlossen. Es geht also darum, die aufschiebende Wirkung der Klage anzuordnen.

Die erste Ausnahme enthält § 18a Abs. 4 AsylG. Bei Einreisen auf dem Luftwege aus einem sicheren Herkunftsland ist der Antrag innerhalb von drei Tagen zu stellen. Der Ausländer ist hierauf hinzuweisen. § 58 VwGO ist entsprechend anzuwenden. Der Antrag kann auch bei der Grenzbehörde gestellt werden. Das ist eine einmalige Besonderheit. § 18a AsylG ist mit dem Grundgesetz vereinbar (*BVerfG* U 14.5.1996 – 2 BvR 1516/93 BVerfGE 94, 166 = BGBl. I S. 952 = NVwZ 1996, 678 = DVBl. 1996, 739 = DÖV 1996, 654 = EuGRZ 1996, 271).

Die zweite Ausnahme enthält § 36 Abs. 3 AsylG. Bei Unbeachtlichkeit und offensichtlicher Unbegründetheit eines Asylantrags ist der Antrag innerhalb einer Woche zu stellen. Auch in diesem Fall ist der Ausländer darauf hinzuweisen. § 58 VwGO ist ebenfalls entsprechend anzuwenden.

Das Verwaltungsgericht kann die Klage bereits vor Abschluss des vorläufigen Rechtsschutzverfahrens rechtskräftig abweisen (*BVerfG* B 2.2.1988 – 2 BvR 702, 1106/84 BVerfGE 78, 7 = DVBl. 1988, 629 = ZfSH/SGB 1988, 360 = NVwZ 1988, 720 = BayVBl. 1988, 462). Dann erledigt sich dieses Nebenverfahren (Rn. 229).

214 **Weitere Ausnahmen** mit Antragsfrist von einem Monat, Hinweispflicht der Behörde hierauf und entsprechender Anwendung des § 58 VwGO gibt es **z.B.** in folgenden Vorschriften:

- Allgemeines Eisenbahngesetz: § 18e Abs. 2, 3 (*BVerwG* B 21.1.1999 – 11 VR 8/98, NVwZ 1999, 650).
- Bundesfernstraßengesetz: § 17e Abs. 2, 3, § 18f Abs. 6a, 7 (*BVerwG* B 12.4.2005 – 9 VR 41/04, NVwZ 2005, 943; *VGH Kassel* B 2.12.2002 – 2 Q 2535/02, NVwZ-RR 2003, 462).
- Bundeswasserstraßengesetz: § 14e Abs. 2, 3 (*OVG Lüneburg* B 4.10.1994 – 3 M 5711/94, NVwZ-RR 1995, 176 = NuR 1995, 75 = RdL 1995, 54; *OVG Lüneburg* B 19.9.1994 – 3 M 4871/94, ZfW 1995, 180 = NVwZ-RR 1995, 178).
- Luftverkehrsgesetz: § 6 Abs. 6, § 10 Abs. 4
- Personenbeförderungsgesetz, ohne Hinweispflicht: § 29 Abs. 6, § 29a Abs. 7 (*OVG Weimar* B 11.3.1999 – 2 EO 1247/98, ThürVBl. 1999, 230 = NVwZ-RR 1999, 488).
- Energiewirtschaftsgesetz: § 43e.

Bei fast allen befristeten Rechtsschutzanträgen muss der Betroffene seinen Antrag innerhalb der Antragsfrist begründen. Unterlässt er dies, ist sein Antrag unzulässig (*BVerwG* B 18.11.1996 – 11 VR 2/96, NVwZ 1997, 993 = UPR 1997, 108 = DokBerA 1997, 33).

Für eine **Wohnungseigentümergemeinschaft** kann nach §27 Abs.3 Nr.2 S.1 des Wohnungseigentumsgesetzes der Verwalter den Antrag nach §80 Abs.5 VwGO stellen (*OVG Lüneburg* B 17.1.1986 – 6 B 1/86 BauR 1986, 684 = ZfBR 1986, 196 = BRS 46 Nr.166; *OVG Münster* B 15.4.2009 – 10 B 304/09, NJW 2009, 3528 = DÖV 2009, 685 L). 215

Mit den gleichen Pflichten und Rechten kann der Verwalter einer Wohnungseigentümergemeinschaft als Verantwortlicher in Anspruch genommen werden, wenn die Gefahr von deren Gebäude ausgeht. Das ist z.B. bei dem Brandschutz der Fall. Denn hier sind die Aufgaben und Befugnisse des Verwalters nach §27 WEG betroffen. Hinzu kommt, dass sich die Behörde nach pflichtgemäßem Ermessen für die Inanspruchnahme des Verwalters und nicht der einzelnen, oft vielen Wohnungseigentümer entscheiden kann (*OVG Münster* B 28.1.2011 – 2 B 1495/10, juris Rn.64 =, NVwZ-RR 2011, 351 = ZWE 2011, 166).

Bei **Verwaltungsakten mit Doppelwirkung** kann das Gericht auf Antrag die aufschiebende Wirkung ebenfalls anordnen oder wiederherstellen. Dieses Recht ergibt sich aus **§80a Abs.3 VwGO.** 216

Beispiel: Die Bauaufsichtsbehörde ordnet den **Abbruch eines Bauwerks** auf der Grenze zum **Nachbargrundstück** an. Der Grundeigentümer erhebt Widerspruch. Dieser hat aufschiebende Wirkung: Der Grundeigentümer muss den Bau nicht beseitigen. Dadurch wird der Nachbar, den die Abbruchverfügung begünstigt, belastet. Deshalb beantragt er nach **§80a Abs.2 VwGO** bei der Behörde, die sofortige Vollziehung anzuordnen. Sie gibt dem Antrag statt. Nunmehr stellt der Grundeigentümer gemäß **§80a Abs.3 VwGO** den Antrag nach §80 Abs.5 VwGO.

In einem umgekehrten Fallbeispiel wendet sich der Nachbar mit dem Widerspruch gegen die Baugenehmigung des Bauherrn. Der Widerspruch hat gemäß §212a Abs.1 BauGB keine aufschiebende Wirkung. Deshalb muss der Nachbar gemäß §80a Abs.1 Nr.2 VwGO bei der Behörde beantragen, die Vollziehung der Baugenehmigung auszusetzen. Hiergegen kann der Bauherr nach §80a Abs.3 VwGO gerichtlichen Rechtsschutz beantragen (*OVG Koblenz* B 7.2.1994 – 7 B 10153/94, DVBl. 1994, 809 = DÖV 1994, 1012 = NVwZ-RR 1995, 124. Zur Zeit der Entscheidung war §212a BauGB nicht in Kraft, so dass der Widerspruch des Nachbarn gemäß §80 Abs.1 S.2 VwGO aufschiebende Wirkung hatte. Baute der Bauherr trotzdem weiter, konnte der Nachbar gegen den faktischen Vollzug der Baugenehmigung nach §80a Abs.1 Nr.2 VwGO analog vorgehen.). 217

Nach der Regelung des §80 Abs.5 VwGO ist auch hier der **Antrag nicht fristgebunden.** Insbesondere schreibt §212a BauGB keine Frist vor. Gerade hier wäre sie aber zwecks Beschleunigung des Verfahrens angebracht. Das Antragsrecht kann allerdings verwirkt werden. 218

Während des vorläufigen Rechtsschutzverfahrens sollte die Behörde, sofern sie es verantworten kann, **keine Vollstreckungsmaßnahmen** einleiten. Die **Autorität des Gerichts** und der Respekt vor der rechtsprechenden Gewalt gebieten es ungeschrieben, der Entscheidung des Gerichts, nicht vorzugreifen. Muss die Behörde **in einem Notfall handeln,** benachrichtige sie sofort das Gericht.— Es sei ihr empfohlen. 219

Gegen diese Empfehlung hatte das BAMF im Juni 2018 in dem Verfahren um die Abschiebung des als Leibwächter Bin Ladens bekannt gewordenen Tunesiers Sami A. nach Darstellung des VG Gelsenkirchen verstoßen (http://www.vg-gelsenkirchen.nrw.de/behoerde/presse/pressemitteilungen/06_180713/index.php).

A. hatte gegen seine drohende Abschiebung geklagt und gemäß § 80 Abs. 5 S. 1 VwGO beantragt, die aufschiebende Wirkung seiner Klage wiederherzustellen. Das VG Gelsenkirchen forderte das BAMF auf, eine Zusage abzugeben, bis zur Entscheidung über den Antrag nicht abzuschieben („sog. Stillhaltezusage"), anderenfalls behalte die Kammer sich vor, einen „vorläufigen" Beschluss nach § 80 Abs. 5 VwGO (sog. „Hängebeschluss") zu fassen, um bis zur Entscheidung über den Antrag keine vollendeten Tatsachen entstehen zu lassen. Nachdem das Bundesamt mitgeteilt hatte, dass es die vorgeschlagene Stillhaltezusage nicht für erforderlich erachte, verzichtete das *VG Gelsenkirchen* auf den Erlass eines „Hängebeschlusses" und beschloss, eine vollständige Entscheidung nach § 80 Abs. 5 VwGO mit ausführlicher Begründung der komplexen Sach- und Rechtslage zu erlassen. Als der Beschluss des VG Gelsenkirchen das BAMF erreichte, saß A. bereits im Flugzeug und wurde nach Tunesien abgeschoben. – Hierzu *OVG Nordrhein-Westfalen* B 15.8.2018 – 17 B 1029/18 – NJW 2018, 3264 = NVwZ 2018, 1493 m Anm Kluth.

220 Eine nach § 80 Abs. 5 VwGO oder § 80a Abs. 3 VwGO erlassene **nicht befristete Anordnung des Gerichts** ist im Rahmen des § 80b VwGO **zeitlich begrenzt** (Rn. 122).

221 Die Behörde darf den **gerichtlichen Rechtsschutz nicht unterlaufen**, indem sie einen durch Urteil als rechtswidrig erkannten Verwaltungsakt neu erlässt. Die Bindungswirkung eines gerichtlichen Aussetzungsbeschlusses nach § 80 Abs. 5 VwGO umfasst jedoch nicht die Rechtmäßigkeit eines Verwaltungsaktes, sondern lediglich dessen sofortige Vollziehbarkeit. Deshalb hindert der Beschluss die Behörde grundsätzlich nicht, einen Verwaltungsakt mit demselben Inhalt neu zu erlassen. Sie darf den inhaltsgleichen Verwaltungsakt allerdings nicht für sofort vollziehbar erklären, da dies auf eine missbräuchliche Umgehung des § 80 Abs. 7 VwGO hinausliefe (*Kopp/Schenke*, § 80 VwGO Rn. 173).

Dies gilt nicht für den Erlass einer inhaltsgleichen Verkehrsregelung, da Verkehrsschilder in entsprechender Anwendung des § 80 Abs. 2 S. 1 Nr. 2 VwGO sofort vollziehbar sind und bei ihnen die Vollziehbarkeit von der Existenz des Verkehrszeichens aus tatsächlichen Gründen nicht getrennt werden kann. Die Bindungswirkung des Beschlusses nach § 80 Abs. 5 VwGO schließt jedoch aus, die sofortige Vollziehung des Verkehrszeichens gleichsam wiederherzustellen, indem die Behörde eine inhaltsgleiche Verkehrsregelung neu erlässt. Somit stellt sich bereits der Erlass der inhaltgleichen Verkehrsregelung als Verstoß gegen § 80 Abs. 7 VwGO dar (vgl. *OVG Bremen* B 14.3.1991 – 1 B 14/91, juris Rn. 6 ff = NVwZ 1991, 1194).

222 **Gericht der Hauptsache** ist das Gericht, das mit dem Hauptsacheverfahren befasst ist oder – falls die Anfechtungsklage noch nicht erhoben ist – hierfür zuständig wäre. – Das kann auch das Bundesverwaltungsgericht sein (vgl. *BVerwG* B 5.1.1972 – 8 CB 120/71, BVerwGE 39, 229 = NJW 1972, 886 = MDR 1972, 351 = DVBl. 1972, 552 = ZMR 1972, 291 = DRsp 557, 97 = Buchholz 310 § 80 VwGO Nr. 18; *BVerwG* B. 1.7.1993 – 7 ER 308/93, NVwZ 1994, 368 = Buchholz 406.3 Nr. 4; *BVerwG* B 27.5.2003 – 4 VR 4/03; 4 C 2/03, NVwZ-RR 2003, 618; *BVerwG* B 14.4.2005 – 4 VR 1005/04, BVerwGE 123, 241, 242 = UPR 2005, 277 = DVBl. 2005, 717 = BauR 2005, 1145 = BRS 69 Nr. 182).

Nach § 101 Abs. 3 VwGO kann der **Beschluss** des Gerichts **ohne mündliche Verhandlung** ergehen. Gemäß § 122 Abs. 2 S. 2 VwGO ist er **stets zu begründen.**

Wird ein Verwaltungsakt von **mehreren Personen angefochten** (zB beim Bau eines Großflughafens) und befinden sich die Verwaltungsstreitsachen in verschiedenen Instanzen, so ist im Verfahren auf vorläufigen Rechtsschutz nach VwGO § 80 Abs. 5 VwGO nicht einheitlich ein Gericht, sondern jeweils das Gericht zuständig, das für das jeweilige Verwaltungsstreitverfahren das Gericht der Hauptsache ist (*BVerwG* B 27.1.1982 – 4 ER 401/81, juris Rn. 13 = BVerwGE 64, 347 = DÖV 1982, 323 = DVBl. 1982, 836 = NVwZ 1982, 370 = JA 1982, 615). 223

Das Gericht kann die aufschiebende Wirkung des Rechtsbehelfs auch dann wiederherstellen, wenn der **Verwaltungsakt** im Zeitpunkt der Entscheidung **bereits vollzogen oder befolgt** ist (vgl. *BVerwG* B 9.9.1960 – 5 C 4/60, NJW 1961, 90 = VerwRspr. 13, 383 = Buchholz 310 § 80 VwGO Nr. 1; *VGH Kassel* B 12.4.1995 – 3 TH 2470/94, *ESVGH* 45, 272 = KKZ 1996, 75 = NVwZ-RR 1996, 361; *OVG Bautzen* B 16.10.2000 – 1 B 543/99, *JbSächsOVG* 8, 255 = SächsVBl. 2001, 40 = KKZ 2001, 262; *OVG Bautzen* B 29.11.2005 – 5 Bs 4/04, NVwZ-RR 2007, 68; *VGH Mannheim* B 8.8.2002 – 9 S 1039/02, NVwZ-RR 2003, 30). 224

Ist der Verwaltungsakt im Zeitpunkt der gerichtlichen Entscheidung schon vollzogen, kann das Gericht gemäß § 80 Abs. 5 S. 3 VwGO die **Aufhebung der Vollziehung** anordnen. Rechtsschutz ist nach § 80 Abs. 5 S. 3 VwGO zu gewähren. Die Beseitigung bereits eingetretener Vollzugsfolgen und das Unterlassen weiterer Vollzugsmaßnahmen kann nicht im Wege der einstweiligen Anordnung gefordert worden, da diese gemäß § 123 Abs. 5 VwGO im Anwendungsbereich der §§ 80, 80 a VwGO nicht zum Tragen kommt (vgl. *VGH Kassel* B 19.5.2008 – 8 B 557/08, NVwZ-RR 2008, 784). 225

Rechtsschutz nach § 80 Abs. 5 VwGO ist allerdings ausgeschlossen, wenn die vollzogene Maßnahme nicht mehr rückgängig gemacht werden kann. Das trifft z.B. zu, falls die Veterinärbehörde tierschutzwidrig vernachlässigte kranke Tiere einschläfern musste, die Tiere nach ihrer Einziehung gestorben sind oder weiterveräußert wurden (*VG Stuttgart* B 28.10.2004 – 4 K 3529/04, juris Rn. 3 ff = NuR 2005, 205 = NVwZ-RR 2005, 408). Hier fehlt das Rechtsschutzinteresse am Eilverfahren des § 80 Abs. 5 S. 1, 3 VwGO.

§ 80 Abs. 5 S. 3 VwGO bezieht sich unmittelbar nur auf gerichtlich ausgesetzte Verwaltungsakte iSd § 80 Abs. 2 VwGO. Mit der Vollzugsfolgenbeseitigung soll verhindert werden, dass der Suspensiveffekt durch eine vorher erfolgte Vollziehung ausgehöhlt wird. Dieses Bedürfnis besteht aber auch, wenn die aufschiebende Wirkung kraft Gesetzes (§ 80 Abs. 1 VwGO) oder durch behördliche Anordnung (§ 80 Abs. 4 VwGO) eingetreten ist. Des Weiteren meint Vollziehung iSd § 80 Abs. 5 S. 3 VwGO nicht nur behördliche Vollziehungsmaßnahmen, sondern auch die freiwillige Befolgung eines belastenden und die Ausnutzung eines begünstigenden Verwaltungsaktes (Bader/*Funke-Kaiser*/Stuhlfauth/von Albedyll, § 80 VwGO Rn. 119). Wer einen Verwaltungsakt befolgt, darf nicht schlechter gestellt werden als derjenige, der es auf Zwang ankommen lässt. In der freiwilligen Befolgung liegt weder ein Verzicht auf den Rechtsbehelf noch auf dessen aufschiebende Wirkung (vgl. *Finkelnburg*/Dombert/*Külpmann*, Rn. 1023).

Die gleiche Regelung enthält § 65 Abs. 4 S. 3 GWB.

Das entspricht der Bestimmung des § 113 Abs. 1 S. 2 VwGO für das gerichtliche Hauptverfahren. Danach kann das Gericht „aussprechen, dass und wie dies Verwaltungsbehörde die Vollziehung rückgängig zu machen hat".

Die Aufhebung der Vollziehung setzt einen **Antrag** des Betroffenen voraus (*BVerwG* B 6.7.1994 – 1 VR 20/93, NVwZ 1995, 590, 595; *VGH Mannheim* B 12.5.2005 – 13 S 195/05, VBlBW 2006, 116). Insoweit gilt das Gleiche wie bei Geldforderungen (vgl. *OVG Lüneburg* U 2.11.1999 – 7 L 3645/97, OVGE Lüneburg 48, 446 = NdsVBl. 2000, 215).

Denn der Vollzugsfolgenbeseitigungsantrag ist nicht in dem Antrag nach § 80 Abs. 5 S. 1 VwGO enthalten. Wünscht der Antragsteller, dass sein Rechtsbehelf aufschiebende Wirkung zeitigt und die Folgen einer bereits erfolgten Vollziehung rückgängig gemacht werden, muss er zwei Anträge stellen:

Erstens muss er beantragen, die aufschiebende Wirkung wiederherzustellen. Zweitens muss er beantragen, die Aufhebung der Vollziehung anzuordnen.

Bei Verwaltungsakten mit Doppelwirkung kann das Gericht gemäß § 80a Abs. 3 VwGO die gleichen Rechtsschutzmaßnahmen für Drittbetroffene treffen. Dazu gilt § 80 Abs. 5 bis 8 VwGO entsprechend.

226 Rechtsschutz nach § 80 Abs. 5 S. 3 VwGO ist auch bei der sog **„faktischen Vollziehung"** gewährleistet. Eine „faktische Vollziehung" im Rechtssinne liegt vor, wenn die Behörde (oder ein Dritter) Vollzugsmaßnahmen getroffen haben oder treffen, obwohl die Voraussetzungen für eine sofortige Vollziehung nach § 80 Abs. 2 VwGO nicht vorliegen. Dies ist der Fall, wenn die Behörde den Verwaltungsakt vollstreckt, bevor der Betroffene Rechtmittel eingelegt hat, oder die aufschiebende Wirkung eines Rechtsbehelfs nicht beachtet und den Verwaltungsakt durchsetzt, ohne seine sofortige Vollziehung nach § 80 Abs. 2 S. 1 Nr. 4 VwGO anzuordnen. Dem steht § 80 Abs. 1 VwGO entgegen. Die Behörde handelt rechtswidrig. Die faktische Vollziehung ist vom Verwaltungsgericht entsprechend § 80 Abs. 5 S. 3 VwGO aufzuheben.

Eine faktische Vollziehung anderer Art kommt bei **Verwaltungsakten mit Doppelwirkung** in Betracht und in der Praxis – vor allem im **Baurecht** – häufig vor. Gemäß § 80 Abs. 1 S. 2 VwGO haben Widerspruch und Anfechtungsklage auch bei Verwaltungsakten mit Doppelwirkung aufschiebende Wirkung. Wendet sich der Nachbar mit Widerspruch oder Anfechtungsklage gegen eine dem Bauherrn erteilte Baugenehmigung, hat sein Rechtsbehelf nach § 212a BauGB i.V.m. § 80 Abs. 2 S. 1 Nr. 3 VwGO keine aufschiebende Wirkung. Um zu verhindern, dass der Bauherr sein Vorhaben weiter ausführt, kann der Nachbar bei der Bauaufsichtsbehörde nach § 80a Abs. 1 Nr. 2 VwGO beantragen, gemäß § 80 Abs. 4 VwGO die Vollziehung der Baugenehmigung auszusetzen; daneben kann er beim Verwaltungsgericht nach § 80a Abs. 3 VwGO beantragen, die aufschiebende Wirkung seines Rechtsbehelfs gemäß § 80 Abs. 5 S. 1 VwGO anzuordnen. Entspricht die Behörde oder das Gericht dem Antrag, ist der Bauherr rechtlich verpflichtet, die weiteren Arbeiten einzustellen. Baut er trotzdem weiter, stellt dies eine faktische Vollziehung der Baugenehmigung dar. Hiergegen kann der Nachbar bei Gericht einstweiligen Rechtsschutz nach § 80a Abs. 3 S. 1 i.V.m. Abs. 1 Nr. 2 VwGO analog beantragen. Auf eine Interessenabwägung unter Berücksichtigung der Erfolgsaussichten in der Hauptsache nicht an, weil die Missachtung der aufschiebenden Wirkung des Rechtsbehelfs durch den Bauherrn ein rechtswidriges Verhalten darstellt, das ohne Weiteres eine auf Beachtung der aufschiebenden Wirkung gerichtete gerichtliche Anordnung rechtfertigt (*OVG Münster* B 6.8.2013 – 8 B 829/13, juris Rn. 8 =, DÖV 2013, 952 L; *VGH Baden-Württemberg* B 9.4.2014 – 8 S 1528/13, juris Rn. 24 = NVwZ-RR 2014, 752 = BRS 82 Nr. 168 [2014] = VBlBW 2015, 26; aA: *OVG Berlin* B

26.2.1993 – 2 S 1/93, NVwZ-RR 1993, 458; *OVG Thüringen* B 28.7.1993 – 1 EO 1/93, LKV 1994, 110, 113). Der gerichtliche Ausspruch geht auf Feststellung, dass der Widerspruch oder die Klage aufschiebende Wirkung hat. Bei der Auswahl einstweiliger Sicherungsmaßnahmen nach § 80a Abs. 3, Abs. 1 Nr. 2 VwGO und ihrem konkreten Inhalt steht dem Verwaltungsgericht eine Gestaltungsbefugnis zu. Bei ihrer Ausübung sind das Interesse desjenigen, dem die aufschiebende Wirkung seines Rechtsbehelfs zugutekommt, etwa davon abweichende öffentliche Interessen sowie das private Interesse des durch den Verwaltungsakt Begünstigten, entgegen den prozessrechtlichen Vorgaben von dem Verwaltungsakt Gebrauch zu machen, in den Blick zu nehmen (*VGH Baden-Württemberg* B 9.4.2014 – 8 S 1528/13, juris Rn. 27 = NVwZ-RR 2014, 752 = BRS 82 Nr. 168 [2014] = VBlBW 2015, 26).

Vergleichbares gilt für die Festsetzung eines städtischen Wochenmarktes, wenn diese trotz des Rechtsbehelfs eines Dritten faktisch vollzogen wird (*VGH Kassel* B 3.12.2002 – 8 TG 2177/02, GewArch 2003, 426 = NVwZ-RR 2003, 345).

Faktische Vollziehung eines Verwaltungsaktes kann auch vorliegen, wenn die Verwaltungsbehörde keine Maßnahme des Verwaltungszwanges androht, sondern die Verfolgung eines **Bußgeldtatbestandes ankündigt**, ohne die sofortige Vollziehung des Verwaltungsaktes gemäß § 80 Abs. 2 S. 1 Nr. 4 VwGO angeordnet zu haben. Auch hierdurch missachtet die Behörde die aufschiebende Wirkung des Rechtsbehelfs. Auf den Antrag des Betroffenen nach § 80 Abs. 5 S. 1 VwGO analog stellt das Gericht fest, dass der Rechtsbehelf aufschiebende Wirkung hat (*VGH München* B 6.10.2005 – 8 CE 05.585, NJW 2006, 2282).

Gleiches trifft auch bei folgendem Sachverhalt zu: Die Fahrerlaubnisbehörde erlässt einen feststellenden Verwaltungsakt. Darin stellt sie fest, dass eine **EU-Fahrerlaubnis** nicht zum Führen von Kraftfahrzeugen im Bundesgebiet berechtigt. In ihrer Entscheidung weist die Behörde auf die Strafbarkeit weiterer Verkehrsteilnahme hin. Die sofortige Vollziehung ordnet sie nicht an. Das ist faktische Vollziehung. Denn **Vollziehung des Verwaltungsaktes** im Sinne von § 80 Abs. 1 VwGO bedeutet jegliches Gebrauchmachen von dem Verwaltungsakt, jegliche Verwirklichung seines materiellen Regelungsgehalts, gleichgültig, ob diese Verwirklichung durch die erlassende oder eine andere Behörde erfolgt, ob sie freiwillig oder zwangsweise geschieht, es einer behördlichen Ausführungsmaßnahme bedarf oder die Rechtswirkung durch den Verwaltungsakt selbst eintritt. Die aufschiebende Wirkung untersagt jedermann, aus dem angefochtenen Verwaltungsakt unmittelbare oder mittelbare, tatsächliche oder rechtliche Folgerungen gleich welcher Art zu ziehen. Gerade bei feststellenden Verwaltungsakten, die ihre Regelungswirkung unmittelbar entfalten und keines weiteren behördlichen Ausführungsaktes bedürfen, ist von einem weiten Vollzugsbegriff auszugehen. Der erlassenden Behörde ist es deshalb vor Eintritt der Vollziehbarkeit untersagt, dem Bürger die ausgesprochene Regelungswirkung entgegenzuhalten (VGH Baden-Württemberg B 22.2.2010 – 10 S 2702/09; juris Rn. 4 f. = DÖV 2010, 492 L = NVwZ-RR 2010, 463 = VBlBW 2010, 243). Rechtsschutz hiergegen ist in entsprechender Anwendung von § 80 Abs. 5 S. 1 VwGO durch die Feststellung zu gewähren, dass der Rechtsbehelf aufschiebende Wirkung hat.

Einstweiliger Rechtsschutz ist nur effektiv, wenn verhindert wird, dass vor der Eilent- **227**
scheidung des Gerichts vollendete Tatsachen geschaffen werden. Um dies zu gewährleisten, kann das Verwaltungsgericht der Behörde durch einen sog. **„Hängebeschluss"**

(hierzu Bader/*Funke-Kaiser*/Stuhlfauth/von Albedyll, § 80 VwGO Rn. 127) untersagen, den angefochtenen Verwaltungsakt zu vollziehen. Die Zulässigkeit solcher Beschlüsse ist in Rechtsprechung und Literatur anerkannt und unumstritten. Die Gerichte gewähren damit einen besonderen Rechtsschutz außerhalb des § 80 Abs. 5 VwGO auf der Grundlage des Art. 19 Abs. 4 GG. Das Gericht wird einen Hängebeschluss fassen, wenn die Behörde nicht von sich aus zusichert, von Vollstreckungsmaßnahmen einstweilen abzusehen (Rn. 225). In der Praxis werden derartige Zusicherungen auf Bitten des Gerichts grundsätzlich abgegeben.

Hängebeschlüsse sind in der VwGO nicht ausdrücklich vorgesehen. Ihre Rechtsnatur ist umstritten. Teilweise werden sie als prozessleitende Verfügungen angesehen, die nach § 146 Abs. 2 VwGO nicht mit der **Beschwerde** angefochten werden können (*OVG Berlin* B 3.2.1998 – 8 S 184/97, NVwZ-RR 1999, 212; Bader/*Funke-Kaiser*/Stuhlfauth/von Albedyll, § 80 VwGO Rn. 130). Die ganz überwiegende Rspr betrachtet Hängebeschlüsse nicht als prozessleitende Verfügungen, deren Gegenstand allein eine Anordnung zum förmlichen Fortgang des Verfahrens sein könnte. Nach herrschender Ansicht wird mit dem Hängebeschluss eine sich materiell-rechtlich auswirkende Regelung getroffen, deren Beschwerdefähigkeit nicht ausgeschlossen ist (*OVG Berlin-Brandenburg* B 24.4.2007 – 3 S 33.07, juris Rn. 2 = NVwZ-RR 2007, 719; *OVG Nordrhein-Westfalen* B 5.11.2008 – 8 B 1631/08, DÖV 2009, 176 L = DVBl. 2009, 68 L; OVG Berlin-Brandenburg B 10.3.2010 – OVG 11 S 11.10, juris Rn. 6; *OVG Sachsen* B 17.12.2003 – 3 BS 399/03, NVwZ 2004, 1134; *OVG Hamburg* B 19.5.2004 – 2 Bs 240/04, NVwZ 2004, 1135; OVG Schleswig-Holstein B 31.5.2001, NordÖR 2002, 224; *OVG Thüringen* B 3.5.2002 – 4 VO 48/02, juris Rn. 2 f; *VGH Hessen* B 7.10.2014 – 8 B 1686/14, juris Rn. 16 = NVwZ 2015, 447 = ESVGH 65, 192 L).

Hängebeschlüsse ergehen von Gerichts wegen. **Antragstellung** ist **nicht erforderlich**. Ein dahingehender, auf Art. 19 Abs. 4 GG gestützter Antrag ist als Anregung zu verstehen und muss nicht förmlich beschieden werden. Das Gericht kann den Erlass eines Hängebeschlusses verweigern, wenn der Antragsteller das Gericht durch mutwilliges Zuwarten bis unmittelbar vor der Vollstreckung unter vermeidbaren Zeitdruck setzt. Denn dies stellt eine durch Art. 19 Abs. 4 GG nicht geschützte **missbräuchliche Rechtsausübung** dar (vgl. *VG Wiesbaden* B 9.12.2003 – 4 G 2952/03, NVwZ-RR 2004, 651).

Der „Hängebeschluss" ist vom sog „Schiebe- oder Stoppbeschluss" nach § 173 VwGO in entsprechender Anwendung des § 570 Abs. 3 ZPO zu unterscheiden (hierzu *VGH Kassel* B 1.8.2007 – 8 TG 1562/07, NVwZ-RR 2008, 61; dazu auch Rn. 237).

Rechtsvergleichend ist zudem auf § 47 Abs. 6 VwGO hinzuweisen. Hiernach kann ein Oberverwaltungsgericht/Verwaltungsgerichtshof in erster Instanz auf Antrag eine einstweilige Anordnung erlassen, wenn dies zur Abwehr schwerer Nachteile oder aus anderen wichtigen Gründen dringend geboten ist. Diese Vorschrift lehnt sich an § 32 Abs. 1 BVerfGG an. Dazu kommt ein Schiebe- oder Hängebeschluss in Betracht, wenn bei Fortführung begonnener Maßnahmen Rechte oder Interessen des Antragstellers irreversibel berührt zu werden drohen. Außerdem muss nach derzeitigem Erkenntnisstand eine hohe Wahrscheinlichkeit dafür bestehen, dass der Eilantrag erfolgreich sein wird (*OVG Lüneburg* B 3.12.2008 – 1 MN 257/08 BeckRS 2008, 40547 = NVwZ-RR 2009, 197 L; *OVG Lüneburg* B 24.8.2004 – 7 MN 177/04, NVwZ-RR 2005, 172).

Beschlüsse nach § 80 Abs. 5 S. 1 VwGO, welche die aufschiebende Wirkung anordnen oder wiederherstellen, sind rechtsgestaltend und somit **nicht vollstreckbar.** Missachtet die Behörde oder ein Dritter einen solchen Beschluss, kann der Betroffene den Erlass einer **einstweiligen Anordnung** gemäß § 123 VwGO beantragen. Für den Erlass der einstweiligen Anordnung ist das Gericht der Hauptsache zuständig (§ 123 Abs. 2 S. 1 VwGO). Dies ist das Gericht des ersten Rechtszuges und, wenn die Hauptsache im Berufungsverfahren anhängig ist, das Berufungsgericht (§ 123 Abs. 2 S. 2 VwGO). Danach ist das Bundesverwaltungsgericht hier nicht zuständig. Ist die Hauptsache im Revisionsverfahren anhängig, ist das Verwaltungsgericht erster Instanz zuständig (*BVerwG* B 21.5.1980 – 4 C 80/79, VBlBW 1981, 114 = Buchholz 310 § 123 VwGO Nr. 8). 228

Nach herrschender Meinung ist auch der gerichtliche Beschluss, die Vollziehung des Verwaltungsaktes aufzuheben, **nicht vollstreckbar**. Nach anderer Ansicht ist § 172 VwGO eine entsprechende Vollstreckungsgrundlage (*Kopp/Schenke*, § 172 VwGO Rn. 2). Denn § 80 Abs. 5 S. 3 VwGO enthalte die gerichtliche Anordnung, die Vollziehung aufzuheben. Damit sei der Behörde die vorläufige Vollzugsfolgenbeseitigung vorgeschrieben. Sie müsse also handeln.

Erledigt sich das Nebenverfahren des § 80 Abs. 5 S. 1 VwGO, stellt das Gericht analog § 92 Abs. 3 VwGO durch unanfechtbaren Beschluss das Verfahren ein und entscheidet ebenso nach § 161 Abs. 2 VwGO über die Kosten. Dieser Beschluss entspricht dem des Hauptsacheverfahrens (*BVerwG* B 7.8.1998 – 4 B 75/98, NVwZ-RR 1999, 407). Die Fortführung eines verwaltungsgerichtlichen Eilverfahrens als Hauptsacheverfahren in Form der sogenannten Fortsetzungsfeststellungsklage (§ 113 Abs. 1 S. 4 VwGO) kommt nicht in Betracht (*VGH Kassel* B 5.11.2012 – 10 B 2015/12, NVwZ-RR 2013, 576). Denn gemäß § 113 Abs. 1 S. 4 VwGO kann nur ein erledigter Verwaltungsakt Gegenstand einer Fortsetzungsfeststellungsklage sein. Dagegen dient das Eilverfahren nicht zur endgültigen, sondern nur der vorläufigen Regelung eines Sachverhalts (*VGH München* B 26.5.1997 – 4 CS 96.3551 BayVBl. 1998, 185; *OVG Koblenz* B 1.3.1995 – 11 B 10640/95, NVwZ-RR 1995, 572; *VGH Kassel* B 30.9.2011 – 8 B 1329/11, DÖV 2012, 37 L; *OVG Münster* B 15.11.2011 – 8 B 1184/11, DVB1. 2012, 382 L). 229

Auch eine **analoge Anwendung** des § 113 Abs. 1 S. 4 VwGO ist **nicht zulässig** (*BVerwG* B 27.1.1995 – 7 VR 16/94, DVBl. 1995, 520 = NVwZ 1995, 586 = DokBerA 1995, 138; *VGH Mannheim* B 12.3.1996 – 1 S 2856/95, VBlBW 1996, 418 = DÖV 1996, 792; *VGH Mannheim* B 7.12.2009 – 1 S 1342/09, NVwZ-RR 2010, 416; *OVG Lüneburg* B 6.6.1990 – 7 ME 42/90, OVGE Lüneburg 41, 511; *OVG Lüneburg* B 11.12.2012 – 7 ME 82/11, DÖV 2013, 283 L; *Finkelnburg*/Dombert/*Külpmann*, Rn. 933).

Wegen ihres vorläufigen Charakters sind Entscheidungen nach § 80 Abs. 5 VwGO in ihrer zeitlichen Dauer begrenzt. Ihre Wirkung endet mit der Erledigung der Hauptsache (*VGH München* B 28.8.2006 – 3 CE 06.1402, NVwZ-RR 2007, 286). Hat sich die Hauptsache erledigt, entfällt in aller Regel auch das Rechtsschutzbedürfnis für die in § 146 Abs. 1, 4 VwGO vorgesehene Beschwerde gegen Beschlüsse nach § 80 Abs. 5 VwGO. Ein entsprechendes Rechtsschutzbedürfnis ist nur ausnahmsweise dann anzunehmen, wenn der Betroffene vorgetragen kann oder sonst ersichtlich ist, dass vom Beschluss des Verwaltungsgerichts als solchem noch irgendwelche nachteiligen Wirkungen ausgehen. Die Kostenfolge ist insoweit unbeachtlich (*OVG Münster* B 31.5.2002 – 21 B 931/02, NWVBl. 2003, 151; *VGH Mannheim* B 7.12.2009 – 1 S 1342/09, NVwZ-RR 2010, 416).

Nach Erledigung des vorläufigen Rechtsschutzverfahrens können wegen Verschuldens gemäß §155 Abs.4 VwGO auch einem Beigeladenen bzw. Antragsgegner Kosten auferlegt werden. Das wäre angebracht, wenn ein solcher es unterlassen hätte, über Umstände aus seinem Bereich zu informieren, bei deren Kenntnis ein Antrag nach §80 Abs.5 VwGO vermieden worden wäre *(OVG Nordrhein-Westfalen* B 20.11.2001 – 13 B 1116/01, juris Rn.16 = NVwZ-RR 2002, 702 = DVBl. 2002, 355 L).

230 Gemäß §80 Abs.7 VwGO kann das Gericht der Hauptsache **Beschlüsse** nach §80 Abs.5 VwGO jederzeit **ändern oder aufheben.** Mit dieser Bestimmung verleiht der Gesetzgeber dem Gericht die gebotene Handlungshoheit und Entscheidungsfreiheit. Die Behörde darf diese Befugnis des Gerichts nicht unterlaufen, indem sie den für nicht sofortig vollziehbar erklärten Verwaltungsakt aufhebt und einen inhaltsgleichen Verwaltungsakt neu erlässt (hierzu bereits oben Rn.221).

Das Gericht trifft die Entscheidung nach seiner freien, aus der neuen Sicht des Falles geschöpften Überzeugung nach pflichtgemäßem Ermessen. Dies kann **von Amts wegen** geschehen (*BVerwG* B 27.5.2003 – 4 VR 4/03; 4 C 2/03, NVwZ-RR 2003, 618; *VGH Kassel* B 27.10.2004 – 11 TG 2096/04, NVwZ 2005, 99; *VGH Mannheim* B 8.11.1995 – 13 S 494/95, DVBl. 1996, 111 = VBlBW 1996, 98 = NVwZ-RR 1996, 603 = DÖV 1996,177; *VGH Kassel* B 12.6.1996 – 10 Q 1293/95, ESVGH 46, 274 = DVBl. 1996, 1320 = NVwZ-RR 1997, 446; *OVG Weimar* B 3.12.1998 – 3 EO 896/96, DVBl. 1999, 480; *BGH* U 16.11.2000 – III ZR 265/99, NVwZ 2001, 352 = BauR 2001, 1079 = DVBl. 2001, 305). Auch das Bundesverwaltungsgericht ist als Gericht der Hauptsache zuständig (*BVerwG* B 4.7.1988 – 7 C 88/87, BVerwGE 80, 16, 17 = DÖV 1988, 1062 = NuR 1988, 386 = UPR 1988, 451 = JuS 1988, 332 = NVwZ 1988, 1022 = DVBl. 1988, 976; *BVerwG* B 27.5.2003 – 4 VR 4/03; 4 C 2/03, NVwZ-RR 2003, 618; *BVerwG* B 14.4.2005 – 4 VR 1005/04, BVerwGE 123, 242; *BVerwG* B 7.9.2005 – 4 B 49/05, BVerwGE 124, 201 = NVwZ 2005, 1422).

§80 Abs.7 S.1 VwGO normiert keine besonderen formellen oder materiellen Voraussetzungen. Gleichwohl ist die Ermächtigung des Gerichts zur Änderung seiner Beschlüsse „**nicht** völlig **in das Belieben des Gerichts gestellt**“ (*OVG Greifswald* B 18.11.2004 – 1 M 287/04, NVwZ-RR 2006, 365 = DÖV 2005, 307 L). Die Befugnis zur Abänderung von Amts wegen ist nur gegeben, wenn gewichtige Gründe dafür sprechen, den Belangen der materiellen Einzelfallgerechtigkeit und inhaltlichen Richtigkeit den Vorrang vor der Rechtssicherheit einzuräumen. Ein die Abänderungsbefugnis des Gerichts nach §80 Abs.7 S.1 VwGO begründendes Bedürfnis kann bestehen, wenn das Gericht bei gleichbleibender Sach- und Rechtslage seine Rechtsauffassung geändert hat oder die Interessenabwägung nachträglich korrekturbedürftig erscheint (*OVG Lüneburg* B 5.10.2005 – 11 ME 247/05, NVwZ-RR 2006, 287).

231 Ebenso entscheidet das Gericht im **Antragsverfahren des §80 Abs.7 S.2 VwGO**. Hiernach kann jeder Beteiligte die Änderung oder Aufhebung eines Beschlusses, der gemäß §80 Abs.5 VwGO ergangen ist, wegen veränderter oder im ursprünglichen Verfahren ohne Verschulden nicht geltend gemachter Umstände beantragen. Dieses Recht hat auch der Beigeladene (*VGH München* B 21.2.2007 – 15 CS 07.162, NVwZ-RR 2007, 821).

Ein Anspruch nach §80 Abs.7 S.2 VwGO ist insbesondere dann zu bejahen, wenn sich die für die Entscheidung relevante Sach- oder Rechtslage nach Erlass des Beschlusses geändert hat. Der Begriff der „Umstände“ in §80 Abs.7 S.2 VwGO ist weit zu interpretieren. Er erfasst auch die nachträgliche Änderung der höchstrichterlichen Rechtsprechung oder die Klärung einer Rechtsfrage, etwa durch den Europäischen Gerichtshof (*VGH Mannheim* B 12.6.1998 – 10 S 1178/98, VBlBW 1998, 418 = NVwZ 1999, 785). Selbiges gilt, wenn neue Beweismittel zur Verfügung stehen oder sich im laufenden Hauptsacheverfahren neue Erkenntnisse ergeben haben (im einzelnen *Kopp/Schenke*, § 80 VwGO Rn. 197).

Die Möglichkeit einer **Beschwerde** gegen einen Beschluss nach § 80 Abs. 5 VwGO lässt das Rechtsschutzbedürfnis für einen Änderungsantrag gemäß § 80 Abs. 7 S. 2 VwGO nicht entfallen. Denn das Verwaltungsgericht muss in souveräner Rechtsprechung jederzeit in der Lage sein, eine zwischenzeitliche Veränderung der Umstände zu berücksichtigen (*OVG Koblenz* B 23.9.2004 – 8 B 11561/04, NVwZ-RR 2005, 748).

Das Rechtsschutzinteresse kann allerdings entfallen, wenn der Antragsteller das anhängige Verfahren in der Hauptsache jahrelang nicht betrieben hat (*VGH München* B 29.7.2008 – 9 CS 08.1347, NVwZ-RR 2009, 310).

Zuständig für Entscheidungen nach § 80 Abs. 7 VwGO ist das **Gericht,** bei dem die **232**
Hauptsache anhängig oder anhängig zu machen ist (*VGH Kassel* B 30.4.1996 – 6 Q 1069/96, NJW 1997, 211 = NWVBl. 1997, 306 = BauR 1997, 96; *VGH München* B 9.7.1999 – 25 ZE 99.1581, DVBl. 1999, 1664 = NVwZ 2000, 210 – BayVBl. 2000, 88 = NJW 2000, 1669 L).

Das Beschwerdegericht kann den erstinstanzlichen Beschluss nicht nach § 80 Abs. 7 Satz 1 VwGO ändern. Diese Befugnis steht auf Grund der ausdrücklichen Klarstellung durch das 4. VwGOÄndG (BT-Drucks. 11/7030, S. 25) ausschließlich dem Gericht der Hauptsache zu (vgl. *VGH Baden-Württemberg* B 6.12.2001 – 13 S 1824/01, NVwZ-RR 2002, 908, 910; *OVG Hamburg* B 3.2.1995 – Bs VII 2/95, NVwZ 1995, 1004, 1005). In diese ausschließliche Kompetenz des Gerichts der Hauptsache würde das Beschwerdegericht unzulässigerweise eingreifen, wenn es im Beschwerdeverfahren die vom Gericht der Hauptsache abgelehnte Abänderung oder Aufhebung der ursprünglichen Entscheidung des Verwaltungsgerichts nach § 80 Abs 7 Satz 1 VwGO vornehmen dürfte (*OVG Lüneburg* B 30.6.2009 – 4 ME 168/09, juris Rn. 5 = NordÖR 2009, 428, = DÖV 2009, 776 L = DVBl. 2009, 1058 L).

Das **Abänderungsverfahren** nach § 80 Abs. 7 VwGO ist **kein Rechtsmittelverfahren**. **233**
Vielmehr ist es ein gegenüber dem Ausgangsverfahren nach § 80 Abs. 5 VwGO selbstständiges und neues Verfahren des vorläufigen Rechtsschutzes (*OVG Greifswald* B 16.5.2011 – 1 M 54/11, NVwZ-RR 2011, 959). Es setzt nicht voraus, dass ein Verfahren nach § 80 Abs. 5 VwGO formell unanfechtbar abgeschlossen ist. Gegenstand des Verfahrens nach § 80 Abs. 7 VwGO ist die Frage, ob die früher ergangene Entscheidung für die Zukunft aufrechterhalten bleiben soll. Im Abänderungsverfahren wird **allein die Fortdauer der im Verfahren nach § 80 Abs. 5 VwGO getroffenen Entscheidung geprüft, nicht deren** ursprüngliche **Richtigkeit** oder die Feststellung sonstiger behördlicher Befugnisse (*VGH Baden-Württemberg* B 6.12.2001 – 13 S 1824/01, NVwZ-RR 2002, 908, 909; wohl weitergehend Bader/*Funke-Kaiser*/Stuhlfauth/von Albedyll, § 80 VwGO Rn. 155). Das Abänderungsverfahren trägt damit dem Umstand Rechnung, dass in manchen Fällen Veränderungen während des Hauptsacheverfahrens eintreten, auf die trotz formeller Rechtskraft und der damit verbundenen Bindungswirkung eines abgeschlossenen Eilverfahrens mit Wirkung für die Zukunft reagiert werden muss (*OVG Lüneburg* B 30.6.2009 – 4 ME 168/09, juris Rn. 4 = NordÖR 2009, 428).

234 Gegen Beschlüsse des Gerichts steht gemäß § 146 Abs. 1 VwGO **allen Beteiligten die Beschwerde** an das Oberverwaltungsgericht oder an den Verwaltungsgerichtshof (§ 184 VwGO) zu. Voraussetzung und Beschränkung der Beschwerde ergeben sich aus § 146 Abs. 4 VwGO. Die Beschwerde hat nach § 149 Abs. 1 VwGO grundsätzlich keine aufschiebende Wirkung. Sie kann spezialgesetzlich ausgeschlossen sein (z.B. durch § 80 des Asylgesetzes).

Wenn das Verwaltungsgericht die Akten an das Beschwerdegericht weitergeleitet hat, ist nur dieses zur Entscheidung über den Antrag des erstinstanzlich unterlegenen Antragsgegners berufen, die Vollziehung des Beschlusses einstweilen auszusetzen. Jedenfalls nach Abgabe der Sache an das Beschwerdegericht ist für eine Aussetzungsentscheidung des Verwaltungsgerichts kein Raum mehr; denn die Befugnis aus § 149 Abs. 1 S. 2 VwGO korrespondiert mit der Möglichkeit, einer Beschwerde noch abhelfen zu können (§ 148 VwGO). Diese ist dem Verwaltungsgericht in Verfahren nach §§ 80, 80a und 123 VwGO durch § 146 Abs. 4 S. 5, Halbs 2 VwGO genommen (*OVG Lüneburg* B 7.7.2010 – 1 ME 128/10 , juris Rn. 14 = DÖV 2010, 828 L = NVwZ-RR 2010, 790).

235 Der Anspruch auf Gewährung rechtlichen Gehörs gebietet den Gerichten auch in den Verfahren des vorläufigen Rechtsschutzes, die Entscheidung nur auf solche Tatsachen und Beweisergebnisse zu stützen, zu denen die Beteiligten sich äußern konnten (*BVerfG* B 18.6.1985 – 2 BvR 414/84 BVerfGE 70, 180, 188, 189 = DVBl. 1986, 31 = BayVBl. 1986, 45 = ZfSH/SGB 1986, 328 = NJW 1986, 371 = JA 1986, 450 = DRsp 519, 98). Etwas anderes gilt nur, soweit der Schutz gewichtiger Interessen eine sofortige gerichtliche Entscheidung ohne **Gewährung rechtlichen Gehörs** erfordert (*VGH Mannheim* B 1.3.1999 – 13 S 819/98, VBlBW 1999, 265 = NVwZ-RR 1999, 696 = InfAuslR 1999, 337).

236 In entsprechender Anwendung des § 130 VwGO darf das Beschwerdegericht die Sache an das Verwaltungsgericht zurückverweisen (*VGH Kassel* B 13.3.2007 – 5 TG 186/07, NVwZ-RR 2007, 824 = DÖV 2007, 620 L; *VGH Kassel* B 6.2.2008 – 8 TG 976/07, DÖV 2008., 651 L). Voraussetzung hierfür ist, dass ein Beteiligter dies beantragt. Eine Zurückverweisung kommt insbesondere in Betracht, wenn das Verwaltungsgericht den Antrag auf Gewährung vorläufigen Rechtsschutzes zu Unrecht aus formellen Gründen abgelehnt und deshalb eine erforderliche Sachprüfung nicht durchgeführt hat (*OVG Berlin* B 24.5.2002 – 2 S 7/02, NVwZ 2002, 1267 = NJW 2003, 1339 L; *VGH Mannheim* B 25.11.2004 – 8 S 1870/04, NVwZ-RR 2006, 75; *VGH Mannheim* B 17.12.2002 – 11 S 1442/02, NVwZ-RR 2003, 532; im Anschluss an *BVerwG* B 27.11.1981 – 8 B 189/81 –. NVwZ 1982, 500 = DVBl. 1982, 546).

Die Möglichkeit der Zurückverweisung einer Streitsache an das Verwaltungsgericht auch in Verfahren des einstweiligen Rechtsschutzes in entsprechender Anwendung des § 130 VwGO wegen fehlender Sachentscheidung ist in der obergerichtlichen Rechtsprechung bereits seit langem anerkannt und hat nach der Neufassung dieser Vorschrift sogar an Bedeutung gewonnen, weil das Beschwerdegericht nunmehr gemäß § 146 Abs. 4 S. 6 VwGO auf die Überprüfung der form- und fristgerecht dargelegten Beschwerdegründe beschränkt ist (vgl. *VGH Baden-Württemberg* B 17.12.2002 – 11 S 1442/02, juris Rn. 3 ff m.w.N. = NVwZ-RR 2003, 532 ff) und weil es selbst dann keine den Streitfall neu aufarbeitende, originär eigene Entscheidung trifft, wenn der erstinstanzliche Beschluss durch die Beschwerdebegründung erschüttert worden ist (*VGH Hessen* B 18.9.2007 – 8 TG 2841/06, juris Rn. 11 m.w.N.; *VGH Hessen* B 6.2.2008 – 8 TG 976/07, juris Rn. 33 = ESVGH 58, 178 = GewArch 2008, 216).

Das Beschwerdegericht kann gemäß § 173 VwGO in entsprechender Anwendung des § 570 Abs. 3 Halbs 2 ZPO die einstweilige Aussetzung der Vollziehung eines Beschlusses anordnen, der einem Antrag nach § 80 Abs. 5 VwGO stattgegeben hat. Eine solche Entscheidung ist geboten, wenn der angefochtene Beschluss fehlerhaft sein könnte und Klärungsbedarf besteht (*VGH Kassel* B 7.8.2003 – 9 Q 1781/03, NVwZ-RR 2004, 388). Entsprechendes gilt, wenn der Rechtsschutzantrag abgelehnt wurde (*VGH Kassel* B 18.1.2006 – 5 TG 1493/05, DÖV 2006, 1055). Das ist ein sog Schiebe- oder Stoppbeschluss (*VGH Kassel B* 1.8.2007 – 8 TG 1562/07, NVwZ-RR 2008, 61), 237

Diese Entscheidungen des Oberverwaltungsgerichts oder des Verwaltungsgerichtshofs sind nach § 152 Abs. 1 VwGO unanfechtbar. Sie können nicht mit der Beschwerde an das Bundesverwaltungsgericht angefochten werden (*BVerwG* B 8.8.2006 – 6 B 65/06, juris Rn. 5 =, NVwZ 2006, 1291 = DVBl 2006, 1249 = DÖV 2007, 127). 238

Der gerichtliche **Rechtsschutz** kann auch **durch ein besonderes Bundesgesetz** außerhalb der Verwaltungsgerichtsordnung geregelt werden. Das ist zB in § 65 Abs. 3 S. 3 GWB geschehen. 239

3. Rechtsschutz gegen Vollstreckungsmaßnahmen nach Landesrecht. Gemäß **§ 80 Abs. 2 S. 1 Nr. 3, S. 2 VwGO** haben die Länder die aufschiebende Wirkung der Rechtsbehelfe gegen Maßnahmen in der Verwaltungsvollstreckung ausgeschlossen (Rn. 193). In allen Bundesländern richtet sich der einstweilige **Rechtsschutz nach § 80 Abs. 4 bis 8 VwGO**. Dieser Rechtsschutz erstreckt sich gemäß § 80a VwGO auch auf Maßnahmen bei Verwaltungsakten mit Doppelwirkung: Nach § 80a Abs. 3 S. 2 VwGO gilt § 80 Abs. 4 bis 8 entsprechend. – Hier besteht also Rechtseinheit in Deutschland. 240

4. Entscheidung des Gerichts. Im Antragsverfahren auf Anordnung oder Wiederherstellung der aufschiebenden Wirkung nach § 80 Abs. 5 S. 1 VwGO entscheidet das Verwaltungsgericht nach pflichtgemäßem Ermessen. Das Gericht trifft eine eigene, von der verwaltungsbehördlichen Ermessensentscheidung unabhängige Entscheidung auf der Grundlage einer eigenständigen Abwägung (vgl. *BVerfG* B 19.10.1988 – 2 BvR 1147/88, VBlBW 1989,130; *OVG Berlin* B 13.7.1992 – 6 S 72/92, OVGE Berlin 20, 49, 52 = NVwZ 1993, 198; *OVG Berlin* B 5.6.2001 – 1 SN 38/01, NVwZ 2001, 611; *OVG Münster* B 28.3.2011 – 7 ME 97/10, DÖV 2011 536 L; *OVG Münster* B 5.7.1994 – 18 B 1171/94, NWVBl. 1994, 424; *OVG Bautzen* B 23.2.1993 – 3 S 2/93, SächsVBl. 1993, 277 = LKV 1994, 224). 241

Bei seiner Entscheidung nimmt das Gericht grundsätzlich eine **summarische Interessenabwägung** vor. Hierbei hat das Gericht das (Suspensiv)Interesse des Antragstellers, die Interessen Dritter und das öffentliche Vollzugsinteresse zu ermitteln, zu gewichten und gegeneinander abzuwägen. In der Abwägung spielt die Rechtmäßigkeit des sofort vollziehbaren Verwaltungsaktes eine zentrale Rolle, auch wenn sie nicht der Streitgegenstand des Aussetzungsverfahrens ist (*BVerfG* B 22.2.2002 – 1 BvR 300/02, NJW 2002, 2225 = FPR 2002, 674 = FamRZ 2002, 735 = FuR 2002, 411; *BGH* U 16.11.2000 – III ZR 265/99, NVwZ 2001, 352 = BauR 2001, 1079 = DVBl. 2001, 305).

Dieser in der Rspr überwiegend anerkannte Prüfungsmaßstab ist in § 80 Abs. 5 VwGO nicht formuliert, findet sich aber im Fachrecht, so z.B. in § 4a Abs. 3 des Umwelt-

Rechtsbehelfsgesetzes. Hiernach ist § 80 Abs. 5 S. 1 VwGO mit der Maßgabe anzuwenden, dass das Gericht der Hauptsache die aufschiebende Wirkung ganz oder teilweise anordnen oder wiederherstellen kann, wenn im Rahmen einer Gesamtabwägung ernstliche Zweifel an der Rechtmäßigkeit des Verwaltungsaktes bestehen.

Bei der für die Interessenabwägung zunächst in den Blick zu nehmenden **Erfolgsaussichten eines Rechtsbehelfs im Widerspruchs- oder Klageverfahren** (Hauptsacheverfahren), bei der auch die Rechtmäßigkeit von Regelungen einer Satzung in Rede steht, ist kein Prüfungsmaßstab anzulegen, der inhaltlich einer Normenkontrollprüfung i.S.v. § 47 VwGO entspricht. Eine Inzidentkontrolle einer Satzung, die auch schwierige Fragen aufwirft, kann ohne eingehende Prüfung regelmäßig nicht erfolgen und ist mit dem summarischen Charakter des vorläufigen Rechtsschutzverfahrens nach § 80 Abs. 5 S. 1 VwGO nicht vereinbar. In einem solchen Verfahren ist vielmehr regelmäßig von der Gültigkeit von Satzungsbestimmungen auszugehen, wenn sich diese nicht ersichtlich als rechtswidrig erweisen (*OVG Bautzen* B 24.2.2006 – 4 BS 19/05, juris Rn. 5 = SächsVBl 2006, 120 = DÖV 2006, 1059 L).

In den Fällen der gesetzlichen Vollziehungsanordnung gemäß **§ 80 Abs. 2 S. 1 Nr. 1 bis 3 VwGO** hat der Gesetzgeber einen **grundsätzlichen Vorrang des Vollziehungsinteresses** vor dem individuellen Aufschubinteresse angeordnet, der in der Interessenabwägung zu berücksichtigen ist. Die Folgen, die sich für den einzelnen Antragsteller mit dem Sofortvollzug verbinden, sind regelmäßig nur dann beachtlich, wenn sie nicht schon als regelmäßige Folge der gesetzlichen Anordnung des Sofortvollzugs in der gesetzgeberischen Grundentscheidung Berücksichtigung gefunden haben (vgl. BVerfG B 10.10.2003 – 1 BvR 2025/03, NVwZ 2004, 93, 94; *BVerfG* B 24.8.2011 – 1 BvR 1611/11, juris Rn. 13 = BeckRS 2011, 54009 = NVwZ 2012, 104 = NJW 2012, 296 L MMR 2012, 59). Daher bedarf es besonderer Umstände, um eine vom Gesetz abweichende Entscheidung des Gerichts zu rechtfertigen, die insbesondere bei Eingriffsakten mit schwerwiegenden Folgen gegeben sein können (*BVerfG* B 10.10.2003 – 1 BvR 2025/03, NVwZ 2004, 93 = NJW 2004, 930 L; *BVerwG* B 14.4.2005 – 4 VR 1005/04, BVerwGE 123, 241 = UPR 2005, 277 = BauR 2005, 1145 = DVBl. 2005, 717 = BRS 69 Nr. 182; *VGH Kassel* B 12.4.1995 – 3 TH 2470/94, *ESVGH* 45, 272 = NVwZ-RR 1996, 361 = KKZ 1996, 75; *VGH Mannheim* B 16.6.1995 – 3 S 1200/95, NVwZ-RR 1996, 541; *OVG Bautzen* B 4.11.2003 – 4 BS 332/03, LKV 2004, 180 = ZKF 2004, 53).

Wegen der Eilbedürftigkeit der Entscheidung ist dem Gericht im Verfahren des einstweiligen Rechtsschutzes in der Regel nur eine summarische Prüfung der Sach- und Rechtslage möglich. Die Entscheidung ergeht aufgrund der vorgelegten oder sonst rechtzeitig verfügbaren („präsenten“) Beweismittel, von glaubhaft gemachten Tatsachen und überwiegenden Wahrscheinlichkeiten (*Kopp/Schenke*, § 80 VwGO Rn. 125). Allerdings kann das Gericht auch im vorläufigen Rechtsschutzverfahren eine umfassende und sorgfältige Untersuchung der Sach- und Rechtslage vornehmen. Hier handelt das Gericht nach seinem freien Ermessen souverän. Denn für dieses gerichtliche Nebenverfahren gilt **der Untersuchungsgrundsatz gemäß § 86 Abs. 1 VwGO** (*BVerfG* B 2.5.1984 – 2 BvR 1413/83 B*VerfGE* 67, 43, 62 = NJW 1984, 2028 = DVBl. 1984, 673 = EuGRZ 1984, 436 = DÖV 1984, 627 = JZ 1984, 735 = ZfSH/SGB 1984, 557 = BayVBl. 1984, 462; Bader/Funke-Kaiser/*Stuhlfauth*/von Albedyll, § 86 VwGO Rn. 6).

Der Einwand, das Verwaltungsgericht habe sich zu gründlich mit der Angelegenheit befasst, kann keinen Verfahrensmangel begründen. Der Charakter der Verfahren des vorläufigen Rechtsschutzes als Verfahren mit besonderer Dringlichkeit macht es häufig erforderlich, dass über den gestellten Antrag je nach den Umständen des Einzelfalles nach nur summarischer Prüfung entschieden wird. Daraus folgt aber nicht im Umkehrschluß, dass Tatsachen- und Rechtsfragen nur im Hauptsacheverfahren abschließend entschieden werden können. Auch im Eilverfahren ist das Gericht gehalten, so sorgfältig und eingehend wie möglich den Antrag zu prüfen und über ihn zu entscheiden; nur dort, wo es die Dringlichkeit gebietet, darf sich die Entscheidung auf eine summarische Prüfung beschränken (*OVG Greifswald* B 9.9.1998 – 2 M 94/98, juris Rn. 20 = NordÖR 1999, 72; zustimmend *OVG Mecklenburg-Vorpommern* B 26.7.2006 – 3 M 104/03, juris Rn. 27 = NordÖR 2005, 443 L).

Jedoch ist das Gericht in besonderen Fällen verpflichtet, den Fall in gleicher Weise wie im Hauptverfahren zu prüfen. Eine eingehende Prüfung ist insbesondere erforderlich, wenn besonders geschützte Grundrechte elementar betroffen sind oder wenn die Folgen nicht oder nur schwer rückgängig zu machen wären, wenn im Hauptsacheverfahren anschließend anders entschieden würde (*BVerfG* B 24.9.2002 – 2 BvR 857/02, DVBl. 2002, 1633 = DÖD 2003, 17 = PersV 2003, 147 = ZBR 2003, 427 = NVwZ 2003, 200; *BVerwG* U 21.8.2003 – 2 C 14/02, BVerwGE 118, 370 = NJW 2004, 870; *OVG Saarlouis* B 30.3.2006 – 1 W 19/06, NVwZ 2006, 956 = NJW 2006, 3227 L; *OVG Münster* B 23.5.2011 – 8 B 1729/10, DVBl. 2011, 968).

In **versammlungsrechtlichen Eilverfahren** müssen die Verwaltungsgerichte durch eine intensivere Prüfung dem Umstand Rechnung tragen, dass der Sofortvollzug der umstrittenen Maßnahme in der Regel zur endgültigen Verhinderung der Versammlung in der beabsichtigten Form führt. Soweit möglich, ist die Rechtmäßigkeit der Maßnahme deshalb nicht nur summarisch zu prüfen (vgl *BVerfG* B 3.3.2004 – 1 BvR 461/03, BVerfGE 110, 77, 87; *BVerfG* B 21.4.1998 – 1 BvR 2311/94, NVwZ 1998, 834, 835 = BayVBl 1998, 562; *BVerfG* B 20.12.2012 – 1 BvR 2794/10 BeckRS 2013, 46022 = NVwZ 2013, 570 = DVBl. 2013, 367 = DÖV 2013, 318 L).

VI. Kein Schadensersatz nach §§ 80, 80a, 80b VwGO

Diese Bestimmungen geben keine Grundlage für Schadensersatzansprüche. Derartige Ansprüche sind dort nicht vorgesehen. 242

1. Sofortige Vollziehung durch die Behörde. Die Behörde kann nach **pflichtgemäßem Ermessen** gemäß § 40 VwVfG (Einleitung Rn. 5) die sofortige Vollziehung des Verwaltungsaktes anordnen. Dieses Recht hat ihr der Gesetzgeber gemäß § 80 Abs. 2 S. 1 Nr. 4 VwGO mit Rücksicht auf das Opportunitätsprinzip in der Verwaltung verliehen. Macht die Behörde davon pflichtgemäßen Gebrauch, kann sich daraus unter keinem Gesichtspunkt ein Anspruch auf Schadensersatz gegen sie ergeben. Amtshaftung nach § 839 BGB i.V.m. Art. 34 GG scheidet aus, da bereits keine Dienstpflichtverletzung vorliegt. 243

Fraglich kann nur sein, ob die Behörde nach dem Rechtsgedanken des **§ 123 Abs. 3 VwGO i.V.m. § 945 ZPO** schadensersatzpflichtig sein könnte, wenn sie die sofortige Vollziehung eines belastenden Verwaltungsaktes anordnet, der später im Hauptsacheverfahren keinen Bestand hat. Dies ist mit der ganz herrschenden Meinung **abzulehnen**. Nach § 945 ZPO ist die Partei, die eine Maßnahme des vorläufigen Rechtsschutzes erwirkt hat, dem Gegner zum Schadensersatz verpflichtet, wenn die Maßnahme sich als von Anfang an ungerechtfertigt erweist. Diese Vorschrift gilt nach § 123 Abs. 3

VwGO für den Erlass einer verwaltungsgerichtlichen einstweiligen Anordnung entsprechend; sie gilt nach § 123 Abs. 5 VwGO aber nicht für die Vollziehung eines angefochtenen Verwaltungsaktes oder die Beseitigung der aufschiebenden Wirkung eines Rechtsbehelfs. Demnach kann die Anordnung der sofortigen Vollziehung i.S.d. § 80 Abs. 2 S. 1 Nr. 4 VwGO keine Schadensersatzpflicht der Behörde aufgrund des § 945 ZPO auslösen, mag der für sofort vollziehbar erklärte Verwaltungsakt auch auf Anfechtungsklage hin schließlich aufgehoben werden. Die Unanwendbarkeit des § 945 ZPO in diesem Fall trägt dem Umstand Rechnung, dass die Interessenlage hier typischerweise eine andere ist als in den Fällen des § 945 ZPO. Diese Vorschrift beruht auf dem Rechtsgedanken, dass die Vollstreckung aus einem noch nicht endgültigen Vollstreckungstitel auf eigene Gefahr des Gläubigers erfolgt. Der sofortige Vollzug im Falle des § 80 Abs. 2 S. 1 Nr. 4 VwGO ist aber – anders als die Vollstreckung aufgrund vorläufiger Titel nach der ZPO – grundsätzlich nur zulässig, wenn er durch überwiegende öffentliche Interessen geboten ist. Daher fehlt es bei der Behörde an der – für die Aufbürdung der Schadensersatzpflicht entscheidenden – Freiheit des „Gläubigers", sich mit Risiko für oder ohne Risiko gegen die vorzeitige Durchsetzung einer Rechtsposition zu entscheiden.

Die Unanwendbarkeit des § 945 ZPO in Fällen der vorliegenden Art lässt den Betroffenen nicht schutzlos. Ihm stehen gegenüber der Behörde, die einen noch nicht bestandskräftigen Verwaltungsakt vollzogen hat, der sich im Hauptsacheverfahren als rechtswidrig erweist, der **Folgenbeseitigungsanspruch** (§ 113 Abs. 1 S. 2 VwGO) und unter Umständen auch der **Amtshaftungsanspruch** (§ 839 BGB i.V.m. Art. 34 GG) zu (*BVerwG* B 9.8.1990 – 1 B 94/90, juris Rn. 9 = NVwZ 1991, 270 = DVBl 1991, 51 = DÖV 1991, 77 = BayVBl 1991, 26 = GewArch 1991, 104).

244 **2. Behördlicher Rechtsschutz.** Nach § 80 Abs. 4 VwGO kann die Behörde (auf Antrag oder von Amts wegen) die Vollziehung des belastenden Verwaltungsaktes aussetzen. Das begünstigt den Betroffenen; er hat also keinen Schaden. Setzt die Behörde die Vollziehung aus, obwohl die Voraussetzungen für eine Aussetzung nicht vorliegen, kann sie den Betroffenen für einen ihr daraus etwaig entstehenden Schaden nicht haftbar machen. Bei Verwaltungsakten mit Doppelwirkung sind in diesem Fall allerdings Amtshaftungsansprüche eines etwaig geschädigten Dritten denkbar.

245 **3. Gerichtlicher Rechtsschutz.** Durch einen erfolgreichen Antrag nach § 80 Abs. 5–8, § 80a Abs. 3, § 80b Abs. 2, 3 VwGO, die aufschiebende Wirkung des Widerspruchs oder der Anfechtungsklage anzuordnen oder wiederherzustellen, entsteht schließlich auch für den Betroffenen keine Gefahr eines späteren Schadensersatzes.

Hat eine Behörde die sofortige Vollziehung ihres Verwaltungsaktes angeordnet, so ist der dann eintretende Wegfall der aufschiebenden Wirkung des Rechtsbehelfs als Ausnahme von der Regel zu werten. Erwirkt der Betroffene die Wiederherstellung der aufschiebenden Wirkung, so nimmt er damit wiederum nur in Anspruch, nach der allgemeinen Regel behandelt zu werden. Entsteht der Behörde infolge der aufschiebenden Wirkung ihres Verwaltungsaktes ein Schaden, kann der Betroffene hierfür nicht verantwortlich gemacht werden (so eindeutig: *BVerwG* U 21.2.1964 – 6 C 8/61, juris Rn. 27 = BVerwGE 18, 72, 79, 80 = DVBl. 1964, 761 = MDR 1964, 868 = ZBR 1964, 341 = RiA 1964, 226 = JR 1965, 70 = VerwRspr. 16, 863 = Buchholz 232 § 87 BBG Nr. 14).

B. Zu Absatz 2: Sofortiger Vollzug

I. Zwang ohne vorausgehenden Verwaltungsakt

§ 6 Abs 2 enthält die **Voraussetzungen für den sofortigen Vollzug.** Er bedeutet, dass Verwaltungszwang im Notfall auch ohne vorausgehenden Verwaltungsakt angewendet werden kann. Der sofortige Vollzug ist demnach die **sofortige Verwirklichung einer hoheitlichen eiligen Maßnahme.** Darin liegt der wesensmäßige Unterschied zu § 6 Abs 1. Hiernach wird ein Grundverwaltungsakt im gestreckten Verfahren nach Androhung und Festsetzung eines Zwangsmittels durchgesetzt (Rn. 123–126). 246

Im gestreckten Verfahren wird die Rechtspflicht zu einem Tun, Dulden oder Unterlassen bereits im Grundverwaltungsakt geregelt, so dass die Anwendung des Verwaltungszwanges als tatsächliche Durchsetzung des bereits erteilten Rechtsbefehls zu sehen und mithin als Realakt zu qualifizieren ist. Da im Sofortvollzug kein Grundverwaltungsakt ergeht, lässt sich fragen, ob die Rechtspflicht zu einem Tun, Dulden oder Unterlassen in der Anwendung des Zwangsmittels enthalten ist, die Begründung der Rechtspflicht und deren Durchsetzung also zusammenfallen. Diese „uno-actu-Konstruktion" wird heute nur noch vereinzelt vertreten (*Drews/Wacke/Vogel/Martens*, S. 438 ff.). Sie führt zu dogmatischen Problemen, wenn der eigentliche Adressat des Grundverwaltungsaktes unbekannt oder abwesend ist, da in diesen Fällen ein adressatenloser Verwaltungsakt konstruiert werden müsste, der erst im Zeitpunkt der Kenntniserlangung durch den Betroffenen wirksam würde (*Maurer/Waldhoff*, § 20 Rn. 26; *Selmer/Gersdorf*, Verwaltungsvollstreckungsverfahren, 1996, S. 67; *Erichsen/Rauschenberg*, Jura 1998, 31, 42 m.w.N. in Fn 159). Ebenso wenig überzeugt, in die Anwendung des Sofortvollzuges einen Duldungsbefehl zu interpretieren, um auf diese Weise einen Verwaltungsakt zu konstruieren. Die Vollzugsmaßnahme bezweckt allein die umgehende Abwehr der gegenwärtigen Gefahr. Ein appellativer Charakter wohnt ihr nicht inne, denn ihr Erfolg soll gerade nicht von der Mitwirkungsbereitschaft des Pflichtigen abhängen (*Erichsen/Rauschenberg*, Jura 1998, 31, 42, unter Verweis auf *Selmer/Gersdorf*, Verwaltungsvollstreckungsverfahren, 1996, S. 68). Schließlich bedarf es derartiger Konstruktionen nicht mehr, da die Verwaltungsgerichtsordnung heute auch gegen Realakte einen ungeschmälerten Rechtsschutz eröffnet (Wolff/Bachhof/Stober/Kluth/*Peilert*, Verwaltungsrecht I, § 64 Rn. 101). Der sofortige Vollzug ist somit **nicht als Verwaltungsakt anzusehen.** 247

Für das Verwaltungsvollstreckungsrecht des Bundes bestätigt § 18 Abs. 2 dieses Ergebnis. Hiernach sind gegen Zwangsmittel ohne vorausgehenden Verwaltungsakt die Rechtsmittel zulässig, die gegen Verwaltungsakte allgemein gegeben sind. Wenn man diese Regelung nicht als rein deklaratorisch und damit überflüssig ansehen will, dann setzt sie voraus, dass die Anwendung eines Zwangsmittels nach § 6 Abs. 2 kein Verwaltungsakt darstellt. Denn wäre der Sofortvollzug ein Verwaltungsakt, bedürfte es der Regelung des § 18 Abs. 2 nicht.

Die Anwendung des Verwaltungszwanges ohne vorausgehenden Verwaltungsakt durch sofortigen Vollzug ist somit ein **Realakt des Vollzuges.** Insoweit gilt das Gleiche wie bei der Anwendung eines Zwangsmittels im gestreckten Verfahren zur Durchsetzung eines Verwaltungsaktes gemäß § 15 Abs. 1 (vgl. *BVerwG* U 9.7.1956 – 5 C 93/54, DÖV 1956, 728 = NJW 1956, 1652 = DVBl. 1957, 58).

248 Für den besonderen Verwaltungszwang ohne vorausgehenden Verwaltungsakt durch sofortigen Vollzug ergibt sich folgende **Definition:**

Der Verwaltungszwang, der auf die Herausgabe einer Sache oder auf die Vornahme einer Handlung oder auf Duldung oder Unterlassung gerichtet ist, kann ohne vorausgehenden oder weiteren Verwaltungsakt mit den Zwangsmitteln der Ersatzvornahme oder des unmittelbaren Zwanges sofort angewendet werden. Der sofortige Vollzug muss zur Verhinderung einer rechtswidrigen Tat, die einen Straf- oder Bußgeldtatbestand verwirklicht, oder zur Abwendung einer drohenden Gefahr notwendig sein. Hierbei muss die Behörde innerhalb ihrer gesetzlichen Befugnisse handeln. Die Zwangsmittel werden nicht angedroht (§ 13 Abs. 1 S. 1) und nicht festgesetzt (§ 14 S. 2). Diese Vorschrift gilt auch für die Vollstreckung der unmittelbaren Ausführung einer Maßnahme.

249 In den Vollstreckungsgesetzen einiger **Bundesländer** ist der sofortige Vollzug nicht ausdrücklich geregelt (Rn. 282). Bei der Abwehr drohender Gefahren sind aber vereinfachte Zwangsmaßnahmen zugelassen. Darüber hinaus ist der sofortige Vollzug in **Landespolizeigesetzen** enthalten. Daher besteht im Ergebnis bei Noteingriffen Rechtseinheit in Deutschland. Im Verwaltungszwang nach dem **Abgabenrecht** gibt es keinen sofortigen Vollzug.

Als **rechtliche Voraussetzung** für die Anwendung von Verwaltungszwang ohne vorausgehenden Verwaltungsakt bestimmen die **Bundesländer:**

(1) Baden-Württemberg: § 21 LVwVG: Gefahr im Verzug.

(2) Bayern: Art. 35 VwZVG: unaufschiebbare Fälle; hauptsächlich wie § 6 Abs. 2 VwVG des Bundes.

(3) Berlin: § 8 Abs. 1 S. 1 VwVfG Berlin: Geltung des § 6 Abs. 2 VwVG des Bundes.

(4) Brandenburg: § 27 Abs. 1 S. 2 VwVGBbg: gegenwärtige Gefahr.

(5) Bremen: § 11 Abs. 2 BremVwVG: entspricht § 6 Abs. 2 VwVG des Bundes.

(6) Hamburg: § 27 HmbVwVG: unmittelbar bevorstehende Gefahr.

(7) Hessen: § 72 Abs. 2 HessVwVG: gegenwärtige Gefahr; sinngemäß Gefahr im Verzug.

(8) Mecklenburg-Vorpommern: § 81 Abs. 1 SOG-MV: gegenwärtige Gefahr; sinngemäß Gefahr im Verzug.

(9) Niedersachsen: § 64 Abs. 2 Nr. 1 Nds.SOG: gegenwärtige Gefahr; sinngemäß Gefahr im Verzug.

(10) Nordrhein-Westfalen: § 55 Abs. 2 VwVG NRW: gegenwärtige Gefahr.

(11) Rheinland-Pfalz: § 61 Abs. 2 LVwVG: entspricht § 6 Abs. 2 VwVG des Bundes.

(12) Saarland: § 18 Abs. 2 SVwVG: unmittelbar drohende Gefahr.

(13) Sachsen: § 21 SächsVwVG: Gefahr im Verzug.

(14) Sachsen-Anhalt: § 53 Abs. 2 SOG LSA: Gefahrenabwehr; insbesondere Gefahr im Verzug.

(15) Schleswig-Holstein: § 229 Abs. 2 LVwG: gegenwärtige Gefahr; entspricht § 6 Abs. 2 VwVG des Bundes.

(16) Thüringen: §54 ThürVwZVG: unaufschiebbare Fälle; hauptsächlich wie §6 Abs.2 VwVG des Bundes.

1. Zwang ohne Grundverwaltungsakt. Die Unterscheidung zwischen der sofortigen Vollziehung eines Verwaltungsaktes und dem sofortigen Vollzug, die terminologische Klarstellung, ist für die Verwaltungspraxis von entscheidender Bedeutung (siehe Rn. 123–126; *Sadler,* „Sofortige Vollziehung" und „sofortiger Vollzug" in der Praxis, Polizei 2005 S. 185–189; derselbe: Verwaltungszwang durch sofortigen Vollzug nach § 6 Abs. 2 des Verwaltungs-Vollstreckungsgesetzes (VwVG), Polizei 2008 S. 185–192). **250**

Der rechtliche Kern des §6 Abs 2 ist die formell-gesetzliche Ermächtigung, den Verwaltungszwang „ohne vorausgehenden Verwaltungsakt" anzuwenden. Nach dem **Vorbehalt des Gesetzes,** der im Rechtsstaatsprinzip des Art. 20 Abs. 3 GG gründet, ist ein belastender Eingriff nur erlaubt, wenn ein formelles Gesetz ihn zulässt (unstreitig, siehe nur *BVerfG* B 12.11.1958 – 2 BvL 4, 26, 40/56; 1, 7/57 BVerfGE 8, 274, 276, 325 = NJW 1959, 475 = DVBl. 1959, 171 = JZ 1959, 355 = BB 1959, 133 = DWW 1959, 164 = VersR 1959, 181 = VerwRspr. 11, 76/9. **251**

Die Ermächtigung des **§6 Abs. 2 ist eine eigenständige Rechtsgrundlage** für den Eingriff (*BVerwG* U 11.11.1993 - 3 C 45/91, BVerwGE 94, 269, 278, 279 = NJW 1994, 3024 = GewArch 1994, 336).

§6 Abs. 2 soll die Abwehr einer Gefahr ermöglichen, die so nah ist, dass eine effektive Abwehr im gestreckten Verfahren aus zeitlichen Gründen nicht möglich ist. In dieser Situation kann die Vollzugsbehörde Verwaltungszwang anwenden, ohne sich mit dem Erlass eines Grundverwaltungsaktes aufhalten zu müssen. Das Gesetz gibt **Ermessen**. Die Behörde „kann" in die Vollstreckung gehen, sie muss nicht. Sie hat ihr Ermessen nach den Grundsätzen des §40 VwVfG pflichtgemäß auszuüben. Hierbei ist ein Vorgehen im sofortigen Vollzug umso gebotener, je höherrangiger die gefährdeten Rechtsgüter sind. Sind hochrangige Rechtsgüter dringend gefährdet, ist die Vollzugsbehörde außerhalb des VwVG regelmäßig nach dem **Legalitätsprinzip** zum Eingriff verpflichtet (Einleitung Rn. 5; §9 Rn. 33). So „trifft" zB nach §3 LuftSiG die Luftsicherheitsbehörde die notwendigen Maßnahmen, um eine im Einzelfall bestehende Gefahr für die Sicherheit des Luftverkehrs abzuwehren. **252**

Für die sofortige Gefahrenabwehr auf dem Gebiet der **Luftsicherheit** gilt folgende Rechtslage:

Zur Verhinderung des Eintritts eines besonders schweren Unglücksfalles dürfen die Streitkräfte im Luftraum Luftfahrzeuge abdrängen, zur Landung zwingen, den Einsatz von Waffengewalt androhen oder Warnschüsse abgeben. Die hierfür erforderliche formell-gesetzliche Eingriffsbefugnis enthält §14 Abs. 1 LuftSiG.

Dagegen ist die unmittelbare Einwirkung mit Waffengewalt gegen ein Luftfahrzeug verfassungsrechtlich nicht zulässig, soweit davon tatunbeteiligte Menschen an Bord des Luftfahrzeugs betroffen werden (*BVerfG* B 15.2.2006 – 1 BvR 357/06 BVerfGE 115, 118 = BGBl. I S. 466 = NJW 2006, 751 = Polizei 2006, 137 = NVwZ 2006, 447 = DVBl. 2006, 433 = DÖV 2006, 386).

Räumt die Norm, welche zum sofortigen Vollzug ermächtigt, Ermessen ein, kann die Vollzugsbehörde zur Gefahrenabwehr im Wege des Sofortvollzugs verpflichtet sein, wenn das ihr eingeräumte **Ermessen auf „Null" geschrumpft** ist (vgl. *BVerwG* U **253**

18.8.1960 – 1 C 42/59, juris Rn. 10 = BVerwGE 11, 95, 97 = BBauBl. 1961, 24 = ZMR 1961, 181 = DVBl. 1961, 125 = NJW 1961, 793 = BayVBl. 1961, 53 = VerwRspr. 13, 180 = BRS 12 S. 174 = Buchholz 310 § 113 VwGO Nr. 14 = DÖV 1965, 382). Eine derartige Ermessensreduzierung kommt in Betracht, wenn wesentliche, in der Regel verfassungsrechtlich geschützte Individual- oder Gemeinschaftsgüter konkret gefährdet sind. Auch in diesen Fällen ist häufig nur das Entschließungsermessen auf Null reduziert, nicht aber das Auswahlermessen. Die Behörde muss einschreiten, ihr bleibt aber ein Entscheidungsspielraum bei der Auswahl der Mittel.,

Beispiel: Durch ein Orkan wird ein viergeschossiges Miethaus schwer beschädigt. Die Hälfte des Daches droht auf eine belebte Straße zu stürzen. Das Bauaufsichtsamt schreitet ohne vorausgehenden Grundverwaltungsakt ein.

– Muster 56 –

254 **2. Zwang nach Erlass eines Verwaltungsaktes.** Eine im VwVG nicht ausdrücklich geregelte Situation besteht, wenn die Vollstreckungsbehörde einen Grundverwaltungsakt erlässt, um im gestreckten Verfahren zu vollstrecken, dann aber – aufgrund besserer Sachverhaltskenntnis oder geänderter Gefahrenlage – feststellt, dass die Gefahr im Regelvollstreckungsverfahren nicht wirksam beseitigt werden kann. In dieser Lage ist nach dem Wortlaut des VwVG eigentlich kein Verwaltungszwang möglich. Denn das gestreckte Verfahren nach § 6 Abs. 1 ist nicht geeignet, um die Gefahr abzuwenden, und der Sofortvollzug nach § 6 Abs. 2 nicht möglich, weil es an der Voraussetzung „ohne vorausgehenden Verwaltungsakt" fehlt.

Nach einhelliger Auffassung kann die Behörde auch in diesem Falle im Sofortvollzug nach § 6 Abs. 2 vorgehen. Dogmatisch wird dies in aller Regel mit dem „Erst-recht-Schluss" begründet: Darf eine Behörde schon ohne Vorliegen einer Grundverfügung im Sofortvollzug vorgehen, muss sie „erst recht" entsprechend handelt dürfen, wenn sogar eine Grundverfügung vorliegt (statt aller *Thiel*, Polizei- und Ordnungsrecht, 2. Aufl. 2014, § 13 Rn. 17; kritisch zum „Erst-recht-Schluss" *Muckel*, JA 2012, 355, 358).

In diesen Fällen kann die Vollstreckungsbehörde **aus jedem Stadium des Regelvollstreckungsverfahrens in den sofortigen Vollzug übergehen**. Bleibt zur Abwehr der Gefahr nicht die Zeit, die Unanfechtbarkeit des Grundverwaltungsaktes abzuwarten, könnte die Behörde sich uU zunächst noch im Regelvollstreckungsverfahren nach § 6 Abs. 1 halten, indem sie die sofortige Vollziehung des Grundverwaltungsaktes nach § 80 Abs. 2 S. 1 Nr. 4 VwGO anordnet (hierzu oben Rn. 118 ff.). Im gestreckten Verfahren wäre das Zwangsmittel dann allerdings noch gemäß § 13 Abs. 1 S. 1 anzudrohen und gemäß § 14 S. 1 festzusetzen. Dazu folgende Beispiele:

255 **Beispiel:** Das Bauaufsichtsamt hatte den Hauseigentümer bereits vor Einbruch des Orkans durch Verwaltungsakt aufgefordert, das schadhafte Dach auszubessern. Denn durch ein Loch drang Regenwasser ein. Dadurch entstanden in den darunterliegenden Wohnungen Schäden. Wegen des schweren Sturmschadens bleibt plötzlich keine Zeit für das reguläre Vollstreckungsverfahren. Daher unterbleibt die Androhung der Ersatzvornahme (§ 13 Abs. 1 S. 1). Die Behörde geht zum sofortigen Vollzug über und handelt.

– Muster 58 –

256 **Beispiel:** Das Bauaufsichtsamt hatte schon die Ersatzvornahme angedroht und hierbei eine Frist von sechs Wochen gesetzt. Nach sechs Tagen kommt der Orkan. Deshalb endet das reguläre Verfahren. Die Festsetzung der Ersatzvornahme unterbleibt (§ 14 S 2). Auch hier folgt sofortiger Zwang.

– Muster 59 –

Beispiel: Die Behörde hatte die angedrohte Ersatzvornahme auch bereits festgesetzt. Um dem Hauseigentümer Gelegenheit zu geben, sich darauf einzurichten, hatte sie ihm, wie es für die Praxis empfehlenswert ist, die Ersatzvornahme in zwei Wochen angekündigt. Nach zwei Tagen naht der Orkan. Das Bauaufsichtsamt wendet nun nicht gemäß § 15 Abs. 1 das festgesetzte Zwangsmittel im regulären Verfahren nach Ablauf der Zwei-Wochen-Frist an, sondern handelt sofort. Auch hier liegt sofortiger Vollzug vor. **257**

– Muster 60 –

Der sofortige Vollzug – und damit auch der Übergang vom regulären Verwaltungs- **258**
zwangsverfahren zum sofortigen Vollzug – ist **notwendig iSd § 6 Abs. 2**, wenn ohne das sofortige Tätigwerden der Behörde im Wege des Verwaltungszwanges mit einem sehr hohen Grad an Wahrscheinlichkeit der Eintritt eines Schadens für ein geschütztes Rechtsgut unmittelbar bevorsteht. Eine solche Situation ist insbesondere gegeben, wenn allein der sofortige Vollzug geeignet ist, die Gefahr wirkungsvoll abzuwenden (*OVG Nordrhein-Westfalen* U 30.7.1998 – 20 A 5664/96, juris Rn. 22).

Die Anwendung von Verwaltungszwang im sofortigen Vollzug ohne vorausgehenden Verwaltungsakt ist nicht zulässig, wenn der Erlass einer Ordnungsverfügung gegen den Ordnungspflichtigen unter Anordnung der sofortigen Vollziehung und gleichzeitiger Androhung der Ersatzvornahme (§ 13 Abs. 2 S. 1) möglich ist und eventuelle kurzfristige Verzögerungen die Wirksamkeit der erforderlichen Maßnahmen zur Gefahrenabwehr nicht aufheben oder wesentlich beeinträchtigen (*OVG Nordrhein-Westfalen* B 9.4.2008 – 11 A 1386/05, juris Rn. 20, 22 = NVwZ-RR 2008, 437 = NWVBl 2008, 416).

Denkbar ist auch der umgekehrte Fall, in dem die Behörde rechtlich verpflichtet ist, **vom sofortigen Vollzug zum regulären Verwaltungszwangsverfahren überzugehen**. Dies ist immer dann geboten, wenn die Voraussetzungen des § 6 Abs. 2 entfallen, bevor die Maßnahmen zur Gefahrenabwehr abgeschlossen sind.

Beispiel: Das wäre, um die vorgenannten Beispiele aufzugreifen, etwa der Fall, wenn die Behörde im Wege des Sofortvollzuges einen Dachdecker beauftragt, das akut einsturzgefährdete Dach abzusichern, bevor der drohende Orkan es auf die Straße wirft, der Orkan dann aber unversehens abdreht, bevor der Dachdecker seine Arbeit aufgenommen hat.

Beispiel: Ein Übergang in das gestreckte Verfahren wäre auch geboten, wenn nach Ausführung von notwendigen baulichen Maßnahmen im sofortigen Vollzug weitere, nicht mehr eilige Folgemaßnahmen geringerer Qualität geboten wären, um die Gefahr vollständig zu beseitigen.

War die Behörde nach Erlass einer Grundverfügung in den Sofortvollzug gewechselt, bedarf es vor deren Beseitigung weiterer bauliche Schäden, die bei der Durchführung einer Ersatzvornahme im Sofortvollzug an derselben Schadensstelle entdeckt werden und in unmittelbarem Zusammenhang mit den zunächst festgestellten Mängeln stehen, keiner weiteren Ordnungsverfügung (*OVG Berlin* U 22.1.1982 – 2 B 46/80, OVGE Berlin 16, 61, 64 = NVwZ 1982, 684 = BRS 39 Nr. 234). Somit könnte die Behörde auf der Grundlage der vorhandenen Grundverfügung auch die Behebung der weiteren Bauschäden verlangen und ggf. im Wege des gestreckten Verfahrens durchsetzen.

Als **weitere Faustregel** gilt also: Der Wechsel vom sofortigen Vollzug zum regulären Verwaltungszwangsverfahren kann stattfinden, wenn der sofortige Vollzug nicht mehr notwendig ist. Die Vollzugsbehörde entscheidet in Beurteilung des neuen Sachverhalts nach pflichtgemäßem Ermessen.

259 Der **Zwang nach erfolglosem mündlichem Verwaltungsakt** bereitet in der Praxis Schwierigkeiten. Die Rechtslage soll durch zwei Beispiele geklärt werden.

260 **Beispiel:** Die Leiterin des Wirtschaftsamtes, Amtsrätin Friederike Draht, ordnet bei einer polizeilichen Razzia mündlich die sofortige Schließung des Rauschgiftlokals „Unergründliches Obdach für Reisende" an. Der Gaststätteninhaber Mephistopheles weigert sich.

Damit ist das reguläre Verfahren bereits am Ende. Denn keine der Voraussetzungen des § 6 Abs 1 liegt vor. Die Anordnung der sofortigen Vollziehung gemäß § 80 Abs. 2 S. 1 Nr. 4 VwGO scheitert daran, dass sie nicht schriftlich begründet werden kann. Selbst wenn man das Vorliegen einer Notstandsmaßnahme ohne Begründungspflicht (§ 80 Abs. 3 S. 2 VwGO) bejaht, ist nichts gewonnen. Dann kann Friederike zwar unmittelbaren Zwang gemäß § 12 androhen. Jedoch muss das Zwangsmittel schriftlich angedroht werden (§ 13 Abs. 1 S. 1). Darüber hinaus ist die Androhung förmlich zuzustellen (§ 13 Abs. 7). Das ist nicht möglich. Also schließt Friederike das Lokal **ohne weiteren Verwaltungsakt durch sofortigen Vollzug.**

261 **Beispiel:** Währenddessen erteilt der Einsatzleiter, Polizeihauptkommissar Reiner Ernst, dem Randalierer Rüpel einen mündlichen **Platzverweis.** Rüpel weigert sich. (Dazu ausführlich *Sadler,* Unmittelbarer Zwang durch den Polizeivollzugsbeamten bei der mündlichen Platzverweisung, Polizei 2004, S. 4–9.)

Als unaufschiebbar notwendige Anordnung eines Polizeivollzugsbeamten ist der mündliche Platzverweis gemäß § 80 Abs. 2 S. 1 Nr. 2 VwGO zwar sofort vollziehbar. Die Androhung des unmittelbaren Zwanges ist demnach sogleich zulässig. Eine notwendige Voraussetzung des gestreckten Verfahrens liegt also vor. – Dennoch ist auch hier das reguläre Verfahren schon abgeschlossen. Denn: Wie schon Friederike, so kann auch Reiner den unmittelbaren Zwang nicht **schriftlich androhen** und die Androhung ebenso nicht förmlich **zustellen.** Ihm bleibt gleichfalls nur der Entschluss zum sofortigen Vollzug.

– Muster 57 –

Hinweis: In Bundesländern, deren Polizeigesetze von der Androhung bei Abwehr einer gegenwärtigen Gefahren dispensieren (z.B. § 56 Abs. 1 S. 3 PolG NRW) und eine Festsetzung nicht vorsehen (vgl. § 53 Abs. 2 PolG NRW), könnte PHK Ernst den mündlich erteilten Platzverweis im gestreckten Verfahren durchsetzen.

262 Ein **mündlicher Verwaltungsakt** muss besonders klar und **inhaltlich bestimmt** sein. Er muss in tatsächlicher Hinsicht den Willen des Vollzugsbeamten bestimmt, unzweideutig und vollständig ausdrücken. Darauf, dass das Erklärte dem Gewollten entspricht, dürfen die Adressaten vertrauen. Fehler oder Unklarheiten gehen zu Lasten der Behörde (*OLG Karlsruhe* B 19.6.1974 – 3 Ss 5/74, NJW 1974, 2144 = NPA 891, 1 – § 19, zur Auflösung einer Versammlung nach § 15 Abs. 3 VersG).

Sind diese Voraussetzungen erfüllt, muss aber in der Durchsage der Polizei die Auflösung der Versammlung nicht wörtlich als solche bezeichnet werden. Denn auch unter Berücksichtigung des Empfängerhorizontes ergibt sich mit der erforderlichen Eindeutigkeit der Wille der Polizeivollzugsbeamten, die Auflösung der Versammlung zu verfügen (*OLG Celle* zu „Sitzblockaden“ bei Castor-Transporten B 23.6.2005 – 22 W 32/05, NVwZ-RR 2006, 254). Dennoch ist es ratsam und zweckmäßig, den Ausdruck „Auflösung“ zu benutzen.

II. Die Vollstreckungsziele

– wie A. II. – siehe Rn. 62 – **263**

III. Die Vollstreckungsmittel

264 Der sofortige Vollzug ist **kein Zwangsmittel**. Er ist in §9 Abs. 1 unter den Zwangsmitteln nicht genannt. Bei ihm handelt es sich um eine **besondere Erscheinungsform der Anwendung von Zwangsmitteln.**

265 §6 Abs. 2 enthält keine spezielle Vorschrift über die im Sofortvollzug anwendbaren Zwangsmittel. Somit gelt auch für den sofortigen Vollzug die allgemeinen Regelungen über Zwangsmittel in §9. Von den in §9 Abs. 1 zugelassenen drei Zwangsmitteln kommt **Zwangsgeld** seinem Wesen nach **nicht** in Betracht, da der sofortige Zwang auf die unmittelbare Herbeiführung des angestrebten Erfolges zielt (ebenso *Leinius*, S. 104; *Möller/Warg*, Rn. 229). Als Zwangsmittel des sofortigen Vollzuges bleiben somit die Ersatzvornahme (§ 10) und der unmittelbare Zwang (§ 12). Demgemäß sehen Art. 35 VwZVG Bayern, §27 VwVG Hamburg §72 VwVG Hessen, §81 Abs. 1 SOG Mecklenburg-Vorpommern, §61 Abs. 2 LVwVG Rheinland-Pfalz, §230 Abs. 1 S. 1 LVwG Schleswig-Holstein (ähnlich §54 S. 1 VwZVG Thüringen) als Zwangsmittel im Sofortvollzug nur die Ersatzvornahme und den unmittelbaren Zwang vor.

Allerdings erfasst der sofortige Vollzug die Ersatzvornahme gemäß §10 und den unmittelbaren Zwang nach §12 nicht in ihrem vollen gesetzlichen Inhalt. Denn diese Zwangsmittel sind subjektive Beugemittel, die der Durchsetzung des regulären Zwanges im gestreckten Verfahren des §6 Abs. 1 dienen. Hierbei geht es darum, den Betroffenen zu zwingen, eine Verpflichtung zu erfüllen, die ihm durch den Grundverwaltungsakt auferlegt wurde.

Bei dem sofortigen Vollzug laut §6 Abs. 2 handelt es sich dagegen nicht um die subjektive Erzwingung einer Verpflichtung, sondern um die rein objektive Anwendung des Verwaltungszwanges ohne vorausgehenden oder weiteren Verwaltungsakt. Ersatzvornahme als Zwangsmittel im sofortigen Vollzug bedeutet nur, dass der sofortige Vollzug mit Hilfe eines Dritten auf Kosten des Betroffenen ausgeführt wird. Beispiel: Tankwagenunfall (*OVG Münster* U 3.10.1963 – 8 A 309/62, OVGE Münster 19, 101 = DVBl. 1964, 683 = JZ 1964, 367 = VersR 1964, 103). Ebenso ist der unmittelbare Zwang bei sofortigem Vollzug als rein objektive Selbstvornahme der Behörde zu werten. Das gilt auch für die unmittelbare Ausführung einer Maßnahme (Rn. 279–281) durch Ersatzvornahme oder unmittelbaren Zwang.

IV. Die Vollstreckungsvoraussetzungen

266 Ebenso wie bei dem regulären Verwaltungszwang nach §6 Abs 1 kommt es auch bei dem Zwang nach §6 Abs 2 rechtlich nicht auf ein persönlich vorwerfbares Fehlverhalten des Verantwortlichen an. Der **Verwaltungszwang ist unabhängig von Schuld und Sühne.** Diese Elemente des klassischen Unrechts sind dem Vollstreckungsrecht fremd.

267 **1. Straftatbestand oder Bußgeldtatbestand.** Zwar kann der sofortige Vollzug gemäß §6 Abs.2 auch „zur Verhinderung einer rechtswidrigen Tat, die einen Straf- oder Bußgeldtatbestand verwirklicht“, notwendig werden. Ein Vorgehen der Behörde im Sofortvollzug hat jedoch nicht zur Voraussetzung, dass der jeweilige Straf- oder Bußgeldtatbestand auch in subjektiver Hinsicht erfüllt wäre. Vielmehr genügt die drohende Verwirklichung des objektiven Tatbestandes, **auf Verschulden** – Vorsatz oder Fahrlässigkeit (§276 Abs.2 BGB) – **kommt es** im Rahmen des §6 Abs.2 **nicht an**. Die Entstehungsgeschichte der Norm bestätigt dies. Nach der ursprünglichen Fassung des §6 Abs.2 war der sofortige Vollzug „zur Verhinderung strafbarer Handlungen“ vorgesehen. Um klar zu stellen, dass der Sofortvollzug nicht die Begehung von Straftaten oder Ordnungswidrigkeiten verhindern, sondern eine drohende Gefahr für das tatbestandlich geschützte Rechtsgut abwehren soll, wurde §6 Abs.2 durch Gesetz vom 2.3.1974 (BGBl. I S. 469) neu gefasst. Die jetzige Fassung stellt nicht mehr aus die strafbare Handlung, sondern auf die rechtswidrige Tat ab und bezieht sich damit auf die rechtswidrige Erfüllung des objektiven Tatbestandes der Straf- oder Bußgeldnorm.

268 Der Begriff „Tat“ ist iS von „Verhalten“ zu verstehen. Er ist nicht auf Handlungen beschränkt, umfasst vielmehr auch ein Unterlassen, wenn und soweit eine Rechtspflicht zum Tun besteht. Das tatbestandliche Verhalten muss nach dem insoweit eindeutigen Wortlaut des §6 Abs.2 allerdings rechtswidrig sein; es darf insbesondere nicht durch Rechtfertigungsgründe gedeckt sein.

269 **2. Drohende Gefahr.** In der zweiten Alternative des §6 Abs.2 kann der Verwaltungszwang ohne vorausgehenden Verwaltungsakt angewendet werden, wenn der sofortige Vollzug zur Abwehr einer drohenden Gefahr notwendig ist.

Der **Begriff der Gefahr** entspricht dem der polizei- und ordnungsbehördlichen Generalklauseln. Unter „Gefahr“ ist demnach eine Sachlage zu verstehen, die bei ungehindertem Ablauf des Geschehens mit hinreichender Wahrscheinlichkeit zu einem Schaden für die Schutzgüter der öffentlichen Sicherheit oder Ordnung führen würde (*BVerwG* U 26.2.1974 – I C 31.72, juris Rn.32 = BVerwGE 45, 51, 57 = NJW 1974, 807 = DVBl 1974, 842 = DÖV 1974, 637). Der Gefahrenbegriff umfasst auch eine Sachlage, bei der ein solcher Schaden bereits eingetreten ist. Eine solche „Störung“ wird als Unterfall der Gefahr betrachtet. Dieses Begriffsverständnis lag schon dem preußischen Polizeiverwaltungsgesetz vom 1. Juni 1931 zugrunde (vgl. §§19, 21 PVG) und gilt unumstritten (vgl. nur *Thiel*, §8 Rn.5).

270 Steht eine Gefahr bevor, so ist es Aufgabe der Vollzugsbehörde, ihren Eintritt zu verhindern. Ist eine Gefahr bereits eingetreten, so hat die Behörde diese zu beseitigen. Denkbar ist natürlich auch, dass eine Störung eingetreten ist und fortwirkt und zusätzlich weitere Schutzgüter der öffentlichen Sicherheit oder Ordnung gefährdet sind. In diesem Fall hat die Behörde sowohl die Störung zu beseitigen als auch die weitere Gefahr abzuwehren.

Zu den Handlungsformen der Gefahrenabwehr gehört die **Gefahrenvorsorge**, der im modernen Staat zunehmende Bedeutung zukommt. Hierbei handelt es sich um Maßnahmen im Vorfeld der Gefahr, welche von der Polizei und den Ordnungsbehörden ergriffen werden, um bereits das Entstehen einer Gefahr zu verhindern, die in der Zukunft eintreten könnte.

Nach Wesen, Zweck und Ziel dient die Gefahrenvorsorge der präventiven **Gefahrenabwehr**. Entsprechende Maßnahmen können daher auf die polizei- und Ordnungsbehördlichen Generalklauseln gestützt werden. Sind Gefahrenvorsorgemaßnahmen jedoch mit Grundrechtseingriffen verbunden, ist stets eine spezialgesetzliche Ermächtigungsgrundlage erforderlich.

Beispiele:

- Der nach den Landeshundegesetzen (z.B. § 3 Abs. 1 S. 1 Nr. 3 LHundG RP 2004) erforderlichen Zuverlässigkeit zur Haltung eines gefährlichen Hundes kommt eine wesentliche Bedeutung im Rahmen der Gefahrenvorsorge zu (LT-Drucks. 14/3512, S. 12), hierzu *VG Mainz* B 10.8.2018 – 1 L 660/18.MZ, juris Rn. 33.
- Verbot des Besitzes von Waffen und Munition nach § 41 Abs. 2 WaffG (*BVerwG* U 22.8.2012 – 6 C 30/11, DVBl. 2012, 1501 = Polizei 2013, 27 = NVwZ-RR 2013, 34).
- Widerruf einer Waffenbesitzkarte nach § 41 Abs. 2 WaffG (*OVG Hamburg*, 13.4.2011 – 3 Bf 86/10, DÖV 2011, 859 L).
- Anordnungen zum Schutz vor Lebensmitteln, die gesundheitsschädlich sein können (*OVG Hamburg* B 5.9.2011 – 5 Bs 139/11, NVwZ-RR 2012, 92).

Der Gefahrenvorsorge dient auch die **Gefährderansprache**, in der die Vollzugsbehörde einen Verantwortlichen darauf hinweist, dass er durch sein Verhalten eine Gefahr verursachen könnte. Eine derartige Warnung ist eine Maßnahme iSd polizei- und ordnungsbehördlichen Generalklauseln, allerdings kein Verwaltungsakt iSd § 35 S. 1 VwVfG, da sie keine Rechtsfolge intendiert. Sie ist somit auch nicht im Wege des Verwaltungszwanges vollstreckbar.

§ 6 Abs. 2 VwVG setzt eine **drohende Gefahr** voraus. Das Adjektiv drohend bezieht sich nicht auf die Bedeutung des gefährdeten Rechtsguts. Eine Gefahr ist drohend, wenn sie unmittelbar bevorsteht oder bereits eingetreten ist. Im Landesrecht, etwa in § 55 Abs. 2 VwVG NRW, findet sich die Bezeichnung „gegenwärtige Gefahr", womit das gleiche gemeint ist wie mit dem Begriff der unmittelbar bevorstehenden Gefahr (vgl. *BVerwG* U 26.2.1974 – I C 31.72, juris Rn. 32 = BVerwGE 45, 51, 57 = NJW 1974, 807 = DVBl 1974, 842 = DÖV 1974, 637).

Indem der Begriff der drohenden Gefahr besondere Anforderungen an die Nähe des Schadenseintritts stellt, sind im Regelfall strengere Anforderungen an den Wahrscheinlichkeitsgrad zu stellen, da die geforderte Nähe der Gefahr meist die Sicherheit der Prognose erhöht. Hierbei sind an die Wahrscheinlichkeit des Schadenseintritts umso geringere Anforderungen zu stellen, je größer und folgenschwerer der möglicherweise eintretende Schaden ist (so bereits *BVerwG* U 16.11.1973 – IV C 44.69, juris Rn. 29 m.w.N. = NJW 1974, 815 = DVBl 1974, 297 = DÖV 1974, 207; *BVerwG* U 26.2.1974 – I C 31.72, juris Rn. 32 = BVerwGE 45, 51, 57 = NJW 1974, 807 = DVBl 1974, 842 = DÖV 1974, 637).

Häufig fällt die drohende Gefahr mit einem Straf- oder Bußgeldtatbestand zusammen. 271
Beispiele: Tierquälerei ist eine Straftat und zugleich eine Gefahr für die öffentliche Sicherheit und Ordnung. Die Verursachung von verbotenem Lärm ist eine Ordnungswidrigkeit und zugleich eine Gefahr. Ferner können tateinheitlich begangene Straftaten und Ordnungswidrigkeiten eine drohende Gefahr auslösen. – Dann bestehen bei dem sofortigen Vollzug alle drei Voraussetzungen, die das Gesetz aufstellt.

Die drohende **Gefahr** iSd § 6 Abs. 2 darf nicht nur abstrakt im Raume stehen; sie **muss** 272
konkret vorliegen. Eine abstrakte Gefahr knüpft nicht an eine konkrete Sachverhalts-

konstellation an. Sie kennzeichnet eine Sachlage, die typischerweise mit hinreichender Wahrscheinlichkeit zu einem Schaden an den Rechtsgütern der öffentlichen Sicherheit oder Ordnung führt, ohne dass es darauf ankommt, ob eine Gefahr im Einzelfall vorliegt (*Thiel*, § 8 Rn. 71 m.w.N.). Dem entgegen ist eine konkrete Gefahr nicht nur typischerweise gegeben, sondern besteht in einem realen Einzelfall. Sie liegt vor, wenn in einem konkreten Einzelfall bei ungehindertem Fortgang der Ereignisse mit hinreichender Wahrscheinlichkeit ein Schaden an den Rechtsgütern der öffentlichen Sicherheit oder Ordnung eintritt (*BVerwG* U 26.2.1974 – I C 31.72, juris Rn. 32 = BVerwGE 45, 51, 57 = NJW 1974, 807 = DVBl 1974, 842 = DÖV 1974, 637).

Eine abstrakte Gefahr schwebt gleichsam bedrohlich im Raum. Eine solche vom konkreten Einzelfall abgehobene, typisierte Gefahr genügt nicht für die Anwendung von Verwaltungszwang im Sofortvollzug. Erst wenn die abstrakte Gefahr sich im Einzelfall konkretisiert, also tatsächlich eintritt, sind Zwangsmaßnahmen zur Gefahrenabwehr geboten. Eine abstrakte Gefahr geht beispielsweise von Öltanks in Wasserschutzgebieten aus; konkret wird diese Gefahr, wenn ein Öltank in einem Wasserschutzgebiet errichtet wird. Auf die Frage, wie wahrscheinlich oder naheliegend der Eintritt eines Schadens – hier die Verunreinigung des Grundwassers – ist, kommt es für die Unterscheidung nach abstrakter und konkreter Gefahr nicht an (*BVerwG* U 26.6.1970 – 4 C 99/67, juris Rn. 14 f. =, DÖV 1970, 713 = NJW 1970, 1890 = BayVBl. 1971, 149 = GemTg 1971, 53 = VerwRspr. 22, 280 = Buchholz 445.4 § 34 WHG Nr. 2).

273 Drohende Gefahr iSd § 6 Abs. 2 ist **auch die Anscheinsgefahr**. Eine Anscheinsgefahr beschreibt eine Sachlage, in der objektiv kein Schaden droht, dies dem pflichtbewusst handelnden Beamten zum Eingriffszeitpunkt bei objektiver Betrachtung aber so erscheinen muss. Muss ein pflichtgemäß handelnder Beamter „ex ante" davon ausgehen, dass eine Gefahrenlage vorliegt, muss er handeln dürfen, um die erkannte Gefahr zu beseitigen. Deshalb wird die Anscheinsgefahr als Gefahr iSd polizei- und ordnungsbehördlichen Generalklauseln angesehen. Der Beamte handelt daher rechtmäßig. Daran ändern nichts mehr, wenn sich im Nachhinein („ex post") herausstellt, dass eine reale Gefahr doch nicht bestand. Denn die Erforderlichkeit einer Maßnahme ist nicht danach zu beurteilen, wie sich die Sachlage später, vielleicht nach eingehender Beweisaufnahme, darstellt, sondern nach Maßgabe der im Zeitpunkt des Eingriffs bestehenden Verhältnisse (*BGH* U 14.2.1952 – III ZR 233/51 BGHZ 5, 144 = NJW 1952, 586 = VerwRspr. 5, 73; *BGH* U 12.3.1992 – III ZR 128/91 BGHZ 117, 303 = NJW 1992, 2639 = UPR 1992, 432 = MDR 1992, 1033 = DÖV 1992, 1065 = DVBl. 1992, 1158 = JuS 1993, 259 = NuR 1994, 152; *BGH* U 11.7.1996 – III ZR 133/95, NJW 1996, 3151 = DVBl. 1996, 1312; *BVerwG* U 26.2.1974 – 1 C 31/72, BVerwGE 45, 51,60 = NJW 1974, 807 = DVBl. 1974, 842 = JR 1974, 301 = JuS 1974, 462 = DÖV 1974, 637 = MDR 1974, 513 = GewArch 1974, 226 = BayVBl. 1975, 306 = NPA 793, 4). Hätte der Beamte bei objektiver Betrachtung und pflichtgemäßem Vorgehen hingegen erkennen müssen, dass die angenommene Gefahr objektiv nicht besteht, liegt eine sog. Scheingefahr (Putativgefahr) vor (*Thiel*, § 8 Rn. 58). Eine **Scheingefahr ist keine Gefahr** iSd polizei- und ordnungsbehördlichen Generalklauseln und wird auch von § 6 Abs. 2 nicht umfasst. Ergreift der Beamte **Maßnahmen zur Gefahrenabwehr**, sind diese **rechtswidrig**; hierdurch etwaig entstehende Schäden sind zu ersetzen.

Die Anscheinsgefahr hat ihrem Wesen nach im Vollzugsdienst ihre größte Bedeutung (ausführlich *Sadler*, Anscheinsgefahr in der Praxis des Vollzugsdienstes, Polizei 2007

S. 273–276). Der polizeiliche Eingriff hat in seinem Umfang der angenommenen Gefahr zu entsprechen (vgl. *VGH Mannheim* U 14.12.2010 – 1 S 338/10, DVBl. 2011, 245 = Polizei 2011, 95 = NVwZ-RR 2011, 231 = DÖV 2011, 284 L).

Wer nach außen im Zeitpunkt des polizeilichen oder ordnungsbehördlichen Eingriffs als Verantwortlicher einer Gefahr auftritt, ohne es zu sein, kann als sog. **Anscheinsstörer** rechtmäßig in Anspruch genommen werden. Denn dadurch gilt er als Verursacher der Gefahr (*OVG Münster* B 26.2.2013 – 2 A 1674/10, DÖV 2013, 652 L).

Ist eine Anscheinsgefahr gegeben, sind nur diejenigen Maßnahmen zur Gefahrenabwehr rechtmäßig, die auch rechtmäßig wären, wenn eine Gefahr tatsächlich existierte. Die Rechtsfigur der Anscheinsgefahr substituiert nur die objektiv nicht vorliegende Gefahr. Sie dispensiert aber nicht von weiteren Eingriffsvoraussetzungen. Ein Beamter handelt somit rechtswidrig, wenn er bei objektiver Betrachtung vom Vorliegen einer Gefahr ausgehen muss, zur Beseitigung dieser Anscheinsgefahr aber schärfer eingreift, als erforderlich wäre, um die angenommene Gefahr – wenn sie denn bestünde – zu beseitigen. Erst recht gibt die Rechtsfigur der Anscheinsgefahr keine Handhabe für ein willkürliches oder in sonstiger Weise amtsmissbräuchliches Vorgehen.

Handelt der Beamte rechtswidrig, dann kann die Behörde sich **Folgenbeseitigungsansprüchen** oder **Schadensersatzansprüchen** nach Amtshaftungsgrundsätzen ausgesetzt sehen, wenn das Fehlverhalten dem Beamten als fahrlässig (§276 Abs. 2 BGB) oder vorsätzlich vorzuwerfen ist. Handelt der Beamte vorsätzlich oder grob fahrlässig, muss er mit **Regressansprüchen** seiner Anstellungskörperschaft aus §48 BeamtStG rechnen.

Grobe Fahrlässigkeit ist gegeben, wenn der Beamte

- die im Verkehr erforderliche Sorgfalt in besonders schwerem Maße verletzt,
- nicht beachtet, was im gegebenen Fall jedem einleuchten muss,
- die einfachsten, ganz nahe liegenden Überlegungen nicht anstellt

(*BVerwG* U 17.9.1964 – 2 C 147/61, BVerwGE 19, 243, 248 = NJW 1965, 458 = ZBR 1965, 87 = DÖV 1965, 53 = JuS 1965, 202 = MDR 1965, 230 = BayVBl. 1965, 205 = Buchholz 232 §78 BBG Nr. 5). Mit dieser Rechtsprechung des Bundesverwaltungsgerichts stimmt die des Bundesgerichtshofes überein. Hiernach muss die im Verkehr erforderliche Sorgfalt in ungewöhnlich großem Maße verletzt worden sein (*BGH* U 5.12.1983 – II ZR 252/82 B*GHZ* 89, 153, 161).

Von der Anscheins- und der Scheingefahr ist der **Gefahrenverdacht** zu unterscheiden. 274
Bei der Anscheins- und der Scheingefahr geht der handelnde Beamte irrtümlich vom Vorliegen einer Gefahr aus. Beim Gefahrenverdacht zweifelt der Beamte, ob eine Gefahr vorliegt; er hält eine Gefahrenlage für möglich, ist sich dessen aber nicht sicher. Ein Gefahrenverdacht zeichnet sich dadurch aus, dass im Zeitpunkt der Anordnung des Gefahrerforschungseingriffs eine unklare Sachlage besteht, die ebenso gefährlich wie ungefährlich sein kann. Es muss also einerseits die Besorgnis einer Gefahr bestehen, andererseits müssen aber noch Erkenntnislücken vorhanden sein, die geschlossen werden müssen, um die Sachlage endgültig beurteilen zu können (*OVG Lüneburg* B 26.10.2015 – 4 ME 229/15, juris Rn. 6 = NVwZ-RR 2016, 217 = NuR 2016, 42; *OVG Schleswig-Holstein* B 29.8.2018 – 4 MB 95/18, juris Rn. 19; *VGH Bayern*, E 29.10.2018 – Vf. 21-VII-17, juris Rn. 41).

In dieser Lage steht es der Behörde an, den Sachverhalt von Amts wegen weiter zu untersuchen, um sich über das Vorliegen einer Gefahr Gewissheit zu verschaffen. Die gebotenen **Gefahrerforschungsmaßnahmen** lassen sich auf den allgemeinen Untersuchungsgrundsatz, §24 VwVfG (ggf i.V.m. §26 Abs.2 VwVfG), stützen, soweit sie keinen Eingriffscharakter haben. Gefahrerforschungsmaßnahmen mit Eingriffscharakter bedürfen wegen des Vorbehalts des Gesetzes eine formell-gesetzliche Grundlage. Entsprechende Ermächtigungen sind teilweise in Spezialgesetzen enthalten (z.B. §9 Abs.1 BBodSchG). Im Übrigen ist umstritten, auf welche gesetzliche Grundlage sich die notwenigen Maßnahmen zur Ermittlung der Gefahr stützen lassen. Durchgesetz hat sich die Auffassung, dass die polizei- und ordnungsbehördlichen Generalklauseln die Behörden beim Vorliegen eines Gefahrenverdachts (lediglich) zu **Gefahrerforschungseingriffen** ermächtigen, die als vorläufige oder vorsorgliche Maßnahmen ergehen (Götz/*Geis*, §3 Rn.31 m.w.N.).

Gefahrerforschungseingriffe können geboten sein, wenn eine Gefährdung des Grundwassers durch Einsickern von Schadstoffen angenommen werden muss.

Ferner kann das auf den Verdacht der Gesundheitsgefährlichkeit eines Lebensmittels zutreffen (zB „argentinische Hasen“: *BGH* U 25.1.1968 – III ZR 106/66, DB 1968, 657 = MDR 1968, 478 = LRE 6, 1 = Warn 1968 Nr.58).

Auch bei der Bekämpfung der Rauschgiftkriminalität kommen Gefahrenerforschungseingriff in Betracht (*OVG Koblenz* U 24.1.2013 – 7 A 10816/12, Polizei 2013, 150 = DÖV 2013, 441 L), ebenso bei Infektions- und Seuchenverdacht.

275 Wird der **Gefahrenverdacht nachträglich widerlegt** und hat der Betroffene ihn nicht zu verantworten, muss die **Behörde** die entstandenen **Kosten tragen** (*OVG Berlin* B 28.11.2001 – 1 N 45/00, NVwZ-RR 2002, 623; *OVG Münster* U 26.3.1996 – 5 A 3812/92, DÖV 1996, 1049 = NWVBl. 1996, 340 = DVBl. 1996, 1444; *OLG Karlsruhe* U 3.7.2013 – 22 U 1/13, DVBl. 2013, 1206).

V. Die Rechtmäßigkeitsvoraussetzungen

276 **1. Notwendigkeit des sofortigen Vollzuges.** Nach dem Wortlaut des §6 Abs.2 muss der sofortige Vollzug **„notwendig“** sein (Rn.258). Das ist ein gerichtlich voll nachprüfbarer unbestimmter Rechtsbegriff. Die Vollzugsbehörde kann also nicht nach Belieben zwischen dem gestreckten Verwaltungsverfahren mit Verwaltungsakt und dem sofortigen Vollzug ohne Verwaltungsakt wählen.

Die Anwendung des Verwaltungszwanges durch **sofortigen Vollzug ist nur zulässig,** wenn der Zweck der Maßnahme nicht durch Verwaltungsakt mit Anordnung seiner sofortigen Vollziehung erreicht werden kann (vgl. *BVerwG* U 12.1.2012 – 7 C 5/11, BVerwGE 141, 311 = NVwZ 2012, 1184; *OVG Berlin* U 3.10.1980 – 2 B 4/79, DVBl. 1980, 1053 = GrundE 1980, 1110; *OVG Berlin* B 28.10.1999 – 2 N 9/99, NVwZ-RR 2000, 649; *OVG Frankfurt/Oder* B 3.4.2003 – 4 B 291/02, NVwZ-RR 2003, 496, 499; *OVG Frankfurt/Oder* B 25.5.1998 – 4 E 24/98, NuR 1999, 231 = NVwZ 1999, 117; *VGH München* B 17.2.2005 – 22 ZB 04.3472, NVwZ-RR 2005, 466; *OVG Münster* B 9.4.2008 – 11 A 1386/05, NVwZ-RR 2008, 437 = DVBl. 2008, 803 L; *OVG Koblenz* U 25.3.2009 – 1 A 10632/08, NVwZ-RR 2009, 746).

Liegt also zwischen der Feststellung der Gefahr und der Anordnung von Maßnahmen zu ihrer Beseitigung eine Zeitspanne, die ausreicht, das reguläre Verwaltungszwangsverfahren mit Vollziehungsanordnung durchzuführen, ist der sofortige Vollzug nicht zulässig. Lebensfremd strenge Anforderungen an die Vollzugsbehörde dürfen aber nicht gestellt werden. Sichert z.B. die Polizei nachts ein Ladenlokal, dessen Türverglasung eingeschlagen ist, durch eine im Wege des sofortigen Vollzugs angeordnete Ersatzvornahme, so ist das anerkennenswert und rechtlich nicht zu beanstanden. Die gegensätzliche Entscheidung des *OVG Münster* (U 25.10.1977 – 4 A 734/76, OVGE Münster 33, 155 = NPA 721, 8) ist bedenklich.

In seltenen Fällen kann sich die Notwendigkeit ergeben, vom sofortigen Vollzug in das gestreckte Verfahren überzugehen. Hierzu oben Rn. 258.

Naturgemäß gibt es keine allgemein festen Regeln dafür, wann der sofortige Vollzug geboten ist. Aus diesem Grund kommt es allein darauf an, wie die Vollzugsbehörde die Gefahr im Einzelfall fachgerecht und pflichtgemäß einstuft. Sie wird also weder zu forsch noch zu zaghaft handeln. Ein bewusst erkanntes Risiko darf sie jedoch auf keinen Fall eingehen. Denn das wäre eine Amtspflichtverletzung.

Für die spätere Prüfung, ob der sofortige Vollzug notwendig war, ist die frühzeitige **Beweissicherung** von großer Bedeutung. Vor und gegebenenfalls auch während der Notmaßnahme sollte daher die Vollzugsbehörde den Sachverhalt etwa durch Film- oder Fotoaufnahmen, Skizzen, Zeugenaussagen und Aktenvermerke feststellend ermitteln (§§ 24, 26 VwVfG). Festhalten sollte die Behörde auch Erklärungen des anwesenden Betroffenen, z.B. des Hauseigentümers bei sofortigem Vollzug wegen Sturmschadens (Rn. 253–257).

2. Pflichtige des Vollstreckungsverfahrens. Gegen wen das Vollstreckungsverfahren 277
zu richten ist, bestimmt sich nach dem Grundverwaltungsakt. Vollstreckt wird gegen die Person, die im Grundverwaltungsakt zu dem Tun, Dulden oder Unterlassen rechtlich verpflichtet wird, das im Wege des Verwaltungszwanges durchgesetzt werden soll. In der Regel ist dies der Adressat des Grundverwaltungsaktes. Entsprechendes gilt im Verfahren des sofortigen Vollzuges. Hier ist Adressat des Vollstreckungsverfahrens, der in dem hypothetischen Grundverwaltungsakt (Rn. 278) verpflichtet worden wäre.

Adressat der Grundverfügung im Gefahrenabwehrrecht ist derjenige, gegen den die Maßnahmen der Gefahrenabwehr zu richten sind. Zur Gefahrenabwehr verpflichtet ist, wer die Gefahr zu verantworten hat. Wer die Gefahr durch sein Verhalten begründet, kann als **Verhaltensverantwortlicher** (z.B. § 17 OBG NRW) in Anspruch genommen werden. Geht die Gefahr von einer Sache oder einem Tier aus, sind die Maßnahmen gegen den Eigentümer oder den Besitzer als **Zustandsverantwortlichen** (z.B. § 18 OBG NRW) zu richten (hierzu bereits Rn. 7).

In Notfällen, in denen sich eine erhebliche Gefahr nicht anders beseitigen lässt, kann die Behörde Gefahrenabwehrmaßnahmen unter engen Voraussetzungen auch gegen (notstandspflichtige) Personen richten, die für die Gefahr nicht verantwortlich sind (z.B. § 19 OBG NRW). Voraussetzung für die **Inanspruchnahme eines Notstandspflichtigen** ist, dass

1. eine gegenwärtige erhebliche Gefahr abzuwehren ist,
2. Maßnahmen gegen die Verantwortlichen nicht oder nicht rechtzeitig möglich sind oder keinen Erfolg versprechen,
3. die Behörde die Gefahr nicht oder nicht rechtzeitig selbst oder durch Beauftragte abwehren kann und
4. die Personen ohne erhebliche eigene Gefährdung und ohne Verletzung höherwertiger Pflichten in Anspruch genommen werden können.

Eine Inanspruchnahme ist nur zulässig, wenn alle diese vier Bedingungen eintreten. Denn sie sind kumulativ zusammenhängende Glieder einer Kette. Fehlt auch nur ein Glied davon, ist die Maßnahme rechtswidrig (vgl. *OVG Lüneburg* U 3.2.2011 – 13 LC 198/08, DÖV 2011, 369 L). Deshalb verbindet der Praktiker gedanklich alle Nummern durch das Wort „und" miteinander. Man achte auch auf die „Opfergrenze" der Nr 4. Hier ist der Grundsatz der Verhältnismäßigkeit streng zu beachten. Im Übrigen hat ein solcher „Nothelfer" einen Aufopferungsanspruch: Ihm wird ein angemessener Schadensausgleich gewährt (vgl. § 51 BPolG, § 39 Abs. 1 a) OBG NRW, § 59 ASOG, Art. 70 PAG, § 38 BbgOBG, § 70 BbgPolG). Darauf sollte der Betroffene entsprechend § 25 VwVfG aufklärend hingewiesen werden.

Beispiele:

- Die Behörde nimmt vorübergehend das Kraftfahrzeug eines unbeteiligten Verkehrsteilnehmers in Besitz, um damit den Transport eines Unfallopfers ins Krankenhaus durchzuführen.
- Die Behörde verpflichtet einen Abschleppunternehmer, ein verkehrswidrig abgestelltes Kraftfahrzeug abzuschleppen.
- Die Behörde betritt ein Haus, um an dem Nachbarhaus Orkanschäden zu beheben.
- Die Behörde löst eine rechtmäßige Versammlung auf, um die Teilnehmer vor rechtswidrigen Angriffen übermächtiger Störer zu schützen (vgl. *OVG Berlin-Brandenburg* U 20.11.2008 – 1 B 5/06, OVGE 29, 170, 174; *VGH Mannheim* U 28.8.1986 – 1 S 3241/85, DÖV 1987, 254 = NVwZ 1987, 237 = DVBl. 1987,151 = BWVPr. 1987,15 = JA 1987, 332 = Polizei 1987, 200). Unter diesen Voraussetzungen kann im äußersten Notfall auch schon vorher ein Versammlungsverbot nach § 15 Abs. 1 VersG notwendig sein (*BVerfG* B 21.4.1998 – 1 BvR 2311/94, NJ 1998, 472 = BayVBl. 1998, 562 = NVwZ 1998, 834 = NJW 1998, 2965 L; *OVG Weimar* B 9.8.1996 – 2 EO 669/96, DVBl. 1996, 1446 = ThürVBl. 1997, 34 = NJ 1997, 102 = NVwZ-RR 1997, 287; *VGH Mannheim* B 29.3.1993 – 1 S 118/93, VBlBW 1993, 343 = NVwZ-RR 1994, 87). Die Behörde darf jedoch gegen die rechtmäßige Versammlung nicht einschreiten, bevor gegen die Gegendemonstration geeignete Maßnahmen getroffen wurden (*BVerfG* B 26.6.2007 – 1 BvR 1418/07 BVerfGK 11, 361 = NVwZ-RR 2007, 641; *BVerfG* B 1.9.2000 – 1 BvQ 24/00, NVwZ 2000, 1406 = BayVBl. 2001, 82 = DVBl. 2001, 62; *BVerfG* B 18.8.2000 – 1 BvQ 23/00, NJW 2000, 3053 = DVBl. 2000, 1605 = NVwZ 2000, 1405 L; *BVerfG* B 12.5.2010 – 1 BvR 2636/04 – BVerfGK 17, 303 = DVP 2010, 256 = DÖV 2010, 698 L = NVwZ-RR 2010, 625; *Dietel/Gintzel/Kniesel*, § 15 Rn. 42). Dazu gehören präventivpolizeiliche Maßnahmen gegen anreisende Störer (vgl. *VG Würzburg* U 2.4.1980 – W 2122 II/77, NJW 1980, 2541 = JA 1981, 425 = Jura 2/1981 = NPA 703, 2 Bayern = DRspr 540, 104; *VG Lüneburg* U 30.3.2004 – 3 A 116/02, NVwZ-RR 2005, 248).
- Platzverweisung an einen Nichtstörer, der von einer gewaltbereiten Menschenmenge bedroht wird und von einem Polizeibeamten nicht geschützt werden kann (*VG Schleswig* U 8.12.1998 – 3 A 5/95, NordÖR 1999, 80 = NVwZ 2000, 464).
- Beseitigung der Obdachlosigkeit (*OVG Lüneburg* B 14.12.2009 – 11 ME 316/09, NJW 2010, 1094 = DVP 2010, 475; *OVG Greifswald* B 21.7.2010 – 3 M 92/09, NJW 2010, 1096 = DVP 2010, 475).

Dieser „polizeiliche Notstand" ist in den Polizeigesetzen des Bundes und der Länder wortgleich geregelt (z.B.: § 20 BPolG , § 16 ASOG, Art. 10 PAG). Hierbei handelt es sich um überliefertes preußisches Recht: Ursprung des polizeilichen Notstandes und des daraus hergeleiteten Aufopferungsanspruchs des Betroffenen sind die §§ 74, 75 der Einleitung zum Preußischen Allgemeinen Landrecht vom 1.6.1794 (*Drews/Wacke/Vogel/Martens*, S. 664–673).

Häufig haben **mehrere Personen** durch ihr Verhalten zur Entstehung einer Gefahr kausal beigetragen. Nach der einhellig anerkannten **Theorie der unmittelbaren Verursachung** ist in dieser Lage nur derjenige für die Gefahr verantwortlich und in Anspruch zu nehmen, der die Gefahrenlage unmittelbar herbeigeführt, also das letzte Glied in der Kausalkette gesetzt hat, die zur Gefahr führt (*Thiel*, § 8 Rn. 91 m.w.N.).

Die Theorie der unmittelbaren Verursachung führt zu unbefriedigenden Ergebnissen, wenn eine Person einen Dritten zu dem unmittelbar gefahrbegründenden Verhalten veranlasst. In dieser Konstellation liegt nahe, den Hintermann als Verantwortlichen heranzuziehen, vor allem, wenn eine effektive Gefahrenabwehr gegen die unmittelbaren Verursacher der Gefahr nicht möglich ist.

Beispiel 1: Eine Musikkapelle stimmt immer wieder das „Horst-Wesel-Lied" an, woraufhin die Teilnehmer der Veranstaltung stets den nach § 86a StGB verbotenen Liedtext absingen (vgl. *Preußisches OVG* U 14.5.1925 – III. A. 68/24, PrOVGE 80, 176 – „Borkumlied").

Beispiel 2: Ein Gastronom vermietet seinen Veranstaltungssaal anlassbezogen für einzelne Beschneidungsfeiern mit hunderten Teilnehmern und musikalischem Begleitprogramm an Karfreitagen. Die Beschneidungsfeier verstößt gegen das Veranstaltungsverbot nach § 6 Abs. 3 Nr. 2 FeiertagsG NRW und hat mithin Störungen der öffentlichen Sicherheit zur Folge (*OVG Nordrhein-Westfalen* B 19.2.2018 – 4 A 218/16, juris Rn. 34 f = NWVBl 2018, 289 = GewArch 2018, 304).

In solchen Fallgestaltungen ist auch der Hintermann als mittelbarer Störer für den Eintritt der Gefahr verantwortlich und kann als sog. **„Zweckveranlasser"** zu Gefahrenabwehrmaßnahmen herangezogen werden. Umstritten ist allein, welche Zurechnungskriterien anzulegen sind, um den Hintermann als Zweckveranlasser in der Verantwortung nehmen zu können (hierzu *Thiel*, § 8 Rn. 101 ff m.w.N.; aus der neueren Rsp: *OVG Lüneburg* U 23.2.2018 – 11 LC 177/17, juris Rn. 57 = NdsVBl 2018, 236; *VGH Bayern* B 15.5.2018 – juris Rn. 22 = ZfB 2018, 186).

3. Handeln innerhalb der gesetzlichen Befugnisse. Bei der Anwendung eines **278**
Zwangsmittels im sofortigen Vollzug nach § 6 Abs. 2 VwG muss die Behörde innerhalb ihrer gesetzlichen Befugnisse handeln. Der Begriff Befugnis ist nicht in einem engen Sinne als Zuständigkeit zu lesen, sondern in einem weiten Sinne zu verstehen. Die Vollstreckungsbehörde handelt innerhalb ihrer gesetzlichen Befugnisse, wenn es ihr rechtlich gestattet ist, von dem Pflichtigen das Tun, Dulden oder Unterlassen zu fordern, das sie im sofortigen Vollzug erzwingt. Die Behörde hätte mithin berechtigt gewesen sein müssen, den Betroffenen zu der Handlung, Duldung oder Unterlassung zu verpflichten, deren Erfolg durch den sofortigen Vollzug erreicht werden soll. Dies wäre sie, wenn sie vor der Anwendung des Verwaltungszwanges einen entsprechenden Verwaltungsakt rechtmäßig hätte erlassen können. Kurzum: Die Behörde handelt innerhalb ihrer gesetzlichen Befugnisse, wenn sie ein **hypothetischer Grundverwaltungsakt** formell und materiell rechtmäßig gewesen wäre.

Insoweit stellt das Gesetz höhere Anforderungen an den sofortigen Vollzug als an das gestreckte Vollstreckungsverfahren nach § 6 Abs. 1. Denn als Grundlage für das gestreckte Verfahren genügt nach hM ein wirksamer Grundverwaltungsakt; dessen Rechtmäßigkeit wird nicht gefordert (Rn. 136). Die höheren Anforderungen an den Grundverwaltungsakt im Verfahren des sofortigen Vollzuges rechtfertigen sich daraus, dass der Pflichtige im Sofortvollzug in der Regel keine Möglichkeit hat, den Vollstreckungseingriff rechtlich abzuwehren. Da es im sofortigen Vollzug weder eines Grundverwaltungsaktes, noch einer Androhung oder Festsetzung bedarf, trifft der Vollstreckungszugriff den Pflichtigen nicht selten unvermittelt, gleichsam wie ein Blitz aus heiterem Himmel. Rechtsschutz ist allenfalls im Eilverfahren gemäß §123 VwGO möglich; im Übrigen ist der Pflichtige darauf verwiesen, durch die Geltendmachung von Folgenbeseitigungs- oder Schadensersatzansprüchen wenigstens die nachteiligen Folgen des Eingriffs kompensieren zu lassen. Wegen der erheblich reduzierten Möglichkeit, Vollstreckungsmaßnahmen im sofortigen Vollzug vorab auf ihre Rechtmäßigkeit prüfen zu lassen und mithilfe der Gerichte abzuwehren, ist es geboten, den Vollstreckungszugriff im sofortigen Vollzug strengen Anforderungen zu unterwerfen und nur auf der Grundlage einer rechtmäßigen hypothetischen Grundverfügung zuzulassen.

Schwierigkeiten ergeben sich, wenn die **Behörde** einen Grundverwaltungsakt erlassen hat, dann aber **aus dem gestreckten Verfahren in den sofortigen Vollzug gewechselt** ist und vollstreckt hat. Dann ist fraglich, ob für die Rechtmäßigkeit des sofortigen Vollzuges auf die tatsächlich erlassene Grundverfügung oder auf den hypothetischen Grundverwaltungsakt abzustellen ist. Die Frage kann dahinstehen, wenn die reale Grundverfügung rechtmäßig ist. Dies gilt auch, wenn der hypothetische Grundverwaltungsakt rechtswidrig ist; denn dann kann der reale Verwaltungsakt nicht rechtmäßig sein. Zum Schwur kommt es, wenn die reale Grundverfügung wegen eines Fehlers rechtswidrig ist, der beim hypothetischen Erlass vermieden werden könnte, ohne dass das Verhaltensgebot, welches dem Sofortvollzug zugrunde liegt, entfiele. So etwa bei formeller Rechtswidrigkeit wegen fehlender Anhörung gemäß §28 Abs. 1 VwVfG (und unterbliebener Heilung durch Nachholung gemäß §45 Abs. 1 Nr. 3 VwVfG) oder bei materieller Rechtswidrigkeit wegen unzutreffender Tatsachenermittlung.

Nach zutreffender Ansicht ist auch bei Vorliegen einer Grundverfügung **auf den hypothetischen Grundverwaltungsakt abzustellen**. Der sofortige Vollzug gemäß §6 Abs. 2 kennzeichnet sich dadurch, dass ihm kein Verwaltungsakt vorausgeht. Die fehlende Grundverfügung ist ein Wesensmerkmal des Sofortvollzuges, durch das er sich grundlegend vom gestreckten Verfahren nach §6 Abs. 1 unterscheidet. Aus dieser Gesetzessystematik folgt, dass ein gleichwohl erlassener Grundverwaltungsakt im Rahmen des §6 Abs. 2 keine Berücksichtigung finden kann. Liegt er vor, schadet er nicht, kann im sofortigen Vollzug aber keine rechtliche Relevanz gewinnen. Er ist schlicht hinwegzudenken. Dies ist auch von der ratio legis gefordert. §6 Abs. 2 macht die Rechtmäßigkeit der sofortigen Vollziehung durch das Tatbestandsmerkmal „innerhalb ihrer gesetzlichen Befugnisse" davon abhängig, dass die Vollstreckungsbehörde die ihr vom Gesetz gezogenen Grenzen einhält. Sie ist nicht davon abhängig, dass die Behörde die ihr gezogenen Grenzen im Zeitpunkt der Vollstreckung zutreffend erkannt hat. Darauf kann es schon deshalb nicht ankommen, weil das Gesetz für die sofortige Vollziehung gar keine vorangehende Entscheidung der Behörde vorsieht. Schließlich ist auch kein anerkennenswertes Interesse des Vollstreckungspflichtigen erkennbar, die Rechtmäßigkeit der sofortigen Vollziehung von der Rechtmäßigkeit eines tatsächlich erlassenen Grundverwaltungsaktes abhängig zu machen. Unter Rechtsschutzgesichtspunkten kompensiert §6 Abs. 2 den Erlass einer Grundverfügung durch die Voraussetzung, dass der hypothetische Grundverwaltungsakt rechtmäßig sein muss. Anderenfalls erwachsen dem Vollstreckungspflichtigen Folgenbeseitigungs- und Schadensersatzansprüche, durch deren Geltendmachung er sich von den nachteiligen Folgen der Vollstreckung erholen kann. Diese Verlagerung des Rechtsschutzes auf die Sekundärebene ist gerechtfertigt, wenn nur im Wege der sofortigen Vollziehung eine drohende Gefahr beseitigt werden kann. Diesem gesetzlich vorgesehenen Interessenausgleich würde es zuwiderlaufen, wenn der Vollstreckungspflichtige zusätzlich dann Folgenbeseitigungs- und Schadensersatzansprüche geltend machen könnte, wenn der hypothetische Grundverwaltungsakt rechtmäßig ist, die tatsächlich erlassene Grundverfügung aber rechtswidrig. Eine solch weitergehende Begünstigung sieht das Gesetz nicht vor. Sie erscheint auch in sich widersprüchlich. Da die Rechtmäßigkeitsanforderung an den hypothetischen Grundverwaltungsakt die fehlende Grundverfügung kompensiert, kann der Vollstreckungspflichtige nicht auf die Rechtmäßigkeit des hypothetischen Verwaltungsaktes pochen und gleichzeitig die Rechtmäßigkeit eines real vorliegenden Grundverwaltungsaktes einfordern.

4. Unmittelbare Ausführung einer Maßnahme. Der sofortige Vollzug gemäß § 6 **279**
Abs. 2 ist von der Handlungsform der **unmittelbaren Ausführung** zu unterscheiden. Die unmittelbare Ausführung einer Maßnahme ist im VwVG als solche nicht vorgesehen. Sie findet sich – in unterschiedlicher Ausgestaltung – im Recht der Bundespolizei (§ 19 BPolG) und im Polizei- und Ordnungsrecht einiger Bundesländer.

Historisch geht die unmittelbare Ausführung zurück auf § 186 der Landesverwaltungsordnung für Thüringen vom 10.6.1926 (Ges.-S. S. 177, 209, 210). Danach konnten die Verwaltungsstellen „in Ausübung der Polizei die nötigen Maßregeln unmittelbar zur Ausführung bringen, wenn diese zur Verhinderung strafbarer Handlungen dienen oder die Gefahr nicht anders beseitigt werden kann .... Die unmittelbare Ausführung einer Maßregel steht dem Erlass einer Verfügung gleich. Sie ist den Beteiligten unverzüglich mündlich oder schriftlich bekannt zu geben."

Ebenso bestimmte Preußen in § 44 Abs. 1 S. 2 seines Polizeiverwaltungsgesetzes vom 1.6.1931 (Ges.-S. S. 77): „Die unmittelbare Ausführung einer polizeilichen Maßnahme steht dem Erlass einer polizeilichen Verfügung gleich."

Das Preußische Oberverwaltungsgericht definiert sie als eine „selbstständige polizeiliche Maßregel ..., die ... in einem Akt die materiell-rechtliche polizeiliche Verfügung, die Androhung und Festsetzung des Zwangsmittels und seine unmittelbare Ausführung umfasst und der Anfechtung im ordentlichen Rechtswege unterworfen ist" (*PreußOVG* U 1.11.1934 – III. C. 80/34, PreußOVGE 95, 111, 118).

Darin lag notgedrungen die Fiktion eines Verwaltungsaktes. Sie ersetzte diesen. Dadurch entstand eine Vollstreckungsgrundlage. Die Behörde konnte also Zwang anwenden, wie wenn sie tatsächlich zuvor einen Verwaltungsakt erlassen hätte. Das ist rechtlich überholt.

Durch die Fiktion eines Verwaltungsaktes wurde zudem der Rechtsweg eröffnet, da gerichtlicher Rechtsschutz zu dieser Zeit nur gegen Verwaltungsakte, nicht aber gegen sonstiges Verwaltungshandeln gegeben war. Somit konnte das Gericht dem Betroffenen Rechtsschutz gegenüber der Polizei gewähren. Aber auch das ist rechtlich überholt. Denn Art. 19 Abs. 4 GG garantiert gerichtlichen Rechtsschutz umfassend; § 40 Abs. 1 VwGO eröffnet den Verwaltungsweg gegen jede Form öffentlich-rechtlichen Verwaltungshandelns.

Im **heutigen Polizei- und Ordnungsrecht** vermittelt die Handlungsform der unmittel- **280**
baren Ausführung der Behörde das Recht, eine Maßnahme selbst oder durch Beauf-

tragte unmittelbar auszuführen, wenn der Zweck der Maßnahme durch Inanspruchnahme der Verantwortlichen nicht oder nicht rechtzeitig erreicht werden kann (§ 5a MEPolG).

Die unmittelbare Ausführung einer Maßnahme steht im Zusammenhang mit der Ordnungspflicht. Ihrer systematischen Stellung nach gehört sie nicht zum Vollstreckungsrecht, entspricht in ihrer Funktion jedoch weitgehend der sofortigen Vollziehung gemäß § 6 Abs. 2. Beide Rechtsinstitute erfüllen ihre Funktion in gleicher Weise und im Wesentlichen unter den gleichen Voraussetzungen. Auch der unmittelbaren Ausführung liegt kein Verwaltungsakt zugrunde; sie selbst ist nach hM ein Realakt (insoweit gilt nichts anders als für die Anwendung von Zwangsmitteln im sofortigen Vollzug, Rn. 247). Der Sache nach handelt es sich um eine Ersatzvornahme im sofortigen Vollzug: Die Polizei- oder Ordnungsbehörde führen zur Gefahrenbeseitigung aus, was eigentlich der Verantwortliche auszuführen hätte (Götz/*Geis*, § 12 Rn. 21). Auch für die Rechtmäßigkeit der unmittelbaren Ausführung kommt es darauf an, dass ein hypothetischer Grundverwaltungsakt, den die Behörde an einen anwesenden Pflichtigen hätte richten können, rechtmäßig wäre (*Möller/Warg*, Rn. 237).

Wegen dieser weitgehenden Kongruenz lassen sich die Fallgruppen, die der unmittelbaren Ausführung unterfallen, auch vollstreckungsrechtlich über das Rechtsinstitut der sofortigen Vollziehung lösen. Der praktische Nutzen der unmittelbaren Ausführung ist daher zweifelhaft. Daher ist es konsequent, wenn Bundesländer entweder nur den Sofortvollzug (§ 53 Abs. 2 PolG Brandenburg, § 40 Abs. 1 PolG i.V.m. § 11 Abs. 2 VwVG Bremen, § 64 Abs. 2 SOG Niedersachsen, § 50 Abs. 2 PolG Nordrhein-Westfalen, § 44 Abs. 2 PolG Saarland, § 230 LVwG Schleswig-Holstein) oder nur die unmittelbare Ausführung (§ 8 PolG Baden-Württemberg, § 7 SOG Hamburg, § 6 PolG Sachsen) vorgesehen haben.

In den Ländern, die beide Rechtsinstitute geregelt haben (Art. 9, 53 Abs. 2 PAG Bayern, §§ 15 ASOG Berlin, § 8 Abs. 1 VwVfG Berlin i.V.m. § 6 Abs. 2, §§ 8, 47 Abs. 2 SOG Hessen, §§ 70a, 81 SOG Mecklenburg-Vorpommern, §§ 6 POG, 57 Abs. 1, 61 Abs. 2 LVwVG Rheinland-Pfalz, §§ 9, 53 Abs. 2 SOG Sachsen-Anhalt, §§ 9, 51 Abs. 2 PAG Thüringen) bestehen Abgrenzungsschwierigkeiten. Im Schrifttum wird teilweise ein Anwendungsvorrang der unmittelbaren Ausführung vertreten, da diese im Vergleich zur sofortigen Vollziehung einen engeren Bereich abdecke (*Götz/Geis*, § 12 Rn. 24 m.w.N. in Fn. 323). Eine andere Auffassung geht von sofortigem Vollzug aus, wenn die Maßnahme gegen den Willen den Betroffenen erfolgt, ansonsten soll unmittelbare Ausführung vorliegen (App/Wettlaufer/*Klomfaß*, § 30 Rn. 44). Wieder andere nehmen eine unmittelbare Ausführung an, wenn der Zweck der Maßnahme durch Inanspruchnahme eines Ordnungspflichtigen nicht oder nicht rechtzeitig erreicht werden kann (*Möller/Warg*, Rn. 236).

Wenn beide Rechtinstitute in Betracht kommen, steht die Auswahl im Ermessen der Behörde. Für die Praxis ist zu empfehlen, zum Zwecke der Rechtsklarheit hinreichend deutlich zu machen, ob vollstreckungsrechtlich im Verfahren des sofortigen Vollzuges oder ordnungsrechtlich im Wege der unmittelbaren Anwendung vorgegangen wird.

Der von der Maßnahme Betroffene ist unverzüglich zu unterrichten. Die Unterrichtungspflicht ist keine Voraussetzung für die Rechtmäßigkeit der unmittelbaren Anwendung, sondern eine Rechtsfolgenanordnung (vgl. § 8 Abs. 1 S. 2 PolG Baden-Württemberg). „Unverzüglich" bedeutet nach der Legaldefinition des § 121 Abs. 1 S. 1

BGB „ohne schuldhaftes Zögern". Hierzu *Sadler* Bedeutung der gesetzlichen Begriffsbestimmung, Polizei 2009, 266. Die Kosten werden von dem Verantwortlichen erhoben.

VI. Beispiele

- Gewalttäter bewerfen Polizeibeamte vom Dach und aus Zimmern eines mehrgeschossigen Hauses mit Steinen und Flaschen. Die Polizei räumt auf der Grundlage der polizeilichen Generalklausel das Gebäude (*BVerwG* U 6.9.1974 – 1 C 17/73, BVerwGE 47, 31, 33, 34 = DVBl. 1974, 846 = JZ 1974, 754 = GewArch 1974, 384 = NJW 1975, 130 = DÖV 1975, 172 = JR 1975, 168 = BayVBl. 1975, 309 = JuS 1975, 184 = MDR 1975,77 = VerwRspr. 26, 580 = NPA 106, 1 Art. 13 GG = Buchholz 11 Art. 13 GG Nr. 4). Die Generalklausel ist durch Rechtsprechung und Lehre nach Inhalt, Zweck und Ausmaß hinreichend präzisiert, in ihrer Bedeutung geklärt und im juristischen Sprachgebrauch auch verfestigt (*BVerfG* B 23.5.1980 – 2 BvR 854/79 BVerfGE 54, 143 = NJW 1980, 2572 = RiA 1981, 30 = DRsp 540, 103). In allen Polizei- und Ordnungsbehördengesetzen bedeutet die so bezeichnete Generalklausel als allgemeine Eingriffsbefugnis Folgendes (vgl. § 10 Abs. 1 BbgPolG, § 13 Abs. 1 BbgOBG, § 17 Abs. 1 ASOG, Art. 11 Abs. 1 PAG): Die Polizei und die Ordnungsbehörden können die notwendigen Maßnahmen treffen, um eine im einzelnen Falle bestehende Gefahr für die öffentliche Sicherheit und Ordnung abzuwehren. 281
- Mitglieder einer Wohngemeinschaft in einem mehrgeschossigen Wohnhaus beabsichtigen, eine an dem Haus vorbeiführende Demonstration anzugreifen. Zu diesem Zweck halten sie etwa 1000 leere Flaschen bereit, die sie vom Balkon aus auf die Demonstranten werfen wollen. Um diese Gewalttaten zu verhindern, verweisen Polizeivollzugsbeamte diese Personen vorübergehend aus der Wohnung. Das ist sofortiger Vollzug (*VG Koblenz* U 22.11.2006 – 5 K 991/06, Polizei 2007, 55).
- Ein Grundstückseigentümer errichtet einen „Schwarzbau" und verwirklicht damit einen Bußgeldtatbestand. Er verbietet den Beamten des Bauaufsichtsamtes das zulässige Betreten des Grundstücks. Die Beamten betreten nunmehr das Grundstück sogleich mit Amtshilfe der Polizei (§ 15 Abs. 2 S. 2). Das ist sofortiger Vollzug nach § 6 Abs. 2 (*OVG Berlin* B 24.11.1987 – 2 S 51/87, NVwZ 1988, 844 = BauR 1988, 333 = UPR 1988,155 = DÖV 1988, 385 = GrundE 1988, 311= NuR 1989, 183 = BRS 47 Nr. 189).
- Auf einem Werkgelände ist ein Brand ausgebrochen. Durch feuergeschädigte Bauten werden Feuerwehrleute und Nachbargebäude stark gefährdet. Die Polizei lässt diese Ruinen durch einen Ersatzunternehmer sofort abreißen (*OVG Berlin* U 3.11.1995 – 2 B 17/93, MDR 1996, 430 = BRS 57 Nr. 253).
- Die Autobahnpolizei lässt durch die Feuerwehr eine Ölspur auf der Autobahn sofort beseitigen (*VGH Kassel* U 8.9.1999 – 5 UE 4085/98, KStZ 2000, 112 = ZKF 2000, 134).
- Umweltsünder kippen 40 Blechbehälter mit einer teerhaltigen Flüssigkeit in den Grundwassersee eines Trinkwasserschutzgebietes. Die Flüssigkeit läuft aus. Sie verbreitet sich auf der Wasseroberfläche. Es droht eine Trinkwasserverseuchung. Die Behörde entfernt die Teermasse und die Kanister sofort selbst (*OVG Münster* U 17.4.1973 – 11 A 551/70, OVGE Münster 29, 44 = DVBl. 1973, 924 = MDR 1974, 258 = JuS 1974, 464).

- Im Hamburger Hafen ist ein Wasserfahrzeug gesunken. Große Mengen Öl laufen aus. Sie verbreiten sich auf dem Wasser. Dadurch entsteht eine drohende Gefahr für die öffentliche Sicherheit. Der Verantwortliche ist zunächst nicht bekannt. Die Behörde lässt die Gefahr sofort unmittelbar durch eine Spezialfirma beseitigen (*OVG Hamburg* U 15.11.2000 – 5 Bf 41/ 96, NVwZ 2001,1295 = NordÖR 2001, 268).
- Die Behörde lässt einen Verstorbenen, dessen bestattungspflichtige Angehörige zunächst nicht bekannt sind, durch ein Bestattungsunternehmen beisetzen. Das ist eine eilbedürftige Ersatzvornahme im Wege des sofortigen Vollzuges (*BVerwG* B 19.8.1994 – 1 B 149/94, NVwZ-RR 1995, 283 = Buchholz 408.1 Bestattungsrecht Nr. 2; *OVG Münster* B 19.4.1994 –19 A 2644/92, NWVBl. 1995, 394; *OVG Münster* B 4.3.1996 – 19 A 194/96, NWVBl. 1996, 380; *OVG Münster* B 15.10.2001 – 19 A 571/00, OVGE Münster, 48, 228 = NVwZ 2002, 996).
  Dabei entscheidet die Behörde nach pflichtgemäßem Auswahlermessen, ob sie eine Erdbestattung oder eine Feuerbestattung durchführen lässt. Der Grundsatz der Verhältnismäßigkeit gebietet es nicht, allein auf die kostengünstigste Form der Bestattung abzustellen (*VGH Mannheim* U 25.9.2001 – 1 S 974/01, NVwZ 2002, 995 = ZKF 2002, 182).
- Anlässlich der „love parade" in Berlin wird durch den Betrieb eines Imbisswagens die Straße erheblich verschmutzt. Der Verantwortliche kommt seiner Verpflichtung zur Straßenreinigung nicht nach. Deshalb lässt es die Behörde auf ihre Kosten tun. In diesem Fall handelt es sich um einen gemäß § 8 Abs. 4 des Berliner Straßenreinigungsgesetzes vorgesehenen sofortigen Vollzug. Danach bedarf es eines vollziehbaren Verwaltungsaktes oder einer förmlichen Androhung eines Zwangsmittels nicht. Eine solche Rechtslage kann auch aus § 7 Abs. 3 des Bundesfernstraßengesetzes hergeleitet werden. Denn hiernach hat der Verantwortliche die Verunreinigung ohne Aufforderung zu beseitigen.
- Ein Personenkraftwagen steht verbotswidrig am Gehweg vor dem Landeskriminalamt in München. Dort war früher ein folgenschwerer Sprengstoffanschlag verübt worden. Darum wird das Fahrzeug sofort abgeschleppt (*BVerwG* U 14.5.1992 – 3 C 3/90, BVerwGE 90, 189 = DAR 1992, 473 = NJW 1993, 870 = BayVBl. 1993, 25 = NZV 1993, 44 = VerkMitt. 1993, 1 = Buchholz 442.151 § 12 StVO Nr. 8).
- Ein Personenkraftwagen ist verbotswidrig am Bordstein geparkt. Auf dem Armaturenbrett ist sichtbar ein Zettel mit der Aufschrift „Bei Störung bitte anrufen, komme sofort" und der Rufnummer des tragbaren Telefons des Fahrers ausgelegt. Aber wegen des gefahrvollen Sachverhalts muss das Fahrzeug dennoch sofort abgeschleppt werden (*OVG Hamburg* U 14.8.2001 – 3 Bf 429/00, NordÖR 2001, 495 = NJW 2001, 3647 = DÖV 2002, 207 = NZV 2002, 52 = DAR 2002, 41; bestätigt durch *BVerwG* B 18.2.2002 – 3 B 149/01, DVBl. 2002, 1560 = DAR 2002, 424 = NZV 2002, 285 = NJW 2002, 2122 = BayVBl. 2002, 567).
- Ein verbotswidrig auf einem Behindertenparkplatz abgestellter Personenkraftwagen wird sofort abgeschleppt (*OVG Schleswig* U 19.3.2002 – 4 L 118/01, NordÖR 2002, 376 = DAR 2002, 330 = NVwZ-RR 2003, 647 = NZV 2004, 216; *OVG Koblenz* U 22.11.1988 – 7 A 15/88, NVwZ-RR 1989, 299).
- Im Straßenverkehr kommt der Zwang bei weitem am häufigsten vor. Meistens handelt es sich um das Abschleppen von Kraftfahrzeugen als unmittelbare Ausführung einer Maßnahme durch sofortigen Vollzug. In Berlin sind es täglich etwa dreihundert (!) Fahrzeuge. Man spricht zutreffend von „massenhaft vorkommenden Ersatzvor-

nahmen“ (*OVG Münster* U 28.11.2000 – 5 A 2625/00, OVGE Münster 48, 152 = NWVBl. 2001, 181 = NJW 2001, 2035 = DÖV 2001, 647 = JuS 2001, 1131 = VRS 100 Nr. 86).

Anhang:
Vergleichbares Landesrecht

(1) Baden-Württemberg: §§ 2, 18, 21 LVwVG. Der sofortige Vollzug (§ 6 Abs. 2) ist nicht geregelt. Vereinfachte Vollstreckung: § 21 LVwVG. **282**

(2) Bayern: Art. 19 Abs. 1, Art. 29 Abs. 1, Art. 35 VwZVG. Der sofortige Vollzug ist nicht geregelt. Vereinfachte Vollstreckung: Art. 35. Für das Polizeirecht ist die Befugnis zum sofortigen Vollzug in Art. 53 Abs. 2 PAG enthalten.

(3) Berlin: § 8 VwVfG Berlin = § 6 VwVG des Bundes.

(4) Brandenburg: § 27 Abs. 1 S. 3 VwVGBbg.

(5) Bremen: § 11 BremVwVG.

(6) Hamburg: §§ 3, 27 HmbVwVG.

(7) Hessen: §§ 2,Abs. 72 HessVwVG. Vereinfachte Vollstreckung: § 72 HessVwVG.

(8) Mecklenburg-Vorpommern: §§ 79, § 80, § 81, § 94, § 95 S. 1, § 96, § 97 SOG M-V. Vereinfachte Vollstreckung: § 80 Abs. 2.

(9) Niedersachsen: § 70 NVwVG i.V.m. § 64 Nds. SOG.

(10) Nordrhein-Westfalen: § 55 VwVG NRW.

(11) Rheinland-Pfalz: §§ 2, 61 LVwVG.

(12) Saarland: § 13 Abs. 1, § 18 SVwVG.

(13) Sachsen: § 2, § 19 Abs. 1, § 21 SächsVwVG. Der sofortige Vollzug ist nicht geregelt. Vereinfachte Vollstreckung: § 21 SächsVwVG.

(14) Sachsen-Anhalt: § 71 VwVG LSA i.V.m. § 53 Abs. 1, 2 SOG LSA.

(15) Schleswig-Holstein: §§ 228–230 LVwG. Vereinfachte Vollstreckung: § 229 Abs. 2 LVwG.

(16) Thüringen: § 19, § 43 Abs. 1, § 44 Abs. 1, § 54 ThürVwZVG. Vereinfachte Vollstreckung: § 54 ThürVwZVG.

§ 7 Vollzugsbehörden

(1) Ein Verwaltungsakt wird von der Behörde vollzogen, die ihn erlassen hat; sie vollzieht auch Beschwerdeentscheidungen.

(2) Die Behörde der unteren Verwaltungsstufe kann für den Einzelfall oder allgemein mit dem Vollzug beauftragt werden.

Übersicht

I. Zu Absatz 1

1 **1. Zuständigkeit der Vollzugsbehörde.** Mit dem Begriff der Behörde nimmt § 7 auf die Legaldefinition des § 1 Abs. 4 VwVfG Bezug. Hiernach ist Behörde jede Stelle, die Aufgaben der öffentlichen Verwaltung wahrnimmt.

§ 7 Abs. 1 regelt die **sachliche Zuständigkeit** der Vollzugsbehörde; ihre örtliche Zuständigkeit bestimmt sich nach § 8. Die Vollzugsbehörde setzt vollstreckbare Verwaltungsakte in eigener Verantwortung durch. Zum Vollzug gehört auch der Antrag an das Verwaltungsgericht auf Anordnung der Ersatzzwangshaft nach § 16. Das ist **Selbstvollstreckung** (*BVerwG* U 14.3.2006 – 1 C 11/05, BVerwGE 125, 110 = NJW 2006, 2280 = DVBl. 2006, 1042). Insoweit gilt das Gleiche wie gemäß § 328 Abs. 1 S. 3 AO.

Ungeklärt ist, ob ein Verwaltungsakt auch dann von der Erlassbehörde vollzogen wird, wenn diese sachlich, örtlich oder instanziell unzuständig war. Handelt eine Behörde außerhalb ihrer örtlichen Zuständigkeit, kann der Verwaltungsakt nach § 44 Abs. 2 Nr. 3 VwVfG nichtig sein, so dass kein Grundverwaltungsakt vorliegt und nur ein sofortiger Vollzug nach § 6 Abs. 2 VwVG in Betracht kommt. Umgekehrt ist auch denkbar, dass der Zuständigkeitsverstoß die Entscheidung in der Sache offensichtlich nicht beeinflusst hat, so dass eine Aufhebung des Verwaltungsaktes gemäß § 46 VwVfG insoweit nicht beansprucht werden kann. Soweit der Verwaltungsakt wegen des Zuständigkeitsmangels nicht nichtig ist, wird vertreten, ihn durch die unzuständige Erlassbehörde vollstrecken zu lassen. Hierfür spreche der Wortlaut des § 7 Abs. 1, indem er auf den Erlass und nicht auf die Zuständigkeit abstelle (*Brühl*, JuS 1997, 926, 927 f.). Hierdurch würde jedoch nicht nur der Verstoß gegen die Zuständigkeitsordnung über das Ausgangsverfahren hinaus in die Verwaltungsvollstreckung fortwirken. Eine solche Perpetuierung der Unzuständigkeit widerspräche auch dem Sinn der Regelung in § 7 Abs. 1. Dieser bestimmt die Erlassbehörde zur Vollstreckungsbehörde, weil für die Erlassbehörde eine Kompetenzvermutung streitet. Der Sinn gesetzlicher Bestimmungen über die sachliche Zuständigkeit besteht darin, bestimmte Verwaltungsaufgaben derjenigen Behörde zuzuweisen, die für deren Erledigung am besten geeignet erscheint (*BVerwG* U 20.12.1999 – 7 C 42/98, juris Rn. 17 = BVerwGE 110, 226 = NJW 2000, 1512 = Buchholz 316 § 48 VwVfG Nr. 97). Eine unzuständige Behörde kann sachlich aber gerade nicht als kompetent gelten. Dass eine solche Behörde die eingriffsintensive Verwaltungsvollstreckung besorgen soll, ist schwer verständlich. Zudem erscheint es widersprüchlich, wenn die eigentlich zuständige Behörde für die Rücknahme des Verwaltungsaktes (BVerwG, a.a.O.), nicht aber für dessen Vollstreckung zuständig sein soll. Insgesamt erscheint es daher geboten, als Vollstreckungsbehörde iSd § 7 Abs. 1 nicht die unzuständige Erlassbehörde, sondern die eigentlich zuständige Behörde anzusehen.

Nach §6 Abs. 1 handelt es sich bei diesen Verwaltungsakten nur um solche, die auf die Herausgabe einer Sache oder auf die Vornahme einer Handlung oder auf Duldung oder Unterlassung gerichtet sind. Rechtsgestaltende und feststellende Verwaltungsakte gehören nicht dazu. Denn sie sind nicht vollstreckungsfähig (§6 Rn. 63–67; §15 Rn. 19–21).

Mit der Regelung des §6 Abs 1 hat der Gesetzgeber der Vollzugsbehörde eine **gerichtsähnliche Befugnis** verliehen. Denn im Gegensatz zum zivilrechtlichen Zwangsvollstreckungsverfahren (vgl. §§704, 794 ZPO) ist für das Verwaltungszwangsverfahren ein gesonderter Titel nicht vorgesehen. Vielmehr ist der von der Behörde erlassene Verwaltungsakt zugleich der Vollstreckungstitel. Das verpflichtet die Behörde beim Erlass des Verwaltungsaktes zu besonderer Sorgfalt. Hier gilt das Gleiche wie bei der Vollstreckung wegen Geldforderungen (vgl. *BGH* U 25.1.1980 – V ZR 161/76, Rpfleger 1980, 183 = MDR 1980, 569 = NJW 1980, 1754 = KKZ 1980, 115 = Warn 1980, 54).

Die Zuständigkeit erstreckt sich uneingeschränkt auf den **Vollzug aller Zwangsmittel.** Das gilt auch für die **Kosten** des Zwanges. Zwar werden die Kosten der Ersatzvornahme und des unmittelbaren Zwanges sowie Zwangsgelder nicht von der Vollzugsbehörde **beigetrieben** (§§1 bis 5). Doch ändert sich dadurch nichts an der Rechtslage, dass die Vollzugsbehörde als Gläubigerin vorrangig sachlich zuständig ist und die Vollstreckungsbehörde (§4) nachrangige Amtshilfe leistet (aA: Engelhardt/App/Schlatmann/*Mosbacher*, §7 VwVG Rn. 2). Im Übrigen erweitert §7 sogar die Kompetenz der Vollzugsbehörde. Denn sie hat auch Entscheidungen der aufsichtsführenden Widerspruchsbehörde zu vollziehen.

Für die Anwendung des Verwaltungszwanges ohne vorausgehenden Verwaltungsakt **2**
durch **sofortigen Vollzug** gemäß §6 Abs. 2 (Rn. 246ff.) gilt §7 entsprechend. Auch hier ist die Vollzugsbehörde zuständig. Denn sie allein wäre befugt, vorab einen Verwaltungsakt zu erlassen, wenn sie die Zeit dazu hätte. Das ist ebenfalls **Selbstvollstreckung** (vgl. *BVerwG*, U 14.3.2006 – 1 C 11/05, BVerwGE 125, 110 = NJW 2006, 2280 = DVBl. 2006, 1042).

Vollzugsbehörde ist die **untere Verwaltungsbehörde.** Sie vollzieht ihre eigenen Ver- **3**
waltungsakte. Darüber hinaus vollzieht sie auch die **Widerspruchsbescheide** gemäß §73 VwGO.

Sie ist auch zuständig, wenn ihr Verwaltungsakt von der Widerspruchsbehörde geändert worden ist. §7 Abs 1 enthält für diesen Fall keine abweichende Regelung.

Eine Vollstreckungsanordnung muss die Vollzugsbehörde nicht erlassen. Diese ist nach §3 Abs. 1 nur bei Geldforderungen vorgeschrieben (*OVG Bautzen* B 26.8.2009 – 1 E 64/09, NVwZ-RR 2010, 88).

Mitunter legt der Gesetzgeber ausdrücklich fest, wer Vollzugsbehörde ist. **4**

Beispiele:

- Grundgesetz, Art. 40 Abs. 2 S. 1: Der Bundestagspräsident übt das Hausrecht und die Polizeigewalt im Gebäude des Bundestages aus. Dazu gilt die Hausordnung des Deutschen Bundestages vom 7.8.2002 (BGBl. I S. 3483); siehe deren §1 S. 2.
- Asylgesetz, §5 Abs. 1 S. 2: Bundesamt für Migration und Flüchtlinge.
- Aufenthaltsgesetz, §71: Ausländerbehörden; mit der polizeilichen Kontrolle des grenzüberschreitenden Verkehrs beauftragte Behörden; Polizeien der Länder.

- Luftsicherheitsgesetz, § 2: Luftsicherheitsbehörde.
- Bundesleistungsgesetz, § 44 Abs. 2: Anforderungsbehörde oder die von der Landesregierung bestimmte Behörde.
- Sozialgesetzbuch X, § 66 Abs. 1 S. 3: Eigene Bedienstete.
- Flurbereinigungsgesetz, § 137 Abs. 1 S. 3: Flurbereinigungsbehörde.
- Lebensmittel-, Bedarfsgegenstände und Futtermittelgesetzbuch, § 42 Abs. 2: Polizei bei Gefahr im Verzug.
- Tabakerzeugnisgesetz, § 27: Marküberwachungsbehörde.
- Parteiengesetz, § 38: Bundeswahlleiter.

5 Die Vollzugsbehörden bestellen eigene Dienstkräfte zu **Vollzugsbeamten.** Für die Anwendung unmittelbaren Zwanges hat der **Bund** seine Vollzugsbeamten in § 6 UZwG sowie für Schusswaffen in § 9 UZwG aufgeführt. Zu den hier betroffenen Vollzugsbeamten nach § 6 UZwG gehören:

- die gemäß § 1 des Bundespolizeibeamtengesetzes mit polizeilichen Aufgaben betrauten und zur Anwendung unmittelbaren Zwanges befugten Beamten; einschließlich der Polizeivollzugsbeamten bei dem Deutschen Bundestag;
- die Beamten des Zollgrenzdienstes (Grenzaufsichtsdienst und Grenzabfertigungsdienst), des Zollfahndungsdienstes, des Bewachungs- und Begleitungsdienstes und die übrigen Beamten der Bundesfinanzbehörden, die mit Vollzugsaufgaben betraut sind;
- die Beamten der Wasser- und Schifffahrtsverwaltung des Bundes mit strom- und schifffahrtspolizeilichen Befugnissen;
- die Beauftragten des Bundesamtes für Güterverkehr, soweit sie mit Überwachungsaufgaben nach den §§ 11 bis 13 des Gütekraftverkehrsgesetzes betraut sind;
- die Beamten der Bundesgerichte und der Behörden der Bundesjustizverwaltung, die mit Vollzugs- und Sicherungsaufgaben betraut sind;
- andere Personen, die durch die zuständigen Bundesbehörden mit Aufgaben betraut sind, die den vorstehend aufgeführten Beamten obliegen;
- die der Dienstgewalt von Bundesbehörden unterstehenden Personen, die mit Aufgaben der Strafverfolgung oder der Verfolgung von Ordnungswidrigkeiten i.S. d Gesetzes über Ordnungswidrigkeiten betraut sind, wenn sie sich in Ausübung dieser Tätigkeit im Vollzugsdienst befinden.

6 Entsprechende Bestimmungen gibt es in den **Bundesländern.**

Beispiele:

- Verordnung über die Bestimmung von Vollzugsdienstkräften im Land **Brandenburg** vom 2.12.1998 (GVBl. II 1999 S. 8).
- **Mecklenburg-Vorpommern:** Landesverordnung zur Bestimmung von Vollzugsbeamten vom 20.5.2006 (GVOBl. S. 140).
- **Sachsen-Anhalt:** Verordnung über Verwaltungsvollzugsbeamte vom 7.2.1992 (GVBl. LSA S. 124).
- **Schleswig-Holsteinische** Landesverordnung über die Bestimmung von Vollzugsbeamtengruppen nach § 252 Abs. 3 des Landesverwaltungsgesetzes vom 20.5.2008 (GVOBl. S. 267).

Gemäß § 9 UZwG ist bei Anwendung unmittelbaren Zwanges der Gebrauch von Schusswaffen u.a. folgenden Berechtigten gestattet:

- den Polizeivollzugsbeamten des Bundes (§ 1 des Bundespolizeibeamtengesetzes);
- den Beamten des Grenzaufsichtsdienstes und denen des Grenzabfertigungsdienstes, wenn sie Grenzaufsichtsdienst verrichten, des Zollfahndungsdienstes und des Bewachungs- und Begleitungsdienstes,

- den Beamten der Wasser- und Schifffahrtsverwaltung des Bundes mit strom- und schifffahrtspolizeilichen Befugnissen nach näherer Anweisung des Bundesministeriums für Verkehr;
- den mit Vollzugs- und Sicherungsaufgaben betrauten Beamten der Bundesgerichte und der Behörden der Bundesjustizverwaltung;
- anderen Personen, die durch die zuständigen Bundesbehörden mit Aufgaben betraut sind, die den vorstehend aufgeführten Beamten obliegen;
- den der Dienstgewalt von Bundesbehörden unterstehenden Personen, die mit Aufgaben der Strafverfolgung betraut sind, wenn sie sich in Ausübung dieser Tätigkeit im Vollzugsdienst befinden.

Vollzugsbehörde ist auch der mit hoheitlichen Befugnissen ausgestattete **Beliehene.** 7
Dieser setzt von ihm erlassene Verwaltungsakte gemäß §6 Abs.1 zwangsweise durch. Ferner ist er befugt, den Verwaltungszwang ohne vorausgehenden Verwaltungsakt durch sofortigen Vollzug nach §6 Abs.2 anzuwenden (siehe Rn.2).

Beispiele:
- Erhebung der Autobahnmaut durch Toll Collect: §4 Abs.3 Bundesfernstraßenmautgesetz.
- TÜV: §29 Straßenverkehrszulassungsordnung.
- Entsorgungsunternehmen: §40 des Elektro- und Elektronikgerätegesetzes.
- Jagdaufseher: §25 des Bundesjagdgesetzes.
- Luftfahrzeugführer: §12 des Luftsicherheitsgesetzes.
- Sicherheitspersonal: §16a Flugsicherheitsgesetz.
- Flugsicherheitsunternehmen: §31b des Luftverkehrsgesetzes.
- Schiffskapitäne: §121 Seearbeitsgesetz.
- Hilfspolizeibeamte gemäß §63 des Bundespolizeigesetzes und nach Landespolizeigesetzen.
- Zivile Wachpersonen: §1 Abs.3 des Gesetzes über die Anwendung unmittelbaren Zwanges und die Ausübung besonderer Befugnisse durch Soldaten der Bundeswehr und verbündeter Streitkräfte sowie zivile Wachpersonen.

Der **Beliehene ist Behörde** i.S. d §1 Abs.4 VwVfG, soweit er im Rahmen der Beleihung tätig wird. Dies ist in der behördlichen Praxis zu beachten. Denn die Beleihung beschränkt sich regelmäßig auf bestimmte Tätigkeitsfelder oder einzelne Tätigkeiten.

2. Eilzuständigkeit der Polizei. In der Nachkriegszeit wurden die Aufgaben der **Ge-** 8
fahrenabwehr entpolizeilicht und primär den Ordnungsbehörden übertragen. Sachlich zuständig für die Gefahrenabwehr und den Vollzug von Ordnungsverfügungen ist grundsätzlich die **Ordnungsbehörde.** Ihre Zuständigkeit ist originär. Sie ergibt sich in den meisten Fällen aus einem Spezialgesetz (z.B. Tierschutzgesetz, Infektionsschutzgesetz, Bundes-Immissionsschutzgesetz, Straßenverkehrsgesetz), subsidiär aus den allgemeinen Ordnungsbehördengesetzen.

Der Polizei kommt im Bereich der **Gefahrenabwehr** nur mehr eine **Auffangzuständig-** 9
keit zu. Sie hat in eigener Zuständigkeit nur tätig zu werden, soweit ein Handeln anderer Behörden – insbesondere der Ordnungsbehörden – nicht oder nicht rechtzeitig möglich erscheint (vgl. §1 Abs.1 S.3 PolG NRW). Der hierfür eingeführte Begriff der Eilfallkompetenz greift etwas zu kurz. Die subsidiäre Zuständigkeit der Polizei kommt nicht nur zum Tragen, wenn die vom Schreibtisch aus arbeitende Ordnungsbehörde zu spät käme, um die Gefahr effektiv zu beseitigen, sondern auch, wenn sie mangels geeigneter Vollzugskräfte und Ausrüstung sachlich unvermögend ist, einer Gefahr wirksam zu begegnen.

Daneben ist die Polizei originär und unmittelbar zuständig für die Verhütung und Verfolgung von Straftaten und Ordnungswidrigkeiten, für den **Schutz privater Rechte**, soweit effektiver gerichtlicher Rechtsschutz nicht rechtzeitig zu erlangen ist, für die Vollzugshilfe für andere Behörden und in sonstigen, ihr durch spezielle Gesetze übertragene Aufgaben (vgl. § 1 Abs 1 bis 4 PolG NRW).

Soweit die Polizei originär zuständig ist, ist sie selbst Vollzugsbehörde iSd § 7 Abs. 1. Dies gilt nicht für die **Vollzugshilfe**. Die Vollzugshilfe stellt einen besonderen, in den Polizeigesetzen der Länder geregelt (z.B. § 1 Abs. 3 i.V.m. §§ 47 ff. PolG NRW) Anwendungsfall der allgemeinen Amtshilfe gemäß §§ 4 ff. VwVfG dar. Im Bereich der Verwaltungsvollstreckung kommt Vollzugshilfe insbesondere bei der Anwendung unmittelbaren Zwanges nach § 12 in Betracht. Hierdurch wird die Polizeibehörde aber nicht zur Vollstreckungsbehörde i.S.d. § 7. **Vollstreckungsbehörde bleibt die ersuchende Behörde**; die Polizei leiht ihr lediglich ihren Arm.

10 Die Rechtmäßigkeit der Maßnahmen, die im Wege der Vollzugshilfe verwirklicht werden, richtet sich nicht nach dem Recht der Polizei, sondern nach den für die ersuchende Behörde geltenden Vorschriften. Die ersuchende Behörde trägt auch die Verantwortung für die Rechtmäßigkeit der zu verwirklichenden Maßnahme, § 7 Abs. 2 S. 1 VwVfG. Demgemäß steht der Polizei im Regelfall auch kein Prüfungsrecht zu, ob die Maßnahme rechtmäßig ist. Will der Betroffene sich gegen den unmittelbaren Zwang als solchen rechtlich wehren, muss er sich gegen die ersuchende Behörde wenden. Will er dagegen die Art und Weise der Durchführung rügen, etwa die Unverhältnismäßigkeit des polizeilichen Einsatzes, muss er gegen den Rechtsträger der Polizeibehörde vorgehen (*Möller/Warg*, Rn. 45).

Differenziert zu beurteilen ist die Zuständigkeit der Polizeibehörden für die zwangsweise Durchsetzung der in Verkehrszeichen und -einrichtungen verkörperten Verhaltensgebote und -verbote. Da Verkehrszeichen und -einrichtungen von der Straßenverkehrsbehörde angeordnet werden, ist diese Erlassbehörde und gemäß § 7 Abs. 1 zuständige Vollstreckungsbehörde. Ihr obliegt es, die Ersatzvornahme anzuordnen, um einen Pkw abschleppen zu lassen, und den Abschleppunternehmer mit der Durchführung zu beauftragen. Eine Zuständigkeit der Polizei ist hier lediglich in Eil- und Notfällen subsidiär gegeben. Dies ist der Fall, wenn durch die Herbeiführung einer Entscheidung der Ordnungsbehörde eine nicht vertretbare Verzögerung einträte. Unter dieser Voraussetzung dürfen Beamte des Polizeivollzugsdienstes z.B. außerhalb der Bürodienstzeiten Abschleppmaßmaßnahmen anordnen. Daneben ist die Polizei aus § 44 Abs. 2 S. 1 StVO unmittelbar befugt, den fließenden Verkehr zu regeln. Des Weiteren ist sie als Strafverfolgungsbehörde unmittelbar zuständig für die Vermeidung und Verfolgung von Straftaten und Ordnungswidrigkeiten im Zusammenhang mit dem Straßenverkehr (*VGH Baden-Württemberg* U 17.6.2003 – 1 S 2025/01, juris Rn. 21 = VBlBW 2004, 213; Engelhardt/App/Schlatmann/*Mosbacher*, § 7 VwVG Rn. 1; *Möller/Warg*, Rn. 42; *Thiel*, § 4 Rn. 14).

11 **3. Befugnis der Widerspruchsbehörde.** Aus dem Wortlaut des § 7 Abs. 1 folgt, dass **nur die Vollzugsbehörde, nicht** auch die **Widerspruchsbehörde** zum Vollzug sachlich **zuständig** ist. Ein außenwirksames Selbsteintrittsrecht steht der Widerspruchsbehörde grundsätzlich nicht zu.

12 Durch § 7 wird das Recht der Widerspruchsbehörde nicht berührt, gemäß § 80 Abs. 2 S. 1 Nr. 4 VwGO die **sofortige Vollziehung anzuordnen** oder nach § 80 Abs. 4 VwGO die Vollziehung auszusetzen. Diese Aussetzung hindert die Vollzugsbehörde aber nicht daran, nach Abschluss des Widerspruchsverfahrens die sofortige Vollziehung erneut anzuordnen. Das ergibt sich aus § 7 Abs. 1. Denn danach ist allein die Ausgangsbehörde für den Vollzug zuständig. Einer Änderung der Sach- oder Rechtslage bedarf es nicht (*OVG Bremen* B 25.3.1999 – 1 B 65/ 99, NordÖR 1999, 284 = InfAuslR 1999, 409 = NVwZ-RR 1999, 682 L; Bader/*Funke-Kaiser*/Stuhlfauth/von Albedyll, § 80 VwGO Rn. 62).

Das Vorverfahren dient der Nachprüfung der Recht- und Zweckmäßigkeit eines Verwaltungsaktes, § 68 VwGO. Die **Widerspruchsbehörde** darf keine weiteren oder neuen Eingriffsentscheidungen treffen (Bader/*Funke-Kaiser*/Stuhlfauth/von Albedyll, § 68 VwGO Rn. 5). Sie ist insbesondere **nicht berechtigt,** ein **Zwangsmittel** anzudrohen, festzusetzen und anzuwenden. Zum Verbot der Androhung nach Art. 36 BayVwZVG (vgl. *VGH München* U 19.3.1981 – 22 B 80 A. 989, VGHE München 34, 75 = BayVBl. 1982, 54 = NJW 1982, 460 = DÖV 1982, 83 = NVwZ 1982, 199; *Drews/Wacke/Vogel/Martens*, S. 527). **13**

Die Widerspruchsbehörde ist auch spezialgesetzlich nicht zuständig, die Abschiebung eines Ausländers gemäß §§ 58, 59 des Aufenthaltsgesetzes anzudrohen und festzusetzen (vgl. *OVG Bremen* B 1.2.1983 – 2 B 13/83, InfAuslR 1983, 143). **14**

Das Vorverfahren beginnt gemäß § 69 VwGO mit der Erhebung des Widerspruchs. Nach § 73 Abs. 3 S. 1 VwGO wird es mit der Zustellung des Widerspruchsbescheides abgeschlossen. Damit endet die Sachherrschaft der Widerspruchsbehörde; zuständig ist allein die Ausgangsbehörde. Infolgedessen endet auch die Befugnis der Widerspruchsbehörde mit der Zustellung des Widerspruchsbescheides (vgl. *BVerwG* U 11.5.1979 – 6 C 70/78, BVerwGE 58, 100, 105 = DÖV 1979, 870 = DVBl. 1979, 821 = NJW 1980, 1480 = JuS 1980, 610 = VerwRspr. 31, 249; *BVerwG* B 14.11.2000 – 8 B 187/ 00, NVwZ 2001, 319 = DVBl. 2001, 916 = BayVBl. 2001, 315 = ThürVBl. 2001, 159; *VGH Mannheim* U 23.12.1994 – 9 S 653/93, VBlBW 1995, 137 = NVwZ-RR 1995, 476; *VGH Mannheim* B 16.11.1990 – 9 S 2359/90,VBlBW 1991, 180; *VGH München* B 6.8.1987 – 22 AS 87.00866, 87.00589, *VGHE München* 40, 96 = BayVBl. 1988, 86; *OVG Münster* B 3.6.2004 – 15 B 576/04, NVwZ-RR 2005, 450; *VG Stuttgart* U 15.1.1992 – 16 K 1705/91, VBlBW 1992, 355). **15**

Die Zuständigkeit der Widerspruchsbehörde endet demnach nicht erst mit der Unanfechtbarkeit des Widerspruchsbescheides (*OVG Münster* B 30.6.2004 – 15 B 577/04, NVwZ-RR 2005, 451).

Nach Abschluss des Widerspruchsverfahrens ist die Ausgangsbehörde auch dann allein zuständig, wenn die Widerspruchsbehörde ihren Verwaltungsakt im Widerspruchsverfahren geändert und damit einen neuen selbstständigen Verwaltungsakt erlassen hat (vgl. *BVerwG* U 18.5.1967 – III C 72.65, juris Rn. 10 = BVerwGE 28, 78 = NJW 1967, 2173 = Buchholz 427.3 § 337 LAG Nr. 16; Bader/*Funke-Kaiser*/Stuhlfauth/von Albedyll, § 73 VwGO Rn. 12). **16**

Anders ist die Rechtslage, wenn die Widerspruchsbehörde im Fall der Anfechtung einer Zwangsmittelandrohung eine abgelaufene Frist durch eine neue ersetzen würde. Das ist zulässig. Damit gibt sie dem angefochtenen Verwaltungsakt lediglich die Gestalt, die nach § 79 Abs. 1 Nr. 1 VwGO Gegenstand der Anfechtungsklage ist (ebenso: *OVG Münster* U 23.5.1985 – 7 A 2311/82, OVGE Münster 38, 90 = BauR **17**

1985, 671 = NVwZ 1986, 763 = BRS 44 Nr. 209). Ferner ist die Widerspruchsbehörde berechtigt, in ihrem Widerspruchsbescheid eine notwendige Frist für die Androhung eines Zwangsmittels zu setzen, wenn diese in der Androhung der Ausgangsbehörde fehlen sollte (*VG Gießen* B 12.8.2004 – 8 G 2592/04, NVwZ-RR 2005, 245).

Diese Rechtslage folgt aus der Kompetenz und Verpflichtung der Widerspruchsbehörde, die Rechtmäßigkeit und Zweckmäßigkeit der angefochtenen Zwangsmittelandrohung nachzuprüfen, wie es in den §§ 68, 69, 73 VwGO vorgeschrieben ist.

18 Hieraus ist auch das Recht der Widerspruchsbehörde herzuleiten, ein angedrohtes Zwangsgeld in der Höhe zu ändern und dabei sogar zu erhöhen. Denn diese in § 13 Abs. 6 S. 1 enthaltene Befugnis muss entsprechend für die Widerspruchsbehörde gelten. Damit kommt die Widerspruchsbehörde ihrer Verpflichtung aus § 68 Abs. 1 S. 1 VwGO nach, die Rechtmäßigkeit und Zweckmäßigkeit des angefochtenen Verwaltungsaktes zu überprüfen. Wenn die Ausgangsbehörde die Höhe des Zwangsgeldes bestimmt, trifft sie gemäß § 11 Abs. 3, § 13 V eine rahmenbegrenzte Ermessensentscheidung. Ob diese nicht nur rechtmäßig, sondern auch zweckmäßig ist, hat die Widerspruchsbehörde zu befinden. Sie kann also die Höhe des Zwangsgeldes ändern.

Damit trifft die Widerspruchsbehörde im Rahmen des § 68 Abs. 1 S. 1 VwGO selbstständig an Stelle der Ausgangsbehörde eine eigenständige Ermessensentscheidung.

19 Der Widerspruchsbescheid kann ferner die Aufforderung an den Schuldner enthalten, die Leistung zu einem bestimmten Zeitpunkt an einer bestimmten Zahlstelle zu erbringen (*OVG Lüneburg* B 13.9.1994 – 9 M 4213/94, KKZ 1996, 12).

20 Gemäß § 45 Abs. 1 Nr. 2, Abs. 2 VwVfG kann die Widerspruchsbehörde den angefochtenen Verwaltungsakt auch mit einer anderen Begründung versehen. Sie kann ihn insbesondere auf eine andere Rechtsgrundlage stützen (*BVerwG* B 5.2.1993 – 7 B 107/92, ZfW 1993, 212 = NVwZ 1993, 976 = DokBerA 1993,107 = Buchholz 316 § 45 VwVfG Nr. 23).

21 Entsprechend §§ 79, 42 VwVfG kann die Widerspruchsbehörde formlos offenbare Unrichtigkeiten im Widerspruchsbescheid jederzeit berichtigen. Sie kann eine Berichtigung ohne zeitliche Begrenzung vornehmen, also auch nach Eintritt der Unanfechtbarkeit. Denn es handelt sich hierbei lediglich um eine Klarstellung und nicht um den Erlass eines neuen Verwaltungsaktes. Das ist unbestritten.

22 Erledigt sich während des Widerspruchsverfahrens ein angefochtener **Vollstreckungsverwaltungsakt,** das heißt hier die Androhung oder die Festsetzung eines Zwangsmittels, so ist das **Verfahren von Amts wegen formlos einzustellen.** Die Einstellung ist den Beteiligten mitzuteilen. Die Mitteilung hat keinen Regelungscharakter, sie ist kein Verwaltungsakt (Bader/*Funke-Kaiser*/Stuhlfauth/von Albedyll, § 73 VwGO Rn. 7). Eine Widerspruchsentscheidung in der Sache ist unzulässig. Durch eine gleichwohl ergangene Sachentscheidung der Widerspruchsbehörde ist der Widerspruchsführer beschwert. Er ist gehalten, den Widerspruchsbescheid anzufechten, weil durch die Zurückweisung seines Widerspruchs der Eindruck entstanden ist, das erledigte Begehren sei bestandskräftig abgelehnt worden (*BVerwG* U 12.4.2001 – 2 C 10/00, juris Rn. 18 = NVwZ 2001, 1288 = DÖD 2001, 282 L). Statthaft ist die Anfechtungsklage, deren alleiniger Gegenstand der Widerspruchsbescheid ist (§ 79 Abs. 2 S. 1 VwGO), wenn und soweit er gegenüber dem ursprünglichen Verwaltungsakt eine zusätzliche selbstständige Beschwer enthält. Das ist zu bejahen, wenn der Verwaltungsakt sich erledigt hat und gleichwohl eine Widerspruchentscheidung in der Sache ergangen ist (*OVG Berlin-Brandenburg* U 31.3.2017 - OVG 6 B 9.16, juris Rn. 17).

Im Übrigen bleibt es der Widerspruchsbehörde unbenommen, in ihrer Eigenschaft als **Fachaufsichtsbehörde** der Ausgangsbehörde Weisungen zu erteilen und auf diese Weise auf das weitere Verwaltungsverfahren Einfluss zu nehmen (*BVerwG* B 21.1.1971 – 4 B 128/70, DÖV 1971, 355 = BauR 1971, 96 = BRS. 24 Nr. 145 = Buchholz 310 § 72 VwGO Nr. 3). Eine solche Weisung hat die nachgeordnete Ausgangsbehörde zu befolgen. **23**

4. Gerichtsvorsitzender als Vollzugsbehörde. Soll **aus einem gerichtlichen Titel** nach § 168 Abs. 1 VwGO zu Gunsten des Bundes, eines Landes, eines Gemeindeverbandes, einer Gemeinde oder einer Körperschaft, Anstalt oder Stiftung des öffentlichen Rechts **vollstreckt** werden, richtet sich die Vollstreckung gemäß § 169 Abs. 1 VwGO nach dem Verwaltungs-Vollstreckungsgesetz. Vollstreckungsbehörde ist der Vorsitzende des Gerichts des ersten Rechtszuges (§ 4 Rn. 9). Er kann für die Ausführung der Vollstreckung eine andere Vollstreckungsbehörde oder einen Gerichtsvollzieher in Anspruch nehmen. **24**

Der Gerichtsvorsitzende vollstreckt nur aus den in § 168 Abs. 1 VwGO genannten gerichtlichen Titeln. Das folgt aus den §§ 169, 170, 172 VwGO. Er vollstreckt also weder einen Verwaltungsakt (§ 35 VwVfG) noch einen öffentlich-rechtlichen Vertrag (§§ 54, 61 VwVfG). Vergleiche, die in einem verwaltungsrechtlichen Vertrag gemäß § 55 VwVfG abgeschlossen werden, sind im Gegensatz zu gerichtlichen Vergleichen (§ 168 Abs. 1 Nr. 3 VwGO) keine Vollstreckungstitel und unterliegen deshalb keinen speziellen gesetzlichen Anforderungen für eine unmittelbare Vergleichsvollstreckung (*VGH Hessen* B 19.4.1989 – 3 TM 668/89, juris Rn. 8 = NVwZ 1990, 481 = ESVGH 40, 159 L). Die Vollstreckung richtet sich allein gegen Private.

Nach seinem Wortlaut betrifft § 169 VwGO nur die Vollstreckung zugunsten der **öffentlichen Hand.** Andere Vereinigungen und Institutionen sind ausgeschlossen (vgl. *OVG Lüneburg B* 20.10.1998 – 13 O 3662/98, NJW 1999,1882 = NdsVBl. 1999, 170 = DÖV 1999, 566 = NVwZ 1999, 786 L betreffend Zentralrat der Juden).

Nach dem Wortlaut des § 169 Abs. 2 VwGO ist der Gerichtsvorsitzende für die Vollstreckung zur Erzwingung von Handlungen, Duldungen und Unterlassungen zuständig. Darüber hinaus erstreckt sich seine Kompetenz aber auch auf die Herausgabe von Sachen. Denn sie gehört ebenfalls zu den Vollstreckungszielen des § 6 Abs. 1 VwVG.

Der Gerichtsvorsitzende erlässt keine Vollstreckungsanordnung. Eine solche ist gemäß § 3 Abs. 1 VwVG nur bei der Vollstreckung von Geldforderungen vorgeschrieben (*OVG Bautzen* B 26.8.2009 – 1 E 64/09, NVwZ-RR 2010, 88). Mit der Vollstreckungsanordnung übernimmt die Anordnungsbehörde die Verantwortung dafür, dass die Vollstreckungsvoraussetzungen gemäß § 3 Abs. 2 und 3 VwVG gegeben sind (§ 3 Rn. 3). Dafür besteht bei der Vollstreckung eines gerichtlichen Titels nach §§ 168 Abs. 1, 169 Abs. 1 VwGO kein Bedarf. Der nach § 169 Abs. 1 S. 2 VwGO als Vollstreckungsbehörde berufene Vorsitzende des Gerichts des ersten Rechtszug wird weder von Amts wegen noch auf behördliche Anordnung, sondern auf Antrag des Inhabers des Vollstreckungstitels tätig und prüft das Vorliegen der Vollstreckungsvoraussetzungen in eigener Verantwortung. Neben diesem Antrag ist für eine behördliche Vollstreckungsanordnung kein Raum (*OVG Berlin-Brandenburg* B 2.11.2016 – OVG 3 K

90.15, juris Rn. 8 = NVwZ-RR 2017, 172; *BayVGH* B 19.11.1984 – 8 C 84 A.2557, NVwZ 1985, 352; *BayVGH* B 20.10.1998 – 14 C 98.576, juris Rn. 8; ebenso Kopp/*Schenke*, § 169 VwGO Rn. 3, 5; *Bader*/Funke-Kaiser/Stuhlfauth/von Albedyll, § 169 VwGO Rn. 2).

25 Die Voraussetzungen der Gerichtsvollstreckung unterscheiden sich wesentlich von denen der Verwaltungsvollstreckung: Gemäß § 6 Abs. 1 ist unabdingbare Vollstreckungsvoraussetzung, dass ein Verwaltungsakt entweder unanfechtbar oder vollziehbar ist. Dagegen ist nach § 169 VwGO nur erforderlich, dass ein Vollstreckungstitel laut § 168 Abs. 1 VwGO vorliegt. Einer Vollstreckungsklausel bedarf es gemäß § 171 VwGO nicht. Allerdings muss der gerichtliche Titel nach § 56 VwGO zugestellt werden.

26 Im Vollstreckungsverfahren des § 169 VwGO ist die **Entscheidung des Gerichtsvorsitzenden** zu werten wie ein Vollstreckungsverwaltungsakt einer Vollzugsbehörde. Seine Entscheidung kann nach Maßgabe des **§ 146 VwGO** mit der **Beschwerde** an das Oberverwaltungsgericht bzw. den Verwaltungsgerichtshof (§ 184 VwGO) angefochten werden. Hier gilt das Gleiche wie bei der Vollstreckung wegen Geldforderungen. Der Rechtsschutz wird also nicht nach § 18 gewährleistet (§ 18 Rn. 41).

Beispiele:

– In einem gerichtlichen Vergleich hatte sich der Betreiber eines illegalen Autowrackplatzes zur Räumung des Geländes von Autowracks und Wrackteilen verpflichtet. Er hielt seine Zusage jedoch nicht ein. Daraufhin drohte der Gerichtsvorsitzende ein Zwangsgeld an. Das war rechtswidrig. Denn die Ersatzvornahme war nicht untunlich, wie es § 11 Abs. 1 S. 2 voraussetzt. Aus diesem Grund hob das Beschwerdegericht die Entscheidung auf (*VGH Kassel* B 19.4.1989 – 3 TM 668/89, NuR 1989, 442 = UPR 1989, 315 = NVwZ 1990, 481).

– Ein Gerichtsvorsitzender drohte auf der Grundlage des Verwaltungsvollstreckungsgesetzes eines Landes ein Zwangsgeld in Höhe von 10.000 DM an. Das war rechtswidrig. Denn nach dem hier anzuwendenden § 11 Abs. 3 betrug das Zwangsgeld damals höchstens 2.000 DM. Aus diesem Grund ermäßigte das Beschwerdegericht das Zwangsgeld auf den bundesgesetzlichen Höchstbetrag von 2.000 DM.
  Das ist auch dann zulässig, wenn die Zwangsgeldandrohung rechtskräftig geworden ist. Zwar ist anerkannt, dass der Vollstreckungsschuldner nach Unanfechtbarkeit der zugrunde liegenden Zwangsgeldandrohung mit Einwendungen gegen die Art dieses Zwangsmittels und die Angemessenheit des Betrags ausgeschlossen ist und nur noch Mängel der Zwangsgeldfestsetzung selbst geltend machen kann. Hält sich das entsprechend der Androhung festgesetzte Zwangsgeld aber nicht innerhalb des gesetzlichen Rahmens, sondern überschreitet es den gesetzlich zulässigen Höchstbetrag sogar um ein Vielfaches, liegt ein schwerwiegender Fehler der Zwangsgeldfestsetzung selbst vor, der im Rahmen des gerichtlichen Vollstreckungsverfahrens nach § 169 Abs. 1 VwGO von dem festsetzenden Vollstreckungsgericht im Wege der Abhilfe oder vom Beschwerdegericht zu korrigieren ist (*VGH Mannheim* B 19.7.1996 – 5 S 1883/96, juris Rn. 5 = VBlBW 1996, 463 = NVwZ-RR 1997, 765).

27 Zu den Vollstreckungsbehörden, die der Gerichtsvorsitzende gemäß § 169 Abs. 1 S. 2, 2. Halbs. VwGO in Anspruch nehmen kann, gehört bei einem gerichtlichen Titel – etwa einem Vergleich – auch die **Gläubigerbehörde.** Er darf ihr allerdings die Vollstreckung nur für einzelne sachbezogene Maßnahmen übertragen. Dagegen könnte man einwenden: Wäre der Prozessvergleich nicht geschlossen und die Anfechtungsklage abgewiesen worden, hätte die Behörde gemäß § 7 Abs. 1 ohnehin die zwangsweise

Durchsetzung des grundlegenden Verwaltungsaktes vorzunehmen. Doch ist nach §169 VwGO eine Pauschalübertragung nicht zulässig. Denn der Vorsitzende kann die Vollstreckungshilfe nur „in Anspruch nehmen". Er darf sie also nicht aus der Hand geben (*OVG Lüneburg* B 23.4.1971, 1 B 27/71, OVGE Lüneburg 27, 410 = MDR 1972, 82; *OVG Münster* B 2.6.2000 – 10 E 163/00, NVwZ-RR 2001, 188 = NWVBl. 2001, 65; *VGH Kassel* B 26.3.2004 – 3 TM 1626/03, NVwZ-RR 2004, 524; *VGH Kassel* B 8.6.2004 – 9 TM 1196/01, NVwZ-RR 2004, 796; *VGH Mannheim* B 12.3.1993 – 5 S 285/93, NVwZ-RR 1994, 120; *VG Gelsenkirchen* B 12.3.2012 – 15 M 7/12, NVwZ-RR 2012, 457).

Das Gleiche gilt für den **Gerichtsvollzieher** (*OVG Münster* B 16.7.1976 – 10 B 314/76, OVGE Münster 32, 104 = DVBl. 1976, 950 = NJW 1977, 727 = DÖV 1977, 532 = VerwRspr. 28, 1015).

Die **Zuständigkeit des Vorsitzenden** ist gemäß §169 Abs.1 S.2 VwGO **personengebunden.** Sie kann deswegen nicht von seiner Kammer auf den Einzelrichter übertragen werden (§4 Rn.16). Der Einzelrichter ist auch dann nicht Vollstreckungsbehörde, wenn der zu vollstreckende Titel aus einem Verfahren stammt, das ihm zur Entscheidung übertragen war (§4 Rn.16). 28

Örtlich zuständig ist der Vorsitzende jenes Gerichts, das in dem Rechtsstreit, der zum Erlass des zu vollstreckenden Titels geführt hat, Gericht des ersten Rechtszuges gewesen ist (*OVG Münster* B 8.5.1981 – 11 B 667/81, OVGE Münster 35, 244 = KKZ 1981, 187 = NJW 1981, 2771). Hat zum Beispiel im Erkenntnisverfahren das *VG Potsdam* entschieden, ist es auch dann als Vollstreckungsgericht örtlich zuständig, wenn der Schuldner nach Dessau verzogen ist (*VG Dessau* B 22.1.2001 – 1 D 378/00 DE, DÖV 2001, 1008 = NVwZ-RR 2002, 238). 29

Wird die **Vollstreckung im Wege der Amtshilfe von Organen der Länder** wahrgenommen, ist sie gemäß §169 Abs.2 VwGO nach landesrechtlichen Bestimmungen durchzuführen. Das ist Vollstreckungshilfe (vgl. *OVG Lüneburg* B 18.10.1990 – 9 O 36/90, DÖV 1991, 565 = KKZ 1991, 238 = NVwZ-RR 1991, 387). 30

Vollstreckungshilfe ist eine besondere Form der allgemeinen Amtshilfe. Nach der Legaldefinition des §4 Abs.1 VwVfG ist Amtshilfe nur eine „ergänzende" Hilfe. „Grundsätzlich gilt, dass der Verwaltungsträger, dem durch eine Kompetenznorm des Grundgesetzes Verwaltungsaufgaben zugewiesen sind, diese Aufgaben durch eigene Verwaltungseinrichtungen – mit eigenen personellen und sächlichen Mitteln – wahrnimmt" (*BVerfG* B 12.1.1083 – 2 BvL 23/81, BVerfGE 63, 1, 32 = ZfSH 1983, 266 = NVwZ 1983, 537). Deshalb darf Amtshilfe nur für einzelne Teile einer Aufgabe in Anspruch genommen werden, nicht für deren gesamte Erledigung. Sie ist **auf Teilgebiete eines Verwaltungsverfahrens begrenzt** (*BVerfG* B 13.7.2011 – 2 BvR 742/10, NVwZ 2011, 1254 = NJW 2011, 3640 L). Der Vorsitzende des Gerichts des ersten Rechtszugs kann somit die Durchführung einzelner Vollstreckungshandlungen übertragen, nicht hingegen die Vollstreckung insgesamt. Er muss zumindest die Auswahl der nach §9 zulässigen Zwangsmittel treffen und die Vollstreckung überwachen (*OVG Nordrhein-Westfalen* B 16.7.1976 – X B 314/76, NJW 1977, 727 = DÖV 1977, 532).

Bei der Vollstreckung durch den Gerichtsvorsitzenden ist **sofortiger Vollzug ausgeschlossen.** Denn §6 Abs.2 setzt einen fehlenden Verwaltungsakt voraus. In das Gerichtsverfahren übertragen, müsste ein gerichtlicher Vollstreckungstitel fehlen. Das 31 ist nicht der Fall: Ein Titel gemäß § 168 VwGO liegt vor. Er ist, entsprechend § 6 Abs. 1 VwVG, die gesetzliche und unerlässliche Vollstreckungsgrundlage für die Zuständigkeit des Vorsitzenden nach § 169 VwGO. Gleichwohl ist der Eilrechtsschutz in Notfällen gesichert. Der Vorsitzende kann nämlich laut § 123 VwGO durch den Erlass einer einstweiligen Anordnung vorläufigen Rechtsschutz gewährleisten.

II. Zu Absatz 2

32 Um zu vermeiden, dass eine Behörde der höheren oder obersten Verwaltungsstufe tätig wird, bestimmt § 7 Abs. 2, dass der Vollzug den **Behörden der unteren Verwaltungsstufe übertragen** werden kann.

Das ist allgemein geschehen. Eine solche Regelung ist im Übrigen auch zweckmäßig. Denn die untere Verwaltungsbehörde hat die größere Sachnähe zum Vollstreckungsvorgang.

Hierdurch verzichtet die höhere Aufsichtsbehörde für den Einzelfall oder allgemein auf ihr originäres Recht der Selbstvollstreckung. Damit entfällt der in § 68 Abs. 1 S. 2 Nr. 1 VwGO grundsätzlich bestimmte Ausschluss des Vorverfahrens. Infolgedessen muss gemäß § 68 Abs. 1 S. 1 VwGO ein **Vorverfahren stattfinden.** Der Pflichtige ist also berechtigt, nach § 69 VwGO gegen die Androhung und die Festsetzung eines Zwangsmittels Widerspruch zu erheben.

Die Rechtsfolge des § 7 Abs. 2 kann auch durch ein vorrangiges **Spezialgesetz** vorgeschrieben sein. So darf zum Beispiel ein Zwangsgeld gegen einen Beförderungsunternehmer sowohl durch das Bundesministerium des Innern als auch durch die von ihm bestimmte Stelle festgesetzt und beigetrieben werden: § 63 Abs. 3 S. 2 AufenthG.

Besonders notwendig wegen meistens fehlender Ortsnähe ist die Entlastung der höheren Straßenverkehrsbehörde. So bestimmt § 8 Abs. 1 S. 3 VwVfG Berlin in Abweichung zu § 7 VwVG, dass für Maßnahmen im Straßenverkehr auch der Polizeipräsident, die Bezirksämter und die Berliner Verkehrsbetriebe Vollzugsbehörden sind.

Anhang:

Vergleichbares Landesrecht

33 **(1) Baden-Württemberg:** § 4 LVwVG.

(2) Bayern: Art. 30 VwZVG.

(3) Berlin: § 8 Abs. 1 S. 1 VwVfG Berlin = § 7 VwVG.

(4) Brandenburg: § 26 VwVGBbg.

(5) Bremen: § 12 BremVwVG.

(6) Hamburg: § 4 HmbVwVG.

(7) Hessen: § 68, § 6 HessVwVG.

(8) Mecklenburg-Vorpommern: § 82 SOG M-V. Regelung entsprechend § 7 Abs. 2 fehlt.

(9) Niedersachsen: § 70 NVwVG i.V.m. § 64 Abs. 3 Nds. SOG.

(10) Nordrhein-Westfalen: § 56 VwVG NRW.

(11) Rheinland-Pfalz: §4 LVwVG.

(12) Saarland: §14 SVwVG.

(13) Sachsen: §4, §5 SächsVwVG.

(14) Sachsen-Anhalt: §71 VwVG LSA i.V.m. §53 Abs. 3 SOG LSA.

(15) Schleswig-Holstein: §231 LVwG. Regelung entsprechend §7 Abs. 2 fehlt.

(16) Thüringen: §43 ThürVwZVG.

§ 8 Örtliche Zuständigkeit

Muss eine Zwangsmaßnahme außerhalb des Bezirks der Vollzugsbehörde ausgeführt werden, so hat die entsprechende Bundesbehörde des Bezirks, in dem sie ausgeführt werden soll, auf Ersuchen der Vollzugsbehörde den Verwaltungszwang durchzuführen.

Übersicht

I. Örtliche Zuständigkeit

1 Die amtliche Überschrift zu §8 greift zu kurz. Zwar verhält die Vorschrift sich zur **örtlichen Zuständigkeit**, indem sie davon ausgeht, dass die Behörde innerhalb ihres Bezirks Zwangsmaßnahmen ausführen kann. Ob § 8 diese örtliche Zuständigkeit regelt oder voraussetzt, kann dahinstehen. Geht man davon aus, dass §8 keine eigene Zuständigkeitsregelung enthält, folgt die örtliche Begrenzung der Vollstreckungsbehörde auf ihren eigenen Bezirk aus der allgemeinen Vorschrift des **§3 VwVfG.** Wegen dieser Eingrenzung der örtlichen Zuständigkeit darf die Vollstreckungsbehörde eine Zwangsmaßnahme außerhalb ihres Bezirks nicht ausführen. In diesem Fall ist die Behörde auf **Vollstreckungshilfe** angewiesen (Rn. 3). Diese regelt §8 in erster Linie. Zutreffender wäre daher die Überschrift „Örtliche Zuständigkeit, Vollstreckungshilfe".

Auf den vergleichbaren Fall der Amtshilfe als Vollstreckungshilfe bei der Vollstreckung wegen Geldforderungen wird hingewiesen (§5 Rn. 22ff.)

2 §8 betrifft lediglich die **Ausführung von Zwangsmaßnahmen**. Damit ist die Anwendung eines Zwangsmittels gemäß §15 Abs. 1 gemeint. Vorausgehende Beugemaßnahmen darf die Behörde unabhängig von §8 selbst treffen. So obliegt ihr die Androhung (§13) und die Festsetzung (§14) eines Zwangsmittels.

Postzustellungen gemäß §§3, 4 VwZG und die **Zustellung durch die Behörde** nach §5 VwZG sind keine Zwangsmaßnahmen. Infolgedessen werden sie von §8 nicht erfasst. Mithin kann die Vollzugsbehörde Zustellungen an den Verantwortlichen auch außerhalb ihres Bezirks bewirken.

II. Amtshilfe

3 Hält die Vollzugsbehörde die Anwendung von Zwang außerhalb ihres Bezirks für notwendig, beauftragt sie die **entsprechende Bundesbehörde** des zutreffenden Bezirks, den Zwang durchzuführen. Diese Vollstreckungshilfe ist eine speziell geregelte Form der **Amtshilfe**. Das Recht der Bundes- und Landesbehörden, Amtshilfe in Anspruch zu nehmen, und die Verpflichtung, sie zu leisten, ergeben sich grundlegend aus **Art. 35 Abs. 1 GG.** Diese verfassungsrechtliche Amtshilferegelung wird im Anwendungsbereich des Verwaltungsverfahrensgesetzes durch die §§ 4 bis 8 VwVfG einfachgesetzlich ausgestaltet und konkretisiert. § 8 VwVG ist lex specialis zu den §§ 4 ff VwVfG. Seine Regelungen gehen den allgemeinen Bestimmungen der §§ 4 ff VwVfG vor. Im Übrigen gelten die §§ 4 ff VwVfG auch für den Verwaltungszwang unmittelbar. In ihrem Anwendungsbereich ist für einen Rückgriff auf Art. 35 Abs. 1 GG kein Raum (Kopp/ *Ramsauer*, § 4 VwVfG Rn. 8).

Die durch das Gesetz vom 17.7.2009 (BGBl. I S. 2091, 2095, 2096) eingefügten §§ 8a bis 8e VwVfG sind hier ohne Bedeutung. Denn sie betreffen die Amtshilfe innerhalb der Europäischen Union.

In der Legaldefinition des § 4 Abs. 1 VwVfG wird die Amtshilfe als „ergänzende Hilfe auf Ersuchen" bezeichnet. Das bedeutet: Die um Amtshilfe ersuchte Behörde ergänzt durch ein Nebenverfahren das Verfahren der ersuchenden Behörde, bei welcher die Hauptsache anhängig ist. Damit richtet sich das Ersuchen an eine örtlich zuständige Behörde der gleichen Verwaltungsstufe des gleichen Verwaltungsbereichs. Diese ist verpflichtet, dem Ersuchen nachzukommen.

Entsprechend der Legaldefinition des § 4 Abs. 1 VwVfG ist Amtshilfe in allen Fällen nur eine „ergänzende" Hilfe. „Grundsätzlich gilt, dass der Verwaltungsträger, dem durch eine Kompetenznorm des Grundgesetzes Verwaltungsaufgaben zugewiesen sind, diese Aufgaben durch eigene Verwaltungseinrichtungen – mit eigenen personellen und sächlichen Mitteln – wahrnimmt" (*BVerfG* B 12.1.1083 – 2 BvL 23/81, BVerfGE 63, 1, 32 = ZfSH 1983, 266 = NVwZ 1983, 537). Also ist die **Amtshilfe auf Teilgebiete eines Verwaltungsverfahrens begrenzt** (*BVerfG* B 13.7.2011 – 2 BvR 742/ 10, NVwZ 2011, 1254 = NJW 2011, 3640 L).

4 Die Amtshilfe ist ein **behördeninternes Verfahren.** Das Amtshilfeersuchen ist demzufolge kein Verwaltungsakt iSd § 35 S. 1 VwVfG. § 8 schreibt für das Amtshilfeersuchen keine Form vor; es kann schriftlich, elektronisch, mündlich oder in sonstiger Form gestellt werden.

5 Amtshilfe liegt nach § 4 Abs. 2 Nr. 1 VwVfG nicht vor, wenn Behörden einander innerhalb eines bestehenden Weisungsverhältnisses Hilfe leisten. Dies lässt erkennen, dass alle Behörden die Amtshilfe im **Gleichordnungsverhältnis** leisten (vgl. *VGH München* U 25.1.2007 – 4 BV 04.3156, DÖV 2007, 345 = BayVBl 2007, 274). Insbesondere zwischen Behörden des Bundes und der Länder besteht kein Über-/Unterordnungsverhältnis. Daher gibt es auch kein Weisungsrecht einer Behörde gegenüber einer anderen. Ansonsten handelte es sich bei der Amtshilfe nicht um eine „ergänzende Hilfe", sondern um eine weisungsgebundene Auftragsangelegenheit.

6 Für die **Durchführung der Amtshilfe** gilt § 7 VwVfG: Die Zulässigkeit der Maßnahme, welche durch die Amtshilfe verwirklicht werden soll, richtet sich nach dem für die ersuchende, die Durchführung der Amtshilfe nach dem für die ersuchte Behörde gel-

tenden Recht. Die ersuchende Behörde trägt gegenüber der ersuchten Behörde die Verantwortung für die Rechtmäßigkeit der zu treffenden Maßnahme. Die ersuchte Behörde ist für die Durchführung der Amtshilfe verantwortlich.

Voraussetzungen, Grenzen und Rechtsfolgen einer **Weigerung** der ersuchten Behörde, **Amtshilfe zu leisten,** sind in §8 VwVG nicht geregelt. Deshalb finden die allgemeinen Bestimmungen des Verwaltungsverfahrensgesetzes Anwendung. 7

Gemäß §5 Abs. 2 S. 1 VwVfG **darf** die ersuchte Behörde Amtshilfe **nicht leisten** (Weigerungspflicht), wenn 8

1. sie hierzu aus rechtlichen Gründen nicht in der Lage ist oder
2. durch die Hilfeleistung dem Wohl des Bundes oder eines Landes erhebliche Nachteile bereitet würden.

Nach §5 Abs. 3 VwVfG **braucht** die ersuchte Behörde Amtshilfe **nicht zu leisten** (Weigerungsrecht), wenn 1. eine andere Behörde die Hilfe wesentlich einfacher oder mit wesentlich geringerem Aufwand leisten kann, wenn sie 2. die Hilfe nur mit unverhältnismäßig großem Aufwand leisten könnte oder wenn sie 3. unter Berücksichtigung der Aufgaben der ersuchenden Behörde durch die Hilfeleistung die Erfüllung ihrer eigenen Aufgaben ernstlich gefährden würde. 9

Die Aufzählung der Weigerungsgründe in §5 Abs. 3 VwVfG ist abschließend. Die Amtshilfe kann auch nicht deshalb verweigert werden, weil die ersuchte Behörde die Voraussetzungen für das Amtshilfeersuchen nicht für gegeben und das Ersuchen deshalb für rechtswidrig hält: Wie aus dem Wortlaut des §5 Abs. 2 Nr. 1 VwVfG folgt, **bezieht sich der Verbotsgrund allein auf die Vornahme der Amtshilfehandlung als solcher**, nicht aber auf die ihr zugrunde liegende Maßnahme der ersuchenden Behörde. Der Verbotsgrund greift danach ein, wenn die ersuchte Behörde aus Rechtsgründen gehindert ist, das Zwangsmittel abzuwenden. Er ist dagegen nicht einschlägig, wenn die ersuchte Behörde Zweifel an der Rechtmäßigkeit der Vollstreckung hegt. Der ersuchten Behörde die Befugnis einzuräumen, das Gesamtvorhaben der ersuchenden Behörde einer rechtlichen Prüfung zu unterziehen, widerspräche nicht nur dem eindeutigen Wortlaut des Gesetzes, sondern auch dem Sinn und Zweck der amtshilferechtlichen Regelungen. Die ersuchte Behörde soll die Amtshilfe nicht aus Gründen verweigern dürfen, die mit der zu verwirklichenden Maßnahme der ersuchenden Behörde in Zusammenhang stehen. Denn die Vorschriften des Amtshilferechts vermitteln der ersuchten Behörde bzw. der Körperschaft, der sie angehört, keine Rechtsstellung, die sie ermächtigt, durch die Verweigerung der Amtshilfe auf den Fortgang eines Verwaltungsverfahrens der ersuchenden Behörde Einfluss zu nehmen und die von dieser Behörde zu treffende Entscheidung, die allein sie rechtlich zu verantworten hat, faktisch zu verhindern. Für solches Verhalten fehlt der ersuchten Behörde die sachliche Kompetenz. Hält sie die Maßnahme für rechtswidrig und kann sie geltend machen, in eigener Rechtsstellung betroffen zu sein, verbleibt ihr die Möglichkeit, die jeweils gegebenen Rechtsbehelfe einzulegen, um ihre Rechte zu wahren (vgl. *VGH Baden-Württemberg* U 15.3.1990 – 1 S 282/90, juris Rn. 18 = NVwZ-RR 1990, 337 = VBlBW 1990, 299).

Ein Weigerungsrecht kommt ausnahmsweise in Betracht, wenn die **Vollstreckung offensichtlich rechtswidrig** ist, ihm also die Rechtswidrigkeit geradezu "auf die Stirn geschrieben ist" (Kopp/*Ramsauer*, §5 VwVfG Rn. 28 m.w.N.; offen gelassen von *VGH*

Baden-Württemberg U 15.3.1990 – 1 S 282/90, juris Rn. 19 = NVwZ-RR 1990, 337 = VBlBW 1990, 299). Unter dieser Voraussetzung ist es der ersuchten Behörde, die gemäß Art. 20 Abs. 3 GG an Recht und Gesetz gebunden ist, schlichtweg unzumutbar, das Zwangsmittel anzuwenden.

10 Hält die ersuchte Behörde sich zur Amtshilfe nicht für verpflichtet, teilt sie der ersuchenden Behörde ihre Auffassung mit. Besteht diese auf der Amtshilfe, entscheidet die gemeinsame fachlich zuständige Aufsichtsbehörde oder, sofern eine solche nicht besteht, die für die ersuchte Behörde zuständige **Fachaufsichtsbehörde**, § 5 Abs. 5 VwVfG.

Der Antrag an die Aufsichtsbehörde, über die Amtshilfeverweigerung der ersuchten Behörde zu entscheiden, ist rein fachbezogen. Er darf nicht als Dienstaufsichtsbeschwerde (im Sinne einer Petition nach Art. 17 GG) eingebracht und behandelt werden. Denn diese enthält den Vorwurf, dass ein Amtsträger durch persönliches Fehlverhalten seine Dienstpflichten verletzt habe. Dagegen entscheidet die Aufsichtsbehörde in schiedsrichterlicher Art über ganz sachliche Meinungsverschiedenheiten zweier Behörden.

11 Die **Entscheidung der Fachaufsichtsbehörde** gegen die ersuchende Behörde eines anderen Rechtsträgers ist **kein Verwaltungsakt.** Denn sie klärt nur, ob die ersuchte Behörde Amtshilfe als „ergänzende Hilfe" i.S.d. § 4 Abs. 1 VwVfG zur Durchsetzung eines von der ersuchenden Behörde erlassenen Verwaltungsaktes zu leisten hat oder nicht. Bei diesem Schiedsverfahren nimmt die Aufsichtsbehörde zu dem erlassenen Verwaltungsakt keine weitere Regelung des Einzelfalles vor.

Infolgedessen kann eine Verpflichtungsklage mit Vorverfahren gemäß §§ 42 Abs. 1, 68 ff. VwGO nicht in Betracht kommen. Der Rechtsschutz ist durch eine allgemeine Leistungsklage ohne Vorverfahren nach § 43 Abs. 2 VwGO gewährleistet.

§ 8 trifft keine Bestimmung über die **Kosten der Vollstreckungshilfe**. Abzustellen ist daher auf § 8 VwVfG. Hiernach gilt der Grundsatz der Unentgeltlichkeit. Die ersuchende Behörde hat der ersuchten Behörde für die Amtshilfe keine Verwaltungsgebühr zu entrichten. Die notwendigen Auslagen, wie Portokosten, Telefonkosten, Reisekosten, Zeugenentschädigungen etc. (vgl § 10 VwKostG), hat sie der ersuchten Behörde auf Anforderung zu erstatten, wenn sie im Einzelfall 35 Euro übersteigen. Nicht erstattungsfähig sind die allgemeinen Verwaltungskosten (Personal- und Sachkosten) der ersuchten Behörde.

Leisten Behörden desselben Rechtsträgers einander Amtshilfe, so werden die Auslagen nicht erstattet. Diese Regelung soll Kostenbewegungen zwischen Behörden desselben Rechtsträgers vermeiden, die letztlich aus einem einheitlichen Haushalt finanziert werden (Kopp/*Ramsauer*, § 8 VwVfG Rn. 10). Daher entfällt die Erstattung der Auslagen, wenn eine Bundesbehörde für eine andere Bundesbehörde tätig wird, nicht aber, wenn eine Bundesbehörde eine haushaltsrechtlich (teilweise) verselbstständigte Behörde der mittelbaren Bundesverwaltung oder eine Landesbehörde in Anspruch nimmt.

12 Nach § 8 haben Bundesbehörden anderen Bundesbehörden Amtshilfe zu leisten. Soll die Vollstreckung im Wege der **Amtshilfe von Organen der Bundesländer** vorgenommen werden, findet das Amtshilferecht der Länder Anwendung. Hier ist die Vollstreckung nach landesrechtlichen Bestimmungen durchzuführen. Demzufolge besteht die gleiche Rechtslage wie gemäß § 5 Abs. 2 bei der Amtshilfe von Organen der Länder, die zur Vollstreckung von Geldforderungen geleistet wird.

Diese Vorschriften der Landesverwaltungsverfahrensgesetze stimmen ihrem Wortlaut nach mit dem Verwaltungsverfahrensgesetz des Bundes überein. Gegen sie ist daher gemäß § 137 Abs. 1 Nr. 2 VwGO die Revision zulässig (vgl. *BVerwG* U 26.6.2002 – 8 C 30/01, BVerwGE 116, 332, 333 = DVBl. 2003, 270 = NVwZ 2003, 221; *BVerwG* B 30.11.1994 – 4 B 243/94, DÖV 1995, 384 = UPR 1995, 195 = NVwZ-RR 1995, 299 = BRS 56 Nr. 213 = Buchholz 310 § 80 VwGO Nr. 59).

Soll zu Gunsten des Bundes, eines Landes, eines Gemeindeverbandes, einer **13** Gemeinde oder einer Körperschaft, Anstalt oder Stiftung des öffentlichen Rechts aus einem **gerichtlichen Titel** vollstreckt werden, so richtet sich die Vollstreckung gemäß **§ 169 VwGO** nach dem Verwaltungs-Vollstreckungsgesetz. Vollstreckungsbehörde ist der Vorsitzende des Gerichts des ersten Rechtsweges (§ 4 Rn. 9). Er kann für die Ausführung der Vollstreckung eine andere Vollstreckungsbehörde oder einen Gerichtsvollzieher in Anspruch nehmen. Dies folgt aus § 169 Abs. 1 S. 2 VwGO, der keine Beschränkung auf Vollstreckungsbehörden oder Gerichtsvollzieher des eigenen Gerichtsbezirks enthält. Der Vorsitzende des Gerichts des ersten Rechtsweges kann gemäß § 169 Abs. 1 S. 2 VwGO somit auch auswärtige Vollstreckungsbehörden oder Gerichtsvollzieher heranziehen. Eines Rückgriffs auf § 8 analog bedarf es hierfür nicht.

§ 169 Abs. 1 S. 2 VwGO geht der allgemeinen Regelung über die Amtshilfe in § 14 VwGO vor. Als spezielle Regelung steht § 169 Abs. 1 S. 2 VwGO einem Rückgriff auf § 14 VwGO entgegen; dies allerdings nur für die Ausführung der Vollstreckung, also die Amtshilfe. Die **Rechtshilfe** ist in § 169 VwGO nicht besonders geregelt. Deshalb ist der Vorsitzende des Gerichts des ersten Rechtsweges nicht gehindert, in Rahmen des § 169 VwGO von anderen Gerichten und Behörden gemäß § 14 VwGO Rechtshilfe in Anspruch zu nehmen. Hiernach kann der Gerichtsvorsitzende im Wege der Rechtshilfe auch einen anderen Gerichtsvorsitzenden außerhalb seines Gerichtsbezirks in Anspruch nehmen. Eines Rückgriffs auf § 8 analog bedarf es hierfür nicht.

Der Begriff der **Rechts- und Amtshilfe** hat weder in Art. 35 Abs. 1 GG oder Art. 44 **14** Abs. 3 GG noch in den einfachgesetzlichen Konkretisierungen eine umfassende Definition erfahren. Für die Unterscheidung zwischen Rechtshilfe und Amtshilfe wird allgemein nicht darauf abgestellt, ob ein Gericht Hilfe leistet (dann Rechtshilfe) oder eine Behörde (dann Amtshilfe). Entscheidend ist vielmehr die Maßnahme, um die ersucht wird. Handelt es sich um eine richterliche, dh der rechtsprechenden Gewalt vorbehaltene Tätigkeit, liegt Rechtshilfe vor. Wird ein Gericht oder eine Behörde hingegen um eine nichtrichterliche Maßnahme ersucht, liegt Amtshilfe vor (Bader/*Funke-Kaiser*/Stuhlfauth/von Albedyll, § 14 VwGO Rn. 3, Kopp/Schenke/*Ruthig*, § 14 VwGO Rn. 1).

Rechtsvergleich: In bürgerlichen Rechtsstreitigkeiten und im Strafrecht ist die Rechtshilfe der Gerichte durch die §§ 156 ff. GVG geregelt.

Anhang:
Vergleichbares Landesrecht

15 **(1) Baden-Württemberg:** § 4 Abs. 3 LVwVG.

(2) Bayern: Art. 30 Abs. 2, 3 VwZVG.

(3) Berlin: § 8 VwVfG Berlin = § 8 VwVG.

(4) Hamburg: § 5 HmbVwVG.

(5) Hessen: § 5 HessVwVG.

(6) Rheinland-Pfalz: § 5 LVwVG.

(7) Saarland: § 3 SVwVG.

(8) Sachsen: § 4 SächsVwVG.

(9) Andere Länder: Sie leisten gleichwertige und gleichrangige Amtshilfe gemäß Art. 35 Abs. 1 GG sowie §§ 4 bis 8 VwVfG und den Amtshilfevorschriften der Landesverwaltungsverfahrensgesetze, die alle mit Bundesrecht übereinstimmen und deshalb gemäß § 137 Abs. 1 Nr. 2 VwGO revisibel sind (vgl. Rn. 12). Das Fehlen landesrechtlicher Regelungen entsprechend § 8 ist also unschädlich.

§ 9 Zwangsmittel

(1) Zwangsmittel sind:

a) Ersatzvornahme (§ 10),
b) Zwangsgeld (§ 11),
c) unmittelbarer Zwang (§ 12).

(2) [1]Das Zwangsmittel muss in einem angemessenen Verhältnis zu seinem Zweck stehen. [2]Dabei ist das Zwangsmittel möglichst so zu bestimmen, dass der Betroffene und die Allgemeinheit am wenigsten beeinträchtigt werden.

Übersicht

I. Zu Absatz 1

1 **1. Die Zwangsmittel.** Das Verwaltungs-Vollstreckungsgesetz erlaubt der Behörde nicht, in jedweder Form, die ihr zweckmäßig erscheint, Zwang auszuüben. Vielmehr kennt das Gesetz nur drei Zwangsmittel. Diese sind in § 9 Abs 1 bestimmt. Hierbei handelt es sich um

die Ersatzvornahme

- bei vertretbaren Handlungen (§ 10),

das Zwangsgeld

- grundsätzlich bei unvertretbaren Handlungen (§ 11 Abs. 1 S. 1),
- ausnahmsweise bei vertretbaren Handlungen (§ 11 Abs. 1 S. 2), bei Duldungen und Unterlassungen (§ 11 Abs. 2),

der Unmittelbarer Zwang

- ausnahmsweise bei vertretbaren und unvertretbaren Handlungen (§ 12).

Diese gesetzliche Bestimmung der drei zugelassenen Zwangsmittel geht auf überliefertes preußisches Recht zurück. Rechtsvorgänger sind § 132 des Preußischen Landesverwaltungsgesetzes vom 30.7.1883 (GS. S. 195) und § 55 des Preußischen Polizeiverwaltungsgesetzes vom 1.6.1931 (GS S. 77).

Die Zwangsmittel haben im Regelvollstreckungsverfahren nach § 6 Abs. 1 und im Verfahren des sofortigen Vollzugs nach § 6 Abs. 2 verschiedene Funktionen und unterschiedliche Bedeutung:

Gemäß **§ 6 Abs. 1** sind die Zwangsmittel dafür vorgesehen, einen Grundverwaltungsakt im **gestreckten Verwaltungszwangsverfahren** durchzusetzen (§ 15). Das geschieht nach Androhung (§ 13) und Festsetzung (§ 14) eines Zwangsmittels. In diesem Verfahren sind die Zwangsmittel ihrem Wesen nach **Beugemittel** (Rn. 15 bis 27). Sie haben einen subjektiven Inhalt mit dem Zweck, den Verantwortlichen zu veranlassen, seine persönliche Pflicht zu erfüllen. 2

Gemäß **§ 6 Abs. 2** handelt es sich dagegen nicht um ein derartiges Verfahren. Diese Sonderregelung lässt es vielmehr zu, im Notfall den Verwaltungszwang auch ohne vorausgehenden Grundverwaltungsakt durch **sofortigen Vollzug** anzuwenden (*Sadler,* „Sofortige Vollziehung“ und „sofortiger Vollzug“ in der Praxis, Polizei 2005, 185–189; *derselbe:* Verwaltungszwang durch sofortigen Vollzug nach § 6 Abs. 2 des Verwaltungs-Vollstreckungsgesetzes VwVG, Polizei 2008, 185–192). Damit entfällt die grundsätzliche Notwendigkeit, ein Zwangsmittel anzudrohen (§ 13 Abs. 1 S. 1) und festzusetzen (§ 14 S 2). Denn kraft Sachverhalts kann hier naturgemäß eine persönliche Verpflichtung nicht erzwungen werden. Der sofortige Vollzug hat also einen rein objektiven Inhalt und Zweck. 3

Infolgedessen können bei dem sofortigen Vollzug des § 6 Abs. 2 allein die Ersatzvornahme und der unmittelbare Zwang Anwendung finden. Das Zwangsgeld ist ausgeschlossen. Es ist nämlich als indirektes Druckmittel dafür vorgesehen, eine unvertretbare Handlung, Duldung oder Unterlassung des Pflichtigen zu erzwingen, die nur von seinem Willen abhängt. Wegen des objektiven Inhalts des sofortigen Vollzuges sind die Ersatzvornahme und der unmittelbare Zwang **keine Beugemittel** i.S.d. gestreckten Verfahrens nach § 6 Abs. 1. Denn bei der objektiven Anwendung des Verwaltungszwanges im sofortigen Vollzug des § 6 Abs. 2 kann eben naturgemäß eine subjektive Verpflichtung nicht in Betracht kommen (§ 6 Rn. 265).

Die drei Zwangsmittel gelten für die **Vollzugsbehörde** nach § 7 und gemäß § 169 Abs. 1 VwGO auch für den **Vorsitzenden des Verwaltungsgerichts** des ersten Rechtszuges in seiner Eigenschaft als Vollstreckungsbeauftragter (§ 4 Rn. 9; § 7 Rn. 24). 4

5 Im Verwaltungs-Vollstreckungsgesetz sind die drei **Zwangsmittel abschließend** und ausschließlich bestimmt. Andere als die in § 9 Abs. 1 konkret bezeichneten Maßnahmen dürfen zur zwangsweisen Durchsetzung eines erlassenen (§ 6 Abs. 1) oder gedachten (§ 6 Abs. 2) Verwaltungsaktes nicht eingesetzt werden. Der Behörde steht kein Zwangsmittelerfindungsrecht zu. Jedes sonstiges Druck- oder Beugemittel ist unzulässig. § 9 Abs. 1 statuiert somit einen **Numerus clausus** der Zwangsmittel.

Beispiele:
- Die Bauordnungsbehörde darf die Aushändigung der Bauerlaubnis nicht davon abhängig machen, dass der Bauherr zu Gunsten seines Nachbarn ein Wegerecht als Grunddienstbarkeit im Grundbuch eintragen lässt.
- Die Umweltbehörde darf einen Sozialhilfeempfänger nicht zwingen, Müll von seinem Laubengrundstück zu entfernen, indem sie ihm die Unterstützung vorenthalten lässt.
- Die Straßenverkehrsbehörde darf die Herausgabe des Führerscheins nicht mit der Drohung erzwingen, den Betroffenen in der Lokalzeitung als Trunkenbold an den Pranger zu stellen.
- Eine Fachhochschule ist nicht berechtigt, die Aushändigung des Abschlusszeugnisses und der Graduierungsurkunde an den Bewohner eines von ihr betriebenen Studentenwohnheims davon abhängig zu machen, dass er zuvor das von ihm bewohnte Zimmer im Wohnheim fristgerecht räumt (*VG Frankfurt/Main* B 30.3.1972 – II/1 – G 79/72 –: HessVGRspr. 1972, 88).
- Die Polizei darf eine möglicherweise lebensrettende Aussage nicht durch die Drohung mit Folter (sog. „Rettungsfolter, „Gefahrenabwehrfolter", hierzu Lisken/Denninger/*Graulich*, E Rn. 887) erzwingen – Fall Daschner (*LG Frankfurt* U 20.12.2004 – 5/27 KLs 7570 Js 203814/03 [4/04], 5-27 KLs 7570 Js 203814/03 [4/04], juris = NJW 2005, 692 = RiA 2005, 85 = NStZ 2005, 276 L).

Versucht eine Behörde, den Willen des Betroffenen auf diese Art in ungesetzlicher Weise zu beugen, setzt sie sich dem Verdacht der Nötigung im Amt gemäß § 240 Abs. 4 S. 2 Nr. 2 StGB aus.

6 **Spezialgesetzliche Bestimmungen** über zulässige Zwangsmittel und deren Anwendung gehen § 9 vor. So sehen §§ 57 f. des Aufenthaltsgesetzes zur Vollziehung der Ausreisepflicht die Zurück- bzw. Abschiebung als besondere Formen des unmittelbaren Zwanges vor. Gemäß § 16a Abs. 1 Nr. 2 TierSchG darf die Behörde ein verhaltensauffälliges Tier dem Halter fortnehmen und anderweitig pfleglich unterbringen. Der Sache nach handelt es bei der Fortnahme und anderweitigen Unterbringung um eine besondere tierschutzrechtliche Maßnahme der Verwaltungsvollstreckung in der Form der Anwendung unmittelbaren Zwangs (*BVerwG* U 7.8.2008 – 7 C 7/08, juris Rn. 29 = BVerwGE 131, 346 = NVwZ 2009, 120 = DVBl 2008, 1247). Eine Form des unmittelbaren Zwanges ist auch die **Versiegelung** von Baustellen oder Bauwerken zur Durchsetzung einer Einstellungsverfügung oder Nutzungsuntersagung, welche die Bauaufsichtsbehörde auf bauordnungsrechtlicher Grundlage (z.B. § 64 Abs. 2 BauO Baden-Württemberg, § 79 Abs. 2 BauO Niedersachen) verfügt hat. In den Bundesländern, in denen die Versiegelung in der Bauordnung nicht ausdrücklich vorgesehen ist, findet sie als Zwangsmittel ihre rechtliche Grundlage im allgemeinen Verwaltungsvollstreckungsrecht des jeweiligen Bundeslandes (so etwa in Nordrhein-Westfalen, vgl. *OVG NRW* B 27.12.1999 – 7 B 2016/99, juris Rn. 10 = BauR 2000, 1859 = BRS 63 Nr. 215 [2000]). Hierzu § 12 Rn. 48–55.

Das System der Zwangsmittel im **Verwaltungsvollstreckungsrecht der Bundesländer** entspricht im Wesentlichen dem Rechtszustand nach § 9. Die Verwaltungsvollstreckungsgesetze aller Länder sehen als Zwangsmittel die Ersatzvornahme, das Zwangsgeld und den unmittelbaren Zwang vor. Anstelle der Ersatzzwangshaft haben die Länder Hamburg (§§ 11, 16 VwVG), Rheinland-Pfalz (§ 25e VwVG) und Saarland (§ 13 Abs. 1 Nr. 4, § 28 VwVG) die **Erzwingungshaft** vorgesehen. Sie unterscheidet sich vom Zwangsgeld dadurch, dass sie nicht nur bei Erfolglosigkeit des Zwangsgeldverfahrens, sondern nach Erfolglosigkeit jedes Zwangsmittels angeordnet werden kann. Sie kommt nur in Betracht, wenn die Wiederholung oder die Anwendung eines anderen Zwangsmittels offenbar keinen Erfolg verspricht. Der Anwendungsbereich der Erzwingungshaft geht damit über die Ersatzzwangshaft des § 16 weit hinaus. Sie ist aber gegenüber den anderen Zwangsmitteln nachrangig. Das entspricht dem Grundsatz der Verhältnismäßigkeit (vgl. *VG Hamburg* B 17.10.2012 – 2 V 2522/12, DÖV 2013, 912 L).

Baden-Württemberg (§ 27 VwVG), Hamburg (§ 18 VwVG), Hessen (§ 78 VwVG), Nordrhein-Westfalen (§ 62a VwVG), Saarland (26 VwVG) und Sachsen (§ 26 VwVG) nennen die **Zwangsräumung** als Unterfall des unmittelbaren Zwanges ausdrücklich. Als besonderer Fall des unmittelbaren Zwanges ist in Baden-Württemberg (§ 28 VwVG), Hamburg (§ 17 VwVG), Hessen (§ 77 VwVG), Saarland (§ 27 VwVG) und Sachsen (§ 27 VwVG) die **Wegnahme** normiert. Als weiteres Zwangsmittel kennen Hamburg (§ 19 VwVG) und Hessen (§ 79 VwVG) die **zwangsweise Vorführung**. Für die Verpflichtung zur Abgabe einer Willenserklärung ist in Brandenburg (§ 33 VwVG), Hamburg (§ 20 VwVG), Mecklenburg-Vorpommern (§ 100 VwVfG i.V.m. § 93 SOG), Saarland (24a VwVG), Sachsen (§ 24a VwVG), Schleswig-Holstein (§ 242 VwG) und Thüringen (§ 50a VwZVG) die **Fiktion** geregelt. Hiernach wir der Vollstreckungsschuldner so behandelt, als habe er die Erklärung, zu der er aus dem zu vollstreckenden Verwaltungsakt verpflichtet ist, abgegeben.

Der Wortlaut des § 9 Abs 1 lässt keinen **Anwendungsvorrang eines Zwangsmittels** vor **7**
dem anderen erkennen. Die hier aufgeführten Zwangsmittel scheinbar gleichrangig anwendbar. Das ist jedoch nicht der Fall. In § 9 Abs. 1 werden die Zwangsmittel lediglich bezeichnet. Ihre Eigenart und ihr Verhältnis zueinander ergeben sich aus den §§ 10, 11 und 12:

Nach § 10 kommt die Ersatzvornahme ihrer Art gemäß ausschließlich bei vertretbaren **8**
Handlungen in Frage. Zwangsgeld kommt nach § 11 grundsätzlich bei unvertretbaren Handlungen und Verhaltensweisen in Betracht. Bei vertretbaren Handlungen ist sie zulässig, wenn die Ersatzvornahme untunlich ist (siehe § 11 Abs. 1 S. 2).

Ersatzvornahme und Zwangsgeld unterscheiden sich in ihrem Wesen, sind **prinzipiell** **9**
aber **gleichrangig** anwendbar. Dagegen soll nach Ansicht von *Möller* das Verwaltungs-Vollstreckungsgesetz bei dem Zwangsgeld „seine Nachrangigkeit gegenüber der Ersatzvornahme“ angeordnet haben (Schoch/Schneider/Bier/*Möller*, § 169 Rn. 93, 106). Eine derartige Anordnung ist im Gesetz jedoch nicht enthalten. Vielmehr ergibt sich die Gleichwertigkeit der Ersatzvornahme und des Zwangsgeldes aus § 11 Abs. 1 S. 2, wonach das Zwangsgeld auch bei vertretbaren Handlungen verhängt werden kann, wenn die Ersatzvornahme untunlich ist. Der Gesetzgeber stellt das Zwangsgeld damit als alternativ anwendbares Zwangsmittel neben die Ersatzvornahme und ordnet es nicht etwa hinter diese als subsidiär zurück. Hätte der Gesetzgeber einen Anwen-

dungsnachrang für das Zwangsgeld vorsehen wollen, hätte nahegelegen, diesen Nachrang in derselben Weise zum Ausdruck zu bringen, wie er dies in § 12 für den unmittelbaren Zwang getan hat. In diesem Fall hätte sich angeboten, in § 11 die Formulierung aufzunehmen, dass Zwangsgeld bei vertretbaren Handlungen verhängt werden kann, „wenn die Ersatzvornahme nicht zum Ziel führt oder untunlich ist" (§ 11 Rn. 5 ff.). Hiervon hat der Gesetzgeber aber gerade abgesehen.

10 Von der Frage, in welchem rechtlichen Verhältnis die Ersatzvornahme und das Zwangsgeld prinzipiell zueinander stehen, ist die Frage zu unterscheiden, welches Zwangsmittel unter dem Gesichtspunkt der Verhältnismäßigkeit in einzelnen Fall vorrangig anzuwenden ist (hierzu nachstehend unter II.).

11 **Unmittelbarer Zwang** darf nach § 12 nur angeordnet werden, wenn die beiden anderen Zwangsmittel nicht zum Ziel führen oder untunlich sind.

Hiernach steht der unmittelbare Zwang für den Ausnahmefall zur Verfügung, dass die regulären Zwangsmittel versagen. Er ist das letzte Mittel (die **„ultima ratio"**: *Forsthoff*, S. 298, 300).

Die Anwendung unmittelbaren Zwanges ist nicht zwingend, aber häufig mit einer hohen Eingriffsintensität verbunden. Unmittelbarer Zwang greift in die hochrangigen Grundrechte auf Leben, körperliche Unversehrtheit, Freiheit der Person aus Art. 2 Abs. 2 S. 1 und 2 GG sowie in die Unverletzlichkeit der Wohnung gemäß Art. 13 Abs. 1 GG zT scharf ein. Die damit verbundene, intensive Grundrechtsbetroffenheit macht es erforderlich, die Anwendung unmittelbaren Zwanges rechtlich zu domestizieren und in rechtsstaatlich vertretbare Bahnen zu lenken. Diesem Zweck dient das Gesetz über den unmittelbaren Zwang bei Ausübung öffentlicher Gewalt durch Vollzugsbeamte des Bundes (UZwG) vom 10.3.1961 (BGBl. I S. 165/BGBl. III 201–5).

12 Nach der **Legaldefinition des § 2 Abs. 1 UZwG** ist unmittelbarer Zwang die Einwirkung auf Personen oder Sachen durch körperliche Gewalt, ihre Hilfsmittel und durch Waffen. Körperliche Gewalt ist jede unmittelbare körperliche Einwirkung auf Personen oder Sachen. Hilfsmittel der körperlichen Gewalt sind insbesondere Fesseln, Wasserwerfer, technische Sperren, Diensthunde, Dienstpferde und Dienstfahrzeuge. Waffen sind die dienstlich zugelassenen Hieb- und Schusswaffen, Reizstoffe und Explosivmittel (§ 2 Abs. 2 bis 4 UZwG).

13 Gemäß § 1 Abs. 1 UZwG haben die Vollzugsbeamten des Bundes bei der Ausübung unmittelbaren Zwanges nach den Vorschriften dieses Gesetzes zu verfahren. Das UZwG schafft keine neuen Voraussetzungen und Befugnisse für den unmittelbaren Zwang. Es regelt nur die Art und Weise seiner Anwendung.

14 Für die **Bundeswehr** gilt das Gesetz über die Anwendung unmittelbaren Zwanges und die Ausübung besonderer Befugnisse durch Soldaten der Bundeswehr und verbündeter Streitkräfte sowie zivile Wachpersonen (UZwGBw) vom 12.8.1965 (BGBl. I S. 796).

15 **2. Zwangsmittel sind Beugemittel.** Allgemein ist bei den Zwangsmitteln zu beachten, dass sie reine Beugemittel sind (*BVerwG* U 21.1.2003 – 1 C 5/02, BVerwGE 117, 332 = NVwZ 2003, 1271 = DVBl. 2003, 1268 = DÖV 2003, 904; *BVerwG* U 16.12.2004 – 1 C 30/Q3, BVerwGE 122, 293 = NVwZ 2005, 819 = DVBl. 2005, 645 = DÖV 2005, 566 = DVP 2005, 166; *BVerwG* U 14.3.2006 – 1 C 11/05, BVerwGE 125, 110 = NJW

2006, 2280 = DVBl. 2006, 1042). Als Beugemittel haben sie keinen subjektiven, sondern einen ausschließlich **objektiven Charakter.** Das entspricht dem Wesen des Verwaltungsrechts und des dazugehörigen Verwaltungszwanges. Infolgedessen ist es ohne Bedeutung, auf welche Weise die Vollzugsbehörde zu dem Entschluss kommt, ein Zwangsmittel anzuwenden.

Zunächst gilt für die Behörde gemäß § 24 VwVfG der **Untersuchungsgrundsatz**. Danach hat sie den Sachverhalt von Amts wegen zu ermitteln. Dazu bedient sich die Behörde laut §26 Abs.1 S.1 VwVfG der Beweismittel, die sie nach pflichtgemäßem Ermessen für erforderlich hält. Damit hat der Gesetzgeber der Behörde eine allgemein umfassende Ermächtigung zur Sachverhaltsfeststellung verliehen.

Darüber hinaus nennt der Gesetzgeber in §26 Abs.1 S.2 VwVfG Beispiele, die der Ermittlung des Sachverhalts dienen können. Dass es sich nicht um abschließende Hinweise, sondern nur um Beispiele handelt, wird durch den Ausdruck „insbesondere“ klargestellt.

Die Vollzugsbehörde darf somit jeden Beweis, der ihr zur Aufklärung des Sachverhalts dienlich erscheint, in rechtmäßiger Weise erheben und jedes rechtmäßig gewonnene **Beweismittel**, von dem sie Kenntnis erhält, verwerten. Fraglich ist allein, ob sie auch Beweismittel verwerten darf, die **unter Verletzung von Beweiserhebungsverboten** erlangt wurden. Unzulässig ist z.B. der Einsatz von Folter zur Erlangung einer Aussage, der nicht zugelassene Mitschnitt von Telefongesprächen und das unzulässige Abhören von Gesprächen. Die damit gegebene Rechtswidrigkeit der Beweiserhebung hat nicht automatisch zur Folge, dass die hierdurch gewonnenen Erkenntnisse in einem nachfolgenden Verwaltungsverfahren nicht verwertet werden dürften. Es bedarf in jedem Einzelfall einer Abwägung der für und gegen die Verwertung sprechenden Gesichtspunkte (*BVerfG* U 7.12.2011 – 2 BvR 2500/09, 2 BvR 1857/10, juris Rn.121 = BVerfGE 130, 1 = NJW 2012, 907 = NStZ 2012, 496 – Al Qaida-Fall). Hierbei kommt es auf eine Abwägung zwischen der Bedeutung der Information für das Verwaltungsverfahren und dem Gewicht des Rechtsverstoßes an. So wird ein Beweismittel, das unter Verletzung der besonders geschützten persönlichen Privatsphäre erlangt worden ist, in der Regel unzulässig sein. Andererseits kann eine Behörde – etwa ein Gesundheitsamt – zum Tätigwerden auch dann verpflichtet sein, wenn ihr der zu regelnde Sachverhalt unter Bruch der ärztlichen Schweigepflicht mitgeteilt worden ist (*BVerwG* B 4.9.1970 – 1 B 50/69, JR 1971, 218 = DÖV 1972, 59). Weniger problematisch ist die Verwertung von Erkenntnissen, die nicht unmittelbar durch unzulässige Beweiserhebung gewonnen wurden, sondern lediglich bei Gelegenheit der Beweiserhebung – gleichsam zufällig – oder als mittelbare Folge der unzulässigen Beweiserhebung (Kopp/*Ramsauer*, § 26 VwVfG Rn. 15). So dürfen Beweismittel (Zufallsfunde), die im Zuge einer rechtswidrigen, wegen eines anderen Strafverdachts durchgeführten Wohnungsdurchsuchung aufgefunden wurden, uU verwertet werden (*BVerfG*, NichtannahmeB 2.7.2009 – 2 BvR 2225/08, juris Rn.21 = BVerfGK 16, 22 = NJW 2009, 3225).

Zwangsmittel sind reine Beugemittel. Das Zwangsgeld wurde auch im preußischen Recht nach den §§ 55–57 PVG als reines Beugemittel dargestellt. Hieran änderte schon damals nichts, dass es in §132 des preußischen Landesverwaltungsgesetzes vom 30.7.1883 (GS.S.195) noch als „Exekutivstrafe“ bezeichnet worden war.

Zwangsmittel sind darauf angelegt, den Willen des Pflichtigen zu beugen, nicht aber sein Verhalten strafähnlich zu ahnden (unstr., siehe nur *BVerwG U* 16.12.2004 – 1 C 30/03, juris Rn. 16 = BVerwGE 122, 293 = NVwZ 2005, 819 = DVBl 2005, 645). Hierin liegt der wesensmäßige Unterschied zwischen der Verwaltungsvollstreckung und der **Strafverfolgung**. Strafen dienen nicht der Willensbeugung, sondern dem Schuldausgleich (*BVerfG* U 5.2.2004 – 2 BvR 2029/01, BVerfGE 109, 133, 167 ff.). Zwangsmittel sind auch keine Maßnahmen nach dem **Ordnungswidrigkeitenrecht**. Dieses entstammt im Übrigen dem Strafrecht. Im älteren Schrifttum wurde es noch als „Verwaltungsstrafrecht" bezeichnet (*Goldschmidt*, Das Verwaltungsstrafverfahren, 1902). Die wesensmäßige Verwandtschaft des Ordnungswidrigkeitenrechts mit dem Strafrecht verdeutlicht ein historischer Rückblick: Im ursprünglichen Strafgesetzbuch gab es die Tatbestände der „Übertretungen". Sie wurden aus dem Strafgesetzbuch herausgenommen und als „Ordnungswidrigkeiten" normiert. Denn solche sind bloßes Verwaltungsunrecht. Bei ihm gilt, „dass der Schuldvorwurf die Sphäre des Ethischen nicht erreicht" (*BVerfG* B 4.2.1959 – 1 BvR 197/53, BVerfGE 9, 167, 171 = DVBl. 1959, 362 = NJW 1959, 618). Damit wurde der unhaltbare Zustand beseitigt, dass zahllose rechtschaffene Bürger „vorbestraft" waren, etwa wegen zu schnellen Fahrens (§ 366 Nr. 2 StGB).

Folglich ist das Zwangsgeld von der Geldbuße des Ordnungswidrigkeitenrechts und von der Geldstrafe des Strafrechts zu unterscheiden.

16 Als Zwangs- und Beugemaßnahme ist das Zwangsgeld ausschließlich darauf gerichtet, ein künftiges Verhalten durchzusetzen. Mithin darf es nicht mehr festgesetzt oder vollstreckt werden, wenn der Betroffene seiner Pflicht inzwischen genügt hat (vgl. BT-Drucks. VI/3250 S. 186).

Der Zwang ist von einem **etwaigen Verschulden unabhängig**. Die Anwendung von Zwangsmittel hängt nicht davon ab, ob der Betroffen schuldhaft, dh vorsätzlich oder fahrlässig (§ 276 Abs. 2 BGB), gehandelt hat (*BVerwG* U 16.12.2004 – 1 C 30/03, juris Rn. 16 = BVerwGE 122, 293, 297 = DVBl. 2005, 645 = NVwZ 2005, 819 = DÖV 2005, 566 = DVP 2005, 166; *BVerwG* U 21.1.2003 – 1 C 5/02, BVerwGE 117, 332, 337 = DVBl. 2003, 1268 = DÖV 2003, 904 = NVwZ 2003, 1271; *BVerwG* U 26.2.1974 – 1 C 31/72, BVerwGE 45, 51, 61 = NJW 1974, 807 = DVBl. 1974, 842 = JR 1974, 301 = JuS 1974, 462 = MDR 1974, 513 = GewArch 1974, 226 = BayVBl.1975, 306 = NPA 793, 4 = Buchholz 402.41 Nr. 25; *OLG Düsseldorf* B 27.5.2009 – VI-3 Kart 45/08 (V), NVwZ-RR 2010, 91 L = BeckRS 2009, 27939).

Die Durchführung des Verwaltungszwangsverfahrens setzt nur voraus, dass entweder ein vollstreckbarer Grundverwaltungsakt vorliegt (§ 6 Abs. 1) oder im Eilfall bei drohender Gefahr rechtmäßig erlassen werden könnte (§ 6 Abs. 2). Die subjektive Vorwerfbarkeit eines Verhaltens spielt im Verwaltungsvollstreckungsrecht keine Rolle. Ziel der Verwaltungsvollstreckung ist es nicht, dem Betroffenen schuldangemessen zu begegnen, sondern einem Verwaltungsakt Geltung zu verschaffen (§ 6 Abs. 1) oder eine drohende Gefahr abzuwenden (§ 6 Abs. 2).

17 Entscheidend ist allein, dass der Pflichtige den zu vollstreckenden Verwaltungsakt befolgt hat und dem ihm aufgegeben Tun, Dulden oder Unterlassen nachgekommen ist. Ob er im Vorfeld schuldhaft oder gar treuwidrig gehandelt hat, spielt keine Rolle. Selbst in einem solchen Fall darf ein Zwangsgeld nicht mehr beigetrieben werden.

Auch bei einem treuwidrigen Verhalten des Schuldners hätte die Beitreibung des Zwangsgeldes den Charakter einer Strafe. Sie wäre ein „Denkzettel" mit der Absicht, ihn für sein Benehmen nachträglich finanziell büßen zu lassen. Ein derartiges behördliches Verfahren widerspricht der rein objektiven Natur der Verwaltungsvollstreckung und entbehrt zudem einer gesetzlichen Grundlage. Deshalb ist es nicht zulässig. Der Vollzug ist vielmehr gemäß § 15 Abs. 3 einzustellen.

Das gilt gleichermaßen für die Beitreibung gemäß §§ 328, 335 AO (*BFH* U 29.4.1980 – VII R 4/79, BFHE 131, 425 = BStBl. II 1981, 110). Danach ist der Vollzug einzustellen, wenn die Verpflichtung nach Festsetzung des Zwangsmittels erfüllt wird.

Ferner gehört die **Vertragsstrafe** nicht zu den in § 9 Abs. 1 zugelassenen Zwangsmit- **18**
teln. Sie kann also auch kein Zwangsmittel sein (§ 6 Rn. 57).

Die Anwendung von Verwaltungszwang ist von Maßnahmen des Straf- und Ord- **19**
nungswidrigkeitenrechts grundlegend zu unterscheiden, kann jedoch mit diesen tatbestandlich einhergehen. Dies ist der Fall, wenn der tatsächliche **Anlass für den Verwaltungszwang zugleich eine Straftat oder Ordnungswidrigkeit** sein sollte. Ein alltägliches Beispiel bildet das im Parkverbot verkehrsbehindernd abgestellte Fahrzeug. Hier stellt der Parkverstoß eine Ordnungswidrigkeit dar; zugleich gibt er der Ordnungsbehörde Anlass, den Wagen im sofortigen Vollzug nach § 6 Abs. 2 abschleppen zu lassen. Die Rechtsordnung erfasst diesen Tatbestand sowohl durch das Zwangsvollstreckungsrecht als auch durch das Ordnungswidrigkeitenrecht, weil zum einen die vom Falschparken ausgehende Gefahr beseitigt werden soll und zum anderen das Fehlverhalten des Autofahrers derart zu missbilligen ist, dass es geahndet werden muss. Das Verwaltungs-Vollstreckungsrecht und das Straf- u. Ordnungswidrigkeitenrecht stehen sich somit nicht im Wege; sie verfolgen unterschiedliche Zwecke und ergänzen einander.

Diese Rechtslage ist im Polizei- und Ordnungsrecht besonders deutlich erkennbar. **20**
Begeht jemand eine Straftat oder Ordnungswidrigkeit, die eine Gefahr für die öffentliche Sicherheit oder Ordnung darstellt, entsteht sogleich ein notwendiger Anlass zum Eingriff mit Verwaltungszwang durch die Polizei oder die Ordnungsbehörde.

Beispiele:
- Kindesmisshandlung,
- Tierquälerei,
- Verstoß gegen Frauen-, Mutter- und Jugendarbeitsschutz,
- Landfriedensbruch,
- Belästigung und Gefährdung der Allgemeinheit (etwa Verstoß gegen § 118 OWiG durch nackten Jogger: *VGH Mannheim* B 3.9.2002 – 1 S 972/02, NJW 2003, 234, oder nackte Radfahrer: *VG Karlsruhe* B 2.6.2005 – 6 K 1058/05, NJW 2005, 3658 = NVwZ 2006, 241 L).

Die Anwendung eines Zwangsmittels ist nicht davon abhängig, ob eine angenommene **21**
Straftat oder Ordnungswidrigkeit tatsächlich vorliegt. Das gehört in den Bereich der nachträglichen (repressiven) Ahndung mit den Mitteln des Straf- und Ordnungswidrigkeitenrechts. Für die präventive Gefahrenabwehr kommt es nicht auf ein subjektives Verschulden, sondern allein objektiv auf die Verursachung einer Gefahr an. Liegt eine Gefahr vor, ist der Verwaltungszwang sofort notwendig und geboten (vgl. *BVerwG* U 8.9.1981 – 1 C 88/77, BVerwGE 64, 55, 61 = NJW 1982, 1008 = MDR 1982, 606 = JA 1982, 442 = JuS 1982, 543 = BayVBl. 1982, 183 = BWVPr. 1982, 106 = StTg 1982, 539 = NPA 891 § 15 VersG, 15; *OVG Bautzen* B 14.3.2000 – 3 BS 15/00, SächsVBl. 2000, 170).

22 Das **Verfahren des Verwaltungszwanges** und das **Straf- bzw. Ordnungswidrigkeitenverfahren** laufen in aller Regel **unverbunden nebeneinander**; weder bedingen sie sich, noch schließen sie einander aus. Hiervon gibt es eine für die Verwaltungspraxis bedeutsame **Ausnahme:** Gemäß §28 Abs.1 StVG führt das Kraftfahrt-Bundesamt das **Fahreignungsregister** über Straftaten und Ordnungswidrigkeiten im Straßenverkehr. Dort werden die negativen Punkte aufgefallener Verkehrsteilnehmer erfasst (§28 StVG i.V.m. der Bußgeldkatalog-Verordnung).

Dieses Punktesystem aus dem Straf- und Ordnungswidrigkeitenrecht ist für das Verwaltungsrecht verbindlich. Denn §4 Abs.5 S.1 Nr.3 StVG schreibt vor: Ergeben sich acht oder mehr Punkte, gilt der Betroffene als ungeeignet zum Führen von Kraftfahrzeugen; die Fahrerlaubnisbehörde hat die Fahrerlaubnis zu entziehen.

Das Straf- und Ordnungswidrigkeitenrecht bildet hier ausnahmsweise die rechtliche Grundlage für den Erlass eines Grundverwaltungsaktes und dessen etwaige Vollstreckung im Wege des Verwaltungszwanges.

23 Der Pflichtige kann Vollstreckungsmaßnahmen in aller Regel auch nicht unter Verweis darauf abwehren, dass das ihm angesonnene Tun, Dulden oder Unterlassen ihn Gewissensnot bringe. Der Schutzbereich des Grundrechts auf **Gewissensfreiheit** aus Art.4 Abs.1 GG ist berührt, wenn eine ernste sittliche, d.h. an den Kategorien von „gut“ und „böse“ orientierte Entscheidung in Rede steht, die der einzelne in einer bestimmten Lage als für sich bindend und unbedingt verpflichtend innerlich erfährt, so dass er gegen sie nicht ohne ernste Gewissensnot handeln könnte (vgl. nur *BVerfG* B 20.12.1960 – 1 BvL 21/60, BVerfGE 12, 45, 54f). Nach der Rechtsprechung auch des Bundesverfassungsgerichts ist dabei nicht nur das sog. forum internum, sondern auch die Umsetzung von Gewissensentscheidungen nach außen, ihre Äußerung und andere Formen ihrer Verwirklichung geschützt (forum externum). Die Gewissensfreiheit umfasst folglich grundsätzlich auch die Freiheit, von der öffentlichen Gewalt nicht verpflichtet zu werden, gegen Gebote und Verbote des Gewissens zu handeln (vgl. *BVerfG* B 30.6.1988 – 2 BvR 701/86, BVerfGE 78, 391, 395). Damit wird die Gewissensfreiheit potenziell zu einem weitreichenden Handlungsrecht, das die allgemeine Rechtsordnung aufzulösen droht. Dieser Gefahr ist zu begegnen. Die individuelle Überzeugung kann demnach nicht Maßstab der Gültigkeit genereller Normen sein (vgl. *BVerfG* B 18.4.1984 – 1 BvL 43/81, BVerfGE 67, 26, 37; *BVerwG* U 18.6.1997 – 6 C 5.96, BVerwGE 105, 73, 78). Da das Gewissen ein höchst individuelles Phänomen ist, kann ein Konflikt jeweils nur im Einzelfall und – soweit geboten – durch partielle Entpflichtung von der Normbefolgung bewältigt werden. Die Behörde muss jedenfalls dann nicht davon absehen, eine Verhaltenspflicht im Wege der Zwangsvollstreckung durchzusetzen, wenn dem Betroffenen gewissenschonende Handlungsalternativen zur Verfügung stehen. Dies wird häufig der Fall sein. Wenn das Gewissen eine bestimmte Handlung verlangt, die rechtlich verboten ist, so gibt es in aller Regel Alternativen, um dem Gewissen in vergleichbarer Weise zu genügen. Denn die vom Gewissen gebotenen Handlungsmöglichkeiten sind selten nur auf eine einzige – vom Recht untersagte – reduziert. Der Betroffene kann dann darauf verwiesen werden, von gewissenschonenden Alternativen Gebrauch zu machen (vgl. hierzu *BVerwG* U 21.6.2005 – 2 WD 12.04, juris Rn.152 = BVerwGE 127, 302 = NJW 2006, 77 = DVBl 2005, 1455 = EuGRZ 2005, 636).

So kann ein Betroffener, der einem Taubenfütterungsverbot aus Gewissengründen nicht nachkommen mag, weil er sich zum Einsatz für die hungrige Kreatur verpflichtet fühlt, auf die Möglichkeit verwiesen werden, sich anderweitig und in rechtlich zulässigen Bahnen für die Sache des Tierschutzes zu engagieren (*VGH Baden-Württemberg* U 27.9.2005 – 1 S 261/05, juris Rn. 31 f. = ESVGH 56, 47 = NVwZ-RR 2006, 398 = VBlBW 2006, 103).

Mitverantwortlich für eine Gefahrenlage und Adressat von Zwangsmitteln kann auch ein so bezeichneter **„Zweckveranlasser"** (§ 6 Rn. 7, 277) sein. Dieser legt durch sein Verhalten eine Gefahr an, die durch die Mitwirkung anderer Personen verwirklicht wird. 24

Der Zweckveranlasser spielt insbesondere im gewerblichen **„Strohmannverhältnis"** eine zunehmend bedeutsame und unheilvolle Rolle. Dabei lässt er als „Mann im Hintergrund" einen „Strohmann" für sich auftreten und handeln. Im grundlegenden Verwaltungsverfahren und im anschließenden Verwaltungszwangsverfahren sind jedoch beide verantwortliche Adressaten der Vollzugsbehörde. Denn im gesetzlichen Sinne sind beide Gewerbetreibende und nach § 35 Abs. 1 GewO unzuverlässig (*BVerwG* U 2.2.1982 – 1 C 3/81, BVerwGE 65, 12 = GewArch 1982, 334 = DÖV 1982, 902 = DVBl. 1982, 699 = NVwZ 1982.559).

Ein Verhältnis als Strohmann (oder Strohfrau) besteht nicht nur, wenn diese sich auch wirtschaftlich betätigen. Vielmehr genügt für die Qualifizierung als mitverantwortlicher Hintermann (Strohmann/Strohfrau), dass diese Person das Gewerbe unter ihrem Namen angemeldet hat (*VGH Kassel* U 30.1.2003 – 8 UE 4048/00, ESVGH 53, 153 = GewArch 2003, 197, 424). Ein Strohmannverhältnis kann auch bei einer juristischen Person bestehen (vgl. *OVG Bremen* B 9.10.2012 – 2 B 240/12, NVwZ-RR 2013, 30).

Die gewerbliche Unzuverlässigkeit erfordert ebenfalls kein Verschulden (*BVerwG* U 2.2.1982 – 1 C 146/80, BVerwGE 65, 1, 4 = GewArch 1982, 294 = DÖV 1982, 900 = DVBl. 1982, 694 = NVwZ 1982, 503 = MDR 1982, 873 = JuS 1983, 72 = NPA 841 § 35 GewO, 4). Hier haben wir es mit überliefertem preußischen Recht zu tun (vgl. *PreußOVG* U 28.10.1901: PreußOVGE 40, 216; U 10.10.1929: PreußOVGE 85, 270).

Ferner ist das **Verschulden eines Beauftragten,** insbesondere eines Arbeitnehmers, **ohne Belang.** In diesem Rechtsbereich gibt es nämlich keinen Erfüllungsgehilfen iSd § 278 BGB, sondern den Verrichtungsgehilfen (vgl. § 4 Abs. 3 Musterentwurf eines einheitlichen Polizeigesetzes). So ist auch ein Entlastungsbeweis des zusätzlich verantwortlichen Auftraggebers nicht vorgesehen. Dieser Beweis ist nicht zulässig. Eine solche Entlastungsmöglichkeit, ähnlich der Vorschrift des § 831 BGB, gibt es im Verwaltungs-Vollstreckungsgesetz sowie im gesamten Ordnungs- und Polizeirecht nicht (*OVG Münster* U 3.10.1963 – 8 A 309/62, OVGE Münster 19, 101 = DVBl. 1964, 1964, 683 = MDR 1964, 1035 = JZ 1964, 367 = VersR 1964, 103 = JuS 1964, 330). 25

Insoweit kommt es nur objektiv auf den Sachverhalt an: Jemand bestellt im eigenen Interesse eine Person zu einer Verrichtung. Er lässt sie für sich arbeiten. Das dient seinem Vorteil. Deshalb erscheint es sachgerecht, ihn für eine Gefahr, die sein Verrichtungsgehilfe verursacht, mit in die Verantwortung zu nehmen. Aus diesem Grunde wird der Besteller im Polizei- und Ordnungsrecht der Länder neben der Verrichtungsperson als Verhaltensverantwortlicher erfasst (z.B. § 17 Abs. 3 OBG NRW).

Bei der damit gegebenen **Mehrheit von Verhaltensstörern** entscheidet die Behörde nach pflichtgemäßem Ermessen (§ 40 VwVfG), wen sie als Ordnungspflichtigen für die Beseitigung der Gefahr in Anspruch nimmt (zur Verhaltensverantwortlichkeit § 6 Rn. 7, 277).

Beispiel: Der Fahrer eines Tanklastzuges hatte auf der Autobahn einen Unfall verursacht. Durch 10.000 Liter ausgelaufenes Heizöl entstand die Gefahr der Grundwasserverseuchung. Die Behörde schritt ein. Sie nahm den Halter des Kraftfahrzeugs in Anspruch. Dieser versuchte, den Entlastungsbeweis entsprechend § 831 BGB zu führen. Damit konnte er keinen Erfolg haben. Denn die Verantwortlichkeit für das Verhalten einer Person, die als Verrichtungsgehilfe gehandelt hat, ist die rein objektive Rechtsfolge des Sachverhalts. Hier besteht, wie gesagt, ein objektiver gesetzlicher Vorteilsausgleich.

26 Geht eine Gefahr von einer Sache aus, können nach Maßgabe des Polizei-und Ordnungsrechts des jeweiligen Bundeslandes mehrere Personen – etwa der Eigentümer und der Besitzer – nebeneinander für den Zustand der Sache verantwortlich sein (zur Zustandsverantwortlichkeit § 6 Rn. 7, 277). Bei **mehreren Zustandsverantwortlichen** entscheidet die Vollzugsbehörde nach pflichtgemäßem Ermessen (§ 40 VwVfG), gegen wen sie eine Ordnungsverfügung erlässt und Zwangsmaßnahmen richtet (vgl. § 18 BPolG, § 25 WaStrG, §§ 4, 7, 10 BBodSchG (*BVerwG* U 26.4.2006 – 7 C 15/05, BVerwGE 126, 1 = NVwZ 2006, 1067 = DÖV 2006, 960), §§ 42, 43, 44, 44a LFGB, § 5 MEPolG, § 7 Nds. SOG, § 8 SOG LSA, § 14 ASOG, § 70 SOG-MV).

Dasselbe gilt, wenn Verhaltens- und Zustandsstörer nebeneinander für den Eintritt einer Gefahr verantwortlich sind.

27 Auf die Rechts- oder Geschäftsfähigkeit der handelnden Person kommt es im Gefahrenabwehrrecht und Verwaltungsvollstreckungsrecht nicht an. Verwaltungszwang kann auch gegen **Kinder und sonstige nicht handlungsfähige Personen** iSd § 12 VwVfG gerichtet werden, wenn von ihnen eine Gefahr ausgeht. Es kommt allein darauf an, dass objektiv Zwang notwendig ist. Dies ist darin begründet, dass die Gefahrenabwehrverfügung und deren Durchsetzung nicht der Sanktion rechtlich vorwerfbarer Verhaltensweisen, sondern der effektiven Gefahrenabwehr dienen. Allerdings sehen die Gefahrenabwehrgesetze der Länder vor, dass Maßnahmen der Gefahrenabwehr bei minderjährigen Kindern unterhalb eines bestimmten Alters auch gegen die aufsichtspflichtige Person gerichtet werden können (z.B. § 17 Abs. 2 OBG NRW, § 4 Abs. 2 PolG NRW, § 6 Abs. 2 PolG BW). Auch hier muss die Polizei- oder Ordnungsbehörde nach pflichtgemäßem Ermessen (§ 40 VwVfG) entscheiden, gegen wen sie vorgeht. Zwar wird das behördliche Auswahlermessen regelmäßig dazu führen, nur die **Aufsichtsperson** in Anspruch zu nehmen. Das kann, muss aber nicht sein. Die Behörde darf auch den Verursacher der Gefahr und die Aufsichtsperson heranziehen. Das könnte z.B. bei dem zwölfjährigen Schulschwänzer und seinen Eltern der Fall sein. Die Behörde wird allerdings regelmäßig gegen uneinsichtige Eltern mit Zwangsgeld vorgehen, wenn diese ihr Kind vom Schulbesuch abhalten (*VGH München* B 16.3.1992 – 7 CS 92.512, NVwZ 1992, 1224 = BayVBl. 1992, 343; *VGH München* B 11.11.2008 – 7 CS 08.1237, DÖV 2009, 542 L). Außerdem kann gegen sie eine Geldbuße verhängt werden (*OLG Düsseldorf* B 7.2.1996 – 5 Ss (OWi) 380/95 – (OWi) 162/95, NVwZ-RR 1996, 442).

Gegen den Schulschwänzer kann ein Zwangsgeld gemäß § 11 nicht verhängt werden. Denn es würde aus Zeitnot nicht zum Ziel führen und wäre damit ungeeignet. Deshalb kommt nur der unmittelbare Zwang nach § 12 in Betracht. Dieser kann aber nicht (auch) gegen die verantwortlichen Eltern angedroht werden. Denn sie sollen ja nicht der Schule zugeführt werden (*VG Düsseldorf* U 9.11.2010 – 18 K 3176/10, NVwZ-RR 2011, 236).

Die Eltern können allerdings dann nicht neben dem Schüler in Anspruch genommen werden, wenn die Schule Ordnungsmaßnahmen gegen den Schüler verhängt, die in den Schulgesetzen der Länder vorgesehen sind, etwa die Überweisung in eine parallele Klasse oder Lerngruppe (hierzu *OVG Bremen* B 10.9.2002 – 2 B 305/02, juris Rn. 12 = NJW 2003, 1962 = NordÖR 2002, 426). Selbiges gilt für die Überweisung auf eine andere Schule (vgl. *OVG Greifswald* B 28.8.2001 – 2 M 72/01, NordÖR 2001, 403 = NVwZ-RR 2002, 578) und für den sofortigen Ausschluss eines gewalttätigen Schülers von der Schule (vgl. *VGH Mannheim* B 22.10.2003 – 9 S 2277/03, NJW 2004, 89 = DÖV 2004, 349; *VGH München* B 4.6.2012 – 7 CS 12.451, NVwZ-RR 2012, 599 = DÖV 2012, 692 L). **28**

In solchen Fällen käme als Zwangsmittel nur der unmittelbare Zwang nach § 12 zum Zuge. Denn ein Zwangsgeld würde aus Zeitnot nicht zum Ziel führen. Es wäre infolgedessen ungeeignet.

Spricht die Schulleitung hingegen lediglich einen rügenden Tadel oder Verweis gegen den Schüler aus, handelt es sich nicht um eine vollstreckungsfähige Ordnungsmaßnahme iS eines Verwaltungsaktes gemäß § 35 S. 1 VwVfG. Denn es liegt keine Regelung mit Außenwirkung vor. Vielmehr betrifft ein derartiger Vorgang allein den inneren Schulbetrieb. **29**

Sollen Verwaltungsakte im Ausgangsverfahren oder im Verwaltungszwangsverfahren an Minderjährige oder Geschäftsunfähige gerichtet werden, ist in der Praxis unbedingt zu beachten, dass eine **ordnungsgemäße Bekanntgabe** iSd § 41 Abs. 1 S. 1 VwVfG nur an Personen möglich ist, die nach § 12 VwVfG handlungsfähig sind. Bei Handlungsunfähigen muss an den gesetzlichen Vertreter, der gegebenenfalls gem. § 16 Abs. 1 Nr. 4 VwVfG zu bestellen ist, bekannt gegeben werden.

Diese Voraussetzung ist unabhängig von der positiven Kenntnis der Behörde von der Geschäftsunfähigkeit des Betroffenen. Auch in Not- und Eilfällen, insbesondere bei der Erfüllung ordnungsrechtlicher Pflichten, kann hiervon selbst unter Berücksichtigung des Gebots der Effizienz staatlichen Handelns keine Ausnahme gemacht werden (*VG München* B 21.3.2013 – M 6a S 13.181, juris Rn. 38).

Zustellungen sind gemäß § 6 Abs. 1 S. 2 VwZG an den Betreuer zu bewirken. **30**

3. Entschließungsermessen zur Anwendung eines Zwangsmittels. § 6 ist eine sog. „Kann-Bestimmung", die der Behörde Ermessen einräumt. Die Vollstreckungsbehörde entscheidet somit nach pflichtgemäßem Ermessen, ob sie im Wege des Verwaltungszwanges gegen den Betroffenen vorgeht (§ 6 Rn. 1). Auch die Vorschriften über die Zwangsmittel, §§ 10 bis 12, geben Ermessen. Die Vollzugsbehörde entscheidet somit, **„ob"** sie ein Verwaltungszwangsverfahren beginnt und Zwangsmittel anwendet. Sie hat **Entschließungsermessen**. Es gilt das Opportunitätsprinzip. **31**

Die Ermessensausübung ist gemäß § 40 VwVfG pflichtgemäß, wenn die Behörde ihr Ermessen entsprechend dem Zweck der Ermächtigung ausübt und die gesetzlichen Grenzen des Ermessens einhält. Kommt es zu einem Prozess, prüft das Verwaltungsgericht die Ermessensentscheidung der Behörde nur auf äußere Fehler, vgl. § 114 S. 1 VwGO.

In der Praxis ist zu beachten, dass die Behörde das ihr eingeräumte Ermessen nicht nur pflichtgemäß ausüben, ihre Ermessensentscheidung im Bescheid vielmehr auch ordnungsgemäß **begründen** muss. Einschlägig ist § 39 Abs. 1 VwVfG. Hiernach ist ein schriftlicher oder elektronischer Verwaltungsakt mit einer Begründung zu versehen, in der die wesentlichen tatsächlichen und rechtlichen Gründe mitzuteilen sind, welche die Behörde zu ihrer Entscheidung bewogen haben. Die Begründung von Ermessensentscheidungen soll auch, dh zusätzlich, die Gesichtspunkte erkennen lassen, von denen die Behörde bei der Ausübung ihres Ermessens ausgegangen ist.

Verletzt eine Behörde die Begründungspflicht aus § 39 VwVfG, ist der betroffene Verwaltungsakt rechtswidrig, aber nicht nichtig. Fehlt bei Ermessensverwaltungsakten die Begründung, ist nicht nachgewiesen, dass die Behörde ihr Ermessen ausgeübt hat, so dass zugleich ein Verstoß gegen § 40 VwVfG vorliegt. Eine falsche Begründung verstößt nicht gegen § 39 VwVfG, macht den Verwaltungsakt aber inhaltlich rechtswidrig.

Nachholbar nach § 45 Abs. 1 Nr. 2 VwVfG ist nur die fehlende oder unvollständige Begründung, nicht die unzutreffende. Die **Heilung** betrifft nur die nachträgliche Bekanntgabe von Gründen, welche die Behörde bei Erlass des Verwaltungsaktes tatsächlich erwogen hatte, aber nicht oder nicht vollständig in den Bescheid aufgenommen hat (Kopp/*Ramsauer*, § 45 VwVfG, Rn. 18). Hiervon zu unterscheiden ist das Nachschieben von neuen der anderen Erwägungen.

Ein **Nachschieben von Ermessenserwägungen** ist in § 114 S. 2 VwGO ausdrücklich vorgesehen. Durch die Ergänzung ihrer Ermessenserwägungen darf die Behörde den Verwaltungsakt aber nicht in seinem Wesen ändern. Nicht zulässig ist etwa der Austausch tragender Erwägungen oder eine Änderung des Tenors. Zudem darf der Kläger durch die Ergänzung der Ermessenserwägungen nicht in seiner Rechtsverteidigung beeinträchtigt werden (Bader/Funke-Kaiser/*Stuhlfauth*/von Albedyll, § 114 VwGO Rn. 53 ff.).

32 Liegt eine erhebliche Gefahr vor, kann das **Ermessen** der Behörde **auf „Null" schrumpfen**, so dass die Behörde verpflichtet ist, die Gefahr im Wege des Verwaltungszwanges zu beseitigen. Denn hier ist „nur eine einzige ermessensfehlerfreie Entscheidung, nämlich die zum Einschreiten, denkbar" (*BVerwG* U 18.8.1960 – 1 C 42/59, BVerwGE 11, 95, 97 = BBauBl. 1961, 24 = ZMR 1961, 181 = DVBl. 1961, 125 = BayVBl. 1961, 53 = NJW 1961, 793 = VerwRspr. 13, 180 = DÖV 1965, 382). Häufig wird der Verwaltungszwang ohne vorausgehenden oder weiteren Verwaltungsakt durch sofortigen Vollzug nach § 6 Abs. 2 durchgeführt (§ 6 Rn. 250 ff.).

Liegt ein Extremfall nicht vor, kann die Behörde den Eingriff ablehnen (*BVerwG* U 25.2.1969 – 1 C 7/68, JR 1969, 313 = DVBl. 1969, 586 = GewArch 1969, 128 = DÖV 1969, 465 = Buchholz 402.41 Nr. 16).

33 Für bestimmte Bereiche ordnen Spezialgesetze an, dass die zuständige Behörde Maßnahmen des Verwaltungszwanges anzuwenden hat. Diese speziellen Normen gehen den allgemeinen Regeln über den Verwaltungszwang in den §§ 6 ff VwVG vor. Anstelle des Opportunitätsprinzip gilt das **Legalitätsprinzip.**

Beispiele:

– Maßnahmen zum Schutz der Verbraucherinteressen: § 5 des EG-Verbraucherschutzdurchsetzungsgesetzes.

- Maßnahmen zum Schutz der Energieverbraucher: § 8 Abs. 2–4 des Energieverbrauchskennzeichnungsgesetzes.
- Abschiebung eines Ausländers: § 58 des Aufenthaltsgesetzes; § 34a des Asylgesetzes.
- Feststellung und Sicherung der Identität eines Ausländers: § 49 des Aufenthaltsgesetzes.
- Maßnahmen zum Schutz vor Angriffen auf die Sicherheit des Luftverkehrs: § 3 des Luftsicherheitsgesetzes.
- Sicherstellung und Vernichtung seuchenbefallener oder seuchenverdächtiger Lebensmittel: § 16 Abs. 1 des Infektionsschutzgesetzes (vgl. Seuchenfall „argentinische Hasen“: *BVerwG* U 16.12.1971 – 1 C 60/67, BVerwGE 39, 190, 192 = NJW 1972, 458 = DVBl. 1972, 499 = JuS 1972, 287 = MDR 1972, 352 = LRE 7, 276).
- Zwangsweise Absonderung einer uneinsichtigen Person, die u.a. an Tuberkulose, Cholera oder Pocken erkrankt ist, in einem Krankenhaus: § 30 Abs. 2 des Infektionsschutzgesetzes (vgl. *VGH Kassel* U 19.6.1969 – 5 OE 56/67, VerwRspr. 21, 871 = FEVS 17, 455; *VGH München* U 28.6.1971 – 28 V8, VGHE München 24, 106 = BayVBl. 1971, 428 = VerwRspr. 23, 877).
- Zwangsweise Einweisung eines uneinsichtigen Geschlechtskranken oder Krankheitsverdächtigen in ein Krankenhaus: § 30 Abs. 2 des Infektionsschutzgesetzes.
- Absonderung und Absperrung von Tieren im Seuchenfall: § 11 des Tierseuchengesetzes. Hierzu ergangen ist die Verordnung zum Schutz gegen die Maul- und Klauenseuche (MKS-Verordnung) vom 27.12.2004 (BGBl. I S. 3857).
- Schutz von Katzen und Hunden: § 2 Abs. 1 S. 1 des Katzen- und Hundefell-Einfuhr-Verbotsgesetzes vom 8.12.2008 (BGBl. I S. 2394).
- Tötung von Tieren im Seuchenfall: § 15 Abs. 1 S. 2 Nr. 1, § 19 Abs. 1 Nr. 1, § 41, § 43 Abs. 1 S. 2 Nr. 1, Abs. 2, § 46 Abs. 1 Nr. 1 der Geflügelpest-Verordnung; § 5 Abs. 3 S. 2 des Tiergesundheitsgesetzes.
- Tötung von Hunden und Katzen bei Tollwut: § 7 Abs. 1 Halbsatz 2, § 9 Abs. 1 der Tollwutverordnung.
- Anordnung zur Verhütung von Verstößen gegen das Arzneimittelrecht: § 69 Abs. 1 S. 1 des Arzneimittelgesetzes (*BVerwG* U 2.12.1993 – 3 C 42/91, BVerwGE 94, 341, 344 = RdL 1994, 230). Gemäß § 69a, § 59c AMG sind auch Tierarzneimittel betroffen.
- Tötung von Tieren, bei denen verbotene Stoffe mit pharmakologischer Wirkung angewendet wurden: § 41 Abs. 3, 6 des Lebensmittel-, Bedarfsgegenstände- und Futtermittelgesetzbuches.
- Entsorgung: § 16 Abs. 5, § 17 Abs. 1 des Elektro- und Elektronikgerätegesetzes.

Andere spezialgesetzliche Normen **verpflichten** die Behörde, **Zwangsmaßnahmen** zu 34
ergreifen, räumen ihr in Bezug auf das anzuwendende **Zwangsmittel** aber **Ermessen** ein.

So verpflichtet § 16a Abs. 1 S. 1 TierSchG die zuständige Behörde zum Zwang. Danach „trifft“ sie die notwendigen Anordnungen, um das Tier vor Schmerzen, Leiden oder Schäden zu schützen. Zugleich gesteht § 16a Abs. 1 S. 2 TierSchG der Behörde zu, die Art und Weise der Zwangsmaßnahmen nach ihrem Ermessen zu bestimmen. Sie kann „insbesondere“, so z.B. ein Tier anderweitig pfleglich unterbringen oder es im Notfall schmerzlos töten lassen. Das ist unmittelbarer Zwang (*BVerwG* U 7.8.2008 – 7 C 7/08 , *BVerwGE* 131, 346, 351= NVwZ 2009, 120).

Mit dem Wort „insbesondere“ in § 16a Abs. 1 S. 2 TierSchG stellt der Gesetzgeber klar, dass er die zulässigen Schutzmaßnahmen nicht abschließend aufführt, sondern Beispiele nennt. Im Rahmen ihres pflichtgemäßen Auswahlermessens kann die Behörde infolgedessen jedes Mittel bestimmen, welches sie zur Gefahrenabwehr für geeignet und notwendig hält (*BVerwG* U 12.1.2012 – 7 C 5/11, BVerwGE 141, 311 = NVwZ 2012, 1184).

35 Für die Verwaltungspraxis sind ferner **seuchenrechtliche Maßnahmen** gemäß §16 Abs. 1 IfSG besonders wichtig. Dort wird vorgeschrieben: Werden Tatsachen festgestellt, die zum Auftreten einer übertragbaren Krankheit führen können, oder ist anzunehmen, dass solche Tatsachen vorliegen, so trifft die zuständige Behörde die notwendigen Maßnahmen zur Abwendung der dem Einzelnen oder der Allgemeinheit hierdurch drohenden Gefahren. Für diese Annahme reicht bereits der bloße Verdacht aus, der allerdings begründet sein muss (*VG Stuttgart* B 19.8.2003 – 4 K 2818/03, NJW 2004, 1404). Danach ist die Behörde zum **Zwang verpflichtet:** Sie „trifft" die notwendigen Maßnahmen. Das geschieht z.B. durch das Tätigkeitsverbot für einen Zahnarzt (*VG Berlin* B 5.9.2002 – 14 A 66/02, NVwZ-RR 2003, 429). Ein Entschließungsermessen ist ihr also nicht eingeräumt.

Jedoch verlangt §16 Abs. 1 IfSG von der Behörde gleichzeitig, die **Art und Weise** der Eingriffsmaßnahmen nach ihrem **Ermessen** zu bestimmen. Sie trifft diejenigen Maßnahmen, welche sie nach dem vorliegenden Sachverhalt für **notwendig,** geeignet und verhältnismäßig erachtet (vgl. *OVG Koblenz* U 22.5.2001 – 6 A 12111/00, NVwZ-RR 2002, 351; *Bales/Baumann/Schnitzler*, §16 Rn. 4–8). Hier besteht die gleiche Rechtslage wie bei dem vorbehandelten Tierschutz des §16a TierSchG.

Entsprechendes gilt nach §28 Abs. 1 IfSG. Auch hier ist das Legalitätsprinzip nachfolgend mit dem Opportunitätsprinzip verbunden (*BVerwG* U 22.3.2012 – 3 C 16/11, *BVerwGE* 142, 205 Rn. 24 = NJW 2012, 2823).

36 Das **Legalitätsprinzip** mit der Muss-Bestimmung und das ergänzende **Opportunitätsprinzip** mit der Kann-Bestimmung gelten auch für den notwendigen **Schutz von Menschen und Tieren vor Tieren.** Dabei handelt es sich hauptsächlich um **gefährliche Hunde,** durch die Menschen und Tiere bedroht werden (*VGH München* B 4.7.2013 – 10 CE 13.627, NVwZ-RR 2013, 946). So bestimmt z.B. §10 des Gesetzes über das Halten und Führen von Hunden in Berlin:

Bei Auffälligkeit eines Hundes durch aggressives Verhalten gegenüber Menschen oder Tieren hat die zuständige Behörde die notwendigen Maßnahmen zu treffen, um eine weitere Gefährdung von Menschen und Tieren abzuwehren. In der Verpflichtung der Behörde, die notwendigen Maßnahmen „zu treffen", liegt das **Legalitätsprinzip.**

Ergänzend wird nunmehr der Behörde ein Auswahlermessen für die Gestaltung ihrer Verpflichtung eingeräumt: Sie kann insbesondere eine Leinenpflicht und auch einen Maulkorbzwang verhängen (*VGH München* U 18.2.2004 – 24 B 03.645, BayVBl. 2004, 535 = NVwZ-RR 2005, 35; *VGH Kassel* B 7.2.2005 – 11 TG 3519/04, NVwZ-RR 2006, 118 L). Ferner kann sie etwa die Sicherstellung des Hundes anordnen, die Haltung von Hunden untersagen und die Tötung des Hundes anordnen (*OVG Berlin-Brandenburg* B 16.12.2011 – 5 S 8/11, OVGE 32, 302).

37 **4. Auswahlermessen zur Bestimmung eines Zwangsmittels.** Hat sich die Vollzugsbehörde in Ausübung ihres Entschließungsermessens entschlossen, Verwaltungszwang auszuüben, hat sie die Frage, **„ob"** sie eine Maßnahme treffen will, bejaht.

Ob der Behörde hinsichtlich des Zwangsmittels ein Auswahlermessen zukommt, wird unterschiedlich beurteilt (zustimmend u.a.: *Drews/Wacke/Vogel/Martens*, S. 525; *Maurer/Waldhoff*, §20 Rn. 19; *Muckel*, JA 2012, 272, 273; App/Wettlaufer/*Klomfaß*, Kap 32 Rn. 45; ablehnend: Wolff/Bachof/Stober/Kluth/*Peilert, Verwaltungsrecht I*, §64 Rn. 64).

Ein entsprechendes Auswahlermessen wäre zu verneinen, wenn der Gesetzgeber die Reihenfolge, in der die Behörde Zwangsmittel zur Anwendung bringen kann, vorgeschrieben hätte. Festgelegt hat der Gesetzgeber jedenfalls, dass die Behörde sich nur der in §9 Abs. 1 genannten Mittel bedienen darf. Insoweit schränkt §9 Abs. 1 das Auswahlermessen der Behörde ein. Das Auswahlermessen ist des Weiteren durch §12 insoweit eingeschränkt, als dieser einen Anwendungsvorrang für die Ersatzvornahme und das Zwangsgeld vorschreibt. Einen entsprechenden Anwendungsvorrang der Ersatzvornahme vor dem Zwangsgeld ist nach der hier vertretenen Auffassung nicht anzunehmen. Ein solcher Vorrang lässt sich weder aus §11 Abs. 1 S. 2 (hierzu bereits Rn. 7ff.) noch aus der Reihung der Zwangsmittel in §9 Abs. 1 und den §§10 bis 12 herleiten. Die aufgeführte Reihenfolge wurde unter Verhältnismäßigkeitsgesichtspunkten gewählt (so auch Wolff/Bachof/Stober/Kluth/*Peilert,* Verwaltungsrecht I, §64 Rn. 64); für die Annahme einer prinzipiellen Rangfolge bieten sie keinen Anhaltspunkt. Letztlich ließe sich ein prinzipieller Vorrang der Ersatzvornahme vor dem Zwangsgeld auch sachlich nicht rechtfertigen, da eine Ersatzvornahme den Betroffenen nach den Umständen des Einzelfalles durchaus härter treffen kann als ein Zwangsgeld. Im Ergebnis ist somit festzuhalten, dass der Behörde in Bezug auf das anzuwendende Zwangsmittel ein – wenn auch reduziertes – Auswahlermessen verbleibt.

Im Rahmen ihres Auswahlermessens ist die Behörde auf kein bestimmtes Zwangsmittel festgelegt. Bei der Auswahl des anzuwendenden Mittels muss sie jedoch den Grundsatz der Verhältnismäßigkeit beachten (§9 Abs. 2). Hieraus kann sich für den konkreten Fall (aber eben nicht prinzipiell) ein Anwendungsvorrang für das den Betroffenen weniger belastende Mittel ergeben.

Eine vom Bundesrecht **abweichende Rechtslage** besteht in den Ländern **Baden-Württemberg** (§20 Abs. 3 LVwVG; dazu *VGH Mannheim* B 16.6.1995 – 3 S 1200/95, NVwZ-RR 1996, 541; ausführlich *Fliegauf/Maurer*, Verwaltungsvollstreckungsgesetz für Baden-Württemberg, §20 Anm.6), **Brandenburg** (§28 Abs. 3 VwVGBbg, dazu *OVG Frankfurt/Oder* B 19.10.2001 – 4 B 299/01, GewArch 2002, 28), **Mecklenburg-Vorpommern** (§87 Abs. 4 SOG M-V), **Niedersachsen** (§70 NVwVG i.V.m. §70 Abs. 3 Nds. SOG), **Nordrhein-Westfalen** (§63 Abs. 3 VwVG NRW), **Sachsen** (§20 Abs. 3 SächsVwVG, dazu *OVG Bautzen* B 18.11.1993 – 1 S 270/93 –: LKV 1994, 412 = NVwZ 1995, 96 L) **Sachsen-Anhalt** (§71 VwVG LSA i.V.m. §59 Abs. 3 SOG LSA) und **Schleswig-Holstein** (§236 Abs. 4 LVwG): Die Androhung muss sich auf bestimmte Zwangsmittel beziehen. Hierdurch ist der Vollzugsbehörde das **Auswahlermessen** eingeräumt. Allerdings wird ihr damit nicht erlaubt, sich die Wahl zwischen mehreren Zwangsmitteln vorzubehalten. In diesem Punkt gilt demnach das Gleiche wie in §13 Abs. 3 S. 2 Fallgruppe 2 VwVG. Ferner dürfen in den genannten Ländern mehrere Zwangsmittel gleichzeitig angedroht werden. In diesem Fall muss die Behörde jedoch angeben, in welcher Reihenfolge sie angewendet werden sollen. 38

Bei einem derartigen Vollstreckungsverfahren ist das am wenigsten belastende Zwangsmittel anzuwenden. Das gebietet der Grundsatz der Verhältnismäßigkeit.

In §328 Abs. 2 AO ist der Vollzugsbehörde eindeutig das Auswahlermessen eingeräumt. Sie muss dieses pflichtgemäß ausüben (*Hohrmann*, §328 Rn. 40).

5. Kein Austauschmittel im Verwaltungszwangsverfahren. Im Polizei- und Ordnungsrecht einiger Bundesländer ist vorgesehen, dass der Betroffene der Behörde ein **Austauschmittel** anbieten kann (§12 Abs. 2 S. 2 ASOG Berlin, §5 Abs. 2 S. 2 SOG Hessen, 39

§14 Abs. 2 SOG Mecklenburg-Vorpommern, §3 Abs. 2 S. 2 PolG NRW, §3 Abs. 2 S. 2 POG Rheinland-Pfalz, §5 PAG Thüringen). Kommen bei einer Maßnahme mehrere Mittel zur Gefahrenabwehr in Betracht, so genügt es, wenn die Behörde eines davon bestimmt. Die Behörde ist nicht verpflichtet, dem Betroffenen mehrere annähernd gleich geeignete und etwa gleich aufwendige Mittel zur Auswahl anzubieten (*VGH Baden-Württemberg* U 30.10.1991 – 3 S 2273/90, juris Rn. 23 = BWGZ 1992, 193). Jedoch ist dem Betroffenen auf Antrag zu gestatten, ein anderes ebenso wirksames Mittel anzuwenden, sofern die Allgemeinheit dadurch nicht stärker beeinträchtigt wird (vgl. §3 Abs. 2 des Musterentwurfs eines einheitlichen Polizeigesetzes).

Vorgängervorschrift ist §41 Abs. 2 S. 3 PVG (vgl. *BVerwG* B 10.8.1955 – 1 B 77/54, BVerwGE 2, 192 = DVBl. 1956, 233). Dort heißt es: Dem Betroffenen ist auf Antrag zu gestatten, ein von ihm angebotenes anderes Mittel anzuwenden, durch das die Gefahr ebenso wirksam abgewehrt wird.

Rechtssystematisch ist hiermit die Verhältnismäßigkeit der dem Betroffenen auferlegten Maßnahme angesprochen. Im Rahmen ihres Auswahlermessens muss die Behörde den Verhältnismäßigkeitsgrundsatz beachten und von mehreren, gleich geeigneten Maßnahmen stets die mildeste, den Bürger am wenigsten belastende Maßnahme auswählen. Diesbezüglich stellen die Regelungen über das Austauschmittel eine Besonderheit dar, da sie die Behörde verpflichten, von mehreren, gleich geeigneten Mitteln das angebotene Austauschmittel zu wählen, auch wenn es den Betroffenen stärker belastet als ein anderes, gleich geeignetes Mittel. Dies gilt z.B., wenn das Austauschmittel für den Betroffenen höhere oder sogar unwirtschaftliche Kosten verursacht. Hat die Bauaufsichtsbehörde bspw die Beseitigung eines baufälligen Hauses angeordnet, muss sie eine Vollsanierung des Hauses akzeptieren, wenn der Eigentümer sie als Austauschmittel anbietet (*OVG Münster* B 29.12.1961 – 7 B 581/61, StTg 1962, 258 = DÖV 1962, 617 = DWW 1962, 165 = ZMR 1962, 302 = JZ 1962, 505 = VerwRspr. 14, 444).

Die Regelungen über das Austauschmittel betreffen den Grundverwaltungsakt, nicht die Verwaltungsvollstreckung.

Ein Austauschmittel ist im VwVG nicht vorgesehen. Teilweise ist jedoch im Fachrecht bestimmt, dass der Betroffene das Vollstreckungsmittel wählen bzw. dessen Durchführung beeinflussen kann. So räumte §30d Abs. 1 S. 3 BBauG dem Eigentümer das Recht ein, sein Haus auf eine entsprechende Beseitigungsverfügung der Bauaufsichtsbehörde selbst abzureißen. Dieses Recht bestand bis zum Vollzug des Abbruchsgebots durch die Gemeinde (*OVG Bremen* U 25.2.1986 – 1 BA 83/85, NVwZ 1986, 764 = DÖV 1986, 704).

Fehlt es an einer entsprechenden spezialgesetzlichen Regelung, ist die Vollstreckungsbehörde nicht verpflichtet, im Verwaltungszwangsverfahren ein angebotenes Austauschmittel anzuwenden. Der Betroffene kann nicht beanspruchen, das angedrohte Zwangsmittel in ein anderes, ihm genehmes auszutauschen *Drews/Wacke/Vogel/Martens*, S. 525; Fehling/Kastner/*Lemke*, §9 VwVG Rn. 6; *Lemke*, S. 280).

Neben dem Austauschmittel ist dem Pflichtigen auch das Austauschbegehren versagt. Dabei handelt es sich um seinen Versuch, auf das Verwaltungszwangsverfahren einzuwirken. Welchen Unternehmer die Vollzugsbehörde mit der Ersatzvornahme beauftragt, obliegt allein ihrer pflichtgemäßen Ermessensentscheidung. Der Pflichtige hat keinen gesetzlichen Anspruch, hierbei gehört und einbezogen zu werden. Ob ihm der von der Behörde vorgesehene oder bestimmte Unternehmer genehm ist oder nicht, ist unerheblich. Das schließt nicht aus, dass die Behörde auf einen sachgerechten Vorschlag eingeht. Aber stets ist zu berücksichtigen, dass das Zwangsmittel nur ein ersatzmäßiges Beugemittel ist. Der Pflichtige kann also selbst einen Unternehmer beauftragen.

Die Behörde hat in der Verwaltungsvollstreckung allerdings den **Grundsatz der Verhältnismäßigkeit** zu beachten (§ 9 Abs. 2). Dieser verpflichtet die Behörde, das Vollstreckungsmittel so auszuwählen und anzuwenden, dass der Betroffene und die Allgemeinheit am wenigsten beeinträchtigt werden. Stellt das angebotene Austauschmittel ein in diesem Sinne milderes Mittel dar, ist die Vollstreckungsbehörde verpflichtet, anstatt des vorgesehenen Mittels das angebotene mildere Mittel anzuwenden, wenn dieses den Vollstreckungszweck in gleicher Weise erfüllt. Fraglich kann sein, ob die Behörde das angebotene, gleich geeignete Mittel auch dann akzeptieren muss, wenn es den Pflichten objektiv stärker belastet als das vorgesehene Mittel. In der Praxis dürfte es sich in aller Regel empfehlen, von mehreren gleich geeigneten Mitteln und Vorgehensweisen das vom Pflichtigen angebotene oder die von ihm angeregte Anwendung zu wählen, wenn diese die Allgemeinheit nicht stärker belastet. Dies dürfte auch rechtlich geboten sein: Der Verhältnismäßigkeitsgrundsatz und insbesondere das Gebot der Erforderlichkeit dient dem Schutz des betroffenen Bürgers. Es steht im frei, auf diesen Schutz zu verzichten, indem er statt des objektiv milderen ein belastenderes Mittel wählt. Ihm in dieser Lage das mildere Mittel aufzuzwingen, widerspräche dem Schutzgedanken des Erforderlichkeitsprinzips.

II. Zu Absatz 2

Der **Grundsatz der Verhältnismäßigkeit hat Verfassungsrang**. Er ergibt sich aus dem Rechtsstaatsprinzip und aus dem Wesen der Grundrechte selbst, die als Ausdruck des allgemeinen Freiheitsanspruchs des Bürgers gegenüber dem Staat von der öffentlichen Gewalt nur so weit beschränkt werden dürfen, als es zum Schutz öffentlicher Interessen unerlässlich ist (*BVerfG* B 15.12.1965 – 1 BvR 513/65, BVerfGE 19, 342, 348, 349 = MDR 1966, 300 = JuS 1966,164 = NJW 1966, 243 = RdA 1966, 359). Das gebieten besonders Art. 1 Abs. 1 und Art. 2 Abs. 1 GG. Seine Geltung ist demgemäß nicht auf bestimmte Rechtsgebiete beschränkt (*BVerfG* B 30.9.1987 – 2 BvR 933/82,: BVerfGE 76, 256, 359 = NVwZ 1988, 329, 344 = DÖV 1988, 217 = DVBl. 1988, 191 = ZBR 1988, 33; *BFH* U 17.5.2011 – VII R 40/10, BFHE 233, 567 = ZfZ 2011, 247; *BFH* U 6.11.2012 – VII R 72/11 Rn. 17, BStBl. II 2013, 141). 40

Der Verhältnismäßigkeitsgrundsatz galt bereits in Preußischer Zeit. § 41 Abs. 2 S. 1, 2 PVG bestimmte: Kommen zur Beseitigung einer Störung der öffentlichen Sicherheit oder Ordnung oder zur wirksamen Abwehr einer polizeilichen Gefahr mehrere Mittel in Frage, so genügt es, wenn die Polizeibehörde eines dieser Mittel bestimmt. Dabei ist tunlichst das den Betroffenen und die Allgemeinheit am wenigsten beeinträchtigende Mittel zu wählen.

Wegen seiner grundlegenden Bedeutung für das gesamte Verwaltungshandeln ist der Verhältnismäßigkeitsgrundsatz im einfachen Gesetzesrecht vielfach aufgegriffen und konkretisierend beschrieben. Dies gilt insbesondere für das Eingriffsrecht, so z.B. in § 4 LuftSiG, § 15 BPolG und den Polizei- und Ordnungsbehördengesetzen der Bundesländer (etwa § 2 PolG NRW, § 15 OBG NRW). Für den unmittelbaren Zwang ist der Grundsatz der Verhältnismäßigkeit durch § 4 UZwG besonders vorgeschrieben.

Dem Gebot, verhältnismäßig zu handeln, kommt in der Verwaltungsvollstreckung eine herausgehobene Bedeutung zu. Deshalb legt **§ 9 Abs. 2** die Vollstreckungsbehörde ausdrücklich darauf fest (ebenso § 328 Abs. 2 AO). Die Norm ist eine **einfachgesetzliche Ausprägung** des verfassungsrechtlichen Verhältnismäßigkeitsgrundsatzes; entfiele sie, gälte der Grundsatz auch im Verwaltungsvollstreckungsverfahren unmittelbar verfassungsrechtlich.

Die Vollstreckungsbehörde hat den Grundsatz der Verhältnismäßigkeit umfassend und **in jedem Stadium des Verfahrens zu beachten**. Er gilt sowohl für die Auswahl des Zwangsmittels als auch für die Modalitäten seiner Anwendung.

41 Er besagt, dass jedes Zwangsmittel nach Art und Anwendung **geeignet** sein muss, den Pflichtigen zu dem zu erzwingenden Verhalten zu veranlassen. Er muss zudem **erforderlich** sein, dh es darf kein anderes Mittel und keine andere Form der Anwendung geben, die gleich geeignet ist, den Pflichtigen, Dritte oder die Allgemeinheit aber weniger belastet. Schließlich muss der angewendete Zwang in einem **angemessenen** Verhältnis zum angestrebten Erfolg stehen (vgl. insoweit zum Abschleppen eines Kraftfahrzeugs *BVerwG* U 14.5.1992 – 3 C 3/90, BVerwGE 90, 189, 193 = DAR 1992, 473 = NZV 1993, 44 = VerkMitt. 1993, 1 = NJW 1993, 870 = Buchholz 442.151 § 12 Nr. 8; *BVerwG* U 11.12.1996 – 11 C 15/95, BVerwGE 102, 316 = DAR 1997, 119 = NZV 1997, 246 = NJW 1997, 1021 = DÖV 1997, 506 = BayVBl. 1997, 377 = SächsVBl. 1997, 134 = ThürVBl. 1997, 161 = NJ 1997, 379 = DVBl. 1998, 93; *BVerwG* B 18.2.2002 – 3 B 149/01, VerkMitt. 2002 Nr. 43 = NZV 2002, 285 = DAR 2002, 424 = NJW 2002, 2122 = BayVBl. 2002, 567 = DVBl. 2002, 1560 = Polizei 2005, 149).

Der Gesichtspunkt der Geeignetheit ist in § 9 Abs. 2 nicht ausdrücklich genannt, scheint aber in dem Adjektiv „untunlich“ in § 11 Abs. 1 S. 2 und § 12 auf.

42 **1. Geeignetheit.** Ein Zwangsmittel ist nicht erst geeignet, wenn es den Pflichtigen mit Sicherheit dazu bringt, das ihm Aufgegebene zu tun. Geeignet ist ein Zwangsmittel bereits, wenn es **dazu beiträgt, dass der Betroffene sich pflichtgemäß verhält**. So ist ein Zwangsgeld nicht deshalb ungeeignet, weil nicht sicher ist, dass es den Willen den Pflichtigen beugt und ihn dazu bringt, den realen (§ 6 Abs. 1) oder fiktiven (§ 6 Abs. 2) Grundverwaltungsakt zu befolgen. Setzt die Behörde das Zwangsgeld niedriger an, als dies bei objektiver Betrachtung geboten ist, so ist dies unpraktikabel, macht das Zwangsgeld aber nicht ungeeignet oder seine Vollstreckung rechtwidrig (vgl. *VGH Mannheim* B 12.3.1991 – 5 S 618/91, juris Rn. 3 = NuR 1991, 486 = RdL 1991, 222 = UPR 1992, 31 = NVwZ 1992, 392 = BRS 52 Nr. 230). Ungeeignet wäre ein niedrig gewähltes Zwangsgeld erst, wenn bei objektiver Betrachtung unter keinen Umständen davon ausgegangen werden kann, dass es den Betroffenen zu dem verlangten Tun, Dulden oder Unterlassen bewegen wird.

Die Androhung eines Zwangsmittels kann auch ungeeignet sein, wenn beim Betroffenen von vorn herein – aus welchen Gründen auch immer – eine Verhaltensänderung definitiv nicht zu erwarten ist (*VG Stuttgart* B 23.8.1998 – 4 K 3923/98, NVwZ 1999, 323 = VBlBW 1999, 191).

Als Beugemittel sind die Zwangsmittel des § 9 Abs. 1 nicht (mehr) geeignet, wenn der Wille des Betroffenen bereits erkennbar gebeugt ist und es als sicher gelten kann, dass er seiner Handlungspflicht nunmehr nachkommt oder nicht weiter gegen Duldungs- oder Unterlassungspflichten verstößt. Die Androhung eines Zwangsmittels kommt dann nicht mehr in Betracht. Auch wenn der entgegenstehende Wille erst durch die Androhung oder die Festsetzung, also nachdem das Vollstreckungsverfahren in Gang gebracht war, gebrochen wird, darf das Verfahren nach hM nicht fortgesetzt werden. In diesem Fall hat das Zwangsmittel seinen **Beugezweck erreicht**. Der Vollzug ist nach § 15 Abs. 3 einzustellen, soweit das Landesrecht (§§ 60 Abs. 3 S. 2, 2. Halbs; 65 Abs. 3 c) VwVG NRW; § 28 Abs. 2 VwVG Hamburg) eine Beitreibung in diesen Fällen nicht ausdrücklich vorschreibt (aA etwa *OVG NRW* B 10.10.1991 – 13 B 1522/91, juris Rn. 11 = NVwZ-RR 1992, 517 = DVBl 1992, 783 = NWVBl 1992, 71; *OVG Sachsen-Anhalt* U 13.3.1996 – 2 L 60/95, juris Rn. 27 = DÖV 1996, 926 = NJ 1996, 661).

Diese Wertung erscheint auch angezeigt, wenn das Zwangsmittel seine Beugewirkung nicht mehr entfalten kann, weil der Vollzugszweck ohne Zutun des Pflichtigen weggefallen ist. Gibt die Behörde dem Betroffenen unter Androhung eines Zwangsmittels und Fristsetzung auf, den Gehweg von Schnee freizuräumen, und schmilzt der Schnee nach Ablauf der Räumfrist, kann das angedrohte Zwangsgeld keine Beugewirkung mehr entfalten. Hier ist der **Vollstreckungszweck** nicht iSd § 15 Abs. 3 erreicht, sondern **entfallen**. Eine gleichwohl verfügte Festsetzung und die Beitreibung des Zwangsgeldes hätten Strafcharakter. Das Zwangsgeld käme einer Geldbuße gleich.

Schwieriger sind die Fallgestaltungen zu beurteilen, in denen der **Pflichtige den Beugezweck entfallen lässt** (hierzu App/Wettlaufer/*Klomfaß*, Kap. 36 Rn110; *Brühl*, JuS 1998, 65, 66; *Dünchheim*, VR 1994, 123, 231 f; Engelhardt/App/Schlatmann/*Troidl*, § 15 VwVG Rn. 8 ff; Wolff/Bachof/Stober/Luth/*Peilert*, Verwaltungsrecht I, § 64 Rn. 75, jeweils mwN). Veräußert der zum Abriss verpflichtete Eigentümer sein Haus, nachdem die Behörde ein Zwangsgeld erfolglos angedroht hat, kommt eine Festsetzung des Zwangsmittels nicht mehr in Betracht, wenn man die Beugefunktion der Zwangsmittel ernst nimmt (siehe im Einzelnen die Kommentierung zu § 15 Abs. 3). Dass eine weitere Vollstreckung in solchen Fällen ausgeschlossen ist, wird deutlich, wenn man annimmt, die Behörde habe statt des Zwangsgeldes die Ersatzvornahme angedroht. Das weitere Vollstreckungsverfahren ginge dann ins Leere, weil das Zugriffsobjekt für die Ersatzvornahme durch die Eigentumsübertragung nicht mehr erreichbar ist. Die Behörde ist darauf verwiesen, das Vollstreckungsverfahren gegen den neuen Eigentümer neu in Gang zu setzen. Für das Zwangsgeld kann prinzipiell nichts anderes gelten. Dass der Alteigentümer es auf diese Weise in der Hand hat, dem Vollzug des Zwangsmittels auszuweichen, ist hinzunehmen. Die im Vollstreckungsverfahren bis zum Eigentumsübergang angefallenen Gebühren und Auslagen fallen ihm zur Last.

Anders zu beurteilen sind Fallgestaltungen, in denen der Pflichtige den Beugezweck entfallen lässt, indem er gegen den Grundverwaltungsakt, der mit Zwangsmitteln durchgesetzt werden soll, verstößt. Dies ist etwa der Fall, wenn die Behörde einem Schäfer unter Androhung von Zwangsgeld verbietet, seine Schafe zu schlachten, und dieser daraufhin sämtliche Tiere schlachtet (Bsp. bei *Dünchheim*, VR 1994, 123, 132). Auch in diesem Fall entfaltet die Androhung keine Beugewirkung mehr, da es keine Schafe mehr gibt, die nicht geschlachtet werden könnten. Hierauf kann der Pflichtige sich nach den Grundsätzen von Treu und Glauben (§ 242 BGB) aber nicht berufen. Denn es wäre in sich widersprüchlich, wenn der Pflichtige sich durch die Handlung, die ihm verboten ist, von dem Handlungsverbot befreien könnte. In diesem Fall kann der Pflichtige sich auch nicht auf die Erledigung des Grundverwaltungsaktes, der ihm das Dulden oder Unterlassen aufgab, gemäß § 43 Abs. 2 VwVfG berufen.

Zwangsgeld ist auch nicht schon deshalb ungeeignet, weil der Pflichtige nicht in der Lage ist, den angedrohten Betrag aufzubringen. Dies gilt selbst dann, wenn die Beitreibung mangels Zugriffsmasse ins Leere zu gehen droht. Entscheidend ist nicht, ob das Zwangsgeld beigetrieben werden kann, sondern, ob es geeignet ist, den Willigen des Pflichtigen zu beugen. Hiervon kann nur dann nicht ausgegangen werden, wenn von vorn herein feststeht, dass die (versuchte) Beitreibung des Zwangsgeldes den Pflichtigen völlig unbeeindruckt lässt.

Bei **wirtschaftlichem Unvermögen des Pflichtigen** trägt die Vollzugsbehörde freilich das **Kostenrisiko.** Das trifft in der Verwaltungspraxis insbesondere auf die Erstattung der Kosten einer Ersatzvornahme zu (vgl. *VGH Mannheim* B 3.12.1991 – 8 S 2850/91, NVwZ-RR 1992, 467 = ZfW 1993, 37). Doch ist es für den notwendigen Verwaltungszwang unerheblich, ob die Behörde ihren Kostenerstattungsanspruch mit Erfolg geltend machen kann. Denn die Abwehr der Gefahr für die öffentliche Sicherheit hat Vorrang vor fiskalischen Überlegungen.

Der Umstand, dass die Behörde ihren aus der Ersatzvornahme resultierenden Erstattungsanspruch nicht wird durchsetzen können, macht die Ersatzvornahme nicht unverhältnismäßig. Anderenfalls müsste sie die Einhaltung der Rechtsordnung alleinig davon abhängig machen, ob die Verpflichteten zahlungsfähig und zahlungswillig sind (*OVG Lüneburg* B 28.2.2012 – 1 PA 143/11, BeckRS 2012, 48247 = DVBl. 2012, 643 L = NVwZ-RR 2012, 347 L = DÖV 2012, 489 L). Siehe hierzu auch § 10 Rn. 43.

Für die Frage, ob der Pflichtige leistungsfähig ist, spielen vertragliche Beschränkungen aus Rechtsverhältnissen zu Dritten grundsätzlich keine Rolle. So ist belanglos, ob der Eigentümer eines Hauses seinem Hausverwalter – den die Behörde in Anspruch genommen hat – untersagt hat, mehr als einen bestimmten Betrag im Monat für Reparaturen auszugeben. Derartige finanzielle Beschränkungen sind für die Vollzugsbehörde belanglos, da sie ausschließlich das vertragliche Innenverhältnis zum Hauseigentümer betreffen. Das ist für die Behörde ohne Bedeutung (vgl. *VG Berlin* B 20.12.1979 – 13 A 306/79, GrundE 1980, 119).

43 **2. Erforderlichkeit.** Ein Zwangsmittel oder seine Anwendung ist nicht erforderlich, wenn ein **anderes, gleich geeignetes Zwangsmittel** zur Verfügung steht, das den Pflichtigen weniger belastet, oder wenn eine andere, gleich effektive Art der Anwendung möglich ist, die sich für den Pflichtigen schonender auswirkt. Hierbei ist auch zu berücksichtigen, ob das alternative Mittel Dritte oder die Allgemeinheit schont oder stärker belastet.

Nach der hier vertretenen Auffassung gibt es **keinen prinzipiellen Anwendungsvorrang der Ersatzvornahme** vor dem Zwangsgeld (Rn. 9). Hingegen kann mittelbarer Zwang erst angewendet werden, wenn die Zwangsmittel Ersatzvornahme und Zwangsgeld versagt haben oder von vorn herein ungeeignet sind (§ 12, hierzu oben Rn. 11). Infolgedessen darf die Behörde unmittelbaren Zwang auch dann nicht vorrangig anwenden, wenn er sich im Einzelfall gegenüber der Ersatzvornahme und dem Zwangsgeld ausnahmsweise als milderes Mittel darstellen sollte.

Stehen mehrere Mittel oder Anwendungsmodi zur Verfügung, muss die Behörde das **mildeste Mittel** wählen. Als milderes Mittel bieten sich häufig **Nebenbestimmungen** gemäß § 36 VwVfG an. Eine Auflage nach § 15 Abs. 1, 2 VersG ist milder als ein Versammlungsverbot, weil es den Veranstalter rechtlich weniger einschränkt. Wenn sie in gleicher Weise geeignet ist, einer bestehenden Gefahr zu begegnen, ist ein Versammlungsverbot unverhältnismäßig (*BVerfG* B 26.1.2001 – 1 BvQ 9/01, NJW 2001, 1409 = JZ 2001, 651 = JuS 2001, 811 = NordÖR 2001, 113 = DVBl. 2001, 558; *BVerfG*, Brokdorf-Entscheidung B 14.5.1985 – 1 BvR 233, 341/81, BVerfGE 69, 315, 353 = NJW 1985, 2395 = DVBl. 1985, 1006 = DÖV 1985, 778 = UPR 1985, 322 = BayVBl. 1985, 589, 623 = EuGRZ 1985, 450 = JZ 1986, 27 = JuS 1986, 644; *BVerfG* B 4.9.2009 – 1 BvR 2147/09, NJW 2010, 141, 143; *OVG Berlin* B 11.3.2000 – 1 SN 20/00, OVGE Berlin 23, 180, 183 = NVwZ 2000, 1201 = NJW 2000, 3586 L). Im Gaststättenrecht ist die Auflage gemäß §5 Abs. 1 Nr. 1 GastG das mildere Mittel im Verhältnis zur Schließung der Gaststätte (*VGH München* B 27.5.2008 – 22 ZB 07.3428, NVwZ-RR 2009, 19).

Das **Abschleppen eines Fahrzeuges** ist nicht erforderlich, wenn dem städtischen Bediensteten nach der maßgeblichen ex-ante Betrachtung zum Zeitpunkt der Einleitung der Abschleppmaßnahme ein milderes, aber ebenso wirksames Mittel offenstand. Insoweit gilt nach der Rechtsprechung des BVerwG, dass bei einer – bezogen auf den Zeitpunkt der Entdeckung des Verstoßes – zeitnahen Abschleppmaßnahme eine Verletzung des Grundsatzes der Verhältnismäßigkeit (nur) dann in Betracht zu ziehen ist, wenn der Führer des Fahrzeugs ohne Schwierigkeiten und ohne Verzögerung festgestellt und zur Beseitigung des verbotswidrigen Parkens veranlasst werden kann (*BVerwG* B 27.5.2002 – 3 B 67.02, VRS 2002 309, 310 mwN). Hat der Fahrer seine Mobilfunknummer im Fahrzeug hinterlegt, ist der städtische Bedienstete gehalten, vor dem Bestellen des Abschleppwagens zu versuchen, ihn über diese Nummer telefonisch zu erreichen. Scheitert dieser Versuch und ist auch sonst nicht zu erkennen, dass der Fahrer alsbald wieder an seinem Fahrzeug eintreffen würde, sind weitere Maßnahmen zu einer Kontaktaufnahme nicht veranlasst. Hat der Fahrer zudem keine konkreten Angaben zu seinem aktuellen Aufenthalt hinterlassen, ist für den städtischen Bediensteten nicht ersichtlich, wo dieser sich befindet. Der Fahrer kann sich auch nicht mit Erfolg darauf berufen, er sei wegen eines dringenden Gangs auf die Toilette vorübergehend telefonisch nicht erreichbar gewesen. Der für den Verkehrsverstoß Verantwortliche hat das Risiko für seine jederzeitige Erreichbarkeit zu tragen (*BVerwG* U 9.4.2014 – 3 C 5/13, juris Rn. 16f = BVerwGE 149, 254 = NJW 2014, 2888 = DVBl 2014, 1139).

Bei einer erheblichen Überschreitung der Höchstparkdauer kommt ein **Umsetzen des Wagens** als milderes Mittel nicht in Betracht, selbst wenn sich im Umfeld des verbotswidrig abgestellten Fahrzeugs zum Zeitpunkt des Abschleppens freie Parkplätze befinden sollten. Aufgrund der **negativen Vorbildwirkung** infolge der erheblichen Überschreitung der Höchstparkdauer ist ein generalpräventives Interesse zu berücksichtigen. Erfahrungsgemäß veranlassen Personenkraftfahrzeuge, die längere Zeit verbotswidrig abgestellt sind, andere Kraftfahrer zu gleichem verbotswidrigem Verhalten. Jedenfalls wenn die Parkzeit unter Verstoß gegen §13 StVO um mehrere Stunden – hier um drei Stunden – überschritten worden ist, belastet das Abschleppen des derartig verkehrswidrig abgestellten Kraftfahrzeugs den Betroffenen nicht unverhältnismäßig (*VG Aachen* U 16.5.2018 – 6 K 5781/17, juris Rn. 25, unter Verweis auf *BVerwG* B 6.7.1983 – 7 B 188/82, juris Rn. 5).

3. Angemessenheit. Der eingesetzte Zwang und die damit verbundene **Schwere des Eingriffs** muss in einem vertretbaren Verhältnis zur **Bedeutung des erstrebten Erfolges** stehen (vgl. *BVerwG* U 16.12.1971 – 1 C 60/67, BVerwGE 39, 190, 195 = NJW 44

1972, 458 = MDR 1972, 352 = DVBl. 1972, 499 = JuS 1972, 287 = LRE 7, 276 = NPA 885, 1 = VerwRspr. 24, 189 = Buchholz 418.42 § 10 BSeuchG Nr. 1). Das Gewicht des angestrebten Erfolges hängt davon ab, ob hochrangige Rechte oder Rechtsgüter des Einzelnen oder der Allgemeinheit betroffen oder gefährdet sind. Je hochrangiger der involvierten Rechte und Rechtsgüter sind, umso verlässlicher und schneller muss die Behörde die Störung oder Gefahr im Wege des Verwaltungszwanges beseitigen. Stehen wesentliche Rechte oder Rechtsgüter auf dem Spiel, rechtfertigt die Gefahrenlage ein Vorgehen im Wege der Regelvollstreckung gemäß § 6 Abs. 1, bei dringender Gefahr im sofortigen Vollzug gemäß § 6 Abs. 2.

Die Höhe eines **Zwangsgeldes** ist daran zu orientieren, dass es einen entgegenstehenden Willen des Betroffenen beugen und ihn dazu bewegen soll, den Grundverwaltungsakt zu befolgen. Eine derartige Wirkung kommt ihm nur zu, wenn es eine **fühlbare Höhe** erreicht. Ein Zwangsgeld muss wehtun, wenn es verhaltensleitend wirken soll. Seine Spürbarkeit hängt in erster Linie von den Einkommensverhältnissen des Betroffenen und der finanziellen Bedeutung der Sache ab. Einen Bauherrn, der ein halbe Mio. € bewegt, wird die Behörde mit einem Zwangsgeld iHv 800 € nicht beeindrucken können. Erzielt der Pflichtige durch die Zuwiderhandlung gegen ein gewerberechtliches Verbot Einnahmen, muss das Zwangsgeld insbesondere im Verhältnis zum erstrebten finanziellen Erfolg spürbar sein (*OVG NRW* U 30.9.1992 – 4 A 3840/91, juris Rn. 11 = NVwZ-RR 1993, 671 = DÖV 1993, 398 = NWVBl 1993, 194).

Soweit einem Grundverwaltungsakt Geltung verschafft werden soll, es geht – neben dem jeweiligen Regelungszweck – auch um die **Bewahrung und Bewährung der Rechtsordnung** (*Drews/Wacke/Vogel/Martens*, S. 232, 542). Der konsequente Vollzug ist insbesondere dann geboten, wenn das Fehlverhalten eine negative Vorbildwirkung auslöst, wie sie vor allem bei Verstößen gegen straßenverkehrsrechtliche Vorschriften (*BVerwG* B 20.12.1989 – 7 B 179/89, NJW 1990, 931 = NZV 1990, 205 = DÖV 1990, 482 = DAR 1990, 191 = VerkMitt. 1990, 42), illegalen Bauvorhaben und der mißbräuchlichen Inanspruchnahme öffentlicher Mittel entsteht.

Im **Straßenverkehr** reicht ein bloßer Verstoß etwa gegen das Verbot des Gehweg-Parkens oder allein die Vorbildwirkung des fehlerhaften Verhaltens, also ausschließlich generalpräventive Erwägungen, als Anlass für **Abschleppmaßnahmen** in der Regel nicht. Andererseits ist es aber nicht zweifelhaft, dass verbotswidrig abgestellte Fahrzeuge regelmäßig abgeschleppt werden dürfen, wenn sie andere Verkehrsteilnehmer behindern. Dies gilt etwa beim Verstellen des gesamten Bürgersteigs oder einem Hineinragen des Fahrzeugs in die Fahrbahn, bei Funktionsbeeinträchtigungen einer Fußgängerzone oder beim verbotswidrigen Parken auf einem Schwerbehinderten-Parkplatz, in Feuerwehranfahrzonen oder auch bei einem Abschleppen zur Verhinderung von Straftaten. In allen diesen wie auch in sonstigen Abschleppfällen dürfen jedoch die für den Betroffenen entstehenden Nachteile nicht außer Verhältnis zu dem mit der Maßnahme bezweckten Erfolg stehen, was unter Abwägung der Umstände des jeweiligen Einzelfalls zu beurteilen ist, bei schweren Verkehrsverstößen regelmäßig aber zu bejahen sein dürfte. Dabei hat die Straßenverkehrsbehörde sich davon leiten zu lassen, dass Abschleppmaßnahmen ohne konkrete Behinderungen zwar nicht ausgeschlossen sind, die gegenläufigen Interessen aber naturgemäß ein größeres Gewicht bekommen (*BVerwG* U 9.4.2014 – 3 C 5/13, juris Rn. 12 = BVerwGE 149, 254 = NJW 2014, 2888 = DVBl 2014, 1139).

Soweit auch **Dritte oder die Allgemeinheit** durch den Zwang unvermeidbar betroffen sind, darf das Zwangsmittel nicht zu unvertretbaren Nebenwirkungen führen. Bei einem erkennbaren Übermaß ist von Zwangsmaßnahmen abzusehen (vgl. *BGH* U 1.2.1954 – III ZR 299/52, BGHZ 12, 206 = NJW 1954, 715 = DB 1954, 324 = DÖV 1954, 318 = MDR 1954, 350 = VerwRspr. 6, 553). 45

Anhang:
Vergleichbares Landesrecht

(1) Baden-Württemberg: § 19 LVwVG. 46

(2) Bayern: Art. 29 Abs. 2, 3 VwZVG.

(3) Berlin: § 8 VwVfG Berlin = § 9 VwVG.

(4) Brandenburg: § 27: sechs Zwangsmittel; § 29 Abs. 3 VwVGBbg.

(5) Bremen: § 13 BremVwVG.

(6) Hamburg: §§ 11, 12 HmbVwVG.

(7) Hessen: § 70 HessVwVG.

(8) Mecklenburg-Vorpommern: § 86 Abs. 1, § 15 SOG M-V.

(9) Niedersachsen: § 70 NVwVG i.V.m. § 65 Abs. 1, § 4 Nds. SOG.

(10) Nordrhein-Westfalen: § 57 Abs. 1, § 58 VwVG NRW.

(11) Rheinland-Pfalz: § 62 Abs. 1, 2 LVwVG.

(12) Saarland: § 13 Abs. 1, 2 SVwVG.

(13) Sachsen: § 19 SächsVwVG.

(14) Sachsen-Anhalt: § 71 VwVG LSA i.V.m. § 54 Abs. 1, § 5 SOG LSA.

(15) Schleswig-Holstein: § 235 Abs. 1, § 73 Abs. 2 LVwG.

(16) Thüringen: § 44 Abs. 2, § 45 ThürVwZVG.

§ 10 Ersatzvornahme

Wird die Verpflichtung, eine Handlung vorzunehmen, deren Vornahme durch einen anderen möglich ist (vertretbare Handlung), nicht erfüllt, so kann die Vollzugsbehörde einen anderen mit der Vornahme der Handlung auf Kosten des Pflichtigen beauftragen.

Übersicht

I. Wesen der Ersatzvornahme

1 **1. Zwangsmittel bei vertretbaren Handlungen.** Der Anwendungsbereich der Ersatzvornahme ist naturgemäß auf **vertretbare Handlungen** beschränkt. Der Rechtsbegriff der vertretbaren Handlung ist in § 10 legaldefiniert als „Handlung, deren Vornahme durch einen anderen möglich ist“. Im Verwaltungsvollstreckungsverfahren ist eine Handlung somit vertretbar, wenn sie nach dem Sachverhalt an Stelle des Pflichtigen ohne Änderung ihres Inhalts objektiv auch von einem Dritten vorgenommen werden kann (vgl. *OVG Berlin* U 31.5.1991 – 2 B 11/89, OVGE Berlin 19, 151, 157 = UPR 1991, 357 = LKV 1991, 411 = NuR 1992, 342). Eine entsprechende Vorschrift für das bürgerliche Recht enthält § 887 ZPO.

Vertretbar sind stets **nur Handlungen** im Sinne eines positiven Tuns, nicht hingegen Duldungen und Unterlassungen. Diese sind höchstpersönlicher Natur und nicht im Wege der Ersatzvornahme vollstreckbar. Als Zwangsmittel ist hier gemäß § 11 Abs. 1 S. 1 das Zwangsgeld gegeben.

Auch die Pflicht, eine Handlung vorzunehmen, kann **höchstpersönlicher Natur** und damit **unvertretbar** sein. Die Höchstpersönlichkeit einer Handlungspflicht kann sich aus gesetzlichen Vorschriften oder aus der Natur der Sache ergeben (Engelhardt/App/Schlatmann/*Mosbacher*, § 10 VwVG Rn. 8). Dies gilt etwa für den Platzverweis nach Polizeirecht; weggehen kann man nur selbst; gegebenes Zwangsmittel ist in aller Regel der unmittelbare Zwang gemäß § 12. Höchstpersönlich ist auch die Pflicht, auf Vorladung als Zeuge gemäß §§ 48, 51 StPO vor dem Richter oder der Staatsanwaltschaft gemäß § 161a Abs. 1 S. 1 StPO erscheinen. Bei Nichterscheinen kann der Zeuge zwangsweise vorgeführt werden. Anders als in Preußen, wo der Kriegsdienstpflichtige einen von ihm bezahlten Ersatzmann als „Einsteher“ stellen konnte, sind in Deutschland auch der (seit 2011 ausgesetzte) Wehr- und Zivildienst in eigener Person abzuleisten.

Eine Handlung ist auch die **Abgabe einer Willenserklärung**. Kommt der Betroffene der Pflicht, eine Willenserklärung abzugeben, nicht nach, wird deren Vorliegen in Brandenburg (§ 33 VwVG), Hamburg (§ 20 VwVG), Mecklenburg-Vorpommern (§ 100 VwVfG i.V.m. § 93 SOG), Saarland (24a VwVG), Sachsen (§ 24a VwVG), Schleswig-Holstein (§ 242 VwG) und Thüringen (§ 50a VwZVG) fingiert. Hiernach wir der Vollstreckungsschuldner so behandelt, als habe er die Erklärung, zu der er aus dem zu vollstreckenden Verwaltungsakt verpflichtet ist, abgegeben (§ 9 Rn. 6). Fehlt es – wie im Bundesrecht – an einer entsprechenden Regelung, kann der Pflichtige jedenfalls mithilfe des Zwangsgeldes angehalten werden, die geforderte Erklärung abzugeben. Nach der hier vertretenen Ansicht (§ 9 Rn. 7 ff., 37) kommt der Ersatzvornahme kein prinzipieller Vorrang vor dem Zwangsgeld zu. Daher hat die Behörde nach pflichtgemäßem Ermessen (§ 40 VwVfG), insbesondere unter Beachtung des Verhältnismäßigkeitsgrundsatzes aus § 9 Abs. 2, zu entscheiden, ob sie Zwangsgeld oder die Ersatzvornahme androhen soll. Eine Ersatzvornahme kommt nur in Betracht, wenn die Willenserklärung durch einen Dritten abgegeben werden kann, also nicht höchstpersönlicher Natur ist. Die Höchstpersönlichkeit kann gesetzlich angeordnet sein, was z.B. für die Abgabe von Steuererklärungen gemäß § 150 Abs. 2 und 3 AO gelten dürfte (App/Wettlaufer/*Klomfaß*, Kap. 33 Rn. 5 ff.). Sie kann sich ferner aus der Natur der Sache ergeben. Entscheidend ist, ob es für die Behörde gleichbleibt, ob der Pflichtige selbst oder ein Vertreter die Erklärung abgibt. Dies dürfte regelmäßig zu verneinen sein, wenn höchstpersönliche Angaben zu machen sind.

Höchstpersönlich ist eine Handlung schließlich auch dann, wenn ihre Vornahme **Fertigkeiten** voraussetzt, **über die nur der Pflichtige verfügt**. Dies wird nur in besonders gelagerten Einzelfällen anzunehmen sei, etwa bei Künstlern oder Unternehmen mit singulärem Fachwissen oder einzigartiger Technik, über die andere Unternehmen nicht verfügen. Unvertretbarkeit ist hierbei nicht schon anzunehmen, wenn das Spezialunternehmen eine Leistung besser erbringen kann, sondern erst, wenn andere Unternehmen die Leistung nicht in einer Weise zu erbringen vermögen, die als Erfüllung der Handlungspflicht gelten kann.

In Fachgesetzen wird teilweise ua auf § 10 verwiesen, so etwa in § 137 Abs. 1 S. 2 **2**
FlurbG. Soweit die Ersatzvornahme in Fachgesetzen speziell geregelt ist, gehen die spezialgesetzlichen Regelungen der allgemeinen Bestimmung in § 10 vor. Eine **spezialgesetzliche Ersatzvornahme** enthält etwa das Bundesfernstraßengesetz. Nach dessen § 7 Abs. 3 kann die Straßenbaubehörde eine Verunreinigung der Straße auf Kosten des Verantwortlichen „beseitigen". Hiernach ist die Behörde zur Ersatzvornahme befugt, aber auch zum unmittelbaren Zwang berechtigt, falls eine Ersatzvornahme untunlich sein sollte. Eine spezialgesetzliche Ersatzvornahme findet sich zudem im Bundeswasserstraßengesetz. Nach § 30 Abs. 1 WaStrG hat das Wasser- und Schifffahrtsamt in gleicher Weise wie vorstehend das Recht der Ersatzvornahme oder des unmittelbaren Zwanges.

Die **Ersatzvornahme** ist auch im Recht der **Kommunalaufsicht** normiert. Hiernach kann die Aufsichtsbehörde Anordnungen an Stelle und auf Kosten der Gemeinde selbst durchführen oder die Durchführung einem anderen übertragen, wenn die Gemeinde einer Anordnung der Aufsichtsbehörde nicht innerhalb der bestimmten Frist nachkommt (etwa § 123 Abs. 2 GO NRW). Hierbei handelt es sich nicht um die Ersatzvornahme des allgemeinen Verwaltungsvollstreckungsrechts, sondern ein damit verwandtes, aber eigenständiges Rechtsinstitut. Die kommunalaufsichtliche Ersatzvornahme hat einen anderen Charakter als die verwaltungsvollstreckungsrechtliche Ersatzvornahme. Letztere richtet sich zur Durchsetzung einer regelmäßig durch einen Grundverwaltungsakt verfügten Pflicht auf die Ausführung einer Handlung, deren Vornahme durch einen anderen möglich ist (vertretbare Handlung). Es geht also um die Verwaltungsvollstreckung im allgemeinen Über- und Unterordnungsverhältnis zwischen Bürger und Staat. Die kommunalrechtliche Ersatzvornahme erlaubt demgegenüber, alle Handlungen der Gemeinde, auch wenn sie – wie etwa der Erlass einer Satzung – nicht vertretbar sind, durch die Aufsichtsbehörde durchzuführen oder durchführen zu lassen. Es handelt sich also um die speziell kommunalaufsichtsrechtliche Variante des allgemeinen Instituts aufsichtsrechtlichen Eintritts zwischen Aufsichtsbehörde und beaufsichtigter Körperschaft und Behörde (*OVG Lüneburg* B 20.7.2017 – 8 LA 145/16, juris Rn. 25 = ZStV 2018, 106).

Entsprechendes gilt für die **stiftungsrechtliche Ersatzvornahme**, die – wie z.B. § 13 Abs. 1 StiftG Niedersachsen oder in § 8 Abs. 3 StiftG NRW – dem Recht der Kommunalaufsicht nachgebildet sind. Mit ihr soll die Erfüllung des Stiftungszwecks herbeigeführt werden. Soweit das Stiftungsgesetz des jeweiligen Landes der Stiftungsaufsicht ein im allgemeinen Vollstreckungsrecht so nicht enthaltenes Instrument zusätzlich zur Verfügung stellen will, ist hiermit keine Beschränkung der ohnehin vorhandenen Zwangsmittel verbunden. Dann kann auf das allgemeine Verwaltungsvollstreckungsrecht des Landes zurückgegriffen werden, wenn mit dem Verwaltungszwang nicht die

Erfüllung des Stiftungszwecks, sondern die Befolgung der aus dem Aufsichtsverhältnis folgenden öffentlich-rechtlichen Pflichten durchgesetzt werden soll (*OVG Lüneburg* B 20.7.2017 – 8 LA 145/16, juris Rn. 27 f = ZStV 2018, 106).

3 Die Ersatzvornahme kann grundsätzlich durch die Behörde selbst (**Selbstvornahme**) oder durch von ihr beauftragte Dritte im Wege der sog. **Fremdvornahme** durchgeführt werden. Als Dritte kommen etwa Handwerker sowie Abbruch- und Abschleppunternehmer in Betracht, aber auch juristisch verselbstständige Einheiten der behördeneigenen Körperschaft, z.B. die Stadtwerke GmbH. Die Verwaltungsvollstreckungsgesetze der Länder sehen neben der Fremdvornahme auch die Selbstvornahme als Ersatzvornahme an (anders nur § 8 VwVfG Berlin, das auf das VwVG des Bundes verweist). Dem gegenüber erfasst § 10 nach seinem insofern eindeutigen Wortlaut – preußischer Tradition folgend (§ 55 Abs. 2 PVG) – nur die Fremdvornahme als Ersatzvornahme; **im Bundesrecht ist die Selbstvornahme unmittelbarer Zwang** gemäß § 12.

Die Vollzugsbehörden der Länder haben somit ein **Auswahlermessen** und in pflichtgemäßer Ermessensausübung (§ 40 VwVfG) unter Beachtung des Grundsatzes der Verhältnismäßigkeit zu entscheiden, ob sie die Ersatzvornahme selbst vornehmen oder durch einen Dritten vornehmen lassen wollen. Dabei hat die Behörde auch zu prüfen, ob ihr die fachlich geeigneten Dienstkräfte und/oder die nötigen sachlichen Mittel zur Verfügung stehen. Auf keinen Fall kommt es auf sachfremde Interessen des Pflichtigen, etwa der Kosten, an. Denn es liegt an ihm, den Verwaltungszwang zu vermeiden, indem er sich rechtstreu verhält und die angeordnete Handlung vornimmt.

4 Den Vollstreckungsbehörden des Bundes kommt ein solches Auswahlermessen nicht zu, da § 12 einen prinzipiellen Anwendungsvorrang der Ersatzvornahme und des Zwangsgeldes vor dem unmittelbaren Zwang statuiert. An eine Selbstvornahme durch die Behörde ist somit erst und nur zu denken, wenn eine Fremdvornahme durch Dritte und das Zwangsgeld nicht zum Ziele führen oder untunlich sind.

Die **Kosten** der Ersatzvornahme oder des unmittelbaren Zwanges fallen dem Pflichtigen zur Last. Hierzu zählen insbesondere Beträge, die bei der Ersatzvornahme oder beim unmittelbaren Zwang an Beauftragte und an Hilfspersonen gezahlt werden, und sonstige durch Ausführung des unmittelbaren Zwanges oder Anwendung der Ersatzzwangshaft entstandene Kosten. Sie können nach §§ 10, 19 Abs. 1 VwVG i.V.m. § 344 Abs. 1 Nr. 8 AO festgesetzt und notfalls beigetrieben werden.

Ersatzfähig sind somit jedenfalls die Kosten, die der Behörde durch den Einsatz des Dritten entstehen. Inwieweit die Behörde Kosten geltend machen kann, die unmittelbar bei ihr selbst entstanden sind, ist im Einzelnen zweifelhaft. Grundsätzlich darf sie nur die Kosten ansetzen, die durch die Vornahme der vertretbaren Handlung im Wege der Ersatzvornahme oder des unmittelbaren Zwanges entstanden sind. Hierzu gehören grds. auch die anhand entsprechender Stundensätze unschwer zu ermittelnden Kosten für die Vornahme einer Handlung durch eigene Dienstkräfte der Behörde und für den notwendigen Einsatz eigenen Personals zur Anleitung und/oder Beaufsichtigung beauftragter Dritter. Dies betrifft insbesondere Personalkosten der Behörde, die durch die technische Planung der vorzunehmenden Arbeiten, die Absprachen mit dem beauftragten Unternehmen sowie dessen Beaufsichtigung entstanden sind, während vorbereitende Tätigkeiten nicht mehr in dem zu fordernden Zusammenhang zu der Ausführung der vertretbaren Handlung stehen, sondern als allgemeine Verwaltungstätigkeit der Vollzugsbehörde dieser kostenmäßig zur Last fallen (so *VG Cottbus*

U 4.5.2017 – 6 K 531/11, juris, LS 5, Rn. 61, zu § 37 Abs. 4 VwVG Brandenburg a.F. i.V.m. § 11 Abs. 2 Bbg KostO a.F.; siehe hierzu auch App/Wettlaufer/*Klomfaß*, Kap. 33 Rn. 17).

Die Kosten der Ersatzvornahme sind in der Androhung vorläufig zu veranschlagen, § 13 Abs. 4 S. 1. 5

2. Hoheitliche Maßnahme. Die Ersatzvornahme ist eine hoheitliche Maßnahme des Staates. Sie wird im **Über-/Unterordnungsverhältnis** der Vollzugsbehörde zum Betroffenen durchgeführt. Deshalb besteht eine allgemeine **Duldungspflicht**. 6

Der Vollstreckungsschuldner sowie Personen, die Mitgewahrsam an den Räumen und beweglichen Sachen des Vollstreckungsschuldners haben, sind zur Duldung der Ersatzvornahme verpflichtet (§ 15 Rn. 3, 23). In **Sachsen** ist das durch § 24 Abs. 1 S. 2 VwVG ausdrücklich vorgeschrieben.

Regelmäßig wird die Ersatzvornahme gemäß § 7 VwVG von der **Vollzugsbehörde** durchgeführt. Sie kann aber nach § 169 VwGO auch in die Zuständigkeit des **Verwaltungsgerichts** fallen, wenn sie durch § 168 Abs. 1 VwGO tituliert ist. Vollstreckungsbehörde ist dabei gemäß § 169 VwGO der Vorsitzende des Gerichts des ersten Rechtszuges (§ 7 Rn. 24). Der Vorsitzende ist als Vollstreckungsbeauftragter das Vollstreckungsgericht (§ 4 Rn. 9). 7

3. Keine Geschäftsführung ohne Auftrag. Weil es sich bei der Ersatzvornahme um eine hoheitliche Maßnahme handelt, ist es nicht vertretbar, die Ersatzvornahme als Geschäftsführung ohne Auftrag nach §§ 677 ff. BGB gegenüber dem Verantwortlichen zu werten. Voraussetzung dafür wäre ein **bürgerlich-rechtliches Gleichordnungsverhältnis.** Ein solches ist **nicht vorhanden** (*BVerfG* B 30.6.2011 – 1 BvR 367/11, NJW 2011, 3217 = BVerfGK 18, 515). 8

Wenn die Geschäftsführung ohne Auftrag hier zulässig wäre, hätte die Behörde contra legem auch im Falle der Verletzung zwingender Verfahrensvorschriften und somit bei rechtswidrigen Maßnahmen einen Kostenersatzanspruch. Dieser stünde der Behörde insbesondere selbst dann zu, wenn sie die Vollstreckung einleitete, ohne dass die Voraussetzungen des § 6 Abs. 1 dafür vorlägen. Das ist nicht der Fall; sie hat **keinen Anspruch** (siehe Beispiel § 6 Rn. 111). Die Rechtslage ist geklärt durch *BVerwG* U 9.5.1960 – 1 C 55/59, BVerwGE 10, 282, 289,290 = BBauBl. 1960,465 = NJW 1960, 1588 = DÖV 1960, 545 = MDR 1960, 949 = DVBl. 1960, 637 = VerwRspr. 13, 142. 9

Das *Bundesverwaltungsgericht* schließt die Geschäftsführung ohne Auftrag zu Recht aus. Die **Ersatzvornahme** ist eine **rechtlich unteilbare Einheit.** Sie ist eine polizeiliche (bzw. ordnungsbehördliche) Maßnahme, „die ihren Rechtsgrund im öffentlichen Recht hat, und zwar sowohl hinsichtlich der polizeilichen Verfügung als auch hinsichtlich ihrer Ausführung. Nur der ersten einen öffentlich-rechtlichen Charakter beizulegen, die letztere dagegen als Grundlage für einen privatrechtlichen Anspruch anzusehen, ist schon wegen des sachlichen Zusammenhangs nicht gerechtfertigt“. Demzufolge wird in der Rechtsprechung zutreffend darauf hingewiesen, dass das Verwaltungs-Vollstreckungsgesetz gegenüber dem bürgerlichen Recht ein hoheitliches Spezialgesetz ist (vgl. *OVG Saarlouis* U 28.5.1982 – 2 R 61/81, *AS* 17, 329 = BRS 39 Nr 232; *OVG Münster* B 9.4.2008 – 11 A 1386/05, NVwZ-RR 2008, 437 = DVBl. 2008, 803 L).

10 Auch aus folgenden Gründen kann die Geschäftsführung ohne Auftrag für die Ersatzvornahme keine Bedeutung haben: Die Geschäftsführung nach §§ 677 ff. BGB gehört zu den Schuldverhältnissen des bürgerlichen Rechts. Gemäß § 241 BGB besteht das Schuldverhältnis zwischen dem Gläubiger und seinem Schuldner. Bei der Geschäftsführung ohne Auftrag ist der Geschäftsführer der Gläubiger. Schuldner ist der Geschäftsherr. Nach § 677 BGB führt der Geschäftsführer für den Geschäftsherrn ein Geschäft aus, ohne ihm gegenüber „dazu berechtigt zu sein".

Hier liegt der Unterschied zwischen der Ersatzvornahme und der Geschäftsführung. Rechtsgrundlage der Ersatzvornahme sind hoheitliche Verwaltungsakte der Vollzugsbehörde. Durch deren Erlass ist sie „berechtigt", die Ersatzvornahme durchzuführen. Damit ist die Behörde kraft Gesetzes hoheitliche Gläubigerin des Schuldners außerhalb des bürgerlich-rechtlichen Schuldverhältnisses im Sinne der §§ 677 ff. BGB. Das Recht der Behörde beruht also unmittelbar und ausschließlich auf § 10 VwVG (vgl. *BGH* U 13.11.2003 – III ZR 70/03,: BGHZ 156, 394 = NJW 2004, 513 = DVBl. 2004, 516 = NVwZ 2004, 373 = MDR 2004, 448).

11 Gleiches gilt für Vollstreckungsmaßnahmen, die eine Vollzugsbehörde nach anderen **Spezialgesetzen** als hoheitliche Pflichtaufgabe trifft. Das ist zB bei Einsätzen der Feuerwehr der Fall. Diese richten sich nach dem jeweiligen Feuerwehrgesetz eines Bundeslandes. Hier ist eine Geschäftsführung ohne Auftrag kraft Gesetzes ebenfalls ausgeschlossen (*BayObLG* U 25.2.2002 – 1 Z RR 331/99 –: BayObLGZ 2002, 35 = BayVBl. 2002, 502). Ebenso ist es bei Einsätzen des Technischen Hilfswerks, die auf Ersuchen der Ordnungsbehörde zur Gefahrenabwehr durchgeführt werden (*BGH* U 19.7.2007 – III.ZR 20/07, DÖV 2008, 80 = NVwZ 2008, 349).

12 Maßnahmen der Ersatzvornahme sind auch keine Geschäftsführung ohne Auftrag für einen **Haftpflichtversicherer,** der dem Verantwortlichen Versicherungsschutz zu gewähren hat (*BGH* U 22.5.1970 – IV ZR 1008/68, BGHZ 54,157 = VersR 1970, 952 = NJW 1970, 1841 = MDR 1970, 995 = DÖV 1970, 782 = DB 1971, 476 = VRS 39 Nr 179 = VerwRspr. 22, 249).

13 Die Vorschriften der §§ 677 ff. BGB über eine Geschäftsführung ohne Auftrag sind zwar auch im öffentlichen Recht entsprechend anzuwenden, wenn ein Privater eine Maßnahme trifft, die zu den hoheitlichen Aufgaben einer Behörde gehört (*BVerwG* U 6.9.1988 – 4 C 5/86, BVerwGE 80, 170 = NJW 1989, 922 = ZfW 1989, 82 = DÖV 1989, 271 = UPR 1989, 28 = DVBl. 1989, 42 = VR 1989, 181 = BayVBl. 1989, 183; *BGH* U 13.11.2003 – III ZR 368/02, NVwZ 2004, 764 = UPR 2004, 133 = NuR 2004, 334 = NZV 2004, 131; *OVG Greifswald* U 12.1.2011 – 3 L 272/06, DVBl. 2011, 975 = DÖV 2011, 703 L; *OVG Lüneburg* U 23.4.2012 -11 LB 267/11, DÖV 2012, 612 L; *VGH München* B 15.2.2012 – 8 ZB 11.591, NVwZ-RR 2012, 705). Aber hieraus kann nicht gefolgert werden, dass diese Vorschriften für eine Ersatzvornahme nach § 10 VwVG ebenfalls gelten. Denn die Geschäftsführung eines Privaten ist selbst im Verhältnis zu einem Hoheitsträger immer nur eine bürgerlich-rechtliche. Sie betrifft den gerade umgekehrten Fall, dass nicht ein Hoheitsträger gegenüber einem Privaten eine Ersatzvornahme gemäß § 10 VwVG durchführt, sondern der Private für jenen. Somit schließt das VwVG als hoheitliches Spezialgesetz die unmittelbare oder analoge Anwendung der §§ 677 ff. BGB aus. Wenn bei einer Ersatzvornahme zwingende Verfahrensvorschriften verletzt sind, kann also eine Heilung durch bürgerliches Recht mit der Folge einer Kostenerstattung nicht erreicht werden.

Der verwaltungsvollstreckungsrechtliche Kostenersatzanspruch verdrängt den allgemeinen **öffentlich-rechtlichen Erstattungsanspruch** (vgl. *VGH Baden-Württemberg* U 16.8.2002 – 8 S 455/02, juris Rn. 21 = NJW 2003, 1066 = VBlBW 2003, 231). Dies gilt auch für den Fall der rechtswidrigen Ersatzvornahme. Die gesetzlichen Vorschriften über den Kostenersatz bei Ersatzvornahme schließen als spezielle Regelungen ein Ausweichen auf das allgemeine Rechtsinstitut aus (vgl. *OVG Hamburg* U 30.11.2004 – 1 A 333/03, juris Rn. 37 = NordÖR 2005, 119). 14

II. Ersatzvornahme ist Fremdvornahme

1. Der Ersatzunternehmer. Die Ersatzvornahme nach § 10 ist Fremdvornahme durch einen Dritten. Die Selbstvornahme der Vollzugsbehörde ist unmittelbarer Zwang. Das ist überliefertes preußisches Recht gemäß § 55 Abs. 2 PVG. 15

Welchen Unternehmer die Vollzugsbehörde mit der Ersatzvornahme beauftragt, obliegt allein ihrer pflichtgemäßen Ermessensentscheidung. Ersatzunternehmer kann eine natürliche oder juristische Person sein. Der Pflichtige hat keinen gesetzlichen Anspruch, hierbei gehört und einbezogen zu werden. Ob ihm der von der Behörde vorgesehene oder bestimmte Unternehmer genehm ist oder nicht, ist unerheblich. Das schließt nicht aus, dass die Behörde auf einen sachgerechten Vorschlag eingeht.

Stets ist zu berücksichtigen, dass das Zwangsmittel nur ein ersatzmäßiges Beugemittel ist. Der Pflichtige kann bis zur Anwendung der Ersatzvornahme die ihm aufgegebene Handlung entweder selbst ausführen oder seinerseits einen Unternehmer beauftragen. Kommt der Betroffene seiner Handlungspflicht während des Vollstreckungsverfahrens nach, ist das Werk unausführbar geworden. Die Zivilrechtler werten dies als zufällige Zweckerreichung und bringen § 645 Abs. 1 BGB analog zur Anwendung (Palandt/*Sprau*, § 645 BGB Rn. 8). Hiernach kann der Dritte von der Behörde einen der geleisteten Arbeit entsprechenden Teil der Vergütung und Ersatz der in der Vergütung nicht inbegriffenen Ausgaben fordern. Diesen Betrag und die Kosten, die der Behörde weiter entstanden sind, muss der Pflichtige tragen.

Die Behörde ist keineswegs verpflichtet, den Werkvertrag in dieser Lage zu kündigen (so aber App/Wettlaufer/*Klomfaß*, Kap. 33 Rn. 14). Hiervon muss auch dringend abgeraten werden, da der Werkunternehmer im Falle der Kündigung durch den Besteller gemäß § 649 S. 2 BGB berechtigt wäre, die vereinbarte Vergütung zu fordern.

Zwischen der Vollzugsbehörde und dem Ersatzunternehmer besteht ein **privatrechtlicher Werkvertrag** nach § 631 BGB. Ihre Beziehungen sind **nicht öffentlich-rechtlich** (*BGH* U 14.12.1976 – VI ZR 251/73,: Warn 1976 Nr 255 = DAR 1977, 99 = VersR 1977, 284 = GewArch 1977, 191 = DVBl. 1977, 869, 970 = NJW 19/77, 628 = MDR 1977, 483 = BayVBl. 1977, 313 = JuS 1977, 473 = VR 1978, 103 = VerwRspr. 28, 563 = VRS 52, 247). Bei Streitigkeiten ist der Zivilrechtsweg gegeben. 16

Zum Abschluss eines Werkvertrages kann der **Dritte** von der Vollzugsbehörde **nicht gezwungen** werden. Denn das würde der rechtsgeschäftlichen Vertragsfreiheit gemäß § 311 BGB widersprechen. Eine zwangsweise Inanspruchnahme ist nur außervertraglich im Falle eines polizeilichen Notstandes zulässig (§ 6 Rn. 277). 17

Der Werkvertrag betrifft nur die privatrechtlichen Beziehungen zwischen der Behörde und dem Ersatzunternehmer. Dieser ist „verlängerter Arm“ der Vollzugsbehörde (*BGH* U 26.1.2006 – I ZR 83/03, NJW 2006, 1804 = NVwZ 2006, 964; *VGH Mannheim* 18

U 20.1.2010 – 1 S 484/09, NJW 2010, 1998). Im Verhältnis zum Pflichtigen und zu Dritten ist der Ersatzunternehmer **Vollzugsgehilfe der Behörde** (auch Erfüllungsgehilfe genannt: *BGH* U 21.1.1993 – III ZR 189/91, BGHZ 121, 161 = NJW 1993, 1258 = DVBl. 1993, 605 = DÖV 1993, 571= NZV 1993, 223 = DAR 1993, 187 = VersR 1993, 881 = JZ 1993, 1001 – BayVBl. 1993, 475 = VRS 85, 81).

19 Der Unternehmer kann die Ersatzvornahme **nicht aus eigenem Entschluss** durchführen. So darf er zum Beispiel ein Kraftfahrzeug nur auf Anordnung des zuständigen Bediensteten der Ordnungsbehörde oder der Polizei abschleppen (*VGH München* U 4.10.1989 – 21 B 89.01969, NVwZ 1990, 180 = NZV 1990, 47; *VG München* U 28.1.1988 – 17 K 87.6583, NVwZ 1988, 667). Ihm ist es auch versagt, Gebühren durch Leistungsbescheid festzusetzen und beitreiben zu lassen (§3 Rn. 13).

20 Aus diesem Grund ist der Ersatzunternehmer auch **nicht** ein so bezeichneter **„beliehener Unternehmer"** und damit keine Behörde i.S.d. § 1 Abs. 4 VwVfG (hierzu § 7 Rn. 7).

Er nimmt keine „Aufgaben der öffentlichen Verwaltung" wahr. An seinem privaten Status ändert sich also nichts. Das gilt auch dann, wenn die Vollzugsbehörde eine andere Behörde mit der Ersatzvornahme beauftragt, etwa die Berufsfeuerwehr (vgl. *VGH Kassel* U 22.5.1990 – 11 UE 627/89, BBauBl. 1991, 242).

21 Selbstverständlich kann die Vollzugsbehörde den Ersatzunternehmer **ohne Ausschreibung** der zu vergebenden Arbeiten beauftragen. Denn die Ersatzvornahme dient der Gefahrenabwehr. Darum ist eine Verzögerung durch die Ausschreibungsfrist nicht zulässig. Im Übrigen ist eine Ausschreibung für die Ersatzvornahme nach Haushaltsrecht nicht vorgesehen.

Nach §55 Abs. 1 S. 1 der Bundeshaushaltsordnung muss dem Abschluss von Verträgen über Lieferungen und Leistungen eine öffentliche Ausschreibung vorausgehen, „sofern nicht die Natur des Geschäfts oder besondere Umstände eine Ausnahme rechtfertigen". Die Gefahrenabwehr ist eine solche Ausnahme.

22 Gleiches gilt nach den Haushaltsordnungen der Länder. Denn §30 des Gesetzes über die Grundsätze des Haushaltsrechts des Bundes und der Länder regelt die Ausschreibung für Bund und Länder einheitlich. Mit dieser Vorschrift stimmen §55 Abs. 1 der Bundeshaushaltsordnung und die gleich lautenden Paragrafen der Haushaltsordnungen der Länder überein. Ermächtigungsgrundlage des Bundes für den Erlass des Haushaltsgrundsätzegesetzes ist Art. 109 Abs. 3 GG. Hiernach können durch Bundesgesetz für Bund und Länder gemeinsam geltende Grundsätze für das Haushaltsrecht aufgestellt werden (vgl. *BVerwG* B 8.4.1997 – 3 C 6/95, BVerwGE 104, 220, 222 = DÖV 1997, 732 = GewArch 1997, 365 = NVwZ 1998, 273 = DVBl. 1998, 142).

23 Nach ihrer Natur kann sich die im Haushaltsrecht vorgesehene Verpflichtung zur Ausschreibung nicht auf die Ersatzvornahme erstrecken. Denn haushaltsrechtliche Verträge über Lieferungen und Leistungen betreffen Geldbeträge, die als Ausgaben für die Zukunft endgültig abgeschrieben werden. Dagegen handelt es sich bei den Kosten der Ersatzvornahme um Beträge, die zwar zunächst an den Ersatzunternehmer zu zahlen sind, aber später gemäß §19 Abs. 1 VwVG i.V.m. §344 Abs. 1 Nr. 8 AO wieder als Auslagen von dem Schuldner eingezogen und dadurch zurückgebucht werden. Somit hat der Staat – von dem Fall der Insolvenz des Betroffenen abgesehen – keinen Verlust.

Gegen eine Ausschreibung spricht auch, dass die Behörde nicht verpflichtet sein kann, sich unter unangemessenem Zeit- und Arbeitsaufwand im Interesse des Verantwortlichen um eine möglichst billige Ausführung der gebotenen Arbeiten zu bemühen. Für die Behörde ist vielmehr entscheidend, dass die Arbeiten von einem „Unternehmer ihres Vertrauens" vorgenommen werden (*OVG Berlin* U 26.10.1984 – 2 B 104/82, GrundE 1985, 1145). Sie trifft also eine sachgerechte pflichtgemäße Ermessensentscheidung (vgl. Rn. 15). **24**

Eine Pflicht zur Ausschreibung wird man nur dann annehmen können, wenn die Kommune einen Abschleppunternehmer durch Abschluss eines Rahmenvertrages für mehrere Jahre beauftragt, Abschleppmaßnahmen für die Behörde durchzuführen. Hier gelten die vergaberechtlichen Vorschriften der VOL/A (Engelhardt/App/Schlatmann/*Mosbacher*, § 10 Rn. 11).

Zwischen mehreren Unternehmern wird die Behörde denjenigen aussuchen, welcher nach ihren Erfahrungen für die Aufgabe fachlich am geeignetsten erscheint und innerhalb eines angemessenen Zeitraums zur Verfügung steht. – Der Praktiker weiß, dass die Vollzugsbehörde die Ersatzvornahme häufig durch ein Telefongespräch mit dem vorgesehenen Ersatzunternehmer vorbereitet.

2. Verhältnis zum Pflichtigen. Auch zwischen dem Ersatzunternehmer und dem Betroffenen entsteht **kein öffentlich-rechtliches Verhältnis.** Denn der Unternehmer ist nicht Behörde. Privatrechtliche Beziehungen werden ebenfalls nicht begründet. **25**

Da die Behörde die Durchführung der Ersatzvornahme hoheitlich angedroht und festgesetzt hat, muss der Verantwortlich die Ersatzvornahme dulden. Er darf die Arbeiten des Ersatzunternehmers nicht behindern. Leistet der Pflichtige Widerstand, darf der Ersatzunternehmer den Widerstand nicht selbst brechen. Er muss die Vollzugsbehörde darum ersuchen, die hierzu gemäß § 15 Abs. 2 berechtigt ist (vgl. § 15 Rn. 34).

Hieraus ergibt sich zugleich, dass auch die Tätigkeit des Ersatzunternehmers **keine Geschäftsführung ohne Auftrag** für den Betroffenen sein kann. Der Ersatzunternehmer hat einen Auftrag von der Behörde und handelt allein für sie. Schleppt er zum Beispiel das Kraftfahrzeug des Verantwortlichen ab, hat er gegen diesen keinen Kostenanspruch aus Geschäftsführung ohne Auftrag (vgl. *AG Krefeld* U 5.4.1978 – 10 C 85/78, NJW 1979, 722). **26**

Verursacht der Ersatzunternehmer bei der Ausführung der Ersatzvornahme einen Schaden, kann der Pflichtige nach den Grundsätzen der Drittschadensliquidation zivilrechtliche Schadensersatzansprüche gegen den beauftragten Unternehmer geltend machen (*Brühl*, JuS 1998, 65, 67). Daneben haftet die Körperschaft, deren Behörde die Vollstreckung betreibt, dem Pflichtigen für den entstandenen Schaden nach Amtshaftungsansprüchen gemäß § 839 BGB i.V.m. Art. 34 GG (*OLG Saarbrücken* U 25.7.2006 – 4 U 395/05-174). Deswegen ist der Ersatzunternehmer gegenüber der Behörde auch verpflichtet, eine Kraftfahrzeugbergungs- und Kraftfahrzeugtransportversicherung, eine so genannte Hakenlastversicherung, abzuschließen. Sonst verhält er sich vertragswidrig (*OLG Hamm* U 14.8.2002 – 11 U 44/02, NVwZ-RR 2003, 31).

Das ändert aber nichts an der Tatsache, dass der Ersatzunternehmer Vollzugsgehilfe der Behörde ist und diese für ihn haftet. Sie haftet auch dann, wenn er bei der Ersatzvornahme von seinem Auftrag abweicht, solange die schädigende Handlung in einem äußeren und inneren Zusammenhang mit der werkvertraglich geschuldeten Leistung steht. Auch in diesem Fall kann der Betroffene sich an die Behörde halten und ist nicht etwa auf eine zivilrechtliche Unterlassungsklage und notfalls auf den Erlass einer einstweiligen Verfügung gegen den Unternehmer angewiesen (aA Engelhardt/App/Schlatmann/*Troidl*, VwVG, § 15 VwVG Rn. 4).

Schädigt der Fahrer eines Abschleppfahrzeugs, der aufgrund privatrechtlichen Vertrages zwischen Behörde und Ersatzunternehmer ein Unfallfahrzeug birgt, durch unsachgemäße Ausführung der angeordneten Bergungsmaßnahme einen anderen Verkehrsteilnehmer, handelt er gleichsam als "Erfüllungsgehilfe" der Behörde in Ausübung eines öffentlichen Amtes i.S.d. Art. 34 S. 1 GG. Der Geschädigte kann seinen Schaden im Wege des **Amtshaftungsanspruchs** gemäß § 839 BGB i.V.m. Art. 34 GG gegen die Behörde geltend machen. Die Ersatzpflicht des Fahrers aus § 18 StVG wird als Verschuldenshaftung durch § 839 BGB verdrängt. Dies gilt jedoch nicht für die **Halterhaftung nach § 7 StVG** (*BGH* U 21.1.1993 – III ZR 189/91, juris Rn. 15, 17 = BGHZ 121, 161 = NJW 1993, 1258).

III. Durchführung der Ersatzvornahme

27 **1. Selbstständige Tätigkeit.** Der Ersatzunternehmer erledigt den Auftrag selbstständig. Er führt die Arbeiten ohne Weisung **in eigener** organisatorischer und technischer **Verantwortlichkeit** aus. Ihm muss ein eigenes Bestimmungsrecht über die Arbeit zukommen. Anderenfalls wären seine Arbeiten als bloße Hilfstätigkeiten der Vollzugsbehörde zuzurechnen, so dass ein Selbstvollzug der vorläge, der als unmittelbarer Zwang einzuordnen wäre (Rn. 3).

Die **Tätigkeit** des Ersatzunternehmers **endet** an dem Tag, an welchem er der Behörde seine **Schlussrechnung** vorlegt. Hiernach richtet sich sodann die **Verjährung** des Kostenerstattungsanspruchs der Behörde gegenüber dem Pflichtigen (§ 19 Rn. 32).

Erstreckt sich die Durchführung der Ersatzvornahme über einen **längeren Zeitraum,** ist sie erst mit der letzten Tätigkeit abgeschlossen. So kann zum **Beispiel** die Untersuchung des Grundwassers auf Schadstoffe mehrere Jahre dauern (*VGH Mannheim* U 28.11.1988 – 5 S 2755/87 –: BWVPr. 1989, 110 = NuR 1989, 350 = NVwZ-RR 1989, 454). Für die Verjährung gilt bei einem solchen Sachverhalt das Vorstehende.

28 **2. Verdeckte Mängel.** Werden bei der Durchführung der Ersatzvornahme an derselben Schadensstelle **weitere bauliche Schäden** entdeckt, die in unmittelbarem Zusammenhang mit den zunächst festgestellten Mängeln stehen, bedarf es vor deren Beseitigung nicht des Erlasses weiterer Verfügungen, soweit auch diese Arbeiten der Erfüllung der Grundverfügung dienen und hierfür erforderlich sind. Der Betroffene ist lediglich auf den größeren Schadensumfang und die höheren Kosten hinzuweisen. Denn bei der Behebung verdeckter Mängel wird „ein Schaden beseitigt, den ein ehrbarer und solider Handwerker und ein sorgsamer Hauseigentümer als einheitliche Instandsetzungsmaßnahme in einem zusammenhängenden Arbeitsgang behoben hätten" (*OVG Berlin* U 22.1.1982 – 2 B 46/80, OVGE Berlin 16, 61, 64 = NVwZ 1982, 684 = BRS 39 Nr 234; *OVG Berlin* U 25.8.1989 – 2 B 4/88, BauR 1990, 203 = BRS 49 Nr 235).

Beispiel: In einem Altbau, der als Mietshaus genutzt wird, sind die Deckenbalken in der Obergeschossdecke durchgefault, so dass Einsturzgefahr besteht. Daraufhin gibt die Bauaufsichtsbehörde dem Hauseigentümer mit Ordnungsverfügung auf, die Deckenbalken auszutauschen, und droht die Ersatzvornahme an. Da der Eigentümer nicht reagiert, setzt die Behörde die Ersatzvornahme fest und beauftragt schließlich einen Zimmermann, die Balken auszutauschen. Bei der Ausführung stellt der Zimmermann fest, dass Ursache für die Schädigung der Balken ein Bruch der in der Decke verlegten Wasserleitung ist. In diesem Fall ist die Behebung des Wasserrohrbruchs von der Ordnungsverfügung gedeckt, so dass es einer weiteren Verfügung nicht bedarf. – Anders läge der Fall, wenn die Wasserleitung im Fußboden des Obergeschosses verlegt wäre und mit der Fäulnis der Deckenbalken nichts zu tun hätte. Dann wäre die Beseitigung des Wasserrohrbruchs durch die Grundverfügung nicht gedeckt, auch wenn diese Reparatur unabdingbar erscheint.

3. Zurückbehaltungsrecht für Abschleppkosten. Das Abschleppen eines Kraftfahrzeugs ist, je nach Landesrecht und den Umständen des Einzelfalles, als Sicherstellung, Ersatzvornahme oder unmittelbare Ausführung (*Möller/Warg* Rn. 409 ff.) einzuordnen. Eine sichergestellte Sache wird in **Verwahrung** genommen. Die Eingriffsbefugnis ergibt sich aus dem allgemeinen Polizei- und Ordnungsrecht. § 44 Abs. 2 S. 2 StVO kommt als Befugnisnorm nicht in Betracht. Denn er gilt nur für „vorläufige Maßnahmen". Dagegen handelt es sich bei der Sicherstellung und der Verwahrung um zeitlich endgültige Maßnahmen. Die Kosten der Sicherstellung und Verwahrung fallen dem Verantwortlichen zur Last. Nach übereinstimmendem Ordnungs- und Polizeieingriffsrecht des Bundes und der Länder kann die Herausgabe der Sache von der Zahlung der Kosten abhängig gemacht werden; Beispiele: § 50 Abs. 3 BPolG; § 41 Abs. 3 ASOG; Art. 28 Abs. 3 PAG). 29

Die **Verwahrung** kann auch einem Dritten, so **dem Ersatzunternehmer, übertragen** werden. Er ist damit Verwahrungshelfer der Behörde (vgl. *OLG Hamm* U 25.10.2000 – 11 U 65/00 –: NJW 2001, 375 = KKZ 2002, 90). Dabei darf die Vollzugsbehörde den Ersatzunternehmer verpflichten, das Fahrzeug erst nach Zahlung der Abschleppkosten herauszugeben (*BGH* U 26.1.2006 – I ZR 83/03,: NJW 2006, 1804 = NVwZ 2006, 964; *BVerwG* B 18.1.1982 in Rn. 31; *VGH Mannheim* U 13.2.2007 – 1 S 822/05, NJW 2007. 2058 = NVwZ 2008, 237 L; *VGH Mannheim* U 20.1.2010 – 1 S 484/09, NJW 2010, 1998).

Ein derartiges **Zurückbehaltungsrecht ist zulässig** (vgl. *BVerfG* B 30.6.2011 – 1 BvR 367/11, NJW 2011, 3217 = BVerfGK 18, 515; *BVerwG* B 18.1.1982 – 7 B 215/80, JuS 1982, 947 = NVwZ 1982, 309 = Buchholz 345 § 10 VwVG Nr 3; *OVG Münster* U 26.5.1983 – 4 A 1504/82, OVGE Münster 36, 254 = DVBl. 1983, 1074 = DÖV 1983, 1023 = MDR 1984, 519 = VRS 65, 317; *OVG Magdeburg* U 13.2.1997 – A 2 S 493/96, DAR 1998, 403).

Die Geltendmachung eines Zurückbehaltungsrechts hängt nicht von der vorherigen Festsetzung der Abschleppkosten durch Leistungsbescheid ab. Sie steht im Ermessen der Behörde, auch wenn es sich dabei nicht um einen Verwaltungsakt handelt, sondern um eine öffentlich-rechtliche Willenserklärung, die auf einer gleichgeordneten rechtlichen Ebene erfolgt (vgl. *OVG Münster*, 26.5.1983 – 4 A 1504/82, DVBl. 1983, 1074 = DÖV 1983, 1023 = MDR 1984, 519). Es stellt keinen Ermessensfehler (Ermessensausfall) dar, wenn die Behörde zunächst generell ihr Zurückbehaltungsrecht ausübt (bzw. den Betreiber der Verwahrstelle entsprechend anweist) und daran festhält, solange ihr keine Besonderheiten des Einzelfalls bekannt werden, die eine abweichende Bewertung gebieten. Die Behörde darf zunächst vom Regelfall ausgehen und bei ihrer Entscheidung für die Geltendmachung des Zurückbehaltungsrechts an die typischen Gegebenheiten dieser Fallgruppe anknüpfen, die üblicherweise nicht erkennen lassen, weshalb die sofortige Zahlung der Sicherstellungs- und Verwahrungskosten Zug um Zug gegen die Herausgabe des Fahrzeugs unzumutbar sein sollte (vgl. *OVG Münster*, 26.5.1983 – 4 A 1504/82, DVBl. 1983, S. 1074 f). Dementsprechend ist es rechtlich nicht zu beanstanden, dass die Behörde erst dann eine Interessenabwägung im Einzelfall vornimmt, wenn der Betroffene konkrete Gründe vorträgt, die es seines Erachtens unzumutbar machen, sich das Zurückbehaltungsrecht entgegen halten zu lassen.

Allerdings kann die Ausübung des Zurückbehaltungsrechts im Einzelfall gegen das Übermaßverbot verstoßen, falls der Betroffene das Fahrzeug aus zwingenden Gründen dringend und unverzüglich benötigt (*OVG Hamburg* B 22.5.2007 – 3 BS 94/07, juris Rn. 15, 18 = NJW 2007, 3513 = DÖV 2008, 122).

30 Sobald der Schuldner zahlt und danach das rechtmäßig abgeschleppte Fahrzeug zurückbekommt, ist der Fall rechtlich und praktisch erledigt. Grundlage der Erledigung ist ein Realakt. Zu diesem haben die Zahlungsaufforderung des Gläubigers und die Zahlung des Schuldners geführt. Hier bietet sich ein Vergleich zur Erledigung eines Verwaltungsaktes „auf andere Weise" gemäß § 43 Abs. 2 VwVfG an. Dass die Behörde zuvor keinen Leistungsbescheid erlassen konnte, ist mithin ohne Bedeutung. Sollte der Schuldner unter Hinweis hierauf die Kosten aus ungerechtfertigter Bereicherung nach § 812 Abs. 1 BGB zurückfordern, kann er damit keinen Erfolg haben. Dem steht ohnehin § 813 Abs. 2 BGB entgegen (*VGH Mannheim* U 20.1.2010 – 1 S 484/09, NJW 2010, 1998 = DÖV 2010, 451 L).

Bei der Einziehung der Abschleppkosten verstößt der Ersatzunternehmer nicht gegen das Rechtsdienstleistungsgesetz, das frühere Rechtsberatungsgesetz, und das Gesetz gegen den unlauteren Wettbewerb (*LG Marburg* U 24.5.2000 – 5 S 233/99, NJW 2001, 2028 = NVwZ-RR 2001, 476 L = KKZ 2002, 174). Denn der Ersatzunternehmer ist im Verhältnis zum Pflichtigen und zu Dritten kein selbstständiger Geschäftsmann, sondern als „verlängerter Arm" lediglich ein Vollzugsgehilfe der Vollzugsbehörde (Rn. 18).

Auch hierbei handelt es sich **nicht um Geschäftsführung ohne Auftrag** zwischen dem Ersatzunternehmer und dem Verantwortlichen. Denn der Ersatzunternehmer wird bei dieser Aufgabe nur für die Behörde tätig: Er sichert das Zurückbehaltungsrecht und den Zahlungsanspruch der Behörde gegenüber ihrem Vollstreckungsschuldner (§ 2 Abs. 1 Buchst a).

31 Im Gegensatz zum Abschleppen eines Fahrzeugs findet bei seiner **Umsetzung** keine Sicherstellung und Verwahrung statt. Das Fahrzeug wird vielmehr lediglich von einem Ort zu einem anderen in vertretbarer Nähe gebracht, etwa in eine Nebenstraße oder auf einen Parkplatz. Dabei verbleibt der Besitz bei dem Halter. Die Umsetzung des Fahrzeugs stellt vielmehr eine Ersatzvornahme im Rahmen des Sofortvollzugs dar, deren Kosten der Pflichtige gemäß § 10 zu tragen hat (vgl. *VG Bremen* U 7.9.2017 – 5 K 2241/16, juris Rn. 19 ff.).

IV. Kostenanspruch der Behörde

32 Der **Anspruch auf Zahlung** von Kosten der Ersatzvornahme ergibt sich unmittelbar aus § 10. Denn danach wird sie „auf Kosten des Pflichtigen" durchgeführt. Gemäß § 13 Abs. 4 S. 2 bleibt das Recht auf Nachforderung von Kosten unberührt (ausführlich § 13 Rn. 99–103).

Für die Kostenpflicht des Verantwortlichen bildet § 10 i.V.m. § 19 eine **ausreichende Rechtsgrundlage.** Sie regelt die Kostenpflicht öffentlich-rechtlich und abschließend. Darum finden die Bestimmungen der § 677 ff. BGB über die Geschäftsführung ohne Auftrag keine Anwendung (Rn. 8 ff.). **33**

Zu welchem Zeitpunkt die Vollzugsbehörde die Kosten der Ersatzvornahme von dem Pflichtigen verlangen kann, sagt § 10 nicht ausdrücklich. Die Behörde kann die Kosten jedenfalls **nach Abschluss** der Ersatzvornahme anfordern. Diese ist an dem Tag abgeschlossen, an welchem die Behörde von dem Ersatzunternehmer die Schlussrechnung erhält (§ 19 Rn. 34). Eine etwa notwendige Beitreibung der Kosten wird durch Leistungsbescheid gemäß § 3 Abs. 2 Buchst a eingeleitet. Dieser ist selbstständig anfechtbar. **34**

Der Behörde steht es auch frei, die Kosten bereits **vor der Durchführung** der Ersatzvornahme zu verlangen, soweit Fachgesetze (z.B. § 26 Abs. 2 S. 2 des Schornsteinfeger-Handwerksgesetzes) oder die allgemeine Vollstreckungsgesetze der Länder (§ 31 Abs. 5 VwVG Baden-Württemberg, § 36 Abs. 4 S. 2 VwZVG Bayern, § 32 Abs. 2 VwVG Brandenburg, § 13 Abs. 2 S. 3 VwVG Hamburg, § 74 Abs. 3 S. 2 VwVG Hessen, § 89 Abs. 2 SOG Mecklenburg-Vorpommern, § 66 Abs. 2 S. 1 SOG Niedersachsen, § 59 Abs. 2 S. 1 VwVG NRW, § 24 Abs. 2 VwVG Sachsen, § 71 Abs. 1 VwVG i.V.m. § 55 Abs. 2 S. 1 SOG Sachsen-Anhalt, § 238 Abs. 2 LVwG Schleswig-Holstein, § 50 Abs. 2 VwZVG Thüringen) dies ausdrücklich vorsehen.

Im Übrigen ist die Vorausleistungspflicht des Pflichtigen nicht unumstritten (kritisch Engelhardt/App/Schlatmann/*Mosbacher*, § 10 VwVG Rn. 14), wird von der überwiegenden Meinung aber bejaht. Auch das *Bundesverwaltungsgericht* nimmt eine Kostenpflicht bereits vor Durchführung der Ersatzvornahme an. Hierfür bezieht das BVerwG sich auf die Funktion der Festsetzung der Ersatzvornahme: Eine Festsetzung auf der Grundlage des § 14 erzeuge in zwei Richtungen Rechtswirkungen. Im Verhältnis zum Pflichtigen habe sie Schutzcharakter. Sie enthalte die Feststellung, dass die Anwendung von Zwang nunmehr möglich sei, und bestimme abschließend, welches Zwangsmittel angewendet werde. Sie führe dem Pflichtigen vor Augen, dass er sich auf die Erzwingung der von ihm trotz Grundverfügung und Zwangsmittelandrohung nicht vorgenommenen Handlung einzustellen habe, und lege den hierfür erforderlichen zeitlichen Rahmen fest. Hierdurch erweise sie sich als eine nochmalige unmissverständliche Warnung, durch die der Pflichtige letztmals Gelegenheit erhalte, den Verwaltungszwang durch Befolgung der Grundverfügung abzuwenden. Aus der Sicht der Vollstreckungsbehörde habe die Festsetzung insofern Bedeutung, als sie endgültig den Weg dafür freimacht, Zwangsmaßnahmen zu ergreifen. Sie verpflichte den Betroffenen, die Vornahme der Handlung durch den beauftragten Unternehmer zu dulden, und ermächtige dazu, etwaigen Widerstand mit Gewalt zu brechen. Darüber hinaus sei sie geeignet, den Anspruch auf Zahlung der Ersatzvornahmekosten, wenn auch unter der auflösenden Bedingung der Vornahme durch den Pflichtigen selbst, schon zu einem Zeitpunkt zum Entstehen zu bringen, zu dem die Zwangsmittelanwendung noch ausstehe (*BVerwG* B 21.8.1996 – 4 B 100/96, juris Rn. 14 = VBlBW 1996, 455 = DÖV 1996, 1046 = NVwZ 1997, 381 = KKZ 1998, 107, unter Verweis auf *BVerwG* U 16.1.1976 – 4 C 25/74, JR 1976, 387 = MDR 1976, 695 = NJW 1976, 1703 = DÖV 1976, 317 = KKZ 1977, 176 = BRS 30 Nr 185 = VerwRspr. 28, 1 = Buchholz 345 § 10 VwVG).

Der Rechtsprechung des BVerwG ist zuzustimmen. Einer ausdrücklichen gesetzlichen Ermächtigung für die Forderung der voraussichtlichen Kosten einer Ersatzvornahme vor deren Durchführung bedarf es nicht. Dass der Pflichtige von vorn herein für die Kosten der Ersatzvornahme aufzukommen hat, wird bereits durch den Wortlaut des § 10 nahegelegt. Hierfür spricht auch der Begriff „Nachforderung" in § 13 Abs. 4 S. 2. Entscheidend ist jedoch, dass der Pflichtige sich spätestens mit Zugang der Festsetzung auf die Durchführung der Ersatzvornahme und der damit verbundenen Kostenfolge einstellen muss. Wenn er die sodann immer noch gegebene Möglichkeit, seiner Handlungspflicht nachzukommen, nicht nutzt und weiter im Rechtsungehorsam verharrt, kann er billigerweise nicht erwarten, dass die ersatzweise Durchführung der ihm obliegenden Handlung aus öffentlichen Mitteln vorfinanziert wird. Damit würde er im Übrigen finanziell günstiger gestellt als ein Pflichtiger, der sich rechtstreu verhält und einen Dritten mit der Ausführung beauftragt, um seiner Handlungspflicht zu genügen (vgl. *BVerwG* U 16.1.1976, s. Rn. 34; *BVerwG* U 13.4.1984 – 4 C 31/81, NJW 1984, 2591 = DWW 1984, 265 = DÖV 1984, 887 = DVBl. 1984, 1172 = BauR 1985, 183 = VBlBW 1985, 15 = BayVBl. 1985, 538 = BRS 42 Nr 229; *OVG Münster* U 6.4.1979 – 11 A 1550/18, BRS 35 Nr 220; *OVG Berlin* U 26.10.1984 – 2 B 104/82 , GrundE 1985, 1145; zustimmend Bader/Ronellenfitsch/*Deusch/Burr*, § 10 VwVG Rn. 11; App/Wettlaufer/*Klomfaß*, Kap. 33 Rn. 19).

35 Das Gleiche gilt, wenn gemäß § 169 VwGO der **Gerichtsvorsitzende** als Vollstreckungsbehörde die Ersatzvornahme durchführen lässt (*VGH Mannheim* B 12.3.1993 – 5 S 285/93, NVwZ-RR 1994, 120).

36 Ausnahmsweise wird die Vollzugsbehörde davon absehen, die Kosten vorab einzuziehen, wenn unklar ist, wer Pflichtiger und damit Vollstreckungsschuldner im Sinne von § 2 ist. Denn für den Leistungsbescheid des § 3 Abs. 2 Buchst a muss einwandfrei feststehen, wer für die Kosten einzustehen hat. Eine solche Ungewissheit herrscht, falls die Eigentumsverhältnisse am Gegenstand der Vollstreckung ungeklärt sind. Das könnte zum Beispiel auf das Eigentum an einem Grundstück zutreffen. Dann wird zweckmäßigerweise dem Betroffenen eine Frist zur gerichtlichen Klärung dieser zivilrechtlichen Vorfrage gesetzt (*VGH München* B 9.4.2003 – 20 CS 03.525, NVwZ-RR 2003, 542 = DÖV 2003, 640 = NuR 2003, 695).

37 Ob im **Insolvenzverfahren** eine Vorauszahlung von Kosten der Ersatzvornahme verlangt werden kann, ist der Insolvenzordnung nicht direkt zu entnehmen. In § 80 Abs. 1 InsO ist nur bestimmt, dass das Verwaltungs- und Verfügungsrecht auf den Insolvenzverwalter übergeht. Jedoch führt § 55 Abs. 1 Nr 1 InsO unter den sonstigen Masseverbindlichkeiten auch Verbindlichkeiten auf, die durch die „Verwaltung" der Insolvenzmasse begründet werden. Hieraus dürfte der Anspruch der Behörde auf Vorauszahlung herzuleiten sein. Denn der Insolvenzverwalter ist für den Zustand der Sache, wie jeder andere Verwalter, nach allgemeinem Polizei- und Ordnungsrecht voll verantwortlich (*BVerwG* U 23.9.2004 – 7 C 22/03, BVerwGE 112, 75 = DÖV 2005, 205 = NVwZ 2004, 1505 = NJW 2005, 379 L; dazu *BVerwG* U 10.2.1999 – 11 C 9/97, *BVerwGE* 108, 269 = NZI 1999, 246 = UPR 1999, 311 = NVwZ 1999, 653 = NordÖR 2000, 104 = NuR 2000, 92; *OVG Lüneburg* U 20.3.1997 – 7 L 2062/95, GewArch 1997, 434 = NJW 1998, 398 = NordÖR 1998, 354 = NVwZ 1998, 308 L; *VGH München* B 18.10.2010 – 22 CS 10.439, DVBl. 2011, 58 L; *VG Potsdam* B 19.12.2001 – 5 L 259/01, NJW 2002, 3566 = NVwZ 2003, 767 L).

Allerdings kann der Insolvenzverwalter nur dann Kostenschuldner sein, wenn er für den Zustand der übernommenen Sachen verantwortlich geworden ist (vgl. *OVG Berlin-Brandenburg* B 10.11.2009 – 11 N 30/07, BeckRS 2009, 41540 = NVwZ 2010, 594 = NJW-Spezial 2010, 311 = NJW 2010, 1900 L; *VGH Kassel* B 11.9.2009 – 8 B 1712/09, NZI 2010, 236 = NJW 2010, 1545; *OVG Lüneburg* B 3.12.2009 – 7 ME 55/09, BeckRS 2009, 41992 = NJW 2010, 1546 = NJW-Spezial 2010, 310 = NZI 2010, 235; *OVG Lüneburg* B 25.1.2010 – 7 LA 130/09, NJW 2010, 2453; *OVG Magdeburg* B 9.5.2012 – 2 M 13/12, BeckRS 2012 , 51425 = NVwZ-RR 2012, 593 L).

Im Verwaltungszwangsverfahren ist zu beachten, dass die §§ 89, 90, 210 InsO Vollstreckungsverbote enthalten (ausführlich *App,* Beschränkung der Festsetzungs- und Vollstreckungsbefugnis kommunaler Behörden durch die Eröffnung eines Insolvenzverfahrens, apf 2005, S. 141-143).

Einer ordnungsbehördlichen Inanspruchnahme des Insolvenzverwalters als Betreiber einer immissionsschutzrechtlich genehmigungsbedürftigen Anlage steht nicht das Vollstreckungsverbot gemäß § 210 i.V.m. § 209 Abs. 1 Nr 3 InsO entgegen (*OVG Münster* B 21.8.2013 – 8 B 612/13, juris Rn. 20 = ZInsO 2013, 1857 = NZI 2013, 945 = UPR 2014, 32).

Zu den erstattungsfähigen Kosten der Ersatzvornahme gehören auch Aufwendungen für eine **Fotodokumentation,** die zur **Beweissicherung** notwendig ist. Das kann zum Beispiel der Fall sein, wenn von einem Grundstück Autowracks, Autoteile, Traktorenwracks und Abfälle beseitigt werden sollen (*VGH München* B 21.12.1999 – 20 B 99.2073, BayVBl. 2000, 407 = UPR 2000, 468 = NuR 2000, 516 = NVwZ-RR 2000, 343 = BRS 62 Nr 213). Maßnahmen der Behörde, die für die Ausführung der Ersatzvornahme keine rechtliche aber tatsächliche Bedeutung hatten, kann die Behörde nicht als Kosten der Ersatzmaßnahme geltend machen. Dies gilt etwa für die Identifizierung morscher Bäume auf dem Grundstück des Pflichtigen zur Vorbereitung des Grundverwaltungsaktes – auch wenn der beauftragte Fällunternehmer die Identifizierung später seinen eigenen Feststellungen zugrunde legte (*VG Göttingen* U 10.9.2019 – 1 A 530/18, juris Rn. 25). 38

Ein **Anspruch** auf Erstattung der Kosten **besteht nicht,** wenn das **Vollstreckungsverfahren rechtwidrig** verlaufen ist (*OVG Münster* B 12.1.1993 – 20 B 3082/92, NWVBl. 1994, 32 = NVwZ-RR 1994, 365). Auf die Art. des Rechtsmangels kommt es nicht an. Das trifft zum Beispiel zu, sofern die durchgeführte „Ersatzvornahme" zur Mängelbeseitigung ungeeignet war (*OVG Berlin* U 7.9.1990 – 5 B 39/ 89, OVGE Berlin 19, 20). Gleiches gilt, falls die Ersatzvornahme rechtswidrig war, weil die notwendige Festsetzung fehlte (vgl. *OVG Koblenz* U 18.3.1993 – 1 A 10570/92, NVwZ 1994, 715). 39

Die **Kosten der Ersatzvornahme** werden als öffentlich-rechtliche Geldforderungen nach § 19, §§ 1 bis 5 eingezogen. Sie gehören nach ganz herrschender Ansicht **nicht** zu den öffentlichen Abgaben und Kosten i.S.d. **§ 80 Abs. 2 S. 1 Nr 1 VwGO** (*OVG Schleswig* B 27.12.2000 – 2 M 13/00, NVwZ-RR 2001, 586 = NordÖR 2001, 112; *OVG Lüneburg* B 25.2.1974 – 6 B 135/73, OVGE Lüneburg 30, 382 = DÖV 1974, 321; *OVG Lüneburg* B 21.2.2013 – 1 ME 6/13, DÖV 2013, 444 L; *VGH München* B 25.2.2009 – 2 CS 07.1708, NVwZ-RR 2009, 787 = DÖV 2009, 872 L; *VGH Mannheim* B 16.1.1991 – 6 S 34/91, VBlBW 1991, 215 = NVwZ-RR 1991, 512 = KKZ 1992, 38; *VGH Mannheim* B 5.2.1996 – 5 S 334/96, VBlBW 1996, 262 = DÖV 1996, 425 = KKZ 1997, 78 = NVwZ 1997, 74; *OVG Berlin* B 13.4.1995 – 2 S 3/95, OVGE Berlin 21, 218 = 40

NVwZ-RR 1995, 575 = MDR 1995, 957 = KKZ 1996, 72; *OVG Berlin* B 3.3.1997 – 2 S 24/96, OVGE Berlin 22, 107 = NVwZ-RR 1999, 156 = KKZ 1999, 185 = BRS 59 Nr 226; *OVG Berlin-Brandenburg* B 23.12.2005 – 2 S 122/05, *OVGE Berlin-Brandenburg* 26, 157 = NVwZ-RR 2006, 376 = DÖV 2006, 309; *OVG Weimar* B 12.3.2008 – 3 EO 283/07, DÖV 2008, 881 L; *OVG Koblenz* B 28.7.1998 – 1 B 11553/98, NVwZ-RR 1999, 27 = DVBl. 1999, 116 = KKZ 1999, 189 = BRS 60 Nr 172; *OVG Frankfurt/Oder* B 17.11.1999 – 4 B 99/99, LKV 2000, 313; *OVG Münster* B 29.11.1966 – 7 B 455/66, OVGE Münster 22, 307 = NJW 1967, 1980; *OVG Münster* B 28.7.1982 – 7 B 1303/80, NJW 1983, 1441 = BRS 39 Nr 235. – AA: *VGH München* B 15.11.1993 – 22 CS 93.1481, UPR 1994, 155 = BayVBl. 1994, 371 = GewArch 1994, 233 = NVwZ-RR 1994, 471 = KKZ 1995, 101; *VGH München* B 27.6.1994 – 20 CS 94.1270, NVwZ-RR 1994, 618 = DÖV 1994, 1013 = BayVBl. 1995, 694.)

41 Dies zu Recht. Ihrem Wesen nach können Kosten der Ersatzvornahme **keine** öffentlichen **Kosten** i.S.d. **§ 80 Abs. 2 S. 1 Nr 1 VwGO** sein. Solche plant der Staat nämlich als feststehenden Posten in den Haushalt ein. Das ist bei den Kosten der Ersatzvornahme nicht der Fall. Diese sind sogar unwillkommene Einnahmen. Denn die Behörde lässt sich hier lediglich ihre notgedrungen erbrachten Auslagen für die Ersatzvornahme erstatten.

Eine andere Beurteilung kann geboten sein, wenn die Behörde die Kosten für die Tätigkeit des Drittunternehmers als Auslagen auf der Grundlage einer Gebührenordnung – mithin als Gebühr – einfordert (vgl. *OVG Hamburg* B 3.11.2005 – 3 Bs 566/04, juris Rn. 21). Hierzu § 12 Rn. 56 ff. Siehe hierzu auch VG Göttingen, wie vorstehend, Rn. 26, zu den Auslagen für die Vorbereitung einer Amtshandlung gemäß § 13 Abs. 1 S. 1 NdsVwKostG.

De lege ferenda wäre wünschenswert, diese Kosten § 80 Abs. 2 S. 1 Nr 1 VwGO zuzuordnen. Denn es erscheint zweckmäßig, die **aufschiebende Wirkung** des Rechtsbehelfs sowohl nach § 80 Abs. 2 S. 1 Nr 3 als auch nach § 80 Abs. 2 S. 2 VwGO **auszuschließen**. Im Landesrecht ist dies teilweise geschehen, so in Sachsen gemäß § 24 Abs. 3 S. 2 SächsVwVG.

In Thüringen haben Rechtsbehelfe, die sich gegen Leistungsbescheide über Kosten der Ersatzvornahme richten, nach § 50 Abs. 5 ThürVwZVG keine aufschiebende Wirkung.

In Hamburg haben Rechtsbehelfe gegen Leistungsbescheide, mit denen die Vorauszahlung der Kosten gefordert wird, gemäß § 13 Abs. 2 S. 3 HmbVwVG ebenfalls keine aufschiebende Wirkung. Nach § 59 Abs. 1 S. 2 VwVG NRW sind Kostenforderungen für Ersatzvornahmen sofort vollziehbar.

42 Eine **Abtretung der Kostenforderung** durch die Behörde **an den Ersatzunternehmer** ist **rechtswidrig** (vgl. *VG Düsseldorf* U 27.6.1980 – 6 K 4740/78, NJW 1981, 1283). Denn die Kosten sind wesentlicher Bestandteil des hoheitlichen Vollstreckungsverfahrens und deswegen nicht privatrechtlich übertragungsfähig. Das gilt auch dann, wenn der Leistungsbescheid im Verwaltungsverfahren oder durch rechtskräftiges Urteil unanfechtbar geworden ist. Die Abtretung ist in entsprechender Anwendung des § 134 BGB **nichtig.**

43 Der Kostenanspruch der Behörde kann nicht durch eine **Mangelrüge** des Pflichtigen gegenüber dem Ersatzunternehmer eingeschränkt werden. Das Verwaltungsvollstreckungsrecht kennt den zivilrechtlichen Einwand der Schlechterfüllung nicht (vgl.

OVG Berlin U 30.1.1981 – 2 B 75/78, NJW 1981, 2484 = DVBl. 1981, 788 = BRS 38 Nr 210; *OVG Berlin* U 22.1.1982 – 2 B 46/80, OVGE Berlin 16, 61, 63 = NVwZ 1982, 684 = BRS 39 Nr 234).

Die Vollzugsbehörde ist auch dann **berechtigt**, die Ersatzvornahme **auf Kosten des Pflichtigen** durchführen, wenn der **Betroffene aus wirtschaftlichen Gründen leistungsunfähig** sein sollte. Dadurch wird der Grundsatz der Verhältnismäßigkeit nicht verletzt. Denn wirtschaftliche Leistungsunfähigkeit beruht lediglich subjektiv auf gegenwärtiger Mittellosigkeit. Hier liegt nur eine zeitliche Zahlungsstockung, also keine objektive Unmöglichkeit vor. Der Verantwortliche wäre in der Lage, seiner Verpflichtung zu entsprechen, wenn er die finanziellen Mittel dafür hätte (vgl. *BVerwG* B 11.4.1989 – 4 B 65/89, NJW 1989, 2638 = UPR 1989, 349 = DÖV 1989, 860 = BRS 49 Nr. 143; *OVG Berlin* U 28.6.1957 – 2 B 122/56, OVGE Berlin, 4, 176 = JR 1957, 475 = BRS 7, 200).

Bei **wirtschaftlichem Unvermögen** trägt die **Vollzugsbehörde** allerdings das **Kostenrisiko** (*VGH Mannheim* B 3.12.1991 – 8 S 2850/91, NVwZ-RR 1992, 467 = ZfW 1993, 37). Doch ist es für den notwendigen Verwaltungszwang unerheblich, ob die Behörde Kostenersatz erlangen kann. Vorrang vor derartigen fiskalischen Überlegungen hat die Abwehr der Gefahr für die öffentliche Sicherheit.

Der Umstand, dass die Behörde ihren aus der Ersatzvornahme resultierenden Erstattungsanspruch nicht wird durchsetzen können, macht die Ersatzvornahme nicht unverhältnismäßig. Anderenfalls müsste sie die Einhaltung der Rechtsordnung alleinig davon abhängig machen, ob die Verpflichteten zahlungsfähig oder zahlungswillig sind (*OVG Lüneburg* B 28.2.2012 – 1 PA 143/11, juris Rn. 13 = NdsRpfl 2012, 150 = BeckRS 2012, 48247 = DVBl. 2012, 643 L = NVwZ-RR 2012, 347 L = DÖV 2012, 489 L). Siehe hierzu auch §9 Rn. 42. Zur Androhung eines Zwangsgeldes bei Zahlungsunfähigkeit siehe §11 Rn. 20.

Anhang:
Vergleichbares Landesrecht

(1) Baden-Württemberg: §25 LVwVG. Ersatzvornahme ist auch Selbstvornahme der Behörde. 44

(2) Bayern: Art. 32 VwZVG. Jedoch ist die Ersatzvornahme nur zulässig, wenn ein Zwangsgeld keinen Erfolg erwarten lässt.

(3) Berlin: §8 VwVfG Berlin = §10 VwVG.

(4) Brandenburg: § 32 VwVGBbg. Ersatzvornahme ist auch Selbstvornahme der Behörde.

(5) Bremen: §15 BremVwVG. Ersatzvornahme ist auch Selbstvornahme der Behörde.

(6) Hamburg: § 13 HmbVwVG. Ersatzvornahme ist auch Selbstvornahme der Behörde (siehe Rn.1).

(7) Hessen: § 74, § 75 HessVwVG. Ersatzvornahme ist auch Selbstvornahme der Behörde.

(8) Mecklenburg-Vorpommern: § 89 SOG M-V. Ersatzvornahme ist auch Selbstvornahme der Behörde.

(9) Niedersachsen: § 70 NVwVG i. V. m. § 66 Nds. SOG. Ersatzvornahme ist auch Selbstvornahme der Behörde.

(10) Nordrhein-Westfalen: § 59 VwVG NRW: Ersatzvornahme ist auch Selbstvornahme der Behörde.

(11) Rheinland-Pfalz: § 63 LVwVG.

(12) Saarland: § 21 SVwVG. Ersatzvornahme ist auch Selbstvornahme der Behörde.

(13) Sachsen: § 24 SächsVwVG. Ersatzvornahme ist auch Selbstvornahme der Behörde.

(14) Sachsen-Anhalt: § 71 VwVG LSA i. V. m. § 55 SOG LSA. Ersatzvornahme ist auch Selbstvornahme der Behörde.

(15) Schleswig-Holstein: § 238 LVwG. Ersatzvornahme ist auch Selbstvornahme der Behörde.

(16) Thüringen: § 50 ThürVwZVG. Ersatzvornahme ist auch Selbstvornahme der Behörde.

§ 11 Zwangsgeld

(1) [1]Kann eine Handlung durch einen anderen nicht vorgenommen werden und hängt sie nur vom Willen des Pflichtigen ab, so kann der Pflichtige zur Vornahme der Handlung durch ein Zwangsgeld angehalten werden. [2]Bei vertretbaren Handlungen kann es verhängt werden, wenn die Ersatzvornahme untunlich ist, besonders, wenn der Pflichtige außerstande ist, die Kosten zu tragen, die aus der Ausführung durch einen anderen entstehen.

(2) Das Zwangsgeld ist auch zulässig, wenn der Pflichtige der Verpflichtung zuwiderhandelt, eine Handlung zu dulden oder zu unterlassen.

(3) Die Höhe des Zwangsgeldes beträgt bis zu 25 000 Euro.

Übersicht

I. Zu Absatz 1

1 Vor dem Inkrafttreten des Preußischen Polizeiverwaltungsgesetzes vom 1.6.1931 gab es als Institut, das dem heutigen Zwangsgeld entspricht, lediglich die sog. „Zwangsstrafe". Diese war sowohl Beugemittel als auch Verwaltungsstrafe. Sie konnte auch dann noch erhoben werden, wenn der polizeiwidrige Zustand vom Pflichtigen behoben worden war (*Stein*, DVBl. 1956, 505 ff.).

Das Zwangsgeld des § 11 hat **keinen Strafcharakter**. Es ist ein **reines Beugemittel**. Strafwürdiges Verhalten wird durch das Ordnungswidrigkeiten- und Strafrecht erfasst. Sieht die Behörde das Verhalten des Betroffenen, gegen das sie mit Verwaltungszwang vorgeht, zugleich als strafwürdig an, kann sie **neben dem Zwangsgeld** eine **Geldbuße** verhängen, wenn der Pflichtige durch sein Verhalten den Tatbestand einer Ordnungswidrigkeit erfüllt. § 13 Abs. 6 S 1 sieht dies ausdrücklich vor. Bei der Verhängung eines Zwangsgeldes darf die Behörde sich nicht von den Kategorien „Schuld und Sühne“ leiten lassen (§ 9 Rn. 15). Es ist ihr verwehrt, das Zwangsgeld anzuheben, um den Betroffenen auch büßen zu lassen. Mag dies auch gerecht erscheinen. Die Vollstreckungsbehörde ist allerdings nicht gehindert, bei der Überlegung, in welcher Höhe Zwangsgeld anzudrohen ist, um den Willen des Pflichtigen wirksam zu beeinflussen, auch zu berücksichtigen, dass dem Pflichtigen wegen desselben Verhaltens bereits ein Bußgeld auferlegt worden ist.

Die Festsetzung eines Zwangsgelds setzt voraus, dass der Betroffene einem Ge- oder Verbot **zuwider gehandelt** hat. Dies sieht das Verwaltungs-Vollstreckungsgesetz in § 11 Abs. 2 ausdrücklich vor. § 14 VwVG setzt für die Festsetzung eines Zwangsmittels ebenfalls voraus, dass die Verpflichtung innerhalb der Frist, die in der Androhung bestimmt ist, nicht erfüllt wird. Dies gilt, ggf. als ungeschriebene Voraussetzung, auch für die Zwangsgeldfestsetzung nach Landesrecht; auch sie setzt einen Verstoß gegen ein Gebot oder Verbot voraus (*OVG Sachsen-Anhalt* B 4.8.2011 – 2 L 50/10, juris Rn. 24 = NVwZ-RR 2011, 942 = VR 2012, 174; Götz/*Geis*, § 13 Rn. 34). Der Versuch des Zuwiderhandelns oder die bloße Absicht dazu genügt nicht.

Das Zwangsgeld ist eine öffentlich-rechtliche Geldforderung, gehört seinem Wesen nach aber **nicht** zu den **öffentlichen Abgaben und Kosten** i.S.d. **§ 80 Abs. 2 S. 1 Nr. 1 VwGO** (*OVG Bautzen* B 20.5.1996 – 3 S 563/95, SächsVBl. 1996, 258; *OVG Berlin* B 25.7.1963 – 1 L 5/63, OVGE Berlin, 7, 147; *OVG Lüneburg* B 25.2.1974 – 6 B 135/73, *OVGE Lüneburg* 30, 382 = DÖV 1974, 321; Bader/*Funke-Kaiser*/Stuhlfauth/von Albedyll, § 80 VwGO Rn. 33). **Öffentliche Abgaben** sind Steuern (§ 3 AO) sowie durch Bundes- oder Landesgesetz geregelte Gebühren und Beiträge. **Kosten** betreffen Geldauslagen als Aufwendungen für Maßnahmen einer Behörde. Ihnen ist gemeinsam, dass es sich um Geldleistungen handelt, die ein Hoheitsträger zur Deckung seines Finanzbedarfs öffentlich-rechtlich einfordert (Bader/*Funke-Kaiser*/Stuhlfauth/von Albedyll, § 80 VwGO Rn. 27). Auf das Zwangsgeld trifft dies nicht zu. Der Staat plant nämlich das Zwangsgeld nicht als feststehenden Posten in den Haushalt ein. Als Einnahme ist das Zwangsgeld zwar nicht unwillkommen, aber nicht um der Einnahme willen gewollt. Denn die Behörde zieht ein Zwangsgeld nur notgedrungen bei dem Verantwortlichen ein, weil er nicht rechtstreu ist.

Es wäre zweckmäßig und de lege ferenda wünschenswert, wenn auch das Zwangsgeld § 80 Abs. 2 S. 1 Nr. 1 VwGO zugerechnet würde (§ 10 Rn. 41).

Die **Vollzugsbehörde** muss für die Androhung eines Zwangsgeldes sachlich und örtlich **zuständig** sein. Die Zuständigkeit muss in einem formellen Gesetz oder in einer Rechtsverordnung bestimmt sein. Ein innerdienstlicher Erlass vermag eine außenwirksame Zuständigkeit nicht zu begründen.

Dem entsprechend hat z.B. das Bundesministerium des Innern gemäß § 58 Abs. 1 BPolG vom 19.10.1994 durch Rechtsverordnung die sachliche und örtliche Zuständigkeit der einzelnen Bundespolizeibehörden geregelt (Verordnung über die Zuständigkeit der Bundespolizeibehörden vom 22.2.2008 [BGBl. I S. 250]). Diese Norm betrifft u.a. die nach § 63 Abs. 2 S. 1 AufenthG zulässige Androhung von Zwangsgeld gegen ein Beförderungsunternehmen, welches illegal Ausländer nach Deutschland gebracht hat. Dabei handelt es sich meistens um Fluggesellschaften. Fehlt die Zuständigkeit, ist die Androhung eines Zwangsgeldes rechtswidrig (*BVerwG* U 14.3.2006 – 1 C 11/05, BVerwGE 125, 110 = NJW 2006, 2280 = DVBl. 2006, 1042 = NVwZ 2006, 1300 L; *BVerwG* U 14.3.2006 – 1 C 3/05, NJW 2006, 2282 L = DÖV 2007, 213 L), ggf. auch nichtig (Drewes/Malmberg/Wagner/*Walter*, BPolG, 6. Aufl., § 58 Rn. 2).

2 **1. Zwangsmittel bei unvertretbaren Handlungen.** Für die Erzwingung von unvertretbaren Handlungen (§ 10 Rn. 1), deren Vornahme **nur vom Willen des Pflichtigen abhängt**, schreibt § 11 Abs. 1 S. 1 das Zwangsgeld vor. Dies ist darin begründet, dass eine Ersatzvornahme bei unvertretbaren Handlungen naturgemäß nicht in Betracht kommt und unmittelbarer Zwang nach § 12 nur angewendet werden kann, wenn ein Zwangsgeld nicht zum Ziel geführt hat oder untunlich ist. Nach dem Numerus-clausus der Zwangsmittel (§ 9 Rn. 5) bleibt somit nur das Zwangsgeld.

Beispiele für unvertretbare Handlungen:

- Baueinstellung (*VGH Mannheim* B 10.2.2005 – 8 S 2834/04, NVwZ-RR 2006, 168 = VBlBW 2005, 238).
- Befolgung eines Taubenfütterungsverbots (*VGH Mannheim* U 27.9.2005 – 1 S 261/05, VBlBW 2006, 103 = NuR 2006, 111; *VGH Kassel* B 30.4.2008 – 8 UZ 3006/06, NVwZ-RR 2008, 782 = DÖV 2009, 40 L).
- Durchsetzung des Verbots der Beförderung illegal einreisender Ausländer durch Luftfahrtunternehmer (*BVerwG* U 21.1.2003 – 1 C 5/02, BVerwGE 117, 332 = NVwZ 2003, 1271 = DVBl. 2003, 1268 = DÖV 2003, 904).
- Durchsetzung der Auskunftspflicht der Betreiberin einer Abfallentsorgungsanlage (*VGH München* B 31.7.2007 – 12 ZB 07.554, NVwZ-RR 2008, 23).
- Durchsetzung des Verbots, Autowracks zu lagern und zu behandeln (*VGH Kassel* B 8.7.1991 – 14 TH 1400/91, NuR 1992, 194).
- Durchsetzung des Rauchverbots in einer Gaststätte (*VG Köln* B 9.9.2011 – 7 L 405/11, NVwZ-RR 2012, 233).
- Durchsetzung eines Aufenthaltsverbots (*OVG Lüneburg* B 15.10.1998 – 13 M 4144/98, NVwZ 2000, 1454).
- Durchsetzung eines Betretungsverbots für den Bereich einer öffentlichen Drogenszene (*VGH Mannheim* B 8.7.1997 – 1 S 1409/97, VBlBW 1997, 464 = InfAuslR 1997, 474 = NVwZ-RR 1998, 428 = DVBl. 1998, 97).
- Durchsetzung eines Betretungsverbots gegenüber einem Asylbewerber (*VGH Mannheim* B 6.10.1997 – 1 S 2143/97, *ESVGH* 48, 56 = VBlBW 1998, 112 = NVwZ-RR 1998, 680 = DÖV 1998, 252 = InfAuslR 1998, 80).
- Befolgung gaststättenrechtlicher Auflagen und Einhaltung der Sperrzeit.
- Einrichtungen zum Lärmschutz.
- Erfüllung der Schulpflicht (*VGH München* B 16.3.1992 – 7 CS 92.512, BayVBl. 1992, 343 = NVwZ 1992, 1224).
- Erteilung einer Auskunft (*VG Stuttgart* U 28.11.2000 – 4 K 1049/00, NVwZ-RR 2001, 585 = GewArch 2001, 127).
- Durchsetzung einer steuerlichen Erklärungspflicht (*BFH* U 6.11.2012 – VII R 72/11, BStBl. II 2013, 141).
- Führung eines Fahrtenbuchs (*OVG Lüneburg* B 17.9.2007 – 12 ME 225/07, NJW 2008, 167; *VG Stuttgart* B 5.7.2005 – 10 K 961/05, NJW 2006, 793).

- Herausgabe des Führerscheins (*OVG Frankfurt/Oder* B 28.8.1998 – 4 B 63/98, NZV 1999, 184 = LKV 1999, 151; *VGH München* B 8.6.2007 – 11 CS 06.3037, NJW 2008, 1547).
- Rückgabe der Approbationsurkunde (vgl. *VGH Mannheim* B 28.7.2003 – 9 S 1138/03, NJW 2003, 3647, 3649 = DÖV 2003, 1045 = MedR 2004, 66).
- Herausgabe des Passes (*VG Berlin* B 12.4.2017 – 10 M 308.17, juris Rn. 14).

Gemäß § 11 Abs. 1 S. 1 muss die Vornahme der Handlung, die dem Pflichtigen aufgegeben ist, **nur von seinem Willen abhängen**. Der Pflichtige muss rechtlich und tatsächlich in der Lage sein, den aufgegebenen Erfolg selbst, dh aus eigener Kraft, herbeizuführen. Als Beugemittel lassen sich Zwangsmittel nur rechtfertigen, wenn und soweit es dem Betroffenen möglich ist, das ihm Aufgegebene zu tun. Der Wille darf nicht in Richtung auf etwas subjektiv Unmögliches gebeugt werden. 3

Der Pflichtige kann **rechtlich gehindert** sein, die ihm aufgegebene Handlung auszuführen. So ist es ihm rechtlich nicht möglich, ein Haus abzureißen, das im Miteigentum seiner Ehefrau steht oder vermietet ist. Hinderungsgründe dieser Art sind bereits bei Erlass des Grundverwaltungsaktes zu berücksichtigen, wobei der Adressat aus § 26 Abs. 2 VwVfG verpflichtet ist, erhebliche Tatsachen und Beweismittel, die der Behörde nicht bekannt sein können, anzugeben. Sodann könnte die Behörde die Abrissverfügung auch gegen die Frau richten oder eine Duldungsverfügung gegen sie erlassen. Für den Abriss des vermieteten Hauses müsste dem Eigentümer eine Frist eingeräumt werden, dieses ihm ermöglicht, den Mietvertrag vorab zu kündigen. Eilt der Abriss, weil das Haus baufällig ist, muss die Behörde – wenn kein sofortiger Vollzug gemäß § 6 Abs. 2 geboten ist – die Verfügung für sofortig vollziehbar erklären und die Ersatzvornahme androhen. Deren Durchsetzung hängt nicht vom Willen und den Möglichkeiten des Eigentümers ab.

Der Pflichtige kann auch **tatsächlich gehindert** sein, dem Handlungsgebot zu entsprechen. Eine Erkrankung des Pflichtigen gehört nicht hierher. Ist der Pflichtige krankt, hängt die Vornahme der Handlung zwar nicht mehr nur von seinem Willen ab, sondern auch von seiner Genesung. Solche Fälle einer nur vorübergehenden Hinderung, die „kommen und gehen", hat § 11 Abs. 1 S 1 jedoch nicht im Blick, da es hier um die prinzipielle Statthaftigkeit des Zwangsgeldes als Zwangsmittel geht. Mangelt es dem Pflichtigen an der erforderlichen Sachkunde, um die Handlung ausführen zu können, muss er sich kompetenter Hilfspersonen bedienen. Dass diese wegen Auslastung vorübergehend oder auch längere Zeit nicht zur Verfügung stehen, ändert nichts daran, dass die Ausführung der Handlung prinzipiell nur vom Willen des Pflichtigen abhängt. Das Zwangsgeld bleibt prinzipiell zulässig. Ein vorübergehender Bauhandwerkermangel ist bei der Fristsetzung angemessen zu berücksichtigen. Will die Behörde dies nicht, muss sie die Ersatzvornahme androhen.

Ein besonderer Fall der Verwaltungsvollstreckung ist die **Erzwingung der Abgabe einer Willenserklärung** (§ 10 Rn. 1). 4

Teilweise wird die Abgabe der Erklärung nach Landesrecht in Anlehnung an § 894 ZPO **fingiert** (§ 33 VwVG Brandenburg, § 20 VwVG Hamburg, §§ 26, 40 VwVG Saarland, § 24a VwVG Sachsen, §§ 242, 283 LVwG Schleswig-Holstein, § 50a VwZVG Thüringen). Die Erklärung gilt dann als abgegeben, sobald der Verwaltungsakt unanfechtbar geworden ist.

Voraussetzungen für die Fiktion der Abgabe einer Erklärung sind in diesen Bundesländern, dass (1) der Inhalt der Erklärung in dem Verwaltungsakt festgelegt worden ist, (2) der Vollstreckungsschuldner in dem Verwaltungsakt auf die Rechtsfolgen hingewiesen worden ist und (3) er im Zeitpunkt des Eintritts der Unanfechtbarkeit des Verwaltungsaktes die Erklärung rechtswirksam abgeben kann.

Die Behörde, die den Verwaltungsakt erlassen hat, teilt den Beteiligten mit, in welchem Zeitpunkt der Verwaltungsakt unanfechtbar geworden ist. Sie ist berechtigt, die zur Wirksamkeit der Erklärung erforderlichen Genehmigungen und Zustimmungen einzuholen und Anträge auf Eintragung in öffentliche Bücher und Register zu stellen. Bedarf die Behörde dazu einer Urkunde, die dem Betroffenen auf Antrag von einer anderen Behörde oder einem Notar zu erteilen ist, so kann sie die Erteilung an Stelle des Betroffenen verlangen.

Bestimmungen, die den vorgenannten landesrechtlichen Regelungen entsprechen, sollten in das Bundesgesetz übernommen (siehe hierzu auch *Linke, Tobias:* Verwaltungsvollstreckungsrechtliche Probleme der Pflicht zur Abgabe einer bestimmten Willenserklärung, NVwZ 2005, S. 535–537).

Soweit die Abgabe einer Willenserklärung **nicht fingiert** wird, muss sie im Falle der Weigerung erzwungen werden. Hierfür bietet sich in erster Line das **Zwangsgeld** an. Eine Ersatzvornahme kommt nur in Betracht, wenn die Abgabe der Erklärung eine vertretbare Handlung darstellt, so dass auch ein Dritter sie für den Pflichtigen abgeben kann (§ 10 Rn. 1).

So kann zB die Meldebehörde zur Durchsetzung ihres Auskunftsverlangens über den gesetzwidrigen Wiedererwerb der früheren Staatsangehörigkeit nach erfolgter Einbürgerung ein Zwangsgeld androhen. Das Grundrecht auf informationelle Selbstbestimmung nach Art. 2 Abs. 1 i.V.m. Art. 1 Abs. 1 GG wird hierdurch nicht verletzt (*BVerfG* B 10.3.2006 – 2 BvR 434/06, juris Rn. 6 ff = BVerfGK 7, 397 = NVwZ 2006, 681 = InfAuslR 2006, 341).

5 **2. Zwangsmittel bei vertretbaren Handlungen.** Gemäß Abs. 1 S. 2 kann das Zwangsgeld auch bei vertretbaren Handlungen (§ 10 Rn. 1) angedroht werden, wenn die Ersatzvornahme untunlich ist.

Die Vollzugsbehörde hat **Entschließungsermessen**, ob sie ein Zwangsmittel anwenden will (§ 9 Rn. 31). Hat sie sich dazu entschlossen, muss sie das Zwangsgeld an Stelle der Ersatzvornahme androhen, wenn diese untunlich ist. Dann hat sie insoweit **kein Auswahlermessen** zur Bestimmung eines Zwangsmittels (§ 9 Rn. 37).

In allen Fällen, in denen ein Pflichtiger zu einer vertretbaren Handlung angehalten werden soll und die Ersatzvornahme nicht untunlich ist, hat die Vollzugsbehörde nicht die Wahl, an Stelle der Ersatzvornahme ein Zwangsgeld anzudrohen (*VGH Kassel* U 25.6.1971 – 4 OE 15/69, HessVGRspr. 1971, 91 = BauR 1971, 296 = BRS 24 Nr. 195; *OVG Berlin*, U 5.12.1958 – 2 B 38/58, OVGE Berlin 5, 161 = NJW 1959, 1510 = DÖV 1959, 758 = BBauBl. 1959, 403).

Hat die Vollzugsbehörde festgestellt, dass die Ersatzvornahme untunlich ist, und daher ein Zwangsgeld verhängt, bleibt es dabei. Die Behörde kann nur erneut Zwangsgeld androhen, wenn ein zunächst angedrohtes Zwangsgeld erfolglos war. Sie darf nicht auf die Ersatzvornahme zurückgreifen. Weil diese untunlich ist, ist das Zwangsgeld das allein richtige und zulässige Zwangsmittel. Das ist z.B. der Fall, wenn die Behörde die Stellplatzpflicht eines zahlungsfähigen, aber handlungsunwilligen Hauseigentümers durchsetzen will (*OVG Münster* U 3.2.1977 – 10 A 161/76, OVGE Münster 33, 26 = NJW 1977, 1981 = GemTg 1977, 193 = ZMR 1978, 96 L = DRsp 520, 93).

Wenn das Gesetz der Behörde Ermessen einräumt, eröffnet es ihr einen Entscheidungsfreiraum. Hierdurch soll ihr die Möglichkeit gegeben werden, eine im Einzelfall nicht nur rechtmäßige, sondern auch zweckmäßige Entscheidung zu treffen. Sollte der Pflichtige das Zwangsgeld gerichtlich angreifen, ist das Gericht nicht berechtigt, sein Ermessen an die Stelle des Ermessens der Behörde zu setzen, wenn es eine andere als die von der Behörde ausgewählte Maßnahme für zweckmäßiger hält. Eine behördliche Ermessensentscheidung kann vom Gericht nicht darauf überprüft werden, ob sie mit der Entscheidung übereinstimmt, die das Gericht, könnte es anstelle der Behörde nach seinem Ermessen entscheiden, getroffen hätte. Das **Gericht überprüft die Ermessensentscheidung** der Verwaltung gemäß § 114 VwGO **nur eingeschränkt** darauf, ob die Behörde die rechtlichen Grenzen des Ermessens überschritten oder von dem Ermessen in einer Weise Gebrauch gemacht hat, die dem Zweck der gesetzlichen Ermächtigung nicht entspricht (Einzelheiten bei Bader/Funke-Kaiser/*Stuhlfauth*/von Albedyll, § 114 VwGO Rn. 9 ff).

Das Adjektiv **„untunlich“** ist ein **unbestimmter Rechtsbegriff** (vgl. *OVG Berlin* U 6
5.12.1958 – 2 B 38/58, OVGE Berlin 5, 161 – NJW 1959, 1510 = DÖV 1959, 758 = BBauBl. 1959, 403; *OVG Saarland* U 8.5.1970 – 2 R 17, 18/70, BauR 1970, 227 = BRS 23 Nr. 199; *VGH Kassel* U 25.7.1971 – 4 OE 71/68, BauR 1971, 249 = HessVGRspr. 1971, 76).

– *Muster 23* –

Ein unbestimmter Rechtsbegriff ist zunächst weder klar noch eindeutig. Er ist konkreti- 7
sierungsbedürfig. Sein konkreter Sinngehalt muss im Wege der Auslegung ermittelt werden. Die richtige Auslegung führt zur zutreffenden Lösung. Insofern lässt das Gesetz nur eine richtige Antwort zu (*BVerwG* U 29.4.1964 – 1 C 30/62, BVerwGE 18,247, 251 = NJW 1964, 1973 = DVBl. 1964, 527 = BBauBl. 1964, 302 = DÖV 1964, 383 = BayVBl. 1964, 258 = MDR 1964, 699 = VerwRspr. 17, 79; Anm. VerwArch 56, 87).

Ob die Behörde im jeweiligen Einzelfall den unbestimmten Begriff zutreffend ausge- 8
legt hat, unterliegt – von Ausnahmen abgesehen – als Rechtsfrage in vollem Umfang der **Nachprüfung durch das Verwaltungsgericht** (*BVerfG* B 26.9.1978 – 1 BvR 525/77, BVerfGE 49, 168, 181 = NJW 1978, 2446 = DB 1978, 2122 = DÖV 1978, 918 = JZ 1978, 753 = DVBl. 1978, 881 = EuGRZ 1979, 13 = BWVPr. 1979, 11 = VerwRspr. 30, 265; *BVerfG* B 31.5.2011 – 1 BvR 857/07, BVerfGE 129, 1 = NVwZ 2011, 1062 = DÖV 2011, 737 L = DVP 2012, 120; Umbach/Clemens/*Schwachheim*, Art. 19 Rn. 176).

Das Gericht kann die Auslegung des unbestimmten Rechtsbegriffs durch die Verwaltung im gerichtlichen Verfahren korrigieren und den Begriff selbst auslegen. Dies gilt auch für den Begriff „untunlich“ in § 11 Abs. 1 S 2.

Diese Prüfung der Rechtsfrage findet auch statt, wenn der **Vorsitzende des Gerichts** 9
des ersten Rechtszuges Vollzugsbehörde ist (§ 7 Rn. 24) und nach § 168 Abs. 1, § 169 Abs. 1 VwGO aus einem gerichtlichen Titel vollstreckt. Ein Beispiel für den unbestimmten Rechtsbegriff „untunlich“ bei der Ersatzvornahme ist die Räumung eines Geländes von Autowracks und Wrackteilen (*VGH Kassel* B 19.4.1989 – 3 TM 668/89,

NuR 1989, 442 = UPR 1989, 315 = NVwZ 1990, 481; *VG Weimar* B 8.3.1999 – 1 E 199/99, ThürVBl. 1999, 194). In diesem Fall war die Ersatzvornahme nicht untunlich. Gleiches gilt für die Verpflichtung, eine bauliche Anlage zu beseitigen (*OVG Lüneburg* B 26.1.1976 – 1 B 41/75, OVGE Lüneburg 31, 491).

Auch bei der Vollstreckung durch den Gerichtsvorsitzenden muss also die Ersatzvornahme untunlich sein. Nur dann darf er Zwangsgeld androhen. Sollte das nach dem Sachverhalt nicht zutreffen, ist die Androhung eines Zwangsgeldes rechtswidrig (vgl. *VGH Mannheim* B 19.7.1996 – 5 S 1883/96, VBlBW 1996, 463 = NVwZ-RR 1997, 765; *OVG Greifswald* B 11.6.2012 – 3 0 24/12, NJW 2012, 3801).

10 Der **Rechtsbegriff „untunlich"** ist denkbar unscharf. Seine Unschärfe legt ein weites Verständnis nahe. Untunlich ist eine Ersatzvornahme jedenfalls, wenn sie rechtswidrig wäre (*VG Berlin* B 12.4.2017 – 10 M 308.17, juris Rn. 14). Darin kann sich die Bedeutung dieses Begriffs indes nicht erschöpfen, wie bereits das in § 11 Abs. 1 S. 2 genannte Beispiel der fehlenden Möglichkeit, die Kosten der Ersatzvornahme zu tragen, zeigt. In der Rechtsprechung wird „Untunlichkeit" angenommen, wenn ein Zwangsmittel von vorn herein nicht in Betracht kommt (Ersatzvornahme bei Unterlassen, *VG Aachen* B 20.6.2008 – 6 L 252/08, juris Rn. 59 ff. = NVwZ-RR 2008, 771), ein Zwangsgeld ungeeignet ist (*VG Leipzig* B 19.6.2018 – 7 L 647/18.A, juris Rn. 16; *VG Ber*lin B 12.1.2016 – 23 L 456.15, juris Rn. 31), ein anderes Zwangsmittel sich als wirksamer darstellt (*OVG Berlin-Brandenburg* B 5.6.2014 – 3 S 71.13, juris Rn. 10) oder eine Ersatzvornahme in hohem Maße unangemessen oder unzweckmäßig ist (*OVG Lüneburg* B 2.8.2001 – 1 O 3654/00, juris Rn. 9).

Die Rechtsprechung bringt zutreffend zum Ausdruck, dass der Begriff der Ungeeignetheit die Prinzipien der Geeignetheit, Erforderlichkeit und Angemessenheit des Grundsatzes der Verhältnismäßigkeit in sich schließt, in ihnen aber nicht restlos aufgeht. Wollte man das Adjektiv „untunlich" iSv „verhältnismäßig" deuten, stünde auch die Frage im Raum, warum der Gesetzgeber sich dann nicht des Begriffs der Verhältnismäßigkeit bedient hat. Wenn er stattdessen einen anderen Begriff verwendete, dann streitet die Vermutung dafür, dass er auch etwas anderes gemeint hat. So liegt nahe, unter „untunlich" auch die Unzweckmäßigkeit eines Zwangsmittels zu fassen. Ein solch weites Begriffsverständnis deckt sich zudem mit dem allgemeinen, vom Duden erfassten Sprachgebrauch, in dem „untunlich" mit Begriffen wie „unvernünftig", „unratsam", „ungeschickt", „nicht zu empfehlen" oder „nicht angezeigt" gleichgesetzt wird. Im Ergebnis lässt sich festhalten, dass eine Ersatzvornahme iSd § 11 Abs. 1 S 2 untunlich ist, wenn sie **rechtswidrig** ist, insbesondere **gegen den Verhältnismäßigkeitsgrundsatz** verstößt, oder **unzweckmäßig** erscheint.

11 Eine Ersatzvornahme nicht allein deshalb untunlich, weil sie höhere Kosten verursacht als die Ausführung der Arbeiten durch den Pflichtigen selbst (*OVG Berlin* U 29.7.1969 – 2 B 15/ 68, JR 1970, 277). Denn dies hat der Pflichtige schließlich veranlasst und sich somit selbst zuzuschreiben (*VGH Kassel* B 19.4.1989 – 3 TM 668/89, juris Rn. 8 = NuR 1989, 442 = UPR 1989, 315 = NVwZ 1990, 481). Das ist jedoch nicht zwingend. Geboten ist stets eine Gesamtbetrachtung. Entscheidend sind die Besonderheiten des Einzelfalles.

Beispiele für die Untunlichkeit der Ersatzvornahme:

a) Das erste Beispiel enthält § 11 Abs 1 S 2: Der bislang uneinsichtige Verantwortliche ist finanziell nicht in der Lage, die im Verhältnis zum Zwangsgeld weit höheren Kosten einer Ersatzvornahme zu tragen. Er kann aber ohne weiteres selbst tätig werden und etwa sein Laubengrundstück von wildem Müll säubern. 12

b) Eine Bauaufsichtsbehörde in Hessen fordert gemäß § 76 Abs. 1 S. 2 HessVwVG Bauvorlagen, um die Standsicherheit eines noch nicht erlaubten Bauwerks zu prüfen (*VGH Kassel* B 12.1.1982 – 4 TH 92/81, *ESVGH* 32, 165 L = HessVGRspr. 1982, 74 = BauR 1983, 241 = BRS 39 Nr. 233). 13

c) Der Hauseigentümer soll in die Eingangstür seines Mietwohnhauses ein Schloss einbauen und sie dadurch abschließbar machen. Die Behörde muss es ihm überlassen, die Art des Schlosses und der Schließanlage, den Sicherheitsmaßstab, den möglichen kombinierten Gebrauch des Hausschlüssels als individuellen Wohnungsschlüssel sowie andere moderne Einrichtungen, z.B. eine Gegensprechanlage, selbst zu bestimmen. 14

d) Ein Dachdeckermeister soll an seinem Wohn- und Firmengebäude einen Dachschaden beheben. Er kennt die Besonderheit der Konstruktion sowie die Eigenart der baulichen Anlage des Daches am besten. Denn er hat es errichtet. 15

Die Tatsache allein, dass der Pflichtige Handwerker ist, würde allerdings das Zwangsgeld nicht rechtfertigen. Wenn er durch eigenes fachmännisches Tätigwerden die Aufwendungen geringer halten kann, als dies bei der Ersatzvornahme der Fall wäre, ist die Ersatzvornahme damit nicht untunlich (*VGH Mannheim* B 27.1.1972 – III 810/71, BRS 25 Nr. 216).

e) Die Grundstückseigentümerin soll eine Baracke beseitigen. Sie hat nur ein geringes Einkommen. Davon muss sie auch noch ihren kranken Mann unterstützen (*OVG Berlin* U 21.2.1958 – 2 B 84/57, BRS 8 S. 75). 16

f) Der Geschäftsinhaber soll die Waren mit Preisen auszeichnen. Die Preise im Schaufenster müssen gut lesbar sein (vgl. *BVerfG* B 15.3.2010 – 1 BvR 476/10, *BVerfGK* 17, 173 = NJW 2010, 2501). 17

g) Der Barbesitzer soll stärkere Glühbirnen in die Tischlampen schrauben, damit seine Gäste die Preise auf der Getränkekarte erkennen können. 18

h) Der Pflichtige ist Architekt und Bauleiter. Er soll im Kellerflur seines Mietwohnhauses eine Lichtanlage anbringen. Diese Arbeit kann von Elektrikern, mit denen er ständig beruflich zu tun hat, nebenbei erledigt werden. Die sonst in einem derartigen Fall entstehenden Kosten einer Ersatzvornahme würden dadurch entfallen. Darum hält die Behörde eine Ersatzvornahme zutreffend für untunlich. Sie droht also ein Zwangsgeld an (*OVG Münster* U 26.9.1972 – 7 A 360/71, BRS 25 Nr. 217). 19

Ist der Pflichtige **zahlungsunfähig und insgesamt mittellos**, ist die Androhung eines Zwangsgeldes unzulässig. In diesem Falle würde das Zwangsgeld ungeeignet sein und gegen das Übermaßverbot verstoßen. Das Zwangsgeld wäre auch nutzlos. Es könnte nicht eingezogen werden. Nach Meinung von Engelhardt/App/Schlatmann/*Troidl*, § 11 VwVG Rn. 7) ist die Festsetzung eines Zwangsgeldes nicht sinnlos, wenn es nicht beigetrieben werden kann. Denn der Pflichtige könne nunmehr in Ersatzzwangshaft 20 genommen werden. Dem kann bei effektiver Zahlungsunfähigkeit des Pflichtigen nicht zugestimmt werden. Denn dann würde aus einem Beugemittel eine unzulässige Strafe.

Der Pflichtige hat es zwar in der Hand, der Zwangshaft zu entgegen, wenn er über genügend finanzielle Mittel oder sonstige Möglichkeiten verfügt, um die ihm aufgegebene Handlung auszuführen oder ausführen zu lassen. Hierauf kommt es aber nicht an. Denn die Ersatzzwangshaft knüpft gemäß § 16 Abs. 1 S 1 nicht daran an, dass der Betroffene seiner Verhaltenspflicht nicht genügt, sondern daran, dass das Zwangsgeld uneinbringlich ist. Sie soll den Druck steigern, wenn die Beugewirkung des Zwangsgeldes als nicht ausreichend erwiesen hat, um den Pflichtigen zu dem zu erzwingenden Verhalten zu veranlassen. Von einem Zwangsgeld, das der Pflichtige nicht aufzubringen imstande ist, kann aber keine Beugewirkung ausgehen. Dieser wird sich kaum von einem Zwangsgeld beeindrucken lassen, von dem er weiß, dass es nicht beigetrieben werden kann. Eine Beugewirkung geht in diesem Fall erst von der drohenden Ersatzzwangshaft aus. Dies entspricht aber nicht der Konzeption des Gesetzes. Die Ersatzzwangshaft ist kein primäres Zwangsmittel, sondern ein Zwangsmittel der zweiten Reihe. Es soll nicht Druck erzeugen, sondern erzeugten Druck erhöhen.

21 Bei **Mittellosigkeit des Verantwortlichen** wird die Behörde folglich die Ersatzvornahme durchführen (vgl. *OVG Weimar* B 21.3.1997 – 2 EO 823/96, ThürVBl. 1997, 211 = LKV 1998, 283; *OVG Koblenz* U 12.12.1991 – 1 A 10724/90, NVwZ-RR 1992, 519 = DÖV 1992, 712 = KKZ 1993, 98). Ob sie später vom Schuldner Geldersatz erhalten kann, ist für den notwendigen Verwaltungszwang unerheblich (vgl. *OVG Berlin* U 28.6.1957 – 2 B 122/56, *OVGE Berlin* 4, 176 = JR 1957, 475 = BRS 7 S. 200; *VG Meiningen* B 21.10.1999 – 2 V98/99, NVwZ-RR 2000, 476).

Diese Rechtsfolge ergibt sich aus der Natur der Gefahr: Mittellosigkeit und Gefahr stehen in keinem unmittelbaren Zusammenhang. Ob der Verantwortliche mittellos oder begütert ist, hat keine rechtserhebliche Bedeutung. Denn es kommt ausschließlich darauf an, dass eine Gefahr besteht. Diese hat die Behörde abzuwehren. Das gebietet das dringende öffentliche Interesse der Allgemeinheit an Sicherheit und Ordnung. Diese Schutzgüter sind unter allen Umständen vorrangig.

Ist gemäß §§ 11 ff. InsO ein **Insolvenzverfahren** über das Vermögen des Verantwortlichen eröffnet, muss er nicht mittellos sein. Insoweit kommt es auf den behördlich ermittelten Sachverhalt an (vgl. *VG Chemnitz* U 27.8.2003 – 8 K 510/02, GewArch 2003, 484).

22 In der Behördenpraxis wird gelegentlich ein Zwangsgeld statt der Ersatzvornahme mit der Begründung angedroht, dadurch würden die **Aufwendungen des Pflichtigen verringert.** Das ist nicht ohne weiteres zulässig. Die Entscheidung, ob eine Ersatzvornahme oder ein Zwangsgeld angedroht werden soll, muss sich an den Kriterien der Geeignetheit, Erforderlichkeit, Angemessenheit und Zweckmäßigkeit orientieren. Geboten ist eine Gesamtbetrachtung aller Umstände des konkreten Falles, unter denen die Frage, welches Zwangsmittel den Pflichtigen weniger belastet, nur ein Aspekt darstellt. Dieser Gesichtspunkt ist überdies als nachrangig zu betrachten, da der Pflichtige es in der Hand hat, die Anwendung des Zwangsmittels abzuwenden, indem er seiner Verhaltenspflicht genügt und in die Legalität zurückkehrt. Im Übrigen ist sehr zweifelhaft, ob das Zwangsgeld geringere Aufwendungen verursacht als die Ersatzvornahme. Denn entweder erfüllt der Betroffene seine Pflicht, so dass kein

Zwangsmittel angewendet wird. Dann ist das Zwangsgeld nicht schonender als die Ersatzvornahme. Oder der Pflichtige lässt es auf die Anwendung des Zwangsmittels ankommen. Dann stehen die Kosten der Ersatzvornahme gegen die Anwendungen für das Zwangsgeld und die immer noch erforderliche Selbst- oder Fremdvornahme der zu erzwingenden Handlung.

Kritisch zu sehen ist auch die im **Baurecht** verbreitete Praxis, bei Abrissverfügungen nicht die Ersatzvornahme, sondern Zwangsgeld anzudrohen. Einerseits will die Behörde damit vermeiden, unpopuläre und arbeitsintensive Abbruchmaßnahmen selbst vornehmen (lassen) zu müssen; andererseits will sie zum Ausdruck bringen, dass sie bereit und in der Lage ist, das Baurecht durchzusetzen. Dies sind sachfremde Erwägungen, die einen Ermessensfehlgebrauch darstellen. Leitend für die Entscheidung, welches Zwangsmittel anzusetzen ist, sind die Kriterien der Geeignetheit, Erforderlichkeit, Angemessenheit und Zweckmäßigkeit. 23

Die **Entscheidung** nach § 11 Abs. 1 S. 2, **Zwangsgeld anzudrohen**, hat die Behörde gemäß § 39 Abs. 1 S. 1 und 2 VwVfG **zu begründen.** In der Begründung hat sie die wesentlichen tatsächlichen und rechtlichen Gründe mitzuteilen, die sie zu ihrer Entscheidung, Zwangsgeld anzudrohen, bewogen haben. Eine fehlende oder unvollständige Begründung kann nach § 45 Abs. 1 Nr. 2, Abs. 2 VwVfG bis zum Abschluss der letzten Tatsacheninstanz eines verwaltungsgerichtlichen Verfahrens mit heilender Wirkung nachgeholt werden. Das Berufungsverfahren ist eine Tatsacheninstanz, nicht aber das Revisionsverfahren. Im Revisionsverfahren vor dem BVerwG ist eine **Nachholung** nicht mehr möglich.

In der behördlichen Praxis wird auf die Begründung von Verwaltungsakten nicht immer die gebotene Sorgfalt verwendet. Dies birgt **Risiken**. So kann ein Nachschieben der Begründung im gerichtlichen Verfahren für die Behörde Kostennachteile haben, wenn das Verfahren daraufhin für erledigt erklärt wird (Kopp/*Ramsauer*, § 39 VwVfG Rn. 58). Zudem kann eine Begründung gemäß § 45 Abs. 1 Nr. 2 VwVfG nur nachgeholt oder vervollständigt, eine vollständige Begründung nicht aber inhaltlich korrigiert werden. Ein Nachschieben zutreffender Gründe ist nur in den Grenzen des § 114 S. 2 VwGO möglich.

Bei der Begründung, warum Zwangsgeld angedroht wird, sollte die Behörde **stets auch ausführen, warum die Ersatzvornahme untunlich** (Rn. 10) ist. Dies ist ratsam, weil Gerichte Zwangsgeldandrohungen mit Blick auf § 11 Abs. 1 S. 2 als unvereinbar mit dem Verwaltungs-Vollstreckungsgesetz ansehen, wenn „für eine Untunlichkeit der danach in erster Linie als Zwangsmittel vorgesehenen Ersatzvornahme nach Aktenlage nichts ersichtlich ist" (*VGH Baden-Württemberg* B 19.7.1996 – 19.07.1996, juris Rn. 6 = NVwZ-RR 1997, 765 = VBlBW 1996, 463).

II. Zu Absatz 2

Hier geht es nicht um die Vornahme einer Handlung im Sinne eines aktiven Tuns, sondern um eine passive **Duldung** oder eine **Unterlassung**. 24

Beispiele:

a) Duldung 25

- Anbringen eines Verkehrszeichens am Grundstück (*VGH Mannheim* B 3.2.2011 – 5 S 2610/10, DÖV 2011, 413 L).

- Anbringen der Straßenbeleuchtung am Grundstück (*VGH Mannheim*, B. 14.2.2007 – 2 S 2626/06, NVwZ-RR 2008, 228 = DVP 2009, 214).
- Durchleitung von Trinkwasser (*BVerwG* B 16.2.2007 – 7 B 8/07, NVwZ 2007, 707 = DÖV 2008, 384 L).
- Lebensmittelrechtliche Kontrollen (*OVG Schleswig* U 7.7.1999 – 2 L 34/98, NordÖR 2000, 34).
- Ärztlicher Eingriff im Seuchenfall.
- Impfung des Soldaten (*BVerwG* B 24.9.1969 – 1 WDB 11/68, BVerwGE 33, 339 = NJW 1970, 532; *BVerwG* B 24.6.1986 – 1 WB 170/84, BVerwGE 83, 191 = RiA 1986, 209 = NJW 1987, 2950).
- Veterinäraufsichtliche Blutentnahme bei Tieren (*OVG Schleswig* U 7.7.1999 – 2 L 34/98, NordÖR 2000, 34).
- Vorarbeiten im Planfeststellungsverfahren (*VGH München* B 20.10.1993 – 20 CS 93.2848, BayVBl. 1994, 80 = NVwZ-RR 1994, 244).
- Instandsetzungsarbeiten in der Mietwohnung (*OVG Berlin* B 28.2.1997 – 2 S 28/96, LKV 1997, 368 = NVwZ 1997, 1237 L = UPR 1998, 75 = BRS 59 Nr. 208).
- Vorarbeiten auf einem Grundstück im Sanierungsgebiet.

26 **b) Unterlassung**

- Missachtung des behördlichen Hausverbots (*OVG Berlin* U 2.7.1952 – 1 B 158/51, OVGE Berlin 1, 254 = DVBl. 1952, 763 = DÖV 1953, 61; *OVG Münster* U 14.10.1988 – 15 A 188/86, NWVBl. 1989, 91 = NVwZ-RR 1989, 316; *OVG Münster* B 11.2.1998 – 25 E 960/97, NWVBl. 1998, 350 = NVwZ-RR 1998, 595; *OVG Lüneburg* B 12.6.1974 – 2 B 133/73, NJW 1975, 136; *VGH München* B 23.6.2003 – 7 CE 03.1294, NVwZ-RR 2004, 185).
- Missbrauch von Pflanzenschutzmitteln.
- Übertretung des seuchenrechtlichen Tätigkeitsverbots.
- Illegale Werbeanlagen (*OVG Bautzen* B 18.11.1993 – 1 S 270/93, LKV 1994, 412).
- Unbefugte Gewerbeausübung (*VGH Mannheim* B 29.1.1996 – 14 S 46/96, GewArch 1996, 208 = DÖV 1996, 382 = NVwZ-RR 1996, 327; *OVG Koblenz* U 4.2.1998 – 11 A 10814/97, GewArch 1998, 337).
- Verletzung des Frauen-, Mutter- und Jugendarbeitsschutzes.
- Nutzung einer Wohnung zum Bordellbetrieb (*VGH Mannheim* U 13.2.1998 – 5 S 2570/96, VBlBW 1998, 225 = NVwZ-RR 1998, 550 = DÖV 1998, 654 = BRS 60 Nr. 75).
- Einleitung von Schadstoffen in die öffentliche Entwässerungsanlage (*VGH München* B 15.6.2000 – 4 B 98.775, NJW 2000, 3297 = BayVBl. 2001, 752).
- Lagerung von Abfällen (*VGH Kassel* B 29.4.1987 – 5 TH 3481/86, AgrarR 1988, 174 = NuR 1989, 354; *OVG Greifswald* B 19.6.1997 – 3 M 115/96, NVwZ 1997, 1027 = NordÖR 1998, 39 = ZfW 1998, 440 = NuR 1998, 380).
- Bekämpfung der offenen Drogenszene (*OVG Bremen* U 24.3.1998 – 1 BA 27/97, NVwZ 1999, 314; *OVG Münster* B 20.4.1999 – 5 E 251/99, NVwZ-RR 1999, 802; *OVG Münster* B 18.1.2000 – 5 B 1956/99, NWVBl. 2000, 435 = NVwZ 2001, 231).

III. Zu Absatz 3

27 Die Höhe des Zwangsgeldes betrug ursprünglich „mindestens drei Deutsche Mark und höchstens zweitausend Deutsche Mark". Dies entsprach dem Stand von 1953. Die fällige Anpassung nahm der Gesetzgeber lange Zeit nicht vor. Die Einführung des Euro nahm er zwar zum Anlass, das Zwangsgeld nach § 172 VwGO von 2.000 DM auf 10.000 Euro zu erhöhen (Gesetz zur Bereinigung des Rechtsmittelrechts im Verwaltungsprozess vom 20.12.2001, BGBl. I S. 3987). § 11 Abs. 3 ließ er jedoch unverändert, was wenig verständlich und noch weniger zu verantworten war (siehe hierzu die berechtigte Kritik in der Vorauflage, Rn. 41). Erst durch das Sechste Gesetz zur Änderung des Verwaltungs-Vollstreckungsgesetzes vom 25.11.2014 (BGBl I, S. 1770) verabschiedete er auch das Verwaltungs-Vollstreckungsgesetz von der Deutschen Mark und hob die Höhe des Zwangsgeldes auf 25.000 € an.

Das Bundesrecht enthält eine Vielzahl von spezialgesetzlichen Zwangsgeldbestimmungen, die zT abweichende Regelungen über die Höhe des Zwangsgeldes enthalten und dem Verwaltungs-Vollstreckungsgesetz vorgehen. Die Höhe der Zwangsgelder variiert zwischen 250 Euro (§§ 98, 101 und 104 des Betriebsverfassungsgesetzes) und 10 Mio. Euro (§ 94 des Energiewirtschaftsgesetzes). Andere Bundesgesetze verweisen auf das Verwaltungs-Vollstreckungsgesetz mit der Folge, dass auch die Zwangsgeldbestimmungen des Verwaltungs-Vollstreckungsgesetzes gelten (z.B. § 169 Abs. 1 VwGO).

Beispiele für Höchstbeträge:
- Baugesetzbuch, § 208 S 2: 500 Euro.
- EG-Verbraucherschutzdurchsetzungsgesetz, § 10: 250.000 Euro.
- Energiewirtschaftsgesetz, § 94: 10 Millionen Euro.
- Netzausbaubeschleunigungsgesetz, § 34: 1.000 bis 10 Millionen Euro
- Parteiengesetz, § 38: 250 bis 1500 Euro.
- EU-Fahrgastrechte-Kraftomnibus-Gesetz, § 4 Abs. 5 S 2: 500.000 Euro.
- Postgesetz, § 26 Abs. 2, § 45 Abs. 4: 500.000 Euro.
- Post- und Telekommunikationssicherstellungsgesetz, § 10 Abs. 2: 50.000 bis 100.000 Euro.
- Telekommunikationsgesetz, § 25 Abs. 8 S 2, § 29 Abs. 4, 6, § 33 Abs. 7: 1 Mio Euro; § 47 Abs. 3, § 49 Abs. 4, § 64 Abs. 2 S 2, § 66 Abs. 3 S 2, § 115 Abs. 2 S 1, § 126 Abs. 5, § 127 Abs. 10, § 133 Abs. 4: 500.000 Euro.
- Einlagensicherungs- und Anlegerentschädigungsgesetz, § 17a: 50.000 bzw. 100.000 Euro.
- Finanzdienstleistungsaufsichtsgesetz, § 17: 250.000 Euro.
- Funkanlagen und Telekommunikationssendeeinrichtungen, Gesetz über –, § 15 Abs. 1: 500.000 Euro.
- Wirtschaftsprüferordnung, § 62a, § 62b Abs. 2: 1.000 Euro.
- Aufenthaltsgesetz, § 63 Abs. 3: 5.000 Euro.
- Versicherungsaufsichtsgesetz, § 231: 50.000 Euro.
- Allgemeines Eisenbahngesetz, § 5a Abs. 9: 500.000 Euro.
- Gesetz über die elektromagnetische Verträglichkeit von Betriebsmitteln, § 30: 500.000 Euro.
- Hinweis zur Abgabenordnung, § 329: 25.000 Euro.
- Wettbewerbsbeschränkungsgesetz, § 86a, § 114 Abs. 3 S 3: 1.000 bis 10 Mio Euro.

Sollte in einem Spezialgesetz ein Höchstbetrag des Zwangsgeldes nicht bestimmt sein, gilt die allgemeine Vorschrift des § 11 Abs. 3. So ist z.B. in § 38 Abs. 5 S 2 des Bundesdatenschutzgesetzes (a.F.) nur die „Verhängung eines Zwangsgeldes" genannt.

Nach den Verwaltungs-Vollstreckungsgesetzen der Länder liegen die Höchstbeträge des Zwangsgeldes zwischen 25.000 Euro und 1 Mio. Euro. Ausgehend von diesen bundes- und landesgesetzlichen Regelungen erschien dem Bundesgesetzgeber eine Anhebung des Höchstbetrags des **Zwangsgeldes im Verwaltungs-Vollstreckungsgesetz auf 25.000 Euro angemessen**. Dieser Betrag orientiert sich an den Zwangsgeldsätzen der Abgabenordnung (§ 329 AO) und der Zivilprozessordnung (§ 882g und § 888 ZPO). Ein Mindestbetrag in der Größenordnung der Landesregelungen von 5 bis 15 Euro erschien dem Bundesgesetzgeber nicht geeignet, den Betroffenen wirksam zur Erfüllung seiner Pflichten anzuhalten. Deshalb enthält § 11 Abs. 3 keinen Mindestbetrag. Dies entspricht der Regelung in der Abgabenordnung und der Zivilprozessordnung (Begründung der BReg zum Entwurf des 6. ÄndG, BT-Drucks. 18/2337, S. 9).

28 Der gesetzlich bestimmte **Höchstbetrag** des Zwangsgeldes **darf nicht überschritten,** ein Mindestbetrag nicht unterschritten **werden.** Dies ist nach dem Grundsatz der Gesetzmäßigkeit der Verwaltung gemäß Art. 20 Abs. 3 GG nicht zulässig (Vorbehalt des Gesetzes, *BVerfG* B 12.11.1958 – 2 BvL 4, 26, 40/56; 1, 7/57, BVerfGE 8, 274, 276, 325 = NJW 1959, 475 = DVBl. 1959, 171 = JZ 1959, 355).

Sollte die Behörde dennoch den Höchstbetrag überschreiten, ist die Androhung in dem Umfang gesetzwidrig, in welchem sie den Höchstbetrag übersteigt. Das ist ein schwerwiegender und offensichtlicher Fehler. Deswegen ist die Androhung insoweit nichtig. Das folgt aus §44 Abs. 1 VwVfG.

Dagegen ist die Androhung des Zwangsgeldes bis zur gesetzlichen Grenze des Höchstbetrages rechtmäßig. Sie bleibt bestehen und wirksam. Denn die teilweise Nichtigkeit der Androhung ist nicht wesentlich. Die Behörde könnte nämlich ohne Zweifel die Androhung mit dem gesetzlich zulässigen Höchstbetrag in einem neuen Verwaltungsakt wiederholen. Das ergibt sich aus §44 Abs. 4 VwVfG.

29 Die Behörde bestimmt die **Höhe des Zwangsgeldes nach pflichtgemäßem** Ermessen (§40 VwVfG). Sie beachtet dabei den Grundsatz der Verhältnismäßigkeit (*BVerwG* U 16.12.2004 – 1 C 30/03, BVerwGE 122, 293 = NVwZ 2005, 819 = DÖV 2005, 566 = DVBl. 2005, 645 = DVP 2005, 166; *BVerwG* U 21.1.2003 – 1 C 5/02, BVerwGE 117, 332 = NVwZ 2003, 1271 = DVBl. 2003, 1268 = DÖV 2003, 904). Die Höhe richtet sich nach den erkennbaren Umständen des Einzelfalles. Dazu können die Dringlichkeit und Bedeutung der Angelegenheit, das bisherige Verhalten des Pflichtigen und seine wirtschaftliche Leistungsfähigkeit gehören. Bei beharrlicher Uneinsichtigkeit des Pflichtigen, etwa bei Verstößen gegen ein Taubenfütterungsverbot, sollten wiederholte Zwangsgelder verhältnismäßig erhöht werden (*VGH Kassel* B 30.4.2008 – 8 UZ 3006/06, NVwZ-RR 2008, 782).

Ferner ist es sachgerecht, das wirtschaftliche Interesse des Betroffenen an einem rechtswidrigen Zustand zu berücksichtigen (Art. 31 Abs. 2 VwZVG, §30 Abs. 2 S 2 VwVGBbg, §14 Abs. 2 BremVwVG, §67 Abs. 1 Nds. SOG, §60 Abs. 1 VwVG NRW, §48 Abs. 2 ThürVwZVG; *Drews/Wacke/Vogel/Martens*, S. 536). Dazu gehört etwa der erzielbare Gewinn an einer illegalen Werbeanlage (*OVG Greifswald* B 31.8.1999 – 3 M 96/99, NordÖR 2000, 126). Das gilt auch für verbotene Sportwetten (*VG München* B 19.2.2004 – M 22 S 04.542, NVwZ 2004, 1517). Dabei ist der Grundsatz der Verhältnismäßigkeit zu beachten (*OVG Bautzen* B 17.3.1997 – 1 S 769/96, SächsVBl. 1997, 239 = LKV 1997, 375 = NVwZ 1997, 1238 L = BRS 59 Nr. 138; *VGH Kassel* B 8.8.1994 – 4 TH 2512/93, HessVGRspr. 1994, 83 = NVwZ-RR 1995, 118).

30 Bei der **Begründung von Ermessensentscheidungen** ist – über §39 Abs. 1 S. 1 u 2 VwVfG (Rn. 23) §39 Abs. 1 S 3 VwVfG zu beachten. Die Begründung soll auch die Gesichtspunkte erkennen lassen, von denen die Behörde bei der Ausübung ihres Ermessens ausgegangen ist. Der „Soll"-Charakter der Vorschrift besagt, dass nur in Ausnahmefällen von der Darlegung der Ermessenserwägungen abgesehen werden darf. Die Begründung muss substantiiert, schlüssig und nachvollziehbar sein. Die für die Entscheidung maßgebenden Gründe müssen nicht in allen Einzelheiten, aber in ihren Grundzügen benannt werden. In jedem Fall muss aus der Begründung zu ersehen sein, dass die Behörde Ermessen ausgeübt und dabei die Interessen des Betroffenen berücksichtigt und abgewogen hat. Ferner muss erkennbar sein, von welchen Tatsachen die Behörde ausgegangen ist und welche rechtlichen Beurteilungsmaßstäbe sie angewandt hat (Kopp/*Ramsauer*, §39 VwVfG Rn. 25f).

In der Praxis sollte die Behörde ihre Ermessensentscheidung stets **sorgfältig begründen**. Gerät die Begründung allzu dürftig, gehen die Gerichte uU davon aus, dass die Behörde das ihr aufgegebene Ermessen nicht oder nicht vollständig ausgeübt hat. Ein derartiger Ermessensnichtgebrauch stellt einen Ermessensfehler dar, der den Verwaltungsakt materiell rechtswidrig sein lässt. Eine unterlassene Ermessensausübung kann auch nicht durch Nachholung geheilt werden. §45 Abs. 1 Nr. 2 VwVfG gestattet lediglich, die Begründung der Ermessensentscheidung nachzuschieben, nicht hingegen, die Ermessensentscheidung als solche nachzuholen. Ebenso erlaubt §114 S 2 VwGO nur, bereits getroffene Ermessenserwägungen im verwaltungsgerichtlichen Verfahren zu ergänzen (*BVerwG* U 23.10.2007 – 1 C 10/07, BVerwGE 129, 367, 375, 376 = NVwZ 2008, 326).

Die Behörde sollte auch sorgfältig darauf sehen, dass keine sachfremden Gesichtspunkte in die Ermessensentscheidung eingebunden werden. Sachfremd ist jeder Gesichtspunkt, der nach Sinn und Zweck des zu vollziehenden Gesetzes keine Rolle spielen darf. Ein solcher Ermessensfehlgebrauch hat ebenfalls die Rechtswidrigkeit des Verwaltungsaktes zur Folge. Sachfremd und ermessensfehlerhaft wäre etwa, die Höhe eines Zwangsgeldes mit der Erwägung zu begründen, schon das Verhalten des Pflichtigen, das zum Erlass des Grundverwaltungsaktes geführt habe, sei rechtswidrig gewesen (*VGH Baden-Württemberg* B 17.1.1995 – 5 S 3471/94, juris Rn. 3 = VBlBW 1995, 316).

Zu warnen ist schließlich vor einer **ungenügenden Sachaufklärung**. Die Behörde ist nach §24 Abs. 1 S 1 VwVfG verpflichtet, den Sachverhalt von Amts wegen aufzuklären. Legt sie ihrer Ermessensentscheidung einen entscheidungserheblichen Sachverhalt zugrunde, der in wesentlichen Fragen unrichtig ist, erweist sich diese Entscheidung als rechtswidrig. Dies gilt auch dann, wenn die Verwaltung zum gleichen Ergebnis hätte kommen können, wenn aufgrund des tatsächlichen Sachverhalts entschieden worden wäre. Die Entscheidung ist ebenfalls rechtswidrig, wenn die herangezogenen Gesichtspunkte zwar richtig sind, der Sachverhalt aber unvollständig ermittelt wurde. Wie weit die Behörde den Sachverhalt ermitteln muss, hängt von der Bedeutung der jeweiligen Umstände für die Entscheidung ab (*VGH Baden-Württemberg* B 21.11.2018 – 11 S 2019/18, juris Rn. 19).

Fehlt die Begründung für die Höhe des Zwangsgeldes, ist die Androhung formell **31**
rechtswidrig. Allerdings ist die **Begründung** gemäß §45 Abs. 1 Nr. 2, Abs. 2 VwVfG bis zum Abschluss der letzten Tatsacheninstanz eines verwaltungsgerichtlichen Verfahrens **nachholbar.** Hierdurch wird dieser Formfehler geheilt. Das Revisionsverfahren vor dem *BVerwG* ist keine Tatsacheninstanz. Hier ist eine Nachholung nicht mehr zulässig.

Der Grundsatz der Verhältnismäßigkeit ist regelmäßig verletzt, wenn die Behörde **32**
gleich beim ersten Mal ohne hinreichende Begründung den **Höchstbetrag** androht (ebenso ua *OVG Koblenz* B 1.12.1988 – 2 B 28/88, AS 22, 327 = GewArch 1989, 192 = NVwZ 1989, 480; *VG Koblenz* B 29.12.2004 – 7 L 3443/04, NVwZ-RR 2005, 762; vgl. zu §172 VwGO *OVG Lüneburg* B 12.9.2006 – 5 OB 194/06, NVwZ-RR 2007, 139). Ferner darf ein Zwangsgeld nicht in einer solchen Höhe angedroht und festgesetzt werden, die seine Beitreibung von vornherein als aussichtslos erscheinen lässt (*OVG Bremen* B 28.1.2004 – 1 S 21/04, NVwZ-RR 2004, 658 = NordÖR 2004, 170). Dagegen ist der Höchstbetrag bei wiederholten und vorsätzlichen Rechtsverstößen angebracht (vgl. *OVG Hamburg* B 7.3.1989 – Bs 17/89, NJW 1989, 2705 = DÖV 1990, 117).

33 Droht die Behörde den Höchstbetrag zur Erfüllung nur einer (einzigen) Verpflichtung an, ist eine besonders sorgfältige Begründung geboten. Davor sollte sie sich im gegebenen Fall nicht scheuen, z.B. bei eklatanten Verstößen gegen den Mutterschutz oder bei hartnäckiger illegaler Werbung.

34 Für die **Prüfung der Ermessensausübung** durch die Behörde **im verwaltungsgerichtlichen Verfahren** gilt § 114 VwGO. Hiernach prüft das Gericht, ob der Verwaltungsakt rechtswidrig ist, weil die gesetzlichen Grenzen des Ermessens überschritten sind oder von dem Ermessen in einer dem Zweck der Ermächtigung nicht entsprechenden Weise Gebrauch gemacht ist. Hiermit ist der Rahmen der gerichtlichen Kontrolle vorgegeben und zugleich begrenzt. Denn es muss „bei dem Grundsatz verbleiben, dass das Verwaltungsgericht nicht befugt ist, eine Ermessenentscheidung der Behörde durch seine eigene zu ersetzen" (*BVerwG* U 8.11.1973 – 5 C 29/71, BVerwGE 44, 156, 159; *BFH* U 6.11.2012 – VII R 72/11, BStBl. II 2013, 141; *BFH* U 28.9.2010 – VII R 45/09 – BFHE 231, 409 Rn. 14 = ZfZ 2011, 12).

Gemäß § 114 S. 2 kann die Verwaltungsbehörde ihre **Ermessenserwägungen** hinsichtlich des Verwaltungsaktes **im verwaltungsgerichtlichen Verfahren noch ergänzen**. (Gleiches sagt § 102 FGO.) Ein solches Nachschieben von Gründen darf allerdings nicht dazu führen, dass der angefochtene Verwaltungsakt in seinem Wesen geändert wird. Zulässig sind Korrekturen, nicht hingegen der Austausch maßgeblicher oder tragender Erwägungen des Ausgangsbescheides. Des Weiteren darf die Behörde nur solche Erwägungen oder Gründe nachtragen, die bereits beim Erlass des Verwaltungsaktes vorlagen. Will sie neue Tatsachen geltend machen, muss sie einen neuen Verwaltungsakt erlassen. Schließlich darf der Bürger durch das Nachschieben von Gründen nicht in seiner Rechtsverteidigung beeinträchtigt werden. Er muss hierauf prozessual angemessen reagieren können (Bader/Funke-Kaiser/*Stuhlfauth*/von Albedyll, § 114 VwGO Rn. 53 ff).

Beanstandet das Verwaltungsgericht die Höhe des Zwangsgeldes, hebt es die Androhung oder Festsetzung des Zwangsgeldes und einen etwaigen Widerspruchsbescheid auf. Eine weitergehende Entscheidung trifft das Gericht nicht. Insbesondere setzt es den Zwangsgeldbetrag nicht in der zutreffenden Höhe fest.

Dies steht ihm nicht zu. Da das Gericht sein Ermessen nicht an die Stelle des Ermessens der Behörde setzen darf, kommt eine Änderungsfestsetzung gemäß § 113 Abs. 2 VwGO durch das Gericht nur in Betracht, wenn die Festsetzung des Betrages rechtlich gebunden ist (Bader/*Funke-Kaiser/Stuhlfauth*/von Albedyll, § 113 VwGO Rn. 77). Die Höhe des Zwangsgeldes ergibt sich aber nicht aus gebundenem Recht. Er muss vielmehr von der Behörde nach pflichtgemäßem Ermessen festgesetzt werden. Darum ist eine gerichtliche Änderung des Zwangsgeldes nur in dem seltenen Fall einer Reduzierung des Ermessens auf Null möglich.

35 Der in § 11 Abs. 3 genannten Höchstbetrag von 25.000 € bezieht sich auf das einzeln festzusetzende Zwangsgeld. Der Betrag kann in der Summe überschritten werden, wenn ein **weiteres Zwangsgeld** festgesetzt wird, weil der Betroffene seiner Pflicht nicht nachgekommen ist.

Ob ein weiteres Zwangsgeld schon angedroht werden darf, wenn die mit der ersten Zwangsgeldandrohung verbundene Frist erfolgreich verstrichen ist, oder ob die Androhung eines weiteren Zwangsgeldes erst nach oder mit der Festsetzung des vorherigen erfolgen darf (*VGH Hessen* B 28.1.2014 – 6 A 1875/13.Z, juris Rn. 9 = NVwZ-RR 2014, 505 = WM 2014, 1275 = KKZ 2016, 137; *VG Frankfurt/Oder* U 16.10.2002 – 7 K 238/02, juris Rn. 33 = KKZ 2003, 171) oder das vorherige Zwangsgeld erst beigetrieben worden sein muss (*OVG Rheinland-Pfalz* B 13.1.1988 – 13 B 550/987, NVwZ 1988, 652), hängt von den diesbezüglichen Regelungen im Verwaltungsvollstreckungsrecht der Länder ab.

Für das Bundesrecht legt **§ 13 Abs. 6 S. 2** fest, dass eine neue Androhung erst zulässig ist, wenn das zunächst angedrohte Zwangsmittel erfolglos ist. Als Beugemittel ist ein Zwangsgeld erfolglos, wenn es sich als nicht geeignet erweist, den Pflichtigen dazu zu bringen, seine Verpflichtung zu erfüllen. Fraglich ist, ob ein Zwangsgeld sich bereits dann als ungeeignet erwiesen hat, wenn der Pflichtige auf die Androhung nicht reagiert, oder ob auch die Festsetzung und vielleicht gar die Beitreibung ohne Erfolg geblieben sein müssen, um von der Erfolglosigkeit des Zwangsgeldes ausgehen zu können. Dies hängt davon ab, welche Funktion der Festsetzung zukommt. Soll die Festsetzung lediglich die Beugewirkung der Androhung bestätigen, ist das Zwangsmittel gescheitert, wenn die Androhung gescheitert ist. Schreibt man der Festsetzung hingegen eine eigene, von der Androhung zu unterscheidende Beugewirkung zu, wird man das Zwangsmittel erst als erfolglos ansehen können, wenn auch die Festsetzung keinen Erfolg hatte.

Der Wortlaut des § 13 Abs. 6 S 2 legt nahe, die Androhung eines neuen Zwangsmittels bereits dann zuzulassen, wenn die mit der Androhung des vorangegangenen Zwangsgeldes verbundene Frist ergebnislos verstrichen ist. Die hier getroffene Regelung stellt mit der Formulierung, dass „das zunächst angedrohte Zwangsmittel" erfolglos geblieben sein muss, ausdrücklich auf die Androhung ab. Hätte der Gesetzgeber gewollt, dass das vorangehende Zwangsgeld zunächst festgesetzt und ggf. auch beigetrieben sein müsse, hätte es dies ohne weiteres so bestimmen können. Für diese Sichtweise spricht auch die praktische Notwendigkeit, dass die Vollstreckungsbehörde in der Lage sein muss, ein als unzureichend erkanntes Zwangsgeld umgehend höher androhen zu können, um zeitnah den erforderlichen Druck auf den Pflichtigen aufzubauen. Würde die Behörde darauf verwiesen, das als nicht effektiv erkannte Zwangsgeld erst noch festsetzen und beitreiben zu müssen, würde die Vollstreckung erheblich verzögert. Dem Wesen des Verwaltungs-Vollstreckungsrechts, das auf Zügigkeit und Effizienz angelegt ist, liefe dies zuwider. Schließlich widerspricht die Möglichkeit, ein höheres Zwangsgeld schon nach erfolgloser Androhung des vorangegangenen Zwangsgeldes anzudrohen, auch nicht der Interessenlage des Betroffenen. Er hat keinen Vorteil, wenn das ursprüngliche Zwangsgeld erst beigetrieben wird, bevor ein weiteres Zwangsgeld vollstreckt wird, dass seinen Willen beugt (siehe im Übrigen § 13 Rn. 113).

Die Behörde kann **ein Zwangsgeld** auch zur **Durchsetzung mehrerer Verpflichtungen** androhen. Eine solche Androhung muss allerdings hinreichend bestimmt sein. Eine Androhung zur Durchsetzung mehrerer Verpflichtungen muss erkennen lassen, ob sie sich auf Verstöße gegen jede einzelne Verpflichtung bezieht oder nur auf Verstöße gegen alle Verpflichtungen zugleich (siehe auch § 13 Rn. 7). Eine insoweit unbestimmte Androhung ist rechtswidrig (vgl. *OVG Münster* B 12.7.1991 – 4 B 3581/90, GewArch 1992, 246 = UPR 1992,35 = NVwZ-RR 1993, 59; *VGH Kassel* B 8.8.1994 – 4 TH 2512/93, NVwZ-RR 1995, 118 = Hess VGRspr. 1994, 83).

Ist der Androhung zu entnehmen, dass eine Zwangsgeldfestsetzung bereits erfolgen soll, wenn der Betroffene eine der in der Verbotsverfügung genannten Unterlassungspflichten verletzt, muss des Weiteren klargestellt werden, ob im Rahmen der Zwangsgeldandrohung die Unterlassungspflichten als eigenständige Verpflichtungen zu verstehen sind oder als unselbstständige Teile einer einheitlichen Verpflichtung. Denn dies hat in Bezug auf das Zwangsgeld unterschiedliche Auswirkungen, wenn der Betroffene mehrere Pflichten verletzt: Handelt es sich hierbei um eigenständige Verpflichtungen, kann für jeden einzelnen Verstoß das Zwangsgeld festgesetzt werden. Handelt es sich hingegen um unselbstständige Teile einer einheitlichen Verpflichtung, könnte zwar aufgrund der Androhung ein Zwangsgeld festgesetzt werden, wenn der Betroffene nur eine dieser Teilpflichten verletzt. Verstößt er auch gegen eine der anderen Teilpflichten, dürfte aber aufgrund der Androhung kein weiteres Zwangsgeld festgesetzt werden, weil zum einen eine Androhung für jeden Fall der Zuwiderhandlung unzulässig ist (§13 Rn. 80) und weil es sich zum anderen nicht um eine Zuwiderhandlung gegen eine andere selbstständige Unterlassungspflicht handelt. Eine weitere Zwangsgeldfestsetzung käme mithin auch bei einem Verstoß gegen eine andere Teilpflicht erst nach einer erneuten Androhung in Betracht. Lässt die Androhung die damit erforderliche Klarheit vermissen, ob es sich um mehrere eigenständige Verpflichtungen oder um unselbstständige Teile einer einzigen Verpflichtungen handelt, ist sie unbestimmt und kann daher rechtlich keinen Bestand haben (*BVerwG* B 26.6.1997 – 1 A 10/95. juris Rn. 35 = NVwZ 1998, 393 = DVBl 1998, 230 = Buchholz 452.00 §93 VAG Nr. 1).

36 Die Behörde darf ein einheitliches Zwangsgeld zur Durchsetzung mehrerer Anordnungen ausdrücklich und mit entsprechender Begründung in der Weise androhen, dass seine **volle Höhe bis zur Erfüllung aller Anordnungen** gilt. Das ist zulässig, wenn erst dann der **Zweck des Vollzuges erreicht** wird (*OVG Münster* B 10.9.2003 – 13 B 1313/03, NVwZ-RR 2004, 316 = DÖV 2004, 86; *OLG Düsseldorf* B 27.5.2009 – VI-3-Kart 45/08 (V), NVwZ-RR 2010, 91 L = BeckRS 2009, 27939).

In einem solchen Fall wird die Behörde auch dann das **gesamte Zwangsgeld festsetzen,** wenn der Pflichtige ihren Anordnungen teilweise nachkommt (vgl. *VGH Kassel* B 18.10.1990 – 4 TH 206/89, ESVGH 41, 314 L = HessVGRspr. 1991, 43 = NVwZ-RR 1991, 592; *OVG Greifswald* B 19.6.1997 – 3 M 115/96, NVwZ 1997, 1027 = ZfW 1998, 440 = NuR 1998, 380 = NordÖR 1998, 39).

37 Eine rechtswidrige Androhung ist auch dann keine taugliche Grundlage für eine spätere Zwangsgeldfestsetzung, wenn sie unanfechtbar geworden ist (*VGH Mannheim* U 17.8.1995 – 5 S 71/95, VBlBW 1996, 65 = NVwZ-RR 1996, 612).

Anhang:
Vergleichbares Landesrecht

38 **(1) Baden-Württemberg:** §23 LVwVG; 10–50.000 Euro.

(2) Bayern: Art. 31 VwZVG; 15–50 000 Euro.

(3) Berlin: §8 VwVfG Berlin i. V. m. §11 VwVG; bis 25.000 Euro. Zu §11 Abs. 1 S 2 Muster 23.

(4) Brandenburg: §30 VwVGBbg; 10–50.000 Euro.

(5) Bremen: § 14 BremVwVG; 5–50.000 Euro.

(6) Hamburg: § 14 HmbVwVG: 1 Mio Euro.

(7) Hessen: § 76 HessVwVG; 5–25.000 Euro. § 76 Abs. 1 S 2 enthält die gleiche Regelung wie § 11 Abs. 1 S 2 VwVG; dazu Muster 23.

(8) Mecklenburg-Vorpommern: § 88 SOG M-V; 10–50.000 Euro.

(9) Niedersachsen: § 70 NVwVG i. V m. § 67 Nds. SOG; 5–50.000 Euro.

(10) Nordrhein-Westfalen: § 60 VwVG NRW; 10–100.000 Euro.

(11) Rheinland-Pfalz: § 64 LVwVG; 5–50 000 Euro. § 64 Abs. 1 S 2 enthält die gleiche Regelung wie § 11 Abs. 1 S 2 VwVG; dazu Muster 23.

(12) Saarland: § 20 SVwVG; 5–50.000 Euro.

(13) Sachsen: § 22 Abs. 1 SächsVwVG; 5–25.000 Euro.

(14) Sachsen-Anhalt: § 71 VwVG LSA i. V. m. § 56 SOG LSA; 5–500.000 Euro.

(15) Schleswig-Holstein: § 237 LVwG; 15–50.000 Euro.

(16) Thüringen: § 48 ThürVwZVG; 10–250.000 Euro.

§ 12 Unmittelbarer Zwang

Führt die Ersatzvornahme oder das Zwangsgeld nicht zum Ziel oder sind sie untunlich, so kann die Vollzugsbehörde den Pflichtigen zur Handlung, Duldung oder Unterlassung zwingen oder die Handlung selbst vornehmen.

Übersicht

I. Wesen des unmittelbaren Zwanges

1 Der unmittelbare Zwang ist neben der Ersatzvornahme (§ 10) und dem Zwangsgeld (§ 11) das dritte Zwangsmittel (vgl. § 9 Abs. 1), um im Wege der Verwaltungsvollstreckung ein Handeln, Dulden oder Unterlassen (vgl. § 6 Abs. 1) durchzusetzen. § 12 beschreibt **zwei Arten** des unmittelbaren Zwanges. Hierbei handelt es sich zum einen um die Anwendung **physischer Gewalt gegen den Pflichtigen,** zum anderen um die **Selbstvornahme** durch die Vollstreckungsbehörde (vgl. *Drews/Wacke/Vogel/Martens*, S. 541 ff.). In der Abgabenordnung (§ 331, 2. Alt) sowie in den Bundesländern Bayern (Art. 32 S. 1 VwZVG), Berlin (§ 8 Abs. 1 S. 1 VwVfG i.V.m. § 12) und Mecklenburg-

Vorpommern (§ 110 VwVfG i.V.m. § 90 SOG) ist die Selbstvornahme ebenfalls als unmittelbarer Zwang erfasst. Die übrigen Bundesländer behandeln den Selbstvollzug als Ersatzvornahme (§ 25 VwVG Baden-Württemberg, § 32 Abs. 1 VwVG Brandenburg, § 15 VwVG Bremen, § 13 Abs. 1 VwVG Hamburg, § 74 Abs. 1 VwVG Hessen, § 70 Abs. 1 VwVG i.V.m. § 66 Abs. 1 SOG Niedersachsen, 59 Abs. 1 VwVG NRW, § 63 Abs. 1 LVwVG Rheinland-Pfalz, § 21 VwVG Saarland, § 24 Abs. 1 VwVG Sachsen, § 71 Abs. 1 VwVG i.V.m. § 55 SOG Sachsen-Anhalt, § 238 Abs. 1 LVwG Schleswig-Holstein, § 50 Abs. 1 VwZVG Thüringen). Diese Länder folgen damit § 30 Abs. 1 MEPolG.

Der unmittelbare Zwang ist eingriffsintensivste Form hoheitlicher Gewaltanwendung. Da sie am schärfsten in die Rechtssphäre des Betroffenen eingreift, kommt sie nur hinter der Ersatzvornahme und dem Zwangsgeld nachrangig zur Anwendung (§ 9 Rn. 11). Die **Subsidiarität des unmittelbaren Zwanges** ist in § 12 ausdrücklich festgeschrieben und gilt prinzipiell auch dann, wenn der unmittelbare Zwang den Betroffenen im Einzelfall ausnahmsweise weniger belasten sollte als die Ersatzvornahme oder das Zwangsgeld.

Möchte die Behörde in einem derartigen Fall unmittelbaren Zwang anwenden, muss sie ihre diesbezügliche Ermessensentscheidung im Bescheid entsprechend begründen und dartun, warum die Ersatzvornahme und das Zwangsgeld im konkreten Fall nicht zum Ziel führen oder untunlich sind. Die weite Interpretation des unbestimmten Rechtsbegriffs „untunlich" (§ 11 Rn. 10) schafft hierfür einen gewissen Freiraum.

2 Das Verwaltungsvollstreckungsrecht gehört zum Verwaltungsrecht und gilt damit unmittelbar nur für die allgemeine Bundesverwaltung. Für das Verwaltungszwangsverfahren der Finanzbehörden gilt § 331 AO.

Wegen der hohen Eingriffsintensität des unmittelbaren Zwanges hat der Bundesgesetzgeber mit dem UZwG v 10.3.1961 (BGBl. I S. 165) ein eigenes **Gesetz über die Ausübung des unmittelbaren Zwanges durch Vollzugsbeamte des Bundes** geschaffen. Das UZwG ist ein reines Verfahrensgesetz, das regelt, wie bei der Anwendung unmittelbaren Zwanges zu verfahren ist. Es enthält keine Rechtsgrundlage für die Anwendung unmittelbaren Zwangs. Ob im Einzelfall unmittelbarer Zwang angewendet werden darf oder nicht, ergibt sich aus anderen Rechtsvorschriften, ua dem VwVG. Für den Bereich der Bundeswehr gilt das Gesetz über die Anwendung unmittelbaren Zwanges und die Ausübung besonderer Befugnisse durch Soldaten der Bundeswehr und verbündeter Streitkräfte sowie zivile Wachpersonen (UZwGBw) v 12.8.1965 (BGBl. I S. 796). Die Landesgesetzgeber haben in ihren Polizeigesetzen dem UZwG vergleichbare Vorschriften erlassen, welche die Art und Weise der Zwangsanwendung genau regeln (ausführlich dargestellt bei App/Wettlaufer/*Klomfaß*, Kap. 35 Rn. 26 ff). Soweit Polizeivollzugsbeamte gemäß § 152 GVG als Hilfsbeamte der Staatsanwaltschaft repressiv tätig werden, ergeben sich ihre Befugnisse aus der Strafprozessordnung (vgl. § 163 SPO), z.B. §§ 81 bis 81c, 94, 102, 119 Abs. 5, 127, 164, 457, und dem Ordnungswidrigkeitenrecht, z.B. §§ 97, 98 sowie §§ 94, 102 StPO i.V.m. § 46 OWiG. Bei jeder Anwendung unmittelbaren Zwangs in diesen Fällen sind die Vorschriften des UZwG zu beachten, sofern sich nicht aus Sonderregelungen – etwa § 81a StPO für die Blutentnahme – ausnahmsweise etwas anderes ergibt. Die Einzelheiten sind in Verwaltungsvorschriften geregelt, die von einzelnen Bundesministerien für ihren jeweiligen Geschäftsbereich auf der Grundlage des § 18 UZwG erlassen worden sind, so etwa die Allgemeine Verwaltungsvorschrift des BMI zum Gesetz über den unmittelbaren Zwang bei Ausübung öffentlicher Gewalt durch Vollzugsbeamte des Bundes (UZwVwV-BMI) v 18.1.1974 (GMBl. S. 55), die allerdings als novellierungsbedürftig angesehen wird (Text bei *Marc Wagner*, Basisgesetze Einsatzrecht 4. Aufl 2018).

II. Zwingen zur Handlung, Duldung oder Unterlassung

Der Begriff des unmittelbaren Zwanges ist weder in § 12 noch an sonstiger Stelle im VwVG definiert. Soweit Bundesbeamte unmittelbaren Zwang anwenden, gelten die Vorschriften des UZwG. Dieses Gesetz gilt mithin auch für die Anwendung unmittelbaren Zwanges in der Verwaltungsvollstreckung. Somit ist auch im Rahmen des § 12 auf die Legaldefinition in **§ 2 UZwG** Bezug zu nehmen, wo der Rechtsbegriff des unmittelbaren Zwanges folgendermaßen beschrieben ist: 3

(1) Unmittelbarer Zwang ist die Einwirkung auf Personen oder Sachen durch körperliche Gewalt, ihre Hilfsmittel und durch Waffen.

(2) Körperliche Gewalt ist jede unmittelbare Einwirkung auf Personen oder Sachen.

(3) Hilfsmittel der körperlichen Gewalt sind insbesondere Fesseln, Wasserwerfer, technische Sperren, Diensthunde, Dienstpferde und Dienstfahrzeuge.

(4) Waffen sind die dienstlich zugelassenen Hieb- und Schusswaffen, Reizstoffe und Explosivmittel.

Die Länder haben in ihren Polizeigesetzen und Gesetzen über die Anwendung unmittelbaren Zwanges vergleichbare Regelungen getroffen, die in Details – insbesondere bei der Aufzählung zulässiger Hilfsmittel und Waffen – von § 2 UZwG abweichen. Uneinheitlich ist auch die Einordnung einzelner Mittel als Hilfsmittel der körperlichen Gewalt oder Waffe. So werden Reiz- und Betäubungsstoffe teilweise den Hilfsmitteln zugeordnet (Art. 16 Abs. 3 PAG Bayern, § 2 Abs. 3 UZwG Berlin), teilweise als Waffen erfasst (§ 2 Abs. 4 UZwG, § 10 Abs. 4 UzwG Baden-Württemberg, § 55 Abs. 4 S. 1 SOG Hamburg). 4

Die **Aufzählung** der Hilfsmittel in § 2 Abs. 3 UZwG ist **nicht abschließend** (Lisken/Denninger/*Graulich*, E Rn. 863 ff., Drewes/Malmburg/Wagner/*Walter*, BPolG, § 2 UZwG Rn. 5). Das Wort „insbesondere" zeigt an, dass es sich nur um Beispiele handelt. Das Gesetz ist also für weitere brauchbare Mittel, auch Neuerungen, offen.

So kann etwa die Vollzugsbehörde eine Nutzungsuntersagung in der Weise durchsetzen, dass sie Maschinen und Geräte versiegelt. Die **Versiegelung** ist einer technischen Sperre vergleichbar und im Bereich des unmittelbaren Zwanges ein ausgesprochen milder Eingriff (*VG Meiningen* B 29.11.2000 – 5 E 989/00, NVwZ-RR 2001, 549 = ThürVBl. 2001, 115 = KKZ 2003, 130; *VG Weimar* B 3.5.1999 – 7 E 964/99, ThürVBl. 2000, 22 = NVwZ-RR 2000, 478).

Ebenso ist die Versiegelung der Betriebsräume eines untersagten Gewerbes, zum Beispiel einer illegalen Gaststätte, angebracht (*VGH Kassel* B 23.9.1996 – 14 TG 4192/95, NVwZ-RR 1997, 222 = GewArch 1997, 76). Das gilt auch für die Versiegelung von bordellartig genutzten Räumen (*OVG NRW* B 3.12.2018 – 4 B 1233/18, juris Rn. 1; *OVG Hamburg* B 10.6.2005 – 2 Bs 144/05, NVwZ-RR 2006, 169).

Wegen der **Versiegelung von Baustellen** wird auf die Erläuterungen in den Rn. 48 bis 55 Bezug genommen. Insoweit gibt es rechtliche Besonderheiten und Unklarheiten. 5

6 Mit dem **Einsatz von Wasserwerfern** gegen Störer nach Auflösung einer Versammlung hat sich das Bundesverfassungsgericht in einer grundlegenden Entscheidung ausführlich beschäftigt (*BVerfG* B 7.12.1998 – 1 BvR 831/89, NVwZ 1999, 290 = ZBR 1999, 127 = BayVBl. 1999, 303). Hierin weist das Gericht ausdrücklich darauf hin, dass die Rechtmäßigkeit der Anwendung des unmittelbaren Zwangs in Form des Wasserwerfereinsatzes nicht von der Rechtmäßigkeit der auf das Verlassen des Platzes und der Straße gerichteten Grundverfügung, insbesondere ihrer Vereinbarkeit mit Art. 8 GG, abhängt. Denn auf die Frage der Rechtmäßigkeit der Grundverfügung kommt es bei der Beurteilung der Rechtmäßigkeit einer Vollstreckungsmaßnahme nicht an. Ist die Versammlung aufgelöst, liegt in der zwangsweisen Durchsetzung der Grundverfügung auch kein eigenständiger Eingriff in Art. 8 GG. Mit Blick auf das Grundrecht auf körperliche Unversehrtheit aus Art. 2 Abs. 2 S. 1 GG muss im Rahmen der Entscheidung, Wasserwerfer einzusetzen, allerdings das damit einhergehende Verletzungsrisiko berücksichtigt werden. Das erfordert eine Einsatzweise, die es den Betroffenen zumindest ermöglichte, Verletzungsgefahren zu entgehen. Schließlich ist nicht ersichtlich, dass der Einsatz von Wasserwerfern als Hilfsmittel der körperlichen Gewalt schon für sich genommen ohne Rücksicht auf Anlass und Umstände gegen die Menschenwürde, Art. 1 Abs. 1 GG, verstößt.

7 Der Einsatz von CN- und CS-**Reizstoffen** durch die Polizei gegen Gewalttäter ist besonders in bürgerkriegsähnlichen Situationen verhältnismäßig und rechtmäßig. Das ist zB im berüchtigten Fall Wackersdorf am Ostermontag 1986 geschehen und gerichtlich bestätigt worden (*VGH München* U 16.5.1988 – 21 B 87.02889, VGHE München 41, 105 = BayVBl. 1988, 562 = NVwZ 1988, 1055 = Polizei 1989, 70; *BVerwG* B 22.9.1988 – 1 B 108/88, NVwZ 1989, 872).

Anstelle des Wirkstoffs CN/CS bringen Vollzugskräfte heute vermehrt **Pfefferspray** als milderes Mittel zum Einsatz. Spezialgesetzlich geregelt ist der Einsatz von Pfefferspray in § 21 b UZwG Berlin. Hiernach werden als Reizstoffe Capsaicin und verwandte Stoffe (Pfefferspray) eingesetzt, sofern nicht der Einsatz herkömmlicher Reizstoffe (Tränengas) zwingend erforderlich ist.

Das bei der Bundespolizei eingeführte und in den Reizstoffsprühgeräten verwendete Pfefferspray PAVA verbreitet sich erheblich weniger in der Raumluft als der in anderen Geräten verwendete Wirkstoff CN/CS, es kann mit den eingeführten Reizstoffsprühgeräten zielgenauer eingesetzt werden und ist deshalb auch für den Einsatz in geschlossenen Räumen geeignet (vgl. Antwort der Bundesregierung v 6.7.2015 auf eine Kleine Anfrage von Abgeordneten und der Fraktion DIE LINKE zu einem Polizeieinsatz im Regionalexpress 3666 am 12.4.2015, Drucks. 18/5474 S. 4).

Die **Androhung** des Gebrauchs von Reizstoffen ist nach den Regelungen des UZwG nicht erforderlich. § 13 VwVG ist nicht einschlägig, wenn der sofortige Vollzug des Platzverweises nach § 6 Abs. 2 VwVG zur Abwehr einer drohenden Gefahr notwendig ist. Allerdings sieht die Allgemeine Verwaltungsvorschrift des Bundesministers des Innern zum Gesetz über den unmittelbaren Zwang bei Ausübung öffentlicher Gewalt durch Vollzugsbeamte des Bundes (UZwVwV-BMI) vor, dass der unmittelbare Zwang in diesen Fällen mündlich oder auf andere nach der Lage gebotene Weise angedroht werden soll, soweit es die Umstände nicht unmöglich machen (X. Abs. 1 S. 2; vgl. hierzu auch § 13 Rn. 27).

Der Einsatz von Pfefferspray als Reizstoff i.S.d. §2 Abs. 4 UZwG muss gemäß §4 UZwG im konkreten Einzelfall **verhältnismäßig** sein. Die Verhältnismäßigkeit der Anwendung unmittelbaren Zwanges ist aus der **ex-ante-Sicht der handelnden Polizeibeamten** zu beurteilen. Dieser muss in der konkreten Situation prüfen, ob ein anderes geeignetes, den Einzelnen weniger belastendes Zwangsmittel (§4 Abs. 1 UZwG) zur Verfügung. Ein milderes Mittel ist bspw. gegeben, wenn die handelnden Polizeibeamten in der Lage sind, sich mit einfacher körperlicher Gewalt einen Weg frei zu machen bzw. Gewalttäter auf Abstand zu halten. Der Einsatz von Pfefferspray darf auch nicht außer Verhältnis zu dem beabsichtigten Erfolg stehen (§4 Abs. 2 UZwG). Insbesondere dürfen Polizeibeamten Pfefferspray nicht wahllos und ohne weiteres mehrfach sprühen. Der durch die Abgabe eines Sprühstoßes zu erwartende Schaden darf nicht außer Verhältnis zu dem beabsichtigten Erfolg stehen. So ist beim Einsatz von Pfefferspray in geschlossenen Räumen grundsätzlich Zurückhaltung geboten. Soweit die Verwaltungsvorschrift von 1974 (UZwVwV-BMI IV. Abs. 5 S. 3) noch vorsieht, dass Reizstoffe in geschlossenen Räumen nur gegen Personen eingesetzt werden dürfen, die sich gegen eine Festnahme gewaltsam zur Wehr setzen, ist diese Regelung im Hinblick auf das bei der Bundespolizei in neuerer Zeit verwendete Pfefferspray und der möglichen, unterschiedlichen Reizstoffwurfkörper obsolet geworden (*VG München* U 12.10.2016 – M 7 K 14.2128, juris Rn. 36).

Mit Ausnahme der Wasserwerfer, Diensthunde und Dienstpferde sind die vorstehen- **8**
den Einzelmaßnahmen des unmittelbaren Zwanges auch wörtlich übereinstimmend in §10 des Gesetzes über die Anwendung unmittelbaren Zwanges und die Ausübung besonderer Befugnisse durch Soldaten der **Bundeswehr** und zivile Wachpersonen (UZwGBw) enthalten (§9 Rn. 14). Auch hier weist der Gesetzgeber durch das Wort „insbesondere“ darauf hin, dass die Aufzählung der Hilfsmittel nicht abschließend ist. So könnte die Bundeswehr zum Beispiel künftig ebenfalls Wasserwerfer, Diensthunde und Dienstpferde oder Neuerungen einsetzen.

Zur physischen Gewalt des unmittelbaren Zwanges gehört als Unterfall die **psychi- 9**
sche Gewalt. Körperliche Gewalt ist nicht nur die unmittelbare Einwirkung auf Personen durch die Hand des Vollzugsbeamten, sondern auch durch seine drohende Anwesenheit und erkennbare Bereitschaft zum Zugriff. Damit wird nach dem Grundsatz der Verhältnismäßigkeit dessen Gebot befolgt, als **milderes Mittel** diejenige Maßnahme zu treffen, welche den Betroffenen am wenigsten beeinträchtigt (§4 UZwG, §15 BPolG, §2 MEPolG, §11 ASOG Berlin). Das gilt vor allem für den Polizeivollzugsdienst.

Beispiel: Ein Polizeivollzugsbeamter muss eine Person in Gewahrsam nehmen, weil diese Maßnahme unerlässlich ist, um eine Platzverweisung durchzusetzen (§39 Abs. 1 Nr. 2 BPolG, §30 Abs. 1 Nr. 3 ASOG Berlin). Er fordert den Betroffenen auf, mit ihm etwa 100 Meter bis zum Einsatzwagen zu gehen, wo die Einschließung erfolgen soll. Angesichts der uniformierten staatlichen Macht geht der Betroffene ohne Widerstand mit zum Wagen. Der Beamte muss also nicht Hand anlegen. Das ist unmittelbarer Zwang durch psychische Gewalt zur Vollendung des Gewahrsams. Man kann nämlich das Verbringen zum Einsatzwagen über eine Strecke von etwa 100 Metern nicht aus dem Gesamtzusammenhang des Gewahrsams lösen. Sonst bestünde insoweit keine Rechtsgrundlage für den Eingriff. Das widerspräche dem verfassungsrechtlichen Vorbehalt des Gesetzes (§6 Rn. 19).

Bei der Gefahrenabwehr durch die Polizei kommt es mitunter vor, dass der Vollzugsbeamte neben physischer Gewalt auch **besondere mechanische Gewalt** anwenden muss.

Beispiel: Ein Polizeivollzugsbeamter verfolgt mit dem Dienstwagen einen Autodieb. Dieser flieht im gestohlenen Fahrzeug auf der Landstraße. Er missachtet alle Signale zum Anhalten. Deshalb bringt der Beamte das Fluchtauto durch kontrolliertes Rammen zum Stehen. Dann nimmt er den Dieb fest. Für den hierbei entstandenen Schaden am Fahrzeug steht im Übrigen dessen Halter ein Anspruch auf Ersatz nicht zu (*BGH* U 3.3.2011 – III ZR 174/10, DÖV 2011, 620 L = NJW 2011, 3157 = MDR 2011, 959).

Muss der Fahrer eines polizeilichen Kraftfahrzeugs zum Zweck der Gefahrenabwehr eine Kollision mit einem Fluchtfahrzeug herbeiführen, entstehen zwangsläufig auch Sachschäden an dem Polizeifahrzeug. Hierfür haftet der Halter des Fluchtfahrzeugs (*BGH* U 31.1.2012 – VI ZR 43/11, BGHZ 192, 261 = MDR 2012, 707 = NZV 2012, 325 = NJW 2012, 1951 = DVP 2013, 86).

III. Selbstvornahme der Handlung

10 **Selbstvornahme** durch die Vollzugsbehörde liegt vor, wenn sie eine Maßnahme **in eigener** organisatorischer und technischer **Verantwortlichkeit** ausführt. Sie behält die volle Hoheit über den Vorgang. Das ist der Unterschied zur Ersatzvornahme (§ 10 Rn. 27).

11 Um eine Selbstvornahme handelt es sich auch, wenn die Vollzugsbehörde **Dienstkräfte aus einem anderen Ressort** des Verwaltungsbereichs zur Unterstützung heranzieht. Das gilt ebenso bei der **Beschäftigung unselbstständig handelnder fremder Arbeitskräfte.** Denn die Ordnungsgewalt liegt auch in diesen Fällen in den Händen der Vollzugsbehörde.

12 Soweit spezielle Gesetze der jeweils zuständigen Fachbehörde das Recht geben, unmittelbaren Zwang auszuüben, gehen diese Spezialvorschriften der allgemeinen Regelung in § 12 vor. Ob neben diesen Vorschriften auf § 12 zurückgegriffen werden kann, hängt davon ab, ob die spezielle Vorschrift den unmittelbaren Zwang abschließend oder nur ergänzend (zu § 12) regelt. Abschließend sind z.B. die Bestimmungen des Versammlungsgesetzes über die Auflösung einer Versammlung durch die Anwendung unmittelbaren Zwanges nach dem Versammlungsgesetz.

Ein **spezialgesetzlicher unmittelbarer Zwang** kann sich aus dem **Bundesfernstraßengesetz** ergeben. Nach dessen § 7 Abs. 3 kann die Straßenbaubehörde eine Verunreinigung der Straße auf Kosten des Verantwortlichen „beseitigen“. Bei verständiger Auslegung dieser Vorschrift bestehen keine Bedenken, der Behörde sowohl die Befugnis zur Ersatzvornahme als auch im Falle ihrer zeitlichen Untunlichkeit das Recht der Selbstvornahme einzuräumen. Das ist auch für die Beseitigung einer Verunreinigung gemäß § 30 Abs. 1 des **Bundeswasserstraßengesetzes** anzunehmen.

Außerhalb des VwVG findet eine Selbstvornahme häufig bei der Durchführung von **Standardmaßnahmen nach dem Polizei- und Ordnungsbehördenrecht der Länder** durch die Polizeivollzugsbehörden statt (hierzu *Sadler,* Standardmaßnahmen des Polizei- und Ordnungsrechts in der historischen Entwicklung, Polizei 2006, S. 5–9). So tragen manche Standardmaßnahmen ihre Durchführung gleichsam in sich. Dies gilt etwa für die Vorführung, die erkennungsdienstliche Behandlung und die Durchsuchung von Personen, Sachen, Wohnungen und einzelnen Räumen. Die tatsächlichen Vollzugshandlungen, die mit diesen Maßnahmen wesensmäßig verbunden sind, finden ihre Rechtsgrundlage bereits in der jeweiligen Vorschrift des Polizei- und Ordnungsbehördenrechts. Zwar handelt es sich der Sache nach um Selbstvornahmen der Behörde, wie sie in §12 beschrieben sind. Das Recht ordnet sie aber nicht als Vollstreckungsmaßnahmen, sondern als Standardmaßnahmen der Polizei- und Ordnungsbehörden ein. Ein Rückgriff auf das Verwaltungs-Vollstreckungsrecht ist allerdings nötig, wenn die Behörde bei ihrer Durchführung Zwang anwenden muss, der die Befugnisse übersteigt, welche die Standardmaßnahme vermittelt. Dies ist etwa der Fall, wenn der Inhaber der tatsächlichen Gewalt einer Durchsuchung von Sachen (zB §40 PolG NRW) Widerstand entgegensetzt. Denn die Standardmaßnahme der Durchsuchung von Sachen gibt – anders als die Vorladung von Personen (zB §10 Abs. 3 PolG NRW) – nicht die Befugnis, Widerstand gegen die Maßnahme zu brechen.

Im Einzelfall kann zweifelhaft sein, ob ein Vorgehen der Polizei- und Ordnungsbehörde als Standardmaßnahme oder Maßnahme der Verwaltungsvollstreckung anzusehen ist. Dies gilt namentlich für das **Abschleppen von Kraftfahrzeugen** (§10 Rn. 29), das als Sicherstellung oder unmittelbare Ausführung nach Polizei- und Ordnungsrecht oder als Ersatzvornahme nach Verwaltungsvollstreckungsrecht eingeordnet werden kann (hierzu *Thiel*, §12 Rn. 4ff).

Bei der **Sicherstellung eines Radar-Warngerätes,** das anlässlich einer Verkehrskontrolle aufgefunden wird, handelt es sich um eine Selbstvornahme der Polizei (*OVG Greifswald* B 27.8.2002 – 3 L 76/02, NordÖR 2002, 469). 13

Wird bei einer Verkehrskontrolle festgestellt, dass im Frontbereich eines Fahrzeugs ein Radarwarngerät installiert ist, kann dieses Gerät zur Unterbindung eines drohenden Rechtsverstoßes gegen §23 Abs. 1 b StVO sichergestellt und vernichtet werden. §23 Abs. 1 b StVO verbietet weder Herstellung und Handel noch Transport oder Besitz von Radarwarngeräten. Die Vorschrift ist vielmehr gegen den Einsatz und das betriebsbereite Mitführen von Radarwarngeräten im Straßenverkehr gerichtet. Das Verbot der Benutzung von Radarwarngeräten verfolgt den Zweck, die Sicherheit im Straßenverkehr zu erhöhen. Denn der Einsatz von Radarwarngeräten im Straßenverkehr lässt die Absicht eines Fahrzeugführers erkennen, seine Geschwindigkeit nur bei Verkehrskontrollen an die vorgeschriebenen Richtwerte anzupassen und außerhalb der Kontrollbereiche die Geschwindigkeitsbegrenzungen zu missachten. Fühlt sich ein Fahrzeugführer mit Hilfe eines Radarwarngerätes vor Verkehrskontrollen sicher, steigt die Gefahr von Geschwindigkeitsüberschreitungen, die die Verkehrssicherheit anderer Verkehrsteilnehmer beeinträchtigen (hierzu und zum Begriff der Betriebsbereitschaft *VGH München* B 13.11.2007 – 24 ZB 07.1970, juris Rn. 10, 13 = DÖV 2008, 426 = NJW 2008, 1549; *VGH München* B 16.7.1998 – 24 ZS 98.1588, NZV 1998, 520; *VG Berlin* B 2.12.1999 – 1 A 524/98, DAR 2000, 282; *VG Aachen* U 2.6.2003 – 6 K 1283/99, NVwZ-RR 2003, 684).

Der Verbotstatbestand des §23 Abs. 1b Satz 1 StVO ist auch erfüllt, wenn ein Fahrzeugführer während der Fahrt ein Mobiltelefon betriebsbereit mit sich führt, auf dem eine sogenannte **„Blitzer-App"** installiert und während der Fahrt aufgerufen ist (*OLG Rostock* B 22.2.2017 – 21 Ss OWi 38/17 [Z], juris Rn. 15 = NStZ-RR 2017, 155 = DAR 2017, 718 = NJ 2017, 205; OLG Celle B 3.11.2015 – 2 Ss [OWi] 313/15, juris Rn. 21 = NJW 2015, 3733 = NZV 2016, 192 = DAR 2015, 705; aA *Thiele*, NZV 2006, 66 für den entsprechenden Einsatz von Organizern oder Personal Digital Assistants [PDA]).

Eine Sicherstellung ist regelmäßig auch bei Werkzeugen und Gerätschaften geboten, 14
die gewerbsmäßig und nicht nur gelegentlich im Zusammenhang mit Kfz-Reparaturen

genutzt werden, um **Kilometerzähler in Kraftfahrzeugen zurückzustellen**. Steht außer Zweifel, dass solche Gegenstände der Beihilfe zu betrügerischen Straftaten und damit zu einem unmittelbar bevorstehenden Verstoß gegen die öffentlich Sicherheit oder Ordnung dienen sollen, ist die sofortige Vollziehung der Sicherstellungsanordnung geboten, um weitere Verstöße gegen die öffentliche Sicherheit oder Ordnung wirksam zu verhindern (*OVG Hamburg* B 14.5.2004 – 1 Bs 122/04, juris Rn. 3 ff. = DÖV 2004, 928 = GewArch 2005, 43 = ZfSch 2004, 386). Die Sicherstellung ist unmittelbarer Zwang durch Selbstvornahme.

15 Zur Selbstvornahme gehört auch die **Wegnahme** einer beweglichen Sache. Nimmt die Behörde dem Betroffenen einen Gegenstand weg, den dieser aufgrund einer Verfügung an die Behörde herauszugeben hat, liegt **keine Ersatzvornahme** vor. Dies gilt auch, wenn der Pflichtige keinen Widerstand leistet. Wenn die Behörde etwas „nimmt", handelt sie nicht anstelle des Pflichtigen. Der Pflichtige hat zu geben, nicht zu nehmen. Anstelle des Pflichtigen wird die Behörde nur tätig, wenn der Besitzer verpflichtet ist, eine Sache an einen Dritten herauszugeben, und die Behörde sie ihm wegnimmt, um sie dem Dritten zu übergeben (Lisken/Denninger/*Graulich*, E Rn. 859).

Die Wegnahme ist begrifflich **von der Sicherstellung zu unterscheiden**. Die Sicherstellung ist in den Polizei- und Ordnungsgesetzen aller Bundesländer normiert. Hierunter versteht man die Begründung amtlichen Gewahrsams über eine bewegliche oder unbewegliche Sache ohne Einwilligung des Berechtigten (Götz/*Geis*, § 8 Rn. 58). Sie ist in zahlreichen Landesgesetzen als besondere Form des unmittelbaren Zwanges explizit geregelt (§ 28 LVwVG Baden-Württemberg; § 36 VwVG Bremen, § 17 VwVG Hamburg, § 77 VwVG Hessen, § 23 VwVG Saarland, § 27 VwVG Sachsen, § 55 VwZVG Thüringen). Die Sicherstellung erfolgt durch einen Verwaltungsakt, der die Sicherstellung und die Inbesitznahme der Sache anordnet. Gibt der Besitzer die Sache nicht freiwillig heraus, kann die Sicherstellung im Wege des unmittelbaren Zwanges durch Wegnahme vollstreckt werden.

Hat die Behörde eine (in Gestalt der Waffenbesitzkarte erteilte) waffenrechtliche Erlaubnis aufgehoben, kann sie die **Herausgabe der Waffenbesitzkarte** nach erfolgloser Androhung und Festsetzung von Zwangsgeld im Wege des unmittelbaren Zwanges nach § 12 durchsetzen. § 46 Abs. 4 WaffG steht dem nicht entgegen, da die dort geregelte sofortige Sicherstellung nur vorläufige bzw. vorübergehende Sicherungsmaßnahmen zulässt (*OVG Berlin-Brandenburg* B 14.2.2018 – OVG 11 L 34.17, juris Rn. 7 f).

Verweigert der Inhaber die Herausgabe der Waffenbesitzkarte, kann die Anordnung der **Durchsuchung des befriedeten Besitztums** der Antragsgegner zum Zweck der sofortigen Sicherstellung bzw. Wegnahme der Karte gerechtfertigt sein. Rechtsgrundlage für den Erlass der Durchsuchungsanordnung ist § 46 Abs. 4 S. 2 i.V.m. S. 1 Nr. 2 WaffG. Gemäß § 46 Abs. 4 S. 1 Nr. 2 Alt 1 WaffG kann die zuständige Behörde Erlaubnisurkunden sowie die in den § 46 Abs. 2 u 3 WaffG bezeichneten Waffen oder Munition – darunter Waffen oder Munition, die aufgrund einer widerrufenen Erlaubnis erworben oder besessen wurden – sofort sicherstellen, soweit Tatsachen die Annahme rechtfertigen, dass die Waffen oder Munition missbräuchlich verwendet werden sollen. Zu diesem Zweck sind die Beauftragten der zuständigen Behörde berechtigt, die Wohnung des Betroffenen zu betreten und diese nach Urkunden, Waffen oder Munition zu durchsuchen, wobei die Durchsuchung grundsätzlich nur durch den Richter angeordnet werden darf. Das Grundrecht auf Unverletzlichkeit der Wohnung, Art. 13

GG, wird insoweit eingeschränkt (*VGH Baden-Württemberg* B 10.10.2017 – juris Rn. 21 = VBlBW 2018, 150).

Weitere Beispiele: Sicherstellung von Waffen und Munition (OVG Bautzen B 20.1.1997 – 3 S 315/96, JbSächsOVG 5, 135 = SächsVBl. 1997, 212 = GewArch 1997, 335 = DÖV 1997, 424 = NVwZ-RR 1997, 411), Jagdscheinen, Reisegewerbekarten, Führerscheinen, Standscheinen, Fluglizenzen, Seelizenzen.

Ferner kann die Selbstvornahme in der **Zwangsräumung** einer unbeweglichen Sache – eines Grundstücks, Hauses, Raumes oder Schiffes – bestehen. Die Zwangsräumung als besonderer Fall des unmittelbares Zwanges ist im Vollstreckungsrecht der Länder zT ausdrücklich geregelt (vgl. § 15 Rn. 22). 16

IV. Ersatzvornahme oder Zwangsgeld führen nicht zum Ziel

Unmittelbarer Zwang steht als subsidiäres Zwangsmittel nur zur Verfügung, wenn weder eine Ersatzvornahme noch ein Zwangsgeld als prinzipiell mildere Mittel in Betracht kommen. Diesbezüglich beschreibt § 12 zwei Alternativen: Ersatzvornahme und Zwangsgeld müssen entweder nicht zum Ziel führen oder untunlich sein. Die Vollstreckungsbehörde muss das Vorliegen (mindestens) einer dieser Voraussetzungen in dem Bescheid, mit dem der unmittelbare Zwang angedroht wird, begründen. Da die Androhung ein Verwaltungsakt ist, richten sich die Anforderungen an die **Begründung nach § 39 Abs. 1 S. 1 und 2 VwVfG.** § 39 Abs. 1 S. 3 VwVfG ist nicht einschlägig. Dieser regelt die Begründung von Ermessensentscheidungen. Hier geht es jedoch um die Prüfung von unbestimmten Rechtsbegriffen auf der Tatbestandsseite der Ermächtigungsnorm, nicht um die Ausübung von Ermessen, das auf der Rechtsfolgenseite der Ermächtigungsnorm steht. 17

Eine fehlende oder unvollständige **Begründung** kann die Behörde mit heilender Wirkung gemäß § 45 Abs. 1 Nr. 2, Abs 2 VwVfG nachschieben, nicht aber eine inhaltlich falsche Begründung auf diesem Wege heilen (§ 11 Rn. 23). Die erforderliche Begründung kann insbesondere im Zusammenhang mit der Festsetzung, also im Festsetzungsbescheid, **nachgeholt** werden. Das kann aber auch bis zum Abschluss der letzten Tatsacheninstanz des verwaltungsgerichtlichen Verfahrens geschehen. Ein Notrückgriff auf § 46 VwVfG ist also nicht erforderlich.

Wird die erforderliche Begründung auch nicht als Nachtrag gegeben, ist die Androhung des unmittelbaren Zwanges, sofern kein Ausnahmefall nach § 46 VwVfG vorliegt, rechtswidrig (vgl. *VGH München* B 19.5.1988 – 25 CS 88.00312, NJW 1988, 2318, 2321 = BayVBl. 1988, 463).

Dass Ersatzvornahme oder Zwangsgeld i.S.d. § 12 nicht zum Ziel führt, ist im Allgemeinen erwiesen, wenn sie als Zwangsmittel **in der Vergangenheit** bereits **versagt** haben. 18

Beispiele:

- Bisher sind alle Versuche erfolglos geblieben, den Pflichtigen durch Zwangsgeld zu veranlassen, einen Berechtigungsschein abzuliefern oder herauszugeben, z.B. einen Führerschein, Jagdschein, Waffenschein, ein Seefunkzeugnis, eine Genehmigung für den grenzüberschreitenden Güterverkehr, Reisegewerbekarte. Nunmehr nimmt die Behörde ihm den Schein weg.

- Ein Hauseigentümer weigert sich beharrlich, dem Bezirksschornsteinfegermeister die gesetzlich vorgeschriebenen Kehr- und Überprüfungsarbeiten zu ermöglichen. Mehrere sofort vollziehbare Bescheide und die Androhung eines angemessenen Zwangsgeldes führen nicht zum Ziel. Deshalb droht die Vollzugsbehörde nunmehr unmittelbaren Zwang an. Weil es sich hierbei nicht um eine Durchsuchung, sondern nur um einen „Eingriff" im Sinne von Art. 13 Abs. 7 GG handelt, ist ein richterlicher Durchsuchungsbeschluss nach Art. 13 Abs. 2 GG weder zu beantragen noch zu erteilen (*OVG Koblenz* B 29.4.2003 – 6 B 10703/03, NVwZ-RR 2003, 741 = GewArch 2003, 427). Dieser Eingriff ist also im Rechtssinne nur ein Betreten (vgl. *BVerwG* B 7.6.2006 – 4 B 36/06, NJW 2006, 2504 = DVBl. 2006, 1123 L = NVwZ 2006, 1300 L).
- Zwangsgeld hat die Errichtung eines „Schwarzbaus" nicht verhindern können. Die Behörde versiegelt ihn (vgl. *OVG Greifswald* B 19.7.1994 – 3 M 12/94, NVwZ 1996, 488 = DÖV 1996, 81).

19 Die **Erfolglosigkeit** der Ersatzvornahme oder des Zwangsgeldes kann schon von vornherein **offenkundig** sein.

Beispiele:

- Ein deutscher Hooligan ist ein krimineller „Fußballfan". Er will in etwa acht Tagen ins Ausland reisen und sich bei einem internationalen Fußballspiel an Gewalttaten beteiligen. Deshalb schränkt die Passbehörde den Geltungsbereich seines Reisepasses für die fragliche Zeit ein. Sie fordert ihn unter Androhung des unmittelbaren Zwanges auf, den Pass zur Eintragung der Reisebeschränkung vorzulegen. Hier sind erhebliche Belange der Bundesrepublik Deutschland gefährdet (*VG Stuttgart* B 28.9.2005 – 11 K 3156/05, NJW 2006, 1017 = NVwZ 2006, 1206 L). Aus Zeitnot kann in diesem Fall ein Zwangsgeld nicht zum Ziel führen (*VGH Mannheim* B 14.6.2000 – 1 S 1271/00, *ESVGH* 50, 283 = NJW 2000, 3658 = DVBl. 2000, 1630 = VBlBW 2000, 474 = DÖV 2000, 1011). Ein Ausreiseverbot ist wegen befürchteter Ausschreitungen im Ausland grundsätzlich notwendig (vgl. *VG Freiburg* B 19.7.2001 – 3 K 1161/01, VBlBW 2002, 130). Gleichzeitig ist zusätzlich eine polizeiliche Meldeauflage notwendig (*VG Berlin* U 17.12.2003 – 1 A 309/01, Polizei 2004, 122).
- Entsprechendes gilt bei einer Meldeauflage für einen Fußball-Hooligan anlässlich der Fußball-Weltmeisterschaft in Deutschland, um ihn von Spielorten fernzuhalten (*OVG Lüneburg* B 14.6.2005 – 11 ME 172/06, NVwZ-RR 2006, 613).
- Ferner ist eine Meldeauflage für einen gewaltbereiten Globalisierungsgegner notwendig. Dadurch soll er an der Ausreise zu einem G 8-Gipfel gehindert werden (*BVerwG* U 25.7.2007 – 6 C 39/06, *BVerwGE* 129, 142 = NVwZ 2007, 1439 = DVBl. 2007, 1450 L = DÖV 2008, 28).
- Notwendig ist auch ein gegenüber einem Ausländer in Deutschland ausgesprochenes Ausreiseverbot wegen des Verdachts der Beteiligung am bewaffneten Jihad (*VG Aachen* B 14.4.2009 – 8 L 164/09, NVwZ-RR 2009, 781).
- Der Verantwortliche will bereits am nächsten Sonntag trotz behördlichen Verbots in einer belebten Straße ein Radrennen hinter Motorradschrittmachern durchführen. In dieser kurzen Zeit könnte ein festzusetzendes Zwangsgeld nicht eingezogen werden. Deshalb verhindert die Behörde die Veranstaltung durch unmittelbaren Zwang.
- Für notwendige Maßnahmen bei gewerbsmäßiger Hundezucht und gewerbsmäßigem Hundehandel besteht nach dem gefahrträchtigen Sachverhalt ebenfalls Zeitnot: Die Androhung unmittelbaren Zwanges ist ausnahmsweise dann gerechtfertigt, wenn die mit dem Versuch, den Willen des Verpflichteten zunächst durch ein Zwangsgeld zu beugen, verbundene Verzögerung nicht in Kauf genommen werden kann (*VG Stuttgart* B 22.12.1998 – 4 K 5551/98, NuR 1999, 718).

- Der Verantwortliche ist an offener Lungentuberkulose erkrankt. Er kommt der Aufforderung gemäß §29 Abs.2 des Infektionsschutzgesetzes, zur amtsärztlichen Untersuchung im Gesundheitsamt zu erscheinen, nicht nach. Ein Zwangsgeld scheidet hier aus Zeitnot von Anfang an aus. Die Behörde lässt den Pflichtigen vorführen.
- Hat ein begüterter Verantwortlicher sogleich nach Erlass des Verwaltungsaktes gegenüber der Behörde unmissverständlich erklärt, dass Zwangsgeld ihn nicht beugen werde, dann steht dessen Erfolglosigkeit ebenfalls von vornherein fest. Die Behörde ist auch hier auf den unmittelbaren Zwang angewiesen.
- Ein Mann ist verdächtig, an AIDS erkrankt zu sein. Es handelt sich um die durch eine Viruskrankheit erworbene Immunschwäche. Darum fordert das Gesundheitsamt ihn nach §7 Abs.3 S.1 Nr.2, §25 Abs.1 IfSG auf, zu einem HIV-Test zu erscheinen (*VGH München* B 19.5.1988 – 25 CS 88.00312, BayVBl. 1988, 463 = NJW 1988, 2318). Es droht ihm zu Recht unmittelbaren Zwang an, weil Zwangsgeld aus Zeitnot nicht zum Ziel führen kann und somit auch untunlich ist. Ferner ist die von der Behörde angeführte Rechtsgrundlage richtig. Denn AIDS ist eine übertragbare Krankheit im Sinne von §2 Nr.3 IfSG (*BVerfG* B 28.7.1987 – 1 BvR 842/87, NJW 1987, 2287 = MedR 1987, 285 = BayVBl. 1987, 719 = UPR 1987, 419; *EGMR* U 25.1.2005 – 56529/00, NJW 2006, 2313). Die Übertragung ist zugleich eine gefährliche Körperverletzung gemäß § 224 StGB (*BGH* U 4.11.1988 – 1 StR 262/88, BGHSt 36, 1 = NJW 1989, 781 = JZ 1989,496 = MDR 1989, 115 = JuS 1989,761 = NStZ 1989, 114 = JA 1989, 321 = Polizei 1989, 155 = Strafverteidiger 1989, 61).
- Die Behörde ist auch dann befugt, notwendige Maßnahmen zu treffen, wenn sie von einem entsprechenden Sachverhalt unter Verletzung der ärztlichen Schweigepflicht erfährt (vgl. *BVerwG* B 4.9.1970 – 1 B 50/69, JR 1971, 218 = DÖV 1972, 59). Zu Beweiserhebungs- und Beweisverwertungsverboten §6 Rn.143.
- Eine Gaststätte muss zügig geschlossen werden, weil sie auch als Bordell genutzt wird (*OVG Berlin* B 2.7.2002 – 1 SN 74/00, NVwZ-RR 2002, 739). Ersatzvornahme kommt ihrem Wesen nach nicht in Betracht. Zwangsgeld führt naturgemäß nicht zum Ziel. Denn hier besteht offensichtliche Zeitnot. Deshalb droht die Behörde unmittelbaren Zwang an.

In allen Fällen ist der unmittelbare Zwang nur rechtmäßig, wenn die Aussichtslosigkeit eines milderen Zwangsmittels tatsächlich von vornherein feststeht (*OVG Berlin* B 14.5.1997 – 2 S 6/97, NVwZ-RR 1998, 412; *VG Hannover* U 8.10.2008 – 11 A 4439/07, BeckRS 2008, 40303 = NVwZ-RR 2009, 161 L).

So hat das VG Berlin ein Zwangsgeld als nicht erfolgversprechend eingestuft, nachdem der Betroffene die Herausgabe von Erhebungsbögen mit sensiblen Daten mehr als zehn Mal verweigert und erklärt hatte, auch eine Ersatzzwangshaft würde ihn nicht schrecken (*VG Berlin* B 27.9.2011 – 6 M 2/11, juris Rn.10 = NVwZ-RR 2012, 167 = LKV 2011, 573).

V. Ersatzvornahme oder Zwangsgeld sind untunlich

Nach §12 kann unmittelbarer Zwang angewendet werden, wenn Ersatzvornahme und **20**
Zwangsgeld untunlich sind. Droht die Behörde unmittelbaren Zwang an, muss sie im Bescheid gemäß §39 Abs.1 S.1 und 2 VwVfG begründen, dass diese Voraussetzung gegeben ist (Rn.1).

Der unbestimmte Rechtsbegriff „untunlich" ist weit auszulegen. Ein Zwangsmittel ist untunlich, wenn seine Anwendung rechtswidrig, insbesondere unverhältnismäßig, oder unzweckmäßig ist (§11 Rn.10).

Beispiele:

21 a) Der Verantwortliche kann weder selbst noch durch Beauftragte verhindern, dass 13.500 Liter Heizöl, die aus seinem umgestürzten Tanklastzug ausgeflossen sind, in das Grundwasser eindringen. Ersatzvornahme scheidet deshalb aus (*OVG Koblenz* U 16.11.1967 – 1 A 70/66, AS 10, 209 = VerwRspr. 19, 851).

22 b) Der Eigentümer eines alten Hauses, das unter Denkmalschutz steht, hat das Haus ohne Genehmigung der Denkmalschutzbehörde teilweise zerstört. Die denkmalgerechte Wiederherstellung kann nur dadurch gesichert werden, dass die Behörde die erforderlichen Arbeiten selbst durchführt. Ersatzvornahme kommt daher nicht in Betracht (vgl. § 13 Abs. 1 S 2 des Berliner Denkmalschutzgesetzes).

23 c) Der Gaststättenbetrieb des Verantwortlichen ist ein Umschlagplatz für Drogen. Die Behörde widerruft die Gaststättenerlaubnis. Ferner untersagt sie die Fortsetzung des Betriebes und ordnet seine Schließung an. Ersatzvornahme käme ihrem Wesen nach nicht in Betracht. Denn hier ist eine unvertretbare Handlung zu erzwingen. Zwangsgeld ist untunlich, weil die Schließung schnell durchgeführt werden muss, um das kriminelle Fehlverhalten des Pflichtigen zu unterbinden. Also schließt die Behörde das Lokal im Wege des unmittelbaren Zwanges.

VI. Ersatzvornahme oder Zwangsgeld führen nicht zum Ziel und sind untunlich

24 In der Praxis können **beide Voraussetzungen** für die Anwendung unmittelbaren Zwanges zusammentreffen.

Beispiele:

25 a) Ein Kraftfahrer hat erheblich gegen verkehrsrechtliche und strafrechtliche Vorschriften verstoßen. Deshalb entzieht ihm die Behörde die Fahrerlaubnis. Gleichzeitig fordert sie ihn auf, den Führerschein bei ihr abzuliefern. Für den Fall, dass er diesem Ersuchen nicht sofort nach Zustellung des Bescheides entsprechen sollte, droht sie ihm die Wegnahme des Führerscheins durch unmittelbaren Zwang an. Sie begründet die Bestimmung des schärfsten Zwangsmittels damit, dass die Androhung von Zwangsgeld aus zeitlichen Gründen zwecklos und wegen der akuten Gefährdung des Verkehrs durch den oft rasenden Kraftfahrer auch untunlich sei.

26 b) Wegen unzumutbaren Lärms untersagt die Behörde dem Inhaber einer Straßenbaufirma die weitere Benutzung eines bestimmten Aufbruchhammers. Zwangsgeld würde aus Zeitnot nicht zum Ziel führen. Dies ist von vornherein klar. Es wäre auch untunlich, weil der Lärm während des Rechtsbehelfsverfahrens andauern und bei den Anwohnern Gesundheitsschäden verursachen würde. Aus diesen Gründen nimmt die Behörde dem Verantwortlichen den Hammer weg.

27 c) Beide Voraussetzungen für die Anwendung des unmittelbaren Zwanges liegen insbesondere bei dem sofortigen Abschleppen oder Umsetzen von Kraftfahrzeugen vor.

28 d) Ein Zwangsgeld führt aus Zeitnot nicht zum Ziel und ist somit absolut untunlich, wenn der Polizeivollzugsbeamte zur dringenden Gefahrenabwehr einen Platzverweis durchsetzen muss (*Sadler,* Unmittelbarer Zwang durch den Polizeivollzugsbeamten bei der mündlichen Platzverweisung, Polizei 2004 S. 4–9; *VG Schleswig* U 8.12.1998 – 3 A 5/95, NordÖR 1999, 80 = NVwZ 2000, 464).
Gleiches trifft zu, falls die Vollzugspolizei geplante Straftaten der extremistischen Szene verhindern muss, die schon in zwei Tagen bei einer Musikveranstaltung begangen werden sollen (*VG Berlin* B 3.3.2006 – 1 A 58/06 –).

29 e) Ein Zwangsgeld führt auch aus Zeitnot nicht zum Ziel und ist somit absolut untunlich, wenn es zur Abwehr einer konkreten Gefahr für das Leben und die körperliche Unversehrtheit von Patienten erforderlich ist, eine ärztliche Approbationsurkunde sofort einzuziehen (*OVG Lüneburg* B 16.3.2004 – 8 ME 164/03, NJW 2004, 1750 = DVBl. 2004, 1380 L).

30 In manchen Fällen wird es schwierig sein, eindeutig festzustellen, ob die Ersatzvornahme oder das Zwangsgeld entweder nicht zum Ziel führen oder untunlich sind, oder ob auch beides zutrifft. Dies auch deshalb, weil die erste Variante in der zweiten aufgeht. Wenn die Ersatzvornahme oder das Zwangsgeld nicht zum Ziel führt, sind sie zugleich untunlich. Deshalb ist es ratsam, **beide Voraussetzungen des unmittelbaren Zwanges in die Androhung aufzunehmen** und so seine Notwendigkeit mit beiden Alternativen zu begründen. Denn dann trifft auf jeden Fall eine der beiden Voraussetzungen zu.

Hat die Behörde noch nicht versucht, mit der Ersatzvornahme oder dem Zwangsgeld zum Ziel zu kommen, handelt es sich bei der Einschätzung, ob mit diesen Zwangsmitteln das Ziel erreicht werden kann, um eine Prognoseentscheidung, für die der Behörde ein Einschätzungsspielraum (hierzu Wolff/Bachof/Stober/*Kluth*, Verwaltungsrecht I, § 31 Rn. 23) zukommt.

Beide Voraussetzungen liegen vor, wenn der unmittelbare Zwang **zur Abwehr drohender Gefahren** für bedeutende Rechtsgüter notwendig ist. Denn die Verzögerungen bei dem Versuch, den Willen des Verpflichteten durch ein milderes Zwangsmittel zu beugen, können dann nicht in Kauf genommen werden (vgl. *OVG Berlin* B 14.5.1997 – 2 S 6/97, NVwZ-RR 1998, 412).

VII. Spezialgesetzlich bestimmter unmittelbarer Zwang

31 Diese Grundsätze gelten ebenso, wenn ein Spezialgesetz ausdrücklich **mehrere Zwangsmittel** zu seiner Durchsetzung nennt. So sieht zum Beispiel § 137 Abs. 2 des Flurbereinigungsgesetzes die Anwendung der Ersatzvornahme und des unmittelbaren Zwanges vor. Zwangsgeld ist damit ausgeschlossen. Bestimmt die Behörde den unmittelbaren Zwang zum geeigneten Zwangsmittel, hat sie auch in diesem Fall zu begründen, warum die Ersatzvornahme nicht zum Ziel führen würde oder untunlich wäre.

Mitunter ermächtigt der Bundesgesetzgeber die Vollzugsbehörde allgemein zum Verwaltungszwang, ohne dafür ein Zwangsmittel ausdrücklich zu bestimmen. Das ist zum Beispiel bei § 6 des Arbeitnehmerüberlassungsgesetzes der Fall: Werden Leiharbeitnehmer von einem Verleiher ohne die erforderliche Erlaubnis überlassen, so hat die Erlaubnisbehörde dem Verleiher dies zu untersagen und das weitere Überlassen nach den Vorschriften des Verwaltungs-Vollstreckungsgesetzes zu verhindern. Bei einer derartigen höchstpersönlichen Unterlassungspflicht kommt außer einem Zwangsgeld nur der unmittelbare Zwang in Betracht. Denn die Ersatzvornahme ist für vertretbare Handlungen vorgesehen, also ihrem Wesen nach ausgeschlossen.

32 Dagegen finden diese Grundsätze keine Anwendung, wenn der Gesetzgeber den unmittelbaren Zwang als **alleiniges Zwangsmittel** bestimmt.

Beispiele:
- Durchsuchung eines Ausländers zwecks Feststellung seiner Identität und Staatsangehörigkeit: § 48 Abs. 3 des Aufenthaltsgesetzes.
- Körperliche Maßnahmen zwecks Feststellung und Sicherung der Identität und Staatsangehörigkeit eines Ausländers: § 49 des Aufenthaltsgesetzes. Diese Maßnahmen entsprechen auch der Resolution 1373 der Vereinten Nationen vom 28.9.2001 zur Verhütung und Bekämpfung des Terrorismus (Gesetzentwurf des Zuwanderungsgesetzes, Drucksache 15/420, Seite 89). Dabei handelt es sich um eine Abwehrreaktion auf die mörderischen Terroranschläge in New York und Washington vom 11.9.2001.

- Zurückschiebung und Abschiebung eines Ausländers: §§ 57, 58, 58a des Aufenthaltsgesetzes.
- Beschlagnahme von Rückflugscheinen und sonstigen Fahrausweisen ausreisepflichtiger Ausländer: § 66 Abs. 5 S. 3 des Aufenthaltsgesetzes.
- Durchsetzung der räumlichen Beschränkung eines Ausländers: § 59 Abs. 1 des Asylverfahrensgesetzes. Zum Teil sind hier auch die nach § 81b StPO möglichen und zulässigen Maßnahmen enthalten. Denn Verwaltungsrecht und Strafrecht greifen ineinander.
- Ärztliche Gesundheitsuntersuchung im Asylverfahren: § 62 Abs. 1 des Asylverfahrensgesetzes.
- Ärztliche Untersuchung eines Ausländer zur Feststellung seiner Reisefähigkeit: § 82 Abs. 4 S. 2 des Aufenthaltsgesetzes.
- Sicherstellung eines Reisepasses: § 13 des Passgesetzes (*OVG Lüneburg* B 12.10.2010 – 11 ME 347/10, DÖV 2011, 41 L = NVwZ-RR 2011, 37).
- Entziehen eines Reisepasses: § 8 des Passgesetzes (*OVG Berlin-Brandenburg* B 7.3.2011 – 5 S 22/10, NVwZ-RR 2011, 500).
- Sicherstellung eines Reisepasses durch eine deutsche Auslandsvertretung wegen möglichen Verlustes der Rechtsstellung eines Statusdeutschen (*OVG Berlin-Brandenburg* B 7.5.2009 – 5 S 8/09, *OVGE* 30, 113).
- Einsatzmaßnahmen zum Schutz vor Angriffen auf die Sicherheit des Luftverkehrs: § 14 des Luftsicherheitsgesetzes (vgl. *BVerfG* B 20.3.2013 – 2 BvF 1/05, BVerfGE (im Druck) = NVwZ 2013, 713).
- Ärztliche Eingriffe bei Soldaten zur Verhütung und Bekämpfung übertragbarer Krankheiten: § 17 Abs. 4 S. 3 des Soldatengesetzes (*BVerwG* B 24.6.1986 – 1 WB 170/84 – BVerwGE 83, 19) = RiA 1986. 209 = NJ W 1987, 2950; hier: Röntgenuntersuchung zur Früherkennung von Tuberkulose; *BVerwG* B 24.9.1969 – 1 WDB 11/68, BVerwGE 33, 339 = NJW 1970, 532; hier: Zwangsimpfung gegen Wundstarrkrampf).
- Startverbot für ein Luftfahrzeug: § 29 Abs. 3 des Luftverkehrsgesetzes.
- Quarantäne nach Anlage 1 Teil B Abs. 2 Buchst d zu den Internationalen Gesundheitsvorschriften (BGBl. II 2007 S. 973).
- Unterbringung Seuchenkranker; Schließung von Schulen und Heimen; Impfung von Schülern und Heiminsassen: § 28, § 30, § 33 des lnfektionsschutzgesetzes.
- Unterbringung psychisch Kranker nach Landesgesetzen, zB gemäß § 26 des Berliner Gesetzes für psychisch Kranke.
- Vernichtung von Fellen: § 2 Abs. 1 S. 2 Nr. 2 Buchst b des Katzen- und Hundefell-Einfuhr-Verbotsgesetzes.
- Schutzmaßregeln: § 6 des Tiergesundheitsgesetzes.
- Tötung von Tieren im Seuchenfall: § 15 Abs. 1 S. 2 Nr. 1, § 19 Abs. 1 Nr. 1, § 41, § 43 Abs. 1 S. 2 Nr. 1, Abs. 2, § 46 Abs. 1 Nr. 1 der Geflügelpest-Verordnung; § 5 Abs. 3 S. 2 des Tiergesundheitsgesetzes.
- Tötung von Hunden und Katzen bei Tollwut: § 7 Abs. 1 Halbsatz 2. § 9 Abs. 1 der Tollwutverordnung.
- Fortnahme erheblich vernachlässigter Tiere: § 16a S. 2 Nr. 2 des Tierschutzgesetzes (*BVerwG* U 7.8.2008 – 7 C 7/08, BVerwGE 131, 346, 351 = DVBl. 2008, 1247 = NVwZ 2009, 120).
- Tötung von Tieren, bei denen verbotene Stoffe mit pharmakologischer Wirkung angewendet wurden: § 41 des Lebensmittel-, Bedarfsgegenstände- und Futtermittelgesetzbuches.
- Quarantäne für Tiere in einer Quarantänestation, Tötung und unschädliche Beseitigung von Tieren, unschädliche Beseitigung von Waren zur Abwehr der Gefahr einer Seuchenverbreitung: § 20 der Binnenmarkt-Tierseuchenschutzverordnung.
- Sicherstellung und Tötung gefährlicher Hunde nach Landesrecht: § 10 des Gesetzes über das Halten und Führen von Hunden in Berlin.

- Beseitigung von Schiffshindernissen: § 30 des Bundeswasserstraßengesetzes.
- Versiegelung von Baustellen nach Landesbauordnungen. Das kann auch durch sofortigen Vollzug erfolgen (*OVG Frankfurt/Oder* B 22.2.2002 – 3 B 374/01, LKV 2002, 431; *OVG Münster* B 25.11.1993 – 10 B 360/93, NWVBl. 1994, 154 = NVwZ-RR 1994, 549 = BauR 1994, 233 = NuR 1995, 89 = BRS 55 Nr. 207; *OVG Münster* B 27.12.1999 – 7 B 2016/99, BauR 2000, 1859 = BRS 63 Nr. 215; *OVG Lüneburg* B 17.11.2005 – 9 ME 249/05, NVwZ-RR 2006, 322).
- Verhinderung der Fortsetzung eines untersagten Gaststättenbetriebes gemäß §§ 15, 31 des Gaststättengesetzes i.V.m. § 15 Abs. 2 der Gewerbeordnung.
- Verhinderung der Ausübung des untersagten Gewerbes durch Schließung der Betriebs- oder Geschäftsräume: § 16 Abs. 3, 8, 9 der Handwerksordnung.
- Erhaltung von Sicherheit und Ordnung an Bord eines Schiffes: § 121 Abs. 3–6 des Seearbeitsgesetzes.
- Vernichtung von Geräten: § 50 Abs. 2 S. 2 Nr. 7, § 55 Abs. 1 S. 2 Nr. 5 des Mess- und Eichgesetzes.
- Anhalten von Verkehrsteilnehmern zur Kontrolle: § 36 Abs. 5 StVO (*BGH* U 30.4.1974 – 4 StR 67/74, BGHSt 25, 313 = NJW 1974, 1254 = MDR 1974. 679 = JR 1975, 118 = VRS 47, 177 = NPA 317, 50 § 113 StGB: *OLG Düsseldorf* B 10.7.1980 – 5 Ss OWi 349/80 I, VRS 60, 149 = DAR 1980, 378 = Polizei 1981, 159). Hierbei handelt es sich um sofort vollziehbare unaufschiebbare Anordnungen und Maßnahmen von Polizeivollzugsbeamten gemäß § 80 Abs. 2 S. 1 Nr. 2 VwGO (§ 6 Rn. 180).
- Sicherstellung von Sachen eines verbotenen Vereins: § 10 Abs. 2 S. 3 des Vereinsgesetzes (vgl. *OVG Berlin-Brandenburg* U 10.6.2010 – 1 A 4/09, NVwZ-RR 2010, 886; *VGH Mannheim* B 27.10.2011 – 1 S 1864/11, NVwZ-RR 2012, 198). Dabei ist der Begriff des Vereinsvermögens weit auszulegen. So gehören auch Postsendungen dazu (*VGH Mannheim* B 18.1.1995 – 1 S 63/95, MDR 1995, 755 = NVwZ-RR 1995, 274). Das Vermögen wird beschlagnahmt und eingezogen; Beispiel: „Kalifatstaat" (*BVerwG* U 27.11.2002 – 6 A 4/02, NVwZ 2003, 986 = DVBl. 2003, 873; *BVerwG* U 27.11.2002 – 6 A 1/02, NVwZ 2003, 990; *BVerfG* B 2.10.2003 – 1 BvR 536/03, EuGRZ 2003, 746 = NJW 2004, 47).
- Stilllegung eines Kraftfahrzeugs wegen geschuldeter Kfz-Steuer: § 14 Abs. 1 des Kraftfahrzeugsteuergesetzes (*VG Saarlouis* U 24.2.2010 – 10 K 686/09, NJW 2010, 3110).
- Ausschluss eines Teilnehmers von der Versammlung oder dem Aufzug: § 18 Abs. 3, § 19 Abs. 4 VersG.
- Entfernung von Kindern und Jugendlichen aus jugendgefährdenden Orten: § 8 des Jugendschutzgesetzes.
- Landesrechtlicher unmittelbarer Zwang gemäß § 11 des Therapieunterbringungsvollzugsgesetzes von Schleswig-Holstein.
- Landesrechtliche Zuführung des Schulschwänzers zur Schule: § 45 des Schulgesetzes für Berlin. § 41a des Schulgesetzes für Hamburg (*OVG Hamburg* B 9.5.2006 – 1 So 74/06, NVwZ-RR 2006, 614). § 41 Abs. 4 des Schulgesetzes für Nordrhein-Westfalen (*VG Düsseldorf* U 9.11.2010 – 18 K 3176/10, NVwZ-RR 2011, 236).

§ 12 ist eine Ermessensvorschrift. Die Vollstreckungsbehörde muss in pflichtgemäßer Ermessensausübung (§ 40 VwVfG) entscheiden, ob sie unmittelbaren Zwang anwenden will. Dies liegt umso näher, je höherrangiger das Recht oder Rechtsgut ist, welches es zu schützen gilt. Sind hochrangige Rechte oder Rechtsgüter des einzelnen oder der Allgemeinheit elementar gefährdet, kann sich das **Ermessen** im konkreten Einzelfall **auf Null reduzieren**. Die Behörde ist dann verpflichtet, unmittelbaren Zwang anzuwenden. Dies dürfte z.B. anzunehmen sein, wenn der Eigentümer der Abrissverfügung für ein Gebäude nicht nachkommt, welches jederzeit auf das Nachbargrundstück zu stürzen droht, so dass Menschenleben akut gefährdet sind.

Auch bei akuter Seuchengefahr liegt eine Ermessensreduzierung auf Null nahe. Die Verordnung zum Schutz der Rinder vor einer Infektion mit dem Bovinen Virusdiarrhoe-Virus (BVDV-Verordnung) vom 4.10.2010 (BGBl. I S. 1321) schreibt in § 5 Abs. 2 S. 1 vor: Der Besitzer hat ein persistent BVDV-infiziertes Rind unverzüglich töten zu lassen. Gemäß § 6 Nr. 4 BVDV-Verordnung handelt der Besitzer ordnungswidrig, wenn er ein Rind nicht oder nicht rechtzeitig töten lässt. Schon diese Regelungen, die allein die Grundverfügung betreffen, lassen den Willen des Gesetzgebers erkennen, die Ausbreitung der Tierseuche sofort mit durchgreifenden Maßnahmen zu verhindern. Weigert sich der Besitzer, die infizierten Rinder töten zu lassen, ist die zuständige Behörde gehalten, die betreffenden Tiere im sofortigen Vollzug nach § 6 Abs. 2 umgehend selbst töten zu lassen. Ersatzvornahme oder Zwangsgeld sind in diesem Eilfall untunlich; wegen des hohen Gefährdungspotentials dürfte der Behörde im Rahmen des § 12 auch kein Ermessen bleiben, anders zu entscheiden.

Handelt die Behörde in dieser Situation nicht, setzt sie sich dem Risiko von Schadenersatzansprüchen, etwa aus Amtshaftung gemäß § 839 BGB i.V.m. Art. 34 GG, aus.

Ist die Behörde rechtlich verpflichtet, unmittelbaren Zwang anzuwenden, weil ihr Ermessen auf Null geschrumpft ist, erwächst Dritten, zu deren Schutz unmittelbarer Zwang anzuwenden ist, ein Anspruch auf Tätigwerden der Vollstreckungsbehörde. So können die die durch das einsturzgefährdete Nachbarhaus an Leib und Leben akut gefährdeten Nachbarn im obigen Beispiel rechtlich fordern und einklagen, dass die Vollstreckungsbehörde die Abrissverfügung erlässt und im Wege des unmittelbaren Zwanges durchsetzt.

VIII. Eingriff in Grundrechte

33 Die Anwendung unmittelbaren Zwanges greift regelmäßig in Grundrechte ein. Solche Eingriffe sind laut **Art. 19 Abs. 1 GG** nur zulässig, wenn die betroffenen Grundrechte gesetzlich eingeschränkt und unter Angabe des Artikels genannt worden sind. Das ist durch § 3 UZwG geschehen. Hiernach werden die Grundrechte auf **Leben, körperliche Unversehrtheit und Freiheit der Person** (Art. 2 Abs. 2 S. 1 und 2 GG) sowie auf **Unverletzlichkeit der Wohnung** (Art. 13 Abs. 1 GG) eingeschränkt.

Ebenso haben **alle Bundesländer** Eingriffe in diese Grundrechte in ihren Polizei- und Ordnungsgesetzen und Gesetzen über die Ausübung unmittelbaren Zwanges (UZwG) zugelassen.

IX. Freiheitsbeschränkung und Freiheitsentziehung

34 Für die Praxis ist stets zu beachten, dass für eine Beschränkung der Freiheit der Person durch **Freiheitsentziehung der Richtervorbehalt** gilt. Das folgt aus Art. 104 Abs. 2 und 3 GG. Insoweit wird Art. 104 Abs. 1 S. 1 GG, wo die Freiheitsbeschränkung umfassend geregelt ist, spezialisiert. Nur der Richter entscheidet über die Zulässigkeit einer Freiheitsentziehung.

35 Die Freiheitsbeschränkung ist rechtlich von der Freiheitsentziehung zu unterscheiden. Der Unterschied zwischen einer bloßen Freiheitsbeschränkung und einer Freiheitsentziehung, wie er Art. 104 GG zugrunde liegt, ist gradueller Natur. **Freiheitsbeschränkungen** sind alle Eingriffe in die körperliche Bewegungsfreiheit. Die Freiheitsentziehung ist die stärkste Form der Freiheitsbeschränkung. Die Abgrenzung bestimmt sich

nach der Intensität des Eingriffs. Eine **Freiheitsentziehung** liegt vor, wenn die Bewegungsfreiheit „nach jeder Richtung hin aufgehoben wird" (*BVerfG* B 15.5.2002 – 2 BvR 2292/00, juris Rn. 23 = BVerfGE 105, 239, 248 = NJW 2002, 3161 = DVBl 2002, 1263), wenn sie auf einen eng begrenzten Raum beschränkt wird. So stellen Einsperrungen und Einschließungen ohne Weiteres Freiheitsentziehungen da (*BVerwG* U 23.6.1981 – I C 78.77, juris Rn. 11 = BVerwGE 62, 325, 327 f. = NJW 1982, 537 = DVBl 1981, 1108 = DÖV 1982, 35). Wird die körperliche Bewegungsfreiheit nur kurzzeitig aufgehoben, etwa einige Stunden, liegt eine bloße Freiheitsbeschränkung vor. Das gilt z.B. bei kurzfristigem Festhalten zur Identitätsfeststellung, der Mitnahme zur Dienststelle (Sistierung), einer Vorführung, oder der bloßen Anwendung sonstigen unmittelbaren Zwanges (*BVerwG* U 19.7.1989 – 82, 243, 245, juris Rn. 14 = 82, 243, 245 = NVwZ 1990, 69 = DÖV 1990, 76 = JZ 1989, 963).

Nach Art. 104 Abs. 2 GG gilt der **Richtervorbehalt nur für Freiheitsentziehungen**, **36**
nicht auch für sonstige Freiheitsbeschränkungen. Für Freiheitsbeschränkungen, die nicht Freiheitsentziehungen sind, ist eine richterliche Entscheidung weder zu beantragen noch zu treffen. Der Grund hierfür liegt darin, dass eine Freiheitsbeschränkung ohne Entziehung der Freiheit die weniger einschneidende Maßnahme ist. Hier kann der Rechtsschutz des Betroffenen durch Schutzbestimmungen eines förmlichen Gesetzes gewährleistet werden, wie Art. 104 Abs. 1 S. 1 GG es fordert. Über diesen rechtsschützenden Rahmen hinaus muss dagegen bei der Freiheitsentziehung der Richter entscheiden, weil sie den schärfsten Eingriff darstellt.

Einer richterlichen Entscheidung bedarf es somit nicht, wenn der **Betroffene nur kurzzeitig festgehalten** wird. Die Polizeigesetze des Bundes und der Länder haben dies umgesetzt. So bestimmt § 40 Abs. 1 BPolG, dass die Bundespolizei unverzüglich eine richterliche Entscheidung über Zulässigkeit und Fortdauer der Freiheitsentziehung herbeizuführen hat, es sei denn, die Herbeiführung der richterlichen Entscheidung würde voraussichtlich längere Zeit in Anspruch nehmen, als zur Durchführung der Maßnahme notwendig wäre. Hier kommt es auf den Sachverhalt an. Nimmt zum Beispiel die Polizei um ein Uhr nachts einen hilflosen Betrunkenen zu seinem Schutz in Gewahrsam und entlässt sie ihn um sechs Uhr morgens, dann ist das rechtlich einwandfrei: Der Gewahrsam war kurzfristig. Sollten Dienstvorschriften enge Grenzen ziehen, wird der Beamte im Gericht anrufen, sich vergewissern, dass in so kurzer Zeit für diesen Fall ein Bereitschaftsrichter nicht zur Verfügung steht und einen entsprechenden Eintrag im Wachbuch machen.

Im Übrigen sei in diesem Zusammenhang auf Folgendes hingewiesen: Art. 104 Abs. 2 **37**
GG verpflichtet die Justizverwaltung nicht, außerhalb der Dienstzeit zu jeder Tages- und Nachtzeit einen richterlichen **Bereitschaftsdienst** zu stellen (*BVerwG* U 26.2.1974 – 1 C 31/72, BVerwGE 45, 51, 64 = NJW 1974, 807 = JR 1974, 301 = MDR 1974, 513 = DVBl. 1974, 1974, 842 = JuS 1974, 462 = BayVBl. 1975, 306 = NPA 793, 4; Fall Rudi Dutschke).

Beispiele: **38**

- Die polizeiliche Vorführung ist keine Freiheitsentziehung (*BVerwG* U 19.7.1989 – 8 C 79/87, BVerwGE 82, 243 = NZWehr 1990, 126= NVwZ 1990, 69= DÖV 1990, 76 = NPA 699 Zwang. 14).
- Eine Freiheitsentziehung ist erst dann gegeben, wenn die Person gegen ihren Willen in einem Haftraum untergebracht wird (*BVerwG* U 23.6.1981 – 1 C 93/76, BVerwGE 62, 317, 318 = DVBl. 1981, 1105 = InfAuslR 1981, 242 = NJW 1982, 536 = DÖV 1982, 32).

– Die Durchführung der Abschiebung eines Ausländers allein durch Anwendung einfachen unmittelbaren Zwanges stellt keine Freiheitsentziehung dar (*BVerwG* U 23.6.1981 – 1 C 78/77, BVerwGE 62, 325 = DVBl. 1981, 1108 = DÖV 1982, 35 = NJW 1982, 537 = BayVBl. 1982, 55; *BVerwG* U 17.8.1982 – 1 C 85/80, InfAuslR 1982, 276 = BayVBl. 1983, 121 = Buchholz 402.24 § 13 Nr. 5).
– Die Vorführung zur Röntgenuntersuchung ist keine Freiheitsentziehung (*BVerwG* B 24.9.1957 – 1 B 9/57, JR 1958, 153).
– Die Vorführung einer geschlechtskranken Person ist keine Freiheitsentziehung (*BGH* B 17.12.1981 – VII ZB 8/81, BGHZ 82, 261 = NJW 1982, 753 = NPA 123 Art. 104 GG, 11; gegen *KG Berlin* B 10.2.1981 – 1 W XX B 4592/80, *OLGZ* 1981, 285). In diesem Zusammenhang hat der *BGH* auch klargestellt, dass in einem solchen Fall die Vorführung grundsätzlich nicht mit einer Wohnungsdurchsuchung verbunden sei, die gemäß Art. 13 Abs. 2 GG nur auf richterliche Anordnung zulässig wäre (*BGH* B 17.12.1981 – VII ZB 9/81, BGHZ 82, 271 = NJW 1982, 755 = NPA 106 Art. 13 GG, 17). Gleiches gilt hiernach auch, wenn die Polizei einen Ausländer in seiner Unterkunft ergreift, um ihn abschieben zu können (*VG Neustadt a.d.W.* B 28.6.2002 – 7 N 1804/02.NW, InfAuslR 2002, 410 = NVwZ-Beilage I/2002, 127).
– Die Vorführung zu erkennungsdienstlichen Maßnahmen ist keine Freiheitsentziehung (*BayObLG* B 20.7.1983 – 3 Z 106/83, BayObLGZ 1983, 199 = DVBl. 1983,1069 = MDR 1983, 1032 = DÖV 1984, 515 = BayVBl. 1984, 27 = JA 1984, 47 = Polizei 1984, 123 = NPA 716, 2).

X. Betreten und Durchsuchung von Wohnungen

39 Die Wohnung ist durch Art. 13 Abs. 1 GG als unverletzlich geschützt. Das Grundrecht des Art. 13 GG steht im Zusammenhang mit der freien Entfaltung der Persönlichkeit und soll die Privatheit der Wohnung als einem elementaren Lebensraum schützen (*BVerfG* U 20.2.2001 – 2 BvR 1444/00, juris Rn. 32 = BVerfGE 103, 142, 150 = NJW 2001, 1121 = DVBl 2001, 637 = JZ 2001, 1029).

Als **Wohnung** sind alle Räume einzustufen, die gegen allgemeine Zugänglichkeit räumlich abgeschottet und zur Stätte privaten Lebens und Wirkens gemacht sind. Dazu zählen neben den Wohnungen im engeren Sinn auch Nebenräume (wie Keller, Böden, abgeschlossene Höfe), Arbeits-, Betriebs- und Geschäftsräume sowie anderes befriedetes Besitztum des Bürgers (vgl. *BVerfG* B 13.10.1971 – 1 BvR 280/66, BVerfGE 32, 54 = NJW 1971, 2299 = WPM 1971, 1363 = JR 1972, 192 = DVBl. 1972, 892 = JuS 1972, 98 = GewArch 1972, 64 = DÖV 1972,51; *BVerwG* U 25.8.2004 – 6 C 26/03, BVerwGE 121, 345 = NJW 2005, 454; *BFH* B 22.12.2006 – VII B 121/06, *BFHE* 216, 38 = BStBl. II 2009, 839). Die Wohnungsfreiheit ist also weit gefasst (vgl. Maunz/Dürig/*Papier*, Art. 13 Rn. 10 ff.; *Jarass/Pieroth*, Art. 13 Rn. 4).

40 Im **europäischen Recht** gilt für den vorbeschriebenen umfassenden Begriff der Wohnung das inhaltlich Gleiche wie in Deutschland. Das ergibt sich aus Art. 8 EMRK (*EGMR* U 28.4.2005 – 41604/98, NJW 2006, 1495 = NVwZ 2006, 1149 L = NZV 2006, 385 L).

41 In diese grundrechtlich geschützte persönliche Lebenssphäre greift eine Durchsuchung schwerwiegend ein. Dem Gewicht dieses Eingriffs und der verfassungsrechtlichen Bedeutung des Schutzes der räumlichen Privatsphäre entspricht es, dass Art. 13 Abs. 2, 1. Halbs GG die Anordnung einer Durchsuchung grundsätzlich dem Richter vorbehält. Gemäß Art. 13 Abs. 2 GG dürfen **Durchsuchungen nur durch den Richter**, bei Gefahr im Verzuge auch durch die in den Gesetzen vorgesehenen anderen Organe

angeordnet und nur in der dort vorgeschriebenen Form durchführt werden. Über die Zulässigkeit einer Wohnungsdurchsuchung entscheidet somit der Richter.

Der Richtervorbehalt ist genau so streng wie im Strafrecht zu beachten. Dort führt ein unbegründeter **Verstoß** dagegen zum **Beweisverbot** (*BGH* B 30.8.2011 – 3 StR 210/11, BeckRS 2011, 23759 = NJW-Spezial 2011, 697 = NStZ 2012, 104).

Ein richterlicher nächtlicher Bereitschaftsdienst ist erst gefordert, wenn hierfür ein praktischer Bedarf besteht, der über den Ausnahmefall hinausgeht (*BVerfG* B 10.12.2003 – 2 BvR 1481/02, NJW 2004, 1442; *BVerfG* B 4.2.2005 – 2 BvR 308/04, NJW 2005, 1637; *EGMR* U 24.3.2005 – 77909/01, NJW 2006, 797).

Während § 416 FamFG für die Freiheitsentziehung die Zuständigkeit des Amtsgerichts bundeseinheitlich vorschreibt, ist die Zuständigkeit für die richterliche Anordnung der Durchsuchung nicht allgemein verbindlich bestimmt. Im Vollstreckungsrecht der Bundesländer gibt es unterschiedliche Regelungen. **42**

Beispiele:

(1) Baden-Württemberg, § 6 LVwVG: Verwaltungsgericht. Dieses und nicht das Amtsgericht ist auch dann zuständig, wenn die Durchsuchung in Amtshilfe nach § 4 Abs. 3 S. 1 vom Polizeivollzugsdienst vorgenommen wird (*VGH Mannheim* B 10.12.1999 – 11 S 240/99, NVwZ-RR 2000, 394 = VBlBW 2000, 204).
(2) Brandenburg mit Bezug auf § 40 Abs. 1 S. 1 und § 169 VwGO: Verwaltungsgericht (*VG Berlin* B 27.9.2011 – 6 M 2/11, NVwZ-RR 2012, 167).
(3) Hessen, § 7 Abs. 3 HessVwVG: Amtsgericht.
(4) Rheinland-Pfalz, § 9 Abs. 2 LVwVG: Verwaltungs- oder Sozialgericht.
(5) Saarland, § 5 Abs. 3 SVwVG: Amtsgericht.
(6) Sachsen, § 6 SächsVwVG: Verwaltungsgericht.
(7) Thüringen: § 24 Abs. 2 ThürVwZVG: Amtsgericht.

Für die behördliche Praxis wichtig, dass nach Art. 13 Abs. 2 GG der **Richtervorbehalt** nur **für die Durchsuchung** und nicht auch für das Betreten vorgesehen ist. Das heißt, dass für das bloße Betreten ohne anschließende Durchsuchung eine richterliche Anordnung weder zu beantragen noch zu erteilen ist (vgl. *BVerwG* U 25.8.2004 – 6 C 26/03, BVerwGE 121, 345 = NJW 2005, 454; *BFH* B 22.12.2006 – VII B 121/06, *BFHE* 216, 38 = BStBl. II 2009, 839; *OVG Koblenz* B 29.4.2003 – 6 B 10703/03, NVwZ-RR 2003, 741 = GewArch 2003, 427: Betreten durch Bezirksschornsteinfegermeister; *OLG Celle* B 7.1.2003 – 10 W 1/03, NVwZ 2003, 894 = InfAuslR 2003, 154; *OVG Münster* B 4.11.2008 – 13.E 1290/08, DÖV 2009, 174 L = NJW-Spezial 2009, 99 = BeckRS 2008, 40609). **43**

Kennzeichnend für die **Durchsuchung** einer Wohnung ist das ziel- und zweckgerichtete Suchen staatlicher Organe in einer Wohnung, um dort planmäßig etwas aufzuspüren, was der Inhaber einer Wohnung von sich aus nicht offen legen oder herausgeben will, etwas nicht klar zutage Liegendes, vielleicht Verborgenes aufzudecken oder ein Geheimnis zu lüften. Zum Durchsuchungsbegriff gehört, dass der Wohnungsinhaber den Sachverhalt, um dessen Ermittlung es sich handelt, geheim halten möchte (*BVerwG* U 25.8.2004 – 6 C 26/03, juris Rn. 5 = BVerwGE 121, 345 = NJW 2005, 454 = DVBl 2005, 573). Diesen Zwecken dient ein Betreten zum Zwecke der Gefahrenabwehr, bspw. das bloße **Betreten** einer Teestube zur Identitätskontrolle der anwesenden Personen nicht.

Der Grund hierfür liegt darin, dass das **Betreten** im Vergleich zur Durchsuchung die weniger einschneidende Maßnahme ist. Sie ist **das mildere Mittel.** „Betreten" bedeutet nur das Eintreten oder Eindringen, um etwas zu sehen, zu hören, wahrzunehmen. Insoweit gewährt Art. 13 Abs. 7 GG Schutz (*BVerwG* B 7.6.2006 – 4 B 36/06, NJW 2006, 2504 = DVBl. 2006, 1123 L = NVwZ 2006, 1300 L). Das Betretungsrecht ist in vielen Gesetzen geregelt.

Ein **Betretungsrecht** kann nicht durch Rechtsverordnung oder Gemeindesatzung begründet werden. Dafür ist ein **Parlamentsgesetz erforderlich**, aber gemäß Art. 13 Abs. 7 GG auch ausreichend (*VGH München* B 4.2.1997 – 4 CS 96.3560, BayVBl. 1997, 375 = NVwZ 1998, 540 = NuR 1999, 153; *VGH Mannheim* B 15.12.1992 – 10 S 305/92, ESVGH Mannheim 43, 124 = NVwZ 1993, 388 = NuR 1993, 279 = DVBl. 1993, 778 = StTg 1993, 683 = UPR 1993, 157). Der Richtervorbehalt des Art. 13 Abs. 2 GG gilt nicht.

Die Befugnis des Vollzugsbeamten zum Betreten der Wohnung wird nicht dadurch eingeschränkt, dass der Verantwortliche in einer **Wohn- oder eheähnlichen Lebensgemeinschaft** wohnt (vgl. § 15 Rn. 23). Eine Durchsuchung ist aber auch in diesem Fall nur mit richterlicher Durchsuchungsanordnung zulässig (vgl. *OVG Lüneburg* B 30.11.1983 –12 B 145/83, NJW 1984, 1369 = ZMR 1984, 300 L; *BFH* B 12.5.1980 – VII B 9/80, BFHE 130, 136, 140 = BStBl. II 1980, 399). Die Anordnung richtet sich nur gegen den Vollzugspflichtigen. Ein anderer Mitbewohner kann die Durchsuchung nicht unter Hinweis auf die Unverletzlichkeit der Wohnung nach Art. 13 GG unterbinden (*VGH München* B 29.3.1994 – 4 C 94.1274, KKZ 1997, 34). Hier gilt das Gleiche wie bei der Vollstreckung wegen Geldforderungen (siehe § 5 Rn. 7).

In Sachsen bestimmt § 6 Abs. 3 SächsVwVG ausdrücklich, dass „Personen, die Mitgewahrsam an der Wohnung des Schuldners haben, die Durchsuchung zu dulden" haben. In Baden-Württemberg gilt nach § 6 Abs. 3 LVwVG die gleiche Regelung.

44 Das **gesetzliche Betretungsrecht** gewinnt wachsende Bedeutung bei der **Kontrolle von Lebensmitteln**. Hier gibt es strenge Bestimmungen nach dem Recht der Europäischen Union, insbesondere gemäß Art. 10 des Amsterdamer Vertrags vom 2.10.1997 i.V.m. Art. 8 Nr. 2 der Richtlinie über das Verbot der Verwendung bestimmter Stoffe in der tierischen Erzeugung vom 29.4.1996 – 96/22/EG, ABl. EG Nr. L 125 vom 23.5.1996 S. 3 (dazu ausführlich *OVG Schleswig* U 7.7.1999 – 2 L 34/98, NordÖR 2000, 34). Insoweit gilt nach Unionsrecht das Überraschungsmoment: Kontrollen sind nun ohne Vorankündigung durchzuführen. Damit haben die Interessen der Lebensmittelaufsicht und des Käufers Vorrang vor denen des Herstellers und Verkäufers.

Für die Verwaltungspraxis ist zu beachten, dass die **ältere Rechtsprechung** des Bundesverwaltungsgerichts zu dieser Frage durch das Unionsrecht **überholt** ist (*BVerwG* U 5.11.1987 – 3 C 52/85, BVerwGE 78, 251 = NJW 1988, 1278 = GewArch 1988, 121 = DVBl. 1988, 440 = DÖV 1988, 689 = DRsp 533, 398 = Buchholz 418.711 Nr. 20). Hiernach waren die Bediensteten der Lebensmittelaufsichtsbehörde bei ihren Routinekontrollen verpflichtet, den Inhaber des Hausrechts oder dessen Stellvertreter vor Betreten der dem Publikum nicht eröffneten Geschäfts- und Betriebsräume davon zu unterrichten, dass sie von ihrem Zutrittsrecht nach §§ 42, 51 LFGB Gebrauch machen würden. Sollte der Filialleiter oder dessen Stellvertreter nicht sofort erreichbar oder auf Grund vorliegender Anhaltspunkte zu besorgen sein, dass durch eine Verzögerung der Zweck der Kontrolle beeinträchtigt wäre, dann würde die entsprechende Mitteilung an einen anwesenden Bediensteten genügen.

Für das **Apothekenrecht** verpflichtet § 64 Abs. 3 S. 2 AMG die zuständige Behörde, in angemessenen Zeitabständen und in angemessenem Umfang Inspektionen vorzunehmen, die erforderlichenfalls unangemeldet stattfinden können (*VGH Mannheim* B 27.1.2004 – 9 S 1343/03, NVwZ-RR 2004, 416).

Auch mit dem neu gefassten § 29 Abs. 3 LuftVG hat der deutsche Gesetzgeber Europarecht umgesetzt. Hierbei geht es um Gefahrenabwehr. Danach haben die Behörden der **Luftaufsicht** die Befugnis, fremde Flugzeuge zu betreten und zu untersuchen. Dabei können sie die an Bord mitgeführten Urkunden sowie Lizenzen und Berechtigungen der Besatzungsmitglieder prüfen. Grundlage ist eine Richtlinie des Europäischen Parlaments und des Rates über die Sicherheit von Luftfahrzeugen aus Drittstaaten.

Zur Umsetzung europäischen Gemeinschaftsrechts dient ferner das Gesetz über die Durchsetzung der Verbraucherschutzgesetze bei innergemeinschaftlichen Verstößen vom 21.12.2006 (BGBl. I S. 3367). Art. 1 dieses Gesetzes enthält das wichtige **EG-Verbraucherschutzdurchsetzungsgesetz (VSchDG).** Gemäß § 5 Abs. 2 VSchDG sind die für die Feststellung eines innergemeinschaftlichen Verstoßes zuständigen Personen der zuständigen Behörde befugt, Grundstücke und Betriebsräume sowie die dazugehörigen Geschäftsräume des Verkäufers oder Dienstleisters während der üblichen Betriebs- oder Geschäftszeit zu betreten, soweit es erforderlich ist, um die erforderlichen Datenträger des Verkäufers oder Dienstleisters, insbesondere Aufzeichnungen, Vertrags- und Werbeunterlagen, einzusehen sowie hieraus Abschriften, Auszüge, Ausdrucke oder Kopien anzufertigen oder zu verlangen.

Bei **Gefahr im Verzuge** können nach Art. 13 Abs. 2 GG auch andere gesetzlich vorgese- **45**
hene Organe eine Durchsuchung anordnen. Gefahr im Verzuge besteht, „wenn die durch die Anrufung des Richters bewirkte Verzögerung den Erfolg der Durchsuchung gefährdet hätte“ oder „wenn die die Durchsuchung anordnende Behörde nicht in der Lage ist, den Richter ohne Gefährdung des Durchsuchungszwecks anzurufen“ (*BVerwG* U 12.12.1967 – 1 C 112/64, BVerwGE 28, 285, 291 = DVBl. 1968, 1968, 752 = MDR 1968, 439 = NJW 1968, 563 = DÖV 1968, 246 = BayVBl. 1968, 172 = JuS 1968, 286).

Der Begriff der Gefahr im Verzuge ist ein **unbestimmter Rechtsbegriff** (§ 11 Rn. 7). Er ist eng auszulegen. Die richterliche Anordnung der Durchsuchung ist die Regel, die nicht richterliche Anordnung die Ausnahme (strenge Beurteilung durch *BVerfG* U 20.2.2001 – 2 BvR 1444/00, BVerfGE 103, 142 = NJW 2001, 1121= DVBl. 2001, 637 = EuGRZ 2001, 156 = JuS 2001, 701 = JZ 2001, 1029 = NStZ 2001, 382 = KKZ 2001, 256 = Rpfleger 2001, 264 = NJ 2001, 307 L). Deshalb findet eine uneingeschränkte gerichtliche Kontrolle des Merkmals der Gefahr im Verzuge statt (BVerfGE 103, 142 a.a.O.; *BVerfG* B 22.1.2002 – 2 BvR 1473/01, NJW 2002, 1333).

Gefahr im Verzuge im Rechtssinne kann allerdings nicht dadurch entstehen, dass die **46**
Behörde, welche die Durchsuchung anordnet, die tatsächlichen Voraussetzungen der Gefahr selbst herbeiführt. Sie darf nicht so lange mit einem Antrag an den Richter zuwarten, bis die Gefahr auch tatsächlich entstanden ist, um dann ihre Eilkompetenz anzunehmen. Mit einem solchen Vorgehen würde die Behörde die Regelzuständigkeit des Richters unterlaufen (*BVerfG* B 3.12.2002 – 2 BvR 1845/00, NJW 2003, 2303 = NStZ 2003, 319).

Das gilt ebenso und besonders für die Durchsuchungsanordnung des Staatsanwalts. Denn er hat als Organ der Rechtspflege in hohem Maße sicherzustellen, dass der

Richtervorbehalt praktisch wirksam wird (*BVerfG* B 4.2.2005 – 2 BvR 308/04, NJW 2005, 1637 = NVwZ 2005, 1412 L).

Polizei und Staatsanwaltschaft müssen bei ihrem Vorgehen im Ermittlungsverfahren den Ausnahmecharakter der nichtrichterlichen Durchsuchungsanordnung beachten. Die gebotenen Bemühungen um eine richterliche Entscheidung werden nicht durch den abstrakten Hinweis verzichtbar, eine richterliche Entscheidung sei zur maßgeblichen Zeit üblicherweise nicht mehr zu erlangen. Die handelnden Beamten, möglichst der – vorrangig verantwortliche – Staatsanwalt, haben die Bezeichnung des Tatverdachts und der gesuchten Beweismittel sowie die tatsächlichen Umstände, auf die die Gefahr des Beweismittelverlustes gestützt wird, sowie die Bemühungen, einen Ermittlungsrichter zu erreichen, in einem vor der Durchsuchung oder unverzüglich danach gefertigten Vermerk vollständig **zu dokumentieren**. So kann die gemäß Art. 19 Abs. 4 GG gebotene vollständige gerichtliche Nachprüfung der Annahme von Gefahr im Verzuge gewährleistet werden (vgl. *BVerfG* B 8.3.2006 – 2 BvR 1114/05, juris Rn. 15 = NVwZ-RR 2006, 925 = NJW 2006, 3267 L = BVerfGK 7, 392).

47 Selbstverständlich gilt der **Richtervorbehalt auch** bei der Durchsuchung einer Wohnung im Zusammenhang mit einer **Verwaltungsvollstreckung** (vgl. *OLG München* B 4.9.2012 – 34 Wx 219/12, juris Rn. 10 = NVwZ-RR 2013, 78 = BayVBl 2013, 349).

Vor Erlass der Durchsuchungsanordnung hat der Richter dem Betroffenen grundsätzlich kein rechtliches Gehör zu gewähren. Denn das könnte den Durchsuchungserfolg gefährden oder vereiteln (*BVerfG* B 16.6.1981 – 1 BvR 1094/80, BVerfGE 57, 346, 359, 360 = NJW 1981, 2111 = EuGRZ 1981, 469 = DÖV 1981, 795 = DB 1981, 1917 = KKZ 1981, 164 = JA 1982, 94 = JuS 1982, 295). Auch setzt eine richterliche Durchsuchungsanordnung, die im Rahmen der Verwaltungsvollstreckung ergangen ist, zu ihrem Wirksamwerden nicht die förmliche Zustellung an den Vollstreckungsschuldner bzw. an dessen Prozessbevollmächtigten voraus (*OVG Hamburg* B 22.4.1994 – Bs VI 5/94, juris Rn. 22 ff. = NJW 1995, 610 = KStZ 1995, 230 = KKZ 1996, 119).

Die nachträgliche Überprüfung der richterlichen Durchsuchungsanordnung ist zulässig (*BVerfG* B 30.4.1997 – 2 BvR 817/ 90, BVerfGE 96, 27 = EuGRZ 1997, 364 = JZ 1997, 1060 = NJW 1997, 2163 = JR 1997, 382; *BVerfG* B 26.6.1997 – 2 BvR 126/91, EuGRZ 1997, 374).

XI. Versiegelung einer Baustelle

48 Nach den **Bauordnungen der Bundesländer** kann die Bauaufsichtsbehörde die Einstellung von vorschriftswidrigen Bauarbeiten anordnen. Werden unzulässige Bauarbeiten trotz einer schriftlich oder – im Eilfall – mündlich verfügten Einstellung fortgesetzt, können (in Brandenburg „sollen“) die Bauaufsichtsbehörden die Einstellungsverfügung im Wege der Verwaltungsvollstreckung durchsetzen. Hierfür gelten die allgemeinen vollstreckungsrechtlichen Regelungen. Gemäß § 6 Abs. 1 muss die Einstellungsverfügung entweder bestandskräftig oder für sofort vollziehbar erklärt worden sein. Für die Durchsetzung der Einstellungsverfügung besteht regelmäßig ein Interesse an der sofortigen Vollziehung, so dass die Bauaufsichtsbehörde die Anordnung gemäß § 80 Abs. 2 S. 1 Nr. 4 VwGO treffen wird. Als Zwangsmittel kommen die Ersatzvornahme (§ 10), das Zwangsgeld (§ 11) und der unmittelbare Zwang (§ 12) in Betracht. Diese müssen jeweils zunächst angedroht (§ 13) und festgesetzt (§ 14) werden.

Um die Einstellungsverfügung durchzusetzen, kann die Bauaufsichtsbehörde die Baustelle versiegeln (§9 Rn.6). Diese Möglichkeit ist in §79 Abs.2 der Musterbauordnung vorgesehen und von einigen Bundesländern in ihre Landesbauordnungen übernommen worden (zB §64 Abs.2 BauO Baden-Württemberg, §79 Abs.2 BauO Niedersachen). In den Bundesländern, in denen die Versiegelung in der Bauordnung nicht ausdrücklich vorgesehen ist, findet sie als Zwangsmittel ihre rechtliche Grundlage im allgemeinen Verwaltungsvollstreckungsrecht des jeweiligen Bundeslandes (so etwa in Nordrhein-Westfalen, vgl. *OVG NRW* B 27.12.1999 – 7 B 2016/99, juris Rn.10 = BauR 2000, 1859 = BRS 63 Nr.215 [2000]).

Die Versiegelung ist ein Mittel, um die Einstellungsverfügung zwangsweise durchzusetzen. Sie ist mithin ein Zwangsmittel. Ihrer Natur nach ist sie eine Form des unmittelbaren Zwanges. In den **Bundesländern, in denen die Versiegelung nicht geregelt** ist, ist sie daher als unmittelbarer Zwang iSd. §12 VwVG bzw der korrespondierenden Vorschriften des Landesvollstreckungsrechts anzusehen *(OVG Münster* B 27.12.1999 – 7 B 2016/99, BauR 2000, 1859 = BRS 63 Nr.215; *OVG Münster* B 25.11.1993 – 10 B 360/93, NWVBl. 1994, 154 = BauR 1994, 233 = NVwZ-RR 1994, 549 = NuR 1995, 89 = BRS 55 Nr.207; *OVG Münster* B 30.12.1971 – 10 B 506/71, BRS 24 Nr.204). Somit gelten die Vorschriften des allgemeinen Verwaltungsvollstreckungsrechts. Der Versiegelung muss eine vollstreckungsfähige Einstellungsverfügung zugrunde liegen; sie selbst ist anzudrohen und festzusetzen. 49

In den **Bundesländern**, welche die **Versiegelung spezialgesetzlich geregelt** haben, stellt sich die Frage nach Ihrem Verhältnis zum allgemeinen Verwaltungsvollstreckungsrecht. Dies wird in Rechtsprechung und Literatur unterschiedlich beurteilt:

Die landesrechtlichen Vorschriften über die Versiegelung die allgemeinen Vorschriften lassen sich als spezialgesetzliche, besondere Form des im allgemeinen Verwaltungsvollstreckungsrecht geregelten unmittelbaren Zwanges ansehen. Nach diesem Verständnis würden die speziellen Vorschriften das allgemeine Verwaltungsvollstreckungsrecht ergänzen, es aber nicht verdrängen. Sie hätten einen Anwendungsvorrang, soweit ihre Regelungen reichen; im Übrigen kämen die allgemeinen Vorschriften zur Anwendung. Dies hat zur Folge, dass eine landesrechtlich geregelte Versiegelung auf einem vollstreckungsfähigen Grundverwaltungsakt beruhen müsste und sowohl anzudrohen als auch festzusetzen wäre.

Die überwiegende Ansicht folgt dieser Einordnung nicht und sieht die Versiegelung als ein spezialgesetzliches und eigenständiges Zwangsmittel außerhalb des Rechts der Verwaltungsvollstreckung an (vgl. Engelhardt/App/Schlatmann/*Troidl*, §9 Rn.2; *Lemke*, S.266). Sie wird als baurechtlich besonders geregelte Anordnung des unmittelbaren Zwanges eingeordnet (*Schoch*/Schneider/Bier, §80 VwGO Rn.187), die das allgemeine Verwaltungsvollstreckungsrecht verdrängt. Folgt man dieser Ansicht, würde die Versiegelung systemmäßig nicht zu dem in §9 Abs.1 genannten Zwangsmittel des unmittelbaren Zwanges gehören. Folgerichtig brauchten die Vollstreckungsvoraussetzungen des §6 Abs.1 nicht vorzuliegen. Dagegen bestehen erhebliche Bedenken. 50

Nach dieser Ansicht muss die Versiegelung insbesondere wegen der Eilbedürftigkeit der Gefahrenabwehr ein besonderes Zwangsmittel außerhalb der regulären Verwaltungsvollstreckung sein. Anderenfalls könnten unerlaubt fortgesetzte Bauarbeiten nicht rechtzeitig und wirksam unterbunden werden. 51

52 Diese Besorgnis ist nicht begründet. Denn § 6 Abs. 2 erlaubt im Notfall den raschen Zugriff der Vollzugsbehörde durch unmittelbaren Zwang im Wege des sofortigen Vollzuges. Dieser ist vordringlich zur Abwendung einer drohenden Gefahr notwendig. Außerdem kann der sofortige Vollzug zur Verhinderung einer Ordnungswidrigkeit notwendig sein. Eine solche liegt im Landesbaurecht häufig vor. Sie verursacht ebenfalls die Gefahr. Demnach bieten sich gleich zwei Anknüpfungspunkte für eine Versiegelung im sofortigen Vollzug gemäß § 6 Abs. 2 VwVG und den entsprechenden landesrechtlichen Vorschriften.

53 Ferner kann der Auffassung nicht gefolgt werden, bei der Versiegelung handele es sich nicht um unmittelbaren, sondern nur um mittelbaren Zwang. Denn die Versiegelung ist die Einwirkung auf Sachen durch ein Hilfsmittel der körperlichen Gewalt, und zwar durch eine **technische Sperre** i.S.d. § 2 Abs. 3 UZwG (Rn. 3). Also ist die Versiegelung kraft Gesetzes unmittelbarer Zwang nach § 12 VwVG.

54 Indem der Gesetzgeber die Behörde bauordnungsrechtlich zur Versiegelung ermächtigt, verleiht er ihr die Eingriffsbefugnis zum unmittelbaren Zwang. Der Gesetzgeber bekundet damit, dass die Ersatzvornahme und das Zwangsgeld hier erstens nicht zum Ziel führen und zweitens zugleich untunlich sind. Diese beiden Begriffe sind unbestimmte Rechtsbegriffe (Rn. 17, 20; § 11 Rn. 7). Der Gesetzgeber legt diese bereits in dem Sinne bestimmend aus, dass nur der unmittelbare Zwang in Betracht kommt. Also erhält die Behörde die Erlaubnis, sofort das schärfste Zwangsmittel gegen den störenden Verantwortlichen anzuwenden.

55 Die Annahme, dass die spezialgesetzlichen Vorschriften über die Versiegelung im Bauordnungsrecht der Länder die Bauaufsichtsbehörde ermächtigten, unmittelbaren Zwang anzuwenden, ohne ein entsprechendes Verfahren zu regeln, widerspricht dem Grundsatz der Gesetzmäßigkeit der Verwaltung des **Art. 20 Abs. 3 GG.** Denn hiernach ist es zwingend erforderlich, dass bei der Vollstreckung das **Verfahren gesetzlich geregelt** ist. Die gesetzliche Grundlage betrifft das verfahrensrechtliche Verhalten der Vollzugsverwaltung bei Eingriffen in Freiheit und Eigentum (so ausdrücklich *BVerwG* U 16.1.1976 – 4 C 25/74, JR 1976, 387 = NJW 1976, 1703 = DÖV 1976, 317 = MDR 1976, 695 = BRS 30 Nr. 185 = VerwRspr. 28, 1 = Buchholz 345 § 10 VwVG Nr. 1). Dementgegen enthält die bloße Ermächtigung zur Versiegelung selbst nicht die erforderliche Regelung des Verfahrens, welches vor, während und nach der Versiegelung zu wahren ist. Sie überlässt damit das Verfahren dem Verwaltungsvollstreckungsrecht. Dort gehört es systemgerecht auch hin.

XII. Kosten der Behörde

56 Gemäß **§ 19 VwVG i.V.m. § 344 Abs. 1 Nr. 8 AO** haftet der Verantwortliche auch für die Kosten des unmittelbaren Zwanges (§ 19 Rn. 18). Somit besteht eine ausreichende **gesetzliche Grundlage** für die Erhebung der Kosten. Sie regelt die Kostenpflicht öffentlich-rechtlich und abschließend. Für die Bestimmungen der §§ 677 ff. BGB über die Geschäftsführung ohne Auftrag bleibt kein Raum (vgl. § 6 Rn. 111, § 10 Rn. 8 ff.).

57 Zu den Kosten des unmittelbaren Zwanges gehören auch die zusätzlichen **personellen und sächlichen Aufwendungen,** die der Vollzugsbehörde durch ihre Maßnahme entstehen. Das ergibt sich aus § 344 Abs. 1 Nr. 8 AO. Danach sind Auslagen auch „sonstige durch Ausführung des unmittelbaren Zwanges … entstandene Kosten“.

Mit der gegenwärtigen Kostenregelung wird überliefertes preußisches Recht fortgeschrieben worden. Gemäß § 55 Abs. 1 PVG waren die Polizeibehörden befugt, „die Befolgung einer polizeilichen Verfügung ... durch Ausführung der zu erzwingenden Handlung auf Kosten des Pflichtigen ... durch unmittelbaren Zwang durchzusetzen".

Entsprechende Kostenvorschriften enthalten die Verwaltungs-Vollstreckungsgesetze, die Polizei- und Ordnungsbehördengesetze oder die Gebührengesetze der **Länder** (zB § 77 VwVG NRW i.V.m. §§ 15, 20 VO VwVG NRW).

Die Kosten des unmittelbaren Zwanges gehören **nicht** zu den **öffentlichen Abgaben** **58**
und Kosten nach § 80 Abs. 2 S. 1 Nr. 1 VwGO (Bader/*Funke-Kaiser*/Stuhlfauth/von Albedyll, § 80 VwGO Rn. 33; *Kopp/Schenke*, § 80 VwGO Rn. 63), weil bei ihnen nicht die Erzielung von Einnahmen zur Deckung des staatlichen Finanzbedarfs, sondern der Zwangscharakter im Vordergrund steht (*Sodan/Ziekow*, § 80 VwGO Rn. 62). Rechtsbehelfe hiergegen haben aufschiebende Wirkung (vgl. auch § 10 Rn. 40).

Dies **gilt nicht**, soweit die Behörde Kosten, die im Zusammenhang mit der Anwendung unmittelbaren Zwanges angefallen sind, nicht nach dem Verwaltungsvollstreckungsgesetz geltend macht, sondern in einem so bezeichneten „Gebührenbescheid" **auf der Grundlage des Gebührengesetzes** erhebt. Hierzu zählen Verwaltungsgebühren im engen Sinne, aber auch sonstige Entgelte, soweit diese ihre rechtliche Grundlage im Gebührengesetz finden und ebenfalls zur Deckung des einer Behörde durch ihre Verwaltungstätigkeit entstandenen Aufwands dienen und damit die Gebühr ergänzen. Dies trifft etwa auf den sog. Gemeinkostenzuschlag gemäß § 5 Abs. 5 S. 1 GebG Hamburg zu, der – zusätzlich zu den Auslagen – für behördliche Aufwendungen erhoben werden kann, die ua aufgrund einer Beauftragung Dritter und in unmittelbarem Zusammenhang mit einer Amtshandlung i.S.d. GebG entstehen (*OVG Hamburg* B 3.11.2005 – 3 Bs 566/04, juris Rn. 15 ff. = NordÖR 2006, 201 = VRS 110, 303).

Entfallen soll die aufschiebende Wirkung eines Rechtsbehelfs auch für die Anforderung der Auslagen, die auf der Rechnung des beauftragten Unternehmers (Abschleppunternehmer) beruhen, wenn diese ihre rechtliche Grundlage ebenfalls im GebG finden und im selben Bescheid mit den Gebühren geltend gemacht werden. Die Anwendbarkeit des § 80 Abs. 2 S. 1 Nr. 1 VwGO auch auf diesen Teil des Gebührenbescheides ergibt sich kraft Sachzusammenhangs. Es wäre unzweckmäßig, das Entfallen der aufschiebenden Wirkung auf einzelne Teile eines einheitlichen Bescheides zu beschränken (vgl. VGH München B 16.12.1993 – 21 CS 93.3344, BayVBl. 1994, 372). Vielmehr verlangen die Prinzipien der Rechtsklarheit und Praktikabilität, dass die aufschiebende Wirkung eines Rechtsbehelfs sich entweder ganz auf einen Bescheid erstreckt oder völlig entfällt. Eine Beschränkung lediglich auf Teile eines Bescheides wäre grundsätzlich unpraktisch und ist deshalb abzulehnen (*OVG Hamburg* B 3.11.2005 – 3 Bs 566/04, juris Rn. 21).

Eine andere Beurteilung ist geboten, wenn die in dem Gebührenbescheid aufgeführten Auslagen für den Drittunternehmer ihre rechtliche Grundlage nicht im GebG finden, sondern Kosten nach dem Verwaltungsvollstreckungsrecht sind (*OVG Hamburg* B 3.11.2005 – 3 Bs 566/04, juris Rn. 23).

Anhang:
Vergleichbares Landesrecht

59 **(1) Baden-Württemberg:** §§ 25–28 LVwVG. Selbstvornahme ist auch Ersatzvornahme der Behörde.

(2) Bayern: Art. 34 VwZVG.

(3) Berlin: § 8 Abs. 1 S. 1 VwVfG Berlin = § 12 VwVG.

(4) Brandenburg: § 27 Abs. 2 Nr. 4, § 34 VwVGBbg.

(5) Bremen: § 15, § 16 BremVwVG. Selbstvornahme ist auch Ersatzvornahme der Behörde.

(6) Hamburg: §§ 15–19 HmbVwVG.

(7) Hessen: § 74 Abs. 1, 2 §§ 77–79 HessVwVG. Selbstvornahme ist auch Ersatzvornahme der Behörde. Die Bedingungen des § 12, dass die Ersatzvornahme oder das Zwangsgeld nicht zum Ziel führen oder untunlich sind, fehlen.

(8) Mecklenburg-Vorpommern: § 89 Abs. 1, § 90, §§ 101–113 SOG M-V. Selbstvornahme ist auch Ersatzvornahme der Behörde.

(9) Niedersachsen: § 70 NVwVG i.V.m. § 66 Abs. 1, § 69, §§ 71 bis 79 Nds. SOG. Selbstvornahme ist auch Ersatzvornahme der Behörde.

(10) Nordrhein-Westfalen: § 58 Abs. 3, § 59 Abs. 1, § 62, §§ 66–75 VwVG NRW. Selbstvornahme ist auch Ersatzvornahme der Behörde.

(11) Rheinland-Pfalz: § 65 LVwVG.

(12) Saarland: § 21, § 22, §§ 22a–25 SVwVG. Selbstvornahme ist auch Ersatzvornahme der Behörde.

(13) Sachsen: § 24 Abs. 1, §§ 25–27 SächsVwVG. Selbstvornahme ist auch Ersatzvornahme der Behörde.

(14) Sachsen-Anhalt: § 71, § 72 VwVG LSA i.V.m. § 55 Abs. 1, § 58, §§ 60–68 SOG LSA. Selbstvornahme ist auch Ersatzvornahme der Behörde.

(15) Schleswig-Holstein: § 238, § 239, § 250 Abs. 1, §§ 251–261 LVwG. Selbstvornahme ist auch Ersatzvornahme der Behörde.

(16) Thüringen: § 51 ThürVwZVG. Selbstvornahme ist auch Ersatzvornahme der Behörde.

§ 13 Androhung der Zwangsmittel

(1) [1]Die Zwangsmittel müssen, wenn sie nicht sofort angewendet werden können (§ 6 Abs. 2), schriftlich angedroht werden. [2]Hierbei ist für die Erfüllung der Verpflichtung eine Frist zu bestimmen, innerhalb der der Vollzug dem Pflichtigen billigerweise zugemutet werden kann.

(2) [1]Die Androhung kann mit dem Verwaltungsakt verbunden werden, durch den die Handlung, Duldung oder Unterlassung aufgegeben wird. [2]Sie soll mit ihm verbunden werden, wenn der sofortige Vollzug angeordnet oder den Rechtsmitteln keine aufschiebende Wirkung beigelegt ist.

(3) [1]Die Androhung muss sich auf ein bestimmtes Zwangsmittel beziehen. [2]Unzulässig ist die gleichzeitige Androhung mehrerer Zwangsmittel und die Androhung, mit der sich die Vollzugsbehörde die Wahl zwischen mehreren Zwangsmitteln vorbehält.

(4) [1]Soll die Handlung auf Kosten des Pflichtigen (Ersatzvornahme) ausgeführt werden, so ist in der Androhung der Kostenbetrag vorläufig zu veranschlagen. [2]Das Recht auf Nachforderung bleibt unberührt, wenn die Ersatzvornahme einen höheren Kostenaufwand verursacht.

(5) Der Betrag des Zwangsgeldes ist in bestimmter Höhe anzudrohen.

(6) [1]Die Zwangsmittel können auch neben einer Strafe oder Geldbuße angedroht und so oft wiederholt und hierbei jeweils erhöht oder gewechselt werden, bis die Verpflichtung erfüllt ist. [2]Eine neue Androhung ist erst dann zulässig, wenn das zunächst angedrohte Zwangsmittel erfolglos ist.

(7) [1]Die Androhung ist zuzustellen. [2]Dies gilt auch dann, wenn sie mit dem zugrunde liegenden Verwaltungsakt verbunden ist und für ihn keine Zustellung vorgeschrieben ist.

Übersicht

I. Zu Absatz 1

1. Androhung ist Verwaltungsakt. Die Androhung des Zwangsmittels ist eine vom Grundverwaltungsakt zu unterscheidende, selbstständige hoheitsrechtliche Maßnahme, welche die Vollzugsbehörde zur weiteren Regelung des anhängigen Vollstreckungsfalles trifft. Sie ist ein **Verwaltungsakt** gemäß § 35 S. 1 VwVfG. Durch die Androhung legt die Behörde sich rechtlich verbindlich auf ein Zwangsmittel (beim 1

Zwangsgeld auch auf dessen Höhe) fest und bestimmt eine Frist für die Erfüllung der zu vollziehenden Verpflichtung. Dadurch führt sie unmittelbar Rechtswirkungen für den Pflichtigen herbei. Damit ist den Anforderungen genügt, um eine behördliche Maßnahme als „Regelung" i.S.d. § 35 S. 1 VwVfG und damit als Verwaltungsakt qualifizieren zu können (*BVerwG* U 2.12.1988 – 4 C 16/85, juris Rn. 10 = DVBl. 1989, 362 = NVwZ-RR 1989, 337; *BVerwG* U 19.7.1989 – 8 C 79/87, BVerwGE 82, 243 = NVwZ 1990, 69 = NZWehr 1990, 126 = DÖV 1990, 76 = Buchholz 345 § 13 VwVG Nr. 2; *BVerwG* B 21.8.1996 – 4 B 100/96, VBlBW 1996, 455 = DÖV 1996, 1046; *BVerwG*, Gerichtsbescheid 26.6.1997 – 1 A 10/95, DVBl. 1998, 230 = NVwZ 1998, 393).

Für die Verwaltungsakts-Qualität einer Androhung ist allerdings erforderlich, dass die Behörde das **Zwangsmittel unmittelbar androht** und nicht nur mitteilt, dass sie beabsichtige, ein Zwangsgeld anzudrohen. Hiermit setzt die Behörde ein Zwangsgeld gerade nicht fest, sondern verweist auf die Folgen der Nichtvorlage der Grundverfügung und bringt lediglich eine Absicht zum Ausdruck. Damit trifft sie keine Regelung eines Einzelfalls i.S.d. § 35 S. 1 VwVfG, die auf unmittelbare Rechtswirkung nach außen gerichtet ist. Die lediglich vorbereitende Absichtserklärung entfaltet keinerlei Rechtswirkung; sie hat keine andere Bedeutung als die, den Pflichtigen auf einen künftig erfolgenden Verwaltungsakt hinzuweisen. Sie stellt sich als bloße Ankündigung oder das Inaussichtstellen eines Verwaltungsaktes, nicht aber als ein solcher selbst dar (*FG Rheinland-Pfalz* B 29.7.2011 – 1 V 1151/11, juris Rn. 30 = EFG 2011, 1942 = DStRE 2012, 827 – in Bezug auf § 118 AO).

Die Androhung ist **Voraussetzung für die Rechtmäßigkeit** der weiteren Verwaltungsvollstreckung. Sie ist eine ernste **Warnung** an den Verantwortlichen, seiner Verhaltenspflicht nachzukommen, und soll ihm Gelegenheit geben, der Verfügung von sich aus nachzukommen (*OLG Düsseldorf* B 27.5.2009, VI-3 Kart 45/08 (V), juris Rn. 18 = RdE 2010, 32 = VersorgW 2009, 259 = BeckRS 2009, 27939). Zum anderen ist sie Ausdruck rechtsstaatlicher Verwaltung, welche den Adressaten vor unvorhergesehenen Vollstreckungsmaßnahmen schützen soll (*OVG Frankfurt/Oder* B 19.10.2001 – 4 B 299/01, GewArch 2002, 28; *OVG Bautzen* B 26.8.2009 – 1 E 64/09, NVwZ-RR 2010, 88).

Im Ablauf des Verwaltungszwangsverfahrens ist die Androhung der **erste Vollstreckungsverwaltungsakt.** Für die Androhung ist **Voraussetzung,** (1) dass der Grundverwaltungsakt durch Ablauf der Rechtsbehelfsfrist unanfechtbar geworden ist oder (2) die sofortige Vollziehung gemäß § 80 Abs. 2 S. 1 Nr. 4 VwGO angeordnet ist oder (3) der Rechtsbehelf von Gesetzes wegen nach § 80 Abs. 2 S. 1 Nr. 1 bis 3 VwGO keine aufschiebende Wirkung hat. Eine dieser Voraussetzungen muss grundsätzlich gegeben sein. Ansonsten ist die Androhung rechtswidrig und verletzt den Betroffenen in seinen Rechten (§ 113 Abs. 1 S. 1 VwGO). Eine Ausnahme normiert § 13 Abs. 2. Dieser gestattet, die Androhung mit dem Grundverwaltungsakt zu verbinden, dh beide Verwaltungsakte zeitgleich – ggf. im selben Bescheid – zu erlassen (Rn. 61–70; § 6 Rn. 258).

2 § 13 Abs. 1 S. 1 schreibt die Pflicht zur Anhörung für alle Zwangsmittel nach § 9 vor, und zwar für jedes in § 6 Abs. 1 genannte Tun, Dulden oder Unterlassen, einschließlich der Herausgabe von Sachen.

Soweit Fachgesetze **spezielle Bestimmungen über die Androhung** enthalten, gehen diese der allgemeinen Regelung des § 13 Abs. 1 vor.

Im **Bundesrecht** sehen die §§ 13 und 14 UZwG vor, dass die Anwendung von Schusswaffen, der Einsatz von Wasserwerfern und Dienstfahrzeugen gegen eine Menschenmenge und der Gebrauch von Explosivmitteln anzudrohen ist. Dadurch wird der besonderen Gefährlichkeit dieser Hilfsmittel und Waffen Rechnung getragen. Eine bundesgesetzliche Spezialregelung enthält auch § 59 Abs. 1 S. 1 AsylG. Hiernach kann die Verlassenspflicht nach § 12 Abs. 3 des Aufenthaltsgesetzes, soweit erforderlich, auch ohne Androhung durch Anwendung unmittelbaren Zwangs durchgesetzt werden.

Auf **Landesebene** bestimmt z.B. § 8 Abs. 4 S. 3 des Berliner Straßenreinigungsgesetzes, dass es eines vollziehbaren Verwaltungsaktes oder einer förmlichen Androhung eines Zwangsmittels nicht bedarf. Des Weiteren bestimmen die **Polizeigesetze**, dass Zwangsmittel, so sie nicht sofort angewendet werden können, schriftlich angedroht werden müssen, wie etwa die Pflicht zur Androhung bzw. „Warnung" vor der Anwendung unmittelbaren Zwanges in § § 52 Abs. 2 PolG Baden-Württemberg, Art. 64 PAG Bayern, § 64 PolG Brandenburg, § 44 PolG Bremen, § 22 SOG Hamburg, § 58 SOG Hessen, § 111 SOG Mecklenburg-Vorpommern, § 74 SOG Niedersachsen, § 61 PolG NRW, § 61 POG Rheinland-Pfalz, § 54 PolG Saarland, § 32 Abs. 2 PolG Sachsen, § 63 PolG Sachsen-Anhalt, § 259 LVwG Schleswig-Holstein und § 62 PolG Thüringen.

Der Erlass einer Zwangsmittelandrohung setzt nicht voraus, dass der Pflichtige zuvor gegen den Grundverwaltungsakt verstoßen hat. Dafür spricht bereits § 13 Abs. 2, wonach die Androhung mit dem zu vollstreckenden Verwaltungsakt verbunden werden kann. Auch für die sogenannte isolierte Androhung, die nicht schon mit dem Grundverwaltungsakt verbunden, sondern später erlassen wurde, kann nichts anderes gelten. Für die Erzwingung einer Unterlassung oder Duldung zeigt dies ua die ganz überwiegende Auffassung zu § 890 Abs. 2 ZPO, der vergleichbaren Vorschrift über die Durchsetzung zivilrechtlicher Unterlassungspflichten. Diese bejaht das Rechtsschutzinteresse für einen Antrag auf Erlass einer noch nicht im Urteil enthaltenen Zwangsmittelandrohung, also gerade für einen „isolierten" Antrag, auch dann, wenn gegen die zu vollstreckende Unterlassungspflicht noch nicht verstoßen wurde (*VGH Mannheim* B 21.2.1996 – 9 S 91/94 , juris Rn. 7 = VBlBW 1996, 213 = GewArch 1997, 64 = NVwZ-RR 1997, 444).

Die Vollzugsbehörde muss den Pflichtigen vor der Androhung des Zwangsmittels **3**
nicht anhören. Das gilt sowohl für den Fall, dass die Behörde das Zwangsmittel erst isoliert nach dem Erlass des Grundverwaltungsaktes androht, als auch für den Fall, dass sie die Androhung im selben Bescheid mit dem Grundverwaltungsakt verbindet. Dies folgt aus § 28 Abs. 2 Nr. 5 VwVfG, wonach von einer Anhörung abgesehen werden kann, wenn Maßnahmen in der Verwaltungsvollstreckung getroffen werden sollen. Zu den Vollstreckungsmaßnahmen zählen nicht nur die Vollstreckungsakte nach den Verwaltungsvollstreckungsgesetzen des Bundes und der Länder. Der Begriff ist weit zu verstehen und umfasst auch bereichsspezifische Vollstreckungsmaßnahmen wie etwa die Abschiebung nach § 58 AufenthG (Kopp/*Ramsauer*, § 28 VwVfG Rn. 71).

§ 28 Abs. 2 VwVfG ist eine „kann"-Bestimmung. Sie gibt Ermessen, das die Behörde i.S.d. § 40 VwVfG pflichtgemäß ausüben muss. Hört die Vollstreckungsbehörde den Pflichtigen vor der Androhung nicht an, folgt sie dem Regelbeispiel des § 28 Abs. 2 Nr. 5 VwVfG. Dies entbindet sie aber nicht von der Pflicht, die für und gegen eine Anhörung sprechenden Gesichtspunkte gegeneinander abzuwägen und die Ermessensentscheidung gemäß § 39 Abs. 1 S. 3 VwVfG im Bescheid zu begründen.

In der behördlichen Praxis ist zudem darauf zu sehen, ob spezialgesetzliche Vorschriften über die Androhung von Zwangsmitteln ausnahmsweise eine Anhörung vorsehen. In der Regel ist das nicht der Fall, vgl. § 34 Abs. 1 S. 2 AsylG.

4 Die **vorsorgliche Androhung** eines Zwangsmittels ist in § 13 nicht vorgesehen. Sie ist somit grundsätzlich **unzulässig.** Ein spezialgesetzlich geregelter Sonderfall betrifft das Verfahren bei Einreise von Asylsuchenden auf dem Luftwege. Hierzu schreibt § 18a Abs. 2 des Asylgesetzes vor: Lehnt das Bundesamt für Migration und Flüchtlinge den Asylantrag als offensichtlich unbegründet ab, droht es dem Ausländer nach Maßgabe der §§ 34, 36 Abs. 1 AsylG vorsorglich für den Fall der Einreise die Abschiebung an (dazu *BVerwG* U 30.8.2005 – 1 C 29/04, BVerwGE 124, 166 = NVwZ 2006, 96 = DVBl. 2006, 58).

5 Die **Vollzugsbehörde** muss nach § 7 für die Androhung eines Zwangsmittels **zuständig** sein. Das gilt für die sachliche und örtliche Zuständigkeit. Diese muss in einem Gesetz oder in einer Rechtsverordnung bestimmt sein. Ein nur innerdienstlicher Erlass ist nicht wirksam (vgl. auch § 11 Rn. 1).

Dem entsprechend hat zB das Bundesministerium des Innern gemäß § 58 Abs. 1 BPolG durch Rechtsverordnung die sachliche und örtliche Zuständigkeit der einzelnen Bundespolizeibehörden geregelt (Verordnung über die Zuständigkeit der Bundespolizeibehörden – BPolZV – v. 22.2.2008 [BGBl. I S. 250]). § 1 Abs. 3 Ziffer 1 b) BPolZV betrifft die nach § 63 Abs. 2 S. 1 AufenthG zulässige Androhung von Zwangsgeld gegen ein Beförderungsunternehmen, welches illegal Ausländer nach Deutschland gebracht hat. Dabei handelt es sich meistens um Fluggesellschaften. Fehlt die Zuständigkeit, ist die Androhung eines Zwangsgeldes rechtswidrig (*BVerwG* U 14.3.2006 – 1 C 11/05, BVerwGE 125, 110 = NJW 2006, 2280 = DVBl. 2006, 1042 = NVwZ 2006, 1300 L; *BVerwG* U 14.3.2006 – 1 C 3/05, NJW 2006, 2282 L = DÖV 2007, 213 L).

6 Bei einer Anfechtung der Androhung des Zwangsmittels sind **Einwendungen** gegen den bereits **unanfechtbaren Grundverwaltungsakt** regelmäßig erfolglos. Dies ist auch mit Blick auf das Gebot effektiven Rechtschutzes aus Art. 19 Abs. 4 GG unbedenklich. Denn der Pflichtige hat sich die Klärung seiner Einwendungen gegen die Rechtmäßigkeit der Grundverfügung durch den Verzicht auf die (frist- und formgerechte) Einlegung eines Rechtsbehelfs gegen diesen Verwaltungsakt selbst abgeschnitten Anders wäre es, wenn der Grundverwaltungsakt nichtig sein sollte (*BVerwG* U 16.12.2004 – 1 C 30/03, BVerwGE 122, 293 = NVwZ 2005, 819 = DVBl. 2005, 645 = DÖV 2005, 566 = DVP 2005, 166; *BFH* U 6.11.2012 – VII R 72/11 Rn. 15, BStBl. II 2013, 141; *VGH Baden-Württemberg* B 17.1.2018 – 1 S 2794/17, juris Rn. 5 = VBlBW 2018, 338, zum Kostenbescheid).

Gleiches gilt für **Einwendungen** gegen einen nach § 80 Abs. 2 S. 1 Nr. 4 VwGO **sofort vollziehbaren Grundverwaltungsakt.** Denn für die Zulässigkeit der Androhung eines Zwangsmittels kommt es allein auf die Wirksamkeit und nicht auf die Rechtmäßigkeit des Grundverwaltungsaktes an (*BVerwG* U 16.12.2004 a.a.O.). Einwendungen gegen den Grundverwaltungsakt sind deshalb im Ausgangsverfahren zu erheben.

Eine Ausnahme von dem Grundsatz, dass materielle Einwendungen eines Betroffenen gegen die Rechtmäßigkeit der Grundverfügung für die Verwaltungsvollstreckung grundsätzlich unbeachtlich sind, ist in Erwägung zu ziehen, wenn sich die Sach- oder

Rechtslage nach dem Eintritt der Bestandskraft der Grundverfügung in der Weise verändert hat, dass die Verfügung sich nunmehr als rechtswidrig erweist. Vertretbar erscheint, derartige Einwendungen im Rechtsbehelfsverfahren gegen die Androhung noch zuzulassen, da der Betroffene sie in einem Rechtsbehelfsverfahren gegen den Grundverwaltungsakt nicht geltend machen konnte (vgl. zu einer solchen Änderung der Sachlage: *BVerwG* U 19.1.1977 – IV C 31.75, DÖV 1977, 335; siehe auch *OVG Lüneburg* B 2.2.2015 – 4 LA 245/13, juris Rn. 10 = NdsVBl 2015, 169 = KKZ 2018, 18; *VGH Bayern* B 7.11.2018 – 9 ZB 15.943, juris Rn. 5). Hierzu auch § 14 Rn. 1, § 15 Rn. 73, § 18 Rn. 4.

In Bayern (Art. 21 VwZVG) und Rheinland-Pfalz (§ 16 Abs. 2 LVwVG) ist dies ausdrücklich vorgesehen.

Wie der Grundverwaltungsakt muss auch die Androhung eines Zwangsmittels als Ver- 7
waltungsakt gemäß § 37 Abs. 1 VwVfG (§ 119 Abs. 1 AO) **inhaltlich hinreichend bestimmt** sein (vgl. *OVG Magdeburg* B 10.1.1995 – 4 M 7/94, DÖV 1995, 385 = GewArch 1995, 165 = NVwZ 1995, 614; *OLG Düsseldorf* B 27.5.2009 – VI-3 Kart 45/08 (V) –:NVwZ 2010, 91 L = BeckRS 2009, 27939). Die Androhung muss sich auf ein bestimmtes Zwangsmittel beziehen. Damit wird nicht nur gesetzlich angeordnet, dass der Pflichtige in Kenntnis über das ihm drohende Zwangsmittel gesetzt wird. Zugleich soll der Pflichtige erkennen können, welcher Verstoß gegen ein behördliches Unterlassungsgebot welches Zwangsmittel auslöst (*OVG Mecklenburg-Vorpommern* B 19.6.1997 – 3 M 115/96, juris Rn. 73 = NVwZ 1997, 1027 = ZfW 1998, 440 = NuR 1998, 380).

Fraglich ist, ob das angedrohte Zwangsmittel weiter spezifiziert werden muss. So hat der *VGH Baden-Württemberg* in einer älteren Entscheidung (B 28.10.1986 – 5 S 2592/86 nv) die Auffassung vertreten, bei der Androhung des unmittelbaren Zwangs müsse die beabsichtigte Vollstreckungsmaßnahme so konkret angegeben werden, dass der Betroffene eine ungefähre Vorstellung davon habe, welche Maßnahmen die Behörde ergreifen werde.

Nach einer Entscheidung des *Bundesgerichtshofes* droht die Behörde unmittelbaren Zwang **ausreichend bestimmt** an, wenn sie ankündigt, **sie werde unmittelbaren Zwang gegen Personen und Sachen anwenden**, falls der von ihr untersagte Betrieb nicht bis zu dem festgesetzten Zeitpunkt geschlossen werde (*BGH* U 14.7.1975 – III ZR 58/13, Warn 1975 Nr. 155 = MDR 1975, 1006 = KKZ 1976,16 = VerwRspr. 27, 200 = NPA 799 Zwang, 2 = DRsp 540, 89 – Schließung eines Bordells). Das *OVG NRW* hat sich der Auffassung des Bundesgerichtshofs, dass eine darüberhinausgehende Konkretisierung der geplanten Maßnahmen weder gesetzlich geboten noch tunlich und zum Teil sogar unmöglich sei, ausdrücklich angeschlossen. Worin der unmittelbare Zwang bestehe, müsse sich nach den Verhältnissen des Einzelfalles bestimmen, insbesondere dem Verhalten des Schuldners und der sonstigen von der Zwangsmaßnahme betroffenen Personen. Würde man dem Schuldner die geplanten Maßnahmen in allen Einzelheiten vorher ankündigen und wollte dieser ihnen nicht nachkommen oder gar Widerstand leisten, so könnte er sich auf sie einstellen und sie unterlaufen oder vereiteln. Deshalb könne die Behörde auch nicht von vornherein übersehen, welche Maßnahmen konkret bei der Anwendung des unmittelbaren Zwanges erforderlich würden. Das schließe aus, von ihr zu verlangen, Einzelheiten über die geplante Vollstreckungshandlung vorher mitzuteilen (*OVG NRW* B 23.7.1992 – 4 B 898/92, juris Rn. 30-32 = GewArch 1993, 70, 72 = NVwZ-RR 1993, 138 = NWVBl. 1992, 446. Dem ist zuzustimmen.

Einer Androhung ohne eine weitere Konkretisierung fehlt es auch nicht an der inhaltlichen Bestimmtheit. Sie ist i.S.d. § 37 Abs. 1 VwVfG hinreichend bestimmt, weil für den Adressaten unzweideutig erkennbar ist, dass er bei Nichtbefolgung des Verwaltungsakts mit der Anwendung unmittelbaren Zwanges, also mit der Einwirkung auf Personen oder Sachen durch körperliche Gewalt, ihre Hilfsmittel und durch Waffen rechnen muss.

Erhöhte Anforderungen an die Spezifizierung des Zwangsmitteleinsatzes sind geboten, wenn der Zwangsmitteleinsatz **hochrangige Rechte oder Rechtsgüter** des Betroffenen zu verletzen droht. So gebietet das Bestimmtheitsgebot, welches die Vorhersehbarkeit polizeilichen Handelns gewährleisten soll, dass der von einer Zwangsmaßnahme Betroffene Klarheit über die zu erwartenden Eingriffe in seine körperliche Unversehrtheit erhält. Für den Betroffenen macht es einen Unterschied, ob die Polizei zur Durchsetzung eines Platzverweises nur Wasser einsetzt oder auch Tränengas oder Schlagstöcke verwendet. Deshalb sind in einem solchen Fall die Hilfsmittel und Waffen, die zum Einsatz kommen sollen, in der Androhung zu nennen (vgl. Lisken/Denninger/*Graulich*, E Rn. 893)

Erhöhte Anforderungen an die Bestimmtheit der Zwangsmittelandrohung können sich ferner **aus dem Landesrecht** ergeben. So hat der *VGH Hessen* auf der Grundlage des dortigen Landesrechts entschieden, dass die Androhung, eine Gewerbeuntersagungsverfügung solle durch Versiegelung und/oder Verplombung der Betriebsräume oder „durch andere geeignete Maßnahmen" durchgesetzt werden, dem Bestimmtheitsgebot nicht genüge. Auch die Nennung von Beispielen wie „die Sicherstellung von Arbeitsmaterial und/oder Geschäftsunterlagen durch Mitnahme oder Belassung an Ort und Stelle nach Versiegelung/Verplombung" mache eine Zwangsmittelandrohung nicht bestimmt (U 24.1.1983 – VIII OE 23/82, ESVGH 33, 238 = GewArch 1983, 267; hiergegen *Heß*, GewArch 1983, 265).

An der **hinreichenden Bestimmtheit fehlt** es, wenn ein Zwangsgeld zwar in bestimmter Höhe angedroht, aber pauschal auf unterschiedliche Handlungs-, Duldungs- oder Unterlassenspflichten bezogen wird, so dass der Pflichtige nicht erkennen kann, für welche Handlung oder welches Unterlassen ihm ein Zwangsgeld in welcher Höhe droht. Dies wird dem strikten gesetzlichen Gebot zur Androhung des Zwangsgelds in bestimmter Höhe nach § 13 Abs. 5 nicht gerecht (hierzu bereits § 11 Rn. 35). Eine derartige Zwangsgeldandrohung kann damit nicht taugliche Grundlage einer späteren Zwangsgeldfestsetzung sein (*VGH Baden-Württemberg* U 17.8.1995 – 5 S 71/95, juris Rn. 32 = NVwZ-RR 1996, 612 = VBlBW 1996, 65).

Nicht hinreichend bestimmt ist auch eine einheitliche Zwangsgeldandrohung zur Durchsetzung eines städtebaulichen Instandsetzungsgebots, das sich aus einer Vielzahl von Einzelmaßnahmen zusammensetzt. Vielmehr muss erkennbar sein, ob das angedrohte Zwangsgeld auch bei Erfüllung eines Teils des Instandsetzungsgebots in voller Höhe festgesetzt werden soll. Daher ist in einem solchen Fall mindestens geboten, die Androhung von Zwangsgeld zur Durchsetzung von Instandsetzungsmaßnahmen nach Gewerken – Arbeiten, die zweckmäßigerweise zusammenhängend als Auftrag vergeben werden können – aufzuteilen (*VGH Hessen* U 21.10.1993 – 4 UE 1286/89, juris Rn. 19).

8 **2. Androhung gegen Rechtsnachfolger.** Die Vollzugsbehörde muss die genaue **Identität des Adressaten** der Androhung feststellen. Eine Ersatzvornahme gegenüber dem

jeweiligen Eigentümer bzw. Pflichtigen ist nur möglich, soweit das Landesrecht dies zulässt (zB § 21 VwVG Baden-Württemberg bei Gefahr im Verzug). Im Übrigen ist eine Vollstreckung gegenüber demjenigen, „den es angeht", nicht möglich. Eine derartige Androhung wird gegenüber dem eigentlich Pflichtigen nicht wirksam (vgl. *VGH Mannheim* U 27.6.1990 – 5 S 2180/89, juris Rn. 23 = VBlBW 1991, 17 = NVwZ 1991, 686 = NuR 1992, 233).

Ist sein Nachfolger in die Rechtsposition des Vollstreckungsschuldners eingerückt, nachdem gegen den Rechtsvorgänger bereits ein Zwangsmittel angedroht worden war, stellt sich die Frage, ob die Androhung nunmehr gegen den Rechtsnachfolger wirkt. Dies ist zu verneinen, weil die Androhung eines Zwangsmittels den Willen des Pflichtigen beugen soll (§ 9 Rn. 15) und somit höchstpersönlicher Natur ist. Das anzudrohende Zwangsmittel richtet sich konkret nach der Person des Pflichtigen und seinem Verhalten. Es ist adressatenabhängig. Das betrifft insbesondere die Ermessensentscheidung über die Höhe eines Zwangsgeldes. Wegen ihres individuellen Beugecharakters ist die **Androhung nicht rechtsnachfolgefähig**. Die Vollstreckungsbehörde muss das gewählte Zwangsmittel gegenüber dem Rechtsnachfolger erneut androhen (*BVerwG* U 10.1.2012 – 7 C 6/11, DÖV 2012, 650 L; *OLG Düsseldorf* B 27.5.2009 – VI-3 Kart 45/08 (V), juris Rn. 30 = RdE 2010, 32 = NVwZ-RR 2010, 91 L = BeckRS 2009, 27939).

Hiervon zu trennen ist die Frage, ob der **Grundverwaltungsakt**, der gegenüber dem Rechtsvorgänger erlassen worden ist, auf den Rechtsnachfolger übergegangen ist und nun ihm gegenüber wirksam ist oder ob die Behörde den Verwaltungsakt an den Rechtsnachfolger neu erlassen muss.

Die Rechtsordnung lässt eine solche Rechtsnachfolge in öffentlich-rechtliche Pflichten grundsätzlich zu mit der Folge, dass ein gegenüber dem Rechtsvorgänger erlassener Verwaltungsakt gegenüber dem Rechtsnachfolger wirksam ist. Soweit eine solche Rechtsnachfolge in den Grundverwaltungsakt erfolgt, kann die Vollstreckungsbehörde dem Rechtsnachfolger als nunmehr Pflichtigen auf der Grundlage dieses Verwaltungsaktes ein Zwangsmittel androhen.

In der Frage, welche Verwaltungsakte rechtsnachfolgefähig sind, unterscheidet die Rechtsordnung grundlegend zwischen **dinglichen** und **personenbezogenen Verwaltungsakten**. Dinglich ist ein Verwaltungsakt, der sich ohne unmittelbaren Bezug zu einer Person auf die Beschaffenheit einer Sache bezieht. Er betrifft den Zustand einer Sache. Personenbezogen ist ein Verwaltungsakt, der die rechtlichen Konsequenzen persönlicher Verhaltensweisen regelt. Das an den Rechtsvorgänger gerichtete Verbot der Behörde, eine Garage als Reparaturwerkstatt für Kraftfahrzeuge mit entsprechender Lärmbelästigung zu nutzen, ist z.B. ein derartiger personenbezogener Verwaltungsakt (*OVG Hamburg* U 14.12.1995 – Bf II 16/94, BauR 1997,104 = NVwZ-RR 1997, 11).

Eine Rechtsnachfolge in personenbezogene Verwaltungsakte wird allgemein **abgelehnt** (*Thiel*, § 8 Rn. 153 mwN).

Inwieweit und unter welchen Voraussetzungen eine **Rechtsnachfolge in dingliche Verwaltungsakte** möglich ist, wird in Rechtsprechung und Literatur unterschiedlich beurteilt. Entscheidend ist, ob der Rechtsnachfolge eine Regelung zugrunde liegt, welche als ausreichend angesehen wird, um den Übergang einer durch Verwaltungsakt konkretisierten öffentlich-rechtlichen Pflicht bewirken zu können.

Denn der Übergang öffentlich-rechtlicher Pflichten auf Dritte im Wege der Rechtsnachfolge stellt einen Eingriff der öffentlichen Gewalt in Freiheit und Eigentum des Bürgers dar und unterliegt daher dem in Art. 20 Abs. 3 GG normierten Vorbehalt des Gesetzes. Die Rechtsnachfolge in eine öffentlich-rechtliche Pflichtenposition setzt mithin grundsätzlich eine **formalgesetzliche Grundlage** voraus. An solchen ausdrücklichen Rechtsnachfolgeregelungen fehlt es z.B. im Bundesberggesetz. Auch die Normen des allgemeinen Polizei- und Ordnungsrechts sehen eine solche Regelung nicht vor. Das besondere **Verwaltungsrecht** enthält Bestimmungen über eine Rechtsnachfolge nur **ausnahmsweise in Sondertatbeständen**. So sehen bspw. verschiedene Bauordnungen der Länder (vgl. § 58 Abs. 3 BauO NRW, § 89 Abs. 2 S. 3 Nds. BauO, § 71 Abs. 1 LBO Baden-Württemberg, Art. 54 Abs. 2 S. 3 BayBO) vor, dass neben aufsichtlichen Genehmigungen und Vorbescheiden auch sonstige Maßnahmen (z.B. Einzelanordnungen) für und gegen die Rechtsnachfolger gelten. Eine Regelung über die Rechtsnachfolge findet sich zudem in § 4 Abs. 3 S. 1 des Bundes-Bodenschutzgesetzes (*BVerwG* U 16.3.2006 – 7 C 3/05, BVerwGE 125, 325 = NVwZ 2006, 928 = DVBl. 2006, 1114, 1321 = DÖV 2006, 956; *VGH Mannheim* U 18.12.2007 – 10 S 2351/06, DÖV 2008, 693 L = DVBl. 2008, 732 L).

Dem Erfordernis einer formalgesetzlichen Übertragungsgrundlage ist nach überwiegender Ansicht auch in Fällen **erbrechtlicher oder gesellschaftsrechtlicher Gesamtrechtsnachfolge** genüge getan. Beim Erbfall sehen die §§ 1922, 1967 BGB vor, dass das Vermögen des Erblassers als Ganzes (einschließlich der Verbindlichkeiten) auf den oder die Erben kraft Gesetzes übergeht und dass der Erbe für die Nachlassverbindlichkeiten haftet. Ebenso sieht § 25 HGB vor, dass derjenige, der ein erworbenes Handelsgeschäft unter der bisherigen Firma mit oder ohne Beifügung eines das Nachfolgeverhältnis andeutenden Zusatzes fortführt, für alle im Betrieb geschäftsbegründenden Verbindlichkeiten des früheren Inhabers haftet. Zu diesen Verbindlichkeiten im Sinn der expliziten Gesamtrechtsnachfolgeregelungen zählen auch verwaltungsrechtliche Pflichten, wie bspw. polizei- und sicherheitsrechtliche Verantwortlichkeiten, es sei denn, sie sind höchstpersönlicher Art, dh auf eine bestimmte Person bezogen (*VGH Bayern* U 24.8.2010 – 8 BV 06.1795, juris Rn. 26 f. = ZfB 2011, 114; zur Kritik im Schrifttum *Thiel*, § 8 Rn. 152).

Soweit ein geeigneter Nachfolgetatbestand vorliegt, kann ein **dinglicher Verwaltungsakt,** der gegen den ursprünglich Verantwortlichen erlassen wurde, gegen dessen Rechtsnachfolger **mit Zwangsmitteln** durchgesetzt werden.

9 **Vollstreckungsgrundlage** ist allein der **Grundverwaltungsakt,** den die Behörde an den Rechtsvorgänger erlassen hatte (ebenso u.a. *BVerwG* U 10.1.2012 – 7 C 6/11, DÖV 2012, 650 L; *OLG Düsseldorf* B 27.5.2009 – VI-3 Kart 45/08 (V), juris Rn. 30 = RdE 2010, 32 = NVwZ-RR 2010, 91 L = BeckRS 2009, 27939). Ein neuer Grundverwaltungsakt gleichen Inhalts gegen den Rechtsnachfolger ist nicht erforderlich. Die Behörde ist berechtigt, dem Rechtsnachfolger ein Zwangsmittel anzudrohen.

Der frühere Grundverwaltungsakt gegenüber dem Rechtsvorgänger kann auch eine sachbezogene Duldungsanordnung sein. Dabei kann es sich etwa um die Beseitigung illegaler Anlagen auf einem Grundstück handeln (*VGH München* B 11.7.2001 – 1 ZB 01.1255, juris Rn. 16 ff. = NVwZ-RR 2002, 608 = BayVBl. 2002, 275 = BRS 64 Nr. 202).

Soweit solche ausdrücklichen Übergangstatbestände fehlen, nimmt die Rechtsprechung aufgrund der „Objektbezogenheit“ bzw. „Dinglichkeit“ derartiger bauaufsichtsrechtlicher Maßnahmen einen Übergang der aus den bauaufsichtsrechtlichen Anordnungen folgenden öffentlich-rechtlichen Pflichten auf den Rechtsnachfolger an (vgl. *BVerwG* U 22.1.1971 – IV C 62.66, juris Rn. 18 ff. = NJW 1971, 1624 = DÖV 1971, 640 = Buchholz 11 Art. 14 GG Nr. 114 = DÖV 1971, 640). Dies soll auch im Falle der Einzelrechtsnachfolge gelten, insbesondere im Wege des Kaufes und der dinglichen Übertragung (kritisch hierzu das Schrifttum, siehe die Nachw. bei *Thiel*, § 8 Rn. 152 Fn 315). 10

Ob es sich um eine **Gesamt**rechtsnachfolge, etwa durch Erbschaft, oder um eine **Einzel**rechtsnachfolge, etwa durch Kauf oder Zwangsversteigerung, handelt, ist für den Übergang sachbezogener öffentlich-rechtlicher Pflichten nach überwiegender Ansicht in der Rechtsprechung ohne Bedeutung (vgl. *OVG Münster* U 9.9.1986 – 11 A 1538/86, OVGE Münster 38, 291 = NVwZ 1987, 427 = DÖV 1987, 601 = JA 1988, 458 = BRS 46 Nr. 196; *VGH München* B 26.3.1981 – 18 XV 77 = BayVBl. 1981, 371).

Eine dingliche Rechtsnachfolge gibt es zunächst bei dem **Eigentum an einem Grundstück** sowie bei eigentums- und grundstücksgleichen Rechten. Diese sind das Erbbaurecht, das Wohnungseigentum und das Bergwerkseigentum. Der Mieter, Pächter oder Nutzer eines Grundstücks dagegen leitet seinen Besitz aus einem höchstpersönlichen Schuldrechtsverhältnis zum Eigentümer ab und ist daher nicht dessen dinglich verantwortlicher Rechtsnachfolger (vgl. *OVG Lüneburg* B 24.5.1994 – 1 M 1066/94, BauR 1994, 116 = NJW 1994, 3309; *VGH München* B 13.8.1992 – 2 CS 92.1618, NJW 1993, 82 = BayVBl. 1993, 24 = BauR 1992, 613 = BRS 54 Nr. 211). 11

Die dingliche Rechtsnachfolge erfasst auch eine **Auflage** (*OVG Münster* B 1.8.2003 – 7 B 968/03, BauR 2003, 1877 = NVwZ-RR 2004, 478). Sie ist als Nebenbestimmung zum Grundverwaltungsakt selbst Verwaltungsakt (§ 6 Rn. 12). Ein zusätzlicher neuer Verwaltungsakt gegen den Rechtsnachfolger ist nicht erforderlich (aA *VGH Kassel* B 19.7.1984 – 4 TH 1617/84, ESVGH 35, 14 = DÖV 1985, 986 = NVwZ 1985, 281). 12

Ferner erstreckt sich die dingliche Rechtsnachfolge auf eine **Baulast.** Sie ist Vollstreckungsgrundlage (§ 6 Rn. 60). In Landesbauordnungen wird gesetzlich bestätigt, dass die Baulast auch gegenüber dem Rechtsnachfolger wirkt, zB in § 85 Abs. 1 S. 3 BauO NRW; § 82 Abs. 1 S. 3 Bauordnung Berlin (*OVG Berlin* U 8.9.1995 – 2 B 4/94, OVGE Berlin 21, 246 = BRS 57 Nr. 203; *OVG Berlin* U 29.10.1993 – 2 B 35/92, OVGE Berlin 21, 74 = NJW 1994, 2971 = GewArch 1994, 346 = MDR 1994, 481, betreffend Zwangsversteigerung). 13

Sodann gibt es eine dingliche Rechtsnachfolge bei der **Nutzung ortsfester Anlagen** auf Grundstücken. Denn hier kommt es gleichfalls nicht auf eine persönliche, sondern auf die übergegangene dingliche Zustandsverantwortlichkeit des Rechtsnachfolgers an (vgl. *VGH Mannheim* U 5.8.1993 – 5 S 567/93, VBlBW 1994, 98 = NuR 1994, 294 = NVwZ-RR 1994, 384; *VGH Kassel B* 17.6.1997 – 14 TG 2673/95, NVwZ 1998, 1315). 14

In gleicher Weise betrifft die dingliche Rechtsnachfolge **feste Anlagen in einem Gewässer.** Das kann etwa bei einer Steganlage am Ufer eines Sees der Fall sein (*VGH München* B 13.3.2000 – 22 C 00.514, NVwZ 2000, 1312 = BayVBl. 2000, 662). 15

Auch eine wasserrechtliche Anordnung an den früheren Grundstückseigentümer, das **Durchleiten von Abwasser** zu dulden, wirkt gegenüber dem Rechtsnachfolger. Bei einem unanfechtbaren Verwaltungsakt ergibt sich das zusätzlich aus der entsprechenden Anwendung des § 121 Nr. 1 VwGO (*OVG Weimar* U 7.6.2006 – 1 KO 1126/03, DÖV 2007, 260).

16 Dieser im Baurecht entwickelte Grundsatz dinglicher Rechtsnachfolge gilt auch im **Naturschutzrecht** (*VGH Mannheim* B 12.3.1991 – 5 S 618/91, NuR 1991, 486 = RdL 1991, 222 = NVwZ 1992, 392 = UPR 1992, 31 = BRS 52 Nr. 230). In dem hier entschiedenen Fall ging es um die objektbezogene Beseitigung der naturschutzwidrigen Umzäunung von neun Grundstücksparzellen am Bodenseeufer mit einem bis zu 1,70 m hohen Maschendrahtzaun. Der *VGH Mannheim* wendet insoweit seine Rechtsprechung zur grundstücksbezogenen Rechtsnachfolge entsprechend an (U 14.5.1976 – III 741/75, NJW 1977, 861 = JuS 1977, 479).

17 Der **Rechtsnachfolger** ist **mit Einwendungen** gegen den zu vollstreckenden Verwaltungsakt ebenso **ausgeschlossen** (präkludiert) wie sein Rechtsvorgänger (*OVG Koblenz* U 26.6.1983 – 8 A 62/83, AS 18, 223).

18 **Ausdrücklich geordnet** ist die Rechtsnachfolge im Vollstreckungsrecht der Länder

Baden-Württemberg (§ 3 LVwVG),

Hamburg (§ 8 Abs. 3, § 9 Abs. 1 Nr. 2 HmbVwVG),

Hessen (§ 4 Abs. 3 HessVwVG),

Mecklenburg-Vorpommern (§ 83 Abs. 1 Nr. 2, § 84 SOG M-V),

Saarland (§ 16 SVwVG),

Sachsen (§ 3 Abs. 3 SächsVwVG),

Schleswig-Holstein: (§ 232 Abs. 1 Nr. 2, § 233 LVwG),

Thüringen (§ 20 Abs. 4 ThürVwZVG).

19 **Veräußert ein Grundstückseigentümer** während der **Rechtshängigkeit** der Anfechtungsklage sein Grundstück, kann der **Rechtsnachfolger** gemäß § 173 VwGO entsprechend § 266 Abs. 1 ZPO das **Verfahren fortführen** (betreffend Beseitigungsverfügung *OVG Berlin* U 25.9.1987 – 2 B 66/88, DÖV 1988, 384 = UPR 1988, 280 L).

Falls ein Grundstückseigentümer während des **Vorverfahrens** sein Grundstück veräußert, muss der Widerspruchsbescheid gegenüber dem Rechtsnachfolger erlassen und ihm zugestellt werden. Er darf nicht gegenüber dem veräußernden Rechtsvorgänger erlassen werden. Wenn nämlich das Eigentum an einem Grundstück auf einen Dritten übergeht, endet die Verantwortlichkeit des ursprünglichen Eigentümers. Er ist deshalb aus Rechtsgründen gehindert, etwa einer Beseitigungsanordnung nachzukommen. Erlässt die Behörde dennoch den Widerspruchsbescheid gegen den Rechtsvorgänger, sind sowohl der Widerspruchsbescheid als auch die Ausgangsverfügung rechtswidrig. Denn diese hat durch den Widerspruchsbescheid ihre endgültige Gestalt i.S.d. § 79 Abs. 1 Nr. 1 VwGO gefunden (*OVG Münster* U 23.4.1996 – 10 A 3565/92, NWVBl. 1996, 444 = BauR 1996, 700 = UPR 1996, 393 = NVwZ-RR 1997, 12 = BRS 58 Nr. 217).

20 **Dingliche baurechtliche Verpflichtungen,** die der Rechtsvorgänger in einem gerichtlichen **Vergleich** übernommen hatte, gehen auf den Rechtsnachfolger über (*VGH Mannheim* U 20.1.2005 – 5 S 1662/03, DÖV 2005, 786).

Besondere Beachtung verdient die Rechtsnachfolge in §3 Abs. 3 SächsVwVG: „Gegen den Rechtsnachfolger kann die Vollstreckung eingeleitet oder fortgesetzt werden, soweit er durch den Verwaltungsakt verpflichtet wird und die Voraussetzungen der Vollstreckung für seine Person vorliegen. Ist die Vollstreckung beim Tode des Vollstreckungsschuldners bereits eingeleitet, so kann sie in den Nachlass fortgesetzt werden, auch wenn die Voraussetzungen der Vollstreckung für den Rechtsnachfolger nicht vorliegen.“ 21

Diese Regelung weicht deutlich von der Rechtslage nach dem VwVG des Bundes ab. Nach §3 Abs. 3 VwVG Sachsen führt nicht allein etwa die Gesamtrechtsnachfolge bei einer Erbfolge dazu, dass ein Rechtsnachfolger wegen einer von seinem Rechtsvorgänger auf ihn übergegangenen Pflichtigkeit ebenso wie dieser für eine Vollstreckung in Anspruch genommen werden könnte. Vielmehr kann der Rechtsnachfolger nach §3 Abs. 3 S. 1 VwVG Sachsen nur dann für die Vollstreckung in Anspruch genommen werden, wenn er selbst durch den Verwaltungsakt verpflichtet wird und die Voraussetzungen der Vollstreckung für seine Person vorliegen. Das Erfordernis der Verpflichtung des Rechtsnachfolgers durch den Verwaltungsakt knüpft an das materielle Recht an, somit daran, ob der Rechtsnachfolger nach materiellem Recht durch die Grundverfügung zu der dort angesprochenen Leistung verpflichtet wird. Die weitere Voraussetzung des Vorliegens der Vollstreckungsvoraussetzungen für den Rechtsnachfolger stellt sicher, dass dieser von einer Vollstreckung nicht überrascht wird; zugleich erhält der Rechtsnachfolger damit die Möglichkeit seiner nunmehr ihm obliegenden materiell-rechtlichen Verpflichtung nachzukommen und damit die Vollstreckung abzuwenden. Demzufolge kann eine Vollstreckung gegen einen Rechtsnachfolger nach §3 Abs. 3 S. 1 VwVG Sachsen nicht schon wegen einer gegen den Rechtsvorgänger gerichteten Vollstreckungsandrohung erfolgen, vielmehr muss dem Rechtsnachfolger selbst die Vollstreckung angedroht werden. Ist dem Rechtsnachfolger eine Vollstreckung nicht angedroht worden, kann nach §3 Abs. 3 S. 2 VwVG eine bei dem Tode des Vollstreckungsschuldners bereits eingeleitete Vollstreckung nur in den Nachlass fortgesetzt werden (*OVG Bautzen* B 23.1.2006 – 4 B 964/04, juris Rn. 8 = DÖV 2006, 395 = LKV 2006, 324).

3. Pflicht zur schriftlichen Androhung. Nach §13 Abs. 1 S. 1 müssen die Zwangsmittel, wenn sie nicht sofort angewendet werden können (§6 Abs. 2), schriftlich angedroht werden. Die Schriftlichkeit ist nach Bundesrecht zwingend. Damit ist es **grundsätzlich ausgeschlossen,** ein Zwangsmittel **mündlich anzudrohen.** Das lässt §13 Abs. 1 S. 1 im gestreckten Verwaltungszwangsverfahren nicht zu. 22

Insoweit ist die Rechtslage in den **Bundesländern** unterschiedlich:

§20 Abs. 1 LVwVG Baden-Württemberg entspricht §13 Abs. 1 VwVG. Ausnahmen für Notfälle enthält §21 LVwVG Baden-Württemberg.

Art. 36 Abs. 1 VwZVG Bayern entspricht §13 Abs. 1 VwVG. Ausnahmen für Notfälle enthält Art. 35 VwZVG Bayern.

§8 Abs. 1 S. 1 VwVfG Berlin verweist u.a. auf §13 Abs. 1 VwVG.

§28 Abs. 1 VwVG Brandenburg entspricht §13 Abs. 1 VwVG.

§17 Abs. 1 VwVG Bremen entspricht §13 Abs. 1 VwVG.

§8 VwVG Hamburg schreibt Fristsetzung (also schriftlich oder mündlich) vor.

§ 69 Abs. 1 VwVG Hessen entspricht § 13 Abs. 1 VwVG. Ausnahmen für Notfälle enthält § 72 VwVG Hessen.

Gemäß § 87 Abs. 1 SOG Mecklenburg-Vorpommern ist zwar Schriftform vorgeschrieben. In Eil- und Notfällen kann die Androhung jedoch auch mündlich erfolgen oder unterbleiben.

§§ 70, 72 VwVG i.V.m. § 70 Abs. 1 Nds. SOG Niedersachsen schreiben vor, dass das Zwangsmittel „möglichst schriftlich" anzudrohen ist.

§ 63 Abs. 1 VwVG Nordrhein-Westfalen entspricht § 13 Abs. 1 VwVG.

§ 66 Abs. 1 VwVG Rheinland-Pfalz schreibt nur eine Androhung als solche vor. Jedoch ist nach § 66 Abs. 5 VwVG Rheinland-Pfalz auf Schriftform zu schließen.

§ 19 Abs. 1 VwVG Saarland schreibt vor, dass das Zwangsmittel „möglichst schriftlich" anzudrohen ist.

§ 20 Abs. 1 VwVG Sachsen entspricht § 13 Abs. 1 VwVG. Ausnahmen für Notfälle enthält § 21 VwVG Sachsen.

§§ 71, 73 VwVG Sachsen-Anhalt i.V.m. § 59 Abs. 1 SOG Sachsen-Anhalt schreiben vor, dass das Zwangsmittel „möglichst schriftlich" anzudrohen ist.

§ 236 Abs. 1 LVwG Schleswig-Holstein entspricht § 13 Abs. 1 VwVG. Ausnahmen für Eil- und Notfälle enthält § 229 Abs. 1 Nr. 2, II LVwG Schleswig-Holstein.

§ 46 Abs. 1 VwZVG Thüringen entspricht § 13 Abs. 1 VwVG. Ausnahmen für Notfälle enthält § 5 VwZVG Thüringen.

23 Auch im Recht der **Europäischen Union** ist die schriftliche Androhung von Zwangsmaßnahmen und die Bestimmung einer angemessenen Frist vorgesehen (vgl. *EuGH* U 26.6.1980 – 1 36/79, EuGRZ 1980, 490 = NJW 1981, 513).

24 Die Androhung eines Zwangsmittels ist ein Verwaltungsakt (Rn. 1). Als solcher muss sie gemäß § 37 Abs. 1 VwVfG inhaltlich hinreichend bestimmt (Rn. 7) und mit einer **Begründung** versehen sein, die den Anforderungen des § 39 VwVfG genügt.

Wie die Androhung des Zwangsmittels im Tenor des Bescheides konkret zu formulieren ist, gibt das VwVG nicht vor. Rechtlich entscheidend ist nicht der buchstäbliche Ausdruck, sondern der manifestierte Wille, das Zwangsmittel anzudrohen. In der behördlichen Praxis empfiehlt es sich, die Formulierung des Gesetzes zu verwenden.

25 Nach § 13 Abs. 1 S. 1 **unterbleibt die schriftliche Androhung** des Zwangsmittels, wenn es sofort angewendet werden kann. Denn der **sofortige Vollzug nach § 6 Abs. 2** lässt dem Beamten im Einsatz keine Gelegenheit zur schriftlichen Androhung (Beispiele § 6 Rn. 259–261).

Einer schriftlichen Androhung bedarf es auch dann nicht, wenn die Behörde zunächst im gestreckten Verfahren nach § 6 Abs. 1 vorgegangen ist, einen Grundverwaltungsakt erlassen und ein Zwangsmittel mündlich angedroht hat, dann aber wegen eintretender Eilbedürftigkeit in den sofortigen Vollzug gemäß § 6 Abs. 2 übergegangen ist und ohne weitere Androhung oder Festsetzung sofort vollstreckt hat. In diesem Fall lag im Zeitpunkt der Androhung zwar ein Verstoß gegen § 13 Abs. 1 vor, weil das Zwangsmittel im gestreckten Verfahren schriftlich anzudrohen war. Hierauf kommt es letztendlich aber nicht mehr an, wenn während des Vollstreckungsverfahrens die Voraussetzungen des § 6 Abs. 2 eintreten und die Behörde in den sofortigen Vollzug wechselt. Denn im sofortigen Vollzug bedarf es weder einer Androhung (§ 13 Abs. 1 S. 1) noch einer Festsetzung (§ 14 S. 2) des Zwangsmittels. Die vorliegende mündliche Androhung schadet nicht. Sie ist schlicht überflüssig.

Der Grundsatz, Zwangsmittel schriftlich anzudrohen, ist im **Polizeirecht der Länder** 26
gelockert. Deren Polizeigesetze sehen durchgängig vor, dass Zwangsmittel **„möglichst" anzudrohen** sind (Art. 59 Abs. 1 PAG Bayern, § 59 Abs. 1 PolG Brandenburg, § 53 Abs. 1 SOG Hessen, § 70 SOG Niedersachsen, § 56 Abs. 1 PolG NRW, § 56 Abs. 1 POG Rheinland-Pfalz, § 50 Abs. 1 PolG Saarland, § 59 Abs. 1 SOG Sachsen-Anhalt, § 57 Abs. 1 PolG Thüringen). Im polizeilichen Alltag ist diese Möglichkeit häufig nicht gegeben. Da befehlende Verwaltungsakte bei konkreter Gefahrenlage nicht in Schriftform ergehen können, ist auch eine schriftliche Androhung in aller Regel nicht möglich (Lisken/Denninger/*Graulich*, E Rn. 896).

Eine Androhung in schriftlicher Form ist typischerweise auch nicht möglich bei der 27
Anwendung von Schusswaffen, dem Einsatz von Wasserwerfern und Dienstfahrzeugen gegen eine Menschenmenge und dem Gebrauch von Explosivstoffen. Da diese Hilfsmittel und Waffen eine erhöhte Gefährlichkeit in sich tragen und bestimmungsgemäß auf die körperliche Unversehrtheit der Betroffenen (Art. 2 Abs. 2 S. 1 GG) einwirken, ist eine spezifische Androhung allerdings unerlässlich (§ 12 Rn. 7). So schreiben die **§§ 13 und 14 UZwG** vor, dass der Einsatz dieser Hilfsmittel und Waffen anzudrohen ist, statuieren aber kein Schriftlichkeitsgebot. Nach § 13 Abs. 1 UZwG gilt als Androhung auch die Abgabe eines Warnschusses. Einer Menschenmenge gegenüber ist die Androhung zu wiederholen.

Aus dem Umstand, dass bei so schwer wiegenden Eingriffen wie in den Fällen der 28
§§ 13, 14 UZwG die mündliche Androhung genügt, lässt sich nicht mit dem argumentum a maiore ad minus folgern, dass dies erst recht in den einfachen Fällen des § 13 Abs. 1 S. 1 VwVG so sein müsse. Der „Erst-Recht-Schluss" ist zwar eine in der juristischen Methodenlehre anerkannte Argumentationsfigur. Sie dient jedoch der Ausfüllung von Gesetzeslücken. Eine solche liegt aber nicht vor. Denn § 13 Abs. 1 S. 1 bestimmt ausdrücklich, dass die Androhung schriftlich zu erfolgen hat. Angesichts dieses klaren Gesetzeswortlauts bleibt kein Raum, um a maiore ad minus auf das Gegenteil zu schließen (siehe hierzu auch *Sadler,* Unmittelbarer Zwang durch den Polizeivollzugsbeamten bei der mündlichen Platzverweisung; Rechtsschutz des Betroffenen, Polizei 2004, S. 4–9).

Abzulehnen sind auch Argumentationsmuster, die von der Mündlichkeit des Grund- 29
verwaltungsaktes über § 13 Abs. 2 auf die Mündlichkeit der Androhung schließen. Hiernach soll das Schriftlichkeitserfordernis des § 13 Abs. 1 S. 1 nicht gelten, wenn ein Polizeivollzugsbeamter eine mündliche Grundverfügung ausgesprochen habe. Dann komme § 13 Abs. 2 zur Anwendung, wonach die Androhung mit der Grundverfügung verbunden werden könne. Miteinander verbunden werden könne aber nur „wesensmäßig Gleiches", also ein mündlicher Verwaltungsakt mit einer mündlichen Androhung (*Albrecht/Braun*, VR 2018, 73, 80).

Diese Argumentation überzeugt nicht. Aus § 13 Abs. 2 lässt sich die Möglichkeit, ein Zwangsmittel mündlich anzudrohen, nicht ableiten. Die Vorschrift setzt die Schriftlichkeit der Androhung und des Verwaltungsaktes voraus. Hierauf deutet bereits das Verb „verbinden" hin, das auf die Verbindung von Verwaltungsakt und Androhung in ein und demselben Bescheid abhebt. Ergehen beide mündlich, fehlt es an einem verbindenden Medium; die Androhung ergeht dann „mit" dem Verwaltungsakt, ist aber nicht mit ihm „verbunden". Auch aus seiner systematischen Stellung lässt sich ersehen, dass § 13 Abs. 2 die Form des Verwaltungsaktes und der Androhung nicht regelt, sondern voraussetzt. Die Regelung knüpft unmittelbar an § 13 Abs. 1 an, in dem die Schriftlichkeit der Androhung als Grundsatz geregelt ist. Auch der Regelung über die Zustellung der Androhung in § 13 Abs. 7 S. 2 liegt erkennbar die Vorstellung zugrunde, dass der Verwaltungsakt, mit dem die Androhung verbunden werden kann, schriftlich ergeht. Die Möglichkeit, mündlich anzudrohen, über § 13 Abs. 2 zu konstruieren, verstößt zudem gegen die klare Regelung in § 13 Abs. 1, der Mündlichkeit nur für den sofortigen Vollzug vorsieht. Die Vorstellung, dass eine Androhung immer schon mündlich erfolgen könnte, wenn der Grundverwaltungsakt mündlich ergeht, wird schließlich auch der Warn- und Rechtsschutzfunktion der Androhung nicht gerecht, zumal dann auch die Frist gemäß § 13 Abs. 1 S. 2 mündlich erklärt werden müsste. Letztlich ist für die Möglichkeit, eine auf einen mündlichen Grundverwaltungsakt bezogene Androhung ebenfalls mündlich zu erlassen, kein praktisches Bedürfnis erkennbar. Liegt kein Eilfall vor, kann die Anhörung schriftlich nachgeschoben werden, und in einem Eilfall dürften regelmäßig die Voraussetzungen für den sofortigen Vollzug gegeben sein, der eine schriftliche Androhung gemäß § 13 Abs. 1 S. 1 entbehrlich macht.

30 **4. Bestimmung einer Frist. – a) Angemessene Frist.** Gemäß § 13 Abs. 1 S. 2 ist eine Frist zu bestimmen, innerhalb welcher „der Vollzug dem Pflichtigen billigerweise zugemutet" werden kann. Frist ist der Zeitraum, in dem die Behörde von dem Verantwortlichen die **Erfüllung seiner Verpflichtung** erwartet.

Entsprechendes gilt für das gerichtliche Vollstreckungsverfahren gegen eine Behörde nach § 172 VwGO (*OVG Lüneburg* B 12.9.2006 – 5 OB 194/06, NVwZ-RR 2007, 139).

Die Bestimmung einer Frist dient auch dazu, den **Justizgewährungsanspruch**, welcher in der Rechtsschutzgarantie des Art. 19 Abs. 4 GG enthalten ist, zu verwirklichen (*BVerwG* U 2.9.1963 – 1 C 142/59, BVerwGE 16, 289, 291 = NJW 1964, 314 = DÖV 1964, 168 = MDR 1964, 172 = Buchholz 11 Art. 19 GG Nr. 28).

31 § 13 Abs. 1 S. 2 schreibt vor, dass die Frist „hierbei", also **bei der Androhung** des Zwangsmittels, zu bestimmen ist. Sollte die Androhung nach Erlass des Grundverwaltungsaktes isoliert erfolgen, muss die Frist in der Androhung gesetzt werden. Die alleinige Bezugnahme auf eine Frist im Grundverwaltungsakt genügt dann nicht. Anders ist es bei der Verbindung der Androhung mit dem Grundverwaltungsakt (Rn. 61).

32 **Spezialgesetzliche Fristregelungen** gehen § 13 Abs. 1 S. 1 vor. Diese können auch vorsehen, dass es in ihrem Anwendungsbereich keiner Fristsetzung bedarf. Das ist zB gemäß § 25 Abs. 8 S. 1 des Telekommunikationsgesetzes der Fall. Ferner bedarf es gemäß § 34a Abs. 1 S. 3, § 59 Abs. 1 S. 1 und § 71 Abs. 5 S. 1, Abs. 6 S. 1 des Asylgesetzes keiner Fristbestimmung. Nach § 10 Abs. 2 S. 3 des Vereinsgesetzes ist die Anwendung unmittelbaren Zwanges bei der Sicherstellung von Sachen eines verbotenen Vereins ohne Androhung oder Fristsetzung zulässig, wenn sonst die Sicherstellung gefährdet wäre.

Die Frist muss **angemessen** sein. Sie ist es, wenn sie das behördliche Interesse an der Schleunigkeit der Ausführung berücksichtigt und zugleich dem Betroffenen die nach der Lebenserfahrung erforderliche Zeit gibt, seiner **Pflicht nachzukommen** (*OVG Berlin-Brandenburg* B 11.9.2014 – OVG 10 S 8.13, juris Rn. 4 = NVwZ-RR 2015, 90). 33

Notwendig ist eine Frist immer dann, wenn die Androhung dazu beitragen soll, die Herausgabe einer Sache oder die Vornahme einer Handlung zu erreichen. Seine Handlungspflicht gebietet dem Verantwortlichen ein positives Tun. Sie verlangt von ihm, Maßnahmen zur Verwirklichung seiner Verpflichtung zu treffen. Dazu benötigt der Betroffene Zeit. Folglich muss ihm eine angemessene Frist eingeräumt werden (*Forsthoff*, S. 296; vgl. *OVG Weimar* B 27.2.1997 – 1 EO 233/96, ThürVBl. 1997, 63 = LKV 1997, 369 = BRS 59 Nr. 216).

Gleichzeitig muss die Frist so bemessen sein, dass dem Pflichtigen ausreichend Zeit verbleibt, um bei dem Verwaltungsgericht vorläufigen **Rechtsschutz zu erlangen** (*BVerwG* U 29.10.1963 – 1 C 8/63, BVerwGE 17, 83 = DÖV 1964, 170 = DVBl. 1964, 356 = BayVBl. 1964, 121 = ZMR 1964, 172). Die Behörde verletzt den Anspruch des Pflichtigen auf wirksamen Rechtsschutz, wenn sie ihre Maßnahme ohne zwingenden Grund so kurzfristig anordnet, dass er effektiven Rechtsschutz nicht zu erlangen vermag. Eine solche Fristsetzung verstößt gegen Art. 19 Abs. 4 GG (*BVerwG* U 2.9.1963 – 1 C 142/59, BVerwGE 16, 289 = NJW 1964, 314 = DÖV 1964, 168 = MDR 1964, 172; *Arndt*, S. 78, 79).

Die Erzwingungsfunktion und die Rechtsschutzfunktion markieren die untere Grenze einer gemäß § 13 Abs. 1 S. 2 angemessenen Frist. Da die Fristsetzung, wie jedes Verwaltungshandeln, am Grundsatz der Verhältnismäßigkeit zu messen ist, muss die Behörde stets prüfen, ob eine großzügiger bemessene Frist eingeräumt werden kann. Denn eine großzügigere Frist ist immer ein milderes Mittel, weil die den Pflichtigen weniger belastet als eine engere Fristsetzung. Das mildere Mittel muss aber gleich geeignet sein. Deshalb ist zu prüfen, ob der Vollstreckungszweck in hinreichender Weise auch erreicht wird, wenn dem Betroffenen zur Erfüllung seiner Verhaltenspflicht mehr Zeit eingeräumt wird. In diesem Fall muss die dann längstmögliche Frist gewährt werden, weil jede kürzere Frist nicht erforderlich wäre, um das Vollstreckungsziel zu erreichen. 34

Das Vollstreckungsinteresse setzt sich zusammen aus dem allgemeinen rechtsstaatlichen Interesse, staatlichen Rechtsakten Geltung zu verschaffen, und dem konkreten Vollzugsinteresse des zu vollstreckenden Verwaltungsaktes. Das allgemeine Vollstreckungsinteresse kann eine kurze Frist gebieten, wenn das Fehlverhalten des Pflichtigen den allgemeinen Rechtsbefolgungswillen irritiert oder gar eine negative Vorbildwirkung zeitigt. Das konkrete Vollzugsinteresse hängt vom Einzelfall ab. Die Behörde wird die Dauer der Frist davon abhängig machen, ob eine Gefahrenlage besteht, dh ein Schaden für ein rechtlich geschütztes öffentliches oder privates Interesse droht. Für die Fristsetzung ist dabei relevant, wie hochrangig das geschützte Recht oder Rechtsgut ist und wie nahe die Gefahr ist.

Geht es zB um die eilbedürftige **Beseitigung giftiger Chemikalien** eines aufgegebenen Produktionsbetriebes, kann die Behörde durch eine für sofort vollziehbar erklärte Verfügung eine Frist von „72 Stunden nach Zustellung" bestimmen (*OVG Berlin* U 13.6.1980 – 2 B 48/78, NuR 1981, 102, 103).

Andererseits kann eine Frist von sechs Wochen zu kurz sein, wenn die Behörde den fachlich ordnungsgemäßen Anschluss eines Hausgrundstücks an die städtische Kanalisation anordnet. Denn eine Frist ist nur dann wirklich angemessen und zumutbar, „wenn sie das behördliche Interesse an der Beschleunigung der Ausführung berücksichtigt, aber zugleich dem Pflichtigen die nach der allgemeinen Lebenserfahrung erforderliche Zeit gibt, seiner Pflicht nachkommen zu können" (*VG Gießen* B 17.9.1996 – 8 G 1192/96, NVwZ-RR 1998, 642).

Bei der Bestimmung einer Frist zur Einstellung eines Betriebes muss regelmäßig beachtet werden, dass der Pflichtige ihn ordnungsgemäß und verantwortungsvoll abwickeln kann. Hat der Inhaber zum Zeitpunkt der Untersagung der Nutzung seinen Betrieb noch nicht über einen längeren Zeitraum betrieben und war er zudem von der Behörde vorab darauf hingewiesen worden war, dass bei der Aufnahme der Nutzung eine Untersagung angeordnet werden müsse, ist die ihm zu gewährende Frist für die Einstellung eines Betriebes zwar nicht großzügig zu bemessen. Eine Fristsetzung auf „sofort", um eine bauordnungsrechtliche Untersagung, Gewerberäume als Wettbüro zu nutzen, durchzusetzen, wird den gesetzlichen Anforderungen an eine angemessene Fristsetzung aber nicht gerecht (*OVG Berlin-Brandenburg* B 11.9.2014 – OVG 10 S 8.13, juris Rn. 4 f = NVwZ-RR 2015, 90).

35 Im Notfall kann die Behörde die Frist **„sofort"** auf den Zeitpunkt der Zustellung setzen. **Beispiele:** Der Kraftfahrzeughalter soll die sofort vollziehbar auferlegte Fahrtenbuchauflage gemäß § 31a Abs. 1 StVZO sogleich ab Zustellung der Verfügung befolgen (*VGH Mannheim* B 9.2.2009 – 10 S 3350/08, DVBl. 2009, 536 L = NJW 2009, 1692 L = NJW-Spezial 2009, 492 = BeckRS 2009, 31684). Der Schulschwänzer soll sofort wieder zur Schule gehen. Der Hundehalter soll das Tier sofort in der Öffentlichkeit an der Leine führen. Der Seuchenverdächtige soll sofort zum Gesundheitsamt kommen. Der Zeuge einer Kindesmisshandlung soll sofort im Jugendamt erscheinen. Eine solche Fristbestimmung im Sinne eines Zeitpunktes, eines Termins, ist hier unabweisbar notwendig und damit rechtmäßig.

Eine mit „sofort" bestimmte Frist reicht nahe an den sofortigen Vollzug gemäß § 6 Abs. 2 heran und birgt Probleme im Hinblick auf einen effektiven Rechtsschutz (App/Wettlaufer/*Klomfaß*, Kap. 36 Rn. 25). Eine Fristsetzung auf „sofort" darf deshalb nur erfolgen, wenn eine sofortige Durchsetzung der Grundverfügung zur Gefahrenabwehr unabweisbar notwendig ist. Eine derartige, aus der Natur der Sache folgende Notwendigkeit zur Bemessung der Frist auf den Zeitpunkt der Bekanntgabe der Verfügung ist bei der Verpflichtung zur Herausgabe von Passdokumenten und Identitätsnachweisen nicht erkennbar. Eine besondere Eilbedürftigkeit wohnt dieser Pflicht nicht inne (*VGH Baden-Württemberg* B 8.5.2009 – 11 S 1013.09, juris Rn. 7 = ESVGH 59, 232 = DVBl. 2009, 853 = VBlBW 2009, 396).

Im Gegensatz zu „sofort" ist „unverzüglich" (§ 6 Rn. 280) keine wirksame Fristbestimmung. Denn dieser Ausdruck ist unbestimmt (zur Rechtsfigur des unbestimmten Rechtsbegriffs § 11 Rn. 7). Mit ihm setzt die Behörde keinen konkreten oder konkretisierbaren Zeitpunkt für die Erfüllung der Verpflichtung. Aber gerade dies fordert das rechtsstaatliche Bestimmtheitsgebot. „Unverzüglich" bedeutet nach der Legaldefinition des § 121 Abs. 1 BGB „ohne schuldhaftes Zögern", das heißt innerhalb einer den Umständen des Einzelfalls angepassten Prüfungs- und Überlegungsfrist (*BGH* B 15.3.2005 – VI ZB 74/04, juris Rn. 5 = NJW 2005, 1869 = MDR 2005, 1007 = BauR 2005, 1205). Hierzu *Sadler*, Bedeutung der gesetzlichen Begriffsbestimmung, Polizei 2009, 266.

Damit ist das Ende der Frist vom Verhalten des Betroffenen abhängig (vgl. *OVG Münster* B 12.7.1991 – 4 B 3581/90, GewArch 1992, 246 = UPR 1992, 35 = NVwZ-RR 1993, 59; *OVG Weimar* B 12.3.2008 – 3 EO 283/07, DÖV 2008, 881 L; *VGH München* U 24.9.1985 – 20 B 85 A.17, BayVBl. 1986, 176 = DÖV 1986, 619; *VGH Mannheim* B 13.1.1995 – 10 S 3057/94, VBlBW 1995, 284 = NuR 1995, 409 = NVwZ-RR 1995, 506 = ZiW 1996, 383; *OVG Greifswald* B 18.6.1996 – 3 M 3/96, NVwZ-RR 1997, 762 = NordÖR 1998, 27 = BRS 58 Nr. 222; *VG Hannover* U 28.7.2011 – 9 A 3272/10, BeckRS 2011, 52845).

Die Begriffe „sofort" und „unverzüglich" werden in der Praxis häufig verwechselt. Dabei sieht man „unverzüglich" als „sofort" an. Deshalb sollte bedacht werden, dass „sofort" so viel wie „augenblicklich" bedeutet. – Kurzum: „Sofort" meint „ohne jedes Zögern"; „unverzüglich" meint „ohne schuldhaftes Zögern".

Ausnahmsweise kann der unbestimmte Begriff „unverzüglich" als Frist bestimmbar sein. Das ist der Fall, wenn die Behörde verfügt: „unverzüglich – spätestens bis zum 30.9. des Jahres –". Dann gilt der 30.9. als bestimmte Frist (vgl. *OVG Münster* B 10.10.1996 – 11 B 2310/96, DVBl. 1997, 674 = BauR 1997, 457 = NVwZ-RR 1998, 76 = BRS 58 Nr. 223).

Der mindeste Zeitraum einer Frist bei der Androhung kann spezialgesetzlich vorgeschrieben sein. So ist zB in §7 Abs. 1 S. 4, §12 FreizügG/EU bestimmt: Außer in dringenden Fällen muss die Frist, falls eine Aufenthaltserlaubnis-EU oder eine Bescheinigung über das gemeinschaftsrechtliche Aufenthaltsrecht noch nicht erteilt ist, mindestens einen Monat betragen. **36**

Ich die Frist nicht angemessen bestimmt, ist die Androhung rechtswidrig und muss mit angemessener First neu erlassen werden. **37**

Gegen die Setzung einer unangemessenen Frist kann der Betroffene mit der Anfechtungsklage gemäß §42 Abs. 1 VwGO vorgehen und im Verfahren des einstweiligen Rechtsschutzes beim Verwaltungsgericht einen Antrag nach §80 Abs. 5 S. 1 VwGO stellen. Geht man davon aus, dass die Fristsetzung nicht untrennbar mit der Androhung verbunden ist, kann sie selbstständiger Gegenstand der Anfechtungsklage und des Antragsverfahrens sein (so *OVG NRW* B 20.2.2009 – 18 A 2620/08, juris Rn. 41 = NWVBl 2009, 353 = InfAuslR 2009, 232) für die Ausreisefrist nach AufenthG). Ansonsten muss der Betroffene die Androhung mit Fristsetzung zum Gegenstand seiner Klage und des Antragsverfahrens machen. Legt er keine Rechtsmittel ein, erwächst die rechtwidrige Androhung als Verwaltungsakt mit Ablauf der Rechtsmittelfrist in Bestandskraft und ist unanfechtbar. Auf dieser Grundlage kann die Behörde das angedrohte Zwangsmittel festsetzen.

Fehlt die Frist, sind die Rechtsfolgen umstritten. Im rechtswissenschaftlichen Schrifttum und überwiegend in der Rechtsprechung wird vertreten, das Fehlen der Frist stelle einen schwerwiegenden und offenkundigen Fehler i.S.d. §44 Abs. 1 VwVfG dar und führe somit zur Nichtigkeit der Androhung. Denn die Androhung ohne Fristbestimmung sei ungeeignet, ihren Zweck zu erreichen. Mangels Fristsetzung könne das erfolglose Verstreichen der Frist als Voraussetzung für die weitere Vollstreckung nicht festgestellt werden, so dass die Androhung als Grundlage für nachfolgende Vollzugsakte nicht in Betracht komme (*VGH Kassel* B 30.4.1982 – 3 TG 119/82, NVwZ 1982, 514; *VGH Kassel* U 25.9.1995 – 14 UE 325/91, GewArch 1996, 210; *Brühl*, JuS 1997, **38**

926, 929; App/Wettlaufer/*Klomfaß*, Kap. 36 Rn. 28, 34). Diese Sichtweise lässt unberücksichtigt, dass eine Androhung ihre Warnfunktion und ihren Zweck als Druckmittel auch ohne Fristbestimmung erreicht und deshalb keineswegs ungeeignet ist. Der Pflichtige wird regelmäßig auch nicht darauf vertrauen, dass keine Zwangsmaßnahmen gegen ihn getroffen würden, nur weil der Androhung des Zwangsmittels die Fristbestimmung fehlt. Legt er keine Rechtsmittel ein, wird die Androhung bestandskräftig (*Dünchheim*, VR 1994, 126, 129). Nach Eintritt der Bestandskraft der rechtswidrigen Zwangsgeldandrohung ist die Behörde zur Zwangsgeldfestsetzung berechtigt, wenn sie dem Vollstreckungsschuldner stillschweigend eine ausreichende Frist zur Erfüllung seiner Verpflichtung eingeräumt hat (*VGH Mannheim* U 7.2.1991 – 5 S 1452/90, NVwZ-RR 1992, 591 = BRS 52 Nr. 242 = VBlBW 1991, 299). Somit ist die Androhung eines Zwangsmittels ohne Fristbestimmung zwar rechtswidrig, aber nicht nichtig (ebenso Engelhardt/App/Schlatmann/*Troidl*, § 13 VwVG Rn. 3; Bader/Ronellenfitsch/*Deusch/Burr*, § 13 VwVG Rn. 17).

39 **b) Keine Fristbestimmung.** Soll eine **Duldung** erzwungen werden, dann wird eine Frist naturgemäß nur selten in Betracht kommen.

In diesem Sinne hat schon das **Preußische Oberverwaltungsgericht** zur Androhung des unmittelbaren Zwanges entschieden, dass für eine Verpflichtung der Polizei zur Fristgewährung da kein Raum sein kann, „wo die Bewilligung der Frist lediglich dazu führen würde, einen bestehenden polizeiwidrigen Zustand aufrechtzuerhalten, wo also der polizeiwidrige Zustand durch eine bestimmte Handlungsweise herbeigeführt wird und zu seiner Beseitigung lediglich deren Unterlassung erforderlich ist" (*OVG Preußen* U 1.11.1934 – III. C. 80/34, PreußOVGE 95, 111, 115, 116).

In dieser Tradition sehen die **Vollstreckungsgesetze der** meisten **Länder** vor, dass eine Frist nicht bestimmt zu werden braucht, wenn eine Duldung erzwungen werden soll, so in Baden-Württemberg (§ 20 Abs. 1 S. 2 LVwVG), Brandenburg (§ 28 Abs. 1 S. 3 VwVGBbg), Hessen (§ 69 Abs. 1 Nr. 2 HessVwVG), Mecklenburg-Vorpommern (§ 87 Abs. 2 S. 2 SOG M-V), Niedersachsen (§ 70 Abs. 1 S. 2 Nds. SOG), Nordrhein-Westfalen (§ 63 Abs. 1 S. 2 VwVG NRW), Saarland (§ 19 Abs. 1 S. 2 SVwVG), Sachsen (§ 20 Abs. 1 S. 3 SächsVwVG), Sachsen-Anhalt (§ 59 Abs. 1 S. 3 VwVG LSA), Schleswig-Holstein (§ 236 Abs. 2 S. 2 LVwG) und Thüringen (§ 46 Abs. 1 S. 3 ThürVwZVG).

40 Eine Fristsetzung ist **ausnahmsweise geboten**, wenn der Pflichtige eine angemessene Zeit braucht, um sich auf die Duldung vorzubereiten. So ist zB die Absicht der Behörde, Vorarbeiten auf einem Grundstück durchzuführen, dem Betroffenen nach folgenden Vorschriften mindestens zwei Wochen vorher bekannt zu geben:

§ 17 Abs. 2 des Allgemeinen Eisenbahngesetzes (*BVerwG* B 3.3.1994 – 7 VR 4, 5, 6/94, UPR 1994, 266 = NVwZ 1994, 483); § 16a des Bundesfernstraßengesetzes; § 16 Abs. 1, 2 des Bundeswasserstraßengesetzes (Das kann unmittelbar an den Eigentümer oder sonstigen Nutzungsberechtigten oder durch ortsübliche Bekanntmachung in den Gemeinden, in deren Bereich die Vorarbeiten durchzuführen sind, erfolgen); § 44 des Energiewirtschaftsgesetzes; § 7 Abs. 1 des Luftverkehrsgesetzes (*BVerwG* B 27.1.2004 – 9 C 7/03, NVwZ 2004, 1126 = NJW 2004, 2995 L = NuR 2005, 617).

Ferner ist die Absicht der Behörde, ein Grundstück zu betreten, um Arbeiten auszuführen, dem Betroffenen gemäß § 209 Abs. 1 S. 2 des Baugesetzbuchs vorher bekannt zu geben. Selbiges ist in § 9f Abs. 1 S. 2 des Atomgesetzes bestimmt.

Nach §2 Abs. 5 S. 1 des Bundesfernstraßengesetzes hat die Behörde ihre Absicht, eine Straße einzurichten, drei Monate vorher öffentlich bekannt zu machen. Damit soll Gelegenheit gegeben werden, Einwendungen zu erheben.

Sollte ein uneinsichtiger Pflichtiger zur Duldung gezwungen werden müssen, ist es allgemein unerlässlich, ihm eine Frist zu setzen. Zu denken ist etwa an die Duldungspflicht des Eigentümers oder eines Mieters bei Bauarbeiten an einem Mietshaus.

Gleiches gilt für einen Grundstückspächter bei Planungsarbeiten (*VGH Kassel* B 5.7.1994 – 14 TH 625/93, ESVGH 44, 309 = UPR 1994, 399 = ZfW 1995, 171 = RdL 1995, 83 = NuR 1995, 199 = AgrarR 1995, 250 = NVwZ 1995, 298).

In einem Planfeststellungsverfahren können sowohl Eigentümer als auch Besitzer eines Grundstücks durch die Androhung von Zwangsgeld zur Duldung der Vorarbeiten veranlasst werden (*VGH München* B 20.10.1993 – 20 CS 93.2848, BayVBl. 1994, 80 = NVwZ-RR 1994, 244).

Gemäß § 126 Abs. 1 des Baugesetzbuchs hat die Behörde den duldungspflichtigen Eigentümer vorher davon zu benachrichtigen, dass sie auf seinem Grundstück Beleuchtungskörper, Kennzeichen oder Schilder anbringen wird (*VGH Mannheim* B 14.2.2007 – 2 S 2626/06, NVwZ-RR 2008, 228 = DVP 2009, 214).

Muss die Behörde eine **Unterlassung** durchsetzen, **scheidet** die Bestimmung einer **Frist** grundsätzlich **aus**. Die Unterlassungspflicht gilt sofort mit Zustellung der Androhung. Denn das Gebot, etwas zu unterlassen, ist ein Verbot, das keine Verzögerung erlaubt. 41

Beispiele:
- Der Betroffene darf Verstöße gegen Mutterschutz- oder Arbeitsschutzbestimmungen, Straf- oder Ordnungswidrigkeitsvorschriften nicht fortsetzen.
- Er darf ein Hausverbot nicht missachten.
- Ebenfalls sofort hat sich der Betroffene an ein berufliches Tätigkeitsverbot nach §31 des Infektionsschutzgesetzes zu halten (*VG Berlin* B 5.9.2002 – 14 A 66/02, NVwZ-RR 2003, 429).
- Der Pflichtige muss ein lärmendes Motorradrennen unterlassen.
- Der Betroffene hat eine rechtswidrige gewerbliche Betätigung sofort einzustellen (*OVG Koblenz* U 4.2.1998 – 11 A 10814/97, GewArch 1998, 337).
- Ebenfalls ab sofort darf der Verantwortliche keine Schadstoffe mehr in die öffentliche Entwässerungsanlage einleiten (*VGH München* B 15.6.2000 – 4 B 98.775, NJW 2000, 3297 = BayVBl. 2001, 752).
- Der Pflichtige muss es unterlassen, auf seinem Betriebshof Bauschutt, Erdaushub, Abfälle und Reststoffe anzunehmen (*VG Weimar* B 3.5.1999 – 7 E 964/99, ThürVBl. 2000, 22 = NVwZ-RR 2000, 478).

Würde die Behörde hier eine Frist setzen, käme das der Gestattung des rechtswidrigen Verhaltens während der Dauer der Frist gleich. Der Betroffene dürfte also im Ergebnis während dieser Zeit das Recht verletzen. Das ist mit rechtsstaatlichen Grundsätzen schwerlich zu vereinbaren.

Ausnahmsweise bedarf eine Zwangsmittelandrohung **auch bei Unterlassungspflichten** einer **Frist**, wenn zu deren Erfüllung im konkreten Fall bestimmte Vorbereitungshandlungen nötig sind (Engelhardt/App/Schlatmann/*Troidl*, §13 VwVG Rn. 3). So muss die Behörde bei einer Gewerbeuntersagung dem Pflichtigen uU einen Zeitraum für die 42

Abwicklung des Betriebes zubilligen. Davon ist z.B. bei der bauordnungsrechtlichen Schließung eines Wettbüros auszugehen, da nicht alle bereits abgeschlossenen Wetten ad hoc vollständig abgewickelt werden können (*OVG Berlin-Brandenburg* B 11.9.2015 – OVG 10 S 8.13, juris Rn. 6 = NVwZ-RR 2015, 90).

43 Die **Unterlassungspflicht** kann auch **zeitlich bestimmt** sein. Das ist zB der Fall, wenn die Behörde den Betrieb einer Autowaschanlage an Sonntagen sowie an Feiertagen untersagt. Hier wird die Behörde anordnen, dass der Betroffene seine Verpflichtung an den kalendermäßig nachfolgenden Sonntagen und Feiertagen zu erfüllen hat (*VGH Kassel* B 30.11.1988 – 8 TH 4246/88, NVwZ-RR 1989, 452 = KKZ 1990, 95; *VG Oldenburg* B 12.5.2010 – 12 B 970/10 –).

44 Im Fall der Androhung eines Zwangsgeldes durch das **Verwaltungsgericht** gemäß § 172 VwGO kommt eine Fristbestimmung ebenso nicht in Betracht, wenn eine Unterlassung durchgesetzt werden soll (*VGH Kassel* B 8.11.1999 – 8 TM 3106/99, NVwZ-RR 2000, 730 = DÖV 2000, 385 = KKZ 2001, 19).

45 **c) Bestimmung der Frist.** Für die Rechtmäßigkeit der nach § 13 Abs. 1 S. 2 gebotenen Fristbestimmung ist erforderlich, dass das Ende der Frist entweder mit einem kalendermäßigen Datum oder mit einer genauen Zeitdauer oder in sonstiger Weise hinreichend bestimmbar festgesetzt wird (§ 31 Abs. 1 VwVfG in Verb. mit §§ 187 bis 139 BGB). Das Erfordernis einer zeitlich **bestimmten oder zumindest bestimmbaren Frist** ergibt sich aus § 37 Abs. 1 VwVfG, wonach ein Verwaltungsakt inhaltlich hinreichend bestimmt sein muss. Da die durch § 13 Abs. 1 S. 2 gebotene Fristbestimmung Bestandteil der einen Verwaltungsakt darstellenden Zwangsmittelandrohung ist, ist § 37 Abs. 1 VwVfG darauf unmittelbar anzuwenden. Das Gebot der Bestimmtheit bzw. Bestimmbarkeit der Frist ergibt sich zugleich aus den verfassungsrechtlichen Geboten der Rechtsstaatlichkeit (Art. 20 Abs. 3 GG) sowie der Gewährleistung eines effektiven Rechtsschutzes (Art. 19 Abs. 4 GG) gegen belastende Maßnahmen der hoheitlichen Gewalt (vgl. *BVerwG* U 2.9.1963 – I C 142.59, juris Rn. 15 = BVerwGE 16, 289, 291; *VGH Baden-Württemberg* B 13.1.10995 – 10 S 3057/94, juris Rn. 9 = NVwZ-RR 1995, 506 = VBlBW 1995, 284 = NuR 1995, 409).

Der Pflichtige muss aus dem Bescheid eindeutig erkennen können, bis wann er die von ihm geforderte Handlung vornehmen muss. In der Praxis bietet sich eine kalendermäßig bestimmte Frist auf ein genaues Datum an (… bis zum …). Hinreichend bestimmt ist auch eine Setzung einer Frist, die mit dem Eintritt eines Ereignisses zu laufen beginnt. Die Behörde kann bestimmen, dass der Verantwortliche seine Verpflichtung innerhalb eines bestimmten Zeitraums nach Unanfechtbarkeit des Verwaltungsaktes zu erfüllen habe. Sie kann beispielsweise eine Frist von „**einem Monat nach Unanfechtbarkeit**" setzen. Eine solche Frist genügt der Anforderung des § 13 Abs 1 S 2 (*OVG Berlin* U 29.7.1969 – 2 B 15/68, JR 1970, 277 = DÖV 1970, 830 L). Gleiches gilt selbstverständlich für andere Zeiträume, etwa acht Wochen nach Unanfechtbarkeit des Grundverwaltungsaktes (*OVG Berlin* U 10.2.1989 – 2 B 152/86, NVwZ 1990, 176).

Hierbei muss die Behörde allerdings Sorge tragen, dass das **fristauslösende Ereignis** auch **eintritt**. So kommt eine Frist, die an den Zeitpunkt der Zustellung der Ordnungsverfügung durch Zustellungsurkunde (§ 3 VwZG) geknüpft worden ist, nicht in Gang, wenn die Verfügung nicht förmlich zugestellt, sondern lediglich gemäß § 41 VwVfG bekannt gemacht worden ist. Der Beginn des Fristenlaufes ist hier an den Eintritt eines bestimmten Ereignisses – die Zustellung der Ordnungsverfügung – geknüpft.

Hinsichtlich der notwendigen Bestimmtheit des Regelungsinhaltes einer derartigen Androhung ist dagegen rechtlich nichts zu erinnern. Denn für den Adressaten dieser Regelung ist der Lauf der Frist bestimmbar, weil die Zustellung (mittels Zustellungsurkunde) für ihn als den Fristenlauf auslösendes Ereignis ohne weiteres erkennbar ist. Wenn dieses Ereignis aber tatsächlich nicht eingetreten ist, entfällt im konkreten Fall die Bestimmtheit/Bestimmbarkeit des Beginns des Fristenlaufes mit der Folge, dass diese Frist nicht in Lauf gesetzt worden ist. Die Bestimmtheit/Bestimmbarkeit des Beginns des Fristenlaufs lässt sich in einem solchen Fall auch nicht aus der Erwägung herleiten, dass aus Sicht des Adressaten bei fehlender Zustellung der Tag der Bekanntgabe den Fristenlauf in Gang setzen sollte. Denn der Beginn des Fristenlaufes war eindeutig nicht alternativ an die Bekanntgabe oder die Zustellung als einer besonderen Form der Bekanntgabe geknüpft. Die Behörde hatte sich vielmehr durch die Bezugnahme auf eine konkrete Form der Zustellung (mittels Zustellungsurkunde) hinsichtlich der Art der Zustellung eindeutig festgelegt und bei der Bestimmung des Fristenlaufes aus Sicht des Adressaten sich hierauf bezogen. Eine derartige Bestimmung des Fristenlaufes ist nicht zum Nachteil des Betroffenen dahin auslegungsfähig, dass mit ihr auch die – für den Fall fehlender Zustellung – anderweitige Bekanntgabe des Verwaltungsaktes gemeint sein könnte. Denn bei fehlender Eindeutigkeit des Regelungsinhalts einer Ordnungsverfügung gehen Zweifel am objektiven Erklärungswert der Regelung zu Lasten der Behörde (*OVG NRW* B 12.1.1993 – 20 B 3082/92, juris Rn. 7ff. = NVwZ-RR 1994, 365 = NWVBl 1994, 32 = KKZ 1995, 82).

Eine Frist kann auch dann bestimmt werden, wenn der **Eintritt des fristauslösenden Ereignisses nicht gewiss** ist (wie der Eintritt eines kalendermäßig bestimmten Tages). So kann die Behörde den Adressaten einer Ordnungsbehörde verpflichten, „nach Eintritt von Bodenfrost sofort“ zu streuen. In diesem Fall ist der Eintritt des fristauslösenden Ereignisses unbestimmt, aber klar bestimmbar. Die daran anknüpfende Frist „sofort“ ist ebenfalls bestimmt.

Die Frist nach §13 Abs. 1 S. 2 ist eine behördliche Frist, keine gesetzliche Frist. Denn das Gesetz legt lediglich fest, dass eine Frist zu setzen ist, nicht aber die Frist als solche. Fristen, die von der Behörde selbst bemessen werden dürfen, stehen zur Disposition der Behörde und können verlängert werden. Sind solche Fristen bereits abgelaufen, können sie gemäß §31 Abs. 7 S. 2 VwVfG rückwirkend verlängert werden, insbesondere wenn es unbillig wäre, die durch den Fristablauf eingetretenen Rechtsfolgen bestehen zu lassen. Im Verwaltungsvollstreckungsrecht gewinnt die Möglichkeit der **Fristverlängerung** vor allem dann Relevanz, wenn der Grundverwaltungsakt nicht innerhalb der gesetzten Frist unanfechtbar wird, weil der Pflichtige ihn anficht und seinem Rechtsbehelf aufschiebende Wirkung zukommt. In diesem Fall kann die Behörde die Frist nach Erhebung der Anfechtungsklage auf die Zeit ab Unanfechtbarkeit des Bescheides hinausschieben (vgl. *BVerwG* U 13.10.1978 – 7 C 77/74, juris Rn. 9 = NJW 1979, 1054 = VerkBl. 1979, 173 = DÖV 1979, 408 = DAR 1979, 310 = MDR 1979, 431 = VerkMitt. 1979, 59).

Problematisch ist die Bestimmung der Frist, wenn der Grundverwaltungsakt noch 46
nicht bestandskräftig ist und ein Rechtsbehelf aufschiebende Wirkung hat. Damit sind in erster Linie Fälle angesprochen, in denen die Behörde die Androhung nach §13 Abs. 2 mit dem Grundverwaltungsakt verbindet, ohne dessen sofortige Vollziehung anzuordnen. Nach überwiegender Ansicht darf die Frist nach §13 Abs. 1 S. 2 in diesem

Fällen nicht kürzer sein als die Rechtsbehelfsfrist von – bei ordnungsgemäßer Rechtsbehelfsbelehrung – einem Monat (§§ 70, 74 VwGO), siehe: Engelhardt/App/Schlatmann/*Troidl*, § 13 VwVG Rn. 3; Bader/Ronellenfitsch/*Deusch/Burr*, § 13 VwVG Rn. 14; *Lemke*, S. 309; *Hennecke*, Jura 1989, 7, 15; aA mit beachtlichen Argumenten *Brühl*, JuS 1997, 926, 930).

Die Rechtsbehelfsfrist darf jedenfalls dann nicht unterschritten werden, wenn das Landesrecht dies ausdrücklich untersagt. Eine entsprechende Regelung enthält § 63 Abs. 1 S. 3 VwVG NRW. Hiernach darf die Androhungsfrist die Rechtsbehelfsfrist nicht unterschreiten, wenn der Verwaltungsakt nicht bestandskräftig und nicht vollziehbar ist. Ist als Fristbeginn die Zustellung oder ein anderer Zeitpunkt bestimmt, tritt gemäß § 63 Abs. 1 S. 4 VwVG NRW an dessen Stelle der Eintritt der Bestandskraft, sofern ein Rechtsbehelf mit aufschiebender Wirkung eingelegt wird.

47 Eine Zwangsmittelandrohung mit einer Fristsetzung in einem nicht vollziehbaren Ausgangsbescheid, die nicht an den Zeitpunkt der Bestandskraft anknüpft, wird als rechtswidrig angesehen. Dies wird damit begründet, dass unter derartigen Umständen beim Adressaten der Verfügung Unsicherheiten darüber entstehen könnten, ob die Befolgungspflicht bei Rechtsmitteleinlegung entfalle oder weiterbestehe, und sich hieraus ein unzulässiger, angesichts der fehlenden Vollziehbarkeit der Grundverfügung rechtswidriger Befolgungsdruck ergeben könne (*OVG Berlin-Brandenburg* U 22.4.2010 – OVG 11 B 9.09, juris Rn. 17 = NVwZ-RR 2010, 748).

Die Annahme eines solchen Befolgungsdruckes erscheint hypothetisch. Dem Bürger, der gegen eine Verfügung klagt, wird in aller Regel bewusst sein, dass er den darin verfügten Anordnungen zunächst nicht genügen muss, weil die Sache zur Prüfung bei Gericht liegt. Dies ändert allerdings nichts daran, dass eine **Androhung mit einer kürzeren Frist als der Monatsfrist mangelhaft** ist. Sie ist aber nicht rechtswidrig. Die Androhung ist ein Verwaltungsakt. Sie regelt den Vollstreckungsfall. Die Bestimmung einer Frist „hierbei“ ist nicht ihr integraler Bestandteil. Sie kann ja auch kraft Gesetzes entfallen (Rn. 32) und bei einer Unterlassung ausscheiden (Rn. 41).

Also betrifft die Frist nicht die materiell-rechtliche Wirksamkeit der Androhung, sondern nur den Zeitraum ihrer verfahrensrechtlichen Hemmung.

Endet die **Behördenfrist** vor Ablauf der Rechtsbehelfsfrist oder – wenn der Adressat Rechtsmittel einlegt, die aufschiebende Wirkung entfalten – vor Eintritt der Bestandskraft des Verwaltungsaktes, ist sie **gegenstandslos.** Das hat zur Folge, dass die Behörde das Zwangsmittel nicht festsetzen darf (§ 6 Rn. 111). Die gegenstandslose Frist muss durch eine neue, ausreichende Frist ersetzt werden. – Diese Rechtsfolge tritt immer ein, wenn die Behörde nicht oder nicht rechtzeitig die sofortige Vollziehung des Grundverwaltungsaktes nach § 80 Abs. 2 S. 1 Nr. 4 VwGO anordnet.

48 Von dem Grundsatz, dass ihre Frist mindestens einen Monat umfassen muss, darf die Behörde zunächst abweichen, wenn sie die **sofortige Vollziehung des Grundverwaltungsaktes anordnet.** Dann ist sie berechtigt, ohne Rücksicht auf die laufende Rechtsbehelfsfrist eine kürzere Androhungsfrist zu bestimmen. Hier überwiegt das besondere öffentliche Interesse an der vorzeitigen Vollziehbarkeit des Grundverwaltungsaktes. So kann die Behörde zB bei befürchteter Trinkwasserverseuchung die Ersatzvornahme mit einer Frist von zwei Tagen androhen (*OVG Koblenz* B 25.3.1986 – 1 B 14/86, NVwZ 1987, 240).

Sollte das Verwaltungsgericht die aufschiebende Wirkung des Rechtsbehelfs wiederherstellen, wird zwar diese kürzere Frist durch das Rechtsbehelfsverfahren überholt. Aber das hat nur zur Folge, dass die Frist ohne Vollstreckungserfolg endet und deshalb später neu gesetzt werden muss. An der Rechtsgültigkeit der Androhung selbst ändert sich nichts.

Sodann darf die Androhungsfrist kürzer als ein Monat sein, wenn ein **Rechtsbehelf** 49
gemäß § 80 Abs. 2 S. 1 Nr. 1-3 VwGO **kraft Gesetzes keine aufschiebende Wirkung** hat, zB bei Seuchengefahr für Mensch oder Tier, aber auch im Bereich der Vermeidung und des Recyclings von Elektro- und Elektronikschrott (vgl. § 44 Abs. 2 Elektrogesetz; *VG Ansbach* U 30.5.2007 – 11 K 06/06.2455, 2456, NVwZ 2008, 237). In solchen Fällen muss die Vollstreckungsbehörde befugt sein, innerhalb einer kurzen Frist und ohne Rücksicht auf eine Rechtsbehelfsfrist vorzugehen.

d) Abgelaufene Frist. Setzt die Behörde eine Frist zur Befolgung des Grundverwal- 50
tungsaktes fest, welche die Rechtsbehelfsfrist nicht unterschreitet, muss der Pflichtige dieser Anordnung innerhalb der gesetzten Frist gleichwohl nicht nachkommen, wenn sein gegen die Anordnung erhobener Rechtsbehelf nach § 80 Abs. 1 und 2 VwGO aufschiebende Wirkung hat. Wird die Frist im Verlauf des Rechtsbehelfsverfahrens überschritten, stellt sich die Frage, ob damit nur die Fristsetzung gegenstandslos geworden ist oder mit ihr auch die Androhung des Zwangsmittels.

Nach einer in der Rechtsprechung vertretenen Ansicht erledigt sich eine Vollstre- 51
ckungsregelung (Androhung), wenn der Betroffene dem Grundverwaltungsakt wegen der Einlegung von Rechtsbehelfen bis zum Ablauf der mit der Zwangsmittelandrohung verbundenen Frist nicht nachzukommen brauche. Die Androhung eines Zwangsmittels solle dem Pflichtigen Gelegenheit geben, der ihm auferlegten Verpflichtung zur Vornahme der Handlung freiwillig nachzukommen. Eine bereits abgelaufene Frist, die nicht mehr eingehalten werden könne, erfülle diesen Zweck nicht. Erweise sie sich deshalb als gegenstandslos, so gelte dies auch für das Vollstreckungsmittel, da eine Zwangsgeldandrohung ohne Fristsetzung nicht Gegenstand einer selbstständigen Regelung sein könne. Die Androhung müsse daher wiederholt werden (*OVG NRW* U 13.10.1981 – 4 A 246/80, GewArch 1982, 134; OVG Rheinland-Pfalz U 11.4.1985 – 1 A 45/84, NVwZ 1986, 763; *OVG Schleswig* U 4.6.1991 – 4 L 62/91, juris Rn. 30 = NVwZ-RR 1992, 444; *OVG Thüringen* U 28.9.2000 – 3 KO 700/99, juris Rn. 56 = NVwZ-RR 2001, 507 = NuR 2001, 107 = ThürVBl 2001, 62; *OVG Lüneburg* U 25.4.2002 – 8 LB 47/01, juris Rn. 41 = NVwZ-RR 2002, 734 = NuR 2002, 618; vgl. zur Abschiebungsandrohung *BVerwG*, U 11.11.1982 – 1 C 15.79, Buchholz 402.24 § 7 AuslG Nr. 21.)

Folgt man dieser Auffassung, müsste man die Androhung als rechtswidrig ansehen. Die Rechtswidrigkeit würde daraus herzuleiten sein, dass die in der Androhung bestimmte Frist durch ein längeres Rechtsbehelfsverfahren überholt wurde. Der Pflichtige hätte es hiernach in der Hand, durch einen Rechtsbehelf nicht nur die Frist unwirksam zu machen, sondern auch die Androhung hinfällig werden zu lassen. Er wäre in der Lage, durch die Einlegung eines ersichtlich erfolglosen Rechtsbehelfs die Rechtswidrigkeit eines Verwaltungsaktes herbeiführen. Deshalb ist diese Meinung abzulehnen (ähnlich Engelhardt/App/Schlatmann/*Troidl*, § 13 VwVG Rn. 3, der darauf hinweist, dass von einer Erledigung der Androhung nur gesprochen werden könne, wenn die Behörde selbst daran nicht mehr festhalte).

52 Die Androhung eines Zwangsmittels wird nicht dadurch rechtswidrig, dass die Frist abläuft, bevor der Grundverwaltungsakt unanfechtbar geworden ist. Sie wird auch nicht gegenstandslos. Vielmehr wird ausschließlich die **Fristbestimmung gegenstandslos.** Als Folge dessen muss nach dem Abschluss des Rechtsbehelfsverfahrens eine **neue Frist gesetzt** werden (*BVerwG* U 17.8.2010 – 10 C 18/09, juris Rn. 18 = InfAuslR 2010, 464 = Buchholz 402.25 §38 AsylVfG Nr.1 = DÖV 2011, 123 L).

Denn die Rechtspflicht des Verantwortlichen wird nicht erst durch die Bestimmung der Frist begründet. Seine Rechtspflicht ergibt sich bereits aus dem vorab erlassenen Grundverwaltungsakt. Also hat die Fristsetzung die Wirkung, dass eine tatbestandliche Voraussetzung für den zwangsweisen Vollzug des Grundverwaltungsaktes vorliegt (vgl. *OVG Saarlouis* U 8.12.1976 – 2 R 120/76, BRS 30 Nr.184).

Wenn ein Rechtsbehelf die Frist wieder gegenstandslos gemacht hat, kann das nur dazu führen, dass das angedrohte Zwangsmittel noch nicht festgesetzt und angewendet werden darf. Um zunächst zur Festsetzung zu kommen, ist also eine neue Fristbestimmung notwendig. Das folgt aus § 14. Diese Vorschrift setzt den ergebnislosen Ablauf irgendeiner Frist an sich voraus. Dazu gehört also auch eine neue Frist.

Im gerichtlichen Vollstreckungsverfahren gegen eine Behörde gemäß § 172 VwGO trifft diese Rechtslage entsprechend zu. Hier geht es um die Tatsache, dass die von dem Verwaltungsgericht des ersten Rechtszuges gesetzte Frist während des Beschwerdeverfahrens abgelaufen ist. Jetzt ist das Beschwerdegericht (OVG/VGH) zuständig und ermächtigt, die abgelaufene Frist durch eine neue Frist zu ersetzen (*OVG Lüneburg* B 12.9.2006 – 5 OB 194/06, NVwZ-RR 2007, 139).

Gleiches gilt, wenn die Behörde die Frist aufhebt und erklärt, sie werde eine neue Frist erst zu einem späteren, jetzt noch nicht absehbaren Zeitpunkt setzen, etwa für das Gebot zur Beseitigung eines Bauwerks (a.A.: *OVG Bremen* U 16.1.1979 – 1 BA 4/77, BauR 1979, 409 = BRS 35 Nr.218).

53 Das ergibt sich aus dem Charakter der Androhung. Sie hat Warnfunktion. Die Frist soll ein zeitlich angemessenes Druckmittel sein, den Pflichtigen zu beugen. Dieser Zweck ist für ihn offenkundig, sobald er die Frist als solche zur Kenntnis nimmt. Wenn er die Frist nun selbst durch einen Rechtsbehelf gegenstandslos macht, ändert sich nichts daran, dass er gewarnt ist.

Doch ist zu berücksichtigen, dass der Betroffene während des Rechtsstreits die Hoffnung haben kann, schließlich zu obsiegen. Unterliegt er, wird man ihm nach dem Rechtsgedanken des §13 Abs 1 S 2 und der Regelung des §14 eine Frist einräumen müssen, innerhalb welcher „der Vollzug dem Pflichtigen billigerweise zugemutet" werden kann. Er kann danach erwarten, dass die Behörde ihm mitteilt, welche Frist sie nunmehr für angemessen, das heißt zeitlich zumutbar, hält.

54 Aus diesen Gründen kann auch nicht angenommen werden, die Behörde sei im Falle ihres Obsiegens überhaupt nicht mehr verpflichtet, eine neue Frist zu bestimmen. Denn sie darf nach §14 ohne neue Frist das angedrohte Zwangsmittel nicht festsetzen. Das wäre zudem eine überfallartige und deshalb rechtswidrige Maßnahme. Sie verstieße gegen Treu und Glauben.

55 Ferner kann aus vorstehenden Gründen nicht gefolgert werden, die ursprüngliche Frist beginne bei Unanfechtbarkeit des Verwaltungsaktes erneut zu laufen: Eine bereits erloschene Frist kann nicht reaktiviert werden.

Der Ablauf einer Frist hat keinen Einfluss auf das Vollstreckungsverfahren, wenn die Behörde ihre Verfügung wiederholt hat. Das ist zB der Fall, wenn die Behörde ein Aufenthaltsverbot zur Bekämpfung der offenen Drogenszene verlängert und dabei eine neue Frist gesetzt hat (*OVG Münster* B 20.4.1999 – 5 E 251/99, juris Rn. 17 = NVwZ-RR 1999, 802). In diesen Fällen liegt ein einheitliches, zeitlich nicht unterbrochenes Aufenthaltsverbot vor, das weiter vollstreckt werden kann. 56

e) Nachträglich vorverlegte Frist. Von einer gesetzten Frist darf die Behörde nicht grundlos zuungunsten des Betroffenen abweichen. Eine nachträgliche Verkürzung der Frist ist nur ermöglich, wenn nach Bestimmung dieser Frist neue Tatsachen eintreten oder Tatsachen der Behörde bekannt werden, die sie trotz pflichtgemäßer Ausübung des Amtsermittlungsgrundsatzes aus § 24 VwVfG nicht in Erfahrung gebracht hat. 57

Eine Verkürzung der Frist ist etwa möglich, wenn sich nachträglich die Voraussetzungen für eine Anordnung der sofortigen Vollziehung gemäß § 80 Abs. 2 S. 1 Nr. 4 VwGO ergeben.

Beispiel: Die Ordnungsbehörde hatte vor einem Jahr die Beseitigung von Mängeln in einem Mietwohnhaus angeordnet. Sie hatte die Ersatzvornahme angedroht und als Frist einen Monat nach Unanfechtbarkeit des Bescheides bestimmt. Nach erfolglosem Widerspruch ist das Verfahren vor dem Verwaltungsgericht anhängig. Inzwischen haben sich die baulichen Mängel verschlechtert. Es besteht akute Gefahr für die Sicherheit von Mietern. Die Behörde kann nicht mehr warten.

Deshalb ordnet sie die sofortige Vollziehung des Grundverwaltungsaktes an. Dadurch wird die alte Frist von einem Monat nach Unanfechtbarkeit kraft Gesetzes gegenstandslos. Denn die sofortige Vollziehung betrifft einen Verwaltungsakt, der noch vor seiner Unanfechtbarkeit vorzeitig vollziehbar gemacht wird. Nunmehr muss die Behörde die erloschene alte Frist durch eine neue ersetzen. Das geschieht ohne Rechtsbehelfsbelehrung. Denn die Fristbestimmung ist kein Verwaltungsakt.

Aus § 13 Abs 7 kann gefolgert werden, dass die **neue Fristsetzung** ebenso wie die frühere Androhung **förmlich zuzustellen** ist. Diese Zweifelsfrage kann nicht sicher beantwortet werden. Der hier geschilderte Fall ist im Gesetz nicht ausdrücklich geregelt. Für die Verwaltungspraxis ist indessen aus Sicherheitsgründen die formstrengere Bekanntgabe durch Zustellung zu empfehlen. 58

f) Frist bei Androhung der Abschiebung. Für die Abschiebung enthält das Aufenthaltsgesetz eine Sonderregelung, die § 13 vorgeht. Nach § 59 Abs. 1 S. 1 AufenthG ist die Abschiebung ist unter Bestimmung einer angemessenen Frist zwischen sieben und 30 Tagen für die freiwillige Ausreise anzudrohen. Unter den Voraussetzungen des § 59 Abs. 1 S. 2 bis 5 AufenthG kann die Abschiebefrist verkürzt oder verlängert werden. 59

Entfällt die Vollziehbarkeit der Ausreisepflicht oder der Abschiebungsandrohung, wird die Ausreisefrist unterbrochen und beginnt nach Wiedereintritt der Vollziehbarkeit erneut zu laufen. Einer erneuten Fristsetzung bedarf es dann nicht, § 59 Abs. 1 S. 6 und 7 AufenthG.

Die Ausreisepflicht muss weder nach dem Wortlaut des § 59 Abs. 1 AufenthG noch nach dem Regelungszusammenhang untrennbar mit der Androhung der Abschiebung verbunden sein. Deshalb kann die mit der Abschiebungsandrohung verbundene Ausreisefrist selbstständiger Gegenstand einer Anfechtungsklage sein (*BVerwG* U 3.4.2001 – 9 C 22/00, BVerwGE 114, 122, 124 = DVBl. 2001, 1522 = DÖV 2001, 865

= InfAuslR 2001, 357; *OVG Münster* B 20.2.2009 – 18 A 2620/08, juris Rn. 41 = NWVBl 2009, 353 = InfAuslR 2009, 232 = DÖV 2009, 507 L).

60 **g) Aufgehobene Frist.** Hebt die Behörde eine Frist auf, besteht die gleiche Rechtslage wie bei dem Ablauf einer Frist: Um das angedrohte Zwangsmittel festsetzen zu können, muss die Behörde eine neue Frist einräumen (Rn. 52, 53). Dadurch ist die Frist erneut „in der Androhung bestimmt", wie es § 14 aussagt. Zu welchem Zeitpunkt die Androhung vervollständigt wird, ist für die Festsetzung ohne Bedeutung. Denn § 14 verlangt nur, dass irgendeine Frist vor der Festsetzung des Zwangsmittels bestimmt wurde.

II. Zu Absatz 2

61 **1. Verbindung der Androhung mit dem Verwaltungsakt.** Nach § 13 Abs. 2 S. 1 kann die Androhung des Zwangsmittels mit dem Grundverwaltungsakt verbunden werden. Diese Rechtslage bestand schon in Preußen: Gemäß § 57 Abs. 2 S. 1 PVG konnte die „Androhung eines Zwangsmittels … in der polizeilichen Verfügung enthalten" sein.

Die Behörde ist somit befugt, die **Androhung** zeitgleich, d.h. eine logische Sekunde nach dem Grundverwaltungsakt zu erlassen und beide Verwaltungsakte im selben Bescheid zu regeln. Daraus folgt im Umkehrschluss, dass die Behörde die Androhung dem Grundverwaltungsakt auch **jederzeit nachschieben** kann. Eine nachgeschobene Androhung muss aber zweifelsfrei erkennen lassen, auf welchen Verwaltungsakt sie sich bezieht.

§ 13 Abs. 2 S. 1 lässt sich auch entnehmen, dass die **Androhung** dem Grundverwaltungsakt zeitlich **nicht vorangehen darf**. In der Praxis wird die Behörde hierzu in aller Regel auch keine Veranlassung haben. Die Frage kann jedoch relevant werden, wenn die Behörde den Grundverwaltungsakt aufhebt und durch einen ähnlichen ersetzt, auf den die Androhung, die dem ursprünglichen Verwaltungsakt beigegeben war, in gleicher Weise passt. Dieselbe Situation ist gegeben, wenn der zunächst erlassene Verwaltungsakt durch Ablauf einer Befristung oder in sonstiger Weise unwirksam (vgl. § 43 Abs. 2 VwVfG) und durch einen neuen ersetzt wird. Auch hier lässt sich fragen, ob die Androhung auch für den neuen Verwaltungsakt gilt oder ob mit dem neuen Verwaltungsakt eine neue Androhung erlassen werden muss.

Anzunehmen ist, dass die Androhung sich mit dem Grundverwaltungsakt erledigt: § 13 Abs. 2 S. 1 liegt erkennbar die Vorstellung des Gesetzgebers zugrunde, dass zunächst der Grundverwaltungsakt erlassen und die Androhung ihm sodann gleichsam beigesellt wird. Dies spricht dagegen, eine bereits vorhandene Androhung auf einen nachher erlassenen Verwaltungsakt zu beziehen. Hierfür spricht auch der **akzessorische Inhalt der Androhung**. Die Androhung ist ihrem Wesen nach zwar keine Nebenbestimmung i.S.d. § 36 VwVfG. Strukturell ist sie jedoch der Auflage gemäß § 36 Abs. 2 Nr. 4 VwVfG ähnlich. Wie jene, so ist auch die Androhung ein selbstständiger Verwaltungsakt, der inhaltlich derart auf den Grundverwaltungsakt bezogen ist, dass seine Regelung ohne diesen Verwaltungsakt keinen Sinn macht. Wird der Grundverwaltungsakt unwirksam, geht die Androhung ins Leere und erledigt sich damit. (Zur Akzessorietät von Zwangsmittel auch *OVG NRW* U 3.9.2018 – juris Rn. 72.) Dies schließt freilich nicht aus, eine Zwangsmittelandrohung, die mir einer noch wirksamen Ordnungsverfügung verbunden ist, auf einen weiteren Bescheid gegen denselben Pflichtigen in derselben Sache zu erstrecken (vgl. OVG NRW B 20.9.2018 – 4 A 1396/16, juris Rn. 31).

§ 13 Abs. 2 S. 1 gibt die Entscheidung, ob die Androhung mit dem Grundverwaltungsakt verbunden werden soll, in das pflichtgemäße **Ermessen** (§ 40 VwVfG) der Behörde (Einleitung Rn. 5). Hier kommt es darauf an, wie die Vollzugsbehörde den Sachverhalt bewertet und den Pflichtigen einschätzt.

Für die Androhung des Zwangsmittels ist in § 13 Abs. 1 S. 1 die Schriftform vorgeschrieben. Wird die Androhung mit dem Grundverwaltungsakt verbunden, muss dieser Bescheid nach § 13 Abs. 7 zugestellt werden. Für die Bundesbehörden gelten die Vorschriften des Verwaltungszustellungsgesetzes (§ 1 Abs. 1 VwZG). Daraus ergibt sich zwingend, dass im Falle des § 13 Abs. 2 nicht nur die Androhung, sondern mit ihr auch der Grundverwaltungsakt schriftlich erlassen wird. § 13 Abs. 7 enthält eine zwingende Regelung über die Form der Bekanntgabe (§ 41 Abs. 1 S. 1 VwVfG) als Voraussetzung der Wirksamkeit des Verwaltungsaktes (§ 43 Abs. 1 S. 1 VwVfG), deren Nichtbeachtung – vorbehaltlich von Heilungsmöglichkeiten – grundsätzlich zur Unwirksamkeit des betreffenden Verwaltungsaktes führt (ganz hM, siehe nur *OVG NRW* B 12.1.1993 – 20 B 3082/92, juris Rn. 11 f = NVwZ-RR 1994, 365 = NWVBl 1994, 32). Ein Verstoß gegen die Zustellungsvorschriften führt hingegen nicht zur Unwirksamkeit des Grundverwaltungsaktes, soweit dieser nicht ebenfalls zuzustellen ist. Den Nachweis der ordnungsgemäßen Zustellung hat die Behörde zu führen, im Zweifel gilt die Aktenlage. **62**

Im Gegensatz zu Absatz 1 handelt es sich im Falle des Absatzes 2 nicht um eine selbstständige (Rn. 1), sondern um eine unselbstständige Androhung. Das hat Auswirkungen auf den Rechtsschutz: Gemäß § 18 Abs. 1 S. 2 erstreckt sich einer Rechtsbehelf, der gegen die unselbstständige Androhung eingelegt wird, zugleich auf den Grundverwaltungsakt (§ 18 Rn. 2). **63**

Verbindet die Behörde die Androhung mit dem Grundverwaltungsakt, bestimmt sie die **Frist** mitunter **im Grundverwaltungsakt** und nicht in der nachfolgenden Androhung. Fraglich ist, ob das dem Erfordernis des § 13 Abs 1 S. 2 genügt. Danach ist die Frist „hierbei“, also bei der Androhung, zu setzen. **64**

Der Wortlaut des § 13 Abs. 1 S. 2 zwingt nicht, das Erfordernis der Fristsetzung unmittelbar auf die Androhung selbst zu beziehen. Das Wort „hierbei“ sagt aus, dass die Fristsetzung „bei“ der Androhung erfolgen muss, nicht aber, dass sie „in“ der Androhung erfolgen müsste. Wenn der Gesetzgeber gewollt hätte, dass die Frist in der Androhung bestimmt wird, hätte er das ohne weiteres so regeln können, wie der Landesgesetzgeber es zT getan hat (etwa in § 63 Abs. 1 S. 2 VwVG NRW, § 87 Abs. 2 S. 1 SOG Mecklenburg-Vorpommern). In rechtssystematischer Hinsicht ist zu beachten, dass das Fristerfordernis in § 13 Abs. 1, also im Zusammenhang mit der **selbstständigen Androhung**, geregelt ist. Ergeht die Anordnung selbstständig, also nicht im unmittelbaren Zusammenhang mit dem Grundverwaltungsakt, dann macht Sinn, die Vollzugsfrist in der Androhung zu bestimmen. Wegen des gelockerten Zusammenhanges mit dem Grundverwaltungsakt gilt dies auch dann, wenn im Grundverwaltungsakt selbst bereits eine Vollzugsfrist genannt ist. Die Eingriffsschärfe des Verwaltungsvollstreckungsverfahrens stellt erhöhte Anforderungen an die Bestimmtheit von Verwaltungsakten und fordert, dass dem Pflichtigen zu Beginn des Vollstreckungsverfahrens exakt vor Augen steht, was genau von ihm verlangt wird. In diesem Sinne ist „hierbei“ zu lesen als „bei“ Erlass der selbstständigen Androhung.

Ist die **Androhung hingegen mit dem Grundverwaltungsakt** derart **verbunden**, das beide Verwaltungsakte im selben Bescheid geregelt sind, dann macht es wegen des engen zeitlichen und räumlichen Zusammenhanges für die inhaltliche Bestimmtheit der Androhung keinen nennenswerten Unterschied, ob die Vollzugsfrist im Grundverwaltungsakt selber oder in der Androhung genannt ist. Denn die Verfügung der Behörde ist im Zusammenhang ihrer Aussage klar und i.S.d. §37 Abs.1 VwVfG damit „inhaltlich hinreichend bestimmt".

Bei einer unselbstständigen Androhung gebietet auch die durch das Übermaßverbot und das Rechtsstaatsprinzip geforderte Form- und Regelungsstrenge des Verwaltungsvollstreckungsrechts nicht, dass die Fristsetzung in der Androhung selbst zu erfolgen hat, um dem Pflichtigen in aller Klarheit und Unzweideutigkeit schriftlich und mit förmlicher Zustellung letztmalig vor Anwendung der Zwangsmittel eine befristete Chance zur freiwilligen Erfüllung einzuräumen und ihm unmissverständlich vor Augen zu führen, unter welchen Voraussetzungen er andernfalls konkret mit welchen Zwangsmitteln zu rechnen hat, um dadurch letztlich seinen Willen zu beugen (offen gelassen von *VGH Hessen* B 12.3.1996 – 14 TG 84/96, juris Rn. 19).

Dies gilt jedenfalls dann, wenn es sich bei der gesetzten Frist **nicht** um eine **Verpflichtungsentstehungsfrist** handelt, bei der die durch den Verwaltungsakt begründete Pflicht erst nach Ablauf der in dem Bescheid genannten Frist entsteht, sondern um eine Befolgungsfrist. Hierfür muss sich aus dem Gesamtzusammenhang der Verfügung entnehmen lassen, dass die Behörde die gesetzliche Verpflichtung des Betroffenen bereits im Zeitpunkt des Erlasses der Verfügung konkretisieren und dem Kläger lediglich für die Befolgung eine Frist einräumen will (für §69 Abs.1 Nr.2 HessVwVG: *VGH Kassel* U 26.9.1996 – 4 UE 434/95, juris Rn. 31 = NVwZ-RR 1998, 76 = KKZ 1999, 239).

Dem Zweck des Fristsetzungserfordernisses ist damit genügt. Die Fristbestimmung bei der Androhung eines Zwangsmittels dient nämlich dazu, dem Pflichtigen eine Frist einzuräumen, mit der er Zwangsvollstreckungsmaßnahmen abwenden kann (vgl. *VGH Kassel* B 12.3.1996 – 14 TG 84/96, juris 19; *OVG Greifswald* B 14.2.2011 – 2 M 245/10, juris Rn. 8 = NVwZ-RR 2011, 667).

In der behördlichen Praxis ist bei der Formulierung des Tenors und dessen Begründung darauf zu achten, dass mit der Fristsetzung nicht die Verpflichtung aus dem Grundverwaltungsakt zeitlich hinausgeschoben wird. Vielmehr muss aus dem Tenor, zumindest aber aus der Begründung des Bescheides deutlich werden, dass dem Pflichtigen lediglich eine Abwicklungsfrist zur Erfüllung der Grundverpflichtung eingeräumt werden soll. Dies bedeutet zugleich, dass jedenfalls dann, wenn im Rahmen der Zwangsmittelandrohung auf die gesetzte Frist in einer anderen Verfügungsziffer desselben Bescheides Bezug genommen wird („Für den Fall, dass der Gaststättenbetrieb nicht fristgerecht eingestellt wird…") eine ausreichende Fristsetzung erfolgt ist, die dem Formerfordernis des §13 Abs.1 S.1 gerecht wird (vgl. *OVG Greifswald* B 14.2.2011 – 2 M 245/10, juris Rn. 8 = NVwZ-RR 2011, 667 – zu §87 Abs.2 S.1 SOG Mecklenburg-Vorpommern).

Gleichwohl ist zu empfehlen, die Frist, wie im Gesetz vorgesehen, erst in der Androhung zu bestimmen (vgl. *Muster 19 bis 30*).

Wird in einem angefochtenen Bescheid neben der Grundverfügung zugleich ein Zwangsgeld angedroht, bleibt die Androhung für die Festsetzung des **Streitwerts** grundsätzlich außer Betracht (*VGH Mannheim* B 12.4.2011 – 1 S 2849/10, DÖV 2011, 616 L = NVwZ-RR 2011, 725 L = BeckRS 2011, 51171). Soweit allerdings die Höhe des angedrohten Zwangsgeldes höher ist als der für die Grundverfügung selbst zu bemessende Streitwert, ist der höhere Wert des Zwangsgeldes festzusetzen. Dieser höhere Wert charakterisiert die Bedeutung der Sache für den Betroffenen. Er kann sich demnach darauf einstellen, was ihm bevorstehen kann, wenn er seine Verpflichtung nicht erfüllt (*VGH Kassel* B 1.2.2007 – 6 TE 2258/06, DÖV 2007, 482 = NVwZ-RR 2007, 427). **65**

Vollstreckt der **Gerichtsvorsitzende** nach § 169 VwGO zu Gunsten der öffentlichen Hand, kann die Androhung des Zwangsmittels nicht mit dem Vollstreckungstitel des § 168 VwGO verbunden werden. Denn § 13 Abs. 2 VwVG gilt hier nicht. Diese Vorschrift betrifft die Selbsttitulierung und Selbstvollstreckung durch die Behörde. Dabei sind die Anordnungsbehörde, welche den Verwaltungsakt erlassen hat, und die Vollzugsbehörde identisch. Dagegen trifft § 13 Abs. 2 nicht auf Fälle zu, in denen der Gläubiger des Vollstreckungstitels bei dem Gerichtsvorsitzenden als Drittem vorstellig werden muss. Also droht der Gerichtsvorsitzende kraft Gesetzes getrennt an. **66**

2. Sollvorschrift zur Verbindung der Androhung mit dem Verwaltungsakt. Gemäß § 13 Abs. 2 S. 2 **soll** die Androhung mit dem Grundverwaltungsakt **verbunden werden**, wenn die sofortige Vollziehung (nicht der sofortige Vollzug: § 6 Rn. 123 ff.) angeordnet oder dem Rechtsbehelf keine aufschiebende Wirkung beigelegt ist. Die Soll-Vorschrift verpflichtet die Behörde, im Regelfall so zu verfahren, wie das Gesetz es vorsieht, und eröffnet ihr die Möglichkeit, ausnahmsweise von der gesetzlich vorgesehen Folge abzusehen. Eine Ausnahme liegt nur bei außergewöhnlichen und nicht typischen Fällen vor (*BVerwG* U 26.3.1981 – 5 C 28/80, BVerwGE 62, 108, 112 = Buchholz 406.62 § 3 BLG Nr. 2; *BVerwG* U 15.12.1989 – 7 C 35/87, BVerwGE 84, 220, 233 = NVwZ 1990, 963 = StTg 1990, 731 = NuR 1990, 318 = GewArch 1990, 293 = UPR 1990, 153 = DVBl. 1990, 371; *BVerwG* U 30.5.2013, Rn. 36 – 2 C 68/11, BVerwGE 146, 347 = NVwZ 2013, 1619). **67**

Die Soll-Regelung in § 13 Abs. 2 S. 2 **schränkt nicht das Ermessen** der Vollstreckungsbehörde **aus den §§ 10 bis 12 ein**. § 13 Abs. 2 S. 2 besagt nicht, dass ein Zwangsmittel angedroht und mit dem Grundverwaltungsakt verbunden werden soll, wenn die sofortige Vollziehung nach § 80 Abs. 2 S. 1 Nr. 4 VwGO angeordnet oder dem Rechtsbehelf gemäß § 80 Abs. 2 S. 1 Nr. 1-3 VwGO keine aufschiebende Wirkung beigelegt ist. Die Entscheidung, ob ein Zwangsmittel angedroht werden soll, tritt die Behörde nach freiem Ermessen. Erst wenn sie sich nach pflichtgemäßer Ermessensausübung dazu entschlossen hat, ein Zwangsmittel anzudrohen, greift die Regelung des § 13 Abs. 2 S. 2. Die in freier Ermessensausübung gemäß §§ 10 bis 12 beschlossene Androhung soll unter den in § 13 Abs. 2 S. 2 genannten Voraussetzungen mit dem Hauptverwaltungsakt verbunden werden. **68**

Der **Sinn dieser Verbindung** wird allgemein darin gesehen, das Verwaltungszwangsverfahren zu vereinfachen und zu beschleunigen (*von Rosen-von Hoewel*, VwVG § 13 Erl. II 2; Engelhardt/App/Schlatmann/*Troidl*, VwVG § 13 Rn. 10; Bader/Ronellenfitsch/*Deusch/Burr*, § 13 VwVG Rn. 18). Im Grunde nimmt § 13 Abs. 2 die gesetzliche Wertung aus § 80 Abs. 2 S. 1 VwGO auf, überträgt sie ins Verwaltungsvollstreckungsrecht und verschafft ihr dort Geltung. In den Fällen des § 80 Abs. 2 S. 1 VwGO hat der Gesetzgeber das Interesse am Vollzug des Verwaltungsaktes höher bewertet als das Suspensivinteresse des Betroffenen und deshalb die sofortige Vollziehbarkeit des Verwaltungsaktes ermöglicht. Diese Grundwertung rechtfertigt im Regelfall, den Adressaten eines solchen Verwaltungsaktes zur Durchsetzung des höherrangigen Vollzugsinteresses sogleich Verwaltungszwang anzudrohen, auch wenn lediglich möglich, aber nicht wahrscheinlich ist, dass der den Verwaltungsakt nicht befolgt. Gleichzeitig rechtfertigt der in § 80 Abs. 2 S. 1 VwGO angelegte Beschleunigungseffekt, auch das Vollstreckungsverfahren zu beschleunigen, indem von einer Anhörung abgesehen (§ 28 Abs. 2 Nr. 5 VwVfG) und die Androhung mit dem Grundverwaltungsakt verbunden wird.

Als Soll-Bestimmung ist § 13 Abs. 2 S. 2 eine Regelfall-Anweisung. Daher darf die Behörde nicht schon von einer Verbindung absehen, wenn Verwaltungszwang auch dann noch rechtzeitig angewendet werden könnte, wenn die Androhung im Falle der Nichtbefolgung des Hauptverwaltungsaktes nachgeschoben würde. Ein **Ausnahmefall**, der ein Abweichen von der Regel rechtfertigt, liegt vor, wenn außer Zweifel steht, dass der Pflichtige dem Grundverwaltungsakt entsprechen wird. Die bloße Möglichkeit reicht indes nicht.

Eine mit § 13 Abs. 2 S. 2 vergleichbare Rechtslage besteht im Ausländer- und Asylrecht: Nach § 50 Abs. 1 S. 2 AuslG „soll" die Androhung der Abschiebung mit dem Verwaltungsakt verbunden werden, durch den der Ausländer nach § 42 Abs. 1 AuslG ausreisepflichtig wird. Nach § 34 Abs. 2 S. 1 AsylG „soll" die Abschiebungsandrohung mit der Entscheidung über den Asylantrag verbunden werden.

69 Im Verwaltungsstreitverfahren tragen Behörden mitunter irrtümlich vor, sie setzten einen unanfechtbaren Grundverwaltungsakt durch. In Wirklichkeit besteht ihre Vollstreckungsvoraussetzung gemäß § 6 Abs. 1 darin, dass sie die sofortige Vollziehung nach § 80 Abs. 2 S. 1 Nr. 4 VwGO angeordnet haben. – Das ist unschädlich.

III. Zu Absatz 3

70 **1. Androhung eines bestimmten Zwangsmittels.** Nach § 13 Abs. 3 S. 1 muss die Androhung sich auf ein bestimmtes Zwangsmittel beziehen. Die Bestimmung verweist auf § 9 Abs. 1. Die Behörde muss in der Androhung angeben, ob sie im Wege der Ersatzvornahme (§ 10), des Zwangsgeldes (§ 11) oder des unmittelbaren Zwanges (§ 12) vorgehen wird. Angesichts der Verschiedenartigkeit der zur Verfügung stehenden Zwangsmittel fordert das Bestimmtheitsgebot, dass der Pflichtige vorab weiß, welches Zwangsmittel ihm droht, und sich hierauf einstellen kann. So macht es für den Adressaten einer bauordnungsrechtlichen Beseitigungsverfügung einen erheblichen Unterschied, ob er lediglich mit einem Zwangsgeld rechnen muss oder ob er zu gewärtigen hat, dass sein Haus im Wege der Ersatzvornahme von einem Fremdunternehmer abgerissen wird. Erst recht gilt das Vorhersehbarkeitsgebot, wenn die Anwendung unmittelbaren Zwanges in Rede steht.

§ 13 Abs. 3 S. 1 fordert, dass das anzuwendende Zwangsmittel benannt wird, **nicht** aber, dass die **konkrete Form** beschrieben wird, in der das benannte Zwangsmittel ausgeführt werden soll. Eine entsprechende Spezifizierung ist nur ausnahmsweise geboten, wenn eingriffsintensive Mittel zur Anwendung kommen sollen, die in hochrangige Rechte oder Rechtsgüter des Betroffenen eingreifen (hierzu bereits Rn. 27).

Das bestimmte Zwangsmittel muss im Übrigen auch bestimmt angedroht werden. Formulierungen wie „... ich behalte mir die Ersatzvornahme vor“ oder „... kann ein Zwangsgeld in Höhe von ... auf Sie zukommen“, enthalten keine Androhung, sondern stellen diese lediglich in Aussicht (vgl. *Brühl*, JuS 1997, 926, 930).

2. Kumulationsverbot. Nach § 13 Abs. 3 S. 2 ist die gleichzeitige Androhung mehrerer Zwangsmittel unzulässig. Ferner darf die Behörde sich in der Androhung nicht die Wahl zwischen mehreren Zwangsmitteln vorbehalten. Diese Vorschrift konkretisiert § 13 Abs. 3 S. 1. Wenn die Behörde sich hiernach auf *ein* bestimmtes Zwangsmittel beziehen muss, kann sie nicht mehrere Zwangsmittel androhen oder sich vorbehalten. 71

Der Wortlaut des § 13 Abs. 3 S. 2 ist weit und geht in seiner Ausschließlichkeit über den eigentlichen Anwendungsbereich der Vorschrift hinaus.

Das Landesrecht weicht teilweise ab: § 20 Abs. 3 S. 2 LVwVG Baden-Württemberg lässt die Androhung mehrerer Zwangsmittel zu, wobei anzugeben ist, in welcher Reihenfolge sie angewendet werden sollen. Eine entsprechende Regelung enthält § 28 Abs. 3 S. 2 VwVG Brandenburg; nach § § 28 Abs. 3 S. 3 VwVG Brandenburg ist auch die Wiederholung eines Zwangsmittels anzudrohen. Die Androhung mehrerer Zwangsmittel ist ferner nach § 87 Abs. 4 S. 2 SOG Mecklenburg-Vorpommern, § 70 Abs. 3 SOG Niedersachsen, § 63 Abs. 3 S. 2 VwVG NRW, § 20 Abs. 3 S. 2 VwVG Sachsen, § 59 Abs. 3 S. 2 SOG Sachsen-Anhalt und § 263 Abs. 4 S. 3 zulässig, die Reihenfolge ihrer Anwendung aber jeweils anzugeben. Gemäß § 59 Abs. 3 S. 2 SOG Sachsen-Anhalt ist eine Androhung unzulässig, mit der sich die Vollzugsbehörde die Zahl zwischen den Zwangsmitteln vorbehält. 72

a) Unzulässige gleichzeitige Androhung mehrerer Zwangsmittel. Wenn die Behörde einen Einzelfall regelt, bei dem **ein und derselbe Sachverhalt** vorliegt, darf sie zur Durchsetzung dieses Grundverwaltungsaktes auch nur **ein (einziges) Zwangsmittel** androhen. 73

Beispiel: Die Behörde untersagt die Ausübung eines Betriebes und ordnet seine Schließung an (§ 16 Abs. 3 und 9 der Handwerksordnung). Sie droht dabei unmittelbaren Zwang an. Das ist in Ordnung. Gleichzeitig droht sie ein Zwangsgeld an. Das ist, wie im Bundesrecht, auch in Bayern nach Art. 36 Abs. 3 S. 2 VwZVG verboten (*VGH München* B 14.10.1983 – 22 CS 83 A. 2404, GewArch 1984, 126 = BayVBl. 1984, 213).

In einem solchen Fall muss die Behörde (nur) den unmittelbaren Zwang erneut androhen. Der zu vollstreckende Grundverwaltungsakt wird hierdurch nicht berührt. 74

b) Zulässige gleichzeitige Androhung mehrerer Zwangsmittel. Die gleichzeitige Androhung mehrerer Zwangsmittel im selben Bescheid ist zulässig, soweit die Zwangsmittel sich auf verschiedene Verhaltensgebote beziehen. 75

Beispiel zu Muster 32: Der Verantwortliche betreibt auf seinem Hausgrundstück ein Filmtheater. Bei einer Kontrolle stellt die Bauaufsichtsbehörde nachstehende Verstöße gegen die Versammlungsstättenverordnung des Landes fest. 76

- Erstens: Auf dem an zwei Nachbarhäuser grenzenden Hof zwischen Filmtheater und Straße, der als Rettungsweg dient, hat der Betreiber an beiden Seiten Verkaufsstände fest in den Boden eingebaut. Das ist verboten. Die Stände engen die notwendige Mindestbreite des Hofes für Rettungsfahrzeuge ein. Das ist ebenfalls unzulässig.
- Zweitens: Der Betreiber stellt während der Öffnungszeiten des Kinos seinen Personenkraftwagen in einer Ecke des Hofes ab. Auch das ist verboten.

- Drittens: Ein Rettungsweg im Filmtheater, ein Notausgang, ist während des Betriebes dauernd verschlossen. Er ist auch nicht beleuchtet. Das Licht ist ausgeschaltet. Beides ist selbstverständlich nicht erlaubt.

Nach diesem Sachverhalt stehen der Bauaufsichtsbehörde folgende Möglichkeiten der Gefahrenabwehr zur Verfügung:
- Im ersten Vorgang kann sie den Abriss der Verkaufsstände im Hof anordnen. Bei dieser vertretbaren Handlung wird sie Ersatzvornahme androhen.
- Im zweiten Vorgang kann sie dem Betreiber das Abstellen des Kraftwagens auf dem Hof verbieten. Bei dieser unvertretbaren Handlung bzw. Verhaltensweise wird sie ein Zwangsgeld androhen.
- Im dritten Vorgang kann sie den Betreiber auffordern, den Notausgang des Kinoraums während des Betriebes dauernd unverschlossen zu halten und die dazugehörige Beleuchtung eingeschaltet zu lassen. Bei dieser unvertretbaren Handlung käme zwar grundsätzlich ein Zwangsgeld in Betracht. Stattdessen wird die Behörde aber den unmittelbaren Zwang androhen. Denn ein Zwangsgeld könnte aus Zeitnot nicht zum Ziel führen und wäre untunlich, weil die Lebensgefahr für die Besucher sofort abgewehrt werden muss. Der unmittelbare Zwang müsste darin bestehen, dass der Vollzugsbeamte den Notausgang aufschließt und das Licht einschaltet.

77 In diesem Fall trifft die Behörde **mehrere Maßnahmen zur Regelung eines Gefahrensachverhaltes.** Ihr Bescheid enthält zwei Handlungsgebote und ein Unterlassensgebot. Diese Verfügungen sind notwendig, um die Feuersicherheit wieder herzustellen und die Lebensgefahr für die Besucher zu beheben. Die Behörde ist befugt, alle drei Maßnahmen in einem Bescheid gebündelt zu verfügen.

78 Die gleichzeitige Androhung verschiedener Zwangsmittel ist stets zulässig, wenn die Behörde einen mehrteiligen Sachverhalt durch einzelteilige Verwaltungsakte mit dem jeweils dafür vorgesehenen Zwangsmittel regelt.

79 Die gleichzeitige Androhung verschiedener Zwangsmittel ist ferner zulässig, wenn sich der **Vollzug gegen mehrere Personen** richtet.

Beispiel: Die Vollzugsbehörde beabsichtigt, an einem Miethaus Instandsetzungsarbeiten durchzuführen. Sie droht gemäß § 10 **Ersatzvornahme** an. Mehrere Wohnungsmieter leisten bei der Ersatzvornahme Widerstand. Die Behörde erlässt gegen sie Duldungsverfügungen und droht ihnen nach § 11 **Zwangsgelder** an. Nur auf diese Weise kann die Behörde ihr Vollzugsziel rechtlich einwandfrei erreichen.

80 **c) Keine Androhung für jeden Fall der Zuwiderhandlung.** Nach § 55 Abs. 6 S. 2 des **Preußischen Polizeiverwaltungsgesetzes** konnte das Zwangsmittel bei polizeilichen Verboten „für jeden Fall der Nichtbefolgung festgesetzt werden." In der Androhung eines Zwangsmittels „für jeden Fall der Zuwiderhandlung" liegt die gleichzeitige Androhung mehrerer Zwangsmittel; in jedem Fall handelt es sich um das gleiche Zwangsmittel, aber eben nicht um dasselbe.

81 Das Bundesrecht hat diese Regelung in Spezialgesetzen vereinzelt übernommen. So verweist § 17 des **Finanzdienstleistungsaufsichtsgesetzes** auf das Verwaltungs-Vollstreckungsgesetz, lässt jedoch die Androhung eines Zwangsgeldes bis zur Höhe von 250 000 € „für jeden Fall der Nichtbefolgung" einer Verfügung der Bundesanstalt zu.

82 Auch die **Abgabenordnung** bestimmt in § 332 Abs. 3 S. 2, dass das Zwangsmittel „für jeden Fall der Zuwiderhandlung" angedroht werden kann, wenn vom Pflichtigen ein Dulden oder Unterlassen gefordert wird.

Bestimmungen, die § 55 Abs. 6 S. 2 des Preußischen Polizeiverwaltungsgesetzes nachgebildet sind, finden sich zudem im **Vollstreckungsrecht der Bundesländer:** Für Bremen gilt gemäß § 17 Abs. 6 S. 2 BremVwVG: „Bei Verwaltungsakten, die ein wiederholtes Handeln oder ein Dulden oder Unterlassen verlangen, kann das Zwangsmittel für jeden Fall der Zuwiderhandlung angedroht werden." Nordrhein-Westfalen bestimmt in § 57 Abs. 3 S. 2 VwVG NRW: „Bei Erzwingung einer Duldung oder Unterlassung können die Zwangsmittel für jeden Fall der Nichtbefolgung festgesetzt werden." In Rheinland-Pfalz besagt § 62 Abs. 3 S. 2 LVwVG: „Bei Erzwingung einer Duldung oder Unterlassung können die Zwangsmittel für jeden Fall der Nichtbefolgung festgesetzt werden." Im Ergebnis besteht in Hessen gemäß § 76 Abs. 3 HessVwVG die gleiche Rechtslage; dort heißt es: „Von der erneuten Androhung einer Zwangsgeldfestsetzung kann abgesehen werden, wenn 1. die Vollstreckung eines Zwangsgeldes wirkungslos geblieben ist, 2. das erneute Zwangsgeld in gleicher Höhe festgesetzt und 3. der Pflichtige bei Androhung des ersten Zwangsgeldes auf die Möglichkeit hingewiesen worden ist." Auch das Saarland hat nach § 20 Abs. 2 S. 2 SVwVG gleiches Recht: „Von der erneuten Androhung einer Zwangsgeldfestsetzung kann abgesehen werden, wenn der Pflichtige bei Androhung des ersten Zwangsgeldes auf diese Möglichkeit hingewiesen worden ist." Die Bestimmung ist so auszulegen, dass das neue Zwangsgeld die gleiche Höhe wie das erste hat (*Lemke*, S. 315). **83**

Eine entsprechende Regelung ist im Verwaltungs-Vollstreckungsgesetz und in den Gesetzen der übrigen Bundesländer nicht enthalten. Wo es an einer ausdrücklichen Gestattung in einem formellen Gesetz fehlt, stellt sich die Frage, ob zur zwangsweisen Durchsetzung von Unterlassungspflichten ein Zwangsgeld für jeden Fall der Zuwiderhandlung angedroht werden darf. **84**

Diese Frage wird unterschiedlich beantwortet. Im älteren Stellungnahmen wird sie weitgehend bejaht (vgl. z.B. *OVG Münster*, OVGE 22, 144, 146 f.; *Rasch*, DVBl 1980, 1017, 1020; *Fliegauf/Maurer*, Verwaltungsvollstreckungsgesetz für Baden-Württemberg, 1983, § 20 Anm. 6 e), in jüngeren Stellungnahmen überwiegend verneint (vgl. *VGH München*, B 13.10.1986 – 22 CS 86.01950, NVwZ 1987, 512 = BayVBl 1987, 563 = GewArch 1987, 96; *OVG Sachsen-Anhalt* B 10.1.1995 – 4 M 7/94, juris Rn. 6 f = NVwZ 1995, 614 = DÖV 1995, 385 = GewArch 1995, 165; Bader/Ronellenfitsch/*Deusch/Burr*, § 13 VwVG Rb 22; *Brühl*, JuS 1997, 926, 931; *Drews/Wacke/Vogel/Martens*, Gefahrenabwehr, 9. Aufl., § 28 5b, S. 536; *Götz/Geis* § 13 Rn. 17; Lisken/Denninger/*Graulich*, E 895; *Möller/Warg*, Rn. 215; Steiner/*Schenke*, Besonderes Verwaltungsrecht, 5. Aufl., S. 311 f.; *Rudolph*, Das Zwangsgeld als Institut des Verwaltungszwangs, 1992, S. 55 ff.).

Die jüngere Auffassung verdient Zustimmung. Die Rechtsordnung sieht in mehreren Vorschriften im Interesse der Wirksamkeit der Vollstreckung ausdrücklich vor, dass das Zwangsmittel für jeden Fall der Zuwiderhandlung angedroht werden darf (vgl. z.B. § 890 Abs. 1 S. 1 ZPO, § 332 Abs. 3 S. 2 AO), insbesondere ist die frühere Regelung des § 55 Abs. 6 S. 2 des Preußischen Polizeiverwaltungsgesetzes über die Zulässigkeit einer derartigen Androhung in einige Landesverwaltungsvollstreckungsgesetze ausdrücklich übernommen worden (Rn. 83). Ein allgemeiner Grundsatz, der ohne weiteres eine Auslegung des § 13 VwVG dahin ermöglichte, dass trotz Fehlens einer solchen Regelung die Androhung eines Zwangsgeldes für jeden Fall der Zuwiderhandlung zulässig wäre, liegt darin aber nicht. Danach spricht bereits der Verfassungsgrundsatz des Vorbehalts des Gesetzes gegen die Möglichkeit, Zwangsmittel „für jeden Fall der Zuwiderhandlung“ anzudrohen (so *BVerwG* B 26.6.1997 – 1 A 10/95, juris Rn. 34 = NVwZ 1998, 393 = DVBl 1998, 230 = Buchholz 452.00 § 93 VAG Nr. 1; aA Engelhardt/App/Schlatmann/*Troidl*, § 13 VwVG Rn. 4).

Kennzeichnend für eine Ermächtigung zur Androhung bzw. Festsetzung von Zwangsmitteln „für jeden Fall der Zuwiderhandlung“ ist, dass das Zwangsvollstreckungsrecht dadurch dem Straf- bzw. Ordnungswidrigkeitenrecht angenähert wird. Der vollstreckenden Behörde wird nämlich dadurch etwa auch die Möglichkeit eingeräumt, verschiedene Zuwiderhandlungen im Rahmen von Einzelkontrollen zunächst zu sammeln und sie dann in einer Zwangsgeldfestsetzung summarisch zu erfassen. Das Zwangsgeld, das eigentlich (nur) ein Beugemittel sein soll, wird dadurch erkennbar in die Nähe eines Bußgeldes bzw. einer Geldstrafe gerückt. Dies spricht maßgeblich dagegen, trotz des Fehlens einer dahingehenden ausdrücklichen Regelung eine Ermächtigungsgrundlage zur Androhung und Festsetzung von Zwangsmitteln „für jeden Fall der Zuwiderhandlung“ in das VwVG „hineinzulesen“. Nach dem Vorbehalt des Gesetzes ist es Aufgabe des Gesetzgebers, zu entscheiden, ob und inwieweit er das Zwangsvollstreckungsrecht um – jedenfalls potentiell – repressive Elemente anreichern will (*OVG Lüneburg* B 28.10.2010 – 13 ME 86/10, juris Rn. 7 = NordÖR 2010, 507; vgl. auch *VGH Mannheim* U 9.4.1981 – 10 S 2129/80, VBlBW 1982, 97, 99; *VGH Mannheim* U 31.1.2002 – 5 S 3057/99, *ESVGH* 52, 184 L = GewArch 2002, 288 = VBlBW 2002, 297 = NVwZ-RR 2003, 238).

Die Androhung eines Zwangsmittels „für jeden Fall der Zuwiderhandlung“ ist darüber hinaus nicht mit § 13 Abs. 6 S. 2 vereinbar, wonach eine neue Androhung erst dann zulässig ist, wenn das zunächst angedrohte Zwangsmittel erfolglos geblieben ist. Dabei macht das Gesetz keinen Unterschied zwischen der Vollstreckung von Geboten und von Verboten. Diese Regelung steht einer Androhung „auf Vorrat“ entgegen, denn nach ihr sollen Zwangsmittel nur aufgrund einer erneuten selbstständigen Androhung wiederholt und gegebenenfalls gesteigert werden dürfen (*BVerwG* B 26.6.1997 – 1 A 10/95, juris Rn. 34 = NVwZ 1998, 393 = DVBl 1998, 230 = Buchholz 452.00 § 93 VAG Nr. 1; *VGH München* B 13.10.1986 – 22 CS 86.01950, GewArch 1987, 96 = NVwZ 1987, 512). Eine solche Androhung ist „eine Vervielfältigung des Zwangsmittels durch bloßen Zeitablauf“ (*Forsthoff*, S. 300).

Die Androhung kann auch nicht in dem Sinne teilweise aufrechterhalten werden, dass sie bei Zuwiderhandlungen jedenfalls *eine* Zwangsgeldfestsetzung ermöglicht (so *VG Arnsberg* U 19.7.1979 – 1 K 1856/78, GewArch. 1980, 29). Denn die verbleibende Androhung wäre nicht hinreichend bestimmt (*BVerwG* B 26.6.1997 – 1 A 10/95, juris Rn. 35 = NVwZ 1998, 393 = DVBl 1998, 230 = Buchholz 452.00 § 93 VAG Nr. 1).

Die **Androhung für jeden Fall der Zuwiderhandlung** ist somit insgesamt nicht zulässig und somit **rechtswidrig**. Die Rechtswidrigkeit lässt den **Grundverwaltungsakt** jedoch **unberührt** und erfordert lediglich die fehlerfreie Wiederholung der Androhung (Rn. 74).

85 Nach einer Entscheidung des Bundesverwaltungsgerichts soll die **Androhung „weiterer Zwangsgelder“** bestimmt genug sein, wenn Androhung und Festsetzung eines Zwangsgeldes in einem fest angegebenen Betrag vorangegangen waren (*BVerwG* U 8.5.1958 – 4 C 108/57, BVerwGE 7, 17 = DVBl. 1958, 757 = RdL 1958, 331). Hier ist stattdessen vorzuziehen, den Betrag des Zwangsgeldes wiederholt und damit klarstellend in bestimmter Höhe zu benennen. Das würde §13 Abs. 5 entsprechen. Damit entfiele zugleich eine vermeidbare Ungewissheit, die sich aus §13 Abs. 3 S. 2 ergeben könnte.

d) Vorbehalt der Wahl zwischen mehreren Zwangsmitteln. Eine solche **Androhung ist rechtswidrig.** Die Androhung **muss** in gesetzmäßiger Weise **wiederholt werden.** Sie wäre nämlich nur eine allgemeine, unbestimmte Ankündigung und daher als Rechtsgrundlage für eine Festsetzung nicht geeignet. Denn der Betroffene könnte nicht erkennen, was die Behörde vor hat. **86**

Das ergibt sich aus dem Gebot des §37 Abs. 1 VwVfG. Danach muss ein Verwaltungsakt inhaltlich hinreichend bestimmt sein. Die Vollzugsbehörde verletzt dieses Bestimmtheitsgebot, wenn sie sich bei ihrer Androhung die Wahl zwischen mehreren Zwangsmitteln vorbehält.

IV. Zu Absatz 4

1. Veranschlagung des Kostenbetrages bei Androhung der Ersatzvornahme. Nach §13 Abs. 4 S. 1 **„ist"** in der Androhung der Betrag vorläufig zu veranschlagen, wenn die Handlung auf Kosten des Pflichtigen (Ersatzvornahme) ausgeführt werden soll. Hierbei handelt es sich um **zwingendes Recht**, dessen Verletzung die **Androhung rechtswidrig** macht. Gleiches ist in §332 Abs. 4 AO vorgeschrieben. **87**

Dem gegenüber vertritt das Oberverwaltungsgericht Berlin die Ansicht, dass die unterbliebene Veranschlagung des vorläufigen Kostenbetrages bei der Androhung der Ersatzvornahme bis zum Vollzug der Ersatzvornahme durch nachträgliche Anordnung geheilt werden könne (*OVG Berlin* U 3.12.1968 – 2 B 55/67, OVGE Berlin 10, 87, 88 = JR 1969, 476 = BRS 20 Nr. 203). **88**

Hiernach soll die Bestimmung lediglich eine heilbare Ordnungsvorschrift sein. Entsprechend den allgemeinen Grundsätzen über die Heilung von Verfahrensmängeln könne die Kostenveranschlagung noch rechtswirksam nachgeholt werden. Zur Begründung bezieht sich das Gericht auf ein Urteil des Bundesverwaltungsgerichts (U 27.2.1963 – 5 C 105/61, BVerwGE 15, 306, 310 = MDR 1963, 621 = DVBl. 1963, 406 = DÖV 1963, 617 = VerwRspr. 16,746 = Buchholz 310 §68 VwGO Nr. 2). Darin wird in ständiger Rechtsprechung bestätigt, dass aus Gründen der Prozessökonomie ein Vorverfahren entbehrlich werden kann, wenn die beklagte Behörde sich auf die Klage einlässt und deren Abweisung beantragt.

Der direkte Übergang zur Klage, auf welchen die Behörde sich einlässt, ist jedoch nicht mit der Unterlassung eines Kostenvoranschlags zu vergleichen. Die Behörde kann auf einen eigenen Verfahrensanspruch verzichten. Bei einer Ersatzvornahme kann sie es nicht. Denn hier geht es um eine Verpflichtung, die den Interessen des Betroffenen dient (*OVG Bautzen* B 26.8.2009 – 1 E 64/09, NVwZ-RR 2010, 88). **89**

Sobald nämlich der Betroffene die Höhe des vorläufig veranschlagten Kostenbetrages erfährt, kennt er das finanzielle Ausmaß dessen, was ihm bevorsteht, falls er nicht einlenkt. Er ist gewarnt. Das ist Sinn und Zweck der Androhung (Rn. 53). Neben dieser Beugewirkung dient die Bezifferung der voraussichtlichen Kosten einer angedrohten Ersatzvornahme auch der rechtsstaatlich gebotenen Bestimmtheit und Voraussehbarkeit des Verwaltungshandelns.

Die Argumentation des OVG Berlin geht somit im Ansatz fehl. § 13 Abs. 4 S. 1 kann nicht als heilbare Ordnungsvorschrift angesehen werden. Dem steht auch der Wortlaut des § 13 Abs. 4 S. 1 entgegen, der ist gebundene Vorschrift konzipiert ist. Die Bestimmung ist auch – anders als in einigen Bundesländern – keine Soll-Vorschrift, als welche sie mitunter in der Praxis behandelt wird. Die fehlende Veranschlagung des Kostenbetrages ist also ein rechtlicher Mangel. Dieser ist nicht heilbar und macht die Androhung rechtswidrig.

90 Die fehlende Veranschlagung der voraussichtlichen Kosten macht die Androhung indes nicht nichtig iSd § 44 Abs. 1 VwVfG (*VGH Kassel* B 26.3.2004 – 3 TM 1626/03, NVwZ-RR 2004, 524). Die Androhung der Ersatzvornahme erfüllt ihre Beugewirkung auch ohne Kostenvoranschlag. Zwar mag die Nennung der voraussichtlichen Kosten die Wirksamkeit der Androhung insoweit noch erhöhen, soweit der Pflichtige sich hiervon beeindrucken lässt. Denkbar ist aber auch, dass die Mitteilung des Kostenrisikos den Pflichtigen in seiner renitenten Haltung bestärkt, weil er nun genau weiß, was auf ihn zukommt, und sich hierauf einstellen kann. Zudem kann der Pflichtige davon ausgehen, dass die Kosten für den Fremdunternehmer der Behörde nicht wesentlich höher sein dürften als die Kosten, die er aufzubringen hätte, wenn er selbst einen Unternehmer beauftragte. In jedem Fall entfaltet die Androhung auch ohne Kostenvoranschlag eine Beugewirkung, weil sie dem Pflichtigen verdeutlicht, dass die Behörde den Grundverwaltungsakt nicht auf sich beruhen lässt, sondern die aufgegebene Handlung nunmehr im Wege des Verwaltungszwanges durchsetzen wird. Deshalb stellt die fehlende Veranschlagung der voraussichtlichen Kosten in der Androhung kein besonders schwerwiegender und offensichtlicher Fehler i.S.d. § 44 Abs. 1 VwVfG dar.

91 Die Behörde ist aus § 24 VwVfG verpflichtet, die voraussichtlichen Kosten der durchzuführenden Ersatzvornahme auf einer belastbaren Grundlage seriös zu ermitteln und so genau zu beziffern, wie dies mit vertretbarem Aufwand möglich ist. Sie darf sich nicht mit vagen Schätzungen begnügen, die auf bloßen Annahmen beruhen.

Sollte sich die Behörde bei der Kalkulation gleichwohl verschätzen, so schadet dies nicht. Nach § 13 Abs. 4 S. 2 bleibt das Recht auf Nachforderung unberührt, wenn die Ersatzvornahme einen höheren Kostenaufwand verursacht. Dies ist sachlich auch gerechtfertigt. Denn die Behörde lässt eine Ersatzvornahme nur deshalb durchführen, weil der Pflichtige die verlangte Handlung rechtswidrig nicht vornimmt. Daher schuldet er die gesamten anfallenden Kosten.

Bei **sofortigem Vollzug** gemäß § 6 Abs. 2 werden die angenommenen und die tatsächlichen Kosten regelmäßig differieren. Das liegt in der Natur des eiligen Notfalles. Auch hier muss der Verantwortliche sämtliche Kosten tragen (*OVG Berlin* U 3.11.1995 – 2 B 17/93, MDR 1996, 430 = BRS 57 Nr. 253).

92 **Einige Bundesländer** schreiben nicht zwingend vor, dass der Kostenbetrag zu veranschlagen ist. In Baden-Württemberg (§ 20 Abs. 5 LVwVG), Brandenburg (§ 28 Abs. 5 VwVGBbg), Niedersachsen (§ 70 Abs. 1 NVwVG i.V.m. § 70 Abs. 4 Nds. SOG), Nordrhein-Westfalen (§ 63 Abs. 4 VwVG NRW), Rheinland-Pfalz (§ 66 Abs. 4 LVwVfG) und Sachsen-Anhalt (§ 71 Abs. 1 VwVG LSA i.V.m. § 59 Abs. 4 SOG LSA) **„sollen"** die voraussichtlichen Kosten in der Androhung angegeben werden. Gleichwohl sind die Vollzugsbehörden dieser Länder im Regelfall ebenfalls verpflichtet, den Kostenbetrag vorläufig zu veranschlagen. Denn eine „Soll"-Vorschrift ist eine „Muss"-Bestimmung mit Ausnahmevorbehalt für atypische Fälle (Rn. 67). Eine Soll-Vorschrift ist also „imperativisch" (*BVerwG* U 26.3.1981 – 5 C 28/80, BVerwGE 62, 108, 112 = Buchholz 406.62 § 3 BLG Nr. 2; *BVerwG* U 15.12.1989 – 7 C 35/87, BVerwGE 84, 220, 233 = NuR 1990, 318 = StTg 1990, 731 = UPR 1990, 153 = GewArch 1990, 293 = DVBl. 1990, 371 = NVwZ 1990, 963).

Die vorläufige Veranschlagung des Kostenbetrages ist selbst **kein Verwaltungsakt** i.S.d. § 35 S. 1 VwVfG. Ihr ermangelt es bereits am Regelungscharakter. Die Behörde will durch die Veranschlagung der voraussichtlichen Kosten keine Rechtsfolge auslösen, sich insbesondere nicht rechtlich an den genannten Betrag binden. Die vorläufige Kostenveranschlagung ist vielmehr Bestandteil der Androhung der Ersatzvornahme. Innerhalb dieses Vollstreckungsverwaltungsaktes ist die Veranschlagung rechtlich untrennbar mit der Gesamtregelung des Einzelfalles verbunden. Deshalb kann gemäß § 18 Abs. 1 auch nur die Androhung insgesamt, nicht aber die Veranschlagung getrennt angefochten werden. 93

Die Behörde kann den **veranschlagen Kostenbetrag vorab beanspruchen**. Das galt schon in Preußen. § 55 Abs. 5 S. 2 PVG bestimmte: „Auch der vorläufig festgesetzte Kostenbetrag kann im Verwaltungszwangsverfahren eingezogen werden." Dies gilt iÜ auch bei der gerichtlichen Ersatzvornahme (§ 10 Rn. 34). Auch hier kann das Prozessgericht gemäß § 887 Abs. 2 ZPO den Schuldner zur Vorauszahlung der Kosten verurteilen. 94

Eine entsprechende Befugnis ist den Behörden in Fachgesetzen (zB § 26 Abs. 2 S. 2 des Schornsteinfeger-Handwerksgesetzes) und den Vollstreckungsgesetzen der meisten Bundesländer ausdrücklich eingeräumt (§ 31 Abs. 5 VwVG Baden-Württemberg, § 36 Abs. 4 S. 2 VwZVG Bayern, § 32 Abs. 2 VwVG Brandenburg, § 13 Abs. 2 S. 3 VwVG Hamburg, § 74 Abs. 3 S. 2 VwVG Hessen, § 89 Abs. 2 SOG Mecklenburg-Vorpommern, § 66 Abs. 2 S. 1 SOG Niedersachsen, § 59 Abs. 2 S. 1 VwVG NRW, § 24 Abs. 2 VwVG Sachsen, § 71 Abs. 1 VwVG i.V.m. § 55 Abs. 2 S. 1 SOG Sachsen-Anhalt, § 238 Abs. 2 LVwG Schleswig-Holstein, § 50 Abs. 2 VwZVG Thüringen).

Im Übrigen ist die Vorausleistungspflicht des Pflichtigen nicht unumstritten (kritisch Engelhardt/App/Schlatmann/*Mosbacher*, § 10 VwVG Rn. 14), im Ergebnis aber zu bejahen (§ 10 Rn. 34, 40). Die Behörde darf den veranschlagten Betrag einziehen, sobald das angedrohte Zwangsmittel vollziehbar festgesetzt ist.

Ausnahmsweise wird die Vollzugsbehörde davon absehen, die Kosten vorab einzuziehen, wenn unklar ist, wer Pflichtiger und damit Vollstreckungsschuldner im Sinne von § 2 ist (§ 10 Rn. 36). 95

Bei der Anordnung der Behörde, die Kosten zu zahlen, handelt es sich um einen **Leistungsbescheid** gemäß § 3 Abs. 2 Buchst a. Ist die Handlung bereits vorgenommen worden, so bestimmt sich die Höhe der Forderung grundsätzlich nach der Vergütung, die sie an den Dritten gezahlt hat (*BVerwG* B 21.8.1996 – 4 B 100/96, juris Rn. 23 = NVwZ 1997, 381 = DÖV 1996, 1046 = Buchholz 345 § 14 VwVG Nr. 1). Der Betroffene kann den Kostenbescheid selbstständig anfechten; die Behörde kann ihn nach den Vorschriften über die Beitreibung von Geldforderungen gemäß §§ 1 bis 5 vollstrecken. 96

Der Widerspruch (§ 68 VwGO) und die Anfechtungsklage (§ 42 Abs. 1 VwGO) gegen den Leistungsbescheid haben aufschiebende Wirkung gemäß § 80 Abs. 1 VwGO. Die aufschiebende Wirkung des Rechtsbehelfs entfällt nicht nach § 80 Abs. 2 VwGO. Die

Kosten der Ersatzvornahme sind nach hM **keine öffentlichen Abgaben und Kosten i.S.d. § 80 Abs. 2 S. 1 Nr. 1 VwGO** (§ 10 Rn. 40).

Ihre Anforderung durch Leistungsbescheid ist nach ganz überwiegender Ansicht auch **keine Maßnahme der Verwaltungsvollstreckung** → (so *OVG Berlin-Brandenburg* B 3.8.2005 – 9 S 1/05, OVGE Berlin-Brandenburg 26, 155; *OVG Schleswig* B 27.12.2000 – 2 M 13/00, NVwZ-RR 2001, 586 = NordÖR 2001, 112; *OVG Lüneburg* B 21.2.2013 – 1 ME 6/13, DÖV 2013, 444 L; *OVG Münster* B 28.7.1982 – 7 B 1303/80, NJW 1983, 1441 = BRS 39 Nr. 235; *OVG Koblenz* B 28.7.1998 – 1 B 11553/98, NVwZ-RR 1999, 27 = DVBl. 1999, 116 = KKZ 1999, 189 = BRS 60 Nr. 172; *OVG Bautzen* B 21.2.2003 – 4 BS 435/02, NVwZ-RR 2003, 475 = KKZ 2003, 238; *VGH Mannheim* B 16.1.1991 – 6 S 34/91, VBlBW 1991, 215 = NVwZ-RR 1991, 512 = KKZ 1992, 38; *VGH Mannheim* B 5.2.1996 – 5 S 334/96, VBlBW 1996, 262 = DÖV 1996, 425 = NVwZ-RR 1997, 74 = KKZ 1997, 78; *VG Hannover* B 27.5.1997 – 11 B 2526/97, NVwZ-RR 1998, 311; Wolff/Bachof/Stober/*Kluth* I, § 64 Rn. 72; App/Wettlaufer/*Klomfaß*, Kap. 33 Rn. 21; Bader/Ronellenfitsch/*Deusch/Burr*, § 10 VwVG Rn. 10.1; aA *OVG Berlin* B 22.2.1984 – 7 S 323/83, OVGE Berlin, 17, 76; *OVG Berlin* B 3.3.1997 – 2 S 24/96, OVGE Berlin 22, 107 = NVwZ-RR 1999, 156 = KKZ 1999, 185 = BRS 59 Nr. 226; *OVG Berlin-Brandenburg* B 23.12.2005 – 2 S 122/05, OVGE Berlin-Brandenburg 26, 157 = NVwZ-RR 2006, 376 = DÖV 2006, 309, → *VGH München* B 27.6.1994 – 20 CS 94.1270, NVwZ-RR 1994, 618 = DÖV 1994, 1013 = BayVBl. 1995, 694; *VGH Kassel* B 6.6.1997 – 4 TG 4252/96, NVwZ-RR 1998, 534 = KKZ 1999, 188). Somit enthält die aufschiebende Wirkung eines Rechtsbehelfs auch nicht in den Bundesländern, die in ihren Vollstreckungsgesetzen auf der Grundlage des § 80 Abs. 2 S. 1 Nr. 3 oder S. 2 VwGO bestimmt haben, dass Rechtsbehelfe gegen Maßnahmen, die in der Verwaltungsvollstreckung getroffen werden, keine aufschiebende Wirkung haben (etwa § 112 Justizgesetz NRW).

Im Übrigen haben Rechtsbehelfe gegen die nachträgliche Anforderung von Kosten der Ersatzvornahme auch dann aufschiebende Wirkung, wenn die Vollstreckung wegen abschnittsweiser Durchführung der Ersatzvornahme noch andauert. Das wäre zB der Fall, wenn eine Bodensanierung in Teilmaßnahmen durchgeführt wird (*OVG Berlin-Brandenburg* B 3.8.2005 – 9 S 1/05, OVGE Berlin-Brandenburg 26, 155).

97 Dies hat zur Folge, dass die **schnelle Einziehung der Kosten** der Ersatzvornahme nur dadurch erreicht werden kann, dass die Behörde die **sofortige Vollziehung des Leistungsbescheides anordnet** (vgl. *OVG Berlin-Brandenburg* B 3.8.2005 – 9 S 1/05, OVGE Berlin-Brandenburg 26, 155, 157). Ohne Vollziehungsanordnung wäre eine Beitreibung während der laufenden Rechtsbehelfsfrist rechtswidrig.

Hier sollte der **Gesetzgeber** im Interesse der Praxis **Abhilfe schaffen.** Er könnte § 13 Abs. 4 dahin ergänzen, dass Widerspruch und Anfechtungsklage gegen den vor oder nach Durchführung der Ersatzvornahme erlassenen Kostenleistungsbescheid keine aufschiebende Wirkung haben.

98 **2. Recht auf Nachforderung.** Die Behörde sollte den Pflichtigen bei der Veranschlagung der voraussichtlichen Kosten aufklären, dass ihr Recht auf Nachforderung gemäß § 13 Abs. 4 S. 2 unberührt bleibt, wenn die **Ersatzvornahme einen höheren Kostenaufwand verursacht.** In der Praxis kommt es nämlich häufig zu Nachforderungen. Durch einen entsprechenden Hinweis wird vermieden, dass der Betroffene den veranschlagten Kostenbetrag irrtümlich als eine Art Festpreis ansieht. Zu einer dieser vorsorglichen Klarstellung ist die Behörde allerdings gesetzlich nicht verpflichtet.

Rechtsvergleich: Bei der gerichtlichen Ersatzvornahme (§10 Rn. 8, 35) ist das Recht des Gläubigers auf eine Nachforderung in §887 Abs. 2 ZPO enthalten.

Auch eine **beträchtliche Überschreitung** des vorläufig veranschlagten Kostenbetrages **führt nicht zu einer Minderung** des Nachforderungsrechts (*OVG Münster* U 6.4.1979 – 11 A 1550/78, BRS 35 Nr. 220; *OVG Berlin* U 30.1.1981 – 2 B 75/78 –; NJW 1981, 2484 = DVBl. 1981, 788 = GrundE 1981, 915 = BRS 38 Nr. 210; bestätigt durch *BVerwG* U 13.4.1984 – 4 C 31/81, DWW 1984, 265 = NJW 1984, 2591 = DÖV 1984, 887 = DVBl. 1984, 1172 = BayVBl. 1985, 538 = VBlBW 1985, 15 = BauR 1985, 183 = JuS 1985, 242 = BRS 42 Nr. 229). 99

Das Gleiche gilt, wenn gemäß §169 VwGO der Vorsitzende des Gerichts des ersten Rechtszuges als Vollstreckungsbehörde die Ersatzvornahme hat durchführen lassen (vgl. *VGH Mannheim* B 12.3.1993 – 5 S 285/93, NVwZ-RR 1994, 120).

Aus dem Vollstreckungsverhältnis ergibt sich indes die grundsätzliche Nebenpflicht der Behörde, dem Ordnungspflichtigen eine voraussehbare wesentliche Kostenüberschreitung mitzuteilen (*BVerwG* U 13.4.1984 a.a.O.). Das folgt auch aus ihrer Beratungspflicht nach §25 VwVfG. Kommt die Behörde ihrer Obhutspflicht nicht nach, hat das keinen Einfluss auf die Kostenlast des Betroffenen. Bei nachweisbarer Schädigung des Ordnungspflichtigen durch schuldhafte Verletzung der Mitteilungspflicht könnte sich aber ein Schadensersatzanspruch aus Amtshaftung der Behörde, §839 BGB i.V.m. Art. 34 GG, ergeben. Dabei ist stets zu berücksichtigen, dass der Pflichtige Mitwirkungspflichten auch in Bezug auf die Ermittlung der zur Beseitigung der Gefahr erforderlichen Arbeiten hat (*BVerwG* U 13.4.1984, a.a.O., juris Rn. 18; *OVG Saarlouis* B 26.1.2009 – 3 D 359/08, juris Rn. 27 = NVwZ 2009, 602, 605).

Anders könnte die Rechtslage sein, wenn eine Behörde die **Kosten arglistig zu niedrig veranschlagt,** um den Pflichtigen davon abzuhalten, einen Rechtsbehelf gegen die Androhung einzulegen (vgl. *OVG Berlin* U 30.1.1981 – 2 B 75/78 –; NJW 1981, 2484 = DVBl. 1981, 788 = GrundE 1981, 915 = BRS 38 Nr. 210). 100

Dies macht die Androhung nicht nichtig. Der zu niedrige Kostenansatz ist kein besonders schwerwiegender Fehler i.S.d. §44 Abs. 1 VwVfG. Ob dies bei Hinzutreten von Arglist anders zu sehen ist, kann dahinstehen, da der besonders schwerwiegende Fehler hierdurch nicht offenkundig wird. Eine die Kosten erheblich unterschätzende vorläufige Veranschlagung ist auch nicht mit dem Fehlen einer vorläufigen Veranschlagung der Kosten in der Androhung gleichzusetzen (*BVerwG* U 13.4.1984 – 4 C 31/81, juris Rn. 12 = NJW 1984, 2591 = DÖV 1984, 887 = DVBl. 1984, 1172). Die Kostenschätzung und damit die Androhung ist jedoch rechtswidrig, weil die Behörde sich bei der Festlegung des Kostenansatzes von sachfremden Erwägungen hat leiten lassen und ihr Ermessen somit nicht pflichtgemäß iSv §40 VwVfG ausgeübt hat.

Der Pflichtige kann die rechtswidrige Androhung mit der Anfechtungsklage gemäß §42 Abs. 1 VwGO angreifen. Entsteht ihm wegen des zu niedrig ausgewiesenen Kostenbetrages ein Schaden, kann er diesen nach den Grundsätzen der Amtshaftung gegen die Körperschaft, der die Behörde zugehört, geltend machen. Wird die Körperschaft verpflichtet, Schadensersatz zu leisten, kann sie die verantwortlichen Beamten uU im Wege des Regresses gemäß §38 Beamtenstatusgesetz zur Verantwortung ziehen. Die handelnden Beamten haben zudem mit Maßnahmen nach dem beamtenrechtlichen Disziplinarrecht zu rechnen.

Die Arglist schlägt jedoch nicht auf das Recht auf Nachforderung aus § 13 Abs. 4 S. 2 durch. Die Nachforderung erstreckt sich auf die Kosten, die tatsächlich verursacht worden sind. Diese Kosten werden bei der Ersatzvornahme, sei sie redlich oder arglistig unternommen, fällig.

101 Wurden bei der Androhung der Ersatzvornahme die für sie voraussichtlich entstehenden Kosten erheblich zu niedrig angegeben, hat die Behörde auch dann einen Anspruch auf die gesamten Kosten der Ersatzvornahme, wenn der Betroffene dies nicht erkennen konnte, weil er selbst nicht in der Lage ist, die Höhe dieser Kosten selbst ungefähr zu übersehen. (So aber *VG Freiburg* U 15.4.1975 – VI 161/73, NJW 1976, 1366 – Forderung der gesamten Ersatzvornahme-Kosten nur bei „fachkundigem Störer". Dies entspricht nicht dem nach §§ 10 und 13 Abs. 4 VwVG geltenden Recht und verkennt die rechtliche Situation, in der sich der Pflichtige befindet.) Er hat rechtlich keine Wahlbefugnis, entweder selbst die Maßnahme durchzuführen bzw. in Auftrag zu geben oder aber der Behörde die Durchführung zu überlassen, etwa unter dem Gesichtspunkt, das wählen zu dürfen, was für ihn billiger ist (*BVerwG* U 13.4.1984 – 4 C 31/81, juris Rn. 17 = NJW 1984, 2591 = DÖV 1984, 887 = DVBl. 1984, 1172).

102 Aus diesen Gründen kann sich der Schuldner auch nicht auf die Kostenregelung nach § 19 Abs. 1 VwVG i.V.m. § 344 Abs. 1 Nr. 8 und § 346 Abs. 1 AO berufen. Gemäß § 346 Abs. 1 AO sind Kosten, die bei richtiger Behandlung der Sache nicht entstanden wären, nicht zu erheben. Diese Vorschrift kommt hier jedoch nicht zum Zuge. Denn sowohl bei der vorläufigen Veranschlagung des Kostenbetrages als auch bei der späteren Feststellung der tatsächlich entstandenen und nachzufordernden Kosten handelt es sich um eine richtige Behandlung der Sache. Hier liegt die Ungewissheit über die Höhe der Kosten in der Natur des Vorgangs. Gewissheit bringt nämlich erst die Schlussrechnung des Ersatzunternehmers nach Beendigung der Ersatzvornahme (§ 19 Rn. 34).

Nach Eingang der Schlussrechnung des Ersatzunternehmers steht die Höhe der Kosten der ordnungsgemäßen Ersatzvornahme fest. Diese Auslagen werden dann nach § 19 Abs. 1 VwVG i.V.m. § 344 Abs. 1 Nr. 8 AO von der Vollzugsbehörde rechtmäßig bei dem Pflichtigen erhoben. Darum kann § 346 Abs. 1 AO nicht in Betracht kommen.

103 Die gesetzliche Formulierung „Recht auf Nachforderung" in § 13 Abs. 4 S. 2 ist ungenau. Der Begriff „Nach"-Forderung setzt bei wörtlichem Verständnis voraus, dass der geschätzte Kostenbetrag zuvor vom Pflichtigen angefordert worden ist (*OVG Berlin* U 30.1.1981 – 2 B 75/78, NJW 1981, 2484 = DVBl. 1981, 788 = GrundE 1981, 915 = BRS 38 Nr. 210). § 13 Abs. 4 S. 2 will die Behörde offensichtlich aber nicht nötigen, nach Durchführung der Ersatzvornahme zunächst die veranschlagten Kosten und sodann – in einem separaten Leistungsbescheid – die nachzufordernden Kosten geltend zu machen. § 13 Abs. 4 S. 2 ist somit nicht wortwörtlich zu verstehen, sondern nach Sinn und Zweck dahin auszulegen, dass die Behörde ein Recht hat, von dem Verantwortlichen **alle** durch die Ersatzvornahme verursachten **Kosten zu verlangen**.

Der Pflichtigen ist zur Erstattung desjenigen Betrages verpflichtet, den der ordnungsgemäß ausgewählte Unternehmer der Behörde in Rechnung gestellt hat, sofern **keine** groben Fehlgriffe in der Preiskalkulation erkennbar oder **überflüssige Maßnahmen** durchgeführt worden sind. Überflüssig sind Maßnahmen, die auch unter Berücksichtigung des der Behörde zustehenden weiten Ermessungsspielraums nicht mehr als zur Erfüllung der Grundverfügung erforderlich angesehen werden können (*OVG Berlin* U 25.8.1989 – 2 B 4/88, BauR 1990, 203 = BRS 49 Nr. 235).

V. Zu Absatz 5

Nach § 13 Abs. 5 ist der Betrag des Zwangsgeldes in bestimmter Höhe anzudrohen. Rechtsvorgänger dieser Vorschrift ist § 55 Abs. 2 S. 3 PVG (*OVG Berlin* U 13.6.1951 – 1 B 28, 29/51, OVGE Berlin 1, 1 = DVBl. 1952, 758 = BBauBl. 1953, 102). **104**

Die Regelung des § 13 Abs. 5 kann als Pendant zu § 13 Abs. 4 gesehen werden. Sie dient, ebenso wie § 13 Abs. 4, der Bestimmtheit der Androhung und ist somit Ausfluss des rechtsstaatlichen Bestimmtheitsgebots, das für Verwaltungsakte in § 37 Abs. 1 VwVfG besonderen Niederschlag gefunden hat. Eine „bestimmte Höhe" ist angegeben, wenn die Behörde Zwangsgeldes **„in Höhe von 1.000 €"** androht. Die Höhe ist jedoch nicht „bestimmt" i.S.d. § 13 Abs. 5, wenn lediglich ein Zwangsgeldrahmen (" ... von ... bis ...") oder ein Höchstbetrag („... bis zur Höhe von 1.000 € ...") angedroht wird (vgl. *OVG Weimar* B 22.4.2002 – 1 EO 184/02, ThürVBl. 2002, 280 = NVwZ-RR 2002, 808 = BRS 65 Nr. 205). In diesen Fällen kann der Pflichtige nicht erkennen, womit er innerhalb dieses unbestimmten Rahmens rechnen muss. Eine solche Androhung ist rechtswidrig. Sie muss wiederholt werden. Am Bestand und der Rechtmäßigkeit des Grundverwaltungsaktes ändert sich hierdurch nichts (Rn. 74).

Das Bestimmtheitsgebot des § 13 Abs. 5 VwVG i.V.m. § 37 Abs. 1 VwVfG trifft in gleicher Weise auf die **gerichtliche Androhung** eines Zwangsgeldes nach § 172 VwGO zu (vgl. *VGH Kassel* B 8.11.1999 – 8 TM 3106/99, NVwZ-RR 2000, 730 = DÖV 2000, 385 = KKZ 2001, 19). Der Höchstbetrag des gerichtlichen Zwangsgeldes beträgt gemäß § 172 S. 1 VwGO 10.000 €. **105**

Die Behörde kann ein **einheitliches Zwangsgeld** auch zur **Durchsetzung mehrerer Verpflichtungen** androhen. Eine solche Androhung muss erkennen lassen, ob das Zwangsgeld schon bei Verstößen gegen eine einzelne Verpflichtung fällig wird oder nur, wenn gegen alle Verpflichtungen verstoßen wird. Vgl. § 11 Rn. 35. Ein **Gesamtzwangsgeld** (zB 1.000 €) kann auch **in Teilbeträgen** für die einzelnen Vorgänge ausgewiesen werden (zB 500 + 400 + 100 = 1.000 €). **106**

Mit der Androhung des Zwangsgeldes darf die Vollzugsbehörde als eindringliche Vorwarnung **Ersatzzwangshaft nach § 16 ankündigen.** Gemäß § 16 Abs. 1 S. 1 kann das Verwaltungsgericht die Ersatzzwangshaft nur anordnen, wenn **bei Androhung** des Zwangsgeldes hierauf hingewiesen worden ist (§ 16 Rn. 16). **107**

– *Muster 7, 10, 24* –

Die Vollzugsbehörde kann auf die Zulässigkeit der Ersatzzwangshaft hinweisen. Aber sie muss es nicht. Zunächst wird die Behörde alle Umstände des Falles prüfen. Dabei sollte sie die persönlichen Auswirkungen auf den Betroffenen berücksichtigen oder einzuschätzen versuchen. Einen hartnäckig unwilligen Schuldner könnte die Aussicht auf Haft durchaus beeindrucken und schließlich zur Vernunft bringen. In anderen Fällen wird der unbedachte oder gar formularmäßige Hinweis auf die Ersatzzwangshaft im Allgemeinen kränkend sein. Hier geht es neben Ermessen auch um Takt.

Der behördliche Hinweis auf die Zulässigkeit der Ersatzzwangshaft darf nicht als „Androhung" bezeichnet werden. Denn die Androhung ist ein Verwaltungsakt (Rn. 1). Der Hinweis ist es nicht. Sollte die Behörde trotzdem „androhen", müsste eine Anfechtungsklage als unzulässig abgewiesen werden. Das Gericht würde aber gemäß § 155 Abs. 4 VwGO der Behörde die Kosten des Verfahrens auferlegen, weil diese durch ihr Verschulden entstanden sind.

VI. Zu Absatz 6

1. Androhung neben Strafe oder Geldbuße; Wiederholung der Zwangsmittel.

108 Zwangsmittel sind Beugemittel (§ 9 Rn. 15). Deshalb stellt § 13 Abs. 6 S. 1 klar, dass die Zwangsmittel auch neben einer Strafe oder Geldbuße angedroht werden können (vgl. *VGH Mannheim* B 3.9.2002 – 1 S 972/02, NJW 2003, 234). Gleichzeitige strafprozessuale Maßnahmen wie Beschlagnahme oder Durchsuchung sind ebenfalls zulässig (vgl. *OVG Münster* B 8.7.1992 – 13 B 2110/92, NVwZ-RR 1993, 385 = NZV 1993, 207 L). Das **Verbot der Doppelahndung** („ne bis in idem") wird durch diese Regelung **nicht verletzt.** Das trifft insbesondere auf das Zwangsgeld zu. Eine mehrfache Bestrafung, die gemäß Art. 103 Abs. 3 GG verboten ist, kann nicht vorliegen, weil das Zwangsgeld keine Kriminalstrafe ist. Für Geldbußen enthält § 84 OWiG zusätzlich das Verbot der Doppelahndung.

§ 13 Abs. 6 S. 1 folgt preußischem Recht. Gemäß § 55 Abs. 1 des preußischen Polizeiverwaltungsgesetzes waren die Polizeibehörden „unbeschadet der strafgerichtlichen Verfolgung strafbarer Handlungen befugt, die Befolgung einer polizeilichen Verfügung, wenn diese unanfechtbar geworden oder die sofortige Ausführung gemäß verlangt ist, durch Ausführung der zu erzwingenden Handlung auf Kosten des Pflichtigen durch Festsetzung von Zwangsgeld oder durch unmittelbaren Zwang durchzusetzen.

109 Zwangsmittel sind Beugemittel; Strafe und Bußgeld sind Bußmittel. Wegen ihrer Wesensverschiedenheit stehen beide unverbunden und gleichrangig nebeneinander. Zwangsmittel und Strafmittel stehen auch nicht in einem gestuften Verhältnis zueinander. So muss die Behörde **nicht erst eine Strafanzeige erstatten oder ein Bußgeldverfahren durchführen,** ehe sie wegen desselben Sachverhalts einen Verwaltungsakt mit Zwangsgeldandrohung durchzusetzen beginnt. **Ebenso wenig ist ein Zwangsgeld** den beiden anderen Verfahren notwendig **vorgeschaltet** (vgl. *BVerwG* U 24.6.1976 – 1 C 56/74, GewArch 1976, 293 = NJW 1977, 772 = MDR 1977, 75 = DÖV 1977, 403 = JuS 1977, 414).

Hieraus folgt, dass der gesetzliche Höchstbetrag einer Strafe oder Geldbuße nicht Maßstab für die Höhe des angedrohten Zwangsgeldes sein kann (*VGH München* U 27.10.1981 – 22 B 2206/79, *VGHE München* 35, 3 = DÖV 1982, 251 = GewArch 1982,87 = DVBl. 1982, 309 = JA 1982, 366).

110 Ob die Behörde sich nur für den **Verwaltungszwang** oder daneben auch für eine **Strafanzeige** oder die Verhängung einer **Geldbuße** entscheidet, steht in ihrem freien Ermessen (vgl. *OVG Lüneburg* B 21.11.2006 – 12 ME 354/06, NJW 2007, 313). Ebenso kann sie von Verwaltungszwang absehen und stattdessen einen Bußgeldbescheid erlassen. Gegen eine solche Praxis bestehen keine Bedenken (*VG Frankfurt/Main* U 10.12.1986 – V/V E 1626/86, LRE 21, 157). Das Ermessen der Behörde ergibt sich aus § 13 Abs. 6 S. 1. Danach „können" Zwangsmittel auch neben einer Strafe oder Geldbuße angedroht werden. Allerdings wäre eine solche Praxis bei Dauerordnungswidrigkeiten rechtswidrig (so zutreffend *Rudolph*, S. 6). Denn die vorrangige Aufgabe der Verwaltungstätigkeit ist die präventive Sicherung der Rechtsordnung und nicht die nachträgliche Ahndung von Unrecht.

111 Zieht die Behörde eine **Geldbuße** in Erwägung, sollte sie diese **nicht „androhen"** (wie im Fall des *OVG Weimar* U 28.9.2000 – 3 KO 700/99, NVwZ-RR 2001, 507 = ThürVBl. 2001, 62 = AgrarR 2001, 221 = NuR 2001, 107). Denn dieser Begriff ist dem Recht der

Verwaltungsvollstreckung nach § 13 vorbehalten. Das Recht der Ordnungswidrigkeiten kennt ihn nicht. Stattdessen sollte die Behörde eine etwaige Geldbuße „ankündigen".

Die Vollzugsbehörde kann die **Zwangsmittel wiederholen.** Sie kann sie hierbei **erhöhen** und **wechseln.** Das entspricht der Eigenart und dem Wesen der Zwangsmittel als Beugemittel. Außerdem wird hier die souveräne Entscheidungsfreiheit der Behörde bestätigt. 112

Auch hierbei handelt die Behörde nach **freiem Ermessen.** Indem sie ein Zwangsmittel wiederholt, erhöht oder wechselt, richtet sie sich auf die jeweilige Lage ein. Auf diese Weise kann die Behörde den Vollstreckungsvorgang am wirkungsvollsten gestalten.

2. Neue Androhung. Die Befugnis der Behörde aus § 13 Abs. 6 S. 1, die Zwangsmittel zu wechseln und zu wiederholen, steht unter dem **Vorbehalt des § 13 Abs. 6 S. 2.** Danach ist eine neue Androhung erst zulässig, wenn das **zunächst angedrohte Zwangsmittel erfolglos** geblieben ist. 113

Gleiches gilt bei der Vollstreckung zugunsten der öffentlichen Hand gemäß § 169 VwGO durch den Vorsitzenden des Verwaltungsgerichts des ersten Rechtszuges als Bundesvollzugsbehörde (vgl. § 4 Rn. 9). Denn die Vollstreckung richtet sich nach dem Verwaltungs-Vollstreckungsgesetz.

Eine dem § 13 Abs. 6 S. 2 entsprechende Regelung enthält § 332 Abs. 3 S. 1 AO. Hiernach ist eine neue Androhung wegen derselben Verpflichtung erst zulässig, wenn das zunächst angedrohte Zwangsmittel erfolglos ist. (Vgl. dazu *Glücksmann,* Zur Auslegung des § 332 Abs. 3 S. 1 AO: Erfolglosigkeit des zunächst angedrohten Zwangsmittels, DStR 1979, 589.)

Ein Zwangsmittel ist immer schon dann erfolglos geblieben, wenn die Festsetzung sich als ungeeignet erwiesen hat, den Willen des Pflichtigen so weit zu beugen, dass er den Grundverwaltungsakt befolgt. Hiervon ist auszugehen, wenn der Verantwortliche entweder eine Handlungspflicht innerhalb der Frist, die in der Androhung bestimmt ist, nicht erfüllt hat oder einem Duldung- oder Unterlassungsgebot nach der Androhung des Zwangsmittels zuwidergehandelt hat.

Nach herrschender und zutreffender Ansicht ist nicht erforderlich, dass auch die Festsetzung oder Anwendung des Zwangsmittels ohne Erfolg geblieben ist (§ 11 Rn. 30). Der Grund dafür liegt darin, dass die **Behörde freie Hand für schnelle Entschlüsse** haben muss. Sie soll sich nach der Androhung sogleich auf eine neue Lage einstellen können und nicht erst ein nicht erfolgversprechendes und verzögerndes Verfahren einhalten müssen.

Beispiel: Die Behörde droht ein Zwangsgeld in Höhe von 500 € an, weil der Tierhalter den Leinen- und Maulkorbzwang nicht beachtet. Der Leinen- und Maulkorbzwang gilt in Mietwohnhäusern von der Schwelle der offenen Wohnungstür an und bei Einfamilienhäusern ab Gartenzaun oder Beginn der öffentlichen Verkehrsfläche. Die Leine und der Maulkorb sind dem Hund also bereits entweder vor Verlassen der Wohnung oder vor Verlassen des Grundstücks anzulegen. Nach der Androhung ermittelt die Behörde, dass der Tierhalter ihre Verfügung wieder nicht befolgt hat. Nach diesem neuen Sachverhalt steht für die Behörde fest, dass der Betroffene sich von einem Zwangsgeld in dieser (für ihn niedrigen) Höhe nicht beeindrucken lassen wird. Deshalb sieht sie von dessen Festsetzung ab. Denn die Festsetzung wäre, ebenso wie eine Beitreibung des Zwangsgeldes, ohne Wirkung. Für die Behörde ist demnach klar, dass die Androhung des Zwangsgeldes in Höhe von 500 € „erfolglos" iSv § 13 Abs. 6 S. 2 ist. Darum droht sie nunmehr ein solches in Höhe von 1.000 € an. 114

Dabei erklärt sie die frühere Androhung für gegenstandslos und erledigt.

115 In ihrem neuen Androhungsbescheid muss die Behörde deutlich bestimmen, dass das erhöhte Zwangsgeld an die Stelle des früheren Zwangsgeldes tritt. Damit ist die **ursprüngliche Androhung** als Verwaltungsakt **aufgehoben** und hierdurch gemäß § 43 Abs. 2 VwVfG unwirksam geworden. Dies sollte die Behörde im neuen Androhungsbescheid klarstellend zum Ausdruck bringen und darauf hinweisen, dass „die frühere Androhung vom … gegenstandslos" ist.

116 Die Erklärung, die frühere Androhung sei gegenstandslos, ist der Sache nach eine Aufhebung der Androhung als Verwaltungsakt. Die Aufhebung von Verwaltungsakten ist in den §§ 48 ff. VwVfG grundlegend geregelt. Hiernach werden rechtswidrige Verwaltungsakte „zurückgenommen"; rechtmäßige Verwaltungsakte werden „widerrufen". Da die frühere Androhung rechtmäßig war, ist ihre Aufhebung ein Widerruf gemäß § 49 Abs. 1 VwVfG. Um zum Ausdruck zu bringen, dass die frühere Androhung sich erledigt hat, kann die Behörde die Verben „aufheben" oder (präziser) „widerrufen" verwendet. Vorzugswürdig erscheint die Formulierung „ist gegenstandslos", weil sie die Rechtsfolge der Unwirksamkeit deutlich beschreibt. Unter **keinen Umständen** sollte die Behörde ihren früheren Androhungsbescheid **„zurücknehmen"**, da sie hiermit suggeriert, die Anhörung wäre rechtswidrig gewesen.

117 Die **Ersetzung des ursprünglichen Zwangsgeldes** durch ein höheres Zwangsgeld und die damit verbundene Aufhebung der ersten Androhung will wegen der **Kostenfolge** wohl erwogen sein, wenn der Pflichtige Rechtmittel gegen die Androhung eingelegt hat. Hebt die Behörde den Verwaltungsakt in einem Widerspruchsverfahren auf, ist der Widerspruch erfolgreich. Für die Behörde ergibt sich dann ihre Kostenpflicht aus § 80 VwVfG. Nach § 80 Abs. 2 VwVfG sind auch die Gebühren und Auslagen eines Rechtsanwalts erstattungsfähig, wenn dessen Zuziehung notwendig war. Diese können je nach Streitwert erheblich sein.

118 Hebt die Behörde den Verwaltungsakt im Verwaltungsgerichtsprozess auf, wird das Gericht gemäß § 161 Abs. 2 VwGO die Kosten nach billigem Ermessen regelmäßig der Behörde auferlegen (§ 15 Rn. 92). Aus Sicht der Behörde ist dies ausgesprochen unbefriedigend und schwer zu rechtfertigen.

119 Die **Höhe des Zwangsgeldes** steht im Auswahlermessen der Behörde. Das Ermessen ist gemäß § 40 VwVfG pflichtgemäß auszuüben. Die Ermessensentscheidung ist nach Maßgabe des § 39 Abs. 1 S. 3 VwVfG **zu begründen**. Daher muss die Behörde in ihrem neuen Androhungsbescheid überzeugend dartun, warum sie nach weiterer sorgfältiger Prüfung aller Umstände des Falles nunmehr ein höheres Zwangsgeldes androht.

120 Auch folgender Fall verdeutlicht, dass die neue Androhung eines Zwangsmittels bereits dann zulässig ist, wenn die Behörde die Erfolgslosigkeit der früheren Androhung erkannt hat.

Beispiel: Der Verantwortliche kommt seiner Verpflichtung, nach Entziehung der Fahrerlaubnis den Führerschein abzuliefern, nicht nach. Die Behörde droht daher ein Zwangsgeld an. Der Betroffene reagiert nicht. Bevor die Behörde das Zwangsgeld festsetzt, erfährt sie, dass er beabsichtigt, mit seinem Kraftwagen eine Auslandsreise zu unternehmen und dabei den ungültigen Führerschein als Berechtigungsnachweis zu benutzen. Daraufhin bricht die Behörde den erfolglosen Vollstreckungsversuch ab und droht an Stelle des gegenstandslos gewordenen Zwangsgeldes den unmittelbaren Zwang an. Hierbei begründet sie gemäß § 12, dass Zwangsgeld aus Zeitnot nicht zum Ziel führt und angesichts der drohenden Gefahr auch untunlich ist. Diese Begründung ist gesetzlich zwingend.

Die Behörde darf nicht bei der ersten Androhung eines Zwangsmittels gleichzeitig ein zweites Zwangsmittel für den Fall androhen, dass das erste erfolglos sein sollte (vgl. *VGH Mannheim* U 16.4.1994 – 8 S 52/94, NVwZ-RR 1995, 120 = VBlBW 1994, 310). Denn vor einer neuen Androhung muss die Erfolglosigkeit der ersten festgestellt werden. Das ist aber naturgemäß nur möglich, wenn zwischen beiden Androhungen eine notwendige Zeitspanne liegt, innerhalb welcher die Erfolglosigkeit der ersten ermittelt wird. **121**

Unterschiedlich beurteilt wird, ob die **Behörde das ursprüngliche Zwangsgeld noch festsetzen und beitreiben darf, nachdem sie ein neues Zwangsgeld angedroht hat.** In diesem Fall würde die Behörde das neue Zwangsgeld nicht an die Stelle des vorhergehenden setzen, sondern daneben. Die neue Androhung würde die erste nicht aufheben, sondern neben sie treten. Beide Zwangsgelder würden, zeitlich versetzt, vollstreckt. Fraglich ist, ob dies eine nach §13 Abs.6 unzulässige Kumulation von Zwangsmittel darstellt (so Engelhardt/App/Schlatmann/*Troidl,* §13 VwVG Rn.12; *Henneke,* Jura 1989, 64, 69).

Dies dürfte zu verneinen sein, da die Zwangswirkung auf den Willen des Pflichtigen nunmehr allein von der neuen Androhung ausgeht. Eine aktuelle Willensbeeinflussung durch die Festsetzung und Beitreibung des ersten Zwangsgeldes ist nicht mehr beabsichtigt. Hierbei handelt es sich lediglich um die Realisierung des Übels, das dem Betroffenen für den Fall angekündigt war, dass er sich dem mit der ersten Androhung bezweckten Druck nicht beugt (*OVG Schleswig-Holstein* B 6.12.1999 – 2 M 52/99, Jura Rn.10 = NVwZ 2000, 821 = DÖV 2000, 608 = NuR 2001, 350; *Lemke,* S.318f.). In dieser Situation ist die Festsetzung und Beitreibung des ursprünglichen Zwangsmittels auch nicht unverhältnismäßig, weil es sich als ungeeignet erwiesen hat. Ein Zwangsgeld ist nur dann unverhältnismäßig, wenn es bereits bei seiner Androhung ungeeignet erscheint. Maßgeblicher Zeitpunkt für die Beurteilung der Geeignetheit ist der Erkenntnis- und Beurteilungsstand einer pflichtbewusst handelnden Behörde ex ante, nicht ex post. Ein Zwangsgeld wird nicht dadurch ungeeignet und damit unverhältnismäßig, weil sich im Nachhinein herausstellt, dass es den Willen des Pflichtigen nicht zu beugen vermag. Folglich ist die Festsetzung und Beitreibung des ersten Zwangsgeldes nicht schon deshalb unzulässig, weil es als ungeeignetes Mittel unverhältnismäßig und damit rechtswidrig wäre.

Die weitere Vollstreckung des ersten Zwangsgeldes ist auch nicht deshalb unzulässig, weil von ihm keine Beugewirkung mehr ausgeht. Entscheidend ist allein, dass der Pflichtige nach Androhung des Zwangsmittels gegen die vollziehbare Ordnungsverfügung verstoßen hat. Die Androhung erfüllt die Beugefunktion. Durch sie soll der Pflichtige dazu gebracht werden, den im Grundverwaltungsakt gesetzten Rechtsbefehl zu befolgen. Die nachfolgende Festsetzung und Beitreibung soll dem Beugemittel Nachdruck verleihen. Ohne diese nachträgliche Durchsetzung ginge die Androhung in diesen Fällen ins Leere, weil die Androhung allein kein Übel darstellt, das den Pflichtigen zu dem erforderlichen Verhalten veranlassen kann. Die Festsetzung und Anwendung des Zwangsmittels sind der Androhung funktional immanent, weil ihre wesensmäßige Beugewirkung von ihnen abhängt. Deshalb kann ein Zwangsgeld auch dann noch festgesetzt und beigetrieben werden, wenn sich die Verfügung nach der Androhung erledigt, so dass eine weitere Zuwiderhandlung nicht mehr möglich ist und die Beugewirkung der Androhung damit entfällt (*OVG NRW* U 30.9.1992 – 4 A 3840/91, juris Rn. 14 = NVwZ-RR 1993, 671 = DÖV 1993, 398, 399). Dieselbe Wertung ist angezeigt, wenn die Beugewirkung der Androhung nicht wegen Erledigung der Verfügung entfällt, sondern weil ein höheres Zwangsgeld angedroht wird, von dem allein nun die Beugewirkung ausgeht.

Im Ergebnis ist die **Behörde** somit **nicht gehindert**, bei der Androhung des höheren Zwangsgeldes parallel dazu auf die erste Androhung zurückzugreifen und das **zunächst angedrohte Zwangsgeld festzusetzen und beizutreiben** (so auch *OVG Schleswig-Holstein* B 6.12.1999 – 2 M 52/99, Jura Rn. 10 = NVwZ 2000, 821 = DÖV 2000, 608 = NuR 2001, 350; *OVG Baden-Württemberg* U 15.4.1994 – 8 S 52/94, juris Rn. 20 = NVwZ-RR 1995, 120 = VBlBW 1994, 310).

– Muster 49, 50, 54, 55 –

122 Hat die Vollzugsbehörde gemäß § 11 Abs. 1 S. 2 **Zwangsgeld** verhängt, weil **Ersatzvornahme untunlich** ist, kann sie bei Erfolglosigkeit des Zwangsgeldes nur erneut ein solches androhen. Sie darf nicht etwa auf die Ersatzvornahme zurückgreifen. Denn weil diese untunlich ist, gilt das Zwangsgeld doch kraft Gesetzes als das allein richtige und zulässige Zwangsmittel (§ 11 Rn. 5 ff.). Das ist zB der Fall, wenn die Behörde die Stellplatzpflicht eines zahlungsfähigen, aber handlungsunwilligen Hauseigentümers durchsetzen will (*OVG Münster* U 3.2.1977 – 10 A 161/76, OVGE Münster 33, 26 = NJW 1977, 1981 = GemTg 1977, 193 = DRsp 520, 93).

VII. Zu Absatz 7

123 § 13 Abs. 7 ist eine wichtige und gefahrträchtige Bestimmung. Hier ist vorgeschrieben, dass die **Androhung eines Zwangsmittels zugestellt** werden muss. Dies gilt auch dann, wenn die Androhung im selben Bescheid mit dem Grundverwaltungsakt verbunden wird, für diesen aber keine Zustellung vorgeschrieben ist. Ein Verstoß gegen das Zustellungsgebot macht die Androhung unwirksam, wenn der Zustellungsmangel nicht ausnahmsweise nach § 8 VwZG geheilt wird.

124 Für das Zustellungsverfahren der **Bundesbehörden** und bundesunmittelbaren juristischen Personen des öffentlichen Rechts sowie der Landesfinanzbehörden gilt das **Verwaltungszustellungsgesetz (VwZG)** vom 12.8.2005 (BGBl. I S. 2354). Die Vorschriften dieses Gesetzes gelten ferner, wenn Gesetze des Bundes oder eines Landes sie für anwendbar erklären. Das ist größtenteils geschehen.

125 Das VwZG findet keine Anwendung im Vollstreckungsverfahren des **Vorsitzenden des Verwaltungsgerichts** gemäß § 169 VwGO. Hiernach wird die schriftliche Androhung des Zwangsmittels gemäß § 56 Abs. 2 VwGO von Amts wegen nach den Vorschriften der **Zivilprozessordnung** zugestellt. Die Notwendigkeit der Zustellung ergibt sich im Übrigen auch aus § 56 Abs. 1 VwGO: Die Androhung ist eine Entscheidung des Vorsitzenden im Sinne von § 146 Abs. 1 VwGO. Gegen sie ist folglich nach § 147 Abs. 1 VwGO die Beschwerde innerhalb von zwei Wochen zulässig. Mit Rücksicht auf diese Frist muss die Androhung gemäß § 56 Abs. 1 VwGO zugestellt werden (zur Festsetzung siehe § 14 Rn. 4).

126 Soweit durch **Landesrecht** die Zustellung der Androhung eines Zwangsmittels nicht vorgeschrieben ist, kann § 13 Abs. 7 entsprechend nicht angewendet werden. Für einen Analogieschluss fehlt es bereits an einer planwidrigen Regelungslücke im Landeszustellungsrecht. Es gilt die vom Bund abweichende Rechtslage des Landes (Einleitung

Rn. 4). Auch im Übrigen kann dort, wo das Landesrecht Regelungen bereithält, nicht auf das Bundesrecht zurückgegriffen werden.

Die Behörde kann auf die vorgeschriebene Zustellung auch in Eilfällen der Gefahrenabwehr **nicht verzichten** (so aber *Lemke*, S. 328, 329), weil das Zustellungsgebot zumindest auch den Interessen des Betroffenen zu dienen bestimmt ist. Über Vorschriften, die (auch) den Betroffenen schützen sollen, kann die Behörde nicht disponieren. **127**

Wenn die Behörde aus Zeitnot nicht förmlich zustellen kann, muss sie das gestreckte Verfahren des § 6 Abs. 1 abbrechen und zum sofortigen Vollzug nach § 6 Abs. 2 übergehen (Beispiele § 6 Rn. 260, 261).

In der Verwaltungspraxis unterlaufen im Zusammenhang mit der Zustellung von Bescheiden immer wieder Fehler bei der Formulierung der **Rechtsbehelfsbelehrungen**. Dies führt dazu, dass die Rechtsbehelfsfrist nicht zu laufen beginnt. Der Betroffene hat gemäß § 58 Abs. 2 VwGO ein Jahr Zeit, Rechtsbehelfe einzulegen. Zu den Einzelheiten siehe bei VwZG Einleitung Rn. 4. **128**

Vor allem sei darauf hingewiesen, dass in einer Rechtsbehelfsbelehrung keinesfalls statt des richtigen Ausdrucks **„Zustellung“** die unrichtige Bezeichnung **„Zugang“** oder **„Bekanntgabe“** stehen darf. Denn sie widerspräche der gesetzlichen Vorschrift, den Ausdruck „Zustellung“ zu gebrauchen. Infolgedessen würde statt der Monatsfrist die Jahresfrist des § 58 Abs. 2 VwGO laufen (VwZG Einleitung Rn. 4; VwVG § 6 Rn. 82).

Für die Androhung der Ersatzvornahme durch die **Kommunalaufsicht** findet § 13 Abs. 7 keine Anwendung. § 13 Abs. 7 betrifft alleine die Androhung der in § 9 Abs. 1 genannten Zwangsmittel. Dazu gehört zwar die Ersatzvornahme nach § 10, nicht aber die in den Gemeindeordnungen geregelte Ersatzvornahme durch die Kommunalaufsicht (zB § 123 Abs. 2 GO NRW vgl. Einleitung Rn. 6). Die verwaltungsvollstreckungsrechtliche Ersatzvornahme richtet sich zur Durchsetzung einer regelmäßig durch einen Grundverwaltungsakt verfügten Pflicht auf die Ausführung einer Handlung, deren Vornahme durch einen von der Vollzugsbehörde bestellten Beauftragten möglich ist. Hier geht es um die Verwaltungsvollstreckung im allgemeinen Über- und Unterordnungsverhältnis zwischen Bürger und Staat. Die kommunalrechtliche Ersatzvornahme erlaubt demgegenüber, alle Handlungen der Gemeinde, auch wenn sie – wie etwa der Erlass einer Satzung – nicht vertretbar sind, durch die Aufsichtsbehörde durchzuführen oder durchführen zu lassen. Es handelt sich also um die speziell kommunalaufsichtsrechtliche Variante des allgemeinen Instituts aufsichtsrechtlichen Eintritts zwischen Aufsichtsbehörde und beaufsichtigter Körperschaft und Behörde. Der unterschiedliche Charakter der verwaltungsvollstreckungsrechtlichen und der kommunalaufsichtlichen Ersatzvornahme erlaubt es nicht, auf letztere die genannte Zustellungsvorschrift des Verwaltungsvollstreckungsrechts anzuwenden (*OVG Münster* B 22.8.2007 – 15 B 1328/07, juris Rn. 11 = NVwZ-RR 2008, 50 = NWVBl 2008, 69 – zu § 63 Abs. 6 S. 1 VwVG NRW). **129**

Für die Androhung eines Zwangsmittels im **Abgabenrecht** schreibt § 332 AO die Zustellung nicht vor. **130**

1. Zustellung der Androhung. Die vereinfachte Bekanntgabe der Androhung nach § 41 Abs. 1 bis 4 VwVfG genügt dem Zustellungserfordernis aus § 13 Abs. 7 nicht. Eine einfach bekannt gemachte Androhung ist unwirksam, sie entfaltet keine Rechtswirkung. Der Bekanntgabemangel kann nach § 8 VwZG geheilt werden. **131**

132 Lässt sich die formgerechte Zustellung eines Dokuments nicht nachweisen oder ist das Dokument unter Verletzung zwingender Zustellungsvorschriften zugegangen, so gilt es gemäß § 8 VwZG als in dem Zeitpunkt zugestellt, in dem es dem Empfangsberechtigtem tatsächlich zugegangen ist (*GmS-OGB* B 9.11.1976 – *GmS-OGB* 2/75, BVerwGE 51, 378 = BGHZ 67, 355 = *BFHE* 121, 1 = NJW 1977, 621 = WPM 1977, 385 = Rpfleger 1977, 127 = BStBl. II 1977, 275 = HFR 1977, 158 = VersR 1977, 279). Siehe VwZG § 8 Rn. 22.

133 Im Gewerberecht wird die Behörde die Androhung sowohl an den **„Strohmann“** als auch an den tatsächlich Verantwortlichen, den **„Hintermann“**, richten und beiden getrennt zustellen. Ein solches Verfahren ist zweckmäßig, weil im rechtlichen Sinne **beide Gewerbetreibende** sind (*BVerwG* U 2.2.1982 – 1 C 3/81, BVerwGE 65, 12 = GewArch 1982, 334 = DÖV 1982, 902 = DVBl. 1982, 699 = NVwZ 1982, 559). Das kann auch bei dem Geschäftsführer einer GmbH als Strohmann eines Dritten der Fall sein (*OVG Koblenz* U 24.6.1981 – 2 A 78/80, GewArch 1981, 333). Die Behörde kann, je nach Lage des Falles, frei entscheiden, ob sie das Zwangsmittel beiden Verantwortlichen oder nur einem von ihnen androht. Denn sie hat ein Auswahlermessen.

134 Die Zustellung an eine **nicht rechtsfähige Personenmehrheit,** etwa Ehegatten, Miterben, Miteigentümer, ist nur dann wirksam, wenn jeder Person ein eigens für sie bestimmtes und an sie adressiertes Dokument ausgehändigt wird. Siehe VwZG § 2 Rn. 14.

135 Ist ein **Bevollmächtigter** bestellt, der eine schriftlicher Vollmacht vorgelegt hat, muss die Behörde gemäß § 7 Abs. 1 S. 2 VwZG zwingend an ihn zustellen, nicht etwa an den Pflichtigen. Dies wird in der Verwaltungspraxis häufig falsch eingeschätzt. Siehe VwZG § 7 Rn. 23–43.

136 Oft wird in der Praxis auch übersehen, dass nach § 5 Abs. 4 VwZG an einen **Rechtsanwalt** gegen Empfangsbekenntnis zugestellt werden sollte. Siehe VwZG § 5 Rn. 51. Zu beachten ist auch die Möglichkeit der vereinfachten Zustellung an eine Behörde durch Dienstpost. Siehe VwZG § 2 Rn. 22.

137 Fehlt in Grundstücksangelegenheiten ein Vertreter, dem zuzustellen wäre, so hat gemäß **§ 207 des Baugesetzbuchs** das Betreuungsgericht auf Ersuchen der zuständigen Behörde einen rechts- und sachkundigen Vertreter zu bestellen.

138 Das Gleiche gilt nach Landesrecht, zB gemäß § 10 Abs. 3 des Berliner Wohnungsaufsichtsgesetzes, der auf das Baugesetzbuch verweist.

139 Die Behörde möge sich für die Zustellung mit Zustellungsurkunde (ZU) nach § 3 VwZG entscheiden. Bei einem **Einschreiben** (§ 4 VwZG) kann der Betroffene die Annahme folgenlos verweigern. In diesem Fall schickt die Post das Einschreiben nach ihren Allgemeinen Geschäftsbedingungen als „unzustellbar“ an die Behörde zurück.

Dieses Risiko vermeidet die Behörde durch **Zustellung per Post mit Zustellungsurkunde**:

Gemäß **§ 3 VwZG i.V.m. § 180 ZPO** kann das zuzustellende Dokument in einen zu der Wohnung oder dem Geschäftsraum des Adressaten gehörenden Briefkasten oder in eine ähnliche Vorrichtung eingelegt werden. Mit der Einlegung gilt das Dokument als zugestellt. Eine ähnliche Vorrichtung gilt gleichrangig als eine Art von Briefkasten (*BGH* U 10.12.2005 – III ZR 104/05, NJW 2006, 150).

Notfalls kann das Dokument nach **§ 181 ZPO** bei der Postanstalt niedergelegt werden. Über die Niederlegung hat der Postzusteller eine schriftliche Mitteilung in den Briefkasten des Adressaten abzugeben. Das Dokument gilt mit der Abgabe der schriftlichen Mitteilung als zugestellt. Das niedergelegte Dokument wird auf der Postanstalt drei Monate zur Abholung bereitgehalten. Ein nicht abgeholtes Dokument ist danach an den Absender zurückzusenden.

An der rechtsgültigen Zustellung der Sendung, welche die Androhung des Zwangsmittels enthält, ändert sich hierdurch nichts. Demzufolge ist die Androhung nach Ablauf der einmonatigen Rechtsbehelfsfrist unanfechtbar geworden. Die Vollzugsbehörde darf das Zwangsmittel festsetzen. Dass der verantwortliche Adressat keine Kenntnis von der Androhung hat, ist ohne rechtliche Bedeutung (aA: *OVG Lüneburg* B 6.3.1973 – 1 B 3/73, OVGE Lüneburg 29, 458). Denn die Vollstreckungsvoraussetzung gemäß § 6 Abs. 1, § 13 Abs. 1, § 13 Abs. 7, § 14 VwVG liegt vor. Folglich kann es nur darum gehen, ob Wiedereinsetzung in den vorigen Stand nach § 70 Abs. 2, § 60 VwGO zu gewähren ist.

Lässt sich dem Adressaten keine ladungsfähige Anschrift zuordnen, ist eine Zustel- **140**
lung durch die Post per Zustellungsurkunde oder Einschreiben nicht möglich. Kennt die Behörde seinen Aufenthaltsort, so bietet sich in örtlicher Nähe die Zustellung durch einen Bediensteten der Behörde **gegen Empfangsbekenntnis** (EB) gemäß § 5 Abs. 1, Abs. 2 VwZG an. Nach § 5 Abs. 2 S. 3 VwZG kann der Bedienstete das Dokument uU bei der auftragerteilenden Behörde niederlegen.

Stellt die Behörde mit **Einschreiben** zu, geschieht dies gemäß § 4 Abs. 1 VwZG durch **141**
die Post entweder mittels Einschreiben durch Übergabe oder mittels Einschreiben mit Rückschein. Die Zustellung durch **Einwurf-Einschreiben** ist also **ausgeschlossen** (*BVerwG* U 19.9.2000 – 9 C 7/00, BVerwGE 112, 78 = DÖV 2001, 473 = NJW 2001, 458 = DVBl. 2001, 477 = BayVBl. 2001, 114 = DokBerA 2001, 45 = InfAuslR 2001, 390).

Zum Nachweis der Zustellung genügt nach § 4 Abs. 2 S. 1 VwZG der Rückschein. Die ist Zustellung an dem Tag bewirkt, den der Rückschein angibt.

Nach § 4 Abs. 2 S. 2 VwZG gilt das Dokument im Übrigen am dritten Tag nach der Aufgabe zur Post als zugestellt, es sei denn, dass es nicht oder zu einem späteren Zeitpunkt zugegangen ist. Das Dokument gilt auch dann am dritten Tag nach der Aufgabe zur Post als zugestellt, wenn es der Betroffene nachweislich früher erhalten hat. Die Zustellungsfiktion des § 4 Abs. 2 S. 2 VwZG gilt auch, wenn der dritte Tag ein Sonntag oder Feiertag ist (siehe VwZG § 4 Rn. 19). Im Zweifel hat laut § 4 Abs. 2 S. 3 VwZG die Behörde den Zugang und dessen Zeitpunkt nachzuweisen.

„Aufgabe zur Post" bedeutet den **Stempel der Post.** Damit ist nicht die „Ab"-Verfü- **142**
gung der Behörde gemeint. Erst mit der Stempelung durch die Post läuft die Frist. Das Gleiche gilt bei Freistempelung durch die Behörde. Siehe VwZG § 4 Rn. 18.

Gemäß § 19 Abs. 1 VwVG i.V.m. § 344 Abs. 1 Nr. 3 AO sind die Kosten der ZU erstat- **143**
tungspflichtig. Die des Einschreibens sind es nicht. Das sollte man berücksichtigen. Bei der Zustellung durch die Behörde gegen Empfangsbekenntnis nach § 5 VwZG werden 7,50 € erhoben.

144 **2. Zustellung der Androhung bei Verbindung mit Verwaltungsakt.** Nach §13 Abs. 7 S. 2 ist die Androhung auch dann zuzustellen, wenn sie mit dem Grundverwaltungsakt verbunden wird und für ihn eine Zustellung nicht vorgeschrieben ist. Durch diesen Zusatz wird die Behörde verpflichtet, gemäß §1 Abs. 2 VwZG die Zustellung des Bescheides in seiner Gesamtheit anzuordnen (VwZG §1 Rn. 22). Diese Klarstellung war geboten, weil man ansonsten hätte annehmen können, dass die Bekanntgabeform des Bescheides sich nach dem zugrunde liegenden Verwaltungsakt als seinem Hauptbestandteil richtet.

§13 Abs. 7 S. 2 knüpft an §13 Abs. 2 an. Hier steht die Warnfunktion der Androhung im Vordergrund. Daneben geht es um den sicheren Nachweis der (inhaltsschweren) Androhung. Das zwingt zur **Formstrenge für den ganzen Bescheid.**

§13 Abs. 7 S. 2 regelt nur die Zustellung der Androhung. Er statuiert keine Zustellungspflicht für den zugrundeliegenden Verwaltungsakt. Der Verwaltungsakt partizipiert lediglich von der Zustellung, wenn er mit der Androhung in einem Bescheid verfügt wird. Wird der Bescheid gemäß §41 Abs. 1 und 2 VwVfG nur formlos bekannt gegeben und nicht nach Maßgabe des VwZG förmlich zugestellt, ist die Androhung des Zwangsmittels unwirksam, nicht aber der zugrunde liegende Verwaltungsakt.

Geht der entgegen §13 Abs. 7 S. 2 nicht förmlich zugestellt Bescheid dem Empfänger tatsächlich zu, ist der Zustellungsmangel gemäß §8 VwZG geheilt. Dann ist auch die Androhung wirksam.

145 Gemäß §69 Abs. 2 VwVfG und §37 Abs. 1, §47 des Bundesleistungsgesetzes ist auch für den Grundverwaltungsakt die Zustellung vorgeschrieben.

Anhang:
Vergleichbares Landesrecht

146 **(1) Baden-Württemberg:** §3, §19 Abs. 4, §20 LVwVG; §20 Abs. 3: Androhung mehrerer Zwangsmittel zulässig.

(2) Bayern: Art. 36 VwZVG.

Eine Besonderheit enthält Art. 31 Abs. 3 S. 2: Die Androhung des Zwangsgeldes ist ein Leistungsbescheid (vgl. *VGH München* B 18.10.1993 – 24 B 93/92, BayVBl. 1994, 310 = KKZ 1994, 187 = NVwZ-RR 1994, 548; *VGH München* B 15.6.2000 – 4 B 98.775, NJW 2000, 3297 = BayVBl. 2001, 752; *VGH München* B 11.7.2001 – 1 ZB 01.1255, BayVBl. 2002, 275 = NVwZ-RR 2002, 608 = BRS 64 Nr. 202.

Art. 21 regelt Einwendungen gegen die Vollstreckung.

(3) Berlin: §8 Abs. 1 S. 1 VwVfG Berlin = §13 VwVG.

(4) Brandenburg: §28, §29 Abs. 1 VwVGBbg. Androhung mehrerer Zwangsmittel zulässig.

(5) Bremen: §17 BremVwVG.

(6) Hamburg: §§8, 12, 13 HmbVwVG.

(7) Hessen: §69, §71, §74 Abs. 3 HessVwVG.

(8) Mecklenburg-Vorpommern: § 86 Abs. 2, § 87, § 96 Abs. 2 SOG M-V; § 87 Abs. 4 S. 2: Androhung mehrerer Zwangsmittel zulässig.

(9) Niedersachsen: § 10, § 70 NVwVG i. V. m. § 65 Abs. 2, 3, § 66 Abs. 2, 70, § 74 Nds. SOG; § 70 Abs. 3 Nds. SOG: Androhung mehrerer Zwangsmittel zulässig.

(10) Nordrhein-Westfalen: § 57 Abs. 2, 3, § 59 Abs. 2, § 63, § 69 VwVG NRW; § 63 Abs. 3: Androhung mehrerer Zwangsmittel zulässig.

(11) Rheinland-Pfalz: § 18, § 62 Abs. 3, § 66 LVwVG.

§ 16 regelt Einwendungen gegen die Vollstreckung.

(12) Saarland: § 13 Abs. 3, 4, § 16, § 19 SVwVG.

(13) Sachsen: § 19 Abs. 5, § 20, § 21, § 24 Abs. 2 SächsVwVG; § 20 Abs. 3 S. 2: Androhung mehrerer Zwangsmittel zulässig (dazu *OVG Bautzen* B 4.11.2003 – 4 BS 332/03, LKV 2004, 180 = ZKF 2004, 53).

(14) Sachsen-Anhalt: § 71 VwVG LSA i. V. m. § 54 Abs. 2, 3, § 55 Abs. 2, § 59 SOG LSA; § 71 VwVG LSA i. V. m. § 59 Abs. 3 S. 2 SOG LSA: Androhung mehrerer Zwangsmittel zulässig.

(15) Schleswig-Holstein: § 235 Abs. 2, § 236, § 238 Abs. 2 LVwG; § 236 Abs. 4 S. 2: Androhung mehrerer Zwangsmittel zulässig.

(16) Thüringen: § 46, § 47 Abs. 2 S. 2, Abs. 2, § 50 Abs. 2 ThürVwZVG.

Zum Zustellungsrecht des Bundes und der Länder wird hingewiesen auf die Gesamtübersicht bei *Sadler,* Die Verwaltungszustellungsgesetze der neuen Bundesländer, LKV 1995, 49–54.

Historischer Rückblick: Rechtsvorgänger des § 13 VwVG und des vergleichbaren Landesrechts sind § 132 des preußischen Landesverwaltungsgesetzes vom 30.7.1883 (GS. S. 195) sowie § 55 PVG.

§ 14 Festsetzung der Zwangsmittel

[1]Wird die Verpflichtung innerhalb der Frist, die in der Androhung bestimmt ist, nicht erfüllt, so setzt die Vollzugsbehörde das Zwangsmittel fest. [2]Bei sofortigem Vollzug (§ 6 Abs. 2) fällt die Festsetzung weg.

Übersicht

I. Festsetzung ist Verwaltungsakt

Die Festsetzung des Zwangsmittels bildet im gestreckten Verfahren gemäß § 6 Abs. 1 den zweiten Vollstreckungsschritt. Sie baut auf die Androhung (§ 13) auf und geht der Anwendung des Zwangsmittels (§ 15) voran. Zuständig für den Erlass der Festsetzung ist die Vollzugsbehörde gemäß § 7. 1

Höherrangiges Recht gebietet diesen zusätzlichen Verfahrensschritt nicht, steht der Festsetzung aber auch nicht entgegen. Entsprechend **uneinheitlich** stellt sich die **Rechtslage im Bund und in den Ländern** dar. Das Bundesrecht sieht die Festsetzung in § 14 vor; hierauf verweist § 8 Abs. 1 S. 1 VwVfG Berlin. Nordrhein-Westfalen hat eine dem § 14 vergleichbare Regelung in § 64 VwVG getroffen. Das bayerische Verwaltungsvollstreckungsrecht kennt die Festsetzung nicht. Die übrigen Bundesländer sehen eine Festsetzung nur für das Zwangsgeld ausdrücklich vor (§ 23 LVwVG Baden-Württemberg, § 30 Abs. 1 VwVG Brandenburg, § 18 VwVG Bremen, § 14 Abs. 2 VwVG Hamburg, § 76 VwVG Hessen, § 110 VwVfG i.V.m. § 88 SOG Mecklenburg-Vorpommern, § 70 Abs. 1 VwVG i.V.m. 67 SOG Niedersachen, § 64 Abs. 2 VwVG Rheinland-Pfalz, § 20 Abs. 2 S. 1 VwVG Saarland, § 22 Abs. 2 VwVG Sachsen, § 71 Abs. 1 VwVG i.V.m. 56 SOG Sachsen-Anhalt, § 237 Abs. 2 LVwG Schleswig-Holstein, § 48 Abs. 1 VwZVG Thüringen).

§ 14 setzt zwingendes Recht. Im Bund ist die Festsetzung somit ein notwendiger Vollstreckungsschritt. Es steht nicht im Belieben der Vollstreckungsbehörde, sich darüber hinwegzusetzen. § 14 S. 1 ist mit einem reinen Innenakt der Behörde nicht genügt. Die interne Entschließung der Behörde, das angedrohte Zwangsmittel nunmehr anzuwenden, stellt keine Festsetzung iSd § 14 S. 1 dar. Auch die Beauftragung eines Drittunternehmers, die Ersatzvornahme auszuführen, kann nicht als Festsetzung gelten. Entsprechenden Überlegungen des *VGH Mannheim* (VBlBW 1996, 214) hat das *BVerwG* ausdrücklich verworfen (B 21.8.1996 – 4 B 100/96, juris Rn. 12 = NVwZ 1997, 381 = DÖV 1996, 1046 = VBlBW 1996, 455). Die Vorstellung, die Festsetzung iSd § 14 S. 1 könne bereits in dem internen Beschluss der Behörde und der anschließenden Beauftragung eines Dritten gesehen werden, steht im Widerspruch zu § 14 S. 2. Danach kann die Festsetzung beim sofortigen Vollzug nach § 6 Abs. 2 entfallen. Beim Sofortvollzug bedarf es aber auch eines verwaltungsinternen Entschlusses, nunmehr Zwang anzuwenden, und der Beauftragung eines Dritten, die Ersatzvornahme auszuführen. Wenn beides im sofortigen Vollzug unumgänglich, eine Festsetzung aber entbehrlich ist, dann können der interne Entschluss und die externe Beauftragung keine Festsetzung sein. Mit dem Wegfall der Festsetzung beim Sofortvollzug gemäß § 14 S. 2 kann demzufolge nur das Entfallen der Mitteilung an den Pflichtigen, dass die Anwendung des Zwangsmittels bevorsteht, gemeint sein (so auch *Dünchheim*, VR 1994, 123, 130; *ders.*, NVwZ 1997, 350, 351). Ein weiteres Indiz ergibt sich aus § 15 Abs. 1, wonach die Zwangsmittel „der Festsetzung gemäß" angewendet werden. Hieraus ist zu folgern, dass die Festsetzung **dem Betroffenen mitzuteilen** ist (*BVerwG*, aaO). Für eine solche Mitteilung besteht auch ein rechtliches Bedürfnis, da insbesondere bei der Durchführung der Ersatzvornahme und der Anwendung unmittelbaren Zwanges in die grundrechtlich geschützte Sphäre des Pflichtigen eingreifen. Die damit verbundene, teilweise intensive Grundrechtsbetroffenheit lässt es angezeigt erscheinen, dem Pflichtigen eine letzte Möglichkeit zu geben, den Eingriff obsolet zu machen, indem er die ihm durch den Grundverwaltungsakt auferlegte Verhaltenspflicht erfüllt. Dabei kommt der Festsetzung eine Umgrenzungsfunktion zu, die den Rahmen der Zwangsanwendung absteckt (*Malmendier* S. 25, 42). Damit hat die Festsetzung in Bezug auf den Pflichtigen **Schutzcharakter**. Sie dient, nicht zuletzt, dem Gebot effektiven Rechtsschutzes aus Art. 19 Abs. 4 GG.

Eine Festsetzung auf der Grundlage des § 14 erzeugt in zwei Richtungen Rechtswirkungen: Im Verhältnis zum Pflichtigen hat sie Schutzcharakter. Sie enthält die Feststellung, dass die Anwendung von Zwang nunmehr möglich ist, und bestimmt abschließend, welches Zwangsmittel angewendet wird. Sie führt dem Pflichtigen vor Augen, dass er sich auf die Erzwingung der von ihm trotz Grundverfügung und Zwangsmittelandrohung nicht vorgenommenen Handlung einzustellen hat, und legt den hierfür erforderlichen zeitlichen Rahmen fest. Aus der Sicht der Vollstreckungsbehörde hat die Festsetzung insofern Bedeutung, als sie endgültig den Weg dafür freimacht, Zwangsmaßnahmen zu ergreifen. Sie **verpflichtet den Betroffenen**, die Vornahme der Handlung durch den beauftragten Unternehmer **zu dulden**, und ermächtigt dazu, etwaigen Widerstand mit Gewalt zu brechen (*BVerwG* B 21.8.1996 – 4 B 100/96, juris Rn. 14 = NVwZ 1997, 381 = DÖV 1996, 1046 = VBlBW 1996, 455). Darüber hinaus ist sie geeignet, den Anspruch auf Zahlung der Ersatzvornahmekosten, wenn auch unter der auflösenden Bedingung der Vornahme durch den Pflichtigen selbst, schon zu einem Zeitpunkt zum Entstehen zu bringen, zu dem die Zwangsmittelanwendung noch aussteht (§ 10 Rn. 34).

Somit ist die Festsetzung ist nach ganz herrschender Meinung ein **Verwaltungsakt** (ebenso unter vielen: *Drews/Wacke/Vogel/Martens*, S. 529, 530; ferner *BVerwG* U 16.9.1975 – 5 C 76/74, BVerwGE 49, 169 = BayVBl. 1976, 248 = DRsp 520, 90 = Buchholz 345 § 11 VwVG Nr. 1; *BVerwG* U 15.2.1990 – 4 C 45/87, BVerwGE 84, 354, 360 = DÖV 1990, 705 = DVBl. 1990, 583 = NVwZ 1990, 663 = ZfBR 1990, 196 = UPR 1990, 226; *BVerwG* B 21.8.1996 – 4 B 100/96, DÖV 1996, 1046 = VBlBW 1996, 455 = NVwZ 1997, 381 = KKZ 1998, 107; *BVerwG*, Gerichtsbescheid 26.6.1997 –1 A 10/95, DVBl. 1998, 230 = NVwZ 1998, 393 = KKZ 2001, 92).

Die wesentliche **Voraussetzung** für die Festsetzung des Zwangsmittels formuliert § 14 S. 1 selbst. Hiernach ist die Festsetzung erst zulässig, wenn die Verpflichtung innerhalb der **Frist,** die **in der Androhung** bestimmt ist, nicht erfüllt wird. Die Frist muss also erfolglos **abgelaufen** sein. Ist dem Pflichtigen ein Dulden oder Unterlassen aufgegeben, kann die Behörde das angedrohte Zwangsmittel festsetzen, wenn er dem Gebot zuwiderhandelt. Der bloße Versuch einer Zuwiderhandlung oder die Absicht dazu reichen nicht aus (*OVG Magdeburg* B 4.8.2011 – 2 L 50/10, NVwZ-RR 2011, 942).

Die Festsetzung setzt ferner voraus, dass der Grundverwaltungsakt und die Androhung unanfechtbar sind oder Rechtsbehelfe nach § 80 Abs. 2 S. 1 VwGO von Gesetzes wegen (Nr. 1 bis 3) oder durch Anordnung der sofortigen Vollziehung (Nr. 4) keine aufschiebende Wirkung haben.

Liegen diese Voraussetzungen nicht vor, ist die Festsetzung rechtswidrig (vgl. *OVG Bautzen* B 12.9.1995 – 3 S 524/94, SächsVBl. 1996, 67). Dies kann schwerwiegende Folgen haben. Führt z.B. die Vollzugsbehörde eine Ersatzvornahme ohne die notwendige Festsetzung durch, hat sie keinen Anspruch auf Erstattung ihrer Kosten (vgl. *OVG Koblenz* U 18.3.1993 – 1 A 10570/92, NVwZ 1994, 715).

Die Festsetzung ist ein eigenständiger Verwaltungsakt. Ficht der Betroffene die Festsetzung mit dem Widerspruch oder der Anfechtungsklage an, kann er nicht mehr geltend machen, die Grundverfügung sei rechtswidrig. Denn die Rechtmäßigkeit der Grundverfügung ist – anders als deren Wirksamkeit und Unanfechtbarkeit bzw. sofortige Vollziehbarkeit – grundsätzlich keine Voraussetzung für die Anwendung von Zwangsmitteln (vgl. *BVerwG* U 25.9.2008 – 7 C 5.08, juris Rn. 13 = NVwZ 2009, 122 = BayVBl 2009, 184 = VBlBW 2009, 55; *OVG Lüneburg* B 23.4.2009 – 11 ME 478/08, juris Rn. 31 = OVGE MüLü 52, 427 = NdsVBl 2009, 345; *VGH Hessen* U 29.11.2013 –

6 A 2210/12, juris Rn. 26 = DÖV 2014, 356 L). Tragender Grundsatz des Verwaltungsvollstreckungsrechts ist vielmehr, dass die Wirksamkeit und nicht die Rechtmäßigkeit vorangehender Verwaltungsakte Bedingung für die Rechtmäßigkeit der nachfolgenden Akte und letztlich der Anwendung der Zwangsmittel ist (vgl. *BVerwG*, U 13.4.1984 – 4 C 31/81, juris Rn. 12 = NJW 1984, 2591 = DVBl 1984, 1172 = DÖV 1984, 887 = Buchholz 345 § 10 VwVG Nr. 4). Folglich sind materielle Einwendungen eines Betroffenen gegen die Rechtmäßigkeit der Grundverfügung für die Verwaltungsvollstreckung grundsätzlich unbeachtlich (vgl. *VGH Hessen* U 29.11.2013 – 6 A 2210/12, juris Rn. 26 = DÖV 2014, 356 L). Eine Ausnahme von diesem Grundsatz ist allenfalls dann in Erwägung zu ziehen, wenn sich die Sach- oder Rechtslage nach dem Eintritt der Bestandskraft der Grundverfügung in der Weise verändert hat, dass die Verfügung sich nunmehr als rechtswidrig erweist (vgl. zu einer solchen Änderung der Sachlage *BVerwG* U 19.1.1977 – IV C 31.75, DÖV 1977, 335, siehe auch § 13 Rn. 6).

Selbiges gilt in Bezug auf die Androhung. Im Rechtsmittelverfahren gegen die Festsetzung kann der Betroffene die Rechtswidrigkeit der Androhung nicht mehr rügen, wohl aber deren Unwirksamkeit oder fehlende Vollstreckbarkeit. Erlangt die Androhung eines bestimmten Zwangsmittels Bestandskraft, kann der Festsetzung dieses Zwangsmittels auch nicht mehr entgegengehalten werden, dass das Zwangsmittel nicht geeignet sei. Die Auswahl des zur Durchsetzung der Grundverfügung geeigneten und erforderlichen ersten Zwangsmittels erfolgt bereits auf der Stufe der Zwangsmittelandrohung. Diese regelt den Einsatz eines bestimmten Zwangsmittels, trifft die Auswahl zwischen mehreren in Betracht kommenden Zwangsmitteln und enthält auch die Entscheidung, dass das ausgewählte Zwangsmittel eingesetzt werden darf, wenn der Adressat der Verfügung dem Handlungsgebot nicht nachkommt (vgl. *Götz/Geis*, § 13 Rn. 11). Folglich ist der Einwand der mangelnden Eignung des Zwangsgeldes zur Verwaltungsvollstreckung unbeachtlich, soweit dieser sich gegen die Zwangsgeldfestsetzung richtet (*OVG Lüneburg* B 2.2.2015 – 4 LA 245/13, juris Rn. 14 = NdsVBl 2015, 169 = KKZ 2018, 18).

Eine **Frist für die Festsetzung** ist in § 14 nicht vorgeschrieben. Die Festsetzung muss auch nicht unmittelbar nach Ablauf der Androhungsfrist erfolgen. Wartet die Behörde indes so lange, dass der Betroffene nach Treu und Glauben (§ 242 BGB) nicht mehr damit rechnen muss, dass das angedrohte Zwangsmittel noch festgesetzt wird, muss sie damit rechnen, dass der Betroffene sich darauf beruft, die Behörde habe das Recht zur Festsetzung des Zwangsmittels verwirkt (App/Wettlaufer/*Klomfaß*, Kap. 36 Rn. 72). Eine **Verwirkung** dürfte nach allgemein anerkannten Grundsätzen aber nur anzunehmen sein, wenn seit der Androhung eine längere Zeit verstrichen ist und die Behörde Verlassung zu der Wahrnehmung gegeben hat, sie werde das Zwangsmittel nicht mehr festsetzen. Dies wird selten der Fall sein (zur Verwirkung auch § 15 Rn. 79).

Anders zu beurteilen sind Fallgestaltungen, in denen der Betroffene zu einer Duldung oder einem Unterlassen verpflichtet ist und seit der Androhung des Zwangsmittels längere Zeit nicht mehr gegen das **Duldungs- oder Unterlassungsgebot** verstoßen hat. Denn die Festsetzung eines Zwangsmittels dient – wie die Verwaltungsvollstreckung überhaupt – der Durchsetzung eines Verwaltungsakts, der zu einer Handlung, Duldung oder Unterlassung verpflichtet. Mit dem Zwangsmittel soll mithin die Erfüllung öffentlich-rechtlicher Pflichten erzwungen werden. Das Zwangsgeld ist ein Beugemittel und hat keinen Strafcharakter. Ausgehend von diesem allgemein anerkannten Verständnis darf ein angedrohtes Zwangsgeld, das eine Duldung oder Unterlassung erzwingen soll, nur unter der Voraussetzung festgesetzt werden, dass eine gewisse Wahrscheinlichkeit für eine Zuwiderhandlung gegen das zu vollstreckende Gebot oder Verbot besteht. Aus dem Charakter des Zwangsmittels als Beugemaßnahme folgt, dass die Vollstreckungsbehörde von seiner Anwendung abzusehen hat, wenn der Verwaltungsakt erkennbar befolgt wird. Dabei sind bei Duldungs- und Unterlassungspflichten aufgrund eines Verwaltungsakts mit Dauerwirkung für die Annahme, dass der Adressat des Verwaltungsakts gegen seine Verpflichtung verstoßen wird, keine allzu strengen Anforderungen zu stellen. Der vorangegangene Verstoß indiziert in der Regel die Wiederholungsgefahr. Befolgt der Pflichtige eine sofort vollziehbare Unterlassungsverfügung mit Zwangsgeldandrohung, gegen die er alsbald nach deren Erlass verstoßen hatte, hingegen über längere Zeit (hier: drei Jahre und vier Monate), so darf nach diesem Zeitraum des Wohlverhaltens das für den Fall des Verstoßes angedrohte Zwangsgeld nur dann noch festgesetzt werden, wenn konkrete Anhaltspunkte für eine Wiederholung des Verstoßes bestehen (*VGH Baden-Württemberg* B 24.2.1994 – 5 S 1411/93, juris Rn. 5 f = NVwZ-RR 1994, 620).

Die **Vollzugsbehörde** muss für die Festsetzung eines Zwangsmittels sachlich und ört- 2
lich **zuständig** sein. Diese muss in einem Gesetz oder in einer Rechtsverordnung bestimmt sein. Ein nur innerdienstlicher Zuständigkeitserlass ist nicht ausreichend. Dem entsprechend hat zB das Bundesministerium des Innern gemäß § 58 Abs. 1 BPolG durch Rechtsverordnung die sachliche und örtliche Zuständigkeit der einzelnen Bundespolizeibehörden geregelt (§ 11 Rn. 1, § 13 Rn. 5). Diese Norm betrifft insbesondere die nach § 63 Abs. 2 S. 1 AufenthG zulässige Verhängung von Zwangsgeld gegen Beförderungsunternehmen, die illegal Ausländer nach Deutschland einschleusen. Fehlt die Zuständigkeit, ist die Androhung eines Zwangsgeldes rechtswidrig (*BVerwG* U 14.3.2006 – 1 C 11/05, BVerwGE 125, 110 = NJW 2006, 2280 = DVBl. 2006, 1042 = NVwZ 2006, 1300 L; *BVerwG* U 14.3.2006 – 1 C 3/05, NJW 2006, 2282 L = DÖV 2007, 213 L).

Als Verwaltungsakt ist die Festsetzung dem Betroffenen gemäß § 41 Abs. 1 VwVfG 3
bekannt zu machen. Eine besondere Form der Bekanntgabe schreibt § 14 nicht vor. Damit gilt der allgemeine Grundsatz der **Formfreiheit** aus § 37 Abs. 2 S. 1 VwVfG. Die Festsetzung kann schriftlich, elektronisch, mündlich oder in anderer Weise erlassen werden. Dies gilt auch, wenn der Grundverwaltungsakt besonderen Formvorschriften unterliegt. Von einer vorherigen **Anhörung** kann nach § 28 Abs. 2 Nr. 5 VwVfG abgesehen werden.

Beispiel: Die Behörde erscheint im Winter morgens mit dem Ersatzunternehmer vor dem Mietwohnhaus und ordnet Zwangsheizung an. Das Heizöl wird nunmehr sofort eingefüllt. Wegen des urkundlichen Beweiswertes der Schrift sollte die Behörde das Zwangsmittel aber nach Möglichkeit schriftlich festsetzen. Auf jeden Fall muss sie im Hinblick auf das weitere Verfahren den mündlichen Verwaltungsakt schriftlich bestätigen. Das geschieht von Amts wegen in entsprechender Anwendung des § 37 Abs. 2 S. 2 VwVfG. Denn anschließend geht es um die Anforderung der Kosten für die Ersatzvornahme. Außerdem ist die schriftliche Bestätigung des Verwaltungsaktes für seine Überprüfung in einem Rechtsbehelfsverfahren erforderlich.

Mit ordnungsgemäßer Bekanntgabe wird die Festsetzung nach § 43 Abs. 1 S. 1 VwVfG wirksam, und die Rechtsbehelfsfristen für den Widerspruch (§ 70 Abs. 1 S. 1 VwGO) und die Anfechtungsklage (§ 74 Abs. 1 S. 2 VwGO) laufen an. Ist die Festsetzung mit einer ordnungsgemäßen Rechtsbehelfsbelehrung versehen, gilt die Monatsfrist, ansonsten die Jahresfrist des § 58 Abs. 2 VwGO.

Eine mündliche Festsetzung kann nur bei der Ersatzvornahme und dem unmittelbaren Zwang in Betracht kommen, nicht aber beim Zwangsgeld. Denn die Festsetzung des Zwangsgeldes ist im Sinne von § 53 VwVfG „ein Verwaltungsakt, der zur Feststellung oder Durchsetzung des Anspruchs eines öffentlich-rechtlichen Rechtsträgers erlassen wird". In einem solchen Verwaltungsakt wird „der Schuldner zur Leistung aufgefordert". Es handelt sich um einen schriftlichen Leistungsbescheid gemäß § 3 Abs. 2 Buchst a. Dieser ist Vollstreckungsgrundlage iSv § 3 Abs. 2 Buchst a. Gleiches gilt für den Verwaltungszwang nach § 254 AO (§ 3 Rn. 8; Hübschmann/Hepp/Spitaler/*Hohrmann*, § 333 Rn. 11, 23).

Insoweit klarstellend schreiben die Bundesländer Mecklenburg-Vorpommern, Rheinland-Pfalz, Sachsen und Schleswig-Holstein vor, dass das Zwangsgeld schriftlich festzusetzen ist (Rn. 28).

4 Im Vollstreckungsverfahren des **Gerichtsvorsitzenden** nach § 169 VwGO ist das angedrohte Zwangsmittel **schriftlich** festzusetzen. Denn die Festsetzung ist eine Entscheidung des Vorsitzenden im Sinne von § 146 Abs. 1 VwGO. Gegen sie ist folglich gemäß § 147 Abs. 1 VwGO die Beschwerde innerhalb von zwei Wochen nach Bekanntgabe zulässig. Wegen dieser Frist ist ferner gemäß § 56 Abs. 1 VwGO die Zustellung notwendig. Laut § 56 Abs. 2 VwGO wird von Amts wegen nach den Vorschriften der Zivilprozessordnung zugestellt. Hier gilt das Gleiche wie bei der Androhung eines Zwangsmittels (§ 13 Rn. 125).

5 Hat die Behörde zur Durchsetzung mehrerer Verpflichtungen ein **einheitliches Zwangsgeld** angedroht, wie in § 11 Rn. 36 beschrieben, und kommt der Betroffene den Anordnungen teilweise nach, ist zu unterscheiden:

Das einheitliche Zwangsgeld darf nicht festgesetzt werden, wenn dessen **Androhung unbestimmt** sein sollte. Das träfe zu, wenn nicht eindeutig erkennbar ist, gegen welche Gebote oder Verbote – und dabei jeweils in welcher Einzelhöhe – sich das gesamte Zwangsgeld richtet.

Dies gilt auch dann, wenn die Androhung unanfechtbar ist. Zwar führt die Bestandskraft einer Zwangsgeldandrohung grundsätzlich dazu, dass sie ausreichende Grundlage für eine androhungsgemäß erfolgende Zwangsgeldfestsetzung ist. Auf die Rechtmäßigkeit der Androhung kommt es nicht an. Für die Rechtmäßigkeit der Festsetzung ist grundsätzlich entscheidend, dass die Androhung als Verwaltungsakt rechtlich wirksam ist. Die Bestandskraft der Androhung schließt daher Einwendungen etwa gegen die Verhältnismäßigkeit die Wahl oder Höhe des angedrohten Zwangsmittels im Verfahren gegen die Zwangsmittelfestsetzung grundsätzlich aus. Dies kann jedoch nicht gelten, wenn eine Zwangsgeldandrohung derart unbestimmt ist, dass sie nicht taugliche Grundlage für die Zwangsgeldfestsetzung sein kann. Dies ist notwendige Folge des Aufeinanderbezogenseins der verschiedenen Stufen im Verwaltungsvollstreckungsverfahren. Einer Entscheidung darüber, ob der festgestellte Fehler bereits zur Nichtigkeit der Zwangsgeldandrohung führt (§ 44 Abs. 1 VwVfG), bedarf er dann nicht. Ist die Höhe des Zwangsgeldes in der Androhung unbestimmt, ist eine darauf aufbauende Zwangsgeldfestsetzung ebenfalls rechtswidrig (vgl. *VGH Baden-Württemberg* U 17.8.1995 – 5 S 71/95, juris Rn. 34 = NVwZ-RR 1996, 612 = VBlBW 1996, 65).

Lässt sich der Androhung – ggf. im Wege der Auslegung – hingegen entnehmen, dass das Gesamtzwangsgeld für jeden Teilvorgang anteilig angedroht ist, liegt keine Unbestimmtheit vor. In diesem Fall ist das Zwangsgeld in der Festsetzung um den jeweiligen Teilbetrag zu kürzen, welcher den erledigten Teilvorgang betrifft. Bei der Festsetzung kann die Behörde erneut Zwangsgeld androhen (*VGH München* B 14.4.1997 – 2 B 93.2016, BayVBl. 1998, 185).

Ist der Zweck des Vollzuges erst erreicht ist, wenn der Verantwortliche alle einzelnen Verpflichtungen erfüllt, ist im Zweifel davon auszugehen, dass das Zwangsgeld im gesamter Höhe für den Fall angedroht ist, dass der Pflichtige nur eine Verpflichtung nicht erfüllt. In diesem Fall kann die Behörde das gesamte Zwangsgeld festzusetzen, wenn der Pflichtige eine Verpflichtung nicht erfüllt hat.

Die Festsetzung des Zwangsgeldes ist als Zahlungsgebot ein Leistungsbescheid und Vollstreckungsgrundlage iSd § 3 Abs. 2 Buchst. a. Ein hiergegen gerichteter **Rechtsbehelf** hat gemäß § 80 Abs. 1 S. 1 VwGO **aufschiebende Wirkung.** 6

Der Leistungsbescheid nach § 3 Abs. 2 Buchst a, mit dem ein Zwangsgeld festgesetzt wird, ist von dem Leistungsbescheid zu unterscheiden, mit dem die Vollstreckungsbehörde (vorab oder nachträglich) die zu erstattenden **Kosten für die Durchführung einer Ersatzvornahme** geltend macht. Letzterer ist keine Maßnahme der Verwaltungsvollstreckung. Ein Rechtsbehelf gegen ihn hat auch nach Landesrecht aufschiebende Wirkung (§ 13 Rn. 96). 7

II. Keine Festsetzung bei sofortigem Vollzug

Die Festsetzung des Zwangsmittels ist nach § 14 Satz 2 nur im besonderen Verfahren des § 6 Abs. 2 ausgeschlossen. Sie ist im gestreckten regulären Verfahren nach § 6 Abs. 1 gesetzlich zwingend vorgeschrieben. Daher kann sie nicht in Eilfällen der Gefahrenabwehr entfallen (so aber *Lemke*, S. 332). Wenn die Behörde aus Zeitnot das angedrohte Zwangsmittel nicht mehr schriftlich oder mündlich festsetzen kann, muss sie zum sofortigen Vollzug übergehen (Beispiel § 6 Rn. 256). 8

III. Wesen der Festsetzung

Festsetzung ist die **bestimmte Ankündigung** der Vollzugsbehörde an den Verantwortlichen, dass sie das angedrohte Zwangsmittel anwenden werde. Sie enthält die letzte Warnung. Festsetzung ist für den untätig gebliebenen Pflichtigen erkennbar die **letzte Stufe der Vorbereitung des Zwangsanwendung** gegen ihn. 9

Zugleich ist Festsetzung die **Bestätigung** der Behörde, dass der **Grundverwaltungsakt vollstreckbar** ist. Die Behörde ermächtigt sich selbst zur Anwendung des Zwanges und **setzt ihr Recht** dazu gegenüber dem Betroffenen **verbindlich fest.** In ihrer rechtlichen Wirkung ist die Festsetzung mit der Vollstreckungsurkunde nach §§ 724, 725 ZPO vergleichbar.

Infolgedessen benötigt die Vollzugsbehörde zusätzlich zur Festsetzung auch keinen Duldungstitel gegen den Pflichtigen (§ 15 Rn. 28). Denn die Festsetzung enthält gleichzeitig unmittelbar das Vollstreckungsrecht der Behörde und die Duldungspflicht des Verantwortlichen (*BVerwG* B 21.8.1996 – 4 B 100/96, DÖV 1996, 1046 = NWVBl. 1996, 455 = NVwZ 1997, 381 = JuS 1997, 950 = KKZ 1998, 107; *VGH München* B 5.2.2001 – 22 C 00.3619, NVwZ 2002, 364). Die Duldungspflicht gilt auch bei der Vollstreckung durch den Vorsitzenden des Gerichts des ersten Rechtszuges zu Gunsten der öffentlichen Hand nach § 169 Abs. 1 VwGO (*VGH München*, vorstehend).

10 Die Festsetzung eines Zwangsmittels muss sich im Rahmen der Androhung halten. So ist die Festsetzung eines **Zwangsgeldes** durch dessen angedrohte Höhe begrenzt. Die Behörde darf keinen höheren Betrag als den angedrohten festsetzen. Sie kann aber einen niedrigeren festsetzen. Denn sie trifft eine Ermessensentscheidung (Einleitung Rn. 5). Eine Herabsetzung des angedrohten Zwangsgeldes bietet sich etwa an, wenn der Pflichtige teilweise in die Legalität zurückgefunden hat. Hier gilt das Gleiche wie bei der Anwendung des Zwangsmittels (§ 15 Rn. 15).

11 **Einwendungen** gegen den zu vollstreckenden Grundverwaltungsakt sowie gegen die Androhung des Zwangsmittels **können** im Rahmen der Anfechtung seiner Festsetzung grundsätzlich **nicht mehr geltend gemacht werden** (Rn. 1). Denn sie hätten bereits im Verfahren des vorläufigen Rechtsschutzes gemäß § 80 Abs. 5 VwGO oder im Hauptsacheverfahren nach § 42, §§ 68 ff. VwGO erhoben werden können (*VGH Kassel* B 4.10.1995 – 4 TG 2043/95, NVwZ-RR 1996, 715; *OVG Bautzen* B 28.5.1998 – 1 S 149/98, *JbSächsOVG* 6, 143 = NVwZ-RR 1999,101; *OVG Bautzen* B 21.9.2000 – 1 B 116/00, *JbSächsOVG* 8, 233 = SächsVBl. 2000, 294; *OVG Lüneburg* B 26.1.1976 – 1 B 41/75 -: OVGE Lüneburg 31, 491; *OVG Lüneburg* B 23.4.2009 – 11 ME 478/08, NdsVBl. 2009, 345 = DVP 2011, 209; *VGH Mannheim* U 10.10.1973 – VIII 534/73, ES*VGH Mannheim* 24, 105 = BWVPr. 1974, 60). Das gilt besonders dann, wenn die voraufgegangenen Verwaltungsakte unanfechtbar geworden sind (vgl. *BVerwG U* 16.12.2004 – 1 C 30/03, BVerwGE 122, 293 = DÖV 2005, 566 = DVP 2005, 166 = NVwZ 2005, 819; *BVerwG* U 15.2.–1990 – 4 C 45/87, BVerwGE 84, 354, 360 = DVBl. 1990, 583 = DÖV 1990, 705 = NVwZ 1990, 663 = ZfBR 1990, 196 = UPR 1990, 226 = JZ 1991, 241 = JuS 1991, 82 = BRS 50 Nr. 205; *VGH Mannheim* U 5.8.1993 – 5 S 567/93, VBlBW 1994, 98 = NuR 1994, 294 = NVwZ-RR 1994, 384).

Das trifft in gleicher Weise auf das Vollstreckungsrecht der **Bundesländer** zu. Ausdrücklich geregelt ist die Behandlung von Einwendungen in **Bayern** durch Art. 21 VwZVG, in **Hamburg** durch § 29 Abs. 2 HmbVwVG und in **Rheinland-Pfalz** durch § 16 LVwVG.

12 Für die Rechtmäßigkeit der Festsetzung kommt es allein darauf an, dass der Grundverwaltungsakt und die Androhung des Zwangsmittels rechtlich wirksam, dh nicht nichtig, sind. Denn „tragender Grundsatz des Verwaltungsvollstreckungsrechts ist, dass die Wirksamkeit und nicht die Rechtmäßigkeit vorausgegangener Verwaltungsakte Bedingung für die Rechtmäßigkeit der folgenden Akte und letztlich der Anwendung des Zwangsmittels ist“ (*BVerwG U* 16.12.2004 – 1 C 30/03, *BVerwGE* 122, 293 = DVBl. 2005, 645 = DÖV 2005, 566 = DVP 2005, 166 = NVwZ 2005, 819; *BVerwG* U 13.4.1984 – 4 C 31/81, NJW 1984, 2591 = DÖV 1984, 887 = DWW 1984, 265 = DVBl. 1984, 1172 = BauR 1985, 183 = JuS 1985, 242 = BayVBl. 1985, 538 = VBlBW 1985, 15 = BRS 42 Nr. 229). Vollstreckungsvoraussetzung ist mithin ein vollziehbarer Titel, nicht aber dessen inhaltliche Richtigkeit (vgl. *OVG Münster* B 18.1.2000 – 5 B 1956/99, NWVBl. 2000, 435 = NVwZ 2001, 231).

Das trifft nicht nur auf das deutsche Recht zu. Auch Unionsrecht gebietet nicht, die Rechtmäßigkeit eines vollziehbaren Grundverwaltungsaktes im Vollstreckungsverfahren nochmals zu überprüfen. Anderenfalls wäre das Verwaltungszwangsverfahren wegen der langen Verfahrensdauer eines gerichtlichen Klärungsprozesses in völlig unzumutbarer und offensichtlich unvertretbarer Weise gehemmt (vgl. *OVG Münster* B 14.7.2011 – 13 B 696/11, DVBl. 2011 1180 L = DÖV 2011, 863 L); *OVG Lüneburg* B 7.12.2010 – 11 LA 446/08, BeckRS 2010, 56757 = DÖV 2011, 208 L = DVBl. 2011, 123 L = NVwZ-RR 2011, 151 L).

Bei der Festsetzung eines angedrohten **Zwangsgeldes** hat die Behörde hinsichtlich dessen Höhe **nicht nochmals Ermessen** auszuüben (vgl. *OVG Weimar* B 22.4.2002 – 1 EO 184/02, NVwZ-RR 2002, 808 = ThürVBl. 2002, 280 = BRS 65 Nr. 205). Denn das ist allein für § 13 vorgeschrieben und in § 14 nicht vorgesehen. An der Höhe des Zwangsgeldes ändert sich nichts. Vielmehr geht es nur darum, ob die Behörde das Zwangsgeld in der vollen angedrohten Höhe oder wegen teilweiser Erfüllung der Verpflichtung in verhältnismäßig geringerer Höhe festsetzt (vgl. Rn. 10). 13

Hat die Vollzugsbehörde es versehentlich unterlassen, bei der Androhung des Zwangsmittels eine notwendige Frist zu bestimmen, darf sie es trotzdem festsetzen, sobald die Androhung unanfechtbar geworden ist. Denn mit Ablauf der Rechtsbehelfsfrist ist der Rechtsfehler gegenstandslos, weil nicht die Rechtmäßigkeit der Androhung Voraussetzung für die Festsetzung ist, sondern nur deren Wirksamkeit (Rn. 1). 14

Eine Festsetzungsverfügung kann ihre Konkretisierungs-, Warn- und Schutzfunktion nur erfüllen, wenn sie dem Betroffenen in einer den Umständen des Einzelfalls angemessenen Zeit vor der Anwendung des Zwangsmittels bekannt gegeben wird. Eine nach Vollzugsbeginn ergehende Festsetzung verfehlt ihren Zweck und ist rechtswidrig (*OVG Münster* B 6.12.1996 – 5 B 74/95, juris Rn. 10 =, DÖV 1997, 511 = NVwZ-RR 1998, 155). 15

Ist ein **Gebot oder Verbot** durchzusetzen, dessen Beachtung allein vom Willen des Pflichtigen abhängt, **unterbleibt die Festsetzung,** wenn er sich nach der Androhung des Zwangsmittels erkennbar rechtstreu verhält. Denn der Zweck des Vollzuges i.S.d. § 15 Abs. 3 ist erreicht, wenn das Beugemittel Erfolg gehabt hat. Das setzt voraus, dass keine Wiederholungsgefahr besteht (*VGH Mannheim* B 24.2.1994 – 5 S 1411/93, NVwZ-RR 1994, 620). Von einem nunmehr rechtstreuen Verhalten und einem Erfolg des Zwangsmittels kann allerdings nur gesprochen werden, wenn der Pflichtige weiterhin die Möglichkeit hat, gegen das Ge- oder Verbot zu verstoßen. Insbesondere in Fällen, in denen der Pflichtige weitere Verstöße unmöglich macht, indem er gegen das ihm aufgegebene Ge- oder Verbot verstößt, ist es nicht gerechtfertigt, von einer Festsetzung und Beitreibung eines Zwangsgeldes abzusehen (§ 15 Rn. 48). Dies gilt etwa, wenn der Pflichtige das an ihn gerichtete Verbot, Schafe zu schlachten, dadurch erledigt, dass er nach der Zwangsgeldandrohung seine gesamte Herde abschlachtet (vgl. *OVG Münster* U 30.9.1992 – 4 A 3840/91, NWVBl. 1993, 194 = DÖV 1993, 398 = NVwZ-RR 1993, 671 = KKZ 1994, 227; *OVG Münster* B 10.10.1991 – 13 B 1522/91, NWVBl. 1992, 71 = DÖV 1992, 266 = DVBl. 1992, 783 = NVwZ-RR 1992, 517; *OVG Münster* U 21.12.1988 – 7 A 2555/87, BauR 1989, 724 = DVBl. 1989, 889 = NVwZ-RR 1990, 17 = MDR 1990, 502). 16

IV. Festsetzung als Vollstreckungsvoraussetzung

Die Festsetzung ist die **letzte Voraussetzung für die Anwendung des Zwangsmittels.** Nach **Bundesrecht** ist sie kein kraft Gesetzes sofort vollziehbarer Verwaltungsakt i.S.d. § 80 Abs. 2 S. 1 Nr. 1 bis 3 VwGO. Ein **Rechtsbehelf** gegen sie hat nach § 80 Abs. 1 17

S. 1 VwGO somit **aufschiebende Wirkung,** es sei denn, dass diese gemäß § 80 Abs. 2 S. 1 Nr. 3 VwGO nach speziellen bundesrechtlichen Vorschriften ausnahmsweise entfällt.

Will die Behörde mit der Anwendung des Zwangsmittels nicht abwarten, bis die Frist zur Einlegung des Widerspruchs (§ 70 Abs. 1 VwGO) oder der Anfechtungsklage (§ 74 Abs. 1 S. 2 VwGO) gegen die Festsetzung abgelaufen ist, muss sie die Festsetzung nach § 80 Abs. 2 S. 1 Nr. 4 VwGO für sofortig vollziehbar erklären und dies im Festsetzungsbescheid gemäß § 80 Abs. 3 S. 1 VwGO schriftlich begründen. Setzt z.B. das Bundesinstitut für Arzneimittel wegen des Verbots eines Medikaments das Zwangsmittel fest, muss es im Einzelfall die sofortige Vollziehung nach § 80 Abs. 2 S. 1 Nr. 4 VwGO anordnen, um es sofort anwenden zu können.

18 Die **Länder** haben die aufschiebende Wirkung von Rechtsbehelfen gegen Maßnahmen in der Verwaltungsvollstreckung hingegen ausgeschlossen (§ 6 Rn. 192, 193). – Allerdings sehen die meisten Länder eine Festsetzung als gesonderten Verfahrensschritt nur bei der Vollstreckung von Zwangsgeld vor (Rn. 28). Bei der Ersatzvornahme und beim unmittelbaren Zwang können die Vollstreckungsbehörden in diesen Ländern von der Androhung unmittelbar zur Anwendung des Zwangsmittels übergehen.

19 Wenn eine Landesbehörde irrtümlich oder im Interesse des Betroffenen bewusst ein **Zwangsmittel festsetzen** sollte, **obwohl** eine **Festsetzung gesetzlich nicht gefordert** ist, hat das keine negativen Folgen. Hierdurch gewährt sie dem Pflichtigen überschießenden Rechtsschutz, der nichts verschlägt und die Rechtmäßigkeit der Anwendung nicht berührt. Ein solcher Rechtsirrtum der Behörde zu Gunsten des Pflichtigen ist **unschädlich** (vgl. *BVerwG* U 19.7.1989 – 8 C 79/87, BVerwGE 82, 243 = NVwZ 1990, 69 = NZWehr 1990, 126 = DÖV 1990, 76 = NPA 699 Zwang, 14 = Buchholz 345 § 13 VwVG Nr. 2). Auch in diesem Fall ist die Festsetzung jedoch ein belastender Verwaltungsakt (*Rudolph*, S. 65), den der Adressat mit Rechtsmitteln angreifen kann.

Fraglich ist, ob eine **Festsetzung, die das Landesrecht nicht vorsieht, rechtmäßig** sein kann. Zweifelhaft ist dies mit Blick auf den im Rechtsstaatsprinzip wurzelnden Grundsatz vom Gesetzesvorbehalt, dem zufolge belastende Verwaltungsakte einer parlamentsgesetzlichen Grundlage bedürfen. Trotz des Fehlens einer ausdrücklichen gesetzlichen Ermächtigung begegnet die Festsetzung eines Zwangsmittels keinen rechtlichen Bedenken, weil sich den Bestimmungen des Verwaltungs-Vollstreckungsgesetzes durch Auslegung eine hinreichende Grundlage für eine solche Regelung entnehmen lässt (vgl. etwa *BVerwG* B 10.10.1990 – 1 B 131/90, juris Rn. 6 = NVwZ 1991, 267 = DÖV 1991, 647 = Buchholz 451.20 § 34 c Gewerbeordnung Nr. 4). Die Befugnis zur Festsetzung eines Zwangsmittels lässt sich nämlich aus dem Recht der Behörde ableiten, dieses Zwangsmittel „überhaupt“ anzuwenden. Die betreffende Festsetzung beschränkt sich inhaltlich darauf, das Vorliegen der Voraussetzungen für die Anwendung des Zwangsmittels gegenüber dem Pflichtigen verbindlich festzustellen und ihm in dieser Form eine (zusätzliche) Möglichkeit zur rechtlichen Nachprüfung zu eröffnen. Außerdem wird das unmittelbare Bevorstehen des Vollzuges angekündigt. Darin liegt, gleichsam als „letzte Warnung“, ein Anstoß für den Pflichtigen, die geforderte Handlung doch noch selbst auszuführen. Die Festsetzung dient damit der Schaffung einer eindeutigen Rechtslage sowie dem mit dem Verwaltungszwang verfolgten Ziel, den der durchzusetzenden Anordnung entgegenstehenden Willen des Pflichtigen zu beugen und die Anwendung des Zwangsmittels möglichst entbehrlich zu machen.

Eine Regelung mit diesem Inhalt und dieser Zielsetzung ist von der Befugnis der Behörde gedeckt, „überhaupt“ dieses Zwangsmittel anzuwenden. Sie stellt letztlich ein milderes Mittel gemessen an der unmittelbaren Durchführung der Ersatzvornahme dar (so *OVG Saarland* U 22.9.1992 – 2 R 42/91, juris Rn. 31 = AS RP-SL 24, 209 = BRS 54 Nr. 214; vgl. auch *OVG Koblenz* B 22.1.1986 – 8 B 44/85, *AS* 20, 269 = NVwZ 1986, 762 = DÖV 1986, 1030 = BRS 46 Nr. 205,).

Zur Verpflichtung der Vollzugsbehörde, das angedrohte Zwangsmittel vor seiner Anwendung festzusetzen, ist die **Rechtsprechung des Bundesverwaltungsgerichts** von grundsätzlicher Bedeutung (B 21.8.1996 – 4 B 100/96, DÖV 1996, 1046 = VBlBW 1996, 455 = NVwZ 1997, 381 = JuS 1997, 950 = UPR 1997, 120 L = KKZ 1998,107): **20**

Eine **Festsetzung ist ausnahmsweise entbehrlich,** wenn der Pflichtige auf die Schutzmöglichkeit verzichtet, die ihm eine vorherige Festsetzung zu bieten vermag. Das *BVerwG* stellt klar, dass in einem solchen Fall die Festsetzung kein „unverrückbares Dogma“ des Gesetzgebers sein kann. Aus welchen Gründen der Betroffene auf sein Schutzrecht verzichtet, ist unerheblich. Macht er im Nachhinein geltend, dass seine Schutzrechte verkürzt worden seien, handelt er treuwidrig (venire contra factum proprium), hat er also mit seiner Einrede keinen Erfolg.

Dagegen könnte man einwenden, dass die Formstrenge der §§ 14, 15 Abs. 1 den **Verzicht** auf den Rechtsschutz der Festsetzung nicht zulasse (so *Dünchheim*, NVwZ 1997, 350). Diese Ansicht berücksichtigt indessen nicht, dass § 14 eine Schutzbestimmung für den Betroffenen und keine Knebelbestimmung für die Behörde ist: Die Vollzugsbehörde darf nicht rechtswidrig zu Lasten des Betroffenen von der Festsetzung absehen. Dieser darf aber sehr wohl darauf verzichten (aA Bader/Ronellenfitsch/*Deusch/Burr*, § 15 VwVG Rn. 17; kritisch auch App/Wettlaufer/*Klomfaß*, Kap 36 Rn. 61). Hierzu ist in der Praxis allerdings eine eindeutige und unmissverständliche Verzichtserklärung zu fordern, die sich auf das konkrete Schutzrecht „Festsetzung“ bezieht. Die bloße Erklärung des Pflichtigen, er werde der Grundverfügung nicht Folge leisten, genügt nicht, mag sie auch ernstlich und endgültig sein (anders *Albrecht/Braun*, VR 2018, 73, 80).

Dennoch ist der Verwaltungspraxis zu raten, ein derartiges Risiko zu vermeiden. Im Gegensatz zur Androhung des Zwangsmittels, die schriftlich erfolgen muss (§ 13 Abs. 1 S. 1), kann die Behörde eine Festsetzung auch mündlich vornehmen (Rn. 3). Deshalb würde eine telefonische Mitteilung an den Betroffenen der Vorschrift des § 14 genügen. Das Bestimmtheitsgebot des § 37 Abs. 1, Abs 2 S. 1 VwVfG wäre gewahrt.

Der Festsetzung eines Zwangsmittels kann eine **Zusicherung der Behörde** gemäß § 38 VwVfG entgegen stehen. Erteilt die Behörde dem Pflichtigen die Zusage, kein Zwangsmittel anzudrohen oder ein angedrohtes Zwangsmittel nicht festzusetzen, so ist sie an diese Zusicherung rechtlich gebunden. Sie bedarf zu ihrer Wirksamkeit allerdings der Schriftform, § 38 Abs. 1 S. 1 VwVfG. Besinnt die Behörde sich im Nachhinein anders und möchte vollstrecken, muss sie die entgegenstehende Zusicherung zuvor gemäß § 38 Abs. 2 VwVfG aufheben. Dies ist nur unter den gesetzlichen Voraussetzungen der §§ 48, 49 VwVfG möglich. **21**

Ob die Festsetzung eines Zwangsmittels durch eine **öffentlich-rechtliche Vereinbarung** zwischen der Vollzugsbehörde und dem Pflichtigen ersetzt werden kann, ist im Voll- **22** streckungsrecht nicht geregelt (bejahend für die Ersatzvornahme Engelhardt/App/Schlatmann/*Mosbacher*, VwVG § 10 Rn. 15 unter Bezug auf *OVG Münster* U 16.2.1971 – 7 A 512/68, OVGE Münster 26, 180 = DÖV 1971, 500 = ZMR 1971, 232). Hier bestehen keine Bedenken. Das ist zulässig. Denn der Pflichtige verzichtet auf Rechtsbehelfe und duldet den Vollzug. Dazu ist er ohnehin verpflichtet (§ 14 Rn. 1).

V. Neue Androhung bei Festsetzung

23 Im Anschluss an die Festsetzung des Zwangsmittels kann die Vollzugsbehörde im selben Bescheid dasselbe Zwangsmittel **erneut** oder ein anderes **Zwangsmittel androhen,** weil die erste Androhung erfolglos geblieben ist (*BVerwG* U 15.2.1990 – 4 C 45/87, BVerwGE 84, 354 = ZfBR 1990, 196 = DVBl. 1990, 583 = NVwZ 1990, 663 = DÖV 1990, 705 = UPR 1990, 226 = StTg 1990, 506 = JZ 1991, 241 = JuS 1991, 82 = BRS 50 Nr. 205; *OVG Weimar* B 22.4.2002 – 1 EO 184/02, NVwZ-RR 2002, 808 = ThürVBl. 2002, 280 = BRS 65 Nr. 205; *OVG Weimar* B 5.6.2012 – 1 EO 284/12, NVwZ-RR 2013, 6; *OVG Berlin U* 10.11.1967 – 2 B 46/66, NJW 1968,1108 = JR 1968, 438 = ABl. Berlin 1968, 663; *VGH Mannheim* B 12.3.1991 – 5 S 618/91, RdL 1991, 222 = NuR 1991, 486 = UPR 1992, 31 = NVwZ 1992, 392 = BRS 52 Nr. 230; *VGH Mannheim* B 16.6.1995 – 3 S 1200/95, NVwZ-RR 1996, 541; *VGH Mannheim* U 27.9.2005 – 1 S 261/05, VBlBW 2006, 103 = NuR 2006, 111; *OVG Hamburg* B 29.12.1986 – Bs IV 700/86, NVwZ 1987, 515; *OVG Lüneburg* B 11.3.1988 –13 B 125/88, NVwZ 1988, 654; *OVG Schleswig* B 6.12.1999 – 2 M 52/99, NVwZ 2000, 821 = DÖV 2000, 608 = NordÖR 2001, 107 = NuR 2001, 350).

24 Dieses Recht ergibt sich aus § 13 Abs. 6 S. 2 (§ 13 Rn. 113–122). Hiernach kommt es für ein weiteres Beugevorhaben allein darauf an, dass die **frühere Androhung erfolglos** gewesen ist. Wenn nun die Behörde gezwungen ist, das angedrohte Zwangsmittel festzusetzen, ist die Erfolglosigkeit offenkundig.

Beispiel: Der Verantwortliche kommt seiner Verpflichtung trotz Androhung eines Zwangsgeldes in Höhe von 500 Euro nicht nach. Die Behörde setzt dieses Zwangsgeld fest und droht gleichzeitig mit angemessener Nachfrist ein neues Zwangsgeld in Höhe von 1.000 Euro an. Der Betroffene bleibt untätig. Daraufhin lässt die Behörde das Zwangsgeld in Höhe von 500 Euro einziehen. Auch jetzt kommt der Verantwortliche seiner Verpflichtung nicht nach. Nunmehr setzt die Behörde das neu angedrohte Zwangsmittel in Höhe von 1.000 Euro fest.

– Muster 49, 50, 54, 55 –

Manche Behörden **kündigen** bei der Festsetzung von Zwangsgeld **lediglich die Möglichkeit eines neuen Zwangsgeldes an** (so bei *OVG Hamburg* U 25.1.1996 – Bf II 58/92, NVwZ-RR 1997, 263 = BRS 58 Nr. 220). Das ist rechtlich möglich, erscheint aber nicht zweckmäßig. Denn es kostet Zeit und verzögert den Vollzug. Deshalb ist zu empfehlen, bei der Festsetzung des Zwangsgeldes gleichzeitig ein weiteres Zwangsgeld ausdrücklich anzudrohen.

25 Wenn die Behörde in ihrem Bescheid über die Festsetzung eines Zwangsgeldes gleichzeitig erneut ein (meistens höheres) Zwangsgeld androht, ist in der Praxis zu beachten: **Bevor** die Behörde das **zuletzt angedrohte Zwangsgeld festsetzt**, muss sie das **früher festgesetzte Zwangsgeld eingezogen haben**. Sie darf nicht mehrere Zwangsmittel „auf Vorrat sammeln, damit es sich lohnt", um sie dann gemeinsam vollstrecken zu lassen. Hat die Behörde diesen in der Praxis häufig vorkommenden Fehler begangen, muss sie die Vollstreckung sofort allein auf das erste festgesetzte Zwangsgeld begrenzen. Die späteren Androhungen und Festsetzungen der weiteren Zwangsgelder sind rechtswidrig: Sie wären dann keine Beugemittel mehr, sondern „Denkzettel", also unzulässige Strafen oder Geldbußen.

VI. Ankündigung des Vollstreckungsbeginns

Bei der Festsetzung der **Ersatzvornahme** und des **unmittelbaren Zwanges** sollte die Vollzugsbehörde dem Pflichtigen den Zeitpunkt des Beginns der Vollstreckung rechtzeitig bekannt geben. Das ist zwar gesetzlich nicht vorgeschrieben, aus praktischen Gründen aber empfehlenswert und zweckmäßig. Denn dann kann sich der Betroffene auf den Zeitpunkt des Zwanges einstellen und unnötige Maßnahmen der Behörde vermeiden. 26

Beispiel: Der nach § 16 Abs. 2 S. 2 Infektionsschutzgesetz ordnungspflichtige Hauseigentümer händigt zur angekündigten Zeit den Vollzugsbeamten des Gesundheitsamtes die Schlüssel zur Wohnung eines an Tuberkulose gestorbenen Mieters aus, damit sie die Desinfektion der Wohnung durchführen können. Die Wohnungstür muss sonach nicht gewaltsam (§ 15 Abs. 2) geöffnet werden.

Die Behörde kann den Beginn der Vollstreckung selbstverständlich auch außerhalb der Festsetzungsverfügung in beliebiger Form, etwa schriftlich, elektronisch, telefonisch, mündlich oder durch Boten ankündigen. Sie kann die Benachrichtigung auch dem Ersatzunternehmer übertragen. Ferner kann sie mit dem Betroffenen einen ihm gelegenen Zeitpunkt vereinbaren oder einen Termin verschieben. Auch gegen eine Nachfrist bestehen keine Bedenken. 27

Anhang: Vergleichbares Landesrecht

(1) Baden-Württemberg: § 23 LVwVG bei Zwangsgeld. 28

(2) Bayern: Gemäß Art. 31 Abs. 3 S. 2, Art. 23 Abs. 1 VwZVG ist die Androhung des Zwangsgeldes ein Leistungsbescheid. Wird die Verpflichtung bis zum Ablauf der Androhungsfrist nicht erfüllt, so wird die Zwangsgeldforderung fällig. Vor der Beitreibung des Zwangsgeldes hat die Vollstreckungsbehörde ein „Anwendungsermessen" auszuüben (*VGH München* B 20.12.2001 – 1 ZE 01.2820, BayVBl. 2002, 437 = BauR 2002, 1068 = NVwZ-RR 2002, 809 = BRS 64 Nr. 204).

Art. 21 regelt Einwendungen gegen die Vollstreckung.

(3) Berlin: § 8 Abs. 1 S. 1 VwVfG Berlin = § 14 VwVG; dazu Muster 37, 38, 51, 52.

(4) Brandenburg: § 30 Abs. 3 VwVGBbg bei Zwangsgeld.

(5) Bremen: § 18 BremVwVG bei Zwangsgeld. Die Festsetzung ist zuzustellen.

(6) Hamburg: § 14 HmbVwVG bei Zwangsgeld. Es kann zugleich mit dem Verwaltungsakt festgesetzt werden. Das ist außergewöhnlich. Siehe *OVG Hamburg* B 7.3.1989 – Bs I 7/89, NJW 1989, 2705 = DÖV 1990, 117.

(7) Hessen: § 76 Abs. 1 HessVwVG bei Zwangsgeld. Gemäß § 18 Abs. 1 Nr. 1 ist der Bescheid zuzustellen.

(8) Mecklenburg-Vorpommern: § 88 Abs. 2 SOG M-V bei Zwangsgeld. Das Zwangsgeld ist schriftlich festzusetzen.

(9) Niedersachsen: § 70 NVwVG i. V. m. § 67 Nds. SOG bei Zwangsgeld.

(10) Nordrhein-Westfalen: § 64 VwVG NRW; dazu Muster 37, 38, 51, 52.

(11) Rheinland-Pfalz: § 64 Abs. 3 LVwVG bei Zwangsgeld. Das Zwangsgeld ist schriftlich festzusetzen.

Art. 16 regelt Einwendungen gegen die Vollstreckung.

(12) Saarland: § 20 Abs. 2 SVwVG bei Zwangsgeld. Gemäß § 20 Abs. 2 S. 1 kann das Zwangsgeld zugleich mit dem Verwaltungsakt angedroht und festgesetzt werden. Das ist außergewöhnlich. Die Festsetzung wird „wirksam“, wenn der Pflichtige der ihm obliegenden Handlungs-, Duldungs- oder Unterlassungspflicht nicht oder nicht vollständig nachkommt und die verfahrensrechtlichen Voraussetzungen der Vollstreckung vorliegen.

(13) Sachsen: § 22 Abs. 2 SächsVwVG bei Zwangsgeld. Das Zwangsgeld ist schriftlich festzusetzen.

(14) Sachsen-Anhalt: § 71 VwVG LSA i. V. m. § 56 SOG LSA bei Zwangsgeld.

(15) Schleswig-Holstein: § 237 Abs. 2 LVwG bei Zwangsgeld. Das Zwangsgeld ist schriftlich festzusetzen.

(16) Thüringen: Gemäß § 48 Abs. 1 ThürVwZVG kann die Behörde „den Vollstreckungsschuldner durch Festsetzung eines Zwangsgeldes“ zur Erfüllung seiner Verpflichtung anhalten.

Hinweis für alle Bundesländer: Mit Ausnahme von **Berlin, Brandenburg** und **Nordrhein-Westfalen** haben die Länder in ihren Gesetzen davon abgesehen, die Festsetzung aller Zwangsmittel vorzuschreiben (Rn. 1). Sie weichen damit vom Bundesrecht ab. Das ist zulässig. Denn sie haben das Recht der Gesetzgebung auf dem Gebiet des Verwaltungsvollstreckungsverfahrens (Einleitung Rn. 2). Also obliegt es der freien Entscheidung der Länder, ob sie es vor der Anwendung eines Zwangsmittels mit seiner Androhung bewenden lassen oder eine „weitere Verfahrenshürde“ aufrichten (so: *BVerwG* B 21.8.1996 – 4 B 100/96, DÖV 1996, 1046 = VBlBW 1996, 455 = NVwZ 1997, 381 = KKZ 1998, 107).

§ 15 Anwendung der Zwangsmittel

(1) Das Zwangsmittel wird der Festsetzung gemäß angewendet.

(2) [1]Leistet der Pflichtige bei der Ersatzvornahme oder bei unmittelbarem Zwang Widerstand, so kann dieser mit Gewalt gebrochen werden. [2]Die Polizei hat auf Verlangen der Vollzugsbehörde Amtshilfe zu leisten.

(3) Der Vollzug ist einzustellen, sobald sein Zweck erreicht ist.

Übersicht

I. Zu Absatz 1

1 Die Anwendung des Zwangsmittels ist ein Realakt (schlichtes Verwaltungshandeln), **kein Verwaltungsakt.** Versuche, auch der Anwendung eines Zwangsmittels im gestreckten Verfahren die rechtliche Qualität eines Verwaltungsaktes zuzusprechen, haben sich nicht durchgesetzt. So hatte das *BVerwG* im Urteil vom 29.2.1967 den Stockschlag eines Polizisten gegen einen Demonstranten zur Durchsetzung eines Platzverweises als Verwaltungsakt eingestuft (– I C 49.64, juris Rn. 14 = BVerwGE 26, 161, 164 = DVBl 1967, 379 = DÖV 1967, 347 = Buchholz 310 § 113 VwGO Nr. 35 – „Schwabinger Krawalle“). Diese Ansicht überzeugen nicht. Der Anwendung des Zwangsmittels gemäß § 15 gehen im gestreckten Verfahren der Grundverwaltungsakt (§ 6 Abs. 1), die Androhung (§ 13) und die Festsetzung (§ 14) drei Rechtsakte voran, die alle auf die Setzung von Rechtsfolgen gerichtet sind, mithin Regelungen i.S.d. § 35 S. 1 VwVfG enthalten und folglich Verwaltungsakte darstellen. Die Anwendung beinhaltet keine weitere Regelung, sondern ist auf einen rein tatsächlichen Erfolg gerichtet. Bei der Anwendung des Zwangsmittels geht es nur noch darum, die bis dahin getroffenen Regelungen faktisch umzusetzen (so in einer früheren Entscheidung auch das *BVerwG* U 9.7.1956 – 5 C 93/54, DÖV 1956, 728 = NJW 1956,1652 = DVBl. 1957, 58; hierzu ausführlich *Lemke*, S. 448–451).

Auch unter dem Gesichtspunkt effektiven Rechtsschutzes besteht keine Notwendigkeit, die Anwendung des Zwangsmittels als Verwaltungsakt zu qualifizieren. Erkennt der Betroffene, dass die Behörde eine unberechtigte Zwangsmaßnahme ergreifen will, kann er hiergegen eine vorbeugende Unterlassungsklage erheben. Im Verfahren des vorläufigen Rechtsschutzes kann er den Erlass einer einstweiligen Anordnung nach § 123 Abs. 1 VwGO beantragen. Sollte der Verwaltungszwang bereits vollzogen sein, steht ihm ein Folgenbeseitigungsanspruch zu, den er mit der allgemeinen Leistungsklage geltend machen kann. Ist eine Beseitigung der Folgen nicht möglich, kann er gerichtlich feststellen lassen, dass die Anwendung des Zwangsmittels rechtswidrig war, und Schadensersatz einklagen (*Brühl*, JuS 1997, 1021, 1023; Engelhardt/App/Schlatmann/*Troidl*, § 15 Rn. 3; Bader/Ronellenfitsch/*Deusch/Burr*, § 15 VwVG Rn. 6).

2 Gemäß § 15 Abs. 1 wird das Zwangsmittel der Festsetzung gemäß angewendet. Die Anwendung muss sich in dem Rahmen halten, den die Festsetzung steckt. Ein darüber hinausgehender Vollzug ist rechtswidrig (Rn. 13 ff.). Das VwVG bestimmt, in welcher Art die Zwangsmittel angewendet werden:

a) Ersatzvornahme, § 10: Grundlage der Ersatzvornahme ist ein privatrechtlicher Werkvertrag nach § 631 BGB zwischen der Verwaltungsbehörde und dem Ersatzunternehmer. Dieser führt die Ersatzvornahme eigenverantwortlich aus. Hier kann aus der Natur der Sache kein weiterer Verwaltungsakt vorliegen.

Zwischen dem Ersatzunternehmer und dem Pflichtigen bestehen keine unmittelbaren Rechtsbeziehungen. Verursacht der Ersatzunternehmer bei der Ausführung der Ersatzvornahme einen Schaden, kann der Pflichtige nach den Grundsätzen der Drittschadensliquidation zivilrechtliche Schadensersatzansprüche gegen den beauftragten Unternehmer geltend machen (*Brühl*, JuS 1998, 65, 67). Daneben haftet die Körperschaft, deren Behörde die Vollstreckung betreibt, dem Pflichtigen für den entstandenen Schaden nach Amtshaftungsansprüchen gemäß § 839 BGB i.V.m. Art. 34 GG (§ 10 Rn. 26).

b) Zwangsgeld, § 11: Ein Zwangsgeld wird nicht von der Vollzugsbehörde, sondern gemäß § 4 auf ihr Amtshilfeersuchen von der Vollstreckungsbehörde beigetrieben. Amtshilfe ist kein Verwaltungsakt, sondern „ergänzende Hilfe" zum Verwaltungsakt. Das ergibt sich aus der Legaldefinition der Amtshilfe in § 4 Abs. 1 VwVfG. Im Übrigen sind gemäß § 5 Abs. 1 VwVG i.V.m. § 256 AO Einwendungen gegen den zu vollstreckenden Verwaltungsakt „außerhalb des Vollstreckungsverfahrens" zu verfolgen.

Die Beitreibung des Zwangsgeldes ist als Anwendung eines Zwangsmittels eine Maßnahme in der Verwaltungsvollstreckung und gehört als solche zum Vollzug (ebenso Engelhardt/App/Schlatmann/*Troidl*, § 15 VwVG Rn. 5; Lisken/Denninger/*Graulich*, E 903; aA *VGH Hessen* B 8.8.1994 – 4 TH 2512/93, juris Rn. 34 = NVwZ-RR 1995, 118, allerdings auf Basis des VwVG Hessen: Die Vollstreckung aus der Grundverfügung sei mit der Zwangsgeldfestsetzung beendet. Mit der Festsetzung sei das Vermögen des Pflichtigen mit der Zwangsgeldforderung belastet. Die Beitreibung des Zwangsgeldes selbst sei keine Vollstreckungsmaßnahme, sondern stelle ein eigenes Vollstreckungsverfahren wegen einer in einem Verwaltungsakt geforderten Geldleistung nach §§ 15 ff. VwVG Hessen dar).

3 **c) Unmittelbarer Zwang, § 12:**

Wendet die Behörde unmittelbaren Zwang an, zwingt sie den Pflichtigen durch physische Gewalt, in der durch den Grundverwaltungsakt verpflichtend vorgegebenen Weise zu handeln, dulden oder unterlassen; oder sie führt die gebotene Handlung selbst aus.

Die Festsetzung bildet die rechtliche Grundlage für die bei der Anwendung des jeweiligen Zwangsmittels erforderlichen Eingriffe in Freiheit und Eigentum. Der Betroffene ist daher verpflichtet, die **Anwendung des Zwangsmittels zu dulden** und den Realakt des Vollzuges nicht zu behindern, ohne dass es eines entsprechenden Duldungsverwaltungsaktes bedürfte (*BVerwG* B 21.8.1996 – B 4 100/96, DÖV 1996, 1046 = VBlBW 1996, 455 = NVwZ 1997, 381 = JuS 1997, 950 = KKZ 1998, 107).

Der Pflichtige hat alle Eingriffe zu dulden, die für die Anwendung des Zwangsmittels erforderlich sind. Diese können weit gehen und belastend sein. So muss der Pflichtige dulden, dass Vollzugs- oder Vollstreckungsbeamte, möglicherweise auch Ersatzunternehmer, sein Grundstück und seine Räume betreten, sein Besitztum durchsuchen und dabei verschlossene Räume und Behältnisse öffnet oder öffnen lassen. Wegen ihrer hohen Eingriffsintensität und erheblichen Grundrechtsrelevanz sind diese Eingriffe in den Vollstreckungsgesetzen der Länder zT explizit geregelt (§6 Abs.1 VwVG Baden-Württemberg, §37 Abs.3 S.1 VwVG Bayern, §7 Abs.1 VwVG Hessen, §5 Abs.1 VwVG Saarland, §6 Abs.1 VwVG Sachsen, §24 Abs.1 VwZVG Thüringen).

Die Verpflichtung des Verantwortlichen, die Anwendung des Zwangsmittels zu dulden, enthält in sich das **Verbot, Widerstand zu leisten.** Für die Ersatzvornahme und den unmittelbaren Zwang ist das in §15 Abs.2 ausdrücklich bestimmt (*BVerwG* B 21.8.1996 a.a.O.). Beim Zwangsgeld gilt §5 Abs.1 VwVG i.V.m. §287 Abs.3 AO.

1. Voraussetzungen der Anwendung. Grundlage für den Vollzug im gestreckten Verfahren gemäß §6 Abs.1 ist der **Grundverwaltungsakt** (§6 Rn.3ff). Dieser muss objektiv die Qualität eines Verwaltungsakts aufweisen, also die in §35 S.1 VwVfG genannten Begriffsmerkmale erfüllen. Ferner muss er einen vollstreckungsfähigen Inhalt haben (Rn.19). 4

Voraussetzung für die Zulässigkeit des Verwaltungszwanges ist die Existenz des Grundverwaltungsaktes, nicht seine Rechtmäßigkeit. Der Grundverwaltungsakt muss in dem Zeitpunkt, in dem das Zwangsmittel angewendet wird, lediglich wirksam sein. Hierfür muss er dem Pflichtigen nach Maßgabe des §41 VwVfG ordnungsgemäß bekannt gegeben worden sein und darf nicht nichtig nach §44 VwVfG sein. Im Übrigen bleibt er nach §43 Abs.2 VwVfG wirksam, solange und soweit er nicht zurückgenommen, widerrufen, anderweitig aufgehoben oder durch Zeitablauf oder in sonstiger Weise erledigt ist. Sollte die Wirksamkeit des Grundverwaltungsaktes während der Anwendung entfallen, ist der Vollzug einzustellen.

Vor der Anwendung muss das Zwangsmittel nach §13 **angedroht** und nach §14 **festgesetzt** worden sein. Entscheidend ist – wie beim Grundverwaltungsakt – die Wirksamkeit dieser Rechtsakte, nicht ihre Rechtmäßigkeit (*BVerfG* B 7.12.1998 – 1 BvR 831/89, ZBR 1999, 127 = VVwZ 1999, 290 = BayVBl. 1999, 303).

Diese drei Verwaltungsakte können in **drei oder** in **zwei Bescheide** gefasst sein. Verbindet die Behörde den grundlegenden ersten Verwaltungsakt mit dem zweiten Verwaltungsakt, der Androhung eines Zwangsmittels (§13 Abs.2), so sind zwei Verwaltungsakte in einem Bescheid enthalten. 5

Der dritte Verwaltungsakt, die Festsetzung des angedrohten Zwangsmittels, erfordert stets einen besonderen Bescheid, wenn sie schriftlich erlassen wird (landesrechtliche Ausnahmen: §14 Rn.28). Ob es sich dabei um den zweiten oder dritten Bescheid im gestreckten Verfahren handelt, ist für die Anwendung des Zwangsmittels unerheblich. Das gilt auch für den Fall, dass die Behörde mit der Festsetzung des angedrohten Zwangsmittels gleichzeitig ein neues androht (§14 Rn. 23–25).

Die **Festsetzung** des Zwangsmittels muss selbstverständlich **zeitlich vor** seiner **Anwendung** liegen. Denn das Zwangsmittel wird nach §15 Abs.1 „der Festsetzung gemäß angewendet". 6

Im Übrigen kann die Festsetzungsverfügung ihrer Konkretisierungs-, Warn- und Schutzfunktion nur genügen, wenn sie in einer den Umständen des Einzelfalls angemessenen Zeit vor der Anwendung des Zwangsmittels erlassen wird. Eine nach Vollzugsbeginn ergehende Festsetzung verfehlt ihren Zweck und ist rechtswidrig (*OVG NRW* B 6.12.1996 – 5 B 74/95, juris Rn.10 = NVwZ-RR 1998, 155 = DÖV 1997, 511). Auch wenn die Festsetzung gleichwohl wirksam sein mag, ist der Vollzug jedenfalls rechtswidrig, weil er ohne vorangegangene Festsetzung erfolgte.

In der behördlichen Praxis ist zu beachten, dass die Bekanntgabe der Festsetzung nicht schon erfolgt ist, wenn der Bescheid in den Briefkasten des Pflichtigen eingelegt wurde. In entsprechender Anwendung des § 130 BGB ist für die Bekanntgabe – und damit für die Wirksamkeit – der Zeitpunkt entscheidend, in dem die Festsetzung derart in den Machtbereich des Pflichtigen gelangt, dass bei gewöhnlichen Verhältnissen und nach den Gepflogenheiten des Verkehrs mit der Kenntnisnahme durch den Pflichtigen zu rechnen ist. Veranlasst die Behörde den Einwurf des Bescheides am Abend, nachdem Briefkästen üblicherweise nicht mehr auf eingegangene Post kontrolliert werden, erfolgt die Bekanntgabe erst am nächsten Morgen, nachdem die Postzustellung begonnen hat (vgl. *OVG NRW* B 6.12.1996 – 5 B 74/95, juris Rn. 11 ff. = NVwZ-RR 1998, 155 = DÖV 1997, 511).

7 **Fehlt auch nur eine dieser Voraussetzungen, ist der Verwaltungszwang rechtswidrig.** Das hätte bei einer Ersatzvornahme die nachteilige Folge, dass die Behörde keinen Anspruch auf Erstattung ihrer Kosten hat (§ 6 Rn. 167, § 10 Rn. 39, § 14 Rn. 1; *OVG Koblenz* U 18.3.1993 – 1 A 10570/92, NVwZ 1994, 715; *OVG Bautzen* U 8.4.2009 – 1 A 63/08, Original Seite 9 = DÖV 2010, 412 L).

8 § 15 Abs. 1 enthält **keine zeitliche Beschränkung** für die Anwendung des Zwangsmittels. Demnach sind Vollzugsmaßnahmen auch zur Nachtzeit (22.00 Uhr bis 6.00 Uhr) sowie an Sonntagen und staatlich anerkannten Feiertagen zulässig. Sie kommen in der Praxis mit Rücksicht auf den Grundsatz der Verhältnismäßigkeit aber nur in Eil- und Notfällen vor. Etwas anderes gilt für Vollstreckungshandlungen bei Geldforderungen gemäß § 5 Abs. 1 VwVG i.V.m. § 289 AO (§ 5 Rn. 7).

9 Im Vollstreckungsrecht etlicher **Bundesländer** finden sich hingegen **zeitliche Einschränkungen** für die Vollstreckung zur Nachtzeit sowie an Sonn- und staatlich anerkannten Feiertagen, so in § 9 LVwVG Baden-Württemberg, Art. 37 Abs. 3 VwZVG Bayern, § 12 VwVG Brandenburg, § 25 VwVG Hamburg, § 10 VwVG Hessen, § 12 VwVG Niedersachsen, § 16 VwVG Nordrhein-Westfalen, § 8 LVwVG Rheinland-Pfalz, § 8 VwVG Saarland, § 9 VwVG Sachsen, § 27 i.V.m. § 12 VwZVG Thüringen.

Bezüglich des Zeitraums der jeweiligen Nachtzeit gelten in den Bundesländern unterschiedliche Regelungen. Insoweit wird auf die Darstellung in § 5 Rn. 8 verwiesen.

Die Vollzugsbehörde trifft ihre Entscheidung, ausnahmsweise zur Nachtzeit, an Sonntagen oder staatlich anerkannten allgemeinen Feiertagen zu vollstrecken, nach sorgfältiger Prüfung aller sachlichen Umstände und persönlichen Gesichtspunkte.

10 Sind **mehrere Personen verantwortlich,** zB Miteigentümer eines Grundstücks oder Mitbesitzer eines Gebäudes, einer Fischer- oder Jagdhütte, stellt sich die Frage, gegen wen die Vollstreckung zu richten ist.

Ist **eine Person** ausnahmsweise **rechtlich befugt**, **für alle** anderen Personen **zu handeln**, ist es ausreichend und angezeigt, die Grundverfügung gegen diese Person zu richten und auch gegen diese Person zu vollstrecken.

Bei gemeinschaftlichem Grundstückseigentum ist dies regelmäßig nicht der Fall. Hier erstrecken sich grundstücksbezogene Rechtspflichten auf alle Miteigentümer in ihrer dinglichen Verbindung und Gesamtheit. Die Verpflichtung der Beteiligten kann sich aus dem gemeinschaftlichen Wohnungseigentum ergeben (*OVG Münster* U 7.3.1994 – 22 A 753/92, WuM 1994, 406 = DWW 1995, 18 = GemH 1995, 187 = NVwZ-RR 1995,

244; *OVG Berlin* B 17.8.1990 – 2 S 11/90, OVGE Berlin 19, 98; *VGH Mannheim* B 25.3.2003 – 1 S 190/03, NJW 2003, 2550). Beteiligte können ferner Miteigentümer in einer Gemeinschaft nach §744 Abs. 1 BGB sein (*OVG Münster* B 12.4.1996 – 22 B 12/96, NWVBl. 1997. 24 = DVBl. 1997, 504 = NVwZ-RR 1997, 8). In diesem Fall wird die Behörde den Grundverwaltungsakt gegen alle Miteigentümer richten.

Richtet sich der **Grundverwaltungsakt gegen alle Personen**, kann die Behörde nach pflichtgemäßem Ermessen entscheiden, ob sie gegen alle, einzelne oder gegen nur eine Person vollstreckt. Vollstreckt sie nicht gegen alle Personen, braucht sie an die übrigen Personen **keine Duldungsverfügungen** zu erlassen, weil diese bereits aus dem Grundverwaltungsakt verpflichtet sind. Dies gilt auch für den Fall der Rechtsnachfolge in öffentlich-rechtliche Pflichten (vgl. §6 Rn. 9).

Beispiel: Sind Eheleute je zur ideellen Hälfte Rechtsnachfolger der Voreigentümer geworden, entfaltet eine an den Voreigentümer erlassene Verfügung gegenüber beiden Rechtsnachfolgern Wirkung. Somit kann die Behörde gegen den Mann ein Zwangsmittel androhen, ohne eine Duldungsverfügung an die Ehefrau erlassen zu müssen (*OVG Lüneburg* B 6.5.2011 – 1 ME 14/11, juris Rn. 10 = NJW 2011, 915 = BauR 2011, 1487 = NdsVBl 2011, 260, in Bezug auf die BauO Niedersachsen).

Hat die Behörde den Grundverwaltungsakt gegen alle Mitverantwortlichen gerichtet und vollstreckt sie ihn gegen alle, empfiehlt es sich, gegen alle **dasselbe Zwangsmittel** anzudrohen und vollziehbar festzusetzen.

Denn nur auf diese Weise ist der einheitliche Vollzug möglich und gewährleistet.

Richtet sich der **Grundverwaltungsakt nicht gegen alle Mitverantwortlichen** (z.B. Miteigentümer), kann sie nur gegen diejenigen Personen vollstrecken, die aus dem Verwaltungsakt verpflichtet werden. Der Grundverwaltungsakt, die Androhung und die Festsetzung des Zwangsmittels geben dem Verpflichteten keine rechtliche Befugnis, in die Rechte oder Rechtsgüter der Mitverantwortlichen einzugreifen, um seiner Handlungspflicht aus dem Verwaltungsakt nachzukommen. Um ihm dies zu ermöglichen, muss die Behörde gegen die übrigen Personen entsprechende **Duldungsverfügungen** erlassen. Solange diese nicht wirksam erlassen sind, besteht ein gesetzliches **Vollzugshindernis** (vgl. die Beispiele in folgenden Gerichtsentscheidungen: *BVerwG* U 28.4.1972 – 4 C 42/69, BVerwGE 40, 101 = DÖV 1972, 829 = BauR 1972, 298 = MDR 1972, 974 = JR 1973, 30 = BayVBl. 1973, 161 = BRS 25 Nr. 205; *BVerwG* B 24.7.1998 – 4 B 69/98, BRS 60 Nr. 170 = UPR 1998, 458 = ZfBR 1999, 54 = NVwZ-RR 1999, 147; *OVG Berlin* U 14.3.1960 – 2 B 54/59, OVGE Berlin 6, 113; *OVG Berlin* B 17.8.1990 – 2 S 11/90, OVGE Berlin 19, 98; *VGH Kassel* B 10.11.1995 – 14 TH 2919/94, DVBl. 1996, 573 = NVwZ-RR 1996, 330 = DÖV 1996, 383; *OVG Lüneburg* U 16.3.1978 – 1 A 111/76, OVGE Lüneburg 34, 352 = BauR 1978, 470 = NJW 1979.735 = AgrarR 1979, 180 = JuS 1979, 451 = BRS 33 Nr. 180; *VGH München* U 19.9.1977 – Nr. 64 XV 75, BayVBl. 1978. 340 = DVP 1979, 40 = BRS 32 Nr. 179; *VGH München* B 15.6.2000 – 4 B 98.775, NJW 2000, 3297 = BayVBl. 2001, 752; *OVG Saarlouis* U 21.11.1969 – 2 R 31/69, BRS 22 Nr. 213).

Eine Duldungsverfügung kann auch geboten sein, wenn die Behörde **Handlungen**, zu denen sie den Betroffenen verpflichten könnte, stattdessen **durch Dritte ausführen lässt**. Beispiel: Soll ein Obdachloser verlegt werden, muss die Behörde ihn ua verpflichten, seine bisherige Unterkunft zu räumen. Die Räumungsaufforderung bezieht sich darauf, die bisherige Unterkunft körperlich zu verlassen und die Habe aus der Wohnung zu entfernen. Die Behörde kann ihn in einem Grundverwaltungsakt zu beidem verpflichten und beide Pflichten sodann vollstrecken. Entschließt sie sich hingegen, ihn nur zum körperlichen Verlassen der Wohnung zu verpflichten und seine Habe durch ein Umzugsunternehmen abtransportieren zu lassen, muss sie ihn zusätzlich verpflichten, die Entfernung und den Transport seiner Habe durch Umzugshelfer zu dulden (*VG Düsseldorf* B 24.6.2010 – 23 L 953/10, juris Rn. 10 = NVwZ-RR 2010, 841).

11 Ein Vollzugshindernis berührt die **Rechtmäßigkeit der bisher erlassenen Verwaltungsakte** nicht. Sobald das Vollzugshindernis – z.B. durch Erlass der erforderlichen Duldungsverfügungen gegen die übrigen Mitverantwortlichen – beseitigt ist, kann der Verwaltungsakt vollzogen werden.

Nach anderer Ansicht ist die Androhung eines Zwangsmittels rechtswidrig, wenn die Behörde nicht gleichzeitig ein Vollstreckungshindernis durch Erlass einer Duldungsverfügung gegen den Mitberechtigten ausräumt (vgl. *OVG Koblenz* U 25.11.2009, 8 A 10502/09, NVwZ-RR 2010, 214 = DÖV 2010, 332 L).

12 So kann die Behörde bei Miteigentum an einem Grundstück gegen nur einen **Miteigentümer** einen Grundverwaltungsakt erlassen und gegen die anderen Miteigentümer eine **Duldungsverfügung** richtet. Dann kann sie dem pflichtigen Miteigentümer ein Zwangsmittel androhen, dieses festsetzen und gegen ihn vollstreckten (vgl. *VGH Mannheim* U 24.11.1997 – 5 S 3409/95, NVwZ-RR 1998, 553 = NuR 1998, 370).

13 **2. Anwendung gemäß Festsetzung.** Diese Bestimmung legt die **Befugnis der Behörde** zur Anwendung eines Zwangsmittels fest und begrenzt sie zugleich: Die Festsetzung bildet den **Rahmen,** der **auszufüllen** ist und **nicht überschritten** werden darf. So ist die Anwendung des Zwangsmittels mit seiner Festsetzung deckungsgleich.

14 Die gleiche Rechtslage gilt im Fall der Vollstreckung aus einem **öffentlich-rechtlichen Vertrag** (hierzu § 6 Rn. 56, sowie *Weber*, Zur Vollstreckung aus einem öffentlich-rechtlichen Vertrag, KommP spezial 1/2008, S. 41 ff). Ein solcher sofort vollstreckbarer Vertrag tritt zwar als Vollstreckungsgrundlage i.S.d. § 6 Abs. 1 **an die Stelle eines Verwaltungsaktes.** Auch für ihn gelten die Bestimmungen der §§ 9 bis 14. Also wird in diesem Fall das Zwangsmittel genauso „der Festsetzung gemäß angewendet", zB ein Zwangsgeld auf Grund eines Festsetzungsleistungsbescheides eingezogen. Dasselbe gilt für die Baulast (§ 6 Rn. 60).

15 Nach § 15 Abs. 1 ist es der Behörde **untersagt, mehr** zu vollstrecken, als die Festsetzung vorsieht. Jedoch ist es ihr **erlaubt, weniger** zu vollstrecken. Wurde ein Zwangsgeld iHv 500 € festgesetzt, darf sie nicht 1.000 € beitreiben. Dagegen kann sie sich auf 300 € beschränken. Das Recht, den Restbetrag auch noch einzuziehen, bleibt unberührt (zur Festsetzung siehe § 15 Rn. 15).

16 Gegen bevorstehende rechtswidrige Vollzugsmaßnahmen kann sich der Betroffene mit der negativen Leistungsklage im Sinne von § 43 Abs. 2 VwGO wehren. Das ist eine **vorbeugende Unterlassungsklage;** denn: „Wenn weitere Rechtsverletzungen zu besorgen sind, ist eine vorbeugende Unterlassungsklage gegeben. Der Rechtsschutz wäre ungenügend, wenn auch in diesen Fällen erst nach Eintritt einer Rechtsverletzung nur festgestellt werden könnte, dass ein Anspruch auf Unterlassung dieser Rechtsverletzung bestanden habe" (*BVerwG* U 26.9.1969 – 7 C 65/68, BVerwGE 34, 69, 73 = NJW 1970, 292 = DÖV 1970, 196 = RdJB 1970, 184 = JuS 1970, 196 = DVBl.

1970, 286 = BayVBl. 1970, 215 = JZ 1970, 576 = MDR 1970, 173 = VerwRspr. 21, 269). Notfalls ist eiliger Rechtsschutz durch eine einstweilige Anordnung des Gerichts nach § 123 VwGO zu gewähren (zum Rechtsschutz bereits Rn. 1).

Hat die Behörde mehr oder etwas anderes vollstreckt, als der Verwaltungsakt es zulässt, steht den Betroffenen ein **Folgenbeseitigungsanspruch**, ein so bezeichneter **Vollzugsfolgenbeseitigungsanspruch**, zu (Rn. 49). Mit dem Preußischen Oberverwaltungsgericht kann man in einem solchen Fall sagen, dass es sich insoweit nicht mehr um eine Maßnahme der Verwaltungsvollstreckung, sondern um eine neue selbstständige unmittelbar ausgeführte Regelung mit Außenwirkung handelt (*PreußOVG* U 1.11.1934 – III. C. 80/34, PreußOVGE 95, 111, 112, 118, 119; *OVG Berlin* U 21.11.1969 – 2 B 21/69, OVGE Berlin 12, 1 = BRS 22 Nr. 205; *Drews/Wacke/Vogel/Martens*, S. 526, 531, 607). Das ist, je nach Sachverhalt, ein „in anderer Weise" erlassener und sogleich vollzogener faktischer Verwaltungsakt i.S.d. § 37 Abs. 2 S. 1 VwVfG oder die unmittelbare Ausführung einer Maßnahme durch sofortigen Vollzug (§ 6 Rn. 246 ff.). 17

Beispiel: Die Veterinärbehörde verfügte für einen Hund Leinen- und Maulkorbzwang. Für den Fall der Missachtung dieses Gebotes drohte sie dem Halter ein Zwangsgeld an. Nach einem neuen Vorfall setzte die Behörde das Zwangsgeld fest. Als es zu einem weiteren Ereignis kam, zog sie das Tier ein. Das war keine Anwendung im Sinne von § 15 Abs. 1. Denn die Androhung und Festsetzung des Zwangsgeldes betrafen den Leinen- und Maulkorbzwang, bei dem die Anwendung allein in der Beitreibung des Zwangsgeldes erfolgen konnte. Hier wandte die Behörde dagegen unmittelbaren Zwang an, indem sie die Einziehung vornahm. Diese wäre jedoch nur zulässig gewesen, wenn sie die Abschaffung des Tieres angeordnet hätte. Die Behörde kann nur vollstrecken, was sie im Grundverwaltungsakt bestimmt hat. – Selbstverständlich könnte die Behörde im Fall einer drohenden Gefahr den Hund durch sofortigen Vollzug nach § 6 Abs. 2 einziehen. Doch wäre das die rechtliche Folge eines anderen Sachverhalts. Das könnte auch der Fall sein, wenn die Behörde einen sichergestellten gefährlichen Hund einschläfern würde (vgl. *OVG Münster* B 31.10.2000 – 5 B 838/00, NVwZ 2001, 227 = DÖV 2001, 301 = NuR 2001, 651 = DVP 2001, 394 = NWVBl. 2001, 97 = DVBl. 2001, 844 L). 18

Gemäß § 6 Abs. 1 muss der **Grundverwaltungsakt vollstreckungsfähig** sein. Hierfür muss er auf die Herausgabe einer Sache oder auf die Vornahme einer Handlung oder auf Duldung oder Unterlassung gerichtet sein. Nicht vollstreckungsfähig sind insbesondere feststellende und rechtsgestaltende Verwaltungsakte (§ 6 Rn. 63, § 7 Rn. 1; hierzu auch *OVG Koblenz* B 27.8.1996 – 11 B 12401/96, GewArch 1996, 489 = NVwZ-RR 1997, 223). 19

Beispiel: Wegen gewerblicher Unzuverlässigkeit eines Gastwirts widerrief die Ordnungsbehörde auf der zutreffenden Grundlage von § 4 Abs. 1 Nr. 1, § 15 Abs. 2 GastG die Gaststättenerlaubnis. Ihr Versuch, den Verwaltungsakt mit Zwangsgeld durchzusetzen, war jedoch rechtswidrig. Denn der Widerruf ist, ebenso wie die Rücknahme, ein lediglich rechtsgestaltender Verwaltungsakt. Er kann nicht mit einem Zwangsmittel durchgesetzt werden (*VGH Mannheim* B 4.11.1993 – 14 S 2322/93, GewArch 1994, 30 = NVwZ-RR 1994, 78). § 6 Abs. 1 lässt das nicht zu. Vielmehr kann die Behörde eine unberechtigte Fortsetzung des Betriebes nur nach einer Betriebsuntersagung mit Schließungsverfügung zwangsweise verhindern. Das ergibt sich aus § 31 GastG i.V.m. § 15 Abs. 2 GewO und § 6 Abs. 1 VwVG. Hier geht es um eine Unterlassung. Zweckmäßig und vollstreckungswirksam ist es, im selben Bescheid sowohl die Gaststättenerlaubnis zu widerrufen als auch die Fortsetzung des Betriebes zu untersagen (*VGH Mannheim* B 29.1.1996 – 14 S 46/96, GewArch 1996, 208 = NVwZ-RR

1996, 327 = DÖV 1996, 382; *VGH Kassel* B 20.2.1996 – 14 TG 430/95, GewArch 1996, 291; *VG Weimar* B 17.1.2000 – 8 E 4343/99, ThürVBl. 2000, 165). Ferner sollte die sofortige Vollziehung nach §80 Abs.2 S.1 Nr.4 VwGO angeordnet werden.

20 Ist ein **Verwaltungsakt** nach §80 Abs.2 S.1 Nr.1 bis 3 VwGO **von Gesetzes wegen sofortig vollziehbar**, so stellt der Gesetzgeber den Rechtsschutzanspruch des Betroffenen einstweilen zurück, um unaufschiebbare Maßnahmen im Interesse des allgemeinen Wohls rechtzeitig in die Wege zu leiten. So haben Widerspruch und Anfechtungsklage gegen den Widerruf der Waffenbesitzkarte gemäß §45 Abs. 5 WaffG keine aufschiebende Wirkung (*OVG Hamburg* B 25.11.2009 – 3 BS 80/09, juris Rn.7 = NVwZ 2010, 335 =GewArch 2010, 112).

In derartigen Fällen sollte die Vollzugsbehörde mit der Ungültigerklärung und Einziehung des Jagdscheins nach §17 Abs.1 S.2, §18 BJagdG i.V.m. §5 WaffG wegen Unzuverlässigkeit zugleich **unmittelbaren Zwang androhen.** Denn sie befindet sich wegen des akut gefährlichen Sachverhalts in Zeitnot (zum Widerruf der Waffenbesitzkarte und zur Entziehung des Jagdscheins wegen Mitgliedschaft in der sog. Reichsbürgerbewegung VG München B 25.7.2017 – M 7 S 17.1813).

21 Auch die **Auflösung einer Versammlung** nach §15 Abs.3 VersG ist ein lediglich rechtsgestaltender Verwaltungsakt. Er wird anschließend notfalls mit Platzverweisen und unmittelbarem Zwang durchgesetzt.

In der Praxis ist streng darauf zu achten, dass Zwangsmaßnahmen – etwa die polizeiliche Ingewahrsamnahme der Versammlungsteilnehmer – nicht ohne vorherige und mögliche Auflösung der Versammlung zulässig sind (*OLG Celle* B 7.3.2005 – 22 W 7/05, juris Rn.7 = NVwZ-RR 2005, 543 = NdsRpfl 2005, 193).

Zur Bekämpfung nicht versammlungsspezifischer Gefahren (z.B. Brandgefahr) kann im Einzelfall die Auflösung einer unter dem Schutz des Art. 8 GG stehenden Versammlung auf der Grundlage der polizeilichen Generalklausel in Betracht kommen. Wegen des hohen Rangs der durch Art. 8 GG geschützten Versammlungsfreiheit vermag das bloße Vorliegen einer konkreten Gefahr für die öffentliche Sicherheit die Auflösung einer Versammlung indes nicht zu rechtfertigen. Im Hinblick auf den Eingriff in das Grundrecht der Versammlungsfreiheit ist vielmehr eine konkrete Gefahr für elementare Rechtsgüter wie Leben und Gesundheit von Menschen erforderlich (vgl. *VGH Mannheim* U 12.7.2010 – 1 S 349/10, juris Rn.60 = VBlBW 2010, 468-474 = KommJur 2011, 107 = DVBl. 2010, 1254 L = DÖV 2010, 866 L).

22 Bei der **Anwendung der Ersatzvornahme und des unmittelbaren Zwanges** stellen sich der Vollzugsbehörde mitunter **weitere Fragen:** Sie hat einen Schwarzbau abbrechen lassen oder eine Wohnung geräumt. Wohin mit den Einrichtungsgegenständen? Ein voller Groß-Flachbodentank ist wegen undichter Bodenplatte sofort zu entleeren und abzumontieren. Wohin mit dem Öl?

Hierfür hält das Vollstreckungsrecht der Länder spezielle Eingriffsbefugnisse bereit. Zu nennen ist etwa die Befugnis zur Zwangsräumung nach §27 LVwVG Baden-Württemberg, §35 VwVG Brandenburg, §18 HmbVwVG Hamburg, §§78, 72 VwVG Hessen (vgl. *VGH Kassel* B 10.11.1994 – 4 TH 1864/94, BauR 1995, 679 = BRS 57 Nr.259), §71 NVwVG Niedersachsen, §57 Abs.1 Nr.3, §62a VwVG NRW, §24 SVwVG Saarland, §26 VwVG Sachsen, §72 VwVG LSA Sachsen-Anhalt und §53 ThürVwZVG Thüringen.

Entsprechende Regelungen zur Sicherstellung, Verwahrung, Verwertung. Vernichtung und Herausgabe von Sachen enthält das Polizei- und Ordnungsrecht der Länder.

Beispiel: Die Veterinärbehörde beschlagnahmt einen „wilden" Schäferhund. Danach bringt sie ihn im Tierheim unter (*VGH München* B 4.7.2013 – 10 CE 13.627, NVwZ-RR 2013, 946).

Für die **Wegnahme** einer Sache oder (sogar) einer Person bestehen besondere landesrechtliche Regelungen in § 28 LVwVG Baden-Württemberg, § 36 VwVG, Brandenburg, §§ 21, 74 VwVG Hamburg, §§ 77, 72 VwVG Hessen, § 71 VwVG Niedersachsen, § 23 VwVG Saarland, § 27 VwVG Sachsen (vgl. *OVG Bautzen* B 20.1.1997 – 3 S 315/96, *JbSächsOVG* 5, 135 = SächsVBl. 1997, 212 = GewArch 1997, 335 = DÖV 1997, 424 = NVwZ-RR 1997, 411), § 72 VwVG Sachsen-Anhalt und § 52 VwZVG Thüringen.

II. Zu Absatz 2

Der Pflichtige muss die Ersatzvornahme oder den unmittelbaren Zwang dulden. Er **23**
darf die Anwendung des Zwangsmittels nicht behindern und ihr erst recht keinen Widerstand entgegensetzen. Eine entsprechende Rechtspflicht folgt bereits aus der Festsetzung des Zwangsmittels (§ 14 Rn. 1). § 15 Abs. 2 knüpft hier an und stellt klar, dass etwaiger Widerstand mit Gewalt gebrochen werden kann.

Als **Widerstand** gilt jedes rechtswidrige aktive oder passive Verhalten des Vollzugsadressaten oder einer anderen anwesenden Person, durch das die rechtmäßige Vollstreckungshandlung verhindert oder erschwert werden soll. Dabei kann es sich um Tätlichkeiten handeln, aber auch um ernste Drohungen gegen Vollzugsbeamte.

Die Durchführung einer Anwendung und die Anwendung unmittelbaren Zwanges greifen oft empfindlich in die Rechtssphäre des Betroffenen ein und tangieren nicht selten dessen persönlichen Lebensbereich. Der umsichtige Vollzugsbeamte hat dies im Blick und wird versuchen, deeskalierend zu wirken. Hierzu gehört, den Verantwortlichen und etwaige Dritte vorab über die Rechtslage aufklären.

Wenn der Betroffene bei der Anwendung physischen Zwanges oder bei dem Betreten eines Grundstücks eine „richterliche Genehmigung" verlangen sollte, wird der Beamte ihm mitteilen, dass eine solche nicht erforderlich ist (§ 12 Rn. 45 bis 61). Der Beamte wird den Pflichtigen auch darauf hinweisen, dass das Betreten eines Hauses in rechtmäßiger Ausübung des Dienstes erfolgt und trotz eines etwaigen „Hausverbots" des Widerstrebenden kein Hausfriedensbruch ist (vgl. *OLG Karlsruhe* B 25.3.2010 – 14 Wx 9/10, juris Rn. 16 = NJW 2010, 2961 = DVP 2011, 437 = Justiz 2010, 307).

Zu beachten ist stets, dass das erzwungene Betreten einer Wohnung in die nach Art. 13 Abs. 1 GG grundrechtlich geschützte Lebenssphäre des Betroffenen eingreifen. Das Gewicht dieses Eingriffs verlangt Verdachtsgründe, die über vage Anhaltspunkte und bloße Vermutungen hinausreichen, und eine Rechtfertigung nach dem Grundsatz der Verhältnismäßigkeit. Das Betreten der Wohnung muss in angemessenem Verhältnis zu dem verfolgten Zweck stehen und erfolgversprechend sein (*BVerfG*, B 13.11.2005 – 2 BvR 78/05, juris Rn. 22 ff. = NStZ-RR 2006, 110). Es muss auch erforderlich sein; andere, weniger einschneidende Mittel dürfen nicht zur Verfügung stehen (*BVerfG*, B 3.7.2006 – 2 BvR 2030/04, juris Rn. 15 = BVerfGK 8, 332 = DVBl 2006, 1178, 1179 = StV 2006, 624).

Hat der Beamte zum Beispiel an der Haustür des Pflichtigen geklingelt und dieser sie geöffnet, wird der Beamte nicht „sofort mit der Tür ins Haus fallen" und „gleich zur Tat schreiten". Er wird zunächst dem Betroffenen die behördliche Entscheidung erläutern und ihm angesichts seiner aussichtslosen Lage empfehlen, der Verfügung freiwillig nachzukommen. Dies gebietet im Regelfall auch der verfassungsrechtliche Grundsatz des Interventionsminimums (*Malmendier,* S. 25, 30).

Das Betreten der Wohnung des Vollstreckungsschuldners ist auch zulässig, wenn darin noch jemand anders lebt und sich dort Gegenstände befinden, die nicht dem Vollstreckungsschuldner gehören oder sich nicht in seinem Gewahrsam befinden. Kein Mitglied einer Wohngemeinschaft und kein Familienangehöriger hat das Recht, der Durchsuchung entgegenzutreten. Sie müssen die Amtshandlung dulden. Im Landesrecht ist dies teilweise ausdrücklich geregelt (§ 6 Abs. 3 SächsVwVG Sachsen, § 6 Abs. 3 LVwVG Baden-Württemberg). Personen, die mit dem Vollstreckungsschuldner zusammenwohnen, können auch nicht verlangen, dass die Wohnung nur in ihrer Anwesenheit betreten wird. Es ist Sache der Vollziehungsbeamten, zu entscheiden, ob sie die Durchführung nur in Anwesenheit der genannten Personen und nur nach Vorausankündigung durchführen wollen (vgl. *BFH* B 12.5.1980 – VII B 9/80, juris Rn. 21 f = BFHE 130, 136, 140 = BStBl. II 1980, 399 = DB 1980, 1426 = BB 1980, 1031).

24 § 15 Abs 2 gilt gleichermaßen bei der Anwendung des Verwaltungszwanges durch **sofortigen Vollzug** nach § 6 Abs. 2 (*OVG Berlin* B 24.11.1987 – 2 S 51/87, DÖV 1988, 385 = UPR 1988, 155 = NVwZ 1988, 844 = BauR 1988, 333 = NuR 1989, 183 = BRS 47 Nr. 189). Denn Ersatzvornahme und unmittelbarer Zwang sind auch die Zwangsmittel des sofortigen Vollzuges (§ 6 Rn. 246).

25 Das **Betreten einer Wohnung** ist rechtlich von der Durchsuchung **zu unterscheiden** (hierzu § 12 Rn. 43). **Durchsuchungen** dürften gemäß Art. 13 Abs. 2 GG grundsätzlich nur durch den Richter angeordnet werden. Bei Gefahr im Verzuge kann eine Untersuchung auch durch eine Behörde ohne vorherige richterliche Anordnung verfügt werden, wenn eine entsprechende gesetzliche Ermächtigung vorliegt. Unter einer Durchsuchung versteht das *BVerfG* „das ziel- und zweckgerichtete Suchen staatlicher Organe nach Personen oder Sachen oder zur Ermittlung eines Sachverhalts, um etwas aufzuspüren, was der Inhaber der Wohnung nicht von sich aus offenlegen oder herausgeben will" (*BVerfG* B 3.4.1979 – 1 BvR 994/76, juris Rn. 26 = BVerfGE 51, 97, 106 ff = NJW 1979, 1539 = DVBl 1979, 664 = DÖV 1979, 596). Begriffsmerkmal der Durchsuchung ist somit die Suche nach Personen oder Sachen oder die Ermittlung eines Sachverhalts in der Wohnung (Lisken/Denninger/*Graulich*, E 611).

Sonstige Beeinträchtigungen des Grundrechts auf Unverletzlichkeit der Wohnung, die keine Durchsuchungen darstellen, sind gemäß Art. 13 Abs. 7 GG zulässig, wenn ein formelles Gesetz dies gestattet. Entsprechende Ermächtigungen finden sich – außer in Berlin, das in § 8 Abs. 1 S. 1 VwVfG Berlin auf das VwVG verweist – im Vollstreckungsrecht aller Bundesländer (§ 6, § 29 LVwVG Baden-Württemberg, Art. 37 Abs. 3, Art. 40 VwZVG Bayern, § 40 VwVGB Brandenburg, § 21 BremVwVG Bremen, § 23 HmbVwVG Hamburg, § 7, § 13 HessVwVG Hessen, § 98 SOG M-V Mecklenburg-Vorpommern, § 70, § 75 NVwVG Niedersachsen, § 79 VwVG NRW Nordrhein-Westfalen, § 84 LVwVG Rheinland-Pfalz, § 5, § 12 SVwVG Saarland, § 6, § 28 SächsVwVG Sachsen, § 71, § 75 VwVG Sachsen-Anhalt, § 247 LVwG Schleswig-Holstein und § 24, § 55 VwZVG Thüringen).

Das **Betreten einer Wohnung** ist keine Durchsuchung, sondern zählt zu den bloßen Eingriffen und Beschränkungen i.S.d. Art. 13 Abs. 7 GG. Daran ändert nichts, dass es beim Betreten unvermeidlich zur Kenntnisnahme von Personen, Sachen und Zuständen kommt. Die polizeirechtliche Terminologie definiert das Betreten einer Wohnung als das Eintreten, Verweilen und Besichtigen. Keine Durchsuchung ist auch die Besichtigung einer Wohnung, um festzustellen, ob der Inhaber seinen Beruf ordnungsgemäß ausübt oder ob sie mit baurechtlichen Vorschriften in Einklang steht (hierzu Lisken/Denninger/*Graulich*, E 613 ff.).

1. Abwehr des Widerstandes. Der Vollzugsbeamte kann Widerstand mit physischer **Gewalt gegen Personen oder Sachen** brechen, zum Beispiel den Betroffenen beiseitedrängen oder eine Tür gewaltsam öffnen (vgl. *VGH Kassel* U 22.5.1990 – 11 UE 627/89, BBauBl. 1991, 242). Hierin liegt die allgemeine gesetzliche Befugnis, einen Widerstand zu überwinden. Dazu gehört die Gewalt. Gleiches gilt nach § 287 Abs. 3 AO. **26**

Abwehr des Widerstandes ist selbst kein unmittelbarer Zwang nach § 12. Sie setzt nur die Ersatzvornahme oder den unmittelbaren Zwang nach den Bestimmungen des UZwG durch.

Die Vollzugsbehörde benötigt **keinen Duldungstitel gegen den Pflichtigen,** um seinen Widerstand überwinden zu dürfen. Die rechtliche Befugnis dazu ergibt sich unmittelbar aus der Ermächtigung des § 15 Abs 2 (*BVerwG* B 21.8.1996 – 4 B 100/96, DÖV 1996, 1046 = VBlBW 1996, 455 = NVwZ 1997, 381 = KKZ 1998, 107).

Denkbar ist auch, dass ein **Dritter Widerstand leistet**, um den Pflichtigen zu unterstützen. Beispiele: Sympathisanten unternehmen es, die Räumung eines besetzten Hauses zu verhindern. Vermummte Chaoten versuchen, einen im Versammlungsaufzug ergriffenen Kriminellen zu befreien. Eine Gruppe Drogenabhängiger will die Durchsetzung eines Platzverweises vereiteln, der gegen einen ihrer Gruppe ausgesprochen wurde.

In diesen Fällen ist zu beachten, dass der Dritte aus dem Grundverwaltungsakt und der nachfolgenden Androhung und Festsetzung nicht verpflichtet wird.

Deshalb muss gegen den Dritten eine – im Eilfall mündliche – **Anordnung** ergehen, den **Widerstand zu unterlassen**. Sollte der nunmehr polizeipflichtige Dritte diesen Verwaltungsakt nicht befolgen, wendet die Vollzugsbehörde gegen ihn gemäß § 6 Abs. 2 den Verwaltungszwang im sofortigen Vollzug an. Hat sie keine Zeit, den Grundverwaltungsakt mündlich zu erlassen, schreitet sie sogleich zum sofortigen Vollzug.

Mitunter leistet ein **Wohnungsmieter** Widerstand bei der Ersatzvornahme, die sich rechtlich gegen den Hauseigentümer richtet, in der Sache aber die von ihm angemietete Wohnung betrifft. Er verweigert etwa Handwerkern den Zutritt. In einem derartigen Fall kann dem Widerstand nicht unmittelbar begegnet werden. Denn § 15 Abs 2 erlaubt nur, den Widerstand des Pflichtigen zu brechen. Dies ist nicht der Mieter, sondern der Hauseigentümer. **27**

Hier ist eine **Duldungsverfügung gegen den Mieter** zu erlassen. Die Behörde sollte diese Verfügung nach § 80 Abs. 2 S. 1 Nr. 4 VwGO für sofortig vollziehbar erklären und im selben Bescheid sogleich unmittelbaren Zwang mit kurzer Frist nach § 12, § 13 Abs. 1 androhen. Hierdurch wird der Mieter „Pflichtiger" i.S.d. § 15 Abs 2. Die Behörde kann seinen Widerstand nunmehr überwinden.

Dass sich die Befolgung der Verfügung durch den Vermieter im Verhältnis zum Mieter eine Verletzung des Mietvertrages darstellt, macht die Verfügung nicht rechtswidrig. Die zivilrechtliche Stellung des Mieters wird durch die Duldungsverfügung öffentlich-rechtlich überlagert. Damit werden auch die Rechte des Mieters aus dem Mietvertrag überlagert. Somit handelt der Vermieter nicht rechtswidrig, wenn er die Verfügung befolgt. Also verlangt die Verfügung von ihm mit Blick auf das Mietverhältnis keine zivilrechtlich unzulässigen Maßnahmen und ist rechtmäßig (vgl. *BVerwG* U 18.10.1991 – 7 C 2/91, Jura Rn. 23 = BVerwGE 89, 138, 145 = NVwZ 1992, 480 = DÖV 1992, 353 = ZfW 1992, 423 = DVBl. 1992, 308 = NuR 1992, 231 = UPR 1992, 149 = RdL 1992, 62 = BayVBl. 1992, 346).

Im Übrigen kann der Mieter aus dem Grundsatz von Treu und Glauben nach § 242 BGB zivilrechtlich verpflichtet sein, bauliche Maßnahmen in seiner Wohnung zu dulden, welche die Behörde gegenüber dem Vermieter angeordnet hat (*BGH* U 4.3.2009 – VIII ZR 110/08, NJW 2009, 1736 – NJW-Spezial 2009, 465 = BeckRS 2009, 11149).

Hat die Bauaufsichtsbehörde gegen den Eigentümer eines illegalen Gebäudes eine Beseitigungsverfügung erlassen, muss die Vollzugsbehörde eine Duldungsverfügung gegen den Mieter erlassen, wenn dieser nicht ausziehen will. Erst dadurch wird er „Pflichtiger" i.S.d. § 15 Abs. 2 (vgl. *BVerwG* B 13.7.1994 – 4 B 129/94, BauR 1994, 740 = UPR 1994, 450 = NVwZ 1995, 272 = BRS 56 Nr. 203).

Der Mieter kann sein abweisendes Verhalten auch nicht damit rechtfertigen, dass er sich auf angebliche Rechtsmängel der Anordnung beruft, welche die Behörde gegen den Hauseigentümer erlassen hat (*OVG Berlin* B 28.2.1997 – 2 S 28/96, LKV 1997, 368 = ZMR 1997, 327 = NVwZ 1997, 1237 L = UPR 1998, 75 = BRS 59 Nr. 208).

28 Eine Duldungsverfügung kommt nicht nur gegen Mieter in Betracht. Sie ist lediglich allgemein geeignet, zivilrechtliche Ansprüche und Rechte Dritter, die dem Vollzug gegen den Pflichtigen entgegenstehen könnten, öffentlich-rechtlich zu überlagern und ihre Geltendmachung dadurch zu blockieren. Infolge dessen kann der Pflichtige die ihm aufgegeben Handlung ausführen, ohne hierdurch gegen Rechte des Dritten zu verstoßen. Der ihn verpflichtende Verwaltungsakt wird dadurch vollstreckbar. Gleichzeitig wird der Ditte Pflichtiger in Bezug auf die gegen ihn verfügte Duldungspflicht, die vollstreckt werden kann. Setzt der Dritte der Vollstreckung Widerstand entgegen, kann dieser nach § 15 Abs. 2 mit Gewalt gebrochen werden (vgl. *VGH München* B 11.7.2001 – 1 ZB 01.1255, NVwZ-RR 2002, 608 = BayVBl. 2002, 275 = BRS 64 Nr. 202).

Die **Duldungsanordnung** hat somit eine **Doppelnatur**: Sie ist ein Gestaltungsakt, der zivilrechtliche Ansprüche des Duldungspflichtigen, die einem Vollzug der Grundverfügung durch den Handlungspflichtigen entgegenstehen, ausschließt. Sie ist zugleich eine vollstreckungsfähige Anordnung, durch die dem Duldungspflichtigen untersagt wird, den Vollzug zu behindern. Eine fehlende Duldungsanordnung berührt nicht die Rechtmäßigkeit der Grundverfügung. Sie ist lediglich ein Vollstreckungshindernis (*VGH Bayern* B 24.10.2005 – 9 CS 05.1840, juris Rn. 16 = NJW-RR 2006, 807 = NVwZ-RR 2006, 389 = BRS 69 Nr. 192 [2005]).

Somit ist die Duldungsverfügung ein statthaftes Mittel, um Hindernisse auszuräumen, die sich aus zivilrechtlichen Rechtspositionen Dritter ergeben. Sie bezweckt, eine

Handlungspflicht oder Unterlassungsverpflichtung zu ermöglichen. Bei einer solchen Duldungsverfügung handelt es sich aber nicht um eine Maßnahme der Verwaltungsvollstreckung, die der Durchsetzung eines bereits erlassenen Grundverwaltungsaktes dienen soll. Sie ist vielmehr eine Verfügung im Sinne eines Grundverwaltungsaktes. Dadurch wird für das nachfolgende Vollstreckungsverfahren eine eigenständige Pflicht des Betroffenen begründet (vgl. *OVG Saarlouis* U 18.6.2002 – 2 R 9/01, NVwZ-RR 2003, 337; *OVG Berlin* B 28.2.1997 – 2 S 28/96, LKV 1997, 368 = NVwZ 1997, 1237 L = UPR 1998, 75 = BRS 59 Nr. 208; *OVG Weimar* B 11.3.1997 – 1 EO 232/96, LKV 1997, 368 = NVwZ 1997, 1238 L = BRS 59 Nr. 216).

Erlässt die Bauaufsichtsbehörde gegen den **Pächter** eines Grundstücks als sog. Verhal- 29
tensstörer eine Beseitigungsverfügung, muss sie **gegen den Verpächter eine Duldungsanordnung** erlassen (*VGH München* B 24.10.2005 – 9 CS 05.1840, NVwZ-RR 2006, 389; *OVG Koblenz* B 8.12.2003 – 8 B 11827/03, BauR 2004, 659 = NVwZ-RR 2004, 239 = DÖV 2004, 305 = BRS 68 Nr. 204). Erst dann ist auch der Verpächter „Pflichtiger" und der Zwang gegen beide zulässig. Ist der Verpächter als Eigentümer als sog. Zustandsstörer ebenfalls verantwortlich, könnte die Behörde eine gleichlautende Beseitigungsverfügung auch gegen ihn richten. Dann stünde es in ihrem pflichtgemäßen Ermessen nach § 40 VwVfG, gegen wen sie den Grundverwaltungsakt durchsetzen will.

Das Gleiche gilt für die zwangsweise Inanspruchnahme eines sonstigen Mitberechtigten (*VGH Kassel* B 10.11.1995 – 14 TH 2919/94, DVBl. 1996, 573 = NVwZ-RR 1996, 330 = DÖV 1996, 383). Bei der **Beseitigung einer baulichen Anlage**, welche der Pächter oder Nießbraucher illegal errichtet hat, ist zu differenzieren:

Ist das Bauwerk mit dem Grund und Boden fest verbunden (§ 94 BGB), ist es in das Eigentum des Verpächters übergegangen. Dieser ist im ordnungsrechtlichen Sinne damit Zustandsstörer, so dass die Beseitigungsverfügung auch gegen ihn gerichtet werden könnte. Die Behörde kann sich aber auch darauf beschränken, gegen den Verpächter-Eigentümer eine Duldungsverfügung zu erlassen. Dann ist nur der Pächter zur Beseitigung der baulichen Anlage verpflichtet. Folglich kann die Beseitigungsverfügung im Wege der Verwaltungsvollstreckung auch nur gegen ihn vollstreckt werden. Ist das Bauwerk mit dem Grund und Boden nicht fest verbunden, kommt eine Beseitigungsverfügung gegen den Verpächter-Eigentümer nicht in Betracht. Denn dann handelt es sich nur um einen Scheinbestandteil des Grundstücks im Sinne von § 95 BGB. Dafür ist der Verpächter oder Eigentümer nicht verantwortlich. Eine Duldungsverfügung gegen ihn ist nur zu erlassen, wenn der Pächter bei der Beseitigung der baulichen Anlage in Rechte oder Rechtsgüter des Verpächter-Eigentümer eingreift (vgl. *VG Neustadt/Weinstraße* U 4.9.2008 – 4 K 454/08, BeckRS 2008, 39217 = NJW-Spezial 2008, 717 = NVwZ-RR 2009, 227).

Widerstand gegen Vollzugsbeamte ist eine **strafbare Handlung** nach § 113 StGB. 30
Darum hat der Beamte kraft dieses Tatbestandes das Recht der Notwehr gemäß § 32 StGB (vgl. *BayObLG B* 13.12.1990 – RReg 5 St 152/90, BayVBl. 1991, 475 = MDR 1991, 567). Auf das Recht des Polizeivollzugsbeamten in Fällen der Notwehr und des Notstandes weisen die Länder Brandenburg in § 10 Abs. 3 VwVGBbg, Niedersachsen in § 71 Abs. 2 Nds. SOG, Nordrhein-Westfalen in § 75 VwVG NRW, Sachsen-Anhalt in § 60 Abs. 2 SOG LSA und Schleswig-Holstein in § 250 Abs. 2 LVwG ausdrücklich hin.

Widerstandshandlungen nach § 113 StGB sind auch das Festhalten an Gegenständen sowie das Stemmen der Füße gegen den Boden, womit eine Person ihr Verbringen an einen anderen Ort verhindern will (*BVerfG* B 23.8.2005 – 2 BvR 1066/05, NJW 2006, 136 = NVwZ 2006, 447 L).

31 Wird ein Vollzugsbeamter tätlich angegriffen oder schlägt ihm sonstiger Widerstand entgegen, kann er diesen Widerstand gemäß § 15 Abs. 2 S. 1 brechen, um die Vollstreckung durchführen. Daneben steht dem Beamten das „Jedermannsrecht" der **Notwehr** zu, um sich selbst zu schützen. Notwehr im Rechtssinne ist nach § 32 Abs. 2 StGB „die Verteidigung, die erforderlich ist, um einen gegenwärtigen rechtswidrigen Angriff von sich oder einem anderen abzuwehren." Ist die Amtshandlung selbst nicht rechtmäßig, stellt sie sich als rechtswidriger Angriff auf den Pflichtigen dar, so dass diesem ein Notwehrrecht aus § 32 StGB zusteht. Wehrt er sich im Rahmen des Erforderlichen, um die Amtshandlung abzuwehren, handelt er gemäß § 32 Abs. 1 StGB nicht rechtswidrig (vgl. hierzu *Sadler,* Rechtsschutz des Vollzugsbeamten bei Widerstand des Pflichtigen, Polizei 2010, 78).

32 Das Gleiche gilt für den **Rechtsschutz des Polizeivollzugsbeamten,** wenn er gemäß § 15 Abs. 2 S. 2 **Amtshilfe** leistet. Denn seine Maßnahme ist gleichfalls eine gesetzlich vorgesehene und somit grundsätzlich rechtmäßige Amtshandlung.

33 Der Polizeivollzugsbeamte hat im selbstständigen Einsatz und bei der Amtshilfe das **Recht am eigenen Bild** nach Art. 1 Abs. 1 und Art. 2 Abs. 1 GG i.V.m. dem Kunsturhebergesetz (vgl. Maunz/Dürig/*Di Fabio*, Art. 2 Rn. 195). Deshalb kann er sich gegen unerlaubte Bildaufnahmen wehren, indem er den belichteten Film sicherstellt (vgl.: *BVerwG* U 14.7.1999 – 6 C 7/98, BVerwGE 109, 203 = DVBl. 1999, 1660 = NVwZ 2000, 63 = VBlBW 2000, 22 = AfP 2000, 204 = BayVBl. 2000, 439 = JuS 2000, 1161; *OVG Münster* B 30.10.2000 – 5 A 291/00, DÖV 2001, 476; *OVG Koblenz* U 30.4.1997 – 11 A 11657/96, *AS* 25, 434 = DÖV 1997, 1011 = NVwZ-RR 1998,237 = DVBl. 1998, 101; *VG Karlsruhe* U 11.1.1980 – III 22/79, NJW 1980, 1708 = Polizei 1980, 324 = NPA 705, 4; *OLG Celle* U 25.9.1978 – 2 Ss 157/78, JR 1979, 422 = NJW 1979, 57; *OLG Karlsruhe* B 2.10.1979 – 4 Ss 157/78, ZBR 1980, 98 = NJW 1980, 1701 = RiA 1981, 19 = NPA 22, 3).

Das **Filmen und Fotografieren polizeilicher Einsätze** ist grundsätzlich zulässig, ein Verbreiten und öffentliches Zurschaustellen ist nach §§ 22, 23 KunstUrhG i.V.m. § 33 KunstUrhG allerdings strafbar. Eine Beschlagnahme zum Schutz einzelner Personen kann danach nur gerechtfertigt werden, wenn konkrete Anhaltspunkte dafür bestehen, dass Lichtbilder entgegen den Vorschriften des Kunsturhebergesetzes unter Missachtung des Rechts von Polizeibeamten und/oder Dritter am eigenen Bild veröffentlicht werden. Anhaltspunkte für ein künftiges rechtswidriges Verhalten können sich beispielsweise aus einem gleichgelagerten Vorverhalten ergeben. Die Polizei ist unter dem Gesichtspunkt des Gefahrenverdachts daher befugt, die Person, die derartige Aufnahmen erstellt, zu befragen und ihre Personalien zum Zwecke der Überprüfung festzustellen (*OVG Lüneburg* B 19.6.2013 – 11 LA 1/13, juris Rn. 9 = NVwZ 2013, 1498 = DVBl 2013, 1066).

Bei **Filmaufnahmen von Pressefotografen**, die im Rahmen der **Pressefreiheit** nach Art. 5 Abs. 1 GG anlässlich öffentlicher Polizeiaktionen Aufnahmen machen, ist grundsätzlich Rechtstreue vorauszusetzen und anzunehmen (*BVerwG* U 28.3.2012 – 6 C 12/11 BVerwGE 143, 74 = NJW 2012, 2676 = Polizei 2012, 233 = DVP 2013, 134;

VGH Mannheim U 19.8.2010 – 2 S 2266/09, DÖV 2010, 984 L = DVBl. 2010, 1569 = VBlBW 2011, 23 = DVP 2011, 521; *VG Meiningen* U 13.3.2012 – 2 K 373/11 – NVwZ-RR 2012, 551). Das öffentliche Informationsinteresse findet seine Schranken in dem Recht des Polizeibeamten am eigenen Bild. Unter Umständen kann bei der Veröffentlichung des Bildes ein Augenbalken ausreichen, um die Identität des Betroffenen hinreichend zu verdecken (*OVG Saarlouis* U 11.4.2002 – 9 R 3/01, *AS* 29, 428 = AfP 2002, 545).

Das **Recht, Widerstand mit Gewalt zu brechen**, steht aber nur dem Vollzugsbeamten zu. Der **Ersatzunternehmer** hat es **nicht.** Er muss notfalls von seiner Tätigkeit absehen und die Behörde um Schutz bitten. Denn er hat keine hoheitsrechtlichen Befugnisse (§ 10 Rn. 20, 25). 34

Auch nach dem Recht der **Bundesländer** hat der Vollzugsbeamte das Recht, **Widerstand** mit Gewalt zu brechen und die Polizei um Amtshilfe (Rn. 37, 38) zu bitten (§§ 7, 8 LVwVG Baden-Württemberg, Art. 37 VwZVG Bayern, § 8 Abs. 1 S. 1 VwVfG Berlin, § 10 Abs. 3 VwVG Brandenburg, § 19 VwVG Bremen, § 22 VwVG Hamburg, §§ 8, 9 HessVwVG Hessen, § 82a SOG Mecklenburg-Vorpommern, §§ 71, 75 SOG Niedersachsen, § 65 VwVG NRW, §§ 10, 11 LVwVG Rheinland-Pfalz, §§ 6, 7 VwVG Saarland, §§ 7, 8 VwVG Sachsen, §§ 60, 64 SOG Sachsen-Anhalt, §§ 232, 250 LVwG Schleswig-Holstein, §§ 25, 26 VwZVG Thüringen). 35

Soweit **gemäß § 169 VwGO zu Gunsten der öffentlichen Hand** vollstreckt werden soll, besteht folgende Rechtslage: Der Vorsitzende des Verwaltungsgerichts des ersten Rechtszuges ist nach § 169 Abs. 1 S. 2 VwGO Bundesvollzugsbehörde (vgl. § 4 Rn. 9). Im Bereich eines Bundesgerichts, ein seltener Fall, stehen dem Vorsitzenden zunächst die Justizvollzugsbeamten des § 6 Nr. 7 UZwG als Vollstreckungshelfer zur Verfügung. Ferner haben gemäß § 169 Abs. 1 S. 2 VwGO i.V.m. § 759 ZPO für Vollstreckungshandlungen auch Gerichtsvollzieher bereitzustehen. Sodann kann der Vorsitzende im Bereich eines Landesgerichts außer Gerichtsvollziehern auch Justizwachtmeister in Anspruch nehmen. 36

Auch bei der Vollstreckung durch den Gerichtsvorsitzenden hat der **Ersatzunternehmer kein Recht,** Widerstand mit Gewalt zu brechen. Denn ihm sind keine hoheitlichen Befugnisse übertragen (§ 10 Rn. 20, 25). Notfalls muss er von seiner Tätigkeit absehen und den Gerichtsvorsitzenden um Schutz bitten. Das Recht, Widerstand mit Gewalt zu brechen, haben nur der **Gerichtsvollzugsbeamte,** der **Justizwachtmeister** und der **Gerichtsvollzieher.**

2. Amtshilfe der Polizei. Zu ihrem Selbstschutz können auch der Gerichtsvollzugsbeamte, der Justizwachtmeister und der Gerichtsvollzieher die Amtshilfe der Polizei in Anspruch nehmen. Die Verpflichtung der Polizei, diese spezialgesetzliche Amtshilfe zu leisten, ergibt sich aus § 758 Abs. 3, § 759 ZPO. Gleiches gilt gemäß § 287 Abs. 3 AO. 37

Die Polizei leistet Amtshilfe durch **Anwendung unmittelbaren Zwanges gegen Personen und Sachen.** Für die Amtshilfe gelten Art. 35 Abs. 1 GG und die §§ 4 bis 8 VwVfG (zur Amtshilfe grundlegend § 5 Rn. 22 ff., § 7 Rn. 30, § 8 Rn. 3 ff.). Nach der Legaldefinition des § 4 Abs. 1 VwVfG handelt es sich bei der Amtshilfe um eine „ergänzende Hilfe". Die um Amtshilfe ersuchte Polizei trägt mit ihrem ergänzenden Eingriff dazu bei, dass der Verwaltungszwang der ersuchenden Behörde insgesamt erfolgreich durchgeführt werden kann. 38

Entsprechend der Legaldefinition des § 4 Abs. 1 VwVfG ist Amtshilfe in allen Fällen nur **„ergänzende“ Hilfe**. „Grundsätzlich gilt, dass der Verwaltungsträger, dem durch eine Kompetenznorm des Grundgesetzes Verwaltungsaufgaben zugewiesen sind, diese Aufgaben durch eigene Verwaltungseinrichtungen – mit eigenen personellen und sächlichen Mitteln wahrnimmt“ (*BVerfG* B 12.1.1083 – 2 BvL 23/81, BVerfGE 63, 1, 32 = ZfSH 1983, 266 = NVwZ 1983, 537). Also ist die Amtshilfe auf Teilgebiete eines Verwaltungsverfahrens **begrenzt** (*BVerfG* B 13.7.2011 – 2 BvR 742/10, NVwZ 2011, 1254 = NJW 2011, 3640 L).

Zu unterscheiden von der Amtshilfe nach Art. 35 Abs. 1 GG ist die Organhilfe der Polizei (und der Bundeswehr) in den Notstandsfällen des Art. 35 Abs. 2, 3 GG. Diese ist hier nicht zu behandeln.

Gemäß § 7 VwVfG ist die Polizei für die Durchführung der Amtshilfe, also für deren Art und Weise, verantwortlich. Welche taktischen Entscheidungen und Sicherheitsvorkehrungen sie vor und bei der Amtshilfe trifft, ist allein ihre Angelegenheit. Zwischen der ersuchenden Behörde und der Polizeibehörde besteht kein Über-/Unterordnungsverhältnis. Das lässt der Wortlaut des Art. 35 Abs. 1 GG nicht zu. Hiernach besteht ein allseitiges Gleichordnungsverhältnis (*Maunz/Dürig*, Art. 35 Rn. 1; *Jarass/Pieroth*, Art. 35 Rn. 4).

Bei ihrer Amtshilfe haben die Polizeivollzugsbeamten den gleichen Rechtsschutz wie die Vollzugsbeamten der Behörde, für welche sie tätig werden (Rn. 26).

39 Die Hilfe der Polizei ist eine **spezialgesetzliche Amtshilfe gemäß Bundesrecht** (*Sadler*, Spezialgesetzliche Amtshilfe der Polizei, Polizei 2003 S. 194–198). Sie ist **keine Vollzugshilfe nach Landespolizeirecht.** Um eine solche handelt es sich nur, wenn die um Hilfe ersuchende Behörde weder personell noch sachlich in der Lage ist, Zwang anzuwenden (vgl. § 25 des Musterentwurfs eines einheitlichen Polizeigesetzes). Vollzugshilfe nach Landespolizeirecht kommt zum Beispiel in Betracht bei Vorführungen nach dem Infektionsschutzgesetz oder einem Landesgesetz für psychisch Kranke. Zur Unterbringung vgl. *OVG Berlin* U 5.10.1976 – 4 B 62/74, OVGE Berlin 14, 28, 32; *BayObLG* B 5.5.1998 – 3Z BR 103/98, BayObLGZ 1998, 116 = FamRZ 1998, 1329 = NJW 1999, 1789; *BayObLG* B 28.7.1999 – 3 Z BR 212/99, BayObLGZ 1999, 216 = NJW 2000, 881.

Nach anderer Ansicht soll es sich bei der Hilfeleistung der Polizei nicht um Amtshilfe i.S.d. § 4 Abs. 1 VwVfG handeln. Denn die Schutzgewährung durch die Polizei obliege ihr als eigene Aufgabe gemäß § 4 Abs. 2 Nr. 2 VwVfG. Insoweit werde sie auf der Grundlage der polizeilichen Generalklausel tätig (so *Lemke*, S. 138).

Diese Auffassung berücksichtigt nicht die zwingende Vorschrift des § 15 Abs. 2 S. 2, dass die Polizei Amtshilfe zu leisten „hat“, ihr also ein Entschließungsermessen nicht zusteht. Dagegen „kann“ die Polizei nach der Generalklausel eingreifen. Sie muss es nicht. Denn in der Generalklausel ist das Ermessen der Polizei, „ob“ sie sich zum Eingriff entschließt, durch das Wort „kann“ gekennzeichnet. Das ist keine Muss-Bestimmung. Würde sich nun die Polizei nicht zur Schutzgewährung entschließen, hätte § 15 Abs. 2 S. 2 seine inhaltliche Bedeutung contra legem verloren.

40 Die Polizei leistet außer der allgemeinen Amtshilfe nach § 15 Abs. 2 S. 2 auch bundesgesetzliche Amtshilfe. Das geschieht hauptsächlich im Bereich von § 1 des **Gewaltschutzgesetzes** vom 11.12.2001, BGBl. I S. 3513.

III. Zu Absatz 3

41 Nach §15 Abs. 3 ist der Vollzug einzustellen, sobald sein Zweck erreicht ist. Damit ist über die wörtliche Aussage dieser Bestimmung hinaus die **Erreichung des Zwecks im weiteren Sinne** gemeint. Dazu gehört deshalb auch die Einstellung des Vollzuges, wenn es nach den Umständen des Falles feststeht, dass er nicht erreicht werden kann, oder wenn er unzulässig geworden ist. Insgesamt geht es hierbei um die **Beendigung des Verwaltungszwangsverfahrens** und dadurch um die **Erledigung der Sache.**

Eine **Erledigung** kann schon nach dem Erlass des Grundverwaltungsaktes eintreten. Dann unterbleibt die Androhung des Zwangsmittels. Eine Erledigung kann ferner nach der Androhung des Zwangsmittels eintreten. Dann unterbleibt seine Festsetzung. Eine Erledigung kann weiterhin nach der Festsetzung des Zwangsmittels eintreten. Dann kommt es nicht zu seiner Anwendung. Eine Erledigung kann schließlich während der Anwendung des Zwangsmittels eintreten. Dann muss der Vollzug eingestellt werden.

So darf ein festgesetztes Zwangsgeld nicht mehr beigetrieben werden, wenn die zu erzwingende Handlung oder Unterlassung auf einem befristeten Gebot beruhte und die Frist inzwischen verstrichen ist (*OVG Lüneburg* B 17.3.1967 – 2 B 15/67, DVBl. 1969, 119; ablehnend *Bettermann*, DVBl. 1969, 120).

Im Landesrecht ist die Einstellung des Vollzuges geregelt in § 11 LVwVG Baden-Württemberg, Art. 22 VwZVG Bayern, § 3, § 71 Abs. 4 VwVG Hessen, § 92 SOG Mecklenburg-Vorpommern, §65 Abs. 3 VwVG NRW, §14, §62 Abs. 4 LVwVG Rheinland-Pfalz, § 10 VwVG Saarland, § 2a, § 19 Abs. 5 S. 2 VwVG Sachsen, § 241 LVwG Schleswig-Holstein und §29 ThürVwZVG Thüringen.

Einwendungen gegen die Vollstreckung regeln Bayern in Art. 21 VwZVG, Rheinland-Pfalz in §16 LVwVG und Thüringen in §31 ThürVwZVG (Rn. 98).

§15 Abs 3 findet bei der Vollstreckung zugunsten der öffentlichen Hand laut **§§ 168, 169 VwGO** ebenfalls Anwendung. Gemäß § 169 Abs. 1 S. 1 VwGO richtet sich die Vollstreckung nach dem Verwaltungs-Vollstreckungsgesetz. Sobald der Zweck des Vollzuges erreicht ist, muss die Gläubigerbehörde ihren Vollstreckungsantrag für erledigt erklären. Adressat der Erklärung ist nach §169 Abs. 1 S. 2 VwGO der Vorsitzende des Verwaltungsgerichts des ersten Rechtszuges in seiner Eigenschaft als Bundesvollzugsbehörde (§ 4 Rn. 9). Dieser stellt daraufhin das Verfahren ein und entscheidet über die Kosten (§161 Abs. 2 VwGO).

42 **1. Zweck ist erreicht. – a) Erfüllung der Verpflichtung.** Der Zweck ist immer erreicht, wenn der Verantwortliche seine Verpflichtung vor Beginn oder während des Vollzuges **freiwillig erfüllt.** Das kann auch noch in einem anhängigen Verwaltungsgerichtsverfahren geschehen. Das Gericht stellt in diesem Fall in entsprechender Anwendung des §92 Abs. 3 VwGO das Verfahren ein und entscheidet gemäß §161 Abs. 2 VwGO über die Kosten (vgl. *BVerwG* B 7.8.1998 – 4 B 75/98, NVwZ-RR 1999, 407; *BFH* B 22.7.1977 – III B 34/74, *BFHE* 123, 112 = BStBl. II 1977, 838; *OVG Frankfurt/Oder* B 28.8.1998 – 4 B 63/98, NZV 1999, 184 = LKV 1999, 151).

Im Landesrecht ist dies zT ausdrücklich geregelt. Nach Art. 37 Abs. 4 S. 1 VwZVG Bayern ist die Anwendung der Zwangsmittel einzustellen, sobald der Pflichtige seiner Verpflichtung nachkommt. Für das Zwangsgeld bestimmen §§70, 72 VwVG i.V.m. §67

Abs. 2 S. 2 SOG Niedersachsen, § 19 Abs. 5 S. 2 VwVG Sachsen und §§ 71, 73 VwVG i.V.m. § 56 Abs. 3 S. 2 SOG Sachsen-Anhalt, dass die **Beitreibung unterbleibt,** sobald der Betroffene die gebotene Handlung ausführt oder die zu duldende Maßnahme gestattet.

43 Allerdings muss unstreitig feststehen, dass der Verantwortliche seine Verpflichtung auch **tatsächlich erfüllt** hat. Insbesondere im gerichtlichen Erzwingungsverfahren gemäß § 169 Abs. 1 VwGO kann dazu die Vorlage von Urkunden nach § 775 Nr. 4 ZPO i.V.m. § 167 Abs. 1 VwGO erforderlich sein (*VGH Kassel* B 8.6.2004 – 9 TM 1196/01, NVwZ-RR 2004, 796).

44 Wenn der Verantwortliche seine Verpflichtung nur **teilweise erfüllt,** kann die Behörde das Zwangsmittel im Ausmaß der verbliebenen Verpflichtung oder Schuld nach § 15 Abs. 1 anwenden. Sie wird zum Beispiel den Restbetrag eines Zwangsgeldes einziehen (*VGH München* B 14.4.1997 – 2 B 93.2016, BayVBl. 1998, 185). So erreicht die Behörde den Vollzugszweck des § 15 Abs. 3.

45 Kommt der Betroffene seiner Verpflichtung erst **nach Ablauf einer Frist** nach, ist das ohne rechtliche Bedeutung (vgl. *Göhler*, vor § 1 Rn. 41). Entscheidend ist allein, dass das Beugemittel Erfolg hatte.

46 Schwieriger zu beurteilen ist, ob die weitere Vollstreckung auch dann eingestellt werden muss, wenn der **Pflichtige seiner Verhaltenspflicht** nicht schon nach Androhung des Zwangsmittels, sondern **erst nach** dessen **Festsetzung genügt**.

47 Im Abgabenrecht ist es in einem solchen Fall nicht statthaft, ein Zwangsgeld einziehen zu lassen (*BFH* U 29.4.1980 – VII R 4/79, BFHE 131, 425 = BStBl. II 1981, 110). Zwar schreibt § 335 AO vor, dass die Vollstreckung einzustellen ist, wenn die Verpflichtung „nach Festsetzung des Zwangsmittels" erfüllt wird. Aber das Zwangsverfahren ist auch zu beenden, wenn der Pflichtige seiner Verpflichtung schon vorher nachkommt (Hübschmann/Hepp/Spitaler/*Hohrmann*, § 335 Rn. 5). Denn das Zwangsmittel ist nur ein Beugemittel. Die Anordnungsbehörde muss dann sofort (telefonisch vorab) die Vollstreckungsbehörde, das Hauptzollamt oder Finanzamt, benachrichtigen, um die Vollstreckung zu verhindern.

Diese Wertung gilt auch im Verwaltungsvollstreckungsrecht. Es entspricht dem Zweck der Festsetzung, die Beugewirkung der Androhung zu intensivieren und dem Pflichtigen eine letzte Möglichkeit zu geben, die Vollstreckung durch pflichtgemäßes Verhalten abzuwenden (zur Funktion der Festsetzung § 11 Rn. 35). Nimmt er diese Möglichkeit wahr, dann hat die Festsetzung ihre Beugefunktion erfüllt und der Pflichtige seine Chance genutzt.

48 Dies gilt unabhängig davon, ob dem Pflichtigen ein Tun aufgegeben ist oder ein Dulden bzw. Unterlassen.

Beispiel 1: Der Verantwortliche sollte nach Entziehung der Fahrerlaubnis den Führerschein bis zum 31.8. abliefern. Dies tat er nicht. Deshalb setzte die Behörde am 1.9. das vollziehbare Zwangsgeld in Höhe von 1 000 € fest. Gleichzeitig richtete sie ein Amtshilfeersuchen um Vollstreckung an das Finanzamt. Am 2.9. gab der Betroffene den Führerschein bei der Behörde ab. Am 3.9. kassierte der Vollstreckungsbeamte das Zwangsgeld. – Das Geld muss an den Betroffenen zurückgezahlt werden.

Beispiel 2: Die Behörde untersagt einem Gewerbetreibenden am 15.2. die Nutzung eines Gebäudes als Bordell unter Androhung eines Zwangsgeldes i.V.m. 5 000 €. Hierauf reagierte der Betreiber des Bordells nicht. Daraufhin setzte die Behörde am 15.8. das angedrohte Zwangsgeld fest und drohte für den Fall der Nichtbefolgung binnen vier Wochen ein weiteres Zwangsgeld iHv 6 000 € an. Dieses wurde am 1.10. festgesetzt. Am 31.12. wurde die Nutzung des Gebäudes als Bordell aufgegeben. – Eine Beitreibung des Zwangsgeldes kommt nun nicht mehr in Betracht (vgl. OVG Thüringen B 5.6.2012 – 1 EO 284/12, NVwZ-RR 2013, 6 = LKV 2012, 523 = ThürVBl 2013, 177).

Wäre die Behörde schneller gewesen und hätte das zunächst festgesetzte Zwangsgeld durch Leistungsbescheid vor dem 31.12. geltend gemacht, hätte sie es auch nach Schließung des Bordells noch einziehen können. (Zum Beitreiben mehrerer Zwangsgelder siehe § 14 Rn. 25.)

Die Anwendung eines Zwangsmittels kommt auch dann nicht mehr in Betracht, wenn nach seiner Festsetzung der **Vollzugzweck entfällt**. Gibt die Behörde einem Eigentümer auf, den Gehweg vor seinem Haus von Schnee freizuräumen, und schmilzt der Schnee nach der Androhung und Festsetzung eines Zwangsgeldes, darf sie das Zwangsgeld nicht mehr beitreiben. Zum einen besteht nun kein öffentliches Interesse an der Durchführung der aufgegebenen Handlung mehr. Zum anderen stand es dem Eigentümer nach wie vor offen, seinen Willen zu beugen. Dass ihm diese Möglichkeit, von der er noch hätte Gebrauch machen können, genommen wird, ist ihm nicht anzulasten.

Anders liegt der Fall, wenn der Pflichtige den Vollzugszweck nach Androhung oder Festsetzung des Zwangsmittels den Vollzugszweck in Wegfall gebracht hat, indem er gegen die Grundverfügung verstößt (§ 14 Rn. 16, § 9 Rn. 42).

Zieht die Behörde ein Zwangsgeld ein, obwohl der Betroffene seiner Verhaltenspflicht nach Festsetzung des Zwangsgeldes erfüllt hat, dann ist die Beitreibung rechtswidrig. Der Betroffene kann sie mit dem Widerspruch (§ 68 VwGO) und der Anfechtungsklage (§ 42 Abs. 1 VwGO) angreifen. Das Zwangsgeld unterfällt nicht § 80 Abs. 2 S. 2 Nr. 1 VwGO. Widerspruch und Klage haben daher aufschiebende Wirkung, soweit das jeweilige Bundesland die aufschiebende Wirkung von Rechtsmitteln gegen Maßnahmen in der Verwaltungsvollstreckung nicht nach § 80 Abs. 2 S. 2 VwGO ausgeschlossen hat (siehe § 6 Rn. 193).

Die Behörde ist auch dann zur Rückzahlung des Zwangsgeldes verpflichtet, wenn der Betroffene es nach Erfüllung seiner Pflicht freiwillig gezahlt hat. Denn hier besteht ebenso die nachfolgend in Rn. 49 erläuterte Rechtslage. Dieser seltene Fall beruht regelmäßig auf einem Rechtsirrtum des Betroffenen.

Nach § 5 Abs. 1 VwVG findet auch **§ 257 AO** entsprechende Anwendung. Dessen Abs. 1 **49**
Nr. 3 schreibt vor, dass die Vollstreckung einzustellen ist, sobald „der Anspruch auf die Leistung erloschen" ist. Das ist im Beispiel 1 in Rn. 48 der Fall: Der Anspruch erlosch am 2.9., als der Pflichtige den Führerschein ablieferte und damit „gehorsam" wurde. Durch Einziehung des Geldes am 3.9. erlangte die Behörde es folglich ohne rechtlichen Grund. Das ist eine **ungerechtfertigte Bereicherung** nach oder entsprechend § 812 Abs. 1 S. 1 BGB. In einem solchen Fall findet § 257 Abs. 2 S. 1 AO Anwendung. Er bestimmt, dass die „bereits getroffene Vollstreckungsmaßnahme aufzuheben" ist. Darin liegt **die Pflicht zur Erstattung** von Beträgen, die zu Unrecht eingezogen wurden. – Insoweit ist bedauerlich, dass § 37 Abs. 2 AO nicht auch in § 5 Abs. 1 VwVG aufgenommen worden ist. Er enthält den Erstattungsanspruch bei Steuern.

Die Behörde ist verpflichtet, die **Erstattung von Amts wegen** zu veranlassen, sobald sie die ungerechtfertigte Bereicherung erkennt. Das gebietet der Grundsatz der Gesetzmäßigkeit. Im Übrigen hat sie die Erstattung **auf Antrag** des Betroffenen vorzunehmen.

Sollte die Behörde ihre Erstattungspflicht verneinen, kann der Geschädigte gemäß § 43 Abs. 2 VwGO ohne Vorverfahren nach §§ 68 ff. VwGO eine **allgemeine** (so genannte schlichte) **Leistungsklage** bei dem Verwaltungsgericht erheben. Er beantragt die Rückzahlung des Geldes nebst 5 % Zinsen seit Rechtshängigkeit (§ 291, § 288 Abs. 1 BGB). Das Gericht erkennt dann:

„Der Beklagte wird verurteilt, die Vollziehung der Zwangsgeldfestsetzung vom 1. September … durch Zahlung von 1 000 € nebst 5 % Zinsen seit dem … rückgängig zu machen. Der Beklagte trägt die Kosten des Verfahrens."

Zum Wesen der allgemeinen Leistungsklage vgl.: *BVerwG* U 25.2.1969 – 1 C 65/67, BVerwGE 31, 301,303 = NJW 1969,1131 = DVBl. 1969, 700 = DÖV 1969, 463 = RiA 1969, 198 = JR 1969, 272 = MDR 1969, 506 = JuS 1969, 444 = BayVBl. 1969, 213 = VerwRspr. 20, 1006; *BVerwG* U 20.4.1977 – 6 C 7/74, BVerwGE 52, 247, 251= ZBR 1977, 376 = NJW 1978, 717 = MDR 1978, 167 = JuS 1978, 206 = Buchholz 238.4 § 31 SG Nr. 9).

Außerdem ergibt sich diese Rechtsfolge aus dem Grundsatz der Gesetzmäßigkeit und Rechtmäßigkeit der Verwaltung gemäß Art. 20 Abs. 3 GG, der den **Folgenbeseitigungsanspruch** einschließt (vgl. *BVerwG* U 19.7.1984 – 3 C 81/82, BVerwGE 69, 366, 370 = DVBl. 1984, 1178 = NJW 1985, 817 = DÖV 1985, 28 = JA 1985, 239 = BayVBl. 1985, 54 = VBlBW 1985, 210; Maunz/Dürig/*Papier*, Art. 34 Rn. 30, 36, 62–68). Dieser Anspruch wird auch als **Vollzugsfolgenbeseitigungsanspruch** bezeichnet.

50 Ein Anspruch auf **Folgenbeseitigung** ist nur begründet, wenn folgende Bedingungen erfüllt sind (*BVerwG* U 26.8.1993 – 4 C 24/91, BVerwGE 94, 100, 101, 104 = DVBl. 1993, 1357 = NVwZ 1994, 275 = DÖV 1994, 341 = UPR 1994, 28 = NuR 1994, 434 = ZfBR 1994, 30 = GewArch 1994, 103 = BayVBl. 1994, 84): „Es muss ein hoheitlicher Eingriff vorliegen, der ein subjektives Recht des Betroffenen verletzt. Für den Betroffenen muss dadurch ein rechtswidriger Zustand entstanden sein, der andauert."

51 In einem Rechtsstreit einer Kommune gegen das Bundesland Hessen hat das Bundesverwaltungsgericht entschieden, dass für einen Folgenbeseitigungsanspruch kein Raum sei, wenn die Gemeinde es verabsäumt hat, die Verwaltungsakte, die den Belastungen zugrunde liegen, anzufechten (*BVerwG* B 5.12.1986 – 7 B 143/86, juris Rn. 4 = NVwZ 1987, 788 = BayVBl. 1987, 541 = Buchholz 415.1 Nr. 61).

Auf das Verwaltungsvollstreckungsrecht bezogen, bedeutet dies, dass der Pflichtige keinen **Anspruch auf Rückerstattung** eines rechtswidrig erhobenen Zwangsgeldes hat, wenn der zugrundeliegende **Leistungsbescheid unanfechtbar** geworden ist. Dies gilt jedoch nicht uneingeschränkt. So hat der Geschädigte nach allgemeinen Grundsätzen des Verwaltungsrechts ausnahmsweise einen Anspruch auf Wiederaufnahme des Verfahrens und Rücknahme eines bestandskräftigen Bescheides, wenn dessen Aufrechterhaltung „schlechthin unerträglich" ist, was von den Umständen des Einzelfalles und einer Gewichtung der einschlägigen Gesichtspunkte abhängt. Das Festhalten an dem Verwaltungsakt ist unter anderem dann „schlechthin unerträglich", wenn Umstände gegeben sind, die die Berufung der Behörde auf die Unanfechtbarkeit als einen Verstoß gegen Treu und Glauben (§242 BGB) erscheinen lassen. Solche Umstände sind unter anderem grundsätzlich dann gegeben, wenn die Behörde den bestandskräftigen Bescheid in Kenntnis seiner Rechtswidrigkeit erlassen hat. Dabei kommt es nicht allein darauf an, ob die Behörde bei Erlass nur Kenntnis von den Umständen hatte, welche die Rechtswidrigkeit des Bescheides begründeten. Vielmehr musste sie selbst eindeutig und erkennbar von dessen Rechtswidrigkeit ausgehen. Dies dürfte nur dann der Fall sein, wenn die Behörde einer in einem anderen Verfahren zu einem vergleichbaren Sachverhalt ergangenen gerichtlichen Entscheidung nicht gefolgt ist und dies gerade nicht unter Berufung auf ihre weiterhin entgegenstehende Rechtsauffassung getan hat, sondern nachweisbar die Rechtswidrigkeit des Bescheides erkannt hat (*OVG Sachsen-Anhalt* B 1.2.2011 – 4 L 158/10, juris Rn.3f = NVwZ-RR 2011, 617). Siehe auch §18 Rn.6.

Das Landesrecht kennt spezialgesetzliche **Erstattungsansprüche**, die dem allgemeinen Erstattungsanspruch vorgehen (Art.28 VwZVG Bayern, §13 Abs.2 VwVG Brandenburg, §3 VwVG Hessen, §23 VwVG Niedersachsen, §7 VwVG NRW, §14 LVwVG Rheinland-Pfalz, §2a VwVG Sachsen, §23 VwVG Sachsen-Anhalt und §282 LVwG Schleswig-Holstein). 52

b) Keine Wiederholungsgefahr. Bei **Duldungs- und Unterlassungspflichten**, die auf Dauer angelegt sind, tritt Erledigung ein, wenn und soweit keine Wiederholungsgefahr mehr besteht. In diesem Fall hat das Zwangsmittel seinen Beugezweck erreicht. Eine weitere Vollstreckung kommt nicht mehr in Betracht. Manche Bundesländer haben dies in ihren Vollstreckungsgesetzen ausdrücklich geregelt und bestimmt, dass Zwangsmittel zur Erzwingung einer Duldung oder Unterlassung nicht mehr angewendet werden dürfen, wenn eine weitere Zuwiderhandlung nicht mehr zu befürchten ist (Art.37 Abs.4 S.2 VwZVG Bayern [nur für Härtefall], §29 Abs.1 S.3 VwVG Brandenburg, §3 Abs.1 S.2a VwVG Hessen, §92 Abs.1 Nr.5 SOG Mecklenburg-Vorpommern, §19 Abs.5 S.2 VwVG Sachsen, §56 Abs.3 S.2 SOG Sachsen-Anhalt, §241 Abs.1 Nr.5 LVwG Schleswig-Holstein). 53

Dass die Vollziehung einzustellen ist, wenn der Vollstreckungszweck erreicht wurde, ist ein allgemeiner Grundsatz des Vollstreckungsrechts. Er gilt auch dort, wo er nicht ausdrücklich kodifiziert ist, mithin auch im Bund.

Der Vollstreckungszweck wurde allerdings nicht erreicht, wenn der **Pflichtige** eine Wiederholungsgefahr dadurch ausschließt, dass er **gegen die ihm auferlegte Verhaltenspflicht verstößt** (§ 14 Rn. 16). Untersagt die Ordnungsbehörde dem Pflichtigen unter Androhung von Zwangsgeld, einen Baum zu fällen, und fällt der Pflichtige daraufhin eben diesen Baum, dann kann er gegen die Ordnungsverfügung nicht mehr verstoßen. Insofern besteht zwar keine Wiederholungsgefahr mehr. Die mit der Androhung des Zwangsgeldes bezweckte Beugewirkung ist indes nicht eingetreten. In diesem Falle darf das Zwangsgeld festgesetzt und beigetrieben werden.

Eine andere Beurteilung ist geboten, wenn die Ordnungsbehörde dem Pflichtigen ohne Zwangsgeldandrohung untersagt, einen Baum zu fällen, und der Pflichtige den Baum daraufhin absägt. Die Androhung eines Zwangsmittels ist nun nicht mehr möglich. Dies aus doppeltem Grund: Zum einen hat sich die Ordnungsverfügung nach §43 Abs.2 VwVfG erledigt, so dass es für die Einleitung eines Verwaltungszwangsverfahrens an einem Grundverwaltungsakt i.S.d. §6 Abs.1 fehlt. Zum anderen könnte von einer Androhung keinerlei Beugewirkung mehr ausgehen.

Ein weiteres Beispiel, in dem das Zwangsfeld trotz fehlender Wiederholungsgefahr noch festgesetzt und beigetrieben werden kann, bildet der Hormonkälber-Fall des OVG Nordrhein-Westfalen. Im zugrundeliegenden Sachverhalt hatte die Behörde einem Viehzüchter durch Ordnungsverfügung mit Zwangsgeldandrohung untersagt, hormonbelastete Kälber ohne behördliche Zustimmung abzugeben oder zu befördern. Daraufhin schaffte der Viehzüchter seine hormonbelasteten Kälber endgültig weg. Auch hier hat der Pflichtige eine Wiederholungsgefahr ausgeschlossen, indem er in pflichtwidriger Weise gegen die Ordnungsverfügung verstieß. Sein Wille ist nicht gebeugt. Dass sein Wille auch durch die Festsetzung nicht mehr gebeugt werden kann, muss er sich selbst anlasten. Hierauf kann er sich nach § 242 BGB nicht berufen. Daher kann das angedrohte Zwangsgeld festgesetzt und im Anschluss auch eingezogen werden (*OVG NRW* B 10.10.1991 – 13 B 1522/91, juris Rn. 11 = NVwZ-RR 1992, 517 = DVBl 1992, 783 = NWVBl 1992, 71).

54 Die Bundesländer **Bayern, Nordrhein-Westfalen** und **Hamburg** sehen in ihren Vollstreckungsgesetzen vor, dass ein **Zwangsgeld auch bei fehlender Wiederholungsgefahr** noch festgesetzt und angedroht werden kann, wenn der Pflichtige nach der Androhung des Zwangsgeldes gegen den Grundverwaltungsakt verstößt.

55 Nach Art. 37 Abs. 4 VwZVG Bayern ist ein angedrohtes Zwangsgeld beizutreiben, wenn der Duldungs- oder Unterlassungspflicht zuwidergehandelt worden ist, deren Erfüllung durch die Androhung des Zwangsgeldes erreicht werden sollte. Sind weitere Zuwiderhandlungen nicht zu befürchten, kann die Vollstreckungsbehörde von der Beitreibung absehen, wenn diese eine besondere Härte darstellte.

56 Vom Bundesrecht ebenso abweichend verfährt Nordrhein-Westfalen in § 60 Abs. 3 S. 2, § 65 Abs. 3c VwVG NRW. Ein Zwangsgeld ist hiernach beizutreiben, wenn der Duldungs- oder Unterlassungspflicht zuwidergehandelt worden ist, deren Erfüllung durch die Androhung des Zwangsgeldes erreicht werden sollte. Für Härtefälle gilt § 26 VwVG NRW.

Gleiches vom Bundesrecht abweichendes Recht gilt in Hamburg gemäß § 28 Abs. 2, Abs. 4 HmbVwVG.

57 Diese landesgesetzlichen Regelungen beziehen sich allein auf Duldungs- und Unterlassungspflichten. Nach ihrem eindeutigen Wortlaut und Zweck, die sofortige Durchsetzung von Duldungspflichten und Unterlassungspflichten zu erleichtern, sind sie nicht – auch nicht entsprechend – auf Verwaltungsakte anwendbar, die zu einem Handeln verpflichten (*VGH Bayern* B 10.10.1991 – 7 CS 91.2523, BayVBl. 1992, 22, zu Art. 37 Abs. 4 S. 2 VwZVG Bayern). Bei Handlungspflichten verbleibt es bei der Grundregel, dass dem Pflichtigen durch die Festsetzung des Zwangsmittels eine weitere Möglichkeit gegeben wird, die geforderte Handlung auszuführen. Bei Duldungs- und Unterlassungspflichten wird dem Betroffenen diese zweite Chance nicht gegeben, wenn er die Beugewirkung der Androhung ignoriert hat. Diese Differenzierung lässt sich damit rechtfertigen, dass ein Verstoß gegen eine Duldungs- und Unterlassungspflicht nur durch ein Tun möglich ist. Verstößt der Pflichtige gegen eine Duldungs- und Unterlassungspflicht lehnt er sich somit aktiv gegen die Rechtsordnung auf. Gegen eine Handlungspflicht wird hingegen durch Unterlassen verstoßen. Hierdurch folgt der Pflichtige der Rechtsordnung nicht, er kommt ihr nicht nach, wendet sich aber nicht aktiv gegen sie. Eine aktive Zuwiderhandlung gegen das Recht wird von der Rechtsordnung allgemein als gravierender angesehen als eine passive Nichtbefolgung. Diese Grundwertung spiegelt sich etwa in § 13 Abs. 2 StGB. Hiernach kann die Strafe für eine durch Unterlassen begangene Straftat gemildert werden. Für eine durch Tun begangene Straftat ist dies nicht vorgesehen. Somit lässt sich feststellen, dass einem Verstoß gegen eine Duldungs- oder Unterlassungspflicht durch Tun ein größerer Unrechtsgehalt innewohnt als einem Verstoß gegen eine Handlungspflicht durch Unterlassen. Unter diesem Gesichtspunkt erscheinen die Regelungen in Art. 37 Abs. 4 VwZVG Bayern, § 60 Abs. 3 S. 2 VwVG NRW und § 28 Abs. 2, Abs. 4 VwVG Hamburg keineswegs willkürlich.

Wenn diese Vorschriften bei Verstößen gegen eine Duldungs- oder Unterlassungspflicht nach erfolgter Androhung eine weitere Warnung und den weiteren Versuch einer Willensbeugung durch eine Festsetzung des Zwangsgeldes für untunlich erklären, so mag man dies für nicht systemgerecht und unverhältnismäßig halten (vgl. *OVG Thüringen* B 5.6.2012 – 1 EO 284/12, juris Rn. 6 = NVwZ-RR 2013 = LKV 2012, 523 = ThürVBl 2013, 177). Hierin liegt aber **kein Verstoß gegen das höherrangige Bundes- oder Verfassungsrecht**. Wie das Beispiel Bayerns zeigt, ist es den Ländern unbenommen, im Verwaltungsvollstreckungsverfahren auf die Festsetzung allgemein zu verzichten (§ 14 Rn. 1).

Im **Bund und in den Bundesländern**, deren Vollstreckungsgesetze **keine** dem Art. 37 Abs. 4 VwZVG Bayern, § 60 Abs. 3 S. 2 VwVG NRW und § 28 Abs. 2, Abs. 4 VwVG Hamburg **vergleichbare Regelung** enthalten, erscheint **folgende Differenzierung** angezeigt:

Besteht Wiederholungsgefahr, ist das Zwangsgeld auch dann noch festzusetzen, wenn der Pflichtige nach Erlass der Androhung gegen ein Duldungs- oder Unterlassungspflicht aus dem Grundverwaltungsakt verstoßen hat. Da die Festsetzung nach § 14 neben der Verfahrensökonomie vor allem dem Schutz des Pflichtigen dient, kann die Behörde hieran nur verzichten, wenn der Gesetzgeber dies ausdrücklich gestattet.

Besteht **keine Wiederholungsgefahr**, ist **nach der Ursache zu unterscheiden**: Liegt die Ursache für den Wegfall der Wiederholungsgefahr in der Sphäre der Allgemeinheit oder ist sie durch Dritte bewirkt worden, dann ist dies dem Pflichtigen nicht anzulasten. Mithin darf ihm kein Nachteil durch den Wegfall der Wiederholungsgefahr entstehen. Da bei Wiederholungsgefahr eine Festsetzung hätte erfolgen müssen, kann der Pflichtige sich darauf berufen, dass er bei normalem Ablauf der Dinge seinen Willen noch hätte beugen und die Beitreibung dadurch verhindern können.

Hat der Pflichtige den Wegfall der Wiederholungsgefahr veranlasst, ist das angedrohte Zwangsgeld festzusetzen und beizutreiben, wenn er die Wiederholungsgefahr in Wegfall gebracht hat, indem er gegen den Grundverwaltungsakt verstieß (hierzu bereits Rn. 53).

Hat der Pflichtige den Wegfall der Wiederholungsgefahr durch ein rechtswidriges Verhalten bewirkt, das keinen Verstoß gegen den Grundverwaltungsakt darstellt, so scheidet eine Festsetzung und Beitreibung des Zwangsgeldes aus. Dies gilt z.B. für den Fall, dass der Pflichtige das Gebot, in einem näher bezeichneten Gebäude keinen Bordellbetrieb zu unterhalten, dadurch erledigt, dass es das Gebäude abbrennt. Durch den Abgang des Gebäudes ist die Wiederholungsgefahr gebannt; damit ist der Zweck des Vollzuges entfallen. Dass der Pflichtige dies durch eine Brandstiftung gemäß § 306 StGB bewirkt hat, ist strafrechtlich zu ahnden, nicht im Weg des Vollstreckungsrechts. Das Vollstreckungsverfahren hat sich vielmehr erledigt.

Hat der Pflichtige den Wegfall der Wiederholungsgefahr durch ein rechtmäßiges Verhalten herbeigeführt, darf ihm dies nicht zum Nachteil gereichen. Das Verwaltungsvollstreckungsverfahren kann nicht zur Folge haben, dass der Betroffene in der Ausübung seiner Rechte, die durch den Grundverwaltungsakt nicht berührt werden, beschränkt wird. Bewohnt ein Eigentümer ein Haus trotz Nutzungsuntersagung mit Zwangsgeldandrohung weiter und veräußert es sodann, kommen eine Festsetzung des Zwangsgeldes und spätere Beitreibung nicht mehr in Betracht. Selbiges gilt, wenn der Bordellbetreiber aus dem vorstehenden Beispiel seinen Bordellbetrieb nach Erlass der Festsetzung einstellt oder veräußert. Wird der Betrieb durch einen Dritten weitergeführt, ist zu prüfen, ob die Grundverfügung auf ihn übergegangen ist, anderenfalls muss die Behörde das Bordellverbot gegen ihn neu verfügen und ggf. vollstrecken.

58 **c) Durchführung des Zwanges.** Der Zweck des Vollzuges ist erreicht, wenn die Behörde das **festgesetzte Zwangsmittel anwendet** und den Zwang durchführt. Damit ist der Vollzug erledigt.

Allerdings ist der Zweck des Vollzuges nur dann erreicht, wenn sich der durchzusetzende Grundverwaltungsakt **vollständig erledigt** hat. Das ist zB nicht der Fall, wenn auf die Beseitigungsverfügung der Bauordnungsbehörde hin das betreffende Haus zwar abgerissen wird, die Trümmer aber auf dem Grundstück liegenbleiben (vgl. *OVG Bautzen* U 20.8.2008 – 1 B 186/07, BauR 2009, 970 = LKV 2009, 238 = SächsVBl 2008, 298 = DÖV 2009, 421 L).

Insoweit gilt § 43 Abs. 2 VwVfG. Danach ist der Zweck des Vollzuges nur erreicht, wenn sich der Verwaltungsakt vollständig erledigt hat (vgl. *VGH Kassel* B 22.8.1986 – 3 TH 2137/86, NVwZ 1987, 427; *VGH Mannheim* B 28.3.2007 – 8 S 159/07, VBlBW 2007, 356 = DÖV 2007, 571; *OVG Koblenz* U 20.11.1996 – 8 A 13546/95, *AS* 25, 405 = NVwZ 1997, 1009 = BRS 58 Nr. 214; *OVG Weimar* U 23.5.2007 – 1 KO 1299/05, DVBl. 2007, 1187 = DÖV 2008, 212 L).

59 Lässt Landesrecht im Einzelfall **mehrere Zwangsmittel** zu (§ 9 Rn. 38), darf nach erfolgter Ersatzvornahme ein noch nicht eingezogenes Zwangsgeld nicht mehr beigetrieben werden. Ist der Zweck des Vollzugs im Wege der Ersatzvornahme herbeigeführt worden, entfällt die Beugefunktion des Zwangsgeldes (*OVG Schleswig* U 29.10.1991 – 2 L 53/91, juris Rn. 4 = NVwZ-RR 1992, 517).

60 Hat die Vollzugsbehörde den Verwaltungsakt im Wege der Ersatzvornahme oder des unmittelbaren Zwanges durchgesetzt, erledigt sich der Verwaltungsakt erst im Zeitpunkt der **Kostenerstattung** durch den Pflichtigen (vgl. *OVG Münster* U 4.11.1996 – 10 A 3363/92, NWVBl. 1997, 218 = BauR 1997, 455 = BRS 58 Nr. 213; *OVG Münster* U 26.3.2003 – 7 A 4491/99, NWVBl. 2003, 386). Zwar ist die Ersatzvornahme an dem Tag abgeschlossen, an welchem die Vollzugsbehörde von dem Ersatzunternehmer die Schlussrechnung erhält (§ 19 Rn. 34). Von einem Verwaltungsakt, der im Wege der Ersatzvornahme vollstreckt wurde, gehen auch nach durchgeführter Ersatzvornahme noch rechtliche Wirkungen für das Vollstreckungsverfahren aus. Denn der Grundverwaltungsakt bildet zugleich die Grundlage für den Kostenbescheid. Diese Titelfunktion des Grundverwaltungsaktes dauert an (*BVerwG* U 25.9.2008 – 7 C 5/08, juris Rn. 13 = DVBl. 2009, 132 = NVwZ 2009, 122 = DVP 2009, 392 = DÖV 2009, 132 L = BeckRS 2008, 40173).

In gleicher Weise erledigt sich eine Zurückweisungsverfügung (Einreiseverweigerung) i.S.d. §43 Abs. 2 VwVfG nicht bereits durch seine Durchsetzung – die Rückführung des Einreisewilligen in sein Herkunftsland. Ein Verwaltungsakt erledigt sich (erst), wenn seine Regelungswirkung entfallen ist und auch an seinen Bestand keine belastenden Rechtsfolgen mehr anknüpfen (vgl. *BVerwG* U 25.9.2008 – 7 C 5.08, NVwZ 2009, 122). Der Verwaltungsakt, mit dem ein einreisewilliger Ausländer gemäß § 15 AufenthG an der Grenze zurückgewiesen wird, erledigt sich durch seine Durchsetzung grundsätzlich nicht, weil §66 Abs. 1 AufenthG an seinen Bestand die Pflicht des Ausländers knüpft, die durch die Durchsetzung der Zurückweisung entstandenen Kosten zu tragen (*VGH Kassel* B 3.9.2012 – 7 B 1596/12, juris Rn. 12 = InfAuslR 2012, 418 = DÖV 2013, 39 L = NVwZ-RR 2013, 73 L = BeckRS 2012, 57996).

2. Zweck kann nicht erreicht werden. – a) Unmöglichkeit der Leistung. Die Voraus- 61
setzungen für die zwangsweise Durchsetzung eines Verwaltungsaktes sind nicht gegeben, wenn die Behörde von dem Betroffenen etwas **objektiv oder subjektiv Unmögliches** verlangte.

Das gilt ausdrücklich in den Ländern Baden-Württemberg (§ 11 LVwVG), Hessen (§71 Abs. 4 HessVwVG; *VGH Kassel* U 21.10.1969 – IV OE 72/68, BRS 22 Nr. 214), Nordrhein-Westfalen (§ 65 Abs. 3b VwVG NRW), Rheinland-Pfalz (§ 62 Abs. 4 LVwVG) und Thüringen (§47 Abs. 3 ThürVwZVG). Es ist im Übrigen herrschende Meinung.

Wird z.B. ein leerstehendes Wohngebäude von Hausbesetzern in Besitz genommen, so 62
kann dies dazu führen, dass der Grundstückseigentümer von der Bauaufsichtsbehörde nicht zur Beseitigung von Gefahrenzuständen im Inneren des Hauses herangezogen werden darf (vgl. *VG Berlin* B 2.9.1981 – 13 A 254/81, NJW 1982, 301 = VR 1982, 281 = GrundE 1981, 1023).

Einen eindrucksvollen Fall subjektiver Unmöglichkeit bei einer schwerst drogenab- 63
hängigen und infolgedessen haltlosen Prostituierten hat das *VG Stuttgart* entschieden. Hiernach kann die Androhung der Zwangshaft zur Durchsetzung eines seuchenrechtlichen Prostitutionsausübungsverbotes ungeeignet sein, wenn beim Betroffenen keine Verhaltensänderung zu erwarten ist (B 23.8.1998 – 4 K 3923/98, NVwZ 1999, 323 = VBlBW 1999, 191 = DVP 1999, 348 = NJW 1999, 1130 L; §16 Rn. 23).

Weitere Beispielsfälle: 64

- Der Schulschwänzer ist nicht zu bessern.
- Der Pflichtige ist krank oder gebrechlich.
- Das einsturzbedrohte Haus ist abgebrannt.
- Die geschlechtskranke Person ist ausgewandert.
- Der Seuchenkranke ist verstorben.
- Das seuchenbefallene Tier ist gestorben.
- Der Schnee und das Eis sind geschmolzen.
- Das Hochwasser des Flusses ist zurückgegangen.
- Wegen eingetretenen milden Wetters im Frühjahr ist ein Zwangsheizen nicht oder nicht mehr notwendig.

b) Übertragung und Aufgabe des Eigentums. Die ordnungsrechtliche **Zustandsver-** 65
antwortlichkeit des Eigentümers ist **mit dem Eigentum und dem Besitz verbunden.** Sie erlischt mit der Übertragung des Eigentums und des Besitzes sofort und vollständig. Überträgt der Verantwortliche für den Zustand einer Sache das Eigentum und den

Besitz daran, kann die Ordnungsbehörde ihn nicht mehr als Zustandsverantwortlichen in Anspruch nehmen. Gleiches gilt bei Verlust des Eigentums durch Zwangsversteigerung gemäß § 90 ZVG. Der Vollzug eines Zwangsmittels gegen ihn ist dann einzustellen, wenn er nicht zusätzlich Verhaltensverantwortlicher i.S.d. Polizei- und Ordnungsrechts ist.

Besitz und Eigentum sind begrifflich und inhaltlich voneinander zu unterscheiden. Der **Besitz** wird nach §854 Abs.1 BGB durch die Erlangung der tatsächlichen Gewalt über eine Sache erworben. Besitzer ist demnach, wer die tatsächliche Sachherrschaft iS unmittelbarer physischer Verfügungsgewalt ausübt. Der Begriff des **Eigentums** bezieht sich nicht – wie der Besitz – auf die tatsächliche Zuordnung einer Sache zu einer Person, sondern auf die rechtliche Zuordnung einer Sache zu einer Person. Eine Legaldefinition des Eigentums gibt es nicht. Doch ist für alle Rechtsgebiete verbindlich der Inhalt des Eigentums in §903 BGB bestimmt; dort heißt es: „Der Eigentümer einer Sache kann, soweit nicht das Gesetz oder Rechte Dritter entgegenstehen, mit der Sache nach Belieben verfahren und andere von jeder Einwirkung ausschließen. Der Eigentümer eines Tieres hat bei der Ausübung seiner Befugnisse die besonderen Vorschriften zum Schutz der Tiere zu beachten." Dieser anerkennenswerte Tierschutz ist mit Rücksicht auf §90a BGB in §903 BGB eingefügt worden (*OVG Greifswald* U 12.1.2011 – 3 L 272/06, DVBl. 2011, 975 = DÖV 2011, 703 L).

Das Verwaltungsvollstreckungsrecht knüpft an die Rechtsbegriffe des Bürgerlichen Gesetzbuches an. Soweit im Zusammenhang mit der Vollstreckung von Verwaltungsakten relevant wird, wer das Eigentum oder den Besitz an einer beweglichen Sache oder einer unbeweglichen Sache (Immobilie) innehat, ist auf die Vorschriften des bürgerlichen Rechts über das Eigentum und dessen Übertragung abzustellen.

66 Zur Übertragung des Eigentums an einer **beweglichen Sache** ist gemäß § 929 BGB erforderlich, dass der Eigentümer die Sache dem Erwerber übergibt und beide darüber einig sind, dass das Eigentum übergehen soll. Ist der Erwerber im Besitz der Sache, so genügt die Einigung über den Übergang des Eigentums.

Der Grundsatz, dass die ordnungsrechtliche Zustandsverantwortlichkeit des Eigentümers und Besitzers endet, wenn dieser Eigentum und Besitz aufgibt, erfährt eine für das Polizei- und Ordnungsrecht bedeutsame Ausnahme im Falle der sog. Dereliktion. Diese ist in §959 BGB geregelt. Hiernach wird eine bewegliche Sache **herrenlos**, wenn der Eigentümer in der Absicht, auf das Eigentum zu verzichten, den Besitz der Sache aufgibt.

Nach §958 Abs.1 BGB kann anschließend ein anderer das Eigentum an der herrenlosen beweglichen Sache erwerben, wenn er sie in Eigenbesitz nimmt. Mit der Besitzergreifung und dem Eigentumserwerb wird der neue Eigentümer zustandsverantwortlich. Die Polizei- und Ordnungsbehörden müssen Maßnahmen zur Gefahrenabwehr, welche die Sache betreffen, nunmehr gegen den Neu-Eigentümer richten. Eine etwaige Ordnungsverfügung ist ggf. gegen ihn zu vollstrecken.

Um zu verhindern, dass ein Eigentümer seine ordnungsbehördliche Verantwortlichkeit für den Zustand einer Sache einfachhin abstreift, indem er gemäß §959 BGB auf das Eigentum verzichtet, bestimmen die Polizei- und Ordnungsgesetze der Bundesländer, dass **Maßnahmen** zur Abwehr einer Gefahr, die von einer herrenlosen Sache ausgeht, **gegen die Person** gerichtet werden können, **die das Eigentum an der Sache auf-**

gegeben hat (z.B. §18 Abs.3 BPolG, §14 Abs.4 Allg. Sicherheits- u. Ordnungsgesetz [ASOG] Berlin, Art.8 Abs.3 Polizeiaufgabengesetz [PAG] Bayern, §6 Abs.3 PolG Brandenburg, §5 Abs.3 Musterentwurf PolG). §17 Abs.4 OBG NRW, §5 Abs.3 PolG NRW). Somit bleibt der frühere Eigentümer für deren Zustand verantwortlich, bis ein Dritter die herrenlose bewegliche Sache gemäß §958 BGB in Eigenbesitz genommen hat. Verantwortlichkeit bedeutet auch Kostenpflicht.

Zur Übertragung des Eigentums an einem **Grundstück** ist gemäß §§873 Abs.1, 925 67
S.1 BGB die Einigung des Berechtigten und des anderen Teils über den Eintritt der Rechtsänderung und die Eintragung der Rechtsänderung in das Grundbuch erforderlich. Der Eigentumsübergang erstreckt sich auf alle Sachen, die mit dem Grund und Boden fest verbunden und dadurch wesentlicher Bestandteil des Grundstücks sind (*OVG Bremen* B 16.8.1988 – 1 BA 25/88, DÖV 1989, 172 = DVBl. 1989, 1008 = NVwZ-RR 1989, 16 = Polizei 1989, 174).

Mit der rechtsgültigen Übertragung des Eigentums an dem Grundstück endet die Verantwortung des früheren Eigentümers für dessen Zustand. Entstehen danach Gefahren, ist für deren Beseitigung infolgedessen allein der neue Eigentümer verantwortlich. Etwas anderes gilt bei einem herrenlosen Grundstück (Rn.70).

Die fortdauernde Verantwortung des Veräußerers eines Grundstücks endet jedoch 68
nicht schon dadurch, dass er zu Gunsten des Erwerbers eine **Auflassungsvormerkung** in das Grundbuch eintragen lässt. Denn diese ist nur ein Sicherungsmittel eigener Art für den schuldrechtlichen Anspruch des Erwerbers auf die erwartete dingliche Rechtsänderung durch Eintragung des Eigentumsübergangs im Grundbuch. Die Vormerkung gewährt dem Erwerber nicht das Recht und bringt ihn nicht in die Pflicht, bereits jetzt an die Stelle des Grundeigentümers zu treten (vgl. *OVG Weimar* U 5.6.2002 – 7 F 950/00, juris Rn.30 = VIZ 2003, 73 = ThürVBl. 2004, 221; *OVG Weimar* U 7.6.2006 – 1 KO 1126/03, DÖV 2007, 260).

Nach §928 BGB kann das **Eigentum an einem Grundstück** dadurch **aufgegeben** wer- 69
den, dass der Eigentümer den Verzicht dem Grundbuchamt gegenüber erklärt und der Verzicht in das Grundbuch eingetragen wird. Das Recht zur Aneignung des aufgegebenen Grundstücks steht dem Fiskus zu. Bis dahin ist das **Grundstück herrenlos**.

Für ein **herrenloses Grundstück** bleibt die Verantwortlichkeit des früheren Eigentü- 70
mers so lange bestehen (Rn. 66), bis sich der Fiskus gemäß §928 BGB das Grundstück angeeignet hat. Das ist zB der Fall, wenn Brandruinen auf dem Grundstück eine Gefahr sind. Verantwortlichkeit bedeutet auch Kostenpflicht (vgl. *VGH Mannheim* B 2.6.1997 – 8 S 57/97, ESVGH 47, 251 = NJW 1997, 1259 = VBlBW 1998, 19 = UPR 1998, 77 = NuR 1998, 100). Siehe Palandt/*Sprau* §928 BGB Rn. 1–4.

Eine Regelung einer fortdauernden Zustandshaftung des Alteigentümers regelt §4 Abs.3 S.4, Abs.6 BBodSchG. Hiernach ist auch derjenige zur **Sanierung** verpflichtet, der das Eigentum an einem kontaminierten Grundstück aufgegeben hat (vgl. *Sparwasser/Engel/Voßkuhle*, §9 Rn.227).

Die Behörde hat ihre Entscheidung, den früheren Eigentümer eines herrenlosen Grundstücks in Anspruch zu nehmen, nach dem **Grundsatz der Verhältnismäßigkeit** zu treffen. Sie muss abwägen, von seiner Inanspruchnahme abzusehen oder seine Belastung auf ein zumutbares Maß zu begrenzen. Das gilt insbesondere, wenn die Inanspruchnahme erst lange Zeit nach Aufgabe des Eigentums erfolgen soll oder die

Gefahr erst nach der Aufgabe des Eigentums von der Sache ausgeht (*OVG Münster* B 3.3.2010 – 5 B 66/10, NJW 2010, 1988 = DVP 2010, 478 = DÖV 2011, 81 L).

71 Dient die Übertragung oder Aufgabe des Eigentums dem alleinigen **Zweck, die Kosten** der Beseitigung einer Gefahr **auf die Allgemeinheit abzuwälzen**, ist die Veräußerung gemäß § 138 Abs. 1 BGB sittenwidrig und damit nichtig (*BVerfG* B 24.8.2000 – 1 BvR 83/97, NVwZ 2001, 65; *BVerwG* B 14.11.1996 – 4 B 205/96, BBauBl. 1997, 797 = GewArch 1997, 147 = NuR 1997, 399 = RdL 1997, 182 = NVwZ 1997, 577 = UPR 1997, 193 = StTg 1997, 493 = ZfW 1998, 303; *BVerwG* B 11.4.2003 – 7 B 141/02, NJW 2003, 2255; *VGH München* B 5.2.2001 – 22 C 00.3619, NVwZ 2002, 364; *OVG Bautzen* B 23.1.2006 – 4 B 964/04, DÖV 2006, 395).

72 Bei **Schiffen** gilt: Nach §§ 1, 7 Schiffsrechtegesetz vom 15.11.1940 (RGBl. I S. 1499/ BGBl. III 403-3) ist für die Aufgabe des Eigentums die Eintragung im Schiffsregister vorgeschrieben und das Aneignungsrecht dem Fiskus vorbehalten. Verantwortlichkeit bedeutet auch bei Schiffen Kostenpflicht (*OVG Hamburg* U 15.11.2000 – 5 Bf 41/96, NordÖr 2001, 268 = NVwZ 2001, 1295).

73 **3. Zwang ist unzulässig.** Maßnahmen zur Durchsetzung eines unanfechtbaren Verwaltungsaktes können rechtswidrig sein, wenn sich inzwischen die **Sach- und Rechtslage** wesentlich in einer Weise **verändert** hat, welche den Verwaltungsakt als nunmehr rechtswidrig geworden erscheinen lässt (vgl. *BVerwG* U 14.11.1957 – 1 C 168/56, BVerwGE 5, 351 = NJW 1958, 804 = DVBl. 1958, 294 = DÖV 1958,79 = JZ 1958, 320 = BBauBl. 1958, 71; *BVerwG* U 8.5.1958 – 1 C 181/57, BVerwGE 6, 321 = NJW 1958, 1315 = DVBl. 1958, 651 = DÖV 1958, 504 = BBauBl. 1958, 337 = JR 1958, 312; *BVerwG* U 19.1.1977 – 4 C 31/75, juris Rn. 14 = MDR 1977, 607 = BRS 32 Nr. 193; vgl. *Arndt*, S. 90 ff.).

Änderungen der Sach- und Rechtslage, die bis zum Ablauf der Frist für die Einlegung von Rechtsbehelfen gegen den Grundverwaltungsakt eintreten, muss der Betroffene im Wege des Widerspruchs nach § 68 VwGO oder der verwaltungsgerichtlichen Klage geltend machen. Unterlässt er dies, ist er mit diesen Einwänden im Verwaltungsvollstreckungsverfahren präkludiert. War er aber außerstande, Änderungen der Sach- und Rechtslage im Rechtsmittelverfahren gegen den Grundverwaltungsakt geltend zu machen, weil diese erst nach Ablauf der Rechtsmittelfrist eingetreten sind, kann er sie im Vollstreckungsverfahren vortragen. Dies ist im Landesrecht vereinzelt ausgeführt (Art. 21 VwZVG Bayern, § 16 VwVG Rheinland-Pfalz) und im Übrigen allgemein anerkannt.

Der Betroffene kann allerdings nur mit solchen Einwendungen durchdringen, die entscheidungserheblich gewesen wären. Das bedeutet, dass die Einwendungen, wären sie schon vor Unanfechtbarwerden der Grundverfügung vorgetragen worden, hätten Erfolg haben, also zur Rechtswidrigkeit des Grundverwaltungsaktes führen müssen (*VGH Baden-Württemberg* U 20.2.1980 – III 1333/79, juris Rn. 14 = BauR 1980, 346 = DÖV 1980, 655 L = DVBl. 1981, 155 L = DRsp 529, 124).

In diesem Zusammenhang ist für die Behörde besondere Aufmerksamkeit angezeigt, wenn die Rechtsordnung behördliche Säumigkeit als Erlass eines Verwaltungsaktes fingiert. Die Rechtsfigur der **Genehmigungsfiktion** ist in das VwVfG eingefügt worden, um die Behörden zu einer schleunigeren Bearbeitung und Entscheidung von Anträgen anzuhalten. Sie ist in § 42a VwVfG grundlegend geregelt. Hieran anknüpfend sehen spezialgesetzliche Bestimmungen vor, dass Genehmigungen als erteilt gelten, wenn die Behörde einen Antrag nicht innerhalb der gesetzlich vorgesehenen Frist bescheidet (Bsp. bei *Kopp/Ramsauer*, § 42a VwVfG Rn. 10a). So sind im Bauordnungsrecht der Länder in Zuge der Deregulierung durchweg Regelungen eingefügt worden, nach denen eine Baugenehmigung als erteilt gilt, wenn über den Bauantrag nicht innerhalb einer bestimmten Zeit entschieden worden ist. Eine **fingierte Baugenehmigung** kann der (weiteren) Vollstreckung einer unanfechtbaren Abrissverfügung entgegenstehen, wenn der Eigentümer für das betreffende Gebäude nachträglich einen Bauantrag stellt und die Bauaufsichtsbehörde hierauf nicht innerhalb der gesetzlich bestimmten Frist reagiert (*VG Berlin* B 4.7.2018 – 19 L 73.18, juris Rn. 8 m. Anm. *Tillmanns*).

Die wichtigste Änderung der Rechtslage findet im Normenkontrollverfahren statt, falls das Bundesverfassungsgericht oder ein Landesverfassungsgericht die Verfassungswidrigkeit einer Vorschrift festgestellt hat. Denn als Folge davon ist eine Vollstreckung unzulässig. Das ergibt sich aus § 79 Abs. 2 S. 2 BVerfGG sowie aus § 47 Abs. 5 S. 2, 3 und § 183 S. 2 VwGO.

Eine wesentliche Änderung der Sach- und Rechtslage kann einen Verwaltungsakt gegenstandslos machen. Voraussetzung ist aber, dass hierdurch die im Verwaltungsakt getroffene Regelung als solche unmittelbar berührt wird, etwa durch Wegfall des Regelungssubjekts, des Regelungsobjekts oder des Regelungszwecks, und sich nicht lediglich deren tatsächliche oder rechtliche Voraussetzung mit der Folge geändert hat, dass dadurch eine andere Beurteilung der Rechtmäßigkeit möglich ist (*VGH Baden-Württemberg* U 14.4.1993 – 11 S 461/92, juris Rn. 13; *VGH Baden-Württemberg* B 25.1.2010 – 10 S 2701/09, juris Rn. 10 = VBlBW 2010, 204).

Üblicherweise macht eine nachträgliche Änderung der Sach- oder Rechtslage den Grundverwaltungsakt nicht gegenstandslos, er wird hierdurch auch nicht rechtswidrig. Das erschließt sich ohne weiteres aus § 49 Abs. 2 S. 1 Nr. 3 und 4 VwVfG. Hiernach kann die Erlassbehörde einen Verwaltungsakt aufgrund nachträglich eingetretener Tatsachen oder einer nachträglich geänderten Rechtsvorschrift widerrufen. Würde eine nachträgliche Änderung der Sach- oder Rechtslage den Verwaltungsakt rechtswidrig werden lassen, könnte er nicht nach § 49 VwVfG widerrufen, sondern müsste als rechtswidriger Verwaltungsakt gemäß § 48 VwVfG zurückgenommen werden.

Die Behörde kann den Grundverwaltungsakt nach § 49 Abs. 1 VwVfG widerrufen. Dies steht in ihrem pflichtgemäßen Ermessen (§ 40 VwVfG). Weder ist sie hierzu verpflichtet, noch hat der Betroffene einen hierauf gerichteten Rechtsanspruch. Ihm steht es frei, bei der Vollzugsbehörde nach § 51 Abs. 1 Nr. 1 VwVfG einen Antrag auf **Wiederaufgreifen des Verfahrens** zu stellen.

Von einem Widerruf des Grundverwaltungsaktes nach § 49 Abs. 1 VwVfG sollte die Behörde im Zweifel Abstand nehmen. Durch den Widerruf erledigte sich der Verwaltungsakt gemäß § 43 Abs. 2 VwVfG. Damit entfiele die Grundlage für das gestreckte Vollstreckungsverfahren nach § 6 Abs. 1. Bereits durchgeführte Vollstreckungsmaßnahmen wären rechtswidrig (zu der damit verbundenen Kostenfolge siehe Rn. 92–94). Im Fall der wesentlichen Änderung der Sach- oder Rechtslage ist der Behörde vielmehr zu empfehlen, dem Betroffenen entsprechend § 38 VwVfG **schriftlich zusichern, nicht zu vollstrecken.** Das kann auch in einem Gerichtstermin zu Protokoll geschehen.

Dem Betroffenen ist es unbenommen, sich mit dem **Antrag an die Behörde** zu wenden, die **Zwangsvollstreckung für unzulässig zu erklären**. Ziel seines Begehrens ist es, einem von der Behörde selbst geschaffenen Vollstreckungstitel die Vollstreckbarkeit zu nehmen. Mit dem Antrag wird das Ziel verfolgt, dass die Behörde mit Regelungscharakter in die Vollstreckung eingreift. Das Begehren, die Vollstreckung für unzulässig zu erklären, ist als Antrag auf Erlass eines gestaltenden Verwaltungsaktes anzusehen. Entspricht die Behörde diesem Antrag nicht, kann der Betroffene die Änderung der Sach- oder Rechtslage mit einer auf Verpflichtung der Behörde gerichteten **Klage**, die Vollstreckung für unzulässig zu erklären, gerichtlich geltend zu machen. Da der Vollstreckung durch die Behörde schon durch den begehrten Verwaltungsakt, die Vollstreckung für unzulässig zu erklären, die Grundlage entzogen wird, besteht keine Notwendigkeit für einen flankierenden Leistungsantrag, die Behörde zu verurteilen, die Vollstreckung einzustellen (*OVG Rheinland-Pfalz* U 27.7.2011 – 8 A 10394/11, juris Rn. 25 f = NVwZ-RR 2012, 15 = BauR 2011, 1966 = DÖV 2011, 982 L).

In Bayern und Rheinland-Pfalz wird man den Betroffenen mit Blick auf das jeweilige Landesrecht (Art. 21 VwZVG Bayern, § 16 VwVG Rheinland-Pfalz) als verpflichtet anzusehen haben, sich vor Klageerhebung zunächst mit einem Antrag an die Behörde zu wenden, die Zwangsvollstreckung für unzulässig zu erklären (vgl. *OVG Rheinland-Pfalz*, a.a.O., Rn. 25).

74 Ferner kann die Vollstreckung, eines **unanfechtbaren Verwaltungsaktes wegen Unverhältnismäßigkeit** der Maßnahmen unzulässig sein. Das würde etwa auf die Abbruchanordnung der Bauaufsichtsbehörde zutreffen, wenn sich nachträglich die Möglichkeit der Legalisierung der baulichen Anlage ergibt (vgl. *VGH Baden-Württemberg* U 20.2.1980 – III 1333/79, juris Rn. 20 = BauR 1980, 346 = DÖV 1980, 655 L = DVBl. 1981, 155 L = DRsp 529, 124).

75 Ein fälliges Zwangsgeld darf nicht mehr beigetrieben werden, wenn im Hinblick auf das Verhalten der Behörde, gleich aus welchen Gründen, **kein Vollstreckungsinteresse mehr bestehen kann**. Der Zwang ist entsprechend § 15 Abs 3 einzustellen (vgl. *VGH München* B 10.10.1991 – 7 CS 91.2523, BayVBl. 1992, 22).

76 Die zwangsweise Durchsetzung einer Abbruchverfügung ist nicht zulässig, wenn die Behörde im Verhandlungstermin vor Gericht die **gerichtlich protokollierte, rechtsverbindliche Zusage** abgibt, dass sie die Verfügung aufheben werde. Denn die Zusage gibt dem Betroffenen einen rechtlichen Anspruch auf Aufhebung der Beseitigungsverfügung. Dann sind die Androhung und Festsetzung von Zwangsmitteln zur Durchsetzung dieser Verfügung ermessensfehlerhaft (*OVG Münster* B 27.5.1992 – 10 B 1866/92, juris Rn. 16 = NWVBl. 1992, 409 = NVwZ 1993, 74 = KKZ 1993, 120 = NJW 1993, 751 L).

77 Hiervon zu unterscheiden ist die im vorläufigen Rechtsschutzverfahren üblicherweise **von der Behörde abgegebene Erklärung** gegenüber dem Gericht, **von Vollstreckungsmaßnahmen** bis zur gerichtlichen Entscheidung **vorläufig abzusehen.** Die Behörde stellt in diesem Fall den Vollzug nicht ein, sondern wartet die Entscheidung des Gerichts ab.

Weigert sich eine Verwaltungsbehörde in diesen Fällen trotz formloser gerichtlicher Aufforderung ohne ersichtlichen Grund, bis zur endgültigen Entscheidung im Eilverfahren auf Vollstreckungsmaßnahmen zu verzichten, obliegt es dem Gericht, dies der Behörde durch einen sog. „Hängebeschluss" förmlich aufzugeben (§ 6 Rn. 201, 219,

227). Kommt das Gericht dem nicht nach, verletzt es seinerseits die Garantie effektiven Rechtsschutzes aus Art. 19 Abs. 4 GG (*BVerfG*, EA 11.10.2013 – 1 BvR 2616/13, juris Rn. 8 = NVwZ 2014, 363 = KKZ 2014, 233).

Unzulässig ist auch die Erzwingung solcher Handlungen, deren Ausführung in tatsächlicher oder rechtlicher Hinsicht auf die **Mitwirkung Dritter** angewiesen und ohne diese Mitwirkung **nicht möglich** ist. So ist die Ausführung einer bauordnungsrechtlichen Abrissverfügung dem pflichtigen Hauseigentümer unmöglich, wenn eine Person das abzubrechende Gebäude – möglicherweise ohne wirksamen Mietvertrag, aber im Einverständnis mit dem Pflichtigen – bewohnt und ohne diese Unterkunft obdachlos würde. Droht Obdachlosigkeit, besteht Gefahr für ein wichtiges Rechtsgut, nämlich die Gesundheit eines Menschen. Diese Gefahrenlage machte es dem Pflichtigen unmöglich, der zugrundeliegenden Abrissverfügung nachzukommen (*OVG Münster* B 10.10.1996 – 11 B 2310/96, juris Rn. 10 = BauR 1997, 457 = DVBl. 1997, 674 = NVwZ-RR 1998, 76 = BRS 58 Nr. 223). **78**

In einem solchen Fall sollte das Bauordnungsamt rechtzeitig mit dem Ordnungsamt abstimmen, ob der Hausbewohner in eine Obdachlosenunterkunft eingewiesen werden kann.

Die Behörde muss Grundverwaltungsakte nicht sofort vollstrecken. Sie kann rechtswidrige **Zustände längere Zeit hinnehmen**. Insbesondere eine **Verwirkung** ihrer Befugnisse ist hierdurch nicht zu besorgen (siehe auch § 14 Rn. 1). Polizeiliche bzw. ordnungsrechtliche Eingriffsbefugnisse können nicht verwirkt werden. Denn im Unterschied zu subjektiven privaten Rechten sind sie nicht verzichtbar, müssen vielmehr im öffentlichen Interesse zur Gewährleistung rechtmäßiger Zustände aufrechterhalten bleiben (vgl. *VGH Baden-Württemberg* U 1.4.2008 – 10 S 1388/06, NVwZ-RR 2008, 696). **79**

Von dem Tatbestand der Verwirkung ist jedoch der Umstand zu unterscheiden, dass sich das Gebrauchmachen von einer Eingriffsermächtigung im Einzelfall als **ermessensfehlerhaft** erweisen kann, wenn sich eine Behörde damit in Widerspruch zu ihrem früheren Verhalten setzt und schutzwürdiges Vertrauen des Betroffenen verletzt. So ist in der Rechtsprechung anerkannt, dass eine Bauaufsichtsbehörde am ermessensfehlerfreien Erlass einer Beseitigungsverfügung gehindert sein kann, wenn sie durch ihr vorangegangenes positives Tun einen Vertrauenstatbestand beim Bauherrn geschaffen und dieser im Vertrauen darauf nicht unerhebliche und nur schwer rückgängig zu machende Vermögensdispositionen getroffen hat – sog. „aktive Duldung" (*OVG Rheinland-Pfalz* U 12.6.2012 – 8 A 10291/12, juris Rn. 34 = NVwZ-RR 2012, 749 = DVBl. 2012, 1185 = BauR 2012, 1634 = DÖV 2012, 778 L).

Beispiel: Das Bauaufsichtsamt übersieht, dass die Wohnnutzung durch den Betroffenen sowohl formell baurechtswidrig ist, weil sich die ursprünglich im Jahr 1913 genehmigte Wohnnutzung des Hauses infolge der Umnutzung zum Baubüro erledigt hat, als auch materiell baurechtswidrig, weil sie nicht genehmigungsfähig ist. Auf Bauantrag des Betroffenen erteilte sie die Baugenehmigung zur Errichtung der Eingangsüberdachung mit Terrasse und Balkon. Hiermit schuf sie ein Vertrauenstatbestand. Denn die Betroffene musste diese Baugenehmigung so verstehen, dass die Berechtigung zur Wohnnutzung in dem von ihm bewohnten Haus nicht in Frage gestellt wird. In der Folgezeit tätigte er im Vertrauen auf die Berechtigung seiner Wohnnutzung in Ausübung der Baugenehmigung nicht unerhebliche Investitionen. In dieser Lage verstieße die Bauaufsichtsbehörde gegen Grundsätze des Vertrauensschutzes und handelte damit ermessensfehlerhaft, wenn sie gegen die Wohnnutzung durch den Betroffenen einschritte (vgl. *OVG Rheinland-Pfalz*, a.a.O., Rn. 36 ff).

80 Verwaltungszwang ist selbstverständlich unzulässig, wenn das Gericht den **Grundverwaltungsakt** als rechtswidrig aufgehoben hat. Gleiches gilt, falls das Gericht die **Androhung** oder **Festsetzung** eines Zwangsmittels **aufgehoben** hat. Das kommt hauptsächlich bei einem Zwangsgeld in Betracht. Ein gezahltes oder beigetriebenes Zwangsgeld müsste im Wege der Folgenbeseitigung zurückgezahlt werden (wie Rn. 49).

81 Die **freiwillige Zahlung** eines Zwangsgeldes kann auch unter dem **Vorbehalt der gerichtlichen Überprüfung** seiner Rechtmäßigkeit erfolgen. Damit ist das Vollstreckungsverfahren i.S.d. § 15 Abs. 3 abgeschlossen. Denn die Beugewirkung des Zwangsgeldes ist durch faktische Vollziehung beendet. Sollte das Gericht zu Gunsten des Klägers entscheiden, gilt Folgendes:

82 Gemäß § 113 Abs. 1 S. 2 VwGO spricht das Gericht aus, dass und wie die Verwaltungsbehörde die Vollziehung rückgängig zu machen hat. Das Gericht erkennt dem Kläger auf Antrag zu, dass er im Wege der Folgenbeseitigung einen Anspruch auf **Rückerstattung** des unter Vorbehalt gezahlten Zwangsgeldes hat (*BVerwG* U 14.3.2006 – 1 C 11/05, BVerwGE 125, 110 = NJW 2006, 2280 = DVBl. 2006, 1042).

83 Ferner erkennt das Gericht dem Kläger auf Antrag zu, dass er entsprechend § 291 BGB einen Anspruch auf **Prozesszinsen** hat (*BVerwG* U 14.3.2006 in Rn. 96; *BVerwG* U 24.3.1999 – 8 C 27/97, BVerwGE 108, 364, 368 = DVBl. 1999, 1650 = RDE 1999, 197 = NVwZ 2000, 77 = BayVBl. 2000, 185).

84 **4. Erledigung der Hauptsache.** Ist der Zweck des Vollzuges gemäß § 15 Abs 3 erreicht, hat sich der Grundverwaltungsakt erledigt und ist nach § 43 Abs. 2 VwVfG unwirksam geworden. Sind Rechtsmittel anhängig, erledigen sie sich in diesem Moment.

Hält ein Kläger trotz objektiver Erledigung der Hauptsache ausdrücklich an seinem ursprünglichen Begehren fest, ist das Rechtsmittel mangels Rechtsschutzbedürfnis als unzulässig zu verwerfen (*OVG Münster* B 23.9.2013 –11 A 1834/11, DÖV 2014, 47 L).

85 Erledigung der Hauptsache bedeutet gemäß § 43 Abs. 2 VwVfG, dass ein **Verwaltungsakt** „zurückgenommen, widerrufen, anderweitig aufgehoben oder durch Zeitablauf oder auf andere Weise“ **erledigt** ist. Letzteres ist u.a. der Fall, wenn der Verantwortliche seine Verpflichtung, die ihm während des Verwaltungszwangsverfahrens oblag, freiwillig erfüllt hat. Gleiches gilt, falls die Behörde den ursprünglichen Verwaltungsakt durch einen neuen ersetzt (*BVerwG* U 21.1.2003 – 1 C 5/02, BVerwGE 117, 332 = DÖV 2003, 904 = NVwZ 2003, 1271 = DVBl. 2003, 1268).

86 Durch die **Erledigung der Hauptsache** verlieren alle bislang erlassenen Vollstreckungsverwaltungsakte ihre Wirkung. Denn die Androhung und die Festsetzung eines Zwangsmittels sind insoweit akzessorisch, als mit der (gerichtlichen) Aufhebung des Grundverwaltungsakts dessen Wirksamkeit als die Grundvoraussetzung jeglicher Maßnahmen der Verwaltungsvollstreckung entfällt. Mit der Unwirksamkeit des Grundverwaltungsaktes **Androhung und Festsetzung ebenfalls gegenstandslos** (*OVG NRW* U 3.9.2018 – 11 A 546/15, juris Rn. 72; *BVerwG* B 21.4.2015 – 7 B 9/14, juris

Rn. 28 = NVwZ-RR 2015, 566 = UPR 2015, 389 = NuR 2016, 38 = Buchholz 451.222 § 3 BBodSchG Nr. 3; *BVerwG* U 15.11.1990 – 3 C 49/87, NVwZ 1991, 570 = BayVBl. 1991, 313 = Buchholz 310 § 113 VwGO Nr. 224; *VGH Kassel* B 20.8.2007 – 7 TG 1409/07, NVwZ-RR 2008, 108; *VGH Kassel* B 12.12.1996 – 4 TG 481/96, HessVGRspr. 1997, 69 = KKZ 1997, 230 = DVBl. 1997, 678 L = NVwZ-RR 1998, 154; *OVG Berlin* B 4.11.1998 – 3 S 15/98, OVGE Berlin 23, 88 = NVwZ-RR 1999, 411; *OVG Berlin-Brandenburg* U 18.11.2009 – 9 B 71/08, OVGE Berlin-Brandenburg 30, 238, 243).

Allerdings führt der Vollzug eines Grundverwaltungsaktes, der dem Betroffenen Handlungspflichten auferlegt, nicht zwingend zu dessen Erledigung. Wurden die Handlungspflichten im Wege der Ersatzvornahme vollstreckt, gehen von dem Verwaltungsakt weiterhin rechtliche Wirkungen für das Vollstreckungsverfahren aus. Denn der **Grundverwaltungsakt** bildet zugleich die **Grundlage für** den **Kostenbescheid** (Rn. 59). Diese Titelfunktion des Grundverwaltungsaktes dauert an (*BVerwG* U 25.9.2008 – 7 C 5/08, juris Rn. 13 = NVwZ 2009, 122 = VBlBW 2009, 55 = BayVBl 2009, 184 = Buchholz 345 § 6 VwVG Nr. 1).

Selbstverständlich erfasst die Erledigung der Hauptsache auch das vorläufige Rechtsschutzverfahren. Denn die Wirkung einer Entscheidung im vorläufigen Rechtsschutzverfahren ist in ihrer zeitlichen Dauer begrenzt. Sie endet zwangsläufig mit der Erledigung der Hauptsache (*VGH München* B 28.8.2006 – 3 CE 06.1402, NVwZ-RR 2007, 286).

Mit der Erledigung der Hauptsache verlieren auch **behördliche Verfahrenshandlungen**, die gemäß § 44a VwGO nicht selbstständig angefochten werden können, ihre Wirksamkeit. Das gilt zum Beispiel für die Ankündigung der Vollstreckung (VGH Bayern B 2.8.2017 – 20 C 17.1129, juris Rn. 6), ebenso für den Antrag auf Akteneinsicht, die Anforderungen eines amtsärztlichen Zeugnisses oder die Ablehnung eines Amtsträgers wegen Befangenheit (weitere Bsp. bei Bader/Funke-Kaiser/Stuhlfauth/*von Albedyll*, § 44a VwGO Rn. 8).

Bei nur **teilweiser Erledigung** bleibt der nicht erfüllte Teil der Verpflichtung weiterhin **87**
vollstreckungsfähig. So kann die Behörde zum **Beispiel** den Restbetrag eines fälligen Zwangsgeldes festsetzen (*VGH München* B 14.4.1997 – 2 B 93.2016, BayVBl. 1998, 185).

Nach Erledigung des Verwaltungsaktes ist ein gegen den Verwaltungsakt eingeleitetes **88**
Widerspruchsverfahren einzustellen. Eine Widerspruchsentscheidung in der Sache ist unzulässig und gemäß § 79, § 9, § 44 Abs. 1, § 43 Abs. 3 VwVfG nichtig (*BVerwG* U 12.4.2001 – 2 C 10/00, NVwZ 2001, 1288 = DÖD 2001, 282 L; *BVerwG* U 20.1.1989 – 8 C 30/87, BVerwGE 81, 226, 229 = NJW 1989, 2486 = DÖV 1989, 641 = DVBl. 1989, 873 = JZ 1989, 1076 = BayVBl. 1989, 441 = JA 1989, 531 = Buchholz 310 § 73 VwGO Nr. 30).

Beispiel: Das Veterinäramt hat dem Hundehalter das misshandelte Tier weggenommen und es dem Tierheim übereignet (§ 1, § 2, § 16a Abs. 1 S. 2 Nr. 2 des Tierschutzgesetzes). Unter den Voraussetzungen des § 16a Abs. 1 S. 2 Nr. 2 TierSchG darf die Behörde ein solches Tier „veräußern". In der Praxis wird das zum Schaden der Tiere häufig nicht beachtet. Das ist eine Pflichtverletzung. Denn die Behörde hat gemäß § 1 TierSchG aus der Verantwortung des Menschen für das Tier als Mitgeschöpf dessen Leben und Wohlbefinden zu schützen. Wohlbefinden bedeutet, wie in diesem Beispiel, das Freisein von Schmerzen und Leiden (*BVerwG* U 18.1.2000 – 3 C 12/99, DVBl. 2000, 1061 = NJW 2000, 1803 L = NuR 2001, 454 = Buchholz 418.9 TierSchG Nr. 11; *OVG Weimar* U 28.9.2000 – 3 KO 700/99, NVwZ-RR 2001, 507 = ThürVBl. 2001, 62 = AgrarR 2001, 221 = NuR 2001, 107; *VG Stuttgart* B 28.10.2004 – 4 K 3529/04, NuR 2005, 205 = NVwZ-RR 2005, 408).

Durch die Veräußerung des Tieres ist Erledigung der Hauptsache eingetreten. Ein Widerspruchsbescheid darf jetzt nicht mehr erlassen werden. Das Verfahren ist vielmehr einzustellen. Der Betroffene hatte infolgedessen nur noch die Möglichkeit, eine Fortsetzungsfeststellungsklage nach § 113 Abs. 1 S. 4 VwGO oder eine Feststellungsklage gemäß § 43 Abs. 1 VwGO zu erheben.

Erledigt sich der angefochtene Grundverwaltungsakt während des gerichtlichen Verfahrens, wird die erhobene Anfechtungsklage nach § 42 Abs. 1 VwGO unstatthaft und kann gemäß § 113 Abs. 1 S. 4 lediglich noch als Fortsetzungsfeststellungsklage fortgeführt werden (*BVerwG* B 5.1.2012 – 8 B 62/11, NVwZ 2012, 510; *VGH München* U 12.1.2012 – 10 BV 10.2271, DÖV 2012, 324 L; Bader/Funke-Kaiser/*Stuhlfauth*/von Albedyll, § 113 VwGO Rn. 48 ff).

89 Hat sich ein Verwaltungsakt i.S.d. § 43 Abs. 2 VwVfG vor Eintritt der Unanfechtbarkeit erledigt, ist die Klage **nicht** an die **Fristen** der §§ 74 Abs. 1 bzw. § 58 Abs. 2 VwGO gebunden (*BVerwG* U 14.7.1999 – 6 C 7/98, BVerwGE 109, 203 = DVBl. 1999, 1660 = VBlBW 2000, 22 = BayVBl. 2000, 439 = AfP 2000, 204 = NVwZ 2000, 63 = JuS 2000, 1161).

Erledigt sich ein Verwaltungsakt bereits vor Erhebung der Klage, ist die Fortsetzungsfeststellungsklage in analoger Anwendung des § 113 Abs. 1 S. 4 VwGO zulässig.

90 Dabei ist die Klärung der häufigen und berechtigten Frage wichtig, ob die **Veräußerung** (ebenso die **Tötung**) **von Tieren** eine **Enteignung** darstellt. Das ist **nicht der Fall.**

Allgemein wird vertreten, dass die Maßnahmen des § 16a TierSchG dem Inhalts- und Schrankenvorbehalt des Art. 14 Abs. 1 S. 2 GG unterliegen und keine Enteignung gemäß Art. 14 Abs. 3 darstellen. Eine Enteignung würde voraussetzen, dass die Behörde das Eigentum für eigene Zwecke entzieht. Dies ist bei einer Anordnung im Tierschutzrecht nicht der Fall. Denn die Fortnahme erfolgt allein zum Zwecke, das Tier zu schützen (*Basikow*, Die Analyse der Fortnahme von Heimtieren im Amtsbereich einer Berliner Veterinärbehörde auf der Grundlage des § 16a TierSchG im Zeitraum von 1990 – 1998, 2001, S. 102).

91 **Erledigt sich** ein **gerichtliches Zwangsverfahren,** welches gemäß **§ 172 VwGO** gegen eine Behörde anhängig war, gilt das Gleiche wie bei der Erledigung eines Verwaltungsaktes: Das Verfahren ist ohne weitere rechtliche Prüfung des Falles einzustellen. Der Ansicht des Bundesverfassungsgerichts, das Verwaltungsgericht könne auch eine andere Entscheidung treffen, kann nicht gefolgt werden (*BVerfG* B 9.8.1999 – 1 BvR 2245/98, NVwZ 1999, 1330 = DVBl. 1999, 1646 = BayVBl. 2000,47 = NJW 2000, 276 L).

In seinem vorstehend zitierten Kammerbeschluss hat das Bundesverfassungsgericht die Entscheidungsbefugnis der Verwaltungsgerichte über § 172 VwGO hinaus erweitert: Das Gebot effektiven Rechtsschutzes gebiete es, gemäß § 167 VwGO die Vorschriften des Achten Buches der Zivilprozessordnung „entsprechend" anzuwenden. Dagegen bestehen Bedenken. Denn § 172 VwGO lässt nach seinem Wortlaut eine derartige Erweiterung der gerichtlichen Kompetenz nicht zu. Die Regelung des § 172 VwGO ist abschließend (*Kopp/Schenke*, § 172 VwGO Rn. 3; aA: *Bader*/Funke-Kaiser/Stuhlfauth/von Albedyll, § 172 VwGO Rn. 1).

Für das Zwangsverfahren des § 172 VwGO sind alle Instanzen der Verwaltungsgerichtsbarkeit zuständig (§§ 45, 48, 50 VwGO). Zuständig ist also dasjenige Gericht, welches das Urteil (§ 113 VwGO) oder den Beschluss (§ 123 VwGO) erlassen hat.

Rechtmäßige Verwaltungsakte sollten nach ihrer Erledigung grundsätzlich **nicht aufgehoben werden.** 92

Ist der Rechtsstreit in der Hauptsache erledigt, entscheidet das Gericht über die Kosten nach billigem Ermessen (§161 Abs.2 VwGO). Es entspricht in der Regel billigem Ermessen, derjenigen Partei die **Kosten des Verfahrens** aufzuerlegen, die das erledigende Ereignis willentlich herbeigeführt hat. Hat die Behörde durch die Aufhebung des streitbefangenen Verwaltungsaktes das endgültig erledigende Ereignis (unnötigerweise) herbeigeführt, sind ihr die Kosten des Verfahrens aufzuerlegen (vgl. *BVerwG* U 23.3.1957 – 6 C 89/56, MDR 1957, 375; *OVG Berlin* B 30.11.1979 – 2 A 2/78, GrundE 1980, 614; *OVG Koblenz* B 6.6.1969 – 2 B 8/69, NJW 1969, 1922 = VerwRspr. 21, 120; *VGH München* B 15.5.1975 – Nr. 14 1 75, BayVBl. 1975, 513; *OVG Münster* B 13.8.1968 – 7 A 284/67, OVGE Münster, 24, 95, 97 = ZMR 1969, 158 = MDR 1969, 169 = BRS 20 Nr.204).

Die Aufhebung des Verwaltungsaktes wirkt auf den Tag seines Erlasses zurück. Damit gibt die Behörde ihre bisherige, durch die Verwaltungsakte gestützte Rechtsposition auf. Rechtlich hat sie damit nichts mehr in Händen. Also obsiegt der Pflichtige, obwohl sein Fehlverhalten Anlass für die Einleitung des Zwangsverfahrens gegeben hatte (ausführlich: §13 Rn.117f.).

Dieselbe fatale **Kostenfolge** tritt ein, wenn die Behörde einen rechtmäßigen Verwaltungsakt **im Widerspruchsverfahren** ohne Not aufhebt. Dann trägt sie die – oft erheblichen – Kosten gemäß §80 VwVfG, da der Widerspruch in diesem Fall erfolgreich ist. 93

Im Zweifel nimmt auch der Kläger, den die Behörde klaglos gestellt hat, seine Klage nicht zurück, wenn sich die Hauptsache erledigt hat. Denn dann müsste er sämtliche Kosten tragen (§92 Abs.3, §155 Abs.2 VwGO). Vielmehr wird er die Hauptsache für erledigt erklären. Dann werden gemäß §161 Abs.2 VwGO nach billigem Ermessen des Gerichts die **Kosten der Behörde** auferlegt. 94

Rechtlich unverständlich ist es, wenn der Kläger zunächst den Rechtsstreit in der Hauptsache für erledigt erklärt und dann seine Klage zurücknimmt. Denn dann hat er die Kosten des Verfahrens zu tragen. Dies bestimmt §155 Abs.2 VwGO. Die gleiche Rechtsfolge ergibt sich aus §269 Abs.3 ZPO (*BGH* B 27.10.2003 – II ZB 38/03, NJW 2004, 223 = MDR 2004, 408).

Kommt der **Kläger** seiner **Verpflichtung** aus dem Grundverwaltungsakt erst **während des Verwaltungsgerichtsverfahrens**, mithin verspätet, **nach**, darf er die Hauptsache nicht für erledigt erklären und einen Kostenantrag nach §161 Abs.2 VwGO stellen. Denn die Erledigungserklärung wäre eine verschleierte Klagerücknahme. Er muss vielmehr die Klage zurücknehmen und die Kosten nach §155 Abs.2 VwGO tragen. Tut er das nicht, auferlegt das Gericht ihm gemäß §155 Abs.4 VwGO nach billigem Ermessen die gesamten Kosten des Verfahrens. 95

5. Erledigung bei Aufhebung des Grundverwaltungsaktes. Das Verwaltungszwangsverfahren ist einzustellen, sobald der **zu vollstreckende Grundverwaltungsakt aufgehoben** worden ist. Dem Verwaltungszwang ist damit die rechtliche Grundlage entzogen. Dies gilt allgemein, und wird im Vollstreckungsrecht einiger Bundesländer durch explizite Regelungen klargestellt (so in §28 Abs.1 Nr.1 VwVG Hamburg, §3 Abs.1 Nr.2b VwVG Hessen, §92 Abs.1 S.1 SOG Mecklenburg-Vorpommern, §14 Abs.1 Nr.1 LVwVG Rheinland-Pfalz, §2a Nr.2, §4 Abs.3 S.2 VwVG Sachsen, §241 Abs.1 Nr.1 LVwG Schleswig-Holstein und §29 Abs.1 Nr.2b VwZVG Thüringen. 96

Die Grundverfügung kann von der erlassenden Behörde nach §§48ff. VwVfG oder von der Widerspruchsbehörde nach §72 VwGO oder durch das Verwaltungsgericht gemäß §113 Abs. 1 S. 1 VwGO aufgehoben werden. Wegen des Kostenrisikos bei unbegründeter Aufhebung durch die Behörde wird auf die Rn. 92, 93 verwiesen.

Zwar ist selbstverständlich, dass ein aufgehobener Verwaltungsakt nicht mehr mit einem Zwangsmittel durchgesetzt werden kann. Denn er ist gemäß §43 Abs. 2 VwVfG unwirksam geworden und damit erledigt (vgl. Rn. 85). Gleichwohl wäre eine ausdrückliche gesetzliche Klarstellung im Verwaltungs-Vollstreckungsgesetz des Bundes zu begrüßen. Sie gebietet nämlich zugleich unausgesprochen die **sofortige Einstellung des Verfahrens.** So darf insbesondere ein festgesetztes **Zwangsgeld nicht mehr beigetrieben werden** (vgl. *VGH Kassel* B 12.12.1996 – 4 TG 481/96, HessVGRspr 1997, 69 = KKZ 1997, 230 = NVwZ-RR 1998,154; *OVG Saarlouis* U 27.11.2001 – 2 R 9/00, *AS* 29, 342 = DÖV 2003, 167 = NVwZ-RR 2003, 87 = BRS 64 Nr. 203).

97 Schließlich ist das Vollstreckungsverfahren umgehend einzustellen, wenn der **Grundverwaltungsakt nichtig** und somit gemäß §44, §43 Abs. 3 VwVfG unwirksam ist. Damit fehlt die wesentliche Vollstreckungsgrundlage des §6 Abs. 1 (§6 Rn. 3ff.).

Anhang: Vergleichbares Landesrecht

98 **(1) Baden-Württemberg:** §§5–11 LVwVG.

(2) Bayern: Art. 34 S. 2, Art. 37, Art. 39 VwZVG.

Art. 21 regelt Einwendungen gegen die Vollstreckung.

(3) Berlin: §8 Abs. 1 S. 1 VwVfG Berlin = §15 VwVG.

(4) Brandenburg: §3 Nr. 3, §10 Abs. 3, §§11, 13, 14, 29, 40 VwVGBbg.

(5) Bremen: §19 BremVwVG.

(6) Hamburg: §§7–11, §§21–23, §26, §74 VwVG.

(7) Hessen: §3, §§7–11, §71, §74 Abs. 2, §§77–79 HessVwVG.

(8) Mecklenburg-Vorpommern: §79, §92 SOG M-V.

(9) Niedersachsen: §70 NVwVG i. V. m. §64 Abs. 3, §69 Abs. 6 Nds. SOG, §71 NVwVG.

(10) Nordrhein-Westfalen: §65 VwVG NRW.

(11) Rheinland-Pfalz: §§8–14, §62 Abs. 4 LVwVG.

§16 regelt Einwendungen gegen die Vollstreckung.

(12) Saarland: §§5–10, §§23–26 SVwVG.

(13) Sachsen: §2, §2a, §6, §7, §19 Abs. 5 S. 2 SächsVwVG.

(14) Sachsen-Anhalt: §71 VwVG LSA i. V. m. §53 Abs. 3, §56 Abs. 3, §58 Abs. 6 SOG LSA, §72 VwVG LSA.

(15) Schleswig-Holstein: §241 LVwG.

(16) Thüringen: §25, §29, §45 Abs. 1, §47, §51 Abs. 3 S. 1 ThürVwZVG.

§31 regelt Einwendungen gegen die Vollstreckung.

§ 16 Ersatzzwangshaft

(1) [1]Ist das Zwangsgeld uneinbringlich, so kann das Verwaltungsgericht auf Antrag der Vollzugsbehörde nach Anhörung des Pflichtigen durch Beschluss Ersatzzwangshaft anordnen, wenn bei Androhung des Zwangsgeldes hierauf hingewiesen worden ist. [2]Das Grundrecht des Artikels 2 Abs. 2 Satz 2 des Grundgesetzes wird insoweit eingeschränkt.

(2) Die Ersatzzwangshaft beträgt mindestens einen Tag, höchstens zwei Wochen.

(3) Die Ersatzzwangshaft ist auf Antrag der Vollzugsbehörde von der Justizverwaltung nach den Bestimmungen der §§ 802g, 802h und 802j Abs. 2 der Zivilprozessordnung zu vollstrecken.

Übersicht

I. Zu Absatz 1

1. Wesen der Ersatzzwangshaft. Die Vollstreckung der Ersatzzwangshaft ist der härteste Eingriff im Verwaltungszwangsverfahren. Aber sie ist selbst **kein Zwangsmittel.** Deshalb ist sie in § 9 Abs. 1 auch nicht als solches aufgeführt. Ihrem Wesen nach ist sie lediglich der **Ersatz** für ein Zwangsmittel, nämlich **das Zwangsgeld.** 1

In **Bayern** ist die **Ersatzzwangshaft** gemäß Art. 29 Abs. 2 Nr. 3 VwZVG **ein Zwangsmittel.** Nach Art. 33 Abs. 1 VwZVG Bayern kann sie angeordnet werden, wenn das Zwangsgeld uneinbringlich ist und unmittelbarer Zwang keinen Erfolg verspricht (*VGH München* B 12.2.1996 – 8 C 96.216, VGHE München 49, 31 = BayVBl. 1996, 600 = NVwZ-RR 1997, 69; *VGH München* B 20.8.1997 – 8 C 96.4210, NVwZ-RR 1998, 310). Auch hier ist die Ersatzzwangshaft ein nachrangiger Ersatz für andere Zwangsmittel. Es wird auch nicht angedroht. Vielmehr wird der Pflichtige bei der Androhung des Zwangsgeldes auf diese Möglichkeit hingewiesen.

Als Ersatz für das Zwangsgeld ist die Ersatzzwangshaft allerdings nicht dafür bestimmt, den Pflichtigen zur Zahlung des Zwangsgeldes zu zwingen. Sie soll ihn vielmehr bewegen, seine Verpflichtung aus dem Grundverwaltungsakt zu erfüllen. Gleiches gilt für die Ersatzzwangshaft nach § 334 AO (Hübschmann/Hepp/Spitaler/*Hohrmann*, § 334 Rn. 9).

2 Die Ersatzzwangshaft kann **nur gegen natürliche Personen** angeordnet werden. Anders als in § 334 Abs. 1 S. 1 AO steht das zwar nicht ausdrücklich in § 16. Es ergibt sich aber aus dem Wesen der Ersatzzwangshaft. Diese ist auf eine Beschränkung der körperlichen Bewegungsfreiheit gerichtet. Juristische Personen haben aber keinen Körper, dessen Bewegungsfreiheit eingeschränkt werden könnte. Demgemäß sind juristische Personen auch nicht Träger des Grundrechts auf Freiheit der Person aus Art. 2 Abs. 2 S. 2 GG (*Jarass*/Pieroth, Art. 2 Rn. 85).

Möglich ist die Anordnung einer Ersatzzwangshaft allenfalls gegen natürliche Personen als Organe und gesetzlichen Vertreter einer juristischen Person des Privatrechts. So ist denkbar, dass die Behörde den Grundverwaltungsakt an die juristische Person richtet, das Zwangsgeld jedoch gegen den gesetzlichen Vertreter androht und festsetzt. Damit wäre der Vertreter „Pflichtiger" i.S.d. § 16 Abs. 1 S. 1, so dass an die Stelle des Zwangsgeldes in der Folge die Ersatzzwangshaft treten könnte (so App/Wettlaufer/*Klomfaß*, Kap 37 Rn. 9). Dieser Ansicht steht aber entgegen, dass das Zwangsgeld gemäß § 11 Abs. 1 S. 1 gegen den „Pflichtigen", dh gegen den durch die Grundverfügung Verpflichteten zu richten ist. Somit ist das Zwangsgeld gegen die juristische Person selbst anzudrohen und festzusetzen. In der Folge kann der gesetzliche Vertreter nicht „Pflichtiger" i.S.d. § 16 Abs. 1 S. 1 sein.

Dem entgegen hält das *OVG NRW* die Anordnung von Ersatzzwangshaft gegen den gesetzlichen Vertreter für zulässig, auch wenn das Zwangsgeld gegen die juristische Person festgesetzt worden ist (B 20.4.2012 – 13 E 64/12, juris Rn. 32 ff. = ZfWG 2012, 208). Zur Begründung verweist das Gericht auf die zivilrechtliche Zwangsvollstreckung nach §§ 888, 890 ZPO, bei der nach herrschender Ansicht das Zwangsgeld gegen den Schuldner selbst festzusetzen und die Zwangshaft gegen dessen Organe anzuordnen ist, sofern die zu erzwingende Handlung in den Verantwortungsbereich des Organs fällt (*OVG NRW*, a.a.O., Rn. 37 ff.). Zudem ginge die Vollstreckung gegen eine juristische Person des Privatrechts ins Leere, wenn man die Möglichkeit, Ersatzzwangshaft gegen deren gesetzliche Vertreter anzuordnen, verneinte (*OVG NRW*, a.a.O., Rn. 44).

Die Rechtsprechung des *OVG NRW* mutet für das Vollstreckungsrecht des Landes NRW plausibel an; sie lässt sich indes nicht auf § 16 übertragen. Das *OVG NRW* bezieht sich auf die Regelungen der Ersatzzwangshaft in § 61 VwVG NRW. Diese Bestimmung sagt nicht, gegen wen Ersatzzwangshaft angeordnet werden kann. Anders als § 16 Abs. 1 S. 1 enthält sie keine Festlegung auf den „Pflichtigen", also den Adressaten des Grundverwaltungsaktes und der Zwangsgeldverfügungen, und lässt somit Raum für die vom OVG NRW vertretene Auffassung. Für § 16 gilt dies nicht.

Als freiheitsentziehende Maßnahme kann die Ersatzzwangshaft auch **nicht gegen Behörden** i.S.d. § 1 Abs. 4 VwVfG angewendet werden. Gegen eine solche ist Zwang gemäß § 17 nur in Ausnahmefällen zulässig (§ 17 Rn. 5, 11, 25–31). Hinzu kommt, dass eine Behörde nicht zahlungsunfähig sein kann (*BVerfG* B 5.10.1993 – 1 BvL 34/81, BVerfGE 89, 132 = NJW 1994, 1465), so dass ein Zwangsgeld nicht uneinbringlich ist.

Für Behörden handeln in Vertretung oder im Auftrag ihre zuständigen Amtsträger. Gegen diese könnte eine Ersatzzwangshaft nur dann angeordnet werden, wenn dies in § 16 bestimmt wäre. Das ist nicht der Fall. Nach dem Wortlaut der §§ 11 Abs. 1, 2 und 16 Abs. 1 ist die Ersatzzwangshaft als Ersatz für das Zwangsgeld – wie dieses – gegen den Pflichtigen zu richten, nicht gegen dessen Amtsträger oder Vertreter.

Das Zwangsgeld ist ein Beugemittel, keine Strafe oder Geldbuße (§ 9 Rn. 15). Ihm gegenüber ist die **Ersatzzwangshaft** subsidiär. Sie kann deshalb ebenfalls **keine Strafe oder Geldbuße** sein (*VG Cottbus* B 29.10.2018 – 3 M 20/18, juris Rn. 7; *VGH Bayern* B 29.8.2017 – 12 C 17.1544, juris Rn. 23 = BayVBl 2018, 522; *OVG Thüringen* B 7.5.2015 – 3 VO 515/13, juris Rn. 12 = NVwZ-RR 2016, 5). Hierdurch unterscheidet sich die Ersatzzwangshaft von der Erzwingungshaft des § 96 OWiG. Diese dient der Durchsetzung einer strafrechtlichen Geldbuße (vgl. § 9 Rn. 15). Rechtsgrundlagen einer Geldbuße sind insbesondere §§ 17, 66, 77 OWiG. 3

Der Begriff der **Erzwingungshaft** findet sich auch in den Verwaltungsvollstreckungsgesetzen einzelner Bundesländer und bezeichnet hier ein (viertes) Zwangsmittel (§ 11 Abs. 1 Nr. 4, § 16 HmbVwVG Hamburg, § 13 Abs. 1 S. 2 Nr. 4 und § 28 VwVG Saarland). Die Erzwingungshaft ist zulässig, wenn ein vorher angewandtes anderes Zwangsmittel erfolglos geblieben ist und die Wiederholung oder die Anwendung eines anderen Zwangsmittels offenbar keinen Erfolg verspricht. Hieraus ergibt sich zugleich, dass die Erzwingungshaft gegenüber den anderen Zwangsmitteln nachrangig ist. 4

Damit entspricht die Erzwingungshaft in Hamburg und im Saarland im Wesentlichen der Ersatzzwangshaft nach § 16. Sie ist jedoch insofern weiter, als sie nicht nur als Ersatz für ein Zwangsgeld vorgesehen ist, sondern bei Erfolglosigkeit jedes Zwangsmittels festgesetzt werden kann.

Der Staat kann auf die Zwangshaft zur Durchsetzung obrigkeitlicher Anordnungen gegenüber uneinsichtigen Bürgern nicht verzichten. Aus dem hohen Rang des Grundrechts der persönlichen Freiheit aus Art. 2 Abs. 2 S. 2 GG ergibt sich aber, dass die Haft nur das **letzte Mittel** sein kann, dessen der Staat sich bedient, um seinen Verfügungen Geltung zu verschaffen. Dementsprechend ist die Ersatzzwangshaft vom Richter nur anzuordnen, wenn alle Zwangsmittel erschöpft sind (*BVerwG* U 6.12.1956 – 1 C 10/56, BVerwGE 4, 196, 198 = DÖV 1957, 88 = NJW 1957, 602 = BayVBl. 1957, 1957,125 = DVBl. 1957, 204 = BB 1957, 236 = JZ 1957, 219 = VerwRspr. 9, 489; VG Köln B 27.3.2018 – 10 M 181/17, juris Rn. 4 f. m.w.N.). 5

Dem gegenüber ist das Bußgeldverfahren kein milderes Mittel im Vergleich zur Ersatzzwangshaft, sondern vom Gesetzeszweck und den Voraussetzungen her ein Aliud. Dies gilt auch, wenn der Pflichtige zivilrechtlich zur Befolgung der Grundverfügung angehalten werden kann. So ist eine Ersatzzwangshaft nicht unverhältnismäßig, wenn eine zweckentfremdungsrechtliche Nutzungsuntersagung auch im Wege der zivilrechtlichen Räumungsklage realisiert werden könnte, zumal diese das Verhältnis zwischen Vermieter und Mieter betrifft, auf das die Vollstreckungsbehörde keinen Einfluss nehen kann (*VG München* B 16.7.2018 – M 9 X 17.5794, juris Rn. 19).

Die **Bedeutung der Ersatzzwangshaft** liegt wesentlich darin, dass es sie gibt. Sie wird in der Praxis mitunter angeordnet, aber selten vollstreckt. Allein die Anordnung zeitigt in den meisten Fällen Wirkung und bringt wegen der gravierenden Folgen regelmäßig auch hartleibige Schuldner zur Einsicht (ebenso *OVG Münster* B 20.4.2012 – 13 E 64/12 –). 6

Im **verwaltungsgerichtlichen Zwangsverfahren,** welches gemäß **§ 172 VwGO** gegen eine Behörde anhängig ist, gibt es **keine Ersatzzwangshaft.** Das Ziel, eine Behörde durch ein Zwangsgeld nach § 172 VwGO zu einem pflichtgemäßen Verhalten anzuhal- 7 ten, richtet sich zwar auch auf die Durchsetzung einer unvertretbaren Handlung. Man könnte daher die entsprechende Anwendung des § 11 über das Zwangsgeld und des § 16 über die Ersatzzwangshaft in Erwägung ziehen. Das ist jedoch aus folgenden Gründen nicht nur rechtlich unzulässig, sondern auch praktisch nicht möglich:

Zunächst ist festzustellen, dass **§ 172 VwGO** eine spezielle Regelung der **Verwaltungsgerichtsordnung** darstellt, die den allgemeinen Bestimmungen des Verwaltungsvollstreckungsrechts als lex specialis vorgeht, soweit ihre Regelung reicht. Im Anwendungsbereich des § 172 VwGO ist § 11 daher ausgeschlossen. Ob § 16 analog angewendet werden kann, hängt davon ab, ob die Regelung des § 172 VwGO in Bezug auf die Vollstreckung abschließend ist. Gegen eine analoge Anwendung spricht, dass § 172 VwGO das gerichtliche Zwangsverfahren regelt, während § 16 die behördliche Vollstreckung betrifft. Zudem kommt die analoge Anwendung des § 16 nicht in Betracht, weil diese Vorschrift zwingend voraussetzt, dass das Zwangsgeld uneinbringlich ist. Das ist im Anwendungsbereich des § 172 VwGO jedoch ausgeschlossen, da Behörden immer zahlungsfähig und somit nicht insolvenzfähig sind (§ 2 Rn. 16).

Schließlich scheitert eine entsprechende Anwendung der §§ 11, 16 daran, dass diese Vorschriften eine unvertretbare Handlung einer natürlichen Person betreffen (Rn. 1). Die Behörde ist aber keine natürliche Person. Sollte ein Amtsträger persönlich in Anspruch genommen werden können, müsste es ausdrücklich in § 172 VwGO stehen. Das ist nicht der Fall.

8 Gleiches gilt, wenn sich eine Behörde gemäß § 61 Abs. 1, 2 S. 3 VwVfG in einem **öffentlich-rechtlichen Vertrag** der sofortigen Vollstreckung unterworfen hat. Soll in diesem Fall eine Handlung, Duldung oder Unterlassung gegen die Behörde erzwungen werden, ist § 172 VwGO entsprechend anzuwenden. Weil jedoch die Ersatzzwangshaft in § 172 VwGO nicht zugelassen ist, kommt sie im Rahmen des § 61 Abs. 2 S. 3 VwVfG ebenfalls nicht in Betracht.

9 Von den in § 172 VwGO genannten Fällen abgesehen, enthält die VwGO keine Regelung für die Vollstreckung sonstiger gegen eine Behörde gerichteter Urteile oder Beschlüsse. Die Vollstreckung erfolgt hier gemäß § 167 Abs. 1 S. 1 VwGO i.V.m. §§ 883 ff. ZPO. Sie darf jedoch in keinem Fall die Wahrnehmung der Aufgaben der Behörden beeinträchtigen (Kopp/*Schenke*, § 172 Rn. 9). Daher kommt die **(Ersatz-) Ordnungshaft** nach § 167 Abs. 1 S. 1 VwGO i.V.m. §§ 724, 890 ZPO nicht in Betracht. Denn hierdurch würde die Funktionsfähigkeit der öffentlichen Verwaltung schwerwiegend beeinträchtigt (*VGH Mannheim* B 12.1.1995 – 10 S 488/94, VBlBW 1995, 191 = NVwZ-RR 1995, 619Rn.).

10 Die **verweigerte Abgabe einer Erklärung** kann mit einem Zwangsgeld erzwungen werden (§ 11 Rn. 4). Deshalb kommt auch hier die Anordnung der Ersatzzwangshaft in Betracht (*VG Frankfurt/Main* B 24.6.2010 – 1 N 1143/10, NVwZ-RR 2010, 792).

11 Gegen **Minderjährige** kann eine Ersatzzwangshaft nur in Betracht kommen, soweit ihnen öffentlich-rechtliche Pflichten obliegen, deren Befolgung durch Verwaltungsakt angeordnet werden kann. Dies gilt vor allem im Bereich des Schulwesens. Die Schulpflicht trifft die Kinder und Jugendlichen, nicht deren Eltern. Kommen Kinder oder Jugendliche dieser Pflicht nicht nach, kann der Schulbesuch durch Verwaltungsakt ihnen gegenüber angeordnet und ggf. im Wege der Verwaltungsvollstreckung – in letzter Konsequenz durch Ersatzzwangshaft – durchgesetzt werden. Auf die Vorschriften

des allgemeinen Verwaltungsvollstreckungsrechts kann hierbei indes nur zurückgegriffen werden, soweit die Schulgesetze der Länder keine speziellen Vollstreckungsregelungen enthalten, welche den allgemeinen Bestimmungen des VwVG vorgehen.

Verletzen die Eltern schulpflichtiger Kinder Pflichten, die ihnen nach den Schulgesetzen obliegen, kann die Schulbehörde sie durch Zwangsmittel zur Erfüllung dieser Pflichten anhalten (so ausdrücklich §41 Abs. 5 SchulG NRW). Da die Eltern u.a. dafür zu sorgen haben, dass ihre Kinder der Schulpflicht genügen, kann die Schulbehörde bei Verletzung der Schulpflicht somit auch gegen die Eltern vorgehen, was häufig tunlicher sein wird, als die Schüler mit Zwangsmittel zu überziehen. Geboten ist ein Vorgehen gegen die Eltern jedenfalls dann, wenn sie ihr Kind pflichtwidrig von der Schule fernhalten.

Von der Frage, ob Verwaltungsakte gegen Minderjährige erlassen und durch Verwaltungszwang – bis hin zur Ersatzzwangshaft – durchgesetzt werden können, ist die Frage zu entscheiden, inwieweit Jugendliche im Verwaltungsverfahren selbstständig handelnd auftreten können oder von ihren Erziehungsberechtigten vertreten werden müssen. Die Fähigkeit, Handlungen im allgemeinen Verwaltungsverfahren und im Verwaltungsvollstreckungsverfahren selbst wirksam vornehmen zu können, richtet sich nach § 12 VwVfG. Minderjährige, die nach bürgerlichem Recht in der Geschäftsfähigkeit beschränkt sind, sind nach § 12 Abs. 1 Nr. 2 VwVfG handlungsfähig, soweit sie für den Gegenstand des Verfahrens durch Vorschriften des bürgerlichen Rechts als geschäftsfähig oder durch Vorschriften des öffentlichen Rechts als handlungsfähig anerkannt sind. Öffentlich-rechtliche Vorschriften, die Minderjährige für bestimmte Verwaltungsverfahren mit dem Erreichen eines bestimmten Alters ausdrücklich als handlungsfähig anerkennen, finden sich in verschiedenen Gesetzen. So beginnt die Meldepflicht beim Wohnungswechsel nach § 17 Abs. 3 Bundesmeldegesetz (BMG) nicht erst mit der Volljährigkeit, sondern bereits mit der Vollendung des 16. Lebensjahres (weitere Bsp. bei Bader/Ronellenfitsch/*Gerstner-Heck*, § 12 VwVfG Rn. 9 f).

Jugendliche können ferner rechtlich verpflichtet werden, an Maßnahmen der Ver- **12**
kehrserziehung gemäß § 48 StVO teilzunehmen. Dies folgt aus **Nr. 1 VwV-StVO zu § 48 StVO**. Dort heißt es: „Zum Verkehrsunterricht sind auch Jugendliche von 14 Jahren an … heranzuziehen, wenn sie ihre Pflichten nicht erfüllt haben." Kommt der Jugendliche dieser Pflicht nicht nach, kann die Straßenverkehrsbehörde seine Teilnahme mit Zwangsmaßnahmen durchsetzen und in letzter Konsequenz Ersatzzwangshaft beantragen (hierzu Rn. 22).

2. Anordnung durch Verwaltungsgericht. Die Anordnung der **Ersatzzwangshaft** bei **13**
Uneinbringlichkeit des Zwangsgeldes erfolgt **nur auf Antrag** der Vollzugsbehörde. Die Behörde ist nicht verpflichtet, einen entsprechenden Antrag zu stellen, wenn die Voraussetzungen für die Anordnung der Ersatzzwangshaft vorliegen. Ob sie ihn stellt, entscheidet sie nach **pflichtgemäßem freiem Ermessen** i.S.d. § 40 VwVfG. § 16 Abs. 1 S. 1 sagt das zwar nicht ausdrücklich. Das Antragsermessen folgt aber daraus, dass der Ermessensgrundsatz für das gesamte Vollstreckungsverfahren gilt (*BVerfG* B 7.12.1998 – 1 BvR 831/89, ZBR 1999, 127 = BayVBl. 1999, 303 = NVwZ 1999, 290; *BVerwG* U 15.2.1990 – 4 C 45/87, BVerwGE 84, 354, 360 = DVBl. 1990, 583 = DÖV 1990, 705 = UPR 1990, 226 = ZfBR 1990, 196 = StTg 1990, 506 = NVwZ, 1990, 663 = JZ 1991, 241 = JuS 1991, 82). Der Antrag ist kein Verwaltungsakt i.S.d. § 35 S. 1 VwVfG. Er enthält keine Regelung des Einzelfalles. Diese ist mit der Festsetzung des

Zwangsgeldes schon getroffen. Der Antrag ist lediglich die formelle Voraussetzung für das gerichtliche Verfahren.

§ 16 Abs. 1 regelt die formellen und materiellen Voraussetzungen für die Anordnung der Haft. Liegen diese Voraussetzungen nach Einschätzung der Vollstreckungsbehörde vor, ist das Verwaltungsgericht keineswegs gezwungen, Ersatzzwangshaft anzuordnen. Vielmehr **prüft das Gericht selbst**, ob die tatbestandlichen **Voraussetzungen des § 16** gegeben sind.

Bei seiner Entscheidung darf das Gericht sich die rechtliche Einschätzung der Behörde nicht als gegeben voraussetzen oder sich unbesehen zu Eigen machen. Dies folgt aus dem **Richtervorbehalt** des Art. 104 Abs. 2 GG. Hiernach hat nur der Richter über die Zulässigkeit und Fortdauer einer Freiheitsentziehung zu entscheiden. Daher kann die Haft nicht durch die Verwaltung, sondern nur von einem zuständigen Richter angeordnet werden (§ 12 Rn. 34).

Im Bundesland **Bremen** kann die Vollzugsbehörde gemäß § 20 VwVG selbst Ersatzzwangshaft anordnen. Die Anordnung bedarf aber der Bestätigung durch das Verwaltungsgericht. Auf diese Weise wird der Richtervorbehalt gewahrt.

Rechtsgrundlage der Ersatzzwangshaft ist § 16, nicht Art. 104 Abs. 2 GG. Art. 104 Abs. 2 GG bestimmt nicht die materiellen Voraussetzungen der Haft, sondern nur ihre Formalien (*Maunz/Dürig*, Art. 104 Rn. 32; Umbach/Clemens/*Wehowsky*, Art. 104 Rn. 7).

Sachlich zuständig für die Entscheidung über die Ersatzzwangshaft ist das **Verwaltungsgericht** in der Besetzung gemäß § 5 Abs. 3 VwGO. Die Zuständigkeit liegt nicht etwa bei dem Vorsitzenden des Gerichts des ersten Rechtszuges nach § 169 Abs. 1 S. 2 VwGO. § 169 VwGO regelt nicht die Vollstreckung behördlicher Verwaltungsakte, sondern die Vollstreckung der in § 168 Abs. 1 VwGO genannten gerichtlichen Titel. Örtlich zuständig ist das Verwaltungsgericht, welches für die Hauptsache selbst zuständig wäre, bei dem der Betroffene also Anfechtungsklage zu erheben hätte.

In **Sachsen** schreibt § 23 Abs. 1 S. 1 SächsVwVG vor, dass das **Amtsgericht** (an Stelle des Verwaltungsgerichts, Rn. 33) einen Haftbefehl erlassen kann. Der Haftbefehl ist nach § 23 Abs. 3 VwVG Sachsen i.V.m. § 909 Abs. 1 S. 2 ZPO eine Ausfertigung der Haftanordnung. Daraus ergibt sich die Zuständigkeit des Amtsgerichts für die Anordnung der Ersatzzwangshaft (*OVG Bautzen* U 8.5.2002 – 3 E 2/02, juris Rn. 6 = JbSächsOVG 10, 127 = SächsVBl. 2002, 250). In **Niedersachsen** liegt die Zuständigkeit gemäß § 70 VwVG i.V.m. § 68 Abs. 1 S. 1 SOG ebenfalls beim Amtsgericht (vgl. *LG Oldenburg* B 26.3.1984 – 8 T 66/83, NVwZ 1985, 221). Nach § 66 Abs. 1 S. 2 des SGB X ist für die Anordnung der Ersatzzwangshaft in Angelegenheiten des § 51 SGB X das Sozialgericht zuständig (Muster 10, 24).

14 Das Gericht entscheidet gemäß § 16 Abs. 1 S. 1 auf Antrag der Vollzugsbehörde nach **Anhörung des Pflichtigen.** Gemeint ist damit nicht eine voran gehende Anhördung gemäß § 28 VwVfG durch die Vollstreckungsbehörde, sondern eine Anhörung durch das Verwaltungsgericht. § 16 Abs. 1 S. 1 ist insoweit eine einfachgesetzliche Ausprägung des allgemeinen Rechts auf rechtliches Gehör aus Art. 103 Abs. 1 GG. Über die Form der Anhörung sagt das Gesetz nichts aus. Das Verwaltungsgericht kann den Betroffenen an Gerichtsstelle unmittelbar anhören. In diesem Fall ist ein Protokoll aufzunehmen. Ferner wäre es zulässig, dem Pflichtigen den Haftantrag der Behörde mit dem Ersuchen zuzusenden, sich dazu innerhalb einer bestimmten Frist zu erklären (vgl. *VG Meiningen* B 21.10.1999 – 2 V98/99, NVwZ-RR 2000, 476 = ThürVBl. 2000, 163).

Das Gericht entscheidet nach seiner freien Überzeugung durch Beschluss. Es „kann" Ersatzzwangshaft anordnen; § 16 Abs. 1 S. 1 gibt die Entscheidung in das pflichtgemäße **Ermessen des Gerichts**. Der mit § 16 VwVG inhaltsgleiche § 334 AO bestimmt dies ausdrücklich.

Bei seiner Entscheidung hat das Gericht den **Grundsatz der Verhältnismäßigkeit** zu beachten (s auch Rn. 31). Der mit der Ersatzzwangshaft verbundene schwerwiegende Eingriff in die persönliche Bewegungsfreiheit des Vollstreckungsschuldners (Art. 2 Abs. 2 i.V.m. Art. 104 Abs. 1 GG) darf nicht außer Verhältnis zur Bedeutung der Sache stehen. Die erforderliche Abwägung hat alle Umstände des konkreten Einzelfalls zu berücksichtigen. Die Bedeutung des mit der zu vollstreckenden Grundverfügung erstrebten Erfolges ist dem besonderen Gewicht gegenüberzustellen, das der beantragten Freiheitsentziehung zukommt. Zu berücksichtigen sind Umfang und Stärke einer polizeilichen Ordnungsstörung, das Gewicht der mit der Grundverfügung zu schützenden Rechtsgüter, Notwendigkeit und Schwere des Drucks auf den Willen des Vollstreckungsschuldners sowie gegebenenfalls auch besondere persönliche Umstände des Betroffenen (vgl. *OVG NRW* B 13.6.1989 – 17 B 1975/86, NWVBl. 1990, 19, 20).

Eine Ersatzzwangshaft könnte unverhältnismäßig sein, wenn die Vollzugsbehörde melderechtliche Daten selbst hat oder sich durch Rückfrage bei dem Vermieter des Pflichtigen beschaffen kann (so *VG Berlin* B 24.1.1980 – 1 A 783/79, GrundE 1980, 391).

Für die Prüfung der Verhältnismäßigkeit im engeren Sinne ist ferner von Bedeutung, ob ein weiterer Verstoß gegen die mit der Anordnung von Ersatzzwangshaft durchzusetzende Grundverfügung möglich ist (*OVG NRW* B 20.4.1999 – 5 E 251/99, juris Rn. 13 ff. = NVwZ-RR 1999, 802).

Eine **Erledigung des Grundverwaltungsaktes** – etwa durch Zeitablauf – nimmt der Ersatzzwangshaft zwar nicht den Charakter als Beugemittel. Ebenso wie die Festsetzung und Beitreibung eines Zwangsgeldes nach Erledigung des Grundverwaltungsakts dazu dient, der Androhung den nötigen Nachdruck zu verleihen (oben § 13 Rn. 121), erfüllt die Anordnung der Ersatzzwangshaft – soweit es um die Durchsetzung eines Verbots geht – ihre Beugefunktion dadurch, dass sie die motivierende Wirkung der Androhung als Druckmittel erhält. Dient die Anordnung der Ersatzzwangshaft nach Erledigung der Grundverfügung allerdings nur noch dazu, einer Entwertung der Androhung des Zwangsgeldes als Beugemittel zu begegnen, kommt mit Blick auf den Grundsatz der Verhältnismäßigkeit eine Ersatzzwangshaft nur ausnahmsweise bei Vorliegen besonderer Voraussetzungen in Betracht. Eine solche Ausnahme hat das *OVG NRW* für den Fall angenommen, dass die Androhung des Zwangsmittels der Durchsetzung einer Ordnungsverfügung dient, die den Schutz von Leben und Gesundheit Dritter bezweckt. In diesem Fall rechtfertige das Einschreiten zum Schutz von Grundrechten Dritter ausnahmsweise einen Eingriff in das Grundrecht der persönlichen Freiheit des Schuldners. Trotz Erledigung der Grundverfügung könne daher die Anordnung von Ersatzzwangshaft bei einem Aufenthaltsverbot gegen einen Drogenhändler – anders als bei einem Drogenkonsumenten (*OVG NRW* B 19.1.2009 – 5 E 1213/08 = NVwZ-RR 2009, 516 = NWVBl 2009, 268) – angemessen sein (*OVG*

NRW B 18.12.1996 – 5 E 1035/95, NVwZ-RR 1997, 763 = DÖV 1997, 511; OVG NRW B 18.12.1996 – 5 E 349/95, juris Rn. 4 ff).

Die **Anordnung der Ersatzzwangshaft nach Erledigung der Grundverfügung** kommt nicht in Betracht, wenn **Landesrecht** dem **entgegensteht**. Nach Art. 37 Abs. 4 S. 1 VwZVG Bayern ist die Anwendung von Zwangsmitteln, also auch der Ersatzzwangshaft (§ 29 Abs. 2 Nr. 3 VwZVG Bayern) einzustellen, sobald der Pflichtige seiner Verpflichtung nachkommt. „Da die Ersatzzwangshaft an die doppelte Voraussetzung geknüpft ist, dass das Zwangsgeld uneinbringlich ist und dass auch unmittelbarer Zwang keinen Erfolg verspricht, kommt der Häftling im Sinn des Art. 37 Abs. 3 [jetzt Art. 37 Abs. 4] seiner Verpflichtung mit der Folge der Haftaufhebung sowohl dann nach, wenn er das Zwangsgeld bezahlt als auch, wenn er die zu erzwingende Handlung, Duldung oder Unterlassung herbeiführt" (Begründung des Gesetzentwurfs der bayr. Staatsregierung zum VwZVG Bayern v. 11.11.1960 (LT-Beilage 4/1746, S. 24). Demnach ist die Anwendung von Ersatzzwangshaft einzustellen, wenn der Vollstreckungsschuldner der angeordneten Verpflichtung nachkommt oder (zumindest) das Zwangsgeld entrichtet (*VGH Bayern* B 29.8.2017 – juris Rn. 23 ff. = BayVBl 2018, 522).

Ungeachtet dessen kann die Anordnung einer Ersatzzwangshaft schon deshalb unangemessen sein, weil sich der Grundverfügung bereits **vor längerer Zeit** erledigt hat. Das träfe zB bei einem Aufenthaltsverbot gegenüber Drogenkonsumenten zu, das vor mehr als drei Jahren angeordnet wurde (*OVG Münster* B 19.1.2009 – 5 E 1213/08, juris Rn. 12 = DÖV 2009, 507 L = NVwZ-RR 2009, 516 = NWVBl. 2009, 268). Eine übermäßig lange Folgenlosigkeit, die der Anordnung der Ersatzzwangshaft entgegensteht, kann nach den Umständen des Einzelfalls vielmehr auch bereits nach einem kürzeren Zeitablauf anzunehmen sein (*OVG NRW* B 29.6.2015 – 5 E 22/15, juris Rn. 10).

Eine Behörde ist grundsätzlich nicht gehindert, gegen einen **mittellosen Vollstreckungsschuldner** ein Zwangsgeld zu verhängen, wenn dieser unter dem Eindruck eines Zwangsgeldes und einer Ersatzzwangshaftandrohung selbst für die Befolgung der aufgegebenen Ordnungsverfügung sorgen kann. Wie die Festsetzung des Zwangsgeldes wäre die Anordnung der Ersatzzwangshaft jedoch dann unverhältnismäßig, wenn der Vollstreckungsschuldner weder in der Lage ist, die begehrte Handlung selbst vorzunehmen, noch eine Möglichkeit zur Inanspruchnahme unentgeltlicher Hilfe besteht. In diesen Fällen kann durch eine Zwangsgeldfestsetzung wie auch durch eine ersatzweise festgesetzte Zwangshaft nichts erreicht werden (*OVG Sachsen-Anhalt* B 11.10.2016 – 3 O 172/16, juris Rn. 8 = LKV 2017, 85).

Die Androhung der Zwangshaft zur Durchsetzung eines Verbots kann ungeeignet sein, wenn beim Betroffenen keine Verhaltensänderung zu erwarten ist. Verstößt eine Prostituierte weiter gegen ein Prostitutionsausübungsverbot, nachdem deswegen bereits zwei Wochen je zwei Mal Ersatzzwangshaft angeordnet und vollstreckt worden war, ist eine erneute Anordnung der Zwangshaft unverhältnismäßig, weil ungeeignet (*VG Stuttgart B* 23.8.1998 – 4 K 3923/98, NVwZ 1999, 323 = VBlBW 1999, 191 = DVP 1999, 348 = NJW 1999, 1130 L). In einem solchen Fall ist der Vollzug gemäß § 15 Abs. 3 einzustellen, weil feststeht, dass der Zweck des Vollzuges nicht erreicht werden kann (§ 15 Rn. 63).

Bei einer schwerst drogenabhängigen Person ist zu erwarten, dass sie suchtbedingt auch nach der Inhaftierung ein behördliches Verbot nicht beachten wird. Deshalb kann die Ersatzzwangshaft ihren Zweck nicht erreichen. Sie ist ein ungeeignetes Mittel (*VG Dessau* B 24.2.2004 – 4 E 46/04, NVwZ-RR 2004, 849).

Bedenken gegen die Verhältnismäßigkeit der Anordnung der Ersatzzwangshaft bestehen angesichts ihres Beugecharakters regelmäßig nicht, wenn es dem Pflichtigen jederzeit freisteht, der Freiheitsentziehung durch die allein seiner Willensentscheidung unterliegende Erfüllung der Pflicht zu entgehen (*VG Darmstadt* B 7.2.1994 – 6 M 1829/93, KKZ 1995, 61; VG Frankfurt B 24.6.2010 – 1 N 1143/10.F, juris Rn. 9 = NVwZ-RR 2010, 792).

Selbstverständlich lehnt das Gericht den Antrag auf Anordnung von Ersatzzwangshaft ab, wenn der/die Pflichtige **haftunfähig** ist. Das kann etwa bei Krankheit oder Schwangerschaft der Fall sein. Insoweit gilt das Gleiche wie bei einem Haftaufschub nach § 906 ZPO.

In dem Beschluss des Verwaltungsgerichts werden die Behörde als „Antragstellerin" und „Gläubigerin" sowie der Pflichtige als „Antragsgegner" und „Schuldner" bezeichnet. Gegen den Beschluss ist die befristete Beschwerde zulässig (§§ 146, 147 VwGO; Rn. 26–33). Deshalb muss der **Beschluss** gemäß § 56 VwGO von Amts wegen nach den Vorschriften der Zivilprozessordnung **zugestellt** werden.

3. Voraussetzungen der Anordnung. – a) Antrag der Vollzugsbehörde. Das Verwaltungsgericht kann nur auf Antrag der Vollzugsbehörde tätig werden. Für die Vollzugsbehörde gilt der Grundsatz des pflichtgemäßen **Ermessens** gemäß § 40 VwVfG (Rn. 13). Sie kann den Antrag stellen; sie kann es auch unterlassen. Nur wenn die Haft zur Gefahrenabwehr unabweisbar notwendig sein sollte, wird die Behörde sich an das Gericht wenden. 15

b) Hinweis auf Ersatzzwangshaft bei Androhung des Zwangsgeldes. Auf die **Rechtmäßigkeit der Festsetzung** des Zwangsgeldes **kommt es nicht an**. Tragender Grundsatz des Verwaltungsvollstreckungsrechts ist, dass die Wirksamkeit und nicht die Rechtmäßigkeit vorausgegangener Verwaltungsakte Bedingung für die Rechtmäßigkeit der folgenden Akte und damit letztlich auch der Anwendung des Zwangsmittels ist. Dies gilt auch für die Anordnung von Ersatzzwangshaft (*OVG NRW* B 20.4.2012 – 13 E 64/12, juris Rn. 4 ff. = ZfWG 2012, 208 unter Verweis auf *OVG NRW* B 14.7.2011 – 13 B 696/11, GewArch 2011, 298 m.w.N.). Als Grundlage für die Anordnung einer Ersatzzwangshaft muss die Zwangsgeldfestsetzung unanfechtbar oder sofort vollziehbar und wirksam, dh nicht nichtig, sein. Entsprechend kommt es für die Ersatzzwangshaft auch nicht auf die Rechtmäßigkeit der Grundverfügung an. 16

Der Antrag an das Gericht, Ersatzzwangshaft anzuordnen, setzt aber voraus, dass die Behörde den Pflichtigen **„bei Androhung des Zwangsgeldes hierauf hingewiesen"** hatte.

Folgt man für das nordrhein-westfälische Recht der Ansicht des OVG NRW, wonach Ersatzzwangshaft gegen die gesetzlichen Vertreter einer juristischen Person des Privatrechts angeordnet werden kann (Rn. 2), stellt sich die Frage, wem gegenüber die Vollstreckungsbehörde auf die Ersatzzwangshaft hinweisen muss. § 61 Abs. 1 VwVG NRW bestimmt nicht, wem gegenüber der Hinweis zu erfolgen hat. Da die Anwendung des Zwangsmittels die letzte Stufe des Verwaltungszwangsverfahrens darstellt, muss jedenfalls ein Hinweis an den Pflichtigen, d.h. den Adressaten des Grundverwaltungsakts, erfolgen (*OVG NRW* B 20.4.2012 – 13 E 64/12, juris Rn. 47 = ZfWG 2012,

208). Zudem muss davon auszugehen sein, dass die gesetzlichen Vertreter, gegen die Ersatzzwangshaft angeordnet werden soll, Kenntnis von dem Hinweis erlangt haben. Auch muss ihnen bewusst gewesen sein, dass eine Ersatzzwangshaft naturgemäß nur ihnen gegenüber als natürliche Personen angeordnet werden kann.

Ein **nachträglicher Hinweis** ist nach dem klaren Wortlaut des § 16 Abs. 1 S. 1 **nicht zugelassen** (ebenso: *VG Frankfurt/Main* B 9.6.1993 – 9 M 1171/93 – V – -: NVwZ 1994, 725 = NZV 1994, 376 L; *VG Dessau* B 1.3.1995 – 2 D 1/94, LKV 1996, 80; *VG Berlin* B 25.2.2005 – 1 A 10/05 –; *LG Oldenburg* B 26.3.1984 – 8 T 66/83, NVwZ 1985, 221; *Engelhardt/App*, VwVG § 16 Rn. 2; a.A.: *Lemke*, S. 322, 323; *Drews/Wacke/Vogel/Martens*, S. 538; *Hohrmann*, § 334 Rn. 7; überwiegende Ansicht).

Das **Gesetz** erlaubt die Heilung dieses administrativen Fehlers nicht. Hierbei handelt es sich um **eine Schutzbestimmung für den Schuldner.** Sie ist zwingend und nicht auslegungsfähig. Die Behörde muss also **erneut das Zwangsgeld androhen** und dabei den Hinweis auf die Ersatzzwangshaft geben. – Ohne einen solchen Hinweis ist ihr **Antrag unzulässig.**

– Muster 7, 10, 24 –

§ 31 Abs. 1 S. 1 VwVG Brandenburg, § 61 Abs. 1 VwVG NRW und § 23 Abs. 1 VwVG Sachsen lassen – anders als § 16 – zu, dass die Vollzugsbehörde auch nachträglich auf die Möglichkeit, Ersatzzwangshaft anzuordnen, hinweist.

17 **c) Uneinbringlichkeit des Zwangsgeldes.** Einem zulässigen Antrag kann das Gericht nur entsprechen, wenn das **Zwangsgeld uneinbringlich** ist. Dies ist der Fall, wenn ein Einziehungsversuch erfolglos gewesen ist oder wegen offenkundiger Zahlungsunfähigkeit des Schuldners unterlassen werden musste. Von Zahlungsunfähigkeit darf die Vollzugsbehörde z.B. ausgehen, wenn keine Anhaltspunkte dafür vorliegen, dass der Vollstreckungsschuldner als Sozialhilfeempfänger über verwertbares Vermögen verfügt. Die Uneinbringlichkeit wird von Amts wegen ermittelt. Zur Beweissicherung ist die Uneinbringlichkeit in den Akten zu dokumentieren (*OVG Münster* B 20.4.2012 – 13 E 64/12 –). Sie ist anhand objektiver Kriterien festzustellen und nicht nach der Selbstauskunft des Schuldners oder dessen subjektiven Einschätzung zu bestimmen. Denn sonst hätte der Betroffene es in der Hand, zwischen Zahlung des Zwangsgeldes und Ersatzzwangshaft zu wählen.

Der Nachweis der Uneinbringlichkeit setzt nicht notwendig die Abgabe einer **eidesstattlichen Versicherung** des Vollstreckungsschuldners voraus (vgl. *BayVGH* B 12.2.1996 – 8 C 96.216, VGHE nF 49, 31 f. m.w.N.; a.A. *VG Frankfurt* B 9.6.1993 – 9 M 1171/93, NJW 1994, 725). Weder Wortlaut noch Sinn des Verwaltungs-Vollstreckungsgesetzes verlangen den Nachweis der Uneinbringlichkeit in einer bestimmten Form. Bestehen keinerlei Anhaltspunkte, die auf ein verwertbares Vermögen des Vollstreckungsschuldners schließen lassen, bedarf es zum Nachweis der Uneinbringlichkeit keiner eidesstattlichen Versicherung (für das VwVG NRW: *OVG NRW* B 20.4.1999 – 5 E 251/99, juris Rn. 8 = NVwZ-RR 1999, 802).

Die **Insolvenz des Vollstreckungsschuldners** hindert die Vollstreckung von Ersatzzwangshaft grundsätzlich nicht. Anderenfalls könnte sich ein Schuldner allein unter Hinweis auf seine Insolvenz und Mittellosigkeit seinen Verpflichtungen entziehen (*VGH Bayern* B 29.8.2017 – 12 C 17.1544, juris 9 = BayVBl 2018, 522; *VG München* B 16.7.2018 – M 9 X 17.5794, juris Rn. 20; vgl. auch *VG Potsdam* U 9.1.2017 – 4 K 480/15, juris Rn. 22 m.w.N.; Engelhardt/App/Schlatmann/*Troidl*, §16 VwVG Rn. 3). Ist gemäß §§ 11 ff. InsO ein Insolvenzverfahren über das Vermögen des Schuldners eröffnet worden, muss bei ihm das Zwangsgeld nicht auch zwangsläufig uneinbringlich sein. Hier kommt es auf die Feststellung des Gerichts an. Bei Uneinbringlichkeit ist die Anordnung der Ersatzzwangshaft jedenfalls grundsätzlich zulässig (vgl. *VG Chemnitz* U 27.8.2003 – 8 K 510/02, GewArch 2003, 484).

Die Behörde muss die **Uneinbringlichkeit des Zwangsgeldes** unmittelbar vor dem Antrag auf Anordnung von Ersatzzwangshaft feststellen. Es genügt nicht, wenn vor geraumer Zeit einmal ein Beitreibungsversuch unternommen worden war.

Da die Ersatzzwangshaft eine Beuge- und kein Sanktionsmittel ist, kommt es für das Tatbestandsmerkmal der Uneinbringlichkeit nicht darauf an, ob der Pflichtige diese verschuldet, dh fahrlässig oder vorsätzlich herbeigeführt hat (App/Wettlaufer/*Klomfaß*, Kap 37 Rn. 15). Die Vollzugsbehörde ist andererseits nicht gehindert, im Rahmen ihrer Ermessensentscheidung, ob ein Antrag auf Anordnung von Ersatzzwangshaft gestellt werden soll, vorliegendes oder fehlendes Verschulden des Pflichtigen zu berücksichtigen (Engelhardt/App/Schlatmann/*Troidl*, §16 Rn. 3).

d) Unmittelbarer Zwang erfolglos. Soll eine **nicht vertretbare Handlung** durchgesetzt werden, darf die Ersatzzwangshaft in der Regel erst dann angeordnet werden, wenn auch der **unmittelbare Zwang,** soweit er zulässig ist, keinen Erfolg gehabt hat. Das bestimmt **Bayern** ausdrücklich in Art. 33 Abs. 1 VwZVG. 18

Beispiel: Die Straßenverkehrsbehörde hatte einen Kraftfahrer aufgefordert, seinen Führerschein abzuliefern. Als das nicht geschah, drohte sie ihm ein Zwangsgeld an und wies dabei auf die Möglichkeit der Anordnung einer Ersatzzwangshaft hin. Der Versuch, das festgesetzte Zwangsgeld beizutreiben, war erfolglos. Daraufhin beantragte die Vollzugsbehörde bei dem Verwaltungsgericht, eine Ersatzzwangshaft anzuordnen.

Das Gericht lehnte den Antrag mit der zutreffenden Begründung ab, dass die Behörde zuvor versuchen müsse, den Führerschein durch unmittelbaren Zwang wegzunehmen. Erst wenn keine Aussicht mehr bestehe, den Führerschein aufzufinden, etwa weil er versteckt sei, komme eine Haft in Betracht (*OVG Berlin* B 8.2.1965 – 1 L 13/64, OVGE Berlin 8, 87 = JR 1965, 436 = DVBl. 1966, 87 L = DRsp 520, 66).

Bei Haft handelt es sich stets um eine **Freiheitsentziehung** (Art. 104 Abs. 2 GG). Dagegen kommt es bei der Anwendung unmittelbaren Zwanges regelmäßig nur zu einer Freiheitsbeschränkung (Art. 104 Abs. 1 GG), weil der Betroffene nicht in einem Haftraum festgehalten wird (§ 12 Rn. 34–38). Folglich darf Ersatzzwangshaft in der Tat erst angeordnet werden, wenn auch der zulässige unmittelbare Zwang als milderes Mittel erfolglos war. 19

Ist der unmittelbare Zwang allerdings weniger geeignet als die Ersatzzwangshaft oder gar ungeeignet, kann das Gericht Haft anordnen. 20

Beispiel: Verhinderung der Ausübung des untersagten Gewerbes nach §35 GewO (*VGH München* B 8.2.1982 – 22 C 81 A.958, *VGHE* 35, 34 = BayVBl. 1982, 340 = NJW 1982, 2275; *VGH Mannheim* B 13.10.1972 – VI 880/72, GewArch 1973, 56 = BWVBl. 1973, 44 = DRsp 520, 84).

Unmittelbarer Zwang kann **bei höchstpersönlichen Verpflichtungen von vornherein** ein untaugliches Mittel zur Erreichung des angestrebten Zieles sein. Dann ist die **Ersatzzwangshaft angebracht,** zB wegen Erteilung einer Auskunft oder zwecks Vor- 21 lage eines Prüfungsberichts gemäß §16 Abs. 1 S. 1 der Makler- und Bauträgerverordnung (*VG Gelsenkirchen* B 8.5.1981 – 7 M Nr. 9/81, GewArch 1981, 371).

22 Bei der Verpflichtung zur **Teilnahme am Verkehrsunterricht** ist eine differenzierte Betrachtung geboten: Nach §48 StVO ist derjenige, der Verkehrsvorschriften nicht beachtet, auf Vorladung der Straßenverkehrsbehörde verpflichtet, an einem Unterricht über das Verhalten im Straßenverkehr teilzunehmen. Die Vorschrift hat erzieherische Wirkung; sie stellt keine Sanktionsmaßnahme dar. Demgemäß verpflichtet sie den Vorgeladenen nicht nur, zum Verkehrsunterricht zu erscheinen (äußere Teilnahme), sondern auch, daran Anteil zu nehmen (innere Teilnahme).

Die äußere Teilnahme ist erzwingbar, wobei eine zwangsweise Vorführung im Wege des unmittelbaren Zwanges in aller Regel milder sein dürfte als die Anordnung von Ersatzzwangshaft (hierzu *OVG Bremen,* B 15.12.1971 – 2 B 122/71, DÖV 1972, 391 = VRS 43, 157 = VerwRspr. 24, 89 = DRsp 520, 81, das die Ersatzzwangshaft zulässt).

Hingegen kann die innere Teilnahme nicht erzwungen werden. Selbst wenn der Betroffene im Unterrichtsraum anwesend ist, kann er nicht gezwungen werden, gegen seinen Willen zuzuhören, mitzumachen und den Unterrichtsstoff aufzunehmen. Insoweit kann der Vollzug i.S.d. §15 Abs. 3 nicht erreicht werden. Vielmehr kommen andere Sanktionen in Betracht. Zunächst könnte die Behörde nach §24 StVG i.V.m. §48 und §49 Abs. 4 Nr. 6 StVO eine Geldbuße verhängen, weil eine Ordnungswidrigkeit vorliegt. Sollte diese Maßnahme keinen Erfolg haben, darf die Behörde annehmen, dass der Betroffene zum Führen von Kraftfahrzeugen ungeeignet ist. Dann muss sie ihm gemäß §3 Abs. 1 StVG i.V.m. §46 FeV die Fahrerlaubnis entziehen.

23 **e) Ersatzvornahme „untunlich".** Soll eine **vertretbare Handlung** erzwungen werden und erweist sich das hierzu nach §11 Abs. 1 S. 2 ausnahmsweise festgesetzte Zwangsgeld als uneinbringlich, so ist die Anordnung der Ersatzzwangshaft nur zulässig, wenn die Ersatzvornahme auch im Verhältnis zu Ersatzzwangshaft **„untunlich"** ist (*OVG Münster* B 13.2.1976 – 10 B 1427/75, NJW 1976, 1284 = KKZ 1976, 115 = GemTg. 1977, 140 = BRS 30 Nr. 186 = VerwRspr. 28, 129; *VG Berlin* B 8.10.1998 – 10 A 218/98, NVwZ-RR 1999, 349; *VG Meiningen* B 21.10.1999 – 2 V98/99, NVwZ-RR 2000, 476 = DVP 2000, 505 = ThürVBl. 2000, 163).

Denn die Ersatzzwangshaft greift massiv in die durch Art. 2 Abs. 2 i.V.m. Art. 104 GG gewährleistete persönliche Freiheit ein und darf daher als subsidiäres Beugemittel nur das letzte Mittel (Rn. 5) des Staates zur Durchsetzung eines vollstreckbaren Anspruchs sein (*OVG Sachsen-Anhalt* B 25.8.2003 – 2 O 304/03, juris Rn. 5 f; *OVG NRW* B 13.3.2004 – 10 E 168/04, juris Rn. 6 f.). Aus diesem Grunde ist die Ersatzzwangshaft unverhältnismäßig, wenn der angestrebte Erfolg durch ein anderes, weniger einschneidendes Zwangsmittel wie z.B. die Ersatzvornahme (*OVG Sachsen-Anhalt* B 25.8.2003 – 2 O 304/03, juris Rn. 5 f.) oder eine andere gleich geeignete, aber mildere behördliche Maßnahme erreicht werden kann (*VG Augsburg* B 6.2.2012 – Au 3 V 11.1724, juris, Rn. 11 ff; *VG Magdeburg* B 20.10.2014 – 1 B 1091/14, juris Rn. 13 m.w.N.; *VGH Bayern* B 29.8.2017 – 12 C 17.1544, juris Rn. 3 = BayVBl 2018, 522).

24 **4. Rechtsschutz.** Das Gericht entscheidet auf **Antrag der Vollzugsbehörde.** Der Antrag ist **kein Verwaltungsakt.** Denn er regelt keinen Einzelfall. Dieser ist bereits mehrfach geregelt, nämlich durch die Grundverfügung sowie durch die Androhung und Festsetzung des Zwangsgeldes. Zweck des Antrags ist lediglich die Umwandlung

des uneinbringlichen Zwangsgeldes in dessen Ersatz, eben die Ersatzzwangshaft. Gleiches gilt für die Ersatzzwangshaft nach §334 AO (Hübschmann/Hepp/Spitaler/*Hohrmann*, §334 Rn.16). Mit dem Antrag geht lediglich die Entscheidungsbefugnis auf das Gericht über. Eine Regelung gegenüber dem Pflichtigen ist hierin nicht zu sehen. Deshalb kann der **Pflichtige** den Antrag der Behörde auch nicht mit dem Widerspruch und der Anfechtungsklage anfechten. Mangels rechtlicher Beeinträchtigung hat er **kein Rechtsschutzbedürfnis.**

Lehnt das Gericht den Antrag der **Vollzugsbehörde** ab, ist die Behörde beschwert. 25
Die Entscheidung des Gerichts ist kein Urteil oder Gerichtsbescheid. Sie ist ein Beschluss. Gegen ihn steht der Behörde gemäß §146 Abs.1 VwGO das Recht der **Beschwerde** an das Oberverwaltungsgericht oder den Verwaltungsgerichtshof des jeweiligen Bundeslandes zu.

Gibt das Gericht dem Antrag der Vollzugsbehörde statt, ist der **Pflichtige** beschwert. 26
Auch er hat das Recht der **Beschwerde** nach §146 Abs.1 VwGO. Denn nunmehr hat er ein **Rechtsschutzbedürfnis.**

Gemäß §147 i.V.m. §56 VwGO ist die Beschwerde innerhalb von **zwei Wochen nach** 27
Zustellung des Beschlusses bei dem Verwaltungsgericht einzulegen. Diese Frist ist gewahrt, wenn sie innerhalb von zwei Wochen bei dem Beschwerdegericht eingeht.

Nach §147 Abs.1 S.2 i.V.m. §67 Abs.4 VwGO besteht für das Beschwerdeverfahren 28
Vertretungszwang (*VGH München* B 14.5.2002 – 5 C 02.968, BayVBl. 2002, 539 = NVwZ 2002, 1391 = NJW 2003, 80 L; *VGH Mannheim* B 8.1.2003 – 12 S 228/03, NVwZ 2003, 885).

Gemäß § 148 Abs. 1 VwGO hat das Verwaltungsgericht einer begründeten 29
Beschwerde abzuhelfen. Sonst ist die Beschwerde unverzüglich dem Oberverwaltungsgericht oder dem Verwaltungsgerichtshof vorzulegen.

Nach §149 Abs.1 S.1 VwGO hat die **Beschwerde aufschiebende Wirkung**, da sie die 30
Festsetzung eines Zwangsmittels zum Gegenstand hat.

II. Zu Absatz 2

§16 Abs.2 legt die mögliche Dauer der Ersatzzwangshaft auf mindestens einen Tag 31
und höchstens zwei Wochen fest. Im Landesrecht finden sich hiervon abweichende Bestimmungen. Nach §16 Abs.2 S.2 VwVG Hamburg darf die Gesamtdauer der Haft auch bei wiederholter Anordnung in derselben Sache insgesamt sechs Wochen nicht überschreiten. §28 Abs.2 S.2 VwVG Saarland legt die Höchstdauer der Haft ebenfalls aus sechs Wochen fest. §71 Abs.1 VwVG Sachsen-Anhalt i.V.m. §57 Abs.1 S.2 SOG Sachsen-Anhalt lässt eine Haftdauer von sechs Monaten zu.

Diese zeitliche Beschränkung bezieht sich auf die einzelne Zwangshaft. Sie schließt nicht aus, dass aufgrund mehrerer nacheinander festgesetzter und uneinbringlicher Zwangsgelder **mehrere Ersatzzwangshaften** angeordnet werden, die in der Summe die Dauer von zwei Wochen überschreiten. Denn §16 legt – anders als §890 Abs.1 S.2 ZPO und §16 Abs.2 S.2 VwVG Hamburg – keine maximal zulässige Gesamthaftdauer fest. Gemäß §16 Abs.3 i.V.m. §802j Abs.1 S.2 ZPO ist der Pflichte jedoch spätestens nach sechs Monaten von Amts wegen aus der Haft zu entlassen (App/Wettlaufer/*Klomfaß*, Kap 37 Rn. 26).

Bei **einem auf mehrere Zwangsgeldfestsetzungen gestützten Antrag** der Behörde ist die Dauer der Ersatzzwangshaft nicht gestaffelt nach Anzahl und Höhe der einzelnen Zwangsgelder, sondern einheitlich unter Abwägung des öffentlichen Interesses an der Durchsetzung der Grundverfügung und der persönlichen Interessen und Verhältnisse des Betroffenen zu bemessen (*OLG Celle* B 7.4.2017 – 22 W 12/16, juris Rn. 21 = NVwZ-RR 2017, 922 = NdsRpfl 2017, 254 = NordÖR 2018, 344).

Die nach § 16 Abs. 2 mögliche Dauer der Ersatzzwangshaft ist niedrig bemessen und orientiert sich damit am **Grundsatz der Verhältnismäßigkeit** (s auch Rn. 14). Für die Bemessung der Haftdauer durch das Gericht im konkreten Einzelfall gilt der Verhältnismäßigkeitsgrundsatz in gleicher Weise. Die angeordnete Haftdauer muss geeignet, dh hinreichend eindrucksvoll sein, um den Pflichtigen zu motivieren, der Grundverfügung zu entsprechen. Bei dieser Prognoseentscheidung muss das öffentliche Interesse an der Erfüllung der zu erzwingenden Verpflichtung im Vordergrund stehen (vgl. Engelhardt/App/Schlatmann/*Troidl*, § 16 VwVG Rn. 5). Das Gericht darf daher eine Haftdauer anordnen, die mit hinreichender Sicherheit eine ausreichende Beugewirkung entfaltet. Eine darüber hinausgehende Haftdauer ist nicht erforderlich, weil eine kürzere, gleich geeignete Haftdauer ein milderes Mittel darstellt (*OVG NRW* B 31.3.2004 – 18 E 1162/03, NVwZ-RR 2004, 786 = DVBl. 2004, 908 L). Bei der Prüfung, welche Haftdauer angemessen ist, muss das Gericht das öffentliche Interesse an der Befolgung der Grundverfügung – insbesondere das Gewicht der mit der Ordnungsverfügung zu schützenden Rechtsgüter – gegen den Eingriff in das Grundrecht des Pflichtigen auf körperliche Bewegungsfreiheit aus Art. 2 Abs. 2 S. 2 GG und die damit verbundenen Auswirkungen abwägen. Hierbei berücksichtigt das Gericht auch die Notwendigkeit und Schwere des Drucks auf den Willen des Vollstreckungsschuldners und dessen **persönliche Verhältnisse** (vgl. *OVG NRW* B 20.4.1999 – 5 E 251/99, juris Rn. 11 = NVwZ-RR 1999, 802; *VG Düsseldorf* B 1.12.2017 – 18 M 173/17, juris Rn. 13). Dazu gehören zB der gesundheitliche Zustand, familiäre Umstände und berufliche Belange des Betroffenen.

Angemessen ist eine Ersatzzwangshaft von einer Woche, um das Verbot einer zweckfremden Nutzung von Wohnraum durchzusetzen (*VG München* B 14.7.2017 – M 9 X 17.2044, juris Rn. 22). Eine zweitägige Haft kann angemessen sein, um den Abschluss einer Hundehaftpflichtversicherung durchzusetzen (*OVG Sachsen-Anhalt* B 11.10.2016 3 O 172/16, juris Rn. 12 = LKV 2017, 85). Die Verpflichtung, eine tierärztliche Approbationsurkunde zur Verwahrung zu geben, kann mit einer Zwangshaft von 14 Tagen durchgesetzt werden (*VG Halle* B 16.8.2016 – 5 E 360/16, juris Rn. 14). Eine vierzehntägige Zwangshaft kann auch dann angemessen sein, wenn gegen den Pflichtigen bereits mehrfach erfolglos Zwangsgeld festgesetzt worden ist und auch die erstmalige zweiwöchige Ersatzzwangshaft bei ihm keine Verhaltensänderung bewirkt hat (*VG Berlin* B 26.11.2014 – 1 M 71.14, juris Rn. 15).

Es ist der Behörde nicht verwehrt, dem Gericht einen Vorschlag für die Dauer der Haft zu machen. Der Vorschlag ist für das Gericht unverbindlich.

– Muster 10, 24 –

III. Zu Absatz 3

32 **1. Vollstreckung der Ersatzzwangshaft.** Hat das Verwaltungsgericht die Ersatzzwangshaft angeordnet, wird sie gemäß § 16 Abs. 3 **auf Antrag der Vollzugsbehörde**

vollstreckt. Ein besonderer Antrag ist unerlässliche Voraussetzung für die Vollstreckung. Der Antrag nach §16 Abs. 3 ist von dem Antrag nach §16 Abs. 1, mit dem die Vollzugsbehörde die Anordnung von Ersatzzwangshaft beantragt, zu unterscheiden. Die Anforderung an die Vollzugsbehörde, nach beantragter und angeordneter Ersatzzwangshaft auch deren Vollstreckung gesondert zu beantragen, soll der Behörde Gelegenheit geben, nochmals auf den Pflichtigen einzuwirken und ihm eine weitere, letzte Möglichkeit einzuräumen, die Zwangshaft abzuwenden, indem er der Grundverfügung genügt. Diese letzte Chance, der Haft doch noch zu entgehen, ist mit Blick auf den schwerwiegenden Eingriff in die persönliche Freiheit des Vollstreckungsschuldners gemäß Art. 2 Abs. 2 i.V.m. Art. 104 Abs. 1 GG, der mit der Zwangshaft verbunden ist, geboten.

Die Vollstreckung richtet sich nach den Bestimmungen der §§ 802g, 802h und 802j Abs. 2 ZPO. Die Verwaltungsbehörde muss den Vollstreckungsantrag bei dem Verwaltungsgericht stellen. Das Verwaltungsgericht verfügt allerdings nicht über die Mittel, die Vollstreckung der Ersatzzwangshaft durchzuführen. Deshalb bestimmt §16 Abs. 3, dass die **Justizverwaltung** für die Vollstreckung der Ersatzzwangshaft zuständig ist. Rechtssystematisch ist dies stimmig, weil es sich bei der Vollstreckung einer Ersatzzwangshaft um den „Vollzug einer gerichtlich angeordneten Zwangshaft“ gemäß §171 des Strafvollzugsgesetzes handelt. Die Vollstreckung findet also in einer Justizvollzugsanstalt statt. Hier gilt die gleiche Regelung wie nach §334 Abs. 3 S. 2 AO.

Gemäß §16 Abs. 3 i.V.m. §802g Abs. 1 S. 1 ZPO hat „das Gericht zur Erzwingung … **33**
auf Antrag einen **Haftbefehl** zu erlassen“. Daraus folgt, dass ausschließlich das Verwaltungsgericht für den Erlass des Haftbefehls zuständig sein kann (vgl. *OVG Münster* B 17.12.1962 – 2 B 731/62, OVGE Münster 18, 197 = DÖV 1963, 275 = DVBl. 1963, 258 = StTg. 1963, 406; *OVG Münster* B 30.1.2006 – 5 E 1392/05, NJW 2006, 2569; *OVG Berlin* B 28.9.1977 – 1 S 120/77 –). In dem Haftbefehl sind gemäß §16 Abs. 3 i.V.m. §802g Abs. 1 S. 2 ZPO der Gläubiger, der Schuldner und der Grund der Verhaftung zu bezeichnen.

Erlass eines Haftbefehls hat lediglich klarstellende Bedeutung, da die richterliche Anordnung der Ersatzzwangshaft gemäß §16 Abs. 1 S. 1 zugleich den Haftbefehl i.S.d. §16 Abs. 3 i.V.m. §802g Abs. 1 S. 1 ZPO umfasst (vgl. *OVG Münster* B 20.4.2012 – 13 E 64/12, juris Rn. 65 = ZfWG 2012, 208).

Anders ist die Rechtslage, wenn nach **§169 VwGO** zu Gunsten der öffentlichen Hand vollstreckt werden soll. Dann ist nicht das Verwaltungsgericht als Kollegialorgan, sondern der Vorsitzende des Verwaltungsgerichts des ersten Rechtszuges in seiner exklusiven Position als Bundesvollzugsbehörde (vgl. §4 Rn. 9) für den Erlass des Haftbefehls zuständig. Das ergibt sich aus §169 Abs. 1 S. 2 VwGO. Diese Vorschrift geht §16 Abs. 3 VwVG als lex specialis vor.

Auf Antrag der Vollzugsbehörde wird dann der **Schuldner** durch einen Gerichtsvollzie- **34**
her **verhaftet** (§802g Abs. 2 S. 1 ZPO. Der Gerichtsvollzieher händigt dem Schuldner von Amts wegen bei der Verhaftung eine beglaubigte Abschrift des Haftbefehls aus (§802g Abs. 2 S. 2 ZPO). Rechtsgestaltende Bedeutung hat der Haftbefehl nicht. Er ist nur die verwaltungsgerichtliche Legitimation für die Zulässigkeit der Vollstreckung.

Nach §16 Abs. 3 iV §802h Abs. 1 ZPO ist die Vollziehung des Haftbefehls unstatthaft, wenn seit dem Tage, an dem der Haftbefehl erlassen wurde, zwei Jahre vergangen sind.

Für die Verhaftung des Schuldners ist zwar nach dem Gesetz der **Gerichtsvollzieher** funktionell zuständig. Jedoch kann ausnahmsweise auch die **Vollzugspolizei** den Schuldner in Gewahrsam nehmen. Das ist zB in folgendem Fall geschehen:

Der Polizeipräsident in Berlin beantragte beim Verwaltungsgericht Berlin, gegen einen ausländischen Rauschgifthändler Ersatzzwangshaft anzuordnen. Als Sozialhilfeempfänger war bei diesem ein Zwangsgeld in Höhe von 500 DM anscheinend uneinbringlich. Durch Beschluss vom 29.8.2001 – VG 1 A 277/01 – ordnete das Verwaltungsgericht nach Anhörung des Pflichtigen Ersatzzwangshaft für die Dauer von zwei Tagen an und erließ gleichzeitig einen Haftbefehl. Der Gerichtsvollzieher konnte den Schuldner jedoch nicht verhaften, weil dieser inzwischen „untergetaucht" war. Am selben Tag ergriffen Polizeivollzugsbeamte den Gesuchten bei dem Verkauf von Betäubungsmitteln. Sie nahmen ihn in Gewahrsam und berichteten telefonisch an den zuständigen Richter, unter dessen Vorsitz der Beschluss ergangen war. Dieser ordnete an, den Festgehaltenen sofort in die Justizvollzugsanstalt zu verbringen. Damit entfiel die Notwendigkeit einer Verhaftung durch den Gerichtsvollzieher.

35 Die Vollstreckung ist auch **zur Nachtzeit sowie an Sonntagen und allgemeinen Feiertagen zulässig.** Das ergibt sich aus § 16 Abs 3. Denn dort ist § 758a Abs. 4 ZPO, der für die Vollstreckung an solchen Tagen die Erlaubnis des Richters voraussetzt, nicht aufgeführt. Auch die Einschränkung der Vollstreckungsbefugnis für diese Tage gemäß § 5 Abs. 1 VwVG i.V.m. § 289 AO gilt hier nicht. – Das ist kein Versehen des Gesetzgebers, sondern eine klare gesetzliche Regelung durch Nichterwähnung.

Auch bei der Vollstreckung der Ersatzzwangshaft ist der **Grundsatz der Verhältnismäßigkeit** zu beachten, wobei dem Vollzugszweck Vorrang zukommt. Die Interessen des Pflichtigen, der es durch seine beharrliche Renitenz bis zur Vollstreckung der Zwangshaft hat kommen lassen, müssen in aller Regel hierhinter zurückstehen. Dass nur eine konkrete Gefährdung hochrangiger Rechtsgüter des Pflichtigen geeignet ist, ausnahmsweise von einer Vollstreckung vorübergehend abzusehen, verdeutlicht § 802h Abs. 2 ZPO. Hiernach darf die Haft gegen einen Schuldner, dessen Gesundheit durch die Vollstreckung einer nahen und erheblichen Gefahr ausgesetzt würde, nicht vollstreckt werden, solange dieser Zustand dauert.

36 Das **Zwangsgeld** wird durch die Haft **verbraucht.** Die **Forderung** der Behörde ist **erloschen.** Es steht fest, dass in diesem Fall der Zweck des Vollzuges nicht erreicht werden konnte (§ 15 Abs. 3).

37 **2. Einstellung der Vollstreckung.** Kommt der Verantwortliche seiner **Handlungspflicht** aus der Grundverfügung vor der Vollstreckung nach, ist der Grund für die Ersatzzwangshaft entfallen. Der Zweck des Vollzuges ist erreicht (§ 15 Abs. 3).

Hat der Pflichtige nach der Androhung von Zwangsgeld gegen eine **Duldungs- oder Unterlassungspflicht** aus der Grundverfügung verstoßen, so dass das Zwangsgeld auch nach Erledigung der Grundverfügung noch beigetrieben werden kann (hierzu § 15 Rn. 53), dann kann an die Stelle des uneinbringlichen Zwangsgeldes die Ersatzzwangshaft treten.

Dient die Anordnung der Ersatzzwangshaft nach Erledigung der Grundverfügung allerdings nur noch dazu, einer Entwertung der Androhung des Zwangsgeldes als Beugemittel zu begegnen, kommt mit Blick auf den Grundsatz der Verhältnismäßigkeit eine Ersatzzwangshaft nur ausnahmsweise zum Schutz von Grundrechten Dritter in Betracht. Eine solche Ausnahme hat das *OVG NRW* (B 18.12.1996 – 5 E 1035/95, NVwZ-RR 1997, 763 = DÖV 1997, 511; *OVG NRW* B 18.12.1996 – 5 E 349/95, juris Rn. 4 ff.) für den Fall angenommen, dass die Androhung des Zwangsmittels der Durchsetzung einer Ordnungsverfügung dient, die den Schutz von Leben und Gesundheit Dritter bezweckt (oben Rn. 14).

Zahlt der Schuldner nach Anordnung der Haft das Zwangsgeld, ist der **Vollzug** nach § 15 Abs. 3 **einzustellen.** Denn die Ersatzzwangshaft ist im Verhältnis zum Zwangsgeld nachrangig. Sie ist von ihm abhängig. Ohne einen behördlichen Anspruch auf das Zwangsgeld kann es auch keinen Ersatz dafür durch Haft geben. Darauf weist das Verwaltungsgericht in seinem Beschluss hin: „Von der Vollstreckung ist abzusehen, wenn der Antragsgegner das Zwangsgeld zahlt oder eine zwischenzeitlich erfolgte Zahlung nachweist."

3. Verjährung der Ersatzzwangshaft. Das Verwaltungs-Vollstreckungsgesetz enthält **38**
keine direkte Regelung für die Verjährung der Ersatzzwangshaft. Es fehlt eine Bestimmung wie in § 334 Abs. 4 AO. Hiernach darf die Haft nicht mehr vollstreckt werden, wenn der Anspruch auf das Zwangsgeld verjährt ist.

Für das Verwaltungsvollstreckungsrecht des Bundes gilt Folgendes: Gemäß § 19 Abs. 1 VwVG i.V.m. § 346 Abs. 2 AO beträgt die Frist für den Ansatz von Kosten ein Jahr. Sie beginnt mit dem Ablauf des Kalenderjahres, in dem die Kosten entstanden sind. Das bedeutet, dass die Behörde das Zwangsgeld innerhalb dieser Frist festgesetzt haben muss. Die Festsetzung des Zwangsgeldes erfolgt durch Leistungsbescheid. Der Erlass des Bescheides hemmt die Verjährung des Anspruchs (§ 53 Abs. 1 S. 1 VwVfG). Versäumt die Behörde die Festsetzungsfrist des § 346 Abs. 2 AO, verjährt nicht nur der Anspruch auf das uneinbringliche Zwangsgeld, sondern auch das Recht, die Ersatzzwangshaft zu vollstrecken. Dies folgt aus dem akzessorischen Charakter der Zwangshaft, die als Ersatz an die Stelle des Zwangsgeldes tritt. Die Fristen der Anspruchsverjährung und der Vollstreckungsverjährung sind also deckungsgleich.

Im Vollstreckungsrecht der Länder ist dies zT ausdrücklich bestimmt. So darf die Haft gemäß § 31 Abs. 4 VwVG Brandenburg nicht mehr vollstreckt werden, wenn der Anspruch auf das Zwangsgeld verjährt ist.

4. Kosten der Vollstreckung. Die **Kosten** der Ersatzzwangshaft, die von der Vollzugs- **39**
behörde aufgebracht werden müssen, hat der Pflichtige zu ersetzen. Das bestimmt § 19 Abs. 1 VwVG i.V.m. § 344 Abs. 1 Nr. 8 AO. Danach **fallen dem Vollstreckungsschuldner** auch die Kosten **zur Last**, die durch Anwendung der Ersatzzwangshaft entstanden sind.

Dagegen richtet sich die Verpflichtung des Schuldners, die Gerichtskosten zu tragen, **40**
nach § 154 Abs. 1 VwGO. Diese sind Verfahrenskosten, die durch die gerichtliche Anordnung der Haft, nicht durch deren Anwendung entstanden sind. Demzufolge sind sie nicht in § 19 Abs. 1 enthalten.

Anhang:
Vergleichbares Landesrecht

41 **(1) Baden-Württemberg:** § 24 LVwVG. Dauer: ein Tag bis zwei Wochen.

(2) Bayern: Art. 29 Abs. 2 Nr. 3, Art. 33, Art. 37 Abs. 1 S. 3 VwZVG. Die Ersatzzwangshaft ist ein selbstständiges Zwangsmittel. Ihre Dauer beträgt im Regelfall einen Tag bis zwei Wochen. Bei mehreren Vollstreckungsmaßnahmen darf die zur Durchsetzung des Verwaltungsaktes insgesamt festgesetzte Ersatzzwangshaft vier Wochen nicht überschreiten.

(3) Berlin: § 8 VwVfG Berlin = § 16 VwVG. Dauer: ein Tag bis zwei Wochen.

(4) Brandenburg: § 31 VwVGBbg. Dauer: ein Tag bis zwei Wochen.

(5) Bremen: § 20 BremVwVG. Dauer: ein Tag bis zwei Wochen. Die Ersatzzwangshaft wird von der Vollzugsbehörde angeordnet. Aber die Anordnung bedarf der Bestätigung durch das Verwaltungsgericht.

(6) Hamburg: §§ 11, 16 HmbVwVG. Es gibt keine Ersatzzwangshaft, sondern Erzwingungshaft als selbstständiges Zwangsmittel. Sie ist nur zulässig, wenn ein vorher angewandtes Zwangsmittel erfolglos geblieben ist und wenn seine Wiederholung oder die Anwendung eines anderen Zwangsmittels offenbar keinen Erfolg verspricht (*VG Hamburg* B 17.10.2012 – 2 V 2522/12 –; DÖV 2013, 912 L). Die Erzwingungshaft wird für mindestens einen Tag angeordnet und darf insgesamt sechs Wochen nicht überschreiten.

(7) Hessen: § 76a HessVwVG. Dauer: ein Tag bis zwei Wochen.

(8) Mecklenburg-Vorpommern: § 91 SOG M-V. Dauer: ein Tag bis zwei Wochen.

(9) Niedersachsen: § 70 NVwVG i.V.m. § 68 Nds. SOG. Dauer: ein Tag bis zwei Wochen.

(10) Nordrhein-Westfalen: § 61 VwVG NRW. Dauer: ein Tag bis zwei Wochen. Auf die Zulässigkeit der Ersatzzwangshaft kann auch nachträglich hingewiesen werden.

(11) Rheinland-Pfalz: § 67 LVwVG. Dauer: ein Tag bis zwei Wochen.

(12) Saarland: § 13 Abs. 1 Nr. 4, § 28 SVwVG. Es gibt keine Ersatzzwangshaft, sondern Erzwingungshaft als selbstständiges Zwangsmittel. Sie ist nur zulässig, wenn ein anderes Zwangsmittel erfolglos geblieben ist und die Wiederholung oder die Anwendung eines anderen Zwangsmittels keinen Erfolg verspricht. Dauer: ein Tag bis sechs Wochen.

(13) Sachsen: § 23 SächsVwVG. Dauer: ein Tag bis zwei Wochen. Auf die Zulässigkeit der Ersatzzwangshaft kann auch nachträglich hingewiesen werden.

(14) Sachsen-Anhalt: § 71 VwVG LSA i. V. m. § 57 SOG LSA. Dauer: ein Tag bis sechs Monate.

(15) Schleswig-Holstein: § 240 LVwG. Dauer: ein Tag bis zwei Wochen.

(16) Thüringen: § 49 ThürVwZVG. Dauer: ein Tag bis zwei Wochen.

§ 17 Vollzug gegen Behörden

Gegen Behörden und juristische Personen des öffentlichen Rechts sind Zwangsmittel unzulässig, soweit nicht etwas anderes bestimmt ist.

Übersicht

I. Ausgangspunkt

1 **1. Geschichtlicher Ursprung.** Seit dem Jahre 1877 ist nach der Rechtsprechung ein Verwaltungszwang gegen Behörden nicht statthaft. Ursprung und Ausgangspunkt dieser Rechtsprechung ist das „Schießplatzurteil" des *Preußischen (Königlichen) Oberverwaltungsgerichts*, das „Endurtheil" vom 5.5.1877 – Rep. C. 94/77, PreußOVGE 2, 399:

Einem Infanterieregiment in Breslau war zu Schießübungen ein Platz innerhalb des Stadtbezirks angewiesen worden. „Nachdem bei diesen Übungen fortgesetzt Kugeln über die Scheibenstände hinweg in den benachbarten Amtsbezirk O. eingeschlagen waren, erließ der Amtsvorsteher des letzteren an den Militärfiskus z.H. des Kommandanten von B. eine Verfügung, in welcher demselben aufgegeben wurde, die Schießübungen auf jenem Platze zu unterlassen, und in welcher für den Fall des Zuwiderhandelns Geldbußen angedroht wurden." Der Militärkommandant focht diese Verfügung mit der Begründung an, dass die Polizeibehörden nicht berechtigt seien, gegen die in Ausübung der Militärhoheit erfolgenden Truppenübungen einzuschreiten. Das Oberverwaltungsgericht gab dem Militärkommandanten recht und hob die Verfügung des Amtsvorstehers auf. Es verneinte die Befugnis der Polizeibehörden zu derartigen „im polizeilichen Zwangsverfahren zu vollstreckenden Anordnungen" (PreußOVGE 2, 399, 409).

2 Seitdem ist es herrschende Meinung, dass eine Hoheitsverwaltung **nicht mit Zwang** in die Tätigkeit einer anderen, sei es derselben, sei es einer anderen staatlichen Körperschaft, eingreifen darf. Folgerichtig schließt § 17 den Vollzug gegen Behörden und juristische Personen des öffentlichen Rechts aus. „Der Vollzug gegen Behörden soll ausgeschlossen sein, weil es widersinnig und mit dem Ansehen der Behörden nicht vereinbar erscheint, wenn eine Behörde gegen eine andere vollstreckt" (amtliche Begründung der Bundesregierung zu § 17, BT-Drs. 1/3981, S. 9).

§ 17 beruht auf dem Gedanken, dass die Anwendung von Verwaltungszwang wegen der besonderen Gebundenheit öffentlicher Stellen an Gesetz und Recht nach Art. 20 Abs. 3 GG nicht erforderlich oder mit Blick auf das staatliche Gesamtgefüge nicht angezeigt ist (*VGH Kassel* U 29.8.2001 – 2 UE 1491/01, NVwZ 2002, 889 = GewArch 2002, 387 = NuR 2002, 682; *OVG Münster* U 12.9.2013 – 20 A 433/11, juris Rn. 44 = DVB1. 2014, 49, 51 = NWVBl 2014, 74). Der Gesetzgeber vertraut darauf, dass die öffentliche Gewalt die Gesetze beachtet und rechtmäßig handelt (s hierzu auch die amtliche Begründung zu § 172 VwGO in Rn. 6). Unter dieser Prämisse bleibt für die zwangsweise Durchsetzung des Rechts gegen Behörden und Träger der öffentlichen Gewalt sachlogisch kein Raum. Zudem durfte der Gesetzgeber davon ausgehen, dass bei einem nicht rechtskonformen Verhalten einer Behörde die jeweilige Aufsichtsbehörde auf Ersuchen einschreiten wird. Ein Vorgehen der Aufsichtsbehörde erscheint auch systemkonformer, wenn sich die Vollzugsbehörde und die Behörde i.S.d. § 17 auf gleicher Ebene begegnen (App/Wettlaufer/*Klomfaß*, Kap. 38 Rn. 3). Zudem dürfte ein aufsichtsbehördliches Tätigwerden für die betroffene Behörde milder sein als die Ausübung von Verwaltungszwang. Nicht zuletzt schont es das Ansehen der Verwaltung und dient dem Vertrauen des Bürgers in die Rechtmäßigkeit des Verwaltungshandelns, wenn rechtskonformes Verhalten einer Behörde im Wege der Rechtsaufsicht hergestellt wird und nicht mit Zwangsmittel erzwungen werden muss.

3 **2. Behörden.** Das Verwaltungs-Vollstreckungsrecht ist Teil des Verwaltungsrechts. Deshalb gilt im Rahmen des § 17 der **verwaltungsrechtliche Behördenbegriff** (§ 7 Rn. 1; a.A. App/Wettlaufer/*Klomfaß*, Kap. 38 Rn. 4; Engelhardt/App/*Schlatmann*, § 17 VwVG Rn. 2; *Waldhoff*, § 46 Rn. 98). Dieser ist in § 1 Abs. 4 VwVfG legaldefiniert. Behörde ist hiernach „jede Stelle, die Aufgaben der öffentlichen Verwaltung wahrnimmt". Hierzu gehören Bundes- und Landesbehörden, einschließlich der Gemeindebehörden, sowie beliehene Vereinigungen und Einzelpersonen.

Zu den **juristischen Personen des öffentlichen Rechts** zählen in erster Linie die öffentlich-rechtlichen Körperschaften, allen voran der Bund, die Länder, Kreise und Gemeinden, aber auch die öffentlich-rechtlichen Anstalten und Stiftungen.

Ob sie hoheitlich, öffentlich-rechtlich, privat-rechtlich oder fiskalisch tätig werden, ist für das Behördenprivileg ohne Bedeutung (ebenso: *OVG Münster* U 12.9.2013 – 20 A 433/11, DVBl. 2014, 49, 51; *Drews/Wacke/Vogel/Martens*, S. 522; *Waldhoff*, § 46 Rn. 98; *Lemke*, S. 145; a.A.: *VGH Kassel* B 7.3.1996 – 14 TG 3967/95, juris Rn. 10 = GewArch 1996, 298 = NVwZ 1997, 304). Die Ansicht, Privatrecht und Fiskus hinderten den Zwang nicht, ist nicht zutreffend. Sie wird durch den Wortlaut des Gesetzes widerlegt: Dort ist eine unterschiedliche Behandlung von Behörden nicht vorgesehen.

4 Die **Religions- und Weltanschauungsgemeinschaften** genießen auch dann keinen Vollstreckungsschutz gemäß § 17, wenn sie Körperschaften des öffentlichen Rechts i.S.d. Art. 140 i.V.m. Art. 137 Abs. 5 WRV sind. Im religiös-weltanschaulich neutralen Staat des Grundgesetzes unterscheiden sich die korporierten Religionsgemeinschaften grundlegend von den Körperschaften des öffentlichen Rechts im verwaltungs- und staatsorganisationsrechtlichen Sinne (vgl. BVerfGE 102, 370, 387 f.). Deshalb nehmen Religionsgemeinschaften auch dann, wenn sie als Körperschaften des öffentlichen Rechts organisiert sind, grundsätzlich keine Staatsaufgaben wahr; sie sind **nicht in die Staatsorganisation eingebunden** und unterliegen **keiner staatlichen Aufsicht** (BVerfG B 30.6.2015 – 2 BvR 1282/11, juris Rn. 91 m.w.N. = BVerfGE 139, 321 = NVwZ 2015, 1434 = DÖV 2016, 124 = JZ 2015, 1093). Somit passt die Regelung des § 17, die an die Bindung der Behörde an Recht und Gesetz gemäß Art. 20 Abs. 3 GG und die Möglichkeit der Rechtsaufsicht anknüpft, auf Religionskörperschaften nicht.

Hieran ändert auch nichts, dass Religionsgemeinschaften, denen die Rechte einer Körperschaft des öffentlichen Rechts verliehen werden sollen, grundsätzlich rechtstreu sein müssen. Sie müssen die Gewähr dafür bieten, dass sie das geltende Recht beachten, insbesondere die ihr übertragene Hoheitsgewalt in Einklang mit den verfassungsrechtlichen und den sonstigen gesetzlichen Bindungen ausüben werden. Eine Religionsgemeinschaft, die den Status einer Körperschaft des öffentlichen Rechts erwerben will, muss zudem die Gewähr dafür bieten, dass ihr künftiges Verhalten die in Art. 79 Abs. 3 GG umschriebenen fundamentalen Verfassungsprinzipien, die dem staatlichen Schutz anvertrauten Grundrechte Dritter sowie die Grundprinzipien des freiheitlichen Religions- und Staatskirchenrechts des Grundgesetzes nicht gefährdet (BVerfG U 19.12.2000 – 2 BvR 1500/97, juris Rn. 84, 91 = BVerfGE 102, 370 = NJW 2001, 429 = DVBl 2001, 284).

Diese Verpflichtung auf einzelne Grundprinzipien der Verfassungsordnung bleibt hinter der generellen Bindung der staatlichen Gewalt an Recht und Gesetz wesensmäßig zurück. So stellen einzelne Verstöße der Religionsgemeinschaft gegen Recht und Gesetz die Gewähr rechtstreuen Verhaltens nicht in Frage. Außerdem erheben viele Religionen, die die Autorität staatlicher Gesetze für sich grundsätzlich anerkennen, gleichwohl einen Vorbehalt zu Gunsten ihres Gewissens und ihrer aus dem Glauben begründeten Entscheidungen und bestehen letztlich darauf, im unausweichlichen Konfliktfall den Glaubensgeboten mehr zu gehorchen als den Geboten des Rechts. Derartige Vorbehalte sind Ausdruck der für Religionen nicht untypischen Unbedingtheit ihrer Glaubenssätze und können, je nach Lage des Einzelfalls, unter dem Schutz der Religionsfreiheit aus Art. 4 GG stehen. Aus Rücksicht auf die Religionsfreiheit, der der Status einer Körperschaft des öffentlichen Rechts aus Art. 140 GG i.V.m. Art. 137 Abs. 5 WRV letztlich dient, stehen sie der Verleihung dieses Status jedenfalls so lange nicht im Wege, als die Religionsgemeinschaft im Grundsatz bereit ist, Recht und Gesetz zu achten und sich in die verfassungsmäßige Ordnung einzufügen (BVerfG U 19.12.2000 – 2 BvR 1500/97, juris Rn. 89 f. = BVerfGE 102, 370 = NJW 2001, 429 = DVBl. 2001, 284).

Auch wenn die Vollzugsbehörde somit **nicht gehindert** ist, **gegen Kirchen** und sonstige Religionskörperschaften **zu vollstrecken**, so entspräche ein derartiges Vorgehen gleichwohl nicht dem Verhältnis des Staates zu den Kirchen, das durch wechselseitigen Respekt und partnerschaftliche Zusammenarbeit geprägt ist. Aus diesem Grundverhältnis heraus ist die Vollzugsbehörde **gehalten**, die **Verständigung mit der Kirche zu suchen** und eine einvernehmliche Lösung anzustreben, bevor sie die Kirche – als letztes Mittel – mit Verwaltungszwang überzieht.

3. Gesetzliche Ausnahmen. Das Verbot des Vollzuges gegen Behörden gilt nicht, wenn „etwas anderes bestimmt ist". 5

Beispiele:
- § 61 Abs. 2 S. 3 VwVfG. Ebenso § 60 Abs. 2 S. 3 SGB X.
- § 172 VwGO. Diese Bestimmung findet auch auf den gerichtlichen Vergleich Anwendung (*BVerfG* B 9.8.1999 – 1 BvR 2245/98, NVwZ 1999, 1330 = DVBl. 1999, 1646 = BayVBl. 2000,47 = NJW 2000, 276 L; *OVG Münster* B 13.2.1997 – 10 E 45/97, NWVBl. 1997, 305 = DÖV 1997, 794 = BauR 1998, 324 = NVwZ 1998, 534). Entsprechendes kann für Leistungsurteile gelten (*OVG Lüneburg* B 12.9.2006 – 5 OB 194/06, NVwZ-RR 2007, 139). Meistens sind einstweilige Anordnungen nach § 123 VwGO betroffen (vgl. *VGH Mannheim* B 16.7.1985 – 9 S 1403/85, *ESVGH* 35, 293 = VBlBW 1986, 66 = NVwZ 1986, 488; *OVG Münster* B 15.6.2010 – 13 E 201/10, NVwZ-RR 2010, 750 = DVBl. 2010, 1390 L = DÖV 2010, 987 L). Ferner ist § 172 VwGO auf Anordnungen des Gerichts gemäß § 80 Abs. 5, § 80a VwGO entsprechend anwendbar (*Bader*, § 172 Rn. 4; *Kopp/Schenke*,

§ 172 Rn. 2; *Schoch/Möller*, § 172 Rn. 17; *Redeker/von Oertzen*, § 80 Rn. 63; *VGH Kassel* B 22.6.1998 – 4 TM 2325/98, DVBl. 1999, 115 = NVwZ-RR 1999, 158; *OVG Münster* B 8.9.1992 – 11 B 3495/92 –. NWVBl. 1993, 97 = NVwZ 1993, 383 = NJW 1993, 2828 L).

- § 201 SGG.
- § 255 AO.
- § 17 des Finanzdienstleistungsaufsichtsgesetzes.
- § 22 Abs. 3 S. 4 des Arbeitsschutzgesetzes.
- § 89 Abs. 1 S. 3, Abs. 2 Sozialgesetzbuch IV.
- §§ 28, 33 des Infektionsschutzgesetzes.
- Niedersachsen: Rn. 35.
- § 126 der Ersten Wasserverbandverordnung.
- § 44 Abs. 1 S. 2 des Bundesleistungsgesetzes (teilweise).
- § 13a, § 14 des Katastrophenschutzgesetzes.
- § 114 Abs. 3 S. 2 des Wettbewerbsbeschränkungsgesetzes.
- Ausführungsgesetze zum Zensusgesetz 2011: § 14 AG ZensG 2011 BW; § 6 ZensAGBln; § 10 ZensusAGBbg; § 15 ZensAG Bremen; § 14 HessAG ZensG 2011; § 14 ZensG 2011 AG NRW; § 14 SaarlAG ZensG 2011; § 15 ThürAGZensG 2011 (hierzu *Wilhelm*, DVP 2012, 143, 147).

6 Unter diesen Ausnahmebestimmungen kommt **§ 172 VwGO** für die Verwaltungspraxis und für die Verwaltungsgerichtsbarkeit die bei weitem **größte Bedeutung** zu. Die aufschlussreichen Motive des Gesetzgebers sind aus der Bundestagsdrucksache III/55, Seiten 48, 49 ersichtlich:

„Der hiergegen erhobene Einwand, dass eine solche Vorschrift das Ansehen der Verwaltung schädige, greift nicht durch. Geschädigt wird das Ansehen der Verwaltung nur, wenn die Zwangsstrafe tatsächlich verhängt werden muss; dies zu vermeiden, liegt in der Hand der Verwaltung. Die Befolgung gerichtlicher Urteile müsste in einem Rechtsstaat eine Selbstverständlichkeit sein; doch hat gerade die Nachkriegserfahrung gelehrt, dass es in Ausnahmefällen auch Behörden gegenüber nicht ohne Zwang geht….
Eine wirkungsvolle Vollstreckung des verwaltungsgerichtlichen Urteils ist zwingende Voraussetzung eines konsequenten Rechtsschutzes. Die Möglichkeit, dass ein verwaltungsgerichtliches Urteil, sei es wegen passiven Verhaltens der Behörde oder wegen einer an sich lückenhaften Ausgestaltung der Vollstreckung, nicht vollzogen wird, widerspricht der Forderung des Art. 19 Abs. 4 GG nach umfassendem Rechtsschutz; soweit die Durchsetzung der Urteile nicht gewährleistet ist, ist der Rechtsschutz unvollkommen.“

Diese Begründung trifft den Grundgedanken, der den Regelungen in § 172 VwGO und § 17 zugrunde liegt, präziser als die amtliche Begründung der Bundesregierung zu § 17 VwVG (Rn. 2). Im Kern geht es hier wie dort um die Gesetzesbindung der Verwaltung und die Rechtstreue der Amtsträger.

Unbedingte Voraussetzung für die Vollstreckung aus einem gerichtlichen Titel ist, dass er nach seinem Inhalt klar bestimmt ist.

§ 172 findet entsprechende Anwendung, wenn die Behörde ihrer in einem gerichtlichen Vergleich eingegangenen Verpflichtung nicht nachkommt (*Bader*/Funke-Kaiser/Stuhlfauth/von Albedyll, § 172 VwGO Rn. 5). Bei einem gerichtlichen Vergleich muss die Verpflichtung der Behörde inhaltlich allein aus dem **protokollierten Vergleichstext** festzustellen sein. Ist die zu vollstreckende Handlung etwa nur aus den Gerichtsakten zu ermitteln, so ist dieser Titel grundsätzlich zu unbestimmt und bildet keine geeignete Vollstreckungsgrundlage. Der vollstreckungsrechtliche Grundsatz der Bestimmtheit des Vollstreckungstitels dient nicht in erster Linie den Interessen der Beteiligten. Er beruht entscheidend auf dem öffentlichen Interesse an eindeutig bestimmten Grundlagen der Zwangsvollstreckung (*OVG Magdeburg* B 12.7.2011 – 3 0 475/10, NWZ-RR 2012, 126).

Die **Vollstreckung** des Zwangsgeldes erfolgt gemäß §172 S.1 VwGO **von Amts wegen.** 7
Das Gesetz versteht das Zwangsgeld, das an die Justizkasse abzuführen ist und nicht dem Gläubiger zusteht, als justizeigenen Anspruch, für dessen Durchsetzung der Staat selbst Sorge trägt (*OVG Berlin* B 4.11.1998 – 3 S 15.98, juris Rn.27 = OVGE BE 23, 88 = NVwZ-RR 1999, 411). Die Beitreibung richtet sich nicht nach den Vorschriften der §§1 bis 5 VwVG, sondern nach §1 Abs.1 Nr.3, Abs.2 der Justizbeitreibungsordnung. Hier sind „Zwangsgelder“ genannt. Dazu gehört somit auch das Zwangsgeld des §172 VwGO.

Einer **Vollstreckungsklausel bedarf es** nach §171 VwGO **nicht**. Seinem Wortlaut nach erfasst §171 VwGO zwar lediglich die Fälle der §§169, 170 Abs.1 bis 3 VwGO. Diese Fallgestaltungen sind dadurch gekennzeichnet, dass das Gericht des ersten Rechtszugs oder dessen Vorsitzender Vollstreckungsbehörde sind. Da es nicht sinnvoll wäre, dem Gericht eine vollstreckbare Ausfertigung vorzulegen, die von ihm zuvor selbst oder allenfalls von der Rechtsmittelinstanz erteilt worden ist, hat die Verwaltungsgerichtsordnung auf das Erfordernis einer Vollstreckungsklausel verzichtet. Auch § 172 VwGO sieht das Gericht des ersten Rechtszugs als Vollstreckungsbehörde vor, so dass eine entsprechende Anwendung des § 171 VwGO geboten ist (*OVG Münster* B 10.7.2006 – 8 E 91/06, juris Rn.14 = NVwZ-RR 2007, 140 = DÖV 2006, 923; *OVG Münster* B 23.6.2010 – 8 E 555/10, DVBl. 2011, 313 L = DÖV 2011, 332 L; *OVG Saarlouis* B 21.12.2010 – 2 E 291/10, NVwZ-RR 2011, 698 L).

In dem Verfahren, das der Vollstreckung eines Bescheidungsurteils dient, ist es der verpflichteten Behörde **nicht möglich**, das Nichtbestehen oder den **Wegfall des materiellen Anspruchs geltend zu machen**, welcher der Vollstreckung zu Grunde liegt (*BVerwG* B 21.12.2001 – 2 AV 3/01, DVBl. 2002, 781 = NVwZ-RR 2002, 314 = PersV 2002, 330 = ZTR 2002, 296 = RiA 2003, 90). Denn derartige Einwendungen betreffen das zu Grunde liegende Recht, nicht die Durchsetzung der titulierten Forderung im Wege der Vollstreckung. Sie sind einem erneuten Klageverfahren vorbehalten.

Das in §172 VwGO vorgesehene Zwangsgeld ist ein reines Beugemittel. Ein vom Ver- 8
waltungsgericht angedrohtes Zwangsgeld darf nicht mehr festgesetzt werden, wenn der Vollstreckungsgläubiger infolge Zeitablaufs kein Interesse mehr an der Durchsetzung des titulierten Anspruchs hat (*OVG Berlin* B 4.11.1998 – 3 S 15/98, juris Rn.26 = OVGE Berlin 23, 88 = NVwZ-RR 1999, 411). Das Verfahren ist einzustellen. Hier gilt das Gleiche wie im behördlichen Verwaltungszwangsverfahren (vgl. §15 Rn.4, 85).

Kommt die Behörde ihrer Verpflichtung noch vor der Androhung oder Festsetzung des Zwangsgeldes nach, erklären die Beteiligten übereinstimmend den Rechtsstreit in der Hauptsache für erledigt. Dann wird das Gericht gemäß §161 Abs.2 VwGO nach billigem Ermessen regelmäßig der Behörde die Kosten des Verfahrens auferlegen (vgl. *VG Berlin* B 8.12.1997 – 2 A 177/97, NVwZ 1998, 546).

9 Zweck des § 172 VwGO ist es, eine abschließende Sonderregelung für die Erzwingung hoheitlicher Amtshandlungen zu schaffen. Darum ist seine entsprechende Anwendung auf Unterlassungspflichten zulässig (*OVG Münster* B 10.7.2006 – 8 E 91/06, NVwZ-RR 2007, 140; *OVG Frankfurt/Oder* B 20.12.2001 – 3 E 87/01, NVwZ-RR 2002, 904; Schoch/Schneider/Bier/*Möller*, § 172 VwGO Rn. 18; *Bader*/Funke-Kaiser/Stuhlfauth/von Albedyll, § 172 VwGO Rn. 3).

10 Gemäß § 172 VwGO kann das Gericht gegen die Behörde ein Zwangsgeld bis zu zehntausend Euro androhen, festsetzen und anwenden. Das Vollstreckungsgericht hat richterliches Ermessen hinsichtlich der Höhe des Zwangsgeldes und hinsichtlich der Dauer der Frist. Die Ermessensausübung muss den Rahmen der Verhältnismäßigkeit wahren. Für die Verwaltungsvollstreckung ist anerkannt, dass im Hinblick auf den Grundsatz der Verhältnismäßigkeit der vorgesehene Höchstbetrag eines Zwangsgeldes nur unter besonderen Voraussetzungen, z.B. einer außergewöhnlich hartnäckigen Widerspenstigkeit der Betroffenen, und in der Regel erst nach Wiederholung des Zwangsmittels ausgeschöpft werden darf (*OVG Lüneburg* B 12.9.2006 – 5 OB 194/06, juris Rn. 19 = NVwZ-RR 2007, 139 = ZBR 2007, 273).

11 Im Straßen-, Luft- und Wasserverkehrsrecht ist Zwang auch gegen Behördenangehörige indirekt in der Weise zugelassen, dass nur ausdrücklich normierte Vorrechte vom Zwang befreien. Dies erscheint plausibel. Denn im Normalfall sind alle Verkehrsteilnehmer gleichgestellt. Selbst der Polizeipräsident muss auf Dienstfahrt dem Handzeichen des Verkehrspolizisten an der Straßenkreuzung Folge leisten.

Beispiele:

- **§ 25 Abs. 1 Gaststättengesetz**
  Auf Kantinen für Betriebsangehörige sowie auf Betreuungseinrichtungen der im Inland stationierten ausländischen Streitkräfte, der Bundeswehr, der Bundespolizei oder der in Gemeinschaftsunterkünften untergebrachten Polizei finden die Vorschriften dieses Gesetzes keine Anwendung. Gleiches gilt für Luftfahrzeuge, Personenwagen von Eisenbahnunternehmen und anderen Schienenbahnen, Schiffe und Reisebusse, in denen anlässlich der Beförderung von Personen gastgewerbliche Leistungen erbracht werden.
- **§ 30 Abs. 1 Luftverkehrsgesetz**
  Die Bundeswehr, die Bundespolizei, die Polizei sowie rechtmäßig stationierte ausländische Truppen dürfen ausnahmsweise von bestimmten Vorschriften des Gesetzes abweichen.
- **§ 106 Seemannsgesetz**
  Der Kapitän kann im Notfall eine Gefahr für die Sicherheit und Ordnung an Bord des Schiffes mit Zwang abwehren.
- **§ 35 Abs. 1 und Abs. 1a Straßenverkehrs-Ordnung**
  Von den Vorschriften dieser Verordnung sind die Bundeswehr, die Bundespolizei, die Feuerwehr, der Katastrophenschutz, die Polizei und der Zolldienst befreit, soweit das zur Erfüllung hoheitlicher Aufgaben dringend geboten ist. Das gilt entsprechend für ausländische Beamte, die auf Grund völkerrechtlicher Vereinbarungen zur Nacheile oder Observation im Inland berechtigt sind.

12 Nach dem eindeutigen Gesetzeswortlaut fallen unter **§ 172 VwGO** nur **Folgenbeseitigungsansprüche** im Zusammenhang mit der Aufhebung von Verwaltungsakten gemäß § 113 Abs. 1 S. 2 VwGO, nicht aber (selbstständige) Folgenbeseitigungsansprüche, die sich aus der Verurteilung einer Behörde oder Körperschaft zu schlicht-hoheitlichen Amtshandlungen im Rahmen einer allgemeinen Leistungsklage ergeben. § 172 VwGO stellt keine allgemeine Norm für die Erzwingung behördlichen Verhaltens, sondern eine Sonderregelung für die darin genannten Fälle dar, die nur die Erzwingung oder Rückgängigmachung der Rechtsfolgen von Verwaltungsakten betreffen. Gerade in einem Fall, in dem die Vollstreckung einer vertretbaren schlicht-hoheitlichen Handlung in Streit steht, ist auch keine Lücke in der Regelung der Vollstreckung gegen die öffentliche Hand ersichtlich, da die Anwendung des §887 ZPO (i.V.m. §167 Abs.1 S.1 VwGO) zu angemessenen Ergebnissen führt (*VGH Bayern* B 2.4.2001 – 8 C 01.587, juris Rn.11, NVwZ 2001, 822 = BayVBl. 2002, 118).

II. Verwaltungsakte gegen Hoheitsträger

Gegenstand des §17 ist allein die Frage, ob die Vollzugsbehörde einen Verwaltungsakt gegen eine Behörde oder eine juristische Person des öffentlichen Rechts vollstrecken kann. Hiervon ist die logisch vorrangige **Frage** zu unterscheiden, ob die **Behörde befugt** ist, **gegenüber einer anderen Behörde einen Verwaltungsakt zu erlassen**. 13

Diese Frage stellt sich in der Praxis insbesondere für die Gefahrenabwehrbehörden, wenn eine Behörde für die Gefährdung der öffentlichen Sicherheit oder Ordnung verantwortlich ist (vgl. *Rudolf*, S.7).

Beispiele: 14

- Fehlende Brandsicherheit im Dienstgebäude.
- Mangelnde Betriebssicherheit von Aufzugsanlagen im Dienstgebäude.
- Gesundheitsgefährdende Missstände an einer gemeindlichen Wasserversorgungseinrichtung (*BVerwG* B 10.8.1955 – 1 B 77/54, BVerwGE 2, 192 = Buchholz 418.41 §§35, 37 Seuchengesetz = DVBl. 1956, 233).
- Hygienische Mängel in einer Rathauskantine.
- Lärm vom städtischen Schlachthof.
- Rauchbelästigung durch städtisches Werk.
- Schadhaftes Bestrahlungsgerät im städtischen Krankenhaus.

1. Zulässigkeit des Erlasses. Die Frage, ob eine Behörde eine Ordnungsverfügung gegen eine andere Behörde erlassen darf, betrifft die sog. **Ordnungspflicht (Polizeipflicht) von Hoheitsträgern**. Hier ist zwischen der formellen Ordnungspflicht und der materiellen Ordnungspflicht zu unterscheiden (*Thiel*, §8 Rn.142 f; *Wilhelm*, DVP 2012, 143f. m.w.N.). 15

Die **materielle Ordnungspflicht** bezieht sich auf die Frage, inwieweit der betreffende Hoheitsträger verpflichtet ist, die einschlägigen ordnungsrechtlichen Vorschriften zu beachten (Bsp. in Rn.16 bis 20). Ausgehend von Art.20 Abs.3 GG ist eine entsprechende Bindung zu bejahen. Behindert die Beachtung der betreffenden Ordnungsnorm zur Gefahrenabwehr die Arbeit des Hoheitsträgers, ist die Ordnungsnorm gegen die Funktionsfähigkeit der öffentlichen Verwaltung abzuwägen („elastische Polizeirechtsbindung“, vgl. *Wilhelm*, DVP 2012, 143, 144 m.w.N. in Fn. 13).

Die **formelle Ordnungspflicht** betrifft die Frage, ob die Polizei- oder Ordnungsbehörde für den Erlass einer Ordnungsverfügung gegen einen störenden Hoheitsträger sachlich zuständig ist. Die hM lehnt eine solche Zuständigkeit ab, wenn die Ordnungsverfügung in den hoheitlichen Tätigkeitsbereich des betroffenen Hoheitsträgers eingreift. Ein solcher Eingriff verstößt gegen den verwaltungsrechtlichen Grundsatz, dass Ordnungsbehörden ohne besondere gesetzliche Ermächtigung nicht mit obrigkeitlichen Mitteln in den hoheitlichen Zuständigkeitsbereich einer anderen Verwaltungsbehörde eingreifen dürfen (BVerwG U 16.1.1968 – I A 1.67, Rn. 29 = BVerwGE 29, 52, 59 f. = DVBl 1968, 749 = DÖV 1968, 653 = BayVBl 1968, 353; grundlegend: *Drews/Wacke/Vogel/Martens*, S. 240 ff; *Rudolf*, S. 18 ff.). Denn nach der staatlichen Kompetenzordnung ist jeder Hoheitsträger durch die Bindung an Recht und Gesetz (Art. 20 Abs. 3 GG) verpflichtet, bei der Wahrnehmung seiner Aufgaben die ordnungsrechtlichen Vorschriften zu beachten. Die Ordnungsbehörden haben ihrerseits die Kompetenz anderer Hoheitsträger zu respektieren.

In der Praxis kann fraglich sein, wie weit der hoheitliche Handlungsbereich, in den nicht eingegriffen werden darf, im Einzelnen reicht. Nach dem bisherigen weiten Verständnis wird eine Anordnungsbefugnis gegenüber andere Hoheitsträger verneint, sofern dadurch in deren öffentlich-rechtlichen oder verwaltungsprivatrechtlichen Handlungskreis eingegriffen wird. Unzulässig seien nicht nur Ge- oder Verbote, sondern auch feststellende Verwaltungsakte (*VGH Hessen* U 29.8.2001 – 2 UE 1491/01, juris Rn. 20 = NVwZ 2002, 889 = GewArch 2002, 387 = NuR 2002, 682). Für den rein fiskalischen Bereich gilt das Eingriffsverbot nicht (*Thiel*, § 8 Rn. 143 m.w.N. in Fn. 298).

Die Rechtsprechung schränkt den eingriffsfreien Hoheitsbereich jedoch zunehmend ein (*Götz/Geis*, § 9 Rn. 82 m.w.N.). So hat das Bundesverwaltungsgericht die zuständige Immissionsbehörde aus § 24 S. 1 BImSchG als ermächtigt angesehen, Anordnungen auch in Bezug auf Anlagen öffentlicher Betreiber zu treffen, und zwar unabhängig davon, ob diese privatrechtlich oder hoheitlich betrieben werden (*BVerwG* U 25.7.2002 – 7 C 24/01, juris Rn. 8 = BVerwGE 117, 1 = NVwZ 2003, 346 = JA 2003, 544 = DÖV 2003, 84 = ZUR 2003, 105 = DVBl. 2003, 60 = NuR 2003, 94 = UPR 2003, 70 = BRS 65 Nr. 208). Weitere Beispiele finden sich in den Rn. 16 bis 19.

Beispiele aus der Rechtsprechung:

16 – In Baden-Württemberg befindet sich in einem Waldgebiet eine Munitionsanstalt der Bundeswehr. Die Forstpolizeibehörde erließ deswegen einen Verwaltungsakt gegen das Verteidigungsministerium der Bundesrepublik Deutschland (*BVerwG* U 16.1.1968 – 1 A 1/67, BVerwGE 29, 52 = VerwRspr. 19, 775 = Buchholz 451.15 Nr. 3 = JuS 1968, 583 = DÖV 1968, 653 = DVBl. 1968, 749 = BayVBl. 1968, 353; Anm. VerwArch 60, 92).

17 – Wegen einer militärischen Schießanlage erging ein Verwaltungsakt der Landesbaubehörde gegen das Verteidigungsministerium der Bundesrepublik Deutschland (*BVerwG* U 30.7.1976 – 4 A 1/75 -: Buchholz 310 § 50 VwGO Nr. 6 = DÖV 1976, 749 = RdL 1977, 24 = NJW 1977, 163 = GemTg 1977, 13 = BayVBl. 1977, 54 = JuS 1977, 268 = JA 1977, 81).

18 – Als Eigentümerin des Elbe-Lübeck-Kanals lagerte die Bundesrepublik Baggergut am Ufer. Die Kreisverwaltung erließ eine Ordnungsverfügung gegen sie (*OVG Lüneburg* U 28.6.1979 – 3 A 316/77 -: VerwRspr. 31, 314 = VerkBl. 1979, 711 = SchlHAnz 1980, 149 = NuR, 1980, 30 = ZfW 1980, 314 = RdL 1980, 51).

19 – Von einem städtischen Sportplatz in Hamburg ging unzumutbarer Lärm aus. Das Bundesverwaltungsgericht schränkte den Betrieb ein (U 19.1.1989 – 7 C 77/87, BVerwGE 81, 197 = BRS 49 Nr. 203 = JZ 1989, 951 = DWW 1989, 115 = BayVBl. 1989, 406 = NJW 1989, 1291 = ZfBR 1989, 127 = DVBl. 1989, 463 = BauR 989, 172 = DÖV 1989, 675 = NuR 1989, 435 = UPR 1989, 189).

20 **2. Unzulässigkeit des Zwanges.** Unter den vorgenannten Voraussetzungen dürfen Behörde Verwaltungsakte gegen die Behörde eines anderen Hoheitsträgers erlassen. Ihnen ist es durch § 17 jedoch grundsätzlich untersagt, diese Verwaltungsakte im Wege des Verwaltungszwanges durchzusetzen. Die Anwendung von Verwaltungszwang gegen andere Behörden ist nur dort zulässig, wo Spezialvorschriften dies ausdrücklich gestatten.

Obwohl Verwaltungsakte gegen Behörden nicht mit Zwangsmitteln durchgesetzt werden können, haben sie Bedeutung. Gerade bei Streitigkeiten zwischen Behörden kann es wichtig sein, eine neutrale Klärung des Falles im Verwaltungsstreitverfahren herbeizuführen. 21

III. In-Sich-Verfahren

Nach zutreffender hM können **Behörden desselben Rechtsträgers** keine Verwaltungsakte gegeneinander erlassen. Derartige „In-Sich-Verwaltungsakte" sind schon deshalb nicht möglich, weil ihnen die gemäß § 35 S. 1 VwVfG erforderliche unmittelbare Außenwirkung fehlt. Das ist vor allem für die nicht rechtsfähigen Verwaltungseinheiten in den Stadtstaaten Berlin, Bremen und Hamburg von großer Bedeutung, zB für die Bezirke. Nicht rechtsfähige Verwaltungsbezirke sind keine Städte mit Rechtspersönlichkeit (*BVerwG* U 26.10.1979 – 4 C 21/76, BVerwGE 59,56 = Buchholz 406.75 §3 Nr. 3 = ZfBR 1980,46 = RdL 1980, 159 = AgrarR 1980, 108; *BVerwG* U 10.10.2012 – 9 A 10/11, NVwZ 2013, 662; *OVG Berlin* U 15.11.1974 – 2 B 36/74, OVGE Berlin 13, 77, 79). 22

Demzufolge sind auch Prozesse zwischen Behörden desselben Rechtsträgers, sog. **„In-Sich-Prozesse"**, unzulässig (*OVG Berlin* U 6.5.1963 – 2 B 35/62, OVGE Berlin 7, 128 = NJW 1963, 1939 = DÖV 1963, 587 = DVBl. 1964, 82 = JR 1964, 273; dazu kritisch: *BVerwG* U 21.6.1974 – 4 C 17/72, BVerwGE 45, 207, 208 = NJW 1974, 1836 = JZ 1974, 707 = DÖV 1974, 817 = BayVBl. 1974, 646 = JuS 1975, 335 = Buchholz 310 § 42 VwGO Nr. 58; jedoch wiederum entsprechend *OVG Berlin*: *BVerwG* U 6.11.1991 – 8 C 10/90 –: NJW 1992, 927 = DÖV 1992, 265 = ZfSH/SGB 1992, 86 = FEVS 1992, 221). Streitfragen zwischen diesen Behörden müssen ggf. im Aufsichtswege geklärt und beigelegt werden. 23

Ein „In-Sich-Prozess" liegt nicht vor, wenn sich das Gerichtsverfahren gegen eine **(teil)rechtsfähige juristische Personen** des öffentlichen Rechts mit eigenen Rechten richtet. Das sind insbesondere Hochschulen, Universitäten und Akademien. Jedoch ist auch hier, wie bei allen Behörden, Zwang grundsätzlich nicht zulässig. 24

IV. Zulässigkeit des Zwanges im Notfall

Zu den Fallgestaltungen, in den eine Polizeipflichtigkeit von Hoheitsträgern ausnahmsweise angenommen wird, gehört neben einer entsprechenden sondergesetzlichen Inpflichtnahme und der rein fiskalischen Tätigkeit des Hoheitsträgers (Rn. 15) das „Recht des ersten Zugriffs" bei Gefahr im Verzuge. 25

1. Amtsnothilfe. Das Vorgehen gegen Behörden und juristische Personen des öffentlichen Rechts kann in Eilfällen zulässig sein, um eine Gefahr, die der Behörde droht, abzuwenden. So ist die Vollzugsbehörde berechtigt und verpflichtet, zum **Schutz von Hoheitsträgern,** deren Sicherheit von anderer Seite bedroht wird, einzuschreiten. Eine entsprechende Eilfallzuständigkeit der Polizeibehörden ergibt sich aus den Polizeigesetzen der Länder (z.B. §1 Abs. 1 S. 3 PolG NRW). Soweit keine spezielle Ermächtigungsgrundlage zur Verfügung steht, können entsprechende Gefahrenabwehrverfügungen auf die allgemeine Generalklausel des Polizei- und Ordnungsrechts gestützt werden, weil der Bestand und die Funktionsfähigkeit des Staates und seiner Einrichtungen ein Bestandteil der öffentlichen Sicherheit sind. Die Polizeibehörde kann ihre Gefahrenabwehrverfügung gegen die Behörde als Nichtstörerin richten, wenn die Voraussetzungen der Notstandspflicht nach Polizeirecht (z.B. §6 PolG NRW) vorliegen. 26

Derartige Gefahrenabwehrverfügung darf die Polizeibehörde auch im Rahmen ihrer Eilkompetenz nur dann gegen Behörden richten, wenn sie damit nicht in deren hoheitlichen Aufgabenbereich eingreift (Rn. 15). Außerhalb dieses unantastbaren Bereichs kann sie die Behörde zwar gemäß § 6 Abs. 1 zu einem Tun, Dulden oder Unterlassen verpflichten, diese Verfügung wegen § 17 grundsätzlich aber nicht vollstrecken.

Vollzieht die Polizeibehörde die Verfügung gleichwohl, liegt **keine Amtshilfe** i.S.d. § 4 VwVfG vor. Amtshilfe ist nur gegeben, wenn eine Behörde eine andere Behörde um „ergänzende Hilfe“ ersucht.

Wird ein Verwaltungsträger in Eilfällen für einen anderen Veraltungsträger tätig, nimmt die Rechtsprechung eine öffentlich-rechtliche **Geschäftsführung ohne Auftrag** (GoA) gemäß §§ 677 ff. BGB an, soweit nicht gesetzliche Sonderregelungen ihre Anwendbarkeit hindern (*BVerwG* U 28.10.1999 – 7 A 1/98, juris Rn. 11 m.w.N. = BVerwGE 110, 9 = NVwZ 2000, 433 = DVBl 2000, 196 = DÖV 2000, 294; *BVerwG* B 28.3.2003 – 6 B 22.03, Buchholz 442.066 § 53 TKG Nr. 2 S. 10; *OVG NRW* U 12.9.2013 – 20 A 433/11, DVBl. 2014, 49 50; *BVerwG* B 22.2.2018 – 9 B 6/17, juris Rn. 6 = NVwZ-RR 2018, 539; BVerwG U 26.4.2018 – 3 C 24/16, juris Rn. 26 ff. = NJW 2018, 3125). Liegen die Voraussetzungen einer GoA vor, hat der Rechtsträger der handelnden Behörde gegen deren Rechtsträger der Behörde, in deren Geschäftsbereich die handelnde Behörde tätig geworden ist, einen Anspruch auf Ersatz der Aufwendungen aus § 683 BGB analog. (Kritisch zur öffentlich-rechtlichen GoA das Schrifttum, vgl. *Ossenbühl/Cornils*, Staatshaftungsrecht, 6. Aufl. 2013, S. 411 ff.)

27 **Beispiel:** Bei gewalttätigen Ausschreitungen anlässlich einer Demonstration in Berlin verfügt der Polizeipräsident die sofortige Besetzung, Absperrung und Räumung eines Dienstgebäudes. Die Pflicht zum Schutz der bedrohten Personen gebot diesen Einsatz.

28 **2. Eileingriff für andere Behörde.** Die Behörde muss ferner in Notfällen eingreifen, um eine Gefahr, die von einem anderen Hoheitsträger ausgeht, abzuwehren. Die neuere Rechtsprechung neigt dazu, in solchen Fällen die Zulässigkeit von Vollstreckungsmaßnahmen gegen den Hoheitsträger aus spezialgesetzlichen Normen, die § 17 vorgehen, abzuleiten.

Beispiele:

29 – Eine Stadt in Nordrhein-Westfalen beseitigt nach einem Fischsterben an Stelle der zuständigen Wasser- und Schifffahrtsdirektion von den Ufern des Rheins zwanzig Zentner Fische durch sofortigen Vollzug (*BVerwG* U 29.10.1982 – 4 C 4/80, ZfW 1983, 107 = UPR 1983. 157 = NuR 1983, 155 = StTg 1983, 285 = NVwZ 1983, 474 = VerkBl. 1983, 172 = JuS 1983, 812 = RdL 1984, 25).

30 – Auf der Fulda treiben mehrere hundert Liter Öl. Die Bundesrepublik Deutschland ist Eigentümerin des Flusses. Für die Gefahrenabwehr ist die Wasser- und Schifffahrtsverwaltung des Bundes zuständig. Die obere Hessische Wasserbehörde in Kassel lässt das Öl von der Feuerwehr durch unmittelbare Ausführung im Wege des sofortigen Vollzuges beseitigen (vgl. Leitsatz Nr. 2 des *VG Kassel* U 12.4.1979 – 4 E 415/78, NJW 1980, 305 = HessVGRspr. 1979, 54).

31 – Das Gesundheitsamt schließt sofort nach Besichtigung eine städtische Kantine wegen schwerer hygienischer Mängel.

32 – Am Mittellandkanal haben Umweltverschmutzer gefährliche Sonderabfälle abgelagert. Eigentümerin des Kanals ist die Bundesrepublik Deutschland. Die Landeshauptstadt Hannover beseitigt die Abfälle im Wege der Ersatzvornahme (*BVerwG* U 8.5.2003 – 7 C

15/02, juris Rn. 15 ff. = UPR 2003, 390 = DVBl. 2003, 1076 = NuR 2003, 691 = DÖV 2003, 951 = NVwZ 2003, 2252).
- Eine Landesbehörde beseitigt sofort die Ölspur auf einer Bundesautobahn (*VGH Kassel* U 8.9.1999 – 5 UE 4085/98, KStZ 2000, 112 = ZKF 2000, 134). 33

V. Zwang gegen private juristische Personen mit Staatsanteil

Das Vollzugsverbot des § 17 erstreckt sich nur auf Behörden und juristische Personen des öffentlichen Rechts. Folglich ist **Zwang** gegen juristische Personen des Privatrechts **zulässig.** Das gilt auch dann, wenn der **Staat** an ihnen **beteiligt** ist. Denn in diesem Fall tritt die öffentliche Hand ausschließlich als Privatrechtssubjekt auf. Häufig handelt es sich um Wohnungsgesellschaften und Versorgungsunternehmen. 34

Anhang: Vergleichbares Landesrecht

(1) Baden-Württemberg: § 22 LVwVG. 35

(2) Bayern: Art. 29 Abs. 4 VwZVG.

(3) Berlin: § 8 VwVfG Berlin = § 17 VwVG.

(4) Brandenburg: § 7 Abs. 4 VwVGBbg.

(5) Hamburg: § 10 HmbVwVG.

(6) Hessen: § 73 HessVwVG.

(7) Mecklenburg-Vorpommern: § 85 SOG M-V.

(8) Niedersachsen: § 70 NVwVG i.V.m. § 7, § 64 Abs. 2 S. 1 Nr. 1, Abs. 2 S. 3 Nds. SOG erlaubt im Fall der Gefahrenabwehr durch sofortigen Vollzug die Anwendung der Ersatzvornahme gegen eine juristische Person des öffentlichen Rechts. Voraussetzung hierfür ist, dass die juristische Person dadurch nicht an der Erfüllung ihrer öffentlichen Aufgaben gehindert wird. Gemäß § 66 Abs. 1 Nds. SOG ist die Ersatzvornahme nicht nur eine Fremdvornahme, wie es nach § 10 VwVG der Fall ist, sondern auch eine Selbstvornahme durch die Behörde. Die niedersächsische Ersatzvornahme entspricht also insoweit auch dem unmittelbaren Zwang des § 12 VwVG.

(9) Nordrhein-Westfalen: § 76 VwVG NRW.

(10) Rheinland-Pfalz: § 7 LVwVG.

(11) Saarland: § 17 SVwVG.

(12) Schleswig-Holstein: § 234 LVwG.

(13) Thüringen: § 44 Abs. 3 ThürVwZVG.

(14) Andere Länder: Hier besteht laut **Richterrecht** die gleiche Rechtslage wie im Bund. Danach kann eine Behörde gegen die Behörde eines anderen Hoheitsträgers ggf. einen Grundverwaltungsakt, nicht jedoch einen Vollstreckungsverwaltungsakt erlassen (Rn. 15).

Vorbemerkung zu § 18

Das Verwaltungs-Vollstreckungsgesetz führt als Überschrift sowie in beiden Absätzen des § 18 den Ausdruck „Rechtsmittel“. Diese Bezeichnung ist seit Inkrafttreten des Gesetzes unverändert geblieben. Sie ist jedoch seit Geltung der Verwaltungsgerichtsordnung aus folgenden Gründen überholt:

Nach § 58 VwGO gehören Rechtsmittel als Unterfall zu dem umfassenden Begriff der „Rechtsbehelfe“. Denn § 58 Abs. 1 VwGO nennt „ein Rechtsmittel oder einen anderen Rechtsbehelf“.

Rechtsmittel sind solche Rechtsbehelfe, die eine Überprüfung und ggf. Änderung richterlicher Entscheidungen in einer höheren Gerichtsinstanz ermöglichen (Devolutiveffekt) und bewirken, dass die Ausgangsentscheidung bis zur Entscheidung über das Rechtsmittel nicht rechtskräftig wird (Suspensiveffekt). Die Verwaltungsgerichtsordnung nennt als Rechtsmittel die Berufung (§§ 124 ff. VwGO), die Revision (§§ 132 ff. VwGO) und die Beschwerde (§§ 146 ff. VwGO). **Rechtsbehelfe** sind alle sonstigen prozessualen Möglichkeiten zur Verwirklichung eines Rechts (zur Begrifflichkeit Gärditz/*Krausnick*, § 58 VwGO Rn. 5 f.). In der Verwaltungsgerichtsordnung geregelt sind die Klage (§§ 81 ff. VwGO), der Widerspruch (§§ 68 ff. VwGO), der Antrag auf mündliche Verhandlung gemäß § 84 Abs. 2 Nr. 1 VwGO, die Nichtzulassungsbeschwerde nach § 133 VwGO, der Antrag auf Zulassung der Berufung nach § 124a VwGO sowie die Beschwerde gemäß § 146 VwGO (Bader/Funke-Kaiser/Stuhlfauth/*von Albedyll*, § 58 Rn. 3 ff).

Vor dem Hintergrund dieses Begriffsverständnisses ist die amtliche **Überschrift „Rechtsmittel“ zu § 18** in einem weiten Sinn **als „Rechtsbehelfe“ zu lesen**. Der Gesetzgeber wollte die vom Verwaltungszwang Betroffenen erkennbar nicht auf die Möglichkeit der Berufung, Revision oder Beschwerde verweisen. Das machte schon deshalb keinen Sinn, weil Berufung und Revision eine Klage voraussetzen, welche – da ohne Devolutiveffekt – selbst aber kein Rechtsmittel ist.

§ 18 Rechtsmittel

(1) [1]Gegen die Androhung eines Zwangsmittels sind die Rechtsmittel gegeben, die gegen den Verwaltungsakt zulässig sind, dessen Durchsetzung erzwungen werden soll. [2]Ist die Androhung mit dem zugrunde liegenden Verwaltungsakt verbunden, so erstreckt sich das Rechtsmittel zugleich auf den Verwaltungsakt, soweit er nicht bereits Gegenstand eines Rechtsmittel- oder gerichtlichen Verfahrens ist. [3]Ist die Androhung nicht mit dem zugrunde liegenden Verwaltungsakt verbunden und ist dieser unanfechtbar geworden, so kann die Androhung nur insoweit angefochten werden, als eine Rechtsverletzung durch die Androhung selbst behauptet wird.

(2) Wird ein Zwangsmittel ohne vorausgehenden Verwaltungsakt angewendet (§ 6 Abs. 2), so sind hiergegen die Rechtsmittel zulässig, die gegen Verwaltungsakte allgemein gegeben sind.

Übersicht

I. Zu Absatz 1

§ 18 Abs. 1 regelt den Rechtsschutz gegen die Androhung von Zwangsmitteln im behördlichen Vollstreckungsverfahren. Dient die Zwangsmittelandrohung nicht der Durchsetzung eines Verwaltungsaktes, sondern der Vollstreckung eines Titels nach §168 Abs. 1 zu Gunsten einer in §169 VwGO genannten Vollstreckungsgläubigerin, ist §18 Abs. 1 VwVG nicht anwendbar. In diesen Fällen ist nämlich **Vollzugsbehörde der Vorsitzende des Verwaltungsgerichts.** Darum können seine Entscheidungen nur nach Maßgabe des §146 VwGO mit der Beschwerde an das Oberverwaltungsgericht bzw. an den Verwaltungsgerichtshof angefochten werden (Engelhardt/App/Schlatmann/*Stammberger*, §18 VwVG Rn. 2). 1

Gleiches gilt, wenn das **Verwaltungsgericht als Spruchkammer** nach §80a Abs. 3 S. 1 i.V.m. § 80a Abs. 1 Nr. 2 und § 172 VwGO gegen eine Behörde ein Zwangsgeld androht. Dieser Beschluss ist eine Maßnahme der Vollstreckung. Er ist daher mit der Beschwerde nach Maßgabe des § 146 VwGO anfechtbar (*OVG Lüneburg* B 16.6.1999 – 1 M 2042/99, NVwZ-RR 2000, 62 = NdsVBl. 2000, 71 = BRS 62 Nr. 198).

§18 regelt den Rechtsschutz gegen Maßnahmen des behördlichen Verwaltungszwanges nur unvollständig. **§18 Abs. 1 behandelt lediglich die Androhung** von Zwangsmitteln, nicht deren Festsetzung und Anwendung. Dies hat historische Gründe. Bei Erlass des Verwaltungs-Vollstreckungsgesetzes sah der Gesetzgeber die Festsetzung des Zwangsmittels ebenso wenig als Verwaltungsakt an wie dessen Anwendung. Da verwaltungsgerichtlicher Rechtsschutz nach dem sog. Enumerationsprinzip ursprünglich nur gegen bestimmte Entscheidungsformen der Verwaltung, vor allem belastende Verwaltungsakte, gewährt wurde, kamen Rechtsbehelfe gegen die Festsetzung und Anwendung von Zwangsmitteln nicht in Betracht. Das Enumerationsprinzip wurde unter der Geltung des Art. 19 Abs. 4 GG und durch die Generalklausel des §40 Abs. 1 S. 1 VwGO endgültig überwunden. Verwaltungsgerichtlicher Rechtsschutz wird heute gegen jede Form von Verwaltungshandeln gewährt. §40 VwGO schafft ein lückenloses Rechtsschutzsystem gegen staatliche Hoheitsakte (Bader/Funke-Kaiser/Stuhlfauth/*von Albedyll*, § 40 VwGO Rn. 1). Die Rechtsform des Verwaltungshandelns, gegen das der Kläger sich wendet, ist nicht mehr entscheidend für die Eröffnung des Verwaltungsrechtsweges, sondern nur noch für die Wahl der statthaften Klageart.

Die Androhung eines Zwangsmittels ist ein Verwaltungsakt i.S.d. §35 S. 1 VwVfG (§ 13 Rn. 1). Für förmliche Rechtsbehelfe gegen Verwaltungsakte gilt gemäß § 79 VwVfG die **Verwaltungsgerichtsordnung**. Somit wird Rechtsschutz grundsätzlich nach den §§ 68 ff. VwGO (Widerspruch), § 42 Abs. 1 VwGO (Anfechtungsklage) und

§§ 80 ff. VwGO (einstweiliger Rechtsschutz) gewährt. Der Bestimmung des § 18 Abs. 1 S. 1 bedürfte es daher nicht mehr. § 18 Abs 1 S. 2 und 3 konkretisieren den Rechtsschutz nach der VwGO (*BVerwG* U 2.12.1988 – 4 C 16/85, DVBl. 1989, 362 = NVwZ-RR 1989, 337 = Buchholz 310 § 42 VwGO Nr. 157).

Nachdem auch die Festsetzung des Zwangsmittels als Verwaltungsakt anerkannt ist (§ 14 Rn. 1), ist gegen sie derselbe Rechtsschutz gegeben, der gegen die Androhung besteht:

- *BVerwG* B 21.8.1996 – 4 B 100/96, DÖV 1996, 1046 = VBlBW 1996, 455 = NVwZ 1997, 381 = KKZ 1998, 107;
- *BVerwG* U 15.2.1990 – 4 C 45/87, BVerwGE 84, 354, 360 = DVBl. 1990, 583 = DÖV 1990, 705 = NVwZ 1990, 663 = UPR 1990, 226 = ZfBR 1990, 196 = StTg 1990, 506 = JZ 1991, 241 = JuS 1991, 82 = BRS 50 Nr. 205;
- *OVG Berlin* U 21.11.1969 – 2 B 21/69, OVGE Berlin 12, 1 = BRS 22 Nr. 205;
- *VGH Kassel* B 4.10.1995 – 4 TG 2043/95, ESVGH 46,151 L = NVwZ-RR 1996, 715;
- *OVG Bautzen* B 28.5.1998 – 1 S 149/98, JbSächs*OVG* 6, 143 = NVwZ 1999, 101;
- *VGH Mannheim* U 10.10.1973 – VIII 534/73, ESVGH 24, 105 = BWVPr. 1974, 60.

Dieser Rechtsschutz bezieht sich ausschließlich auf die Vollstreckung zur Erzwingung von Handlungen, Duldungen oder Unterlassungen nach dem zweiten Abschnitt des Gesetzes (§§ 6 bis 18). Daher kann hier § 5 nicht, auch nicht hilfsweise, zugezogen werden. Er betrifft allein den Rechtsschutz bei der Vollstreckung wegen Geldforderungen nach dem ersten Abschnitt des Gesetzes (§§ 1 bis 5; § 5 Rn. 13).

2 **Verbindet** die Behörde gemäß § 13 Abs. 2 die **Androhung** des Zwangsmittels **mit dem Grundverwaltungsakt,** erstreckt sich der Rechtsbehelf nach **§ 18 Abs. 1 S. 2 Hs. 1** ipso iure (automatisch) zugleich auf den Grundverwaltungsakt. Das dürfte in aller Regel dem prozessualen Interesse des Klägers entsprechen, dem daran gelegen ist, alle möglichen Einwendungen gegen die Zwangsvollstreckung gerichtlich prüfen zu lassen. Hierdurch wird im Interesse des Klägers auch vermieden, dass der Grundverwaltungsakt in Bestandskraft erwächst, während das Klageverfahren gegen die Androhung anhängig ist.

Trotz seines Wortlauts dürfte § 18 Abs. 1 S. 2 Hs. 1 nicht als zwingende Vorschrift zu verstehen sein. Denn es ist kein Grund ersichtlich, aus dem es dem Kläger verwehrt sein sollte, seinen Rechtsbehelf ausdrücklich auf die Androhung zu beschränken (ebenso Engelhardt/App/Schlatmann/*Stammberger*, § 18 VwVG Rn. 5; *Lemke*, S. 442). Es wäre weder prozessökonomisch noch interessengerecht, den Kläger zu zwingen, seinen Rechtsbehelf auf einen Grundverwaltungsakt zu erstrecken, den er als rechtmäßig ansieht. Der Kläger kann andererseits gute Gründe haben, eine Androhung separat anzufechten, etwa wenn die Androhung eines Zwangsgeldes entgegen § 37 Abs. 1 VwVfG nicht bestimmt ist (vgl. § 11 Rn. 35).

In der Sache enthält § 18 Abs. 1 S. 2 somit eine Regel für die Auslegung des Klagebegehrens nach § 88 VwGO: Gibt der Kläger nicht zu erkennen, dass er seine Klage auf die Androhung des Zwangsmittels beschränken will, ist mit § 18 Abs. 1 S. 2 davon auszugehen, dass die Klage sich auch auf den Grundverwaltungsakt bezieht.

Nach **§ 18 Abs. 1 S. 2 Hs. 2** erstreckt sich der Rechtsbehelf dann nicht auch auf den Grundverwaltungsakt, wenn er bereits Gegenstand eines Rechtsbehelfsverfahrens ist. Ein solches wäre zum Beispiel ein Widerspruchsverfahren, das wegen des Grundverwaltungsaktes anhängig ist (*VG Meiningen* B 29.11.2000 – 5 E 989/00, juris Rn. 28 = NVwZ-RR 2001, 549 = ThürVBl. 2001, 115 = KKZ 2003, 130). In diesem Fall wäre eine Einbeziehung des Grundverwaltungsaktes in eine Anfechtungsklage gegen die Androhung auch unzulässig, weil hinsichtlich des Grundverwaltungsaktes das Vorverfahren noch nicht durchgeführt wäre. Ist der Grundverwaltungsakt bereits Gegenstand eines anderen gerichtlichen Verfahrens, käme eine Einbeziehung wegen anderweitiger Rechtshängigkeit gemäß § 17 Abs. 1 S. 2 GVG erst recht nicht in Betracht. Fallgestaltungen dieser Art werden in der Verwaltungspraxis aber selten vorkommen.

In § 18 Abs. 1 S. 3 wird der Rechtsschutz gegen die selbstständige Androhung eines Zwangsmittels garantiert. Diese ergeht isoliert nach dem vorherigen Erlass eines Grundverwaltungsaktes. Ist die **Androhung nicht mit dem Grundverwaltungsakt verbunden** und ist dieser unanfechtbar geworden, kann die Androhung nur insoweit angefochten werden, als eine Rechtsverletzung durch die Androhung selbst behauptet wird. Diese Regelung verdeutlicht den allgemeinen Grundsatz, dass der Verwaltungszwang ein gestuftes Verfahren mit einzelnen Verfügungen darstellt, die jeweils für sich in Bestandskraft erwachsen. Der von Verwaltungszwang Betroffene ist daher gehalten, jede Verfügung innerhalb der gegebenen Rechtsbehelfsfrist anzufechten. **3**

§ 18 Abs. 1 S. 3 macht deutlich, dass das Verhältnis des Vollstreckungsrechts zum materiellen Verwaltungsrecht durch den Grundsatz der Präklusion geprägt ist, die mit der Bestandskraft von Verwaltungsakten verbunden ist. Soweit und solange ein Grundverwaltungsakt unanfechtbar ist, ist ein Rückgriff auf die materielle Rechtslage im Vollstreckungsverfahren ausgeschlossen. Wegen der strikten Unterscheidung zwischen dem Rechtsschutz gegen die materiell-rechtliche Grundverfügung und die einzelnen verfahrensrechtlichen Vollstreckungsmaßnahmen muss der Betroffene unmittelbar gegen die gegen ihn gerichtete Grundverfügung mit dem Widerspruch (§ 68 Abs. 1 VwGO) und der Anfechtungsklage (§ 42 Abs. 1 VwGO) vorgehen (Wolff/Bachof/Stober/*Kluth I*, § 64 Rn. 7, 51). **4**

Das entspricht der herrschenden Ansicht in der **Rechtsprechung:**

- *BVerwG* B 26.9.1977 – 4 B 44/77, RdL 1978, 55 = Buchholz 406.17 Nr. 8 = Verw-Rspr. 29, 721 = DRsp 529, 120 = BRS 32 Nr. 195;
- *BVerwG* B 3.1.1977 – 4 CB 70/76, Buchholz 346 Nr. 1;
- *BVerwG* B 30.11.1981 – 7 B 227/81, Buchholz 346 Nr. 2;
- *BVerwG* U 13.4.1984 – 4 C 31/81, NJW 1984, 2591 = DÖV 1984, 887 = DWW 1984, 265 = DVBl. 1984, 1172 = BauR 1985, 183 = JuS 1985, 242 = BayVBl. 1985, 538 = VBlBW 1985, 15 = BRS 42 Nr. 229;
- *BVerwG* U 15.2.1990 – 4 C 45/87, BVerwGE 84, 354, 360 = DVBl. 1990, 583 = NVwZ 1990, 663 = DÖV 1990, 705 = ZfBR 1990, 196 = UPR 1990, 226 = JZ 1991, 241 = JuS 1991, 82 = BRS 50 Nr. 205;
- *BVerwG* U 16.12.2004 – 1 C 30/03, BVerwGE 122, 293 = DÖV 2005, 566 = NVwZ 2005, 819 = DVBl. 2005, 645 = DVP 2005, 166;
- *VGH Kassel* B 12.4.1995 – 3 TH 2470/94, *ESVGH* 45, 272 = KKZ 1996,75 = NVwZ-RR 1996,361;
- *VGH Mannheim* B 16.6.1995 – 3 S 1200/95, BWVPr. 1996, 43 = NVwZ-RR 1996, 541;
- *OVG Koblenz* U 20.11.1996 – 8 A 13546/95, *AS* 25, 405 = NVwZ 1997, 1009 = BRS 58 Nr. 214;
- *VG Bremen* U 29.5.1997 – 2 A 83/96, NVwZ-RR 1998, 468 = KKZ 2000, 188.

Der Grundsatz der Präklusion dient der **Rechtssicherheit**, die – ebenso wie das Prinzip der Gesetzmäßigkeit des Verwaltungshandelns – aus dem Rechtsstaatsprinzip des Art. 20 Abs. 3 GG folgt. Das Prinzip der Rechtssicherheit verlangt nicht nur einen geregelten Verlauf des Verfahrens, sondern auch einen Abschluss, dessen Rechtsbeständigkeit gesichert ist (*BVerfG* U 1.7.1953 – 1 BvL 23/51, *BVerfGE* 2, 380, 403 = NJW 1953, 1137 = DVBl. 1953, 644 = ZMR 1953, 217; *Maunz/Dürig/Schmidt-Aßmann*, Art. 19 Rn. 235 ff.; Umbach/Clemens/*Hillgruber*, Art. 19 Rn. 108, 109; *Hömig/Antoni*, Art. 20 Rn. 11). Der Grundsatz der Rechtsbeständigkeit ist als Bestandskraft des Verwaltungsaktes in § 43 Abs. 2 VwVfG normiert.

Hierzu stellt das *BVerwG* grundsätzlich fest (U 4.12.1959 – 7 C 36/58, BVerwGE 10, 47, 48 = NJW 1960, 1074 = DÖV 1960, 636 = MDR 1960, 788 = DVBl. 1960, 286 = BayVBl. 1960, 222 = VerwRspr. 12, 1038): „In der Rechtsordnung ist nicht nur der Grundsatz der materiellen Gerechtigkeit, sondern auch nach Maßgabe der einzelnen Rechtsvorschriften der Grundsatz der Rechtssicherheit verwirklicht. . .. Wer nicht innerhalb der vorgeschriebenen Fristen seine Rechte wahrnimmt, verliert sie.“ Bei Verschulden oder mangelnder Sorgfalt des Betreffenden kommt deshalb auch eine Wiedereinsetzung in den vorigen Stand nicht in Betracht (*BVerwG* U 11.5.1979 – 6 C 70/78, BVerwGE 58, 100, 104, 105 = DVBl. 1979, 821 = DÖV 1979, 870 = NJW 1980, 1480 = JuS 1980, 610 = VerwRspr. 31, 249; *BVerwG* B 29.11.2004 – 5 B 105/04, DÖV 2005, 519 = NJW 2005, 1001).

Verschulden liegt vor, wenn der Betroffene diejenige Sorgfalt außer Acht lässt, welche für einen gewissenhaften sowie seine Rechte und Pflichten sachgemäß wahrnehmenden Verfahrensbeteiligten geboten ist und ihm nach den gesamten Umständen des konkreten Falles auch zuzumuten war. Das ist die herrschende Ansicht in Rechtsprechung, Literatur und Verwaltungspraxis (siehe nur *OVG NRW* B 29.9.2004 – 13 A 4479/02, juris Rn. 18 f. m.w.N. = NVwZ-RR 2005, 449 = NWVBl 2005, 196).

Anders könnte es nur bei rechtswidrigen Verwaltungsakten sein, wenn die Vollstreckung offensichtlich rechtsmissbräuchlich oder sittenwidrig wäre (*Mayer/Kopp*, § 46 S. 392; *Brühl*, JuS 1997 S. 1023, 1024. Selbstverständlich kann ein nichtiger Verwaltungsakt nicht vollstreckt werden. Denn er ist gemäß § 43 Abs. 3 VwVfG unwirksam.

Jedenfalls gebietet der Grundsatz von **Treu und Glauben** die Aufhebung eines unanfechtbaren Verwaltungsaktes, wenn dessen Aufrechterhaltung schlechthin unerträglich ist (§ 15 Rn. 51). Hier gilt das Gleiche wie bei Verwaltungsakten, die Geldforderungen betreffen (dazu *OVG Sachsen-Anhalt* B 1.2.2011 – 4 L 158/10, NVwZ-RR 2011, 617).

Eine Ausnahme von dem Grundsatz, dass materielle Einwendungen eines Betroffenen gegen die Rechtmäßigkeit der Grundverfügung für die Verwaltungsvollstreckung grundsätzlich unbeachtlich sind, ist ferner in Erwägung zu ziehen, wenn sich die Sach- oder Rechtslage nach dem Eintritt der Bestandskraft der Grundverfügung in der Weise verändert hat, dass die Verfügung sich nunmehr als rechtswidrig erweist. Vertretbar erscheint, derartige Einwendungen im Rechtsbehelfsverfahren gegen die Androhung noch zuzulassen, da der Betroffene sie in einem Rechtsbehelfsverfahren gegen den Grundverwaltungsakt nicht geltend machen konnte (§ 13 Rn. 6, § 15 Rn. 73). Die Zulassung derartiger Einwendungen gegen den Grundverwaltungsakt im Anfechtungsprozess gegen die Festsetzung des Zwangsmittels dient zugleich der Verfahrensvereinfachung und der Gewährung effektiven Rechtsschutzes. Zwar könnte der Vollstreckungsschuldner auch darauf verwiesen werden, die Aufhebung des Grundverwaltungsaktes durch einen Wiederaufgreifensantrag gemäß § 51 Abs. 1 Nr. 1 VwVfG in einem selbstständigen Verfahren durchzusetzen. Um ihm effektiver Rechtsschutz zu gewähren, müsste der Anfechtungsprozess gegen die Androhung dann aber ausgesetzt werden, was nicht prozessökonomisch erscheint (*Erichsen/Rauschenberg*, Jura 1998, 323, 324).

Im Vollstreckungsrecht der Länder ist teilweise ausdrücklich bestimmt, dass Einwendungen gegen den Grundverwaltungsakt im Vollstreckungsverfahren noch geltend gemacht werden können, soweit die Gründe, auf denen sie beruhen, nach Erlass des Verwaltungsaktes entstanden sind und durch Anfechtung nicht mehr geltend gemacht werden konnten (Art. 21 S. 2 VwZVG Bayern, § 16 Abs. 2 S. 2 VwVG Rheinland-Pfalz).

Die Rechtsfolge des **§ 18 Abs. 1 S. 3** tritt auch bei der isolierten Androhung gegenüber dem **Rechtsnachfolger** ein, wenn der rechtmäßige unanfechtbare Grundverwaltungsakt an den Rechtsvorgänger gerichtet war. Das gilt z.B. für eine Beseitigungsanordnung (*OVG Münster* B 1.8.2003 – 7 B 968/03, BauR 2003, 1877 = NVwZ-RR 2004, 478; *VGH München* B 26.3.1981 – 18 XV 77, BayVBl. 1981, 871). **5**

Im Übrigen gilt bei unanfechtbaren Verwaltungsakten § 51 VwVfG. Unter den dort genannten Voraussetzungen kann der Betroffene das **Wiederaufgreifen des Verfahrens** beantragen (vgl. *BVerwG* U 16.12.2004 – 1 C 30/03, BVerwGE 122, 293 = NVwZ 2005, 819 = DVBl. 2005, 645 = DÖV 2005, 566 = DVP 2005, 166; Schoch/Schneider/Bier/*Pietzner*, § 167 Rn. 62). **6**

Gemäß § 51 Abs. 5 VwVfG kann die Behörde das Verfahren auch ohne Antrag wiederaufgreifen und einen unanfechtbaren Verwaltungsakt gemäß § 48 Abs. 1 S. 1 VwVfG oder § 49 Abs. 1 VfVfG aufheben. Hierauf hat der Betroffene einen Anspruch, wenn die Aufrechterhaltung des (unanfechtbaren) Verwaltungsaktes „schlechthin unerträglich" ist, was von den Umständen des Einzelfalles und einer Gewichtung der einschlägigen Gesichtspunkte abhängt. Das Festhalten an dem Verwaltungsakt ist unter anderem dann „schlechthin unerträglich", wenn Umstände gegeben sind, die die Berufung der Behörde auf die Unanfechtbarkeit als einen Verstoß gegen Treu und Glauben erscheinen lassen (*OVG Sachsen-Anhalt* B 1.2.2011 – 4 L 158/10, juris Rn. 3 = NVwZ-RR 2011, 617, unter Verweis auf *OVG Sachsen-Anhalt*, B 9.8.2005 – 4 L 169/05 –; *OVG Niedersachsen*, B 18.6.2008 – 9 LA 51/07 –; *OVG NRW* B 13.4.2004 – 15 A 1113/04).

Den Fall, dass die **Zwangsmittelandrohung nicht mit** dem zu Grunde liegenden **Verwaltungsakt verbunden** ist, dieser aber auch nicht unanfechtbar geworden ist, regelt das Verwaltungs-Vollstreckungsgesetz nicht ausdrücklich. Da kein sachlicher Anlass dafür besteht, hier anders zu verfahren, als bei einer Verbindung von Verwaltungsakt und Zwangsmittelandrohung, ist auf diesen Fall ebenfalls § 18 Abs. 1 S. 2 anzuwenden (vgl. VG Meiningen B 29.11.2000 – 5 E 989/00.Me, juris Rn. 28 = NVwZ-RR 2001, 549 = ThürVBl 2001, 115, zum insoweit gleichlautenden § 46 Abs. 7 VwZVG Thüringen). Im Zweifel ist davon auszugehen, dass der Betroffene alle ihm zu Gebote stehenden Einwendungen gegen die Vollstreckung geltend machen will, also auch eine etwaige Rechtwidrigkeit des der Androhung zugrundeliegenden Verfügung (Engelhardt/App/Schlatmann/*Stammberger*, § 18 VwVG Rn. 6). Nach § 18 Abs. 1 S. 2 erstreckt sich das Rechtsmittel aber auch in diesen Fällen nur dann zugleich auf den Verwaltungsakt, wenn er nicht bereits Gegenstand eines Rechtsbehelfs- oder gerichtlichen Verfahrens ist.

II. Zu Absatz 2

7 Nach § 18 Abs. 2 sind gegen Zwangsmittel, die im unmittelbaren Vollzug gemäß § 6 Abs. 2 angewendet werden, die Rechtmittel zulässig, die gegen Verwaltungsakte gegeben sind. Diese Regelung lässt erkennen, dass der Gesetzgeber die Anwendung unmittelbaren Zwanges nicht als Verwaltungsakt i.S.d. § 35 VwVfG angesehen hat. Anderenfalls hätte die Bestimmung sich erübrigt.

8 Der sofortige Vollzug ist ein **Realakt**; er erfüllt nicht die Begriffsmerkmale eines Verwaltungsaktes (dazu ausführlich *Sadler,* Verwaltungszwang durch sofortigen Vollzug nach § 6 Abs. 2 des Verwaltungs-Vollstreckungsgesetzes (VwVG), Polizei 2008 S. 185–192. Insoweit gilt das Gleiche wie bei der Anwendung eines Zwangsmittels im gestreckten Verfahren zur Durchsetzung eines Verwaltungsaktes gemäß § 15 Abs. 1 (vgl. *BVerwG* U 9.7.1956 – 5 C 93/54, DÖV 1956, 728 = NJW 1956, 1652 = DVBl. 1957, 58).

Gegen Realakte bieten die allgemeine Leistungsklage und die Feststellungsklage effektiven Rechtsschutz. Der Betroffene kann gegen die Anwendung von Zwangsmitteln im Sofortvollzug grundsätzlich Leistungsklage auf Rückgängigmachung der einzelnen Maßnahme oder, falls diese nicht (mehr) greift, Feststellungsklage gemäß § 43 VwGO erheben (Maurer/*Waldhoff*, § 20 Rn. 26). Dass § 18 Abs. 2 gegen Maßnahmen des Sofortvollzuges gleichwohl den Widerspruch gemäß § 68 VwGO und die Anfechtungsklage gemäß § 42 Abs. 2 VwGO für zulässig erklärt, ist historisch dadurch zu erklären, dass das System des verwaltungsgerichtlichen Rechtsschutzes vor Inkrafttreten der VwGO auf die Anfechtung von Verwaltungsakten zugeschnitten war (*Pietzner*, VerwArch 84 [1993], S. 261, 271 ff.). Auch wenn die Verwaltungsgerichtsordnung heute Rechtsschutz gegen jede Form behördlichen Handels gewährt, gilt die Festlegung des § 18 Abs. 2 fort und ist zu beachten.

9 § 18 Abs. 2 ist auch nicht durch § 195 Abs. 2 vor Nr. 1 VwGO aufgehoben worden (a.A. *Pietzner*, VerwArch 84 [1993], S. 261, 285). Hiernach sind mit dem Inkrafttreten der Verwaltungsgerichtsordnung am 1.4.1960 alle Vorschriften früherer Gesetze aufgehoben, die den gleichen Gegenstand regeln. Weil der sofortige Vollzug in der VwGO aber nicht mitgeregelt wurde, betrifft er nicht einen gleichen Gegenstand. Es besteht vielmehr im Rechtsschutz eine Gesetzeslücke. Sie wird durch den nach wie vor geltenden Absatz 2 ausgefüllt (ausführlich: *Lemke*, S. 437).

10 § 18 Abs. 2 hat eine transformatorische Wirkung: Die Anwendung des Verwaltungszwanges ohne vorab erlassenen Verwaltungsakt wird nachträglich wie ein Verwaltungsakt behandelt. Daher sind alle Rechtsbehelfe zulässig, die sonst gegen Verwaltungsakte allgemein gegeben sind. **Rechtsbehelfe** gegen den sofortigen Vollzug **der Widerspruch gemäß § 68 VwGO,** die **Anfechtungsklage** nach § 42 Abs. 1 VwGO und im einstweiligen Rechtsschutz der **Antrag nach § 80 Abs. 5 VwGO**.

11 **1. Behörde trifft abänderbare Maßnahmen.** Die **Rechtsbehelfe** des **Widerspruchs** und der **Anfechtungsklage** sind bei sofortigem Vollzug zunächst uneingeschränkt für den Fall **zulässig,** dass die Vollzugsbehörde noch **keine vollendeten Tatsachen** geschaffen hat.

a) Beispiele:

- Die Gewerbebehörde schließt nach einer polizeilichen Razzia eine Gaststätte. Die Schließung könnte rückgängig gemacht werden. 12
- Das Landesamt für Arbeitsschutz und technische Sicherheit sperrt eine Aufzugsanlage. Die Sperrung könnte beseitigt werden.
- Die Bauaufsichtsbehörde versiegelt eine Baustelle. Die Versiegelung könnte gelöst werden (vgl. *OVG Münster* B 27.12.1999 – 7 B 2016/99, BauR 2000, 1859 = BRS. 63 Nr. 215; *OVG Münster* B 25.11.1993 – 10 B 360/93 –: NVwZ-RR 1994, 549 = BauR 1994, 233 = NWVBl. 1994.154 = NuR 1995, 89 = BRS. 55 Nr. 207).
- Die Veterinäraufsichtsbehörde sperrt einen Stall. Die Sperre könnte aufgehoben werden.
- Die Gesundheitsaufsichtsbehörde schließt eine Schule. Der Schulbetrieb könnte wieder ermöglicht werden.
- Die Polizei nimmt einem Kraftfahrer den Führerschein weg. Sie könnte ihn zurückgeben.
- Die Polizei hat ein Kraftfahrzeug abgeschleppt. Es wird später wieder herausgegeben.

Ist der Grundverwaltungsakt schon vollzogen, kann das Gericht auf Antrag auch aussprechen, dass und wie die Verwaltungsbehörde die Vollziehung rückgängig zu machen hat, § 113 Abs. 1 S. 2 VwGO. Dies ist der klassische Fall des **Folgenbeseitigungsanspruchs**. Die Aufhebung der Vollziehung kann nach § 80 Abs. 5 S. 3 VwGO auch bereits im Verfahren des einstweiligen Rechtsschutzes durchgesetzt werden.

b) Vollzugsbescheid. Hat die Behörde ein Zwangsmittel ohne vorausgehenden Verwaltungsakt angewendet, sollte sie grundsätzlich dem Betroffenen nachträglich einen Vollzugsbescheid mit Rechtsbehelfsbelehrung, einen **Bestätigungsbescheid,** erteilen. Darin unterrichtet die Behörde ihn davon, aus welchen Gründen sie zum sofortigen Eingriff gezwungen und befugt war. 13

Das ist in Absatz 2 zwar nicht ausdrücklich gesagt. Doch ergibt sich die Pflicht zu einem solchen bestätigenden Vollzugsbescheid aus dem Gebot des Gesetzes, diesen sofortigen Zwang einem Verwaltungsakt gleichzustellen. Man könnte also diesen Vollzugsbescheid auch **gleichstellenden Verwaltungsakt** nennen. Nur auf diese Weise ist die in Art. 19 Abs. 4 GG garantierte umfassende Kontrolle der Gerichte über die Verwaltung gesichert.

Ein Vollzugsbescheid ist auf jeden Fall notwendig, wenn die Behörde den Verantwortlichen zum **Ersatz von Aufwendungen** auffordern muss. Das ist zum Beispiel bei Kosten für das Abschleppen oder Umsetzen eines Kraftfahrzeugs der Fall. 14

Hier ist der **Vollzugsbescheid zugleich** ein **Leistungsbescheid** nach § 3 Abs. 2 Buchst. a.

c) Vorläufiger Rechtsschutz. Der Betroffene kann gemäß § 80 Abs. 5 S. 3 VwGO beantragen, die **Aufhebung des Vollzuges anzuordnen** (hierzu Bader/*Funke-Kaiser*/Stuhlfauth/von Albedyll, § 80 VwGO Rn. 119). Voraussetzung für die Zulässigkeit des Antrags ist nach § 80 Abs. 5 S. 2 VwGO der zuvor erhobene Widerspruch (Rn. 10; § 6 Rn. 208). 15

In gleicher Weise gewährleistet auch § 113 Abs. 1 S. 2 VwGO im **Hauptsacheverfahren** Rechtsschutz. Hier ist ebenfalls ein Antrag notwendig (*BVerwG* B 6.7.1994 – 1 VR 20/93, NVwZ 1995, 590, 595; *VGH Mannheim* B 12.5.2005 – 13 S 195/05, VBlBW 2006, 116). 16

2. Behörde schafft vollendete Tatsachen. § 18 Abs 2 garantiert den gleichen Rechtsschutz auch dann, wenn die Vollzugsbehörde nicht mehr zu ändernde, vollendete Tat- 17 sachen geschaffen hat. Das fordert die verfassungsrechtliche Gewährleistung effektiven Rechtsschutzes aus Art. 19 Abs. 4 GG.

a) Beispiele.

18 – Die Polizei hat sichergestellte Feuerwerkskörper vernichtet.
– Die Veterinäraufsichtsbehörde hat ein seuchenverdächtiges Tier getötet.
– Die Bauaufsichtsbehörde hat eine einsturzgefährdete Anlage abgerissen.
– Das Pflanzenschutzamt hat ein sichergestelltes gefährliches Pflanzenschutzmittel unschädlich gemacht.
– Die Umweltbehörde hat eine Ölverschmutzung auf dem Teltow-Kanal in Berlin beseitigt (*OVG Berlin* B 28.10.1999 – 2 N 9/99, NVwZ-RR 2000, 649).
– Die Naturschutzbehörde hat einen vom Blitz getroffenen Baum gefällt.
– Das Verwaltungsamt hat einen randalierenden Besucher aus dem Rathaus entfernt.
– Die Jugendbehörde hat unbeaufsichtigte Kinder aus einer Gaststätte gewiesen.

19 Auch in derartigen Fällen vollendeter Tatsachen erhält der Betroffene durch die transformatorische Regelung des Absatzes 2 vollen Rechtsschutz. Ihm stehen die Rechtsbehelfe des **Widerspruchs** und der **Anfechtungsklage** ebenfalls so zu, als hätte die Behörde zuvor einen Verwaltungsakt erlassen.

Eine Vollzugsfolgenbeseitigung gemäß § 113 Abs. 1 S. 2 VwGO kommt nicht in Betracht, wenn die Rückgängigmachung tatsächlich nicht möglich oder rechtlich unzulässig ist (Bader/Funke-Kaiser/*Stuhlfauth*/von Albedyll, § 113 Rn. 47). Lässt sich die Vollzugsfolge nicht rückgängig machen, ist das Begehren für eine Anfechtungsklage erledigt, so dass Fortsetzungsfeststellungsklage gemäß § 113 Abs. 1 S. 4 VwGO zu erheben ist.

20 **b) Vollzugsbescheid.** Im Fall vollendeter Tatsachen sollte die Behörde ebenfalls grundsätzlich einen Vollzugsbescheid mit Rechtsbehelfsbelehrung erteilen. Sie muss das tun, wenn sie Kostenerstattung fordert (vgl. *OVG Berlin* B 28.10.1999 – 2 N 9/99, NVwZ-RR 2000, 649). Denn ihr Bestätigungsbescheid ist gleichzeitig ein Leistungsbescheid nach § 3 Abs. 2 Buchst. a (Rn. 14).

21 Bei Vorgängen vollendeter Tatsachen wird es aber vermehrt vorkommen, dass die Behörde von einer Bestätigung absieht. Das geschieht, wenn sie es für zweckmäßig hält, die Reaktion des Betroffenen abzuwarten. So wird die Behörde beispielsweise dem Geschäftsführer einer Gaststätte keinen Bescheid schicken, wenn der unhygienische Zustand seiner Küche bei Gästen zu Übelkeit geführt hat. Sie wird das auch bei dem Zuhälter unterlassen, dessen Kampfhund sie töten musste.

22 Ergeht ein Bescheid, unterbleibt aber die Rechtsbehelfsbelehrung, ist gemäß § 58 Abs. 2 VwGO der Rechtsbehelf innerhalb eines Jahres nach Kenntnis von dem Ereignis zulässig.

23 **c) Widerspruch.** Bedeutsam ist für den Betroffenen die Zulässigkeit des Widerspruchs in der Form des Fortsetzungsfeststellungswiderspruchs. Denn im Vorverfahren prüft die Widerspruchsbehörde sowohl die **Rechtmäßigkeit** der Maßnahme als auch deren **Zweckmäßigkeit** nach. Dabei kann sie selbstständig an Stelle der Ausgangsbehörde eine eigene Ermessensentscheidung treffen. Im Gegensatz dazu überprüft das Gericht bei Ermessensentscheidungen die Sachumstände nur auf Ermessensfehler (§ 114 VwGO).

Für den Tenor der Widerspruchsentscheidung fehlt eine gesetzliche Vorgabe. Hier wird er lauten, dass der sofortige Vollzug „rechtmäßig" oder „rechtswidrig" war. 24

d) Anfechtungsklage. Als verwaltungsgerichtliche Klage lässt § 18 Abs. 2 nur die gegen belastende Verwaltungsakte statthafte Anfechtungsklage gemäß § 42 Abs. 1 VwGO zu. In Fällen vollendeter Tatsachen führt die Anfechtungsklage als Fortsetzungsfeststellungsklage gemäß § 113 Abs. 1 S. 4 VwGO bei positivem Ausgang zu der Feststellung des Gerichts, dass der Zwang rechtswidrig war. Anderenfalls weist das Gericht die Klage ab. 25

Ist dem Betroffenen durch den sofortigen Vollzug ein Schaden entstanden, stehen ihm Entschädigungsansprüche nach dem Bundespolizeirecht (§ 51 Abs. 2 Nr. 1 BPolG) und dem Ordnungsbehörden- und Polizeirecht der Länder zu, wenn die Vollzugsmaßnahme rechtswidrig war (z.B. § 39 Abs. 1b OBG NRW); auf ein Verschulden der Behörde kommt es nicht an. Hat die Behörde den Schaden rechtswidrig und schuldhaft herbeigeführt, kommt zudem ein Amtshaftungsanspruch aus § 829 BGB i.V.m. Art. 34 GG in Betracht. 26

3. Keine Anordnung der sofortigen Vollziehung. Der Vollzugsbescheid darf keine Anordnung der sofortigen Vollziehung enthalten. Diese ist nach § 80 Abs. 2 S. 1 Nr. 4 VwGO allein bei Verwaltungsakten zulässig und möglich. 27

Bei dem Zwang durch sofortigen Vollzug ist dagegen vorab kein Verwaltungsakt erlassen worden. Die in der Vergangenheit liegende Anwendung des Zwanges kann also als abgeschlossenes Ereignis nicht noch für die Zukunft vorzeitig vollziehbar gemacht werden. Das ist denkgesetzlich ausgeschlossen. Derartige Bescheide werden nicht selten irrtümlich oder in dem Bestreben erlassen, sich verfahrensrechtlich umfassend abzusichern. Hinsichtlich der Folgen ist zu unterscheiden:

Hat die Behörde durch den sofortigen Vollzug eine abänderbare Maßnahme getroffen, z.B. eine Baustelle versiegelt, ist der Rechtsfehler im Ergebnis unschädlich. Stellt nämlich der Betroffene bei dem Verwaltungsgericht den Antrag nach § 80 Abs. 5 S. 1 VwGO, die aufschiebende Wirkung des Widerspruchs oder der Anfechtungsklage wiederherzustellen, legt das Gericht ihn gemäß § 86 VwGO entsprechend aus. Der Antrag gilt als Antrag i.S.d. § 80 Abs. 5 S. 3 VwGO, den Vollzug aufzuheben, also die Versiegelung wieder zu lösen. 28

Sollte die Behörde vollendete, nicht umkehrbare Tatsachen geschaffen haben, z.B. die Tötung eines Tieres, sind die Auswirkungen schädlich. Stellt der Betroffene in diesem Fall den Antrag nach § 80 Abs. 5 S. 1 VwGO, muss das Gericht ihn ablehnen. Eine Umdeutung in einen Vollzugsfolgenbeseitigungsantrag gemäß § 80 Abs. 5 S. 3 VwGO ist nicht möglich, weil die Vollziehung nicht aufgehoben werden kann. 29

Wegen des Verschuldens der Behörde werden ihr gemäß § 155 Abs. 4 VwGO die Kosten des Verfahrens auferlegt.

4. Grundsatz der Gleichbehandlung. § 18 Abs. 2 erklärt auf Maßnahmen im Sofortvollzug gemäß § 6 Abs. 2 die Rechtmittel für zulässig, die gegen Verwaltungsakte gegeben sind. Ob der Gesetzgeber damit dem sofortigen Vollzug die Qualität eines Verwaltungsaktes i.S.d. § 35 S. 1 VwVfG zusprechen wollte, erscheint fraglich. Der Wortlaut lässt diese Auslegung zu, legt sie aber nicht nahe. Explizit handelt § 18 Abs. 2 nicht von der Rechtsqualität der Vollzugsmaßnahme, sondern von den hiergegen statt- 30 haften Rechtsbehelfen. Auch der Zweck der Regelung lässt nicht annehmen, dass der Gesetzgeber die Vollzugsmaßnahme als Verwaltungsakt fingieren wollte. § 18 Abs. 2 dient allein dem Zweck, für Maßnahmen des Sofortvollzuges den Verwaltungsgerichtsweg zu öffnen (Rn. 8). Hierfür ist aber nicht erforderlich, die Vollzugsmaßnahme materiell-rechtlich zum Verwaltungsakt zu erklären, vielmehr genügt die Vorgabe, dass die Vollzugsmaßnahme prozess-rechtlich wie ein Verwaltungsakt zu behandelt ist. Insgesamt wird man § 18 Abs. 2 daher keine materiell-rechtliche Bedeutung zusprechen können.

31 In diesem Zusammenhang ist der Begriff „Rechtsmittel" in § 18 Abs. 2 in einem weiten Sinne zu verstehen und als „Rechtsbehelf" zu lesen (hierzu die Vorbemerkung zu § 18). § 18 Abs. 2 ebnet damit nicht nur den Weg zu den Verwaltungsgerichten, sondern erschließt dem Betroffenen auch die Möglichkeit, gegen eine Maßnahme des Sofortvollzuges Widerspruch nach § 68 VwVfG einzulegen. Das dies gerechtfertigt ist, zeigen auch die Fallbeispiele zu § 6 Rn. 254–257:

Ein Dach ist leicht schadhaft. Regen und Schneewasser dringen ein und verursachen Schäden in den Mietwohnungen. Gegen den Verwaltungsakt der Bauaufsichtsbehörde kann der Verantwortliche Widerspruch einlegen (§ 68 VwGO). Bleibt sein Widerspruch ohne Erfolg, kann er Anfechtungsklage erheben (§ 42 Abs. 1 VwGO). Als Adressat des Sofortvollzugs ist er nach der Adressatenformel auch klagebefugt gemäß § 42 Abs. 2 VwGO.

Durch den Orkan ist das bisher nur leicht schadhafte Dach plötzlich halb abgedeckt. Die Behörde greift im sofortigen Vollzug gemäß § 6 Abs. 2 ein. Sollte der Hauseigentümer hier nicht das Recht des Widerspruchs haben, nähme man ihm eine Rechtsbehelfsinstanz. Für den Betroffenen ist dies auch deshalb nachteilig, weil die Widerspruchsbehörde – anders als das Verwaltungsgericht – die Maßnahme des Sofortvollzuges nicht nur auf ihre Rechtmäßigkeit, sondern auch auf ihre Zweckmäßigkeit prüft (vgl. § 68 Abs. 1 S. 1 VwGO).

32 Hinzu kommt: Nimmt man dem Betroffenen die Widerspruchsinstanz, verweist man ihn unmittelbar auf die Fortsetzungsfeststellungsklage nach § 113 Abs. 1 S. 4 VwGO. Für deren Zulässigkeit muss der Kläger ein „berechtigtes Interesse" an der begehrten Feststellung der Rechtswidrigkeit der behördlichen Tätigkeit nachweisen. Damit würde er, obwohl vom härtesten Vollstreckungseingriff getroffen, prozessual schlechter gestellt, als er stünde, wenn er sich gegen eine ihn weniger hart treffende Vollzugsmaßnahme im gestreckten Verfahren nach § 6 Abs. 1 zur Wehr setzte.

33 Ein solches Ergebnis erscheint mit dem allgemeinen Gleichbehandlungsgebot aus Art. 3 Abs. 1 GG schwerlich vereinbar.

Anhang:
Vergleichbares Landesrecht

34 **(1) Bayern:** Art. 38 VwZVG. Art. 21 regelt Einwendungen gegen die Vollstreckung, die den zu vollstreckenden Anspruch betreffen.

(2) Berlin: § 8 VwVfG Berlin = § 18 VwVG.

(3) Brandenburg bestimmt in § 15 VwVGBbg zum Rechtsschutz allgemein und damit für jedes Vollstreckungsverfahren: Einwendungen gegen Entstehung oder Höhe der Verpflichtung, deren Erfüllung erzwungen werden soll, sind außerhalb des Vollstreckungsverfahrens mit den hierfür zugelassenen Rechtsmitteln zu verfolgen.

(4) Hamburg: § 29 HmbVwVG.

(5) Hessen: § 12 HessVwVG.

(6) Mecklenburg-Vorpommern: § 99 SOG M-V.

(7) Rheinland-Pfalz: § 16, § 66 Abs. 6 LVwVG. § 16 Abs. 2 regelt Einwendungen, die den Anspruch selbst betreffen (dazu *OVG Koblenz* B 17.11.1981 – 1 B 60/81–: *AS* 17, 124 = NJW 1982, 2276 = DÖV 1982, 414 = BRS 39 Nr. 231). Diese Präklusion gilt auch für den Rechtsnachfolger (*OVG Koblenz* U 26.6.1983 – 8 A 62/83, *AS.* 18, 223).

(8) Thüringen: § 46 Abs. 7 ThürVwZVG.

Andere Länder: In den übrigen Bundesländern, die keine dem § 18 Abs. 2 entsprechende Regelung erlassen haben, kann der Betroffene gegen die Vollstreckungsmaßnahme im Sofortvollzug vorbeugende Unterlassungsklage oder – wenn der Eingriff bereits erfolgt ist – Leistungsklage auf Rückgängigmachung der Vollstreckungsmaßnahme erheben. Ist eine Rückgängigmachung nicht möglich, ist die Feststellungklage gemäß § 43 VwGO statthaft. Im Verfahren des einstweiligen Rechtsschutzes ist an einen Antrag auf Erlass einer einstweiligen Verfügung gemäß § 123 Abs. 1 VwGO zu denken (*Vahle*, DVP 2006, 89, 96).

Dritter Abschnitt
Kosten

§ 19 Kosten

(1) [1]Für Amtshandlungen nach diesem Gesetz werden Kosten (Gebühren und Auslagen) gemäß § 337 Abs. 1, §§ 338 bis 346 der Abgabenordnung erhoben. [2]Für die Gewährung einer Entschädigung an Auskunftspflichtige, Sachverständige und Treuhänder gelten §§ 107 und 318 Abs. 5 der Abgabenordnung.

(2) [1]Für die Mahnung nach § 3 Abs. 3 wird eine Mahngebühr erhoben. [2]Sie beträgt ein halbes Prozent des Mahnbetrages, mindestens jedoch 5 Euro und höchstens 150 Euro. [3]Die Mahngebühr wird auf volle Euro aufgerundet.

(3) Soweit die Bundespolizei nach diesem Gesetz tätig wird, werden Gebühren und Auslagen nach dem Bundesgebührengesetz erhoben.

Übersicht

I. Zu Absatz 1

1 **1. Amtshandlungen nach dem VwVG.** Der Begriff „Amtshandlung" ist weit zu fassen. Er umfasst jede öffentlich-rechtliche Verwaltungstätigkeit einer Behörde „nach diesem Gesetz", wie es in § 19 Abs. 1 S. 1 heißt. Amtshandlungen sind nur solche, die **im Vollstreckungsverfahren vorgenommen** werden. Der Grundverwaltungsakt gehört folglich nicht dazu. Zu den Amtshandlungen zählt zunächst die Vollstreckung von Geldforderungen nach den §§ 1 bis 5. Sodann umfassen sie die Herausgabe von Sachen sowie die Erzwingung von Handlungen, Duldungen und Unterlassungen gemäß §§ 6 bis 18. Zu den Amtshandlungen gemäß §§ 6 bis 18 gehören die Androhung, Festsetzung und Anwendung eines Zwangsmittels. Die wichtigsten Kosten sind die Auslagen. Diese sind in § 344 Abs. 1 AO aufgeführt (Rn. 15, 16).

Die Vorschrift des § 19 VwVG enthält eine selbstständige und **abschließende Regelung** der Kosten. Deswegen kann das Verwaltungskostengesetz des Bundes im Verwaltungsvollstreckungsverfahren keine Anwendung finden. Das ergibt sich eindeutig aus dem Text des § 19 Abs. 1 S. 1 VwVG und des § 1 Abs. 1 VwKostG. Denn danach gelten beide Gesetze wörtlich übereinstimmend für jeweils verschiedene „Kosten (Gebühren und Auslagen)" der Behörden.

2 **Kosten** sind auch solche, die im Vollstreckungsverfahren zugunsten der öffentlichen Hand **nach § 169 VwGO** entstehen. Denn die Vollstreckung richtet sich gemäß § 169 Abs. 1 S. 1 VwGO nach dem Verwaltungs-Vollstreckungsgesetz. Also gilt § 19. Herr des Verfahrens ist der Vorsitzende des Verwaltungsgerichts des ersten Rechtszuges. Er wird als Bundesvollstreckungsbehörde tätig (§ 4 Rn. 9). Als Vollstreckungsvoraussetzung erlässt der Vorsitzende einen Kostenfestsetzungsbeschluss (§ 168 Abs. 1 Nr. 4 VwGO). Damit ist die Beitreibung der Kosten zulässig.

Die Verweisung in § 169 Abs. 1 S. 1 VwGO ua auf § 19 VwVG i.V.m. § 337 Abs. 1, §§ 338 bis 346 AO erfasst nur Kosten, die durch Vollstreckungshelfer – eine andere Vollstreckungsbehörde oder den Gerichtsvollzieher – verursacht werden. Für gerichtliche Handlungen, die eine Gebührenpflicht des Vollstreckungsschuldners auslösen, gilt das Gerichtskostengesetz (Schoch/Schneider/Bier/*Möller*, § 169 Rn. 162).

3 **2. Kosten.** Nach § 19 Abs. 1 S. 1 i.V.m. § 337 Abs. 1 AO fallen die Kosten der Vollstreckung dem **Vollstreckungsschuldner** (§ 2) zur Last. Im Übrigen sind die §§ 338 bis 346 AO anzuwenden. Dadurch wird das Bundesrecht vereinheitlicht.

4 Wesentliche Voraussetzung für die Vollstreckung von Kosten ist ein Leistungsbescheid nach § 3 Abs. 2 Buchst a. Dieser muss **an den Vollstreckungsschuldner adressiert** sein. Richtet die Behörde den Bescheid irrtümlich an den Alteigentümer, obwohl dieser bei Entstehen der Zahlungspflicht bereits nicht mehr Eigentümer war, ist die Geltendmachung der Kostenforderung gegen den Neueigentümer als Vollstreckungsschuldner

nicht mehr möglich, wenn die Forderung in der Zwischenzeit erloschen ist. Eine andere Beurteilung kann geboten sein, wenn sich im Wege der Auslegung ergibt, dass der Leistungsbescheid an den jeweiligen Eigentümer gerichtet ist, so dass eine unzutreffende Adressierung gemäß §42 VwVfG berichtigt werden könnte (vgl *VGH München* U 15.12.1989 – 23 B 87.03459, juris Rn. 28ff = BayVBl. 1990, 248 = NVwZ-RR 1990, 393). Hier gilt das Gleiche wie im Abgabenrecht (*BFH* U 27.11.1981 – II R 18/80, *BFHE* 134, 519 = BStBl. 11 1982, 276 = NVwZ 1982, 703).

Der Kostenbescheid muss, wie jeder Verwaltungsakt, gemäß §37 Abs. 1 VwVfG hinreichend bestimmt sein. Das **Bestimmtheitsgebot** bezieht sich auch auf die **Adressierung**. In einem schriftlichen Verwaltungsakt müssen die Adressaten so genau bezeichnet werden, dass eine Verwechselung mit anderen Personen ausgeschlossen ist. Hierbei reicht aus, wenn sich die Person des Adressaten im Wege der Auslegung hinreichend genau bestimmen lässt; maßgebend ist der Empfängerhorizont. Bei Wohnungseigentümergemeinschaften, Bauherrengemeinschaften und Erbengemeinschaften lässt die jüngere Rechtsprechung die Sammelbezeichnung „Wohnungseigentümergemeinschaft XY“ oder „Erbengemeinschaft K“ genügen, weil und soweit sich die dazugehörenden Personen eindeutig identifizieren lassen (Kopp/*Ramsauer*, § 37 VwVfG Rn. 9d m.w.N.). An der erforderlichen Bestimmtheit fehlt es indes, wenn sich dem Bescheid nicht entnehmen lässt, ob jedes Mitglied der Wohnungseigentümergemeinschaft nur entsprechend seinem Miteigentumsanteil oder als Gesamtschuldner mit dem gesamten Betrag herangezogen werden soll (*VG Koblenz* B 29.12.2004 – 7 L 3443/04, juris Rn. 4 = NVwZ-RR 2005, 762).

Ferner muss die Behörde ihren Leistungsbescheid an die **zutreffende Adresse** ihres Vollstreckungsschuldners richten. Verwendet die Behörde eine nicht mehr zutreffende Anschrift, die sie vor mehr als zehn Jahre letztmalig verwendet hatte, stellte die Absendung des Bescheides mit dieser Adresse lediglich einen (gescheiterten) Bekanntgabeversuch auf gut Glück dar (vgl. für das Abgabenrecht *BFH* U 20.9.2000 – II R 63/98, juris Rn. 13 = BFHE 193, 25 = BStBl. II 2001, 58 = NVwZ 2001, 358 = NJW 2001, 1744 L).

Spezielle, der allgemeinen Regelung des §19 vorgehende **Kostenregelungen** enthalten 5
die §§ **66, 67 AufenthG** für Kosten der Abschiebung, Zurückschiebung, Zurückweisung und räumlichen Beschränkung von Ausländern sowie für Kosten, für welche Beförderungsunternehmer haften. Die Kosten werden durch Leistungsbescheid erhoben (*BVerwG* U 14.6.2005 – 1 C 11/04, BVerwGE 123, 382 = Buchholz 402.240 § 83 Nr. 6 = Polizei 2005, 272 = DÖV 2006, 170 = NVwZ 2006, 94 = DVBl. 2006, 51; *BVerwG*, U.14.6.2005 – 1-C 15/04, BVerwGE 124, 1 = Buchholz 402.240 § 82 Nr. 2 = NVwZ 2005, 1433 = InfAuslR 2005, 480 = DÖV 2006, 172 = DVBl. 2006, 53; *VGH München* B 8.9.2006 – 24 ZB 06.1326, DÖV 2006, 1010 = DVBl. 2006, 1536 L; *OVG Saarlouis* B 21.12.2005 – 2 Q 5/05, NVwZ-RR 2006, 289 L)

Ein Ausländer und der ihn unerlaubt beschäftigende Arbeitgeber haften für die Kosten einer Abschiebung nach §66 Abs. 4 AufenthG nur dann, wenn die Kosten auslösenden Amtshandlungen den Ausländer nicht in seinen Rechten verletzen. Insoweit trifft das Aufenthaltsrecht eine eigenständige und vorrangige Regelung gegenüber den Vorschriften des Verwaltungskostengesetzes. Die Inanspruchnahme für die Kosten der Abschiebehaft setzt daher die Rechtmäßigkeit dieser Haft voraus. Denn die Rechtsordnung kann keine Kostenerstattung für verselbstständigte rechtswidrige Eingriffshandlungen begründen, für die sie dem Ausländer zugleich einen Entschädigungs- oder Schadensersatzanspruch – etwa nach Art. 5 Abs. 5 EMRK – gewährt (*BVerwG* U 16.10.2012 – 10 C 6/12, juris Rn. 20 ff = BVerwGE 144, 326 = NVwZ 2013, 277; *VGH Hessen* B 25.3.2015 – 5 A 45/14.Z, juris Rn. 4 = AuAS. 2015, 138 = InfAuslR 2015, 393; offen gelassen von *OVG Lüneburg* B 31.3.2010 – 8 PA 28/10, juris Rn. 7 = DÖV 2010, 571 = InfAuslR 2010, 317).

Die Kostentragungspflicht nach § 66 Abs. 1 AufenthG erfordert nicht, dass der Vorgang abgeschlossen und der Aufenthalt des Ausländers in der Bundesrepublik Deutschland tatsächlich beendet worden ist. Vielmehr reicht der Versuch aus (*OVG Lüneburg* B 31.3.2010 – 8 PA 28/10, juris Rn. 5 = DÖV 2010, 571 = InfAuslR 2010, 317).

Hinsichtlich der Berechnung der Personalkosten gelten die allgemeinen Grundsätze zur Berechnung von Personalkosten der öffentlichen Hand. Diese Rechtslage entspricht dem bisherigen Ausländerrecht (vgl. *BVerwG* U 29.6.2000 – 1 C 25/99, BVerwGE 111, 284 = NVwZ 2000, 1424 = InfAuslR 2000, 433 = DÖV 2001, 33 = Buchholz 402.240 § 83 AuslG Nr. 1 mit Nr. 2; *OVG Münster* U 18.6.2001 – 18 A 702/97, NWVBl. 2002, 65 = NVwZ-RR 2002, 69; *VGH München* U 30.6.2003 – 24 BV 03.122, NVwZ-Beilage I 2004, 7).

Wird ein Ausländer auf dem Luftweg in sein Heimatland abgeschoben, ist er Schuldner der Abschiebungskosten. Dazu gehören die Kosten notwendiger Begleitpersonen, zum Beispiel Polizeibeamter (*OVG Lüneburg* B 23.3.2009 – 11 LA 490/07, BeckRS 2009, 32737 = DÖV 2009, 546 L = NVwZ 2009, 540 L).

Der Ausländer hat ferner für die Kosten einer Flugbegleitung durch ausländisches Sicherheitspersonal aufzukommen (*BVerwG* U 14.3.2006 – 1 C 5/05, BVerwGE 125, 101 = NVwZ 2006, 1182 = DÖV 2006, 782 = DVBl. 2006, 1039).

Ein Luftfahrtunternehmen haftet für die Rückbeförderung eines illegal eingereisten Ausländers. Dazu gehören auch Dolmetscherkosten (*BVerwG* U 18.3.2003 – 1 C 9/02, NVwZ 2003, 1274 = DÖV 2003, 771 = DVBl. 2003, 1276).

6 Auch § 89 des **Wasserhaushaltsgesetzes** enthält eine für die Praxis bedeutsame Kostenregelung. Hierbei handelt es sich allerdings nicht um eine spezialgesetzliche Regelung der Kostentragung für Maßnahmen der Verwaltungsvollstreckung, sondern um einen Schadensersatzanspruch bei unzulässiger Änderung der Wasserbeschaffenheit (vgl. *BGH* U 7.11.2002 – III ZR 147/02, ZfW 2003, 157 = UPR 2003, 272 = DÖV 2003, 336 = NVwZ 2003, 376 = DVBl. 2003, 331). Wasser, das sich in einer Kläranlage befindet, fällt nicht unter den Gewässerbegriff des § 89 WHG (*OLG Hamm* U 14.12.2018 – I-11 U 10/18, 11 U 10/18, juris Rn. 40 ff.).

7 Bei der Gefahrenabwehr kommt es zwangsläufig vor, dass der **Name des Kostenschuldners** im Zeitpunkt der Amtshandlung **noch nicht bekannt** ist. Das trifft bei Notmaßnahmen der Vollzugsbehörde ohne vorausgehenden Verwaltungsakt durch **sofortigen Vollzug** nach § 6 Abs. 2 zu. Dadurch wird die Kostenerstattungspflicht des später festgestellten Schuldners nicht berührt. Dieser wird Adressat des Leistungsbescheides und unterliegt den Vollstreckungsregelungen des § 3.

Beispiele:
- Sofortige Beseitigung von Öl aus einem gesunkenen Wasserfahrzeug (*OVG Hamburg* U 15.11.2000 – 5 Bf 41/96, NVwZ 2001, 1295 = NordÖR 2001, 268).
- Abbruch eines einsturzgefährdeten Gebäudes (*OVG Münster* U 1.12.1980 – 11 A 2347/79, OVGE Münster 35, 153 = BRS 36 Nr. 218).
- Eilbedürftige Beisetzung eines Verstorbenen (*BVerwG* B 19.8.1994 – 1 B 149/94, NVwZ-RR 1995, 283 = Buchholz 408.1 Bestattungsrecht Nr. 2; *VGH Mannheim* B 9.9.1999 – 1 S 1306/99, DVBl. 1999, 1733 = NVwZ-RR 2000, 189 = ZKF 2000, 38 = KKZ 2000, 205; *OVG Münster* B 19.4.1994 – 19 A 2644/92 – NWVBl. 1995, 394; *OVG Münster* B 15.10.2001 – 19 A 571/00, OVGE Münster 48, 228 = NVwZ 2002, 996; *OVG Lüneburg* B 9.12.2002 – 8 LA 158/02, NdsVBl. 2003, 109 = NJW 2003, 1268 L). Dabei hat die Behörde ein Auswahlermessen zwischen Erd- und Feuerbestattung. Der Grundsatz der Verhältnismäßigkeit gebietet es nicht, allein auf die kostengünstigste Bestattungsart abzustellen (ausführlich *VGH Mannheim* U 25.9.2001 – 1 S 974/01, NVwZ 2002, 995 = ZKF 2002, 182).

Kosten für Amtshandlungen nach dem Verwaltungs-Vollstreckungsgesetz können **8** nach § 19 nur erhoben werden, wenn das **Verwaltungszwangsverfahren rechtmäßig** war. Für rechtswidriges Verhalten trägt die Behörde die Kosten. Denn gemäß § 346 Abs. 1 AO sind Kosten, die bei richtiger Behandlung der Sache nicht entstanden wären, nicht zu erheben. Als Folge davon muss die Vollzugsbehörde Kosten für eine Maßnahme tragen, zu deren Durchführung der Verantwortliche verpflichtet war. Denn der Rechtsmangel kann nach Durchführung der Maßnahme nicht mehr mit heilender Wirkung behoben werden.

Beispiele:
- Die Ersatzvornahme war rechtswidrig, weil die Behörde die Vollstreckung ausgesetzt hatte (*VGH Mannheim* U 27.6.1990 – 5 S 2180/89, VBlBW 1991, 17 = NVwZ 1991, 686 = NuR 1992, 233).
- Die Behörde ordnete im Rahmen einer Ersatzvornahme überflüssige Arbeiten an. Deshalb muss sie sich einen entsprechenden Kostenabzug gefallen lassen (*OVG Berlin* U 30.1.1981 – 2 B 75/78, NJW 1981, 2484 = DVBl. 1981, 788 = BRS 38 Nr. 210).
- Die Behörde führte eine Ersatzvornahme in völlig anderer Form als der angedrohten durch (*VG Wiesbaden* U 23.9.1981– VII/V E 209/80, KStZ 1982, 119). Hier gilt: Was de facto keine Ersatzvornahme ist, kann auch de jure keine sein.
- Das Bau- und Wohnungsaufsichtsamt ließ eine Ersatzvornahme im sofortigen Vollzug nach § 6 Abs. 2 VwVG durchführen, obwohl es den Zweck der Maßnahme mit einem vorausgehenden Verwaltungsakt und Anordnung der sofortigen Vollziehung gemäß § 80 Abs. 2 S. 1 Nr. 4 VwGO hätte erreichen können (*OVG Berlin* U 3.10.1980 – 2 B 4/ 79, DVBl. 1980, 1053 = GrundE 1980, 1110). Diese Rechtslage gilt allgemein (vgl. *OVG Münster* U 25.10.1977 – 4 A 734/76, OVGE Münster 33, 155 = NPA 721, Ersatzvornahme, 8; *OVG Münster* B 9.4.2008 – 11 A 1386/05, NVwZ-RR 2008, 437 = DVBl. 2008, 803 L).
- Das Wasser- und Schifffahrtsamt führte eine strompolizeiliche Maßnahme im sofortigen Vollzug nach § 6 Abs. 2 VwVG durch, obwohl sie einen vorausgehenden Verwaltungsakt als strompolizeiliche Verfügung gemäß § 28 Abs. 1 des Bundeswasserstraßengesetzes hätte erlassen können (*BVerwG* U 21.11.1980 – 4 C 60/77, ZfW 1981, 90 = NJW 1981, 1571 = RdL 1981, 110 = DÖV 1981, 798 = DRsp 549, 432 = Buchholz 445.5 § 28 WaStrG Nr. 1).
- Die Behörde ließ eine Bestattung durch Ersatzvornahme im Wege des sofortigen Vollzuges vornehmen. Dafür konnte sie von den später ermittelten bestattungsunwilligen Kindern des Verstorbenen nur die Kosten für einen Mindeststandard ohne aufwendige Beerdigungsfeierlichkeiten verlangen (*OVG Münster* B 4.3.1996 – 19 A 194/96, NWVBl. 1996, 380).

- Die Behörde trifft eine ermessensfehlerhafte, nämlich eine offenbar unbillige Auswahlentscheidung im Rahmen der Heranziehung zu den Kosten einer Ersatzvornahme bei mehreren gesamtschuldnerisch haftenden Veranlassern grundwassergefährdender Bodenverunreinigungen (*VGH München* U 1.7.1998 – 22 B 98.198, BayVBl. 1999, 180 = NVwZ-RR 1999, 99).
- Eine „Ersatzvornahme" war zur Mängelbeseitigung ungeeignet (*OVG Berlin* U 7.9.1990 – 5 B 39/89, OVGE Berlin 19, 20).
- Die Anordnung zur anderweitigen Unterbringung erheblich vernachlässigter Tiere war nicht sofort vollziehbar (*OVG Münster* U 18.10.1979, 4 A 2512/78, OVGE Münster 34, 240 = AgrarR 1980, 111 = RdL 1980, 49).
- Die notwendige Festsetzung der Ersatzvornahme fehlte (*OVG Koblenz* U 18.3.1993 – 1 A 10570/92, NVwZ 1994, 715).
- Die Vollstreckungsvoraussetzungen für die Ersatzvornahme lagen nicht vor (*OVG Lüneburg* B 25.1.2010 – 7 LA 130/09, NJW 2010, 2453).
- Rechtswidrige Ersatzvornahme im Beispiel § 6 Rn. 111.

9 Die **Kostenpflicht** setzt kein Verschulden, d.h. kein vorsätzliches oder fahrlässiges (§ 276 Abs. 2 BGB) Verhalten des Betroffenen voraus. Auch ist grundsätzlich unerheblich, ob er die Gefahr verursacht hat. Die Kostenpflicht erstreckt sich sogar auf Katastrophenfälle und Naturereignisse (vgl. *OVG Münster* B 8.3.1955 – 7 A 315/54, MDR 1955, 762 = BRS 4 S. 136). Entscheidend ist allein, dass die Amtshandlung im Vollstreckungsverfahren notwendig war und auch im Übrigen rechtmäßig erfolgte. Das gilt besonders für die Abwehr einer konkreten Gefahr, die von einer Person verursacht wird oder die vom Zustand einer Sache ausgeht.

Beispiele:

- Ein Auto wird gestohlen. Damit ist der Eigentümer und Halter nicht mehr zustandsverantwortlich, weil der Dieb die tatsächliche Gewalt ohne den Willen des Halters ausgeübt. Die Polizei ergreift den Dieb und nimmt ihm das Fahrzeug weg. Dadurch wird der Halter wieder zustandspflichtig. Die Polizei stellt das Auto sicher, schleppt es ab und nimmt es in amtliche Verwahrung (§ 10 Rn. 29). Dafür muss der Halter die Kosten tragen, so „ungerecht" das auch erscheinen mag (vgl. *OVG Koblenz* U 20.9.1988 – 7 A 22/88, DÖV 1989, 173 = NVwZ-RR 1989, 300 = DVBl. 1989, 1011 = Polizei 1989, 225). Der Fahrzeughalter ist für sein Fahrzeug sofort wieder verantwortlich, wenn der Inhaber der tatsächlichen Gewalt, die er ohne den Willen des Eigentümers ausgeübt hat (der Dieb), die Sachherrschaft aufgibt; auf seinen Herrschaftswillen kommt es dabei nicht an (*VG Berlin* U 12.10.1999 – 27 A 403/98, NJW 2000, 603 = NVwZ 2000, 461 L). Ein Fahrzeug befindet sich auch dann nicht mehr in der Herrschaftsgewalt des Diebes, wenn dieser es über einen längeren Zeitraum (11:30 bis 11:58 Uhr) im eingeschränkten Haltverbot geparkt hat. Hierdurch ist die im Falle einer unberechtigten Nutzung eines Fahrzeugs durch einen Dritten vorübergehend entfallene Verantwortlichkeit wieder auf den Halter zurückgefallen; ein besonderer Besitzbegründungsakt des Eigentümers ist nicht erforderlich. Somit kann dieser durch Leistungsbescheid für die Abschleppkosten herangezogen werden (*VG Berlin* U 17.10.2014 – 14 K 118.14, juris Rn. 17 = LKV 2014, 571).
- Ein Haus wird gegen den erklärten Willen des Eigentümers besetzt. Dadurch verliert er die tatsächliche Gewalt über die Sache und ist nicht mehr zustandspflichtig. Die Besetzer richten schwere Schäden am Gebäude an. Auf Bitten des Eigentümers räumt die Polizei das Gebäude. Dadurch wird der Eigentümer wieder polizeipflichtig. Die Bauordnungsbehörde führt danach eine Ersatzvornahme durch. Obwohl der Eigentümer die Gebäudeschäden weder verschuldet noch verursacht hat, muss er die Kosten erstatten. Die Kostenpflicht entsteht allein dadurch, dass der Zustand des Hauses eine Gefahr für die öffentliche Sicherheit darstellte.

– Neben dem Hauseigentümer als Zustandsverantwortlichen sind die Hausbesetzer als Verhaltensverantwortliche polizeipflichtig, denn sie haben die Gebäudeschäden, deretwegen die Vollzugsbehörde eine Ersatzvornahme durchführen musste, durch ihr Verhalten verursacht. Ob die Vollstreckungskosten gegen den Eigentümer oder gegen die Hausbesetzer geltend zu machen sind, entscheidet die Vollzugsbehörde nach pflichtgemäßem Auswahlermessen. Dabei kann der Verhaltensstörer vor dem Zustandsstörer herangezogen werden; entscheidend sind aber die Umstände des Einzelfalles. Dabei darf die Behörde auch auf die finanzielle Leistungsfähigkeit abstellen (vgl. *OVG Lüneburg* U 10.6.1989, NVwZ 1990, 786).

Die objektive **Kostenpflicht** des öffentlichen Rechts ist grundsätzlich **unabhängig von** 10
den Vorschriften des bürgerlichen Rechts. So ist z.B. die öffentlich-rechtliche Pflicht, für die Beerdigung eines Verstorbenen zu sorgen, nicht mit der zivil-rechtlichen Pflicht identisch, die Bestattungskosten zu tragen. Die notwendigen Kosten einer im Wege der Ersatzvornahme veranlassten Bestattung können deshalb von den nach öffentlichem Recht bestattungspflichtigen Angehörigen auch dann erhoben werden, wenn diese nicht Erben sind (*VG Gießen* U 5.4.2000 – 8 E 1777/98, NVwZ-RR 2000, 795 = HessVGRspr 2001, 13).

Die Heranziehung eines öffentlich-rechtlichen Bestattungspflichtigen zu den Bestattungskosten kann jedoch unverhältnismäßig sein in Fällen, in denen die Familienverhältnisse so nachhaltig gestört sind, dass die Übernahme der Bestattungskosten für den Pflichtigen als grob unbillig anzusehen wäre (*VGH Hessen* U 26.10.2011 – 5 A 1245/11, juris Rn. 32 = BeckRS 2011, 56407 = LKRZ 2012, 56 = NVwZ-RR 2012, 212 L). In solchen Fällen kann die Beitreibung der Bestattungskosten eine sachlich begründete **unbillige Härte** (i.S.d. § 14 Abs. 2 KostO NRW) bedeuten. Zur Interpretation dieses Begriffs greift die Rechtsprechung in Fällen nachhaltig gestörter Familienverhältnisse auf die zivilrechtlichen Bestimmungen zurück, nach denen die Unterhaltspflicht sowohl des geschiedenen Ehegatten (§ 1579 BGB) als auch von Verwandten in gerader Linie (§ 1611 BGB) wegen grober Unbilligkeit eingeschränkt ist oder vollständig entfällt (*OVG NRW* U 30.7.2009 – 19 A 448/07, juris Rn. 49 = NWVBl. 2010, 186).

Kann die Vollzugsbehörde die Vollstreckungskosten gemäß § 19 gegen mehrere Kostenschuldner geltend machen, ist sie im Rahmen ihres Auswahlermessens, von wem sie die Kosten einfordert, nicht gehindert, auch darauf abzustellen, wer im Verhältnis der Kostenschuldner die Kosten zivilrechtlich letzten Endes zu tragen hat.

a) Gebühren. Gebühren sind **Vergütungen für Verwaltungshandlungen.** Im Vollstre- 11
ckungsverfahren werden gemäß § 19 Abs. 2 Mahngebühren sowie gemäß § 338 AO Pfändungsgebühren (§ 339 AO), Wegnahmegebühren (§ 340 AO) und Verwertungsgebühren (§ 341 AO) erhoben.

Wenn gegen mehrere Schuldner vollstreckt wird, sind die Gebühren von jedem Vollstreckungsschuldner zu erheben (§ 342 Abs. 1 AO). Wird gegen Gesamtschuldner wegen der Gesamtschuld bei derselben Gelegenheit vollstreckt, so werden die Gebühren nur einmal erhoben (§ 342 Abs. 2 AO). Zum Wesen der Gebühren wird verwiesen auf *BVerfG* B 11.8.1998 – 1 BvR 1270/94, DVBl. 1998, 1220 = NVwZ 1999, 176; *BVerwG* U 3.3.1994 – 4 C 1/93, BVerwGE 95, 188 = NVwZ 1994, 1102 = ZLW 1995, 232 = Buchholz 442.40 § 32 LuftVG Nr. 7.

Außer den in § 19 und in der Abgabenordnung ausgewiesenen Gebühren sind nach 12
Bundesrecht **keine weiteren** zu entrichten. Sollten dementgegen in einer Verwaltungs-

gebührenordnung zusätzliche Gebühren für die Durchführung der Ersatzvornahme und des unmittelbaren Zwanges vorgesehen sein, wäre das rechtswidrig. Insoweit fehlt eine gesetzliche Ermächtigungsgrundlage.

13 Ebenso kommt ein **Zuschlag für die reinen Kosten der Verwaltungstätigkeit nicht** in Betracht. Zum Beispiel kann die Behörde in einem Leistungsbescheid neben den Kosten der Ersatzvornahme nicht auch noch Gebühren als Ersatz für Gehälter ihrer eingesetzten Bediensteten anfordern. Denn dafür müsste es eine gesetzliche Grundlage geben. Eine solche existiert jedoch nicht (so schon *OVG Hamburg* U 21.9.1951 – Bf 259/51–: MDR 1952, 189).

Auch Personalkosten der Vollzugsbehörde gehören nicht zu den erstattungspflichtigen Vollstreckungskosten (*BVerwG* U 14.3.2006 – 1 C 5/05, BVerwGE 125, 101 = DÖV 2006, 782 – NVwZ 2006, 1182 = DVBl. 2006, 1039). So können Lohnkosten für Mitarbeiter, die das Stadtgebiet durchstreifen, um Standorte von Altkleidercontainern festzustellen, im Zusammenhang mit der Beseitigung eines illegal aufgestellten Containers nicht als Kosten der Ersatzvornahme geltend gemacht werden. Vielmehr handelt es sich um Maßnahmen und Kosten, die im Vorfeld einer Räumung stehen, jedoch nicht um Kosten der Ersatzvornahme selbst. Dazu gehören nur Kosten, die im direkten Zusammenhang mit der Räumung stehen. Die Mitarbeiterkosten gehören zum allgemeinen Verwaltungsaufwand der Behörde, bei dem festgestellt wird, ob überhaupt eine illegale Altkleidercontaineraufstellung vorliegt. Sie fallen bei der Behörde immer an, unabhängig davon, ob eine Ersatzvornahme durchgeführt wird oder nicht. Diese Kosten stehen in keinem unmittelbaren Zusammenhang mit der konkreten Räumung und sind daher nicht den Kosten der Ersatzvornahme zuzurechnen (*VG Leipzig* U 1.7.2015 – 1 K 2319/14, juris Rn. 66).

Allerdings gibt es spezialgesetzliche Bestimmungen über Kosten und Gebühren. Solche sind zum Beispiel in den §§ 63 bis 70 AufenthG enthalten (s auch Rn. 5).

14 Die Gebühren gehören zu den **öffentlichen Abgaben.** Ein Rechtsbehelf gegen den Leistungsbescheid hat deshalb gemäß **§ 80 Abs. 2 S. 1 Nr. 1 VwGO** keine aufschiebende Wirkung.

Dagegen gehören die **Auslagen** der Vollzugsbehörde **nicht zu den öffentlichen Kosten** des § 80 Abs. 2 S. 1 Nr. 1 VwGO (Rn. 22).

15 **b) Auslagen. – aa) Begriff.** Auslagen sind Kosten, welche die zuständige Behörde im Verwaltungsvollstreckungsverfahren **aufgewendet** hat. Gemäß § 344 Abs. 1 AO gehören zu den Auslagen:

1. Schreibauslagen für nicht von Amts wegen zu erteilende oder per Telefax übermittelte Abschriften; die Schreibauslagen betragen für jede Seite unabhängig von der Art der Herstellung 0,50 Euro. Werden anstelle von Abschriften elektronisch gespeicherte Dateien überlassen, betragen die Auslagen 2,50 Euro je Datei.
2. Entgelte für Post- und Telekommunikationsdienstleistungen, ausgenommen die Entgelte für Telefondienstleistungen im Orts- und Nahbereich,
3. Kosten für Zustellungen durch die Post mit Zustellungsurkunde und für Nachnahmen; wird durch die Behörde zugestellt (§ 5 des Verwaltungszustellungsgesetzes), so werden 7,50 Euro erhoben,
4. Kosten, die durch öffentliche Bekanntmachung entstehen,

5. Entschädigungen der zum Öffnen von Türen oder Behältnissen sowie zur Durchsuchung von Vollstreckungsschuldnern zugezogenen Personen,
6. Kosten der Beförderung, Verwahrung und Beaufsichtigung gepfändeter Sachen, Kosten der Aberntung gepfändeter Früchte und Kosten der Verwahrung, Fütterung und Pflege gepfändeter Tiere,
7. Beträge, die als Entschädigung an Zeugen, Auskunftspersonen und Sachverständige (§ 107 AO) sowie an Treuhänder (§ 318 Abs. 5 AO) zu zahlen sind,

7a. Kosten, die von einem Kreditinstitut erhoben werden, weil ein Scheck des Vollstreckungsschuldners nicht eingelöst wurde,

7b. Kosten für die Umschreibung eines auf einen Namen lautenden Wertpapiers oder für die Wiederinkurssetzung eines Inhaberpapiers,

8. andere Beträge, die auf Grund von Vollstreckungsmaßnahmen an Dritte zu zahlen sind, insbesondere Beträge, die bei der Ersatzvornahme oder beim unmittelbaren Zwang an Beauftragte und an Hilfspersonen gezahlt werden und sonstige durch Ausführung des unmittelbaren Zwanges oder Anwendung der Ersatzzwangshaft entstandenen Kosten.

Dieser Katalog zählt in den Nummern 1 bis 7b die Auslagen abschließend auf. **In** 16
Nummer 8 ist das nicht der Fall. Diese Bestimmung enthält **zwei Regelungen:** Erstens werden als Auslagen Beträge erhoben, welche die Vollzugsbehörde auf Grund von Vollstreckungsmaßnahmen an Dritte zu zahlen hat. Zweitens werden als Auslagen Kosten erhoben, welche der Vollzugsbehörde durch Ausführung des unmittelbaren Zwanges oder Anwendung der Ersatzzwangshaft entstanden sind.

Erster Regelungsinhalt: Bei **Zahlungen an Dritte** ist durch das Wort „insbesondere“ 17
zum Ausdruck gebracht, dass es sich nur um **Regelbeispiele** handelt. Hier könnten weitere Kosten etwa bei der **Ersatzvornahme** durch Fotoaufnahmen, Beaufsichtigung der Ersatzvornahme (Engelhardt/App/Schlatmann/*Mosbacher*, § 10 VwVG Rn. 13a), aufwändige statische Berechnungen oder Maßnahmen zum Schutz des Grundwassers entstehen. Auch sie muss der Verantwortliche erstatten. Die Bilddokumentation zur Beweissicherung spielt in der Praxis eine große Rolle (vgl. *VGH München* B 21.12.1999 – 20 B 99.2073, juris Rn. 16 = NVwZ-RR 2000, 343 = UPR 2000, 468 = NuR 2000, 516 = BayVBl. 2000, 407 = BRS 62 Nr. 213).

Entsprechend § 344 Abs. 1 Nr. 8 AO können Aufwendungen der Behörde in einem Landesgesetz und in einer Gebührenordnung konkretisiert sein. Dabei handelt es sich hauptsächlich um Gebühren, die im Zusammenhang mit dem **Abschleppen oder Umsetzen von Kraftfahrzeugen** durch die Polizei erhoben werden. Die Kosten erstrecken sich auch auf Leerfahrten (*OVG Hamburg U* 22.2.2005 – 3 Bf 25/02, NJW 2005, 2247; *OVG Hamburg* B 18.12.2006 – 3 Bs 218/05, NVwZ-RR 2007, 364 = DÖV 2007, 392 = NVwZ 2006, 850 L).

Der Rechtmäßigkeit der Erstattungsforderung steht nicht entgegen, dass der Abschleppvorgang nicht mehr zur Vollendung gelangt ist, sondern abgebrochen wurde, weil Fahrer bei seinem Fahrzeug erschien und es wegfuhr, so dass es nicht mehr umgesetzt werden musste. Auch Kosten solcher abgebrochenen Ersatzvornahmen sind „Kosten der Ersatzvornahme“. Demnach sind auch abgebrochene Vorgänge kostenpflichtig (*VG Aachen* U 15.4.2011 – 7 K 2213/09, BeckRS. 2011, 50240).

Das aus dem Grundsatz der Verhältnismäßigkeit abgeleitete **Äquivalenzprinzip** gebietet, dass auch bei Fremdleistungen – wie Abschleppvorgänge – kein Missverhältnis zwischen Leistung und Entgelt bestehen darf. Diesbezüglich ist aber nicht zu beanstanden, dass für abgebrochene Abschleppvorgänge ein Entgelt vom Abschleppunternehmer bereits verlangt werden kann, sobald sich ein angefordertes Abschleppfahrzeug auf dem Weg zum Bestimmungsort befindet (*OVG Hamburg* U 6.5.2008 – 3 Bf 105/05, juris Rn. 34 = VRS 115, 315). Abschleppkosten können auch bereits bei Beauftragung des Unternehmens entstehen. Ob sich das Abschleppfahrzeug bereits zum Abschlepport in Bewegung gesetzt hat oder nicht, ist dann ohne rechtliche Bedeutung (*OVG Berlin* U 12.3.1992 – 5 B 68/91, OVGE Berlin 20, 22; *OVG Berlin* U 10.3.1982 – 1 B 69/80, OVGE Berlin 16, 70 = VerkMitt. 1982, 64 Nr. 66 = NPA 321, 15; *VGH Mannheim* U 27.6.2002 – 1 S. 1531/01, ESVGH 52, 232 = DÖV 2002, 1002 = DAR 2002, 473 = VerkMitt. 2002, Nr. 82 = Polizei 2005, 149 L; *VG Berlin* U 25.11.1992 – 11 A 477/92, NZV 1993, 368).

Wird eine **Abschleppmaßnahme abgebrochen**, ist die Behörde nicht verpflichtet zu prüfen, ob in der unmittelbaren Nachbarschaft zu dem verbotswidrig abgestellten Fahrzeug andere Fahrzeuge hätten aufgegriffen werden können, um die Kostenbelastung für den Betroffenen zu reduzieren. Die Annahme, dass zumindest auf der gesamten Wegstrecke zwischen dem Betriebshof des Abschleppunternehmers und dem Ort der abgebrochenen Abschleppmaßnahme nach alternativen Abschleppmöglichkeiten hätte gesucht werden müssen, ist überzogen (*OVG Saarland* B 2.8.2018 – 1 A 709/17, juris Rn. 12).

Eine auf Gesetz beruhende Regelung, die es erlaubt, den Eigentümer eines Fahrzeugs mit Abschleppkosten zu belasten, wird durch Art. 14 Abs. 1 S. 2 GG gedeckt (*BVerwG* B 19.11.1991 – 8 B 137/91, NJW 1992, 1908 = Buchholz 402.41 Nr. 54). Denn es handelt sich nicht um eine Enteignung gemäß Art. 14 Abs. 3 GG, sondern nur um die Bestimmung von Inhalt und Schranken des Eigentums. Das ist laut Art. 14 Abs. 1 S. 2 GG, wie hier, zulässig (siehe auch § 15 Rn. 90).

Es verstößt auch nicht gegen den Gleichheitssatz, wenn die Behörde für sog. **Leerfahrten** dieselbe Regelgebühr wie für „normale" Abschleppmaßnahmen erhebt. Die Behörde darf grundsätzlich bei der Gebührenbemessung für typische Fallgruppen Regelgebührentarife bilden. Es ist ihr gestattet, Regelfälle eines Sachbereichs zu erfassen und sie als so genannte typische Fälle gleichartig zu behandeln. Eine solche Typisierung ist aus Gründen der Verwaltungsvereinfachung und der Gewährleistung gleichartiger Bewertungsmaßstäbe gerechtfertigt. Sie kommt insbesondere bei häufig vorkommenden und gleichartigen Vorgängen – wie etwa dem Abschleppen von Fahrzeugen – in Betracht. Betroffene, die wegen der Typisierung ungleich behandelt werden, weil die Umstände ihres Einzelfalles nicht denen der Typenfälle entsprechen, können sich nicht auf eine Verletzung des Gleichheitssatzes berufen (*OVG Münster* U 28.11.2000 – 5 A 2625/00, juris Rn. 24 = OVGE Münster 48, 152 = NWVBl. 2002, 181 = NJW 2001, 2035 = DÖV 2001. 647 = JuS 2001, 1131 = NVwZ 2001, 934 L = VRS 100 Nr. 86).

Für Kosten bei Abschleppen eines Kraftfahrzeugs nach **Aufstellung eines mobilen Halteverbotsschildes** gilt Folgendes: Ein zunächst erlaubt abgestelltes Kraftfahrzeug kann ab dem vierten Tag nach dem Aufstellen eines mobilen Halteverbotsschildes auf Kosten des Halters abgeschleppt werden. Wird die Änderung der Verkehrsführung mit einem geringeren zeitlichen Vorlauf angekündigt, ist eine Kostenbelastung nur gerechtfertigt, wenn die bevorstehende Änderung sich für den Verkehrsteilnehmer deutlich erkennbar als unmittelbar bevorstehend abzeichnet. Das entspricht dem Grundsatz der Verhältnismäßigkeit (*BVerwG* U 24.5.2018 – 3 C 25/16, juris Rn. 23 ff. = NJW 2018, 2910 = ZfSch 2018, 534 = DV 2018, 159 = NWVBl. 2018, 409 = VRS 134, 198; *BVerwG* U 11.12.1996 – 11 C 15/95, BVerwGE 102, 316, 320 = DAR 1997, 119 = JZ 1997, 780 = NZV 1997, 246 = NJW 1997, 1021 = DÖV 1997, 506 = BayVBl. 1997, 377 = SächsVBl. 1997, 134 = ThürVBl. 1997, 161 = NJ 1997, 379 = DVBl. 1998, 93 = VRS 93 Nr. 60; *VGH Mannheim* U 13.2.2007 – 1 S 822/05, NJW 2007, 2058 = NVwZ 2008, 237 L; *VGH München* U 17.4.2008 – 10 B 08.449, DÖV 2008, 732 = DVBl. 2008, 999 L; *OVG Hamburg* U 7.10.2008 – 3 Bf 116/08, DVBl. 2009. 135 L; *OVG Bautzen* U 23.3.2009 – 3 B 891/06, NJW 2009, 2551 = DÖV 2010, 370 L).

Eine Minderung der Abschleppkosten würde sich in folgendem Fall ergeben: Der Kostenschuldner stellt sein Kraftfahrzeug mit fünf anderen Fahrzeugen auf dem Radweg einer verkehrsreichen Straße ab. Die Behörde beauftragt ein Abschleppunternehmen mit dem Beiseiteräumen der Fahrzeuge. Bevor das Kfz des Verantwortlichen an der Reihe ist, erscheint dieser und entfernt es. An Stelle seines Fahrzeugs wird nun ein anderes abgeschleppt. In diesem Fall ist die Anfahrt dem Fahrer des tatsächlich abgeschleppten Fahrzeugs zugutegekommen und in Rechnung gestellt worden und darf deshalb nicht ein weiteres Mal als erstattungsfähiger Aufwand für einen abgebrochenen Abschleppvorgang betrachtet werden. Das womöglich erforderlich gewordene geringfügige Vorziehen oder Zurücksetzen des Abschleppwagens bis zum tatsächlich abgeschleppten Fahrzeug ist als auch sonst gelegentlich erforderliches Rangieren zu vernachlässigen. Dasselbe gilt in Bezug auf ein etwaiges Aus- und Wiedereinsteigen des Fahrers. Der hiermit verbundene, allenfalls in Sekunden zu bemessende Aufwand ist jedenfalls so gering, dass er die Forderung eines pauschalierten Entgeltes für einen abgebrochenen Abschleppvorgang nicht rechtfertigen kann. Leistung und Entgelt stünden dann offenkundig in einem gröblichen Missverhältnis zueinander und verstießen damit gegen das Äquivalenzprinzip (*OVG Hamburg* U 28.3.2000 – 3 Bf 215/98, juris Rn. 45 = NordÖR 2000.456 = NJW 2001, 168 = NZV 2001, 52 = DAR 2001, 41 L = NVwZ 2001, 223 L = VRS 99 Nr. 137).

Ist das Abschleppen zur Gefahrenabwehr notwendig, richtet sich die Maßnahme auch gegen den Inhaber einer **Anwohnerparkberechtigung**. Denn diese befreit lediglich von der Entrichtung von Parkgebühren. Das ergibt sich aus § 46 Abs. 1 Nr. 4a StVO. Ein weiteres Vorrecht besteht nicht (*VGH Mannheim* B 19.8.2003 – 1 S. 2659/02, NJW 2003, 3363 = Polizei 2005, 149 L; *VG Hamburg* U 23.8.2004 – 5 K 5211/02, NVwZ-RR 2005, 37; *OVG Münster* B 27.8.2009 – 5 A 1430/09, DÖV 2009, 1011 L = DVBl. 2009, 1399 L = Polizei 2009, 335 L).

Abschleppkosten sind auch zu erstatten, wenn ein Kraftfahrzeug auf einem **Schwerbehindertenparkplatz** abgestellt, der Parkausweis aber nicht sichtbar ausgelegt wird. In diesem Fall ist das Abschleppen rechtmäßig (*OVG Koblenz* U 25.1.2005 – 7 A 11726/04, NVwZ-RR 2005, 577 = DÖV 2005, 528 L = Polizei 2005, 147). Gleiches gilt, wenn ein ausgelegter Parkausweis für Behinderte abgelaufen war (*OVG Hamburg* U 16.11.2011 – 5 Bf 292/10, DÖV 2012, 285 L = DVP 2013, 124).

Abschleppkosten werden mit der Bekanntgabe des Leistungsbescheides an den Kostenschuldner fällig und vollstreckbar. Das ergibt sich aus § 3 Abs. 2 (vgl. *VG Gelsenkirchen* U 27.9.2001 – 16 K 779/00, NWVBl. 2002, 160).

Die Vollzugsbehörde hat wegen der Kosten, die ihr bei dem Abschleppen eines Fahrzeugs entstehen, ein Zurückbehaltungsrecht am Fahrzeug (§ 10 Rn. 29).

Dem abgebrochenen Abschleppvorgang vergleichbar ist der Fall, dass angeordnete **Schornsteinfegerarbeiten im Wege der Ersatzvornahme** aufgrund eines Defektes an der Heizungsanlage **nicht durchgeführt** werden können. Auch hier können dem Verpflichteten alle Kosten auferlegt werden, welche die Behörde an den mit der Durchführung der Ersatzvornahme beauftragten Schornsteinfeger zahlen muss. Dazu gehören auch die Kosten einer fehlgeschlagenen bzw. abgebrochenen Ersatzvornahme (*VG Saarland* U 11.3.2016 – 6 K 2111/14, juris Rn. 20).

Ferner kann eine landesrechtliche Kehr- und Überprüfungsordnung Anspruchsgrundlage für Kosten des Verwaltungszwanges sein. Das trifft zu, wenn für die Behörde dadurch Aufwendungen entstehen, dass die Berufsfeuerwehr im Wege der Ersatzvornahme zwangsweise Türen öffnen muss, um dem Bezirksschornsteinfegermeister den Zutritt zu ermöglichen (*VGH Kassel* U 22.5.1990 – 11 UE 627/89, BBauBl. 1991, 242).

18 **Zweiter Regelungsinhalt:** Des Weiteren sind nach § 344 Abs. 1 Nr. 8 AO als Auslagen Kosten der Vollzugsbehörde zu erheben, die ihr bei Ausführung des unmittelbaren Zwanges oder Anwendung der Ersatzzwangshaft entstanden sind. Hierbei handelt es sich um unmittelbar eigene Kosten der Behörde.

Zunächst ist der **unmittelbare Zwang** des § 12 zur Durchsetzung eines Verwaltungsaktes im gestreckten Verfahren nach § 6 Abs. 1 betroffen. Sodann dient der unmittelbare Zwang als Zwangsmittel bei der Anwendung des Verwaltungszwanges ohne vorausgehenden Verwaltungsakt im sofortigen Vollzug gemäß § 6 Abs. 2 (§ 6 Rn. 246, 265; vgl. *VG Gelsenkirchen* U 20.3.2007 – 14 K 2505/05, NVwZ-RR 2007, 576).

Mehrere Bundesländer bezeichnen den unmittelbaren Zwang im Wege der Selbstvornahme als Ersatzvornahme (§ 10 Rn. 3, 44; § 12 Rn. 1, 56). Auch in diesen Fällen sind die Kosten zu erstatten (vgl. *OVG Hamburg* U 29.5.1986 – Bf II 6/86, DÖV 1987, 257 = VRS. 72 Nr. 82).

Unter die Kostenregelung der Nummer 8 fällt auch die **unmittelbare Ausführung einer Maßnahme** (§ 6 Rn. 279 ff.). Die Handlungsform der unmittelbaren Ausführung vermittelt der Behörde das Recht, eine Maßnahme selbst oder durch Beauftragte unmittelbar auszuführen, wenn der Zweck der Maßnahme durch Inanspruchnahme der Verantwortlichen nicht oder nicht rechtzeitig erreicht werden kann (§ 5a MEPolG). Die unmittelbare Ausführung einer Maßnahme steht im Zusammenhang mit der Ordnungspflicht. Ihrer systematischen Stellung nach gehört sie nicht zum Vollstreckungsrecht, entspricht in ihrer Funktion jedoch weitgehend der sofortigen Vollziehung gemäß § 6 Abs. 2. Der Sache nach handelt es sich um eine Ersatzvornahme im sofortigen Vollzug (hierzu *Sadler,* Unmittelbare Ausführung einer Maßnahme durch sofortigen Vollzug, DVBl. 2009 S. 292–299; Polizei 2009 S. 125–131). Wird eine Maßnahme durch einen Beauftragten ausgeführt, so bestehen die Kosten in dem Betrag, der an den Beauftragten zu zahlen ist. Wird eine Maßnahme durch die Ordnungsbehörde oder die Polizei selbst ausgeführt, so bestehen die Kosten in ihren durch die Maßnahme unmittelbar entstehenden zusätzlichen personellen und sächlichen Aufwendungen (vgl. § 15 Abs. 3 ASOG Berlin).

Ferner sind Auslagen nach § 344 Abs. 1 Nr. 8 AO die Kosten für die Vollstreckung der **Ersatzzwangshaft** durch die Justizverwaltung (§ 16 Rn. 39). Kostenvorschrift ist § 3 Abs. 2 des Gerichtskostengesetzes.

bb) Festsetzung der Ersatzvornahme und Anforderung der Kosten. In der Verwaltungspraxis werden die vorläufig veranschlagten **Kosten der Ersatzvornahme** häufig bereits in dem Bescheid über die Festsetzung der Ersatzvornahme, soweit diese gesetzlich vorgeschrieben ist (vgl. §14 Rn.28), angefordert. Das erscheint nicht zweckmäßig: 19

Vielmehr sollte die Behörde den Schuldner durch **gesonderten Leistungsbescheid** gemäß der betreffenden landesrechtlichen Vorschrift zur Zahlung der Kosten auffordern. Da die Anfechtung des Leistungsbescheides idR aufschiebende Wirkung hat, die Anfechtung der Festsetzung dagegen nach Landesrecht nicht, sollten diese Vorgänge getrennt werden. Zwar eröffnet der Gesetzgeber in beiden Fällen die gleichen Rechtsbehelfe. Aber Widerspruch und Anfechtungsklage haben in dem einen Fall aufschiebende Wirkung, in dem anderen nicht. Im vorläufigen Rechtsschutzverfahren nach §80 Abs.5 bis 8 VwGO würde es deshalb zum einen um die Wiederherstellung, zum anderen um die Anordnung der aufschiebenden Wirkung gehen. Dies geht in den Verwaltungsakten bisweilen durcheinander, was sich durch einen gesonderten Leistungsbescheid vermeiden lässt.

In einigen Bundesländern ist die aufschiebende Wirkung von Rechtsbehelfen gegen Leistungsbescheide, mit denen die Kosten der Ersatzvornahme festgesetzt werden, ausdrücklich ausgeschlossen (so §13 Abs.2 S.3 VwVG Hamburg, §24 Abs.3 S.2 VwVG Sachsen, §50 Abs.5 VwZVG Thüringen).

cc) Erledigung der laufenden Ersatzvornahme. Sollte der Verantwortliche im Falle der **Ersatzvornahme** seiner Verpflichtung erst nach deren Einleitung nachkommen, muss die Behörde den Werkvertrag mit dem Ersatzunternehmer kündigen. Gemäß §649 BGB ist sie dazu jederzeit berechtigt, jedoch gleichzeitig zur Zahlung der entsprechenden Vergütung an den Unternehmer verpflichtet. Der Vollzug wird gemäß §15 Abs.3 eingestellt. Die Einstellung ändert nichts an der gesetzlichen Kostenschuld. Der Schuldner hat die der Behörde bis dahin entstandenen Kosten zu erstatten. Dazu gehören zB Kosten für Leerfahrten (Rn.17) oder Verdienstausfall des Ersatzunternehmers. Denn er hat wegen seiner Untätigkeit die Behörde zu Eingriffsmaßnahmen veranlasst und dadurch die Kosten verursacht. Die Aufwendungen der Behörde sind also **„Kosten des Pflichtigen"** nach §10. 20

Die Kostenpflicht des Betroffenen bleibt auch unberührt, wenn er während der Ersatzvornahme auf das **Eigentum** an den ihm gehörenden Sachen oder seinem Grundstück **verzichtet** (*VGH Mannheim* B 2.6.1997 – 8 S 577/97, *ESVGH* 47, 251 = NJW 1997, 3259 = NuR 1998, 100 = UPR 1998, 77 = VBlBW 1998, 19). Zur Aufgabe des Eigentums (Dereliktion) wird auf §15 Rn.66, 71 hingewiesen.

Im Übrigen befreien fiskalische Interessen die Vollzugsbehörde nicht von ihrer Pflicht, notwendige Maßnahmen zur Gefahrenabwehr zu treffen. Sie kann im Falle einer konkreten Gefahr den Verantwortlichen nicht auf den Zivilrechtsweg mit einem weiteren Verantwortlichen, zum Beispiel Nachbar, verweisen, um der Kostenlast einer gebotenen Ersatzvornahme zu entgehen (*OVG Saarlouis*, 21.8.2012 – 2 B 178/12, BeckRS.2012, 58342 = NVwZ-RR 2013, 17 L).

dd) Anscheinsgefahr, Gefahrenverdacht. Eine **Anscheinsgefahr** (hierzu bereits §6 Rn.273) liegt vor, wenn der handelnde Beamte bei pflichtgemäßer Sachverhaltsaufklärung und verständiger Einschätzung der vorliegenden Anhaltspunkte im Zeitpunkt 21 des Eingreifens eine Gefahrensituation annehmen musste, die – im Nachhinein gesehen – objektiv aber nicht vorlag (grundlegend *preuß. OVG* OVGE 77, 333, 338). Geht der Beamte davon aus, dass eine Gefahr vorliegt, wird er in aller Regel Gefahrenabwehrmaßnahmen treffen, wobei es sich zumeist um eine im sofortigen Vollzug durchgeführte Ersatzvornahme oder um eine unmittelbare Ausführung handeln wird. Wenn diese Maßnahmen Kosten verursacht haben, stellt sich die Frage, ob der vermeintlich Pflichtige die Kosten der sich im Nachhinein als überflüssig erweisenden Maßnahme tragen muss.

Durfte der handelnde Beamte bei pflichtgemäßem Verhalten von einer Gefahrenlage ausgehen, sind die zur Abwehr der Gefahr geeignet, erforderlich und angemessen erscheinenden Maßnahmen rechtmäßig (allg. Meinung, vgl. nur *VG Gelsenkirchen* U 21.2.2017 – 14 K 3390/13, juris Rn. 86 m.w.N.). Nimmt der pflichtgemäß handelnde Beamte eine Gefahr wahr, muss er in der gegebenen Situation sofort die gebotenen Maßnahmen zur Gefahrenabwehr treffen können. Dies rechtfertigt, für die Beurteilung der Gefahr auf die ex-ante-Perspektive des pflichtbewußten Beamten abzustellen und eine Anscheinsgefahr als Gefahr gelten zu lassen. Bei der Entscheidung über die **Kostenpflicht** besteht keine Notwendigkeit, zum Zwecke der effektiven Gefahrenabwehr eine ex-ante-Betrachtung zugrunde zu legen. Möglich und geboten ist vielmehr eine **ex-post-Beurteilung** des tatsächlichen Sachverhaltes. Aus dieser Perspektive erscheint es unbillig, den vermeintlichen Störer zu den Kosten für die Abwehr einer Gefahr heranzuziehen, die objektiv nicht bestand (allg. Meinung, vgl. nur *Thiel*, § 15 Rn. 7).

Beispiel: Alarmiert ein besorgter Bürger die Feuerwehr, weil er dichten Rauch aus einem Haus aufsteigen sieht und irrtümlich einen Hausbrand vermutet, liegt aus Sicht der Feuerwehr eine Gefahr vor. Rückt sie aus, um vor Ort festzustellen, dass der Haueigentümer auf der Hausterrasse grillt, können die Kosten des objektiv unnötigen Einsatzes dem Bürger nicht auferlegt werden.

Eine andere Beurteilung ist geboten, wenn der **vermeintliche Störer** die Umstände, die **den Anschein einer Gefahr** begründen, **zu verantworten** hat (*Möller/Warg*, Rn. 244 mwN).

Beispiel: Hat der Bürger die Feuerwehr im vorgenannten Beispiel alarmiert, weil er sich darüber ärgerte, dass sein Nachbar beim Grillen störenden Rauch verursachte, sind ihm die Kosten, die durch den vorsätzlichen Fehlalarm entstanden sind, aufzuerlegen. Dies sollte im Interesse einer rechtzeitigen Information der Feuerwehr (oder der Polizei) aber nur bei Vorsatz und grober Fahrlässigkeit geschehen (vgl. *OVG Lüneburg* B 27.11.2012 – 11 PA 299/12, juris Rn. 2 = NVwZ-RR 2013, 145). Grobe Fahrlässigkeit liegt vor, wenn die verkehrserforderliche Sorgfalt in besonders schwerem Maße verletzt wird, schon einfachste, ganz naheliegende Überlegungen nicht angestellt werden und das nicht beachtet wird, was im gegebenen Fall jedem einleuchten musste. Im Gegensatz zur einfachen Fahrlässigkeit muss es sich bei einem grob fahrlässigen Verhalten um ein auch in subjektiver Hinsicht unentschuldbares Fehlverhalten handeln, das ein gewöhnliches Maß erheblich übersteigt (st. Rspr., vgl. BGH U 8.7.1992 – IV ZR 223/91, BGHZ 119, 147). Eine entsprechende Haftungsbeschränkung erscheint geboten, weil der Informant im Interesse der Allgemeinheit handelt, so dass der Grundgedanke, welcher der beschränkten Haftung der Beamten gemäß § 48 S. 1 BeamtStG zugrunde liegt, auch auf ihn zutrifft (Lisken/Denninger/*Buchberger/Sailer*, M Rn. 254).

Ergibt sich nach Durchführung der behördlichen Maßnahme zur Abwehr der vermeintlichen Gefahr, dass nicht der vermeintliche Anscheinsstörer, sondern ein Dritter die Umstände, die den Anschein einer Gefahr begründet haben, zu verantworten hat, können die Kosten auch diesem „ex post" zu Tage tretenden Verursacher der Anscheinsgefahr auferlegt werden (*Thiel*, §15 Rn. 8 m.w.N.).

Bei Vorliegen einer Anscheinsgefahr folgt die Kostentragungspflicht des Verantwortlichen teilweise aus Spezialgesetzen, zB bei Einsätzen zum Brandschutz, Rettungsdienst oder Katastrophenschutz (vgl. zum Feuerwehreinsatz *OVG Bautzen* B 16.3.2009 – 5 A 758/08, DÖV 2010, 368 L).

Gleiches gilt für den **Gefahrenverdacht** (hierzu bereits §6 Rn. 274). Ein solcher liegt vor, wenn der pflichtgemäß handelnde Beamte trotz vorliegender Anhaltspunkte für eine Gefahr nicht abschließend beurteilen kann, ob eine Gefahr besteht (*Möller/Warg*, Rn. 106 m.w.N.). Ergeben Gefahrerforschungsmaßnahmen, dass eine Gefahr vorliegt, wird man die Kosten für diese Maßnahme dem Adressaten der nachfolgenden Gefahrenabwehrmaßnahmen auferlegen können. Erweist sich, dass objektiv keine Gefahr vorliegt, fallen die Kosten für den Gefahrerforschungseingriff der Behörde zur Last. Nach der Rechtsprechung hat die Behörde die Kosten für von ihr veranlasste Gefahrerforschungsmaßnahmen zu tragen, wenn der Gefahrenverdacht später widerlegt wird (§6 Rn. 275); dies allerdings nur, wenn der Verdachtsstörer die den Verdacht begründenden Umstände nicht zu verantworten hat (*OVG NRW* B 17.4.2012 – 5 A 2125/10, juris Rn. 5 = DVBl 2012, 720 L = DVP 2013, 530 L).

ee) Keine öffentlichen Kosten iSd §80 Abs. 2 S. 1 Nr. 1 VwGO. Die **Auslagen** der Vollzugsbehörde gehören nach überwiegender Ansicht **nicht zu den öffentlichen Kosten** iSd §80 Abs. 2 S. 1 Nr. 1 VwGO. Widerspruch und Anfechtungsklage gegen den Leistungsbescheid haben **aufschiebende Wirkung.** 22

Dieser Ansicht sind: 23

- OVG Thüringen B 12.3.2008 – 3 EO 283/07, juris Rn. 16 = ThürVGRspr 2009, 183;
- *OVG Hamburg* B 4.5.2000 – 3 Bs 422/98, DÖV 2000, 780 = NVwZ-Beilage I 2000, 146;
- *VGH München* B 25.2.2009 – 2 CS 07.1702, juris Rn. 17 = NVwZ-RR 2009, 787 = BayVBl 2010, 51 = DÖV 2009, 872 L;
- *OVG Berlin* B 13.4.1995 – 2 S 3/95, OVGE Berlin 21, 218 = NVwZ-RR 1995, 575 = MDR 1995, 957 = KKZ 1996, 72;
- *OVG Bautzen* B 26.10.1995 – 3 S 387/95, SächsVBl. 1996, 70;
- *OVG Bautzen* B 20.5.1996 – 3 S 563/95, SächsVBl. 1996, 258;
- *OVG Koblenz* B 28.7.1998 – 1 B 11553/98, NVwZ-RR 1999, 27 = DVBl. 1999, 116 = KKZ 1999, 189 = BRS 60 Nr. 172;
- *VGH Mannheim* B 16.1.1991 – 6 S 34/91, VBlBW 1991, 215 = NVwZ-RR 1991, 512 = KKZ 1992, 38.

So auch App/*Wettlaufer*/Klomfaß, Kap. 41 Rn. 59; Bader/*Funke-Kaiser*/Stuhlfauth/von Albedyll, §80 VwGO Rn. 33; Engelhardt/App/Schlatmann/*Stammberger*, §19 Rn. 5; Kopp/*Schenke*, §80 VwGO Rn. 63.

Anderer Ansicht sind: 24

- *VGH München* B 15.11.1993 – 22 CS 93.1481, BayVBl. 1994, 371 = GewArch 1994, 233 = UPR 1994, 155 = NVwZ-RR 1994, 471 = KKZ 1995, 101;

– *VGH München* B 27.6.1994 – 20 CS 94.1270, NVwZ-RR 1994, 618 = DÖV 1994, 1013 = BayVBl. 1995, 694.

Auslagen können ihrem Wesen nach nicht zu den öffentlichen Abgaben und Kosten des § 80 Abs. 2 S. 1 Nr. 1 VwGO gehören. Denn Auslagen sind Geldbeträge, die der Staat nicht als feste Posten in seinen Haushalt einplant und damit zur Grundlage seiner Finanzwirtschaft macht. Auslagen sind vielmehr die notgedrungene Folge eines Fehlverhaltens des Pflichtigen.

25 In **Baden-Württemberg** sind nach der Rechtsprechung des *VGH Mannheim* Kosten für die Anwendung unmittelbaren Zwanges durch die Polizei öffentliche Kosten i.S.d. § 80 Abs. 2 S. 1 Nr. 1 VwGO (B 26.3.1984 – 14 S. 2640/83, ESVGH 34, 222 = VBlBW 1984, 245 = DÖV 1984, 517 = NVwZ 1985, 202). Die Kostenpflicht des § 31 LVwVG diene dazu, den öffentlichen Finanzbedarf abgabenrechtlich zu decken. Folglich hätten Rechtsbehelfe keine aufschiebende Wirkung.

Eine solche Rechtslage widerspricht dem beugerechtlichen Wesen der Verwaltungsvollstreckung und der herrschenden Meinung. Der Staat sollte nicht Kosten zur Grundlage seines Finanzbedarfs erklären, die er im Grunde doch gar nicht wünschen kann und notgedrungen nur deshalb geltend macht, weil der Verantwortliche sich nicht rechtstreu verhält.

26 **ff) Weiterführende Literatur.** Wegen der Einzelheiten des Vollstreckungs- und Beitreibungsverfahrens der Hauptzollämter oder (bei landesrechtlichen Forderungen) der Finanzämter wird auf die Literatur zur Abgabenordnung verwiesen.

27 **3. Sonstige Kosten.** Gemäß § 337 Abs. 1 und § 344 Abs. 1 Nr. 7 AO hat der Vollstreckungsschuldner auch folgende Kosten zu tragen:

28 In § 107 AO ist bestimmt, dass **Auskunftspflichtige und Sachverständige,** welche die Behörde zu Beweiszwecken herangezogen hat, auf Antrag in entsprechender Anwendung des Justizvergütungs- und -entschädigungsgesetzes entschädigt werden.

29 Einen **Sachverständigen** muss die Behörde beauftragen, wenn sie fachlich und technisch selbst nicht weiterkommt, also unabweislich auf ihn angewiesen ist. Das kann zB folgende Bereiche betreffen: Nutzung der Kernenergie, Immissionsschutz, technische Sicherheit, Feuersicherheit, Bauaufsicht, Wasserschutz. Der Einsatz des Sachverständigen ist ein Bestandteil des Verwaltungszwangsverfahrens. Dass sich durch die Bestellung eines Sachverständigen die Vollstreckungskosten in dem entsprechenden Verhältnis erhöhen, ist ohne Bedeutung. Denn die Behörde zieht ihn nur aus Not zu Rate, weil der Verantwortliche es nicht selber macht.

30 Nach § 318 Abs. 5 AO erhält der **Treuhänder** auf Antrag eine Entschädigung, die nicht höher als die eines Zwangsverwalters sein darf.

31 **4. Geltendmachung des Kostenanspruchs. § 19 Abs. 1** und die danach anzuwendenden Vorschriften der Abgabenordnung schreiben der Behörde vor, den Kostenanspruch geltend zu machen. Kosten der Vollstreckung sind nach § 19 Abs. 1 VwVG i.V.m. § 337 Abs. 1 AO Gebühren und Auslagen. Sie „werden erhoben". Das ist in § 338 AO für Gebühren und in § 344 Abs. 1 AO für Auslagen zwingend bestimmt. Der Behörde steht kein Ermessen zu. Sie muss versuchen, den Kostenanspruch auch durchzusetzen.

Im **Fachrecht** ist die Geltendmachung der Kosten **teilweise** in das **Ermessen** der Vollzugsbehörde gestellt, etwa in § 28 Abs. 3 S. 3 des Bundeswasserstraßengesetzes. Hiernach kann das Wasserstraßen- und Schifffahrtsamt die notwendige Maßnahme ausführen, wenn der Verantwortliche nicht oder nicht rechtzeitig zu erreichen ist. „Entstehen durch die Maßnahme Kosten, können sie ihm auferlegt werden."

Ein Ermessen wird regelmäßig auf „Null" schrumpfen. Denn es ist durch das Haushaltsrecht eingeschränkt. Maßgeblich ist das Gesetz über die Grundsätze des Haushaltsrechts des Bundes und der Länder vom 19.8.1969 (BGBl. I S. 1273). Nach dessen § 6 Abs. 1 sind bei der Ausführung des Haushaltsplans die Grundsätze der Wirtschaftlichkeit und Sparsamkeit zu beachten. In den Landeshaushaltsordnungen aller Bundesländer gibt es mit dem Bundesrecht übereinstimmende wortgleiche Vorschriften. Das hat ermessenlenkende Bedeutung in dem Sinne, dass auf Kosten grundsätzlich nicht verzichtet werden darf. Zur ermessenlenkenden Bedeutung des Haushaltsrechts vgl. *BVerwG* U 16.6.1997 – 3 C 22/96, BVerwGE 105, 55 = DÖV 1997, 1006 = RdL 1997, 307 = NJW 1998, 2233 = DVBl. 1998, 145 = AgrarR 1998, 434 = BayVBl. 1998, 27; *OVG Weimar* U 18.2.1999 – 2 KO 61/96, NVwZ-RR 1999,435 = NuR 2000, 112.

5. Verjährung der Kostenforderung. Die Verjährung ist in § 19 Abs. 1 nicht ausdrück- 32
lich geregelt. Sie richtet sich nach Bestimmungen der **Abgabenordnung,** des **Verwaltungsverfahrensgesetzes** und des **Bürgerlichen Gesetzbuchs.** Nach § 19 Abs. 1 ist zunächst von der Abgabenordnung auszugehen.

Für die Anforderung der Kosten bei dem Schuldner ist **§ 346 Abs. 2 AO** einschlägig. 33
Er setzt eine verhältnismäßig kurze Frist: Die Frist für den Ansatz der Kosten sowie für die Aufhebung und Änderung des Kostenansatzes beträgt **ein Jahr.** Sie beginnt mit Ablauf des Kalenderjahres, in dem die Kosten entstanden sind.

Die Gläubigerbehörde hat ihre Kosten durch Verwaltungsakt festzusetzen und bei dem Schuldner anzufordern. Das ist ein **Leistungsbescheid** iSv § 3 Abs. 2 Buchst. a VwVG. Nur auf diese Weise kann § 346 Abs. 2 AO praktisch verwirklicht werden.

Allerdings sagt § 346 Abs. 2 AO nichts darüber aus, wann die Kosten entstanden sind 34
und die Frist für ihre Anforderung bei dem Schuldner zu laufen beginnt. Insoweit ist eine Klärung für die **Ersatzvornahme** notwendig. Denn der Lauf der Verjährungsfrist kann nur beginnen, wenn die Ersatzvornahme abgeschlossen ist. Wann das der Fall ist, kann zweifelhaft sein.

Die Ersatzvornahme ist an dem Tag abgeschlossen, an welchem die Vollzugsbehörde von dem Ersatzunternehmer die **Schlussrechnung** erhält. Geschieht das z.B. im November 2018, dann muss die Behörde die Kosten spätestens bis zum 31.12.2019 geltend machen. Sonst ist die Forderung am 1.1.2020 verjährt.

Ein Kostenbescheid ergeht nicht, wenn der Fahrer eines abgeschleppten Fahrzeugs die Abschleppkosten an das Abschleppunternehmen zahlt, um wieder in den Besitz seines Wagens zu gelangen. Hierdurch hat der Fahrer im Rechtssinne eine Leistung an die Behörde, nicht an das Abschleppunternehmen erbracht. Denn das Unternehmen tritt als Inkassostelle für die Begleichung der Forderung der Behörde, die das Abschleppen veranlasst hatte, auf (vgl. BGH U 26.01.2006 – I ZR 83/03, NVwZ 2006, 964, 965). Unbeachtlich ist demgegenüber, dass das Abschleppunternehmen den vereinnahmten Betrag intern gegenüber der Behörde mit einer ihm zustehenden werkvertraglichen Forderung verrechnet. Die Behörde erlangt den Geldbetrag auch nicht ohne Rechtsgrund und ist folglich nicht zur Herausgabe verpflichtet. Denn der Fahrer ist gegenüber der Behörde nach vollstreckungsrechtlichen Vorschriften (vgl. § 19 Abs. 1) zur Kostentragung verpflichtet. Das Recht zum Behaltendürfen der Leistung setzt schließlich nicht voraus, dass dieser nach den gesetzlichen Vorschriften entstandene Kostenanspruch durch den Erlass eines konkretisierenden Kostenbescheids fällig geworden ist (*VGH Mannheim* U 20.1.2010 – 1 S 484/09, juris Rn. 15 = NJW 2010, 1998 = DÖV 2010, 451 L).

35 Da § 19 nicht auf die Verjährungsvorschriften der Abgabenordnung in §§ 228 ff. AO verweist, richtet sich die Verjährung der Kostenforderung nach den Bestimmungen des VwVfG, soweit keine spezialgesetzlichen Verjährungsvorschriften einschlägig sind.

Als spezielle Vorschrift sieht § 70 AufenthG eine Verjährungsfrist von sechs Jahren vor. Umstritten war, ob für die Festsetzung der in den §§ 66 ff. AufenthG genannten Kosten der Abschiebung, Zurückschiebung, Zurückweisung und räumlichen Beschränkung von Ausländern die sechsjährige Verjährungsfrist des § 70 AufenthG oder die allgemeine Verjährungsfrist des § 20 Abs. 1 S. 1 VwKostG gelten soll. Das Bundesverwaltungsgericht hat § 70 AufenthG für allein maßgeblich erklärt (*BVerwG* U 8.5.2014 – 1 C 3/13, juris Rn. 9 ff. = BVerwGE 149, 320 = NVwZ-RR 2014, 781 = Buchholz 402.242 § 82 AufenthG Nr. 1; hierzu kritisch Kopp/*Ramsauer*, § 53 VwVfG Rn. 20).

36 Gemäß **§ 53 Abs. 1 S. 1 VwVfG hemmt** der **Leistungsbescheid**, durch den die Behörde den Schuldner zur Zahlung der Kosten auffordert (§ 3 Abs. 2 Bst. a), die **Verjährung.** Nach **§ 53 Abs. 2 VwVfG** verjährt der Anspruch einer Behörde **dreißig Jahre** nach Unanfechtbarkeit des Leistungsbescheides. Hier gilt die gleiche Frist wie für den rechtskräftig festgestellten Anspruch gemäß § 197 Abs. 1 Nr. 3 BGB.

37 Im **Landesrecht** finden sich abweichende Regelungen zur Verjährung. So sehen manche Bundesländer für die Zustellung des Leistungsbescheides eine längere Frist als 346 Abs. 2 AO vor. Sie kann, wie z.B. in Hamburg gemäß § 76 Abs. 4 VwVG zwei Jahre (vgl. *OVG Hamburg* B 8.1.2004 – 3 Bf 407/01, NVwZ-RR 2005, 224) und in Baden-Württemberg nach § 31 Abs. 5 LVwVG drei Jahre laufen (vgl. *VGH Mannheim* U 28.11.1988 – 5 S 2755/87, BWVPr. 1989, 110 = NVwZ-RR 1989, 454 = NuR 1989, 350). Ebenfalls drei Jahre sind in Bayern nach der kostengesetzlichen Regelung des Art. 41 VwZVG vorgeschrieben (vgl. *VGH München* B 21.12.1999 – 20 B 99.2073, NVwZ-RR 2000, 343 = UPR 2000, 468 = NuR 2000, 516 = BayVBl. 2000, 407 = BRS. 62 Nr. 213).

38 Die Verjährung der Kostenforderung bei einer **Ersatzvornahme** tritt nach Eingang der **Schlussrechnung** des Ersatzunternehmers auf jeden Fall ein, sofern sie nicht durch Erlass eines Leistungsbescheides gemäß § 3 Abs. 2 Buchst. a VwVG nach § 53 Abs. 1 VwVfG gehemmt wird (Rn. 36). Bei der Vollstreckung zugunsten der öffentlichen Hand erlässt der Vorsitzende des Gerichts des ersten Rechtszuges als Vollstreckungsbehörde nach § 169 Abs. 1 VwGO einen Kostenfestsetzungsbescheid.

39 Nach Ansicht des Oberverwaltungsgerichts Münster wird die Festsetzungsfrist des § 346 Abs. 2 AO durch die Ablaufhemmung gemäß § 171 Abs. 3 AO verlängert. § 171 Abs. 3 AO sei „jedenfalls entsprechend auf die Frist des § 346 Abs. 2 AO anzuwenden" (*OVG Münster* B 2.6.2000 – 10 E 163/00, juris Rn. 8 = NVwZ-RR 2001, 188 = NWVBl. 2001, 65; ebenso *VGH Kassel* B 26.3.2004 – 3 TM 1626/03, NVwZ-RR 2004, 524).

Dagegen bestehen Bedenken: §171 AO ist in den Bestimmungen der Abgabenordnung, die gemäß §19 Abs.1 VwVG für die Kosten der Vollstreckung gelten, nicht enthalten. Gleiches trifft auf §5 Abs.1 VwVG zu. Auch dort fehlt §171 AO bei den anzuwendenden Bestimmungen der Abgabenordnung. Dass der Gesetzgeber versehentlich nicht auf §171 AO verwiesen hätte, ist nicht erkennbar. Daher fehlt es an einer ungewollten Regelungslücke als Voraussetzung für einen Analogieschluss und ein entsprechende Anwendung des §171 AO. Deshalb kann diese Vorschrift bei der Verjährungsfrist des §19 Abs.1 VwVG i.V.m. §346 Abs.2 AO nicht berücksichtigt werden.

Die Verjährung der Forderung von Kosten für die Durchführung einer Ersatzvornahme tritt unabhängig davon ein, ob der **Grundverwaltungsakt** sich nach Durchführung der Ersatzvornahme **erledigt** hat. Der zwangsweise Vollzug eines Verwaltungsakts führt nicht stets zu seiner Erledigung. So sind Vollstreckungsmaßnahmen, die sich rückgängig machen lassen, nicht als Erledigungsgrund im Sinne des § 43 Abs. 2 VwVfG anzuerkennen. Demgemäß erledigt sich eine bauordnungsrechtliche Beseitigungsverfügung nicht, wenn Sachen, die im Zuge der zwangsweisen Durchsetzung der Verfügung vom Grundstück des Klägers entfernt wurden, auf dem städtischen Bauhof gelagert werden. Werden durch die Vollstreckung keine irreversiblen Verhältnisse geschaffen, so dauert die regelnde Wirkung schon deshalb fort, weil die Behörde anderenfalls nicht in der Lage wäre, Folgenbeseitigungsansprüche abzuwehren (*BVerwG* B 17.11.1998 – 4 B 100/98, juris Rn.9 = BauR 1999, 733 = BRS.60 Nr.164; *VG Magdeburg* U 24.4.2018 – 1 A 94/15, juris Rn.14). 40

Das etwaige Fortwirken des Grundverwaltungsaktes nach Beendigung der Ersatzvornahme ist für die Verjährung ohne Bedeutung. **Wesentlich ist allein, dass die Ersatzvornahme abgeschlossen** ist. Nur sie steht mit der Verjährung in einem unmittelbaren Zusammenhang. Denn die zu vollstreckenden Kosten, die verjähren können, sind durch die Ersatzvornahme verursacht worden und nicht bei dem Grundverwaltungsakt entstanden.

Mit Ablauf der Verjährungsfrist verjährt der Anspruch der Behörde auch dann, wenn im Leistungsbescheid der **Schuldner unzutreffend bezeichnet** und somit an den falschen Adressaten gerichtet ist. Der Bescheid kann nicht durch Auswechselung der Schuldnerbezeichnung mit heilender Wirkung berichtigt werden (*VGH München* U 15.12.1989 – 23 B 87.03459, BayVBl. 1990, 248 = NVwZ-RR 1990, 393). 41

Eine unzutreffende Bezeichnung des richtigen Adressaten im Anschriftenfeld des Bescheides ist jedoch unschädlich, wenn sich der Adressat aus dem Bescheidinhalt insgesamt oder den beigefügten Anlagen entnehmen lässt. Auch vorangegangene Bescheide und Schreiben zwischen den Beteiligten sowie die sonstigen den Betroffenen bekannten oder für sie ohne Weiteres erkennbaren Umstände sind bei der Auslegung heranzuziehen (*VGH Baden-Württemberg* U 28.4.2010 – 2 S.2312/09, juris Rn.27 = DVBl 2010, 1583 L = DÖV 2010, 782; *BVerwG* U 27.6.2012 – 9 C 7/11, juris Rn.15 = BVerwGE 143, 222 = NVwZ 2012, 1413).

Gemäß §169 VwGO ist der **Vorsitzende des Gerichts** des ersten Rechtszuges für eine **Ersatzvornahme** zuständig, die durch einen gerichtlichen Titel nach § 168 VwGO begründet wurde (vgl. *VGH Mannheim* B 12.3.1993 – 5 S 285/93, NVwZ-RR 1994, 120). Auch hierbei ist die Ersatzvornahme an dem Tag abgeschlossen, an welchem der Vorsitzende die Schlussrechnung erhält (wie Rn.34). In diesem Zeitpunkt entsteht folglich bereits der Anspruch auf Erstattung der Kosten. 42

43 Der Gerichtsvorsitzende ist als Bundesvollstreckungsbehörde Herr des Vollstreckungsverfahrens. Er kann dabei die Gläubigerbehörde und die Vollstreckungsgläubigerin in Anspruch nehmen (§ 7 Rn. 27). Diese beauftragt ihrerseits einen Ersatzunternehmer, die Maßnahme durchzuführen. Fraglich ist, wann in einem solchen Fall die Verjährungsfrist zu laufen beginnt.

Die beauftragte Firma legt ihre Schlussrechnung der Gläubigerbehörde vor. Denn mit dieser hat sie den Werkvertrag nach § 631 BGB geschlossen. Damit ist jedoch (im Gegensatz zu der oben behandelten Ersatzvornahme einer Behörde) die Ersatzvornahme des Gerichtsvorsitzenden noch nicht abgeschlossen. Die beauftragte Gläubigerbehörde ist nämlich nur eine Zwischenstation innerhalb der Zuständigkeit des Vorsitzenden.

Daraus folgt, dass die Gläubigerbehörde dem Gerichtsvorsitzenden ihre prüffähigen Unterlagen einschließlich der Schlussrechnung des Ersatzunternehmers mit der Bitte um Erstattung ihrer Auslagen vorzulegen hat. Sobald dieser Antrag bei dem Gerichtsvorsitzenden eingegangen ist, beginnt die Verjährungsfrist zu laufen (vgl. *OVG Lüneburg* B 18.10.1990 – 9 O 36/90, juris Rn. 9 ff. = DÖV 1991, 565 = KKZ 1991, 238 = NVwZ-RR 1991, 387). Der Vorsitzende hat deswegen innerhalb dieser Frist die Kosten durch einen **Kostenfestsetzungsbescheid** anzufordern. Die Ersatzvornahme ist nicht etwa erst mit der Beitreibung der Kosten abgeschlossen (so aber *OVG Münster* B 2.6.2000 – 10 E 163/00, juris Rn. 3 = NVwZ-RR 2001, 188 = NWVBl. 2001, 65). Den Kostenfestsetzungsbescheid kann nur der Vorsitzende, nicht aber der Urkundsbeamte erlassen (*OVG Münster* B 2.6.2000, vorstehend).

44 § 53 VwVfG regelt die „Hemmung der Verjährung durch Verwaltungsakt". Über die **Folgen der Verjährung** sagt er nichts.

Früher trug § 53 VwVfG die Überschrift „Unterbrechung der Verjährung durch Verwaltungsakt". Ursprung der Änderung in „Hemmung" ist das Schuldrechtsmodernisierungsgesetz vom 26.11.2001 (BGBl. I S. 3118). Dieses Gesetz regelt die Verjährung allgemein neu. Darauf wurde § 53 VwVfG entsprechend geändert durch das Hüttenknappschaftliche Zusatzversicherungsneuregelungsgesetz vom 21.6.2002 (BGBl. I S. 1237). Insoweit entspricht das Verwaltungsrecht dem bürgerlichen Recht.

45 § 19 Abs. 1 VwVG verweist nicht auf § 232 AO. Dieser lautet: „Durch die Verjährung erlöschen der Anspruch aus dem Steuerschuldverhältnis und die von ihm abhängenden Zinsen." Die Verjährung wird durch die §§ 47, 229 AO konkretisiert. Dass § 232 AO in § 19 Abs. 1 VwVG fehlt, ist kein redaktionelles Versehen des Gesetzgebers. Er schließt § 232 AO durch Nichterwähnung aus.

Auch die Vorschriften der §§ 169 ff. AO zur Festsetzungsverjährung finden nach § 19 VwVG keine Anwendung. Im Abgabenrecht stellt sich die Festsetzungsverjährung nicht als frei erklärbare Einrede der Verjährung, sondern als von Amts wegen zu prüfende rechtsvernichtende Einwendung dar (*OVG Greifswald* B 1.10.2003 – 1 M 130/03, juris Rn. 29 = NVwZ-RR 2004, 370 = KStZ 2004, 58).

46 Da § 19 auf die vorgenannten Bestimmungen der AO, die ein Erlöschen des Anspruchs zur Folge haben, nicht verweist, ist davon auszugehen, dass die **Kostenforderung** der Behörde mit Ablauf der Verjährungsfrist **nicht erlisch**t. Der Anspruch besteht weiter. Das ergibt sich aus allgemeinen Rechtsgrundsätzen des Bürgerlichen Gesetzbuchs, die für alle Rechtsgebiete gelten (s auch Rn. 44).

Ausgangspunkt ist die **Legaldefinition des Anspruchs,** um den es bei der Kostenforderung der Behörde geht. Sie ist in **§194 Abs.1 BGB** enthalten: „Das Recht, von einem anderen ein Tun oder Unterlassen zu verlangen (Anspruch), unterliegt der Verjährung." Dass die Verjährung aber, im Gegensatz zu §232 AO, nicht zum Untergang des Anspruchs führt, besagt §214 Abs.1 BGB: „Nach Eintritt der Verjährung ist der Schuldner berechtigt, die Leistung zu verweigern." Zusätzlich heißt es in §214 Abs.2 S.1 BGB: „Das zur Befriedigung eines verjährten Anspruchs Geleistete kann nicht zurückgefordert werden, auch wenn in Unkenntnis der Verjährung geleistet worden ist." **47**

Im Zusammenhang mit der Verjährung ist der **Einwand der unzulässigen Rechtsausübung**, der in §242 BGB rechtlichen Niederschlag gefunden hat, zu beachten. **48**

Zur Ausfüllung des Treuwidrigkeitstatbestandes kann auf die Wertungen allgemeiner Verjährungsvorschriften zurückgegriffen werden. Zu denken ist etwa an die Regelung in §53 Abs.2 VwVfG, wonach eine Verjährungsfrist von 30 Jahren zu laufen beginnt, wenn ein Verwaltungsakt zur Feststellung oder Durchsetzung des Anspruchs eines öffentlich-rechtlichen Rechtsträgers unanfechtbar wird. Die Erhebung von Kosten ist damit generell ausgeschlossen, wenn mehr als 30 Jahre vergangen sind. Aber auch vor Erreichen dieser zeitlichen Höchstgrenze kann die Erhebung nach den jeweiligen Umständen des Einzelfalls treuwidrig und deshalb als Rechtsausübung unzulässig sein. Der Einwand der unzulässigen Rechtsausübung ist dabei eine von Amts wegen zu berücksichtigende Einwendung. Er steht der Erhebung sanierungsrechtlicher Ausgleichsbeträge auch entgegen, wenn sich der Betroffene hierauf nicht beruft (*BVerwG* U 20.3.2014 – 4 C 11/13, juris Rn.34 = BVerwGE 149, 211 = NVwZ 2014, 1671 = NWVBl.2014, 463).

Jedoch wird der Schuldner sich nicht darauf berufen können, dass die Behörde die Kosten nicht innerhalb der Jahresfrist des §19 Abs.1 i.V.m. §346 Abs.2 AO angefordert hat, wenn er selbst die Behörde davon abgehalten hat. **49**

Im Übrigen ist die Verjährung gemäß §53 Abs.2 VwVfG nach herrschender Meinung nur auf Einrede des Pflichtigen hin zu beachten. Die Behörde muss sie daher nur berücksichtigen, wenn der Betroffene sich darauf beruft (Kopp/*Ramsauer*, §53 Rn.4 m.w.N.). **50**

Diese Rechtsauffassung kann vergleichend auch auf §5 Abs.3 S.1 des Gerichtskostengesetzes gestützt werden. Dort heißt es: „Auf die Verjährung sind die Vorschriften des Bürgerlichen Gesetzbuchs anzuwenden; die Verjährung wird nicht von Amts wegen berücksichtigt." Hier wird also ebenfalls trotz Verjährung erwartet, dass der Schuldner seiner Zahlungspflicht nachkommt. Jedenfalls soll er nicht von Amts wegen darauf hingewiesen werden, dass er die Einrede der Verjährung erheben kann. **51**

Insoweit gilt in **Hamburg** und **Bayern** vom Bundesrecht **abweichendes Recht.** **52**

Nach §39 Abs.4 HmbVwVG gilt §22 des Gebührengesetzes für Kosten nach dem Landesverwaltungsvollstreckungsgesetz entsprechend. §22 Abs.1 S.2 GebG Hamburg schreibt für die Festsetzung von Gebühren, Zinsen und Auslagen eine Frist vier Jahren vor. Ein festgesetzter Anspruch erlischt gemäß §22 Abs.3 GebG Hamburg durch Verjährung; die Verjährungsfrist beträgt fünf Jahre.

Art. 41 Abs. 1 S. 1 VwZVG Bayern verweist auf das Kostengesetz (KG) v. 20.2.1998 (GVBl S. 43). Gemäß § 13 S. 2 KG Bayern beträgt die Festsetzungsfrist vier Jahre, die Frist für die Zahlungsverjährung nach § 19 Abs. 1 S. 1 KG Bayern fünf Jahre.

53 Das Recht der **übrigen Bundesländer** stimmt mit dem Recht des Bundes überein. Ein Erlöschen des Anspruchs durch Verjährung ist nicht vorgeschrieben.

II. Zu Absatz 2

54 Die **Mahngebühr** wird **mit dem Hauptanspruch beigetrieben.** Eines weiteren Leistungsbescheides bedarf es für die Mahngebühr nicht. Das ergibt sich aus § 5 Abs. 1 VwVG i.V.m. § 254 Abs. 2 AO.

Der ursprüngliche, seit 1970 nicht mehr angepasste Gebührenrahmen von 1,50 Deutsche Mark bis 100 Deutsche Mark wurde durch das Sechste Gesetz zur Änderung des Verwaltungs-Vollstreckungsgesetzes v. 25.11.2014 (BGBl. I S. 1770) unter Berücksichtigung des Verbraucherpreisindizes und der entsprechenden Regelungen in den Verwaltungsvollstreckungsgesetzen der Länder aktualisiert. Gleichzeitig wurde § 19 Abs. 2 auf Euro-Beträge umgestellt. Zur Erleichterung der Festsetzung im Einzelfall sind glatte Euro-Beträge vorgesehen.

Im **Steuerrecht** werden im Mahnverfahren gemäß § 337 Abs. 2 AO **keine Kosten** erhoben. Der Vollstreckungsschuldner hat allerdings die Kosten zu tragen, die durch einen Postnachnahmeauftrag (§ 259 S. 2 AO) entstehen.

In **Sachsen** bestimmt § 12 Abs. 2 Nr. 1 VwVG ausdrücklich, dass die **Kosten** der Mahnung mit der Hauptforderung beigetrieben werden können.

III. Zu Absatz 3

55 § 19 Abs. 3 wurde durch Art. 3 des Gesetzes zur Einbeziehung der Bundespolizei in den Anwendungsbereich des Bundesgebührengesetzes v. 10.3.2017 (BGBl. I 2017, S. 417) eingefügt. Die Regelung ist nach Art. 7 des Einbeziehungsgesetzes am 1.10.2019 in Kraft getreten.

Nach Inkrafttreten der Strukturreform des Gebührenrechts des Bundes v. 7.8.2013 (BGBl. I S. 3154) sollten auch die Gebühren und Auslagen der Bundespolizei in den Anwendungsbereich des Bundesgebührengesetzes einbezogen werden.

Mit der Einbeziehung der Bundespolizei in den Anwendungsbereich des Bundesgebührengesetzes stellte sich auch die Frage der Gebührenerhebung für Zwangsmittel zur Durchsetzung bundespolizeilicher Verwaltungsakte. Um auch für diesen Bereich das Gebührenrecht der Bundespolizei einheitlich auf Grundlage des Bundesgebührengesetzes zu regeln, musste die allgemeine Kostenregelung für Vollstreckungsmaßnahmen in § 19 geändert werden. Bis dahin fand für die Erhebung von Gebühren und Auslagen im Bereich der Verwaltungsvollstreckung durch die Bundespolizei § 19 Anwendung, soweit nicht vollstreckungsrechtliche Kostenregelungen des Bundespolizeigesetzes (z.B. unmittelbare Ausführung nach § 19 BPolG) vorgingen. § 19 war nach § 2 Abs. 2 S. 2 Nr. 1 BGebG vom Anwendungsbereich des Bundesgebührengesetzes ausgenommen, da die Norm auf die Kostenregelungen der Abgabenordnung (AO) verweist.

Die Fortführung dieser Rechtslage nach Inkrafttreten dieses Gesetzes hätte dazu geführt, dass die Gebühren für Vollstreckungsmaßnahmen der Bundespolizei teils nach dem Bundesgebührengesetz, teils nach der Abgabenordnung zu erheben gewesen wären. Dies wäre den Zielsetzungen der Strukturreform des Gebührenrechts des Bundes zuwidergelaufen, das Verwaltungsgebührenrecht zu vereinheitlichen und ressortbezogen in besonderen Gebührenverordnungen zusammenzufassen sowie die Gebührensätze nach einheitlichen am Grundsatz der Kostendeckung ausgerichteten Prinzipien zu regeln.

Deshalb wurde § 19 durch Gebührenregelungen in der Besonderen Gebührenverordnung des Bundesministeriums des Innern abgelöst. Mit der Schaffung eines **einheitlichen in der Besonderen Gebührenverordnung des Bundesministeriums des Innern geregelten Gebührenrechts für die Bundespolizei** (Besondere Gebührenordnung BMI – BMIBGebV v. 2.9.2019 [BGBl. I S. 1359]) wurden zudem Unstimmigkeiten und innere Widersprüche vermieden, die bei der Geltung des § 19 für die Bundespolizei ab Inkrafttreten der Änderung des Bundespolizeigesetzes nach Art. 2 des Gesetzes zur Einbeziehung der Bundespolizei in den Anwendungsbereich des Bundesgebührengesetzes aufgetreten wären. So hätte die Beibehaltung der bisherigen Rechtslage in Bezug auf Zwangsmittel zur Durchsetzung bundespolizeilicher Verwaltungsakte zur Folge gehabt, dass bspw für die Gebührenerhebung einer Ersatzvornahme § 19 anwendbar wäre und damit nach § 338 AO keine Gebühren erhoben würden, während für die unmittelbare Ausführung nach § 19 BPolG eine Gebührenerhebung nach der Besonderen Gebührenverordnung des Bundesministeriums des Innern zu erfolgen gehabt hätte.

Vor diesem Hintergrund wurde für die Erhebung von Gebühren und Auslagen für Vollstreckungsmaßnahmen der Bundespolizei bestimmt, dass unabhängig von der Rechtsgrundlage der jeweiligen Vollstreckungsmaßnahme das Bundesgebührengesetz sowie die Allgemeine Gebührenverordnung und die Besondere Gebührenverordnung des Bundesministeriums des Innern Anwendung finden. Dies ermöglicht auch für diesen Bereich eine Gebührenerhebung nach einheitlichen an der Kostenstruktur der Bundespolizei ausgerichteten Maßstäben. Zu diesem Zweck ist vorgesehen, in der Besonderen Gebührenverordnung des Bundesministeriums des Innern die Gebührentatbestände der Bundespolizei sowohl nach dem Verwaltungs-Vollstreckungsgesetz als auch nach dem Bundespolizeigesetz zu bestimmen (Begründung der Bundesregierung zum Entwurf eines Gesetzes zur Einbeziehung der Bundespolizei in den Anwendungsbereich des Bundesgebührengesetzes v. 12.8.2016, BR-Drucks. 413/16, S. 15 f.).

Anhang:
Vergleichbares Landesrecht

(1) Baden-Württemberg: § 31 LVwVG. Verordnung des Innenministeriums über die Erhebung von Kosten der Vollstreckung nach dem Verwaltungsvollstreckungsgesetz für Baden-Württemberg. 56

(2) Bayern: Art. 41 Abs. 1 S. 1 VwZVG Bayern verweist auf das Landeskostengesetz (KG). Gemäß § 13 S. 2 KG Bayern beträgt die Festsetzungsfrist vier Jahre. Die Frist für die Zahlungsverjährung nach § 19 Abs. 1 S. 1 KG Bayern beträgt fünf Jahre. Gemäß Art. 41a ist der Kostenbetrag einer Ersatzvornahme ab Fälligkeit zu verzinsen. Von der Erhebung geringfügiger Zinsen kann abgesehen werden.

(3) Berlin: § 8 VwVfG Berlin = § 19 VwVG.

(4) Brandenburg: §§ 37–39 VwVGBbg. Kostenordnung zum Verwaltungsvollstreckungsgesetz für das Land Brandenburg.

(5) Bremen: § 1 Abs. 1, § 5a BremGVG. Verordnung über die Erstattung von Vollstreckungskosten.

(6) Hamburg: §§ 39, 40 HmbVwVG. Nach § 39 Abs. 4 HmbVwVG gilt § 22 des GebG entsprechend. Die Festsetzungsfrist beträgt nach § 22 Abs. 1 S. 2 GebG Hamburg vier Jahre; Zahlungsverjährung tritt gemäß § 22 Abs. 3 GebG Hamburg nach fünf Jahren ein.

(7) Hessen: § 80 HessVwVG. Vollstreckungskostenordnung zum Hessischen Verwaltungsvollstreckungsgesetz (GVBl I 1966 S. 327 v. 28.12.1966; zuletzt geändert durch Art. 2 G v. 21.11.2012 (GVBl S. 430).

(8) Mecklenburg-Vorpommern: § 111 VwVfG M-V i.V.m. § 19 VwVG; § 114 SOG M-V.

(9) Niedersachsen: § 67, § 73 NVwVG. Verordnung über die Kosten des Verwaltungszwangsverfahrens zur Vollstreckung von Leistungsbescheiden und von Geldforderungen.

(10) Nordrhein-Westfalen: § 77 VwVG NRW i.V.m. der Verordnung zur Ausführung des Verwaltungsvollstreckungsgesetzes (Ausführungsverordnung VwVG – VO VwVG NRW) v. 8.12.2009 (GVBl S. 791). Gemäß § 59 Abs. 3 VwVG NRW sind Verzugszinsen für die Kosten der Ersatzvornahme zu zahlen. Liegt der Gesamtbetrag der Zinsen unter 50 Euro, ist von der Erhebung abzusehen.

(11) Rheinland-Pfalz: § 83 LVwVG. Kostenordnung zum Landesverwaltungsvollstreckungsgesetz.

(12) Saarland: § 77, § 78 SVwVG. Kostenordnung zum Saarländischen Verwaltungsvollstreckungsgesetz.

(13) Sachsen: § 4 Abs. 1 S. 3 SächsVwVG. Verwaltungskostengesetz des Freistaates Sachsen. Gemäß § 20 Abs. 3, 4 sind Verzugszinsen für die Kosten der Ersatzvornahme und die voraussichtlich entstehenden Kosten der Ersatzvornahme zu zahlen.

(14) Sachsen-Anhalt: §§ 74–74b VwVG LSA. Verwaltungskostengesetz des Landes Sachsen-Anhalt. Verordnung über die Kosten im Verwaltungszwangsverfahren.

(15) Schleswig-Holstein: § 249, § 322 Abs. 2, 3 LVwG. Landesverordnung über die Kosten im Vollzugs- und Vollstreckungsverfahren.

(16) Thüringen: § 56 ThürVwZVG. Gemäß § 50 Abs. 4 sind Verzugszinsen für die Kosten der Ersatzvornahme und die voraussichtlich entstehenden Kosten der Ersatzvornahme zu zahlen. Von der Erhebung geringfügiger Zinsen kann abgesehen werden.

§ 19a Vollstreckungspauschale, Verordnungsermächtigung

(1) [1]Bundesunmittelbare Körperschaften und Anstalten des öffentlichen Rechts, die den Vollstreckungsbehörden der Bundesfinanzverwaltung nach § 4 Buchstabe b Vollstreckungsanordnungen übermitteln, sind verpflichtet, für jede ab dem 1. Juli 2014 übermittelte Vollstreckungsanordnung einen Pauschalbetrag für bei den Vollstreckungsschuldnern uneinbringliche Gebühren und Auslagen (Vollstreckungspauschale)

zu zahlen. [2]Dies gilt nicht für Vollstreckungsanordnungen wegen Geldforderungen nach dem Bundeskindergeldgesetz.

(2) Die Vollstreckungspauschale bemisst sich nach dem Gesamtbetrag der im Berechnungszeitraum aufgrund von Vollstreckungsanordnungen der juristischen Personen nach Absatz 1 festgesetzten Gebühren und Auslagen, die bei den Vollstreckungsschuldnern nicht beigetrieben werden konnten, geteilt durch die Anzahl aller in diesem Zeitraum von diesen Anordnungsbehörden übermittelten Vollstreckungsanordnungen.

(3) Das Bundesministerium der Finanzen wird ermächtigt, im Einvernehmen mit dem Bundesministerium für Arbeit und Soziales und dem Bundesministerium für Gesundheit durch Rechtsverordnung, die nicht der Zustimmung des Bundesrates bedarf, die Höhe der Vollstreckungspauschale zu bestimmen sowie den Berechnungszeitraum, die Entstehung und die Fälligkeit der Vollstreckungspauschale, den Abrechnungszeitraum, das Abrechnungsverfahren und die abrechnende Stelle zu regeln.

(4) Die Höhe der Vollstreckungspauschale ist durch das Bundesministerium der Finanzen nach Maßgabe des Absatzes 2 alle drei Jahre zu überprüfen und durch Rechtsverordnung nach Absatz 3 anzupassen, wenn die nach Maßgabe des Absatzes 2 berechnete Vollstreckungspauschale um mehr als 20 Prozent von der Vollstreckungspauschale in der geltenden Fassung abweicht.

(5) Die juristischen Personen nach Absatz 1 sind nicht berechtigt, den Vollstreckungsschuldner mit der Vollstreckungspauschale zu belasten.

Übersicht

I. Allgemeines zur Norm

§ 19a ist durch das 6. Änderungsgesetz v. 25.11.2014 in das Verwaltungs-Vollstreckungsgesetz aufgenommen worden und zum 1.7.2014 rückwirkend in Kraft getreten (BGBl I S. 1770 f.). Der Gesetzgeber hat die rückwirkende Einführung der Vollstreckungspauschale zum 1.7.2014 vor dem Hintergrund der seit Jahren wachsenden Zahl von Vollstreckungsanordnungen auf zuletzt mehr als 4 Mio. Euro/Jahr als dringend erforderlich angesehen, um der weiter steigenden Belastung der Vollstreckungsstellen entgegenzuwirken (BT-Drucks. 18/2337, S. 14). 1

Die Bestimmung regelt den **Zahlungsausgleich zwischen** den **Anordnungsbehörden**, die der Bundesfinanzverwaltung Vollstreckungsanordnungen übermitteln, und den Hauptzollämtern als **Vollstreckungsbehörden** der Bundesfinanzverwaltung.

Der Bundesgesetzgeber folgt damit dem Beispiel einiger Bundesländer, die in ihren landesgesetzlichen Vorschriften in unterschiedlicher Form eine Beteiligung der Anordnungsbehörden an den Kosten der Vollstreckungsbehörden vorsehen.

2 **1. Ausgangslage und wesentlicher Inhalt.** Die Behörden der Bundesfinanzverwaltung sind nach § 4 Buchst. b Vollstreckungsbehörden für die öffentlich-rechtlichen Geldforderungen des Bundes und der bundesunmittelbaren Körperschaften und Anstalten des öffentlichen Rechts, sofern keine Vollstreckungsbehörde nach § 4 Buchst. a bestimmt wurde. Neben Vollstreckungen in zolleigenen Angelegenheiten befassen sich dabei die zuständigen Hauptzollämter (§ 4 Rn. 7) zu über 90 % mit Vollstreckungsanordnungen von ca. 800 anderen Behörden und Stellen wie etwa der Deutschen Rentenversicherung Knappschaft-Bahn-See mit der Minijob-Zentrale, der gesetzlichen Krankenkassen (z.B. BARMER GEK, Techniker Krankenkasse und DAK-Gesundheit), den Betriebskrankenkassen und der Bundesagentur für Arbeit.

3 Nach dem bis zum 30.6.2014 geltenden Recht **vollstreckten die Hauptzollämter** diese **zollfremden Forderungen**, **ohne** dass hierfür von diesen eine **Kostenbeteiligung** gefordert wurde. Im Rahmen der Vollstreckung entstanden für Pfändungen, Wegnahmen und Verwertungen Gebühren und Auslagen nach den §§ 337 ff. der Abgabenordnung (AO), die den Vollstreckungsbehörden zustehen (§ 19 Rn. 11 ff.). Diese Gebühren und Auslagen sind ausschließlich vom Vollstreckungsschuldner zu tragen. In Fällen, in denen die Gebühren und Auslagen bei den Vollstreckungsschuldnern nicht beigetrieben werden konnten, gingen die Einnahmeverluste zu Lasten des Haushalts der Bundesfinanzverwaltung. So lag die durchschnittliche Beitreibungsquote bei den Forderungen der betroffenen Anordnungsbehörden bei nur ca. 25 % (bei den Sozialversicherungsträgern, den gesetzlichen Krankenkassen über 40 %, bei der Bundesagentur für Arbeit bei etwa 10 %). Auf Grund der Vielzahl der zollfremden Fälle und der oftmals nicht vorhandenen Werthaltigkeit, insbesondere der sozialrechtlichen Forderungen, konnten entstehende Vollstreckungskosten regelmäßig nicht gedeckt werden. Der dadurch entstehende Fehlbetrag belief sich im Jahr 2013 auf 36 Mio. Euro (BT-Drucks. 18/2337, S. 7). Da die Beitreibungsquote auf die Schuldnerstruktur zurückzuführen ist, lässt sie sich erfahrungsgemäß auch nicht maßgeblich erhöhen.

4 Mit § 19a wurde für die Bundesfinanzverwaltung in den Fällen der Vollstreckung von Forderungen der bundesunmittelbaren Körperschaften und Anstalten des öffentlichen Rechts (zollfremde Forderungen) die Möglichkeit geschaffen, bei den Anordnungsbehörden, die der Bundesfinanzverwaltung Vollstreckungsanordnungen übermitteln, eine Vollstreckungspauschale zum Ausgleich der beim Vollstreckungsschuldner uneinbringlichen Gebühren und Auslagen zu erheben (BT-Drucks. 18/2337, S. 9 f.).

5 **2. Entstehungsgeschichte.** § 19a geht auf eine **Forderung des Bundesrechnungshofes** zurück. Dieser hatte darauf aufmerksam gemacht, dass der Haushalt der Bundesfinanzverwaltung durch die Vollstreckung zollfremder Forderungen mit den Kosten für Vollstreckungsanordnungen von zum großen Teil beitragsfinanzierten Sozialversicherungsträgern belastet wird. Unter dem Gesichtspunkt verursachungsgerechter Zuordnung von Behördenkosten und -leistungen und mit Hinweis auf die wettbewerbliche Besserstellung von bestimmten Versicherern hatte der Bundesrechnungshof eine

gesetzliche Regelung gefordert, die dieser Stellen an den bislang allein von der Bundesfinanzverwaltung zu tragenden Kosten beteiligt (BT-Drucks. 17/3650, S. 137).

Daraufhin brachte der Bundesgesetzgeber im Jahr 2014 das 6. Gesetz zur Änderung des VwVG auf den Weg. Den Gesetzentwurf der Bundesregierung (BT-Drucks. 18/2337 v.13.8.2014; BR-Drucks. 225/14 v. 30.5.2014) nahm der Bundestag auf Empfehlung des Innenausschusses (BT-Drucks. 18/2640 v. 24.9.2014) am 9.10.2014 in dritter Lesung ohne Änderungen an (BT-Plenarprot. 18/57, S. 5282 A). Der Bundesrat hatte ebenfalls keine Änderungen beantragt (BR-Plenarprot. 924, S. 228 D; 927, S. 345 B) und den Vermittlungsausschuss nicht angerufen (BR-Plenarprot. 927, S. 363 D). **6**

3. Sinn und Zweck. Die Verlagerung der uneinbringlichen Gebühren und Auslagen auf die Anordnungsbehörden entspricht dem **Verursacherprinzip**, wonach die Kosten dort veranschlagt werden, wo sie verursacht worden sind. Zudem wird hierdurch die Ressourcenverantwortung dieser Anordnungsbehörden gestärkt, indem ein **Anreiz für ein effizienteres Verwaltungshandeln** bei diesen geschaffen wird. Des Weiteren wird durch die Vollstreckungspauschale die **Kostentransparenz** verbessert. **7**

Darüber hinaus hatten die bundesunmittelbaren Krankenkassen vor der Einführung des § 19a auf Grund der Vollstreckung durch die Bundesfinanzverwaltung gegenüber den landesunmittelbaren Krankenkassen, die entweder über einen eigenen Vollstreckungsdienst verfügen (z.B. Allgemeine Ortskrankenkassen – AOK) oder sich Gerichtsvollziehern gegen Kostenerstattung bedienen müssen, einen Wettbewerbsvorteil. Dieser ungerechtfertigte **Wettbewerbsvorteil der bundesunmittelbaren Krankenkassen** gegenüber den landesunmittelbaren Krankenkassen sollte durch die Erhebung einer Vollstreckungspauschale vermindert werden. **8**

Die Aufnahme einer Regelung in die **Abgabenordnung kam nicht in Betracht**, da es sich bei der Vollstreckung zollfremder Forderungen nicht um Steuerrecht handelt. Die Anwendbarkeit der Abgabenordnung in einzelnen Teilen ergibt sich hier vielmehr allein aus einem Verweis in den §§ 5 und 19. Der Vorteil einer Regelung im Verwaltungs-Vollstreckungsgesetz zeigt sich zudem darin, dass alle Verwaltungsgesetze, nach denen die Hauptzollämter für andere juristische Personen des öffentlichen Rechts vollstrecken, z.B. § 66 Abs. 1 des Zehnten Buches Sozialgesetzbuch (SGB X), eine Rechtsgrundverweisung auf das Verwaltungs-Vollstreckungsgesetz enthalten (BT-Drucks. 18/2337, S. 10). **9**

II. Die einzelnen Regelungen

1. Zahlung der Vollstreckungspauschale (Abs. 1). – a) Bundesunmittelbare Körperschaften und Anstalten des öffentlichen Rechts. Nach § 19a Abs. 1 S. 1 sind die **bundesunmittelbaren Körperschaften und Anstalten des öffentlichen Rechts** an den beim Vollstreckungsschuldner uneinbringlichen Gebühren und Auslagen nach den §§ 337 ff. AO durch einen pauschalen Ausgleichsbetrag (Vollstreckungspauschale) zu beteiligen. Die bundesunmittelbaren **Stiftungen des öffentlichen Rechts** sind **ausgenommen**, weil für diese die Inanspruchnahme der Bundesfinanzverwaltung zur Vollstreckung ihrer Ansprüche keine praktische Relevanz hat. **10**

§ 19a Abs. 1 S. 1 greift die in § 1 Abs. 1 vorgenommene Differenzierung zwischen Bund und bundesunmittelbaren juristischen Personen des öffentlichen Rechts auf. Bei den von Satz 1 erfassten bundesunmittelbaren juristischen Personen des öffentlichen **11**

Rechts handelt es sich um Körperschaften und Anstalten, die der mittelbaren Bundesverwaltung zuzurechnen sind. Sie sind **rechtlich selbstständige Rechtsträger außerhalb der unmittelbaren Staatsverwaltung**. Zu den von Satz 1 erfassten bundesunmittelbaren Körperschaften und Anstalten des öffentlichen Rechts zählen insbesondere die Bundesagentur für Arbeit und die bundesunmittelbaren Sozialversicherungsträger. Folglich werden die Geldforderungen der Bundesagentur für Arbeit, selbst wenn sie zum nicht beitragsfinanzierten Bereich der Grundsicherung für Arbeitsuchende gehören, ebenfalls vom Anwendungsbereich erfasst.

12 **Nicht von § 19a erfasst** sind die bundesunmittelbaren juristischen Personen des öffentlichen Rechts, soweit sie ihre Bediensteten und ihre Dienststellen für Aufgaben der unmittelbaren Bundesverwaltung im Wege der **Organleihe** zur Verfügung stellen. Dies sind insbesondere die Bundesagentur für Arbeit bei Durchführung des Familienleistungsausgleichs nach Maßgabe der §§ 31, 62 bis 78 Einkommensteuergesetz (EStG) (u.a. Kindergeld) und die Deutsche Rentenversicherung Knappschaft-Bahn-See für den Einzug der einheitlichen Pauschsteuer nach § 40a Abs. 2 EStG. In diesen Fällen führen die bundesunmittelbaren juristischen Personen des öffentlichen Rechts die Aufgaben gemäß § 5 Abs. 1 Nr. 11 und 20 Finanzverwaltungsgesetz nicht als rechtlich selbstständige Einrichtungen, sondern in Organleihe für das Bundeszentralamt für Steuern als Teil der unmittelbaren Bundesverwaltung aus.

13 Insgesamt vom Anwendungsbereich der Regelung ausgenommen sind **Behörden der unmittelbaren Bundesverwaltung** (z.B. Bundespolizei, Bundesverwaltungsamt, Bundeszentralamt für Steuern, Bundesamt für Güterverkehr, Behörden der Wasser- und Schifffahrtsverwaltung des Bundes), da diese nicht von der auf bundesunmittelbare juristische Personen des öffentlichen Rechts beschränkten Regelung des Satzes 1 erfasst sind. Der Ausschluss dieser Behörden vom Anwendungsbereich der Norm erfolgt im Hinblick auf die Zielsetzung, eine Kostenbeteiligung für zum großen Teil beitragsfinanzierte Verwaltungsträger herbeizuführen. Gegen eine Belastung der Behörden der unmittelbaren Bundesverwaltung mit der Vollstreckungspauschale spricht zudem, dass diese für die Bundesfinanzverwaltung umfangreich und unter Einsatz von erheblichen Ressourcen (z.B. Bundespolizei) kostenfrei tätig sind (Gegenseitigkeit). Schließlich kommt eine Erhebung der Vollstreckungspauschale von diesen Behörden auch aus verwaltungsökonomischen Gründen nicht in Betracht, da die Vollstreckung von Geldforderungen des Bundes nur einen marginalen Teil des Gesamtaufkommens ausmacht (BT-Drucks. 18/2337, S. 12).

14 Die **Vollstreckung für beliehene Unternehmer** kann nicht pauschal mit der Vollstreckung durch den Rechtsträger gleichbehandelt werden, dessen hoheitliche Aufgabe sie wahrnehmen. Diese ist vielmehr grundsätzlich Gegenstand spezialgesetzlicher Regelungen. Auf Grund der Vielgestaltigkeit der Beleihungsmodelle ist daher die Vollstreckung für beliehene Unternehmen **nicht Gegenstand des § 19a**. Auch für die **Vollstreckungshilfe** (vgl § 5) für andere Hauptzollämter, für die Länder oder für Behörden der europäischen Mitgliedstaaten wird keine Vollstreckungspauschale erhoben (BT-Drucks. 18/2337, S. 12).

15 Nicht geregelt wird die Erhebung einer Vollstreckungspauschale, wenn die Vollstreckungszuständigkeit sich auf Grund einer **Verwaltungsvereinbarung im Rahmen der Amtshilfevorschriften** ergibt. Hier kann die Vollstreckungspauschale Gegenstand einer Verwaltungsvereinbarung sein (BT-Drucks. 18/2337, S. 12).

b) Einheitliche Vollstreckungspauschale. Der Gesetzgeber hat sich aus **verwaltungsökonomischen Gründen** gegen eine einzelfallbezogene Abrechnung der uneinbringlichen Gebühren und Auslagen entschieden. Um den bürokratischen Aufwand der Bundesfinanzverwaltung und bei den betroffenen Anordnungsbehörden möglichst gering zu halten, sieht § 19a Abs. 1 S. 1 eine Vollstreckungspauschale vor. 16

Die Normierung einer **einheitlichen Vollstreckungspauschale** für bundesunmittelbare Körperschaften und Anstalten des öffentlichen Rechts dient der **Verwaltungsvereinfachung**. Eine Differenzierung insbesondere nach Beitreibungsquote für einzelne juristische Personen oder Gruppen wäre – wenn überhaupt – nur mit unverhältnismäßig großem Verwaltungsaufwand darzustellen. Da den betroffenen Anordnungsbehörden als öffentlich-rechtlichen Rechtssubjekten neben der Inanspruchnahme der Vollstreckungsbehörden der Bundesfinanzverwaltung andere Wahlmöglichkeiten zur Verfügung stehen, überwiegt hier das Interesse an Verwaltungsvereinfachung und Planungssicherheit gegenüber dem Interesse an Ausdifferenzierung. Gemäß § 4 Buchst. a ist die Möglichkeit eröffnet, für jeden Verwaltungszweig eigene Vollstreckungsbehörden zu errichten. Die meisten der hier betroffenen Anordnungsbehörden haben als Sozialleistungsträger zudem die Möglichkeit, gem. § 66 Abs. 4 SGB X, die Zwangsvollstreckung in entsprechender Anwendung der ZPO zu betreiben (§ 1 Rn. 20). Es besteht also **kein Zwang, die Vollstreckungsbehörden der Bundesfinanzverwaltung in Anspruch zu nehmen** (BT-Drucks. 18/2337, S. 11). 17

Im Gesetzgebungsverfahren hatte der Bundesrat die Besorgnis geäußert, die Einführung der im Gesetzentwurf vorgesehenen Vollstreckungspauschale könne zu einer vermehrten **Inanspruchnahme der zivilprozessualen Zwangsvollstreckung** durch die Anordnungsbehörden führen (BT-Drucks. 18/2337, Anlage 3, S. 16 f.). Der Bundestag ist dieser Sorge entgegengetreten und verwies darauf, dass die Verwaltungsvollstreckung einfacher durchzuführen sei als die zivilprozessuale Zwangsvollstreckung. In der zivilprozessualen Zwangsvollstreckung seien in jedem Fall eine vollstreckbare Ausfertigung des Verwaltungsaktes sowie die Vollstreckungsklausel erforderlich. Ferner seien die Vollstreckungsmaßnahmen nach der Zivilprozessordnung (ZPO) antragsgebunden, und verschiedene Vollstreckungsorgane seien für die Vollstreckung zuständig. Schließlich biete nur die Vollstreckung der Bundesfinanzverwaltung bundesweit die Möglichkeit der digitalen Datenübertragung, der im Hinblick auf die Vielzahl der Vollstreckungsfälle eine besondere Bedeutung zukomme. Daher sei nicht zu erwarten, dass die Anordnungsbehörden sich für eine Vollstreckung nach der ZPO entschieden. Dies hätten Gespräche mit Anordnungsbehörden bestätigt. Eine zivilprozessuale Zwangsvollstreckung wäre für die Anordnungsbehörden auch nicht kostengünstiger. Die Kostenfreiheit nach § 2 Abs. 1 und 2 des Gesetzes über die Kosten der Gerichtsvollzieher (GVKostG) komme für die meisten Anordnungsbehörden von vornherein nicht in Betracht. Insbesondere profitierten die Deutsche Rentenversicherung Knappschaft-Bahn-See, die Deutsche Rentenversicherung Bund und die gesetzlichen Krankenkassen nicht von der Kostenfreiheit. Eine Kostenbefreiung gemäß § 2 Abs. 2 GVKostG komme allerdings für die Bundesagentur für Arbeit hinsichtlich der Rückforderung von gewährten Sozialleistungen (SGB II) in Betracht. Die Kostenfreiheit beziehe sich jedoch nur auf die Gebühren. Hingegen wären die Auslagen gemäß § 2 Abs. 2 i.V.m. § 9 GvKostG weiterhin von der Bundesagentur für Arbeit zu tragen, so dass regelmäßig der vorgesehene Betrag der Vollstreckungspauschale in Höhe von 9 Euro weit überstiegen werden dürfte. Diese Auslagen würden aufgrund der Schuld- 18 nerstruktur zumeist zu Lasten der Anordnungsbehörde gehen. In der Vergangenheit hätten einige große Anordnungsbehörden kurzzeitig Projekte zur Durchsetzung ihrer öffentlich-rechtlichen Forderungen durch zivilprozessuale Zwangsvollstreckung durchgeführt. Diese Projekte seien überwiegend eingestellt worden (BT-Drucks. 18/2337, Anlage 4, S. 18).

19 **c) Verpflichtung zur Zahlung der Vollstreckungspauschale.** Gegenstand der Vollstreckungspauschale sind nach § 19a Abs. 1 S. 1 **ausschließlich die nicht beigetriebenen Gebühren und Auslagen** (§ 19 Rn. 1 ff.). Ein etwaiger nicht durch die Gebühren und Auslagen nach den §§ 337 ff. AO gedeckter Verwaltungsaufwand der Hauptzollämter findet keine Berücksichtigung.

20 Die Erhebung der Vollstreckungspauschale knüpft an die Zuständigkeitsregelung des § 4 Buchst. b an. Die **Vollstreckungspauschale entsteht** nach § 19a Abs. 1 S. 1 **mit der Übermittlung der Vollstreckungsanordnung**, dh mit der Übergabe des Vollstreckungsfalls in den Organisationsbereich der Vollstreckungsbehörden der Bundesfinanzverwaltung durch eine Anordnungsbehörde. Damit kommt es für die Entstehung des Anspruchs auf die Vollstreckungspauschale weder darauf an, ob die konkrete Vollstreckungsanordnung zur Beitreibung der Forderung führt, noch darauf, ob die Vollstreckungsbehörde bereits tätig geworden ist. Dies dient einer möglichst verwaltungsökonomischen und unbürokratischen Abrechnung der Vollstreckungspauschale. Eine Klärung in jedem Einzelfall, ob der konkrete Schuldner die Gebühren und Auslagen entrichtet hat und ob die Vollstreckungsbehörde bereits tätig geworden ist, würde demgegenüber einen nicht zu vertretenden Bürokratieaufwand bedeuten. Käme es für die Entstehung des Anspruchs auf konkrete Vollstreckungsmaßnahmen der Bundesfinanzverwaltung an, würde dies zudem die Zielsetzung des Entwurfs zur Effizienzsteigerung konterkarieren. Denn die Praxis zeigt, dass ein zeitlich kurzes Zuwarten (z.B. vier Wochen) seitens der Anordnungsbehörden zwischen Versendung des Mahnschreibens und Übersenden der Vollstreckungsanordnung an die Bundesfinanzverwaltung viele Vollstreckungsfälle überflüssig machte, da die Schuldner in diesem Zeitraum häufig noch zahlen. Die Bundesfinanzverwaltung müsste mit der Vollstreckung vielfach also erst gar nicht betraut werden. In diesem Sinne soll die Pauschale die betroffenen Anordnungsbehörden auch veranlassen, ihr diesbezügliches Abgabeverhalten zu überprüfen (BT-Drucks. 18/2337, S. 11).

21 **d) Vollstreckungspauschale für jede Vollstreckungsanordnung.** Nach § 19a Abs. 1 S. 1 sollen die betroffenen Anordnungsbehörden verpflichtet werden, die **Vollstreckungspauschale für jede übermittelte Vollstreckungsanordnung** zu zahlen. Damit wird der Anreiz für ein effizientes Verwaltungshandeln dieser Anordnungsbehörden in dem Sinne geschaffen, dass die Vollstreckungsanordnungen strukturierter, insbesondere unter Beachtung des § 76 des Vierten Buchs Sozialgesetzbuch (SGB IV) bzw. des § 34 Bundeshaushaltsordnung (BHO) möglichst gebündelt je Schuldner, an die Bundesfinanzverwaltung abgegeben werden. Sollten die Einleitung der Vollstreckung und die Vornahme von Vollstreckungshandlungen zur Hemmung bzw. Unterbrechung der Verjährung erforderlich sein, ist von einer Bündelung abzusehen. Durch die Vollstreckungspauschale werden die betroffenen Anordnungsbehörden zudem angehalten, die Anordnung von vornherein aussichtslosen Vollstreckungen (z.B. gegen einen offenkundig mittellosen Schuldner) im Vorfeld sorgfältig zu prüfen (BT-Drucks. 18/2337, S. 12).

Im Gesetzgebungsverfahren hatte die gemeinsame Vertretung der Innungskrankenkassen (IKK e.V.) die Anknüpfung der Vollstreckungspauschale an jede Vollstreckungsanordnung als unangemessen kritisiert. Da die Vollstreckungslaufzeiten bei den Hauptzollämtern im Durchschnitt rund sechs Monate betrügen, würden Vollstreckungsaufträge, die in dieser Zeit für einen Schuldner erteilten werden, von den Hauptzollämtern gesammelt und einer gebündelten Vollstreckung zugeführt, so dass für eine größere Anzahl von Aufträgen häufig nur eine aktive Vollstreckungshandlung erforderlich sei. Daher stehe eine pro Vollstreckungsanordnung erhobene Pauschale in einem unangemessenen Verhältnis zum tatsächlichen Aufwand der Hauptzollämter (Stellungnahme vom 2.5.2014 zum Referentenentwurf, S. 6).

e) Geldforderungen nach dem Bundeskindergeldgesetz. Nach § 19a Abs. 1 S 2 sind Vollstreckungsanordnungen wegen Geldforderungen nach dem Bundeskindergeldgesetz insbesondere aus Gründen der **Verwaltungspraktikabilität** vom Anwendungsbereich der Norm ausgenommen. Hierdurch wird eine einheitliche abrechnungstechnische Behandlung der verschiedenen Kindergeldbereiche erreicht, da die Bundesagentur für Arbeit – Familienkasse – beide Bereiche verwaltet (BT-Drucks. 18/2337, S. 12). 22

2. Bemessung der Vollstreckungspauschale (Abs. 2). § 19a Abs. 2 regelt die Vorgaben zur Bestimmung der Höhe der Vollstreckungspauschale, die der Verordnungsgeber im Rahmen des § 19a Abs. 3 zu beachten hat. Die konkrete Höhe der Vollstreckungspauschale sowie die näheren **Einzelheiten** zu ihrer Berechnung werden durch die **Rechtsverordnung** bestimmt. 23

Die **Höhe der Vollstreckungspauschale** je Vollstreckungsanordnung ergibt sich als Durchschnittswert durch Division der Gesamtsumme der im Berechnungszeitraum auf Grund von Vollstreckungsanordnungen der betroffenen Anordnungsbehörden festgesetzten Gebühren und Auslagen nach § 19 Abs. 1 S. 1, die bei den Vollstreckungsschuldnern nicht beigetrieben werden konnten, durch die Anzahl aller in diesem Berechnungszeitraum von diesen Anordnungsbehörden an die Hauptzollämter übermittelten Vollstreckungsanordnungen.

Wenn als Bezugsgröße **auf sämtliche Vollstreckungsanordnungen**, also auch diejenigen, deren Gebühren und Auslagen bei den Schuldnern beigetrieben werden konnten, **abgestellt** wird, dient dies der Einfachheit und damit der Arbeitsentlastung der Bundesfinanzverwaltung, da auf diese Weise eine aufwendige Zuordnung der jeweils uneinbringlichen Gebühren und Auslagen zu der ihnen zugrundeliegenden Vollstreckungsanordnung vermieden wird. Die Regelung, dass pro Vollstreckungsanordnung eine Vollstreckungspauschale erhoben wird, fördert zudem ein wirtschaftliches Verhalten der betroffenen Anordnungsbehörden, da auf diese Weise ein Anreiz gesetzt wird, in einer Vollstreckungsanordnung unter Beachtung des § 76 SGB IV bzw. des § 34 BHO möglichst mehrere Forderungen gegen einen Schuldner zu bündeln. Denn wird mittels einer einzigen Anordnung die Vollstreckung mehrerer Forderungen gegen denselben Schuldner betrieben, so wird hierfür – zu Lasten der Anordnungsbehörde, die die Vollstreckungsanordnung übermittelt – lediglich eine Vollstreckungspauschale erhoben. Dies z.B. auch bei Vollstreckung von Beitragsforderungen für verschiedene Sozialversicherungsträger durch eine einzige Vollstreckungsanordnung, die von den Kranken- und Pflegekassen übermittelt werden (BT-Drucks. 18/2337, S. 13). 24

Im Gesetzgebungsverfahren hat der IKK e.V. die einheitliche Vollstreckungspauschale beanstandet. Warum eine Differenzierung insbesondere nach Beitreibungsquote nur 25 mit unverhältnismäßig großem Verwaltungsaufwand darzustellen wäre, erschließe sich nicht. Zudem führe eine einheitliche und mithin undifferenzierte Vollstreckungspauschale zwangsläufig zu einer einseitig höheren Belastung der GKV, da die Beitreibungsquote auf Seiten der gesetzlichen Krankenkassen bei deutlich über 40 %, auf Seiten der Bundesagentur für Arbeit hingegen lediglich bei rund 10 % liege. Eine verursachergerechte Kostenverteilung werde damit verfehlt (Stellungnahme vom 2.5.2014 zum Referentenentwurf, S. 5 f).

26 **3. Vollstreckungspauschalen-Verordnung (Abs. 3).** Nach § 19a Abs. 3 werden die konkrete Höhe der Vollstreckungspauschale, der Berechnungszeitraum, die Entstehung und die Fälligkeit der Vollstreckungspauschale, der Abrechnungszeitraum, das Abrechnungsverfahren und die abrechnende Stelle entsprechend den Anforderungen des Bestimmtheitsgebotes nach Art. 80 Abs. 1 S. 2 GG durch Rechtsverordnung des Bundesministeriums der Finanzen im Einvernehmen mit dem Bundesministerium für Arbeit und Soziales und dem Bundesministerium für Gesundheit bestimmt (BT-Drucks. 18/2337, S. 13).

Eine entsprechende „Verordnung über die Höhe und das Verfahren zur Erhebung einer Vollstreckungspauschale bei Inanspruchnahme von Behörden der Bundesfinanzverwaltung zur Vollstreckung öffentlich-rechtlicher Geldforderungen (**Vollstreckungspauschalen-Verordnung** – VollstrPV)“ vom 4.12.2014 ist am 13.12.2014 in Kraft getreten (BGBl. I v.12.12.2014, S. 1996). § 1 Abs. 1 VollstrPV legt die Vollstreckungspauschale auf 9 Euro fest. Die Verpflichtung zur Leistung der Vollstreckungspauschale entsteht nach § 2 VollstPV dem Grunde nach in dem Zeitpunkt, in dem die Anordnung an die Vollstreckungsbehörde der Bundesfinanzverwaltung übermittelt wird. Eine spätere von der jeweiligen Anordnungsbehörde vorgenommene Rücknahme lässt die Entstehung unberührt. Abrechnungszeitraum ist das Kalenderjahr, § 3 Abs. 2 S. 1 VollstrPV. Der Rechnungsbetrag wird einen Monat nach Ablauf des Monats fällig, in dem der Anordnungsbehörde die Rechnung zugegangen ist, § 4 VollstrPV.

27 **4. Überprüfung der Vollstreckungspauschale (Abs. 4).** Die für die Bemessung der Vollstreckungspauschale maßgeblichen Faktoren können sich im Zeitablauf ändern, so dass die durch die Rechtsverordnung nach § 19a Abs. 3 festgelegte Vollstreckungspauschale dann von den Bestimmungen des § 19a Abs. 2 abweicht. So können sich die Kalkulationsgrundlagen für die Vollstreckungspauschale beispielsweise durch Änderungen der Beitreibungsquote oder Gebührenerhöhungen nach der Abgabenordnung ändern, so dass eine Anpassung erforderlich ist. Deshalb ordnet § 19a Abs. 4 eine Überprüfung der Höhe der Vollstreckungspauschale in Abständen von drei Jahren an.

Vor diesem Hintergrund wird dem Bundesministerium der Finanzen die Verpflichtung auferlegt, die in der Verordnung festgelegte Höhe der Vollstreckungspauschale alle drei Jahre zu überprüfen. Der 3-Jahres-Rhythmus gewährleistet eine breite Bemessungsgrundlage und wirkt damit möglichen Schwankungen in der Zahl der Anordnungen auf Grund zeitlich begrenzter Ausnahmesituationen bei den betroffenen Anordnungsbehörden (z.B. Ausfall der IT-Systeme, erhöhter Arbeitsanfall auf Grund von Gesetzesänderungen) entgegen. Die gesetzliche Festschreibung der Prüfintervalle auf drei Jahre schafft zudem Planungssicherheit für die beteiligten Behörden und vermeidet unverhältnismäßigen Prüfungsaufwand. Dem Bedürfnis der betroffenen Anordnungsbehörden nach Planungssicherheit wird ferner dadurch Rechnung getragen, dass eine Anpassung der Vollstreckungspauschale erst bei einer Abweichung von mehr als

20 % zu erfolgen hat. Die Anpassung erfolgt – ebenso wie die erstmalige Bestimmung der Vollstreckungspauschale – durch Rechtsverordnung des Bundesministeriums der Finanzen im Einvernehmen mit dem Bundesministerium für Arbeit und Soziales und dem Bundesministerium für Gesundheit (BT-Drucks. 18/2337, S. 13).

5. Keine Belastung des Vollstreckungsschuldners (Abs. 5). § 19a Abs. 5 verbietet den 28
Anordnungsbehörden, die Vollstreckungspauschale auf den Vollstreckungsschuldner abzuwälzen. Dies soll verhindern, dass die betroffene Anordnungsbehörde den Vollstreckungsschuldner, gegen den die erste Vollstreckung fruchtlos war und daher auch die Gebühren durch die Hauptzollämter nicht beigetrieben werden konnten, bei der zweiten Vollstreckung zusätzlich zur Hauptforderung mit der Vollstreckungspauschale belastet. Im Ergebnis soll damit die Vollstreckungspauschale, welche die betroffene Anordnungsbehörde an die Hauptzollämter entrichtet hat, der Anordnungsbehörde zur Last fallen und nicht auf den bei der ersten Vollstreckung nicht solventen Vollstreckungsschuldner abgewälzt werden (BT-Drucks. 18/2337, S. 13).

Im Gesetzgebungsverfahren hat der IKK e.V. sich mit guten Gründen gegen das 29
Abwälzungsverbot des § 19a Abs. 5 gewandt, da ausschließlich das unzulängliche Zahlungsverhalten des Vollstreckungsschuldners ursächlich für die Vollstreckung sei. Deshalb sei es sachgerecht, die Vollstreckungspauschale gegenüber dem Schuldner einfordern zu können und nicht die Solidargemeinschaft der Beitragszahler mit diesen Kosten zu belasten (Stellungnahme vom 2.5.2014 zum Referentenentwurf, S. 4 f.).

Anhang: Vergleichbares Landesrecht

(1) Baden-Württemberg: § 31 Abs. 3 S. 1 LVwVG.

(2) Bayern: § 41 Abs. 1 S. 1 BayVwzVG.

(3) Berlin: § 8 BlnVwVfG verweist zwar u.a. auf § 19a. Dieser läuft auf Landesebene jedoch leer, da er sich auf bundesunmittelbare Körperschaften und Anstalten des öffentlichen Rechts bezieht.

(4) Brandenburg: § 38 Abs. 1 VwVGBbg.

(5) Bremen: Keine Regelung.

(6) Hamburg: § 39 Abs. 5 HmbVwVG sieht Kostenerstattung bei Amtshilfe vor. § 40 HmbVwVG sieht den Erlass einer Kostenordnung vor (Vollstreckungskostenordnung v.24.5.1961, HmbGVBl. 1961, S. 169).

(7) Hessen: § 80 HessVwVG.

(8) Mecklenburg-Vorpommern: Keine Regelung.

(9) Niedersachsen: §§ 67a, b NVwVG.

(10) Nordrhein-Westfalen: § 77 VwVG NRW iVm § 5 VO VwVG NRW.

(11) Rheinland-Pfalz: § 85 LVwVG RP iVm § 12 Abs. 4 Kostenordnung zum Landesverwaltungsvollstreckungsgesetz (LVwVGKostO) v. 11.12.2001 (GVBl. 2002, S. 35).

(12) Saarland: § 77 Abs. 3 SaarlVwVG i.V.m. Kostenordnung zum Saarländischen Verwaltungsvollstreckungsgesetz v.3.8.1974 (Amtsblatt 1974, S. 738).

(13) Sachsen: § 4 Abs. 4 SächsVwVG.

(14) Sachsen-Anhalt: § 7b VwVG LSA.

(15) Schleswig-Holstein: § 322 LVwG.

(16) Thüringen: § 22 Abs. 1 S 3 ThürVwZVG für Vollstreckungshilfe; Sonderregelung in § 36 Abs. 4 ThürVwZVG.

Vierter Abschnitt
Übergangs- und Schlussvorschriften

§ 20 Außerkrafttreten früherer Bestimmungen

Soweit die Vollstreckung in Bundesgesetzen abweichend von diesem Gesetz geregelt ist, sind für Bundesbehörden und bundesunmittelbare juristische Personen des öffentlichen Rechts die Bestimmungen dieses Gesetzes anzuwenden; § 1 Abs. 3 bleibt unberührt.

1 Die Vorschrift war in dieser Form bereits in der ursprünglichen Fassung des Verwaltungs-Vollstreckungsgesetzes vom 27.4.1953 enthalten (BGBl. I S. 157, 159). Sie sollte gewährleisten, dass sich die Verwaltungs-Vollstreckung aller Bundesbehörden nach dem Verwaltungs-Vollstreckungsgesetz bestimmt. **Frühere Bestimmungen**, die dem entgegenstanden, mussten deshalb außer Kraft gesetzt werden.

Ausgenommen sind die Abgabenordnung, die Sozialversicherungsgesetze und die Justizbeitreibungsordnung.

2 Auf **Gesetze**, die **nach Erlass des Verwaltungs-Vollstreckungsgesetzes ergangen** sind und das Vollstreckungsverfahren abweichend regeln, kommt § 20 nicht zur Anwendung. Dies folgt bereits daraus, dass sein Anwendungsbereich ausdrücklich auf „frühere Bestimmungen" beschränkt ist. Im Übrigen würden neuere Regelungen der älteren Vorschrift des § 20 nach der lex-posterior-Regel vorgehen.

In **neuen Bundesgesetzen** wird mitunter ausdrücklich bestimmt, dass das Verwaltungs-Vollstreckungsgesetz entsprechend anzuwenden ist.

Beispiele:
- Arbeitnehmer-Entsendegesetz: § 23 Abs. 5.
- Arbeitnehmerüberlassungsgesetz: § 6.
- Aufenthaltsgesetz: § 68 Abs. 2 S. 2.
- Bundesberggesetz: § 134 Abs. 2.
- Bundesleistungsgesetz: § 44 Abs. 1 S. 1.
- Finanzdienstleistungsaufsichtsgesetz: § 17 Abs. 1.
- Flurbereinigungsgesetz: § 136 Abs. 1, § 137 Abs. 2.
- Kreditwesengesetz: § 51 Abs. 1 S. 2.
- Luftverkehrsgesetz: § 31d Abs. 3 S. 1.
- Ordnungswidrigkeitengesetz: § 90 Abs. 1.
- Parteiengesetz: § 38 Abs. 1 S. 2.
- Sozialgerichtsgesetz: §§ 200, 201.
- Sozialgesetzbuch X: § 66 Abs. 1, Abs. 2.
- Vermögensgesetz: § 31 Abs. 7.

- Verwaltungsgerichtsordnung: § 169 Abs. 1.
- Verwaltungsverfahrensgesetz: § 61 Abs. 2 S. 1.
- Wehrdisziplinarordnung: § 51 Abs. 3.
- Wettbewerbsbeschränkungsgesetz: § 86a.

§ 21

(aufgehoben)

§ 13 Abs. 1 des Dritten Überleitungsgesetzes bestimmte, dass Bundesrecht, das für den übrigen Geltungsbereich des Grundgesetzes verkündet wird und dessen Geltung im Gebiet des Landes Berlin ausdrücklich bestimmt ist, im Land Berlin binnen eines Monats nach seiner Verkündung im Bundesgesetzblatt oder im Bundesanzeiger gemäß Art. 87 Abs. 2 der Verfassung von Berlin in Kraft gesetzt wird. 1

Ein gesondertes Inkraftsetzen von Bundesgesetzen in Berlin war erforderlich, weil deutsche Bundesgesetze von 1949 bis zur Wiedervereinigung Deutschlands im Jahr 1990 aufgrund des sog. Viermächte-Status Berlins auf dem Gebiet West-Berlins keine unmittelbare Gültigkeit hatten. Jedes deutsche Gesetz, das in Berlin gelten sollte, musste durch das Berliner Abgeordnetenhaus gesondert ratifiziert werden. Zu diesem Zweck enthielten die damaligen Gesetze eine sog. Berlin-Klausel nach Art des aufgehobenen § 21, aus der hervorging, dass das betreffende Gesetz in Berlin Gültigkeit erlangen sollte und nach welchen Normen es dort in Kraft gesetzt werden sollte.

Im Zuge der Wiedervereinigung trat das Land Berlin dem Geltungsbereich des Grundgesetzes bei. Von da an galten alle Bundesgesetze dort unmittelbar. Die Berlin-Klauseln wurden damit rechtlich gegenstandslos und könnten aufgehoben werden. Dies ist – anders als in § 21 – aus verfassungshistorischen Gründen bis heute vielfach jedoch nicht geschehen.

§ 22 Inkrafttreten

Dieses Gesetz tritt am 1. Mai 1953 in Kraft.

Kapitel II

Kommentar zum Verwaltungszustellungsgesetz (VwZG)

vom 12.8.2005 (BGBl. I S. 2354),
geändert durch Art. 6b des Gesetzes zur Modernisierung des GmbH-Rechts und zur Bekämpfung von Missbräuchen vom 23.10.2008 (BGBl. I S. 2026), Art. 9a des Vierten Gesetzes zur Änderung verwaltungsverfahrensrechtlicher Vorschriften vom 11.12.2008 (BGBl. I S. 2418), Art. 3 des Gesetzes zur Regelung von De-Mail-Diensten und zur Änderung weiterer Vorschriften vom 28.4.2011 (BGBl. I S. 666), Art. 2 Abs. 2 des Gesetzes zur Änderung von Vorschriften über Verkündung und Bekanntmachungen sowie der Zivilprozessordnung, des Gesetzes betreffend die Einführung der Zivilprozessordnung und der Abgabenordnung vom 22.12.2011 (BGBl. I S. 3044, 3046), Art. 17 des Gesetzes zur Förderung des elektronischen Rechtsverkehrs mit den Gerichten vom 10.10.2013 (BGBl. I S. 3786, 3796) und Art. 11 Abs. 3 des eIDAS-Durchführungsgesetzes vom 18.7.2017 (BGBl. I S. 2745).

Einleitung

Übersicht

I. Bedeutung des Zustellungsrechts im Verwaltungsrecht

1. Allgemeines. Die Zustellung von öffentlichen Dokumenten, insbesondere Verwaltungsakten, steht in direktem Bezug zu anderen öffentlich-rechtlichen und zivilrechtlichen Materien, wie den gerichtlichen Verfahrensrecht und dem allgemeinen Verwaltungsverfahrensrecht. Der direkte Bezug zu diesen Rechtsgebieten zeigt sich bereits bei einem Blick in die Entstehungsgeschichte des VwZG 2005. Das Zustellungsrecht wurde mit dem Gesetz zur Novellierung des Verwaltungszustellungsrechts vom 12.8.2005 (BGBl. I S. 2354) verschlankt und andere Rechtsgebiete angepasst. Die novellierten Regelungen nahmen sowohl die zuvor erfolgten Änderung des Zustellungsrechts der ZPO aus 2001 (Zustellungsreformgesetz, BGBl. I 2001 S. 1206) als auch dem allgemeinen Verwaltungsverfahrensrecht aus 2002 (Drittes Gesetz zur Änderung verwaltungsverfahrensrechtlicher Vorschriften, BGBl. I 2002 S. 3322) auf. Bereits das Zustellungsreformgesetz von 2001 hat in Art. 2 eine Änderung des Zustellungsgesetzes a.F. vorgesehen. Eine weitere Anpassung des Zustellungsrechts wurde mit der Änderung des Verwaltungsverfahrensrechts durch Gesetz vom 21.82002 und der damit verbundenen Einführung des elektronischen Verwaltungsaktes erforderlich. Mit der Änderung des Zustellungsrechts durch Gesetz vom 12.8.2005 hat der Gesetzgeber dem entstandenden weiteren Reformbedarf Rechnung getragen und gleichzeitig die Gelegenheit genutzt, um das Zustellungsrecht weiter zu modernisieren und für eine Flexibilisierung zu sorgen (*Kremer*, NJW 2006, 332, 332). 1

2. Differenzierung von Zustellung und Bekanntgabe. Die Begriffe der Zustellung im Sinne des VwZG und der Bekanntgabe im Sinne des Allgemeinen Verwaltungsrechts (VwVfG, SGB X, AO) werden nicht immer klar differenziert beschrieben. Für die Wirksamkeit eines Verwaltungsakts ist die Bekanntgabe entsprechend des Verwaltungsverfahrensrechts von zentraler Bedeutung 2

Auch im § 2 Abs. 1 VwZG wird die Zustellung als „Bekanntgabe“ eines schriftlichen oder elektronischen Dokuments definiert. Die begriffliche Übereinstimmung ist unglücklich. Noch im Entwurf des § 2 Abs. 1 der Bundesregierung zum Verwaltungszustellungsgesetz 2005 (s.u.) war die Zustellung als „Übermittlung“ eines Dokuments bezeichnet (BT-Drucks. 15/5216) worden. Der Bundesrat schlug vor, das Wort „Übermittlung“ durch das Wort „Bekanntgabe“ zu ersetzen. Damit solle die entsprechende Definition der Zustellung in § 166 Abs. 1 ZPO übernommen und die elektronische Zustellung gesichert werden (BR-Drucks. 86/05). Die Bundesregierung stimmte in ihrer Gegenäußerung diesem Vorschlag zu. Dem folgte der Innenausschuss des Bundestages (BT-Drucks. 15/5475). Daraufhin nahm der Bundestag am 12.5.2005 das Gesetz in der jetzigen Form an (BT-Drucks. 15/5475).

3 Die „Bekanntgabe" führt zu einer Überschneidung mit dem Verwaltungsverfahrensrecht und damit zu Abgrenzungsproblemen. Die Bekanntgabe ist die Voraussetzung der Wirksamkeit eines Verwaltungsakts im Verwaltungsverfahrensrecht nach § 43 Abs. 1 Satz 1 VwVfG, § 39 Abs. 1 Satz 1 SGB X und § 124 Abs. 1 Satz 1 AO geregelt. Bei der Bekanntgabe ist es bereits ausreichend, dass die Behörde dem Empfänger Kenntnis vom Inhalt des Verwaltungsaktes verschafft (*BVerwG* U 24.1.1992 – 7 C 38/90, NVwZ 1992, 565). Eine förmliche Zustellung ist daher nicht zwingend für die Bekanntgabe im Sinne des Verwaltungsverfahrensrechts. Vielmehr schreibt das Recht in nur speziellen Fälle (z.B. im Widerspruchsverfahren nach § 73 Abs. 3 VwGO) eine förmliche Zustellung vor. Im Übrigen lassen die Bekanntgabevorschriften gem. § 41 Abs. 5 VwVfG, § 37 Abs. 5 SGB X und § 122 Abs. 5 AO das Zustellungsrecht unberührt.

4 Auch der Europäische Gerichtshof verwendet neben der Zustellung die Bezeichnung „Übermittlung" (*EuGH* U 9.2.2006 – C – 473/04, NJW 2006, 975).

5 Die Zustellung ist eine Form der Bekanntgabe und in bestimmten Fällen daher Voraussetzung für die Wirksamkeit eines Verwaltungsaktes. Danach wird ein Verwaltungsakt gegenüber demjenigen, für den er bestimmt ist oder der von ihm betroffen wird, in dem Zeitpunkt wirksam, in dem er z.B. durch Zustellung bekanntgeben wird. Im anderen Fall ist der Verwaltungsakt nicht existent. Zugleich wird der Verwaltungsakt mit dem Inhalt wirksam, mit dem er zugestellt wird. Das ergibt sich aus § 41 Abs. 5 im Zusammenhang mit § 43 Abs. 1 und 2 VwVfG, § 37 Abs. 5 im Zusammenhang mit § 39 Abs. 1 und 2 SGB X sowie aus § 122 Abs. 5 im Zusammenhang mit § 124 Abs. 1 und 2 AO.

6 Ein wirksamer Verwaltungsakt ist auf Dauer angelegt. Der Verwaltungsakt ist grundsätzlich nicht anfällig für – materielle oder formelle – Fehler. Die Wirksamkeit ist alleine von der Bekanntgabe abhängig und darf lediglich nicht die Voraussetzungen der Nichtigkeit (vgl. § 44 VwVfG, § 40 SGB X, § 125 AO) erfüllen. Darüber hinaus kann der Wirksamkeit eines – fehlerfreien oder fehlerhaften – Verwaltungsaktes nur eine Aufhebung oder Zeitablauf entgegenstehen (§ 43 VwVfG, § 39 SGB X, § 124 AO).

7 Der auf Dauer angelegte Verwaltungsakt entwickelt jedoch Bestandskraft. Der Begriff der Bestandskraft findet sich zwar in der Überschrift des 2. Abschnitts des VwVfG. Er ist jedoch nicht näher definiert. Sie bedeutet in formeller Sichtweise, dass der Verwaltungsakt nicht mehr mit den üblichen Rechtsbehelfen des Widerspruchs oder Klage angegangen werden kann. Der Bestandskraft eines Verwaltungsaktes kommt, wenn auch auf anderer Ebene, vergleichbare Bedeutung für die Rechtssicherheit zu wie der Rechtskraft der gerichtlichen Entscheidung. Darüber hinaus dient die Bestandskraft mit den entsprechenden Fristenregelungen tendenziell der Gewährleistung eines wirkungsvollen behördlichen und gerichtlichen Verfahrens (*BVerfG* B 20.4.1982 – 2 BvL 26/81, Rn. 58 ff. = NJW 1982, 2425, 2426). Dieser formellen Bestandskraft folgt die materielle Bestandskraft, welches die verfestigte materielle Bindung der Beteiligten an die getroffene Regelung des Verwaltungsaktes zum Inhalt hat (BeckOK VwVfG-*Schemmer*, VwVfG § 43 Rn. 21, Stand: April 2019).

II. Verwaltungsverfahrens-, Verwaltungszustellungs- und Verwaltungsvollstreckungsrecht

Das Verwaltungszustellungsrecht ist ein Teil des allgemeinen Verwaltungsrechts. Hierzu gehören 8

das grundlegende Verwaltungsverfahren,
das Verwaltungszustellungsverfahren und
das Verwaltungsvollstreckungsverfahren.

Das grundlegende Verwaltungsverfahren ergibt sich aus dem VwVfG, SGB X und der AO und ist insbesondere auf die Prüfung der Voraussetzungen, die Vorbereitung und den Erlass eines Verwaltungsaktes gerichtet (vgl. § 9 VwVfG, § 8 SGB X). Das Zustellungsrecht regelt u.a. die Übermittlung des Verwaltungsaktes als schriftliches oder elektronisches Dokument (vgl. § 2 Abs. 1 VwZG, s.u.). Belastende Verwaltungsakte können mit Zwang durchgesetzt werden (vgl. § 6 VwVG) und öffentlich-rechtliche Geldforderungen können im Verwaltungswege vollstreckt werden (§ 1 VwVG). Diese Verfahren betreffen hauptsächlich den Erlass, die Zustellung und die Vollstreckung eines belastenden Verwaltungsaktes. Jedes Verfahren hat den gleichen Wert, aber die Bedeutung ist ganz unterschiedlich.

Das Recht, nach den Vorschriften des Verwaltungszustellungsgesetzes zuzustellen, ist 9
ein Privileg aller Behörden und staatlichen juristischen Personen. Dies gilt ohne jede Einschränkung für alle Zustellungen der Organe. Ob sie hoheitlich oder fiskalisch handeln, ist für die Rechtswirkung der Zustellung ohne Bedeutung. Nach dem Wortlaut des § 1 ist das Zustellungsprivileg umfassend.

III. Die Zustellung nach dem VwZG

Der Zweck der Zustellung besteht darin, den Zeitpunkt der Übergabe nachweisen zu 10
können, an den sich wichtige prozessuale Wirkungen knüpfen. Dem Adressaten gegenüber soll sie gewährleisten, dass er Kenntnis von dem zuzustellenden Dokument nehmen und seine Rechtsverteidigung oder Rechtsverfolgung darauf einrichten kann. Insoweit dienen die Vorschriften über die Zustellung der Verwirklichung des rechtlichen Gehörs (*BVerfG* B 11.7.1984 – 1 BvR 1269/83, juris Rn. 12 f., BVerfGE 67, 208, 211 = NJW 1984, 2567, 2568; *BVerfG* B 15.10.2009 – 1 BvR 2333/09, juris Rn. 13 = NJW-RR 2010, 421, 422; *VGH München* U 13.7.2010 – Vf. 72-VI-09, juris Rn. 39; *BGH* U 16.6.2011 – III ZR 342/09, juris Rn. 13 = NJW 2011, 2440, 2441).

Ergänzt werden die Vorschriften über die formgerechte Zustellung durch die Möglich- 11
keit der Heilung, wenn die formgerechte Zustellung nicht nachgewiesen werden kann oder zwingende Zustellungsvorschriften verletzt sind. Heilungsvorschriften sind aus dem allgemeinen Verwaltungsrecht bekannt (§ 45 VwVfG, § 41 SGB X, § 126 AO). Entsprechend des Wortlauts werden Fehler jedoch nicht geheilt, sondern lediglich für unbeachtlich erklärt. In der Zustellung bedeutet Heilung, dass der Zugang fingiert wird. Heilungsvorschriften gehen davon aus, dass die mit dem Fehler verbundenen Nachteile noch vollständig beseitigt werden können (zur Heilung durch Anhörung *VGH Kassel* U 06.5.2015 – 6 A 493/14, juris Rn. 40 = DVBl 2015, 1067). In den Heilungsvorschriften kommt zum Ausdruck, dass insbesondere Verfahrensvorschriften keinen Wert an sich darstellen, sondern zum Erlass eines materiell rechtmäßigen und zweckmäßigen Verwaltungsaktes – unterstützend – beitragen sollen (*BVerfG* B 20.2.2002 – 1 BvL 19/97, juris Rn. 40 = BVerfGE 105, 48, 61, Rn. 40 = NVwZ 2002,

1101, 1102). Verfahrensrechtliche Regelungen sind für den Schutz subjektiver Rechte danach insoweit von Bedeutung, als sich konkrete Auswirkungen auf die grundrechtlichen Schutzgüter ergeben (BeckOK VwVfG-*Schemmer*, VwVfG, § 45 Rn. 5, Stand: 1.4.2019). Diese gilt ebenso für die Zustellung.

12 Die reguläre Übermittlung eines Dokuments erfolgt formgerecht entweder gemäß §§ 3, 4 durch die Post oder nach § 5 durch die Behörde. Die Zustellung im Ausland gemäß § 9 und die öffentliche Zustellung nach § 10 gelten gem. § 2 Abs. 2 S. 2 als Sonderarten der Zustellung. Dieses ist bei der Auslegung der dortigen Tatbestandsmerkmale zu beachten. Der Adressat erhält mit der Zustellung die Möglichkeit, vom materiellen Inhalt des Dokuments Kenntnis zu erlangen. Die Zustellung ist eine hoheitliche Rechtshandlung und keine Tathandlung. Dieser Umstand verlangt bei der Zustellung im Ausland gem. § 10 auch die grundsätzliche völkerrechtliche Zulässigkeit.

13 Der Wille, eine Zustellungshandlung vorzunehmen, ist unabdingbare Voraussetzung der Zustellung (*BVerwG* U 19.6.1963 – 5 C 198/62, MDR 1963, 867; *BVerwG* U 25.4.2013 – 3 C 19/12, juris Rn. 16; *OVG Münster* B 30.1.2017 – 2 B 1226/16, juris Rn. 10 ff. = DÖV 2017, 648, 648; *BGH* U 29.3.2017 – VIII ZR 11/16, juris Rn. 35 = ZfBR 2017, 65, 660; *VG Neustadt (Weinstraße)* B 11.2.2019 – 5 L 85/19.NW, juris Rn. 32). Der Zustellungswille kann aufgegeben werden. Er ist aber nur wirksam, bevor der Bescheid den Herrschaftsbereich der Verwaltung verlassen hat.

14 Weil der Zustellungswille die unabdingbare Voraussetzung einer rechtswirksamen Zustellung ist, ist dieser auch besonders für die Heilung gemäß § 8 zu beachten, da ein fehlender Wille keinen Zustellungsmangel im Sinne der Norm darstellt. Der Zustellungswille kann infolgedessen auch nicht unterstellt werden. Denn hier liegt eine Zustellung überhaupt nicht vor (*BVerwG* B 31.5.2006 – 6 B 65/05, juris Rn. 7 = NVwZ 2006, 943, 943 f.).

Neben dem Ziel der Zustellung, das rechtliche Gehör zu gewährleisten, erhält der Absender sodann den Nachweis von Zeit und Ort der Übergabe des Dokuments. Das dient der Rechtswirksamkeit und damit im Ergebnis der Rechtssicherheit im konkreten Fall.

IV. Geschichtliche Entwicklung

15 Der historische Rückblick zeigt, dass es im Reichsrecht eine allgemeine gesetzliche Regelung des Zustellungsverfahrens in der Verwaltung nicht gab. Wenn in einzelnen Bereichen eine Ordnung der Zustellung erforderlich war, wurden hauptsächlich die einschlägigen Vorschriften der Zivilprozessordnung (ZPO) für entsprechend anwendbar erklärt. Diese waren jedoch sehr förmlich geprägt. Sie trugen daher den Belangen der ständig wachsenden Verwaltung zunehmend nur noch begrenzt Rechnung. Das traf vor allem auf die Massenverfahren in der Steuerverwaltung zu.

16 So kam es zu der bedeutsamen Normierung einzelner Zustellungsarten in § 70 der Reichsabgabenordnung (RAO) vom 13.12.1919 (RGBl. S. 1993). Zunächst enthielt § 70 RAO in Absatz 1 eine zweckgerechte Verweisung auf Zustellungsverfahren der ZPO. In Absatz 2 wurde dann die Zustellung durch Behördenbedienstete bestimmt.

Insoweit gelten nunmehr die Vorschriften des § 5 Abs. 1 bis 4 und 7 VwZG. Ferner eröffnete Absatz 3 die Zustellung mittels eingeschriebenen Briefes, die jetzt gemäß § 4 VwZG gilt. Schließlich führte Absatz 4 die Zustellung an Behörden durch Vorlegung der Urschrift ein, die in den inzwischen aufgehobenen § 6 VwZG aufgegangen war. Danach brachte die Verordnung über Vereinfachungen bei der Zustellung von Steuer- und Feststellungsbescheiden vom 21.6.1929 (RMBl. S. 426) eine weitere Erleichterung. Sie wurde durch die verbesserte Verordnung über die Vereinfachungen bei der Zustellung von Bescheiden im Besteuerungsverfahren vom 11.12.1932 (RGBl. I S. 544) abgelöst. Deren §§ 1 und 2 waren die Rechtsvorgänger des § 17 Abs. 1 und 2 VwZG; er führte die fiktive Zustellung durch einfachen Brief nach „Aufgabe zur Post" ein. § 17 VwZG wurde durch Art. 39 des Einführungsgesetzes zur Abgabenordnung (AO) vom 14.12.1976 (BGBl. I S. 3341) aufgehoben. Für diese Zustellungsart gilt gegenwärtig § 122 Abs. 2 AO (ebenso § 37 Abs. 2 SGB X und § 41 Abs. 2 VwVfG).

Während des Krieges trat die Postzustellungsverordnung vom 23.8.1943 (RGBl. I S. 527) in Kraft. Diese galt für die gesamte öffentliche Verwaltung und brachte folgende einschneidende Veränderung: Sie schaffte die Zustellung durch die Post mit Postzustellungsurkunde ab. An ihre Stelle trat die Zustellung der Sendung durch „Aufgabe zur Post". Die Aufgabe war vollzogen, sobald das zuzustellende Schriftstück „zur Post gegeben" wurde (§ 1 Abs. 1). Damit konnte nur die Ablieferung bei der Postanstalt und nicht auch der Einwurf in einen Postbriefkasten gemeint sein. Insoweit setzte die Postzustellungsverordnung die ZPO außer Kraft. Im Übrigen fand die ZPO für die anderen Zustellungsarten weiter entsprechende Anwendung, sofern nicht Verwaltungsgesetze abweichende Bestimmungen enthielten. Die Postzustellungsverordnung bildete damit neues Verwaltungsrecht. Trotz ihrer rechtsstaatlich bedenklichen Natur blieb sie auch nach dem Krieg zunächst in Kraft. Sie wurde erst durch den inzwischen aufgehobenen § 18 VwZG gegenstandslos.

Bei dem Wiederaufbau Deutschlands erwies sich schließlich eine umfassende gesetzliche Neuregelung der Verwaltungszustellung als notwendig. Das geschah durch das ehemalige Verwaltungszustellungsgesetz vom 3.7.1952 (BGBl. I S. 379). Aus Gründen möglichster Rechtseinheit lehnte sich schon dieses Gesetz weitgehend an Vorschriften der Zivilprozessordnung an.

Die Postreform führte zur Privatisierung des Postdienstes. Damit verlor das von der **17** Reichspost begründete und von der Bundespost fortgeführte hoheitliche Nutzungsverhältnis diesen ursprünglichen Charakter. Die Postreform führte gemäß Art. 87f, Art. 143b GG zur Privatisierung des Postdienstes und fand ihren Abschluss durch das Postgesetz (PostG) vom 22.12.1997 (BGBl. I S. 3294).

Nach der Trennung der politisch-hoheitlichen von den betrieblich-unternehmerischen Funktionen im Bereich der Telekommunikation und des Postwesens wurden die ehemaligen Unternehmen der deutschen Bundespost in Aktiengesellschaften umgewandelt. Seit der Auflösung des Bundesministeriums für Post und Telekommunikation zum 31.12.1997 werden die verbliebenen politischen und hoheitlichen Aufgaben vom Bundesministerium für Wirtschaft und Energie (z.B. Wirtschafts- und ordnungspolitische Grundsatzfragen) sowie vom Bundesministerium der Finanzen (z.B. Privatisierungsaufgaben und Beteiligungsführung) wahrgenommen.

Als hoheitliche Aufgabe des Bundes in dem Wirtschaftsbereich der Postdienste ver- **18** bleibt nach Art. 87f GG insbesondere die Sicherstellung einer flächendeckenden und angemessenen Infrastruktur. Die zum Geschäftsbereich des Bundesministeriums für Wirtschaft und Energie gehörende Bundesnetzagentur als Regulierungsbehörde für Telekommunikation und Post hat dabei die Aufgabe, die Erfüllung des postalischen

Versorgungsauftrages durch die Deutsche Post AG sowie die Entwicklung chancengleicher Bedingungen für die Entstehung eines funktionsfähigen Wettbewerbs entsprechend der postrechtlichen Vorschriften zu überwachen. Eine rechtliche Einwirkungsmöglichkeit durch die Regulierungsbehörde ist dann gegeben, wenn regionale Versorgungsdefizite, ein allgemeiner Rückgang der Leistungsqualität oder sonstige Einschränkungen des Leistungsangebots festgestellt werden. Zu den rechtlichen Regelungen zählen z.B. Mindestvorgaben über die Zahl der Poststellen, Briefkästen und Brieflaufzeiten, Zustellungsgrundsätze und Leerungszeiten.

19 Alle Lizenznehmer im Briefzustelldienst werden privatrechtlich auf der Grundlage ihrer Allgemeinen Geschäftsbedingungen tätig. Zwischen ihnen und ihren Kunden werden Beförderungsverträge abgeschlossen. Das gilt auch für die Verwaltungszustellung.

20 Die hoheitliche Postzustellung nach § 3 VwZG wird unter anderem durch § 33 Abs. 1 PostG gewährleistet:

„Ein Lizenznehmer, der Briefzustelldienstleistungen erbringt, ist verpflichtet, Schriftstücke unabhängig von ihrem Gewicht nach den Vorschriften der Prozessordnungen und der Gesetze, die die Verwaltungszustellung regeln, förmlich zuzustellen. Im Umfang dieser Verpflichtung ist der Lizenznehmer mit Hoheitsbefugnissen ausgestattet (beliehener Unternehmer)." Die ZPO enthält eine Legaldefinition der Post im Zustellungsverfahren eine Legaldefinition in § 168 Abs. 1 S. 2 ZPO. Danach handelt es sich um „einen nach § 33 Abs. 1 des Postgesetzes beliehenen Unternehmer (Post)".

21 Postzustellungsurkunden behalten auch bei der Zustellung durch Lizenznehmer ihre beweiskräftige Eigenschaft als öffentliche Urkunden im Sinne des § 418 ZPO, da der Lizenznehmer gem. § 33 PostG mit Hoheitsbefugnissen handelt. Zur Klarstellung der gegenwärtigen Rechtslage ist in § 182 Abs. 1 S. 2 ZPO bestimmt: „Für die Zustellungsurkunde gilt § 418." Dagegen handelt es sich bei der Zustellung einer eingeschriebenen Sendung durch einen Lizenznehmer nicht um eine Beleihung nach § 33 Abs. 1 PostG. § 33 Abs. 1 PostG nimmt gerade das Einschreiben nicht mit auf. Der Lizenznehmer ist bei dieser Zustellung somit gerade nicht „mit Hoheitsbefugnissen ausgestattet" (vgl. Kommentierung zu § 4 Rn. 8).

22 Weitere wesentliche Änderungen des Zustellungsrechts brachte das Gesetz zur Reform des Verfahrens bei Zustellungen im gerichtlichen Verfahren (Zustellungsreformgesetz – ZustRG) vom 25.6.2001 (BGBl. I S. 1206, 1210). Das Gesetz vereinfachte und vereinheitlichte das Verfahren. Es gilt seit dem 1.7.2002 (Art. 4 ZustRG). Im Verlauf der Jahre hatten sich die Lebensverhältnisse geändert. Rechtliche und technische Gegebenheiten machten die Überprüfung und Fortentwicklung des Verwaltungszustellungsrechts erforderlich. Insbesondere die Informations- und Kommunikationstechnik hatte gravierende Auswirkungen auf die Tätigkeit der Verwaltung. Das war auch im Bereich des Zustellungsrechts zu berücksichtigen. Infolgedessen galt es, rechtliche Hindernisse bei der Zulassung der elektronischen Übermittlung zu beseitigen. Gleichzeitig musste die Rechtssicherheit dieses elektronischen Rechtsverkehrs gesetzlich garantiert werden. Das ist durch das Verwaltungszustellungsgesetz in der aktuellen Fassung erreicht und verwirklicht worden. Das Gesetz ist zum 1.2.2006 in Kraft getreten.

Die Modernisierung des Zustellungsrechts durch das Gesetz zur Novellierung des Verwaltungszustellungsrechts vom 12.8.2005 wird ganz überwiegend als positiv betrachtet (*Kremer*, NJW 2006, 332, 334). Damit war der Modernisierungsbedarf des Zustellungsrecht jedoch noch nicht gedeckt (so aber die Hoffnung von *Kremer* a.a.O.). Es folgten weitere Änderungen, die ihre Grundlage im Gesellschaftsrecht, Europarecht (beides in der 16. Legislaturperiode) und im allgemeinen Verwaltungsrecht (17. Legislaturperiode) hatten. 23

Die Gesetzesnovelle zur Änderung des Gesellschaftsrecht mit dem Gesetz zur Modernisierung des GmbH-Rechts und zur Bekämpfung von Missbräuchen (MoMiG) vom 23.10.2008 (BGBl. I 2008 S. 2026) führte zu einer weiteren Änderung des Zustellungsgesetzes aus Anlass einer zivilrechtlichen Novellierung. Das Zustellungsrecht ermöglicht nun eine vereinfachte Zustellung in sog. Missbrauchs – und Bestattungsfällen des Gesellschaftsrechts. Die im Zuge des MoMiG geänderte öffentliche Zustellung nach § 10 komplettiert die Regelungen des Zivilrechts für Fälle, in denen Gesellschaften ihre Geschäftsräume geschlossen haben und postalisch nicht mehr erreichbar sind (BT-Drucks. 16/9737, S. 58). Das Artikelgesetz wurde am 28.10.2009 verkündet und ist am 1.11.2008 in Kraft getreten. 24

Im weiteren Verlauf nahm das Europarecht Einfluss auf das nationale Zustellungsrecht. Die Mitgliedsstaaten mussten die Richtlinie 2006/123/EG des Europäischen Parlaments und des Rates vom 12.12.2006 über Dienstleistungen im Binnenmarkt (ABl. EG Nr. L 376 S. 36 bis zum 28.12.2009 umsetzen. Die sog. Dienstleistungsrichtlinie (DLRL) sollte die Dienstleistungsfreiheit stärken, indem Dienstleistungstätigkeiten grenzüberschreitend einfacher wahrgenommen werden könne. 25

Die Umsetzung der europarechtlichen Richtlinie sollte durch das Vierte Gesetz zur Änderung verwaltungsverfahrensrechtlicher Vorschriften vom 11.12.2008 (BGBl. I 2008 S. 2418) erfolgen. Der Gesetzesentwurf der Bundesregierung sah insbesondere die Einführung einer einheitlichen Stelle vor. Über einen „einheitlichen Ansprechpartner" sollen Dienstleister sämtliche erforderlichen Verfahren und Formalitäten sowie die Beantragung der erforderlichen Genehmigungen abgewickeln können. Die Verfahren sollen auf Wunsch des – europäischen –Dienstleisters elektronisch abgewickelt werden können (BT-Drucks. 16/10493). Das Zustellungsrecht blieb im ersten Entwurf über den einheitlichen Ansprechpartner jedoch noch unbeachtet. Erst in einem weiteren Änderungsentwurf (BT-Drucks. 16/10844) wurde mit Art. 9a des Änderungsgesetzes das Zustellungsrecht geändert. Ausgangspunkt ist Art. 8 Abs. 1 der DLRL, der eine vollständige elektronische Verfahrensabwicklung verlangt. 26

Dieser Vorgabe wurde nach Ansicht des Antragstellers das Verwaltungszustellungsrecht in der alten Fassung nicht hinreichend gerecht, da der Nachweis der Zustellung elektronischer Dokumente an die Rücksendung einer Empfangsbestätigung durch den Empfänger geknüpft ist. Dadurch hing die Möglichkeit der Behörde, den Zugang eines Dokuments zu beweisen, von der Mitwirkung des Empfängers ab. Die Beweisführung über den Zugang in der Zustellung eines Dokuments auf dem elektronischen Wege ohne Mitwirkung des Empfängers sollte durch eine Zustellungsfiktion ermöglicht werden. Diese galt insbesondere für den Fall, dass der Empfänger zwar eine elektronische Verfahrensabwicklung verlangt, aber seine Mitwirkung daran verweigert. Für die Fälle, in denen ein Zugang nicht oder verspätet erfolgt, sollte die Regelung im Hinblick auf die Beweisnot des Empfängers eine Glaubhaftmachung dieser Umstände 27 genügen, die an nur geringe Anforderungen geknüpft wird (BT-Drucks. 16/10844, S. 6). Diese Umsetzung erfolgte über § 5. Die daran anknüpfenden Änderungen des §§ 2 und 9 waren redaktioneller Natur. Das Artikelgesetz wurde am 17.12.2008 verkündet und trat am 18.12.2008 in Kraft.

28 Über die Änderung des bestehenden § 5 hinaus ist mit dem Gesetz zur Regelung von De-Mail-Diensten und zur Änderung weiterer Vorschriften (BGBl. I 2011 S. 666) mit dem Art. 3 des Gesetzes der § 5a neu eingefügt worden. Der Gesetzgeber reagierte damit auf die zunehmende Bedeutung der E-Mail als Massenkommunikationsmittel und dem Problem einer geringen Sicherheit in Bezug auf Datenschutz und Zustellung. Es ist die Rechtsgrundlage für eine rechtssichere elektronische Zustellung durch die Behörde über De-Mail-Dienste für den Anwendungsbereich des Verwaltungszustellungsgesetzes (VwZG) und passt das bisherige Recht an die neue Rechtslage an. Die De-Mail-Dienste stellen eine Infrastruktur dar, die den Ansprüchen nach Sicherheit gerecht wird. Im Rahmen eines Akkreditierungsverfahrens müssen die De-Mail-Diensteanbieter nachweisen, dass die E-Mail-, Identitätsbestätigungs- und Dokumentenablagedienste hohe Anforderungen an Sicherheit und Datenschutz erfüllen (BT-Drucks. 17/3630). Redaktionell wurden mit dem Artikelgesetz die §§ 2, 5 und 9 angepasst. Dabei ist § 9 Abs. 3 in der Beratung nochmals abgeändert worden (BT-Drucks. 17/4893, S. 14). Das Gesetz vom 28.4.2011 wurde am 2.5.2011 verkündet und trat am Tag darauf in Kraft.

29 Eher redaktioneller Natur war die Anpassung des § 10 aufgrund der Abschaffung der gedruckten Ausgabe des Bundesgesetzblattes zu Gunsten der alleinigen elektronischen Veröffentlichung durch Art. 2 Abs. 1 (Folgeänderung) des Gesetzes zur Änderung von Vorschriften über Verkündung und Bekanntmachungen sowie der Zivilprozessordnung, des Gesetzes betreffend die Einführung der Zivilprozessordnung und der Abgabenordnung vom 22.12.2011 (BGBl. I 2011 S. 3044). Das Gesetz wurde am 29.12.2011 verkündet und trat zum 1.4.2012 in Kraft

30 Die letzte Änderung der 17. Legislaturperiode war ebenso nur redaktioneller Art, indem durch das Gesetz zur Förderung des elektronischen Rechtsverkehrs mit den Gerichten vom 10.10.2013 (BGBl. I 2013 S. 3786) der Verweis in § 5a nicht mehr auf § 371a ZPO Abs. 2, sondern auf Abs. 3 verweist. Das Gesetz wurde am 16.10.2013 verkündet und trat jedoch erst am 1.7.2014 in Kraft.

V. Allgemeine Verwaltungsvorschriften zum Verwaltungszustellungsgesetz

31 Die Allgemeinen Verwaltungsvorschriften – AVV-VwZG – der Bundesregierung sind im Anhang 1 abgedruckt. Sie sind auf das neue Verwaltungszustellungsgesetz umzustellen. Gemäß Art. 86 GG hat die Bundesregierung das Recht, allgemeine Verwaltungsvorschriften für ihre bundeseigene Verwaltung zu erlassen. Nach Art. 85 Abs. 2 GG ist sie mit Zustimmung des Bundesrates dazu auch bei der Bundesauftragsverwaltung der Länder befugt. Ferner enthält Art. 84 Abs. 2 GG die Ermächtigung der Bundesregierung, ebenfalls mit Zustimmung des Bundesrates allgemeine Verwaltungsvorschriften für die landeseigene Verwaltung unter Bundesaufsicht zu erlassen.

32 Das Wesen allgemeiner Verwaltungsvorschriften besteht darin, dass sie – eben – Verwaltungsvorschriften und nicht Gesetze (Art. 70 ff. GG) oder Rechtsverordnungen (Art. 80 GG) sind. Aus diesem Grund binden sie nur die vollziehende Gewalt (Art. 20 Abs. 2 S. 2 GG), das heißt die Regierung und die ihr nachgeordnete Verwaltung. Sie gelten also nicht für die rechtsprechende Gewalt (Art. 20 Abs. 2 S. 2 GG), die Gerichte. Vielmehr kontrolliert das Gericht im einzelnen Streitfall, ob die Verwaltung bei der Handhabung dieser allgemein anzuwendenden Vorschriften den Grundsatz der Gleichbehandlung nach Art. 3 GG beachtet hat.

VI. Verwaltungszustellungsgesetze der Länder

Das Verwaltungszustellungsverfahren gehört zum allgemeinen Verwaltungsrecht. In diesem Bereich ist eine Gesetzgebungskompetenz des Bundes, von Art. 84 Abs. 1 und Art. 108 Abs. 5 GG abgesehen, nicht ausdrücklich geregelt. **33**

Gleichwohl gibt es eine Annexkompetenz des Bundes für die ihm in Art. 70 ff. GG verliehenen sachlichen Zuständigkeiten. Denn das Recht zur Gesetzgebung auf einem bestimmten Sachgebiet schließt die Befugnis ein, die dieses Gebiet betreffenden Verfahrensgesetze zu schaffen (Maunz/Dürig-*Uhle*, GG, Art. 70 Rn. 71, Stand: Januar 2019; v. Münch/Kunig-*Kunig*, GG, Art. 70 Rn. 25 f., 6. Aufl. 2012; Friauf/Höfling-*Herbst*, GG, Art. 70, Rn. 75, Stand: 2017). Infolgedessen ist der Bund auch ermächtigt, Annexgesetze für seine Bundesverwaltung und die bundesunmittelbaren juristischen Personen des öffentlichen Rechts zu erlassen. Die ein Parlamentsgesetz kompetentiell dem Bund zugeordnete Gesetzgebungskompetenz geht, im Rahmen der zur beachtenden Regeln aus Art. 80 Abs. 1 GG, auf den exekutivischen Verordnungsgeber über, ohne dass eine neue Kompetenz eigenmächtig geschaffen wird (Maunz/Dürig-*Uhle*, GG, Art. 70 Rn. 42, Stand: Januar 2019; BeckOK GG-*Seiler*, GG, Art. 70 Rn. 6, Stand: 15.2.2019). **34**

Im Übrigen hat der Bund nicht die Zuständigkeit zur Gesetzgebung für diesen Bereich, da sich die (konkurrierende) Gesetzgebung nur auf das „gerichtliche“ Verfahren erstreckt. Das folgt aus Art. 30, 70, 72, 74 Nr. 1 GG. Der Bund ist also nicht befugt, das Zustellungsverfahren in der Verwaltung allgemein auch für die Bundesländer vorzuschreiben. Demzufolge gibt es in den Bundesländern Landesverwaltungszustellungsgesetze. **35**

In den Ländern Baden-Württemberg, Bayern, Mecklenburg-Vorpommern, Nordrhein-Westfalen, Schleswig-Holstein und Thüringen gelten eigenständige Gesetze. **36**

In den Ländern Berlin, Brandenburg, Bremen, Hamburg, Hessen, Niedersachsen, Rheinland-Pfalz, Sachsen, Saarland und Sachsen-Anhalt finden die Vorschriften des Verwaltungszustellungsgesetzes des Bundes in der jeweiligen Fassung Anwendung. Eine derartige dynamische Verweisung eines Landesgesetzes auf ein Bundesgesetz ist zulässig (vgl. *BVerwG* U 16.1.1976 – 4 C 25/74, JR 1976, 387, 391).

Insgesamt herrscht weitgehend inhaltliche Übereinstimmung des Landesrechts mit dem VwZG des Bundes. In den Bundesländern sind folgende Gesetze erlassen worden:

(1) Baden-Württemberg: Verwaltungszustellungsgesetz für Baden-Württemberg (LVwZG) vom 3.7.2007 (GBl. S. 293, geändert am 30.7.2009, GVBl. S. 363).

(2) Bayern: Bayerisches Verwaltungszustellungs- und Vollstreckungsgesetz (VwZVG) in der Fassung der Bekanntmachung vom 11.11.1970 (GVBl. 1971, S. 1), zuletzt geändert am 24.6.2013 (GVBl. S. 370).

(3) Berlin: § 5 des Gesetzes über das Verfahren der Berliner Verwaltung – VwVfG Berlin – vom 8.12.1976 (GVBl. S. 2735): Das VwZG gilt in seiner jeweils geltenden Fassung.

(4) Brandenburg: Verwaltungszustellungsgesetz für das Land Brandenburg (BbgVwZG) vom 18.10.1991 (GVBl. S. 457), zuletzt geändert am 28.6.2006 (GVBl. S. 74, 86): Es gelten die Vorschriften der §§ 2 bis 10 VwZG in der jeweils geltenden Fassung.

(5) Bremen: Bremisches Verwaltungszustellungsgesetz (BremVwZG) 26.1.2006 (BremGBl. S. 49): Die Vorschriften der §§ 2 bis 10 VwZG finden in der jeweils geltenden Fassung Anwendung.

(6) Hamburg: Hamburgisches Verwaltungszustellungsgesetz (HmbVwZG) vom 21.6.1954 (GVBl. S. 33), zuletzt geändert am 25.11.2010 (GVBl. S. 614): Das VwZG gilt in der jeweiligen Fassung entsprechend.

(7) Hessen: Hessisches Verwaltungszustellungsgesetz (HessVwZG) vom 14.2.1957 (GVBl. S. 9), zuletzt geändert am 13.12.2012 (GVBl. I S. 622): Die Vorschriften der §§ 2 bis 10 VwZG finden in der jeweils geltenden Fassung Anwendung.

(8) Mecklenburg-Vorpommern: Verwaltungsverfahrens-, Zustellungs- und Vollstreckungsgesetz des Landes Mecklenburg-Vorpommern (Landesverwaltungsverfahrensgesetz – VwVfG M-V) vom 26.2.2004 (GVOBl. S. 106, zuletzt geändert am 2.12.2009 (GVOBl. S. 666). Dessen §§ 1 bis 93 enthalten entsprechend dem VwVfG des Bundes das Verwaltungsverfahren. Die §§ 1, 94 bis 108 regeln das Zustellungsverfahren wie im VwZG.

(9) Niedersachsen: Niedersächsisches Verwaltungszustellungsgesetz (NVwZG) vom 23.2.2006 (NdsGVBl. S. 72): Die Vorschriften der §§ 2 bis 10 VwZG finden in der jeweils geltenden Fassung Anwendung.

(10) Nordrhein-Westfalen: Verwaltungszustellungsgesetz für das Land Nordrhein-Westfalen (Landeszustellungsgesetz – LZG NRW) vom 7.3.2006 (GV.NRW S. 94), zuletzt geändert am 13.11.2012 (GV.NRW S. 508, 509). Gemäß § 11 LZG NRW gelten besondere Vorschriften für Beamte, Ruhestandsbeamte und sonstige Versorgungsberechtigte.

(11) Rheinland-Pfalz: Landesverwaltungszustellungsgesetz (LVwZG) vom 2.3.2006 (GVBl. S. 56): Die Vorschriften der §§ 2 bis 10 des VwZG in seiner jeweiligen Fassung finden entsprechende Anwendung.

(12) Saarland: Saarländisches Verwaltungszustellungsgesetz (SVwZG) vom 13.12.2005 (AmtsBl. 2006 S. 214). Die Vorschriften der §§ 2 bis 10 VwZG finden in der jeweils geltenden Fassung Anwendung.

(13) Sachsen: Gesetz zur Regelung des Verwaltungsverfahrens- und des Verwaltungszustellungsrechts für den Freistaat Sachsen (SächsVwVfZG) vom 19.5.2010 (SächsGVBl. S. 142). Gemäß § 4 Abs. 1 gilt das VwZG in der jeweils geltenden Fassung entsprechend, soweit nichts Abweichendes geregelt ist.

(14) Sachsen-Anhalt: Verwaltungszustellungsgesetz des Landes Sachsen-Anhalt (VwZG-LSA) vom 9.10.1992 (GVBl. LSA S. 715), zuletzt geändert am 17.1.2008 (GVBl. LSA S. 2): Die Vorschriften der §§ 2 bis 10 VwZG finden in der jeweils geltenden Fassung Anwendung.

(15) Schleswig-Holstein: Allgemeines Verwaltungsgesetz für das Land Schleswig-Holstein (Landesverwaltungsgesetz – LVwG –) in der Fassung vom 2.6.1992 (GVOBl. S. 243) zuletzt geändert am 21.6.2013 (GVOBl. S. 254): § 1 Abs. 1, §§ 2, 3, §§ 146 bis 161.

(16) Thüringen: Thüringer Verwaltungszustellungs- und Vollstreckungsgesetz (ThürVwZVG) in der Neubekanntmachung vom 5.2.2009 (GVBl. S. 24), zuletzt geändert am 14.12.2012 (GVBl. S. 457).

Nach der Wiedervereinigung Deutschlands am 3.10.1990 hatten auch die östlichen neuen Bundesländer das Recht der Verwaltungszustellung in eigener Zuständigkeit zu regeln. Das geschah. Der historische Rückblick zeigt: Die erlassenen Gesetze orientierten sich stark am überlieferten Recht des Bundes und der westlichen alten Länder. Daraus sowie aus späteren gesetzlichen Regelungen ergibt sich inzwischen eine sehr weitgehende Übereinstimmung des Zustellungsrechts. Insgesamt besteht infolgedessen, wie auch im Bereich der Verwaltungsvollstreckung, auf diesem für die Verwaltungspraxis so wichtigen Gebiet große Rechtseinheit in Deutschland (dazu *Sadler*, Die Verwaltungszustellungsgesetze der neuen Bundesländer, LKV 1995, S. 49–54). **37**

VII. Zustellungen in gerichtlichen Verfahren und Vorverfahren

Nach Art. 74 Nr. 1 GG erstreckt sich die (konkurrierende) Gesetzgebung des Bundes auf die Gerichtsverfassung und das „gerichtliche" Verfahren. Infolgedessen gelten für die rechtsprechende Gewalt, die gemäß Art. 92 GG auch die Gerichte der Länder einschließt, Bundesgesetze. **38**

Die bundeseinheitlichen Regelungen für die allgemeine Verwaltungsgerichtsbarkeit (§ 56 Abs. 2 VwGO), die Sozialgerichtsbarkeit (§ 63 Abs. 2 SGG) sowie die Finanzgerichtsbarkeit (§ 53 Abs. 2 FGO) verweisen auf die Regelungen der ZPO. Im letzteren Fall hat der Bund gemäß Art. 108 Abs. 6 GG das ausschließliche Recht der Gesetzgebung. Es ist ein Gesetzgebungsauftrag, so dass der Bund nicht nur zur Regelung befugt, sondern verpflichtet ist (Maunz/Dürig-*Maunz*, Art. 108 Rn. 67, Stand: Januar 2019; BeckOK-*Kube*, GG, Art. 108 Rn. 30, Stand: 15.5.2019). Dementsprechend sind in Deutschland insbesondere jene verwaltungs-, sozial- und finanzgerichtlichen Entscheidungen, die zu Rechtsmittelverfahren führen können, formstreng zuzustellen. Diese neuen Regelungen sind durch Art. 2 Abs. 17, 18 und 19 des Zustellungsreformgesetzes (s.o) eingeführt worden. Damit hat der Gesetzgeber das Verfahren bei nunmehr allen gerichtlichen Zustellungen vereinheitlicht, indem ausschließlich die Regelungen zur Zustellung der Zivilprozessordnung Anwendung finden.

Ferner erfasst das Reformrecht die bundeseinheitliche Verfahrensweise bei der Zustellung von Widerspruchsbescheiden in gerichtlichen Vorverfahren. Das Widerspruchsverfahren ist als Vorverfahren zwischen der gerichtlichen und behördlichen Verfahren zu verorten, so dass eine Zustellung von Amtswegen nach den Vorschriften des VwZG nachvollziehbar ist (vgl. § 73 Abs. 3 S. 3 VwGO, § 85 Abs. 3 S. 2 SGG). In § 85 Abs. 3 S. 2 SGG ist ausdrücklich bestimmt, dass für den Fall der Zustellung des Widerspruchsbescheides die §§ 2 bis 10 VwZG gelten, er jedoch auch einfach bekanntgegeben werden kann (vgl. § 85 Abs. 3 S. 1 SGG). Im allgemeinen verwaltungsgerichtlichen Verfahren muss der Widerspruchsbescheid gemäß § 73 Abs. 3 S. 2 VwGO „nach den Vorschriften des Verwaltungszustellungsgesetzes" zugestellt werden. **39**

Diese Regelungen sind insoweit konsequent, da nach § 1 Abs. 1 VwZG die Widerspruchsbehörde für die Zustellung zuständig ist. Ihre Zuständigkeit endet mit der Zustellung des Widerspruchsbescheides (*BVerwG* U 11.5.1979 – 6 C 70/78, BVerwGE 58, 100, 105 = DÖV 1979, 870 = DVBl. 1979, 821 = NJW 1980, 1480 = JuS 1980, 610 = VerwRspr. 31, 249; *BVerwG* B 14.11.2000 – 8 B 187/00, DVBl. 2001, 916 = NVwZ **40**

2001, 319 = BayVBl. 2001, 315 = ThürVBl. 2001, 159). Innerhalb eines Monats ist nunmehr gemäß § 87 SGG und § 74 VwGO die Klage zulässig.

41 Das Gericht ist für die Prüfung des Vorfahren im Sinne der Klagevoraussetzung zuständig. ob die Klagefrist eingehalten wurde. Zur Feststellung der Zulässigkeit einer Klage gehört, dass einer ggf. bestehenden Verfristung die Heilung eines Zustellungsmangels entgegen steht. Diese Prüfung nimmt das Gericht nach der Vorschrift des § 8 VwZG vor. Die Heilungsvorschrift des § 189 ZPO kommt nicht in Betracht. Das finanzgerichtliche Vorverfahren (§§ 347 ff. AO) ist von den Änderungen des Zustellungsreformgesetzes nicht betroffen. Hier gilt die Abgabenordnung. Gemäß § 366 AO ist die Einspruchsentscheidung bekannt zu geben. Die Bekanntgabe richtet sich, inhaltlich übereinstimmend mit § 37 SGB X, unmittelbar nach § 122 AO, der in seinem fünften Absatz auf das VwZG verweist.

VIII. Verfahren bei der Zustellung von Bußgeldbescheiden

42 Bußgeldbescheide der Verwaltungsbehörden sind gemäß § 50 Abs. 1 S. 2, § 66 Abs. 2 Nr. 1a, § 67 Abs. 1 S. 1 OWiG zuzustellen. Die Zustellung richtet sich nach § 51 OWiG. Für das Verfahren gelten die Vorschriften des Verwaltungszustellungsgesetzes des Bundes in der jeweiligen Fassung und die entsprechenden landesrechtlichen Vorschriften. Die genannten Bestimmungen sind im Anhang 6 abgedruckt.

In § 51 OWiG sind Abweichungen vom Gesetz des Bundes und den Vorschriften der Länder enthalten. Soweit hierdurch Bestimmungen des Bundesgesetzes und der Ländergesetze nicht anzuwenden sind, wird in der Kommentierung darauf hingewiesen.

Das Zustellungsverfahren der Gerichte und Staatsanwaltschaften nach dem Einspruch des Betroffenen gegen den Bußgeldbescheid (§ 67 OWiG) wird gemäß § 46 Abs. 1 OWiG nach den Vorschriften über das Strafverfahren durchgeführt. Es gelten die §§ 35 ff. StPO. Laut § 37 Abs. 1 StPO ist das Zustellungsrecht der Zivilprozessordnung entsprechend anzuwenden. Im Hinblick auf § 3 VwZG kann dennoch eine weitgehende Übereinstimmung mit dem Recht der Verwaltungszustellung festgestellt werden.

§ 1 Anwendungsbereich

(1) Die Vorschriften dieses Gesetzes gelten für das Zustellungsverfahren der Bundesbehörden, der bundesunmittelbaren Körperschaften, Anstalten und Stiftungen des öffentlichen Rechts und der Landesfinanzbehörden.

(2) Zugestellt wird, soweit dies durch Rechtsvorschrift oder behördliche Anordnung bestimmt ist.

Übersicht

I. Allgemeines

§ 1 trifft Vorgaben für den sachlichen **Anwendungsbereich** des Verwaltungszustellungsgesetzes des Bundes. Absatz 1 (s.u. Rn. 2 ff.) bestimmt, für welche Zustellungsverfahren die §§ 2 ff. VwZG anzuwenden sind, und knüpft dabei an verschiedene Behörden und juristische Personen des öffentlichen Rechts an. In Absatz 2 (s.u. Rn. 19 ff.) wird die Grundregel aufgestellt, in welchen Fällen eine Zustellung erfolgt; die beiden abschließend aufgeführten Varianten sind die ausdrückliche Bestimmung der Zustellung durch Rechtsvorschrift und die Anordnung aufgrund einer behördlichen (Verfahrens-)Ermessensentscheidung. 1

II. Zu Absatz 1

§ 1 Abs. 1 regelt den **sachlichen Anwendungsbereich** der Vorschriften des VwZG. Die Vorschrift zählt diejenigen Stellen der öffentlichen Verwaltung auf, für deren Zustellungsverfahren die nachfolgenden §§ 2 ff. gelten. Sie hat durch das Gesetz zur Novellierung des Verwaltungszustellungsrechts vom 12.8.2005 (BGBl. I 2005 S. 2354; s. auch BT-Drucks. 15/5216) die heute geltende Fassung erhalten; insbesondere wurden bei der Neufassung die bundesmittelbaren Stiftungen des öffentlichen Rechts in den Geltungsbereich des VwZG einbezogen (zur Novelle *Heubel* UBWV 2006, 72; *Kremer* NJW 2006, 332; *Rosenbach* DVBl. 2005, 816; *Tegethoff* JA 2007, 131; zur weiteren Modernisierung des VwZG *Weidemann* DVP 2011, 406). 2

1. Sachlicher Geltungsbereich des VwZG. Gemäß Absatz 1 gelten die **„Vorschriften dieses Gesetzes“** für das Zustellungsverfahren der Bundesbehörden, der bundesunmittelbaren Körperschaften, Anstalten und Stiftungen des öffentlichen Rechts (also der bundesunmittelbaren juristischen Personen des öffentlichen Rechts i.S.v. § 1 Abs. 1 VwVG; s. dazu § 1 VwVG Rn. 2) und der Landesfinanzbehörden. Vorschriften dieses Gesetzes sind die §§ 1–10 VwZG. 3

Unter **Zustellungsverfahren** versteht man zunächst den tatsächlichen Vorgang der Zustellung, gegebenenfalls einschließlich der vorausgehenden Entscheidung der Behörde, eine solche vorzunehmen, wenn dies nicht gesetzlich vorgeschrieben ist (vgl. § 1 Abs. 2, s.u. Rn. 25 ff.). **Zustellung** i.S.d. VwZG bedeutet die **förmliche Bekanntgabe** eines schriftlichen oder elektronischen Dokuments an den Adressaten; eine entsprechende Legaldefinition enthält § 2 Abs. 1 (dazu § 2 Rn. 2 ff.). Der Begriff der „Bekanntgabe“ engt den Anwendungsbereich des Zustellungsverfahrens indes nicht auf Verwaltungsakte i.S.v. § 35 VwVfG ein. Entscheidend ist die Übermittlung eines Dokuments mit den darin aufgezeichneten behördlichen Erklärungen (BeckOK OWiG-*Preisner* § 1 VwZG Rn. 1); bei der Zustellung geht es um den Transfer von Willenserklärungen und Bekanntmachungen mit Außenwirkung. Den hauptsächlichen Anwendungsbereich bilden freilich Bescheide mit einem oder mehreren Verwaltungsakten sowie Ladungen. Denkbar ist aber auch die Zustellung von Dokumenten **in privatrechtlichen Angelegenheiten**, z.B. Kündigungen etc. (BeckOK VwVfG-*Ronellenfitsch* § 3 VwZG Rn. 5). 4

Beim Zustellungsverfahren handelt sich nicht um ein Verwaltungsverfahren i.S.v. § 9 VwVfG. Dies gilt auch dann, wenn die Zustellung nicht aufgrund gesetzlicher Anordnung, sondern aufgrund behördlicher Entscheidung erfolgt. Gleichwohl ist die Zustellung nach zutreffender Auffassung als **„hoheitliche Rechtshandlung“** zu qualifizieren, weil sie verbindliche Rechtsfolgen herbeiführt (*BFH* B 22.11.1990 – III B 300/90, 5

BFH/NV 1991, 335 Rn. 7; s. auch Engelhardt/App/Schlatmann-*Schlatmann* §1 VwZG Rn. 6; Tipke/Kruse-*Drüen* §2 VwZG Rn. 10: nicht nur Realakt), etwa Fristen in Gang setzt. Diese Einordnung wird man nur dann nicht vornehmen können, wenn die Zustellung keinerlei rechtliche Wirkungen entfaltet (vgl. Beermann/Gosch-*Kugelmüller-Pugh* §2 VwZG Rn. 8).

6 Der **Zweck der Zustellung** ist es einerseits, den Nachweis über das „Ob" und das „Wann" der Bekanntgabe bzw. der Aushändigung eines Dokuments erbringen zu können; sie erfüllt damit eine wichtige **Beweisfunktion** für die zustellende Behörde. Darüber hinaus soll die Zustellung sicherstellen, dass der Adressat **Kenntnis vom Inhalt des zugestellten Dokuments** erhält. Mit der Zustellung bzw. Bekanntgabe sind regelmäßig Rechtsfolgen verbunden, etwa der Beginn eines Fristenlaufs. Dem Adressaten soll damit verlässlich die Möglichkeit gegeben werden, von seinen Rechten Gebrauch zu machen bzw. diese durchsetzen zu können. Die Vorschriften über die Zustellung dienen damit der Verwirklichung des **Gebots rechtlichen Gehörs** (Art. 103 Abs. 1 GG; BeckOK VwVfG-*Rost* § 1 VwZG Rn. 10) und des Grundsatzes effektiven Rechtsschutzes (Art. 19 Abs. 4 GG). Aufgrund dieser Zielsetzungen zeichnen sich die Bestimmungen des VwZG durch eine relative „Formenstrenge" aus (vgl. *BFH* U 16.3.2000 – III R 19/99, BB 2001, 81, 82; U 12.1.1990 – VI R 137/86, BFHE 160, 103; Beermann/Gosch-*Kugelmüller-Pugh* § 2 VwZG Rn. 2; BeckOK OWiG-*Preisner* § 2 VwZG Rn. 2).

7 Der **Geltungsbereich** des VwZG wird durch § 1 Abs. 1 **abschließend** bestimmt (vgl. BT-Drucks. 15/5216, S. 11; BeckOK VwVfG-*Rost* § 1 VwZG Rn. 9). Keine Anwendung findet das VwZG daher etwa auf die Zustellungsverfahren der Kirchen und Religionsgemeinschaften. Zahlreiche Bestimmungen des Bundes- und des Landesrechts verweisen allerdings auf die Vorschriften des VwZG, insbesondere auf die §§ 2–10 (zu den landesrechtlichen Normen s. den Anhang). Außerhalb des Kreises der in § 1 Abs. 1 genannten Stellen gilt das VwZG nur aufgrund expliziter gesetzlicher Anordnung bzw. Verweisung.

8 Die Bestimmungen des VwZG regeln allein das **behördliche Zustellungsverfahren**, wie sich aus dem Kreis der in § 1 Abs. 1 genannten Stellen ergibt. Für die Zustellung in gerichtlichen und anderen Rechtsschutzverfahren gelten entweder Sondervorschriften, oder es finden sich ausdrückliche gesetzliche Verweisungen auf die Regelungen des VwZG.

9 Das VwZG gilt für das Zustellungsverfahren der **Bundesbehörden** i.S.d. Art. 87 ff. GG. Erfasst sind damit die Behörden der bundeseigenen Verwaltung gemäß Art. 87 GG, beispielsweise der Auswärtige Dienst, die Bundesfinanzverwaltung, die Verwaltung der Bundeswasserstraßen (Art. 89 GG) und der Schifffahrt sowie die Bundespolizei als „Bundesgrenzbehörde" (Art. 87 Abs. 1 S. 2 GG). Bundesbehörden sind ferner die selbstständigen Bundesoberbehörden i.S.v. Art. 87 Abs. 3 GG, z.B. das Bundeskriminalamt, das Bundesamt für Verfassungsschutz und der Bundesnachrichtendienst. Auch für die Bundeswehrverwaltung (Art. 87b GG), die Luftverkehrsverwaltung (Art. 87d GG) – z.B. durch das Luftfahrt-Bundesamt und das Bundesaufsichtsamt für Flugsicherung – sowie die Eisenbahnverkehrsverwaltung für Eisenbahnen des Bundes (Art. 87e GG) und die Verwaltung der Bundesautobahnen (Art. 90 GG) gelten die Bestimmungen des VwZG.

Auch auf die Zustellungsverfahren der **bundesunmittelbaren Körperschaften des öffentlichen Rechts** sind die Vorschriften des VwZG anwendbar. Dazu gehören die Bundesagentur für Arbeit, die Deutsche Rentenversicherung Bund und die Deutsche Rentenversicherung Knappschaft-Bahn-See, also solche gemäß Art. 87 Abs. 2 GG als bundesunmittelbare Körperschaften des öffentlichen Rechts geführten sozialen Versicherungsträger, deren Zuständigkeitsbereich sich über das Gebiet eines Landes hinaus erstreckt. Art. 87 Abs. 3 GG erlaubt zudem die Errichtung weiterer bundesunmittelbarer Körperschaften durch Bundesgesetz. 10

Aus dem Kreis der zahlreichen und vielfältigen **bundesunmittelbaren Anstalten des öffentlichen Rechts** können beispielhaft genannt werden die Bundesanstalten für Arbeitsschutz und Arbeitsmedizin, für den Digitalfunk der Behörden und Organisationen mit Sicherheitsaufgaben, für Finanzdienstleistungsaufsicht, für Geowissenschaften und Rohstoffe, für Gewässerkunde, für Immobilienaufgaben, für Landwirtschaft und Ernährung, für Materialforschung und -prüfung, für Post und Telekommunikation Deutsche Bundespost, für Straßenwesen und für Wasserbau, zudem die Bundesinstitute für Berufsbildung, für Bevölkerungsforschung, für Risikobewertung, für Sportwissenschaft sowie die Deutsche Nationalbibliothek, der Deutsche Wetterdienst und die Bundeszentrale für politische Bildung. 11

Bei **bundesunmittelbaren Stiftungen des öffentlichen Rechts** handelt es sich um durch Bundesgesetz errichtete Stiftungen, beispielsweise die Stiftung Denkmal für die ermordeten Juden Europas, die Stiftung „Erinnerung, Verantwortung und Zukunft", die Conterganstiftung für behinderte Menschen, die Stiftung für ehemalige politische Häftlinge, die Stiftung Bundeskanzler-Adenauer-Haus (nicht aber die Konrad-Adenauer-Stiftung, die als Verein organisiert ist), die Stiftung Reichspräsident Friedrich Ebert Gedenkstätte, die Bundeskanzler-Willy-Brandt-Stiftung und die Otto-von-Bismarck-Stiftung. Auch die Stiftung Preußischer Kulturbesitz ist eine Stiftung des öffentlichen Rechts, die durch Bundesgesetz gegründet wurde. Abzugrenzen sind die Stiftungen des öffentlichen Rechts von rechtsfähigen Stiftungen des Bundes des Bürgerlichen Rechts, z.B. der Kulturstiftung des Bundes. 12

Nicht einheitlich bewertet wird die Geltung des VwZG für die Steuerverwaltung, namentlich die **Landesfinanzbehörden**. § 2 Abs. 1 des Finanzverwaltungsgesetzes (FVG) enthält eine Legaldefinition: Nach dieser Vorschrift sind Landesfinanzbehörden als oberste Behörde die für die Finanzverwaltung zuständige oberste Landesbehörde, Oberbehörden, soweit sie nach dem FVG oder nach Landesrecht als Landesfinanzbehörden eingerichtet sind, als Mittelbehörden die Oberfinanzdirektionen sowie als örtliche Behörden die Finanzämter. Teilweise ist die Auffassung vertreten worden, das VwZG sei auf die Tätigkeit der Landesfinanzbehörde nur anzuwenden, wenn und soweit sie Abgaben verwalten, deren Erhebung auf Grundlage der zumindest konkurrierenden Gesetzgebungszuständigkeit des Bundes gesetzlich geregelt sei (Beermann/Gosch-*Kugelmüller-Pugh* § 1 VwZG Rn. 10); im Übrigen seien die jeweiligen landeszustellungsrechtlichen Vorschriften einschlägig. Vorzugswürdig ist die Gegenauffassung, der zufolge das VwZG für die gesamte Tätigkeit der Landesfinanzbehörden gilt, die von Art. 108 GG erfasst wird (Engelhardt/App/Schlatmann-*Schlatmann* § 1 VwZG Rn. 2; keine Einschränkung etwa auch in Abschnitt 1 Abs. 1 VwZG-VwV). Damit sind die landeszustellungsrechtlichen Bestimmungen nur dann einschlägig, wenn es um die Verwaltung von Abgaben nicht durch die Landesfinanzbehörden, sondern durch die Kommu- 13 nalbehörden geht (Tipke/Kruse-*Drüen* § 1 VwZG Rn. 4), die ebenfalls nach Art. 108 Abs. 5 GG durch Bundesgesetz mit Zustimmung des Bundesrates geregelt werden kann. Angesichts des Wortlauts des § 1 Abs. 1 erscheint die uneingeschränkte Einbeziehung der Landesfinanzbehörden in den Anwendungsbereich des VwZG des Bundes überzeugender. Verfassungsrechtliche Grundlage an der verfahrensrechtlichen Regelung für die Landesfinanzbehörden in § 1 Abs. 1 ist damit Art. 108 Abs. 5 S. 2 GG.

14 **2. Räumlicher Geltungsbereich des VwZG.** Das VwZG gilt überwiegend für die **Zustellung im Inland**; der räumliche Geltungsbereich ist die Bundesrepublik Deutschland (BeckOK VwVfG-*Rost* § 1 VwZG Rn. 2). Für die Zustellung im Ausland enthält § 9 Sonderregelungen.

15 Wenn Behörden und andere Stellen i.S.v. § 1 Abs. 1, für die das VwZG gilt, **auf Ersuchen ausländischer Behörden** im Rechtshilfeverkehr Zustellungen vornehmen, ist das VwZG auch auf diese Verfahren anwendbar (Engelhardt/App/Schlatmann-*Schlatmann* § 1 VwZG Rn. 5; Tipke/Kruse-*Drüen* § 1 VwZG Rn. 1; BeckOK VwVfG-*Rost* § 1 VwZG Rn. 8).

16 **3. Erweiterte Geltung des VwZG nach Bundesrecht.** Eine Reihe **bundesgesetzlicher Vorschriften** erklärt die Bestimmungen des VwZG für anwendbar. Solche Verweisungen besitzen, wenn es sich um bundeseigene Verwaltung handelt, lediglich klarstellenden Charakter (BeckOK OWiG-*Preisner* § 1 VwZG Rn. 3). Beispiele für solche bundesgesetzlichen Verweisungen (mit unterschiedlicher „Verweisungstechnik" und teilweise abweichenden Sonderbestimmungen) sind:

- Abgabenordnung: § 122 Abs. 5 S. 2 AO
- Bundesbeamtengesetz: § 128 S. 2 BBG
- Bundeswahlordnung: § 87 Abs. 1 BWO
- Gesetz über die Elektrizitäts- und Gasversorgung (Energiewirtschaftsgesetz): § 73 Abs. 1 S. 1 EnWG
- Gesetz über die Durchführung der Amtshilfe bei der Beitreibung von Forderungen in Bezug auf bestimmte Steuern, Abgaben und sonstige Maßnahmen zwischen den Mitgliedstaaten der Europäischen Union (EU-Beitreibungsgesetz): § 7 Abs. 1 S. 2, § 8 Abs. 2 EUBeitrG
- Europawahlordnung: § 80 Abs. 1 EuWO
- Flurbereinigungsgesetz: § 112 S. 1 FlurbG
- Gesetz gegen Wettbewerbsbeschränkungen: § 61 Abs. 1 S. 1 GWB
- Gesetz über den Vorrang für Investitionen bei Rückübertragungsansprüchen nach dem Vermögensgesetz (Investitionsvorranggesetz): § 26 InVorG
- Jugendschutzgesetz: § 26 JuSchG i.V.m. § 9 Abs. 3 DVO-JuSchG
- Gesetz über die Landbeschaffung für Aufgaben der Verteidigung: § 73 Landbeschaffungsgesetz
- Gesetz über den Lastenausgleich: § 332 Abs. 1 LAG
- Luftverkehrsgesetz: § 31d Abs. 3 S. 1 LuftVG
- Gesetz über den Schutz von Marken und sonstigen Kennzeichen: § 94 Abs. 1 MarkenG
- Gesetz über Ordnungswidrigkeiten: § 51 Abs. 1 S. 1 OWiG
- Gesetz über die Beschränkung von Grundeigentum für die militärische Verteidigung (Schutzbereichsgesetz): § 30 SchBerG
- Zehntes Buch Sozialgesetzbuch: § 65 Abs. 1 S. 1 SGB X
- Patentgesetz: § 127 Abs. 1 PatG
- Gesetz zur Regelung offener Vermögensfragen: § 31 Abs. 7 VermG.

Werden die Bundesgesetze – wie dies nach Art. 83 GG der Regelfall ist – **durch Landesbehörden als eigene Angelegenheit** ausgeführt (vgl. ferner Art. 84 GG), ergibt sich aufgrund der bundesrechtlichen Verweisung eine unmittelbare Geltung des VwZG, die dann nicht über eine Verweisung aus dem jeweiligen Landeszustellungsrecht vermittelt werden muss. Zustellungsvorschriften, die der Bund damit den Ländern vorgibt, sind ein „Annex" des jeweiligen Sachgebiets, das der Bund kraft seiner Gesetzgebungszuständigkeit normiert hat. 17

4. Geltung des VwZG kraft Landesrechts. Wenn und soweit die **Verwaltungszustellungsgesetze der Länder** (die teils mit dem Vollstreckungs-, teils auch mit dem allgemeinen Verwaltungsverfahrensrecht zusammengeführt sind) oder sonstige Landesgesetze auf das VwZG verweisen, ist die Geltung dieses Gesetz durch den Willen des Landesgesetzgebers angeordnet (Engelhardt/App/Schlatmann-*Schlatmann* § 1 VwZG Rn. 4). Die Vorschriften sind nicht als Bundesrecht, sondern als Landesrecht in den landesrechtlichen Bereich übernommen. Es handelt sich bei der Mehrheit der landesrechtlichen Bestimmungen um **dynamische Verweisungen**, was durch den Zusatz „in der jeweils geltenden Fassung" zum Ausdruck gebracht ist; gegen diese Verweisungstechnik bestehen keine durchgreifenden Bedenken auf der Grundlage der verfassungsrechtlichen Kompetenzverteilung oder im Hinblick auf das Bestimmtheitsgebot. 18

III. Zu Absatz 2

1. Bedeutung der Vorschrift. Absatz 2 enthält eine weitere Bestimmung zum sachlichen Anwendungsbereich, indem er allgemein regelt, in welchen Fällen eine Zustellung nach den Vorschriften der §§ 2 ff. zu erfolgen hat. Der Norm zufolge „wird zugestellt", soweit dies **durch Rechtsvorschrift oder behördliche Anordnung bestimmt** ist (ähnlich auch § 122 Abs. 5 S. 1 AO). Damit bestehen zwei Varianten der Zustellung: 1. eine solche als „gebundene Entscheidung" aufgrund expliziter normativer Anordnung sowie 2. eine „gewillkürte" Zustellung infolge einer auf Opportunitätserwägungen gründenden Entscheidung der Behörde. Die Vorgaben des VwZG zum eigenen Geltungsbereich erweisen sich damit als eher rudimentär: Das Gesetz normiert zwar detailliert das Verfahren, wenn ein Dokument zuzustellen ist (also das „Wie"), überlasst aber die Klärung der Frage, in welchen Fällen zugestellt werden muss (das „Ob"), anderen normativen Bestimmungen bzw. der behördlichen Einzelfallentscheidung. 19

2. Zustellung aufgrund einer Rechtsvorschrift. „Zugestellt wird", wenn dies durch **Rechtsvorschrift** bestimmt ist. Mit „Rechtsvorschrift" ist zunächst das Parlamentsgesetz gemeint, das gegebenenfalls auch ein Verfassungsgesetz sein kann. Ferner kann die Bestimmung der Zustellung auch durch Rechtsverordnung oder durch Satzung erfolgen; „Rechtsvorschrift" ist mithin das materielle Gesetz (BeckOK OWiG-*Preisner* § 1 VwZG Rn. 6). Die Regelungspraxis ist dabei divergent: Teilweise wird die Zustellung explizit angeordnet, teilweise regeln die Vorschriften, dass (nur) bei Zustellung bestimmte Rechtsfolgen eintreten. Einige Vorschriften erklären zugleich die Bestimmungen des VwZG für anwendbar (s.o. Rn. 16). 20

Als Beispiele können genannt werden: 21
- Abgabenordnung: § 122 Abs. 5 S. 1, § 284 Abs. 6 S. 1, § 309 Abs. 2 S. 1, § 310 Abs. 2, § 321 Abs. 2, § 324 Abs. 2 S. 1 AO
- Asylgesetz: § 10, § 31 Abs. 1 S. 3, § 66 Abs. 1, § 73 Abs. 5 AsylG
- Atomgesetz: § 9b Abs. 5 Nr. 1 AtG

- Baugesetzbuch: § 70 Abs. 1 S. 1, § 113 Abs. 1 S. 1, § 116 Abs. 1 S. 3 BauGB
- Gesetz zur Regelung des Statusrechts der Beamtinnen und Beamten in den Ländern (Beamtenstatusgesetz): § 17 Abs. 3 S. 2, Abs. 4 BeamtenStG
- Bundesbeamtengesetz: § 38 S. 2, § 40 Abs. 3 S. 7, § 47 Abs. 3 S. 1, § 128 BBG
- Bundesdisziplinargesetz: § 33 Abs. 6 BDG
- Bundesfernstraßengesetz: § 18f Abs. 4 S. 1, Abs. 7 FStrG
- Bundes-Immissionsschutzgesetz: § 10 Abs. 7 S. 1, vgl. auch § 51b
- Bundesnotarordnung: § 94 Abs. 2 BnotO
- Gesetz über die Elektrizitäts- und Gasversorgung (Energiewirtschaftsgesetz): § 73 Abs. 1 S. 1 EnWG
- Gesetz über Maßnahmen zur Verbesserung der Agrarstruktur und zur Sicherung land- und forstwirtschaftlicher Betriebe (Grundstücksverkehrsgesetz): § 20 S. 1 GrdstVG
- Jugendschutzgesetz: § 21 Abs. 8 JuSchG
- Gesetz über den Lastenausgleich: § 332 Abs. 3 S. 1 LAG
- Luftverkehrsgesetz: § 6 Abs. 5 i.V.m. § 74 Abs. 4 S. 1, 5 VwVfG
- Gesetz über Ordnungswidrigkeiten: § 50 Abs. 1 S. 2 OWiG
- Personenbeförderungsgesetz: § 15 Abs. 1 S. 1 2. Hs., § 29 Abs. 5 1. Hs., § 29a Abs. 4 S. 1 PBefG
- Soldatengesetz: § 47 Abs. 4 SG
- Telekommunikationsgesetz: § 131 Abs. 1 S. 1 TKG
- Gesetz zur Regelung des öffentlichen Vereinsrechts (Vereinsgesetz): § 3 Abs. 4 S. 1 VereinsG
- Vermögensgesetz: § 32 Abs. 4 S. 1, § 33 Abs. 4 S. 1, § 36 Abs. 3 S. 1 VermG
- Verwaltungsgerichtsordnung: § 73 Abs. 3 S. 1 VwGO
- Verwaltungsverfahrensgesetz: § 69 Abs. 2 S. 1 1. Hs., § 74 Abs. 4 S. 1 VwVfG
- Verwaltungs-Vollstreckungsgesetz: § 13 Abs. 7 VwVG
- Gesetz gegen Wettbewerbsbeschränkungen: § 61 Abs. 1 S. 1 GWB
- Wirtschaftsprüferordnung: § 62a Abs. 2 S. 2 WiPrO.

22 Einen Sonderfall stellt die gesetzgeberische Anordnung der förmlichen Zustellung einer **Androhung eines Zwangsmittels** dar. Diese verlangt § 13 Abs. 7 S. 1 VwVG ebenso wie landesrechtliche Vollstreckungsbestimmungen in einigen Ländern. § 13 Abs. 2 VwVG und die meisten Landesregelungen sehen vor, dass die Androhung in bestimmten Fällen mit der Grundverfügung, deren Durchsetzung sie dienen soll, verbunden werden kann bzw. soll. In diesem Fall ist der gesamte Bescheid förmlich zuzustellen, auch wenn dies für die Grundverfügung nicht durch Rechtsvorschrift angeordnet ist (vgl. § 13 Abs. 7 S. 2 VwVG). Damit führt die Festlegung der förmlichen Zustellung der Androhung zur Verpflichtung der Behörde, ihrerseits die Zustellung auch der Grundverfügung zu bestimmen; insoweit ist ihr Ermessen eingeschränkt.

23 Ist die Zustellung durch Rechtsvorschrift angeordnet, **muss die Behörde zustellen** (*OVG Bautzen* B 5.7.2001 – 3 BS 284/00, NVwZ-RR 2002, 550); damit wird eine gebundene „Entscheidung" festgelegt – die Behörde kann nicht aufgrund von Zweckmäßigkeitserwägungen von einer Zustellung absehen. Eine „einfache" Bekanntgabe ist der Behörde in diesem Falle versperrt (BeckOK OWiG-*Preisner* § 1 VwZG Rn. 9). Eine analoge Anwendung der Bestimmungen über die Zustellung auf die nichtförmliche Bekanntgabe ist unzulässig (*BFH* U 5.5.1994 – VI R 98/93, BFHE 174, 208). Die Vorschrift kann dabei (in Abweichung von § 2 Abs. 3 S. 1, der der Behörde grundsätzlich die Wahl der Zustellungsart lässt, dazu §2 Rn. 30) auch die **Form der Zustellung** anordnen, also neben dem „Ob" auch das „Wie" – dies ist jedoch nicht der Regelfall. Ist die Zustellungsart nicht normativ festgelegt, kann die Behörde aus den in den §§3ff. geregelten Möglichkeiten nach Opportunitätsaspekten wählen (§2 Abs. 3 S. 1, zu beachten ist aber §5 Abs. 5 S. 2).

Sieht eine Rechtsvorschrift die förmliche Zustellung verbindlich vor (bzw. ordnet sogar eine konkrete Zustellungsform an), hat eine **Nichtbefolgung** dieser Vorgabe die **formelle Rechtswidrigkeit** der Übermittlung, im Falle der Bekanntgabe eines Verwaltungsaktes dessen Rechtswidrigkeit zur Folge. 24

3. Zustellung aufgrund behördlicher Entscheidung. Die förmliche Zustellung kann alternativ auch durch **behördliche „Anordnung"** bestimmt werden. Dies kann (und wird in der Praxis regelmäßig) vor allem im Wege einer Entscheidung im Einzelfall erfolgen. Diese Entscheidung ist **kein Verwaltungsakt** i.S.v. §35 S. 1 VwVfG und **muss** daher **nicht begründet werden** (Beermann/Gosch-*Kugelmüller-Pugh* §1 VwZG Rn. 13; BeckOK OWiG-*Preisner* §1 VwZG Rn. 8: „verwaltungsinterne verfahrensrechtliche Entscheidung"; Engelhardt/App/Schlatmann-*Schlatmann* §1 VwZG Rn. 10; s. auch *BFH* U 16.3.2000 – III R 19/99, BFHE 191, 486). Wird ein Verwaltungsakt zugestellt, dient die Zustellung vielmehr der Vermittlung seiner Außenwirkung. Weitere Vorgaben hinsichtlich der Zustellung können in Verwaltungsvorschriften bzw. besonderen Anwendungserlassen gemacht werden. Auch kann die Zustellung kraft behördeninterner Weisung allgemein vorgegeben sein (BeckOK OWiG-*Preisner* §1 VwZG Rn. 8). Abschnitt 3 Abs. 2 S. 2 VwZG-VwV zählt Fallkonstellationen auf, in denen eine behördliche Anordnung der Zustellung in Frage kommt: a) bei belastenden Verwaltungsakten, b) bei Einspruchs- und Beschwerdeentscheidungen, c) bei Ladungen, Frist- und Terminbestimmungen, soweit nicht schon gesetzlich vorgeschrieben, d) bei Übersendung wichtiger Urkunden. 25

Die Entscheidung über die Zustellung steht im **Verfahrensermessen** der Behörde (BeckOK OWiG-*Preisner* §1 VwZG Rn. 7; s. auch BeckOK VwVfG-*Rost* §1 VwZG Rn. 12). Dabei sind folgende Erwägungen zu berücksichtigen: Die behördliche Entscheidung für eine förmliche Zustellung dient im Regelfall zum Nachweis der Bekanntgabe („Beweissicherung", Engelhardt/App/Schlatmann-*Schlatmann* § 1 VwZG Rn. 9), aber auch zur Sicherstellung der Rechtsschutzmöglichkeiten des Adressaten und damit seines Grundrechts auf rechtliches Gehör (s.o. Rn. 6; BeckOK OWiG-*Preisner* §1 VwZG Rn. 1; BeckOK VwVfG-*Rost* §1 VwZG Rn. 10). Die Dokumentation der Zustellung durch die Behörde erscheint daher im Regelfall sinnvoll; diese ist aber nicht dazu verpflichtet, die Zustellung in besonderer Weise aktenkundig zu machen. Es genügt, wenn der Akte zu entnehmen ist, dass förmlich zugestellt werden soll (*BFH* U 16.3.2000 – III R 19/99, BFHE 191, 486; BeckOK OWiG-*Preisner* §1 VwZG Rn. 8; BeckOK VwVfG-*Rost* §1 VwZG Rn. 15). Zudem ist zu dokumentieren, welche Zustellungsart vorgesehen wurde. Weitere Vorgaben enthalten die Vorschriften zu den einzelnen Zustellungsarten; so ist etwa nach §4 Abs. 2 S. 4 bei einer Zustellung durch die Post mittels Einschreiben der Tag der Aufgabe zur Post in den Akten zu vermerken (dazu §4 Rn. 24ff.). Erscheint die Zustellung aus den vorstehenden Gründen nicht als erforderlich, greift der allgemeine Grundsatz der Nichtförmlichkeit des Verwaltungsverfahrens (§10 VwVfG); es ist an bestimmte Formen nicht gebunden und einfach, zweckmäßig und zügig durchzuführen. 26

27 Welche Behörde bzw. wer innerhalb der Behörde die Anordnung einer Zustellung trifft, richtet sich nach der **gesetzlichen Zuständigkeitsverteilung**. Zweifelhaft ist, ob diese Anordnung allein durch diejenige Behörde getroffen werden kann, die Urheberin der zuzustellenden Dokumente ist, oder ob dies auch durch eine andere, etwa eine übergeordnete Behörde vorgenommen werden darf. Das VwZG enthält dazu keine Regelung; es ist davon auszugehen, dass die Zustellung durch den konkreten Sachbearbeiter, die Behördenleitung, aber auch durch eine Aufsichtsbehörde angeordnet werden kann (BeckOK VwVfG-*Rost* § 1 VwZG Rn. 15).

28 Die **Zustellungsart** kann von der Behörde aus den in §§ 3 ff. geregelten Varianten frei gewählt werden (§ 2 Abs. 3 S. 1, s. aber § 5 Abs. 5 S. 2; Abschnitt 4 Abs. 1 S. 2 VwZG-VwV); sie wird sich dabei an Zweckmäßigkeitsgesichtspunkten orientieren (dazu eingehend § 2 Rn. 30). Unschädlich ist es nach zutreffender Auffassung für die Wirksamkeit der Zustellung und den Eintritt ihrer Rechtsfolgen, wenn die Behörde sich für eine Zustellungsart entscheidet, dann aber versehentlich eine andere Form der Zustellung vorgenommen wird (BeckOK OWiG-*Preisner* § 1 VwZG Rn. 8; a.A. wohl Engelhardt/App/Schlatmann-*Schlatmann* § 2 VwZG Rn. 4: Unwirksamkeit der Zustellung bei „Beurkundung" einer anderen als der tatsächlich vorgenommenen Zustellungsart).

29 Allerdings muss, sofern eine **Zustellung** durch die Behörde bestimmt ist, diese **auch tatsächlich vorgenommen** werden – die Behörde kann ihre Verfahrensentscheidung nach zutreffender Auffassung nicht beliebig „widerrufen" und etwa eine fehlerhafte Zustellung im Sinne einer einfachen Bekanntgabe umdeuten (BeckOK OWiG-*Preisner* § 1 VwZG Rn. 9; BeckOK VwVfG-*Rost* § 1 VwZG Rn. 15; vgl. *BFH* U 8.6.1995 – IV R 104/94, BFHE 178, 105; *OVG Koblenz* B 31.1.1983 – 11 B 215/82, DVBl. 1983, 955; *OVG Schleswig* U 19.3.1993 – 3 L 196/92, DVBl. 1993, 890; *VGH Mannheim* U 28.4.1989 – 8 S 3669/88, NVwZ-RR 1989, 593; *OVG Bautzen* B 5.9.2000 – 1 BS 226/00, SächsVBl. 2001, 33). Entscheidend ist, ob „zwingende Zustellungsvorschriften" verletzt werden – eine Regelung zur Heilung von Zustellungsfehlern enthält § 8. Gegebenenfalls ist die Zustellung zu wiederholen.

30 Entscheidet sich die Behörde für die Zustellung, hat sie **die Vorschriften des VwZG zu beachten** (*VG Bremen* B 4.12.2015 – 3 V 2389/15, Rn. 33). Dass die Entscheidung in ihrem Verfahrensermessen steht, dispensiert sie angesichts dieser „Freiwilligkeit" nicht von der Gesetzesbindung (vgl. *OVG Lüneburg* B 13.3.2009 – 11 PA 157/09, NJW 2009, 1834; BeckOK OWiG-*Preisner* § 1 VwZG Rn. 7).

31 Darüber hinaus hat die Behörde eine **inhaltlich richtige Rechtsbehelfsbelehrung** zu erteilen (§ 58 Abs. 1 VwGO, § 55 Abs. 1 FGO, § 356 Abs. 1 AO, § 66 Abs. 1 SGG). Insbesondere ist beim Hinweis auf den Beginn der Frist explizit das Wort „Zustellung" zu verwenden, nicht „Bekanntgabe" (zur Unterscheidung bei Abgabenverwaltungsakten *App* KStZ 2012, 210); andernfalls läuft die Jahresfrist nach § 58 Abs. 2 VwGO und nach den vergleichbaren Vorschriften der anderen Verfahrensordnungen.

Anhang:
Landesrecht

(1) Baden-Württemberg: § 1 Verwaltungszustellungsgesetz für Baden-Württemberg (Landesverwaltungszustellungsgesetz – LVwZG).

§12 Abs. 1: Für das Zustellungsverfahren der ordentlichen Gerichte, der Gerichte für Arbeitssachen, der Gerichte der allgemeinen Verwaltungsgerichtsbarkeit, der Sozialgerichtsbarkeit und der Finanzgerichtsbarkeit sowie der Staatsanwaltschaften und der Notare gelten auch bei der Erfüllung von Verwaltungsaufgaben die Vorschriften der Zivilprozessordnung über die Zustellung von Amts wegen. Dasselbe gilt auch für das Zustellungsverfahren der übrigen Behörden der Justizverwaltung in Verwaltungsangelegenheiten.

§12 Abs. 2: In richter- und beamtenrechtlichen Angelegenheiten kann auch nach den Vorschriften dieses Gesetzes zugestellt werden.

(2) Bayern: Art. 1 Bayerisches Verwaltungszustellungs- und Vollstreckungsgesetz (VwZVG).

Art. 1 Abs. 2: [1]Gerichte können bei der Erledigung von Verwaltungsangelegenheiten auch nach den Vorschriften zustellen, nach denen sie im Rahmen ihrer rechtsprechenden Tätigkeit zu verfahren haben. [2]Das gilt entsprechend für Staatsanwaltschaften.

Art. 1 Abs. 3: Die Landesfinanzbehörden stellen nach den Vorschriften des Verwaltungszustellungsgesetzes zu.

(3) Berlin: §7 Gesetz über das Verfahren der Berliner Verwaltung – Geltung des VwZG.

(4) Brandenburg: § 1 Verwaltungszustellungsgesetz für das Land Brandenburg (BbgVwZG) – Geltung der §§ 2–10 VwZG.

(5) Bremen: §1 Bremisches Verwaltungszustellungsgesetz (BremVwZG) – Geltung des VwZG.

(6) Hamburg: §1 Hamburgisches Verwaltungszustellungsgesetz (HmbVwZG) – Geltung des VwZG.

(7) Hessen: §1 Hessisches Verwaltungszustellungsgesetz (HessVwZG) – Geltung der §§ 2–10 VwZG; §2 HessVwZG: Zustellung bei Bestimmung durch Rechtsvorschrift oder behördliche Anordnung.

(8) Mecklenburg-Vorpommern: §§ 1, 94 Verwaltungsverfahrens-, Zustellungs- und Vollstreckungsgesetz des Landes Mecklenburg-Vorpommern (Landesverwaltungsverfahrensgesetz – VwVfG M-V).

(9) Niedersachsen: § 1 Niedersächsisches Verwaltungszustellungsgesetz (NVwZG) – Geltung der §§ 2–10 VwZG; §2 NVwZG: Zustellung bei Bestimmung durch Rechtsvorschrift oder behördliche Anordnung.

(10) Nordrhein-Westfalen: §1 Verwaltungszustellungsgesetz für das Land Nordrhein-Westfalen (Landeszustellungsgesetz – LZG NRW).

(11) Rheinland-Pfalz: §1 Landesverwaltungszustellungsgesetz (LVwZG) – Geltung der §§ 2–10 VwZG; §2 LVwZG: Zustellung bei Bestimmung durch Rechtsvorschrift oder behördliche Anordnung.

(12) Saarland: §1 Saarländisches Verwaltungszustellungsgesetz (SVwZG) – Geltung des VwZG.

(13) Sachsen: § 4 Gesetz zur Regelung des Verwaltungsverfahrens- und des Verwaltungszustellungsrechts für den Freistaat Sachsen (SächsVwVfZG) – Geltung des VwZG.

(14) Sachsen-Anhalt: § 1 Verwaltungszustellungsgesetz des Landes Sachsen-Anhalt (VwZG-LSA) – Geltung der §§ 2–10 VwZG; § 2 VwZG-LSA: Zustellung bei Bestimmung durch Rechtsvorschrift oder behördliche Anordnung.

(15) Schleswig-Holstein: §§ 1 Abs. 1, 2, 3, 146 Abs. 1 Allgemeines Verwaltungsgesetz für das Land Schleswig-Holstein (Landesverwaltungsgesetz – LVwG).

(16) Thüringen: § 1 Thüringer Verwaltungszustellungs- und Vollstreckungsgesetz (ThürVwZVG).

§ 2 Allgemeines

(1) Zustellung ist die Bekanntgabe eines schriftlichen oder elektronischen Dokuments in der in diesem Gesetz bestimmten Form.

(2) [1]Die Zustellung wird durch einen Erbringer von Postdienstleistungen (Post), einen nach § 17 des De-Mail-Gesetzes akkreditierten Diensteanbieter oder durch die Behörde ausgeführt. [2]Daneben gelten die in den §§ 9 und 10 geregelten Sonderarten der Zustellung.

(3) [1]Die Behörde hat die Wahl zwischen den einzelnen Zustellungsarten. [2]§ 5 Abs. 5 Satz 2 bleibt unberührt.

Übersicht

I. Allgemeines

1 § 2 enthält mehrere **zentrale Vorschriften für die Zustellung** nach dem VwZG. Absatz 1 bietet eine Legaldefinition der Zustellung (s.u. Rn. 2 ff.). In Absatz 2 Satz 1 wird festgelegt, wer die Zustellung ausführt (s.u. Rn. 20 ff.). Satz 2 verweist auf §§ 9, 10, die die Zustellung im Ausland und die öffentliche Zustellung als Sonderformen regeln (s.u. Rn. 25). Absatz 3 Satz 1 weist der Behörde die Entscheidung hinsichtlich der im Einzelfall zu nutzenden Zustellungsart zu (s.u. Rn. 26 ff.). Nach Satz 2 bleibt § 5 Abs. 5 S. 2 „unberührt"; dies ist lediglich ein Hinweis auf die dort enthaltene Sondervorschrift zur elektronischen Zustellung elektronischer Dokumente (s.u. Rn. 32).

II. Zu Absatz 1

2 **1. Begriff und Gegenstand der Zustellung.** Absatz 1 enthält eine **Legaldefinition für den Begriff der „Zustellung"** i.S.d. VwZG. Danach ist Zustellung die Bekanntgabe eines schriftlichen oder elektronischen Dokuments in der im VwZG bestimmten Form. Dies steht in der Tradition der Rechtsprechung, die schon frühzeitig als (ordnungsgemäße) Zustellung allein die beurkundete Übergabe eines Schriftstücks verstanden hat (*RG* B 21.3.1929 – VI B 7/29, RGZ 124, 22, 26; *BGH* U 15.1.1953 – IV ZR

180/52, BGHZ 8, 314, 316). Im Gesetzentwurf (BT-Drucks. 15/5216) war noch von „Übermittlung" statt „Bekanntgabe" die Rede; mit der abweichenden Begriffsverwendung sollte eine Annäherung an den Sprachgebrauch des § 166 ZPO erfolgen (Engelhardt/App/Schlatmann-*Schlatmann* § 2 VwZG Rn. 1; BeckOK VwVfG-*Rost* § 2 VwZG Rn. 2). Die Allgemeinen Verwaltungsvorschriften zum Verwaltungszustellungsgesetz definieren in Abschnitt 2 S. 1 Zustellung als „die in gesetzlicher Form ausgeführte und beurkundete Übergabe eines Schriftstücks oder Vorlage seiner Urschrift".

Keine Zustellung ist die bloße Übersendung von Schriftstücken **zum Zwecke der** 3 **Akteneinsicht**. Ein schriftliches Dokument gilt nur dann als zugestellt, wenn es (jedenfalls der behördlichen Intention nach dauerhaft) in den Alleinbesitz des Empfangsberechtigten gelangt (Tipke/Kruse-*Drüen* § 2 VwZG Rn. 3); nur in diesem Fall kann dieser prüfen, ob er beschwert ist und gegebenenfalls Rechtsbehelfe einlegen möchte (vgl. zu diesem Grundsatz *BVerwG* U 8.7.1958 – V C 51.56, DÖV 1958, 715; *BFH* U 8.6.1995 – IV R 104.94, BFHE 178, 105; Engelhardt/App/Schlatmann-*Schlatmann* § 2 VwZG Rn. 2). Die Vorlage der Urschrift als eigene Zustellungsart ist bundesgesetzlich nicht (mehr) vorgesehen (Engelhardt/App/Schlatmann-*Schlatmann* § 2 VwZG Rn. 2).

Bekanntgabe i.S.d. § 2 ist als „Übermittlung" eines Dokuments zu verstehen, nicht 4 lediglich als Bekanntgabe eines Verwaltungsaktes i.S.v. § 41 VwVfG. Es handelt sich um einen gegenüber der Zustellung umfassenderen Begriff (vgl. Einleitung Rn. 2 ff.; zur Unterscheidung auch BeckOK OWiG-*Preisner* § 2 VwZG Rn. 1; s. auch Abschnitt 2 S. 2 VwZG-VwV: Zustellung ist „besondere Form der Bekanntgabe"). „Übermittlung" wiederum ist die „körperliche" Aushändigung (bzw. elektronische Übertragung) an den Adressaten bzw. Berechtigten des Dokuments selbst oder an einen gesetzlich vorgesehenen Zustellungsempfänger; es handelt sich um einen faktischen, nicht um einen Rechtsbegriff – angesichts des Wortlauts des § 2 sollte die Formulierung „Bekanntgabe" verwendet werden.

Dokument ist der Oberbegriff für zustellungsfähige Mitteilungen, also Schriftstücke 5 und elektronische Dokumente (BT-Drucks. 15/5216, S. 11; Tipke/Kruse-*Drüen* § 2 VwZG Rn. 2). Zwischen schriftlichen und elektronischen Dokumenten kann die Behörde frei wählen, wenn und soweit sich beide für eine der gesetzlich geregelten Zustellungsvarianten eignen (BeckOK OWiG-*Preisner* § 2 VwZG Rn. 5).

Zugestellt werden können **schriftliche** Dokumente. In diesem Falle ist die Urschrift, 6 eine Ausfertigung oder eine beglaubigte Abschrift zu übergeben, also an den Zustellungsempfänger oder einen Ersatzempfänger auszuhändigen (Beermann/Gosch-*Kugelmüller-Pugh* § 2 VwZG Rn. 7; BeckOK OWiG-*Preisner* § 2 VwZG Rn. 6; Tipke/Kruse-*Drüen* § 2 VwZG Rn. 2; Engelhardt/App/Schlatmann-*Schlatmann* § 2 VwZG Rn. 1). Unter **Übergabe** versteht man die Aushändigung von Hand zu Hand an den Empfänger der Zustellung, der aber nicht zwingend auch der Zustellungsadressat zu sein braucht (Tipke/Kruse-*Drüen* § 2 VwZG Rn. 3).

Die **Urschrift** ist das Original des zuzustellenden Dokuments (Beermann/Gosch- 7 *Kugelmüller-Pugh* § 2 VwZG Rn. 19; BeckOK OWiG-*Preisner* § 2 VwZG Rn. 7; Tipke/Kruse-*Drüen* § 2 VwZG Rn. 4; Engelhardt/App/Schlatmann-*Schlatmann* § 2 VwZG Rn. 5; es verbleibt dann nur eine Abschrift oder eine Kopie bei der Behörde, BeckOK OWiG-*Preisner* § 2 VwZG Rn. 7). Es muss jedenfalls grundsätzlich unterschrieben sein oder eine Namenswiedergabe enthalten. Als **Unterschrift** sind zulässig der eigenhändige Schriftzug des vollen Familiennamens (vgl. § 3 VwVG Rn. 32) sowie die faksimilierte Unterschrift (vgl. § 3 VwVG Rn. 37). Nicht als Unterschrift gilt ein bloßes Handzeichen, die Paraphe (vgl. § 3 VwVG Rn. 36; BeckOK OWiG-*Preisner* § 2 VwZG Rn. 7). Bei der **Namenswiedergabe** erfolgt ein Abdruck des Familiennamens mit Maschinenschrift oder Stempelaufdruck (vgl. § 3 VwVG Rn. 38).

8 Bei Verwaltungsakten ergibt sich das Erfordernis von Unterschrift bzw. Namenswiedergabe aus § 37 Abs. 3 S. 1 VwVfG. § 37 Abs. 5 S. 1 VwVfG erlaubt es allerdings, dass bei einem schriftlichen Verwaltungsakt, der **mit Hilfe automatischer Einrichtungen** erlassen wird, Unterschrift und Namenswiedergabe fehlen dürfen. Inhaltsgleiche Regelungen enthalten § 33 Abs. 3 S. 1, Abs. 5 S. 1 SGB X und § 119 Abs. 3 S. 2 AO. Dies betrifft allerdings allein die Wirksamkeit des Verwaltungsakts, nicht seine Zustellungsfähigkeit. Damit sind automatisch hergestellte Dokument nach zutreffender Auffassung nicht zustellungsfähig (Engelhardt/App/Schlatmann-*Schlatmann* § 2 VwZG Rn. 6; BeckOK OWiG-*Preisner* § 2 VwZG Rn. 10). Anderes gilt nur dann, wenn die Zustellungsfähigkeit ausdrücklich gesetzlich angeordnet ist (vgl. *OVG Berlin* B 20.6.1997 – 3 S 1/97, OVGE 22, 166). Eine solche Anordnung enthält etwa § 51 Abs. 1 S. 2 OWiG: „Wird ein Dokument mit Hilfe automatischer Einrichtungen erstellt, so wird das so hergestellte Dokument zugestellt."

9 Die **Ausfertigung** ist ein (mit dem Original, das bei der Behörde verbleibt, inhaltsgleiches) Schriftstück, das mit Dienstsiegel und einem Ausfertigungsvermerk versehen und vom Urkundsbeamten der Behörde unterzeichnet ist (*BGH* B 24.3.1987 – KVR 10/85, BGHZ 100, 234, 237; B 9.6.2010 – XII ZB 132/09, BGHZ 186, 22; *BFH* B 12.2.1999 – III B 29/98, NVwZ-RR 2000, 263; Beermann/Gosch-*Kugelmüller-Pugh* § 2 VwZG Rn. 20; Engelhardt/App/Schlatmann-*Schlatmann* § 2 VwZG Rn. 5; BeckOK OWiG-*Preisner* § 2 VwZG Rn. 8; zum Ausfertigungsvermerk *OVG Berlin* B 20.6.1997 – 3 S 1/97, OVGE 22, 166). Zudem muss die Ausfertigung den Urheber der Urschrift erkennen lassen (Tipke/Kruse-*Drüen* § 2 VwZG Rn. 7). Es kann sich um eine echte Abschrift, eine Durchschrift oder eine Kopie handeln, sofern die genannten Formalien eingehalten sind. Die Ausfertigung vertritt die Urschrift im Rechtsverkehr (s. § 47 Beurkundungsgesetz). Fehlt der **Ausfertigungsvermerk** (insbesondere Dienstsiegel und Unterschrift) auf der Ausfertigung, handelt es sich um einen Zustellungsmangel. Ob dieser nach § 8 geheilt werden kann, wird nicht einheitlich bewertet (ablehnend *BGH* B 24.3.1987 – KVR 10/85, BGHZ 100, 234). Zwingende Wirksamkeitsvoraussetzungen sind jedenfalls die Übereinstimmung der Abschrift mit der Urschrift (andernfalls wäre eine Zustellung unheilbar unwirksam), die Veranlassung der Zustellung durch den Urkundsbeamten und das Fehlen von Anhaltspunkten dafür, dass lediglich ein Entwurf mitgeteilt worden ist (vgl. *BVerwG* B 9.10.1998 – 4 B 98/98, NVwZ 1999, 183). Vorgaben für den Wortlaut des Ausfertigungsvermerks bestehen nicht; sachgerecht erscheint es, als Überschrift „Ausfertigung" auf dem Schriftstück zu vermerken. Trägt das Dokument stattdessen die Überschrift „Zweitschrift zur Kenntnisnahme", ist die Zustellung gleichwohl wirksam (Engelhardt/App/Schlatmann-*Schlatmann* § 2 VwZG Rn. 5). Sind auf der Ausfertigung Ort bzw. Datum nicht angegeben, handelt es sich um eine offenkundige Unrichtigkeit, die die Beweiskraft der Ausfertigung nicht beeinträchtigt und ihr auch die Zustellungsfähigkeit nicht nimmt (*VGH Kassel* B 4.7.1990 – 9 TG 1785/89, NVwZ-RR 1991, 390; BeckOK OWiG-*Preisner* § 2 VwZG Rn. 8). Auch muss das Datum der Ausfertigung nicht mit dem Datum auf der Urschrift übereinstimmen (vgl. *BFH* U 19.5.1983 – IV R 125/82, BFHE 139, 1); entscheidend ist allein, dass der Empfänger mit der Zustellung der Ausfertigung den wortgetreuen Inhalt des Originals erhält. Ebenfalls unschädlich ist es im Hinblick auf die Wirksamkeit der Zustellung, wenn der Adressat von mehreren Abschriften nicht diejenige erhält, die für ihn bestimmt ist; dies gilt selbst dann, wenn ein anderer Name auf der Abschrift vermerkt ist. Es kommt nur darauf an, dass dem Empfänger eine den vorstehenden Anforderungen genügende Ausfertigung übermittelt wird (vgl. *OVG Berlin* U 17.12.1959 – 6 B 48/59, OVGE 6, 81, 82; *OVG Münster* B 7.10.1975 – 10 B 766/75, NJW 1976, 643).

Auch eine **beglaubigte Abschrift** kann – gegebenenfalls als beglaubigte Ablichtung (Engelhardt/App/Schlatmann-*Schlatmann* § 2 VwZG Rn. 5; BeckOK OWiG-*Preisner* § 2 VwZG Rn. 9) bzw. beglaubigte Kopie – als schriftliches Dokument zugestellt werden. Mit dem **Beglaubigungsvermerk** (einer Urkundsperson, die das Dienstsiegel führen darf, Tipke/Kruse-*Drüen* § 2 VwZG Rn. 8), der unmittelbar auf der Abschrift oder auf einem damit verbundenen Blatt angebracht werden kann (sofern die Ablösung nur unter partieller Substanzzerstörung möglich ist, Engelhardt/App/Schlatmann-*Schlatmann* § 2 VwZG Rn. 5), wird u.a. bestätigt, dass die Abschrift mit der Urschrift oder einer Ausfertigung inhaltlich übereinstimmt; diese Übereinstimmung muss auch tatsächlich gegeben sein (BeckOK OWiG-*Preisner* § 2 VwZG Rn. 9). Aus diesem Grund kann nur die Wiedergabe des Originaldokuments in einer Abschrift bzw. Ablichtung beglaubigt werden, nicht aber die Kopie einer beglaubigten Abschrift. Die wirksame Zustellung einer beglaubigten Abschrift setzt voraus, dass die Urschrift vom Aussteller mit seinem vollen Familiennamen unterzeichnet ist. Eine Paraphe genügt nicht (*BVerwG* U 4.10.1999 – 6 C 31/98, BVerwGE 109, 336, 345 f.). Vorgaben für die Beglaubigung enthält das VwZG nicht. Zurückzugreifen ist daher auf die Regelungen in § 33 VwVfG, insbesondere auf Absatz 3 zu den Inhalten des Beglaubigungsvermerks (s. auch § 29 SGB X). Fehlt es an der Beglaubigung, kann eine wirksame Zustellung der Abschrift nicht erfolgen (zu einem behördlichen Pfändungsbeschluss *BGH* U 25.1.1980 – V ZR 161/76, NJW 1980, 1754). 10

Nicht zustellungsfähig ist eine bloße **Kopie** der Urschrift, einer Ausfertigung oder einer beglaubigten Abschrift (vgl. BT-Drucks. 15/5216, S. 11; Beermann/Gosch-*Kugelmüller-Pugh* § 2 VwZG Rn. 13; Tipke/Kruse-*Drüen* § 2 VwZG Rn. 7; Engelhardt/App/Schlatmann-*Schlatmann* § 2 VwZG Rn. 6; s. auch *OLG Düsseldorf* B 31.8.2015 – VI-Kart 5/15 (V), Rn. 16); sie lässt den Zustellungswillen nicht eindeutig erkennen (Tipke/Kruse-*Drüen* § 2 VwZG Rn. 7). Anderes gilt für die (zustellungsfähige) beglaubigte Kopie (Engelhardt/App/Schlatmann-*Schlatmann* § 2 VwZG Rn. 6; s.o. Rn. 10). 11

Für die elektronische Zustellung eines **elektronischen Dokuments** enthalten die Absätze 5 bis 7 des § 5 detaillierte Regelungen; auf die Kommentierung zu § 5 wird insoweit verwiesen (s. auch Engelhardt/App/Schlatmann-*Schlatmann* § 2 VwZG Rn. 3; *Weidemann/Barthel* DVP 2010, 486). Die herkömmliche „körperliche" Zustellung und die elektronische Zustellung sind ihren Rechtwirkungen gleichwertig; sie unterscheiden sich nur in der praktischen Art und Weise ihrer Ausführung. 12

Der Zusatz **„in der in diesem Gesetz bestimmten Form"** verweist auf Absatz 2 und auf die in den §§ 3 ff. detailliert geregelten verschiedenen Zustellungsarten (s. dazu u. Rn. 26). 13

14 **2. Wirksamkeit der Zustellung.** Die **Zustellung** kann aus verschiedenen Gründen **unwirksam** sein. Soll ein Dokument **an mehrere Personen** übermittelt werden, so muss es jedenfalls grundsätzlich jeder Person individuell zugestellt werden (st. Rspr., s. etwa *BVerwG* U 22.10.1992 – 5 C 65/88, NJW 1993, 2884; *BFH* U 8.6.1995 – IV R 104/94, BFHE 178, 105; *OVG Berlin* U 12.6.1985 – 2 B 129/83, NVwZ 1986, 136; *VGH Mannheim* U 13.2.1985 – 3 S 3198/84, VBlBW 1985, 333; *VGH München* U 6.12.1990 – 12 B 88.01730, BayVBl. 1991, 338; *OVG Münster* U 26.9.1994 – 22 A 2426/94, NVwZ-RR 1995, 623; *OVG Schleswig* U 19.3.1993 – 3 L 196/92, DVBl. 1993, 890; Beermann/Gosch-*Kugelmüller-Pugh* § 2 VwZG Rn. 15; Engelhardt/App/Schlatmann-*Schlatmann* § 2 VwZG Rn. 9; Tipke/Kruse-*Drüen* § 2 VwZG Rn. 12; BeckOK VwVfG-*Rost* § 2 VwZG Rn. 14). Dies gilt insbesondere für die Zustellung von Verwaltungsakten. Nur in diesem Fall gelangt das zugestellte Dokument in den Alleinbesitz jedes einzelnen Zustellungsempfängers, der dann prüfen kann, ob er beschwert ist und gegebenenfalls Rechtsbehelfe einlegen möchte (*BVerwG* U 8.7.1958 – V C 51.56, DÖV 1958, 715; *BFH* U 8.6.1995 – IV R 104.94, BFHE 178, 105; *OVG Bautzen* B 4.3.2016 – 5 A 302/14, NVwZ-RR 2016, 762).Wird an mehrere Personen nur ein Schriftstück zugestellt – etwa an Eheleute oder Miteigentümer – so hat die Behörde im Ergebnis an niemanden zugestellt. Es handelt sich um eine fehlende, nicht um eine fehlerhafte Zustellung, so dass eine Heilung nach § 8 ausscheidet. Anderes gilt bei abweichender gesetzlicher Regelung, z.B. in § 122 Abs. 7 S. 1 AO: Nach dieser Vorschrift reicht es für die Bekanntgabe eines Verwaltungsaktes aus, wenn Verwaltungsakte Ehegatten oder Lebenspartner oder Ehegatten mit ihren Kindern, Lebenspartner mit ihren Kindern oder Alleinstehende mit ihren Kindern betreffen und ihnen einen Ausfertigung unter ihrer gemeinsamen Anschrift übermittelt wird. Eine getrennte Bekanntgabe ist nach Satz 2 der Bestimmung aber erforderlich, soweit die genannten Personen dies beantragt haben oder der Finanzbehörde bekannt ist, dass zwischen ihnen ernstliche Meinungsverschiedenheiten bestehen. Ähnliche Vorschriften finden sich im Landeszustellungsrecht (§ 8 LVwZG BW, § 8a VwZVG Bay, § 101a VwVfG M-V, § 8a ThürVwZVG). Eine weitere Ausnahme ist die Empfangsbevollmächtigung einer Person für eine Personenmehrheit kraft Gesetzes (vgl. Engelhardt/App/Schlatmann-*Schlatmann* § 2 VwZG Rn. 10). Im Einzelfall kann zudem eine wechselseitige Bevollmächtigung angenommen werden; eine gesetzliche Vermutung hierfür gibt es aber nicht (Engelhardt/App/Schlatmann-*Schlatmann* § 2 VwZG Rn. 10; *Kintz* JuS 1997, 1116).

15 Die Zustellung an einen **Geschäftsunfähigen** ist selbst dann unwirksam, wenn die Behörde keine Kenntnis von der Geschäftsunfähigkeit hat; ein Bescheid muss nach § 6 Abs. 1 an den gesetzlichen Vertreter zugestellt werden (*VGH München* U 25.10.1983 – 11 B 83 A.496, NJW 1984, 2845; *VGH Mannheim* U 2.11.2010 – 11 S 2079/10, NJW 2011, 1756 Ls.; Engelhardt/App/Schlatmann-*Schlatmann* § 2 VwZG Rn. 8). Die Zustellung wird nachträglich zu dem Zeitpunkt wirksam, zu dem der Betroffene wieder geschäftsfähig geworden ist (*BVerwG* B 11.2.1994 – 2 B 173/93, NJW 1994, 2633; *VGH Mannheim* U 20.2.1990 – 4 S 287/87, NVwZ-RR 1991, 493).

16 Die **Zustellung** eines Bescheids, der sich an einen Verstorbenen richtet, **an den Erben** ist unwirksam (*BFH* U 27.11.1981 – II R 18/80, BFHE 134, 519). Gleiches gilt, wenn irrtümlich an einen **namensgleichen** noch lebenden **Verwandten** zugestellt wird (*BFH* B 8.6.2005 – X b 54/04, BFH/NV 2005, 1620).

17 Kein Unwirksamkeitsgrund ist die nochmalige bzw. **mehrfache Zustellung** eines bereits unanfechtbar gewordenen Bescheids (*BVerwG* U 11.5.1979 – 6 C 70/78, BVerwGE 58, 100, 106; *BGH* U 26.6.2012 – VI ZR 241/11, BGHZ 193, 353), auch wenn es sich bei der weiteren Zustellung um eine öffentliche handelt (*VGH Kassel* B 15.6.1998 – 13 TZ 4026/97, NVwZ 1998, 131). Maßgeblich für die bewirkten Rechtsfolgen, etwa den Beginn einer Frist, ist die erste wirksame Zustellung (*BVerwG* U 11.5.1979 – 6 C 70/78, BVerwGE 58, 100, 106); dies gilt namentlich bei einem noch nicht unanfechtbar gewordenen Verwaltungsakt (vgl. *OVG Münster* U 25.9.2001 – 15 A 3850/99, KStZ 2002, 190; *VGH München* B 16.12.2011 – 22 ZB 11.2637, NJW 2012, 950).

18 **Vereitelt** der Adressat **die Zustellung** schuldhaft, handelt es sich um einen Verstoß gegen den Grundsatz von Treu und Glauben. Die Zustellung ist daher mit dem Zeitpunkt ihrer Vereitelung wirksam (*VGH München* B 16.12.2011 – 22 ZB 11.2637, NJW 2012, 950). Die Behörde ist nicht dazu verpflichtet, einen (weiteren) Zustellungsversuch zu unternehmen. Eine Vereitelung liegt etwa dann vor, wenn der Adressat seine gesetzlichen Pflichten zur Anzeige eines Wohnungswechsels bzw. zur Ab- und Anmeldung verletzt (*OVG Münster* B 20.8.1987 – 16 A 1599/85, NVwZ-RR 1988, 57). Setzt jemand bewusst und zielgerichtet den Anschein, unter einer bestimmten Anschrift zu wohnen, so ist die Zustellung an diesem Ort wirksam (*BVerfG* B 15.10.2009 – 1 BvR 2333/09, NJW-RR 2010, 421; *OVG Bautzen* B 5.7.2001 – 3 BS 284/00, NVwZ-RR 2002, 550; *BGH* U 16.6.1993 – VIII ZR 39/92, MDR 1993, 900; *OLG Jena* B 24.1.2006 – 1 Ss 277/05, NStZ-RR 2006, 238). Die arglistige Verschleierung ist in einem solchen Fall jedoch gerichtsfest zu beweisen (*BGH* U 16.6.2011 – III ZR 342/09, BGHZ 190, 99).

19 Verschiedene Rechtsvorschriften schreiben zudem vor, dass bestimmte Personen(gruppen) zur **Sicherstellung einer Zustellungsmöglichkeit** verpflichtet sind (eine allgemeine Pflicht, Empfangsvorkehrungen zu treffen, besteht allerdings nicht, Engelhardt/App/Schlatmann-*Schlatmann* §2 VwZG Rn. 14). So muss nach §51b BImSchG der Betreiber einer genehmigungsbedürftigen Anlage sicherstellen, dass für ihn bestimmte Dokumente im Inland zugestellt werden können. Kann die Zustellung nur dadurch sichergestellt werden, dass ein Bevollmächtigter bestellt wird, hat der Betreiber der zuständigen Behörde einen solchen zu benennen. Gemäß §10 Abs. 1 des Asylgesetzes hat der Ausländer während der Dauer des Asylverfahrens vorzusorgen, dass ihn Mitteilungen des Bundesamtes, der zuständigen Ausländerbehörde und der angerufenen Gerichte stets erreichen können. Insbesondere hat er jeden Wechsel seiner Anschrift den genannten Stellen unverzüglich anzuzeigen. Nach §10 Abs. 2 AsylG muss der Ausländer Zustellungen und formlose Mitteilungen unter der letzten Anschrift, die der jeweiligen Stelle auf Grund seines Asylantrags oder seiner Mitteilung bekannt ist, gegen sich gelten lassen, wenn er für das Verfahren weder einen Bevollmächtigten bestellt noch einen Empfangsberechtigten benannt hat oder diesen nicht zugestellt werden kann. §10 Abs. 7 AsylG schreibt vor, dass bei der Antragstellung schriftlich und gegen Empfangsbestätigung auf diese Zustellungsvorschriften hinzuweisen ist (vgl. – zum Asylverfahrensgesetz – *BVerfG* B 10.3.1994 – 2 BvR 2371/93, DVBl. 1994, 631; B 8.7.1996 – 2 BvR 96/95, DVBl. 1996, 1252; *OVG Münster* B 25.7.2000 – 1 A 2904/00.A, NVwZ-RR 2001, 409; *OVG Weimar* U 14.12.2000 – 3 KO 1242/97, DVBl. 2001, 1012 Ls.). Für die Praxis bedeutsam ist ferner §10 Abs. 4 AsylG, der vorschreibt, dass in einer Aufnahmeeinrichtung diese Einrichtung Zustellungen und formlose Mitteilungen an diejenigen Ausländer vorzunehmen hat, die nach Maßgabe des §10 Abs. 2 AsylG Zustellungen und formlose Mitteilungen unter der Anschrift der Aufnahmeeinrichtung gegen sich gelten lassen müssen.

III. Zu Absatz 2

20 Absatz 2 Satz 1 regelt abschließend (BeckOK OWiG-*Preisner* § 2 VwZG Rn. 12), **wer die Zustellung durchführt** bzw. durchführen darf (vgl. Beermann/Gosch-*Kugelmüller-Pugh* § 2 VwZG Rn. 10): Dies kann durch einen Erbringer von Postdienstleistungen (Post), einen nach § 17 des De-Mail-Gesetzes akkreditierten Dienstanbieter oder durch die Behörde selbst erfolgen. Satz 2 verweist auf die Sonderarten der Zustellung nach § 9 (Zustellung im Ausland) und § 10 (Öffentliche Zustellung).

21 Der Begriff „**Erbringer von Postdienstleistungen**" (in den weiteren Vorschriften des Gesetzes: **Post**) ist weit zu verstehen; maßgeblich sind die Vorschriften des Postgesetzes (BeckOK OWiG-*Preisner* § 2 VwZG Rn. 14). Postdienstleistungen sind nach § 4 Nr. 1 PostG folgende gewerbsmäßig erbrachte Dienstleistungen: a) die Beförderung von Briefsendungen, b) die Beförderung von adressierten Paketen, deren Einzelgewicht 20 Kilogramm nicht übersteigt, oder c) die Beförderung von Büchern, Katalogen, Zeitungen oder Zeitschriften, soweit sie durch Unternehmen erfolgt, die Postdienstleistungen nach Buchstabe a) oder b) erbringen. „Beförderung" ist nach Nr. 3 der Vorschrift das „Einsammeln, Weiterleiten oder Ausliefern von Postsendungen an den Empfänger". Gemäß § 33 Abs. 1 PostG ist ein Lizenznehmer, der Briefzustelldienstleistungen erbringt, mit Hoheitsbefugnissen ausgestattet, soweit er seiner Verpflichtung zur förmlichen Zustellung nachkommt. Die Zustellung durch ein Privatunternehmen ist nach alledem auch nicht unzulässig (*VG München* U 25.1.2017 – M 6 K 16.4772, Rn. 15).

22 Nicht als „Post" im Sinne des Satzes 1 ist die **Dienstpost** zu qualifizieren. Sie kann keine zustellungsrechtliche Außenwirkung vermitteln (vgl. *OVG Koblenz* U 8.6.2002 – 2 A 10667/02, NVwZ-RR 2003, 4; zum „Dienstkurier" vgl. *OVG Weimar* B 7.2.2011 – 2 ZKO 621/09, DÖV 2011, 619 Ls.). Eine Ausnahme bildet die vereinfachte Zustellung gegen Empfangsbekenntnis an andere Behörden, Körperschaften, Anstalten und Stiftungen des öffentlichen Rechts gemäß § 5 Abs. 4, die durch die Dienstpost bewirkt werden kann.

23 Zustellungsberechtigt ist auch der **akkreditierte Diensteanbieter nach § 17 des De-Mail-Gesetzes** (eingehend BeckOK VwVfG-*Rost* § 2 VwZG Rn. 9 ff.; *Weidemann* DVP 2013, 232; DVP 2011, 406). De-Mail-Dienste sind gemäß § 1 Abs. 1 De-Mail-Gesetz „Dienste auf einer elektronischen Kommunikationsplattform, die einen sicheren, vertraulichen und nachweisbaren Geschäftsverkehr für jedermann im Internet sicherstellen sollen". Gemäß § 17 Abs. 1 S. 1 De-Mail-Gesetz müssen sich Dienstanbieter, die De-Mail-Dienste anbieten wollen, auf schriftlichen Antrag von der zuständigen Behörde (gemäß § 2 De-Mail-Gesetz das Bundesamt für Sicherheit in der Informationstechnik) akkreditieren lassen. § 5a ermöglicht eine elektronische Zustellung gegen Abholbestätigung über De-Mail-Dienste, so dass die entsprechenden Diensteanbieter in den Kreis der Zustellungsberechtigten aufzunehmen waren. Dies trägt der Tatsache Rechnung, dass E-Mails sich inzwischen zu einem Massenkommunikationsmittel entwickelt haben, dessen Nutzung weitestgehend funktional und akzeptiert ist (BeckOK VwVfG-*Rost* § 2 VwZG Rn. 11).

24 Die Zustellung kann schließlich auch **durch die Behörde** selbst vorgenommen werden; dies meint regelmäßig die Zustellung durch einen Bediensteten (BeckOK VwVfG-*Rost* § 2 VwZG Rn. 12). Dies gilt insbesondere für die Zustellung gegen Empfangsbekenntnis nach § 5. „Behörde" im Sinne der Vorschrift ist weit zu verstehen und bezieht

alle in §1 Abs. 1 genannten Stellen ein, für deren Zustellungsverfahren das VwZG gilt (s. §1 Rn. 9ff.). Erfasst ist auch die Zustellung durch eine Behörde im Wege der **Amtshilfe** (Engelhardt/App/Schlatmann-*Schlatmann* §2 VwZG Rn. 11).

Nach Satz 2 gelten als **Sonderarten der Zustellung** die Zustellung im Ausland nach §9 und die öffentliche Zustellung nach §10. Ihre Bezeichnung als „Sonderarten" verdeutlicht den Ausnahmecharakter dieser Zustellungsvarianten; sie kommen nur dann in Betracht, wenn die in §§3 bis 5 normierten Formen der Zustellung nicht in Betracht kommen. Auf die Kommentierungen zu den §§9 und 10 wird verwiesen. 25

IV. Zu Absatz 3

Die Behörde hat nach Satz 1 **die Wahl zwischen** den verschiedenen, grundsätzlich gleichrangigen (Tipke/Kruse-*Drüen* §2 VwZG Rn. 15) **Zustellungsarten** (Beermann/Gosch-*Kugelmüller-Pugh* §2 VwZG Rn. 12). Sie kann zwischen den Zustellungsformen der §§3ff. auswählen, sofern gesetzlich nicht ausnahmsweise eine oder mehrere Zustellungsarten vorgegeben wird bzw. werden. Diese sind (soweit nicht Sondervorschriften greifen, dazu u. Rn. 27f.) **abschließend geregelt**, so dass in Frage kommen 26

- Zustellung durch die Post mit Zustellungsurkunde (§3),
- Zustellung durch die Post mittels Einschreiben (§4),
- Zustellung durch die Behörde gegen Empfangsbekenntnis (§5) und
- elektronische Zustellung gegen Abholbestätigung über De-Mail-Dienste (§5a).

Die **Sonderarten der Zustellung** nach §9 (Zustellung im Ausland) und §10 (Öffentliche Zustellung) kommen nur in Betracht, wenn nicht mittels der übrigen Zustellungsarten zugestellt werden kann; letztere sind dann ausgeschlossen.

Weitere Zustellungsarten können **durch spezialgesetzliche Bestimmungen** zugelassen werden. Sonderregelungen gelten etwa für die **Bundeswehr** sowie nach dem Zusatzabkommen zum **NATO-Truppenstatut** (s. dazu Anhang B 5). Auch für den **Notstands- und Verteidigungsfall** treffen verschiedene Normen abweichende Vorschriften für die zulässigen Formen der Zustellung. So sieht z.B. §47 Nr. 1 des Bundesleistungsgesetzes vor, dass in dringenden Fällen – soweit eine Zustellung gemäß des §§3 bis 5 VwZG nicht möglich ist – auch die Zustellung durch schriftliche oder fernschriftliche Mitteilung oder durch öffentliche Bekanntmachung in der Presse, im Rundfunk oder in einer sonstigen ortsüblichen und geeigneten Weise erfolgen kann. Ähnliche Regelungen treffen die verschiedenen Sicherstellungsgesetze. 27

Gemäß §127 Abs. 1 Nr. 4 des **Patentgesetzes** kann eine Zustellung an Empfänger, denen beim Patentamt ein Abholfach eingerichtet worden aus, auch dadurch erfolgen, dass das Schriftstück im Abholfach des Empfängers niedergelegt wird. Über die Niederlegung ist eine Mitteilung zu den Akten zu geben; auf dem Schriftstück ist zu vermerken, wann es niedergelegt worden ist. Die Zustellung gilt als am dritten Tag nach der Niederlegung im Abholfach bewirkt. 28

Das **Wahlrecht** der Behörde gilt ohne Weiteres dann, wenn die Zustellung aufgrund behördlicher Anordnung erfolgt (§1 Abs. 2 2. Variante). Ist die Zustellung gesetzlich vorgeschrieben (§1 Abs. 2 1. Variante), kann das jeweilige Gesetz zwar auch die Zustellungsart festlegen; dies wird indes ein Ausnahmefall sein (BeckOK OWiG-*Preisner* §2 VwZG Rn. 15; z.B. §40 S. 2 der Approbationsordnung für Ärzte: Zustel- 29 lung der Approbationsurkunde gegen Empfangsbekenntnis oder mit Zustellungsurkunde; so auch § 21 der Approbationsordnung für Apotheker).

30 Die Entscheidung trifft die Behörde nach pflichtgemäßem **(Verfahrens-)Ermessen** (Beermann/Gosch-*Kugelmüller-Pugh* § 2 VwZG Rn. 22; Engelhardt/App/Schlatmann-*Schlatmann* § 2 VwZG Rn. 12); dieses kann durch Verwaltungsvorschriften u.ä. gelenkt sein. Auch die Ermessensentscheidung über die Zustellungsart ist kein Verwaltungsakt (Beermann/Gosch-*Kugelmüller-Pugh* § 2 VwZG Rn. 22). Bei der Entscheidung ist der **Zweck der Zustellung** zu berücksichtigen – die Behörde hat bei den zu erwägenden Zustellungsarten z.B. das bei einer Zustellung mittels Einschreiben (§ 4) bestehende Risiko zu beachten, dass der Empfänger die Annahme der Sendung verweigert. In die Erwägungen einzubeziehen sind ferner **finanzielle Aspekte**; die Behörde wird – soweit keine Gründe für eine abweichende Entscheidung vorliegen – regelmäßig die kostengünstigste Variante zu wählen haben. Zudem kann die Wahl **aus faktischen Gründen** ausgeschlossen oder eingeschränkt sein. So wird bei an Nichtsesshafte und Wohnungslose, an Besatzungsmitglieder an Bord eines Schiffes (die diesbezüglich offenbar gewohnheitsmäßig übliche Zustellung durch die Wasserschutzpolizei dürfte nur für strafprozessuale Zustellungen zulässig sein, so auch Beermann/Gosch-*Kugelmüller-Pugh* § 2 VwZG Rn. 12 m. Nachweisen aus der Rspr.), an ausreisepflichtige Ausländer in Abschiebehaft und an illegal auf dem Luftweg eingereiste Ausländer im Polizeigewahrsam nur gegen Empfangsbekenntnis zugestellt werden können. Im Ergebnis werden mit Blick auf die Zielsetzungen der Zustellung die Zustellungsarten gegen Empfangsbekenntnis und mit Zustellungsurkunde als die „sichersten" Varianten zu gelten haben.

31 Sieht eine gesetzliche Regelung vor, dass in „Massenverfahren" anstelle von individuellen Zustellungen auch die **öffentliche Bekanntmachung** gewählt werden kann (z.B. § 69 Abs. 2 S. 3 VwVfG: bei mehr als 50 Zustellungen), entscheidet die Behörde nach freiem Ermessen darüber, welche der Varianten sie wählt. Trotz öffentlicher Bekanntmachung kann sie einzelne Dokumente individuell zustellen.

32 Nach Satz 2 bleibt **§ 5 Abs. 5 S. 2 unberührt**. Nach dieser Vorschrift ist ein elektronisches Dokument elektronisch zuzustellen, wenn aufgrund einer Rechtsvorschrift ein Verfahren auf Verlangen des Empfängers in elektronischer Form abgewickelt wird (dazu eingehend § 5 Rn. 64 ff.). In diesem Fall entfällt das behördliche Auswahlermessen hinsichtlich der Zustellungsart (BeckOK VwVfG-*Rost* § 2 VwZG Rn. 14a).

Anhang: Landesrecht

(1) Baden-Württemberg: § 2 Verwaltungszustellungsgesetz für Baden-Württemberg (Landesverwaltungszustellungsgesetz – LVwZG).

(2) Bayern: Art. 2 Bayerisches Verwaltungszustellungs- und Vollstreckungsgesetz (VwZVG).

(3) Berlin: § 7 Gesetz über das Verfahren der Berliner Verwaltung – Geltung des VwZG

(4) Brandenburg: § 1 Abs. 1 Verwaltungszustellungsgesetz für das Land Brandenburg (BbgVwZG) – Geltung der §§ 2–10 VwZG.

(5) Bremen: §1 Abs.1 Bremisches Verwaltungszustellungsgesetz (BremVwZG) – Geltung des VwZG.

(6) Hamburg: §1 Abs.1 Hamburgisches Verwaltungszustellungsgesetz (HmbVwZG) – Geltung des VwZG.

(7) Hessen: §1 Abs.1 Hessisches Verwaltungszustellungsgesetz (HessVwZG) – Geltung der §§ 2–10 VwZG

(8) Mecklenburg-Vorpommern: §§ 1, 95 Verwaltungsverfahrens-, Zustellungs- und Vollstreckungsgesetz des Landes Mecklenburg-Vorpommern (Landesverwaltungsverfahrensgesetz – VwVfG M-V).

(9) Niedersachsen: § 1 Abs. 1 Niedersächsisches Verwaltungszustellungsgesetz (NVwZG) – Geltung der §§ 2–10 VwZG; §2 NVwZG: Zustellung bei Bestimmung durch Rechtsvorschrift oder behördliche Anordnung.

(10) Nordrhein-Westfalen: §2 Verwaltungszustellungsgesetz für das Land Nordrhein-Westfalen (Landeszustellungsgesetz – LZG NRW).

(11) Rheinland-Pfalz: §1 Abs.1 Landesverwaltungszustellungsgesetz (LVwZG) – Geltung der §§ 2–10 VwZG.

(12) Saarland: §1 Saarländisches Verwaltungszustellungsgesetz (SVwZG) – Geltung des VwZG.

(13) Sachsen: §4 Gesetz zur Regelung des Verwaltungsverfahrens- und des Verwaltungszustellungsrechts für den Freistaat Sachsen (SächsVwVfZG) – Geltung des VwZG.

(14) Sachsen-Anhalt: §1 Abs.1 Verwaltungszustellungsgesetz des Landes Sachsen-Anhalt (VwZG-LSA) – Geltung der §§ 2–10 VwZG.

(15) Schleswig-Holstein: §147 Allgemeines Verwaltungsgesetz für das Land Schleswig-Holstein (Landesverwaltungsgesetz – LVwG).

(16) Thüringen: § 2 Thüringer Verwaltungszustellungs- und Vollstreckungsgesetz (ThürVwZVG).

§ 3 Zustellung durch die Post mit Zustellungsurkunde

(1) Soll durch die Post mit Zustellungsurkunde zugestellt werden, übergibt die Behörde der Post den Zustellungsauftrag, das zuzustellende Dokument in einem verschlossenen Umschlag und einen vorbereiteten Vordruck einer Zustellungsurkunde.

(2) [1]Für die Ausführung der Zustellung gelten die §§177 bis 182 der Zivilprozessordnung entsprechend. [2]Im Fall des §181 Abs.1 der Zivilprozessordnung kann das zuzustellende Dokument bei einer von der Post dafür bestimmten Stelle am Ort der Zustellung oder am Ort des Amtsgerichts, in dessen Bezirk der Ort der Zustellung liegt, niedergelegt werden oder bei der Behörde, die den Zustellungsauftrag erteilt hat, wenn sie ihren Sitz an einem der vorbezeichneten Orte hat. [3]Für die Zustellungsurkunde, den Zustellungsauftrag, den verschlossenen Umschlag nach Absatz 1 und die schriftliche Mitteilung nach §181 Abs.1 Satz 3 der Zivilprozessordnung sind die Vordrucke nach der Zustellungsvordruckverordnung zu verwenden.

Übersicht

I. Allgemeines

1 § 3 enthält detaillierte Regelungen zur **Zustellung durch die Post mit Zustellungsurkunde** als eine der nach dem VwZG zulässigen Zustellungsarten. Absatz 1 schreibt Einzelheiten für das Verfahren vor. Absatz 2 trifft weitere Bestimmungen zum eigentlichen Zustellungsverfahren: Satz 1 (s.u. Rn. 27 ff.) erklärt die §§ 177 bis 182 ZPO für entsprechend anwendbar. Satz 2 (s.u. Rn. 102) erlaubt die Niederlegung des zuzustellenden Schriftstücks in verschiedenen Varianten. Satz 3 (s.u. Rn. 103) ordnet die Verwendung von Vordrucken nach der Zustellungsvordruckverordnung (ZustVV) an.

2 Die Zustellung mit Zustellungsurkunde ist eine von mehreren Zustellungsvarianten, bei der keine Zustellung durch die Behörde selbst, sondern durch die Post erfolgt. Es handelt sich um eine **in der Praxis sehr gebräuchliche Vorgehensweise** (vgl. Tipke/Kruse-*Drüen* § 3 VwZG Rn. 1); die Zustellungsart ist aufwändig, dürfte aber eine der sichersten Varianten darstellen (BeckOK OWiG-*Preisner* § 3 VwZG Rn. Vor 1). Insbesondere ist die Besonderheit bei der Zustellung mit Zustellungsurkunde, dass die Zustellung bereits am Tag ihrer Ausführung tatsächlich bewirkt ist. Anders als bei § 4 gibt es im Anwendungsbereich des § 3 **keine Zustellungsfiktion**; die Zustellung ist entsprechend den Angaben der Zustellungsurkunde bzw. nach den gesetzlichen Bestimmungen z.B. des § 179 ZPO erfolgt. Die Zustellung **elektronischer Dokumente** mit Zustellungsurkunde ist zwar denkbar, allerdings wegen der zwingend zu verwendenden, eher instabilen Vordrucke (namentlich der Umschläge) eher nicht anzuraten (BeckOK OWiG-*Preisner* § 3 VwZG Rn. 1).

3 Inhaltlich entspricht § 3 weitgehend dem **§ 176 ZPO**, der den „Zustellungsauftrag" regelt, allerdings einen solchen auch gegenüber Justizbediensteten oder Gerichtsvollziehern vorsieht. Auch durch die Erklärung der §§ 177 bis 182 ZPO für anwendbar in § 3 Abs. 2 S. 1 ist ein „Gleichlauf" mit § 176 ZPO (vgl. dessen Absatz 2) hergestellt (zur Anpassung des § 3 an die ZPO-Regelungen Beermann/Gosch-*Kugelmüller-Pugh* § 3 VwZG Rn. 4).

II. Zu Absatz 1

4 Aufgrund des Wahlrechts der Behörde hinsichtlich der Zustellungsart (dazu § 2 Rn. 26 ff.) kann sie die Zustellung mit Zustellungsurkunde wählen. Allerdings trifft **Abschnitt 5 Abs. 3 VwZG-VwV** Einschränkungen. Danach sind von der Zustellung durch die Post mit „Postzustellungsurkunde" ausgeschlossen: a) Einschreib-, Wert-

und Nachnahmesendungen, b) durch Eilboten zu bestellende Sendungen, c) Sendungen mit dem Vermerk „postlagernd", und d) Schriftstücke, deren Gewicht 1.000 g übersteigt.

5 Entscheidet sich die Behörde für die Zustellung durch die Post mit Zustellungsurkunde, ist sie **an die Vorgaben des §3 gebunden**. Nach Absatz 1 übergibt die Behörde der Post (s.u. Rn. 7) den Zustellungsauftrag (s.u. Rn. 6), das zuzustellende Dokument (s.u. Rn. 12 f.) in einem verschlossenen Umschlag (s.u. Rn. 14) und einen vorbereiteten Vordruck einer Zustellungsurkunde (s.u. Rn. 15 ff.). Diese gesetzlichen Vorschriften werden ergänzt durch die Bestimmungen der Zustellungsvordruckverordnung.

6 Der an die Post gerichtete **Zustellungsauftrag** erstreckt sich auf mehrere Tätigkeiten bzw. Einzelhandlungen: Die Beförderung der übergebenen Sendung zum Zustellungsort, ihre Aushändigung an den Zustellungsadressaten, an seinen Bevollmächtigten oder an einen Ersatzempfänger (gemäß §178 ZPO), gegebenenfalls das Einlegen der Sendung in einen Briefkasten oder eine sonstige Vorrichtung (gemäß §180 ZPO), die Niederlegung (gemäß §181 ZPO) bzw. die Rücksendung an den Absender (z.B. gemäß §179 ZPO). Ferner ist die Zustellungsurkunde auszufüllen, zu unterschreiben und zurückzusenden, gegebenenfalls ist eine schriftliche Mitteilung über die Niederlegung zu erstellen und dem Zustellungsadressaten auf den gesetzlich vorgesehenen Wegen zugänglich zu machen.

7 Unter **Post** sind neben der Deutschen Post AG auch **andere (private) Postdienstleister** zu verstehen (Beermann/Gosch-*Kugelmüller-Pugh* §3 VwZG Rn. 6, 8; dazu §2 Rn. 21; BeckOK VwVfG-*Ronellenfitsch* §3 VwZG Rn. 1). Postdienstleistungen sind nach §4 Nr. 1 PostG folgende gewerbsmäßig erbrachte Dienstleistungen: a) die Beförderung von Briefsendungen, b) die Beförderung von adressierten Paketen, deren Einzelgewicht 20 Kg nicht übersteigt, oder c) die Beförderung von Büchern, Katalogen, Zeitungen oder Zeitschriften, soweit sie durch Unternehmen erfolgt, die Postdienstleistungen nach Buchstabe a) oder b) erbringen. „Beförderung" ist nach Nr. 3 der Vorschrift das „Einsammeln, Weiterleiten oder Ausliefern von Postsendungen an den Empfänger". Gemäß §33 Abs. 1 PostG ist ein Lizenznehmer, der Briefzustelldienstleistungen erbringt, mit Hoheitsbefugnissen ausgestattet, soweit er seiner Verpflichtung zur förmlichen Zustellung nachkommt. Damit sind auch private Zustelldienste zur Vornahme von Zustellungen nach §3 berechtigt (und verpflichtet; zu möglichen Amtshaftungsfolgen vgl. BeckOK VwVfG-*Ronellenfitsch* §3 VwZG Rn. 4), wenn sie über eine Lizenz gemäß §5 verfügen und nicht gemäß §33 Abs. 2 S. 1 PostG von der Verpflichtung zur förmlichen Zustellung befreit sind; darüber hinaus ist nach §34 S. 4 PostG eine Entgeltgenehmigung für die förmliche Zustellung durch die Regulierungsbehörde erforderlich (Beermann/Gosch-*Kugelmüller-Pugh* §3 VwZG Rn. 8).

8 Die **Verpflichtung der Post zur Mitwirkung** an der Zustellung ergibt sich aus §33 des Postgesetzes (BeckOK VwVfG-*Ronellenfitsch* §3 VwZG Rn. 4). Nach dessen Absatz 1 S. 1 ist ein „Lizenznehmer, der Briefzustelldienstleistungen erbringt", dazu verpflichtet, „Schriftstücke unabhängig von ihrem Gewicht nach den Vorschriften der Prozessordnungen und der Gesetze, die die Verwaltungszustellung regeln, förmlich zuzustellen." Nach Satz 2 ist der Lizenznehmer im Umfang dieser Verpflichtung mit Hoheitsbefugnissen ausgestattet (beliehener Unternehmer).

9 Unter **Übergabe** versteht man die Einlieferung bei einer Postannahmestelle oder die Übersendung an den Postdienstleister per Post (Engelhardt/App/Schlatmann-*Schlatmann* §3 VwZG Rn. 9).

10 Für die zu übergebenden Unterlagen gelten gemäß §3 Abs. 2 S. 3 die Vorschriften der Verordnung zur Einführung von Vordrucken für die Zustellung im gerichtlichen Verfahren – **Zustellungsvordruckverordnung** (ZustVV), die auf der Grundlage der Verordnungsermächtigung gemäß § 190 ZPO („Einheitliche Zustellungsformulare") erlassen worden ist. Die Verordnung sieht vor, dass der gesamte Zustellungsauftrag in einem **äußeren Umschlag** (nach Vordruck) – dem Zustellungsauftrag – zu übergeben ist; dieser sollte verschlossen werden (BeckOK VwVfG-*Ronellenfitsch* § 3 VwZG Rn. 13). Auf ihm sind insbesondere die Adresse des Zustellungsempfängers sowie der Absender zu vermerken. In diesen äußeren Umschlag sind der innere Umschlag und der Vordruck der Zustellungsurkunde zu geben. Der **innere Umschlag** (nach Vordruck) enthält das zuzustellende Dokument; er ist zu verschließen. Auf ihm sind verschiedene Angaben zu vermerken (s.u. Rn. 14).

11 Auf den Unterlagen, namentlich auf der Zustellungsurkunde und dem inneren Umschlag, kann die Behörde weitere **zustellungsleitende Vermerke** anbringen (Engelhardt/App/Schlatmann-*Schlatmann* § 3 VwZG Rn. 10), z.B. zum Ausschluss der Ersatzzustellung insgesamt („Ersatzzustellung ausgeschlossen") oder an bestimmte Personen („Keine Ersatzzustellung an:") bzw. zum Ausschluss der Niederlegung („Nicht durch Niederlegung zustellen"). Auch kann angeordnet werden: „Mit Angabe der Uhrzeit zustellen". Die Wirksamkeit der Ersatzzustellung bzw. der Niederlegung wird allerdings nicht beeinträchtigt, wenn der Zusteller den Anweisungen zuwiderhandelt; entscheidend ist allein die Einhaltung der gesetzlichen Vorschriften (vgl. *BGH* B 31.10.2002 – III ZB 17/02, NJW-RR 2003, 208; *OVG Lüneburg* B 12.5.2005 – 7 ME 35/05, NVwZ-RR 2005, 760).

12 Die Behörde übergibt der Post das **zuzustellende Dokument**. Dabei kann es sich um Schriftstücke (Urschriften, Ausfertigungen, beglaubigte Abschriften, §2 Rn. 7 ff.), aber nach zutreffender Auffassung auch um elektronische Speichermedien – Speicherkarten, USB-Sticks, CDs, DVDs, Disketten – handeln (Beermann/Gosch-*Kugelmüller-Pugh* §3 VwZG Rn. 9), wobei dies in der Praxis häufig aufgrund der zu nutzenden Vordrucke mit Blick auf das Interesse an einer unversehrten Aushändigung an den Empfänger ausscheiden dürfte (vgl. BeckOK OWiG-*Preisner* §3 VwZG Rn. 1).

13 Auf den Rechtscharakter des Dokuments kommt es nicht an; die Behörde kann die Zustellung mit Zustellungsurkunde **sowohl für Schriftstücke öffentlich-rechtlichen als auch privatrechtlichen Inhalts** nutzen (*OVG Berlin* B 23.1.1997 – 2 S 2/97, NVwZ-RR 1998, 464). Es können mehrere Schriftstücke in einem äußeren Umschlag versendet werden; in diesem Falle müssen die Zustellungsurkunden allerdings so an den jeweiligen inneren Umschlägen (s.u. Rn. 14) der zugehörigen Schriftstücke befestigt werden, dass sie sich beim Öffnen des äußeren Umschlags nicht lösen.

14 Das zuzustellende Dokument ist **in einem verschlossenen Umschlag** (dem inneren Umschlag; s.o. Rn. 10) zu übergeben. Auf dem Umschlag sind der Adressat mit seiner Anschrift, der Absender mit der Absenderanschrift sowie das Aktenzeichen zu vermerken (dazu s.u. Rn. 17 ff.). Der Vermerk des Tages der Zustellung auf dem inneren Umschlag bringt lediglich das Datum der Zustellung dem Empfänger nachrichtlich zur Kenntnis, ist aber nicht notwendiger Bestandteil der Zustellung (*OVG Bautzen* B

16.5.2017 – 3 D 127/16, Rn.9; *VGH Mannheim* B 15.2.2016 – 6 S 1870/15, VBlBW 2016, 328). Bei der Anordnung des Verschlossenseins handelt es sich nach verbreiteter Auffassung lediglich um eine Ordnungsvorschrift; ein Verstoß soll nicht zur Unwirksamkeit der Zustellung führen (Tipke/Kruse-*Drüen* §3 VwZG Rn.2; BeckOK OWiG-*Preisner* §3 VwZG Rn.6). Dies ist jedenfalls dann zweifelhaft, wenn auch der äußere Umschlag nicht verschlossen ist (vgl. BeckOK VwVfG-*Ronellenfitsch* §3 VwZG Rn.14). In der Rechtsprechung ist ein Konvolut nicht als „Sendung" i.S.v. §3 qualifiziert worden, bei dem ein Schriftstück in einem nicht den Vorgaben für einen inneren Umschlag genügenden Kuvert mit einer Büroklammer an einem leeren inneren Umschlag befestigt war, in das es nicht gepasst hat (*OVG Münster* U 16.5.1991 – 21 A 1263/89, NJW 1991, 3167): Nur wenn die beiden Bestandteile derart verbunden seien, dass entweder die Auflösung der Verbindung nur unter teilweiser Substanzzerstörung möglich oder eine körperliche Verbindung als dauernd gewollt erkennbar und nur durch Gewaltanwendung zu lösen sei, könne davon ausgegangen werden, dass sich die Beurkundung der Zustellung auch auf einen beigefügten weiteren Umschlag erstrecke.

Zu übergeben ist ferner der **vorbereitete Vordruck einer Zustellungsurkunde**. Der notwendige Inhalt der Zustellungsurkunde ergibt sich aus §3 Abs.2 S.1 i.V.m. §182 ZPO (s.u. Rn.91ff.). 15

Unter dem **vorbereiteten Vordruck** ist zu verstehen, dass die Behörde auf dem Vordruck der Zustellungsurkunde Aktenzeichen, Adressat und die eigene (Absender-)Anschrift einträgt, wie dies in der Verordnung zur Einführung von Vordrucken für die Zustellung im gerichtlichen Verfahren (Zustellungsvordrucksverordnung – ZustVV) vorgesehen ist (BT-Drucks. 15/5216, S. 11; Beermann/Gosch-*Kugelmüller-Pugh* § 3 VwZG Rn.11). 16

Auf dem Vordruck der Zustellungsurkunde (sowie auf den inneren Umschlag) ist zunächst das **Aktenzeichen** einzutragen. Die Angaben auf Umschlag und Zustellungsurkunde müssen übereinstimmen (vgl. *BFH* U 25.10.1995 – 1 R 16/95, BFHE 179, 202; U. 19.6.1991 – 1 R 77/89, BFHE 165, 5; *OVG Bautzen* B 5.9.2000 – 1 BS 226/00, SächsVBl. 2001, 33; *OVG Berlin* U 2.12.1977 – 2 B 98/76, JZ 1978, 273). Sind mehrere Dokumente in einer Sendung zusammengeführt, müssen die Aktenzeichen aller Sendungen aufgeführt werden (*BFH* B 25.4.2005 – VIII B 42/02, BFH/NV 2005, 1821; Tipke/Kruse-*Drüen* § 3 VwZG Rn. 4; BeckOK VwVfG-*Ronellenfitsch* § 3 VwZG Rn. 22; Engelhardt/App/Schlatmann-*Schlatmann* §3 VwZG Rn.6); es muss zweifelsfrei erkennbar sein, dass der äußere Umschlag mehrere Schriftstücke enthält, und welchen Vorgängen sie (jeweils) zuzuordnen sind. Bei (teilweise) fehlenden Angaben sind jedoch diejenigen Schriftstücke, deren Aktenzeichen zutreffend vermerkt ist, wirksam zugestellt (BeckOK VwVfG-*Ronellenfitsch* § 3 VwZG Rn. 22; BeckOK OWiG-*Preisner* §3 VwZG Rn.5). 17

Der Begriff des „Aktenzeichens" ist mit dem früher gebräuchlichen Terminus „Geschäftsnummer" identisch. Da die Zustellungsurkunde lediglich die Übergabe der Sendung, nicht aber des bzw. der darin verschlossenen Dokumente(s) nachweisbar belegt, bedarf es einer **Dokumentation des Aktenzeichens** auf der Zustellungsurkunde (Beermann/Gosch-*Kugelmüller-Pugh* § 3 VwZG Rn. 13; BeckOK VwVfG-*Ronellenfitsch* §3 VwZG Rn. 20; Tipke/Kruse-*Drüen* §3 VwZG Rn. 3; Engelhardt/App/Schlatmann-*Schlatmann* §3 VwZG Rn.5; BeckOK OWiG-*Preisner* §3 VwZG Rn.5). Auch §3 Abs.2 VwZG i.V.m. §182 Abs.3 ZPO gebietet es, dass die vom Post- 18 bediensteten über die Zustellung zu fertigende Urkunde die Übergabe der ihrer Adresse und ihrem Aktenzeichen nach bezeichneten Sendung bezeugen müsse. Eine alternative Angabe anderer Identifikationszeichen, etwa der **Steuernummer** des Adressaten, genügt nur, wenn durch weitere Angaben eine eindeutige Zuordnung möglich ist (vgl. Beermann/Gosch-*Kugelmüller-Pugh* § 3 VwZG Rn. 13; s. auch Tipke/Kruse-*Drüen* § 3 VwZG Rn. 3). Namentlich die finanzgerichtliche Rechtsprechung hat zum anzugebenden Aktenzeichen eine differenzierte Kasuistik entwickelt: Finden sich weitere Konkretisierungsmerkmale etwa in Form von Kürzeln im Format „(Steuerkürzel) (Jahr)" neben dem Adressfeld, genügt dies den normativen Anforderungen nicht; allein aus diesen Bezeichnungen lässt sich die Art des übermittelten Dokuments nicht eindeutig ableiten – sie bezeichnen letztlich nur dessen „Thema", nicht seinen Inhalt (vgl. auch *BFH* U 16.3.2000 – III R 19/99, BStBl II 2000, 52; Beermann/Gosch-*Kugelmüller-Pugh* § 3 VwZG Rn. 14). Ebenfalls nicht ausreichend sind Kennzeichnungen, die lediglich Aufschluss über die behördliche Abteilung, den Sachbearbeiter etc. geben, nicht aber auf ein bestimmtes Schriftstück schließen lassen (*BFH* U 1.12.1992 – VIII R 85/90, BFH/NV 1993, 701). Ausreichend soll die Angabe einer Rechtsbehelfslistennummer bei der Zustellung einer Einspruchsentscheidung sein (*BFH* U 11.12.1985 – I R 352/83, BFH/NV 1986, 644); auch die aus der Steuernummer mit dem Zusatz „RbSt" gebildete Geschäftsnummer genügt nach der Rechtsprechung den Anforderungen (*BFH* U 17.10.1984 – I R 167/81, BStBl II 1985, 74). Dass dem Zustellungsempfänger aus der Kennzeichnung nicht ohne weiteres zugleich der Erklärungsgehalt der zugestellten Sendung ersichtlich ist, ist unerheblich: Das Erfordernis der Kennzeichnung dient nur der eindeutigen Identifizierung des zugestellten Schriftstückes, nicht aber der Mitteilung seines Erklärungsinhalts (*BFH* U 18.3.2004 – V R 11/02, BFHE 205, 501).

19 Die Rechtsprechung unterlag hinsichtlich der Frage der **Wirksamkeit der Zustellung** bei einem Verstoß gegen die dargestellten Grundsätze dem Wandel. In seiner früheren Judikatur hat der Bundesfinanzhof entschieden, dass die Zustellung unwirksam sei, wenn die Angabe des Aktenzeichens fehle (*BFH* U 16.3.2000 – III R 19/99, BStBl II 2000, 520; vgl. Beermann/Gosch-*Kugelmüller-Pugh* § 3 VwZG Rn. 13). Auswirkungen auf die Bekanntgabe des zugestellten Bescheides habe dies aber nicht, sofern die Sendung nachweislich zugegangen sei. Nach der Reform des Zustellungsrechts im Jahr 2001 geht die Rechtsprechung demgegenüber davon aus, dass die fehlende Angabe des Sendungsinhaltes keine Konsequenzen (mehr) für die Wirksamkeit der Zustellung, sondern nur für ihren Nachweis hat (*BFH* B 20.12.2011 – VIII B 199/10, BFH/NV 2012, 597; vgl. auch *BGH* B 11.7.2005, NotZ 12/05, NJW 2005, 3216).

20 Auf dem inneren Umschlag und auf der Zustellungsurkunde zu vermerken ist ferner der **Adressat**; nach § 2 Abs. 2 ZustVV kann auch ein innerer Umschlag mit Sichtfenster verwendet werden, durch das der auf dem innenliegenden Schriftstück bezeichnete Adressat mit Zustellanschrift erkennbar ist. Adressat ist der Zustellungsadressat mit seiner Postanschrift, also derjenige, an den die Zustellung zu richten ist (Beermann/Gosch-*Kugelmüller-Pugh* § 3 VwZG Rn. 12). Diese Person muss nicht mit dem „Inhaltsadressaten" einer übermittelten Verfügung personengleich sein – Zustellungsadressat kann neben diesem auch ein gesetzlicher Vertreter (vgl. § 6), insbesondere bei juristischen Personen (BeckOK VwVfG-*Ronellenfitsch* § 3 VwZG Rn. 18), oder ein Bevollmächtigter (vgl. § 7) sein. Eine unrichtige Schreibweise des Namens ist unschädlich, wenn eine Verwechslungsgefahr nicht besteht; dies gilt auch für die Angabe eines falschen Vornamens (BeckOK OWiG-*Preisner* § 3 VwZG Rn. 4 m.w.N.).

21 Bei **Personenmehrheiten** ist im Regelfall jedem, für den die Zustellung bestimmt ist, auch eine Ausfertigung des Schriftstücks zuzustellen (§ 2 Rn. 14; st. Rspr., s. etwa *BVerwG* U 22.10.1992 – 5 C 65/88, NJW 1993, 2884; *BFH* U 8.6.1995 – IV R 104/94, BFHE 178, 105; *OVG Berlin* U 12.6.1985 – 2 B 129/83, NVwZ 1986, 136; *VGH Mannheim* U 13.2.1985 – 3 S 3198/84, VBlBW 1985, 333; *VGH München* U 6.12.1990 – 12 B 88.01730, BayVBl. 1991, 338; *OVG Münster* U 26.9.1994 – 22 A 2426/94, NVwZ-RR 1995, 623; *OVG Schleswig* U 19.3.1993 – 3 L 196/92, DVBl. 1993, 890). Damit kann auch der auf dem inneren Umschlag angegebene Adressat nur eine Einzelperson sein.

22 Die **Adresse** kann die Postanschrift (nicht die Hausanschrift) einer Privatwohnung oder eines Geschäftssitzes sein (Beermann/Gosch-*Kugelmüller-Pugh* § 3 VwZG Rn. 12). Eine unrichtige Schreibweise der Anschrift führt nicht zur Unwirksamkeit der Zustellung, sofern eine Verwechslungsgefahr nicht besteht; der Fehler kann vom Zusteller gewissermaßen „vor Ort“ behoben werden (vgl. *BGH* B 13.6.2001 – V ZB 20/01, NJW-RR 2001, 1361).

23 Da auch die Zustellung an ein **Post(abhol)fach** zulässig ist, kann auch dessen Anschrift (also: Postfachnummer, Postfach-Postleitzahl, Ort) auf dem Vordruck vermerkt werden (Beermann/Gosch-*Kugelmüller-Pugh* § 3 VwZG Rn. 12; BeckOK VwVfG-Ronellenfitsch § 3 VwZG Rn. 17; Tipke/Kruse-*Drüen* § 3 VwZG Rn. 5). Der Stelle, in der sich das Fach befindet, ist eine zustellungsfähige Anschrift des Inhabers bekannt, so dass eine ordnungsgemäße Zustellung veranlasst werden kann (a.A. BeckOK OWiG-*Preisner* § 3 VwZG Rn. 4, dem zufolge eine Zustellung nach § 3 dann nicht erfolgen könne). Das Postfach ist damit nach überzeugender Auffassung eine zustellungsrechtlich zulässige „Zwischenstation“. Dass es sich nach der Rechtsprechung regelmäßig nicht um eine ladungsfähige Anschrift handelt, ist für die Zustellung unerheblich. Gleichwohl ist die Zustellung an der Wohnanschrift der Postfachzustellung vorzuziehen (vgl. *BVerwG* U 13.4.1999 – 1 C 24/97, NJW 1999, 2608). Ausnahmsweise darf die Behörde als Adresse des Zustellungsadressaten auch **„postlagernd“** angeben, wenn dieser dafür nachvollziehbare Gründe benannt und bei der Post für die Fälle einer förmlichen Zustellung eine zustellfähige Anschrift nachgewiesen hat; die erforderliche Individualisierung ist damit ermöglicht (vgl. *BVerwG* U 13.4.1999 – 1 C 24/97, NJW 1999, 2608).

24 Die auf der Vorderseite des inneren Umschlags anzubringende **Absenderanschrift** ist die Dienstanschrift der Behörde, die die Zustellung veranlasst hat. Es muss – selbstverständlich – nicht nur die Anschrift des Absenders angegeben, sondern auch der **Absender selbst** eindeutig bezeichnet werden (vgl. Tipke/Kruse-*Drüen* § 3 VwZG Rn. 3; BeckOK VwVfG-*Ronellenfitsch* § 3 VwZG Rn. 19). Dies ist schon aus praktischen Gründen unerlässlich, weil die Zustellungsurkunde gemäß § 3 Abs. 2 VwZG i.V.m. § 182 Abs. 3 ZPO an die Behörde zurückzusenden ist (Beermann/Gosch-*Kugelmüller-Pugh* § 3 VwZG Rn. 12). Allerdings ist auch auf der Zustellungsurkunde bei Verwendung des Vordrucks nach Anlage 1 zu § 1 Abs. 1 ZustV die Absenderadresse einzutragen. Daher führt das Fehlen der Absenderanschrift auf dem inneren Umschlag letztlich nicht zur Unwirksamkeit der Zustellung.

25 Die Behörde **übergibt** die genannten Gegenstände an die Post bzw. den Postdienstleister im vorgesehenen äußeren Umschlag (Beermann/Gosch-*Kugelmüller-Pugh* § 3

VwZG Rn. 10). An den Vorgang dieser Übergabe sind keine besonderen Formanforderungen gestellt; sie muss auch nicht durch einen Aufgabevermerk dokumentiert werden (wie bei der Zustellung durch die Post mittels Einschreiben nach § 4 Abs. 2 S. 4; vgl. § 4 Rn. 24).

26 Bei der Wahl der Zustellung durch die Post kann sich der Umstand ergeben, dass der Postbedienstete den Empfänger **nicht oder nur unter unverhältnismäßig großem Aufwand** erreichen kann. In diesen Fällen ist die Zustellung unzumutbar. In diesem Fall kann die Behörde selbst gegen Empfangsbekenntnis nach § 5 Abs. 1 zustellen und gegebenenfalls die Polizeibehörde um Amtshilfe ersuchen.

III. Zu Absatz 2

27 **1. Ausführung der Zustellung.** Weitere Vorgaben für die Zustellung durch die Post mittels Zustellungsurkunde waren in § 3 Abs. 1 a.F. ausdrücklich normiert. In der aktuell geltenden Fassung der Norm ist stattdessen in § 3 Abs. 2 S. 1 eine Verweisung auf die **§§ 177 bis 182 ZPO** aufgenommen (vgl. BT-Drucks. 15/5216, S. 11). Diese gelten nach **Absatz 2 Satz 1** für die **Ausführung der Zustellung**.

28 **a) Ort der Zustellung (§ 177 ZPO).** **§ 177 ZPO** regelt den Ort der Zustellung und entspricht im Wesentlichen der früheren Fassung des § 10 VwZG a.F. (Beermann/Gosch-*Kugelmüller-Pugh* § 3 VwZG Rn. 25). Gemäß der Vorschrift kann das Dokument der Person, der zugestellt werden soll, **an jedem Ort übergeben** werden, an dem sie angetroffen wird.

§ 177 ZPO Ort der Zustellung

Das Schriftstück kann der Person, der zugestellt werden soll, an jedem Ort übergeben werden, an dem sie angetroffen wird.

Dies soll der Vereinfachung und Beschleunigung des Zustellungs- und damit des jeweiligen Verwaltungsverfahren dienen (vgl. Beermann/Gosch-*Kugelmüller-Pugh* § 3 VwZG Rn. 27), insbesondere der Vermeidung „unnötiger Wege" (Musielak/Voit-*Wittschier* § 177 ZPO Rn. 1). Die Bestimmung gilt **nur für den Zustellungsadressaten**, nicht für Ersatzempfänger nach § 178 ZPO, da die Eigenschaft als solche Ersatzempfänger an das Antreffen an einem der in der Vorschrift benannten Orte (Wohnung, Geschäftsräume, Gemeinschaftseinrichtungen) geknüpft ist.

29 Die Formulierung **„an jedem Ort"** hebt jede denkbare Beschränkung des räumlichen Areals auf, in dem eine Zustellung wirksam erfolgen kann. Ihr kommt darüber hinaus keine eigenständige normative Bedeutung zu; insbesondere sind an den „Ort" keinerlei besondere Anforderungen zu stellen. Die Zustellung kann durch Übergabe jeweils dort erfolgen, wo der Zustellungsadressat angetroffen wird, also in geschlossenen Räumen wie Wohnungen, Arbeitsstellen (*BGH* U 31.10.2000 – VI ZR 198/99 BGHZ 145, 364), Behörden- oder Gerichtsgebäuden, aber auch auf offener Straße, am Ort seiner Freizeitgestaltung (Tipke/Kruse-*Drüen* § 3 VwZG Rn. 8), in Restaurants (BeckOK VwVfG-*Ronellenfitsch* § 3 VwZG Rn. 25) oder „auf freiem Feld" (*BFH* U 18.12.1986 – VIII R 257/83, BFH/NV 1986, 711). „Ort" ist mithin nicht im Sinne von „Ortschaft", also etwa Gemeinde zu verstehen (vgl. Beermann/Gosch-*Kugelmüller-Pugh* § 3 VwZG Rn. 28). Eine Zustellung „bei unpassender Gelegenheit" oder an unpassendem Ort ist möglichst zu vermeiden, beeinträchtigt allerdings die Wirksamkeit der Zustellung nicht (Tipke/Kruse-*Drüen* § 3 VwZG Rn. 8; vgl. BeckOK ZPO-

Dörndorfer § 177 ZPO Rn. 2). Insbesondere kann der Zustellungsadressat die Entgegennahme nicht mit der Begründung verweigern, der Ort der Zustellung sei ihm nicht genehm (BeckOK OWiG-*Preisner* § 3 VwZG Rn. 9). Es fehlt an einer gesetzlichen Regelung, die den Zusteller zu einer besonderen Rücksichtnahme verpflichtet; auch § 138 Abs. 1 BGB (Verstoß gegen die guten Sitten) kann diesbezüglich nicht herangezogen werden. Anderes ergibt sich auch nicht aus der Begründung des Gesetzentwurfs des Zustellungsreformgesetzes (BT-Drucks. 14/4554, S. 20). Dort wird zwar zu § 177 ZPO ausgeführt: „Die Vorschrift erlaubt jedoch keine Zustellung bei unangemessenen Gelegenheiten und zu allgemein unpassender Zeit". Daraus lässt sich nur herleiten, dass der Zustellungsadressat die Entgegennahme etwa zur Nachtzeit, an Sonn- und Feiertagen berechtigt verweigern darf (s.u. Rn. 64), nicht aber, dass ihm grundsätzlich die Entscheidung über das „Passen" und die „Angemessenheit" der Gelegenheit zugebilligt werden soll. Verweigern kann er die Annahme – freilich mit der Rechtsfolge des § 179 ZPO – ohnehin immer.

Antreffen bedeutet schlicht eine tatsächliche „körperliche" Begegnung zwischen Zustellungsadressaten und Zusteller. Aus dem Begriff lässt sich keine Pflicht des Letzteren herleiten, den Zustellungsadressaten an anderer Stelle als der Zustellungsadresse (im Regelfall: der Wohnung) zu suchen und aufzuspüren (*BVerwG* U 9.10.1973 – 5 C 110/72, BVerwGE 44, 104, 108; *OLG Celle* U 22.7.1997 – 4 W 186/97, OLGR Celle 1997, 219; Beermann/Gosch-*Kugelmüller-Pugh* § 3 VwZG Rn. 29; Engelhardt/App/Schlatmann-*Schlatmann* § 3 VwZG Rn. 12; BeckOK OWiG-*Preisner* § 3 VwZG Rn. 9). Wird der Empfänger nicht in seiner Wohnung, in dem Geschäftsraum oder in einer Gemeinschaftseinrichtung, in der er wohnt, angetroffen, ist eine Ersatzzustellung nach § 178 ZPO zu erwägen. 30

Das Dokument **kann, muss aber nicht an anderer Stelle übergeben werden**; insoweit führt das Unterlassen eines Vorgehens des Zustellers nach § 177 ZPO nicht zur Unwirksamkeit der Zustellung (Beermann/Gosch-*Kugelmüller-Pugh* § 3 VwZG Rn. 32). Allerdings hat der Zusteller auf sachlichen Gründen beruhende Vorschläge des Zustellungsadressaten zu berücksichtigen. Verweigert der Zustellungsempfänger die Annahme der Zustellung, so ist das Dokument nach § 179 ZPO in der Wohnung oder in dem Geschäftsraum zurückzulassen. Ist dies nicht möglich, muss das Dokument zurückgeschickt werden. Es gilt als mit der Annahmeverweigerung zugestellt (Beermann/Gosch-*Kugelmüller-Pugh* § 3 VwZG Rn. 30). 31

b) Ersatzzustellungen (§ 178 ZPO). In den §§ 178, 180 und 181 ZPO sieht der Gesetzgeber verschiedene Varianten einer sog. **„Ersatzzustellung"** vor; teilweise sind die Regelungen mit denjenigen des früheren § 11 VwZG a.F. vergleichbar (Beermann/Gosch-*Kugelmüller-Pugh* § 3 VwZG Rn. 26). Die damit eingeräumten erweiterten Zustellungsoptionen sollen dazu dienen, die Anzahl der Zustellungen durch Niederlegung zu reduzieren (Tipke/Kruse-*Drüen* § 3 VwZG Rn. 28). Die Regelungen sind verfassungsgemäß (*BVerfG* B 15.10.2009 – 1 BvR 2333/09, NJW-RR 2010, 421; *BVerwG* U 11.5.1979 – 6 C 70/78, BVerwGE 58, 100, 103, 104; B 15.3.1984 – 7 B 167/82, NJW 1984, 2112). 32

Nach **§ 178 Abs. 1 Nrn. 1 bis 3 ZPO** kann **ersatzweise an andere Personen** zugestellt werden 33

- in der Wohnung einem erwachsenen Familienangehörigen, einer in der Familie beschäftigten Person oder einem erwachsenen ständigen Mitbewohner (§ 178 Abs. 1 Nr. 1 ZPO),

– in den Geschäftsräumen einer dort beschäftigten Person (§178 Abs. 1 Nr. 2 ZPO) und
– in einer Gemeinschaftseinrichtung dem Leiter der Einrichtung oder einem dazu ermächtigten Vertreter (§178 Abs. 1 Nr. 3 ZPO).

§178 ZPO – Ersatzzustellung in der Wohnung, in Geschäftsräumen und Einrichtungen

(1) Wird die Person, der zugestellt werden soll, in ihrer Wohnung, in dem Geschäftsraum oder in einer Gemeinschaftseinrichtung, in der sie wohnt, nicht angetroffen, kann das Schriftstück zugestellt werden

1. in der Wohnung einem erwachsenen Familienangehörigen, einer in der Familie beschäftigten Person oder einem erwachsenen ständigen Mitbewohner,
2. in Geschäftsräumen einer dort beschäftigten Person,
3. in Gemeinschaftseinrichtungen dem Leiter der Einrichtung oder einem dazu ermächtigten Vertreter.

(2) Die Zustellung an eine der in Absatz 1 bezeichneten Personen ist unwirksam, wenn diese an dem Rechtsstreit als Gegner der Person, der zugestellt werden soll, beteiligt ist.

34 Eine solche ersatzweise Zustellung ist die Aushändigung der Sendung an eine geeignete, vom Gesetz dafür zugelassene Person in der begründeten Erwartung, dass diese als **Vertrauensperson** das Dokument unverzüglich an den Zustellungsadressaten weitergibt (Tipke/Kruse-*Drüen* §3 VwZG Rn. 10).

35 Dies setzt freilich voraus, dass **dieser noch am Leben** ist (Engelhardt/App/Schlatmann-*Schlatmann* §3 VwZG Rn. 14). Andernfalls ist die der Ersatzzustellung zugrundeliegende Erwartung, eine Weitergabe an den Zustellungsadressaten werde erfolgen, unerfüllbar.

36 Voraussetzung ist ferner, dass die Person, der zugestellt werden soll, in ihrer Wohnung, in dem Geschäftsraum oder in einer Gemeinschaftseinrichtung, in der sie wohnt, **nicht angetroffen** wird (zum Begriff des „Antreffens" s.o. Rn. 30; BeckOK VwVfG-*Ronellenfitsch* §3 VwZG Rn. 27; BeckOK OWiG-*Preisner* §3 VwZG Rn. 11; BeckOK ZPO-*Dörndorfer* §178 ZPO Rn. 2; Musielak/Voit-*Wittschier* §178 ZPO Rn. 2). Dies kann verschiedene Gründe haben: Der Adressat kann sich nicht am Ort des Aufgesuchtwerdens befinden, seine Anwesenheit ist nicht erkennbar, weil er die Tür nicht öffnet, oder er ist erkrankt und an der Annahme verhindert (vgl. BeckOK ZPO-*Dörndorfer* §178 ZPO Rn. 2). Es kann aber auch aufgrund des Verhaltens Dritter eine Begegnung verhindert werden, etwa durch das Verwehren des Zutritts zur Wohnung (BeckOK ZPO-*Dörndorfer* §178 ZPO Rn. 2); auch in diesem Fall liegt ein Nichtantreffen vor (vgl. BeckOK OWiG-*Preisner* §3 VwZG Rn. 12). Gleiches gilt, wenn ein angetroffener Ersatzempfänger die Sendung widerspruchslos entgegennimmt (*BGH* B 4.2.2015 – III ZR 513/13, NJW-RR 2015, 702; *OLG Frankfurt* B 14.10.2013 – 19 U 163/13; kritisch *Piper* WM 2015, 1673); insbesondere ist dem Zusteller in einem solchen Fall eine personenbezogene Überprüfung im Sinne einer „Identitätsfeststellung" nicht zuzumuten. Insgesamt sind an das „Nichtantreffen" keine hohen Anforderungen gestellt. Das Merkmal ist bereits erfüllt, wenn der Adressat von einer dort beschäftigten Person als abwesend oder verhindert bezeichnet wird; weitere Nachforschungen des Zustellers sind dann regelmäßig nicht veranlasst (*BGH* B 11.7.2018 – XII ZB 137/18, NJW 2018, 2802; B 29.3.2017 – VIII ZR 117/16, NJW 2017, 2472 Rn. 29; B 4.2.2015 – III ZR 513/13, NJW-RR 2015, 702 Rn. 10ff.). Verweigert der Adressat – bei einem Antreffen im Sinne einer tatsächlichen Begegnung – die Annahme der Zustellung, ist das Dokument zurückzulassen (§ 179 ZPO). Kann eine Ersatzzustellung nach § 178 Abs. 1 Nr. 1 bzw. Nr. 2 ZPO nicht erfolgen, ist nach Maßgabe des § 180 ZPO auch eine Ersatzzustellung durch Einlegen der Sendung in den Briefkasten zulässig (s.u. Rn. 68 ff.).

Die Ersatzzustellung kann nach **Nr. 1** zunächst **in der Wohnung** an einen erwachsenen Familienangehörigen, an eine in der Familie beschäftigten Person oder an einen erwachsenen ständigen Mitbewohner erfolgen. Dies trägt der Tatsache Rechnung, dass in der Wohnung am ehesten mit der Anwesenheit des Zustellungsadressaten zu rechnen ist (vgl. *BFH* U 25.1.1994 – VIII R 45/92, BFHE 173, 213, 215); ist er nicht anwesend, stellt die Aushändigung an einen Ersatzempfänger aus dem Kreise der in Nr. 1 Genannten erwartungsgemäß die Weitergabe an den Zustellungsadressaten sicher. 37

Der Begriff der **„Wohnung“** ist dabei nach tatsächlichen Gesichtspunkten unter Beachtung der zu ihm entwickelten rechtlichen Grundsätze zu bestimmen. Es handelt sich um alle Räume, die der allgemeinen Zugänglichkeit durch eine räumliche Abschottung entzogen und zur Stätte privaten Lebens und Wirkens gemacht sind (BeckOK VwVfG-*Ronellenfitsch* § 3 VwZG Rn. 28), einschließlich des befriedeten Besitztums (Engelhardt/App/Schlatmann-*Schlatmann* § 3 VwZG Rn. 18). Entscheidend ist nicht der Wohnsitz im Sinne einer Meldeadresse bzw. gemäß § 7 BGB, sondern die Räumlichkeit, die vom Zustellungsempfänger zum Zeitpunkt der Zustellung tatsächlich – wenn auch nur vorübergehend – bewohnt wird, in der er sich also nicht lediglich kurzzeitig aufhält. Maßgeblich soll das **„tatsächliche Leben“** in der Räumlichkeit, insbesondere ihre Nutzung als Schlafstätte sein (*BFH* B 24.4.2014 – IX B 136/113, BFH/NV 2014, 1218; B 10.8.2005 – XI B 237/03, BFH/NV 2005, 2232; U 18.2.1986 – VIII R 257/83, BFH/NV 1986, 711; U 11.4.1986 – VI R 22/85, BFH/NV 1986, 545; *BGH* U 24.11.1977 – III ZR 1/76, NJW 1978, 1858; U 27.10.1987 – VI ZR 268/86, NJW 1988, 713; *OLG München* U 18.10.2017 – 7 U 530/17, DGVZ 2018, 16; *OLG Düsseldorf* B 24.1.2014 – I-24 U 149/13, 24 U 149/13; *VGH Mannheim* U 19.10.1982 – 10 S 622/82, VBlBW 1983, 278; Beermann/Gosch-Kugelmüller-Pugh § 3 VwZG Rn. 36; Tipke/Kruse-*Drüen* § 3 VwZG Rn. 11; Engelhardt/App/Schlatmann-*Schlatmann* § 3 VwZG Rn. 18; BeckOK OWiG-*Preisner* § 3 VwZG Rn. 13; BeckOK ZPO-*Dörndorfer* § 178 ZPO Rn. 3; Musielak/Voit-*Wittschier* § 178 ZPO Rn. 3). Das Wohnen ist „durch eine auf Dauer angelegte Häuslichkeit, Eigengestaltung der Haushaltsführung und des häuslichen Wirkungskreises sowie Freiwilligkeit des Aufenthalts gekennzeichnet“ (*BVerwG* B 25.3.1996 – 4 B 302/95, NVwZ 1996, 893). Ist damit gewissermaßen der faktische „Kernort“ des Wohnens bestimmt, erweitert die gängige rechtliche Deutung des Begriffs der „Wohnung“ den Geltungsbereich auch des § 178 Abs. 1 Nr. 1 ZPO auf das gesamte befriedete Besitztum. 38

Nicht jede **vorübergehende Abwesenheit** des Zustellungsadressaten, selbst wenn sie länger dauert (z.B. bei einer Urlaubsreise, vgl. BeckOK ZPO-*Dörndorfer* § 178 ZPO Rn. 3), hebt die Eigenschaft von Räumen als (seine) Wohnung auf. Diese Eigenschaft geht vielmehr erst verloren, wenn sich während der Abwesenheit des Zustellungsempfängers auch der räumliche Mittelpunkt seines Lebens an den neuen Aufenthaltsort verlagert (*BFH* U 18.2.1986 – VIII R 257/83, BFH/NV 1986, 711; *OVG Münster* B 26.9.2012 – 16 E 1300/11: Klinikaufenthalt; *OLG Stuttgart* B 16.12.2014 – 5 Ss 732/14, 39

NStZ-RR 2015, 144: Frauenhaus; zu einer kurzfristigen „Übersiedlung“ in einen Wohnwagen oder die Fahrerkabine eines LKW *OLG Hamburg* B 18.2.2005 – 2 Ws 5/05, NJW 2006, 1685; s. auch Engelhardt/App/Schlatmann-*Schlatmann* § 3 VwZG Rn. 19; Musielak/Voit-*Wittschier* § 178 ZPO Rn. 3a). Die Wohnungseigenschaft ist ferner abzulehnen, wenn sich der Adressat für mehrere Monate (also nicht nur vorübergehend) in Untersuchungs- oder Strafhaft befindet (*BFH* U 20.10.1987 – VII R 19/87, BStBl II 1988, 97; *OVG Münster* B 14.6.2011 – 14 B 515/11, NJW 2011, 2683, unter Abstellen auf das Bestehen persönlicher Bindungen zu der Wohnung; Tipke/Kruse-*Drüen* § 3 VwZG Rn. 13; BeckOK OWiG-*Preisner* § 3 VwZG Rn. 14; a.A. BeckOK ZPO-*Dörndorfer* § 178 ZPO Rn. 5 m.w.N.); die Behörde muss gemäß § 177 ZPO in der Haftanstalt zustellen bzw. dort eine Ersatzzustellung nach § 178 Abs. 1 Nr. 3 ZPO vornehmen. Ist der Zustellungsadressat dagegen an verschiedenen Einsatzstellen im Ausland über mehrere Jahre dienstlich tätig, behält aber seine Wohnung im Inland, so kann – sofern seine Angehörigen dort wohnen bleiben – eine Einordnung als „Wohnung“ i.S.v. § 178 Abs. 1 Nr. 1 ZPO anzunehmen sein (*FG Düsseldorf* U 20.3.1980 – XVII (XII) 526/76, EFG 1980, 523; Beermann/Gosch-Kugelmüller-Pugh § 3 VwZG Rn. 37).

40 Ein **(endgültiges) Aufgeben der Wohnung** (und damit der Fortfall der Ersatzzustellungsmöglichkeit nach § 178 Abs. 1 Nr. 1 ZPO) ist anzunehmen, wenn mit einer Rückkehr zum Wohnen oder Schlafen nicht mehr zu rechnen ist, weil der Zustellungsadressat seinen Lebensmittelpunkt dort aufgegeben hat (*VGH München* B 6.2.2019 – 15 CS 18/2459; Tipke/Kruse-*Drüen* § 3 VwZG Rn. 12; vgl. auch Engelhardt/App/Schlatmann-*Schlatmann* § 3 VwZG Rn. 18; BeckOK OWiG-*Preisner* § 3 VwZG Rn. 14; BeckOK ZPO-*Dörndorfer* § 178 ZPO Rn. 6). Für die Frage, ob eine Wohnung aufgegeben worden ist, kann allerdings nicht ausschließlich auf die bloße Absicht des bisherigen Inhabers abgestellt werden, dort künftig nicht mehr wohnen zu wollen. Dieser Wille muss vielmehr in seinem gesamten Verhalten seinen Ausdruck finden. Aufgabewille und Aufgabeakt müssen, wenn auch nicht gerade für den Absender eines zuzustellenden Schriftstücks oder den mit der Zustellung beauftragten Postbediensteten, so doch jedenfalls für einen mit den Verhältnissen vertrauten Beobachter erkennbar sein (vgl. *BGH* B 22.10.2009 – IX ZB 248/08, NJW-RR 2010, 489; *OVG Münster* B 26.9.2012 – 16 E 1300/11). Eine (Ersatz-)Zustellung kann nach Aufgabe der Wohnung dort nicht mehr erfolgen. Hat ein Zustellungsadressat keinen neuen Aufenthaltsort begründet, kann in der Regel die Aufgabe der bisherigen Wohnung nicht angenommen werden; dies gilt insbesondere dann, wenn bei lebensnaher Betrachtung davon auszugehen ist, dass er sich zumindest noch gelegentlich in der bisherigen Wohnung aufhält (*LG Osnabrück* B 9.8.2019 – 4 S 159/18).

41 Die Ersatzzustellung muss **in der Wohnung des Zustellungsadressaten** erfolgen, nicht in der Wohnung eines erwachsenen Angehörigen oder eines in der Wohnung Beschäftigten (*FG des Saarlandes* U 28.4.1983 – II 297/82, EFG 1983, 582; Beermann/Gosch-*Kugelmüller-Pugh* § 3 VwZG Rn. 38). Auch kann die Zustellung an die in Nr. 1 genannten Personen nur innerhalb der Wohnung einschließlich des befriedeten Besitztums (vor der Tür, im Garten, in einer Garageneinfahrt, vgl. BeckOK ZPO-*Dörndorfer* § 178 ZPO Rn. 7), nicht aber außerhalb, also auf der Straße vor dem Wohnhaus o.ä. erfolgen. Sie kommt allerdings auch dann in Betracht, wenn der Zustellungsempfänger in der Wohnung anwesend ist, aber der Zutritt zu ihm von anderen Personen verwehrt wird (Tipke/Kruse-*Drüen* § 3 VwZG Rn. 14).

Besitzt der Zustellungsadressat **mehrere Wohnungen**, so ist – wenn er sich in diesen regelmäßig aufhält, dort „wohnt" und schläft – eine Ersatzzustellung grundsätzlich bei jeder dieser Wohnungen möglich (BeckOK OWiG-*Preisner* § 3 VwZG Rn. 13; BeckOK ZPO-*Dörndorfer* § 178 ZPO Rn. 4; Musielak/Voit-*Wittschier* § 178 ZPO Rn. 3). Dies gilt auch dann, wenn er sich zum Zeitpunkt der Zustellung in einer anderen Wohnung aufhält bzw. eine der Wohnung zu seiner Hauptwohnung erklärt (vgl. *BGH* U 13.10.1993 – XII ZR 120/92, NJW-RR 1994, 564; *VGH München* B 23.8.1999 – 7 ZB 99.1380, BayVBl 2000, 403; *OVG Münster* B 15.1.1993 – 10 A 3587/92, DVBl. 1993, 903 Ls.). Die Meldung als steuerrechtlich relevante Zweitwohnung ist dabei ein Indiz. Bei einer reinen Wochenendnutzung scheidet eine Ersatzzustellung in einer solchen Wohnung außerhalb der üblichen Nutzungszeiten indes aus (BeckOK OWiG-*Preisner* §3 VwZG Rn. 13). Ebenfalls nicht (ersatz-)zugestellt werden kann an einer bloßen „Korrespondenzadresse". Bei Wohnwagen und Wohnschiffen dürfte es darauf ankommen, ob diese regelmäßig fortbewegt werden oder nicht (vgl. *OVG Münster* U 29.11.1995 – 22 A 210/95, NWVBl. 1996, 140). 42

Die Ersatzzustellung in der Wohnung ist zunächst an einen **erwachsenen Familienangehörigen** zulässig. Familienangehörige sind solche natürliche Personen, zu denen ein verwandtschaftliches, familienrechtlich relevantes Verhältnis besteht. Dazu gehören Ehegatten und geschiedene Ehegatten, soweit sie (noch) einen gemeinsamen Hausstand führen, sowie eingetragene Lebenspartnerinnen und Lebenspartner (Beermann/Gosch-*Kugelmüller-Pugh* § 3 VwZG Rn. 45; auch „Entpartnerte" bei gemeinsamem Hausstand) und Verlobte (vgl. *OLG Celle* U 12.1.1982 – 18 UF 189/81, FamRZ 1983, 202). Bezüglich Lebensgefährtinnen und -gefährten ist die Zuordnung umstritten (ablehnend *OLG München* B 11.4.1985 – 2 Ws 368/85, NJW-RR 1986, 822: keine Zustellung an den in derselben Wohnung lebenden Lebensgefährten; a.A. Tipke/Kruse-*Drüen* §3 VwZG Rn. 17). Ferner sind zu den Familienangehörigen zu rechnen Verwandte in gerade Linie, Geschwister und Verschwägerte, aber auch Pflegekinder. Da die Ersatzzustellung auch an erwachsene ständige Mitbewohner erfolgen kann (s.u. Rn. 47), ist eine Einordnung von Zweifelsfällen als „Familienangehörige" für die Zulässigkeit der Zustellung unerheblich (s. auch BeckOK ZPO-*Dörndorfer* §178 ZPO Rn. 8). 43

Erforderlich ist bei allen, die als Familienangehörige in Betracht kommen, dass sie sich in der Wohnung **nicht nur ganz vorübergehend aufhalten** und noch eine familiäre Bindung besteht (Tipke/Kruse-*Drüen* § 3 VwZG Rn. 16; s. auch Engelhardt/App/Schlatmann-*Schlatmann* § 3 VwZG Rn. 15; s. BeckOK ZPO-*Dörndorfer* § 178 ZPO Rn. 8: Ersatzzustellung an Eltern auf Besuch). Sie müssen dagegen nicht ständig in der Wohnung wohnen (so vgl. auch *VG des Saarlandes* U 20.8.2015 – 6 K 31/14; *LSG Berlin* B 30.9.2004 – L 9 B 7/04 KR; a.A. Beermann/Gosch-Kugelmüller-Pugh §3 VwZG Rn. 42; vgl. auch *OLG Rostock* U 25.7.1996 – 1 U 193/95, MDR 1996, 1067: es reicht nicht aus, wenn der Familienangehörige in einer anderen Wohnung, aber in demselben Haus wohnt): Werden sie vom Zusteller in der eigentlichen Wohnung angetroffen und ist die entsprechende Eigenschaft als Familienangehöriger für diesen ersichtlich, kann er davon ausgehen, dass eine Weitergabe an den Zustellungsadressaten zeitnah erfolgen werde – dies ist die Ratio der Ersatzzustellungen nach §178 Abs. 1 ZPO. Anderes dürfte gelten, wenn der Familienangehörige außerhalb der eigentlichen Wohnräume, etwa auf dem befriedeten Besitztum angetroffen wird – dann ist nicht gewährleistet, dass er sich nicht nur zufällig, etwa zu Besuch, dort aufhält. 44

45 Es muss sich um **erwachsene** Familienangehörige handeln. Das Gesetz spricht bewusst von „erwachsen“, nicht von volljährig i.S.v. § 2 BGB (BeckOK VwVfG-*Ronellenfitsch* § 3 VwZG Rn. 28; Musielak/Voit-*Wittschier* § 178 ZPO Rn. 3b); nach dieser Vorschrift tritt Volljährigkeit mit Vollendung des 18. Lebensjahres ein. Wie auch bei den anderen Zustellungsarten kommt die Ersatzzustellung daher auch an Minderjährige in Betracht, die ihrem äußeren Erscheinungsbild nach den Eindruck erwecken, sie seien hinreichend reif und verständig, dass mit einer unverzüglichen Weitergabe der zugestellten Sendung an den eigentlichen Zustellungsadressaten gerechnet werden kann (Beermann/Gosch-*Kugelmüller-Pugh* § 3 VwZG Rn. 41; vgl. auch Tipke/Kruse-*Drüen* § 3 VwZG Rn. 15; Engelhardt/App/Schlatmann-*Schlatmann* § 3 VwZG Rn. 15; s. auch *BGH* U 6.6.2001 – VIII RZ 204/89, NJW 1990, 1666: bei 15-jährigem Jugendlichen bejaht). Der Zusteller braucht sich also keinen Personalausweis oder ein sonstiges Dokument vorlegen lassen, aus dem sich das Alter des Familienangehörigen ergibt; er hat eigenverantwortlich auf der Grundlage seines Eindrucks zu entscheiden (vgl. *BGH* B 6.6.2001 – VIII ZB 8/01, NJW-RR 2002, 137). Die in Rechtsprechung und Schrifttum mitunter vorzufindende Begrenzung auf ein Mindestalter von 14 Jahren (vgl. *LG Konstanz* NJW-RR 1999, 1508; Engelhardt/App/Schlatmann-*Schlatmann* § 3 VwZG Rn. 15; BeckOK ZPO-*Dörndorfer* § 178 ZPO Rn. 9) lässt sich nicht sachlich begründen, wenn die vorstehenden Anforderungen erfüllt sind (so auch *LG Köln* B 8.2.1999 – 153 – 24/99, MDR 1999, 889; differenzierend Musielak/Voit-*Wittschier* § 178 ZPO Rn. 3b: bei 14jährigen ausnahmsweise, bei 11jährigen grundsätzlich nicht; s. aber *BVerwG* U 14.1.1983 – 8 C 14/82, NJW 1983, 1574: Erwartung der unverzüglichen Weitergabe verbietet sich auch bei einem 11-jährigen Kind nicht ohne weiteres). Angesichts der divergenten Rechtsprechung wird es auf die jeweiligen Umstände des Einzelfalls ankommen.

46 Die Ersatzzustellung nach Nr. 1 kann ferner an eine **in der Familie beschäftigte Person** erfolgen, wenn diese in der Wohnung angetroffen wird. Dabei handelt es sich überwiegend um Hausangestellte zur Bedienung, Betreuung und Pflege (Tipke/Kruse-*Drüen* § 3 VwZG Rn. 18) oder auch zu Reinigungszwecken, deren Beschäftigung eine gewisse Dauer aufweisen muss, aber auch (regelmäßig) stundenweise vorgesehen sein kann (*FG Berlin* U 21.9.1984 – III 574/83, EFG 1985, 319; *FG Düsseldorf* – U 7.8.1979 – XIII 197/77 L, EFG 1980, 154; Beermann/Gosch-*Kugelmüller-Pugh* § 3 VwZG Rn. 43; Engelhardt/App/Schlatmann-*Schlatmann* § 3 VwZG Rn. 16). Auch Privatsekretäre kommen in Betracht (*VGH München* U 6.8.1990 – 6 B 88.01747, NJW 1991, 1249). Ein Entgelt ist nicht erforderlich (*LSG Mainz* U 12.8.1974 – L 2 J 158/73, ZfSH 1976, 153; BeckOK OWiG-*Preisner* § 3 VwZG Rn. 16: faktisches Dienstverhältnis aus Gefälligkeit genügt), auch nicht, dass das Beschäftigungsverhältnis (auch) mit dem Zustellungsempfänger abgeschlossen wurde – es genügt die Beschäftigung „in der Familie“ (vgl. BeckOK ZPO-*Dörndorfer* § 178 ZPO Rn. 10). Der in der Familie Beschäftigte muss in der Wohnung, in der er angetroffen wird, nicht, auch nicht vorübergehend, wohnen. Auch muss er nicht „erwachsen“ sein; wegen § 113 BGB wird es sich aber im Regelfall um Volljährige handeln.

47 Schließlich kann auch eine Ersatzzustellung an **erwachsene ständige Mitbewohner** erfolgen. Ständige Mitbewohner sind solche, die in der Wohnung nach den oben unter Rn. 38 ff. dargestellten Kriterien (ebenfalls) wohnen (Tipke/Kruse-*Drüen* § 3 VwZG Rn. 19); es muss sich insbesondere nicht um Familienangehörige handeln (Engelhardt/App/Schlatmann-*Schlatmann* § 3 VwZG Rn. 17). „Ständig“ setzt dabei eine gewisse

Dauerhaftigkeit voraus – bloße Besucher oder Lebensgefährten, die sich nur vorübergehend in der Wohnung aufhalten, dürften daher als Ersatzempfänger nicht in Betracht kommen; tageweiser Besuch genügt nicht, jedoch ist auch keine gemeinsame Lebensführung erforderlich, so dass eine Ersatzzustellung an einen Hauptmieter für einen Untermieter in Betracht kommt (Tipke/Kruse-*Drüen* § 3 VwZG Rn. 19; Engelhardt/App/Schlatmann-*Schlatmann* § 3 VwZG Rn. 17; BeckOK ZPO-*Dörndorfer* § 178 ZPO Rn. 11). Handelt es sich um eine Wohngemeinschaft, ist die Einordnung zweifelhaft; findet dort ein häufiger Wechsel der Bewohner statt, kann an sie nicht für einen anderen ersatzzugestellt werden (*BGH* U 21.3.2001 – VIII ZR 244/00, NJW 2001, 1946). „Erwachsener" ist ein Mitbewohner entsprechend der unter Rn. 45 erörterten Maßstäbe. Entscheidend für die Einordnung ist die Intention der Regelung, die „Übermittlung durch treue Hände einer Vertrauensperson zu bewirken" (Engelhardt/App/Schlatmann-*Schlatmann* § 3 VwZG Rn. 17). An **Nachbarn** kann nicht ersatzzugestellt werden (*BVerwG* B 16.12.1965 – 8 B 65/65, BVerwGE 23, 89, 90; BeckOK OWiG-*Preisner* § 3 VwZG Rn. 16).

Nr. 2 erlaubt die Ersatzzustellung an eine **in den Geschäftsräumen beschäftigte Person**. Diese Variante der Ersatzzustellung ist derjenigen in der Wohnung nach Nr. 1 gleichberechtigt; es besteht kein Vorrang der Wohnungszustellung mehr (Tipke/Kruse-*Drüen* § 3 VwZG Rn. 10). Voraussetzung ist dafür zunächst, dass der eigentliche Zustellungsempfänger als solche erkennbare (Tipke/Kruse-*Drüen* § 3 VwZG Rn. 20) Betriebs- oder Geschäftsräume unterhält, dort aber vom Zusteller nicht angetroffen wird (dazu s.o. Rn. 36). Die Ersatzzustellung muss in den Geschäftsräumen erfolgen; zulässig dürfte sie auch in deren unmittelbarer Umgebung sein, um einen Gleichlauf zur Definition der „Wohnung" herzustellen (s.o. Rn. 38 ff.). **48**

Unter **Geschäftsräumen** versteht man Räumlichkeiten, in denen Personen zur Zeit der Zustellung regelmäßig und nach außen erkennbar ihren Geschäften nachgehen (Beermann/Gosch-*Kugelmüller-Pugh* § 3 VwZG Rn. 47; BeckOK VwVfG-*Ronellenfitsch* § 3 VwZG Rn. 29; Engelhardt/App/Schlatmann-*Schlatmann* § 3 VwZG Rn. 23; BeckOK OWiG-*Preisner* § 3 VwZG Rn. 17). Hohe Anforderungen sind an die Einordnung nicht zu stellen; es genügt, wenn es sich um einen Raum oder mehrere Räume handelt, von dem aus Geschäfte aller erdenklichen Art geführt werden. Auch muss kein Gewerbe im Sinne der GewO betrieben werden. Daher sind auch die Räume von Behörden, Kirchengemeinden, Vereinen etc. erfasst (Tipke/Kruse-*Drüen* § 3 VwZG Rn. 20). **49**

Entscheidend ist allerdings, dass es sich um einen Raum handelt, der für den regelmäßigen **Publikumsverkehr** geöffnet ist (typischerweise daher Büro-, Kanzlei-, Ladengeschäfts- und Gasträume einschließlich von Zweigniederlassungen, Werkstätten, Messestände für die Dauer der Messe, dazu OLG Köln B 13.8.2009 – 17 W 181/09, NJW-RR 2010, 646) und zu dem der Zusteller zum Zeitpunkt der Zustellung Zutritt hat (vgl. *BVerwG* U 9.10.1973 – 5 C 110/72, BVerwGE 44, 104, 108; Beermann/Gosch-*Kugelmüller-Pugh* § 3 VwZG Rn. 48; BeckOK ZPO-*Dörndorfer* § 178 ZPO Rn. 12). Nicht vom Begriff erfasst sind damit für das Publikum unzugängliche Fabrikations- und Lagerräume (Tipke/Kruse-*Drüen* § 3 VwZG Rn. 20), Pförtnerlogen oder die Behandlungszimmer von Ärzten. **50**

Es muss sich um den **Geschäftsraum des Zustellungsadressaten** handeln. In davon räumlich getrennten Geschäftsräumen etwa einer Ehefrau kann daher keine Ersatzzu- **51** stellung erfolgen (vgl. *BFH* U 16.12.1971 – I R 212/71, BFHE 104, 493). Die Inhaftierung des Geschäftsführers einer GmbH führt allerdings nicht zwingend zu einer Verlagerung (auch) der Geschäftsräume; ob dies der Fall ist, muss im Einzelfall geklärt werden (vgl. *BGH* B 2.7.2008 – IV ZB 5/08, NJW-RR 2008, 1565). Hat der Zustellungsadressat den Geschäftsraum bereits in redlicher Weise aufgegeben, sind die vorstehenden Anforderungen nicht erfüllbar; eine Ersatzzustellung scheidet aus (vgl. *BGH* B 22.10.2009 – IX ZB 248/08, WM 2010, 683; U 16.6.2011 – III ZR 342/09, BGHZ 190, 99). Wird ein Geschäftsraum bei mehreren Zustellversuchen stets verschlossen gefunden, ist davon auszugehen, dass er aufgegeben wurde (*OLG Köln* B 6.6.1990 – 24 U 24/90, MDR 1990, 1021).

52 Eine in den Geschäftsräumen **beschäftigte Person** ist jede, die im Geschäftsbetrieb des Zustellungsadressaten zur Erbringung von Diensten – jedenfalls für eine gewisse Dauer – angestellt ist (vgl. *BGH* U 19.3.1998 – VII ZR 45/97, NJW 1998, 1958; Beermann/Gosch-*Kugelmüller-Pugh* § 3 VwZG Rn. 50; Tipke/Kruse-*Drüen* § 3 VwZG Rn. 21). Auf die Art des Anstellungsverhältnisses, die Funktion des Beschäftigten (*OVG Münster* B 11.12.1975 – 10 B 1071/75, BB 1976, 533: Lehrling; *OLG Köln* B 13.8.2009 – 17 W 181/09, NJW-RR 2010, 646: leitende Funktion nicht erforderlich) und auf die rechtliche Wirksamkeit oder Zulässigkeit der Beschäftigung kommt es nicht an (vgl. auch BeckOK VwVfG-*Ronellenfitsch* § 3 VwZG Rn. 29; Engelhardt/App/Schlatmann-*Schlatmann* § 3 VwZG Rn. 24; BeckOK OWiG-*Preisner* § 3 VwZG Rn. 18; BeckOK ZPO-*Dörndorfer* § 178 ZPO Rn. 13). Auch Familienangehörige und Aushilfskräfte (*BFH* U 4.10.1983 – VII R 16/82, BFHE 139, 232: vorübergehend) können als Ersatzempfänger nach dieser Variante fungieren, sofern sie in den Geschäftsräumen beschäftigt sind, nicht aber bei bloß zufälliger Anwesenheit (Tipke/Kruse-*Drüen* § 3 VwZG Rn. 21; BeckOK ZPO-*Dörndorfer* § 178 ZPO Rn. 13). Darauf, ob die Zustellung innerhalb der gewöhnlichen Geschäftsstunden erfolgt, kommt es nicht an.

53 **Nr. 3** erlaubt schließlich die Ersatzzustellung an den **Leiter einer Gemeinschaftseinrichtung** bzw. den zur Entgegennahme von Zustellungen **berechtigten Vertreter**, wenn der Zustellungsadressat in dieser Einrichtung wohnt.

54 **Gemeinschaftseinrichtungen** sind Unterkünfte, in denen mehrere Personen (vorübergehend) zu Wohnzwecken untergebracht sind. Der Begriff ist weit zu verstehen und umfasst Wohnheime für Asylbewerber (beachte dazu aber die Besonderheiten des § 10 AsylG; dazu *OVG Magdeburg* B 11.12.2018 – 3 L 427/18), Flüchtlinge, Jugendliche, Pflegebedürftige, alte Menschen, aber auch Kasernen, Frauenhäuser, Obdachlosenunterkünfte (OLG Köln B 12.6.2018 – 1 RVs 107/18, III-1 RVs 107/18, StraFo 2019, 21: Wärmestube), Krankenhäuser und andere medizinische Anstalten, Lehrlings- und Arbeiterwohnheime sowie Justizvollzugsanstalten (Beermann/Gosch-*Kugelmüller-Pugh* § 3 VwZG Rn. 52). Auf die rechtliche Einordnung der Trägerschaft als privat- oder öffentlich-rechtlich kommt es nicht an (Engelhardt/App/Schlatmann-*Schlatmann* § 3 VwZG Rn. 25).

55 Auch hier ist wie bei der Wohnung entscheidend, dass die Person, der zugestellt werden soll, **in dieser Einrichtung lebt**, insbesondere schläft. Die Hauptwohnung braucht nicht aufgegeben zu sein, etwa bei einem Krankenhaus-, Kur- oder Rehabilitationsaufenthalt (Tipke/Kruse-*Drüen* § 3 VwZG Rn. 22). Auch in einer Gemeinschaftseinrichtung befindet sich eine „Wohnung" des Zustellungsadressaten – im Regelfall die Wohneinheit bzw. das Zimmer, das er – gegebenenfalls mit anderen Personen –

bewohnt. Der Zusteller muss zunächst den Versuch unternehmen, den Adressaten in dieser seiner Wohnung anzutreffen und ihm die Sendung dort zuzustellen. Nur wenn er ihn nicht antrifft, kann eine Ersatzzustellung erfolgen (vgl. Beermann/Gosch-*Kugelmüller-Pugh* § 3 VwZG Rn. 53). Wird der Zustellungsadressat angetroffen, verweigert aber die Annahme, scheidet ein Vorgehen nach § 179 ZPO im Regelfall aus (Rn. 61). Keinen Versuch der Zustellung an den Zustellungsadressaten muss der Zusteller in einer Haftanstalt unternehmen, wie sich aus § 30 Abs. 1 StVollzG ergibt („Der Gefangene hat Absendung und Empfang seiner Schreiben durch die Anstalt vermitteln zu lassen, soweit nichts anderes gestattet ist."; vgl. *OVG Lüneburg* B 9.3.1995 – 11 M 1335/95, OVGE 45, 427; *VGH Mannheim* B 25.6.2001 – 11 S 2290/00, NJW 2001, 3569, zur Untersuchungshaft; BeckOK OWiG-*Preisner* § 3 VwZG Rn. 19). Für die Ersatzzustellung an Soldaten der Bundeswehr in Kasernen gelten besondere Regelungen (s. Anhang B 4).

Die Ersatzzustellung erfolgt an die **Leiterin bzw. den Leiter der Einrichtung** oder an einen zur Entgegennahme von Zustellungen **berechtigten Vertreter bzw. eine Vertreterin**. An andere Personen darf nicht zugestellt werden, auch nicht an ständige Mitbewohner wie bei der Ersatzzustellung in einer Wohnung. Gegebenenfalls ist durch Niederlegung nach § 181 ZPO zuzustellen. 56

Gemäß **Absatz 2** ist die Ersatzzustellung an eine der in Absatz 1 bezeichneten Personen **unwirksam**, wenn diese **an dem Rechtsstreit als Gegner** der Person, der zugestellt werden soll, **beteiligt** ist. Damit ist eine Ersatzzustellung ausgeschlossen, wenn eine Person aus dem geregelten Grund als befangen zu gelten hat (Engelhardt/App/Schlatmann-*Schlatmann* § 3 VwZG Rn. 13; BeckOK ZPO-*Dörndorfer* § 178 ZPO Rn. 16: Begriff ist weit auszulegen). Auch Personen, die dem Gegner nahestehen, sind von der Ersatzzustellung ausgeschlossen (BeckOK VwVfG-*Ronellenfitsch* § 3 VwZG Rn. 32; so auch Musielak/Voit-*Wittschier* § 178 ZPO Rn. 6); dies ergibt sich aus der Ratio des Absatzes 2 und allgemeinen Rechtsgrundsätzen zur Vermeidung von Interessenkollisionen. Letztlich sollen nach verbreiteter Auffassung Ersatzzustellungen an alle Personen ausgeschlossen sein, bei denen den Interessen des Zustellungsadressaten widerstreitende Interessen vorliegen (Engelhardt/App/Schlatmann-*Schlatmann* § 3 VwZG Rn. 13, 26a). Dies soll auch gelten, wenn der Ersatzempfänger Amtswalter der zustellenden Behörde ist (BeckOK OWiG-*Preisner* § 3 VwZG Rn. 21). Ob Absatz 2 in dieser Weise teleologisch erweitert werden kann, ist zweifelhaft. Denn solche Interessenkollisionen sind der Behörde bzw. dem Zusteller häufig nicht bekannt; die Wirksamkeit der Ersatzzustellung mit der Folge an sie zu knüpfen, dass die Zustellung dem Adressaten gegenüber nicht erfolgt, erscheint bedenklich. Die Gegnerschaft in einem Rechtsstreit ist dagegen ein „formalisiertes" und nachvollziehbares Kriterium. 57

Die Behörde kann die Ersatzzustellung an konkret benannte Person oder auch insgesamt ihrerseits durch einen entsprechenden **zustellungsleitenden Vermerk** ausschließen (dazu s.o. Rn. 11). Absatz 2 gilt nur für den Anwendungsbereich des § 178 Abs. 1 ZPO (*OLG Hamm* U 25.9.2017 – I-5 U 151/16, 5 U 151/16; s. aber *OLG München* U 15.11.2011 – 9 U 1229/11 Bau, BauR 2014, 147: Geltung bei Zustellung durch Einlegung in einen von beiden Streitparteien gemeinsam genutzten Briefkasten). 58

Im Übrigen ist das Dokument **mit der Übergabe** an eine Person, bei der die Voraussetzungen der Nrn. 1 bis 3 vorliegen, **zugestellt** (*BFH* U 18.3.2004 – V R 11/02, BFHE 205, 501; U 16.10.2001 – X B 135/00, BFH/NV 2002, 216; Tipke/Kruse-*Drüen* § 3 59

VwZG Rn. 23). Ob und wann es tatsächlich an den eigentlichen Zustellungsadressaten weitergegeben wird, ist für die Wirksamkeit der Zustellung und für Bestimmung ihres Zeitpunkts unerheblich. Nimmt eine dritte Person das Dokument an sich, ist dies ebenfalls unbeachtlich; es gilt als zugestellt (*BFH* U 16.10.2001 – X B 135/00, BFH/NV 2002, 216). Unterbleibt eine Weitergabe, kann der Adressat allenfalls Wiedereinsetzung in den vorigen Stand beantragen. Daneben treten gegebenenfalls eine strafrechtliche Verantwortlichkeit des Ersatzempfängers sowie eine zivilrechtliche Haftung, namentlich aus unerlaubter Handlung (§§ 823 ff. BGB).

60 **c) Zustellung bei verweigerter Annahme (§ 179 ZPO). § 179 ZPO** enthält Regelungen über die Rechtsfolgen einer durch den Zustellungsadressaten, seinen Bevollmächtigten oder eine nach § 178 ZPO zur Ersatzzustellung geeigneten Person (dazu *OVG Berlin* B 8.3.2018 – OVG 1 S 10/18, NVwZ-RR 2018, 712) verweigerten Annahme.

§ 179 ZPO Zustellung bei verweigerter Annahme

Wird die Annahme des zuzustellenden Schriftstücks unberechtigt verweigert, so ist das Schriftstück in der Wohnung oder in dem Geschäftsraum zurückzulassen. Hat der Zustellungsadressat keine Wohnung oder ist kein Geschäftsraum vorhanden, ist das zuzustellende Schriftstück zurückzusenden. Mit der Annahmeverweigerung gilt das Schriftstück als zugestellt.

61 **Satz 1** ordnet an, dass das Schriftstück **in der Wohnung oder in dem Geschäftsraum** zurückzulassen ist, wenn die Annahme des zuzustellenden Schriftstücks unberechtigt verweigert wird. Auf die Wirksamkeit der Zustellung hat dies keinen Einfluss, weil nach Satz 3 die Zustellung schon mit der Annahmeverweigerung als bewirkt gilt. In Gemeinschaftseinrichtungen darf das Dokument nicht zurückgelassen werden, weil eine Aushändigung an den Zustellungsadressaten dort gefährdet ist. Eine Ersatzzustellung an eine andere Person kommt generell nicht in Betracht, weil der Zustellungsadressat persönlich angetroffen worden ist.

62 An das **Zurücklassen**, also das Ablegen der zuzustellenden Sendung unter Aufgabe der Sachherrschaft, können je nach Ort der versuchten Zustellung unterschiedliche Voraussetzungen zu stellen sein. In der Wohnung oder den Geschäftsräumen des Zustellungsadressaten darf das Schriftstück an jeder beliebigen Stelle innerhalb der Räumlichkeit abgelegt werden. Die Sendung kann wie ein einfacher Brief behandelt, insbesondere in einem Briefkasten eingeworfen werden; sie muss nicht offen in der Wohnung oder im Geschäftsraum deponiert werden. Allerdings ist darauf zu achten, dass der Zustellungsempfänger ohne weiteres Zugriff nehmen kann (*BFH* U 18.2.1986 – VIII R 257/3, BFH/NV 1986, 711; Beermann/Gosch-*Kugelmüller-Pugh* § 3 VwZG Rn. 59). Er soll seine Entscheidung, die Annahme zu verweigern, überdenken können; da die Zustellung als bewirkt gilt, wird er daran im Regelfall auch ein rechtliches Interesse haben. Der Zusteller darf das zuzustellende und zurückgelassene Dokument **wieder an sich nehmen**, wenn der Zustellungsempfänger es seinerseits nicht in Besitz nimmt (*BFH* U 18.2.1986 – VIII R 257/3, BFH/NV 1986, 711); dies gilt insbesondere dann, wenn die Gefahr besteht, dass das Dokument von unbefugten Dritten an sich genommen wird, bzw. wenn aus anderen Gründen nicht mit einer ordnungsgemäßen Weitergabe an den Zustellungsadressaten gerechnet werden kann.

63 Die Verweigerung muss **unberechtigt** erfolgen. Sie ist dann unberechtigt, wenn der Zustellungsadressat, sein Bevollmächtigter oder ein annahmeberechtigter Ersatzempfänger nach § 178 ZPO das zuzustellende Dokument **ohne rechtlichen Grund nicht**

entgegennimmt, obwohl dies möglich wäre (BeckOK VwVfG-*Ronellenfitsch* § 3 VwZG Rn. 34; Engelhardt/App/Schlatmann-*Schlatmann* § 3 VwZG Rn. 28; BeckOK OWiG-*Preisner* § 3 VwZG Rn. 23; BeckOK ZPO-*Dörndorfer* § 179 ZPO Rn. 1). Erfolgt die Verweigerung berechtigt, tritt die Rechtsfolge des Satzes 3 (Zustellung gilt als mit der Annahmeverweigerung bewirkt, s.u. Rn. 67) nicht ein. Die Zustellung hat erneut oder auf andere Weise zu erfolgen (Beermann/Gosch-*Kugelmüller-Pugh* § 3 VwZG Rn. 63).

Eine Annahme wird **zu Recht verweigert** zur Nachtzeit sowie an Sonn- und Feiertagen **64** (Tipke/Kruse-*Drüen* § 3 VwZG Rn. 26; BeckOK VwVfG-*Ronellenfitsch* § 3 VwZG Rn. 35; a.A. noch die Vorauflage, Rn. 121), nach überzeugender Auffassung auch während der Religionsausübung (vgl. BeckOK ZPO-*Dörndorfer* § 177 ZPO Rn. 2). Ferner ist die Verweigerung berechtigt, wenn die Sendung nicht den Formanforderungen des § 3 oder der ZustVV entspricht, die Identität des Adressaten aufgrund einer Namensgleichheit nicht zu klären ist, die Anschrift missverständlich ist etc.

Eine Zustellung an einem Samstag ist keine Zustellung „zur Unzeit“ (*VGH München* B **65** 9.5.2018 – 22 ZB 18/105, DVBl. 2019, 63). **Keine Berechtigung** verschafft auch der bloße Eindruck des Empfängers, die Zustellung erfolge zu unpassender Zeit oder an einem unpassenden Ort; eine solche Erweiterung einer Berechtigung zur Annahmeverweigerung öffnete einer willkürlichen Nutzung Tür und Tor (vgl. BeckOK OWiG-*Preisner* § 3 VwZG Rn. 23; a.A. BeckOK ZPO-*Dörndorfer* § 179 ZPO Rn. 1; Musielak/Voit-*Wittschier* § 179 ZPO Rn. 2). Die Begründung des Gesetzentwurfs des Zustellungsreformgesetzes (BT-Drucks. 14/4554, S. 20) führt zwar aus: „Die Vorschrift erlaubt jedoch keine Zustellung bei unangemessenen Gelegenheiten und zu allgemein unpassender Zeit“, dies liegt aber nicht in der Entscheidungsbefugnis des Zustellungsempfängers (und hätte dann auch deutlicher in die Norm aufgenommen werden können).

Hat der Zustellungsadressat **keine Wohnung oder ist kein Geschäftsraum vorhanden**, **66** ist das zuzustellende Schriftstück gemäß **Satz 2** an die absendende Behörde **zurückzusenden**.

Nach **Satz 3** gilt das Dokument als **mit der Annahmeverweigerung zugestellt**. Ob und **67** wann tatsächlich eine Kenntnisnahme stattfindet, ist unerheblich (BeckOK ZPO-*Dörndorfer* § 179 ZPO Rn. 4).

d) Ersatzzustellung durch Einlegen in den Briefkasten (§ 180 ZPO). § 180 ZPO sieht **68** als weitere Möglichkeit der Ersatzzustellung das **Einlegen der zuzustellenden Sendung in einen Briefkasten** vor. Dieser muss zu einer Wohnung oder zu einem Geschäftsraum gehören.

§ 180 ZPO Ersatzzustellung durch Einlegen in den Briefkasten

Ist die Zustellung nach § 178 Abs. 1 Nr. 1 oder 2 nicht ausführbar, kann das Schriftstück in einen zu der Wohnung oder dem Geschäftsraum gehörenden Briefkasten oder in eine ähnliche Vorrichtung eingelegt werden, die der Adressat für den Postempfang eingerichtet hat und die in der allgemein üblichen Art für eine sichere Aufbewahrung geeignet ist. Mit der Einlegung gilt das Schriftstück als zugestellt. Der Zusteller vermerkt auf dem Umschlag des zuzustellenden Schriftstücks das Datum der Zustellung.

Dies setzt nach **Satz 1** zunächst voraus, dass der Zustellungsadressat nicht in seiner **69** Wohnung oder seinen Geschäftsräumen angetroffen wird (diese Voraussetzung steht nicht ausdrücklich in der Norm, ergibt sich aber aus dem systematischen Kontext; s. auch Tipke/Kruse-*Drüen* § 3 VwZG Rn. 28) und eine **Ersatzzustellung gemäß § 178 Abs. 1 Nrn. 1 bzw. 2 ZPO nicht „ausführbar"** ist. Das bedeutet, dass eine Aushändigung an einen erwachsenen Familienangehörigen, einen in der Familie Beschäftigten bzw. einen erwachsenen ständigen Mitbewohner in der Wohnung (Nr. 1; s.o. Rn. 37 ff.) sowie eine Übergabe an einen in den Geschäftsräumen Beschäftigten (Nr. 2; s.o. Rn. 48 ff.) ausscheiden; die jeweils einschlägige Variante muss erfolglos versucht worden sein (Beermann/Gosch-*Kugelmüller-Pugh* § 3 VwZG Rn. 65; BeckOK OWiG-*Preisner* § 3 VwZG Rn. 25; Musielak/Voit-*Wittschier* § 180 ZPO Rn. 1). Die Ersatzzustellung nach § 180 ZPO kommt allerdings auch in Betracht, wenn der Geschäftsraum beim Zustellungsversuch geschlossen war und deshalb keine Ersatzzustellung vorgenommen werden konnte (*VGH München* B 9.5.2018 – 22 ZB 18/105, DVBl. 2019, 63). Als Alternative zu einer erfolglosen Ersatzzustellung in einer Gemeinschaftseinrichtung (Nr. 3; s.o. Rn. 53 ff.) kommt die Zustellungsvariante nach § 180 ZPO dagegen nicht in Betracht, weil nicht davon auszugehen ist, dass eine in einer solchen Einrichtung wohnende Person über einen individuell verlässlich zuzuordnenden (und für Externe, namentlich den Zusteller, zugänglichen) Briefkasten verfügt (vgl. Beermann/Gosch-*Kugelmüller-Pugh* § 3 VwZG Rn. 71). Einen persönlichen Zustellversuch nach § 177 ZPO muss der Zusteller nicht unternommen haben, damit nach § 180 ZPO vorgegangen werden kann (*VGH München* B 9.5.2018 – 22 ZB 18/105, DVBl. 2019, 63).

70 Sind die vorstehenden Voraussetzungen erfüllt, erfolgt die Zustellung durch Einlegung des zuzustellenden Schriftstücks in einen **Briefkasten**. Dieser muss zu der Wohnung bzw. den Geschäftsräumen gehören; an einen „wohnungslosen" Briefkasten darf nicht zugestellt werden (*BFH* B 29.1.2018 – X B 122/17, BFH/NV 2018, 630). Dies setzt eine gewisse räumliche Nähe und eine zweifelsfreie Zuordnung voraus, insbesondere durch Kennzeichnung mit dem Namen bzw. den Initialen des Adressaten (vgl. Beermann/Gosch-*Kugelmüller-Pugh* § 3 VwZG Rn. 68; Tipke/Kruse-*Drüen* § 3 VwZG Rn. 28; BeckOK OWiG-*Preisner* § 3 VwZG Rn. 26). Ist der Briefkasten mehreren Personen in einem Haus zugeordnet bzw. handelt es sich lediglich um einen Briefschlitz, so kann dies selbst dann den Anforderungen des § 180 S. 1 ZPO genügen, wenn die Sendungen nicht in einen dafür vorgesehenen Kasten, sondern auf den Flurboden fallen; dies setzt aber voraus, dass dies der übliche Vorgang des Posterhalts und eine eindeutige Zuordnung möglich ist (*BGH* U 16.6.2011 – III ZR 342/09, NJW 2011, 2440). Wird ein Briefkasten nur von zwei Firmen gemeinschaftlich genutzt, ist der Zugriff offenkundig auf einen überschaubaren Personenkreis begrenzt und der Briefkasten daher für eine Ersatzzustellung nach § 180 S. 1 ZPO grundsätzlich geeignet (*VGH München* B 9.5.2018 – 22 ZB 18/105, DVBl. 2019, 63; s. auch *OLG Köln* B 2.3.2017 – 19 W 7/17). Der Ort der Anbringung des Briefkastens spielt keine Rolle. Ungeschriebene Voraussetzung dürfte allerdings sein, dass der Briefkasten offenkundig vom Inhaber noch zur Entgegennahme von Sendungen vorgesehen (und hinreichend sicher) ist; hat er ihn verschweißt, verklebt oder in anderer Weise unbrauchbar gemacht, spricht das gegen eine solche Intention (vgl. *OVG Münster* U 31.10.2013 – 14 A 2096/11; Beermann/Gosch-*Kugelmüller-Pugh* § 3 VwZG Rn. 68; BeckOK ZPO-*Dörndorfer* § 180 ZPO Rn. 3). Bei einem aufgebrochenen oder ersichtlich entgegen der Intention des Inhabers offenstehenden Briefkasten ist eine Einlegung unzulässig (vgl. Tipke/Kruse-*Drüen* § 3 VwZG Rn. 28; Engelhardt/App/Schlatmann-*Schlatmann* § 3 VwZG Rn. 31). Die Zustellung kann durch Einlegen in den Briefkasten aber dann wirksam vorgenommen werden, wenn der Briefkasten mangels Verschließbarkeit zwar objektiv unsicher, dieser Umstand für den Postzusteller allerdings nicht erkennbar ist oder dieser davon ausgehen durfte, dass mangels auf einen entgegenstehenden Willen des Adressaten hindeutender Umstände eine Ersatzzustellung nach § 180 ZPO objektiv statthaft ist (*VG Göttingen* U 31.8.2011 – 3 A 164/09, NVwZ-RR 2011, 968 – „amerikanischer Briefkasten"; *OLG Nürnberg* B 26.5.2009 – 1 St OLG Ss 76/09, NJW 2009, 2229). Darüber hinaus beseitigt das Risiko eines Zugriffs Dritter auf die Sendung nicht per se die Eignung eines Briefschlitzes für die Zustellung (*OLG Köln* B 2.3.2017 – 19 W 7/17). Nach alledem kommt es auf die Erkennbarkeit einer objektiv bestehenden „Unsicherheit" eines Briefkastens an.

Zudem kann die Zustellung durch Einlegung **in eine ähnliche Vorrichtung** erfolgen, die der Adressat für den Postempfang eingerichtet hat und die in der allgemein üblichen Art für eine sichere Aufbewahrung geeignet ist. Erforderlich ist also zum einen eine entsprechende Willensentscheidung des Adressaten durch die „Einrichtung" der Vorrichtung, zum anderen eine Eignung zur sicheren Aufbewahrung. An diese Eignung sind allerdings keine hohen Anforderungen zu stellen. Es genügt, wenn es sich um einen geschlossenen Kasten handelt – abschließbar muss er nicht sein (Beermann/Gosch-*Kugelmüller-Pugh* § 3 VwZG Rn. 68; a.A. Tipke/Kruse-*Drüen* § 3 VwZG Rn. 28: keine Zustellung bei unverschlossenem Briefkasten). Ein Postfach kann eine solche Vorrichtung sein, wenn eine Wohnanschrift nicht vorhanden oder unbekannt ist (*BGH* B 14.6.2012 – V ZB 182/11, NJW-RR 2012, 1012; *BFH* B 15.9.2004 – I B 173/03, BFH/NV 2005, 229; BeckOK VwVfG-*Ronellenfitsch* § 3 VwZG Rn. 38). Eine (seitlich offene) „Zeitungsrolle" erfüllt die Anforderungen nur ausnahmsweise auf Entschluss des Adressaten (vgl. *BGH* B 10.7.2013 – XII ZB 411/12, NJW 2013, 3310 Rn. 41). 71

Das **Einlegen** erfordert, dass das Dokument vollständig in das Behältnis eingeführt werden kann. Ist es voll oder passt die Sendung nicht ganz hinein, ist eine sichere Aufbewahrung nicht mehr gewährleistet (vgl. Beermann/Gosch-*Kugelmüller-Pugh* § 3 VwZG Rn. 68; BeckOK VwVfG-*Ronellenfitsch* § 3 VwZG Rn. 37; BeckOK ZPO-*Dörndorfer* § 180 ZPO Rn. 3; Musielak/Voit-*Wittschier* § 180 ZPO Rn. 2). In diesem Fall ist – ebenso bei einem nicht ordnungsgemäßen Zustand des Briefkastens bzw. der Vorrichtung – durch Niederlegung nach § 181 ZPO zuzustellen (BeckOK VwVfG-*Ronellenfitsch* § 3 VwZG Rn. 39). 72

Gemäß **Satz 2** gilt das Schriftstück **mit der Einlegung als zugestellt**. Dies gilt unabhängig davon, zu welchem Zeitpunkt der Empfänger tatsächlich vom Inhalt der Sendung Kenntnis genommen hat (vgl. *BFH* B 6.10.2003 – VII B 12/03, BFH/NV 2004, 497; B 10.11.2003 – VII B 366/02, BFH/NV 2004, 509; *BGH* B 22.6.2010 – VIII ZB 12/10, NJW 2010, 3305; *OVG Magdeburg* B 28.2.2018 – 2 M 3/18, LKV 2018, 189; Tipke/Kruse-*Drüen* § 3 VwZG Rn. 28; BeckOK VwVfG-*Ronellenfitsch* § 3 VwZG Rn. 41). Ist die Ersatzzustellung nach § 180 ZPO fehlerhaft, kann eine Heilung nicht durch eine spätere Akteneinsicht des Adressaten erfolgen (*OLG Zweibrücken* B 21.3.2019 – 1 OWi 2 Ss Rs 76/18; a.A. *OVG Magdeburg* B 19.6.2018 – 3 M 227/18: Heilung durch nachträgliche Akteneinsicht). 73

Nach **Satz 3 vermerkt** der Zusteller auf dem Umschlag des zuzustellenden Schriftstücks das **Datum der Zustellung**, also: das Datum des Einlegens in den Briefkasten bzw. die ähnliche Vorrichtung. Dies soll gewährleisten, dass der Adressat bei nicht 74 täglicher Leerung den Zeitpunkt genau bestimmen kann, zu dem die Zustellung bewirkt ist. Ein Unterlassen des Vermerks ist ein heilbarer Verstoß (Tipke/Kruse-*Drüen* § 3 VwZG Rn. 28; BeckOK VwVfG-*Ronellenfitsch* § 3 VwZG Rn. 42), führt also nicht zur Unwirksamkeit der Zustellung (*BGH* B 14.1.2019, AnwZ (Brfg) 59/17), kann aber Nachweisschwierigkeiten zur Folge haben (vgl. auch BeckOK OWiG-*Preisner* § 3 VwZG Rn. 27). Das zuzustellende Dokument gilt dann in dem Zeitpunkt dem Empfänger als tatsächlich zugegangen, in dem er das Schriftstück in die Hand bekommt (*BFH* B 6.4.2014 – GrS 2/13, BFHE 244, 536). Nicht vermerkt werden muss, welche Vorrichtung der Zusteller tatsächlich im Einzelfall genutzt hat (vgl. *BGH* U 10.11.2005 – III ZR 104/05, NJW 2006, 150).

75 **e) Ersatzzustellung durch Niederlegung (§ 181 ZPO).** Letztes Mittel (vgl. BeckOK VwVfG-*Ronellenfitsch* § 3 VwZG Rn. 43; Musielak/Voit-*Wittschier* § 181 ZPO Rn. 2) der Zustellung ist die Ersatzzustellung durch die sog. **„Niederlegung"** gemäß **§ 181 ZPO.** Unter Niederlegung versteht man die Übergabe des zuzustellenden Dokuments in den Geschäftsgang der Niederlegungsstelle durch den Zusteller (BeckOK OWiG-*Preisner* § 3 VwZG Rn. 29). Sie ist nur bei den gesetzlich bestimmten Stellen zulässig (Beermann/Gosch-*Kugelmüller-Pugh* § 3 VwZG Rn. 73). Wird die Annahme verweigert, scheidet die Zustellung durch Niederlegung aus; die Regelung in § 179 ZPO ist vorrangig (Beermann/Gosch-*Kugelmüller-Pugh* § 3 VwZG Rn. 71; BeckOK ZPO-*Dörndorfer* § 181 ZPO Rn. 1).

§ 181 ZPO – Ersatzzustellung durch Niederlegung

(1) Ist die Zustellung nach § 178 Abs. 1 Nr. 3 oder § 180 nicht ausführbar, kann das zuzustellende Schriftstück auf der Geschäftsstelle des Amtsgerichts, in dessen Bezirk der Ort der Zustellung liegt, niedergelegt werden. Wird die Post mit der Ausführung der Zustellung beauftragt, ist das zuzustellende Schriftstück am Ort der Zustellung oder am Ort des Amtsgerichts bei einer von der Post dafür bestimmten Stelle niederzulegen. Über die Niederlegung ist eine schriftliche Mitteilung auf dem vorgesehenen Formular unter der Anschrift der Person, der zugestellt werden soll, in der bei gewöhnlichen Briefen üblichen Weise abzugeben oder, wenn das nicht möglich ist, an der Tür der Wohnung, des Geschäftsraums oder der Gemeinschaftseinrichtung anzuheften. Das Schriftstück gilt mit der Abgabe der schriftlichen Mitteilung als zugestellt. Der Zusteller vermerkt auf dem Umschlag des zuzustellenden Schriftstücks das Datum der Zustellung.

(2) Das niedergelegte Schriftstück ist drei Monate zur Abholung bereitzuhalten. Nicht abgeholte Schriftstücke sind danach an den Absender zurückzusenden.

76 Voraussetzung ist, dass eine **Zustellung nach § 178 Abs. 1 Nr. 3 ZPO** (Ersatzzustellung in einer Gemeinschaftseinrichtung) **bzw. nach § 180 ZPO erfolglos versucht** worden ist (vgl. *BFH* B 23.11.2016 – IV B 39/16, BFH/NV 2017, 333). Die Ersatzzustellung durch Einlegen in einen Briefkasten oder eine ähnliche Vorrichtung nach § 180 ZPO setzt allerdings ihrerseits voraus, dass eine Zustellung nach § 178 Abs. 1 Nrn. 1 bzw. 2 ZPO gescheitert ist (s.o. Rn. 69; vgl. Tipke/Kruse-*Drüen* § 3 VwZG Rn. 30).

77 Unter diesen Voraussetzungen kann das Schriftstück nach **Absatz 1 Satz 1** auf der Geschäftsstelle des Amtsgerichts, in dessen Bezirk der Ort der Zustellung liegt, niedergelegt werden. Eine speziellere Regelung trifft allerdings Satz 2: Wird die Post – wie im Falle des § 3 VwZG – mit der Ausführung der Zustellung beauftragt, ist das

zuzustellende Schriftstück **am Ort der Zustellung oder am Ort des Amtsgerichts bei einer von der Post dafür bestimmten Stelle** niederzulegen.

Eine **von der Post dafür bestimmte Stelle** ist regelmäßig eine Postfiliale oder eine durch Private unterhaltene Postagentur (*BGH* B 19.10.2000 – IX ZB 69/00, NJW 2001, 832; *OLG Düsseldorf* B 20.9.2000 – 9 W 66/00, MDR 2000, 1451; Beermann/Gosch-*Kugelmüller-Pugh* § 3 VwZG Rn. 72; Tipke/Kruse-*Drüen* § 3 VwZG Rn. 32; Engelhardt/App/Schlatmann-*Schlatmann* § 3 VwZG Rn. 32; BeckOK OWiG-*Preisner* § 3 VwZG Rn. 29; Musielak/Voit-*Wittschier* § 181 ZPO Rn. 2). 78

In Abweichung von § 181 Abs. 1 ZPO kann das Dokument **nach § 3 Abs. 2 S. 2 VwZG** neben den in § 181 Abs. 1 ZPO genannten Stellen **auch bei der Behörde, die den Zustellungsauftrag erteilt hat, niedergelegt** werden (s.u. Rn. 102; BeckOK VwVfG-*Ronellenfitsch* § 3 VwZG Rn. 44). Dies ist mit Blick auf § 181 Abs. 1 S. 2 ZPO jedoch nur dann zulässig, wenn die Behörde ihren Sitz am Ort der Zustellung oder am Ort des für den Bezirk zuständigen Amtsgerichts hat. Dies soll gewährleisten, dass der Adressat das niedergelegte Dokument wohnortnah oder an einer zentralen Stelle am Ort des Amtsgerichts abholen kann (BT-Drucks. 15/5216, S. 11). 79

Gemäß **Satz 3** ist über die Niederlegung eine **schriftliche Mitteilung** auf dem vorgesehenen Formular (das insbesondere die präzise Angabe des Zustellungsadressaten verlangt, dazu Engelhardt/App/Schlatmann-*Schlatmann* § 3 VwZG Rn. 34) unter der Anschrift der Person, der zugestellt werden soll, abzugeben. Diese Abgabe hat in der bei gewöhnlichen Briefen üblichen Weise zu erfolgen. Entscheidend ist die bei dem einzelnen Empfänger praktizierte und von diesem akzeptierte oder jedenfalls hingenommene Übung (*BVerwG* U 13.11.1984 – 9 C 23/84, NJW 1985, 1179; *BFH* U 4.6.1987 – V R 131/86, BFHE 150, 305; Beermann/Gosch-*Kugelmüller-Pugh* § 3 VwZG Rn. 74), es ist mithin auf diesen „höchstpersönlich", nicht auf ortsübliche Praktiken abzustellen. 80

„Übliche Weise" bedeutet mithin, dass die Mitteilung zu behandeln ist wie ein einfacher Brief (Beermann/Gosch-*Kugelmüller-Pugh* § 3 VwZG Rn. 75). Kommt allerdings ein Einlegen der schriftlichen Mitteilung über die Niederlegung in einen Briefkasten oder eine vergleichbare Vorrichtung in Betracht, scheidet die Niederlegung nach § 181 ZPO schon deshalb aus, weil dann vorrangig nach § 180 ZPO (Einlegen der Sendung in den Briefkasten) zuzustellen ist (vgl. Tipke/Kruse-*Drüen* § 3 VwZG Rn. 33; BeckOK OWiG-*Preisner* § 3 VwZG Rn. 31). Auch in ein Postfach kann die Mitteilung nicht eingelegt werden (BeckOK OWiG-*Preisner* § 3 VwZG Rn. 31). In Ausnahmefällen kann zwischen Empfänger und Zusteller die Ablage einfacher Briefsendungen vor der Tür abgesprochen sein; in diesen Fällen wird auch die schriftliche Mitteilung dort abgelegt werden dürfen (vgl. *BVerwG* U 13.11.1984 – 9 C 23/84, NJW 1985, 1179). 81

Ist eine Abgabe in der üblichen Weise nicht möglich, ist die **Mitteilung an der Tür** der Wohnung, des Geschäftsraums oder der Gemeinschaftseinrichtung **anzuheften**. Dabei ist eine Anbringungstechnik zu wählen, die eine möglichst sichere Verbindung der Mitteilung mit der Tür gewährleistet und zugleich die Gefahr einer Beseitigung durch Dritte und Wettereinflüsse so weit als möglich ausschließt (Beermann/Gosch-*Kugelmüller-Pugh* § 3 VwZG Rn. 80). Ein „Anheften" kann etwa durch Klebeband, Schnur, Heftzwecken u.ä. erfolgen (Tipke/Kruse-*Drüen* § 3 VwZG Rn. 33). Ein Einklemmen im Türspalt ist nicht ausreichend (*VGH Kassel* U 16.2.1989 – 4 UE 1460/86, NJW 1990, 1500; *BFH* U 22.7.1980 – VIII R 160/78, BFHE 131, 434; BeckOK ZPO-*Dörn-* 82 *dorfer* § 181 ZPO Rn. 3; vgl. auch *BGH* U 16.6.2011 – III ZR 342/09, BGHZ 190, 99: Türschlitz als „ähnliche Vorrichtung" i.S.v. § 180 ZPO). Anders liegt es bei einem Durchschieben unter der Tür, weil dies die Möglichkeit einer Kenntnisnahme sicherstellt (*OLG Koblenz* B 13.5.2013 – 3 U 479/13, NJW-RR 2013, 1280; Musielak/Voit-*Wittschier* § 181 ZPO Rn. 2). Unzulässig ist eine Anbringung an anderer Stelle als an der Tür der Wohnung bzw. des Geschäftsraums, also etwa an einem Gartentor, an einer Klingel (vgl. *BVerfG* B 2.6.1987 – 2 BvR 1389/86, NJW 1988, 817) oder an einem Handlauf im Hauseingang (*VGH Kassel* B 12.1.1993 – 5 TH 2713/91, RdL 1993, 195), auch nicht auf dem Küchentisch durch einen von Dritten in die Wohnung eingelassenen Zusteller (vgl. *BVerwG* U 5.5.1973 – 7 C 35/72, BVerwGE 42, 180).

83 **Satz 4** ordnet an, dass das Schriftstück mit der Abgabe der schriftlichen Mitteilung als zugestellt gilt. Entscheidend ist mithin das Datum der Abgabe der Mitteilung bzw. ihres Anheftens an der Tür, auch wenn diese an einem Tag nach der Niederlegung erfolgt; es kommt dann auf den „letzten Teilakt" an (Tipke/Kruse-*Drüen* § 3 VwZG Rn. 34). Eine tatsächliche Kenntnisnahme von der Mitteilung ist nicht erforderlich, um diese Rechtsfolge herbeizuführen (vgl. *BGH* U 4.11.1998, RiZ (R) 2/98, ZBR 1999, 176; Beermann/Gosch-*Kugelmüller-Pugh* § 3 VwZG Rn. 78). Die ordnungsgemäße Zustellung ist auch dann bewirkt, wenn die Sendung auf Grund eines besonderen Nachsendeantrags des Zustellungsadressaten erst später an ihn weitergeleitet wird.

84 Der Zusteller vermerkt gemäß **Satz 5** auf dem Umschlag des zuzustellenden Schriftstücks das Datum der Zustellung.

85 **Absatz 2 Satz 1** ordnet an, dass das niedergelegte Schriftstück **drei Monate zur Abholung** aufzubewahren ist. Die ordnungsgemäße Aufbewahrung ist Amtspflicht auch i.S.v. § 839 BGB i.V.m. Art. 34 GG (vgl. schon *BGH* U 24.6.1958 – III ZR 59/57, BGHZ 28, 30). Für die Fristberechnung gelten § 222 ZPO i.V.m. §§ 187 bis 193 BGB. Es darf nur dem Zustellungsadressaten oder seinem Bevollmächtigten ausgehändigt werden (BeckOK ZPO-*Dörndorfer* § 181 ZPO Rn. 6).

86 Wird das Dokument **nicht abgeholt**, ist es gemäß **Satz 2** nach Ablauf der drei Monate an den Absender **zurückzuschicken**. Erfolgt die Rücksendung nicht, darf der Absender von einer ordnungsgemäßen Abholung innerhalb der Aufbewahrungsfrist ausgehen (vgl. OVG Lüneburg B 30.11.2006 – 7 LA 45/06, NJW 2007, 1079).

87 **f) Zustellungsurkunde (§ 182 ZPO).** § 182 Abs. 1 S. 1 ZPO begründet die Verpflichtung, eine **Zustellungsurkunde** zu erstellen, wenn nach den Regelungen der §§ 177 bis 181 ZPO zugestellt wird.

§ 182 ZPO – Zustellungsurkunde

(1) [1]Zum Nachweis der Zustellung nach den §§ 171, 177 bis 181 ist eine Urkunde auf dem hierfür vorgesehenen Formular anzufertigen. [2]Für diese Zustellungsurkunde gilt § 418.

(2) Die Zustellungsurkunde muss enthalten:

1. die Bezeichnung der Person, der zugestellt werden soll,
2. die Bezeichnung der Person, an die der Brief oder das Schriftstück übergeben wurde,
3. im Falle des § 171 die Angabe, dass die Vollmachtsurkunde vorgelegen hat,

4. im Falle der §§ 178, 180 die Angabe des Grundes, der diese Zustellung rechtfertigt und wenn nach § 181 verfahren wurde, die Bemerkung, wie die schriftliche Mitteilung abgegeben wurde,
5. im Falle des § 179 die Erwähnung, wer die Annahme verweigert hat und dass der Brief am Ort der Zustellung zurückgelassen oder an den Absender zurückgesandt wurde,
6. die Bemerkung, dass der Tag der Zustellung auf dem Umschlag, der das zuzustellende Schriftstück enthält, vermerkt ist,
7. den Ort, das Datum und auf Anordnung der Geschäftsstelle auch die Uhrzeit der Zustellung,
8. Name, Vorname und Unterschrift des Zustellers sowie die Angabe des beauftragten Unternehmens oder der ersuchten Behörde.

(3) Die Zustellungsurkunde ist der Geschäftsstelle in Urschrift oder als elektronisches Dokument unverzüglich zurückzuleiten

Die Zustellungsurkunde ist **auf dem hierfür üblichen Formular** zu erstellen, das dem Zusteller zur Vornahme der beurkundenden Angaben dient. Für jeden Zustellungsvorgang ist eine eigene Zustellungsurkunde zu erstellen; die Zustellung ist unwirksam, wenn dieselbe Urkunde für mehrere Zustellungsvorgänge bei verschiedenen Wohnungen des Zustellungsadressaten verwendet (und dabei das Anschriftenfeld überklebt) wird (*VGH Kassel* B 3.7.1989 – 13 TH 1313/89, NJW 1990, 467; Tipke/Kruse-*Drüen* § 3 VwZG Rn. 39). Im Übrigen dient die Zustellungsurkunde (nur noch) dem Nachweis der Zustellung (vgl. s.u. Rn. 88; *BGH* B 11.7.2018 – XII ZB 137/18, NJW 2018, 2802; BeckOK OWiG-*Preisner* § 3 VwZG Rn. 34; BeckOK ZPO-*Dörndorfer* § 182 ZPO Rn. 1).

Die Zustellungsurkunde besitzt nach Satz 2 den Charakter einer **öffentlichen** 88
Urkunde gemäß § 418 ZPO mit der dort genannten **vollen Beweiskraft für die in der Urkunde bezeugten Tatsachen** (s. Absatz 2 zu den Inhalten der Urkunde; s.u. Rn. 90 ff.) durch die Urkunde selbst (BT-Drucks. 15/5216, S. 11; vgl. *BVerfG* B 20.2.2002 – 2 BvR 2017/01, NJW 2002, 1008; *BGH* B 19.10.2000 – IX ZB 69/00, NJW 2001, 832; U 10.11.2005 – III ZR 104/05, NJW 2006, 150; Beermann/Gosch-*Kugelmüller-Pugh* § 3 VwZG Rn. 88; BeckOK VwVfG-*Ronellenfitsch* § 3 VwZG Rn. 48; Tipke/Kruse-*Drüen* § 3 VwZG Rn. 39; Engelhardt/App/Schlatmann-*Schlatmann* § 3 VwZG Rn. 37, 47; BeckOK OWiG-*Preisner* § 3 VwZG Rn. 35). Dies erstreckt sich auch auf die Art und Weise der (Ersatz-)Zustellung (*OVG Bautzen* U 8.11.2018 – 1 A 175/18: formal bewiesen sind Art, Zeit und Ort der Zustellung). Bei einer Ersatzzustellung durch Einlegung i.S.v. § 180 ZPO erstreckt sich die Beweiskraft auch darauf, dass die Zustellung nach § 178 Abs. 1 Nr. 1 bzw. Nr. 2 ZPO nicht ausführbar gewesen ist. Von der Beweiskraft wird demgemäß erfasst, dass der Zusteller unter der ihm angegebenen Anschrift weder den Adressaten persönlich noch eine zur Entgegennahme einer (vorrangigen) Ersatzzustellung in Betracht kommende Person angetroffen und das Schriftstück in einen zu der Wohnung (oder dem Geschäftsraum) gehörenden Briefkasten (oder in eine ähnliche Vorrichtung) eingelegt hat (*OVG Bautzen* U 8.11.2018 – 1 A 175/18). Nicht von der Beweiskraft erfasst wird dagegen der Umstand, ob die zur Entgegennahme bereite Empfangsperson im Sinne von § 178 Abs. 1 Nr. 3 ZPO bevollmächtigt war (*BGH* B 11.7.2018 – XII ZB 138/18, NJW 2018, 2802).

89 Ein **Gegenbeweis** nach § 418 Abs. 2 ZPO ist möglich, wenn konkrete Umstände dargelegt werden, die ernstliche Zweifel an der Richtigkeit der beurkundeten Tatsachen begründen. Ein bloßes Bestreiten der Zustellung genügt nicht (*BFH* B 10.7.2013 – VII B 11/13, BFH/NV 2013, 1787; *OVG Bautzen* B 8.4.2015 – 3 B 129/14; Beermann/Gosch-*Kugelmüller-Pugh* § 3 VwZG Rn. 89; Tipke/Kruse-*Drüen* § 3 VwZG Rn. 39; BeckOK ZPO-*Dörndorfer* § 182 ZPO Rn. 1). Erforderlich ist vielmehr der Nachweis eines anderen Geschehensablaufs; nach der Rechtsprechung muss die Beweiswirkung des § 418 Abs. 1 ZPO also völlig entkräftet sein (*BGH* U 10.11.2005 – III ZR 104/05, NJW 2006, 150; *BFH* B 8.6.2005 – X B 54/04, BFH/NV 2004, 509; *OVG Bautzen* U 8.11.2018 – 1 A 175/18), z.B. durch den Beweis einer objektiven Falschbeurkundung durch den Zusteller (*OVG Münster* B 21.3.2017 – 8 A 1783/15). Es genügt etwa nicht die nicht weiter substantiierte Behauptung, am Zustellungstag nicht zuhause gewesen zu sein (*OVG Münster* B 15.10.2018 – 4 A 3100/18). Auf die Tatsache, dass der Zustellungsadressat unter der Zustellungsanschrift wohnt, erstreckt sich die Beweiskraft allerdings nicht (*VGH München* B 13.12.2017 – 11 CS 17/2098). Beispielsweise kann der Adressat durch eine eidesstattliche Versicherung seiner Ehefrau, eines Dritten oder durch eine Meldebestätigung des Einwohnermeldeamtes glaubhaft machen, dass er nicht mehr unter der Zustellungsanschrift gewohnt hat (*BGH* B 17.2.1992 – AnwZ (B) 53/91, NJW 1992, 1963).

90 Der **Verlust der Zustellungsurkunde** schließt die Wirksamkeit der Zustellung nicht aus; der Zweck der Zustellung, die eindeutige Feststellung über den Zugang des Dokuments und über den Zeitpunkt der Zustellung zu ermöglichen, wird durch ein Verlorengehen der Urkunde nicht vereitelt. Ihr Nachweis muss dann allerdings auf andere Weise erbracht werden (zur Beweislast der Behörde *VGH München* U 18.5.2004 – 13 A 02.1985, NVwZ-RR 2005, 4), Rechtsbehelfsfristen laufen nicht (vgl. *BGH* U 13.1.1981 – VI ZR 180/79, BGHZ 80, 8; *BFH* U 24.10.1986 – VI R 70/82, NVwZ 1988, 768).

91 **Absatz 2** legt den **Inhalt der Zustellungsurkunde** fest. Aufzunehmen sind zwingend die in den Nummern 1 bis 7 aufgeführten Inhalte. Sind diese nicht vermerkt, führt dies nicht zwangsläufig zur Unwirksamkeit der Zustellung, sondern lediglich zu Folgen für den Nachweis der Zustellung (vgl. Beermann/Gosch-*Kugelmüller-Pugh* § 3 VwZG Rn. 87; BeckOK VwVfG-*Ronellenfitsch* § 3 VwZG Rn. 50; BeckOK VwVfG-*Ronellenfitsch* § 3 VwZG Rn. 59).

92 Die **Bezeichnung der Person, der zugestellt werden soll** (Nr. 1): Dabei handelt es sich um den (vorgesehenen) Zustellungsadressaten. Dabei kann es sich um den „Inhaltsadressaten" etwa einer zugestellten Verfügung handeln, aber auch um den gesetzlichen Vertreter (vgl. § 6) oder um einen Bevollmächtigten (vgl. § 7). Die Bezeichnung muss nachvollziehbar und eindeutig sein; unwesentliche Schreibfehler sind daher unbeachtlich (vgl. *OLG Saarbrücken* U 21.5.2003 – 5 U 375/02, MDR 2004, 51). Bei einer juristischen Person ist ihr gesetzlicher Vertreter der Adressat. Wird einer Aktiengesellschaft zugestellt, ist nur diese selbst in der Zustellungsurkunde anzugeben – eine Nennung der Vorstandsmitglieder ist nicht erforderlich (*BGH* U 22.5.1989 – II ZR 206/88, BGHZ 107, 296; a.A. *VGH Kassel* B 18.12.1997 – 14 TG 4124/96, NJW 1998, 920).

93 Die Bezeichnung der **Person, an die der Brief oder das Schriftstück übergeben wurde** (Nr. 2): Dies meint den faktischen Zustellungsempfänger, der der Zustellungsadressat nach Nr. 1, aber auch ein Ersatzempfänger nach Maßgabe des § 178 ZPO sein kann.

Hier genügt es, wenn die Angabe eine hinreichende Präzisierung zulässt (Engelhardt/App/Schlatmann-*Schlatmann* §3 VwZG Rn.39: „Ehemann"; BeckOK ZPO-*Dörndorfer* §182 ZPO Rn.6). Hat der Zusteller in der Zustellungsurkunde vermerkt, er habe das Dokument dem Zustellungsadressaten persönlich ausgehändigt, es aber tatsächlich einem Ersatzempfänger übergeben, ist die Zustellung wirksam, die Rechtsbehelfsfrist beginnt allerdings nicht zu laufen (vgl. *BSG* U 30.3.1977 – 6 RKa 10/76, MDR 1977, 700). Gleiches gilt, wenn die Empfängerangabe fehlt (*OVG Bautzen* B 6.5.1993 – 1 S 104/93, NVwZ 1994, 81).

Im Falle des § 171 ZPO die Angabe, dass die **Vollmachtsurkunde** vorgelegen hat (Nr. 3): Auch wenn auf § 171 ZPO nicht verwiesen wird, ist gemäß § 7 Abs. 1 S. 2 VwZG bei einer Zustellung an einen Bevollmächtigten eine schriftliche Vollmacht vorzulegen. Dies ist in der Zustellungsurkunde zu vermerken (vgl. *OLG Düsseldorf* U 25.3.2010 – 5 U 89/09, NJW 2010, 3729; Engelhardt/App/Schlatmann-*Schlatmann* § 3 VwZG Rn.40). 94

Im Falle der §§178, 180 ZPO die **Angabe des Grundes**, der diese Zustellung rechtfertigt und wenn nach §181 ZPO verfahren wurde, die **Bemerkung, wie die schriftliche Mitteilung abgegeben wurde** (Nr.4): Anzugeben sind mithin der Grund für die Ersatzzustellung an eine andere Person (Abwesenheit des Adressaten und Verhältnis der Ersatzperson zu diesem, vgl. BeckOK ZPO-*Dörndorfer* §182 ZPO Rn.8) bzw. durch Einlegen in einen Briefkasten oder eine ähnliche Vorrichtung (vgl. *OVG Berlin* B 23.12.2011 – 1 N 2/10, NJW 2012, 951). Erfolgt die Ersatzzustellung durch Niederlegung, ist zu vermerken, ob die schriftliche Mitteilung in üblicher Weise hinterlegt oder aber an die Tür angeheftet wurde (s.o. Rn. 82; vgl. *BFH* U 1.8.1984 – V R 66/84, BFHE 142, 102); zudem muss ersichtlich sein, dass, wann und wo der Zustellungsvorgang stattgefunden hat. Bei einer Zustellung nach §180 ZPO genügt die Angabe, dass eine Übergabe des Dokuments nicht möglich war (Engelhardt/App/Schlatmann-*Schlatmann* §3 VwZG Rn.41). 95

Im Falle des §179 ZPO die **Erwähnung, wer die Annahme verweigert hat** und dass der Brief am Ort der Zustellung zurückgelassen oder an den Absender zurückgesandt wurde (Nr.5). Insbesondere ist das Verhältnis eines die Annahme verweigernden Ersatzempfängers zum Zustellungsadressaten zu vermerken (Engelhardt/App/Schlatmann-*Schlatmann* §3 VwZG Rn.42). 96

Die **Bemerkung, dass der Tag der Zustellung auf dem Umschlag, der das zuzustellende Schriftstück enthält, vermerkt** ist (Nr.6). 97

Den **Ort**, das **Datum** und auf Anordnung der Geschäftsstelle (hier: des Absenders, also der Behörde) auch die **Uhrzeit der Zustellung** (Nr.7). Der Ort ist mit einer genauen Adresse anzugeben (BeckOK VwVfG-*Ronellenfitsch* §3 VwZG Rn.56). Für das Datum reicht die Angabe des Kalendertags (Engelhardt/App/Schlatmann-*Schlatmann* §3 VwZG Rn.44). Fehlt auf der Zustellungsurkunde das Datum der Zustellung, ist diese zwar wirksam, es wird aber eine Rechtsbehelfsfrist nicht in Gang gesetzt (*GmS-OGB* B 9.11.1976 – GmS-OGB 2/75, BVerwGE 51, 378). Gleiches gilt, wenn Zweifel am Datum bestehen, etwa weil dieses nicht eindeutig lesbar ist (vgl. *BFH* U 28.6.1995 – II R 36/94, BFH/NV 1996, 170; *BVerwG* U 9.12.1982 – 5 C 98/80, NJW 1983, 1076). Stimmt das Datum auf der Zustellungsurkunde nicht mit dem Datum der Zustellung auf dem inneren Umschlag überein, setzt eine Frist ebenfalls nicht ein (vgl. *BGH* B 22.6.2010 – VIII ZB 12/10, NJW 2010, 3305; *BFH* U 29.10.1986 – I R 2/83, 98

BFHE 148, 404; U 13.1.1987 – VII R 147, 148, 150/84, NVwZ 1988, 288). Auf die Angabe einer Uhrzeit kann es ankommen, wenn der Zustellungsadressat verstorben ist (vgl. *BayObLG* B 29.10.1998 – 1 Z RR 7/98, NVwZ-RR 1999, 1379).

99 **Name, Vorname und Unterschrift des Zustellers** sowie die **Angabe des beauftragten Unternehmens oder der ersuchten Behörde** (Nr. 8). Bei der Unterschrift, die nicht leserlich zu sein braucht, muss es sich um einen die Identität des Unterzeichnenden ausreichend kennzeichnenden, individuellen Schriftzug handeln, der charakteristische Merkmale aufweist und sich nach dem gesamten Schriftbild als Unterschrift eines Namens darstellt (*BFH* U 13.1.1987 – VII R 147, 148, 150/84, BStBl II 1987, 272; Beermann/Gosch-*Kugelmüller-Pugh* § 3 VwZG Rn. 86; Tipke/Kruse-*Drüen* § 3 VwZG Rn. 38; BeckOK VwVfG-*Ronellenfitsch* § 3 VwZG Rn. 57; Engelhardt/App/Schlatmann-*Schlatmann* § 3 VwZG Rn. 45). Da der Zusteller die Zustellungsurkunde nur selbst unterschreiben muss, kann sie auch von einer anderen Person ausgefüllt werden.

100 Sind die Angaben auf der Zustellungsurkunde **unrichtig oder unvollständig**, kann sie der Zusteller zu einem späteren Zeitpunkt korrigieren bzw. ergänzen; erforderlich ist, dass er noch eine zuverlässige Erinnerung an die tatsächlichen Abläufe hat (vgl. *BVerwG* U 26.6.1984 – 9 CB 1092/81, KKZ 1984, 232; *OVG Koblenz* U 24.4.1996 – 2 A 11716/95, NVwZ 1997, 593; BeckOK OWiG-*Preisner* § 3 VwZG Rn. 37) und die Veränderung nicht dazu führt, dass die Urkunde nicht mehr den gesetzlichen Anforderungen entspricht (vgl. *VGH Kassel* B 3.7.1989 – 13 TH 1313/89, NJW 1990, 467). Ist die Zustellungsurkunde bereits an die absendende Behörde zurückgeleitet worden, darf diese sie auch nicht mehr zur Korrektur an die Post zurücksenden (*BGH* U 29.6.1989 – III ZR 92/87, NJW 1990, 176). Bei einer nachträglichen Berichtigung der Urkunde entscheidet das Gericht gemäß § 419 ZPO nach freier Überzeugung, ob die Beweiskraft der Urkunde dadurch ganz oder teilweise aufgehoben oder gemindert ist (*BFH* B 23.11.2016 – IV B 39/16, BFH/NV 2017, 333).

101 Aus Absatz 3 ergibt sich die **Pflicht zur unverzüglichen Zurückleitung** der Zustellungsurkunde. An die Stelle der in der Norm genannten Geschäftsstelle des Gerichts tritt die auftraggebende Behörde (BT-Drucks. 15/5216, S. 11). Zurückzuleiten ist die Zustellungsurkunde in **Urschrift** oder als **elektronisches Dokument**. **Unverzüglich** bedeutet: Ohne schuldhaftes Zögern. Sie wird zu den Akten genommen und kann dort nach den allgemeinen Vorschriften eingesehen werden.

102 **2. Niederlegung.** Ergänzend bzw. abweichend von § 3 Abs. 1 S. 1 i.V.m. § 181 ZPO enthält **Absatz 2 Satz 2** eine **Sonderregelung für die Niederlegung**. Das Dokument kann im Falle des § 181 Abs. 1 ZPO nicht nur bei einer von der Post dafür bestimmten Stelle am Ort der Zustellung oder am Ort des Amtsgerichts, in dessen Bezirk der Ort der Zustellung liegt (s.o. Rn. 77 ff.), niedergelegt werden, **sondern auch bei der Behörde, die den Zustellungsauftrag erteilt hat**. Dies ist mit Blick auf § 181 Abs. 1 S. 2 ZPO jedoch nur dann zulässig, wenn die Behörde ihren Sitz am Ort der Zustellung oder am Ort des für den Bezirk zuständigen Amtsgerichts hat. Dies soll gewährleisten, dass der Adressat das niedergelegte Dokument wohnortnah oder an einer zentralen Stelle am Ort des Amtsgerichts abholen kann (BT-Drucks. 15/5216, S. 11).

103 **3. Verwendung von Vordrucken nach ZustVV. Absatz 2 Satz 3** ordnet an, dass für die Zustellung nach § 3 die Vordrucke der Verordnung zur Einführung von Vordrucken für die Zustellung im gerichtlichen Verfahren – **Zustellungsvordruckverordnung** (ZustVV) – zu verwenden sind; s. dazu eingehend o. Rn. 10 ff. Die ZustVV ist auf der

Grundlage der Verordnungsermächtigung gemäß § 190 ZPO erlassen worden. Die Verweisung ist **dynamisch** (BeckOK OWiG-*Preisner* § 3 VwZG Rn. 1); Änderungen der ZustVV sind damit eo ipso zu beachten.

Anhang:
Landesrecht

(1) Baden-Württemberg: § 3 Verwaltungszustellungsgesetz für Baden-Württemberg (Landesverwaltungszustellungsgesetz – LVwZG).

(2) Bayern: Art. 3 Bayerisches Verwaltungszustellungs- und Vollstreckungsgesetz (VwZVG).

(3) Berlin: § 7 Gesetz über das Verfahren der Berliner Verwaltung – Geltung des VwZG

(4) Brandenburg: § 1 Abs. 1 Verwaltungszustellungsgesetz für das Land Brandenburg (BbgVwZG) – Geltung der §§ 2–10 VwZG.

(5) Bremen: § 1 Abs. 1 Bremisches Verwaltungszustellungsgesetz (BremVwZG) – Geltung des VwZG.

(6) Hamburg: § 1 Abs. 1 Hamburgisches Verwaltungszustellungsgesetz (HmbVwZG) – Geltung des VwZG.

(7) Hessen: § 1 Abs. 1 Hessisches Verwaltungszustellungsgesetz (HessVwZG) – Geltung der §§ 2–10 VwZG

(8) Mecklenburg-Vorpommern: § 96 Verwaltungsverfahrens-, Zustellungs- und Vollstreckungsgesetz des Landes Mecklenburg-Vorpommern (Landesverwaltungsverfahrensgesetz – VwVfG M-V).

(9) Niedersachsen: § 1 Abs. 1 Niedersächsisches Verwaltungszustellungsgesetz (NVwZG) – Geltung der §§ 2–10 VwZG.

(10) Nordrhein-Westfalen: § 3 Verwaltungszustellungsgesetz für das Land Nordrhein-Westfalen (Landeszustellungsgesetz – LZG NRW).

(11) Rheinland-Pfalz: § 1 Abs. 1 Landesverwaltungszustellungsgesetz (LVwZG) – Geltung der §§ 2–10 VwZG.

(12) Saarland: § 1 Saarländisches Verwaltungszustellungsgesetz (SVwZG) – Geltung des VwZG.

(13) Sachsen: § 3 Gesetz zur Regelung des Verwaltungsverfahrens- und des Verwaltungszustellungsrechts für den Freistaat Sachsen (SächsVwVfZG) – Geltung des VwZG.

(14) Sachsen-Anhalt: § 1 Abs. 1 Verwaltungszustellungsgesetz des Landes Sachsen-Anhalt (VwZG-LSA) – Geltung der §§ 2–10 VwZG.

(15) Schleswig-Holstein: § 148 Allgemeines Verwaltungsgesetz für das Land Schleswig-Holstein (Landesverwaltungsgesetz – LVwG).

(16) Thüringen: § 3 Thüringer Verwaltungszustellungs- und Vollstreckungsgesetz (ThürVwZVG).

§ 4 Zustellung durch die Post mittels Einschreiben

(1) Ein Dokument kann durch die Post mittels Einschreiben durch Übergabe oder mittels Einschreiben mit Rückschein zugestellt werden.

(2) [1]Zum Nachweis der Zustellung genügt der Rückschein. [2]Im Übrigen gilt das Dokument am dritten Tag nach der Aufgabe zur Post als zugestellt, es sei denn, dass es nicht oder zu einem späteren Zeitpunkt zugegangen ist. [3]Im Zweifel hat die Behörde den Zugang und dessen Zeitpunkt nachzuweisen. [4]Der Tag der Aufgabe zur Post ist in den Akten zu vermerken.

Übersicht

I. Allgemeines

1 §4 regelt Einzelheiten zur Zustellungsart „**Zustellung durch die Post mittels Einschreiben**". Absatz 1 erlaubt die Zustellung (nur) mittels Einschreiben durch Übergabe oder mittels Einschreiben mit Rückschein (Beermann/Gosch-*Kugelmüller-Pugh* §4 VwZG Rn. 1f.). Darüber hinaus ist eine Zustellung an ein Post(abhol)fach zulässig. Die Auswahl zwischen diesen Varianten trifft die Behörde nach pflichtgemäßem Ermessen (BeckOK VwVfG-*Ronellenfitsch* §4 VwZG Rn. 16). Das „Einwurf-Einschreiben" ist dagegen als Zustellungsvariante nach §4 ausgeschlossen (*BVerwG* U 19.9.2000 – 9 C 7/00, BVerwGE 112, 78; *OVG Bautzen* B 14.9.2010 – 5 A 595/08; Engelhardt/App/Schlatmann-*Schlatmann* §4 VwZG Rn. 2; BeckOK OWiG-*Preisner* §4 VwZG Rn. 3; BeckOK VwVfG-*Ronellenfitsch* §4 VwZG Rn. 15); dies hat seinen Grund in den Nachweisschwierigkeiten bei bestrittenem Zugang (BT-Drucks. 15/5216, S. 12). Das Einwurf-Einschreiben gilt daher nur als Bekanntgabe eines einfachen Briefes (*OVG Lüneburg* B 26.10.2006 – 7 PA 184/06, NVwZ-RR 2007, 78; *OLG Hamm* B 17.2.2009 – 3 Ws 37/09, 38/09, NJW 2009, 2230); es ist in diesem Falle (schon) kein behördlicher Zustellungswille anzunehmen (Engelhardt/App/Schlatmann-*Schlatmann* §4 VwZG Rn. 2). Absatz 2 (s.u. Rn. 15ff.) enthält Regelungen zum Nachweis der Zustellung mittels Rückschein (Satz 1), zu einer Zustellungsfiktion (Satz 2), zur Zuordnung der Nachweispflicht bzw. Beweislast an die Behörde (Satz 3) sowie zur Pflicht, den Tag der Aufgabe zur Post in den Akten zu vermerken (Satz 4).

II. Zu Absatz 1

2 **1. Zustellungsverfahren.** §4 regelt die Zustellung **durch die Post mittels Einschreiben**, enthält aber keine näheren Bestimmungen zu der Frage, wie die „Post" (zum Begriff §2 Rn. 21ff.) diese Zustellung vorzunehmen hat. Dies richtet sich nach den entsprechenden Geschäftsbedingungen des Postdienstleisters (vgl. Tipke/Kruse-*Drüen* §4 VwZG Rn. 1), den damit eine wesentliche Bedeutung für den tatsächlichen Zustellungsvorgang zukommt.

Die Zustellung durch die Post mittels Einschreiben kann **für jedes Dokument** genutzt werden, nicht nur für Briefe (vgl. BT-Drucks. 15/5216, S. 12); also auch für Päckchen und Pakete, nicht aber für Postkarten (vgl. *VGH München* B 14.2.2001 – 26 B 97.462, BayVBl. 2002, 87; Engelhardt/App/Schlatmann-*Schlatmann* §4 VwZG Rn. 1; BeckOK VwVfG-*Ronellenfitsch* § 4 VwZG Rn. 2; Beermann/Gosch-*Kugelmüller-Pugh* § 4 VwZG Rn. 2; a.A. Tipke/Kruse-*Drüen* §4 VwZG Rn. 2: keine Päckchen). Auch eine Übermittlung von Datenträgern als elektronische Dokumente kommt in Betracht (BeckOK VwVfG-*Ronellenfitsch* §4 VwZG Rn. 2). Gleiches gilt für „Hybridbriefe", die von der Behörde elektronisch erstellt und dann an einen Dienstleister übermittelt werden, der sie bei der Post einliefert (BeckOK OWiG-*Preisner* §4 VwZG Rn. 2). 3

Das **Einschreiben durch Übergabe** ist das „klassische" Einschreiben. Die eingelieferte Sendung wird in der Postfiliale registriert, der Einlieferer erhält einen Einlieferungsnachweise, auf dem das Datum der Einlieferung dokumentiert ist (Engelhardt/App/Schlatmann-*Schlatmann* §4 VwZG Rn. 2). Der Postzusteller händigt dem Zustellungsempfänger das Dokument persönlich aus. Die Zustellung wird vom Empfänger dokumentiert, er erteilt eine **schriftliche Empfangsbestätigung** mit Datum. Dazu tritt als Nachweis der Zustellung die bei Aufgabe des Dokuments von der Post aufgeklebte Postidentnummer (*VGH München* B 24.1.2013 – 12 ZB 12.2324, NVwZ 2013, 526; zur Bedeutung der Sendungsnummer *VGH München* U 4.6.2013 – 12 B 13.183, NVwZ-RR 2013, 789). Die Zustellung mittels Einschreiben – insbesondere durch Übergabe – kann an jedem Ort erfolgen, an dem der Zustellungsempfänger angetroffen wird (BeckOK VwVfG-*Ronellenfitsch* §4 VwZG Rn. 11). Zwar fehlt ein Verweis auf §177 ZPO wie in §3 Abs. 2; die Vorschrift ist jedoch sinngemäß anzuwenden. 4

Das zuzustellende Dokument **muss nicht isoliert übergeben werden**. Es ist zulässig, ihm andere Unterlagen beizufügen, z.B. Ablichtungen aus dem Verwaltungsvorgang. Mithin können mehrere Sendungen „gebündelt" werden (*OVG Lüneburg* B 17.7.2003 – 13 LA 227/03, NVwZ-RR 2003, 806; Engelhardt/App/Schlatmann-*Schlatmann* §4 VwZG Rn. 1; BeckOK VwVfG-*Ronellenfitsch* §4 VwZG Rn. 2). 5

Beim **Einschreiben mit Rückschein** wird der Sendung bei der Aufgabe ein Rückschein als gesonderter Beleg beigefügt, auf dem entweder der Zustellungsadressat oder ein Ersatzempfänger (dazu s.u. Rn. 10) den Erhalt durch die Unterschrift bestätigt. Es bleibt also bei der persönlichen Aushändigung der Sendung, zu der allerdings die Dokumentation mittels Rückschein tritt: Der Rückschein genügt nach §4 Abs. 2 S. 1 als **Nachweis der Zustellung** (s.u. Rn. 16; zu seiner Beweisfunktion vgl. *OVG Berlin* U 24.5.1965 – 4 M 6/65, NJW 1966, 1379; *OVG Münster* U 15.10.1969 – 7 A 238/68, OVGE 25, 118). Das Dokument ist zu dem Zeitpunkt zugestellt, den der Rückschein angibt (Beermann/Gosch-*Kugelmüller-Pugh* §4 VwZG Rn. 19). Er ist **kein Empfangsbekenntnis** i.S.v. §5 Abs. 4, 7; die Zustellung mittels Einschreiben kann auch nicht in eine Zustellung gegen Empfangsbekenntnis umgedeutet werden (*VGH Mannheim* U 10.1.1977 – X 1566/76, NJW 1977, 645 Ls.; Engelhardt/App/Schlatmann-*Schlatmann* §4 VwZG Rn. 3). Auch handelt es sich nicht um eine öffentliche Urkunde i.S.v. §418 ZPO (näher s.u. Rn. 8; Engelhardt/App/Schlatmann-*Schlatmann* §4 VwZG Rn. 3). 6

Zulässig ist schließlich auch die Zustellung an ein vom Adressaten unterhaltenes **Post(abhol)fach** (*BVerwG* U 13.4.1999 – 1 C 24/97, NJW 1999, 2608; Engelhardt/App/Schlatmann-*Schlatmann* §4 VwZG Rn. 2; BeckOK VwVfG-*Ronellenfitsch* §4 VwZG Rn. 13), das sich nicht an dessen Wohnort befinden muss. Nach der Rechtsprechung ist 7 der Zugang in solchen Fällen nicht schon durch das Einlegen eines Auslieferungsscheins in das Abholfach erfolgt, sondern erst mit Aushändigung des Dokuments an einen Empfangsberechtigten (*BVerwG* U 27.5.1983 – 7 C 79/81, NJW 1983, 2344; Engelhardt/App/Schlatmann-*Schlatmann* § 4 VwZG Rn. 10).

8 Für die Zustellung mittels Einschreiben nach § 4 gilt § 33 Abs. 1 S. 1 PostG nicht – es handelt sich **nicht um eine förmliche Zustellung** im Sinne dieser Norm, der Lizenznehmer wird daher auch nicht als mit Hoheitsbefugnissen ausgestatteter beliehener Unternehmer tätig (dazu § 2 Rn. 21; vgl. BT-Drucks. 15/5216, S. 12; BeckOK VwVfG-*Ronellenfitsch* § 4 VwZG Rn. 1; BeckOK OWiG-*Preisner* § 4 VwZG Rn. 1; Beermann/Gosch-*Kugelmüller-Pugh* § 4 VwZG Rn. 6). Der Rückschein ist damit auch **keine öffentliche Urkunde** i.S.v. § 418 ZPO, sondern lediglich **Privaturkunde** i.S.v. § 416 ZPO und damit „normales Beweismittel" (vgl. *BSG* B 7.10.2004 – B 3 KR 14/04 R, NJW 2005, 1303; *VGH München* U 4.6.2013 – 12 B 13.183, NVwZ-RR 2013, 789; Engelhardt/App/Schlatmann-*Schlatmann* § 4 VwZG Rn. 9; BeckOK VwVfG-*Ronellenfitsch* § 4 VwZG Rn. 24; BeckOK OWiG-*Preisner* § 4 VwZG Rn. 12; Tipke/Kruse-*Drüen* § 4 VwZG Rn. 5).

9 Die **Entgegennahme** des Einschreibens **kann vom Zustellungsempfänger verweigert werden**. Die Allgemeinen Geschäftsbedingungen der Postdienstleister sehen für diesen Fall die Rücksendung an den Absender vor. Eine Zustellung ist in diesem Fall nicht erfolgt (*BSG* U 15.8.2002 – B 7 AL 96/01 R, NJW 2003, 381). Diese Rechtslage ist der Behörde regelmäßig bekannt; sie hat sie bei der Entscheidung über die Zustellungsart (vgl. § 2 Rn. 26 ff.) zu berücksichtigen und sich gegebenenfalls für eine verlässlichere Variante entscheiden.

10 **2. Ersatzzustellung.** Nicht gesetzlich geregelt ist, ob und unter welchen Voraussetzungen eine wirksame Zustellung durch die Übergabe als Einschreiben an einen Ersatzempfänger **(„Ersatzzustellung")** vorgenommen werden kann. Die §§ 178, 180, 181 ZPO sind im Geltungsbereich des § 4 nicht anwendbar (vgl. *VG Saarlouis* B 23.2.2010 – 10 L 2170/09, Rn. 5); es fehlt an einer Verweisung wie in § 3 Abs. 2 S. 1. In der Rechtsprechung werden Ersatzzustellungen regelmäßig für rechtlich zulässig gehalten; sie verstoßen nicht gegen Verfassungsrecht (*BVerwG* U 11.5.1979 – 6 C 70/78, BVerwGE 58, 100, 103; B 15.3.1984 – 7 B 167/82, NJW 1984, 2112 – kein Verstoß gegen das Postgeheimnis gemäß Art. 10 GG). Die Allgemeinen Geschäftsbedingungen der Postdienstleister sehen sie regelmäßig vor; wählt die Behörde die Zustellung mittels Einschreiben, muss sie die entsprechenden Regelungen gegen sich gelten lassen – umgekehrt ist sie nicht dazu berechtigt, dem Postdienstleister die Bedingungen für eine Ersatzzustellung zu „diktieren" (Beermann/Gosch-*Kugelmüller-Pugh* § 4 VwZG Rn. 17). Unproblematisch ist die Zustellung an einen Empfangsbevollmächtigten. Zugelassene Ersatzempfänger sind jedoch im Regelfall auch Ehegatten, eingetragene Lebenspartner, enge Familienangehörige, im Betrieb des Empfängers beschäftigte Personen etc. (Engelhardt/App/Schlatmann-*Schlatmann* § 4 VwZG Rn. 2; BeckOK VwVfG-*Ronellenfitsch* § 4 VwZG Rn. 5). Die Zustellung ist bewirkt, wenn einer dieser Personen das Dokument ausgehändigt wird – selbst dann, wenn es anschließend nicht an den eigentlichen Adressaten weitergegeben wird (Tipke/Kruse-*Drüen* § 4 VwZG Rn. 3; BeckOK OWiG-*Preisner* § 4 VwZG Rn. 4). Soweit es im Schrifttum kritisch bewertet wird, dass der Gesetzgeber es damit einem Privatunternehmer und seinen (jederzeit veränderlichen) Geschäftsbedingungen überantworte, die öffentlich-rechtliche Wirksamkeit einer Zustellung zu regeln (BeckOK VwVfG-*Ronellenfitsch* § 4 VwZG Rn. 7a; kritisch auch BeckOK OWiG-*Preisner* § 4 VwZG Rn. 5), kann auf den Rechtsgedanken des § 130 Abs. 1 BGB zurückgegriffen werden. Die Zustellung gilt dann bei Aushändigung an einen Ersatzempfänger dem eigentlichen Adressaten als in dem Zeitpunkt zugestellt, in dem nach dem regelmäßigen Verlauf mit dessen Kenntnisnahme zu rechnen ist.

Dass es sich bei einem Ersatzempfänger um einen **Minderjährigen** handelt, ist jedenfalls dann unschädlich, wenn er vom Zusteller für hinreichend einsichtsfähig gehalten wird, das Dokument entsprechend an den Empfänger weiterzugeben (vgl. *BVerwG* U 14.1.1983 – 8 C 14/82, NJW 1983, 1574; U 27.4.1977 – 8 C 81/75, NJW 1977, 2091; Engelhardt/App/Schlatmann-*Schlatmann* § 4 VwZG Rn. 13; Tipke/Kruse-*Drüen* § 4 VwZG Rn. 3; zur Aushändigung eines an einen Strafgefangenen gerichteten Anschreibens an den Postempfangsbeauftragten der Justizvollzugsanstalt *OVG Koblenz* U 21.2.1997 – 10 A 12748/96, InfAuslR 1997, 248; zur Zustellung einer Ordnungsverfügung an einen nicht vertretungsberechtigten Gesellschafter einer GbR als Notgeschäftsführer *OVG Bautzen* B 4.12.2018 – 3 B 277/18). **11**

Soll das Einschreiben ausschließlich dem Adressaten (oder einem von diesem explizit benannten Empfänger) ausgehändigt werden dürfen, kann als besondere Form des Einschreibens die Vorgabe **„eigenhändig"** gewählt werden; eine Ersatzzustellung an andere Personen ist dann untersagt (vgl. Engelhardt/App/Schlatmann-*Schlatmann* § 4 VwZG Rn. 2; BeckOK OWiG-*Preisner* § 4 VwZG Rn. 7; Tipke/Kruse-*Drüen* § 4 VwZG Rn. 3). **12**

3. Niederlegung und Abholung. Nicht zulässig ist bei einer Zustellung mittels Einschreiben die **Zustellung durch Niederlegung** bei einer Posteinrichtung; gemäß § 3 Abs. 2 S. 2 VwZG i.V.m. § 181 Abs. 1 ZPO ist die Niederlegung für die Zustellung durch die Post mit Zustellungsurkunde zugelassen – das Fehlen einer entsprechenden Bestimmung in § 4 muss als fehlende Zulassung der Niederlegung verstanden werden (vgl. *BSG* U 10.5.1990 – 12 RK 58/88, NJW 1991, 63; Beermann/Gosch-*Kugelmüller-Pugh* § 4 VwZG Rn. 13; s. auch Abschnitt 6 Abs. 2 S. 2 VwZG-VwV). Die Benachrichtigung des beim Zustellungsversuch vom Postbediensteten nicht angetroffenen Empfängers über die Möglichkeit, die Sendung innerhalb einer Lagerfrist abzuholen, ist keine Benachrichtigung mit der Rechtwirkung des § 181 ZPO (vgl. *OLG Brandenburg* B 3.11.2004 – 9 UF 177/04, NJW 2005, 1585) und – selbstverständlich – auch noch keine Zustellung (BeckOK OWiG-*Preisner* § 4 VwZG Rn. 9). **13**

Wird der Empfänger **benachrichtigt** und holt das Einschreiben ab, unterzeichnet er eine Empfangsbestätigung. Erfolgt die Abholung vor Ablauf der Zustellungsfiktion nach Absatz 2 Satz 2, gilt die Zustellung als nach Ablauf von drei Tagen nach Aufgabe zur Post eingetreten. Holt der Empfänger die Lieferung später ab, ist der Tag der Abholung der Tag der Zustellung (Tipke/Kruse-*Drüen* § 4 VwZG Rn. 11; vgl. auch BeckOK OWiG-*Preisner* § 4 VwZG Rn. 9). Wird die Sendung nicht abgeholt, erfolgt nach Ablauf der Lagerfrist die Rücksendung an den Absender. Damit ist die Zustellung gescheitert und nicht erfolgt (*BVerwG* U 13.4.1999 – 1 C 24/97, NJW 1999, 2608; s. auch Engelhardt/App/Schlatmann-*Schlatmann* § 4 VwZG Rn. 10; BeckOK VwVfG-*Ronellenfitsch* § 4 VwZG Rn. 12). **14**

III. Zu Absatz 2

15 Absatz 2 enthält mehrere **ergänzende Regelungen** bezüglich der Zustellung durch die Post mittels Einschreiben, insbesondere zur Nachweisfunktion des Rückscheins (Satz 1; s.u. Rn. 16) und zur Zustellungsfiktion am dritten Tag nach Aufgabe des Dokuments zur Post (Satz 2; s.u. Rn. 17 ff.). Die Zustellungsfiktion nach Satz 2 gilt aufgrund ihrer normsystematischen Verortung nur im Anwendungsbereich des § 4, also allein bei der Zustellung durch die Post mittels Einschreiben durch Übergabe oder mittels Einschreiben mit Rückschein. Ferner finden sich in Absatz 2 Bestimmungen zur Nachweispflicht bzw. Beweislast der Behörde (Satz 3; s.u. Rn. 23) und zur Pflicht zum Vermerk des Tags der Aufgabe zur Post in den Akten (Satz 4; s.u. Rn. 24 ff.).

16 **1. Nachweisfunktion des Rückscheins.** Satz 1 erklärt, dass der **Rückschein zum Nachweis der Zustellung genügt**. Die Zustellung ist damit an dem Tag bewirkt, den der Rückschein mit entsprechender Unterschrift des Empfängers angibt (*BFH* B 14.4.2016 – III B 108/15, BFH/NV 2016, 1250; *BVerwG* B 24.3.2015 – 1 B 6/15, Rn. 6; vgl. *OVG Berlin* B 31.7.2009 – 10 S 36.08, Rn. 9; Engelhardt/App/Schlatmann-*Schlatmann* § 4 VwZG Rn. 3). Dies setzt freilich voraus, dass der Rückschein noch vorhanden ist und als Nachweis vorgelegt werden kann. Zudem muss sein Inhalt erkennbar – insbesondere leserlich – sein. Eine fehlende Unterschrift bzw. ein ersichtlich falsch angegebenes Übergabedatum führen dazu, dass der Rückschein den Beweisanforderungen nicht entsprechen kann. Zwar kann in solchen Fällen der Nachweis der Zustellung durch den Rückschein nicht erbracht werden, es gilt aber die Zustellungsfiktion nach Absatz 2 Satz 2: Das Dokument gilt am dritten Tag nach der Aufgabe zur Post als zugestellt – es sei denn, es ist (vom Adressaten nachweisbar) nicht oder zu einem späteren Zeitpunkt zugegangen.

17 **2. Zustellungsfiktion.** Die Rechtsnatur dieser – auch für das Übergabe-Einschreiben geltenden – **Zustellungsfiktion** nach Satz 2 ist in der frühen Rechtsprechung umstritten gewesen. Die Vorschrift regelt, dass das Dokument „im Übrigen" am dritten Tag nach der Aufgabe zur Post als zugestellt gilt, es sei denn, dass es nicht oder zu einem späteren Zeitpunkt zugegangen ist. Das „im Übrigen" nimmt Bezug auf Satz 1, der den Nachweis der Zustellung mittels Rückschein betrifft. Die Zustellungsfiktion kann daher nur dann eintreten, wenn kein Rückschein vorhanden, dieser unleserlich oder unvollständig ausgefüllt, nicht vom Zustellungsempfänger unterschrieben oder ersichtlich unrichtig ist (z.B. durch die Angabe eines in der Zukunft liegenden Empfangsdatums). Die rechtliche Einordnung dieser Fiktion ist letztlich nur bedeutsam für die Frage, ob eine Zustellung als auch vor Ablauf der drei Tage nach Aufgabe zur Post bewirkt angenommen werden kann, wenn dies tatsächlich nachweisbar der Fall ist. Die Rechtsprechung hat die Rechtsnatur der Fiktion unterschiedlich bewertet. Zutreffend erscheint zunächst die Annahme, es handele sich um eine **an eine Bedingung geknüpfte Fiktion** (*BVerwG* U 1.10.1970 – 8 C 137/69, BVerwGE 36, 127, 128). Die Aufgabe zur Post als „Anfangstermin" ist der Eintritt der Bedingung. Gelegentlich wird eine widerlegbare gesetzliche Vermutung (*BSG* U 19.3.1957 – 10 RV 609/46, BSGE 5, 53), teilweise eine unwiderlegbare Vermutung (*OVG Berlin* B 24.5.1965 – 4 M 6/65) angenommen. Auch von einer „Zugangsvermutung in der Form eines gesetzlich normierten Anscheinsbeweises" (*BSG* U 25.5.2000 – B 1 KR 27/99 R, NZS 2001, 53; so auch BeckOK VwVfG-*Ronellenfitsch* § 4 VwZG Rn. 25) ist die Rede. Geht man von einer widerlegbaren Vermutung aus, hätte dies zur Folge, dass eine

Zustellung auch vor Ablauf der drei Tage nach Aufgabe zu Post erfolgen kann; nach der Rechtsprechung des Bundesverwaltungsgerichts und nach überwiegender Ansicht im Schrifttum ist dies aber nicht anzunehmen (*BVerwG* B 24.3.2015 – 1 B 6/15 – Rn. 6; U 23.7.1965 – 7 C 170/64, BVerwGE 22, 11; vgl. auch *BSG* U 6.12.1996 – 113 RJ 19/96, BSGE 79, 293; so auch Engelhardt/App/Schlatmann-*Schlatmann* § 4 VwZG Rn. 8; BeckOK OWiG-*Preisner* § 4 VwZG Rn. 13; BeckOK VwVfG-*Ronellenfitsch* § 4 VwZG Rn. 22; Beermann/Gosch-*Kugelmüller-Pugh* § 4 VwZG Rn. 25; Tipke/Kruse-*Drüen* § 4 VwZG Rn. 10). Angesichts der **Funktion der Zustellungsfiktion** erscheint dies als überzeugende Bewertung. Die gesetzliche Regelung soll nicht nur Rechtssicherheit für die Behörde schaffen, sondern auch ein **Zustellungsprivileg** des Adressaten bewirken: Rechtsfolgen – insbesondere der Beginn des Fristenlaufs – sollen erst nach drei Tagen nach Aufgabe zu Post eintreten, und zwar unabhängig von einem tatsächlichen früheren Zustellungsdatum.

Die **Aufgabe zur Post** und deren Zeitpunkt müssen beweisbar dokumentiert sein, 18 damit der Eintritt der Fiktion nachgewiesen werden kann. Der Vorgang der Aufgabe wird von der einliefernden Person und dem Postbediensteten gemeinsam vollzogen; dem Nachweis dienen die Einlieferungsbescheinigung bzw. – bei möglicher Selbstbuchung – die Einlieferungsliste. Das Datum der Aufgabe zur Post wird damit durch den Poststempel definiert. Darüber hinaus ist nach Absatz 2 S. 4 der Tag der Aufgabe zur Post in den Akten zu vermerken (s.u. Rn. 24 ff.). Der Tag der Aufgabe zur Post kann, muss aber nicht mit dem Datum des übermittelten Dokuments (etwa dem Bescheiddatum) identisch sein (vgl. Engelhardt/App/Schlatmann-*Schlatmann* § 4 VwZG Rn. 5); letzteres kann daher auch kein Indiz für die Aufgabe zur Post sein (vgl. *BFH* U 19.12.1984 – I R 7/82, BFHE 143, 200). Auch ist der Tag des Aktenvermerks nach Absatz 2 Satz 4 (s.u. Rn. 24 ff.) nicht zwangsläufig derselbe wie der Tag der Aufgabe zur Post (Tipke/Kruse-*Drüen* § 4 VwZG Rn. 7; Beermann/Gosch-*Kugelmüller-Pugh* § 4 VwZG Rn. 21).

Das Dokument gilt als **am dritten Tag nach Aufgabe** zur Post zugestellt. Diese Rege- 19 lung bezeichnet einen Zeitpunkt, keine Zeitspanne; der Zeitpunkt des Eintritts der Rechtsfolge – der rechtlich maßgeblichen Zustellungsfiktion – ist damit unabänderlich und „unverschiebbar“. Er fällt genau auf den dritten Tag nach Aufgabe zur Post. Dabei ist es nach dem Wortlaut mithin unerheblich, ob es sich bei diesem dritten Tag um einen Samstag, Sonntag oder Feiertag oder aber um einen anderen Werktag handelt. Daraus wird verbreitet gefolgert, der fingierte Zustellungstermin werde nicht auf den nächstfolgenden Werktag aufgeschoben (vgl. – teilweise auch zu § 41 Abs. 2 S. 1 VwVfG – *VGH München* B 23.7.1990 – GrS 1/90, VGHE 43, 147; *BSG* U 19.3.1957 – 10 RV 609/56, BSGE 5, 53; U 6.5.2010 – B 14 AS 12/09 R, NJW 2011, 1099; U 9.12.2008 – B 8/9b SO 13/07 R, BeckRS 2009, 58350; *OVG Lüneburg* B 28.2.2011 – 4 LA 44/10, NJW 2011, 1529; *OVG Münster* B 7.3.2001 – 19 A 4216/99, NVwZ 2001, 1171; BeckOK OWiG-*Preisner* § 4 VwZG Rn. 15). Dies ist für die Berechnung von (Rechtsbehelfs-)Fristen von Bedeutung. Soweit gesetzliche Regelungen eine solche Verschiebung auf den nächsten Werktag vorsehen (§ 31 Abs. 3 VwVfG, § 108 Abs. 3 AO, § 26 Abs. 3 SGB X), gelten diese nach zutreffender Auffassung lediglich für Fristen, namentlich für den Zeitpunkt ihres Ablaufs, nicht aber für einen festgelegten Termin (z.B. § 31 Abs. 3 VwVfG: „Fällt das Ende einer Frist auf einen Sonntag, einen gesetzlichen Feiertag oder einen Sonnabend (…)“. Da der Zeitpunkt der Zustellung allein für den Beginn einer Frist maßgeblich sein kann, besteht auch keine praktische

Notwendigkeit eines Aufschubs; daher kommt auch keine analoge Anwendung der genannten Bestimmungen in Betracht. Die vor allem vom Bundesfinanzhof in seiner neueren Rechtsprechung vertretene Gegenauffassung (*BFH* B 5.5.2014 – III B 85/13, BFH/NV 2014, 1186; U 4.11.2003 – IX R 4/01, BFH/NV 2004, 159; U 14.10.2003 – IX R 68/98; BeckOK VwVfG-*Ronellenfitsch* § 4 VwZG Rn. 21, unter Hinweis auf die Gepflogenheiten des Geschäftsverkehrs; Tipke/Kruse-*Drüen* § 4 VwZG Rn. 10) überzeugt vor diesem Hintergrund nicht.

20 Die **Berechnung des dritten Tages** erfolgt nach den folgenden Grundsätzen: Der Tag der Aufgabe zur Post ist ein Ereignis i.S.v. § 187 Abs. 1 BGB (i.V.m. § 31 Abs. 1 VwVfG); er wird daher bei der Berechnung der Frist nicht mitgerechnet (vgl. Engelhardt/App/Schlatmann-*Schlatmann* § 4 VwZG Rn. 6; BeckOK OWiG-*Preisner* § 4 VwZG Rn. 15).

21 Auf die vorstehenden rechtlichen Aspekte muss der Adressat in der **Rechtsbehelfsbelehrung** nicht hingewiesen werden. Dies ist weder gesetzlich vorgeschrieben noch zur Gewährleistung effektiven Rechtsschutzes erforderlich (vgl. *BVerwG* U 14.6.1983 – 6 C 162/81, ZBR 1984, 19; *BSG* U 24.3.1993 – 9/9a RV 17/92, NZS 1993, 375; *BFH* U 29.10.1974 – 1 R 37/73, BFHE 114, 5).

22 Die Zustellungsfiktion tritt nicht ein, wenn das Einschreiben dem Adressaten **nicht oder zu einem späteren Zeitpunkt** zugegangen ist („es sei denn (...)"). Die Bestimmung ist im Zusammenhang mit Absatz 2 Satz 3 zu lesen, dem zufolge die Behörde im Zweifel den Zugang und dessen Zeitpunkt nachzuweisen hat. Damit trifft die Behörde grundsätzlich auch die Nachweislast bei nicht oder später erfolgter Zustellung. Das erscheint sachgerecht: Die Behörde hat nach § 2 Abs. 3 die Wahl, welche Zustellungsform sie wählt – entscheidet sie sich für das Einschreiben, nimmt sie (neben der Möglichkeit des Zustellungsadressaten, die Entgegennahme zu verweigern) das mit § 4 Abs. 2 S. 2 und 3 verbundene Risiko in Kauf. Vor diesem Hintergrund hat die Behörde im Rahmen ihrer Ermessensentscheidung hinsichtlich der Zustellungsart zu prüfen, ob eine Zustellung mittels Einschreiben geeignet ist, im konkreten Fall den Zustellungserfolg herbeizuführen (BT-Drucks. 15/5216, S. 12; s. auch Abschnitt 6 Abs. 2 S. 2 VwZG-VwV: „nur zweckmäßig, wenn zu erwarten ist, dass der Empfänger oder ein Ersatzempfänger (...) angetroffen und auch bereit sein wird, das zuzustellende Schriftstück anzunehmen"). Die Gerichte folgen dieser Beweislastverteilung nicht konsequent: So wird teilweise die Auffassung vertreten, der Adressat eines Einschreibens entkräfte die Zustellungsfiktion des § 4 Abs. 2 S. 2 (bzw. § 41 Abs. 2 S. 1 VwVfG) nicht schon dadurch, dass er schlicht bestreite, die Sendung erhalten zu haben; er müsse sein Vorbringen vielmehr nach Lage des Einzelfalles derart glaubhaft machen, dass Zweifel am Zugang des Einschreibens begründet würden (*VGH Mannheim* U 14.11.1984 – 11 S 2099/81, VBlBW 1985, 424; s. auch *OVG Bautzen* B 8.4.2015 – 3 B 129/14, zum Vorbringen hinsichtlich der Entkräftung der Beweiskraft einer Zustellungsurkunde). Im Ergebnis erscheint dies (insoweit entgegen der Kommentierung von *Sadler* in der Vorauflage) trotz der gesetzlichen Regelung sachgerecht: Würde einerseits ein nicht substantiiertes, schlichtes Bestreiten des Zugangs ausreichen, liefe die Zustellungsfiktion in vielen Fällen ins Leere (so auch Engelhardt/App/Schlatmann-*Schlatmann* § 4 VwZG Rn. 9; vgl. auch Tipke/Kruse-*Drüen* § 4 VwZG Rn. 12). Andererseits dürfen an die Substantiierungspflicht mit Blick auf die Gewährleistung effektiven Rechtsschutzes keine zu hohen Anforderungen gestellt werden (BeckOK VwVfG-*Ronellenfitsch* §4 VwZG Rn. 26). Nicht auf einen späteren Zugang berufen kann sich jedenfalls ein Adressat, der die Zustellung treuwidrig vereitelt hat, z.B. durch Verletzung der gesetzlichen Meldepflichten. Ob die gezielte Nichtabholung eines Einschreibens bei der Post als rechtsmissbräuchliche Zugangsvereitlung zu qualifizieren ist, ist zweifelhaft (ablehnend etwa BeckOK VwVfG-*Ronellenfitsch* § 4 VwZG Rn. 28); da der Bürger selbst entscheiden darf, welche Sendungen er entgegennimmt und welche nicht, wird man allenfalls in besonders gelagerten Fällen eine Vereitelung annehmen können.

3. Behördliche Nachweispflichten. In Zweifelsfällen hat die Behörde gemäß Absatz 2 Satz 3 den **Zugang und dessen Zeitpunkt nachzuweisen**. Diese behördliche Nachweispflicht stellt eine gesetzliche Beweislastverteilung dar. Bestreitet der Adressat etwa, die Sendung von einem Ersatzempfänger ausgehändigt erhalten zu haben, so muss die Behörde das Gegenteil beweisen. Das Erfordernis einer Nachforschung ergibt sich aufgrund der Zustellungsfiktion nur dann, wenn der Empfänger die entsprechende Vermutung durch substantiiertes Vorbringen erschüttert (s.o. Rn. 22; Beermann/Gosch-*Kugelmüller-Pugh* §4 VwZG Rn. 29). In Abschnitt 6 Abs. 1 VwZG-VwV ist vorgesehen, dass sich die Behörde „die notwendige Kenntnis" bei Zweifeln über die Tatsache der Zustellung oder ihren Zeitpunkt „auf andere Weise zu beschaffen" suchen muss, etwa durch Nachfrage bei den Postdienststellen. 23

4. Aktenvermerk. Gemäß Absatz 2 Satz 4 ist der Tage der **Aufgabe zur Post in den Akten zu vermerken**. Dies gilt für das Übergabe-Einschreiben ebenso wie für das Einschreiben mit Rückschein. Form und Inhalt des Aktenvermerks sind gesetzlich nicht vorgegeben (vgl. Engelhardt/App/Schlatmann-*Schlatmann* § 4 VwZG Rn. 11; BeckOK VwVfG-*Ronellenfitsch* §4 VwZG Rn. 31). Es genügt daher jeder in den Akten (nicht zwingend auf dem zuzustellenden Schriftstück) befindliche Hinweis, der Aufschluss über den Tag der Aufgabe zur Post gibt (vgl. *BVerwG* U 19.1.1972 – 5 C 54/70, BVerwGE 39, 257, 259 f.; U 5.7.1985 – 8 C 92/73, NVwZ 1985, 900; *BSG* U 30.4.1971 – 7/2 RU 232/68, NJW 1971, 1632; U 29.5.1973 – 2 RU 197/71, NJW 1973, 2047, 2048; Beermann/Gosch-*Kugelmüller-Pugh* §4 VwZG Rn. 33). Er muss von dem mit der Einlieferung bei der Post beauftragten Bediensteten nicht abgezeichnet werden, auch nicht durch denjenigen, der die Zustellung verfügt hat (vgl. schon *BVerwG* U 19.1.1972 – 5 C 54/70, BVerwGE 39, 257; *BFH* U 28.2.1978 – VII R 92/74, BFHE 124, 487). Dass die entsprechende ausdrückliche Regelung in §4 Abs. 2 a.F. gestrichen worden ist, ändert nichts an dieser Bewertung. 24

Die Rechtsfolge eines **Fehlens des Aktenvermerks** wird kontrovers diskutiert. Das Bundesverwaltungsgericht hält die Zustellung gleichwohl für wirksam (*BVerwG* U 19.1.1972 – 5 C 54/70, BVerwGE 39, 257), der Bundesfinanzhof dagegen für unwirksam (*BFH* U 28.2.1978 – VII R 92/74, BFHE 124, 487). Zudem geht das Bundesverwaltungsgericht von der Möglichkeit einer „Heilung" des fehlenden Aktenvermerks durch Nachholung durch die Widerspruchsbehörde aufgrund einer Rückfrage bei der Ausgangsbehörde aus (*BVerwG* U 5.7.1985 – 8 C 92/83, NVwZ 1985, 900). Andere Gerichte lehnen eine Heilung selbst dann ab, wenn sich das Datum des Zugangs der Sendung aus einem Rückschein ergibt oder zwischen den Beteiligten unstreitig ist (*OVG Münster* U 11.7.1984 – 16 A 2374/83, OVGE 37, 149) bzw. gehen davon aus, dass die Zustellungsfiktion nicht eintrete (*OVG Münster* U 3.5.2016 – 12 A 1619/15). Teilweise werden ein behördliches Einschreibebuch (*OLG Stuttgart* B 8.3.1979 – 10 WLw 3/79, RdL 1980, 326; ablehnend Engelhardt/App/Schlatmann-*Schlatmann* § 4 25

VwZG Rn. 11; *OVG Münster* U 11.7.1984 – 16 A 2374/83, NVwZ 1985, 53), ein Stempelaufdruck des Aufgabedatums (*BSG* U 29.5.1973 – 2 RU 197/71, NJW 1973, 2047) bzw. der Posteinlieferungsschein (*BVerwG* U 19.1.1972 – 5 C 54/70, BVerwGE 39, 257, 260) als „Aktenvermerk" für ausreichend gehalten. Die Betrachtungsweise des Bundesverwaltungsgerichts überzeugt im Ergebnis. § 4 Abs. 2 S. 4 formuliert lediglich den „Vermerk", ohne weitere Vorgaben zu Form und Inhalt zu machen. Das Gesetz sieht damit lediglich eine Notiz vor, an die äußerst niedrige Anforderungen zu stellen sind (so auch Tipke/Kruse-*Drüen* § 4 VwZG Rn. 13; eine geringe Bedeutung nimmt auch BeckOK VwVfG-*Ronellenfitsch* § 4 VwZG Rn. 32, an). Angesichts der Beweislastregelung in Satz 3 erscheint es auch nicht zum Schutze des Adressaten erforderlich, die Wirksamkeit der Zustellung an das Vorhandensein des Aktenvermerks über das Datum der Aufgabe zur Post zu knüpfen. Angesichts der Tatsache, dass er ohne Geltung von Formvorgaben und ohne erforderliche Namenszeichnung allein in der behördlichen Sphäre anzubringen ist, käme ihm ohnehin ein zweifelhafter Beweiswert zu. Er ist daher lediglich im Sinne einer „unverbindlichen Gedächtnisnotiz" zu verstehen; sein Fehlen erschwert der Behörde letztlich nur die Nachweisführung hinsichtlich der Tatsache und des Datums der Aufgabe zur Post (vgl. Beermann/Gosch-*Kugelmüller-Pugh* § 4 VwZG Rn. 35). Die Aufgabe zur Post wird regelmäßig ohnehin durch den Posteinlieferungsbeleg beurkundet; das Bundesverwaltungsgericht hat daher zutreffend ausgeführt: „Nach dem Inhalt sowie nach dem Sinn und Zweck des § 4 VwZG kommt es allein auf den Vorgang der Beurkundung an. Die Frage, wer die Akte vervollständigt hat und wann, ist für die Zustellung und die Beweisbarkeit ihres Tages unerheblich" (*BVerwG* U 15.6.1981 – 5 C 96/80, HFR 1982, 327). Schließlich ist – wenn man die Bestimmung nicht ohnehin nur als reine Ordnungsvorschrift qualifizieren mag (vgl. dazu BeckOK OWiG-*Preisner* § 4 VwZG Rn. 16) – auf die Heilungsmöglichkeit nach § 8 hinzuweisen (Engelhardt/App/Schlatmann-*Schlatmann* § 4 VwZG Rn. 11; Beermann/Gosch-*Kugelmüller-Pugh* § 4 VwZG Rn. 35).

Anhang: Landesrecht

(1) Baden-Württemberg: § 4 Verwaltungszustellungsgesetz für Baden-Württemberg (Landesverwaltungszustellungsgesetz – LVwZG).

§ 4 Abs. 1 S. 2: „Das zuzustellende Dokument ist der Post verschlossen zu übergeben."

(2) Bayern: Art. 4 Bayerisches Verwaltungszustellungs- und Vollstreckungsgesetz (VwZVG).

(3) Berlin: § 7 Gesetz über das Verfahren der Berliner Verwaltung – Geltung des VwZG

(4) Brandenburg: § 1 Abs. 1 Verwaltungszustellungsgesetz für das Land Brandenburg (BbgVwZG) – Geltung der §§ 2–10 VwZG.

(5) Bremen: § 1 Abs. 1 Bremisches Verwaltungszustellungsgesetz (BremVwZG) – Geltung des VwZG.

(6) Hamburg: § 1 Abs. 1 Hamburgisches Verwaltungszustellungsgesetz (HmbVwZG) – Geltung des VwZG.

(7) Hessen: § 1 Abs. 1 Hessisches Verwaltungszustellungsgesetz (HessVwZG) – Geltung der §§ 2–10 VwZG

(8) Mecklenburg-Vorpommern: § 97 Verwaltungsverfahrens-, Zustellungs- und Vollstreckungsgesetz des Landes Mecklenburg-Vorpommern (Landesverwaltungsverfahrensgesetz – VwVfG M-V).

(9) Niedersachsen: § 1 Abs. 1 Niedersächsisches Verwaltungszustellungsgesetz (NVwZG) – Geltung der §§ 2–10 VwZG.

(10) Nordrhein-Westfalen: § 4 Verwaltungszustellungsgesetz für das Land Nordrhein-Westfalen (Landeszustellungsgesetz – LZG NRW).

(11) Rheinland-Pfalz: § 1 Abs. 1 Landesverwaltungszustellungsgesetz (LVwZG) – Geltung der §§ 2–10 VwZG.

(12) Saarland: § 1 Saarländisches Verwaltungszustellungsgesetz (SVwZG) – Geltung des VwZG.

(13) Sachsen: § 4 Gesetz zur Regelung des Verwaltungsverfahrens- und des Verwaltungszustellungsrechts für den Freistaat Sachsen (SächsVwVfZG) – Geltung des VwZG.

(14) Sachsen-Anhalt: § 1 Abs. 1 Verwaltungszustellungsgesetz des Landes Sachsen-Anhalt (VwZG-LSA) – Geltung der §§ 2–10 VwZG.

(15) Schleswig-Holstein: § 149 Allgemeines Verwaltungsgesetz für das Land Schleswig-Holstein (Landesverwaltungsgesetz – LVwG).

(16) Thüringen: § 4 Thüringer Verwaltungszustellungs- und Vollstreckungsgesetz (ThürVwZVG).

§ 5 Zustellung durch die Behörde gegen Empfangsbekenntnis; elektronische Zustellung

(1) [1]Bei der Zustellung durch die Behörde händigt der zustellende Bedienstete das Dokument dem Empfänger in einem verschlossenen Umschlag aus. [2]Das Dokument kann auch offen ausgehändigt werden, wenn keine schutzwürdigen Interessen des Empfängers entgegenstehen. [3]Der Empfänger hat ein mit dem Datum der Aushändigung versehenes Empfangsbekenntnis zu unterschreiben. [4]Der Bedienstete vermerkt das Datum der Zustellung auf dem Umschlag des auszuhändigenden Dokuments oder bei offener Aushändigung auf dem Dokument selbst.

(2) [1]Die §§ 177 bis 181 der Zivilprozessordnung sind anzuwenden. [2]Zum Nachweis der Zustellung ist in den Akten zu vermerken:

1. **im Fall der Ersatzzustellung in der Wohnung, in Geschäftsräumen und Einrichtungen nach § 178 der Zivilprozessordnung der Grund, der diese Art der Zustellung rechtfertigt,**
2. **im Fall der Zustellung bei verweigerter Annahme nach § 179 der Zivilprozessordnung, wer die Annahme verweigert hat und dass das Dokument am Ort der Zustellung zurückgelassen oder an den Absender zurückgesandt wurde sowie der Zeitpunkt und der Ort der verweigerten Annahme,**

3. in den Fällen der Ersatzzustellung nach den §§ 180 und 181 der Zivilprozessordnung der Grund der Ersatzzustellung sowie wann und wo das Dokument in einen Briefkasten eingelegt oder sonst niedergelegt und in welcher Weise die Niederlegung schriftlich mitgeteilt wurde.

[3]Im Fall des § 181 Abs. 1 der Zivilprozessordnung kann das zuzustellende Dokument bei der Behörde, die den Zustellungsauftrag erteilt hat, niedergelegt werden, wenn diese Behörde ihren Sitz am Ort der Zustellung oder am Ort des Amtsgerichts hat, in dessen Bezirk der Ort der Zustellung liegt.

(3) [1]Zur Nachtzeit, an Sonntagen und allgemeinen Feiertagen darf nach den Absätzen 1 und 2 im Inland nur mit schriftlicher oder elektronischer Erlaubnis des Behördenleiters zugestellt werden. [2]Die Nachtzeit umfasst die Stunden von 21 bis 6 Uhr. [3]Die Erlaubnis ist bei der Zustellung abschriftlich mitzuteilen. [4]Eine Zustellung, bei der diese Vorschriften nicht beachtet sind, ist wirksam, wenn die Annahme nicht verweigert wird.

(4) Das Dokument kann an Behörden, Körperschaften, Anstalten und Stiftungen des öffentlichen Rechts, an Rechtsanwälte, Patentanwälte, Notare, Steuerberater, Steuerbevollmächtigte, Wirtschaftsprüfer, vereidigte Buchprüfer, Steuerberatungsgesellschaften, Wirtschaftsprüfungsgesellschaften und Buchprüfungsgesellschaften auch auf andere Weise, auch elektronisch, gegen Empfangsbekenntnis zugestellt werden.

(5) [1]Ein elektronisches Dokument kann im Übrigen unbeschadet des Absatzes 4 elektronisch zugestellt werden, soweit der Empfänger hierfür einen Zugang eröffnet. [2]Es ist elektronisch zuzustellen, wenn aufgrund einer Rechtsvorschrift ein Verfahren auf Verlangen des Empfängers in elektronischer Form abgewickelt wird. [3]Für die Übermittlung ist das Dokument mit einer qualifizierten elektronischen Signatur nach dem Signaturgesetz zu verstehen und gegen unbefugte Kenntnisnahme Dritter zu schützen.

(6) [1]Bei der elektronischen Zustellung ist die Übermittlung mit dem Hinweis „Zustellung gegen Empfangsbekenntnis" einzuleiten. [2]Die Übermittlung muss die absendende Behörde, den Namen und die Anschrift des Zustellungsadressaten sowie den Namen des Bediensteten erkennen lassen, der das Dokument zur Übermittlung aufgegeben hat.

(7) [1]Zum Nachweis der Zustellung nach den Absätzen 4 und 5 genügt das mit Datum und Unterschrift versehene Empfangsbekenntnis, das an die Behörde durch die Post oder elektronisch zurückzusenden ist. [2]Ein elektronisches Dokument gilt in den Fällen des Absatzes 5 Satz 2 am dritten Tag nach der Absendung an den vom Empfänger hierfür eröffneten Zugang als zugestellt, wenn der Behörde nicht spätestens an diesem Tag ein Empfangsbekenntnis nach Satz 1 zugeht. [3]Satz 2 gilt nicht, wenn der Empfänger nachweist, dass das Dokument nicht oder zu einem späteren Zeitpunkt zugegangen ist. [4]Der Empfänger ist in den Fällen des Absatzes 5 Satz 2 vor der Übermittlung über die Rechtsfolgen nach den Sätzen 2 und 3 zu belehren. [5]Zum Nachweis der Zustellung ist von der absendenden Behörde in den Akten zu vermerken, zu welchem Zeitpunkt und an welchen Zugang das Dokument gesendet wurde. [6]Der Empfänger ist über den Eintritt der Zustellungsfiktion nach Satz 2 zu benachrichtigen.

Übersicht

1 §5 regelt die Zustellung durch die Behörde gegen Empfangsbekenntnis. In den Absätzen bis 3 werden Art und Weise sowie die Wirksamkeit der Zustellung durch die Behörde gegen Empfangsbekenntnis und deren nähere Einzelheiten geregelt. Absatz 4 sieht eine vereinfachte Zustellung an besonders vertrauenswürdige Stellen vor. Die nachfolgenden Absätze widmen sich der elektronischen Zustellung. Erfolgt die elektronische Zustellung aber gegen Abholbestätigung über De-Mail-Dienste, so ist hierfür die speziellere Vorschrift des §5a maßgeblich.

I. Zu Absatz 1

2 **1. Zustellung durch Bediensteten der Behörde.** Die Zustellung durch die Behörde gegen Empfangsbekenntnis nach Absatz 1 betrifft uneingeschränkt sowohl **natürliche** als auch **juristische Personen.** Eine Privilegierung, wie sie in Absatz 4 enthalten ist, gibt es nicht.

Die Zustellung kann an jedem Ort erfolgen, an dem der Adressat angetroffen wird. Insoweit gilt das Gleiche wie bei der Zustellung mit Zustellungsurkunde durch die Post gemäß §3 Abs. 2 VwZG i.V.m. §177 ZPO.

Bei der Zustellung durch die Behörde händigt der zustellende Bedienstete das Dokument dem Empfänger in einem **verschlossenen Umschlag** aus. Sofern kein Grund zu der Annahme besteht, dass schutzwürdige Interessen des Empfängers entgegenstehen, kann das Dokument **auch offen** ausgehändigt werden. Das gilt besonders für die Übergabe des Dokuments auf der Dienststelle.

Die Regelung des Absatzes 1 soll verhindern, dass ein mit der Zustellung beauftragter Behördenbediensteter, der ansonsten nicht am Verfahren beteiligt ist, Kenntnis vom Inhalt des Dokuments erhält. Sie dient dem **Datenschutz.** In den Fällen, in denen der fachlich zuständige Bedienstete selbst – etwa beim Erscheinen des Empfängers in den Diensträumen – das Dokument übergibt, kann eine Kuvertierung entfallen. Eine Beeinträchtigung schutzwürdiger Interessen des Empfängers durch die „offene" Zustellung ist in einem solchen Fall ausgeschlossen.

Diejenige Amtsperson, welche die Zustellung anordnet, entscheidet auch darüber, ob das Dokument verschlossen oder offen zuzustellen ist. An diese Weisung ist der mit der Zustellung beauftragte Bedienstete gebunden.

Der Empfänger des Dokuments hat ein mit dem Aushändigungsdatum versehenes Empfangsbekenntnis zu unterschreiben. Das Datum der Zustellung ist vom Bediensteten der Behörde auf dem Umschlag oder bei offener Aushändigung auf dem Dokument selbst zu vermerken.

Die Zustellung durch die Behörde gegen Empfangsbekenntnis hat den **gleichen Rang wie eine Zustellung durch die Post mit Zustellungsurkunde** nach § 3. Das ergibt sich schon aus § 2 Abs. 2 und im Übrigen daraus, dass die Zustellung in beiden Fällen am Tag der Übergabe des Dokuments wirksam ist. Eine besondere gesetzliche Gleichstellung enthält hinsichtlich der Kosten bei Abgabenbescheiden § 344 Abs. 1 Nr. 3 AO: Danach werden 7,50 Euro erhoben. Bedeutsam ist diese Regelung im Hinblick auf die Erstattung von Kosten für die Zustellung der Androhung eines Zwangsmittels gemäß § 13 Abs. 7, § 19 Abs. 1 VwVG, wonach § 344 Abs. 1 Nr. 3 AO Anwendung findet.

3 In der Praxis kommt die **Zustellung** durch die Behörde verhältnismäßig selten vor. Daher ist besondere Sorgfalt geboten. Denn sie ist, ebenso wie die Zustellung durch die Post mit Zustellungsurkunde nach § 3, **formstreng.**

Die formstrenge Zustellung durch einen Bediensteten der Behörde gemäß Absatz 1 ist von der vereinfachten Zustellung an privilegierte Institutionen und Personen nach Absatz 4 sorgfältig zu unterscheiden. Denn beide sind verschiedenartig.

Die Praxis weiß, dass mancher Bürger sich der **Zustellung zu entziehen** versucht. In einem solchen Fall wird der Behördenbedienstete ihn notfalls „stellen" müssen: Der Bote geht oder fährt hinter dem Betroffenen her und erklärt ihm die Zustellungsabsicht. Verweigert der Angesprochene die Annahme und bleibt er auch nach Belehrung über die rechtliche Aussichtslosigkeit eines solchen Verhaltens dabei, dann führt der Bedienstete die wirksame Zustellung nach § 5 Abs. 2 S. 1 VwzG i.V.m. § 179 ZPO durch. Als letzte Möglichkeit bleibt im Übrigen die Zustellung zur Nachtzeit sowie an Sonntagen und allgemeinen Feiertagen gemäß Absatz 3.

Auch hier ist der **Wille** der Behörde, eine **Zustellung vorzunehmen,** unabdingbare Voraussetzung der Zustellung (*BFH* U 23.8.2000 – X R 27/98„ BFHE 193, 19 = BStBl. II 2001, 662; *BVerwG* U 19.6.1963 – 5 C 198/62„ BVerwGE 16, 165 = MDR 1963, 867 = DÖV 1964, 572 L = VerwRspr. 16, 756 = Buchholz 340 § 9 VwZG Nr. 2).

Zweifel am Zustellungswillen gehen zu Lasten der Behörde oder des Gerichts. Verfügt der Amtsträger etwa „Schreiben an …", so wird der Zustellungswille verneint.

Weil eine fehlende Zustellung kein Zustellungsmangel sein kann, kommt also auch eine Heilung des Vorgangs nicht in Betracht (*OVG Hamburg* B 18.11.2011 – 2 So 106/ 11,, BeckRS 2011, 56654 = NJW 2012, 551).

Beispiel: Ein Grundstückseigentümer beantragte den Erlass eines Vorbescheides zum Bau eines Hauses. Die Baubehörde fertigte einen solchen aus, stellte ihn aber nicht zu, weil noch Nachbarn gehört werden mussten. Sie zeigte dem bevollmächtigten Architekten am 30.11. bei seinem Besuch im Amt den Bescheid und gab ihm das Schriftstück zum Lesen vorübergehend in die Hand. Als er um Aushändigung des Vorbescheides bat, weigerte sich der Amtsleiter unter Hinweis auf die Notwendigkeit, zunächst noch Nachbarn anzuhören, die Zustellung vorzunehmen. Einige Wochen später, am 22.1. des nächsten Jahres, wurde der Bescheid dann zugestellt. In einem Zivilprozess trug der Betroffene vor, die Behörde habe ihm den Verwaltungsakt bereits am 30.11. gemäß § 5 Abs. 1 zugestellt, als sie ihn seinem Bevollmächtigten zum Lesen in die Hand gegeben haben. Damit hatte er keinen Erfolg (vgl. *BayObLG* U 16.12.1985 – RReg 2 Z 28/85,, BayVBl. 1986, 186). 4

An diesem Beispiel wird zugleich ersichtlich, dass es sich bei dem **„Bediensteten“** der Behörde nicht etwa um einen „Boten“ im herkömmlichen Sinne handelt, sondern um jeden Amtsträger, der im Auftrag der Behörde handelt. Das kann – wie hier – auch ohne weiteres ein Amtsleiter sein. 5

2. Amtshilfe. Aus § 5 Abs. 1 S. 1 ergeben sich **keine Hinderungsgründe** für eine Zustellung im Wege der Amtshilfe. Gemäß Art. 35 Abs. 1 GG, §§ 4 bis 8 VwVfG i.V.m. § 137 Abs. 1 Nr. 2 VwGO besteht bundeseinheitlich das Recht auf Amtshilfe und die Pflicht dazu. Sie erfasst also auch das Zustellungsverfahren. In § 168 Abs. 2 ZPO ist das ausdrücklich bestimmt. Daher könnte die Behörde zum **Beispiel** die Wasserschutzpolizei bitten, dem Besatzungsmitglied eines Schiffes das Dokument auf dem Wasser gegen Empfangsbekenntnis auszuhändigen. Seit Inkrafttreten des VwVfG braucht jedenfalls die Behörde ein solches Amtshilfeersuchen nicht mehr auf Gewohnheitsrecht zu stützen (so noch *Schifffahrtsgericht Hamm* B 24.2.1965 – 3 Ns 1/ 6 BiSchi,, NJW 1965, 1613 L). 6

Die Legaldefinition der Amtshilfe ist in § 4 Abs. 1 VwVfG enthalten. Danach handelt es sich bei ihr um eine „ergänzende Hilfe“. Das bedeutet: Die um Amtshilfe ersuchte Behörde ergänzt durch ein Nebenverfahren das Verfahren der ersuchenden Behörde, bei welcher die Hauptsache anhängig ist. In diesem Zusammenhang sei auf die Bedeutung einer gesetzlichen Begriffsbestimmung hingewiesen.

Allgemein ist für jede Amtshilfe der Verwaltungsbehörden und Gerichte Folgendes zu berücksichtigen: Entsprechend der Legaldefinition des § 4 Abs. 1 VwVfG ist sie in allen Fällen nur eine „ergänzende“ Hilfe. „Grundsätzlich gilt, dass der Verwaltungsträger, dem durch eine Kompetenznorm des Grundgesetzes Verwaltungsaufgaben zugewiesen sind, diese Aufgaben durch eigene Verwaltungseinrichtungen – mit eigenen personellen und sächlichen Mitteln – wahrnimmt“ (*BVerfG* B 12.1.1083 – 2 BvL 23/81,, BVerfGE 63, 1, 32 = ZfSH 1983, 266 = NVwZ 1983, 537). Also ist die **Amtshilfe auf Teilgebiete eines Verwaltungsverfahrens begrenzt** (*BVerfG* B 13.7.2011 – 2 BA 742/10,, NVwZ 2011, 1254 = NJW 2011, 3640 L).

Besonders ist auf das Recht der **Europäischen Union** hinzuweisen: Die europäische Zusammenarbeit bei einer Amtshilfe ist in den Vorschriften der

§§ 8a bis 8e VwVfG geregelt. Für die Durchführung der gegenseitigen Amtshilfe innerhalb der Union gilt das Beitreibungsrichtlinie-Umsetzungsgesetz vom 7.12.2011, welches in Artikel 1 das EU-Beitreibungsgesetz enthält (BGBl. I S. 2592).

7 An Nichtsesshafte und Wohnungslose könnte die Landespolizeibehörde oder die Bundespolizei gegen Empfangsbekenntnis zustellen. Das wäre möglich auf Raststätten, Campingplätzen, Bahnhöfen, bestimmten Plätzen oder bekannten Treffpunkten. In Betracht kommen auch Gesundheitsämter, Sozialfürsorgestellen oder karitative Einrichtungen.

8 Eine persönliche Amtshilfe der Vollzugspolizei für den Bediensteten der Behörde kommt in Betracht, falls dieser bei der vorgesehenen Übergabe des zuzustellenden Dokuments Widerstand vorfinden sollte. Die Hilfe wäre insbesondere notwendig, wenn dem Bediensteten Gefahr von einem bissigen Hund droht. Insoweit ist diese Situation derjenigen vergleichbar, welche bei einer Leistungsstörung im Postdienst besteht (*Sadler,* Spezialgesetzliche Amtshilfe der Polizei, Polizei 2003 S. 194–198; § 2 Rn. 50).

9 Die **Art und Weise der Amtshilfe** ist in den **§§ 4 bis 8 VwVfG** geregelt. Sie konkretisieren Art. 35 Abs. 1 GG (*VGH Mannheim* U 15.3.1990 – 1 S 282/90,, VBlBW 1990, 299 = NVwZ-RR 1990, 337). Das trifft auch auf die Verwaltungsverfahrensgesetze aller Bundesländer zu. Deren Vorschriften stimmen hier dem Wortlaut nach mit denen des Bundesgesetzes überein. Demzufolge sind sie gemäß § 137 Abs. 1 Nr. 2 VwGO revisibel (vgl. *BVerwG* U 26.6.2002 – 8 C 30/01,, BVerwGE 116, 332 = DVBl. 2003, 270 = NVwZ 2003, 221). Das ist für die Länder von großer Bedeutung. Denn ihr Recht wird hierdurch im Verhältnis zum Bundesrecht gleichrangig (vgl. *BVerwG* U 13.6.2001 – 6 A 1/01,, NVwZ 2002, 80 = DVBl. 2002, 339 = NJ 2002, 48). Zum historischen Grund dieser Rechtslage wird auf die Erklärung in § 5 Rn. 25 VwVG hingewiesen.

10 Für die Zustellung im Wege der Amtshilfe gilt der allgemeine Grundsatz des **§ 7 Abs. 1 VwVfG**: Die Durchführung der Zustellung richtet sich nach dem für die ersuchte Behörde geltenden Recht.

Verbietet zum Beispiel das Bundesministerium des Innern einen Verein, so richtet sich die Zustellung durch eine Landesbehörde nach deren Landesrecht (*BVerwG* U 13.6.2001 Rn. 8).

11 Entsprechende Vorschriften über die Amtshilfe enthalten die §§ 3 bis 7 SGB X. Zum Vergleich wird auch auf die Amtshilfevorschriften der §§ 111 bis 117 AO hingewiesen.

12 **3. Empfangsbekenntnis.** Das Empfangsbekenntnis muss, um ordnungsgemäß zu sein, sowohl das **Datum der Aushändigung** als auch die **Unterschrift des Empfängers** enthalten. Eine Paraphe genügt nicht, da sie keine nach außen wirkende vollständige Unterschrift ist. – Zu Unterschrift und Paraphe wird auf die Erläuterungen bei § 3 VwVG Rn. 32, 36 verwiesen.

Sofern diese formellen und materiellen Voraussetzungen erfüllt sind, hat das Empfangsbekenntnis die hohe rechtliche Qualität einer öffentlichen Urkunde im Sinne des § 418 ZPO.

13 Mitunter **verzichten Behörden auf das** in § 5 Abs. 1 S. 3 vorgeschriebene **Empfangsbekenntnis** des Empfängers. Das ist ein Zustellungsmangel. Dieser ist jedoch gemäß § 8 im Zeitpunkt der tatsächlichen Übergabe des Dokuments an den Adressaten geheilt (*BVerwG* B 31.5.2006 – 6 B 55/05, NVwZ 2006, 943 = NJW 2007, 939; vgl. hierzu *Rheindorf/Weidemann* DVP 2018, 47, 49).

Fehlt das Datum der Zustellung auf dem Empfangsbekenntnis, so ist die Zustellung zwar nicht unwirksam. Jedoch beginnt eine Rechtsbehelfsfrist nicht zu laufen. Die Entscheidung des Gemeinsamen Senats der Obersten Gerichtshöfe des Bundes (B 9.11.1976 – GmS-OGB 2/75, juris Rn 19 = BVerwGE 51, 378) ist hier uneingeschränkt gültig. Der Mangel ist gemäß § 8 heilbar. Insoweit gilt das Gleiche wie bei der Zustellung gegen Empfangsbekenntnis nach § 5 Abs. 7 (Rn. 96). 14

Auch der **Mangel der Unterschriftsverweigerung** wird durch den tatsächlichen Zugang des Bescheides gemäß § 8 geheilt. Mit der Aushändigung des Dokumentes am Zustellungsort hat der Empfangsberechtigte dieses nachweislich erhalten. Die Unterschriftsverweigerung des Empfangsbekenntnisses lässt nicht per se die erforderliche Empfangsbereitschaft und den Annahmewillen hinsichtlich des zuzustellenden Dokumentes entfallen (*OVG Hamburg* B 8.5.2018 – 3 Bs 46/18, juris Rn. 14 = DÖV 2018, 675 und *VG Aachen* B 16.4.2018 – 2 L 1259/17, juris Rn. 43 ff.; vgl. im gerichtlichen Verfahren zum Fehlen eines schriftlichen Empfangsbekenntnisses und zur späteren Rechtsmitteleinlegung: *BVerwG* B 17.6.2006 – 2 B 10/06, juris Rn. 5 = NJW 2007, 3223) Ferner bestehen keine Bedenken gegen ein nachträgliches Empfangsbekenntnis (vgl. Rn. 93). Denn die Zustellung ist kein abstrakter Selbstzweck. Sie soll nicht an behebbaren förmlichen Mängeln scheitern. 15

Sollte das Datum auf dem Empfangsbekenntnis (z.B. 28.4.) von dem Datum des zuzustellenden Dokuments (z.B. 27.4.) abweichen, so ist das unschädlich. Denn der Vermerk des richtigen Datums des Zustelldokuments auf dem Zustellungsnachweis ist keine gesetzliche Wirksamkeitsvoraussetzung für die Zustellung (*OVG Münster* B 8.7.2003 – 18 B 2172/02, NVwZ-RR 2004, 72 = FamRZ 2004, 702 L = DVBl. 2004, 68 L). 16

Mitunter verwenden Behörden den **Vordruck einer Postzustellungsurkunde als Empfangsbekenntnis.** Die Zustellung ist trotzdem wirksam. Denn es bestehen keine Zweifel daran, dass die Behörde durch ihren Bediensteten selbst zugestellt hat (*VGH Mannheim* U 15.7.1994 – 8 S 1086/94, NVwZ-RR 1995, 620 = VBlBW 1995, 110, 188). Hier kommt es nicht auf die formularmäßige Gestalt des Empfangsbekenntnisses, sondern auf seinen Inhalt an. Im Gesetz ist nur vorgesehen, dass ein Empfangsbekenntnis als Zustellungsnachweis dient, nicht jedoch, wie es beschaffen sein soll. 17

Ferner entfällt die Wirksamkeit einer Zustellung nicht schon bei jeder Ungenauigkeit, irrtümlichen Bezeichnung oder fehlerhaften Ausfüllung des Empfangsbekenntnisses. Denn das träte nur ein, wenn der Adressat auch bei verständiger Auslegung nicht zu erkennen vermag, wen und was die Zustellung betrifft. Insbesondere bei widersprüchlichen Angaben auf dem Empfangsbekenntnis kann ein Gericht ggf. unter Heranziehung weiterer Indizien (Zustellvermerk der Behörde etc.) eine nähere Auslegung vornehmen (*OVG Hamburg* B 8.5.2018 – 3 Bs 46/18, juris Rn. 14 = DÖV 2018, 675). Im Übrigen wäre ein etwaiger Zustellungsmangel nach § 8 ohnehin heilbar. 18

Eine Besonderheit gilt für das **Wehrrecht,** soweit § 12 Abs. 1 S. 3 WBO und § 5 Abs. 1 Nr. 1 WDO betroffen sind: Bei der Zustellung gegen Empfangsbekenntnis ist **§ 5 Abs. 1 S. 4 VwZG nicht anzuwenden.** Der Aushändigende braucht das Datum der Aushändigung auf dem Schriftstück nicht zu vermerken. Das Fehlen eines solchen Vermerks ist kein Zustellungsmangel (*BVerwG* B 28.10.1980 – 1 WB 139/79, BVerwGE 73, 89 = ZBR 1981, 289). 19

Gemäß § 12 Abs. 1 S. 3 WBO ist der Beschwerdebescheid dem Beschwerdeführer nach der Vorschrift des § 5 WDO zuzustellen. Hierdurch ist sichergestellt, dass sowohl für das Wehrbeschwerdeverfahren als auch für das Wehrdisziplinarverfahren die gleichen Zustellungsregeln gelten. Dadurch werden das Verfahren vereinfacht und die Rechtssicherheit erhöht.

20 **Weigert sich der Adressat bei der beabsichtigten Aushändigung** des Dokuments, das Empfangsbekenntnis **zu unterschreiben,** nützt es ihm nichts. Denn das gilt als Verweigerung der Annahme, und in einem solchen Fall wird nach § 5 Abs. 2 Nr. 2 VwZG i.V.m. § 179 ZPO das Dokument am Ort der Zustellung zurückgelassen. Auch ein Beamter darf sich in einer dienstlichen Angelegenheit folgenlos so verhalten. Das gilt auch im Disziplinarverfahren uneingeschränkt (*BVerwG* U 16.10.1968 – 2 D 17/68, BVerwGE 33, 193, 197).

21 Zwar verlangt § 5 Abs. 1 S. 3, dass der Betreffende das Empfangsbekenntnis unterschreibt. Weigert er sich, liegt folglich ein Zustellungsmangel vor. Aber dieser ist gemäß § 8 in dem Zeitpunkt bereits geheilt, in welchem der Empfangsberechtigte das Dokument „tatsächlich" erhalten hat. Das ist mit der Aushändigung am Zustellungsort nachweislich geschehen (vgl. hierzu *OVG Hamburg* B 8.5.2018 – 3 Bs 46/18, juris Rn 14 = DÖV 2018, 675). Das Fehlen der Unterschrift ist also nunmehr ohne rechtliche Bedeutung.

22 **4. Zustellungsvermerk des Bediensteten.** Ebenfalls mit Datum und Unterschrift beurkundet gemäß **§ 5 Abs. 1 S. 4** der Bedienstete die Zustellung auf dem verschlossenen Umschlag des auszuhändigenden Dokuments oder bei dessen offener Aushändigung im Falle des Abs. 1 S. 2 auf dem Dokument selbst (Abs. 1 S. 4). Bei offener Aushändigung genügt es, wenn der Bedienstete den Vermerk an den Schluss des Dokuments setzt (*OVG Münster* U 14.6.1988 – 1 A 1745/86, NWVBl. 1989, 28 = DÖV 1989, 359 = NVwZ-RR 1989, 4).

23 Hat der Bedienstete es unterlassen, das Datum der Zustellung auf dem Umschlag des Dokuments zu vermerken, ist die Zustellung fehlerhaft (vgl. *VGH Mannheim* U 5.12.1986 – 14 S 2037/86, NVwZ 1987, 511). Das hat zur Folge, dass nunmehr an Stelle einer Rechtsbehelfsfrist die Jahresfrist läuft. Dieser Zustellungsmangel ist allerdings gemäß § 8 heilbar. Das gilt ebenso bei der offenen Aushändigung des Dokuments im Falle des Absatzes 1 S. 2.

24 **5. Wiedereinsetzung in den vorigen Stand.** War jemand ohne Verschulden verhindert, eine **gesetzliche Frist** einzuhalten, so ist ihm Wiedereinsetzung in den vorigen Stand zu gewähren. Entsprechende Regelungen enthalten die jeweiligen Verfahrensordnungen (§ 32 VwVfG; § 27 SGB X; § 110 AO; § 60 VwGO; § 173 VwGO i.V.m. § 85 Abs. 2 ZPO; §§ 67, 73 SGG; § 56 FGO).

25 Beruht die Fristversäumung nicht auf einem Verschulden des Rechtsuchenden, sondern auf einem **Fehler der Behörde oder des Gerichts,** ist die Wiedereinsetzung in den vorigen Stand von Amts wegen zu gewähren. Über diese Möglichkeit hat die Behörde oder das Gericht den Betroffenen zu belehren. Das gebietet der Grundsatz fairer Verfahrensführung gemäß Art. 20 Abs. 3 GG (*BVerfG* B 11.11.2001 – 2 BvR 1471/01, Rpfleger 2002, 279; *BVerfG* B 27.9.2005 – 2 BvR 172/04, NJW 2005, 3629 = NVwZ 2006, 328 L).

II. Zu Absatz 2

Nach Abs. 2 S 1 sind die **§§ 177 bis 181 ZPO** auch bei der Zustellung durch die Behörde gegen Empfangsbekenntnis **anzuwenden.** Diese Regelungen gelten nach § 3 Abs. 2 S. 1 für die Zustellung durch die Post mit Zustellungsurkunde. Die sachlich gebotene Rechtseinheit vereinfacht das Zustellungsrecht. 26

Zum Nachweis der Zustellung ist **in die Akten ein Vermerk aufzunehmen.** Dieser muss Folgendes festhalten: 27

a) § 5 Abs. 2 S. 2 Nr. 1: Im Fall der Ersatzzustellung in der Wohnung, in dem Geschäftsraum oder in der Gemeinschaftseinrichtung nach § 178 ZPO ist der Grund anzugeben, der diese Art der Zustellung rechtfertigt.

b) § 5 Abs. 2 S. 2 Nr. 2: Im Fall der Zustellung bei Verweigerung der Annahme nach § 179 ZPO ist anzugeben:

- wer die Annahme verweigert hat,
- dass das Dokument am Ort der Zustellung zurückgelassen oder an den Absender zurückgesandt wurde,
- der Zeitpunkt und der Ort der verweigerten Annahme.

c) § 5 Abs. 2 S. 2 Nr. 3: In Fällen der Ersatzzustellung nach § 180 oder § 181 Abs. 1 ZPO ist anzugeben:

- der Grund der Ersatzzustellung,
- wann und wo das Dokument in einen Briefkasten eingelegt oder sonst niedergelegt wurde,
- in welcher Weise die Niederlegung schriftlich mitgeteilt wurde.

Hier handelt es sich um **„Muss-Vorschriften".** Deren Verletzung macht deshalb die Zustellung unwirksam. Allerdings ist eine Heilung nach § 8 möglich.

Im Fall der **Niederlegung bei der Behörde** nach § 181 Abs. 1 ZPO gilt gemäß **§ 5 Abs. 2 S. 3** Folgendes: Als Ort der Niederlegung ist ausschließlich die Behörde bestimmt, welche den Zustellungsauftrag erteilt hat. Denn die Behörde muss sich in einer für den Zustellungsadressaten zumutbaren Entfernung befinden. Danach kommt die Niederlegung bei der Behörde nur in Betracht, wenn diese ihren Sitz am Ort der Zustellung oder am Ort des Amtsgerichts hat, in dessen Bezirk der Ort der Zustellung liegt. Ist das nicht der Fall, ist die Ersatzzustellung durch Niederlegung bei der Behörde nicht möglich. Dann kann nur nach Absatz 1 oder durch die Post mit Zustellungsurkunde gemäß § 3 zugestellt werden. 28

Diese besondere Regelung über die Niederlegung bei der zuständigen Behörde ist notwendig. Denn bei der Zustellung durch die Behörde gemäß § 5 scheidet eine postalische oder gerichtliche Zustellung naturgemäß aus.

Nach dem Wortlaut des **§ 178 Abs. 2 ZPO** ist die Zustellung an eine der in § 178 Abs. 1 ZPO bezeichneten Personen unwirksam, wenn diese an dem Rechtsstreit als Gegner der Person, der zugestellt werden soll, beteiligt ist. Damit soll im Zivilprozess eine Ersatzzustellung an eine befangene Person unterbunden werden. Diese Bestimmung kann im **hoheitlichen** Zustellungsrecht jedoch **keine Anwendung** finden. Im hoheitlichen Verwaltungs-, Finanz- und Sozialverfahren ist eine Behörde beteiligt, die einer der in § 178 Abs. 1 ZPO bezeichneten Personen nicht gleichgesetzt werden kann. 29

Daraus ergibt sich, dass im hoheitlichen Behördenprozess die Ersatzzustellung an einer der in § 178 Abs. 1 aufgeführten Personen wirksam ist.

III. Zu Absatz 3

30 Das Zustellungsrecht wird durch Abs. 3 S. 1 wie folgt eingeschränkt: Zur **Nachtzeit,** an **Sonntagen** und allgemeinen **Feiertagen** darf nach den Absätzen 1 und 2 im Inland nur mit schriftlicher oder elektronischer Erlaubnis des Behördenleiters zugestellt werden. Dass die Erlaubnis nicht nur **schriftlich,** sondern auch **elektronisch** erteilt werden kann, ist die Konsequenz aus der Öffnung des Verwaltungsverfahrens für elektronische Dokumente (§ 3a VwVfG, § 87a AO, § 36a SGB I).

Die elektronische Erlaubnis bedarf keiner qualifizierten elektronischen Signatur. Denn bei ihr handelt es sich nicht um eine durch Rechtsvorschrift angeordnete Schriftform im Sinne von § 3a Abs. 2 VwVfG, § 87a Abs. 3 AO, § 36a Abs. 2 SGB I.

Der Behördenleiter erteilt die Erlaubnis nach pflichtgemäßem **Ermessen** sowie entsprechend dem Grundsatz der **Verhältnismäßigkeit.** Außer dem Leiter ist auch sein Stellvertreter dafür zuständig. Denn nach dem Wesen und dem Aufbau der öffentlichen Verwaltung hat jeder Leiter einer Behörde für den Fall seiner Verhinderung einen Vertreter. Sonst käme es zum zeitweiligen Stillstand der Verwaltungstätigkeit. Die Vertretung eines Amtsträgers ist immer dann notwendig, wenn dieser zum maßgeblichen Zeitpunkt tatsächlich oder rechtlich gehindert ist, seine Amtsbefugnis auszuüben (vgl. *BVerwG* U 28.5.2009 – 2 C 23/07, NVwZ 2009, 1380 L). Zum Begriff des Ermessens wird hingewiesen auf § 40 VwVfG, § 5 AO und § 39 Abs. 1 SGB I.

Das **Original der Erlaubnis,** die Urschrift, verbleibt aus Beweisgründen **in den Akten.** Der Zustellungsadressat oder ein Ersatzempfänger erhält eine abschriftliche Mitteilung (Abs. 3 S. 3).

Über den ausdrücklichen Wortlaut des Absatzes 3 S. 1 hinaus steht das Recht zur Anordnung dieser außergewöhnlichen Zustellung auch den bei Wahlen tätigen Verantwortlichen (Kreiswahlleiter etc.) zu. Von ihrer Reaktionsfähigkeit und Entschlussfreudigkeit hängt in Ausnahmesituationen die Zulassungsfähigkeit des Mandats eines Wahlkandidaten ab.

Nach dem Grundsatz des § 5 Abs. 3 VwZG i.V.m. § 177 ZPO kann die Zustellung zur Nachtzeit sowie an Sonntagen und allgemeinen Feiertagen **an jedem Ort bewirkt** werden, an dem der Adressat angetroffen wird. Sie ist nicht auf die Wohnung beschränkt, kommt also beispielsweise auch auf der Straße, im Geschäftsraum, in einer Gaststätte, auf dem Bahnhof oder dem Flughafen vor. Daneben gelten die Vorschriften über die **Ersatzzustellung** und die **Niederlegung.**

Aus dem Text des Gesetzes ergibt sich, dass ein **Sonnabend nicht** zu den Tagen zählt, für die das grundsätzliche Zustellungsverbot besteht.

31 Die **Nachtzeit** richtet sich nach den heutigen Lebensgewohnheiten. Sie umfasst für das ganze Jahr einheitlich die **Stunden von 21 bis 6 Uhr.** Das bestimmt Abs. 3 S. 2. Das entspricht § 758a Abs. 4 S. 2 ZPO.

Nachtzeit ist Ruhezeit. Ihr Schutz gehört zum allgemeinen, die Menschenwürde betreffenden Persönlichkeitsrecht nach Art. 1 Abs. 1, Art. 2 Abs. 1 GG. Hier ist die Privatsphäre des Bürgers betroffen. Er soll einen zeitlichen Freiraum für Nachtruhe, Entspannung, Erholung, Gesundheit und Familienleben haben. Diesem Schutz dient der **Erlaubnisvorbehalt** des Absatzes 3.

Ausnahmen vom nächtlichen Zustellungsverbot sind nur zugelassen, wenn der Behördenleiter die **Erlaubnis zur Zustellung vor deren Beginn** erteilt hat. Nach der Legaldefinition des § 183 BGB bedeutet nämlich „Erlaubnis" die „vorherige Zustimmung". Entsprechend der Hierarchie in der Verwaltung hat der Vertreter des Leiters die gleichen Rechte.

Die **Uhrzeiten** für die Zustellungspause der **Nachtzeit** beziehen sich nur auf den **Anfang der Zustellung.** Hat der Behördenbedienstete mit dem Zustellungsvorgang schon vor der Sperrstunde begonnen, kann er ihn darum bis zum Zustellungsakt fortsetzen. Denn in einem solchen Fall liegt ein rechtlicher Zusammenhang vor, der diese Lösung gebietet.

Eine Fortsetzung des Zustellungsvorgangs trotz zwischenzeitlicher Sperre ist auch aus praktischen Erwägungen geboten und durchaus zumutbar. Denn die Zustellung dauert erfahrungsgemäß nur einige Minuten. Die notwendige Inanspruchnahme des Empfängers ist also unbedeutend. Im Übrigen würde ein erneuter Zustellungsvorgang zu passender Zeit einen erheblichen Aufwand und Zeitverlust verursachen. Das ist nicht vertretbar.

Das gilt gleichermaßen für die Zustellung an den Adressaten persönlich oder an einen gesetzlichen Ersatzempfänger und die Niederlegung.

Für eine entsprechende Anwendung der Zustellungsbeschränkung des § 5 Abs. 3 auf sonstige besondere Umstände der Zustellung lässt der Wortlaut keinen Raum. Die Regelung stellt vielmehr ausschließlich auf den Zeitpunkt der Zustellung ab.

Beispiel (nach *OVG Hamburg* B 8.5.2018 – 3 Bs 46/18, juris Rn. 17 = DÖV 2018, 675)

Im Zuge seiner Abschiebung befindet sich ein ausländischer Staatsangehöriger in behördlichen Gewahrsam. Um 6:05 Uhr erhält er vom zuständigen Behördenmitarbeiter eine Verfügung zum Einreise- und Aufenthaltsverbot. Die Erlaubnis des Behördenleiters ist hierfür nicht erforderlich, da die Zustellung außerhalb der Nachtzeit erfolgt ist. Für eine entsprechende Anwendung des § 5 Abs 3 auf den vorliegenden Fall bleibt angesichts der klaren Regelung, die ausschließlich auf den Zeitpunkt und nicht auf die sonstigen Umstände einer Zustellung abstellt, kein Raum.

In den **Bundesländern** ist die Nachtzeit unterschiedlich geregelt. Sie richtet sich zum Teil danach, ob die Zustellung in der Sommerzeit oder in der Winterzeit stattfindet.

Für die **Finanzverwaltung** ist die Nachtzeit nach § 289 Abs. 1 AO i.V.m. § 758a Abs. 4 S. 2 ZPO jahreseinheitlich auf die Zeit von 21 Uhr bis 6 Uhr festgelegt.

Gemäß § 758a Abs. 4 S. 2 ZPO umfasst die Nachtzeit im **Gerichtsverfahren** jahreseinheitlich die Stunden von 21 Uhr bis 6 Uhr.

Für **Sonntage** und **allgemeine Feiertage** gilt nach Abs. 3 S. 1 ebenfalls ein besonderer **32**
Zustellungsschutz. **Verfassungsrechtliche Grundlage** dieses Schutzes ist **Art. 139 der Weimarer Reichsverfassung** vom 11.8.1919: Er ist gemäß Art. 140 GG Bestandteil des Grundgesetzes. Dazu kommen entsprechende Bestimmungen in den **Verfassungen und Feiertagsgesetzen der Bundesländer. Allgemeine Feiertage** sind:

- der Neujahrstag,
- der Karfreitag,
- der Ostermontag,
- der 1. Mai,
- der Himmelfahrtstag,
- der Pfingstmontag,
- der 3. Oktober als Tag der deutschen Einheit,
- der 1. Weihnachtstag und
- der 2. Weihnachtstag.

Regionale Feiertage, die für einzelne Länder und deren katholische oder evangelische Bevölkerung oder Gebiete gelten, sind:

- das Fest der Heiligen Drei Könige am 6. Januar, auch Epiphanias,
- Fronleichnam am 2. Donnerstag nach Pfingsten,
- das Friedensfest am 8. August,
- Mariä Himmelfahrt am 15. August,
- der Reformationstag am 31. Oktober,
- Allerheiligen am 1. November und
- der Buß- und Bettag im November.

Der besondere Zustellungsschutz kann an einem **regionalen Feiertag** nur eintreten, wenn dieser am Ort des Zustellungsadressaten gilt. Denn § 5 Abs. 3 betrifft nach seinem Wortlaut allein diesen Ort. Hieraus folgt demnach: Fällt das Ende einer gesetzlichen Frist auf einen regionalen Feiertag, so endet die Frist gemäß § 31 Abs. 3 VwVfG, § 26 Abs. 3 SGB X, § 108 Abs. 3 AO, § 193 BGB mit dem Ablauf des nächtsfolgenden Werktags (*BGH* B 10.1.2012 – VI ZA 27/11, MDR 2012, 301 = NJW-RR 2012, 254).

Zu diesem Ergebnis führt auch § 130 Abs. 1 S. 1 BGB. Danach wird eine Willenserklärung gegenüber einem Abwesenden in dem Zeitpunkt wirksam, in welchem sie ihm zugeht. Diese Bestimmung kann im öffentlichen Recht entsprechend angewendet werden (*OVG Lüneburg* B 9.7.2013 – 2 PS. 248/13, DÖV 2013, 784 L).

33 Die **Erlaubnis** für die Zustellung nach Abs. 3 S. 1 ist gemäß Abs. 3 S. 3 bei der Zustellung dem Empfänger abschriftlich **mitzuteilen**. Sie könnte folgenden **Wortlaut** haben:

Behörde Ort und Datum
„Gemäß des (jeweiligen Verwaltungszustellungsgesetzes) wird die
Zustellung zur Nachtzeit/
Zustellung am Sonntag/Feiertag
angeordnet.
Wir händigen Ihnen gleichzeitig die schriftliche Mitteilung der Erlaubnis zur Zustellung aus.“
Name
Amtsbezeichnung
Siegel

Im Fall der **Niederlegung** ist die Mitteilung darüber im Hausbriefkasten abzugeben oder notfalls an der Wohnungstür zu befestigen. Das gilt auch für die schriftliche Erlaubnis. Denn sonst könnte der Adressat annehmen, die Zustellung sei gesetzwidrig und deshalb unwirksam.

Sollte der Zustellungsadressat oder ein Ersatzempfänger die **Annahme** trotz der Erlaubnis **verweigern,** sind das Dokument und die schriftliche Erlaubnis am Ort der Zustellung zurückzulassen. 34

Zutreffend stellt Abs. 3 S. 4 fest, dass eine **gesetzwidrige Zustellung** ohne weiteres und **sofort gültig** ist, wenn die **Annahme nicht verweigert** wird. 35

Zunächst rechnet man allgemein schon mit der **Einsicht des rechtstreuen Bürgers,** dass die Verweigerung der Annahme grundsätzlich nicht in Betracht kommt. Denn die Behörde muss doch einen besonderen Anlass für die Zustellung haben. Schließlich bedarf es dazu höchster Erlaubnis.

Sodann wird es in der Hektik bei **Wahlen** immer zu Notsituationen kommen, wo gerade **zu Gunsten eines Kandidaten** die Zustellung schnell vorgenommen werden muss. Wenn ein Wahlleiter zur Fristwahrung die außerordentliche Zustellung anordnet, wird er also Anerkennung erfahren.

IV. Zu Absatz 4

1. Keine Förmlichkeiten bei der Zustellung. Der Gesetzgeber lässt die Zustellung an den in Absatz 4 genannten vertrauenswürdigen und darum bevorzugten Adressatenkreis auch **„auf andere Weise“** gegen Empfangsbekenntnis zu. Die vereinfachte Zustellung gegen Empfangsbekenntnis kann erfolgen 36

- mit **einfachem Brief** durch die Post,
- durch die **Übermittlung eines elektronischen Dokuments**,
- persönlich durch einen **Bediensteten der Behörde**,
- mit **Dienstpost** an eine andere Behörde,
- durch Aufgabe an den behördeninternen Dienstkurier (dazu *OVG Weimar* B 7.2.2011 – 2 ZK0 621/09, DÖV 2011, 619 L).
- durch Einlegen in das **Anwaltsfach bei Gericht.**

Die Zustellung gemäß Absatz 4 ist ein Unterfall der Zustellung nach Absatz 1. Die hier vorgeschriebenen Förmlichkeiten werden vereinfacht.

Wird der Brief durch die Deutsche **Post** AG befördert, erfolgt seine Ablieferung an den Adressaten gemäß Abschnitt 4 (2) AGB (Brief National) im Allgemeinen durch Einlegen in den Hausbriefkasten oder in das Postfach. Ein Postfach ist dem **Briefkasten gleichgestellt** (*BGH* B 14.6.2012 – V ZB 182/11, BeckRS 2012, 15724 = NJW-Spezial 2012, 642 = MDR 2012, 1055 = NJW-RR 2012, 1012; *BGH* B 10.7.2013 – XII ZB 411/12, NJW 2013, 3310 Rn. 22). Der Brief kann aber auch dem Adressaten unmittelbar, seinem Ehegatten, dem Postbevollmächtigten oder dem Postempfangsbeauftragten ausgehändigt werden. 37

Äußerlich unterscheidet sich der Brief nicht von einem anderen. So ist die Behörde auch nicht verpflichtet, auf dem Umschlag zu vermerken, dass die Übersendung zum Zwecke der Zustellung geschieht.

Die **elektronische Übermittlung von Dokumenten** erfolgt nach den Vorschriften der Absätze 5 bis 7 bzw. bei elektronischer Zustellung gegen Abholbestätigung über De-Mail-Dienst nach § 5a.

Überbringt ein **Bediensteter der Behörde** das Dokument, erfolgt dessen Ablieferung wie bei der Post ohne Formstrenge: Das Dokument wird dem Adressaten oder einem Ersatzempfänger ausgehändigt oder in den Briefkasten eingelegt.

Die Zustellung durch Übermittlung per Telefax setzt ebenfalls die Beifügung eines Empfangsbekenntnisses voraus (*Sächs. OVG* B 16.1.2001 – 2 BS 301/00, juris Rn. 6 = SächsVBl 2001. 123).

38 Bei der Übermittlung eines Verwaltungsaktes oder Widerspruchsbescheides kann es mitunter unsicher sein, ob eine Zustellung wirklich durchgeführt worden ist. Denn die von der absendenden Behörde **gewollte Zustellung** muss von dem Empfänger auch zweifelsfrei als solche erkannt werden können. Unklarheiten gehen zu Lasten der Behörde.

So kann zum **Beispiel** die Zustellung in folgendem Fall nicht als ordnungsgemäß anerkannt werden (*OVG Hamburg* B 15.4.1997 – Bs II 177/96, NJW 1997, 2616 = NordÖR 1998, 25): Die Behörde übermittelte ihren Widerspruchsbescheid nebst Empfangsbestätigung an einen Rechtsanwalt und erklärte im Faxanschreiben: „In der Anlage finden Sie – per Fax vorab – den Widerspruchsbescheid." Einige Tage später stellte die Behörde ihren Widerspruchsbescheid auch durch die Post gegen Empfangsbekenntnis nach § 5 Abs. 4 zu. Die Übermittlung des Bescheides durch Fax „vorab" war missverständlich und irreführend. Deshalb konnte die Klagefrist nicht zu laufen beginnen.

39 Dagegen macht eine **doppelte Zustellung** durch die Post die zuvor ordnungsgemäß gefaxte nicht gegenstandslos. Sie setzt auch die Rechtsmittelfrist nicht neu in Lauf (*OVG Hamburg* B 20.9.1995 – Bs IV 143/95, NJW 1996, 1226 = NVwZ 1996, 605 L; *VGH München* B 16.12.2011 – 22 ZB 11.2637, NJW 2012, 950; *OLG Frankfurt/Main* B 7.1.2000 – 20 W 591/99, NJW 2000, 1653 = NVwZ 2000, 837 L).

40 Manchmal gibt ein Beteiligter im **Briefkopf** seines Schriftsatzes eine **Telefaxnummer** an, ohne ausdrücklich darauf hinzuweisen, dass ein **Dritter Inhaber des Anschlusses** ist. Dann wird er so behandelt, als habe er den Dritten zu seinem Empfangsbevollmächtigten bestellt (*BFH* U 8.7.1998 – I R 17/96, BFHE 186, 491 = BStBl. II 1999 48 = NVwZ 1999, 220).

41 Mitunter stellt eine Behörde oder ein Gericht zunächst über **Telekopie** mit zurückgefaxtem Empfangsbekenntnis und danach (sicherheitshalber) auch noch durch die **Post** zu. In einem solchen Fall ist für den Beginn der Rechtsbehelfsfrist allein die erste Zustellung maßgebend. Die nochmalige (überflüssige) Zustellung macht demzufolge die erste nicht gegenstandslos und setzt die Rechtsbehelfsfrist nicht neu in Lauf (vgl. *OLG Frankfurt/Main* B 7.1.2000 – 20 W 591/99, NJW 2000, 1653 = NVwZ 2000, 837 L).

42 **2. Adressaten der vereinfachten Zustellung.** Bei den Adressaten des Absatzes 4 handelt es sich um vertrauenswürdige Institutionen und Personen. Hier nimmt der Gesetzgeber eine besondere **Rechtstreue und Zuverlässigkeit** an. Selbstverständlich kann die Behörde gemäß § 2 Abs. 3 auch eine andere Art der Zustellung wählen. Sie trifft eine **Ermessensentscheidung.**

43 Zu dem Kreis der privilegierten Zustellungsadressaten gehören alle juristischen Personen des öffentlichen Rechts. Das entspricht ebenso § 1 Abs. 1 VwVG.

44 Hat die Landesjustizverwaltung einem **Rechtsanwalt** gemäß § 53 BRAO einen **Vertreter bestellt,** dann stehen diesem die anwaltlichen Befugnisse des Anwalts zu, den er vertritt (§ 53 Abs. 7 BRAO). Darunter fällt dann selbstverständlich auch die Entgegennahme von Dokumenten nach § 5 Abs. 4 (vgl. *VGH München* B 15.3.1977 – Nr. 221 I 76, BayVBl. 1977, 412). Gleiches gilt für einen Rechtsanwalt, der gemäß § 55 BRAO von der Landesjustizverwaltung zum Abwickler der Kanzlei eines verstorbenen Rechtsanwalts bestellt worden ist (vgl. *BayObLG* B 16.6.2004 – 2 Z BR 253/03, NJW 2004, 3722).

Vertreten **mehrere Rechtsanwälte** denselben Mandanten, genügt die Zustellung des **Dokuments** an einen von ihnen (*BVerwG* B 21.12.1983 – 1 B 152/83, NJW 1984, 2115 = BayVBl. 1984, 285 = Buchholz 303 § 84 Nr. 2; *BVerwG* B 29.1.1980 – 2 B 76/79, NJW 1980, 2269 = VerwRspr. 31, 764 = Buchholz 303 § 84 Nr. 1). Wird der Mandant durch eine Rechtsanwaltskanzlei (Sozietät) vertreten, so ist jeder Sozius berechtigt, Zustellungen für die anderen Angehörigen der Gesellschaft entgegen zu nehmen (*BFH* B 22.9.2015 – V B 20/15, juris Rn. 7). **45**

Für **Mitglieder einer Rechtsanwaltskammer** im Sinne des § 60 Abs. 1 S. 1 BRAO gilt Folgendes: Nach § 5 Abs. 4 kann an sie nur dann vereinfacht zugestellt werden, wenn sie selbst Rechtsanwälte sind. Hier sind daher die in § 60 Abs. 1 S. 2 BRAO aufgeführten anderen Mitglieder ausgeschlossen. **46**

Ein **Rechtsbeistand** gehört **nicht** zum Kreis der Adressaten des § 5 Abs. 4 (vgl. *OVG Koblenz* B 23.1.1970 – 2 B 2/70, *AS* 11, 282 = NJW 1970, 1144 = VerwRspr. 21, 763). Denn er ist dadurch ausgeschlossen, dass er im Gesetz nicht aufgeführt ist. Auch fehlt die Ranggleichheit zum Rechtsanwalt als Organ der Rechtspflege (§ 1 BRAO). **47**

Auch ein **Professor** in seinem Stand als Rechtslehrer gehört **nicht** zum Kreis der Adressaten des § 5 Abs. 4. Denn er ist hier nicht aufgeführt. **48**

Anders ist es im Strafprozess gemäß § 138 Abs. 1 StPO und wegen Anwendung dieser Bestimmung nach § 46 Abs. 1 OWiG auch im Bußgeldverfahren. Dort sind Rechtslehrer an deutschen Hochschulen mit Befähigung zum Richteramt als Verteidiger zugelassen. Dazu gehören Lehrbeauftragte, Privatdozenten und emeritierte Professoren. Das gilt auch für Fachhochschullehrer (*BGH* B 28.8.2003 – V StR 232/02, NJW 2003, 3573. **49**

Gleiches gilt für **andere Personen,** die **nicht** in § 5 Abs. 4 aufgeführt sind. Denn diese Bestimmung regelt die vereinfachte Zustellung abschließend und zugleich personell ausschließlich. Daher kann § 174 Abs. 1 ZPO nicht analog angewendet werden. Nach dieser Bestimmung ist es statthaft, an eine Person, bei der auf Grund ihres Berufes von einer erhöhten Zuverlässigkeit ausgegangen werden kann, vereinfacht zuzustellen. Von einer derartigen unbestimmten Erweiterung des genannten Adressatenkreises ist für das Verwaltungsverfahren aus dem Gesichtspunkt der gebotenen Rechtsklarheit abgesehen worden. **50**

An die in **§ 5 Abs. 4** bestimmten Empfänger sollte die Behörde **immer** nach dieser Vorschrift und nicht durch die Post mit Postzustellungsurkunde zustellen. Das gilt vor allem für **Rechtsanwälte** (vgl. *OVG Weimar* B 21.7.1999 – 3 ZKO 158/97, ThürVBl. 1999, 286 = InfAuslR 2000, 100; *OVG Hamburg* B 15.4.1997 – Bs II 177/96, NJW 1997, 2616 = NordÖR 1998, 25). Denn das Postzustellungsverfahren gemäß § 3 ist umständlicher und auch erheblich teurer. **51**

Hier ist jedoch eine Klarstellung angebracht: Eine Person, die gemäß § 5 Abs. 4 bei der Zustellung privilegiert ist, besitzt die **Postulationsfähigkeit** in Gerichtsprozessen mit Anwaltszwang nur dann, wenn sie Rechtsanwalt ist. Denn die Zustellung ist unabhängig von dem Recht, selbstständig vor oder gegenüber dem Gericht Prozesshandlungen vorzunehmen. Das gilt zum Beispiel für einen vereidigten Buchprüfer (vgl. *OVG Münster* B 10.7.2006 – 14 B 1054/06, NVwZ-RR 2007, 359).

52 **3. Wiedereinsetzung in den vorigen Stand.** War jemand **ohne Verschulden verhindert, eine gesetzliche Frist einzuhalten,** so ist ihm Wiedereinsetzung in den vorigen Stand zu gewähren. Das Verschulden eines Vertreters ist dem Auftraggeber zuzurechnen (*BGH* B 16.9.1993 – VII ZB 20/93, VersR 1994, 371; *BGH* B 5.11.2002 – VI ZB 40/02, NJW 2003, 437; *BAG* B 10.1.2003 – AZR 70/02, NJW 2003, 1269). Diese Rechtslage gilt auch für jeden Rechtsanwalt in einer bevollmächtigten Sozietät (*OVG Saarlouis* B 24.11.2009 – 1 D 494/09, NJW 2010, 1473). Entsprechende Regelungen enthalten die jeweiligen Verfahrensordnungen (§ 32 VwVfG; § 27 SGB X; § 110 AO; § 60 VwGO; § 173 VwGO i.V.m. § 85 Abs. 2 ZPO; §§ 67, 73 SGG; § 56 FGO; *OVG Weimar* B 2.11.1994 – 2 EO 42/94, ThürVBl. 1995, 40 = NVwZ-RR 1995, 233; *OVG Frankfurt/Oder* B 8.12.2004 – 2 A 458/04, NVwZ-RR 2005, 565).

53 Jedoch ist es eine unbillige Benachteiligung des Vertretenen, ihn nach Beendigung des Mandatsverhältnisses weiterhin für die schuldhafte Versäumung einer Frist durch den früheren Bevollmächtigten einstehen zu lassen und ihm nicht Wiedereinsetzung in den vorigen Stand zu gewähren. Denn der Vertretene braucht sich bei Mandatsbeendigung nicht ohne besonderen Anlass selbst nach eventuell noch laufenden Fristen zu erkundigen. Insoweit darf er darauf vertrauen, dass der ehemalige Bevollmächtigte seinen auch nach Beendigung des Mandatsverhältnisses noch bestehenden Sorgfaltspflichten nachkommt und den Vertretenen oder einen neuen Vertreter von sich aus über den Verfahrensstand informiert (vgl. *Schoch/Schneider/Bier,* § 60 Rn. 23; Bader/Funke-Kaiser/Stuhlfauth/*von Albedyll,* § 60 Rn. 10; *Knack/Henneke,* § 32 Rn. 27; *Ziekow,* § 32 Rn. 14; Bader/Ronellenfitsch/*Michler,* § 32 Rn. 14; *BVerwG* B 5.5.1999 – 4 B 35/99, NVwZ 2000, 65 = Buchholz 310 § 60 VwGO Nr. 224; *BFH* U 21.3.2002 – VII R 7/01, BStBl. II 2002, 426 = NVwZ 2002, 1401 = NJW 2003, 240 L).

54 Selbstverständlich gilt auch hier der Grundsatz der Rechtssicherheit: „Wer nicht innerhalb der vorgeschriebenen Fristen seine Rechte wahrnimmt, verliert sie" (*BVerwG* U 4.12.1959 – 7 C 36/58, BVerwGE 10, 47, 48 = DVBl. 1960, 286 = NJW 1960, 1074 = DÖV 1960, 636 = BayVBl. 1960, 222 = MDR 1960, 788 = VerwRspr. 12, 1038).

Verschulden liegt vor, wenn der Betroffene diejenige Sorgfalt außer Acht lässt, welche für einen gewissenhaften sowie seine Rechte und Pflichten sachgemäß wahrnehmenden Verfahrensbeteiligten geboten ist und ihm nach den gesamten Umständen des konkreten Falles auch zuzumuten war. Das ist die herrschende Ansicht in Rechtsprechung, Literatur und Verwaltungspraxis.

Alle Institutionen und Personen, an die gemäß § 5 Abs. 4 vereinfacht zugestellt werden kann, sind gleichrangig. Denn das Gesetz nennt keine Unterschiede. Daher werden bei den Adressaten auch die gleichen Anforderungen an die Sorgfaltspflicht gestellt. So ist dabei insbesondere eine Behörde nicht privilegiert (*BVerwG* B 6.6.1995 – 6 C 13/93, BayVBl. 1996, 284 = NVwZ-RR 1996, 60 = Buchholz 310 § 60 VwGO Nr. 198; *OVG Münster* B 26.7.2006 – 15 A 3600/05, DÖV 2007, 38 = NVwZ 2007, 115; *VGH Mannheim* B 2.8.2006 – 4 S. 2288/05, NVwZ-RR 2007, 137).

55 **Nach einem Jahr** seit dem Ende der versäumten Frist kann die Wiedereinsetzung in den vorigen Stand allerdings nicht mehr gewährt werden. Jedoch gilt das nicht, wenn

der Betroffene infolge höherer Gewalt keine Möglichkeit hatte, den Wiedereinsetzungsantrag zu stellen. Das bestimmen § 32 Abs. 3 VwVfG, § 60 Abs. 3 VwGO, § 27 Abs. 3 SGB X, § 67 Abs. 3 SGG, § 110 Abs. 3 AO, § 56 Abs. 3 FGO (dazu *OLG Stuttgart* B 8.11.2001 – 6 W 30/01, NJW-RR 2002, 716 = MDR 2002, 353).

Der **Begriff der „höheren Gewalt"** ist enger als der Begriff „ohne Verschulden". **56**
Unter höherer Gewalt ist „ein Ereignis zu verstehen, das unter den gegebenen Umständen auch durch die größte, nach den Umständen des gegebenen Falles vernünftigerweise von dem Betroffenen unter Anlegung subjektiver Maßstäbe – also unter Berücksichtigung seiner Lage, Erfahrung und Bildung – zu erwartende und zumutbare Sorgfalt nicht abgewendet werden konnte" (*BVerwG* U 30.10.1997 – 3 C 35/96, BVerwGE 105, 288, 300 = NVwZ 1998, 1292 = BayVBl. 1998, 374; *BVerfG* B 16.10.2007 – 2 BvR 51/05, BVerfGK 12, 303 = NJW 2008, 429 – DVP 2009, 125).

Beruht die **Fristversäumung** nicht auf einem Verschulden des Rechtsuchenden, son- **57**
dern auf einem **Fehler der Behörde oder des Gerichts,** ist die Wiedereinsetzung in den vorigen Stand von Amts wegen zu gewähren. Über diese Möglichkeit hat die Behörde oder das Gericht den Betroffenen zu belehren. Das gebietet der Grundsatz fairer Verfahrensführung gemäß Art. 20 Abs. 3 GG (*BVerfG* B 11.11.2001 – 2 BvR 1471/01, Rpfleger 2002, 279; *BVerfG* B 27.9.2005 – 2 BvR 172/04, NJW 2005, 3629 = NVwZ 2006, 328 L).

Durch eine von der Verwaltungsbehörde oder dem Gericht irrtümlich erteilte **unrichtige Rechtsbehelfsbelehrung** wird bei dem Adressaten ein **Vertrauenstatbestand** geschaffen. Denn er hält sie für richtig. Infolgedessen entsteht bei ihm ein unverschuldeter **Rechtsirrtum**. Dieser ist ursächlich für die Fristversäumnis. Also ist dem Betroffenen **Wiedereinsetzung in den vorigen Stand** zu gewähren (vgl. *BGH* B 12.1.2012 – V ZB 198/11, MDR 2012, 362 = NJW 2012, 2443).

Als unverschuldet ist die Fristversäumnis auch dann anzusehen, wenn der Antragstel- **58**
ler zunächst einen von ihm zu vertretenden Fehler begangen hat, dann aber ein zusätzlicher Fehler des Gerichts hinzugekommen ist, auf dem letztlich die Fristversäumnis beruht (*BVerwG* B 25.7.2007 – 2 WDB 1/07, NJW 2007, 3797; *OVG Bautzen* B 11.6.2009 – 5 A 254/08, NJW 2009, 3385 L = BeckRS 2009, 35905).

4. Verweigerung der Annahme. Die in § 5 Abs. 4 aufgeführten Institutionen und Per- **59**
sonen können die Annahme des Dokuments verweigern (Rn. 111). Denn für sie gilt nicht das Verbot der Annahmeverweigerung nach § 5 Abs. 2 VwZG i.V.m. § 179 ZPO bei der Zustellung durch einen Bediensteten der Behörde.

Obwohl das gewiss selten vorkommen wird, ist es trotzdem **zulässig** und rechtens. In einem solchen Fall muss die absendende Behörde die Zustellung durch die Post mit Zustellungsurkunde gemäß § 3 oder durch die Behörde gegen Empfangsbekenntnis nach § 5 Abs. 1 wählen. Das Einschreiben könnte der Adressat nämlich ebenfalls verweigern (§ 4 Rn. 8).

V. Zu Absatz 5

1. Zulässigkeit der elektronischen Zustellung. Gemäß § 2 Abs. 1 kann die Zustellung **60**
auch durch die Übermittlung eines elektronischen Dokuments ausgeführt werden. Damit sind die schriftliche und die elektronische Zustellung einander gleichgestellt. Für die **Form der elektronischen Zustellung** enthalten die Absätze 5 bis 7 die notwen-

digen Regelungen. Hier befolgt der Gesetzgeber Richtlinien im Recht der Europäischen Union. Diese sind im eIDAS-Durchführungsgesetz berücksichtigt § 5a Rn. 2).

Nach Abs. 5 S. 1 ist die Zustellung elektronischer Dokumente allgemein zugelassen. Sie ist „unbeschadet" nicht etwa nur den in Absatz 4 genannten Institutionen und Personen vorbehalten. Also ist „jedermann" berechtigt, sich darauf einzustellen.

61 Diese besondere Form der modernen Kommunikationstechnik entspricht zugleich der allgemeinen Verfahrensvorschrift des **§ 10 VwVfG und § 9 SGB X:** Das Verwaltungsverfahren ist an bestimmte Formen nicht gebunden, soweit keine besonderen Rechtsvorschriften für die Form des Verfahrens bestehen. Es ist einfach, zweckmäßig und zügig durchzuführen. Für § 5 Abs. 5 gilt der Grundsatz der **Nichtförmlichkeit des Verfahrens.** In besonderen Fällen **ist** aber gemäß Abs. 5 S. 1 zweiter Halbsatz elektronisch zuzustellen.

62 Ferner folgt diese Form moderner Kommunikationstechnik der allgemein verbindlichen Bestimmung des **§ 126 Abs. 3 BGB.** Hiernach kann die schriftliche Form einer Willenserklärung durch die elektronische Form ersetzt werden. Auch § 174 Abs. 3 ZPO lässt die Zustellung eines elektronischen Dokuments zu. Demzufolge gilt nach § 56 Abs. 2 VwGO, § 53 Abs. 2 FGO und § 63 Abs. 2 SGG das Gleiche.

63 Die Zustellung auf elektronischem Wege haben auch die **Bundesländer** gesetzlich ermöglicht. Das ist in den meisten Fällen durch die dynamische Verweisung auf das Verwaltungszustellungsgesetz des Bundes geschehen.

64 Vor der Übermittlung eines elektronischen Dokuments auf Verlangen des Empfängers nach Abs. 5 S. 2 ist der Empfänger gemäß Abs. 7 S. 4 über die nachstehende Rechtsfolge zu belehren: Nach Abs. 7 S. 2 gilt das elektronische Dokument am dritten Tag nach der Absendung an den vom Empfänger hierfür eröffneten Zugang als zugestellt, wenn der Behörde nicht spätestens an diesem Tag ein Empfangsbekenntnis zugeht. Gemäß Abs. 7 S. 3 gilt das allerdings nicht, wenn der Empfänger nachweist, dass das Dokument nicht oder zu einem späteren Zeitpunkt zugegangen ist.

Nach der früheren Fassung des § 5 Abs. 7 S. 3, die bis zum 2.5.2011 galt, konnte der Adressat die Zustellungsfiktion des elektronischen Dokuments verhältnismäßig leicht widerlegen. Er brauchte nämlich nur „glaubhaft" zu machen, dass das Dokument nicht oder zu einem späteren Zeitpunkt zugegangen sei. Dagegen wird nach geltendem Recht von dem Adressaten zwingend verlangt, dass er das „nachweist". Das hat folgenden Grund:

Mit der Einführung einer rechtssicheren elektronischen Abholbestätigung nach § 5 Abs. 9 des De-Mail-Gesetzes wurden die Beweismöglichkeiten über den Zugang bei der elektronischen Zustellung erheblich verbessert. Deshalb war es geboten, die Beweisanforderungen zur Widerlegung der Zustellungsfiktion zu verschärfen. Das betrifft neben § 5 Abs. 5 VwZG auch Verfahren über eine einheitliche Stelle nach §§ 71a, 71e VwVfG. Damit übernimmt der Adressat in den Fällen, in denen das Verwaltungsverfahren auf sein Verlangen elektronisch abgewickelt werden muss, die Beweislast für den Nichtzugang oder verspäteten Zugang des elektronischen Dokuments.

Auf diese Weise wird auch der etwaigen missbräuchlichen Widerlegung der Zustellungsfiktion durch den Adressaten entgegenwirkt. Er könnte zum Beispiel versuchen, das Wirksamwerden eines belastenden Bescheides zu verhindern.

2. Eröffnung des Zustellungszugangs durch Empfänger. Voraussetzung für die Zustellung elektronischer Dokumente ist, dass der Empfänger hierfür einen **Zugang eröffnet.** Der Begriff „Zugang" stellt auf die objektiv vorhandene **technische Kommunikationseinrichtung** ab, also zum Beispiel auf die Verfügbarkeit eines elektronischen Postfachs. Den individuellen Möglichkeiten wird durch das Erfordernis der „Eröffnung" dieses Zugangs Rechnung getragen. 65

Der Empfänger eröffnet seinen Zugang durch eine entsprechende **Widmung.** Dies kann ausdrücklich oder konkludent erfolgen. Im Einzelfall wird hier die Verkehrsanschauung, die sich mit der Verbreitung elektronischer Kommunikationsmittel fortentwickelt, maßgebend sein. Die **Behörde,** eine **Firma** oder ein **Rechtsanwalt,** die auf ihren **Briefköpfen** eine **E-Mail-Adresse** angeben, erklären damit konkludent ihre Bereitschaft, Eingänge auf diesem Weg anzunehmen. Sie haben durch organisatorische Maßnahmen sicherzustellen, dass zum Beispiel **E-Mail-Postfächer** regelmäßig abgefragt werden. Gegenteiliges müssen sie ausdrücklich erklären, etwa durch Hinweise auf dem Briefkopf oder auf ihrer Internetseite. 66

Hat eine Behörde den **Zustellungsvorgang für elektronische Dokumente eröffnet**, muss sie in der Rechtsbehelfsbelehrung **nicht darauf hinweisen**, dass der **Rechtsbehelf elektronisch** eingelegt werden kann. Das ist umstritten. Eine klärende Revisionsentscheidung des Bundesverwaltungsgerichts ist noch nicht ergangen. Für eine Belehrung ist unter vielen das OVG Koblenz (U 8.3.2012 – 1 A 11258/11, BeckRS 2012, 48956 = DÖV 2012, 571 L = NVwZ-RR 2012, 457 L). **Gegen eine Belehrung** ist unter vielen das *OVG Bremen* (U 8.8.2012 – 2 A 53/12, NVwZ-RR 2012, 950).

Ein derartiger **Hinweis** ist gesetzlich **nicht zwingend** geboten. Ausgangspunkt ist der Wortlaut des § 70 VwGO. Danach ist der Widerspruch „schriftlich oder zur Niederschrift bei der Behörde" zu erheben. Eine **schriftliche Erklärung** kann ihrem natürlichen Wesen nach nur eine solche sein, die nicht **mündlich** erfolgt. Die elektronische Dokumentation ist eine **technische schriftliche Erklärung**. Sie fällt unter den gemeinsamen Begriff der Schriftlichkeit. Also ist eine besondere Belehrung über sie nicht erforderlich (*BFH* B 12.12.2012 – I B 127/12, BFHE 239, 25 = BStBl. II 2013, 272). In einer neueren Entscheidung hat sich auch das *VG Hamburg* (U 6.3.2018 – 11 K 6685/16, juris Rn. 50 ff. m.w.N.) unter ausführlicher Würdigung des aktuellen Streitstands der Ansicht angeschlossen, dass die Rechtsmittelbelehrung trotz fehlenden Hinweises auf den elektronischen Rechtsverkehr nicht unrichtig ist.

Allerdings ist eine förmliche elektronische Kommunikation ausgeschlossen, falls die Adressaten in ihrem Briefkopf einschränkend angeben: „E-Mail für Rückfragen." Denn dadurch werden wortausdrücklich lediglich informelle Rückfragen zur Klärung des Sachverhalts, nicht aber formgerechte Zustellungen von Dokumenten zugelassen. 67

Bei dem **Bürger** wird hingegen die bloße Angabe einer E-Mail-Adresse auf seinem Briefkopf heute noch nicht dahingehend verstanden werden können, dass er damit seine Bereitschaft zum Empfang von rechtlich verbindlichen Erklärungen kundtut. In aller Regel kann bei ihm von der **Eröffnung** eines Zugangs nur ausgegangen werden, wenn er dies gegenüber der Behörde **ausdrücklich erklärt** hat. Für den Empfang von Dokumenten in elektronischer Form (vgl. § 3a Abs. 2 VwVfG, § 36a SGB I, § 87a AO) muss die hierfür erforderliche Signaturtechnik vorhanden sein.

68 Hinsichtlich der Voraussetzungen für die Zulässigkeit einer Zustellung elektronischer Dokumente wird **nicht nach bestimmten Adressatengruppen** gemäß § 5 Abs. 4 einerseits und den übrigen Adressaten andererseits unterschieden. Vielmehr hängt die Zulässigkeit der elektronischen Zustellung allein davon ab, ob der Adressat hierfür einen **Zugang eröffnet** hat. Insoweit ist die Rechtslage anders als nach der einschränkenden Regelung des § 174 Abs. 3 ZPO im Gerichtsverfahren.

69 **3. Beweiseignung elektronischer Dokumente.** Die Eignung elektronischer Dokumente als **Beweismittel** ist bei der Zustellung **gewährleistet.** Hinderungsgründe stehen ihrer Zulassung nicht entgegen:

Elektronische Dokumente sind geeignete Beweismittel im Sinne von § 26 VwVfG, § 21 SGB X und § 92 AO. Wichtig ist, dass die Aufzählung der Beweismittel in den Nummern 1 bis 4 dieser Gesetze nicht abschließend ist. Denn durch das Wort „insbesondere" in den jeweiligen Gesetzen wird aufgezeigt, dass es sich nur um Beispiele handelt. Deshalb ist bei elektronischen Dokumenten der Beweis durch Augenschein möglich (vgl. auch § 371 ZPO).

70 **4. Einsichtnahme in elektronische Dokumente.** In elektronische Dokumente kann Einsicht genommen werden. Die Einsichtnahme richtet sich nach dem betreffenden **Verfahrensrecht** (vgl. § 29 VwVfG, § 25 SGB X). Auch insoweit stehen der Zulassung elektronischer Elemente für das Zustellungsverfahren keine Hinderungsgründe entgegen.

71 **5. Berichtigung offensichtlicher Unrichtigkeiten in elektronischen Dokumenten.** Die Berichtigung offensichtlicher Unrichtigkeiten im Verwaltungsverfahren ist nach § 42 VwVfG, § 38 SGB X und § 129 AO möglich. Diese **Berichtigungsmöglichkeiten** erfassen auch offenbare Unrichtigkeiten in einem elektronischen Dokument. Aus diesem Grund bestehen hier gleichfalls keine Hinderungsgründe für die elektronische Zustellung.

72 **6. Schutz von Geheimnissen der Beteiligten.** Gemäß § 30 VwVfG, § 35 SGB I und § 30 AO muss die Behörde die notwendigen **Sicherheitsvorkehrungen** treffen, um den Geheimnisschutz der Beteiligten zu wahren. Sie wird etwa elektronische Dokumente **verschlüsseln.**

73 **7. Qualifizierte elektronische Signatur.** Für die Übermittlung eines elektronischen Dokuments ist das nach Abs. 3 S. 3 Dokument mit einer qualifizierten elektronischen Signatur zu versehen. Diese Bestimmung weicht verschärfend von der Regelung in § 174 Abs. 3 ZPO ab. Hiernach ist die Zustellung eines elektronischen Dokuments an privilegierte Personen und Institutionen (vergleichbar § 5 Abs. 4 VwZG) ohne eine qualifizierte elektronische Signatur zulässig.

74 Voraussetzung für den Belegcharakter der Zustellung eines elektronischen Dokuments ist seine **Authentizität,** mithin seine Echtheit, Glaubwürdigkeit, Zuverlässigkeit und demzufolge seine **Rechtsgültigkeit.** Der Belegcharakter der elektronischen Zustellung verlangt einen Grad an Authentizität, welcher der schriftlichen Form gleichkommt. Diese Anforderung erfüllt die qualifizierte elektronische Signatur, wie sie sowohl für die Zustellung selbst als auch für das Empfangsbekenntnis vorgesehen ist.

75 Dies entspricht dem **Sicherungsgrad,** der auch von § 3a Abs. 2 S. 2 VwVfG, § 36 Abs. 2 S. 2 SGB I und § 87a Abs. 3 S. 2 AO gefordert wird, wenn eine gesetzlich vorgeschriebene Schriftform durch die elektronische Form ersetzt werden soll. Hierbei werden die Aufgabe, der Auftrag, die Tätigkeit und damit im Ergebnis die **Wirkungsweise der Form** wie folgt gewährleistet:

- **Abschlussfunktion:** Sie bringt das Ende der Erklärung zum Ausdruck.
- **Perpetuierungsfunktion:** Sie gewährleistet die fortdauernde Wiedergabe der Erklärung in einer Urkunde mit der Möglichkeit zur Überprüfung.
- **Identitätsfunktion:** Sie ermöglicht es, den Erklärenden zu erkennen.
- **Echtheitsfunktion:** Sie gewährt die inhaltliche Zuordnung der Erklärung zum Erklärenden.
- **Verifikationsfunktion:** Sie dient der Überprüfbarkeit der Echtheit der Erklärung.
- **Beweisfunktion:** Sie ist zum Nachweis der Erklärung geeignet.
- **Warnfunktion:** Der Erklärende wird auf die rechtliche Verbindlichkeit der Erklärung hingewiesen und vor Übereilung geschützt.

Der Verweis auf die qualifizierte elektronische Signatur stellt für den Bereich der **76** elektronischen Kommunikation die genannten Funktionen in ihrer Gesamtheit sicher. Elektronische Dokumente unterscheiden sich von schriftlichen bei der Entstehung, Handhabung und Übermittlung. Bei vollelektronischer Arbeitsweise hat das elektronische Dokument die **Funktion des Originals,** das vollständig, inhaltlich richtig und authentisch sein muss. Ein mit qualifizierter elektronischer Signatur versehenes elektronisches Element weist eine erheblich höhere **Sicherheit vor Fälschung** und Verfälschung auf als ein herkömmliches Dokument mit eigenhändiger Unterschrift.

Eine elektronische Signatur kann mit einem Siegel für ein elektronisches Dokument **77** verglichen werden. Signiert wird mittels eines **privaten kryptographischen Schlüssels,** der mathematisch erzeugt wird. Diesem korrespondiert ein öffentlicher Schlüssel zur jederzeit möglichen Überprüfung der Signatur. Die Schlüsselpaare sind einmalig. Sie werden durch anerkannte Stellen natürlichen Personen fest zugeordnet.

Das beglaubigende Signaturschlüssel-Zertifikat ist ein signiertes elektronisches Doku- **78** ment, welches den jeweils öffentlichen Schlüssel sowie den Namen der ihm zugeordneten Person enthält. Dieser sogenannte **Signaturschlüssel-Inhaber** behält das Zertifikat und kann es signierten Daten zu deren Überprüfung beifügen. Das Zertifikat ist daneben über öffentlich erreichbare Telekommunikationsverbindungen jederzeit für jeden nachprüfbar.

Nach heutigem Stand der Technik erfolgt die **Speicherung** der verwandten Daten auf **79** einer **Chipkarte.** Diese kann nur mit einer PIN (Personal Identification Number), einer Geheimzahl, und in der Regel in einem Chipkartenleser eines Personal-Computers eingesetzt werden.

Das alles führt zu folgendem **Ergebnis:** Unter diesen Umständen und nach ihren **80** Merkmalen entspricht die qualifizierte elektronische Signatur den Authentizitätsanforderungen, die im Rahmen der Förmlichkeit einer Zustellung geboten sind.

8. Schutz vor unbefugter Kenntnisnahme. Die vorbehandelte hochtechnische **81** Wesensart der qualifizierten elektronischen Signatur hat eine weitere bedeutsame Wirkung: Sie enthält und garantiert einen höchstpersönlichen **informationsrechtlichen Schutz** vor der unbefugten Kenntnisnahme des elektronischen Dokuments durch Dritte.

82 Ferner dient die qualifizierte elektronische Signatur dem **Geheimschutz des Adressaten.** Sie erweitert und vervollkommnet die Pflicht zur Geheimhaltung, wie sie in §30 VwVfG, §35 SGB I und §30 AO vorgeschrieben ist.

83 **9. Wiedereinsetzung in den vorigen Stand.** War jemand **ohne Verschulden verhindert, eine gesetzliche Frist einzuhalten,** so ist ihm Wiedereinsetzung in den vorigen Stand zu gewähren. Entsprechende Regelungen enthalten die jeweiligen Verfahrensordnungen (§32 VwVfG; §27 SGB X; §110 AO; §60 VwGO; §173 VwGO i.V.m. §85 Abs. 2 ZPO; §§67, 73 SGG; §56 FGO).

VI. Zu Absatz 6

84 Der Absatz 6 ist durch das Vierte Gesetz zur Änderung verwaltungsverfahrensrechtlicher Vorschriften vom 11.12.2008 (BGBl. I S. 2418, 2422) angefügt worden.

85 Bei der elektronischen Zustellung ist die Übermittlung mit dem Hinweis **„Zustellung gegen Empfangsbekenntnis"** einzuleiten. Damit soll die Aufmerksamkeit des Adressaten geschärft werden.

86 Bei der elektronischen Zustellung muss die Übermittlung auch die absendende Behörde, den Namen und die Anschrift des Zustellungsadressaten sowie den Namen des Bediensteten erkennen lassen, der das Dokument zur Übermittlung aufgegeben hat. Das dient der **Beweissicherung** für den Zustellungsvorgang.

Die Postanschrift und die Postfachanschrift des Adressaten können mit dem **Zusatz „c/o" (care of)** für eine natürliche oder juristische Person bezeichnet werden. Das ist rechtlich zulässig und wirksam. Zunächst ist c/o eine öffentlich allgemein verbindlich erklärte **Zustellungsbevollmächtigung des genannten Empfängers**. Das hat folgenden Grund: Der Zusatz bedeutet vielfältig zum Beispiel bei, abzugeben bei, wohnhaft bei, per Adresse, zu Händen, im Hause, in Firma. Darin liegt ein besonderer **Vertrauensbeweis des Adressaten gegenüber dem Empfänger**, dass dieser den Auftrag mit treuen Händen besorgen (care) wird.

VII. Zu Absatz 7

87 Gemäß Abs. 7 S. 1 ist für die Zustellung nach den Absätzen 4 und 5 ein mit Datum und Unterschrift des Adressaten versehenes Empfangsbekenntnis vorgesehen, das an die Behörde durch die Post oder elektronisch zurückzusenden ist. Es ist formal dem Beweis durch Augenschein zugänglich (§ 26 Abs. 1 Nr. 4 VwVfG, § 21 Abs. 1 Nr. 4 SGB X, §92 Nr. 4 AO, §96 Abs. 1 VwGO, §98 VwGO i.V.m. §371 ZPO).

Wird das Empfangsbekenntnis elektronisch erteilt, so ist es wegen der notwendigen Unterschrift mit einer qualifizierten elektronischen Signatur zu versehen. Das ergibt sich aus §3a Abs. 2 VwVfG, §36a Abs. 2 SGB I, §87a Abs. 3 AO.

88 **1. Empfangsbekenntnis.** Das Empfangsbekenntnis ist der **urkundliche Nachweis der Zustellung.** Dazu gehören:
- Zustellungswille des Absenders.
- Hingabe des Dokuments an den Empfänger.
- Entgegennahme des Dokuments durch den Empfänger.
- Gewahrsam des Empfängers an dem Dokument.

- Zeitpunkt der Zustellung gemäß Eintragung des Datums auf dem Empfangsbekenntnis.
- Eigenhändige Unterschrift des Empfängers.
- Damit ist die Zustellung wirksam.
- **Gesamtwirkung:** Das Empfangsbekenntnis hat die **Beweiskraft einer öffentlichen Urkunde** nach § 418 ZPO (Rn. 97–100).

Nach Wesen, Zweck und Bedeutung ist das Empfangsbekenntnis jedoch kein Erfor- **89** dernis für die Wirksamkeit der Zustellung. Es dient lediglich dem Nachweis, dass und wann der Empfänger das Dokument erhalten hat (*BVerwG* B 14.9.1978 – 6 C 69/78, Buchholz 310 § 58 VwGO Nr. 38 = VerwRspr. 30, 506 = ZBR 1979, 146; *BVerwG* B 17.5.2006 – 2 B 10/06, DÖV 2006, 788 = NJW 2007, 3223; *BGH* B 23.11.2004 – 5 StR 429/04, NStZ 2005, 77; *BGH* B 11.7.2005 – NotZ 12/05, DNotZ 2005, 955 = NJW 2005, 3216; *OVG Münster* B 18.3.2002 – 18 B 440/02, NWVBl. 2003, 189 = NVwZ 2003, 632).

Gemäß § 5 Abs. 7 S. 1 **„genügt"** als Nachweis der vereinfachten Zustellung das mit **90** Datum und Unterschrift versehene Empfangsbekenntnis. Daraus folgt, dass das **Empfangsbekenntnis nicht zwingend vorgeschrieben** ist (*OVG Hamburg* B 8.5.2018 – 3 Bs 46/18, juris Rn. 14 = DÖV 2018, 675 und *VG Aachen* B 16.4.2018 – 2 L 1259/17, juris Rn. 43 ff. m.w.N.). Das übliche Formular für ein Empfangsbekenntnis ist nicht Bestandteil des Gesetzes (vgl. *BGH* B 31.5.2000 – XII ZB 211/99, FamRZ 2000, 1565; *BFH* B 20.8.1982 – VIII R 58/82, BFHE 136, 348 = BStBl. II 1983, 63). Der Empfänger kann also zum *Beispiel* die Zustellung auch in einem Schreiben bestätigen, etwa in der Widerspruchsschrift, die er nach Zugang des Verwaltungsaktes fertigt. Ebenso wirksam kann der Nachweis der Zustellung durch einen Vermerk der Behörde geführt werden, wenn der Empfänger ihr gegenüber telefonisch die Entgegennahme des Dokuments bestätigt (*VG Bremen* B 13.2.1998 – 2 KE 179/98, NJW 1998, 2378 = NVwZ 1998, 992 L). Er ist eben ein Adressat, zu dem die Behörde Vertrauen hat (Rn. 36).

Die Form der Bestätigung des Empfangs eines Dokuments kann demnach vielfältig sein. Das gilt für jede Art. eines Verwaltungsverfahrens und Gerichtsprozesses (vgl. *OLG Hamm* U 12.1.2010 – 4 U 193/09, NJW 2010, 3380).

Bestehen **Unklarheiten** über die Zustellung, kann der Empfänger sie ausräumen. **91**

Beispiel: Das Finanzgericht verfügte die Zustellung von zwei Beschlüssen in ein und derselben Sendung an einen Rechtsanwalt. Im Briefumschlag befand sich nach seinen Angaben, die er zu beweisen anbot, zwar ein gemeinsames Empfangsbekenntnis für beide Beschlüsse, aber nur einer von ihnen. Den Empfang dieses Beschlusses bestätigte er auf dem Empfangsbekenntnis. Später ließ er den anderen bei Gericht abholen und legte dagegen Beschwerde ein. Sie war zulässig (*BFH* U 27.11.1975 – VIII B 21/74, BFHE 117, 434 = BStBl. II 1976, 218 = DB 1976, 660).

Die in § 5 Abs. 4 herausgehobenen **Personen sind direkte Adressaten.** Für sie ist des- **92** halb bei der Ausfertigung des Empfangsbekenntnisses eine **Vertretung unzulässig.** So kann sich zum *Beispiel* ein Rechtsanwalt nicht durch einen Büroangestellten vertreten lassen (*BSG* B 23.4.2009 – B 9 VG 22/08 B, NJW 2010, 317; *OLG Stuttgart* B 17.5.2010 – 2 Ws 48/10, NJW 2010, 2532 = NJW-Spezial 2010, 575 = BeckRS. 2010, 12930; *OVG Hamburg,* 24.9.1998 – BS. VI 122/96, NJW 1999, 965 = NordÖR 1999, 69 = NVwZ 1999, 429 L). Das gilt auch dann, wenn in dem anhängenden Verfahren die Vertretung durch einen Anwalt gesetzlich nicht vorgeschrieben ist, also kein

„Anwaltszwang" besteht (**a.A.:** *BGH* U 10.6.1976 – IX ZR 51/75, *BGHZ* 67, 10 = HFR 1977, 36 = VersR 1976, 989 = MDR 1976, 1015 = VerwRspr. 28, 635, *BFH* U 20.1.1989 – III R 91/85, juris Rn. 15). Das Gesetz lässt das nicht zu (*BVerwG* U 17.5.1979 – 2 C 1/79, BVerwGE 58, 107, 108 = NJW 1977, 1988 = BayVBl. 1979, 571 = Buchholz 340 § 5 VwZG Nr. 6). Es erlaubt die Unterschrift auf das Empfangsbekenntnis laut § 53 BRAO nur einem amtlich bestellten Vertreter (Rn. 44). Insoweit stimmt § 5 Abs. 4, Abs. 7 VwZG mit § 174 ZPO überein.

Ebenso trifft das Vertretungsverbot zum Beispiel auf einen Steuerberater zu. Er kann seinen Kanzleivorsteher nicht dazu ermächtigen, ein Dokument als zugestellt entgegenzunehmen und das Empfangsbekenntnis zu unterschreiben (**a.A.:** *BFH* B 23.4.1999 – VII B 41/99, *BFH/NV* 1999, 1475 = NVwZ 2000, 356). Denn das Zustellungsvertrauen, das der Gesetzgeber den in § 5 Abs. 4 genannten Institutionen und Personen entgegenbringt, bezieht sich allein auf diese privilegierten Adressaten. Wird der Mandant deshalb durch eine Rechtsanwaltskanzlei (Sozietät) vertreten, so ist jeder **Sozius** berechtigt, Zustellungen für die anderen Angehörigen der Gesellschaft entgegen zu nehmen (*BFH* B 22.9.2015 – V B 20/15, juris Rn. 7).

93 Gegen ein **nachträgliches Empfangsbekenntnis** bestehen nach dem Wortlaut des § 5 Abs. 7 **keine Bedenken** (vgl. *BFH* B 23.6.1971 – 1 B 12/71, BFHE 102, 457 = BStBl. II 1971, 723 = DB 1971, 2293 = HFR 1971 Nr. 549 = NJW 1972, 80; *BSG* U 28.5.1974 – 2 RU 259/73, *BSGE* 37, 279 = NJW 1974, 1727 = DOK 1974, 575 = SGB 1974, 294 = MDR 1974, 965). In diesem Fall setzt das nachträgliche Empfangsbekenntnis eine Rechtsbehelfsfrist mit dem Tag in Lauf, der als Zustellungsdatum vermerkt wird (Schoch/Schneider/Bier/*Meissner/Schenk,* § 56 Rn. 45b).

Der auf dem Empfangsbekenntnis angegebene Tag der Zustellung ist aber dann nicht maßgebend, wenn er nachgewiesenermaßen unrichtig ist. In diesem Fall kommt es auf den Zeitpunkt an, in welchem der Aussteller des Empfangsbekenntnisses das Dokument als zugestellt entgegengenommen hat (*BFH* B 23.6.1971 a.a.O.; *BFH* U 31.10.2000 – VIII R 14/00, BFHE 193, 392 = BStBl. II 2001, 156 = NVwZ 2001, 1198; *BGH* B 27.5.2003 – VI ZB 77/02, NJW 2003, 2460 = MDR 2004, 1193).

94 Das Empfangsbekenntnis ist **mit dem vollen Namen zu unterschreiben.** Denn § 5 Abs. 7 schreibt die „Unterschrift" vor (vgl. *BGH* B 26.10.1971 – X ZB 15/71, *BGHZ* 57, 160 = NJW 1972, 50 = Rpfleger 1972, 90 = DB 1972, 114).

95 Wenn auf dem Empfangsbekenntnis die **Unterschrift fehlt,** ist die **Zustellung nicht unwirksam** (vgl. *BVerwG* B 4.4.1972 – 8 CB 111/70, Buchholz 340 § 5 VwZG Nr. 4; *OVG Münster* B 18.3.2002 – 18 B 440/02, NWVBl. 2003, 189 = NVwZ 2003, 632). Denn das Dokument ist ja zugegangen. Das Empfangsbekenntnis ist eben kein Wirksamkeitserfordernis der Zustellung (Rn. 89). Aber in einem solchen Fall beginnt die Rechtsbehelfsfrist nicht zu laufen. Auch hier gilt der Beschluss des Gemeinsamen Senats der Obersten Gerichtshöfe des Bundes vom 9.11.1976 – GmS-OGB 2/75, BVerwGE 51, 378 = *BGHZ* 67, 355 = BFHE 121, 1 = BStBl. II 1977, 275 = NJW 1977, 621 = Rpfleger 1977, 127 = VersR 1977, 279 = WPM 1977, 385 – Der Mangel ist gemäß § 8 heilbar.

96 Diese Entscheidung des Gemeinsamen Senats trifft ebenso auf den Fall zu, dass der Adressat die **Eintragung des Datums unterlässt.** Auch hier hat dieser – heilbare – Mangel nur die Rechtsfolge, dass eine etwaige Frist nicht in Lauf gesetzt wird (vgl.

BVerwG U 7.1.1972 – 4 C 41/70, NJW 1972, 1435 = DÖV 1972, 390 = BayVBl. 1972, 668 = HFR 1972, 321; *BVerwG* B 17.5.2006 – 2 B 10/06, NJW 2007, 3223 = DÖV 2006, 788; *BGH* B 23.11.2004 – 5 StR 429/04, NStZ-RR 2005, 77; *BGH* B 11.7.2005 – NotZ 12/05, DNotZ 2005, 955 = NJW 2005, 3216; *BFH* B 20.8.1982 = VIII R 58/82, BFHE 136, 348 = BStBl. II 1983, 63 = DStR 1982, 658; für Wirksamkeit: *OVG Magdeburg* B 12.12.1997 – A 1 S 85/97, NJW 1998, 2993 – NVwZ 1998, 1191 L = KKZ 1999, 23).

Ebenso ist die Rechtslage, wenn das **Datum unleserlich** sein sollte. Hier empfiehlt es sich, durch Rückfrage bei dem Aussteller des Empfangsbekenntnisses zu klären, wann er es unterschrieben hat. Denn der Tag der Unterschrift ist zugleich das Datum der Zustellung. Kann die Rückfrage den Zweifel am Datum nicht beseitigen, dann muss dasjenige Datum gelten, welches der Adressat benennt. Dieses Ergebnis ist richtig, weil er zu den Empfangsberechtigten gehört, die bei der vereinfachten Zustellung wegen ihrer erhöhten Zuverlässigkeit Vertrauen genießen. Auf die Möglichkeit einer Manipulation ist deshalb nicht einzugehen.

Das Empfangsbekenntnis ist eine **öffentliche Urkunde** (vgl *BGH* B 14.10.2008 – **97**
VI ZB 23/08, NJW 2009 855). Insoweit gilt das Gleiche wie bei der Postzustellungsurkunde (§3 Rn. 1): Sie hat Beweiskraft im Sinne des §418 Abs. 1 ZPO und erstreckt sich im Übrigen auf alle Zustellungen. Denn §418 ZPO umfasst öffentliche Urkunden ganz allgemein ohne Einordnung in bestimmte Rechtsgebiete. Vgl.:

- *BVerfG* B 27.3.2001 – 2 BvR 2211/97, NJW 2001, 1563 = NVwZ 2001, 796 L;
- *BVerwG* B 14.12.1989 – 9 B 466/89, Buchholz 340 §5 VwZG Nr. 13;
- *BVerwG* B 7.10.1993 – 4 B 166/93, NJW 1994, 535 = BayVBl. 1994, 251 = Buchholz 340 §5 VwZG Nr. 14;
- *BVerwG* B 15.2.2001 – 6 BN 1/01, Buchholz 340 §5 VwZG Nr. 19;
- *BVerwG* B 21.11.2006 – 1 B 162/06, Buchholz 303 §418 ZPO Nr. 14;
- *BGH* U 7.6.1990 – III ZR 216/89, NJW 1990, 2125 = Warn 1990, 394 = VersR 1990, 1062 = BB 1990, 1446 = MDR 1991, 33;
- *BGH* B 13.6.1996 – VII ZB 12/96, NJW 1996, 2514 = MDR 1996, 958 = VersR 1997, 86;
- *BFH* U 31.10.2000 – VIII R 14/00, BFHE 193, 392 = BStBl. II 2001, 156 = NVwZ 2001, 1198;
- *OVG Lüneburg* B 28.9.2005 – 9 LA 166/05, NJW 2005, 3802;
- *OVG Weimar* B 12.5.1999 – 3 ZKO 196/99, ThürVBl. 1999, 236.

Trägt der Empfänger des Dokuments auf dem Empfangsbekenntnis irrtümlich ein **98**
unzutreffendes Datum ein, kann und muss er es berichtigen. Denn er darf die Urkunde nicht gegen sich gelten lassen (*BVerwG* B 25.1.1995 – 6 P 19/93, BVerwGE 97, 316, 317 = PersV 1995, 439 = NVwZ 1995, 1202 L = BayVBl. 1996, 156 = Buchholz 250 §75 Nr. 90).

Bei aufgekommenen und **anhaltenden Zweifeln an der Richtigkeit** des Empfangsbe- **99**
kenntnisses besteht eine gleichartige Rechtslage wie bei der Postzustellungsurkunde. Notfalls ist Beweis zu erheben (*BGH* B 7.12.1999 – VI ZB 30/99, NJW 2000, 814; *BGH* U 24.4.2001 – VI ZR 258/00, NJW 2001, 2722 = VersR 2001, 1262 = DAR 2001, 397; *BGH* U 18.6.2002 – VI ZR 448/01, NJW 2002, 3027; *BGH* B 27.5.2003 – VI ZB 77/02, NJW 2003, 2460 = MDR 2004, 1193; *BGH* U 18.1.2006 – VIII ZR 114/05, NJW 2006, 1206; *BGH* B 14.10.2008 – VI ZB 23/08, NJW 2009, 855).

Nach ständiger Rechtsprechung ist zwar auch bei einem Empfangsbekenntnis der Gegenbeweis zulässig, dass es unrichtig ist (§ 418 Abs. 2 ZPO). Aber es reicht nicht aus, dass lediglich die Möglichkeit angenommen werden kann, das eingetragene Datum stimme nicht. Vielmehr muss die Beweiswirkung des Empfangsbekenntnisses vollständig entkräftet sein (*BGH* B 19.2.1997 – XII ZB 132/96, FamRZ 1997, 736 = NJW-RR 1997, 769; *BGH* B 7.12.1999 a.a.O.; *BGH* U 24.4.2001 a.a.O.; *BGH* U 18.1.2006 a.a.O.; *OVG Lüneburg* B 28.9.2005 – 9 LA 166/05, NJW 2005, 3802; *BGH* B 19.4.2012 – IX ZB 303/11, NJW 2012, 2117 = MDR 2012, 798; *BFH* B 22.9.2015 – V B 20/15, juris Rn. 7).

100 Inwiefern Durchstreichungen, Radierungen, Einschaltungen oder sonstige **äußere Mängel** die Beweiskraft einer Urkunde ganz oder teilweise aufheben oder mindern, entscheidet das Gericht nach freier Überzeugung. Das bestimmt **§ 419 ZPO.** Ein **äußerer Mangel des Empfangsbekenntnisses** liegt zum **Beispiel** bei folgendem Sachverhalt vor: Das Empfangsbekenntnis weist ein Zustellungsdatum aus, das zeitlich nach dem Rücklaufdatum des Eingangsstempels der Behörde oder des Gerichts liegt (*VGH Mannheim* B 11.11.2004 – 11 S. 2207/04, NVwZ-RR 2005, 364 = NJW 2005, 1678 L).

101 **2. Fehlendes Empfangsbekenntnis.** Fehlt ein Empfangsbekenntnis, ist die Zustellung **nicht unwirksam.** Denn nach § 5 Abs. 7 „genügt" irgendein Nachweis der Zustellung (Rn. 90). Doch würde auch in diesem Fall nach dem Beschluss des Gemeinsamen Senats der Obersten Gerichtshöfe des Bundes vom 9.11.1976 eine Rechtsbehelfsfrist nicht zu laufen beginnen. Diese Rechtslage tritt selbst dann ein, wenn der **Zugang des Dokuments** nicht bestritten wird (*BGH* U 30.1.1975 – III ZR 83/73, NJW 1975, 1171 = Warn 1975, 39 = MDR 1975, 652 = VerwRspr. 27, 166).

102 Das wäre zum *Beispiel* der Fall, wenn die Behörde einem Notar die Mitteilung nach § 21 des Grundstücksverkehrsgesetzes trotz der Zustellungspflicht nach § 20 dieses Gesetzes nur vereinfacht zustellt, die Zustellung unstreitig ist, aber das Empfangsbekenntnis nicht vorliegt (*OLG Stuttgart* B 28.2.1983 – 10 W(Lw) 24/82, RdL 1983, 188 = AgrarR 1984, 16).

103 Anders ist dagegen die Rechtslage, wenn der **Adressat bestreitet,** das zuzustellende Dokument erhalten und als zugestellt angenommen zu haben. Dann könnte nämlich allenfalls durch weitere Ermittlungen aufgeklärt werden, wie das Dokument in den Machtbereich eines Empfangsberechtigten gelangt ist. Ohne ein Empfangsbekenntnis fehlt es deshalb in einem solchen Fall an einer ordnungsgemäßen Zustellung. Das träfe zum Beispiel zu, wenn ein Dokument in der Kanzlei eines Rechtsanwalts versehentlich in eine falsche Akte gerät (*BSG* U 13.5.1998 – B 10 LW 11/97, NVwZ 1998, 1332 = SGB 1999, 263 = NJW 1999, 1575 L).

104 Wenn der **Adressat** ausnahmsweise das **Empfangsbekenntnis nicht zurückleitet,** besteht nach der Rechtsprechung folgende Rechtslage: Als Zustellungstag gilt derjenige Tag, an welchem der Adressat das Dokument in Kenntnis der Zustellungsabsicht entgegengenommen hat. Für die Fristberechnung ist der vom Empfänger angegebene Zustellungstag zu Grunde zu legen, sofern dieser nach den sonstigen Anhaltspunkten der wahrscheinliche Zeitpunkt der Zustellung war. Macht der Adressat keine Angaben zum Zustellungsdatum, so ist derjenige Tag als Zustellungstag anzusehen, an welchem das Dokument, nach dem normalen Verlauf der Dinge in die Hände des Empfangsberechtigten gelangt ist (*BFH* U 6.3.1990 – II R 131/87, BFHE 159, 425 = BStBl. II 1990, 477).

Falls der **Adressat** den Zugang des Dokuments bejaht und lediglich den **Erhalt des Empfangsbekenntnisses verneint,** ist das Dokument zugestellt (*BVerwG* B 17.5.2006 – 2 B 10/06, DÖV 2006, 788 = NJW 2007, 3223). **105**

Anhaltspunkt für die Lösung könnte §41 Abs.2 VwVfG, §37 Abs.2 SGB X bzw. §122 Abs.2 Nr.1, Abs.2a AO sein. Hiernach gilt ein schriftlicher Verwaltungsakt, der durch die Post im Inland übermittelt wird, grundsätzlich am dritten Tage nach der Aufgabe zur Post und ein Verwaltungsakt bei elektronischer Übermittlung am dritten Tage nach der Absendung als bekanntgegeben. Daher liegt die Annahme nahe, dass im Falle einer Übersendung gegen Empfangsbekenntnis, bei der es maßgebend auf den Zeitpunkt der tatsächlichen Kenntnisnahme ankommt, kein früherer Zugang vermutet wird als bei einer Bekanntgabe (*BFH* B 27.9.2001 – X B 145/00, NVwZ-RR 2002, 239 = *BFH/NV* 2002, 212). **106**

Der **Rückschein** eines Einschreibens ist **kein Empfangsbekenntnis** im Sinne des §5 Abs.7 (vgl. *VGH Mannheim* U 10.1.1977 – X 1566/76, NJW 1977, 645 L; **a.A.:** *FG Hamburg* U 23.8.2004 – III 486/01, NordÖR 2005, 213). Es ist nicht möglich, den Rückschein in ein Empfangsbekenntnis umzudeuten. Denn diese Zustellungsarten sind grundverschieden. **107**

Ob die bloße **Bestätigung des Eingangs** eines Dokuments durch den Zustellungsadressaten auch ein Empfangsbekenntnis ist, kann im Einzelfall zweifelhaft sein (vgl. *BGH* U 29.1.1976 – IX ZR 47/74, VersR 1976, 636; *BFH* B 23.6.1971 – I B 12/71, BFHE 102, 457 = BStBl.II 1971, 723 = DB 1971, 2293 = HFR 1971 Nr.549 = NJW 1972, 80). Denn das Empfangsbekenntnis ist nach seiner Zweckbestimmung und seinem Sinngehalt ein höchstpersönliches Bekenntnis des Empfängers, das Dokument als zugestellt angenommen zu haben. Entsprechend der allgemeinen Auslegung des §133 BGB wird man aber im Regelfall eine Empfangsbestätigung als Empfangsbekenntnis ansehen (*BGH* B 31.5.2000 – XII ZB 211/99, FamRZ 2001, 1565). Das gilt besonders dann, wenn der Absender auf dem Dokument vermerkt hat, dass es zum Zwecke der Zustellung übersandt werde (vgl. *BGH* U 3.5.1994 – VI ZR 248/93, NJW 1994, 2297 = MDR 1994, 718 = Warn 1994 Nr.137). **108**

Allerdings kann auch ein **verloren gegangenes Empfangsbekenntnis** jederzeit durch ein neu ausgestelltes ersetzt werden (vgl. Rn.93). Dieses „genügt" dann ebenfalls, wie ein zunächst vergessenes, als „Nachweis der Zustellung" des Dokuments. **109**

Sollte das **Empfangsbekenntnis** zwar an die Behörde zurückgesandt worden sein, dort aber **nicht aufgefunden** werden können, ist die **Zustellung nicht unwirksam.** Denn sie ist ja erfolgt. Es besteht nur Ungewissheit über ihren Zeitpunkt. Deswegen kann eine Rechtsbehelfsfrist nicht laufen. Diese beginnt erst ab dem Zeitpunkt, den der Adressat der Behörde gegenüber als Empfangsdatum des Dokuments erklärt (*BVerwG* B 14.9.1978 – 6 C 69/78, ZBR 1979, 146 = VerwRspr. 30, 506 = Buchholz 310 §58 VwGO Nr.38). Denn das Empfangsbekenntnis ist kein Wirksamkeitserfordernis der Zustellung (Rn.89). **110**

Fehlt bei dem Empfänger der **Annahmewille** und sendet er das Dokument sowie das nicht ausgefüllte Empfangsbekenntnis unverzüglich an die Behörde zurück, so liegt **keine wirksame Zustellung** vor (*FG Rheinland-Pfalz* U 16.8.2001 – 4 K 2619/98, EFG 2001, 1513). Denn dadurch hat der Betreffende die **Annahme verweigert.** Das ist zulässig (Rn.59). **111**

Der Mangel des Empfangswillens kann im Verwaltungsverfahren oder in einem Gerichtsverfahren in verschiedener Form konkludent sein oder zum Ausdruck kommen (*OVG Hamburg* B 8.5.2018 – 3 Bs 46/18 –: juris Rn. 14 = DÖV 2018, 675 und *VG Aachen* B 16.4.2018 – 2 L 1259/17, juris Rn. 43 ff. m.w.N.). Er muss aber jedenfalls erkennbar sein. Im Übrigen ist ein solcher Willensmangel auch nicht heilbar (vgl. *BGH* U 22.11.1988 – VI ZR 226/87, WPM 1989, 238 = Rpfleger 1989, 205 = NJW 1989, 1154; *OLG Hamm* U 12.1.2010 – 4 U 193/09, NJW 2010, 3380).

112 **3. Zeitpunkt der Zustellung. – a) Juristische Personen des öffentlichen Rechts als Adressaten.** Alle **höchsten Gerichte** stimmen in ihrer Rechtsprechung darin überein, dass §5 Abs. 4 in der ersten Fallgruppe folgendermaßen auszulegen ist:

Bei der Zustellung an eine Behörde oder juristische Person des öffentlichen Rechts ist das Dokument erst an dem Tag zugestellt, an welchem es erstmals in die Hände des **zuständigen zeichnungsberechtigten Bediensteten** gelangt und dieser den **Empfang** mit Datum und seiner Unterschrift **bestätigt.** Dieser Amtsträger wird als **Sachbearbeiter** bezeichnet. Entscheidend ist allein das Datum des Sachbearbeiters. Ein weiteres Datum auf dem Empfangsbekenntnis, etwa das der Posteingangsstelle, hat keine rechtliche Bedeutung für die Zustellung.

Nach ihrer Natur kann zwischen dem **Eingangsstempel** der Posteingangsstelle und dem Zeitpunkt der Zustellung kein rechtlicher Zusammenhang bestehen. Hieran ändert auch die Tatsache nichts, dass der behördliche Eingangsstempel (wie auch der des Gerichts) eine beweiskräftige öffentliche Urkunde im Sinne des §418 ZPO ist (*BVerwG* B 1.3.1988 – 7 B 144/87, NVwZ 1989, 1058; *OVG Weimar* B 2.11.1994 – 2 EO 42/94, ThürVBl. 1995, 40 = NVwZ-RR 1995, 233; *VGH Mannheim* B 11.11.2004 – 11 S. 2207/04, NVwZ-RR 2005, 364 = NJW 2005, 1678 L).

113 Der *BFH* hat diese Auffassung schon seit langer Zeit vertreten (vgl. *BFH* U 24.9.1975 – II R 1/75, BFHE 117, 11 = BStBl. II 1976, 46 = BB 1975, 1464 = DB 1975, 2418 = KKZ 1978, 110; *BFH* B 30.3.1978 – IV R 141/73, BFHE 125, 18 = BStBl. II 1978, 441 = BB 1978, 851 = DB 1978, 1624 = KKZ 1979, 13). Zwischen ihm, dem *BGH* und dem *BSG* bestand Übereinstimmung (vgl. *BSG* U 19.3.1980 – 4 RJ 83/77, SGB 1980, 245 = DOK 1980, 423).

Wegen abweichender Rechtsprechung des *BVerwG* hatte das *BSG* in dieser Sache zuvor den Gemeinsamen Senat der Obersten Gerichtshöfe des Bundes angerufen (*BSG* B 27.6.1978 – 4 RJ 83/77, DOK 1979, 758 L). Das *BVerwG* vertrat nämlich den Standpunkt, die Zustellung sei bereits am Tag des Eingangs bei der Behörde, mithin bei der Posteingangsstelle, bewirkt. Auf den Empfang durch einen verantwortlichen Vertreter komme es nicht an. Hierauf gab das *BVerwG* seine entgegengesetzte Rechtsprechung auf (vgl. *BVerwG* B 21.12.1979 – 4 ER 500/79, NJW 1980, 2427 = BayVBl. 1980, 249 = Buchholz 340 §5 VwZG Nr. 7). Dabei ist es geblieben (vgl. *VerwG* B 14.12.1989 – 9 B 466/89, Buchholz 340 §5 VwZG Nr. 13; *BVerwG* B 25.1.1995 – 6 P 19/93, BVerwGE 97, 316, 318 = PersV 1995, 439 = BayVBl. 1996, 156 = Buchholz 250 §75 Nr. 90). Das *BAG* entscheidet ebenso (*BAG* U 2.12.1994 – 4 AZB 17/94, NJW 1995, 1916 = NVwZ 1995, 831 L).

114 Insoweit herrschen auch bei den Landesobergerichten keine Unstimmigkeiten mehr (vgl. *OVG Bautzen* B 16.1.2001 – 2 BS. 301/00, *JbSächsOVG* 9, 77 = SächsVBl. 2001, 123 = NVwZ-RR 2002, 56 = ZBR 2002, 62; *OVG Münster* B 26.7.2006 – 15 A 3600/05,

DÖV 2007, 38 = NVwZ 2007, 115; *VGH Mannheim* B 14.3.1991 – 1 S 166/91, VBlBW 1991, 507 = NJW 1992, 1177).

Diese Übereinstimmung kann auch nicht durch eine hiervon abweichende Entscheidung des *VGH Kassel* beeinträchtigt werden (B 23.2.1989 – 11 TH 4784/88, DVBl. 1989, 894 L). Denn es handelte sich um eine nicht wiederholte Aussage in dem außergewöhnlichen Fall, dass der Sachbearbeiter die Zustellung erst 28 Tage nach Eingang des Schriftstücks bei der zentralen Posteingangsstelle vornahm. Doch auch hier ist ausschließlich sein Verhalten maßgeblich.

Die Richtigkeit des vorgenannten Beschlusses vom 23.2.1989 lässt ein anderer Senat des *VGH Kassel* dahinstehen (B 13.11.1992 – 9 TG 845/87, NVwZ-RR 1993, 672 L). Er sieht ein Schriftstück als ordnungsgemäß zugestellt an, wenn der zuständige Bedienstete dessen Empfang fünf Tage nach Eingang bei der zentralen Posteingangsstelle bestätigt hat. Dem ist zuzustimmen.

Der Tag, an welchem das **Dokument** bei dem Sachbearbeiter **eingeht**, ist nicht zwangs- **115**
läufig auch der Zeitpunkt der Zustellung. Auf diesen Tag kommt es nicht an (*VGH Mannheim* B 30.9.1993 – 16 S 1587/93, VBlBW 1994, 16 = NVwZ 1994, 1226). Wenn das Dokument nämlich in das Dienstzimmer des Sachbearbeiters gebracht wird und in den Akten auf seinem Schreibtisch liegt, ist es zwar eingegangen, aber noch nicht zugestellt. Denn das Dokument ist eben erst an dem Tag zugestellt, an welchem der Sachbearbeiter die Zustellung durchführt. Verzögerungen müssen in Kauf genommen werden. Indem der Absender gemäß § 2 Abs. 3 die vereinfachte Zustellung nach § 5 Abs. 4 wählt, geht er das Risiko einer späten Zustellung ein.

Für die Zustellung an die **Personalvertretung einer Behörde** gilt das Gleiche (*BVerwG* **116**
B 25.1.1995 – 6 P 19/93, BVerwGE 97, 316 = PersV 1995, 439 = BayVBl. 1996, 156 = Buchholz 250 § 75 Nr. 90): Dem Personalrat ist erst dann zugestellt, wenn dessen Vorsitzender vom Zugang des Dokuments Kenntnis erlangt hat und bereit ist, die Zustellung entgegenzunehmen.

Obwohl hiernach die Rechtslage höchstrichterlich einheitlich geklärt ist, wird vielfach **117**
immer noch **irrtümlich der Tag des Eingangs bei der Behörde** als Datum der Zustellung angesehen. Das liegt auch daran, dass regelmäßig jeder Brief den Eingangsstempel des betreffenden Tages erhält. Das sollte unterbleiben. Auf jeden Fall muss die Spalte frei bleiben, in die der zuständige zeichnungsberechtigte Bedienstete bei Empfang der Sendung das Datum einzutragen hat. Darauf kommt es an.

Entscheidend für den Zeitpunkt der Zustellung ist **nicht** der Zugang bei dem **Letztbe-** **118**
arbeiter. Das wäre zum Beispiel der Fall, wenn das Empfangsbekenntnis den Eingangsstempel des Finanzamts trägt und dessen Vorsteher den Vorgang mit seinem Grünstift kennzeichnet. Denn hierdurch ist bewiesen, dass das Dokument vorher dem Vorsteher zur Kenntnis gelangt ist. Somit ist die Zustellung nach § 5 Abs. 4 erfolgt (*BFH* B 30.3.1978 – IV R 141/73, BFHE 125, 18, 19 = BStBl. II 1978, 441 = BB 1978, 851 = DB 1978, 1624 = KKZ 1979, 13).

Ist auf dem Empfangsbekenntnis das **Datum nicht eingetragen oder unleserlich,** dann **119**
ist die Zustellung dadurch nicht unwirksam. Allerdings beginnt eine Frist nicht zu laufen (Rn. 96).

120 Lässt sich das genaue Zustellungsdatum nicht ermitteln, gilt Folgendes: Der Zustellungsempfänger muss gegen sich gelten lassen, dass die Zustellung an dem Tag erfolgt ist, an dem das Dokument nach dem normalen Verlauf der Dinge erstmals in die Hände eines zeichnungsberechtigten Bediensteten gelangt sein konnte (*BFH* U 24.9.1975 – II R 1/75, BFHE 117, 11 = BB 1975, 1464 = DB 1975, 2418 = BStBl. II 1976, 46 = KKZ 1978, 110).

121 Die Zustellung ist auch dann wirksam, wenn das Empfangsbekenntnis später ausgestellt wird. Denn das Empfangsbekenntnis wirkt auf den Zeitpunkt zurück, in welchem der Aussteller das Dokument als zugestellt angenommen hat.

122 **b) Andere Adressaten der vereinfachten Zustellung.** Auf diesem Gebiet gilt inzwischen das Gleiche wie bei Behörden und juristischen Personen des öffentlichen Rechts. Meistens sind von der Zustellung **Rechtsanwälte** betroffen. Sie sollen hier, stellvertretend für die anderen Adressaten, angesprochen werden. Die **einheitliche höchstrichterliche Rechtsprechung** sagt hierzu aus:

Für das Datum der vereinfachten Zustellung an einen **Rechtsanwalt** kommt es auf den Tag an, an welchem er das Dokument als zugestellt angenommen hat.

123 **Beispiel:** Eine Behörde erlässt am Donnerstag, 12.4. einen belastenden Verwaltungsakt. Sie stellt ihn dem bevollmächtigten Rechtsanwalt des Betroffenen gemäß §5 Abs.4 zu. Der Brief geht am Freitag, 13.4., in der Anwaltskanzlei ein. Die Sekretärin öffnet ihn. Am selben Tag ruft der Sachbearbeiter der Behörde an und bittet die Sekretärin, im Bescheid eine kleine Berichtigung vorzunehmen (§42 VwVfG; vgl. auch §38 SGB X und §129 AO). Die Sekretärin macht das und legt die Post auf den Schreibtisch des Rechtsanwalts. Dieser kommt am selben Tag, 13.4., erschöpft von einem Gerichtstermin in sein Büro und geht nach Hause, ohne die Eingänge auf seinem Schreibtisch zu sichten. Am Montag, 16.4., liest er das Dokument. Er versieht das Empfangsbekenntnis mit Datum 16.4., unterschreibt es und schickt es an die Behörde zurück.

Am 16.5. legt der Rechtsanwalt Widerspruch gegen den Verwaltungsakt ein. Die Behörde sieht den Rechtsbehelf als verspätet an, weil der Bescheid nachweisbar bereits am 13.4. in der Kanzlei eingetroffen und damit zugestellt sei. Demgegenüber hält der Rechtsanwalt den Widerspruch für zulässig. Denn die Frist von einem Monat (§70 Abs.1 VwGO) sei erst am 16.5., 24 Uhr, abgelaufen. An diesem Tag habe er also den Widerspruch rechtzeitig erhoben.

124 Der **Rechtsanwalt hat Recht:** Er ist einer der Adressaten des §5 Abs.4, die Vertrauen genießen. Aus diesem Grund wird ihm nicht zugemutet, stets und ständig in seiner Kanzlei auf den Eingang zuzustellender Sendungen zu achten. Bei ihm kommt im Übrigen dazu, dass er ein unabhängiges Organ der Rechtspflege und kein Gewerbetreibender ist, vielmehr einen standesrechtlichen freien Beruf ausübt (§§1, 2 BRAO). Wenn nun ein Rechtsanwalt, wie in diesem Beispiel, den Brief der Behörde später in Empfang nimmt, ist das ordnungsgemäß. Er soll ihn nicht nur in die Hand, sondern auch geistig zur Kenntnis nehmen, also zur Aufnahme bereit sein:

- *BVerfG* B 27.3.2001 – 2 BvR 2211/97, NJW 2001, 1563;
- *BGH* B 16.4.1996 – VI ZB 362/95, NJW 1996, 1968 = MDR 1996, 967;
- *BGH* B 15.7.1998 – XII ZB 37/98, NJW-RR 1998, 1442 = FamRZ 1999, 577;
- *BGH* U 18.1.2006 – VIII ZR 114/05, NJW 2006, 1206;
- *BGH* B 20.7.2006 – I ZB 39/05, NJW 2007, 600;
- *BVerwG* U 17.5.1979 – 2 C 1/79, BVerwGE 58, 107 = NJW 1979, 1988 = BayVBl. 1979, 571 = Buchholz 340 §5 VwZG Nr.6;

- *BVerwG* B 7.10.1993 – 4 B 166/93, NJW 1994, 535 = BayVBl. 1994, 251 = Buchholz 340 § 5 VwZG Nr. 14;
- *BSG* U 13.5.1998 – B 10 LW 11/97 R, NVwZ 1998, 1332 = SGB 1999, 263 = NJW 1999, 1575 L;
- *BSG* B 8.7.2002 – B3/P3/02 R, NJW 2002, 1652;
- *BSG* B 23.4.2009 – B 9 VG 22/08 B, NJW 2010, 317.

In diesem Zeitpunkt wird er dann das tun, was der Gesetzgeber bei ihm voraussetzt, nämlich das **Empfangsbekenntnis** datieren und **persönlich** (BVerwGE 58, 107, 109 a.a.O.) **unterschreiben.** Unter keinen Umständen, von Ausnahmen groben Fehlverhaltens abgesehen, darf die Behörde unterstellen, der Rechtsanwalt könnte den Zustellungsvorgang manipulieren (BVerwGE 58, 107, 109 a.a.O.; vgl. *BGH* B 19.4.2012 – IX ZB 303/11, NJW 2012, 2117 = MDR 2012, 798; *OVG Münster* B 12.6.2003 – 12 E 144/01, NVwZ-RR 2004, 38 = ZFSH/SGB 2004, 36 = DÖV 2004, 86 L; *OVG Lüneburg* U 30.6.2004 – 12 LB 51/04, NVwZ-RR 2005, 365). Einer solchen Behörde stünde es gemäß § 2 Abs. 3, § 3 frei, die Zustellung durch die Post mit Zustellungsurkunde in der Wohnung des Rechtsanwalts vorzunehmen. Ebenso sicher könnte die Behörde nach § 5 Abs. 1 durch einen Bediensteten zustellen.

Allerdings wird ein Rechtsanwalt mit dem Empfangsbekenntnis sorgsam umzugehen haben. So ist er nicht befugt, die mit der Zustellung beginnende Rechtsbehelfsfrist durch Vordatierung oder Rückdatierung des Eingangsdatums willkürlich zu verlängern oder zu verkürzen (*OVG Münster* B 13.7.2010 – 19 B 884/10, NJW 2010, 3385).

Sollte sich auf dem Empfangsbekenntnis des Rechtsanwalts zusätzlich ein **Stempel seiner Kanzlei** mit dem früheren Eingangsdatum befinden, hat das für die Zustellung keine Bedeutung (*BGH* B 22.6.2010 – VIII ZB 12/10, NJW 2010, 3305). Das gilt auch dann, wenn mehrere oder alle Rechtsanwälte einer Sozietät Bevollmächtigte sind (**a.A.:** *OVG Lüneburg* B 27.9.2004 – 11 LA 107/04, NJW 2005, 312). Denn für den Zeitpunkt der Zustellung ist allein das Datum maßgeblich, welches der Rechtsanwalt eingetragen hat (*BVerfG* B 27.3.2001 – 2 BvR 2211/97, NJW 2001, 1563; *BGH* B 15.7.1998 – XII ZB 37/98, NJW-RR 1998, 1442 = FamRZ 1999, 577; *BFH* U 31.10.2000 – VIII R 14/00, BFHE 193, 392 = BStBl. II 2001, 156 = NVwZ 2001, 1198; *BVerwG* B 30.11.1993 – 7 B 91/93, DokBerA 1994, 63 = Buchholz 340 § 5 VwZG Nr. 15). Hat die Kanzleikraft mit dem Eingangsstempel bereits ein Datum auf das Empfangsbekenntnis gesetzt, braucht der Rechtsanwalt allerdings nicht selbst noch einmal zu datieren, wenn er die Zustellung am selben Tag entgegennimmt (vgl. *BGH* U 24.4.2001 – VI ZR 258/00, NJW 2001, 2722 = VersR 2001, 1262 = DAR 2001, 397). **125**

Auch in folgendem Fall ist für den Zeitpunkt der Zustellung allein das **Datum des Rechtsanwalts** maßgeblich: Der Rechtsanwalt nimmt das Dokument als Erster in Empfang, fertigt das Empfangsbekenntnis am 23.10. aus und leitet den Vorgang an sein Büro weiter. Dort wird auf das Empfangsbekenntnis das Datum des 24.10. gestempelt. Die Rechtsbehelfsfrist endet also mit Ablauf des 23.11. Denn das spätere Bürodatum des 24.10. ist bedeutungslos. Am 24.11. legt der Rechtsanwalt den Rechtsbehelf ein. Dieser ist verspätet (vgl. *BGH* B 13.6.1996 – VII ZB 12/96, NJW 1996, 2514 = MDR 1996, 958 = VersR 1997, 86). **126**

Vorstehende Rechtslage gilt auch dann, wenn der Rechtsanwalt seine Praxis in einer **Anwaltssozietät** ausüben und eine gemeinsame Kanzlei vorhanden sein sollte. Ein Sozius darf ihn bei dem Zustellungsvorgang nicht vertreten. Denn das kann nur ein **127** amtlich bestellter Vertreter (Rn. 44). Anders ist es, wenn auch der Sozius Bevollmächtigter ist (*OVG Lüneburg* B 27.9.2004 – 11 LA 107/04, NJW 2005, 312). Ist die Rechtsanwaltskanzlei (Sozietät) bevollmächtigt, so ist jeder Sozius berechtigt, Zustellungen für die anderen Angehörigen der Gesellschaft entgegen zu nehmen (*BFH* B 22.9.2015 – V B 20/15, juris Rn. 7).

128 Das trifft auf alle Adressaten des § 5 Abs. 4 zu, so auch auf einen **Steuerberater** (*BFH* B 23.4.1999 – VII B 41/99, *BFH/NV* 1999, 1475 = NVwZ 2000, 356).

129 Der **Rechtsanwalt** sollte das Empfangsbekenntnis aber nur ausfertigen, wenn ihm auch die dazu gehörende **Akte vorliegt.** Denn sonst könnte er schuldhaft eine Frist versäumen. Folglich hätte sein Antrag auf Wiedereinsetzung in den vorigen Stand nach § 60 VwGO keinen Erfolg (*BVerwG* B 9.1.1995 – 11 C 24/94, NJW 1995, 1443 = ThürVBl. 1995, 110 = DÖV 1995, 564 = BayVBl. 1996, 59 = Buchholz 310 § 60 VwGO Nr. 193; *BGH* B 2.2.2010 – VI ZB 58/09, NJW 2010, 1080; *OVG Schleswig* B 10.12.2004 – 13 UF 198/04 –. MDR 2005, 769; *OVG Münster* B 20.1.2009 – 5 A 1162/07.A, DVBl. 2009, 451 = DÖV 2009, 424 L = NJW 2009, 1623; *OVG Saarlouis* B 31.8.2011 – 2 A 272/11, NJW 2012, 100).

Beispiel: Das zuzustellende Dokument und das Empfangsbekenntnis gingen am 9.1. in der Anwaltskanzlei ein. Am selben Tag fertigte der Rechtsanwalt das Empfangsbekenntnis mit dem Datum des 9.1. aus. Das Dokument selbst nahm er nicht in die Hände. Er ließ es sich erst am nächsten Tag, 10.1., vorlegen. Infolgedessen lief die Rechtsbehelfsfrist von einem Monat am 9.2. um 24 Uhr ab. Der danach am 10.2. eingelegte Rechtsbehelf war also verspätet; denn das Dokument war bereits am 9.1. im Herrschaftsbereich des Empfängers (*OVG Greifswald* B 19.7.2001 – 2 L 54/00, NordÖR 2001, 394 = NVwZ 2002, 113). Hier gilt das Gleiche wie im Zivilprozess (*BGH* B 21.3.2000 – VI ZB 4/00, NJW 2000, 2112).

130 Solches trifft auch bei anderen Personen zu, die im Zustellungsverfahren vertrauensvoll privilegiert sind, so auch für einen **Steuerberater.**

Beispiel: Die Sendung ging mit einfachem Brief und beigefügtem Empfangsbekenntnis am 7.5. im Büro des Steuerberaters ein. Dort wurde auf dem Empfangsbekenntnis der 7.5. gestempelt. Ebenfalls am 7.5. unterzeichnete der Steuerberater das Empfangsbekenntnis, ohne den Inhalt der Sendung zur Kenntnis zu nehmen. Erst am 10.5. tat er das. Infolgedessen lief die hier geltende gesetzliche Frist von zwei Monaten am 7.7., 24 Uhr, ab. Der Eingang des Rechtsmittels am 8.7. war also verspätet. Denn die Frist lief nicht erst am 10.7. ab (**a.A.:** *BFH* B 25.1.2005 – I R 54/04, *BFH/NV* 2005, 1572).

131 Andererseits würde die **Rechtsbehelfsfrist** schon **am Sonntag,** 0.00 Uhr, zu **laufen** beginnen, wenn ein Rechtsanwalt das **Empfangsbekenntnis am Sonnabend ausfertigt** (*BVerwG* B 27.4.1984 – 9 B 46/84, BayVBl. 1984, 762 = Buchholz 310 § 60 VwGO Nr. 139; *BGH* B 18.6.2002 – VI ZR 448/01, NJW 2002, 3027).

132 Wegen der Wahrung einer **Rechtsbehelfsfrist** gehört es zu den Sorgfaltspflichten des Rechtsanwalts, dass er nach der Unterzeichnung des Empfangsbekenntnisses den Tag der Zustellung sicher festhält. Solches kann durch eigene Vermerke oder durch besondere Einzelweisungen an sein Büropersonal geschehen. Gleiches gilt für die nach § 67 VwGO vertretungsbefugten Personen (*BVerwG* B 29.11.2004 – 5 B 105/04, NJW 2005, 1001 = DÖV 2005, 519; *OVG Saarlouis* B 27.10.2004 – 1 W 35/04, NVwZ-RR 2005, 448). Das Datum der Zustellung muss kontrollierbar notiert sein (*BGH* B 16.9.1993 – VII ZB 20/93, VersR 1994, 371; *BGH* B 15.7.1998 – XII ZB 37/98, NJW-RR 1998, 1442 = FamRZ 1999, 577; *BGH* B 17.9.2002 – VI ZR 419/01, NJW 2002, 3782 = MDR

2003, 239; *BGH* B 5.11.2002 – VI ZR 399/01, NJW 2003, 435; *BAG* B 10.1.2003 – 1 AZR 70/02, NJW 2003, 1269; *BSG* U 6.12.2000 – B 3 P 14/00 R, NZS 2001, 336; *OVG Weimar* B 2.11.1994 – 2 EO 42/94, ThürVBl, 1995, 40 – NVwZ-RR 1995, 233; *OVG Lüneburg* B 28.9.2005 – 9 A 166/05, NJW 2005, 3802).

Sollte der Rechtsanwalt seine Sorgfaltspflicht verletzen, kann eine Wiedereinsetzung **133** in den vorigen Stand nicht gewährt werden (*BVerwG* B 3.12.2002 – 1 B 429/02, NVwZ 2003, 868 = NJW 2003, 2550 L; *BGH* B 13.2.2003 – V ZR 422/00, NJW 2003, 1528 = MDR 2003, 708; *BGH* B 12.1.2010 – VI ZB 64/09 – NJW-Spezial 2010, 121 = BeckRS. 2010, 02100; *BGH* B 2.2.2010 – VI B 58/09, NJW 2010, 1080).

Bei der **Vertretung eines Rechtsanwalts** ist § 53 BRAO zu beachten. Nach § 53 Abs. 7 **134** BRAO stehen dem Vertreter die anwaltlichen Befugnisse des Rechtsanwalts zu. Damit gelten aber auch Pflichten. Infolgedessen gilt ein Verschulden des Vertreters als Verschulden des vertretenen Rechtsanwalts (*OVG Münster* B 26.10.2000 – 18 B 1472/00, NWVBl. 2001, 145 = NVwZ-RR 2001, 484).

Stellt eine Behörde an **mehrere Bevollmächtigte** zu, ist für den Beginn der Rechtsbe- **135** helfsfrist die zeitlich **erste Zustellung maßgebend.** Die spätere setzt demgemäß eine neue Rechtsbehelfsfrist nicht in Lauf (vgl. *BVerwG* B 21.12.1983 – 1 B 152/83, NJW 1984, 2115 = BayVBl. 1984, 285; *BGH* B 10.4.2003 – VII ZR 383/02, NJW 2003, 2100 = MDR 2004, 840).

Ist das **Datum** auf dem Empfangsbekenntnis **unleserlich** oder **nicht eingetragen,** so ist **136** dadurch die **Zustellung nicht unwirksam** (Rn. 96).

Sendet der Adressat ein Empfangsbekenntnis nach Abs. 7 S. 1 nicht an die Behörde zurück, ist nicht zugestellt. Dann muss die Behörde auf anderem Wege zustellen. Allerdings liegt trotzdem eine wirksame Zustellung vor, falls der Adressat einen Rechtsbehelf einlegt (*VG Ansbach* U 30.5.2007 – 11 K 06/06.2455, 06.2456,, NVwZ 2008, 237).

c) Elektronische Zustellung auf Verlangen des Empfängers. Abs. 7 S. 2 enthält bei der **137** Übermittlung eines elektronischen Dokuments auf Verlangen des Empfängers gemäß Abs. 5 S. 2 folgende **Zustellungsfiktion:** Ein elektronisches Dokument gilt am dritten Tag nach der Absendung an den vom Empfänger hierfür eröffneten Zugang als zugestellt, wenn der Behörde nicht spätestens an diesem Tag ein schriftliches oder elektronisches Empfangsbekenntnis nach Abs. 7 S. 1 zugeht.

Über diese Rechtsfolge ist der Empfänger vor der Übermittlung des elektronischen **138** Dokuments zu belehren. Das schreibt Abs. 7 S. 4 vor.

Die Behörde hat den Empfänger über den Eintritt der Zustellungsfiktion nach Abs. 7 **139** S. 2 zu benachrichtigen. Dazu ist sie gemäß Abs. 7 S. 6 verpflichtet.

Allerdings gilt die Zustellungsfiktion laut Abs. 7 S. 2 nicht, wenn der Empfänger nach- **140** weist, dass das Dokument nicht oder zu einem späteren Zeitpunkt zugegangen ist. Das bestimmt Abs. 7 S. 3.

Nach der früheren Fassung des Abs. 7 S. 3 brauchte der Zustellungsadressat nur „glaubhaft" zu machen, dass er das Dokument nicht oder zu einem späteren Zeitpunkt erhalten habe. Das lag an den Beweisschwierigkeiten, die für die elektronische Kommunikation bestanden.

Dagegen wird nach neuem Recht von dem Betroffenen zwingend verlangt, dass er das **„nachweist“**. Ihn trifft die **Beweislast**. Denn mit der Einführung einer rechtssicheren elektronischen Abholbestätigung gemäß §5 Abs. 9 des De-Mail-Gesetzes (Anhang 8) werden die Beweismöglichkeiten über den Zugang bei der elektronischen Zustellung erheblich verbessert.

Auf diese Weise wird auch der etwaigen **missbräuchlichen Widerlegung** der Zustellungsfiktion durch den Adressaten entgegengewirkt. Er könnte zum Beispiel versuchen, das Wirksamwerden eines belastenden Bescheides zu verhindern.

141 Gemäß Abs. 7 S. 5 ist zum Nachweis der Zustellung von der absendenden Behörde in den Akten zu vermerken, zu welchem Zeitpunkt und an welchen Zugang das elektronische Dokument gesendet wurde.

Anhang:

Landesrecht

142 **(1) Baden-Württemberg:** §5 LVwZG.

(2) Bayern: Art. 5 VwZVG.

Art. 17 VwZVG: Für die Zustellung im Besteuerungsverfahren sowie bei der Heranziehung zu sonstigen öffentlichen Abgaben und Umlagen gilt Folgendes:

(1) Die Zustellung von schriftlichen Bescheiden, die im Besteuerungsverfahren und bei der Heranziehung zu sonstigen öffentlichen Abgaben und Umlagen ergehen, kann dadurch ersetzt werden, dass der Bescheid dem Empfänger durch einfachen Brief verschlossen zugesandt wird.

(2) Bei Zusendung durch einfachen Brief gilt die Bekanntgabe mit dem dritten Tag nach der Aufgabe zur Post als bewirkt, es sei denn, dass das zuzusendende Schriftstück nicht oder zu einem späteren Zeitpunkt zugegangen ist. Im Zweifel hat die Behörde den Zugang des Schriftstücks und den Zeitpunkt des Zugangs nachzuweisen.

(3) Die Aufgabe geschieht durch Einwerfen in einen Postbriefkasten oder Einlieferung bei der Post. Bei Einwurf in einen Straßenbriefkasten gilt der Tag der auf den Einwurf folgenden Leerung als der Tag der Aufgabe zur Post.

(4) Auf der bei den Akten verbleibenden Urschrift ist der Tag der Aufgabe zur Post zu vermerken; des Namenszeichens des damit beauftragten Bediensteten bedarf es nicht. Bei der Zustellung maschinell erstellter Bescheide können an Stelle des Vermerks die Bescheide nummeriert und die Absendung in einer Sammelliste eingetragen werden.

(3) Berlin: §7 VwVfG Berlin = §5 VwZG.

(4) Brandenburg: §1 Abs. 1 BbgVwZG = §5 VwZG.

(5) Bremen: Art. 1 BremVwZG = §5 VwZG.

(6) Hamburg: §1 HmbVwZG = §5 VwZG.

(7) Hessen: §1 Abs. 1 HessVwZG = §5 VwZG.

(8) Mecklenburg-Vorpommern: §98 VwVfG M-V.

§ 98a Abs. 2 S. 3: Wenn das Empfangsbekenntnis nicht am sechsten Tag nach der Absendung des zuzustellenden Dokuments bei der Behörde eingeht, kann sie das Dokument auf Kosten des Adressaten auf anderem Wege zustellen.

(9) Niedersachsen: § 1 Abs. 1 NdsVwZG = § 5 VwZG.

(10) Nordrhein-Westfalen: § 5 LZG NRW

(11) Rheinland-Pfalz: § 1 Abs. 1 LVwZG = § 5 VwZG.

(12) Saarland: § 1 SVwZG = § 5 VwZG.

(13) Sachsen: § 4 Abs. 1 SächsVwVfZG = § 5 VwZG.

(14) Sachsen-Anhalt: § 1 Abs. 1 VwZG-LSA = § 5 VwZG.

(15) Schleswig-Holstein: § 138e, § 150, § 154 LVwG.

(16) Thüringen: §§ 5, 5a ThürVwZVG.

§ 5a Elektronische Zustellung gegen Abholbestätigung über De-Mail-Dienste

(1) [1]Die elektronische Zustellung kann unbeschadet des § 5 Absatz 4 und 5 Satz 1 und 2 durch Übermittlung der nach § 17 des De-Mail-Gesetzes akkreditierten Diensteanbieter gegen Abholbestätigung nach § 5 Absatz 9 des De-Mail-Gesetzes an das De-Mail-Postfach des Empfängers erfolgen. [2]Für die Zustellung nach Satz 1 ist § 5 Absatz 4 und 6 mit der Maßgabe anzuwenden, dass an die Stelle des Empfangsbekenntnisses die Abholbestätigung tritt.

(2) [1]Der nach § 17 des De-Mail-Gesetzes akkreditierte Dienstanbieter hat eine Versandbestätigung nach § 5 Absatz 7 des De-Mail-Gesetzes und eine Abholbestätigung nach § 5 Absatz 9 des De-Mail-Gesetzes zu erzeugen. [2]Er hat diese Bestätigungen unverzüglich der absendenden Behörde zu übermitteln.

(3) [1]Zum Nachweis der elektronischen Zustellung genügt die Abholbestätigung nach § 5 Absatz 9 des De-Mail-Gesetzes. [2]Für diese gelten § 371 Absatz 1 Satz 2 und § 371a Absatz 3 der Zivilprozessordnung.

(4) [1]Ein elektronisches Dokument gilt in den Fällen des § 5 Absatz 5 Satz 2 am dritten Tag nach der Absendung an das De-Mail-Postfach des Empfängers als zugestellt, wenn er dieses Postfach als Zugang eröffnet hat und der Behörde nicht spätestens an diesem Tag eine elektronische Abholbestätigung nach § 5 Absatz 9 des De-Mail-Gesetzes zugeht. [2]Satz 1 gilt nicht, wenn der Empfänger nachweist, dass das Dokument nicht oder zu einem späteren Zeitpunkt zugegangen ist. [3]Der Empfänger ist in den Fällen des § 5 Absatz 5 Satz 2 vor der Übermittlung über die Rechtsfolgen nach den Sätzen 1 und 2 zu belehren. [4]Als Nachweis der Zustellung nach Satz 1 dient die Versandbestätigung nach § 5 Absatz 7 des De-Mail-Gesetzes oder ein Vermerk der absendenden Behörde in den Akten, zu welchem Zeitpunkt und an welches De-Mail-Postfach das Dokument gesendet wurde. [5]Der Empfänger ist über den Eintritt der Zustellungsfiktion nach Satz 1 elektronisch zu benachrichtigen.

Übersicht

I. Zu Absatz 1

1 **1. Allgemeines.** § 5a wurde durch Art. 3 des **Gesetzes zur Regelung von De-Mail-Diensten und zur Änderung weiterer Vorschriften** vom 28.4.2011 (BGBl. I S. 666, 674) eingefügt. Die Vorschrift wurde durch Art. 17 des Gesetzes zur Förderung des elektronischen Rechtsverkehrs mit den Gerichten vom 10.10.2013 (BGBl. I S. 3786) redaktionell geändert. Es ist hierbei nur der in Abs. 3 S. 2 enthaltene Verweis auf § 372a Abs. 3 ZPO in seiner geänderten Absatzbezeichnung angepasst worden.

§ 5a ergänzt die Möglichkeiten der elektronischen Zustellung nach § 5 Abs. 4 und 5. Die elektronische Zustellung kann danach nicht nur im Wege der herkömmlichen E-Mail, sondern auch über **De-Mail-Dienste** erfolgen. Die Norm gründet auf § 2 Abs. 1, der die Bekanntgabe eines elektronischen Dokumentes nach Maßgabe des § 5 Abs. 4 und 5 sowie nach § 5a als (elektronische) Zustellungsart anerkennt. Im Falle der elektronischen Zustellung nach § 5a wird die Zustellung nicht durch die Behörde, sondern durch einen nach § 17 des De-Mail-Gesetzes akkreditierten Diensteanbieter ausgeführt.

2 Das **Wesen der De-Mail-Dienste** ergibt sich aus § 1 des De-Mail-Gesetzes. Es handelt sich um Dienste auf einer **elektronischen Kommunikationsplattform**. Diese soll einen sicheren, vertraulichen und nachweisbaren Geschäftsverkehr für jedermann im Internet sicherstellen. Der De-Mail-Dienst muss eine sichere Anmeldung, die Nutzung eines Postfachdienstes und Versanddienstes für sichere elektronische Post sowie die Nutzung eines Verzeichnisdienstes ermöglichen. Zusätzlich können auch Identitätsbestätigungsdienste und Dokumentenablagedienste angeboten werden.

Nach § 5 Abs. 6 S. 2 des De-Mail-Gesetzes ist der Diensteanbieter mit Hoheitsbefugnissen ausgestattet, also **beliehener Unternehmer**.

3 Bei der Zustellung gibt es eine **beweissichere elektronische Abholbestätigung** nach § 5 Abs. 9 des De-Mail-Gesetzes. Diese erzeugt der Diensteanbieter elektronisch. Dadurch sind die Beweismöglichkeiten über den Zugang und die Möglichkeit der Kenntnisnahme erheblich verbessert.

4 **2. Weitere Möglichkeiten der Zustellung.** § 5a erweitert die nach § 5 Abs. 4 und 5 bestehende Möglichkeit der elektronischen Zustellung. Sie ist **alternativ**.

Die förmliche Zustellung von elektronischen Dokumenten geschieht durch **Übersendung an das De-Mail-Postfach des Empfängers**. Dies gilt sowohl für die obligatorische als auch für die fakultative elektronische Zustellung nach §5 Abs. 5 S. 1 und erfasst ferner die Adressaten der vereinfachten Zustellung nach §5 Abs. 4. 5

Weder für den Sender noch für den Nutzer besteht eine rechtliche oder faktische Verpflichtung zur Zustellung über De-Mail-Dienste. Denn hier kommt es allein auf die **freiwillige Entscheidung** an. Die Freiwilligkeit der Nutzung von De-Mail gilt für alle Nutzer: natürliche und juristische Personen oder Personengesellschaften und öffentliche Stellen. Es ist weder eine rechtliche noch eine faktische Verpflichtung des Senders oder des Empfängers zur Zustellung über De-Mail-Dienste vorgesehen. 6

3. Eröffnung des Zugangs zur elektronischen Zustellung. Die Übermittlung elektronischer Dokumente ist nur zulässig, soweit der Empfänger hierfür einen **Zugang eröffnet** (§3a VwVfG, §36a SGB I, §87a AO). Sollte eine De-Mail versandt werden, ohne dass vorab der Zugang eröffnet wurde, kann diese selbst bei Empfang keine Rechtsfolgen entfalten. 7

Für den nach §5a erforderlichen Zugang gelten entsprechende Anforderungen wie bei der elektronischen Zustellung gemäß §5 Abs. 5. Der **Zugangsbegriff** stellt bei der elektronischen Zustellung auf die Verfügbarkeit eines elektronischen Postfachs, hier also eines D-Mail-Postfachs, ab.

Der Empfänger eröffnet seinen Zugang durch entsprechende **Widmung**. Dies kann ausdrücklich oder konkludent geschehen. Hinsichtlich der konkludenten Widmung stellt die Gesetzesbegründung auf die **Verkehrsanschauung** ab, die sich mit der Verbreitung elektronischer Kommunikationsmittel fortentwickelt (BT-Drs. 17/3630 S. 46). Bei der Herausbildung der maßgeblichen Verkehrsanschauung ist zwischen Behörden, Unternehmen sowie Rechtsanwälten einerseits und dem Bürger andererseits zu differenzieren. Die Behörden, Firmen oder Rechtsanwälte, die auf ihren Briefköpfen im Verkehr mit dem Bürger oder der Verwaltung eine De-Mail-Adresse angeben, erklären damit konkludent ihre Bereitschaft, Eingänge auf diesem Weg anzunehmen. Sie haben durch organisatorische Maßnahmen sicherzustellen, dass z.B. De-Mail-Postfächer regelmäßig abgefragt werden. Gegenteiliges müssen sie ausdrücklich erklären, z.B. durch Hinweis auf dem Briefkopf oder auf ihrer Internetseite. Beim Bürger wird hingegen die bloße Angabe einer De-Mail-Adresse auf seinem Briefkopf noch nicht dahingehend verstanden werden können, dass er damit seine Bereitschaft zum Empfang von rechtlich verbindlichen Erklärungen kundtut. Bei ihm kann in der Regel von der Eröffnung eines Zugangs nur ausgegangen werden, wenn er dies gegenüber der Behörde ausdrücklich erklärt

Hat der Empfänger der Behörde seine De-Mail-Adresse und die entsprechende Widmung mitgeteilt, so sollte die Behörde nach der gesetzgeberischen Intention in diesem Fällen elektronische Zustellungen nach Möglichkeit über die De-Mail-Adresse des Nutzers vornehmen. Dies setzt allerdings voraus, dass sie selbst an die De-Mail-Infrastruktur angebunden ist (BT-Drs. 17/3630, S. 46). Eine solche Zugangseröffnung für die Behörden des Bundes, der Länder und der Kommunen wird mittlerweile durch bundesrechtliche und landesrechtliche Regelungen in den jeweiligen **E-Government-gesetzen** vorgegeben. Nach §2 Abs 2 EGovG des Bundes sind z.B. Behörden des Bundes verpflichtet, den elektronischen Zugang zusätzlich durch eine De-Mail-Adresse im Sinne des De-Mail-Gesetzes zu eröffnen. Dies gilt nur dann nicht, wenn die

Behörde des Bundes keinen Zugang zu dem zentral für die Bundesverwaltung angebotenen IT-Verfahren hat, über das De-Mail-Dienste für Bundesbehörden angeboten werden.

8 **4. Abholbestätigung.** Bei der Zustellung über De-Mail-Dienste für die Adressaten der **vereinfachten** Zustellung nach § 5 Abs. 4 tritt an die Stelle des Empfangsbekenntnisses die Abholbestätigung. Das Gleiche gilt für die in § 5 Abs. 6 geregelten formellen Anforderungen an die elektronische Zustellung.

II. Zu Absatz 2

9 **1. Pflichten des akkreditierten Diensteanbieters.** § 5a Abs. 2 verpflichtet den akkreditierten Diensteanbieter, eine elektronische Versandbestätigung und eine elektronische Abholbestätigung zu erzeugen. Die Normierung der Pflichten im Rahmen der förmlichen Zustellung nach dieser Vorschrift ist den Vorschriften über die Postzustellungsurkunde nach § 182 ZPO nachempfunden (vgl. BT-Drs. 17/3630, Begründung, S. 46).

Die Akkreditierung des Diensteanbieters erfolgt nach § 17 des De-Mail-Gesetzes und ist Voraussetzung für das Angebot von De-Mail-Diensten.

Beide Bestätigungen hat der Diensteanbieter nach Abs. 2 S. 2 unverzüglich der absendenden Behörde zu übermitteln. Da die Feststellungen in der elektronischen Abholbestätigung nach § 5a Abs. 3 gegenüber dem Richter Bindungswirkung entfalten, handelt der Diensteanbieter bei der Erzeugung der elektronischen Abholbestätigung in Ausübung hoheitlicher Befugnisse. Er ist hierbei deshalb als beliehener Unternehmer tätig (§ 5 Abs. 6 des De-Mail-Gesetzes).

10 **2. Versandbestätigung des Diensteanbieters.** Der Diensteanbieter hat eine Versandbestätigung nach **§ 5 Abs. 7 des De-Mail-Gesetzes** zu erzeugen und mit einer **qualifizierten elektronischen Signatur** zu versehen. Diese muss die in § 5 Abs. 7 S. 2 des De-Mail-Gesetzes genannten **Angaben** enthalten. Hierzu gehören die De-Mail-Adresse des Absenders und des Empfängers; das Datum und die Uhrzeit des Versands der Nachricht vom De-Mail-Postfach des Senders; der Name und Vornamen oder die Firma des akkreditierten Diensteanbieters und die Prüfsumme der zu bestätigenden Nachricht.

11 **3. Abholbestätigung des Diensteanbieters.** Der Diensteanbieter hat eine Abholbestätigung nach **§ 5 Abs. 9 des De-Mail-Gesetzes** zu erzeugen und mit einer **qualifizierten elektronischen Signatur** zu versehen. Aus der Abholbestätigung ergibt sich, dass sich der Empfänger nach dem Eingang der Nachricht im Postfach an seinem De-Mail-Konto im Sinne des De-Mail-Gesetzes angemeldet hat. Die Abholbestätigung weist die elektronische Zustellung nach und entfaltet insoweit eine **rechtliche Bindungswirkung**. Sie muss die **Angaben** des § 5 Abs. 9 S. 4 des De-Mail-Gesetzes enthalten. Hierzu gehören die De-Mail-Adresse des Absenders und des Empfängers; das Datum und die Uhrzeit des Eingangs der Nachricht im De-Mail-Postfach des Empfängers; das Datum und die Uhrzeit der sicheren Anmeldung des Empfängers an seinem De-Mail-Konto, der Name und Vornamen oder die Firma des akkreditierten Diensteanbieters und die Prüfsumme der zu bestätigenden Nachricht.

III. Zu Absatz 3

1. Abholbestätigung als Zustellungsnachweis. Absatz 3 regelt die Beweiskraft der elektronischen Abholbestätigung. Nach Satz 1 erbringt sie den Nachweis für die förmliche Zustellung durch die absendende Behörde. 12

2. Beweiskraft der Abholbestätigung. Abs. 3 S. 2 stellt klar, dass die Abholbestätigung die volle **Beweiskraft einer öffentlichen Urkunde** nach § 418 ZPO hat. Hier gelten § 371 Abs. 1 S. 2, § 371a Abs. 2 und § 437 ZPO (Anhang 2). Damit begründet die elektronische Abholbestätigung vollen Beweis für die in ihr bezeugten Tatsachen, die die Mindestinhalte nach § 5 Abs. 9 S. 4 des De-Mail-Gesetzes umfassen müssen. Daher erstreckt sich die Beweiskraft darauf, dass die in der Abholbestätigung genannte Nachricht im Zeitpunkt der Anmeldung des Empfängers an seinem De-Mail-Postfach diesem **zugestellt** worden ist. Über diese Rechtswirkung der Abholbestätigung wurde der Empfänger im Rahmen der Informationspflicht nach § 9 Abs. 1 des De-Mail-Gesetzes durch den akkreditierten Dienstanbieter hingewiesen. 13

IV. Zu Absatz 4

1. Zeitpunkt der Zustellung. Die Vorschrift des § 5a Abs. 4 orientiert sich an § 5 Abs. 7. Sie regelt die Fälle, in denen auf Grund einer Rechtsvorschrift das Verfahren auf **Verlangen des Empfängers elektronisch** abgewickelt werden muss und hierfür nur ein Zugang über De-Mail-Dienste eröffnet worden ist. 14

Hier wie bei § 5 Abs. 7 gilt, dass das Verlangen nach elektronischer Abwicklung des Verfahrens als zusätzliche Voraussetzung neben die Eröffnung des Zugangs über De-Mail-Dienste tritt. 15

Wird auf Verlangen des Empfängers das Verfahren über De-Mail-Dienste elektronisch abgewickelt, so schafft § 5a Abs. 4 S. 1 eine **Zustellfiktion**. Sie gilt für Fälle, in denen der Empfänger sich nicht an seinem De-Mail-Konto anmeldet, so dass keine Abholbestätigung erzeugt werden kann. Die Zustellfiktion ist erforderlich, da sich der Empfänger in solchen Fällen seiner Mitwirkung an der Zustellung verweigert. Ein elektronisches Dokument gilt danach in den Fällen des § 5 Abs. 5 S. 2 **am dritten Tag nach der Absendung an das De-Mail-Postfach** des Empfängers als zugestellt. Das trifft zu, wenn der Empfänger dieses Postfach als Zugang eröffnet hat und der Behörde nicht spätestens an diesem dritten Tag eine **elektronische Abholbestätigung** nach § 5 Abs. 9 De-Mail-Gesetzes zugeht. Diese kann nicht erzeugt werden, wenn sich der Empfänger nicht an seinem De-Mail-Konto anmeldet. 16

2. Widerlegung der Zustellungsfiktion. Diese Fiktion kann der Adressat nur widerlegen, wenn er **nachweist**, dass das Dokument nicht oder zu einem späteren Zeitpunkt zugegangen ist. Wegen dieser strengen Nachweispflicht reicht einfache Glaubhaftmachung nicht aus. Hier gilt das Gleiche wie gemäß § 5 Abs. 7 S. 3. Denn mit der Einführung einer rechtssicheren elektronischen Abholbestätigung nach § 5 Abs. 9 des De-Mail-Gesetzes sind die Beweismöglichkeiten erheblich verbessert worden. Deshalb ist die Nachweispflicht geboten. 17

3. Belehrungspflicht der Behörde. Gemäß § 5a Abs. 4 S. 3 muss die Behörde den Empfänger in den Fällen des § 5 Abs. 5 S. 2 vor der Übermittlung über die **Rechtsfolgen** nach § 5a Abs. 4 S. 1 und S. 2 belehren. 18

19 **4. Benachrichtigungspflicht der Behörde.** Als Nachweis der Zustellung nach § 5a Abs. 4 S. 1 dient die Versandbestätigung nach § 5 Abs. 7 des De-Mail-Gesetzes oder ein Vermerk der Behörde in den Akten, zu welchem Zeitpunkt und an welches De-Mail-Postfach das Dokument gesendet wurde. Der Empfänger ist über den **Eintritt der Zustellungsfiktion** nach § 5a Abs. 4 S. 1 elektronisch zu benachrichtigen.

Anhang:
Landesrecht

20 **(1) Baden-Württemberg:** § 5a LVwZG.

(2) Bayern: Art. 6 VwZVG.

(3) Berlin: § 7 VwVfG Berlin = § 5a VwZG.

(4) Brandenburg: § 1 Abs. 1 BbgVwZG = § 5a VwZG.

(5) Bremen: Art. 1 BremVwZG = § 5a VwZG.

(6) Hamburg: § 1 HmbVwZG = § 5a VwZG.

(7) Hessen: § 1 Abs. 1 HessVwZG = § 5a VwZG.

(8) Mecklenburg-Vorpommern: –§ 99 VwVfG M-V.

(9) Niedersachsen: § 1 Abs. 1 NdsVwZG = § 5a VwZG.

(10) Nordrhein-Westfalen: § 5a LZG NRW.

(11) Rheinland-Pfalz: § 1 Abs. 1 LVwZG = § 5a VwZG.

(12) Saarland: § 1 SVwZG = § 5a VwZG.

(13) Sachsen: § 4 Abs. 1 SächsVwVfZG = § 5a VwZG.

(14) Sachsen-Anhalt: § 1 Abs. 1 VwZG-LSA = § 5a VwZG.

(15) Schleswig-Holstein: § 150a LVwZG.

(16) Thüringen: § 5b ThürVwZVG.

§ 6 Zustellung an gesetzliche Vertreter

(1) [1]Bei Geschäftsunfähigen oder beschränkt Geschäftsfähigen ist an ihre gesetzlichen Vertreter zuzustellen. [2]Gleiches gilt bei Personen, für die ein Betreuer bestellt ist, soweit der Aufgabenkreis des Betreuers reicht.

(2) [1]Bei Behörden wird an den Behördenleiter, bei juristischen Personen, nicht rechtsfähigen Personenvereinigungen und Zweckvermögen an ihre gesetzlichen Vertreter zugestellt. [2]§ 34 Abs. 2 der Abgabenordnung bleibt unberührt.

(3) Bei mehreren gesetzlichen Vertretern oder Behördenleitern genügt die Zustellung an einen von ihnen.

(4) Der zustellende Bedienstete braucht nicht zu prüfen, ob die Anschrift den Vorschriften der Absätze 1 bis 3 entspricht.

Übersicht

I. Allgemeines

1 § 6 regelt die Zustellung an die gesetzlichen Vertreter. Die Regelung ist erforderlich, da das Verwaltungsverfahrensrecht bestimmt, dass nur an geschäftsfähige, natürliche Personen (§ 11 Abs. 1 Nr. 1 und Nr. 2 VwVfG, § 12 Abs. 1 Nr. 1 und Nr. 2 SGB X, § 79 Abs. 1 Nr. 1 und Nr. 2 AO) Verfahrenshandlungen vorgenommen werden können. Bei juristischen Personen und Vereinigungen sowie Behörden erfolgen Verfahrenshandlungen, wie z.B. die Zustellung an deren gesetzliche Vertreter und besondere Beauftragte bzw. Behördenleiter (§ 11 Abs. 1 Nr. 3 und 4 VwVfG, § 12 Abs. 1 Nr. 3 und Nr. 4 SGB X, § 79 Abs. 1 Nr. 3 und Nr. 4 AO).

2 Die gesetzlichen Vertreter können sich aus zahlreichen Normen ergeben. Die gesetzliche Vertretung bei natürlichen Personen richtet sich insbesondere nach den Vorschriften des BGB. Zum Teil finden sich Sonderregelungen in den jeweiligen Fachgesetzen, wie zum Beispiel im Aufenthaltsrecht oder im Sozialrecht. Die Vertretung bei juristischen Personen richtet sich insbesondere nach den handels- und gesellschaftsrechtlichen Regelungen (z.B. AktG, GmbHG).

3 Keine Anwendung findet § 6 im Ordnungswidrigkeitenrecht (§ 51 Abs. 5 S. 1 OWiG), da die Zustellung gem. § 51 Abs. 2 OWiG an den von der Ordnungswidrigkeit Betroffenen selbst zu erfolgen hat. Dieses gilt auch, wenn die Person betreut wird oder geschäftsunfähig bzw. beschränkt geschäftsfähig ist. Diese Einschränkung des Schutzes des Geschäftsunfähigen wird damit gerechtfertigt, dass diesem ein befristeter Rechtsbehelf zusteht (BeckOK OWiG-*Bücherl*, § 51 OWiG Rn. 56, Stand: 22. Ed. 15.3.2019). Im Übrigen ist ein gesetzlicher Vertreter über die Zustellung zu unterrichten (§ 51 Abs. 2 OWiG). Es ist zwar richtig, dass sich zum Schutz des Geschäftsunfähigen eine eingeschränkte Anwendbarkeit des § 51 Abs. 5 S. 1 OWiG und damit die Anwendung der Regelungen des § 6 Abs. 1 aufdrängen (so die Vorauflage; vgl. auch BeckOK OWiG-*Bücherl*, § 51 OWiG Rn. 5, Stand: März 2019). Dieses würde die Ausnahmeregelung jedoch nahezu leerlaufen lassen, da eine gesetzliche Vertretung zumeist in Fällen der – schutzwürdigen – Geschäftsunfähigkeit zum Tragen kommt. Die Vertretung käme stets zum tragen.

4 Im gerichtlichen Prozess treffen §§ 170 ff. ZPO ähnliche Regelungen.

II. Zustellung an nicht-geschäftsfähige natürlichen Personen (Abs. 1)

5 **1. Geschäftsunfähige und Betreute.** Die Geschäftsunfähigkeit richtet sich im BGB nach § 104. Hiernach ist geschäftsunfähig, wer das siebte Lebensjahr noch nicht vollendet hat oder sich in einem die freie Willensbestimmung ausschließenden Zustand

krankhafter Störung der Geistestätigkeit befindet, sofern nicht sein Zustand nur vorübergehender Natur ist. Mit Vollendung des siebten Lebensjahres und bis zum Eintritt in die Volljährigkeit ist eine Person nach § 106 BGB nur beschränkt geschäftsfähig.

6 Die beschränkte Geschäftsfähigkeit ist eine erforderliche Abstufung im Spannungsverhältnis von freier Teilnahme am Rechtsverkehr und Schutz von gewissen Personengruppen. Mit der beschränkten Geschäftsfähigkeit wird diesen Personen, denen die Fähigkeit zur vernünftigen Willensbildung zwar nicht schlechthin abgesprochen werden kann, die aber über diese Fähigkeit (noch) nicht in vollem Umfang verfügen und deshalb (noch) eines gewissen Schutzes bedürfen, ein eingeschränkter Freiraum zur selbstständigen Teilnahme am Rechtsverkehr gewährt, der sich aus §§ 107 ff. BGB ergibt. Dabei wird nicht auf die individuellen Fähigkeiten, sondern auf die oben genannten Altersgrenzen abgestellt (zum Ganzen BeckOK BGB-*Wendtland*, § 106 BGB Rn. 1, Stand: Mai 2019). Die beschränkte Geschäftsfähigkeit bestimmt dann auch den Umfang der Handlungsfähigkeit im Verwaltungsprozess (§ 12 Abs. 1 Nr. 2 VwVfG; § 11 Abs. 1 Nr. 2 SGB X; § 79 Abs. 1 Nr. 2 AO).

7 Die Betreuung einer Person ergibt sich aus § 1896 BGB. In diesen Fällen bestellt das Betreuungsgericht von Amts wegen oder auch auf Antrag einen Betreuer, wenn die Person auf Grund einer psychischen Krankheit oder einer körperlichen, geistigen oder seelischen Behinderung seine Angelegenheiten ganz oder teilweise nicht besorgen kann. § 1896 BGB stellt eine Zentralnorm des Betreuungsrechts dar (BeckOK BGB-*Müller-Engels*, § 1896 Rn. 7, Stand: Mai 2019). Hier finden sich die materiellen Voraussetzungen für die Bestellung eines Betreuers (Abs. 1 und Abs. 1a) sowie die Erforderlichkeit der Betreuung und die Bestimmung der Aufgabenkreise (Abs. 2). In Abs. 3 finden sich Bestimmungen zu speziellen Aufgabenkreisen und der Kontrollbetreuung.

8 **2. Gesetzliche Vertreter oder Betreuer.** Regelungen über die Zustellung sind erforderlich, da nicht alle natürlichen Personen auch fähig sind, am Verwaltungsverfahren teilzunehmen. Die Verfahrensfähigkeit richtet sich nach dem jeweiligen Verwaltungsverfahrensrecht (VwVfG, SGB X, AO – s.o.) und ist in allen Verfahrensregelungen von der Geschäftsfähigkeit abhängig. Die Geschäftsfähigkeit und das Stellvertretungsrecht bei natürlichen Personen wird im Bürgerlichen Recht (BGB) geregelt und erfährt in Spezialgesetzen zum Teil Modifikationen.

9 Die gesetzliche Vertretung bei Minderjährigen (Geschäftsunfähige und beschränkt Geschäftsfähige) liegt bei den Eltern (§§ 1626, 1629 BGB) gemeinsam. Im Falle von Meinungsverschiedenheiten kann das Familiengericht einem Elternteil die alleinige Sorge übertragen (§ 1628 BGB).

10 Ebenso kann das Jugendamt der Zustellungsadressat eines Minderjährigen sein. Dem Jugendamt ist ein an einen Minderjährigen adressierter Bescheid zuzustellen, wenn das Vormundschaftsgericht das Jugendamt zum gesetzlichen Vertreter bestellt hat. Dieses kommt u.a. gem. §§ 1773, 1673 BGB dann in Betracht, wenn die Elternteile als gesetzliche Vertreter ebenfalls minderjährig sind (vgl. *VG Arnsberg* B 19.4.2016 – 5 L 397/16.A; juris Rn. 4). Die Zustellung erfolgt dann gem. Abs. 2 S. 1 an den Behördenleiter (s.u. Rn. 18 ff.). Besonderheiten sind bei der Zustellung an einen sog. Realvormund im Sinne § 55 Abs. 3 S. 2 SGB VIII zu beachten (s.u. Rn. 1).

Fehlende Kenntnis von der mangelnden Geschäftsfähigkeit ist hier unbeachtlich, da der gute Glaube an der Geschäftsfähigkeit nicht geschützt wird (*BVerwG* B 11.2.1994 – 2 B 173/93, juris Rn. 3 f. = NJW 1994, 2633, 2633 f.). Die Behörde hat im Rahmen ihrer Amtsermittlungspflicht das wahre Alter zu ermitteln oder ggf. darauf hinzuwirken, dass ein Vertreter bestellt wird. Sie darf den Minderjährigenschutz nicht dadurch umgehen, dass sie den Bescheid dem – möglicherweise – Minderjährigen gegenüber bekannt gibt und auf eine spätere Heilung durch Erreichen der die Handlungsfähigkeit vermittelnden Volljährigkeit des Zustellungsadressaten baut. Hierdurch könnte sich eine Vielzahl von „schwebend unwirksamer" (*BVerwG* juris Rn. 4) Bescheide „auf Vorrat" anhäufen, die im Zeitpunkt des Eintritts in die Volljährigkeit zugestellt sind, sobald und wenn der Adressat Kenntnis davon hat oder erhält. Der dann gerade volljährig gewordene Adressat sähe sich in diesem Fall binnen kürzester Zeit der mit Art. 19 Abs. 4 GG schwer vereinbaren Herausforderung gegenüber, sämtliche belastenden Verwaltungsakte auf ihre Rechtmäßigkeit hin zu überprüfen und ggf. entsprechende Rechtsbehelfe zu ergreifen (*VG Bremen* B 19.11.2018 – 4 V 2213/18, juris Rn. 17). 11

Im Fall eines nicht klar festgestellten Alters besteht weiterhin die Gefahr einer Beweislastverschiebung zu Ungunsten des – vermeintlich minderjährigen – Adressaten. Im Fall der Zustellung an einen Minderjährigen mit anschließender Heilung läuft der Adressat Gefahr, dass ihm später, nach unstreitigem Eintritt der Handlungsfähigkeit, entgegengehalten wird, die Rechtsmittelfristen seien abgelaufen, da eine wirksame Bekanntgabe bereits im Zeitpunkt der ursprünglichen Zustellung erfolgt sei (*VG Bremen*). Es würde dann dem Adressaten obliegen, nachzuweisen, dass er zu diesem Zeitpunkt noch nicht geschäftsfähig war. 12

Eine Besonderheit ist bei der gesetzlichen Vertretung im Fall der Vormundschaft durch das Jugendamt nach § 55 SGB VIII zu beachten. Das Jugendamt überträgt die Ausübung der Aufgabe einzelnen Beamte oder Angestellten nach § 55 Abs. 2 S. 1 SGB VIII (Realvormund). Nach § 55 Abs. 3 S. 2 SGB VIII wird dieser durch die Übertragung im umschriebenen Rahmen gesetzlicher Vertreter des Kindes. Diese Regelungen betreffen jedoch nur die Ausübung der mit der Vormundschaft verbundenen Befugnisse, nicht die Amtsvormundschaft als solche. Die Handlungen und Erklärungen des Bediensteten, auf den die Ausübung dieser Befugnisse übertragen wird, sind dem Jugendamt als Amtsvormund zuzurechnen. § 55 Abs. 3 S. 2 SGB VIII ändert nichts daran, dass das Jugendamt – nicht zuletzt auch aus Gründen der Rechtsklarheit und -sicherheit – im Außenverhältnis, insbesondere für Zustellungen von Schriftstücken, gesetzlicher Vertreter des Kindes ist und bleibt (m.w.N. *VG Freiburg [Breisgau]* U 16.10.2018 – A 5 K 7980/17; juris Rn. 15; eindeutig *VGH Kassel* B 22.11.2000 – 9 UZ 3294/00.A; juris Rn. 7 = NJWE-FER 2001, 266, 267). Hieran ändert auch nichts, dass es aufgrund der behördeninternen Weiterleitung an den Realvormund zu verlängerten Postlaufzeiten kommen kann, welche – insbesondere im Asylrecht mit kurzen Klagefrist – zu einer verspäteten Klageerhebung führen können (so aber *VG Schwerin* U 13.4.2018 – 15 A 4249/17 As SN; juris Rn. 21). Der Ausgleich solcher Aspekte der Rechtssicherheit gegenüber individuellen Fällen der Forderung nach materieller Einzelfallgerechtigkeit sollte über die jeweiligen Instrumentarien der Gerichtsordnungen gelöst werden (z.B. die Wiedereinsetzung in den vorherigen Stand gem. § 60 VwGO). Das Jugendamt hat hier für einen geordneten und schnellen Ablauf Sorge zu Tragen. 13

14 Zu beachten ist, dass das öffentliche Recht Minderjährigen eine Geschäftsfähigkeit dann zuspricht, wenn ihnen bereits vor der Volljährigkeit Ansprüche zustehen. Solche Vorschriften ergänzen die Regelungen des §§ 112 ff. BGB, wonach Minderjährige mit Zustimmung der gesetzlichen Vertreter in Teilbereichen eine unbeschränkte und über die Bestimmungen der §§ 107 ff. BGB hinausgehende Geschäftsfähigkeit erlangen (BeckOK SozR-*Gutzler*, SGB I § 36 Rn. 2, Stand: 52. Ed. 1.12.2018).

15 Im Sozialrecht spricht § 36 Abs. 1 SGB I Minderjährigen mit Vollendung des 15. Lebensjahres – dieses entspricht auch bspw. der Leistungsberichtigung auf Leistungen nach dem SGB II gem. § 7 Abs. 1 Nr. 1 SGB II – eine beschränkte Geschäftsfähigkeit zu. Zum Schutze des Minderjährigen ist dieses auf die Antragstellung und Entgegennahme von Leistungen begrenzt. Belastende „Rechtsgeschäfte", wie zum Beispiel die Rücknahme von Anträgen, der Verzicht auf Sozialleistungen und die Entgegennahme von Darlehen, bedürfen gem. § 36 Abs. 2 S. 2 SGB II weiterhin der Zustimmung der Eltern. Die Einschränkung der Geschäftsfähigkeit durch Erklärung des gesetzlichen Vertreters sollte nicht zu praktischen Problemen in der Zustellung führen, da diese schriftlich und nach Auslegung eindeutig gegenüber dem Leistungsträger erfolgen muss (BeckOK SozR-*Gutzler*, SGB I § 36 Rn. 31, Stand: Dez. 2018).

16 Im Asylrecht ist die Berechtigung zur Antragsstellung mit der Änderung durch das Ayslverfahrensbeschleunigungsgesetz (BGBl I 2015, 1722) seit dem 24.10.2015 erst mit Volljährigkeit möglich. Mit der Anhebung des Antragsrechts vom 16. auf das 18. Lebensjahr passen sich die ausländerrechtlichen Vorschriften dem allgemeinen und bürgerlichen Recht an. Es entspricht auch der geänderten Regelung des § 80 Abs. 1 AufenthaltsG (BGBl. I 2015 S. 1802), wo mit Wirkung zum 1.11.2015, die Volljährigkeit verlangt wird, sowie den Regelungen des § 68 AuslG.

17 Darüber hinaus werden aufgrund bereichsspezifischer verwaltungsrechtlicher Vorschriften Minderjährigen in einigen Fällen als geschäftsfähig angesehen. Hierzu zählt die Entscheidung über das religiöse Bekenntnis und die Teilnahme am Religionsunterricht ab 14 Jahren nach § 5 RErzG und der Antrag auf Erteilung einer Fahrerlaubnis ab 16 bzw. 17 Jahren nach § 10 Abs. 1 Nr. 1, 2, 5 FeV (vgl. zum Überblick Schoch/Schneider/Bier-*Bier/Steinbeiß-Winkelmann*, VwGO § 62 Rn. 10, Stand: Feb. 2019).

III. Zustellung an Behörden und juristischen Personen (Abs. 2)

18 **1. Behörden.** Ist ein Dokument einer Behörde zuzustellen, so wird es dem Behördenleiter zugestellt. Die Entscheidung über die Behördenleitung richtet sich nach der jeweiligen Organisation und deren Aufbau. Die Bundesrepublik wird durch den zuständigen Minister vertreten. Der Aufteilung des jeweiligen Geschäftsbereichs und der dazugehören Zuständigkeit ergibt sich dann aus der Ressortzuständigkeit nach Art. 65 S. 2 GG (BeckOK VwVfG-*Ronellenfitsch*, § 6 VwZG Rn. 16). Gleiches gilt für die Vertretung der Länder durch die Minister innerhalb des häufig verfassungsrechtlich geregelten Ressortprinzips (vgl. Art. 55 Verfassung NRW; Art. 51 Verfassung Bayern; Art. 37 Verfassung Niedersachsen).

19 Innerhalb des Bundeslandes bestimmt das Landesorganisationsrecht, wer zum Vertreter der Behörde bestellt ist. Landkreise werden grundsätzlich durch den Landrat vertreten (vgl. z.B. § 42 Buchst. e KrO NRW; § 35 Abs. 1 LKrsO Bayern). Die Kommunen werden durch die Oberbürgermeister bzw. Bürgermeister vertreten (vgl. beispielhaft § 63 GO NRW Art. 38 Abs. 1 GO Bayern). Es besteht ebenso die Möglichkeit, dass ein

Stellvertreter des Oberbürgermeisters/Bürgermeisters bestellt wird (in NRW der Beigeordnete gem. §68 GO NRW).

Unbeachtlich ist, ob die Vertretungsmacht intern begrenzt ist (vgl. §35 Abs.1 S.2 LKrsO Bayern; §26 Abs.4, 5, §§43, 49 Abs.4 KrO NRW). Der zustellende Bedienstete soll von der – zum Teil komplizierten – Prüfung der Interna befreit werden. Dieses ergibt sich bereits aus den Regelungen des Abs.4. Die interne Weiterleitung ist Sache des Vertretungsbefugten (Engelhardt/App/Schlatmann-*Schlatmann*, VwZG, §6 Rn.3). 20

2. Juristische Personen und Personenvereinigung. Die Zustellung von Schriftstücken an juristische Personen oder nicht rechtsfähige Personenvereinigungen bzw. Zweckvermögen erfolgt an deren gesetzliche Vertreter. Die Vertretungsregeln bestimmen sich individuell nach dem jeweiligen Rechtsgebiet. Die Vertretung nach außen wird bei der Gesellschaft bürgerlichen Rechts (GbR) über die Auslegungsregel des §714 BGB bestimmt, wonach diese sich nach der Geschäftsführungsbefugnis im Inneren (§§709ff. BGB) ausrichtet. Neben dem Einstimmigkeitsrecht (§709 Abs.1 BGB) kennt das Gesetz sowohl das Recht der Stimmenmehrheit (§709 Abs.2 BGB) als auch insbesondere ein Geschäftsführungsrecht (§710 BGB) sowie die Einzelgeschäftsführung (§711 BGB) (vgl. zum Gesamten Jauernig-*Stürner*, BGB, 17. Aufl. 2018, §713 Rn.2ff.). Im Falle der Abwehr von Gefahren kann die Zustellung auch an einen nicht vertretungsberechtigten Gesellschafter erfolgen. Dieser vertritt die GbR dann als Notgeschäftsführer (*OVG Sachsen* B 4.12.2018 – 3 B 277/18 – Rn.16, juris, NJW 2019, 1763, 1764). 21

Im Gegensatz zur GbR besteht bei der Offenen Handelsgesellschaft (OHG) gem. §125 Abs.1 HGB grundsätzlich eine Einzelvertretungsmacht, so dass jeder Gesellschafter die OHG nach außen alleine vertreten kann. Selbst im Fall einer – vertraglich abgedungenen – Gesamtvertretung, ist jeder einzelne Gesellschafter zum Empfang berechtigt (§125 Abs.2 S.3 HGB). 22

Die Vertretung einer Aktiengesellschaft erfolgt gem. §78 Abs.1 AktG über den Vorstand. Ist die Aktiengesellschaft aufgrund fehlenden Vorstandes führungslos, so tritt an dessen Stelle der Aufsichtsrat. In der Passivvertretung genügt – ähnlich dem Vereinsrecht und in der elterlichen Erziehung – die Zustellung an ein Mitglied des Vorstandes oder des Aufsichtsrates (vgl. §78 Abs.2 S.2 AktG). Die Passivvertretung durch eine Person ist zwingend. Die gesetzliche Einzelvertretungsbefugnis zur Entgegennahme von Willenserklärungen kann weder durch die Satzung noch durch den Aufsichtsrat ausgeschlossen oder beschränkt werden (MüKoAktG-*Spindler*, 5. Aufl. 2019, §78 AktG Rn.83). Die Zustellung an die Stellvertreter (Vorstand) kann unter die eingetragene Anschrift der Aktiengesellschaft im Handelsregister erfolgen. Die Regelung zum Zugang von Willenserklärungen (§35 Abs.2 S.3, 1. Alt. GmbHG) begründet eine unwiderlegliche Vermutung, dass unter der eingetragenen Adresse ein Vertreter der Gesellschaft erreicht werden kann (BT-Drucks. 16/6140, 43 – Begründung zum gleichlautenden GmbHG). Im Übrigen ist eine Zustellung an den Vorstand überall dort möglich, wo er angetroffen wird (vgl. §5 Abs.2 S.1 i.V.m. §177 ZPO; vgl. auch unten Rn.27). 23

Darüber hinaus besteht die Möglichkeit, dass die Anschrift einer zum Empfang von Willenserklärungen zuständigen Person ins Handelsregister eingetragen wird (vgl. §39 Abs.1 S.2 AktG). 24

25 Die GmbH als Kapitalgesellschaft wird durch den oder die Geschäftsführer als einem – neben der Gesellschafterversammlung – von zwei notwendigen Organe nach außen vertreten (vgl. § 35 GmbHG). Ungeachtet der gesellschaftlichen Ausgestaltung der Geschäftsführung in Gesamtvertretung oder Einzelvertretung, reicht für die Passivvertretung wiederum die Zustellung an einen von mehreren Geschäftsführern. Die Passivvertretung erstreckt sich auch auf weitere, neben den Geschäftsführern ggf. bestehende Personen – Prokuristen, Handlungsbevollmächtigte –, wenn die in Rede stehende Vollmacht die betreffenden Geschäfte abdeckt (MüKoGmbHG-*Stephan/Tieves*, § 35 GmbHG Rn. 168, Stand: 3. Aufl. 2019).

26 Für den Fall einer GmbH ohne Geschäftsführung (Führungslosigkeit) erfolgt gem. § 35 Abs. 1 S. 2 GmbHG die Passivvertretung durch die Gesellschafter. Auch hier genügt die Zustellung an nur einen Gesellschafter (§ 35 Abs. 2 GmbHG). Darüber hinaus besteht die Möglichkeit, Personen zu bestimmen, die u.a. zum Empfang, d.h. der Zustellung eines Schriftstücks, an deren Adresse, berechtigt sind (§ 35 Abs. 2 S. 4 GmbHG). Hier ist die Anschrift aber gem. § 10 Abs. 2 S. 2 GmbHG ins Handelsregister einzutragen.

27 Die Zustellung an den Geschäftsführer kann dem gegenüber – auch – unter dessen Privatanschrift erfolgen. Nach § 177 ZPO (anwendbar über § 5 Abs. 2 S. 1) ist die Zustellung dort möglich, wo der Zustellungsempfänger angetroffen wird. Dieses gilt auch dann, wenn diese nicht in das Handelsregister eingetragen ist. Im Gegensatz zur empfangsberechtigten Person nach § 35 Abs. 2 S. 4 GmbH, ist es beim Geschäftsführer nicht erforderlich, zur wirksamen Zustellung, die Privatanschrift ins Handelsregister einzutragen (*VG Berlin* B 4.10.2018 – 4 L 496.17, juris Rn. 19).

28 **3. Zweckvermögen.** Die Vertretungsregelungen von Stiftungen folgen gem. § 86 BGB den Regelungen des Vereinsrechts. Die Stiftung wird ebenso wie der Verein vom Vorstand vertreten, sofern satzungsrechtlich keine anderen Entscheidungen getroffen worden sind. Im Falle der Empfangsberechtigung ist nach § 26 Abs. 1 S. 2 BGB bereits ein Vorstandsmitglied empfangsberechtigt. Die zwingende Passivvertretung für jedes Mitglied des Vorstandes gilt ungeachtet einer satzungsrechtlich abweichenden Regelung zur Vertretungsmacht (MüKoBGB-*Weitemeyer*, 8. Aufl. 2018, § 86 BGB Rn. 17). Die Zustellung muss aus vereinsrechtlicher Sicht bei einem mehrgliedrigen Vorstand damit auch nicht unbedingt an den 1. Vorsitzenden erfolgen (so aber BeckOK VwVfG-*Ronellenfitsch*, § 6 VwZG Rn. 25). § 86 BGB erklärt diese zwingende Passivvertretung für Stiftungsverwaltung durch öffentliche Behörden gerade nicht für anwendbar.

29 **4. Ausnahme: AO.** Im Steuerrecht haben in einer nichtrechtsfähigen Personenvereinigung ohne Geschäftsführer nach § 34 Abs. 2 AO die Mitglieder oder Gesellschafter der Vereinigung die Pflichten des Steuerrechts zu tragen. Da dann alle Mitglieder oder Gesellschafter die umfänglichen Pflichten eines Vertretungsberechtigten tragen, kann die Finanzbehörde in diesem Fall an diese Personen zustellen.

IV. Vereinfachung der Zustellung bei mehreren Vertretern (Abs. 3)

30 Sind mehrere Behördenleiter oder Personen im Rahmen der gesetzlichen Vertretungsmacht, vertretungsberechtigt, so genügt die Zustellung an einen von ihnen. Im Rahmen der elterlichen Sorge, die nach § 1629 Abs. 1 S. 2, Hs. 1 BGB gemeinsam ausgeübt wird, genügt daher bereits die Zustellung an ein Elternteil (vgl. *BSG* U

7.7.2011 – B 14 AS 153/10 R, juris Rn. 25, NJOZ 2013, 127, 128). Dieses entspricht auch der Regelung der Passivvertretung aus § 1629 Abs. 1 S. 2, Hs. 2 BGB. Empfehlenswert ist jedoch die Zustellung an beide Eltern (Engelhardt/App/Schlatmann-*Schlatmann*, VwZG, § 6 Rn. 5), da auch die Möglichkeit besteht, dass von vornherein die elterliche Sorge bei nur einem Elternteil liegt bzw. sie diesem übertragen wurde (§§ 1628, 1629 Abs. 1 S. 3 BGB) und dieses den Behörden nicht bekannt ist.

Grundsätzlich ist die Zustellung an einen gesetzlichen Vertreter ausreichend. Diese **31** Regelung dient der Verwaltungsvereinfachung, so dass auch bei einem gemeinsamen Sorgerecht ausreichend ist, wenn der Bescheid nur einem Elternteil zugestellt wird (*VGH München* B 8.10.2018 – AZ 15 ZB 17.30545, juris Rn. 40).

Einen Fall der erleichterten Zustellung regelt § 10 Abs. 3 AsylG für das Asylrecht. **32** Betreiben mehrere Familienangehörige ein gemeinsames Asylverfahren im Sinne des Familienasyls bzw. des internationalen Schutzes für Familienangehörige gem. § 26 AsylG, dann können für sie bestimmte Entscheidungen und Mitteilungen in einem Bescheid oder einer Mitteilung zusammengefasst und nur einem Familienangehörigen zugestellt werden, sofern diese Person volljährig ist. Es müssen dann in der Anschrift lediglich alle genannt werden, für die die Entscheidung oder Mitteilung bestimmt ist. Außerdem ist in der Entscheidung oder Mitteilung ausdrücklich darauf hinzuweisen, gegenüber welchen Familienangehörigen sie gilt (vgl. § 10 Ab. 3 S. 2 und 3 AsylG). Die Zustellungsregelung gilt jedoch nicht für Urteile und Beschlüsse, mithin das gerichtliche Asylverfahren, da die Vorschrift im Wortlaut – Entscheidungen und Mitteilungen – eindeutig ist (NK-AuslR-*Bruns*, AsylVfG § 10 Rn. 25 f., Stand: 2016).

V. Verantwortlichkeit (Abs. 4)

Der zustellende Bedienstete ist nicht gehalten, die Anschrift dahingehend zu prüfen, **33** ob der Zustellungsempfänger der gesetzliche Vertreter im Sinne der Absätze 1 bis 3 ist. Der einzelnen Mitarbeiter soll nicht mit der Prüfung der ggf. komplexen Vertretungsregelungen im Innenverhältnis der juristischen Person belastet werden. Die korrekte Adressierung obliegt der absendenden Behörde.

Anhang:
Landesrecht

(1) Baden-Württemberg: § 6 Verwaltungszustellungsgesetz für Baden-Württemberg (LVwZG).

(2) Bayern: Art. 7 Bayerisches Verwaltungszustellungs- und Vollstreckungsgesetz (BayVwZVG).

(3) Berlin: § 7 Gesetz über das Verfahren der Berliner Verwaltung (VwVfG BE 2016).

Das Landesrecht verweist auf die Anwendbarkeit des VwZG des Bundes.

(4) Brandenburg: § 1 Verwaltungszustellungsgesetz für das Land Brandenburg (BbgVwZG).

Das Landesrecht erklärt die §§ 2 bis 10 VwZG des Bundes für anwendbar.

(5) Bremen: § 1 Bremisches Verwaltungszustellungsgesetz (BremVwZG).

Das Landesrecht verweist auf die Anwendbarkeit des VwZG des Bundes.

(6) Hamburg: § 1 Hamburgisches Verwaltungszustellungsgesetz (HmbVwZG).

Das Landesrecht verweist auf die Anwendbarkeit des VwZG des Bundes.

(7) Hessen: § 1 Hessisches Verwaltungszustellungsgesetz (HessVwZG).

Das Landesrecht erklärt die §§ 2 bis 10 VwZG des Bundes für anwendbar.

(8) Mecklenburg-Vorpommern: § 100 Verwaltungsverfahrens-, Zustellungs- und Vollstreckungsgesetz des Landes Mecklenburg-Vorpommern.(Landesverwaltungsverfahrensgesetz – VwVfG M-V).

(9) Niedersachsen: § 1 Niedersächsisches Verwaltungszustellungsgesetz (NVwZG). Das Landesrecht erklärt die §§ 2 bis 10 VwZG des Bundes für anwendbar.

(10) Nordrhein-Westfalen: § 6 Verwaltungszustellungsgesetz für das Land Nordrhein-Westfalen (Landeszustellungsgesetz – LZG NRW).

(11) Rheinland-Pfalz: § 1 Landesverwaltungszustellungsgesetz (LVwZG). Das Landesrecht erklärt, mit Ausnahmen, die §§ 2 bis 10 VwZG des Bundes für anwendbar.

(12) Saarland: § 1 Saarländisches Verwaltungszustellungsgesetz (SVwZG). Das Landesrecht verweist auf die Anwendbarkeit des VwZG des Bundes.

(13) Sachsen: § 4 Gesetz zur Regelung des Verwaltungsverfahrens- und des Verwaltungszustellungsrechts für den Freistaat Sachsen (SächsVwVfZG). Das Landesrecht verweist auf die Anwendbarkeit des VwZG des Bundes.

(14) Sachsen-Anhalt: § 1 Verwaltungszustellungsgesetz des Landes Sachsen-Anhalt. (VwZG-LSA). Das Landesrecht erklärt die §§ 2 bis 10 VwZG des Bundes für anwendbar.

(15) Schleswig-Holstein: § 151 Allgemeines Verwaltungsgesetz für das Land Schleswig-Holstein (Landesverwaltungsgesetz – LVwG).

(16) Thüringen: § 7 Thüringer Verwaltungszustellungs- und Vollstreckungsgesetz (ThürVwZVG).

§ 7 Zustellung an Bevollmächtigte

(1) [1]Zustellungen können an den allgemeinen oder für bestimmte Angelegenheiten bestellten Bevollmächtigten gerichtet werden. [2]Sie sind an ihn zu richten, wenn er schriftliche Vollmacht vorgelegt hat. [3]Ist ein Bevollmächtigter für mehrere Beteiligte bestellt, so genügt die Zustellung eines Dokuments an ihn für alle Beteiligten.

(2) Einem Zustellungsbevollmächtigten mehrerer Beteiligter sind so viele Ausfertigungen oder Abschriften zuzustellen, als Beteiligte vorhanden sind.

(3) Auf § 180 Abs. 2 der Abgabenordnung beruhende Regelungen und § 183 der Abgabenordnung bleiben unberührt.

Übersicht

I. Allgemeines

Die Zustellung kann im Fall einer rechtgeschäftlichen Bevollmächtigung neben dem Adressaten (Vollmachtgeber) auch an den Bevollmächtigten ergehen. Wird eine schriftliche Vollmacht vorgelegt, ist Behörde verpflichtet die Zustellung an den Bevollmächtigten vorzunehmen und hat insoweit kein Wahlrecht mehr. 1

Während § 6 die Zustellung an den gesetzlichen Vertreter regelt, bestimmt § 7 die Zustellung an den Bevollmächtigten, dessen Vertretungsmacht (Vollmacht) sich nicht aus gesetzlichen Regelungen ergibt, sondern gewillkürt, d.h. vertraglich vereinbart ist. Der Gesetzgeber hat dieses durch Änderung des Begriffs vom Vertreter zum Bevollmächtigten auch lediglich klarstellen wollen (BT-Drucks. 15/5216, S. 13). Damit nimmt die Regelung die Wortwahl des Verwaltungsverfahrensrechts aus § 14 VwVfG (ebenso § 13 SGB X, § 80 AO) auf. Das Verwaltungsverfahrensrecht trifft keine Regelungen über die Zustellung bei Bevollmächtigten, sondern verweist gerade auf das Zustellungsrecht (§ 14 Abs. 3 S. 4 VwVfG). Die Bevollmächtigung stellt eine verfahrensrechtliche Willenserklärung dar (*BFH* U 12.1.2011 – II R 30/09, juris 22). Es gelten daher die Regelungen der §§ 166 ff. BGB. 2

1. Ermessen bei der Wahl des Empfängers, S. 1. Wie die Bekanntgabe im § 41 Abs. 1 S. 2 VwVfG stellt § 7 Abs. 1 S. 1 es in das Ermessen der Behörde, ob sie im Fall der Bestellung eines Bevollmächtigten, den Verwaltungsakt dem Adressaten oder dem Bevollmächtigten zustellt. Der Wortlaut des § 41 Abs. 1 S. 1 VwVfG lässt bei der Bekanntgabe keinen Zweifel daran, dass die Bekanntgabe an den Betroffenen den Verwaltungsakt in jedem Falle wirksam werden lässt. Die Ergänzung, dass der Verwaltungsakt auch einem Bevollmächtigten bekanntgegeben werden kann, stellt lediglich eine Erweiterung der eröffneten Möglichkeiten der Behörde dar. Mit der Bekanntgabe an den Betroffenen kann die Behörde jeder Diskussion darüber ausweichen, ob ein Bevollmächtigter – wirksam – bestellt worden ist oder nicht. Die Bekanntgabe eines Verwaltungsakts an den Adressaten genügt somit auch dann für seine Wirksamkeit und für das In-Lauf-Setzen der Klagefrist nach § 74 Abs. 1 S. 2 VwGO, wenn für das Verwaltungsverfahren ein Bevollmächtigter bestellt war (m.w.N. *OVG Magdeburg* B 22.5.2018 – 2 M 38/18, juris Rn. 10, NJW 2018, 2913 LS) 3

Sowohl der Wortlaut („können") als auch die Systematik (Abs. 1 S. 2) sprechen dafür, dass die Zustellungen an den Bevollmächtigten im Ermessen der Behörde steht (anders noch die Vorauflage). Ansonsten wäre die zwingende Zustellungsregelung des Abs. 1 S. 2 überflüssig. Die Grundsätze der Ermessenausübung begrenzen das Wahlrecht der Zustellung. Die Ermessenausübung hat entsprechend den gesetzlichen Grenzen – hier insbesondere der Gleichheitsgrundsatz nach Art. 3 GG – und dem Zweck der Regelung zu erfolgen (vgl. § 40 VwVfG, § 39 SGB I, § 5 AO). In der fakultativen Regelung aus Abs. 1 S. 1 hat der Adressat einen Anspruch auf ermessensfehlerfreie Entscheidung (so explizit im Sozialverwaltungsverfahrensrecht gem. § 39 Abs. 1 S. 2 SGB I). Die gerichtliche Überprüfung der Ermessensausübung ist auf die Einhaltung von gesetzlichen Grenzen und der Ausübung entsprechend dem Zweck der Norm begrenzt. Die Frage, ob die – fakultative – Zustellung an den Bevollmächtigten sachgerechter oder besser wäre, unterliegt nicht der gerichtlichen Kontrolle, solange die Entscheidung am Zweck der Norm ausgerichtet ist. Mit dem begrenzten Überprüfungsspielraum geht ein Begründungserfordernis einher. Die Entscheidung für die – fakultative – Zustellung an den Bevollmächtigten muss sich aus einer substantiellen 4 und nachvollziehbaren Begründung ergeben (Kopp/Schenke-*Schenke/Ruthig*, VwGO, § 114 Rn. 48). Dieses setzt jedoch immer einen vollständig ermittelten Sachverhalt voraus, da nur so ermessensfehlerfrei entschieden werden kann. Nur eine sachgerechte, d.h. zweckausgerichtete Begründung des Handelns – hier der Zustellung an den Bevollmächtigten – kann dem Vorwurf des willkürlichen und zweckwidrigen Handelns entgegenstehen (vgl. hierzu die umfassenden Ausführungen zum Ermessen und den Ermessensfehlerlehren im Allgemeinen *BSG* U 29.4.2015 – B 14 AS 19/14 R, Rn. 35 ff., BSGE 119, 17).

5 Ermessensfehler lassen sich nach Ermessensnichtgebrauch, Ermessensüberschreitung und Ermessensfehlgebrauch unterscheiden. Ein Ermessensnichtgebrauch ist gegeben, wenn überhaupt keine Ermessenserwägungen angestellt werden und so gehandelt wird, als ob eine gebundene Entscheidung zu treffen ist (*BSG* U 29.4.2015 – B 14 AS 19/14 R, Rn. 35 ff., BSGE 119, 17). Dieser justiziable Ermessensfehler tritt ein, wenn die Behörde nicht hinreichend deutlich macht, dass eine Wahlmöglichkeit zwischen der Zustellung zum Bevollmächtigten und zum Adressaten besteht. Aus der Begründung muss hervorgehen, dass die Behörde die Wahlmöglichkeit erkannt hat. Höhere Anforderungen sind an die Begründung von Ermessensausübung zu stellen.

6 Hat die Behörde erst einmal von dem ihr nach S. 1 eingeräumten Wahlrecht in der Zustellung Gebrauch gemacht, hat das Gericht entsprechend den jeweiligen Gerichtsordnungen (§ 114 VwGO, § 54 SGG, § 102 FGO) nur das Recht und die Pflicht zu prüfen, ob die Grenzen des Ermessens eingehalten worden sind. Dabei hat es lediglich festzustellen, ob die Behörde zu der von ihr gewählten Entscheidung kommen durfte, nicht aber, ob es die gewählte Entscheidung treffen musste und ob eine andere Entscheidung möglich gewesen wäre (*BFH* U 3.2.2004 – VII R 30/02, juris Rn. 13, NVwZ-RR 2005, 765, 766). Der dann gerichtlich feststellbare Ermessensfehler der Ermessensunterschreitung ist gegeben, wenn zwar Ermessenserwägungen angestellt werden, diese indes unzureichend sind, weil sie z.B. nur aus formelhaften Wendungen bestehen oder relevante Ermessensgesichtspunkte nicht berücksichtigt werden.

7 Ein Ermessensfehlgebrauch oder auch Ermessensmissbrauch kann gerichtlich festgestellt werden, wenn sich die Behörde bei der Auswahl des Empfängers von sachfremden Erwägungen hat leiten lassen (zur Ermessensfehlerlehre ganz ausführlich *BSG* a.a.O.). Eine Grenze der Ermessensausübung ist dort gegeben, wo der verfassungsrechtliche Gesichtspunkt des allgemeinen Gleichbehandlungsgrundsatzes, nämlich des Gebotes gleicher Entscheidungen bei gleichem Sachverhalt, willkürlich verletzt worden ist. Hier entspricht es ständiger Rechtsprechung, dass die Behörde, die Zustellungen bislang ständig an den Bevollmächtigten gerichtet hat, nicht willkürlich wechseln darf. Diese würde bei der Ausübung des Wahlrechts nach § 7 Abs. 1 S. 1 VwZG eine Ermessensreduzierung auf „Null" bedeuten (mit zahlreichen weiteren Nachweisen *BFH* U 3.2.2004 – VII R 30/02, juris Rn. 22, NVwZ-RR 2005, 765, 766; *OVG Magdeburg* B 22.5.2018 – 2 M 38/18, juris Rn. 11). Diese ist jedoch nur schwer begründbar ist.

8 Ein willkürliche Auswahl ist jedenfalls nicht schon dann gegeben, wenn sich die Behörde im Verwaltungsverfahren im Vorfeld des abschließenden Erlass eines Verwaltungsakts zunächst an den Vertreter des Betroffenen wendet und den das Verfahren abschließenden Verwaltungsakt den Betroffenen selbst zustellt (*BFH* U 29.7.1987 – I R 367, 379/83, juris Rn 13 ff.). In einem solchen Fall muss der Betroffene damit rechnen, dass der Verwaltungsakt ihm direkt zugestellt wird, wenn er die Vollmacht im Sinne des Satzes 2 nicht vorlegt (*BFH* U 3.2.2004 – VII R 30/02, juris Rn. 23 = NVwZ-RR 2005, 765, 766).

2. Pflichtige Zustellung an den Bevollmächtigten, S. 2. Nach S. 2 ist die Zustellung an den Bevollmächtigten zu richten, wenn der Adressat eine schriftliche Vollmacht vorgelegt hat. Stellt die Behörde jedoch stattdessen unter Missachtung von § 7 Abs. 1 S. 2 VwZG an den Adressaten direkt zu, ist sowohl die Zustellung als auch die darin begründete Bekanntgabe unwirksam (*BFH* U 11.4.2017 – IX R 50/15, juris Rn. 34). Die Zustellung kann jedoch durch Weiterleitung des Adressaten an den Bevollmächtigten gem. § 8 geheilt werden (*BFH* a.a.O., s. § 8, Rn. 10). 9

Die Bevollmächtigung muss tatsächlich in urkundlicher Form – „wenn er schriftliche Vollmacht vorgelegt hat“ – nachgewiesen sein (Beck-OK VwVfG-*Ronellenfitsch*, § 7 Rn. 23) Darüber hinaus ist die Vollmacht formfrei. Eine Vollmacht stellt ein verfahrensrechtliche Willenserklärungen dar, dessen Inhalt durch Auslegung unter Beachtung des „Empfängerhorizonts“ zu ermitteln ist (*BFH* U 12.1.2011 – II R 30/09, juris Rn. 22; *BFH* U 19.10.1994 – II R 131/91, juris Rn. 14) 10

Eine Vollmacht kann auch auf eine Sozietät – zum Beispiel Rechtsanwalts- oder Steuerberatersozietät – ausgestellt sein. In diesem Fall gelten alle zur Sozietät zugehörigen Rechtsanwälte und Steuerberater als bevollmächtigt. Bei einer solchen Vollmacht ist davon auszugehen, dass der Adressat des zuzustellenden Bescheides den zivilrechtlichen Vertrag mit der gesamten Sozietät und nicht einzelnen Personen abgeschlossen hat (*BGH* U 6.7.1971 – VI ZR 94/69, juris Rn. 7, NJW 1971, 1801, 1801 mit Hinweis, dass es sich bei der Anwaltssozietät nicht um eine eigene jur. Person handelt, so dass dieses auch gilt, wenn nur eine Bürogemeinschaft besteht; vgl. auch *BFH* B 25.9.2008 – VII R 23/07 –juris Rn. 13; DStR 2009, 296 LS). Die Zustellung kann und sollte an die gesamte Sozietät unter diesen Namen erfolgen. Es entspricht dann der Zustellung an eine Gesellschaft bürgerlichen Rechts (*BFH* B 10.8.1993 – VII B 245/92, juris Rn. 11) 11

Geht aus der vorlegten Vollmacht nicht hervor, dass diese Vollmacht die Erteilung einer Untervollmacht ausschließt, dann kann auch an einen Unterbevollmächtigten zugestellt werden. Aufgrund der Formfreiheit einer Untervollmacht gelten auch hier die Grundsätze der konkludenten Vollmacht (s.u.). Die zwingende Zustellung an den Bevollmächtigten gilt nur im Verhältnis zum Adressaten. Aufgrund einer Untervollmacht im Sinne des S. 1 muss sich der Bevollmächtigte die Zustellung zurechnen lassen, wenn an einen – ggf. konkludent ermächtigten – Unterbevollmächtigten zugestellt wurde (*BFH* B 23.3.2010 – IV B 28/09, juris Rn. 18). 12

II. Bevollmächtigung

1. Erteilung der Vollmacht. Die Erteilung und Beendigung der Vollmacht richtet sich, ebenso wie im Verwaltungsverfahrensrecht, nach dem BGB. Die ausdrückliche Vollmacht ergibt nach den zivilrechtlichen Vorgaben der §§ 167 ff. BGB. Sie erfolgt nach § 167 Abs. 1 BGB durch Erklärung gegenüber dem zu Bevollmächtigenden oder dem Dritten, dem gegenüber die Vertretung stattfinden soll, d.h. der Behörde. Unbeachtlich ist, ob die Vollmacht schriftlich oder mündlich erfolgt ist. Sie ist auch losgelöst von den Vorgaben zur Form über das zu bevollmächtigende Rechtsgeschäft (vgl. § 167 Abs. 2 BGB). Der Inhalt der Bevollmächtigung ist durch Auslegung zu ermitteln (s.o.). 13

14 Bei der Erteilung einer Vollmacht gegenüber Rechtsanwälten sind Besonderheiten zu beachten. Während im gerichtlichen Verfahren bereits eine Vertretungsanzeige des Rechtsanwalts die wirksame Zustellung bei diesem bewirken kann, ist im Verwaltungsverfahren eine Bevollmächtigung zur wirksamen Zustellung erforderlich, sofern diese nicht tatsächlich besteht (*BVerwG* U 20.1.2017 – 8 B 23/16, juris Rn. 13; NVwZ-RR 2017, 430, 430 f.; BeckOK OWiG-*Preisner*, §7 VwZG Rn. 2). Darüber hinaus darf von einem Rechtsanwalt als Organ der Rechtspflege nur ausnahmsweise und aus besonderem Anlass der Nachweis einer Vollmacht gefordert werden (BeckOK-VwVfG-*Ronellenfitsch*, §7 VwZG Rn. 25).

15 Die Vollmacht muss nicht ausdrücklich erfolgen, sondern kann auch konkludent erteilt werden. Ungeachtet einer damit hinzunehmenden unklaren Verfahrenslage kann eine Bevollmächtigung auch nach den Regeln der Anscheins- und Duldungsvollmacht konkludent erteilt werden (*BVerfG* B 15.2.1985 – 1 BvR 338/84; *BVerwG* B 20.1.2017 – 8 B 23/16, juris Rn. 10; NVwZ-RR 2017, 430, 431). Eine Duldungsvollmacht ist gegeben, wenn der Vertretene es wissentlich geschehen lässt, dass ein anderer für ihn wie ein Vertreter auftritt und die Behörde dieses Dulden nach Treu und Glauben dahin verstehen darf, dass der als Vertreter Handelnde bevollmächtigt ist (vgl. *BFH* U 25.9.1990 – IX R 84/88, juris Rn. 28, BFHE 162, 4, BStBl II 1991, 120). An die Häufigkeit sind keine zu hohen Anforderungen zu stellen, da das Wissen des Vertretenen schon Voraussetzung der Rechtscheinsvollmacht ist.

16 Bei der Anscheinsvollmacht ist es ausreichend, dass der Vertretene das Handeln des nicht ausdrücklich erklärten, angeblichen Vertreters zwar nicht kennt, es aber bei pflichtgemäßer Sorgfalt hätte kennen und verhindern können, und dass darüber hinaus die Behörde als Erklärungsempfänger nach Treu und Glauben annehmen durfte, der Vertretene werden das Handeln dulden und billigen (vgl. *BVerwG* U 25.2.1994 – 8 C 2/92, juris Rn. 10, NJW-RR 1995, 73, 75). Hierfür ist zumindest zu verlangen, dass eine gewisse Dauerhaftigkeit und Häufigkeit gegeben ist.

17 Die Erteilung einer Vollmacht erfolgt nach den Regeln des BGB (§§ 167 ff. BGB) und ist an keine Form gebunden. Die Vollmacht kann als Innenvollmacht gegenüber den Bevollmächtigten (§ 167 Abs. 1, 1. Alt. BGB) oder auch gegenüber einem Dritten, z.B. der Behörde, als Außenvollmacht (§ 167 Abs. 1, 2. Alt. BGB) erteilt werden. Der Umfang wird wie beim Prokuristen (§ 48 HGB) oder Handlungsbevollmächtigten (§ 54 HGB) zum Teil gesetzlich geregelt. Eine Generalvollmacht ermächtigt im vollen Umfang zum vertretenden Handeln. Besondere Beachtung verlangt die enge Spezialvollmacht auf nur eine Handlung oder die etwas weiter gefasste Gattungsvollmacht. Der Umfang einer Vollmacht als Willenserklärung bestimmt sich – vorbehaltlich der für Prozessvollmachten geltenden Sonderregelungen in § 173 S. 1 VwGO i.V.m. §§ 80 ff. ZPO – entsprechend der auch im öffentlichen Recht anzuwendenden Auslegungsregel des § 133 BGB danach, wie sie die Behörde als Vollmachtsempfänger bei objektiver Würdigung verstehen durfte (*BVerwG* B 05.9.2013 – 10 B 16/13 – Rn. 3 juris). Wird für ein bestimmtes Verwaltungsverfahren eine Vollmacht erteilte, so schließt dieses nicht automatisch die Vollmacht für ein davon selbstständiges Verwaltungsverfahren ein (*BPatG München* B 24.8.2017 – 26 W (pat) 20/15, juris Rn. 27; GRUR-Prax 2017, 461, 461). Bei den Prozessvollmachten sind jedoch die Regelungen des §§ 80 ZPO zu beachten, wonach beispielsweise die Prozessvollmacht für alle Handlungen des jeweiligen Streitfalls bis zur Vollstreckung reicht (vgl. § 81 ZPO).

Besonderheiten, nicht nur zum Umfang der Vollmacht, ergeben sich beim prozessbevollmächtigten Rechtsanwalt. Häufig enthalten verwendete Vordrucke eine Generalvollmacht.

18 Die Bevollmächtigung ist formfrei (vgl. § 167 Abs. 2 BGB). Die Vollmacht kann schriftlich aber auch mündlich erfolgen. Weniger eindeutig ist die konkludent erteilte Vollmacht, wo statt einer ausdrücklichen Bevollmächtigung erst das schlüssige Verhalten die Vollmacht begründet. Hier ist die Bestimmung der Bevollmächtigung dann Auslegungsfrage (vgl. Jauernig-*Mansel*, BGB, 17. Aufl. 2018, § 167 BGB Rn. 7). Im Falle der sog. Duldungsvollmacht entsteht die Bevollmächtigung durch den Rechtsschein einer Vertretungsmacht. Eine Duldungsvollmacht liegt vor, wenn der Vertretene es willentlich geschehen lässt, also duldet, dass ein anderer für ihn wie ein bevollmächtigter Vertreter auftritt, und der Dritte, z.B. die Behörde dieses Dulden nach Treu und Glauben dahin versteht und auch verstehen darf, dass der als Vertreter Handelnde zu den vorgenommenen Erklärungen bevollmächtigt ist (st. Rspr. *BGH* U 11.5.2011 – VIII ZR 289/09, juris Rn. 8; NJW 2011, 2421, 2422). Es setzt voraus, dass dieses Verhalten bereits von gewisser Dauer ist und wiederholt auftritt (MüKo-BGB-*Schramm*, § 167 BGB Rn. 46 ff.). Hiervon abzugrenzen ist die Anscheinsvollmacht. Diese ist gegeben, wenn der Vertretene das Handeln des nur scheinbaren Vertreters nicht kennt, er es aber bei pflichtgemäßer Sorgfalt hätte erkennen und verhindern können und wenn der Geschäftspartner annehmen durfte, der Vertretene kenne und billige das Handeln des Vertreters. Allerdings greifen die Rechtsgrundsätze der Anscheinsvollmacht in der Regel nur dann, wenn das Verhalten des einen Teils, aus dem der Geschäftsgegner auf die Bevollmächtigung des Dritten glaubt schließen zu können, von einer gewissen Dauer und Häufigkeit ist (st. Rspr. BGH a.a.O). Im öffentlichen Recht werden die Grundsätze der Anscheinsvollmacht anerkannt (vgl. m.w.N. Engelhardt/App/Schlatmann-*Schlatmann* VwZG, § 7 Rn. 2; BeckOK-VwVfG-*Ronellenfitsch*, § 7 VwZG Rn. 10; so auch *VGH Kassel* B 9.2.1987 – 4 TH 1615/84).

19 Der Umfang der Bevollmächtigung ergibt sich aus der Auslegung der Vollmacht nach den Regeln der §§ 133, 157 BGB. Hier ist entscheidend auf den objektiven Empfängerhorizont, also danach auszulegen, was die Behörde als Vollmachtempfängers bei objektiver Würdigung der Umstände verstehen durfte. Dieses gilt auch dann, wenn die Vollmacht vorformuliert wurde. Eine analoge Anwendung der Regelungen zur Kontrolle von Allgemeinen Geschäftsbedingungen (AGB) nach § 305c, BGB, wonach eine Vollmacht nach Verständnis und aus Sicht des Erklärenden auszulegen ist, scheidet aus, da weder für eine Analogie Raum bleibt, noch ein solches Verständnis dem § 305c BGB zu entnehmen ist (*BVerwG*, B 26.3.2019 – 8 B 4/19, juris Rn. 4).

20 **2. Ende der Bevollmächtigung.** Eine Vollmacht endet nicht durch den Tod oder einer Veränderung der Handlungsfähigkeit des Vertretenden bzw. Vollmachtgebers (vgl. § 14 Abs. 2 VwVfG, § 86 ZPO). Etwas anderes gilt aber, wenn der Bevollmächtigte verstirbt bzw. die Handlungsfähigkeit verliert. Das Ende der Vollmacht kann sich aus dem Inhalt der Bevollmächtigung ergeben. Wird sie nur für ein bestimmtes Verfahren erteilt, so endet sie mit diesem. Darüber hinaus ist eine Beendigung durch Erklärung ebenso möglich. Das Erlöschen der Vollmacht ist auf verschiedene Weise möglich. Im Grundsatz ist die Vollmacht vom Rechtsverhältnis, z.B. dem Auftrag oder Geschäftsbesorgung, zwischen dem Bevollmächtigten und dem Vollmachtgeber abhängig (§ 168 S. 2 BGB). Vorrangig ist die Vollmacht jedoch erloschen, wenn der Zweck erreicht ist,

der der Vereinbarung zu Grunde lag oder diese selber befristet war (Jauernig-*Mansel*, BGB 17. Aufl. 2018, § 168 Rn. 1). Im Übrigen kann die Bevollmächtigung ebenso widerrufen werden, wie sie erklärt wurde (§ 168 S. 3 BGB). Im Falle einer Außenvollmacht (s.o.) bleibt dessen Wirkung – aufgrund des Rechtsscheins – jedenfalls solange bestehen, wie die Behörde nicht Kenntnis von dem Entfallen der Bevollmächtigung erhält (vgl. *VG München* U 9.8 2018 – M 10 K 16.3952, juris Rn. 26; vgl. auch mit Hinweis auf die entgegenstehenden Rechtsgeschäftstheorie BeckOK BGB-*Schäfer*, § 170 BGB Rn. 1 f., Stand: Nov. 2018).

21 Besonderheiten ergeben sich im Ordnungswidrigkeitenrecht. § 51 OWiG erklärt für die Zustellung im Ordnungswidrigkeitenverfahren das VwZG zwar für anwendbar. § 51 Abs. 3 S. 1 OWiG trifft jedoch Sonderregelungen zur Vollmacht. Nach § 51 Abs. 3 S. 1 OWiG muss die – sich in den Akten befindliche – Vollmacht den Rechtsbeistand ausdrücklich zur Entgegennahme von Ladungen ermächtigen. Dieses schließt aber nicht die Möglichkeit der Rechtsscheinvollmachten (s.o.) aus. Neben einer solchen fehlenden ausdrücklichen Vollmacht kann sich die Zustellungsbevollmächtigung aber auch aus einer allgemeinen rechtsgeschäftlichen, gewillkürten Vollmacht ergeben (*KG Berlin* B 08.11.2018 – 3 Ws (B) 249/18, juris Rn. 22). Die Zustellung an den Bevollmächtigten steht dann im Ermessen der Behörde.

22 Die Bevollmächtigung kann auch gegenüber einer juristischen Person bestehen. Diese muss dann jedoch durch eine natürliche Person vertreten werden. Die Bevollmächtigung einer Sozietät in Form einer GbR endet auch nicht mit deren Auflösung. Hier bestimmt sich nach § 730 BGB das weitere Verhältnis der Vertretung im Bereich der Liquidation nach außen. Durch die Auflösung einer GbR tritt im Verhältnis zu den Geschäftspartnern der GbR zunächst keine Änderung ein, da auch die Identität der Gesellschaft in der Liquidationsphase bestehen bleibt. Eine solche Abwicklungsgesellschaft führt die bereits bestehenden Mandate fort, bis mit Zustimmung des jeweiligen Mandanten eine anderweitige Regelung getroffen oder das Mandatsverhältnis beendet wird (*BFH* U 12.1.2011 – II R 30/09, juris Rn. 18). Eine ähnliche Regelung tritt bei der Rechtsform der Partnergesellschaft im Sinne des PartGG ein.

III. Zustellung für mehrere Beteiligte

23 Wird ein Bevollmächtigter von mehreren Adressaten bevollmächtigt, so ist es ausreichend, wenn ihm ein Dokument für alle Beteiligten zugeht. Diese Regelung dient der Verwaltungsvereinfachung und gilt auch für den Fall, dass aus dem Kreis mehrerer beteiligter Adressaten ein Bevollmächtigter für alle bestimmt wird. Eine solche Konstellation macht es jedoch erforderlich, dass aus dem Schriftstück hervorgeht, dass es dem Empfänger in seiner Funktion als Bevollmächtigter im Sinne der Norm zugeht (Engelhardt/App/Schlatmann-*Schlatmann*, VwZG § 7 Rn. 9). Kann die Behörde nach Abs. 1 S. 1 sowohl an den Adressaten als auch an den Bevollmächtigten zustellen, so muss sie deutlich zum Ausdruck bringen, dass sie eine Zustellung an den Bevollmächtigten vornehmen will. So kann sie gewährleisten, dass der Empfänger des Schreibens erkennt, dass die Zustellung in seiner Eigenschaft als Bevollmächtigter und damit auch für die anderen beteiligten erfolgt (*VGH Mannheim* U 28.4.1989 – 8 S 3669/88, juris Rn. 28; NVwZ 989, 593, 594). Liegt eine Vollmacht vor und es ist zwingend dem Bevollmächtigten zuzustellen, empfiehlt sich zur Klarstellung dennoch ein solcher Hinweis.

Während Abs. 1 S. 3 etwas unklar von der Zustellung „eines Dokuments" an den Bevollmächtigten für mehrere Beteiligte spricht, stellt Abs. 2 klar, dass dem zuzustellenden Dokument, der Anzahl der Beteiligten entsprechende Ausfertigungen und Abschriften vorhanden sind. Hier ist fraglich, ob ein Verstoß gegen eine solche Regelung zur Unwirksamkeit der Zustellung führt (so aufgrund des Wortlauts Engelhardt/App/Schlatmann- *Schlatmann*, §7 VwZG Rn. 9; a.A. BeckOK-VwVfG-*Ronellenfitsch*, VwVfG, §7 VwZG Rn. 29; nicht ganz eindeutig gegen eine Unwirksamkeit der Zustellung *VGH Mannheim*, U 28.4.1989 – 8 S 3669/88, juris Rn. 28). Das Argument des Wortlauts (vgl. *Schlatmann* und die Vorauflage) vermag allerdings nicht ganz zu überzeugen. 24

Der Sinn des formellen Zustellungsverfahrens ist es, rechtssicher den Nachweis über den Zeitpunkt der Bekanntgabe führen zu können und auch den tatsächlichen Zugang des Dokuments an den Adressaten zu gewährleisten. Dieses ist entscheidend, um Rechtsmittel einlegen zu können. Die Zustellung dient damit zugleich der Verwirklichung des Grundrechts des Adressaten auf rechtliches Gehör (vgl. *BVerfG* U 11.7.1984 – 1 BvR 1269/83, NJW 1984, 2567, BVerfGE 67, 208; *BVerwG* U 18.4.1997 – 8 C 43–95, BVerwGE 104, NVwZ 1999, 178; BeckOK OWiG-*Preisner*, §1 VwZG Rn. 1, Stand: 22. Ed. 15.3.2019). 25

Dem Sinn der Norm über die Zustellung an den Bevollmächtigten entsprechend, besteht keine Gefahr des Verlustes des Rechtsschutzes und richterlichen Gehörs aufgrund fehlender Kenntnis des Verwaltungsaktes, wenn statt mehrere Ausfertigungen nur ein Dokument an den Bevollmächtigten geht. Entscheidend ist, dass der Bevollmächtigte als solches das Dokument für alle empfängt. Die Vorschrift ist vielmehr im Sinne einer im Wortlaut – „sind" – zwingenden Verfahrensvorschrift zu verstehen, die dem Bevollmächtigten ggf. Ansprüche gegenüber der Behörde ermöglicht, aber keinen Einfluss auf die Wirksamkeit der Zustellung hat. 26

Anhang:
Landesrecht

(1) Baden-Württemberg: § 7 Verwaltungszustellungsgesetz für Baden-Württemberg (LVwZG).

§ 8 regelt speziell für Ehegatten und Lebenspartner, dass für die Zustellung eines gemeinsamen zusammengefassten Bescheids an alle Beteiligten ausreichend ist, wenn ihnen eine Ausfertigung unter ihrer gemeinsamen Anschrift zugestellt wird. Darüber hinaus wird es auf die Kinder erstreckt.

(2) Bayern: Art. 8 Bayerisches Verwaltungszustellungs- und Vollstreckungsgesetz (BayVwZVG).

Art. 8a regelt speziell für Ehegatten und Lebenspartner, dass für die Zustellung eines gemeinsamen zusammengefassten Bescheids an alle Beteiligten ausreichend ist, wenn ihnen eine Ausfertigung unter ihrer gemeinsamen Anschrift zugestellt wird. Darüber hinaus wird es auf die Kinder erstreckt.

(3) Berlin: § 7 Gesetz über das Verfahren der Berliner Verwaltung – Geltung des VwZG.

Das Landesrecht verweist auf die Anwendbarkeit des VwZG des Bundes.

(4) Brandenburg: § 1 Verwaltungszustellungsgesetz für das Land Brandenburg (BbgVwZG). Das Landesrecht erklärt die §§2 bis 10 VwZG des Bundes für anwendbar.

(5) Bremen: § 1 Bremisches Verwaltungszustellungsgesetz (BremVwZG).

Das Landesrecht verweist auf die Anwendbarkeit des VwZG des Bundes.

(6) Hamburg: § 1 Hamburgisches Verwaltungszustellungsgesetz (HmbVwZG).

Das Landesrecht verweist auf die Anwendbarkeit des VwZG des Bundes.

(7) Hessen: § 1 Hessisches Verwaltungszustellungsgesetz (HessVwZG).

Das Landesrecht erklärt die §§2 bis 10 VwZG des Bundes für anwendbar.

(8) Mecklenburg-Vorpommern: §§101 Verwaltungsverfahrens-, Zustellungs- und Vollstreckungsgesetz des Landes Mecklenburg-Vorpommern(Landesverwaltungsverfahrensgesetz – VwVfG M-V).

§ 101a regelt speziell für Ehegatten und Lebenspartner, dass für die Zustellung eines gemeinsamen zusammengefassten Bescheids an alle Beteiligten ausreichend ist, wenn ihnen eine Ausfertigung unter ihrer gemeinsamen Anschrift zugestellt wird. Darüber hinaus wird es auf die Kinder erstreckt.

(9) Niedersachsen: § 1 Niedersächsisches Verwaltungszustellungsgesetz (NVwZG). Das Landesrecht erklärt die §§2 bis 10 VwZG des Bundes für anwendbar.

(10) Nordrhein-Westfalen: § 6 Verwaltungszustellungsgesetz für das Land Nordrhein-Westfalen (Landeszustellungsgesetz – LZG NRW).

(11) Rheinland-Pfalz: § 1 Landesverwaltungszustellungsgesetz (LVwZG). Das Landesrecht erklärt, mit Ausnahmen, die §§2 bis 10 VwZG des Bundes für anwendbar.

(12) Saarland: § 1 Saarländisches Verwaltungszustellungsgesetz (SVwZG). Das Landesrecht verweist auf die Anwendbarkeit des VwZG des Bundes.

(13) Sachsen: § 4 Gesetz zur Regelung des Verwaltungsverfahrens- und des Verwaltungszustellungsrechts für den Freistaat Sachsen (SächsVwVfZG). Das Landesrecht verweist auf die Anwendbarkeit des VwZG des Bundes.

(14) Sachsen-Anhalt: § 1 Verwaltungszustellungsgesetz des Landes Sachsen-Anhalt (VwZG-LSA). Das Landesrecht erklärt die §§ 2 bis 10 VwZG des Bundes für anwendbar.

(15) Schleswig-Holstein: § 152 Allgemeines Verwaltungsgesetz für das Land Schleswig-Holstein (Landesverwaltungsgesetz – LVwG).

(16) Thüringen: § 8 Thüringer Verwaltungszustellungs- und Vollstreckungsgesetz (ThürVwZVG).

§ 8a regelt speziell für Ehegatten und Lebenspartner, dass für die Zustellung eines gemeinsamen zusammengefassten Bescheids an alle Beteiligten ausreichend ist, wenn ihnen eine Ausfertigung unter ihrer gemeinsamen Anschrift zugestellt wird. Darüber hinaus wird es auf die Kinder erstreckt.

§ 8 Heilung von Zustellungsmängeln

Lässt sich die formgerechte Zustellung eines Dokuments nicht nachweisen oder ist es unter Verletzung zwingender Zustellungsvorschriften zugegangen, gilt es als in dem Zeitpunkt zugestellt, in dem es dem Empfangsberechtigten tatsächlich zugegangen ist, im Fall des §5 Abs.5 in dem Zeitpunkt, in dem der Empfänger das Empfangsbekenntnis zurückgesendet hat.

Übersicht

I. Allgemeines

1 Fehler im förmlichen Zustellungsverfahren können nach §8 geheilt werden, indem das Dokument tatsächlich zugestellt wird. Die Heilung einer fehlerhaften Zustellung ist möglich, da die Formbindung einer Zustellung keinen Selbstzweck darstellt. Wenn der gesetzliche Zweck, dass die behördliche Erklärung dem Adressaten bekanntgegeben und dieses rechtssicher nachgewiesen werden kann, eingehalten ist, genügt die gesetzliche Fiktion der Zustellung durch §8 (BeckOK OWiG-*Preisner*, §8 VwZG Rn. 1).

2 Die aktuelle Heilungsvorschrift des VwZG gibt die Regelungen des §9 a.F. wieder und ist dem §189 ZPO nachgebildet (vgl. Gesetzesbegründung BT-Drucks. 15/5216, 14). Die Auslegung der Regelungen aus §189 ZPO gilt damit sinngemäß auch für §8 (sehr anschaulich zur gemeinsamen Auslesung beider Normen *BFH* U 6.5.2014 – GrS 2/13, NJW 2014, 2524, 2527 ff.; BFHE 244, 536). Die Heilungsvorschrift hat das Ziel, dass Verstöße gegen die Regelungen des VwZG unbeachtlich sind, wenn der Zweck der formellen Zustellung und die Wahrung der damit zusammenhängenden schutzwürdigen Belange des Adressaten auf andere Weise gewährleistet sind (BeckOK OWiG-*Preisner*, §8 VwZG Rn. 1). Der zur Fiktion erforderliche tatsächliche Empfang des Dokuments lässt sich mit verschiedenen Möglichkeiten nachweisen. Es genügt bereits eine schlüssige Handlung des Zustellungsempfängers oder auch des Bevollmächtigten im Sinne des §7. Dieses kann schon die Erhebung eines Ein- oder Widerspruchs gegen den zugestellten Bescheid geschehen (vgl. zu den Regelungen der ZPO *BFH* B 21.2.2007 – VII B 84/06, juris Rn. 6; NJW-RR 2007, 1001; 1002; *BVerwG* B 17.5.2006 – 2 B 10/06, juris Rn. 5, NJW 2007, 3223, 3223; *VGH München* U 4.6.2013 – 12 B 13.183, juris Rn. 17, NVwZ-RR 2013, 789, 790; Engelhardt/App/Schlatmann-*Schlatmann*, §8 VwZG Rn. 2)

3 Die Heilungsvorschrift erhielt die jetzt in §8 wiedergegebenen Regelungen mit dem Gesetz zur Reform des Verfahrens bei Zustellung im gerichtlichen Verfahren (ZustRG – BGBl I 2001, S. 1206). Im Zuge der Novellierung wurde der Anwendungsbereich der Heilung erweitert, indem die bisherige Einschränkung der Heilung aus Abs. 2 gestrichen wurde (vgl. Gesetzbegründung zu §9 a.F. BT-Drucks. 14/4554, S. 24 f., 27). Nach der Streichung des Absatzes 2 ist eine Heilung nun auch möglich, wenn mit der Zustellung eine Frist für die Erhebung der Klage, eine Berufungs-, Revi-

sions- oder Rechtsmittelbegründungsfrist beginnt. Mit der Novellierung des Zustellungsrechts hat die Heilungsvorschrift in der jetzigen Form eine deutliche Verschärfung erfahren, die bei der Auslegung der Voraussetzungen der Norm zu beachten ist (vgl. unten zum tatsächlichen Zugang; *BFH* U 6.5.2014 – GrS 2/13, juris Rn. 69, NJW 2014, 2524, 2527 ff., BFHE 244, 536).

4 Die Heilung nach § 8 bezieht sich nur auf Fehler mit Bezug zum Vorgang der Zustellung. Die Vorschrift ist nur auf solche Mängel anwendbar, die in der Förmlichkeit der Zustellung liegen. Die Heilung inhaltlicher Fehler kann lediglich über andere Vorschriften des Verwaltungsverfahrensrechts erfolgen. Dieses entspricht auch dem Sinn der Vorschrift, den Adressaten vor einem Fristablauf zu seinem Nachteil zu bewahren, dessen Beginn – mit der Zustellung – er nicht bemerken konnte (vgl. BeckOK-VwVfG *Ronellenfitsch*, § 8 VwZG Rn. 7, Engelhardt/App/Schlatmann-*Schlatmann*, VwZG, § 8 Rn. 1). Für die Heilung eines Zustellungsverstoßes ist es irrelevant, ob der Fehler der Behörde bekannt oder durch die Behörde verschuldet war (*Schlatmann* a.a.O.).

5 Eine Heilung nach § 8 ist nicht möglich, wenn statt einer fehlerhaften Zustellung überhaupt keine Zustellung erfolgt ist. Dieses kann der Fall sein, wenn sich die Behörde zur Zustellung per Einschreiben gem. § 4 entscheidet, aber statt mittels der vorgegebenen Form des Einschreibens mit Rückschein oder eines Übergabeeinschreibens lediglich durch die nicht in der Norm enthaltenen Form des Einwurfeinschreibens zustellt (m.w.N. *VG Göttingen* B 24.9.2018 – 1 B 251/18, juris Rn. 4).

II. Voraussetzungen der Heilung

6 Die Heilungsvorschrift statuiert lediglich die Vermutung – „gilt als zugestellt" – der Zustellung. Voraussetzung ist, dass das Dokument der empfangsberechtigten Person tatsächlich zugegangen ist. Hier ergeben sich unter anderem Besonderheiten, wenn die Zustellung an mehrere Personen erfolgt. Hier ist entscheidend auch der Zustellungswille zu beachten. Ein fehlender Zustellungswille kann insgesamt einer Heilung entgegenstehen.

7 **1. Dokument.** Der Begriff „Dokument" des § 8 umfasst Schriftstücke und elektronische Dokumente im Sinne des § 2 Abs. 1 (BT-Drucks. 15/5216, 14). Die tatsächliche Zustellung dieses Dokuments bestimmt den Zeitpunkt der Heilung. Dabei ist es ausreichend, wenn auch nur eine Fotokopie des Dokuments zugeht. Entsprechend des Zwecks der Heilungsvorschrift gibt eine Kopie dem Empfänger ebenso verlässlich die Möglichkeit, Kenntnis vom Inhalt des Bescheides zu nehmen (BeckOK-VwVfG-*Ronellenfitsch*, § 8 VwZG Rn. 12; a.A. Engelhardt/App/Schlatmann-*Schlatmann*, VwZG, § 8 Rn. 5). Die Zustellung des Dokuments in Kopie heilt den Zustellungsfehler, wenn diese das fehlerhaft bekannt gegebenen Dokument nach Inhalt und Fassung vollständig wiedergibt (*BFH* B 14.3.2000 – V B 187/99, juris Rn. 20, BFH/NV 2000, 1252).

8 **2. Empfangsberichtigte Person.** Die Empfangsberechtigung ist entsprechend dem Wortlaut des § 189 ZPO die „Person, an die die Zustellung dem Gesetz gemäß gerichtet war oder gerichtet werden konnte" (BT-Drucks. 15/5216, S. 14). Es ist daher unbeachtlich, ob die Zustellung an den Adressaten oder einen Bevollmächtigten gem. § 7 oder Vertreter nach § 6 erfolgt. Eine Heilung ist auch dann möglich, wenn die Kopie eines Bescheides an einen bevollmächtigten Rechtsanwalt tatsächlich zugegangen ist

(s.o.). Es ist sogar unschädlich, dass der tatsächliche Zugang des Dokuments vor der Empfangsberechtigung eines Bevollmächtigten erfolgt. Sinn und Zweck der Heilungsvorschrift erfordern es, sie auch dann anzuwenden, wenn ein Rechtsanwalt erst durch spätere Bevollmächtigung zum Verfahrensbeteiligten wird und er bereits vorher in den Besitz eines zuzustellenden Schriftstücks gelangt ist, solange er es zum Zeitpunkt der Bevollmächtigung noch in Besitz hat. (*BVerwG* U 18.4.1997 – 8 C 43/95, juris Rn. 28, BVerwGE 104, 301, NVwZ 1999, 178, 180f.).

Die Heilung setzt nach einhelliger Auffassung in Rechtsprechung und Literatur voraus, dass bei der Behörde ein Zustellungswille besteht. (vgl zu §189 ZPO m.w.N. *BGH* U 29.3.2017 – VIII ZR 11/16, juris Rn. 35, NJW 2017, 2472, 2475; BGHZ 214, 294). Offen war bisher, inwieweit eine Heilung möglich war, wenn der Fehler der Zustellung dem Adressaten anhaftete und die Zustellung dann einem Dritten zuging. Der entscheidende Senat des oben genannten Urteils hat sich nunmehr dahingehend festgelegt, dass sich der Zustellungswille auch auf die Person erstrecken muss, der gegenüber der Heilung eintreten soll. Das Gericht wies jedoch auch darauf hin, dass die Heilungsvorschriften den Sinn haben, die Zustellung nicht zum Selbstzweck erstarren zu lassen. Die Heilung tritt ein, wenn der Zweck der Zustellung erreicht ist (*BGH*, Rn. 37 f.). Ist das zuzustellende Schriftstück zum richtigen Empfänger gelangt, dann hat die Zustellung ex nunc ihren Zweck erfüllt (*BGH* a.a.O.; *BGH* U 12.3.2015 – III ZR 207/14, juris Rn. 17; NJW 2015, 1760, 1761). 9

Wird ein Bescheid zunächst – unwirksam – an eine Person zugestellt, die versehentlich als richtiger Adressat gesehen wird, scheitert eine Heilung nicht, wenn eine Weiterleitung an den richtigen Empfänger nicht vom Zustellungswillen der Behörde getragen ist. Im Falle der Heilung durch Weiterleitung an den richtigen Empfänger, ist der Bescheid bereits durch den vorangegangenen fehlerhaften Zustellungsversuch mit Wissen und Wollen der Behörde in der Absicht, Rechtsfolgen auszulösen, aus dem internen Bereich der Behörde herausgegeben worden. Darüber hinaus ist nicht erforderlich, dass auch der nachträgliche Erhalt durch den richtigen Empfangsberechtigten vom Willen der Behörde erfasst wird (*BVerwG* U 18.4.1997 – 8 C 43/95, juris Rn. 29; NVwZ 1999, 178, 181; BVerwGE 104, 301; *BFH* U 28.8.1990 – VII R 59/89, juris Rn. 36; NVwZ-RR 1991, 660, 661). 10

Etwas anderes ergibt sich nur, wenn die Behörde den Zustellungswillen hinreichend eindeutig aufhebt. Entsprechend den Regelungen des §43 VwVfG, §39 SGB X, §124 AO bedeutet eine Änderung (Aufhebung eines Verwaltungsaktes) des Erstbescheides auch nicht die Rücknahme des Zustellungswillens (*BFH* U 11.4.2017 – IX R 50/15, juris Rn. 37). Hiervon zu unterscheiden sind Fälle, in denen der Bescheid an völlig unbekannte Personen, z.B. durch falsche Adressierung oder Schreibfehler, gerichtet ist. Hier fehlt bereits eine Zustellung, so dass eine Heilung ausscheidet. 11

An einer Zustellung fehlt es ebenso, wenn an mehrere Adressaten zugestellt werden muss, diese aber nur an einzelne erfolgt ist. Dieser Zustellungswille muss sich bei mehreren Adressaten auf sämtliche beziehen (*BGH* U 29.3.2017 – VIII ZR 11/16, juris Rn. 36, NJW 2017, 2472, 2474, BGHZ 214, 294). Ein Zustellungsfehler ist mangels Zustellungswille dann nicht nach §8 VwZG heilbar, wenn die Behörde eine Entscheidung in einer Sache, an der mehrere Beteiligte vertreten sind und die nicht einen gemeinsamen Bevollmächtigten bestellt haben, nur einem Betroffenen zukommen lässt (*VGH Kassel* U 25.3.2009 – 6 A 2130/08, Rn. 34 juris). Solche Konstellationen 12 sind insbesondere gegeben, wenn Eheleute, Erbengemeinschaften oder Miteigentümer gemeinsam Adressaten einer Entscheidung sein sollen.

13 **3. Tatsächlicher Zugang.** Die Heilung erfordert den tatsächlichen Zugang. Dieses ist derjenige Zeitpunkt, zu dem der Adressat – oder ein Bevollmächtigter – den Bescheid „tatsächlich in die Hand bekommen" hat (vgl. *BFH* B 6.5.2014 – GrS 2/13 – Rn 68ff. juris, NJW 2014, 2524, 2527ff., BFHE 244, 536) Ausreichend ist nach Ansicht der Rechtsprechung (vgl. *BVerwG* U 18.4.1997 – 8 C 43.95 – Rn. 29 juris; NVwZ 1999, 178, 181; BVerwGE 104, 301) bereits eine (Tele-)Kopie des Bescheides (OVG *Lüneburg* B 28.5.2018 – 12 ME 25/18 –Rn. 31 juris; ZUR 2018, 480, 482; Engelhardt/App/Schlatmann-*Schlatmann*, VwZG, § 8 Rn. 4). Bereits die Vorgängervorschrift des § 9 Abs. 1 enthielt den ausdrücklichen Hinweis, dass der Zugang „nachweislich erhalten" haben muss. Die explizite Bezeichnung des „tatsächlichen" Zugang trägt auch den Umstand Rechnung, dass die Vorschrift für alle Zustellung von sämtlichen Verwaltungsakten und nicht mehr die Einschränkung des § 9 Abs. 2 a.F. enthält (s.o. Rn. 3).

14 Im Falle eines Wechsels des Prozessbevollmächtigten ist die – fehlerhafte – Zustellung an den alten Bevollmächtigten jedenfalls geheilt, wenn der Verwaltungsakt dem aktuellen Prozessbevollmächtigter tatsächlich zugegangen ist und dieses durch Beifügung zu den Akten deutlich wird (*OVG Bautzen* U. 3.5.2019 – 7 C 26/17.F, Rn. 16 juris).

15 Auf einen tatsächlichen Zugang kann verzichtet werden, wenn der Adressat einen Rechtsbehelf einlegt, ohne den mangelnden Zugang zu rügen (BeckOK-VwVfG-*Ronellenfitsch,* § 8, Rn. 19; Engelhardt/App/Schlatmann-*Schlatmann*, VwZG, § 8 Rn. 10 die insoweit jedoch von einer Heilung sprechen). Genau genommen handelt es sich dann aber nicht um eine Heilung, so dass auch keine Zustellung fingiert wird. Mit der Heilung ist dieser Sachverhalt jedoch vergleichbar, da auch für diesen Fall keine Beschwer vorliegt und die Nachholung der Zustellung Formalismus bedeuten würde. Dieses kann aber nur für den Fall gelten, dass sich die fehlende Zustellung auch aus anderen Gründen nicht nachteilig auswirkt (so wohl auch *VGH Mannheim* U 28.4.1989 – 8 S 3669/88 – Rn. 42 juris; NVwZ-RR 1989, 593, 596, welches ebenso eine Heilung verneint).

16 Dieses gilt jedoch dann nicht, wenn der Adressat das Rechtsmittel gerade hinsichtlich des Zustellungsmangels wegen einer formelle Rechtswidrigkeit einlegt (BeckOK-VwVfG-*Ronellenfitsch*, § 8, Rn. 22). Würde ein Rechtsmittel mit Verweis auf den Zustellungsmangel als unzulässig verworfen, würde dem Zustellungsempfänger eine Instanz genommen werden (Engelhardt/App/Schlatmann-*Schlatmann*, VwZG, § 8 Rn. 10). In einem solchen Fall erschöpft sich der Inhalt einer Rechtsmittelentscheidung in dem bloßen Ausspruch über die Zulässigkeit des Rechtsmittels ohne das auf die Inhalte des nicht zugestellten Bescheides eingegangen wird. Gegenstand einer Anfechtungsklage kann dann nur der Ausspruch der Rechtsmittelentscheidung sein (BFH U 25.1.1994 – VIII R 45/92, juris Rn. 49; NVwZ-RR 1995, 181, 184). Eine vergleichbare Situation ist gegeben, wenn der Bescheid von einer Aufsichtsbehörde erlassen wird, wie regelmäßig im verwaltungsgerichtlichen Widerspruchsverfahren, da auch in diesem Fall eine Instanz verloren ginge (Engelhardt/App/Schlatmann-*Schlatmann*, VwZG, § 8 Rn. 10, BeckOK-VwVfG-*Ronellenfitsch*, § 8, Rn. 21).

17 **4. Keine Zustellung aufgrund fehlenden Zustellungswillens.** Ebenso fehlt es an einer wirksamen Zustellung, wenn die Behörde bereits keinen Zustellungswillen hat. Die Anwendung des § 8 VwZG setzt voraus, dass die Behörde den Willen hatte, eine

Zustellung vorzunehmen (m.w.N. *BVerwG* U 15.1.1988 – 8 C 8/86, Rn. 11 juris, NJW 1988, 1612, 1613). Der Wille der Zustellung ist dann jedenfalls noch nicht gegeben, wenn die Behörde dem Empfänger den Inhalt des Dokuments lediglich formlos zur Kenntnis geben will (BeckOK VwVfG-*Ronellenfitsch*, § 8 VwZG Rn. 5). Dieses ist beispielsweise der Fall, wenn die Behörde formlos einen kompletten Auszug einer E-Akte an den Prozessbevollmächtigten übermittelt, ohne damit eine Rechtsmittelfrist in Gang setzen zu wollen (*VG Gelsenkirchen* U 16.4.2018 – 5a K 7141/17.A, juris Rn. 22). Das Gericht verneint den Zustellungswillen, weil die Behörde nicht der Abschlussmitteilung bereits von einem bestandskräftigen Bescheid ausgegangen ist, die formlose Übersendung mithin keine fristauslösende Zustellung darstellen kann (*VG Gelsenkirchen* a.a.O.).

Der Wille der Behörde bezieht sich, z.B. bei der Zustellung gegen Empfangsbekenntnis nach § 5, neben der Bekanntgabe des Inhalts des Bescheides auch auf die besondere Form der Zustellung (*BVerwG* U 15.1.1988 – 8 C 8/86, juris Rn. 11, NJW 1988, 1612, 1613). Jedoch bedeutet der bewusste Verzicht der Behörde auf ein Empfangsbekenntnis des Adressaten im Falle der Zustellung nach § 5 nicht das Fehlen eines Bekanntgabewillens (*BVerwG* B 31.5.2006 – 6 B 65/05, juris, Rn. 7, NVwZ 2006, 943, 943 f.). Eine Heilung bleibt damit möglich (*BGH* B 11.7.2005 – NotZ 12/05, NJW 2005, 3216, 3217). Das fehlende Empfangsbekenntnis begründet lediglich Zweifel an der erforderlichen Annahmebereitschaft des Adressaten (Engelhardt/App/Schlatmann-*Schlatmann*, VwZG, § 5 Rn. 25). **18**

III. Sonderregelungen

Eine Ausnahme zur Zustellung bei Personenmehrheiten finden sich im Steuer- und Asylrecht. **19**

Im Steuerrecht gibt §§ 155 Abs. 3, 122 Abs. 5 AO die Möglichkeit, dass ein zusammengefasster Steuerbescheid an mehrere Personen ergehen kann, wenn sie gesamtschuldnerisch verpflichtet sind. Zusammengefasste Bescheide sind keine einheitlichen Verwaltungsakte. Es handelt sich um eine aus Zweckmäßigkeitsgründen zusammengefasste Mehrheit von Einzelfallregelungen, nämlich um in einem Bescheid äußerlich zusammengefasste inhaltsgleiche steuerliche Festsetzungen gegenüber mehreren Verpflichteten, die jeder genau zu bezeichnen sind, jedoch die gleiche steuerrechtliche Leistung schulden (Klein-*Rüsken*, AO, 14. Aufl. 2018, § 155 Rn. 45 ff.). **20**

Im Asylverfahrensrecht vereinfacht § 10 Abs. 2 bis Abs. 4 AsylVfG die Zustellung von Bescheiden. § 10 Abs. 3 AsylVfG ermöglicht im gemeinsamen Asylverfahren für Familienangehörige nach § 26 AsylVfG unter bestimmten Bedingungen die Zustellung an einen Familienangehörigen. Die Vorschriften des § 10 AsylVfG enthalten kein vollständig von den allgemeinen Vorschriften abweichendes Sonderrecht der Zustellung im Asylverfahren. Es begründet lediglich an einzelnen Stellen Erleichterung und Beschleunigung des Asylverfahrens, indem erweiterte Möglichkeiten, wirksame Zustellungen vorzunehmen, eröffnet werden. Sollten diese Modifikationen nicht greifen, bleibt es für Zustellungen und sonstige Bekanntgaben bei den allgemeinen Regeln des VwZG und der ZPO. Wenn eine Zustellung im Asylverfahren in Folge der Heilung eines Zustellungsmangels wirksam ist, bedarf eines Rückgriffs auf § 10 nicht (zum Ganzen BeckOK AuslR-*Preisner*, § 10 AsylG Rn. 16-42, Stand: November 2018). **21**

22 Nach § 10 Abs. 4 S. 1 AsylVfG besteht für die Behörde die Möglichkeit, bei in einer Aufnahmeeinrichtung i.S.v. § 5 Abs. 5 AsylG, §§ 44 ff. AsylG lebenden Personen, an die Anschrift der Aufnahmeeinrichtung zuzustellen. Das Nähere zur Verteilung der ankommen Post regelt § 10 Abs. 4 S. 2ff, AsylVfG. Die Norm modifiziert die Zustellung bei in Aufnahmeeinrichtungen lebenden Personen in zwei Aspekten. Auf der einen Seite wird die o.g. Einrichtung – für Gemeinschaftsunterkünfte nach § 53 AsylG gilt dieses nicht – in das Verwaltungsverfahren hinsichtlich Zustellung und Bekanntgabe ein, um einen tatsächlichen Zugang beim Asylbewerber sicherzustellen. Auf der anderen Seite bestimmt die Regelung eine Zugangsfiktion für den Fall, dass eine Bekanntgabe oder Zustellung an den Asylbewerber selbst vermittelt durch die Aufnahmeeinrichtung scheitert (BeckOK AuslR-*Preisner*, § 10 AsylG Rn. 32 ff., Stand: November 2018).

23 Entgegen dem Wortlaut ist die Zustellung jedoch nicht zwingend. § 10 Abs. 4 S. 1 AsylG verdrängt nicht den Anwendungsbereich von § 3 VwZG. Diese Norm bestimmt nicht, dass das Bundesamt an in Aufnahmeeinrichtungen lebenden Ausländern ausschließlich nach § 10 Abs. 4 AsylG zustellen muss. So ergibt sich aus der Gesetzesbegründung, dass unter den in § 10 Abs. 4 AsylG genannten Voraussetzungen die Zustellung bewirkt werden „kann". Dieses entspricht auch dem Sinn und Zweck der Vorschrift, die Zustellung zu erleichtern (*VG Berlin* U 26.11.2018 – 31 K 709.18 A, juris Rn. 19).

IV. Besonderheiten bei der elektronischen Zustellung

24 Die elektronische Zustellung nach § 5 Abs. 5 ist gemeinsam mit der Zustellung gegen das Empfangsbekenntnis geregelt. Die elektronische Zustellung ist möglich, wenn Empfänger der Behörde einen solchen Zugang eröffnet. Dieses ist in der Regel dann anzunehmen, wenn der Adressat ausdrücklich seine E-Mail-Adresse bei der Behörde angegeben oder fortgesetzt elektronisch kommuniziert hat und das Dokument mit einer qualifizierten elektronischen Signatur versehen ist (Beck-OK VwVfG-*Ronellenfitsch*, § 8 Rn. 24). Im Falle der Zustellung eines elektronischen Dokuments nach § 5 Abs. 5 tritt die Heilung erst dann ein, wenn das Empfangsbekenntnis bei der Behörde eingegangen ist. Das auf der Eingangsbestätigung vermerkte Datum ist irrelevant (*Tegethoff*, JA 2007, 131).

Anhang:
Landesrecht

(1) Baden-Württemberg: § 9 Verwaltungszustellungsgesetz für Baden-Württemberg (LVwZG).

(2) Bayern: Art. 9 Bayerisches Verwaltungszustellungs- und Vollstreckungsgesetz (BayVwZVG).

(3) Berlin: § 7 Gesetz über das Verfahren der Berliner Verwaltung (VwVfG BE).

Das Landesrecht verweist auf die Anwendbarkeit des VwZG des Bundes.

(4) Brandenburg: § 1 Verwaltungszustellungsgesetz für das Land Brandenburg (BbgVwZG).Das Landesrecht erklärt die §§ 2 bis 10 VwZG des Bundes für anwendbar.

(5) Bremen: § 1 Bremisches Verwaltungszustellungsgesetz (BremVwZG).

Das Landesrecht verweist auf die Anwendbarkeit des VwZG des Bundes.

(6) Hamburg: § 1 Hamburgisches Verwaltungszustellungsgesetz (HmbVwZG).

Das Landesrecht verweist auf die Anwendbarkeit des VwZG des Bundes.

(7) Hessen: § 1 Hessisches Verwaltungszustellungsgesetz (HessVwZG).

Das Landesrecht erklärt die §§ 2 bis 10 VwZG des Bundes für anwendbar.

(8) Mecklenburg-Vorpommern: §§ § 102 Verwaltungsverfahrens-, Zustellungs- und Vollstreckungsgesetz des Landes Mecklenburg-Vorpommern (Landesverwaltungsverfahrensgesetz – VwVfG M-V).

(9) Niedersachsen: § 1 Niedersächsisches Verwaltungszustellungsgesetz (NVwZG). Das Landesrecht erklärt die §§ 2 bis 10 VwZG des Bundes für anwendbar.

(10) Nordrhein-Westfalen: § 8 Verwaltungszustellungsgesetz für das Land Nordrhein-Westfalen (Landeszustellungsgesetz – LZG NRW).

(11) Rheinland-Pfalz: § 1 Landesverwaltungszustellungsgesetz (LVwZG). Das Landesrecht erklärt die §§ 2 bis 10 VwZG des Bundes für anwendbar.

(12) Saarland: § 1 Saarländisches Verwaltungszustellungsgesetz (SVwZG). Das Landesrecht verweist auf die Anwendbarkeit des VwZG des Bundes.

(13) Sachsen: § 4 Gesetz zur Regelung des Verwaltungsverfahrens- und des Verwaltungszustellungsrechts für den Freistaat Sachsen (SächsVwVfZG). Das Landesrecht verweist auf die Anwendbarkeit des VwZG des Bundes.

(14) Sachsen-Anhalt: § 1 Verwaltungszustellungsgesetz des Landes Sachsen-Anhalt (VwZG-LSA) – Das Landesrecht erklärt die §§ 2 bis 10 VwZG des Bundes für anwendbar.

(15) Schleswig-Holstein: § 153Allgemeines Verwaltungsgesetz für das Land Schleswig-Holstein (Landesverwaltungsgesetz – LVwG).

(16) Thüringen: § 9 Thüringer Verwaltungszustellungs- und Vollstreckungsgesetz (ThürVwZVG).

§ 9 Zustellung im Ausland

(1) Eine Zustellung im Ausland erfolgt

1. **durch Einschreiben mit Rückschein, soweit die Zustellung von Dokumenten unmittelbar durch die Post völkerrechtlich zulässig ist,**
2. **auf Ersuchen der Behörde durch die Behörden des fremden Staates oder durch die zuständige diplomatische oder konsularische Vertretung der Bundesrepublik Deutschland,**
3. **auf Ersuchen der Behörde durch das Auswärtige Amt an eine Person, die das Recht der Immunität genießt und zu einer Vertretung der Bundesrepublik Deutschland im Ausland gehört, sowie an Familienangehörige einer solchen Person, wenn diese das Recht der Immunität genießen, oder**
4. **durch Übermittlung elektronischer Dokumente, soweit dies völkerrechtlich zulässig ist.**

(2) [1]Zum Nachweis der Zustellung nach Absatz 1 Nr. 1 genügt der Rückschein. [2]Die Zustellung nach Absatz 1 Nr. 2 und 3 wird durch das Zeugnis der ersuchten Behörde

nachgewiesen. [3]Der Nachweis der Zustellung gemäß Absatz 1 Nr. 4 richtet sich nach § 5 Abs. 7 Satz 1 bis 3 und 5 sowie nach § 5a Absatz 3 und 4 Satz 1, 2 und 4.

(3) [1]Die Behörde kann bei der Zustellung nach Absatz 1 Nr. 2 und 3 anordnen, dass die Person, an die zugestellt werden soll, innerhalb einer angemessenen Frist einen Zustellungsbevollmächtigten benennt, der im Inland wohnt oder dort einen Geschäftsraum hat. [2]Wird kein Zustellungsbevollmächtigter benannt, können spätere Zustellungen bis zur nachträglichen Benennung dadurch bewirkt werden, dass das Dokument unter der Anschrift der Person, an die zugestellt werden soll, zur Post gegeben wird. [3]Das Dokument gilt am siebenten Tag nach Aufgabe zur Post als zugestellt, wenn nicht feststeht, dass es den Empfänger nicht oder zu einem späteren Zeitpunkt erreicht hat. [4]Die Behörde kann eine längere Frist bestimmen. [5]In der Anordnung nach Satz 1 ist auf diese Rechtsfolgen hinzuweisen. [6]Zum Nachweis der Zustellung ist in den Akten zu vermerken, zu welcher Zeit und unter welcher Anschrift das Dokument zur Post gegeben wurde. [7]Ist durch Rechtsvorschrift angeordnet, dass ein Verwaltungsverfahren über eine einheitliche Stelle nach den Vorschriften des Verwaltungsverfahrensgesetzes abgewickelt werden kann, finden die Sätze 1 bis 6 keine Anwendung.

Übersicht

I. Allgemeines

1 Die Zustellung ins Ausland ist neben der Zustellung durch öffentliche Bekanntmachung gem. § 10 einer der beiden Sonderformen, die § 2 Abs. 2 S. 2 VwZG aufführt. Die Voraussetzungen der Zustellung ins Ausland sind damit in § 9 abschließend geregelt und schließen andere Formen der Zustellung ins Ausland aus. Die besondere Bedeutung der Zustellung ins Ausland liegt darin begründet, dass eine Zustellung ein staatlicher Hoheitsakt ist, der im Ausland bewirkt wird. Aus diesem Grund statuiert insbesondere das Völkerrecht besondere Voraussetzungen für die Zustellung ins Ausland (BeckOK OWiG-*Preisner*, § 9 VwZG Rn. 2).

2 Die Zustellung im Ausland hat mit § 9 seine jetzige Form durch das Gesetz zur Novellierung des Verwaltungszustellungsgesetzes vom 12.8.2005 (BGBl I S. 2354) erhalten und ist am 1.2.2006 in Kraft getreten. Die Regelungen des Abs. 1 Nr. 2 und Nr. 3 entsprechen weitestgehend den des § 14 Abs. 1 und Abs. 2 a.F. Die Zustellung per Einschreiben mit Rückschein (Abs. 1 Nr. 1) war für das Ausland bisher nicht normiert,

aber in der Praxis gleichwohl anerkannt und praktiziert (BT-Drucks. 15/5216, S. 14). Neu eingefügt und an die Voraussetzungen des §5 angeknüpft, ist die Zustellung elektronischer Dokumente ins Ausland in Abs. 1 Nr. 4.

Die Zustellung nach dem VwZG unterliegt in besonderer Weise dem Gebot der Formstrenge. Die Bekanntgabe eines Verwaltungsaktes nach dem VwVfG kann unabhängig von einer Zustellung erfolgen. Entscheidet sich die Behörde jedoch zur Zustellung, so sind die Regeln des VwZG einzuhalten (*Ohler/Kruis*, DÖV 2009, 93, 96). Die Zustellung im Ausland erfolgt nach den Regelungen des §9 und sieht verschiedene Varianten vor, die grundsätzlich auf eine völkerrechtliche Zulässigkeit baut bzw. die der zum Teil – diplomatischen Unterstützung des Landes, in das zugestellt werden soll, bedarf. 3

Beim Erlass eines Verwaltungsaktes ist es erlaubt und geboten in der Rechtsanwendung auch Sachverhalte heranzuziehen, die außerhalb des jeweiligen Hoheitsgebietes liegen. Das Recht der Ausübung der staatlichen Gewalt endet jedoch an der Grenze des Hoheitsgebietes. Das bedeutet, dass es den Behörden zwar möglich ist, durch Verwaltungsakt gegen eine im Ausland befindliche Person vorzugehen. Die Ausübung der Hoheitsgewalt durch Zustellung des Verwaltungsaktes endet jedoch an den Staatsgrenzen (*Engelhardt*, NVwZ 2018, 1521, 1521). Der abschließende Katalog aus Abs. 1 verlangt daher auch stets die völkerrechtliche Zulässigkeit, wenn die deutsche Behörde direkt in den ausländischen Staat zustellen will (vgl. Abs. 1 Nr. 1 und Nr. 4). Die Zustellung nach den Varianten von Abs. 1 Nr. 2 und Nr. 3 verlangt die Unterstützung anderer – deutscher oder ausländischer – Behörden und ein Ersuchen der Behörde. 4

Ausland ist zunächst jedes Land außerhalb der Bundesrepublik. Die Bundesrepublik Deutschland umfasst völkerrechtlich zunächst das deutsche Staatsgebiet, zu dem Festland samt innerer Gewässer sowie zur See hinaus das Küstenmeer gehören, welches sich zwölf Seemeilen von der Basislinie erstreckt. Letzteres wird durch das Seerechtsübereinkommen der Vereinten Nationen vom 10.12.1982 geregelt. Im Steuerrecht wird das Inland darüber hinaus noch auf einen Teil des sog. Festlandsockels sowie die ausschließliche Wirtschaftszone" (AWZ) erweitert (näher dazu Tipke/Kruse-*Drüen*, AO/FGO, §22a AO Rn. 2, Stand: Feb. 2019). 5

Nicht jede Übersendung ins Ausland ist über §9 zu regeln. Wird ein Dokument auf Veranlassung des Adressaten an eine ausländische Adresse nachgesandt, handelt es sich nicht um eine Zustellung im Ausland. Die Auslandszustellung ist dann nicht auf eine Entscheidung der Behörde, sondern auf Wunsch des Empfängers erfolgt. Es regelt sich nach den Bedingungen der Zustellung im Inland. Wird an den Bevollmächtigten eines im Ausland lebenden Adressaten zugestellt, ergeben sich die zu beachtenden Regeln aus §7 (*BVerwG* U 7.6.1972 – 8 C 191/79, NJW 1972, 2060) 6

Der zuzustellende Bescheid kann trotz Zustellung ins Ausland grundsätzlich in deutscher Sprache verfasst werden. Dieses ergibt sich bereits aus den allgemeinen verwaltungsrechtlichen Vorschriften zur Amtssprache (§23 VwVfG, §19 Abs. 1 SGB X, §87 Abs. 1 AO). Dieses gilt ungeachtet der Staatsangehörigkeit des Adressaten. Etwas anderes kann sich lediglich aus den völkerrechtlichen Regelungen ergeben, die es zur Zulässigkeit der Zustellung bedarf (vgl. Nr. 1 und Nr. 4). Ausnahmen finden sich beispielsweise in Art. 7 des Europäischen Übereinkommen über die Zustellung von Schriftstücken in Verwaltungssachen im Ausland (vgl. unten Rn. 13). 7

II. Varianten der Zustellungen im Ausland

8 **1. Zustellung durch die Post durch Einschreiben mit Rückschein (Abs. 1 Nr. 1). – a) Zustellung durch Einschreiben mit Rückschein.** Die Zustellung durch die Post mittels Einschreiben mit Rückschreiben ist mit § 9 neu entstanden. Sie war ohne gesetzliche Regelung aber bereits gelebte Verwaltungspraxis (BT-Drucks. 15/5216, S. 14). Die Zustellung durch die Deutsche Post erfolgt als „Einschreiben International" mit der Zusatzleistung „Rückschein International". Die Deutsche Post weißt auf ihren Informationsseiten daraufhin, dass die Länder Brasilien, Dänemark sowie das Vereinigte Königreich von Großbritannien und Nordirland angekündigt haben, diesen Dienst einzustellen. Einen Überblick über die Länder mit diesen Diensten gibt der Internetauftritt der Deutschen Post (https://www.deutschepost.de/content/dam/dpag/images/B_b/Briefe_ins_Ausland/downloads/dp-brief-international-landfuerland-012018.pdf). Die Zustellung ist auf ein Einschreiben mit Rückschein beschränkt, um die Zustellung sicher nachweisen zu können (BT-Drucks. 15/5216, S. 14).

9 Für die Zustellung ins Ausland sind auch die Allgemeinen Geschäftsbedingungen der Deutschen Post (https://www.deutschepost.de/content/dam/dpag/images/B_b/Briefe_ins_Ausland/downloads/dp-brief-international-agb-012018.pdf) zu beachten. Die Allgemeinen Geschäftsbedingungen sehen bspw. für den Fall des Einschreibens mit Rückschein die Zustellung an einen Ersatzempfänger, z.B. einen Angehörigen des Empfängers (§ 4 Abs. 3 AGB BRIEF NATIONAL) vor. Es steht daher der Wirksamkeit der Zustellung in diesem Fall nicht entgegen, wenn das Dokument nicht dem Adressaten, sondern bspw. der Ehefrau übergeben wird. Diese Zustellung eines Einschreibens mit Rückschein an eine andere Person als den Adressaten lässt sich unter anderem über die entsprechenden AGB des Postzustellers (s.o.) – auch mit Wirkung für den Adressaten – begründen. Darüber hinaus kann die Wirksamkeit der Zustellung auch über die – direkte oder analoge – Anwendung der Regelungen über die Zustellung von Willenserklärungen nach § 130 BGB (vgl. zu dieser Ansicht *BSG* B 7.10.2004 – B 3 KR 14/04 R, NJW 2005, 1303, 1304) begründet werden. Die angewandten Regelungen der Zustellung per Einschreiben im Inland lassen sich ebenso auf eine solche Zustellung im Ausland anwenden (vgl. zum Ganzen m.w.N. *FG Leipzig* U 5.12.2018 – 4 K 1008/14, juris Rn. 17).

10 **b) Völkerrechtliche Zulässigkeit.** Die Zustellung im Ausland ist ein hoheitlicher Akt, der daher völkerrechtlich zugelassen sein muss. Der Begriff der völkerrechtlichen Zulässigkeit ist jedoch weit zu verstehen und damit nicht immer einfach festzustellen. Die völkerrechtliche Zulässigkeit umfasst nicht nur völkerrechtliche Übereinkünfte, sondern auch etwaiges Völkergewohnheitsrecht, ausdrücklich nichtvertragliches Einverständnis, aber auch die Tolerierung einer entsprechenden Zustellungspraxis durch den Staat, in den zugestellt werden soll (BT-Drucks. 15/5216).

11 Die offene Regelung macht es oft nicht einfach festzustellen, ob eine Zustellung völkerrechtlich zulässig ist. Bei der Zustellung von Schriftstücken in zivilrechtlichen Angelegenheiten ermöglicht das Haager Übereinkommen über die Zustellung von Schriftstücken im Ausland in Zivil- und Handelssachen vom 15.11.1965 (BGBl. II 1977 S. 1452) zumindest Rückschlüsse auf eine Tolerierung dieser Zustellung. Innerhalb der EU sind Malta und Österreich die einzigen EU-Mitgliedstaaten, die dem Haager Zustellungsübereinkommen (HZÜ) noch nicht angehören (*Wagner*, NJW 2015, 1796, 1798).

Der Internetauftritt des Auswärtigen Amtes gibt Auskunft darüber, welcher Staat im Sinne des Übereinkommens Widerspruch gegen diese Zustellungspraxis eingelegt hat (https://www.auswaertiges-amt.de/de/ReiseUndSicherheit/reise-und-sicherheitshinweise/konsularinfo/rechtshilfeverkehr). Bei einem Widerspruch gegen die Zustellung von Schriftstücken in Zivilsachen ist anzunehmen, dass dieser – erst Recht – bei der direkten, hoheitlichen Zustellung von Schriftstücken in Verwaltungssachen gilt. Der fehlende Widerspruch bei der Zustellung von Schriftstücken in Zivilsachen kann jedoch nicht ohne Weiteres als Tolerierung der Zustellung im Sinne des § 9 Abs. 1 Nr. 1 verstanden werden. Eine Tolerierung setzt im Übrigen die Kenntnis dieser deutschen Zustellungspraxis im zuzustellenden Ausland voraus, die wohl erst über diplomatische Rückfragen geklärt werden kann (zum Ganzen *Engelhardt*, NVwZ 2018, 1521, 1522). Auch wenn die Rechtsprechung davon ausgeht, dass diese Verfahrensweise von den meisten Staaten toleriert wird und damit als völkerrechtlich zulässig gelten kann, ist eine Anfrage beim Auswärtigen Amt angezeigt (so zu sehen beim *VG München* U 12.12.2018 – M 9 K 18.4553, juris Rn. 122). 12

Eine eindeutigere Regelung trifft das Europäische Übereinkommen über die Zustellung von Schriftstücken in Verwaltungssachen im Ausland (EuropZustÜbereink, Anhang B-7), das am 1977 vom Europarat zur Vereinfachung von Zustellungen initiiert wurde. Der Bundestag hat dem völkerrechtlichen Vertrag gem. Art. 59 Abs. 2 GG am 20.7.1981 durch das Ausführungsgesetz (BGBl. II 1981 S. 533) zugestimmt, nachdem der Vertrag am 6.11.1979 für den Bund durch den Bundespräsidenten unterzeichnet hat. Zwischenzeitlich sind dem Vertrag Belgien, Frankreich, Luxemburg, Österreich, Italien, Spanien, und Estland beigetreten. Aktuell ist der Vertrag auch von Griechenland, der Schweiz, Portugal, Malta und der Ukraine unterzeichnet, aber noch nicht ratifiziert worden, so dass hier noch die nationale Umsetzung fehlt (vgl. www.coe.int/en/web/conventions; Referenznummer: SEV Nr. 094; vgl. ausführlich zum Europäischen Übereinkommen *Engelhardt*, NVwZ 2018, 1521,1521). 13

In Steuerverwaltungssachen wird, ungeachtet vereinzelter bilateraler Abkommen, per Erlass (Anwendungserlass zur AO – Abschnitt 96 – zu § 122) auf die Zustellung von Dokumenten nach § 9 Abs. 1 Nr. 1 bzw. Nr. 4 aus Gründen der Vereinfachung und Geschwindigkeit verwiesen. Das Bundesministerium der Finanzen geht in dem Anwendungserlass (AEAO) davon aus, dass eine Zustellung durch Einschreiben mit Rückschein oder eine Zustellung elektronischer Dokumente zumindest toleriert wird und daher völkerrechtlich zulässig sei. Der Erlass nimmt dabei explizit die folgenden Staaten aus: Ägypten, Argentinien, Brasilien, China, Republik Korea, Kuwait, mit einigen Ausnahmen Liechtenstein, Mexiko, San Marino, Schweiz, Sri Lanka, sowie Venezuela (Nr. 3.1.4.1 AEAO zu § 122). 14

2. Zustellung durch ausländische Behörde oder deutsche diplomatische oder konsularische Vertretung (Abs. 1 Nr. 2). Die Behörde kann sich um Unterstützung bei der Zustellung bemühen, indem andere Behörden um Unterstützung ersucht werden. Abs. 1 Nr. 2 sieht zwei Varianten vor. In der 1. Variante richtet die zustellende Behörde das Ersuchen an Behörden des fremden Staates. In der 2. Variante wird das Ersuchen im Rahmen der Amtshilfe nach Art. 35 Abs. 1 GG an den Bund gerichtet. 15

Das Ersuchen einer deutschen Behörde im Sinne der ersten Alternative kann – jedenfalls bei den Unterzeichnerstaaten – auf Grundlage des Europäischen Übereinkommens über die Zustellung von Schriftstücken in Verwaltungssachen im Ausland von 16

1977 (vgl. oben Rn. 13) erfolgen. Dort bestimmt Art. 1, dass sich die unterzeichnenden Staaten bei der Zustellung von Schriftstücken in Verwaltungssachen – ausgenommen in Steuer- und Strafsachen – gegenseitig Amtshilfe leisten. Jeder Vertragsstaat bestimmt im Rahmen des Übereinkommens eine zentrale Behörde, welche die Zustellungsersuchen entgegennimmt (Art. 2 EuropZustÜbereink; siehe Anhang B – 7; s.u.). Hierdurch wird das Verfahren vereinfacht und sichergestellt, dass die Stelle sachkundig ist. Föderalistische Vertragsstaaten – einzig die Bundesrepublik Deutschland und Österreich – können mehreren Stellen bestimmen. In Deutschland findet sich daher in jedem Bundesland eine zentrale Stelle.

17 Die Bundesrepublik Deutschland hat am 13.8.2012 dem Generalsekretär des Europarats die Namen und Adressen ihrer nach den jeweiligen Artikeln 2 Abs. 1 des Übereinkommens zu bestimmenden zentralen Behörden (central authority, autorité centrale) notifiziert (BGBl. II 2013 S. 156; vgl. auch ausführlich Engelhardt/App/Schlatmann-*Schlatmann* VwZG, Art. 2 VwZustÜb, Rn. 3)

– **Baden-Württemberg:** Regierungspräsidium Freiburg, Bissierstraße 7, 79114 Freiburg i. Br., Postanschrift: 70983 Freiburg i. Br., Tel.: (0761) 208-0, Fax: (0761) 208-394200, E-Mail: poststelle@rpf-bwl.de
– **Bayern:** Regierung der Oberpfalz, Emmeramsplatz 8, 93047 Regensburg, Tel.: 0941/5680-0, Fax: 0941/5680-199, E-Mail: poststelle@reg-opf.bayern.de
– **Berlin:** Landesverwaltungsamt Berlin, 10702 Berlin, Tel.: (030) 9012-7303, Fax: (030) 9012-3115, E-Mail: amtshilfeersuchen@lvwa.verwalt-berlin.de
– **Brandenburg:** Zentraldienst der Polizei, Zentrale Bußgeldstelle, Oranienburger Straße 31 A, 16775 Gransee, Tel.: 03306 750500, Fax: 03306 750329, E-Mail: zentrale.bussgeldstelle@polizei.brandenburg.de
– **Bremen:** Senator für Inneres, Kultur und Sport, Contrescarpe 22/24, 28203 Bremen, Tel.: (0421) 361-9047, Fax: (0421) 361-9009, E-Mail: office@inneres.bremen.de
– **Hamburg:** Freie und Hansestadt Hamburg, Behörde für Justiz und Gleichstellung, Postfach 30 28 22, 20310 Hamburg, Tel.: (040) 42843-0, Fax: (040) 42843-3866, E-Mail: Poststelle@justiz.hamburg.de
– **Hessen**: Regierungspräsidium Gießen, Postfach 100851, 35338 Gießen, Tel.: (0641) 303-0, Fax: (0641) 303-2197, E-Mail: rp-giessen@rpgi.hessen.de
– **Mecklenburg-Vorpommern:** Ministerium für Inneres und Sport Mecklenburg-Vorpommern, Arsenal am Pfaffenteich, Alexandrinenstr. 1, 19055 Schwerin, Postanschrift: 19048 Schwerin, Tel.: (0385) 588-2230/2233, Fax: (0385) 588-2978, E-Mail: poststelle@im.mv-regierung.de
– **Niedersachsen:** Polizeidirektion Lüneburg, Auf der Hude 2, 21339 Lüneburg oder Postfach 2240, 21312 Lüneburg, Tel.: 04131 29-0, Fax: 04131 29-1065, E-Mail: poststelle@pd-lg.polizei.niedersachsen.de
– **Nordrhein-Westfalen:** Bezirksregierung Köln, Zeughausstraße 2–10, 50606 Köln, Tel.: (0221) 147-2124, Fax: (0221) 147-2305, E-Mail: poststelle@bezreg-koeln.nrw.de
– **Rheinland-Pfalz**: Aufsichts- und Dienstleistungsdirektion, Willy-Brandt-Platz 3, 54290 Trier, Tel.: (0651) 9494-0, Fax: (0651) 9494-170, E-Mail: poststelle@add.rlp.de
– **Saarland**: Ministerium für Inneres, Kultur und Europa, Referat B 1, Mainzer Str. 136, 66121 Saarbrücken, Tel.: (0681) 501-2651, Fax: (0681) 501-2649, E-Mail: referat-b1@innen.saarland.de
– **Sachsen**: Landesdirektion Leipzig, Braustraße 2, 04107 Leipzig, Tel.: (0341) 977-0, Fax: (0341) 977-1199, E-Mail: poststelle@ldl.sachsen.de

- **Sachsen-Anhalt**: Landesverwaltungsamt, Ernst-Kamieth-Straße 2, 06112 Halle (Saale), Postanschrift: Landesverwaltungsamt, Postfach 20 02 56, 06003 Halle (Saale), Tel.: (0345) 514-0, Fax: (0345) 514-1444, E-Mail: poststelle@lvwa.sachsen-anhalt.de
- **Schleswig-Holstein**: Innenministerium des Landes Schleswig-Holstein, Postfach 71 25, 24171 Kiel, Tel.: (0431) 988-0, Fax: (0431) 988-3049, E-Mail: poststelle@im.landsh.de
- **Thüringen:** Thüringer Landesverwaltungsamt, Weimarer Platz 4, 99423 Weimar, Postanschrift: Thüringer Landesverwaltungsamt, Postfach 22 49, 99403 Weimar, Tel.: (0361) 37 900 / 3773-7015 / 3773-7033, Fax: (0361) 3773-7190, E-Mail: poststelle@tlvwa.thueringen.de

Die zentralen Stellen der anderen Unterzeichnungsstaaten und einen Überblick über die weitere Regelungen können aktuell in der Sammlung der Rechtsvorschriften zum Europäischen Übereinkommen auf dem Internetauftritt der Republik Österreich abgerufen werden: https://www.ris.bka.gv.at/GeltendeFassung.wxe?Abfrage=Bundesnormen&Gesetzesnummer=10005537. 18

Das Verfahren beginnt mit dem Ersuchen der nationalen Behörde. Art. 3 verweist auf die Verwendung eines Musters, was dem zuzustellenden Schriftstück beizufügen ist (abrufbar unter https://rm.coe.int/1680077333). Allerdings soll ein Formverstoß nicht zur Ablehnung des Ersuchens berechtigen. Das zuzustellende Schriftstück bedarf trotz Zustellung ins Ausland grundsätzlich keiner Übersetzung. Art. 7 Abs. 2 und 3 des Übereinkommens sehen unter bestimmten Umständen vor, dass auf Verlangen eine Übersetzung zu fordern ist. 19

Die Form der Zustellung im Rahmen des EuropZustÜbereink. richtet sich entsprechend Art. 6 nach den Regeln des ersuchten (Aus-)Landes. Es wird grundsätzlich nach dem Recht des ersuchten Staates dahingehend zugestellt, wie dieses in ihrem Hoheitsgebiet ausgestellte Schriftstücke in Verwaltungssachen dem Adressaten zustellen würde. Andere, von der deutschen Behörde, gewünschte Formen wird nachgekommen, wenn es mit dem Recht des ersuchten Staates vereinbar ist. Eher schwach ist die Regelung zu einer möglichen Fristsetzung durch die deutschen Behörden gegenüber dem ersuchten Land. Einer gewünschten Frist der Zustellung muss das ersuchte Land im Rahmen des Übereinkommens (Art. 7 Abs. 3) nur nachkommen, wenn es diese einhalten kann. Im Übrigen führt Art. 14 des Übereinkommens Ablehnungsgründe auf (vgl. umfassend *Engelhardt*, NVwZ 2018, 1521, 1521). 20

§ 9 Abs. 2 S. 2 stellt keine besonderen Anforderungen an den Nachweis der Zustellung bzw. die Zustellungsurkunde. Vielmehr müssen sich aus der Urkunde die wesentlichen Aspekte der Zustellung ergeben. Die Bescheinigung der ersuchten, ausländischen Behörde über die Zustellung darf sich nicht auf die Feststellung der erfolgten Zustellung beschränken. Sie muss jedenfalls Auskunft über den Zeitpunkt der Zustellung sowie darüber geben, an wen und in welcher Form das zuzustellende Schriftstück übergeben worden ist. (*BVerwG* U 20.5.1999 – 3 C 7/98 LS 1, NJW 2000, 683, 683 f., BVerwGE 109, 115, 115, *FG Stuttgart* U 18.12.2018 – 11 K 2208/17, juris Rn. 22, derzeit anhängig beim *BFH* –VII R 7/19). Diese Angaben sind – wenngleich § 9 Abs. 2 S. 2 VwZG nach seinem Wortlaut keine Anforderungen an den Inhalt des Zeugnisses der ersuchten Behörde aufstellt – auch nicht verzichtbar. Dieses Erfordernis ergibt sich zum einen aus der Nachweisfunktion des Zustellungszeugnisses; dieses soll als öffentliche Urkunde im Sinne des § 418 der Zivilprozessordnung (ZPO) Beweis für die 21 erfolgte Zustellung erbringen. Eine Bescheinigung, die sich auf die bloße Feststellung eines Rechtserfolges beschränkt, ohne die zugrundeliegenden Tatsachen nachvollziehbar mitzuteilen, wäre aber in ihrer Beweiskraft problematisch. (*FG Stuttgart*)

22 **3. Zustellung durch das Auswärtige Amt (Abs. 1 Nr. 3).** Die Zustellung durch das Auswärtige Amt entspricht im Wesentlichen der ursprünglichen Regelung des § 14 Abs. 1 und 2 VwZG und ist entsprechend des § 183 Abs. 1 Nr. 2 und 3 ZPO sprachlich angepasst. Eine Erweiterung hat die jetzige Nr. 3 insoweit erfahren, als dass diese Variante um die Zustellung an Familienangehörige einer Person, die zu einer Vertretung der Bundesrepublik Deutschland gehört, ausgeweitet ist, soweit diese Person Immunität genießt (BT-Drucks. 15/5216, S. 14).

23 An Personen, die diplomatische Immunität besitzen sowie deren Angehörige mit diplomatischer Immunität wird nach einem Amtshilfeersuchen durch das Auswärtige Amt zugestellt. Den Status der diplomatischen Immunität regelt das Wiener Übereinkommen vom 18.4.1961 über diplomatische Beziehungen (BGBl. II 1964 S. 959). Hier umfasst der Personenkreis der Exterritorialen die Mitglieder der sog. diplomatischen Missionen, sowie deren Familienmitglieder und privaten Hausangestellten. Ähnliche Regelungen trifft das Wiener Übereinkommen vom 24.4.1963 über konsularische Beziehungen (BGBl. II 1969 Teil II S. 1587) für Mitglieder konsularischer Vertretungen einschl. der Bediensteten des Verwaltungs- und technischen Personals. Keine Immunität genießen jedoch Angehörige der Konsuln und der Konsularbeamten. (Tipke/Kruse-*Drüen*, AO/FGO § 9 VWZG, Rn. 12, Stand: April: 2019). Eine Liste der Vertragsstaaten findet sich auf dem Internetauftritt des Auswärtigen Amtes (https://www.auswaertiges-amt.de/de/aussenpolitik/themen/internatrecht/-/2162952). Da die Immunität nicht beim Aufenthalt im Inland besteht, erfolgt eine Zustellung an den Personenkreis nach den allgemeinen Regelungen des §§ 3 ff. Hält sich die Person – bspw. aus Urlaubsgründen – im Ausland, aber nicht im Empfangsstaat im Sinne der Übereinkommen auf, erfolgt die Zustellung nach den weiteren Regelungen des § 9, da auch dann grundsätzlich keine Immunität besteht.

24 **4. Zustellung durch Übermittlung elektronischer Dokumente im Sinne von § 5 (Abs. 1 Nr. 4).** Die Zustellung durch Übermittlung elektronischer Dokumente bestimmt sich nach den Voraussetzungen des § 5 Abs. 5. Wie bei der Übermittlung durch Einschreiben per Rückschein nach Nr. 1 ist die Zustellung durch Übermittlung elektronischer Dokumente an die völkerrechtliche Zulässigkeit gebunden (BT-Drucks. 15/5216, S. 14). In der ursprünglichen Fassung enthielt Nr. 4 noch den Verweis auf § 5 Abs. 5. Mit der Einführung der elektronischen Zustellung gegen Abholbestätigung über De-Mail-Dienste gem. § 5a wurde der Verweis auf § 5 Abs. 5 gestrichen, da nunmehr die Zustellung elektronischer Dokumente auch über die De-Mail-Dienste § 5a erfolgen kann (BT-Drucks. 17/3630, S. 47). Zu den Einzelheiten wird auf die dortige Kommentierung verwiesen. Ebenso wie die Zustellung eines Bescheides per Einschreiben mit Rückschein betrifft die Zustellung durch Übermittlung elektronischer Dokumente die Hoheitsrechte des Empfangslandes, so dass auch hier die völkerrechtliche Zulässigkeit verlangt wird. Zu den Einzelheiten wird auf die Ausführungen zu Abs. 1 Nr. 1 (Rn. 10 ff.) verwiesen.

25 Wird nach der Zustellung festgestellt, dass die Zustellung nicht völkerrechtlich zulässig ist, so sieht die Literatur und Rechtsprechung die Möglichkeit, dass die Zustellung entsprechend § 8 dennoch geheilt werden kann (*OVG Münster* B 14.7.2011 – 13 B 696/11,

juris Rn. 37; Stelkens/Bonk/Sachs-*Stelkens* § 41 Rn. 221). Das OVG Münster entkräftete in der Begründung insbesondere systematischen Argumente, dass die Heilungsvorschrift des § 8 vor der Auslandszustellung nach § 9 geregelt ist (*OVG*, Rn. 38 f.). Dieses erscheint jedenfalls dann sinnvoll, wenn die Zustellung in der Art und Weise nicht dem § 9 entspricht (für eine grds. Heilungsmöglichkeit *OVG Bautzen* U 14.3.2019 – 5 A 1187/17, juris Rn. 18; *FG Stuttgart* U 18.12.2018 – 11 K 2208/17, juris Rn. 22).

III. Nachweis der Zustellungen, Abs. 2

Abs. 2 enthält Regelungen zum Nachweis der Zustellung und differenziert nach den entsprechenden Varianten aus Abs. 1. In der Zustellung durch Einschreiben ergibt sich der Nachweis aus dem Rückschein (vgl. hierzu auch § 4 Abs. 2 mit der dazugehörigen Kommentierung). 26

Die Anforderungen an die Gestaltung des Rückscheins richten sich nach den Vorgaben des Empfängerlandes. Der Rückschein wird nach den Bestimmungen des Empfängerlandes ausgestellt. Der Rückschein ist im Gegensatz zu einer Zustellungsurkunde (vgl. Gesetzesbegründung zu § 175, BT-Drucks. 14/4554, S. 19) keine öffentliche Urkunde nach § 418 ZPO. Der Rückschein hat aber die Beweiskraft einer Privaturkunde im Sinne des § 416 ZPO (vgl. *BSG* B 7.10.2004 – B 3 KR 14/04 R, NJW 2005, 1303; *VGH München* U 4.6.2013 – 12 B 13.183, NVwZ-RR 2013, 789; Engelhardt/App/Schlatmann-*Schlatmann*, § 4 VwZG Rn. 9; BeckOK VwVfG-*Ronellenfitsch*, § 4 VwZG Rn. 24; BeckOK OWiG-*Preisner*, § 4 VwZG Rn. 12; Tipke/Kruse-*Drüen*, § 4 VwZG Rn. 5; vgl. oben § 4, Rn. 8). Die Anforderungen des BVerwG (*BVerwG* U 20.5.1999 – 3 C 7/98, NJW 2000, 683, 684, BVerwGE 109, 115) dürften hier nicht gelten. Im Gegensatz zur öffentlichen Urkunde erstreckt sich die Beweiskraft der privaten Urkunde nicht auf die Richtigkeit der dokumentierten Tatsachen. Für die im Rückschein ggf. gemachten Angaben zu Begleitumständen – wie z.B. Ort und Datum der Ausstellung –, ist die Beweiskraft im Sinne des § 416 ZPO nur insoweit einschlägig, als das feststeht, dass der Aussteller diese Angaben in die Erklärung mit aufgenommen und sodann abgegeben hat, nicht aber dass sie inhaltlich richtig sind. Letzteres ist vielmehr eine Frage der freien Beweiswürdigung (vgl. BeckOK ZPO-*Krafka*, § 416 ZPO Rn. 10, Stand: März 2019). 27

Der Rückschein muss geeignet sein, Beweis dafür zu erbringen, dass der Kläger den streitgegenständlichen Bescheid tatsächlich erhalten hat. Dieses ist nicht der Fall, wenn eine Person in Vertretung („i.V.“) das zuzustellende Schriftstück entgegennimmt und diese Person weder namentlich bekannt (unleserliche Unterschrift) ist, noch angenommen werden kann, dass es sich dabei um eine beim Adressaten angestellte Person handelt (*FG Stuttgart* U 18.12 2018 – 11 K 2208/17, juris Rn. 25). 28

Der Nachweis der Zustellung ist erbracht, wenn der Rückschein die Übergabe an die Ehefrau – wohl auch erwachsenen Kindern – beurkundet. In diesem Fall kann die Zustellung an einen Ersatzempfänger zulässig sein, wenn es die Allgemeinen Geschäftsbedingungen des zustellenden Postunternehmens es erlauben. Jedenfalls kann die Zustellung an Ersatzempfänger als Empfangsboten im Sinne des § 130 BGB analog im Rückschein beweiskräftig beurkundet werden (so der Fall der Zustellung an die Ehefrau durch die Post in Polen *FG Leipzig* U 5.12.2018 – 4 K 1008/14, juris Rn. 17) 29

30 Bei der Zustellung ins Ausland auf der Grundlage des EuropZustÜbereink. (s.o.) regelt Art. 8 das Nähere zum „Zustellungszeugnis" und gibt gem. Art. 9 ein Muster vor (https://rm.coe.int/1680077333).

31 Erfolgt die Zustellung aufgrund eines Ersuchens der deutschen Behörde durch eine – ausländische – Behörde des Empfängerlandes bzw. die dortige diplomatische oder konsularische Vertretung (Abs. 1 Nr. 2) oder durch das Auswärtige Amt (Abs. 1 Nr. 3), stellen diese ein entsprechendes Zeugnis aus. Zum Teil regeln internationale Abkommen, wie das Zusatzprotokolls über die gegenseitige Amtshilfe im Zollbereich zum Abkommen vom 2.6.1997 (97/403/EG), die Zustellung von Bescheiden aus dem Ausland. Hierbei finden sich nicht zwingend Regelungen über die Ausgestaltung des Nachweises der Zustellung, wie es in Art. 8 der EuropZustÜbereink (s.o.) geregelt ist. Abs. 2 S. 2 stellt keine Anforderungen an den Nachweis. Deren Inhalt ergibt sich vielmehr aus der Funktion der Zustellung. Im Gegensatz zum Rückschein bei der Zustellung nach Abs. 1 Nr. 1 handelt es sich bei diesem Nachweis um eine öffentliche Urkunde nach § 418 ZPO (s.o.). Darüber hinaus erfordert das verfassungsrechtlich gewährleistete Recht des Empfängers, in einem fairen Verfahren gerichtlichen Rechtsschutz gegen Maßnahmen der öffentlichen Gewalt zu erlangen (Art. 19 Abs. 4 GG) und mit seinem Anliegen rechtliches Gehör bei Gericht zu finden (Art. 103 Abs. 1 GG), eine über die Feststellung der Zustellung hinausgehende Dokumentation. Das Zeugnis der Behörde gibt als öffentliche Urkunde die Möglichkeit des Gegenbeweises der Unrichtigkeit der in ihr enthaltenen Tatsachen (§ 418 Abs. 2 ZPO). Gegenüber einer Bescheinigung, die sich auf die Feststellung der erfolgten Zustellung beschränkt, wäre ein solcher Nachweis aber fast unmöglich, da die Bescheinigung keinerlei Ansatzpunkte für den Nachweis der Negativtatsache einer nicht erfolgten Zustellung böte. Daher muss das Zeugnis der ausländischen Behörde jedenfalls Auskunft über den Zeitpunkt der Zustellung sowie darüber geben, an wen und in welcher Form das zuzustellende Schriftstück übergeben worden ist (mit zahlreichen Nachweisen *FG Stuttgart* U 18.12.2018 – 11 K 2208/17, Rn. 22; Revision zu der Frage des Nachweises derzeit anhängig beim *BFH* – VII R 7/19).

32 Das Zeugnis der diplomatischen oder konsularischen Vertretung der aufgrund des Ersuchens erfolgten Amtshilfe regelt sich nach § 16 Konsulargesetz. Die Norm ist allgemein gehalten und besagt lediglich, dass Konsularbeamte berufen sind, auf Ersuchen deutscher Gerichte und Behörden Personen, die sich in ihrem Konsularbezirk aufhalten, Schriftstücke jeder Art zuzustellen (§ 16 S. 1 KonsG), und dass über die erfolgte Zustellung ein schriftliches Zeugnis auszustellen und der ersuchenden Stelle zu übersenden ist (§ 16 S. 2 KonsG) (*OVG Münster* B 25.10.2006 – 12 A 819/06). Da es sich hierbei ebenso um eine öffentliche Urkunde im Sinne des § 418 ZPO handelt (*LSG Darmstadt* U 1.11.2011 – L 3 U 50/07, juris Rn. 39 f. mit breiten Ausführungen zum Gegenbeweis), gelten die oben dargestellten Anforderungen. Gleiches gilt für das Zeugnis der Auswärtigen Amtes als öffentliche Urkunde bei der Zustellung nach Abs. 1 Nr. 3.

33 Der Nachweis der Zustellung bei der Übermittlung elektronischer Dokumente nach Abs. 1 Nr. 4 ergibt sich nach den Regelungen zu § 5 Abs. 7, S. 1 bis 3 und S. 5 sowie § 5a Abs. 3 und Abs. 4, S. 1, 2 und 4. Die Gesetzesbegründung der ursprünglichen Fassung des § 9 verwies noch auf die – mittlerweile geänderten – Nachweisregelungen aus § 5 Abs. 5 S. 3 (BT-Drucks. 15/5216, S. 14).

IV. Anordnung eines Zustellungsbevollmächtigten

34 Im Gegensatz zu § 14 VwZG a.F. ist die Möglichkeit der Anordnung zur Benennung eines inländischen Zustellungsbevollmächtigten neu eingefügt. Da es sich bei der Zustellung an diesen Bevollmächtigten um eine Inlandszustellung handelt, kann auf die Feststellung der völkerrechtlichen Zulässigkeit, wie es bei Abs. 1 Nr. 1 und Nr. 4 verlangt wird, verzichtet werden. Zum Schutze des rechtsunkundigen Empfängers vor Rechtsverlust statuiert Abs. 3 S. 5 eine Hinweispflicht (BT-Drucks. 15/5216, S. 14).

35 Die Möglichkeit der Anordnung besteht nur in den Fällen der Zustellung nach Ersuchen an eine andere Behörde im Sinne des Abs. 1 Nr. 2 und Nr. 3. Sie steht im Ermessen der Behörde. (so bereits das *FG Stuttgart* U 03.11.2006 – 12 K 115/06 zur damals noch nicht eindeutig lautenden Regelung des § 123 S. 1 AO). Kommt der Adressat nach Fristsetzung dieser Anordnung nicht nach, ergibt sich für die Behörde die Möglichkeit, die Zustellung durch Aufgabe bei der Post an die letzte bekannte Adresse im Inland zu bewirken. Auch dieses steht im Ermessen der Behörde und verlangt eine entsprechende Dokumentation.

36 Über die Ermessendokumentation in der Begründung hinaus verlangt Abs. 3 S. 6 einen Aktenvermerk über die Zeit der Aufgabe zur Post und der zugrunde gelegten Adresse. Hierbei handelt es sich lediglich um ein Verwaltungsinternum. Eine Zustellung ist tatsächlich erfolgt. Der Vermerk dient vielmehr der späteren Beweisbarkeit.

37 Der Zeitpunkt der Aufgabe zur Post bestimmt den Beginn der Frist nach Abs. 3 S. 3, wonach das Dokument am siebten Tag nach Aufgabe zur Post als zugestellt gilt. Die Frist ist an § 15 S. 3 VwVfG angeglichen (BT-Drucks. 15/5216). Damit hat sich der Gesetzgeber gegen die prozessrechtliche Zustellungsfiktion nach einer zweiwöchigen Frist gem. § 184 Abs. 2 ZPO entschieden. Es steht im Ermessen der Behörde, die Frist zu Gunsten des Empfängers zu verlängern.

38 Diese Zugangsvermutung kann widerlegt werden. Sie gilt nicht, wenn feststeht, dass das Dokument dem Empfänger nicht oder zu einem späteren Zeitpunkt an der benannten Adresse zugegangen ist. Die Nichterweislichkeit eines späteren oder gänzlich unterbliebenen Zugangs geht somit zu Lasten des Empfängers (Kopp/Ramsauer-*Ramsauer*§ 15 VwVfG Rn. 7). Hinsichtlich der Tatsache, dass ein Dokument vor dem siebten Tag zugegangen ist, ist die Vermutung dagegen unwiderleglich (Stelkens/Bonk/Sachs/Schmitz-*Schmitz*, § 15 Rn. 13).

39 Eine nachträgliche Benennung eines Zustellungsbevollmächtigten führt nicht zum Ausschluss, so dass dann an diesen zuzustellen ist. Der Adressaten darf keinen Wohnsitz oder Sitz oder Geschäftsleitung im Inland haben. Ausreichend ist hier allerdings, dass der Behörde der Wohnsitz unbekannt ist (BeckOK VwVfG-*Rost*, 2. Aufl. 2016, § 9 VwZG Rn. 40). Der Adressat ist auf die Rechtsfolgen der Nichtbenennung hinzuweisen. Ein fehlender Hinweis macht die tatsächliche Zustellung zwar nicht unwirksam, sondern führt dazu, dass die Rechtsmittelfrist nicht in Gang gesetzt wird (BeckOK-VwVfG-*Rost*). Der fehlende Hinweis über die Rechtsfolgen ist aber bei Ermessensentscheidung der Behörde nach abgelaufener Frist über die einfache Zustellung durch einfache Aufgabe zur Post zu berücksichtigen (Fehlert/Kastner/Störmer-*Danker*, Verwaltungsrecht, 4. Aufl. 2016, § 10 VwZG Rn. 6).

40 Eine Anordnung scheidet gem. § 71b Abs. 6 S. 3 VwVfG im Verfahren über eine einheitliche Stelle nach §§ 71a ff. VwVfG aus, da dieser eine solche Verpflichtung für den

Fall des § 15 VwVfG ausschließt. Dieses sollte auch für § 9 Abs. 3 gelten, da ansonsten die Gefahr des Verstoßes gegen das europäische Diskriminierungsverbot aus Art. 18 AEUV für den Bereich der Dienstleistungsrichtlinie besteht (so die Gesetzesbegründung zu § 71b, BT-Drs. 16/10493, S. 19; kritisch Kopp/Ramsauer-*Wysk*, VwVfG, 19. Auf. 2018, § 71b Rn. 24; vgl. auch Engelhardt/App/Schlatmann-*Schlatmann*, § 9, Rn. 24a)

Anhang:
Landesrecht

(1) Baden-Württemberg: § 10 Verwaltungszustellungsgesetz für Baden-Württemberg (LVwZG).

(2) Bayern: Art. 14 Bayerisches Verwaltungszustellungs- und Vollstreckungsgesetz.

(3) Berlin: § 7 Gesetz über das Verfahren der Berliner Verwaltung – Geltung des VwZG.

Das Landesrecht verweist auf die Anwendbarkeit des VwZG des Bundes.

(4) Brandenburg: § 1 Verwaltungszustellungsgesetz für das Land Brandenburg (BbgVwZG) Das Landesrecht erklärt die §§ 2 bis 10 VwZG des Bundes für anwendbar.

(5) Bremen: § 1 Bremisches Verwaltungszustellungsgesetz (BremVwZG). Das Landesrecht verweist auf die Anwendbarkeit des VwZG des Bundes

(6) Hamburg: § 1 Hamburgisches Verwaltungszustellungsgesetz (HmbVwZG). Das Landesrecht verweist auf die Anwendbarkeit des VwZG des Bundes.

(7) Hessen: § 1 Hessisches Verwaltungszustellungsgesetz (HessVwZG)

Das Landesrecht erklärt die §§ 2 bis 10 VwZG des Bundes für anwendbar.

(8) Mecklenburg-Vorpommern: § 107 Verwaltungsverfahrens-, Zustellungs- und Vollstreckungsgesetz des Landes Mecklenburg-Vorpommern (Landesverwaltungsverfahrensgesetz – VwVfG M-V).

(9) Niedersachsen: § 1 Niedersächsisches Verwaltungszustellungsgesetz (NVwZG). Das Landesrecht erklärt die §§ 2 bis 10 VwZG des Bundes für anwendbar.

(10) Nordrhein-Westfalen: § 9 Verwaltungszustellungsgesetz für das Land Nordrhein-Westfalen (Landeszustellungsgesetz – LZG NRW).

(11) Rheinland-Pfalz: § 1 Landesverwaltungszustellungsgesetz (LVwZG). Das Landesrecht erklärt, mit Ausnahmen, die §§ 2 bis 10 VwZG des Bundes für anwendbar.

(12) Saarland: § 1 Saarländisches Verwaltungszustellungsgesetz (SVwZG). Das Landesrecht verweist auf die Anwendbarkeit des VwZG des Bundes

(13) Sachsen: § 4 Gesetz zur Regelung des Verwaltungsverfahrens- und des Verwaltungszustellungsrechts für den Freistaat Sachsen (SächsVwVfZG). Das Landesrecht verweist auf die Anwendbarkeit des VwZG des Bundes

(14) Sachsen-Anhalt: § 1 Verwaltungszustellungsgesetz des Landes Sachsen-Anhalt (VwZG-LSA). Das Landesrecht erklärt die §§ 2 bis 10 VwZG des Bundes für anwendbar.

(15) Schleswig-Holstein: §§ 154 Allgemeines Verwaltungsgesetz für das Land Schleswig-Holstein (Landesverwaltungsgesetz – LVwG)

(16) Thüringen: § 14 Thüringer Verwaltungszustellungs- und Vollstreckungsgesetz (ThürVwZVG)

§ 10 Öffentliche Zustellung

(1) [1]Die Zustellung kann durch öffentliche Bekanntmachung erfolgen, wenn

1. der Aufenthaltsort des Empfängers unbekannt ist und eine Zustellung an einen Vertreter oder Zustellungsbevollmächtigten nicht möglich ist,

2. bei juristischen Personen, die zur Anmeldung einer inländischen Geschäftsanschrift zum Handelsregister verpflichtet sind, eine Zustellung weder unter der eingetragenen Anschrift noch unter einer im Handelsregister eingetragenen Anschrift einer für Zustellungen empfangsberechtigten Person oder einer ohne Ermittlungen bekannten anderen inländischen Anschrift möglich ist oder

3. sie im Fall des §9 nicht möglich ist oder keinen Erfolg verspricht.

[2]Die Anordnung über die öffentliche Zustellung trifft ein zeichnungsberechtigter Bediensteter.

(2) [1]Die öffentliche Zustellung erfolgt durch Bekanntmachung einer Benachrichtigung an der Stelle, die von der Behörde hierfür allgemein bestimmt ist, oder durch Veröffentlichung einer Benachrichtigung im Bundesanzeiger. [2]Die Benachrichtigung muss

1. die Behörde, für die zugestellt wird,

2. den Namen und die letzte bekannte Anschrift des Zustellungsadressaten,

3. das Datum und das Aktenzeichen des Dokuments sowie

4. die Stelle, wo das Dokument eingesehen werden kann,

erkennen lassen. [3]Die Benachrichtigung muss den Hinweis enthalten, dass das Dokument öffentlich zugestellt wird und Fristen in Gang gesetzt werden können, nach deren Ablauf Rechtsverluste drohen können. [4]Bei der Zustellung einer Ladung muss die Benachrichtigung den Hinweis enthalten, dass das Dokument eine Ladung zu einem Termin enthält, dessen Versäumung Rechtsnachteile zur Folge haben kann. [5]In den Akten ist zu vermerken, wann und wie die Benachrichtigung bekannt gemacht wurde. [6]Das Dokument gilt als zugestellt, wenn seit dem Tag der Bekanntmachung der Benachrichtigung zwei Wochen vergangen sind.

Übersicht

I. Allgemeines

1 Das Verwaltungszustellungsgesetz schließt mit der Möglichkeit der sog. „öffentlichen Zustellung“. Die öffentliche Zustellung ist neben der Zustellung ins Ausland gem. § 9 einer der beiden Sonderformen, die § 2 Abs. 2 S. 2 VwZG aufführt. Die Voraussetzungen der öffentlichen Zustellung sind damit in § 10 abschließend geregelt und schließen andere Ausführungen der öffentlichen Zustellung aus. Unter den – strengen – abschließenden Voraussetzungen des Abs. 1 kann die Behörde die Zustellung über die öffentliche Bekanntmachung bewirken. Form, Inhalt und Verfahren der Bekanntmachung durch eine öffentliche Benachrichtigung sind konkret in § 10 vorgegeben.

2 Die öffentliche Zustellung nach § 10 VwZG ist von der öffentlichen Bekanntgabe eines VA (§ 41 Abs. 3, 4 VwVfG, § 37 Abs. 3, 4 SGB X § 122 Abs. 3, 4 AO) zu unterscheiden. Bei der öffentlichen Zustellung oder Zustellung durch öffentliche Bekanntmachung handelt es sich nicht um einen Fall der öffentlichen Bekanntgabe, sondern um eine besondere Form der Zustellung; anders als die öffentliche Bekanntgabe eines VA kommt die öffentliche Zustellung nur in Betracht, wenn die Behörde sich nach sorgfältiger Prüfung davon überzeugt hat, dass alle übrigen Zustellungsarten nicht zum Erfolg führen (Hübschmann/Hepp/Spitaler-*Müller-Franken*, AO/FGO, § 122 AO Rn. 435, Stand: Mai 2019; Kopp/Ramsauer-*Ramsauer*, VwVfG, § 41 Rn. 44)

3 In einigen Landeszustellungsgesetzen (vgl. § 10 LZG NRW) trägt die inhaltsgleiche Vorschrift den zutreffenderen Namen der „Zustellung durch öffentliche Bekanntmachung“. Dieser Titel macht besser deutlich, dass es sich um eine reine Fiktion der Zustellung handelt. Dem Empfänger wird der Bescheid in Fällen der öffentlichen Zustellung gerade nicht bekannt geben (Engelhardt/App/Schlatmann-*Schlatmann,* VwZG § 10 Rn. 1). Die Bezeichnung der öffentlichen Bekanntgabe darf jedoch nicht dazu führen, dass die Bekanntmachung im Sinne der Zustellung mit der zur Wirksamkeit des Verwaltungsakts führenden Bekanntgabe im Sinne des § 43 VwVfG, § 122 AO, § 37 SGB X gleichgestellt wird (vgl. dazu unten Rn. 6).

4 Es ist für die Behörde die letzte Möglichkeit („ultima ratio“), einen Bescheid, der mit den anderen Mitteln des VwZG nicht zugestellt werden konnte, bekannt zu geben (*BVerwG* U 18.4.1997 – 8 C 43–95; NVwZ 1999, 178, 179; BVerwGE 104, 301, 301). Die Voraussetzungen aus § 10 Abs. 1 S. 1 sind abschließend und eng gefasst, da die öffentliche Zustellung aufgrund der grundsätzlich fehlenden tatsächlichen Kenntnisnahmen die Möglichkeit des Rechtschutzes im Sinne des Art. 103 Abs. 1 GG stark eingeschränkt ist (*BVerfG* B 26.10.1987 – 1 BvR 198/87, NJW 1988, 2361, 2361).

5 Die öffentliche Zustellung ist im Zuge der Modernisierung des GmbH-Rechts geändert worden. Mit dem Gesetz zur Modernisierung des GmbH-Rechts und zur Bekämpfung von Missbräuchen (MoMiG – BGBl. I 2008 S. 2026) vom 23.10.2008 wurde § 10 mit dem inhaltsgleichen § 185 ZPO geändert, um auf sog. Missbrauchs– und Bestattungsfälle im Gesellschaftsrecht zu reagieren (BT-Drucks. 16/9737, S. 58). Art. 6b des Artikelgesetzes ergänzt die Voraussetzungen des Absatzes 1 um die jetzige Nummer 2. Die aktuelle Version der öffentlichen Zustellung trat am 1.4.2012 in Kraft. Das Artikelgesetz zur Änderung von Vorschriften über Verkündung und Bekanntmachung sowie der Zivilprozessordnung und der Abgabenordnung (Verk/BekuaÄndG – BGBl. I 2011 S. 3044) führte zu einer redaktionellen Streichung der Veröffentlichung im elektronischen Bundesanzeiger aus Absatz 2, da dieses nunmehr die einzige Form der Veröffentlichung ist (BT-Drucks. 17/6610, S. 24).

Die öffentliche Zustellung ist strikt von der öffentlichen Bekanntgabe (i.e.S.) nach §41 VwVfG, §122 AO oder §37 SGB X zu unterscheiden. Die öffentliche Zustellung im Sinne des §10 erfolgt als ulitma-ratio und unter den engen Voraussetzungen des Abs. 1. Die öffentliche Bekanntgabe (i.e.S) erfolgt, wenn Fachgesetze dieses zulassen (§ 41 Abs. 3 S. 1 VwVfG). Sie kommt regelmäßig in Massenverfahren oder bei Verwaltungsakten, die nicht unmittelbar einem bestimmten Adressaten zuzuordnen sind, in Betracht (*Rheindorf/Weidemann*, DVP 2012, 310, 310). Besonderheiten ergeben sich bei einer öffentlichen Bekanntgabe in Fällen von Massenverfahren bei mehr als 50 Personen, denen ein Bescheid zugestellt werden soll (BeckOK VwVfG-*Ronellenfitsch,* § 10 VwZG Rn. 3). Beim Abschluss eines förmlichen (Massen-)Verwaltungsverfahren nach §§ 63 ff. VwVfG bzw. im Planfeststellungsverfahren nach §§ 74 ff. VwVfG kann die Behörde nach §74 Abs. 5 VwVfG bzw. §69 Abs. 2 S. 2 bis 5 VwVfG auf die Individualzustellung im Sinne des VwZG verzichten (Koop/Ramsauer-*Wysk*, §74 Rn. 195 ff.). 6

Grundsätzlich unterscheiden sich die öffentliche Bekanntgabe (i.e.S.) und die öffentliche Zustellung in Ablauf, Wirkung und Zweck. Die öffentliche Zustellung ist trotz Öffentlichkeit an eine individuelle Person gerichtet. Während die öffentliche Bekanntgabe den verfügenden Teil der behördlichen Entscheidung veröffentlicht, begnügt sich die öffentliche Zustellung mit einer Benachrichtigung (vgl. unten Rn. 28). Die öffentliche Zustellung im Sinne des §10 trifft spezielle Regelungen zum Veröffentlichungsort (vgl. unten Rn. 27), während die öffentliche Bekanntgabe auf die ortsübliche Bekanntmachung verweist. Die öffentliche Bekanntmachung entfaltet grundsätzlich keine Rechtswirkung für Dritte (*Rheindorf/Weidemann*, DVP 2012, 310, 315). Die spezielle öffentliche Bekanntmachung nach dem VwVfG dient der Verwaltungsvereinfachung (Koop/Ramsauer-*Wysk*, § 69 Rn. 12). Die öffentliche Zustellung nach dem VwZG ist demgegenüber das letzte Mittel der Behörde, um überhaupt eine Zustellung zu erreichen. 7

II. Voraussetzungen

Die Voraussetzungen der öffentlichen Zustellung sind im Absatz 1 abschließend in den drei Nummern aufgeführt. Die Nr. 2 ist 2008 neu eingefügt worden. Die öffentliche Zustellung ist die letzte Möglichkeit der Bekanntgabe, so dass der Anwendungsbereich sehr eng auszulegen ist. An die Voraussetzungen sind daher auch hohe Anforderungen zu stellen. Irrtümer über die Auslegung und das Vorliegen der Voraussetzungen gehen zu Lasten der Behörde und führen zur Unwirksamkeit der Zustellung (BeckOK-VwVfG-*Ronellenfitsch,* § 10 Rn. 7; Engelhardt/App/Schlatmann-*Schlatmann,* §10 Rn. 2). Dieses ist unabhängig vom Verschulden der Behörde der Fall (*OLG Schleswig* U 13.9.2001 – 16 W 84, juris Rn. 47, NJW-RR, 2002, 714, 715). 8

1. Unbekannter Aufenthaltsort – Nr. 1. Eine öffentliche Zustellung ist – erst – dann zulässig, wenn der Aufenthaltsort des Zustellungsempfängers unbekannt ist. Die öffentliche Zustellung ist das „letztes Mittel" der Zustellung und erst dann zulässig, wenn alle Möglichkeiten erschöpft sind, das Schriftstück dem Empfänger in anderer Weise zu übermitteln (*BVerwG* U 18.4.1997 – 8 C 43.95, juris Rn. 18; NVwZ 1999, 178, 179, BVerwGE 104, 301; *BFH* U 6.6.2000 – VII R 55/99, juris Rn. 11; NVwZ-RR 2001, 77 f.). 9

Eine öffentliche Zustellung verlangt daher zunächst, dass die Behörde die notwendigen Ermittlungen anstellt, um den Aufenthaltsort zu ermitteln. Es genügt nicht, dass 10 nur ihr der Aufenthaltsort nicht bekannt ist, sondern er muss allgemein unbekannt sein (*BVerfG* B 26.10.1987 – 1 BvR 198/87, NJW 1988, 2361, 2361). Auf der einen Seite ist es angesichts der Vielgestaltigkeit der möglichen Sachverhalte kaum möglich, dass die Anforderungen an die Behörde zur Ermittlung einer zustellfähigen Anschrift abstrakt-generell festgelegt werden können (*BFH* B 14.3 2017 – X S 18/16 [PKH], juris Rn. 33). Auf der einen Seite dürfen die Anforderungen an die Behörde im Einzelfall nicht überspannt werden. Unzumutbare Anforderungen sind an den Zustellenden nicht zu stellen. Nach der Rechtsprechung genügt der Nachweis, dass er alle der Sache nach möglichen und geeigneten Nachforschungen angestellt hat. Dieses ist beispielsweise der Fall, wenn die Behörde versucht, die Anschrift des Adressaten durch das Einwohnermeldeamt oder die Polizei zu ermitteln. Auf der anderen Seite vermögen im Einzelfall weitere Nachforschungen bei anderen Einrichtungen oder Personen naheliegen, wie etwa eine Erkundigung bei einem Bevollmächtigten *BFH*, B 14.3 2017 – X S 18/16 [PKH], juris Rn. 32).

11 Eine Rechtspflicht zur Ermittlung im Ausland besteht zunächst nicht. Dennoch hat die Behörde alle objektiv geeignet erscheinenden, rechtlich zulässigen und zumutbaren Ermittlungsmöglichkeiten des grenzüberschreitenden Informationsaustausches auszuschöpfen. Sind die oben beschriebenen Ermittlungsmöglichkeiten im Inland ausgeschöpft, so ist es erforderlich, dass die Behörde in Erfahrung bringt, (a.) ob eine grenzüberschreitender behördlicher Informationsaustausch besteht und (b.) über diesen dann ein Auskunftsersuchen mit dem Ziel der Aufenthaltsermittlung an die Behörden des vermuteten Aufenthaltsstaates zu richten (m.w.N. *OVG Münster* B 25.7.2014 – 12 A 503/13, juris Rn. 38 ff.). Erst wenn feststeht, dass eine Anschriftenermittlung im Wege des grenzüberschreitenden Informationsaustausches entweder nicht möglich oder ein konkretes Auskunftsersuchen fehlgeschlagen ist, darf z.B. das Finanzamt demnach zur öffentlichen Zustellung übergehen (vgl. zum Ganzen *BFH* U 9.12.2009 – X R 54/06; IStR 2010, 813, 815).

12 Die „Flucht" ins Ausland, die Abmeldung beim Melderegister „ins Ausland ohne Angabe einer Adresse" oder das bewusste Verheimlichen des Aufenthaltsortes begrenzt die Ermittlungspflicht der Behörde. Eine Rechtspflicht der zustellenden Behörde, Anschriften im Ausland zu ermitteln, besteht daher regelmäßig nicht, wenn ein Fall der „Auslandsflucht" vorliegt oder wenn sich der Empfänger beim inländischen Melderegister „ins Ausland" ohne Angabe einer Anschrift abgemeldet hat. Die Behörde ist in diesen Fällen vorrangig nur zu Ermittlungsmaßnahmen im Inland verpflichtet, z.B. durch Nachfragen beim Einwohnermeldeamt und bei Kontaktpersonen des Empfängers (*OVG Münster* B 25.7.2014 – 12 A 503/13, juris Rn. 38)

13 Wenn nach polizeilichen Ermittlungen feststeht, dass sich der Kläger ins Ausland abgesetzt hat und zusätzlich bekannt ist, dass die Zustellung per Postzustellungsurkunde an die bisherige Meldeadresse unbeantwortet blieb, ist ein (erneuter) Zustellungsversuch nicht mehr erforderlich. Ein Zustellungsversuch vor Anordnung der öffentlichen Zustellung kann unterbleiben, wenn mit an Sicherheit grenzender Wahrscheinlichkeit feststeht, dass sie erfolglos bleiben wird (*VGH München* B 12.03.2019 – 10 ZB 18.2371, juris Rn. 7). Die öffentliche Zustellung nach dem Absetzen bzw. der Flucht ins Ausland ist jedoch auch sehr stark einzelfallabhängig. Eine geminderte Schutzwürdigkeit kann sich bereits daraus ergeben, dass der Betroffene seinen Meldepflichten gesetzwidrig nicht nachkommt und gegenüber den Behörden bewusst seinen

Aufenthaltsort verschleiert (s.o.). Dennoch müssen die der Behörde bekannten Wege genutzt werden. Ein Ermittlungsweg kann bereits in einem Kontakt des Betroffenen über SMS oder soziale Medien zu einem in Deutschland lebenden Verwandten sein, wenn dieses der Behörde bekannt ist (sehr detailliert zur Nachforschung *VG Wiesbaden* U 10.11.2017 – 6 K 1114/15.WI, juris Rn. 32).

Eine bloße Vermutung, dass eine Adresse, an die sich der Zustellungsempfänger bei der Meldebehörde abgemeldet hat, eine Scheinadresse ist, rechtfertigt für sich eine öffentliche Zustellung noch nicht. Erforderlich sind vielmehr Tatsachen, die es von vornherein als ausgeschlossen erscheinen lassen, dass der Zustellungsempfänger unter der von ihm genannten Anschrift wohnt (*BFH* U 6.6.2000 – VII R 55/99 – LS 1, NVwZ-RR 2001, 77, 77) **14**

Die Auskunftsermittlung im Ausland kann unter Umständen sehr „zeitraubend" sein. Einen eindeutigen Zeitrahmen, den eine Auskunftsermittlung im Ausland dauern kann, gibt es nicht. Vielmehr bedarf es einer Abwägung der widerstreitenden Interessen, wobei es stets auf die Umstände des Einzelfalls ankommt. Zwar ist ein so langer Zeitraum nicht zu akzeptieren, der ein Zuwarten der beteiligten Partei billigerweise nicht zugemutet werden kann. Dem steht jedoch der Umstand entgegen, dass eine Bewilligung der öffentlichen Zustellung den Anspruch auf rechtliches Gehör des Prozessgegners aus Art. 103 Abs. 1 GG gefährdet (vgl. zur identischen Abwägung *BGH* B 20.1.2009 – VIII ZB 47/08, juris Rn. 13). **15**

Von einem unbekannten Aufenthalt kann jedenfalls ausgegangen werden, wenn nach Auskunft der Staatsanwaltschaft eine Person gegen Auflage aus der Haft entlassen wurde und nach Auflagenverstoßes untergetaucht ist (hier zur Darlegung und Glaubhaftmachung beim inhaltsgleichen § 185 ZPO, (*BGH* B 17.1.2017 – VIII ZR 209/16). **16**

Eine öffentliche Zustellung scheidet jedoch dann aus, wenn die Zustellung an den Vertreter oder Zustellungsbevollmächtigung möglich ist. Erforderlich ist diesbezüglich eine entsprechende Bevollmächtigung, die sich aber beispielsweise bereits dadurch ergeben kann, dass sich der Rechtsbeistand im Vorfeld bereits – allgemein – als zustellungsbevollmächtigt zu erkennen gibt (*BGH* U 8.12.2016 – III ZR 89/15; NJW 2017, 1735, 1736).

Einer öffentlichen Zustellung steht nicht entgegen, wenn eine Zustellung an eine andere, an der Wohnanschrift befindliche Person, z.B. volljährige Kinder möglich ist, solange es an einer Bevollmächtigung fehlt (*VGH München* B 12.3.2019 – 10 ZB 18.2371, juris Rn. 7). Dieses sind dann aber für die weitere Aufenthaltsermittlung zu befragen.

Ob der Aufenthalt nur vorübergehend unbekannt ist, ist irrelevant. Entscheidend ist der Zeitpunkt der Entscheidung über die öffentliche Zustellung. Wenn zu diesem Zeitpunkt der Aufenthaltsort unbekannt war, dann ist es unerheblich, ob die Abwesenheit nur vorübergehend oder länger dauernd gewesen ist oder ob die bisherige Wohnung „aufgegeben" wurde (*VGH München* B 12.3.2019 – 10 ZB 18.2371, juris Rn. 6). **17**

2. Missbrauchs- und Bestattungsfälle – Nr. 2. Die Voraussetzungen der Nr. 2 dienen dem einfacheren Vorgehen bei Missbrauchs- und Bestattungsfällen im Gesellschaftsrecht. Die Möglichkeit, dass bei juristischen Personen, die zur Anmeldung einer inländischen Geschäftsanschrift im Handelsregister verpflichtet sind, eine Zustellung **18**

weder unter der eingetragenen Anschrift noch unter einer im Handelsregister eingetragenen Anschrift einer für Zustellungen empfangsberechtigten Person oder einer ohne Ermittlungen bekannten anderen inländischen Anschrift möglich ist, öffentlich zugestellt wird, ist mit dem Gesetz zur Modernisierung des GmbH-Rechts und zur Bekämpfung von Missbräuchen (MoMiG) 2008 eingefügt worden. Die Erweiterung der Voraussetzungen zur öffentlichen Zustellungen in § 10 wurde erforderlich, um die im GmbH-Recht erlassenen Gesetzesänderungen zur Bekämpfung der Missbrauchs- und Bestattungsfälle zu komplettieren (BT-Drucks. 16/9737, S. 58). Die neu eingebrachte Voraussetzung erleichtert der Behörde bei juristischen Personen in Fällen des sog. Missbrauchs bzw. der Bestattung die öffentliche Zustellung. Es handelt sich um Fälle, in denen eine juristische Person, wie eine GmbH oder AG, ihre Gesellschaftsräume aufgibt oder postalisch nicht mehr erreichbar ist (BT-Drucks. 16/6140, S. 53).

19 Die Nummer 2 findet nur Anwendung bei juristischen Personen, die zur Anmeldung mit einer inländischen Geschäftsanschrift im Handelsregisters verpflichtet sind. Dieses ergibt sich für die GmbH aus §§ 8 Abs. 4, 10 Abs. 1 GmbHG und für die Aktiengesellschaft aus §§ 37 Abs. 3, 39 Abs. 1 AktG. Im Umkehrschluss bedeutet dieses aber auch, dass diese Variante der öffentlichen Zustellung nicht bei Personengesellschaften wie den GbR, OHG oder KG gilt (vgl. BeckOK VwVfG – *Ronellenfitsch,* § 10 VwZG Rn. 18).

20 Darüber hinaus gilt die Norm aber auch für ausländische juristischen Personen, wenn sie eine inländische Zweigniederlassung betreiben sowie die SE. Neben ihrer Eigenschaft als eigenständige Rechtspersönlichkeiten unterliegen diese Gesellschaften aufgrund ihrer Kaufmannseigenschaft erhöhten rechtlichen Pflichten und Obliegenheiten. Durch die Änderungen im Zustellungsverfahren obliegt es den Gesellschaften nunmehr, ihre Erreichbarkeit sicherzustellen. Anderenfalls droht ihnen als Konsequenz die öffentliche Zustellung (BT-Drucks. 16/6140, S. 53).

21 Mit der Einführung der Regelungen soll die Zustellung erleichtert werden. Dieses sollte jedoch nicht bedeuten, dass damit der Gedanke der „Ultima-Ratio" der öffentlichen Zustellung aufgegeben werden sollte (*Wübbelsmann*, DStR 2011, 126, 128). Die Behörde hat den Bescheid zunächst dem Vertreter der Gesellschaft im Sinne des § 6 unter der im Handelsregister eingetragenen Anschrift zuzustellen. Das Gesellschaftsrecht hält weitere eintragungsfähige Personen bereit, an die zugestellt werden kann, wenn die Zustellung an den Vertreter scheitert (Engelhardt/App/Schlatmann-*Schlatmann*, § 10 Rn. 6). Die Benennung von Empfangsbevollmächtigten nach § 10 Abs. 2 S. 2 GmbHG und § 39 Abs. 1 S. 2 AktG verlangt die Angabe einer inländischen Anschrift, für die die gleichen Regeln gelten, wie für die Geschäftsanschrift (vgl. auch § 43 Nr. 2b HRV). Dieses soll nach Sinn und Zweck, gerade für Gesellschaften mit Sitz im Ausland, der Gefahr der öffentlichen Zustellung vorbeugen und kann sowohl durch Notare, Rechtsanwälte, Gesellschafter oder auch Dritte gewährleistet werden (BeckOK GmbHG *Jaeger*, § 10 Rn. 6, 8. Ed. 2019). Den gleichen Zweck erfüllt die Regelung des § 13e Abs. 2 S. 4 HGB für Empfangsbevollmächtigte in Zweigniederlassungen bei Kapitalgesellschaften mit Sitz im Ausland (Baumbach/Hopt-*Hopt*, HGB, 38. Aufl. 2018, § 13e Rn. 3).

22 Konnte die Zustellung weder an den Vertreter noch an einen Empfangsbevollmächtigten erfolgen, so blieben bei Gesellschaften mit Sitz im Ausland nur noch die Möglichkeit der Auslandszustellung nach § 9. Mit der Zulassung der öffentlichen Bekanntmachung nach § 10 Abs. 1 Nr. 2 kann die ggf. zeitaufwändige Ermittlung der ausländischen Geschäfts- oder Privatadresse des Vertreters unterbleiben (*Erlenkämper/Rhein*, VwVG NRW 4. Aufl. 2011 § 10 LZG NRW Rn. 18).

3. Zustellung im Ausland nicht möglich oder nicht erfolgversprechend – Nr. 3. Die öffentliche Zustellung im Fall der Auslandszustellung im Sinne des § 9 ist möglich, wenn diese überhaupt nicht möglich ist oder jedenfalls keinen Erfolg verspricht. 23

Eine Zustellung im Ausland scheidet im Regelfall aus, wenn die Zustellungen in Krisenregionen, Kriegs– oder Bürgerkriegsgebieten erfolgen soll. Daneben besteht die Möglichkeit der Weigerung der Zustellung durch das Land, z.B. beim Abbruch der diplomatischen Bemühungen. Unmöglich ist eine Zustellung im Ausland – aus rechtlichen – Gründen auch wohl, wenn das betreffende Land nicht den nationalen und europäischen Datenschutz (sog. Safe Habor) gewährleistet (BeckOK VwVfG – *Ronellenfitsch*, § 10 VwZG Rn. 21).

Streitiger ist, wann eine Zustellung im Ausland nicht erfolgsversprechend ist. Dieses kann u.a. gegeben sein, wenn die Zustellung ins Ausland zwar möglich aber übermäßig lange dauert. 24

So hat der BFH entschieden, dass der Umstand, dass Zustellungen über die diplomatischen Vertretungen durch Weiterleitung an das Ministerium für Auswärtige Angelegenheiten im Zustellungsland ca. zwei Jahre in Anspruch nehmen können, nicht ausreicht, um einen Bescheid wirksam öffentlich zuzustellen. (*BFH* U 6.6.2000 – VII R 55/99, BFHE 192, 200, BStBl II 2000, 560). Ein fester Zeitrahmen kann auch hier nicht festgelegt werden, sondern ist vom Einzelfall abhängig (*BGH* B 20.1.2009 – VIII ZB 47/08, NJW-RR 2009, 855, 855).

III. Anordnungsbefugnis, S. 2

Die Anordnung zur öffentlichen Zustellung trifft der zeichnungsberechtigte Bedienstete. Wer zeichnungsberechtigt ist, entscheidet die jeweilige Behörde im Rahmen der Behördenorganisation. Hierbei muss es sich auch nicht zwingende Gründe um einen Beamten im statusrechtlichen Sinne handeln (BT-Drucks. 15/5216, S. 14). Die Entscheidung steht zwar im Ermessen – „kann" – der Behörde. Es handelt sich jedoch nicht um einen Verwaltungsakt, so dass auch auf eine Anhörung oder Begründung verzichtet werden kann (*Rheindorf/Weidemann*, DVP 2012, 310, 314; Hübschmann/Hepp/Spitaler-*Schwarz*, AO/FGO § 10 VwZG Rn. 11, Stand: Feb. 2019). Es bietet sich jedoch an, die tragenden Gründe in den Akten zu vermerken, um in einem späteren gerichtlichen Verfahren darlegen zu können, dass dem Gebot der Sachverhaltsermittlung genüge getan ist (*Rheindorf/Weidemann*). 25

IV. Verfahren der Zustellung – § 10 Abs. 2

Das Verfahren der öffentlichen Zustellung wird in § 10 Abs. 2 detailliert geregelt. Die öffentliche Zustellung erfolgt durch die Bekanntmachung einer Benachrichtigung der öffentlichen Zustellung. Im Gegensatz zur öffentlichen Bekanntgabe erfolgt die Zustellung nicht durch Bekanntgabe des Verfügungssatzes, sondern „lediglich" über eine Benachrichtigung der Zustellung. Der Inhalt soll aus Gründen des Datenschutzes weitgehend neutral bleiben (BT-Drucks. 15/5216, 14). § 10 Abs. 2 S. 1 bestimmt die Stelle bzw. den Ort der Benachrichtigung. Satz 2 bis 4 beschreibt den Inhalt der 26

Benachrichtigung sowie erforderliche Hinweise. Satz 5 schreibt vor, dass Zeitpunkt und Art der Bekanntmachung der Benachrichtigung in den Akten festzuhalten ist.

27 **1. Ort der Veröffentlichung.** Die Benachrichtigung über die Zustellung erfolgt an der Stelle, welche die Behörde hierfür allgemein bestimmt hat. Darüber hinaus kann sie auch – seit 2012 nur noch auf dem digitalen Wege – im Bundesanzeiger veröffentlicht werden. Dieses kann ein „Schwarzes Brett", das Amtsblatt, örtliche Zeitungen oder der Internetauftritt der Kommune sein, solange mit der Möglichkeit der Kenntnisnahme gerechnet werden kann. Datenschutzrechtliche Einwände gegen eine öffentliche Zustellung können nicht durchdringen, da die Benachrichtigung lediglich neutral und mit den notwendigsten Angaben versehen sein soll. Da die öffentliche Zustellung das grundgesetzliche Recht auf richterliches Gehör aus Art. 103 Abs. 1 GG betrifft, kann es angezeigt sein, auch mehrere Wege der Veröffentlichung der Bekanntmachung zu wählen.

28 **2. Inhalt der Veröffentlichung.** § 10 Abs. 2 S. 2 schreibt den Inhalt der Benachrichtigung vor. Demnach muss die Benachrichtigung die Behörde erkennen lassen, die zugestellt hat (Nr. 1), den Namen und die – letztbekannte – Anschrift des Adressaten (Nr. 2), das Datum und Aktenzeichen des zuzustellenden Bescheides (Nr. 3) sowie die Stelle, wo dieser Bescheid eingesehen werden kann (Nr. 4). Angaben, die die Einsichtnahme erleichtern, wie Öffnungszeiten oder Raumnummer innerhalb der Behörde werden nicht vom Gesetz gefordert, sind aber hilfreich, um eine tatsächliche Kenntnisnahme zu unterstützen (Engelhardt/App/Schlatmann-*Schlatmann*, § 10 Rn. 13). Letztlich sollten über den vom Gesetz geforderten Mindestinhalt hinaus und unter Beachtung des Datenschutzes jedenfalls diejenigen Angaben erfolgen, die es braucht, um den öffentlich zuzustellenden Bescheid hinreichend zu konkretisieren (vgl. *BFH* U 25.10.1995 – I R 16/95, juris Rn. 13 ff., DB 1996, 1067,1068)

29 **3. Hinweispflichten, Abs. 2 S. 3 und 4.** Über die hinreichende Konkretisierung der Benachrichtigung hinaus, statuiert § 10 Abs. 2 S. 3 und 4 Hinweispflichten, welche die Benachrichtigung ergänzen. Es ist darüber zu informieren, dass der Bescheid öffentlich zugestellt wird und der Ablauf der damit in Gang gesetzten Fristen zu Rechtsnachteilen, insbesondere der Verlust der Möglichkeit des Rechtsmittels, führen kann. Wird mit dem Bescheid zu einem Termin geladen, muss die Benachrichtigung einen Hinweis auf eine beginnende Frist enthalten, dessen Säumnis zu Rechtsnachteilen führen kann.

30 **4. Fiktion der Zustellung, Abs. 2 S. 6.** Der Bekanntmachung der öffentlichen Zustellung durch die Benachrichtigung folgt in der Regel keine tatsächliche Zustellung sondern die Fiktion der Zustellung („gilt als zugestellt") nach Abs. 2 S. 6. Die Fiktion bedeutet, dass das Dokument – ungeachtet der tatsächlichen Kenntnisnahme – rechtlich zugestellt ist. Voraussetzung ist, dass seit der ununterbrochenen Bekanntmachung der Benachrichtigung auf einem der oben beschriebenen Weg zwei Wochen vergangen sind. Die ununterbrochene Möglichkeit der Kenntnisnahme ist weit zu verstehen, denn die Benachrichtigung richtet sich nicht alleine an den Adressaten, sondern auch an Dritte, die ggf. über die öffentliche Zustellung berichten könnten (Hübschmann/Hepp/Spitaler-*Schwarz*, AO/FGO § 10 VWZG Rn. 45, Stand: Feb. 2019). Seit der Bekanntmachung – durch Aushang oder auf anderem Wege – müssen zwei Wochen verstrichen sein. Dieses bedeutet, dass die Bekanntmachung nicht unterbrochen werden darf, sondern die Benachrichtigung durchgehend zur Kenntnis genommen werden kann (vgl. auch *VGH Mannheim* B 2.1.2018 – 10 S 2000/17, juris Rn. 16).

Die zweiwöchige Frist berechnet sich nach Regeln es BGB. Der Tag des Aushangs (z.B. Freitag) wird gem. § 187 BGB nicht in die Frist miteinbezogen. Die nach zwei Wochen zu berechnende Aushangfrist endet nach § 188 Abs. 2 BGB mit Ablauf des Tages, welcher durch Benennung dem Aushangtag (in diesem Fall „übernächster" Freitag) entspricht. Die Zustellung wird auf den darauffolgenden Tag (hier Samstag) fingiert; ungeachtet, ob es sich um einen Samstag, Sonntag oder Feiertag handelt, da hier die Regelungen des § 193 BGB nicht greifen. Davon zu unterscheiden ist der Fristablauf, der ggf. durch die Zustellung in Gang gesetzt wird, da hier wieder § 193 BGB gilt (vgl. auch das Beispiel bei Engelhardt/App/Schlatmann-*Schlatmann*, § 10 VwZG). 31

Anhang:
Landesrecht

(1) Baden-Württemberg: § 11 Verwaltungszustellungsgesetz für Baden-Württemberg (LVwZG).

(2) Bayern: Art. 15 Bayerisches Verwaltungszustellungs- und Vollstreckungsgesetz (VwZVG).

Das Gesetz sieht in Abs. 1 Nr. 3 zusätzlich die Möglichkeit der öffentlichen Zustellung in Fällen vor, dass der Inhaber der Wohnung, in der zugestellt werden müsste, der inländischen Gerichtsbarkeit nicht unterworfen und die Zustellung in der Wohnung deshalb nicht möglich ist.

(3) Berlin: § 7 Gesetz über das Verfahren der Berliner Verwaltung.

Das Landesrecht verweist auf die Anwendbarkeit des VwZG des Bundes.

(4) Brandenburg: § 1 Verwaltungszustellungsgesetz für das Land Brandenburg (BbgVwZG). Das Landesrecht erklärt die §§ 2 bis 10 VwZG des Bundes für anwendbar.

(5) Bremen: § 1 Bremisches Verwaltungszustellungsgesetz (BremVwZG).

Das Landesrecht verweist auf die Anwendbarkeit des VwZG des Bundes.

(6) Hamburg: § 1 Hamburgisches Verwaltungszustellungsgesetz (HmbVwZG).

Das Landesrecht verweist auf die Anwendbarkeit des VwZG des Bundes.

(7) Hessen: § 1 Hessisches Verwaltungszustellungsgesetz (HessVwZG).

Das Landesrecht erklärt die §§ 2 bis 10 VwZG des Bundes für anwendbar.

(8) Mecklenburg-Vorpommern: § 108 Verwaltungsverfahrens-, Zustellungs- und Vollstreckungsgesetz des Landes Mecklenburg-Vorpommern (Landesverwaltungsverfahrensgesetz – VwVfG M-V).

(9) Niedersachsen: § 1 Niedersächsisches Verwaltungszustellungsgesetz (NVwZG). Das Landesrecht erklärt die §§ 2 bis 10 VwZG des Bundes für anwendbar.

(10) Nordrhein-Westfalen: § 10 Verwaltungszustellungsgesetz für das Land Nordrhein-Westfalen (Landeszustellungsgesetz – LZG NRW).

(11) Rheinland-Pfalz: §1 Landesverwaltungszustellungsgesetz (LVwZG). Das Landesrecht erklärt, mit Ausnahmen, die §§2 bis 10 VwZG des Bundes für anwendbar.

(12) Saarland: §1 Saarländisches Verwaltungszustellungsgesetz (SVwZG). Das Landesrecht verweist auf die Anwendbarkeit des VwZG des Bundes.

(13) Sachsen: §4 Gesetz zur Regelung des Verwaltungsverfahrens- und des Verwaltungszustellungsrechts für den Freistaat Sachsen (SächsVwVfZG). Das Landesrecht verweist auf die Anwendbarkeit des VwZG des Bundes.

(14) Sachsen-Anhalt: §1 Verwaltungszustellungsgesetz des Landes Sachsen-Anhalt (VwZG-LSA). Das Landesrecht erklärt die §§2 bis 10 VwZG des Bundes für anwendbar.

(15) Schleswig-Holstein: §§155 Allgemeines Verwaltungsgesetz für das Land Schleswig-Holstein (Landesverwaltungsgesetz – LVwG).

Das Gesetz enthält nicht die Regelung des Abs. 1 Nr. 2 für die „Missbrauchs- und Bestattungsfälle".

(16) Thüringen: §15 Thüringer Verwaltungszustellungs- und Vollstreckungsgesetz (ThürVwZVG).

Das Gesetz sieht in Abs. 1 Nr. 2 zusätzlich die Möglichkeit der öffentlichen Zustellung in Fällen vor, dass der Inhaber der Wohnung, in der zugestellt werden müsste, der inländischen Gerichtsbarkeit nicht unterworfen und die Zustellung in der Wohnung deshalb nicht möglich ist.

Anhang

A. Anhang VwVG: Muster

Übersicht

II. Verwaltungsakt mit Androhung des Zwangsmittels

19. Verwaltungsakt mit Androhung der Ersatzvornahme; Bundesrecht und Landesrecht
20. Verwaltungsakt mit Androhung der Ersatzvornahme und Anordnung der sofortigen Vollziehung; Bundesrecht und Landesrecht
21. Verwaltungsakt mit Androhung der Ersatzvornahme und bundesgesetzlicher Ausschluss der aufschiebenden Wirkung; Bundesrecht und Landesrecht
22. Verwaltungsakt mit Androhung der Ersatzvornahme und landesgesetzlicher Ausschluss der aufschiebenden Wirkung; Bundesrecht und Landesrecht
23. Verwaltungsakt mit ausnahmsweiser Androhung des Zwangsgeldes statt der Ersatzvornahme; Bundesrecht und Landesrecht Berlin, Hessen, Rheinland-Pfalz
24. Verwaltungsakt mit Androhung des Zwangsgeldes; Bundesrecht und Landesrecht
25. Verwaltungsakt mit Androhung des Zwangsgeldes und Anordnung der sofortigen Vollziehung; Bundesrecht und Landesrecht
26. Verwaltungsakt mit Androhung des Zwangsgeldes und bundesgesetzlicher Ausschluss der aufschiebenden Wirkung; Bundesrecht und Landesrecht
27. Verwaltungsakt mit Androhung des Zwangsgeldes und landesgesetzlicher Ausschluss der aufschiebenden Wirkung; Bundesrecht und Landesrecht
28. Verwaltungsakt mit Androhung des unmittelbaren Zwanges; Bundesrecht und Landesrecht
29. Verwaltungsakt mit Androhung des unmittelbaren Zwanges und Anordnung der sofortigen Vollziehung; Bundesrecht und Landesrecht
30. Verwaltungsakt mit Androhung des unmittelbaren Zwanges und bundesgesetzlicher Ausschluss der aufschiebenden Wirkung; Bundesrecht und Landesrecht
31. Verwaltungsakt mit Androhung des unmittelbaren Zwanges und landesgesetzlicher Ausschluss der aufschiebenden Wirkung; Bundesrecht und Landesrecht
32. Verwaltungsakt mit
    1. Androhung der Ersatzvornahme,
    2. Androhung des Zwangsgeldes und
    3. Androhung des unmittelbaren Zwanges; Bundesrecht und Landesrecht
33. Verwaltungsakt mit
    1. Androhung des Zwangsgeldes und Anordnung der sofortigen Vollziehung sowie
    2. Androhung des unmittelbaren Zwanges und bundesgesetzlicher Ausschluss der aufschiebenden Wirkung;
    Bundesrecht und Landesrecht

III. Festsetzung des Zwangsmittels

34. Festsetzung der Ersatzvornahme; Bundesrecht
35. Festsetzung der Ersatzvornahme und Anordnung der sofortigen Vollziehung; Bundesrecht
36. Festsetzung der Ersatzvornahme und bundesgesetzlicher Ausschluss der aufschiebenden Wirkung; Bundesrecht
37. Festsetzung der Ersatzvornahme; Landesrecht Berlin, Nordrhein-Westfalen
38. Festsetzung der Ersatzvornahme und bundesgesetzlicher Ausschluss der aufschiebenden Wirkung; Landesrecht Berlin, Nordrhein-Westfalen
39. Festsetzung der Ersatzvornahme und landesgesetzlicher Ausschluss der aufschiebenden Wirkung; Landesrecht Berlin, Brandenburg, Nordrhein-Westfalen
40. Festsetzung des Zwangsgeldes; Bundesrecht
41. Festsetzung des Zwangsgeldes und Anordnung der sofortigen Vollziehung; Bundesrecht
42. Festsetzung des Zwangsgeldes und bundesgesetzlicher Ausschluss der aufschiebenden Wirkung; Bundesrecht
43. Festsetzung des Zwangsgeldes; Landesrecht
44. Festsetzung des Zwangsgeldes und bundesgesetzlicher Ausschluss der aufschiebenden Wirkung; Landesrecht
45. Festsetzung des Zwangsgeldes und landesgesetzlicher Ausschluss der aufschiebenden Wirkung; Landesrecht
46. Festsetzung des unmittelbaren Zwanges; Bundesrecht
47. Festsetzung des unmittelbaren Zwanges und Anordnung der sofortigen Vollziehung; Bundesrecht
48. Festsetzung des unmittelbaren Zwanges und bundesgesetzlicher Ausschluss der aufschiebenden Wirkung; Bundesrecht
49. Festsetzung des Zwangsmittels (hier Zwangsgeld) mit neuer Androhung eines Zwangsmittels (hier erhöhtes Zwangsgeld); Bundesrecht
50. Festsetzung des Zwangsmittels (hier Zwangsgeld) mit neuer Androhung eines Zwangsmittels (hier unmittelbarer Zwang); Bundesrecht
51. Festsetzung des unmittelbaren Zwanges; Landesrecht Berlin, Nordrhein-Westfalen
52. Festsetzung des unmittelbaren Zwanges und bundesgesetzlicher Ausschluss der aufschiebenden Wirkung; Landesrecht Berlin, Nordrhein-Westfalen
53. Festsetzung des unmittelbaren Zwanges und landesgesetzlicher Ausschluss der aufschiebenden Wirkung; Landesrecht Berlin, Brandenburg, Nordrhein-Westfalen
54. Festsetzung des Zwangsmittels (hier Zwangsgeld) mit neuer Androhung eines Zwangsmittels (hier erhöhtes Zwangsgeld); Landesrecht
55. Festsetzung des Zwangsmittels (hier Zwangsgeld) mit neuer Androhung eines Zwangsmittels (hier unmittelbarer Zwang); Landesrecht

Einführung

Vor der Anwendung eines Zwangsmittels müssen alle Voraussetzungen für den Zwang gegeben sein. Das ist zu prüfen. Diesem Zweck sollen die Muster dienen. Es handelt sich um **Rahmenmuster**. Sie sind im Einzelfall auszufüllen. In den Mustern ist das **Recht des Bundes und der Länder** enthalten. Das Verfahren kann gestreckt oder gekürzt ablaufen.

I. Zu den Mustern 1 bis 18 – gestrecktes Verfahren –

1. Verwaltungsakt (Grundverwaltungsakt)

wurde bereits erlassen.

2. Androhung des Zwangsmittels

- Ersatzvornahme oder
- Zwangsgeld oder
- unmittelbarer Zwang

ist infolgedessen möglich. Voraussetzung ist, dass

a) der Verwaltungsakt unanfechtbar ist oder
b) seine sofortige Vollziehung angeordnet ist oder
c) der Rechtsbehelf keine aufschiebende Wirkung hat.

3. Festsetzung des Zwangsmittels

ist nunmehr möglich (nachfolgend III).

II. Zu den Mustern 19 bis 33 – gekürztes Verfahren –

1. Verwaltungsakt (Grundverwaltungsakt)

wird erlassen. Gleichzeitig folgt im selben Bescheid die

2. Androhung des Zwangsmittels

- Ersatzvornahme oder
- Zwangsgeld oder
- unmittelbarer Zwang.

In diesem Bescheid oder nachträglich kann die sofortige Vollziehung angeordnet werden. Dann ist die Festsetzung des Zwangsmittels zulässig.

III. Zu den Mustern 34 bis 55 – Festsetzung des Zwangsmittels –

Voraussetzung ist, dass

a) der Verwaltungsakt und die Androhung unanfechtbar sind oder
b) die sofortige Vollziehung angeordnet ist oder
c) der Rechtsbehelf keine aufschiebende Wirkung hat.

Bei der Festsetzung des Zwangsmittels kann im selben Bescheid ein neues Zwangsmittel angedroht werden.

IV. Zu den Mustern 56 bis 60 – Sofortiger Vollzug –

Für den Verwaltungszwang durch sofortigen Vollzug nach § 6 Abs 2 gibt es mehrere eingriffsmäßig abgestufte Möglichkeiten. Der Zwang kann angewendet werden

a) ohne vorausgehenden Grundverwaltungsakt
 oder
b) nach vorausgegangenem Grundverwaltungsakt ohne Androhung eines Zwangsmittels
 oder
c) nach Androhung des Zwangsmittels ohne spätere Festsetzung des Zwangsmittels
 oder
d) nach Festsetzung des Zwangsmittels.

Zu den Einzelheiten wird auf die Erläuterungen in § 6 Rn 283 bis 294 hingewiesen.

Persönliche Bemerkung zur Zitierweise:
Der in den nachfolgenden Mustern vielfach zitierte § 80 VwGO hat durch das 6. VwGOÄndG (§ 6 Rn 129) seit dem 1.1.1997 in seinem Absatz 2 nunmehr zwei Sätze erhalten. Dennoch werden die zutreffenden Sätze nur dann mit zitiert, wenn es in den einschlägigen Mustern rechtlich darauf ankommt. Das ist insbesondere bei dem am häufigsten vorkommenden § 80 Abs 2 Nr 4 VwGO nicht der Fall. Trotz eigener Bedenken und äußerer Vorhaltungen bleibt der Verfasser auch in der neuen Auflage bei dieser Praxis. Er bittet um Verständnis: Entscheidend ist, dass der Gesetzgeber in der gleichen Weise zitiert. Man lese nur § 80 VwGO in den Absätzen 3 und 5 sowie § 80a VwGO in den Absätzen 1 und 2. Hier fehlt jeweils der Satz. Der Gesetzgeber hat bei den §§ 80, 80a VwGO also erkennbar im 6. VwGOÄndG keine redaktionellen Ergänzungen vorgenommen. Im Übrigen wird mit Rücksicht auf die oft rechtlich geplagten Sachbearbeiter um freundliche Nachsicht gebeten.

I.
Androhung des Zwangsmittels

Muster 1
Androhung der Ersatzvornahme

Bundesrecht

Bundesbehörde

Mit Bescheid vom ... hatten wir angeordnet, – Sie aufgefordert, – kurze Wiederholung des Verwaltungsaktes –.

Leider haben Sie unserem Ersuchen nicht entsprochen. Sollten Sie Ihre Verpflichtung bis zum ... nicht erfüllen, werden wir einen anderen mit der Vornahme der Handlung auf Ihre Kosten beauftragen (Ersatzvornahme). Den Kostenbetrag veranschlagen wir vorläufig auf ... Euro. Unser Recht auf Nachforderung bleibt unberührt, wenn die Ersatzvornahme einen höheren Kostenaufwand verursacht.

Wir drohen Ihnen dieses Zwangsmittel an. Rechtsgrundlagen sind § 6 Abs 1, §§ 9, 10, 13 VwVG.

Rechtsbehelfsbelehrung.

Muster 2
Androhung der Ersatzvornahme und Anordnung der sofortigen Vollziehung

Bundesrecht

Bundesbehörde

Mit Bescheid vom … hatten wir angeordnet, – Sie aufgefordert, – kurze Wiederholung des Verwaltungsaktes –.

Leider haben Sie unserem Ersuchen nicht entsprochen. Sollten Sie Ihre Verpflichtung bis zum … nicht erfüllen, werden wir einen anderen mit der Vornahme der Handlung auf Ihre Kosten beauftragen (Ersatzvornahme). Den Kostenbetrag veranschlagen wir vorläufig auf … Euro. Unser Recht auf Nachforderung bleibt unberührt, wenn die Ersatzvornahme einen höheren Kostenaufwand verursacht.

Wir drohen Ihnen dieses Zwangsmittel an. Rechtsgrundlagen sind § 6 Abs 1, §§ 9, 10, 13 VwVG.

Rechtsbehelfsbelehrung.

Gemäß § 80 Abs 2 Nr 4 VwGO ordnen wir die sofortige Vollziehung dieses Verwaltungsaktes an. Damit entfällt die aufschiebende Wirkung des Rechtsbehelfs.
– Begründung: § 80 Abs 3 S 1 VwGO –

Muster 3
Androhung der Ersatzvornahme und bundesgesetzlicher Ausschluss der aufschiebenden Wirkung
– zu § 6 Rn 188 –

Bundesrecht

Bundesbehörde

Mit Bescheid vom ... hatten wir angeordnet, – Sie aufgefordert, – kurze Wiederholung des Verwaltungsaktes –.

Leider haben Sie unserem Ersuchen nicht entsprochen. Sollten Sie Ihre Verpflichtung bis zum ... nicht erfüllen, werden wir einen anderen mit der Vornahme der Handlung auf Ihre Kosten beauftragen (Ersatzvornahme). Den Kostenbetrag veranschlagen wir vorläufig auf ... Euro. Unser Recht auf Nachforderung bleibt unberührt, wenn die Ersatzvornahme einen höheren Kostenaufwand verursacht.

Wir drohen Ihnen dieses Zwangsmittel an. Rechtsgrundlagen sind § 6 Abs 1, §§ 9, 10, 13 VwVG.

Rechtsbehelfsbelehrung.

Gemäß § 80 Abs 2 Nr 3 VwGO in Verbindung mit (einem in § 6 Rn 187 aufgeführten Bundesgesetz) entfällt die aufschiebende Wirkung des Rechtsbehelfs.

Muster 4
Androhung der Ersatzvornahme
Landesrecht

Landesbehörde

Mit Bescheid vom … hatten wir angeordnet, – Sie aufgefordert, – kurze Wiederholung des Verwaltungsaktes –.

Leider haben Sie unserem Ersuchen nicht entsprochen. Sollten Sie Ihre Verpflichtung bis zum … nicht erfüllen, werden wir einen anderen mit der Vornahme der Handlung auf Ihre Kosten beauftragen (Ersatzvornahme). Den Kostenbetrag veranschlagen wir vorläufig auf … Euro. Unser Recht auf Nachforderung bleibt unberührt, wenn die Ersatzvornahme einen höheren Kostenaufwand verursacht.

Wir drohen Ihnen dieses Zwangsmittel an. Rechtsgrundlagen sind (Landesrecht nach Einleitung Rn 4 und besonders § 10 Rn 44, § 13 Rn 146).

Rechtsbehelfsbelehrung.

Gemäß § 80 Abs 2 S 1 Nr 3, S 2 VwGO in Verbindung mit (Landesrecht nach § 6 Rn 192, 193) entfällt die aufschiebende Wirkung des Rechtsbehelfs.

Muster 5
Androhung der Ersatzvornahme und bundesgesetzlicher Ausschluss der aufschiebenden Wirkung
– zu § 6 Rn 189 –

Landesrecht

Landesbehörde

Mit Bescheid vom … hatten wir angeordnet, – Sie aufgefordert, – kurze Wiederholung des Verwaltungsaktes –.

Leider haben Sie unserem Ersuchen nicht entsprochen. Sollten Sie Ihre Verpflichtung bis zum … nicht erfüllen, werden wir einen anderen mit der Vornahme der Handlung auf Ihre Kosten beauftragen (Ersatzvornahme). Den Kostenbetrag veranschlagen wir vorläufig auf … Euro. Unser Recht auf Nachforderung bleibt unberührt, wenn die Ersatzvornahme einen höheren Kostenaufwand verursacht.

Wir drohen Ihnen dieses Zwangsmittel an. Rechtsgrundlagen sind (Landesrecht nach Einleitung Rn 4 und besonders § 10 Rn 44, § 13 Rn 146).

Rechtsbehelfsbelehrung.
Gemäß § 80 Abs 2 Nr 3 VwGO in Verbindung mit (einem in § 6 Rn 187 aufgeführten Bundesgesetz) entfällt die aufschiebende Wirkung des Rechtsbehelfs.

Muster 6
Androhung der Ersatzvornahme und landesgesetzlicher Ausschluss der aufschiebenden Wirkung

Landesrecht

Landesbehörde

Mit Bescheid vom … hatten wir angeordnet, – Sie aufgefordert, – kurze Wiederholung des Verwaltungsaktes –.

Leider haben Sie unserem Ersuchen nicht entsprochen. Sollten Sie Ihre Verpflichtung bis zum … nicht erfüllen, werden wir einen anderen mit der Vornahme der Handlung auf Ihre Kosten beauftragen (Ersatzvornahme). Den Kostenbetrag veranschlagen wir vorläufig auf … Euro. Unser Recht auf Nachforderung bleibt unberührt, wenn die Ersatzvornahme einen höheren Kostenaufwand verursacht.

Wir drohen Ihnen dieses Zwangsmittel an. Rechtsgrundlagen sind (Landesrecht nach Einleitung Rn 4 und besonders § 10 Rn 44, § 13 Rn 146).

Rechtsbehelfsbelehrung:

Gemäß § 80 Abs 2 Nr 3 VwGO in Verbindung mit (dem in diesem Fall anzuwendenden Landesgesetz) entfällt die aufschiebende Wirkung des Rechtsbehelfs.

Muster 7
Androhung des Zwangsgeldes

Bundesrecht

Bundesbehörde

Mit Bescheid vom ... hatten wir angeordnet, – sie aufgefordert,
– Ihnen untersagt,
– kurze Wiederholung des Verwaltungsaktes –.

Leider haben Sie unserem Ersuchen nicht entsprochen. Sollten Sie Ihre Verpflichtung (bis zum ... bzw. sofort nach Zustellung des Bescheides) nicht erfüllen, werden wir ein Zwangsgeld in Höhe von ... Euro (§ 13 Abs 5 VwVG) gegen Sie festsetzen. Die Höhe ist angemessen. Denn (§ 39 Abs 1 S 3 VwVfG: Begründung).

Wir drohen Ihnen dieses Zwangsmittel an. Rechtsgrundlagen sind § 6 Abs 1, §§ 9, 11, 13 VwVG.

Hinweis (§ 13 Rn 107; § 16 Rn 16): Ist das Zwangsgeld uneinbringlich, so kann auf unseren Antrag gemäß § 16 VwVG das Verwaltungsgericht Ersatzzwangshaft von einem Tag bis zwei Wochen gegen Sie anordnen.

Rechtsbehelfsbelehrung.

Muster 8
Androhung des Zwangsgeldes und Anordnung der sofortigen Vollziehung

Bundesrecht

Bundesbehörde

Mit Bescheid vom … hatten wir angeordnet, – sie aufgefordert,
– Ihnen untersagt,
– kurze Wiederholung des Verwaltungsaktes –.

Leider haben Sie unserem Ersuchen nicht entsprochen. Sollten Sie Ihre Verpflichtung (bis zum … bzw. sofort nach Zustellung des Bescheides) nicht erfüllen, werden wir ein Zwangsgeld in Höhe von … Euro (§ 13 Abs 5 VwVG) gegen Sie festsetzen. Die Höhe ist angemessen. Denn (§ 39 Abs 1 S 3 VwVfG: Begründung).

Wir drohen Ihnen dieses Zwangsmittel an. Rechtsgrundlagen sind § 6 Abs 1, §§ 9, 11, 13 VwVG.

Hinweis (§ 13 Rn 107; § 16 Rn 16): Ist das Zwangsgeld uneinbringlich, so kann auf unseren Antrag gemäß § 16 VwVG das Verwaltungsgericht Ersatzzwangshaft von einem Tag bis zwei Wochen gegen Sie anordnen.

Rechtsbehelfsbelehrung.

Gemäß § 80 Abs 2 Nr 4 VwGO ordnen wir die sofortige Vollziehung dieses Verwaltungsaktes an. Damit entfällt die aufschiebende Wirkung des Rechtsbehelfs.
– Begründung: § 80 Abs 3 S 1 VwGO –.

Muster 9
Androhung des Zwangsgeldes und bundesgesetzlicher Ausschluss der aufschiebenden Wirkung
– zu § 6 Rn 188 –

Bundesrecht

Bundesbehörde

Mit Bescheid vom … hatten wir angeordnet, – sie aufgefordert,
– Ihnen untersagt,
– kurze Wiederholung des Verwaltungsaktes –.

Leider haben Sie unserem Ersuchen nicht entsprochen. Sollten Sie Ihre Verpflichtung (bis zum … bzw. sofort nach Zustellung des Bescheides) nicht erfüllen, werden wir ein Zwangsgeld in Höhe von … Euro (§ 13 Abs 5 VwVG) gegen Sie festsetzen. Die Höhe ist angemessen. Denn (§ 39 Abs 1 S 3 VwVfG: Begründung).

Wir drohen Ihnen dieses Zwangsmittel an. Rechtsgrundlagen sind § 6 Abs 1, §§ 9, 11, 13 VwVG.

Rechtsbehelfsbelehrung.
Gemäß § 80 Abs 2 Nr 3 VwGO in Verbindung mit (einem in § 6 Rn 187 aufgeführten Bundesgesetz) entfällt die aufschiebende Wirkung des Rechtsbehelfs.

Muster 10
Androhung des Zwangsgeldes
Landesrecht

Landesbehörde

Mit Bescheid vom … hatten wir angeordnet, – sie aufgefordert,
– Ihnen untersagt,
– kurze Wiederholung des Verwaltungsaktes –.

Leider haben Sie unserem Ersuchen nicht entsprochen. Sollten Sie Ihre Verpflichtung (bis zum … bzw. sofort nach Zustellung des Bescheides) nicht erfüllen, werden wir ein Zwangsgeld in Höhe von … Euro gegen Sie festsetzen. Die Höhe ist angemessen. Denn (§ 39 Abs 1 S 3 VwVfG: Begründung).

Wir drohen Ihnen dieses Zwangsmittel an. Rechtsgrundlagen sind (Landesrecht nach Einleitung Rn 4 und besonders § 11 Rn 38, § 13 Rn 146).

Hinweis (§ 13 Rn 107; § 16 Rn 16): Ist das Zwangsgeld uneinbringlich, so kann auf unseren Antrag gemäß (Landesrecht nach § 16 Rn 41) das Verwaltungsgericht (in Niedersachsen das Amtsgericht oder Sozialgericht: § 16 Rn 13; in Sachsen das Amtsgericht: § 16 Rn 15, 36) Ersatzzwangshaft von einem Tag bis zwei Wochen (in Sachsen-Anhalt bis sechs Monate: § 16 Rn 31, 41) gegen Sie anordnen.

Rechtsbehelfsbelehrung
Gemäß § 80 Abs 2 S 1 Nr 3, S 2 VwGO in Verbindung mit (Landesrecht nach § 6 Rn 192, 193) entfällt die aufschiebende Wirkung des Rechtsbehelfs.

Muster 11
Androhung des Zwangsgeldes und bundesgesetzlicher Ausschluss der aufschiebenden Wirkung
– zu § 6 Rn 189 –

Landesrecht

Landesbehörde

Mit Bescheid vom ... hatten wir angeordnet, – Sie aufgefordert,
– Ihnen untersagt,
– kurze Wiederholung des Verwaltungsaktes –.

Leider haben Sie unserem Ersuchen nicht entsprochen. Sollten Sie Ihre Verpflichtung (bis zum ... bzw. sofort nach Zustellung des Bescheides) nicht erfüllen, werden wir ein Zwangsgeld in Höhe von ... Euro gegen Sie festsetzen. Die Höhe ist angemessen. Denn (§ 39 Abs 1 S 3 VwVfG: Begründung).

Wir drohen Ihnen dieses Zwangsmittel an. Rechtsgrundlagen sind (Landesrecht nach Einleitung Rn 4 und besonders § 11 Rn 38, § 13 Rn 146).

Rechtsbehelfsbelehrung

Gemäß § 80 Abs 2 Nr 3 VwGO in Verbindung mit (einem in § 6 Rn 187 aufgeführten Bundesgesetz) entfällt die aufschiebende Wirkung des Rechtsbehelfs.

Muster 12
Androhung des Zwangsgeldes und landesgesetzlicher Ausschluss der aufschiebenden Wirkung

Landesrecht

Landesbehörde

Mit Bescheid vom … hatten wir angeordnet, – Sie aufgefordert,
– Ihnen untersagt,
– kurze Wiederholung des Verwaltungsaktes –.

Leider haben Sie unserem Ersuchen nicht entsprochen. Sollten Sie Ihre Verpflichtung (bis zum … bzw. sofort nach Zustellung des Bescheides) nicht erfüllen, werden wir ein Zwangsgeld in Höhe von … Euro gegen Sie festsetzen. Die Höhe ist angemessen. Denn (§ 39 Abs 1 S 3 VwVfG: Begründung).

Wir drohen Ihnen dieses Zwangsmittel an. Rechtsgrundlagen sind (Landesrecht nach Einleitung Rn 4 und besonders § 11 Rn 38, § 13 Rn 146).

Rechtsbehelfsbelehrung
Gemäß § 80 Abs 2 Nr 3 VwGO in Verbindung mit (dem in diesem Fall anzuwendenden Landesgesetz) entfällt die aufschiebende Wirkung des Rechtsbehelfs.

Muster 13
Androhung des unmittelbaren Zwanges

Bundesrecht

Bundesbehörde

Mit Bescheid vom ... hatten wir angeordnet, – Sie aufgefordert,
– Ihnen untersagt,
– kurze Wiederholung des Verwaltungsaktes –.

Leider haben Sie unserem Ersuchen nicht entsprochen. Sollten Sie Ihre Verpflichtung (bis zum ... bzw. sofort nach Zustellung des Bescheides) nicht erfüllen, werden wir unmittelbaren Zwang gegen Sie anwenden und folgende Maßnahmen treffen: ...

Wir drohen Ihnen dieses Zwangsmittel an. Rechtsgrundlagen sind § 6 Abs 1, §§ 9, 12, 13 VwVG. Ersatzvornahme/Zwangsgeld führt nicht zum Ziel/ist untunlich. Denn (§ 12 Rn 17–30; § 39 Abs 1 S 2 VwVfG: Begründung).

Rechtsbehelfsbelehrung

Muster 14
Androhung des unmittelbaren Zwanges und Anordnung der sofortigen Vollziehung

Bundesrecht

Bundesbehörde

Mit Bescheid vom … hatten wir angeordnet, – Sie aufgefordert,
– Ihnen untersagt,
– kurze Wiederholung des Verwaltungsaktes –.

Leider haben Sie unserem Ersuchen nicht entsprochen. Sollten Sie Ihre Verpflichtung (bis zum … bzw. sofort nach Zustellung des Bescheides) nicht erfüllen, werden wir unmittelbaren Zwang gegen Sie anwenden und folgende Maßnahmen treffen: …

Wir drohen Ihnen dieses Zwangsmittel an. Rechtsgrundlagen sind § 6 Abs 1, §§ 9, 12, 13 VwVG. Ersatzvornahme/Zwangsgeld führt nicht zum Ziel/ist untunlich. Denn (§ 12 Rn 17–30; § 39 Abs 1 S 2 VwVfG: Begründung).

Rechtsbehelfsbelehrung

Gemäß § 80 Abs 2 Nr 4 VwGO ordnen wir die sofortige Vollziehung dieses Verwaltungsaktes an. Damit entfällt die aufschiebende Wirkung des Rechtsbehelfs.
– Begründung: § 80 Abs 3 S 1 VwGO –

Muster 15
Androhung des unmittelbaren Zwanges und bundesgesetzlicher Ausschluss der aufschiebenden Wirkung
– zu § 6 Rn 188 –

Bundesrecht

Bundesbehörde

Mit Bescheid vom ... hatten wir angeordnet, – Sie aufgefordert,
– Ihnen untersagt,
– kurze Wiederholung des Verwaltungsaktes –.

Leider haben Sie unserem Ersuchen nicht entsprochen. Sollten Sie Ihre Verpflichtung (bis zum ... bzw. sofort nach Zustellung des Bescheides) nicht erfüllen, werden wir unmittelbaren Zwang gegen Sie anwenden und folgende Maßnahmen treffen: ...

Wir drohen Ihnen dieses Zwangsmittel an. Rechtsgrundlagen sind § 6 Abs 1, §§ 9, 12, 13 VwVG. Ersatzvornahme/Zwangsgeld führt nicht zum Ziel/ist untunlich. Denn (§ 12 Rn 17–30; § 39 Abs 1 S 2 VwVfG: Begründung).

Rechtsbehelfsbelehrung
Gemäß § 80 Abs 2 Nr 3 VwGO in Verbindung mit (einem in § 6 Rn 187 aufgeführten Bundesgesetz) entfällt die aufschiebende Wirkung des Rechtsbehelfs.

Muster 16
Androhung des unmittelbaren Zwanges
Landesrecht

Landesbehörde

Mit Bescheid vom … hatten wir angeordnet, – Sie aufgefordert,
– Ihnen untersagt,
– kurze Wiederholung des Verwaltungsaktes –.

Leider haben Sie unserem Ersuchen nicht entsprochen. Sollten Sie Ihre Verpflichtung (bis zum … bzw. sofort nach Zustellung des Bescheides) nicht erfüllen, werden wir unmittelbaren Zwang gegen Sie anwenden und folgende Maßnahmen treffen: …

Wir drohen Ihnen dieses Zwangsmittel an. Rechtsgrundlagen sind (Landesrecht nach Einleitung Rn 4 und besonders § 12 Rn 59, § 13 Rn 146). Ersatzvornahme/Zwangsgeld führt nicht zum Ziel/ist untunlich. Denn (§ 12 Rn 17–30; § 39 Abs 1 S 2 VwVfG: Begründung).

Rechtsbehelfsbelehrung.

Gemäß § 80 Abs 2 S 1 Nr 3, S 2 VwGO in Verbindung mit (Landesrecht nach § 6 Rn 192, 193) entfällt die aufschiebende Wirkung des Rechtsbehelfs.

Muster 17
Androhung des unmittelbaren Zwanges und bundesgesetzlicher Ausschluss der aufschiebenden Wirkung
– zu § 6 Rn 189 –

Landesrecht

Landesbehörde

Mit Bescheid vom ... hatten wir angeordnet, – Sie aufgefordert,
– Ihnen untersagt,
– kurze Wiederholung des Verwaltungsaktes –.

Leider haben Sie unserem Ersuchen nicht entsprochen. Sollten Sie Ihre Verpflichtung (bis zum ... bzw. sofort nach Zustellung des Bescheides) nicht erfüllen, werden wir unmittelbaren Zwang gegen Sie anwenden und folgende Maßnahmen treffen: ...

Wir drohen Ihnen dieses Zwangsmittel an. Rechtsgrundlagen sind (Landesrecht nach Einleitung Rn 4 und besonders § 12 Rn 59, § 13 Rn 146). Ersatzvornahme/Zwangsgeld führt nicht zum Ziel/ist untunlich. Denn (§ 12 Rn 17–30; § 39 Abs 1 S 2 VwVfG: Begründung).

Rechtsbehelfsbelehrung.

Gemäß § 80 Abs 2 Nr 3 VwGO in Verbindung mit (einem in § 6 Rn 187 aufgeführten Bundesgesetz) entfällt die aufschiebende Wirkung des Rechtsbehelfs.

Muster 18
Androhung des unmittelbaren Zwanges und landesgesetzlicher Ausschluss der aufschiebenden Wirkung

Landesrecht

Landesbehörde

Mit Bescheid vom … hatten wir angeordnet, – Sie aufgefordert,
– Ihnen untersagt,
– kurze Wiederholung des Verwaltungsaktes –.

Leider haben Sie unserem Ersuchen nicht entsprochen. Sollten Sie Ihre Verpflichtung (bis zum … bzw. sofort nach Zustellung des Bescheides) nicht erfüllen, werden wir unmittelbaren Zwang gegen Sie anwenden und folgende Maßnahmen treffen: …

Wir drohen Ihnen dieses Zwangsmittel an. Rechtsgrundlagen sind (Landesrecht nach Einleitung Rn 4 und besonders § 12 Rn 59, § 13 Rn 146). Ersatzvornahme/Zwangsgeld führt nicht zum Ziel/ist untunlich. Denn (§ 12 Rn 17–30; § 39 Abs 1 S 2 VwVfG: Begründung).

Rechtsbehelfsbelehrung.

Gemäß § 80 Abs 2 Nr 3 VwGO in Verbindung mit (dem in diesem Fall anzuwendenden Landesgesetz) entfällt die aufschiebende Wirkung des Rechtsbehelfs.

II.
Verwaltungsakt mit Androhung des Zwangsmittels

Muster 19
Verwaltungsakt mit Androhung der Ersatzvornahme

Bundesrecht und Landesrecht

Behörde

Verwaltungsakt (Grundverwaltungsakt) wird erlassen.

Sollten Sie Ihre Verpflichtung bis zum ... nicht erfüllen, werden wir einen anderen mit der Vornahme der Handlung auf Ihre Kosten beauftragen (Ersatzvornahme). Den Kostenbetrag veranschlagen wir vorläufig auf ... Euro. Unser Recht auf Nachforderung bleibt unberührt, wenn die Ersatzvornahme einen höheren Kostenaufwand verursacht.

Wir drohen Ihnen dieses Zwangsmittel an. Rechtsgrundlagen sind
– Bund: § 6 Abs 1, §§ 9, 10, 13 VwVG –.
– Land: § 10 Rn 44; § 13 Rn 146 –.

Rechtsbehelfsbelehrung.

Muster 20
Verwaltungsakt mit Androhung der Ersatzvornahme und Anordnung der sofortigen Vollziehung

Bundesrecht und Landesrecht

Behörde

Verwaltungsakt (Grundverwaltungsakt) wird erlassen.

Sollten Sie Ihre Verpflichtung bis zum ... nicht erfüllen, werden wir einen anderen mit der Vornahme der Handlung auf Ihre Kosten beauftragen (Ersatzvornahme). Den Kostenbetrag veranschlagen wir vorläufig auf ... Euro. Unser Recht auf Nachforderung bleibt unberührt, wenn die Ersatzvornahme einen höheren Kostenaufwand verursacht.

Wir drohen Ihnen dieses Zwangsmittel an. Rechtsgrundlagen sind
– Bund: § 6 Abs 1, §§ 9, 10, 13 VwVG –.
– Land: § 10 Rn 44; § 13 Rn 146 –.

Rechtsbehelfsbelehrung.
Gemäß § 80 Abs 2 Nr 4 VwGO ordnen wir die sofortige Vollziehung des Verwaltungsaktes an. Damit entfällt die aufschiebende Wirkung des Rechtsbehelfs.
– Begründung: § 80 Abs 3 S 1 VwGO –

Muster 21
Verwaltungsakt mit Androhung der Ersatzvornahme und bundesgesetzlicher Ausschluss der aufschiebenden Wirkung

Bundesrecht und Landesrecht

Behörde

Verwaltungsakt (Grundverwaltungsakt) wird erlassen.

Sollten Sie Ihre Verpflichtung bis zum ... nicht erfüllen, werden wir einen anderen mit der Vornahme der Handlung auf Ihre Kosten beauftragen (Ersatzvornahme). Den Kostenbetrag veranschlagen wir vorläufig auf ... Euro. Unser Recht auf Nachforderung bleibt unberührt, wenn die Ersatzvornahme einen höheren Kostenaufwand verursacht.

Wir drohen Ihnen dieses Zwangsmittel an. Rechtsgrundlagen sind
– Bund: § 6 Abs 1, §§ 9, 10, 13 VwVG –.
– Land: § 10 Rn 44; § 13 Rn 146 –.

Rechtsbehelfsbelehrung.
Gemäß § 80 Abs 2 Nr 3 VwGO in Verbindung mit (einem in § 6 Rn 187 aufgeführten Bundesgesetz) entfällt die aufschiebende Wirkung des Rechtsbehelfs.

Muster 22
Verwaltungsakt mit Androhung der Ersatzvornahme und landesgesetzlicher Ausschluss der aufschiebenden Wirkung

Bundesrecht und Landesrecht

Behörde

Verwaltungsakt (Grundverwaltungsakt) wird erlassen.

Sollten Sie Ihre Verpflichtung bis zum ... nicht erfüllen, werden wir einen anderen mit der Vornahme der Handlung auf Ihre Kosten beauftragen (Ersatzvornahme). Den Kostenbetrag veranschlagen wir vorläufig auf ... Euro. Unser Recht auf Nachforderung bleibt unberührt, wenn die Ersatzvornahme einen höheren Kostenaufwand verursacht.

Wir drohen Ihnen dieses Zwangsmittel an. Rechtsgrundlagen sind
– Bund: § 6 Abs 1, §§ 9, 10, 13 VwVG –.
– Land: § 10 Rn 44; § 13 Rn 146 –.

Rechtsbehelfsbelehrung.
Gemäß § 80 Abs 2 Nr 3 VwGO in Verbindung mit (dem in diesem Fall anzuwendenden Landesgesetz) entfällt die aufschiebende Wirkung des Rechtsbehelfs.

Muster 23
Verwaltungsakt mit ausnahmsweiser Androhung des Zwangsgeldes statt der Ersatzvornahme

Bundesrecht (§ 11 Abs 1 S 2 VwVG) und
Landesrecht: Berlin (§ 11 Abs 1 S 2 VwVG),
Hessen (§ 76 Abs 1 S 2 HessVwVG), Rheinland-Pfalz (§ 64 Abs 1 S 2 LVwVG)

Behörde

Verwaltungsakt (Grundverwaltungsakt) wird erlassen.

Sollten Sie Ihre Verpflichtung bis zum ... nicht erfüllen, werden wir ein Zwangsgeld in Höhe von ... Euro gegen Sie festsetzen. Die Höhe ist angemessen. Denn (§ 39 Abs 1 S 3 VwVfG: Begründung).

Wir drohen Ihnen dieses Zwangsmittel an. Rechtsgrundlagen sind (oben angegeben; dazu § 11 Rn 6, 38).
Ersatzvornahme ist untunlich. Denn (§ 39 Abs 1 S 2 VwVfG: Begründung).

Rechtsbehelfsbelehrung

Muster 24
Verwaltungsakt mit Androhung des Zwangsgeldes

Bundesrecht und Landesrecht

Behörde

Verwaltungsakt (Grundverwaltungsakt) wird erlassen.

Sollten Sie Ihre Verpflichtung (bis zum … bzw. sofort nach Zustellung des Bescheides) nicht erfüllen, werden wir ein Zwangsgeld in Höhe von … Euro gegen Sie festsetzen. Die Höhe ist angemessen. Denn (§ 39 Abs 1 S 3 VwVfG: Begründung).

Wir drohen Ihnen dieses Zwangsmittel an. Rechtsgrundlagen sind
– Bund: § 6 Abs 1, §§ 9, 11, 13 VwVG –.
– Land: § 11 Rn 38; § 13 Rn 146 –.

Hinweis (§ 13 Rn 107; § 16 Rn 16): Ist das Zwangsgeld uneinbringlich, so kann auf unseren Antrag gemäß (Bundesrecht: § 16 VwVG; Landesrecht: § 16 Rn 41) das Verwaltungsgericht (in Niedersachsen Amtsgericht oder Sozialgericht: § 16 Rn 13; in Sachsen das Amtsgericht: § 16 Rn 13). Ersatzzwangshaft von einem Tag bis zwei Wochen (in Sachsen-Anhalt bis sechs Monate: § 16 Rn 31, 41) gegen Sie anordnen.

Rechtsbehelfsbelehrung.

Muster 25
Verwaltungsakt mit Androhung des Zwangsgeldes und Anordnung der sofortigen Vollziehung

Bundesrecht und Landesrecht

Behörde

Verwaltungsakt (Grundverwaltungsakt) wird erlassen.

Sollten Sie Ihre Verpflichtung (bis zum ... bzw. sofort nach Zustellung des Bescheides) nicht erfüllen, werden wir ein Zwangsgeld in Höhe von ... Euro gegen Sie festsetzen. Die Höhe ist angemessen. Denn (§ 39 Abs 1 S 3 VwVfG: Begründung).

Wir drohen Ihnen dieses Zwangsmittel an. Rechtsgrundlagen sind
– Bund: § 6 Abs 1, §§ 9, 11, 13 VwVG –.
– Land: § 11 Rn 38; § 13 Rn 146 –.

Rechtsbehelfsbelehrung.
Gemäß § 80 Abs 2 Nr 4 VwGO ordnen wir die sofortige Vollziehung des Verwaltungsaktes an. Damit entfällt die aufschiebende Wirkung des Rechtsbehelfs.
– Begründung: § 80 Abs 3 S 1 VwGO –

Muster 26
Verwaltungsakt mit Androhung des Zwangsgeldes und bundesgesetzlicher Ausschluss der aufschiebenden Wirkung

Bundesrecht und Landesrecht

Behörde

Verwaltungsakt (Grundverwaltungsakt) wird erlassen.

Sollten Sie Ihre Verpflichtung (bis zum … bzw. sofort nach Zustellung des Bescheides) nicht erfüllen, werden wir ein Zwangsgeld in Höhe von … Euro gegen Sie festsetzen. Die Höhe ist angemessen. Denn (§ 39 Abs 1 S 3 VwVfG: Begründung).

Wir drohen Ihnen dieses Zwangsmittel an. Rechtsgrundlagen sind
– Bund: § 6 Abs 1, §§ 9, 11, 13 VwVG –.
– Land: § 11 Rn 38; § 13 Rn 146 –.

Rechtsbehelfsbelehrung.
Gemäß § 80 Abs 2 Nr 3 VwGO in Verbindung mit (einem in § 6 Rn 187 aufgeführten Bundesgesetz) entfällt die aufschiebende Wirkung des Rechtsbehelfs.

Muster 27
Verwaltungsakt mit Androhung des Zwangsgeldes und landesgesetzlicher Ausschluss der aufschiebenden Wirkung

Bundesrecht und Landesrecht

Behörde

Verwaltungsakt (Grundverwaltungsakt) wird erlassen.

Sollten Sie Ihre Verpflichtung (bis zum ... bzw. sofort nach Zustellung des Bescheides) nicht erfüllen, werden wir ein Zwangsgeld in Höhe von ... Euro gegen Sie festsetzen. Die Höhe ist angemessen. Denn (§ 39 Abs 1 S 3 VwVfG: Begründung).

Wir drohen Ihnen dieses Zwangsmittel an. Rechtsgrundlagen sind
– Bund: § 6 Abs 1, §§ 9, 11, 13 VwVG –.
– Land: § 11 Rn 38; § 13 Rn 146 –.

Rechtsbehelfsbelehrung.
Gemäß § 80 Abs 2 Nr 3 VwGO in Verbindung mit (dem in diesem Fall anzuwendenden Landesgesetz) entfällt die aufschiebende Wirkung des Rechtsbehelfs.

Muster 28
Verwaltungsakt mit Androhung des unmittelbaren Zwanges
Bundesrecht und Landesrecht

Behörde

Verwaltungsakt (Grundverwaltungsakt) wird erlassen.

Sollten Sie Ihre Verpflichtung (bis zum … bzw. sofort nach Zustellung des Bescheides) nicht erfüllen, werden wir unmittelbaren Zwang gegen Sie anwenden und folgende Maßnahmen treffen: …

Wir drohen Ihnen dieses Zwangsmittel an. Rechtsgrundlagen sind
– Bund: § 6 Abs 1, §§ 9, 12, 13 VwVG –.
– Land: § 12 Rn 59; § 13 Rn 146 –.

Ersatzvornahme/Zwangsgeld führt nicht zum Ziel/ist untunlich. Denn (§ 12 Rn 17–30; § 39 Abs 1 S 2 VwVfG: Begründung).

Rechtsbehelfsbelehrung.

Muster 29
Verwaltungsakt mit Androhung des unmittelbaren Zwanges und Anordnung der sofortigen Vollziehung

Bundesrecht und Landesrecht

Behörde

Verwaltungsakt (Grundverwaltungsakt) wird erlassen.

Sollten Sie Ihre Verpflichtung (bis zum ... bzw. sofort nach Zustellung des Bescheides) nicht erfüllen, werden wir unmittelbaren Zwang gegen Sie anwenden und folgende Maßnahmen treffen: ...

Wir drohen Ihnen dieses Zwangsmittel an. Rechtsgrundlagen sind

– Bund: § 6 Abs 1, §§ 9, 12, 13 VwVG –.

– Land: § 12 Rn 59; § 13 Rn 146 –.

Ersatzvornahme/Zwangsgeld führt nicht zum Ziel/ist untunlich. Denn (§ 12 Rn 17–30; § 39 Abs 1 S 2 VwVfG: Begründung).

Rechtsbehelfsbelehrung

Gemäß § 80 Abs 2 Nr 4 VwGO ordnen wir die sofortige Vollziehung des Verwaltungsaktes an. Damit entfällt die aufschiebende Wirkung des Rechtsbehelfs.

– Begründung: § 80 Abs 3 S 1 VwGO –

Muster 30
Verwaltungsakt mit Androhung des unmittelbaren Zwanges und bundesgesetzlicher Ausschluss der aufschiebenden Wirkung

Bundesrecht und Landesrecht

Behörde

Verwaltungsakt (Grundverwaltungsakt) wird erlassen.

Sollten Sie Ihre Verpflichtung (bis zum … bzw. sofort nach Zustellung des Bescheides) nicht erfüllen, werden wir unmittelbaren Zwang gegen Sie anwenden und folgende Maßnahmen treffen: …

Wir drohen Ihnen dieses Zwangsmittel an. Rechtsgrundlagen sind
– Bund: § 6 Abs 1, §§ 9, 12, 13 VwVG –.
– Land: § 12 Rn 59; § 13 Rn 146 –.
Ersatzvornahme/Zwangsgeld führt nicht zum Ziel/ist untunlich. Denn (§ 12 Rn 17–30; § 39 Abs 1 S 2 VwVfG: Begründung).

Rechtsbehelfsbelehrung.
Gemäß § 80 Abs 2 Nr 3 VwGO in Verbindung mit (einem in § 6 Rn 187 aufgeführten Bundesgesetz) entfällt die aufschiebende Wirkung des Rechtsbehelfs.

Muster 31
Verwaltungsakt mit Androhung des unmittelbaren Zwanges und landesgesetzlicher Ausschluss der aufschiebenden Wirkung

Bundesrecht und Landesrecht

Behörde

Verwaltungsakt (Grundverwaltungsakt) wird erlassen.

Sollten Sie Ihre Verpflichtung (bis zum ... bzw. sofort nach Zustellung des Bescheides) nicht erfüllen, werden wir unmittelbaren Zwang gegen Sie anwenden und folgende Maßnahmen treffen: ...

Wir drohen Ihnen dieses Zwangsmittel an. Rechtsgrundlagen sind
– Bund: § 6 Abs 1, §§ 9, 12, 13 VwVG –.
– Land: § 12 Rn 59; § 13 Rn 146 –.
Ersatzvornahme/Zwangsgeld führt nicht zum Ziel/ist untunlich. Denn (§ 12 Rn 17–30; § 39 Abs 1 S 2 VwVfG: Begründung).

Rechtsbehelfsbelehrung
Gemäß § 80 Abs 2 Nr 3 VwGO in Verbindung mit (dem in diesem Fall anzuwendenden Landesgesetz) entfällt die aufschiebende Wirkung des Rechtsbehelfs.

Muster 32
Verwaltungsakt mit
1. Androhung der Ersatzvornahme,
2. Androhung des Zwangsgeldes und
3. Androhung des unmittelbaren Zwanges
– zu Beispiel § 13 Rn 83 –

Bundesrecht und Landesrecht

Behörde

Die Behörde erlässt einen gebündelten Verwaltungsakt. Sie trifft drei Maßnahmen zur Regelung des Falles.

1. Wir ordnen an: …
   Androhung der Ersatzvornahme.
   Rechtsgrundlagen.
2. Wir verbieten Ihnen: …
   Androhung des Zwangsgeldes.
   Rechtsgrundlagen.
3. Wir fordern Sie auf: …
   Androhung des unmittelbaren Zwanges.
   Rechtsgrundlagen.

Rechtsbehelfsbelehrung.

Muster 33
Verwaltungsakt mit
1. Androhung des Zwangsgeldes und Anordnung der sofortigen Vollziehung sowie
2. Androhung des unmittelbaren Zwanges und bundesgesetzlicher Ausschluss der aufschiebenden Wirkung
– zu Beispiel § 6 Rn 165 –

Bundesrecht und Landesrecht

Behörde

Die Behörde erlässt einen gebündelten Verwaltungsakt. Sie trifft zwei Maßnahmen zur Regelung des Falles.

1. Wir ordnen an (§ 8 Abs. 1 Tiergesundheitsgesetz): Erklärung zum Schutzgebiet
   Androhung des Zwangsgeldes.
2. Wir fordern Sie auf (§ 5 Abs. 1 S. 1 Tiergesundheitsgesetz): Absonderung kranker Tiere
   Androhung des unmittelbaren Zwanges.

Rechtsbehelfsbelehrung.

Zu 1: § 80 Abs 2 Nr 4, Abs 3 S 1 VwGO.
Zu 2: § 80 Abs 2 Nr 3 VwGO in Verbindung mit § 37 Tiergesundheitsgesetz (§ 6 Rn 187).

III.
Festsetzung des Zwangsmittels

Muster 34
Festsetzung der Ersatzvornahme

Bundesrecht

Bundesbehörde

Zunächst ist auf den Verwaltungsakt und die Androhung des Zwangsmittels Bezug zu nehmen.

Sodann wird bestätigt, dass die Festsetzung des Zwangsmittels zulässig ist. Nunmehr folgt:
Leider haben Sie Ihre Verpflichtung nicht erfüllt. Deshalb setzen wir das Zwangsmittel fest. Rechtsgrundlage ist § 14 VwVG.

Rechtsbehelfsbelehrung.

Muster 35
Festsetzung der Ersatzvornahme und Anordnung der sofortigen Vollziehung

Bundesrecht

Bundesbehörde

Zunächst ist auf den Verwaltungsakt und die Androhung des Zwangsmittels Bezug zu nehmen.

Sodann wird bestätigt, dass die Festsetzung des Zwangsmittels zulässig ist. Nunmehr folgt:

Leider haben Sie Ihre Verpflichtung nicht erfüllt. Deshalb setzen wir das Zwangsmittel fest. Rechtsgrundlage ist § 14 VwVG.

Rechtsbehelfsbelehrung.

Gemäß § 80 Abs 2 Nr 4 VwGO ordnen wir die sofortige Vollziehung dieses Verwaltungsaktes an. Damit entfällt die aufschiebende Wirkung des Rechtsbehelfs.

– Begründung: § 80 Abs 3 S 1 VwGO –

Muster 36
Festsetzung der Ersatzvornahme und bundesgesetzlicher Ausschluss der aufschiebenden Wirkung
– zu § 6 Rn 189 –

Bundesrecht

Bundesbehörde

Zunächst ist auf den Verwaltungsakt und die Androhung des Zwangsmittels Bezug zu nehmen.

Sodann wird bestätigt, dass die Festsetzung des Zwangsmittels zulässig ist. Nunmehr folgt:
Leider haben Sie Ihre Verpflichtung nicht erfüllt. Deshalb setzen wir das Zwangsmittel fest. Rechtsgrundlage ist § 14 VwVG.

Rechtsbehelfsbelehrung.
Gemäß § 80 Abs 2 Nr 3 VwGO in Verbindung mit (einem in § 6 Rn 187 aufgeführten Bundesgesetz) entfällt die aufschiebende Wirkung des Rechtsbehelfs.

Muster 37
Festsetzung der Ersatzvornahme

Landesrecht:
Berlin (§ 14 VwVG), Nordrhein-Westfalen (§ 64 VwVG NRW)

Landesbehörde

Zunächst ist auf den Verwaltungsakt und die Androhung des Zwangsmittels Bezug zu nehmen.

Sodann wird bestätigt, dass die Festsetzung des Zwangsmittels zulässig ist. Nunmehr folgt:

Leider haben Sie Ihre Verpflichtung nicht erfüllt. Deshalb setzen wir das Zwangsmittel fest. Rechtsgrundlage ist (oben angegeben; dazu § 14 Rn 28).

Rechtsbehelfsbelehrung.

Gemäß § 80 Abs 2 S 1 Nr 3, S 2 VwGO in Verbindung mit (Landesrecht nach § 6 Rn 192, 193) entfällt die aufschiebende Wirkung des Rechtsbehelfs.

Muster 38
Festsetzung der Ersatzvornahme und bundesgesetzlicher Ausschluss der aufschiebenden Wirkung
– zu § 6 Rn 189 –

Landesrecht: Berlin (§ 14 VwVG), Nordrhein-Westfalen (§ 64 VwVG NRW)

Landesbehörde

Zunächst ist auf den Verwaltungsakt und die Androhung des Zwangsmittels Bezug zu nehmen.

Sodann wird bestätigt, dass die Festsetzung des Zwangsmittels zulässig ist. Nunmehr folgt:

Leider haben Sie Ihre Verpflichtung nicht erfüllt. Deshalb setzen wir das Zwangsmittel fest. Rechtsgrundlage ist (oben angegeben; dazu § 14 Rn 28).

Rechtsbehelfsbelehrung.

Gemäß § 80 Abs 2 Nr 3 VwGO in Verbindung mit (einem in § 6 Rn 187 aufgeführten Bundesgesetz) entfällt die aufschiebende Wirkung des Rechtsbehelfs.

Muster 39
Festsetzung der Ersatzvornahme und landesgesetzlicher Ausschluss der aufschiebenden Wirkung

Landesrecht: Berlin (§ 14 VwVG), Brandenburg (§ 24 VwVGBbg), Nordrhein-Westfalen (§ 64 VwVG NRW)

Landesbehörde

Zunächst ist auf den Verwaltungsakt und die Androhung des Zwangsmittels Bezug zu nehmen.

Sodann wird bestätigt, dass die Festsetzung des Zwangsmittels zulässig ist. Nunmehr folgt:

Leider haben Sie Ihre Verpflichtung nicht erfüllt. Deshalb setzen wir das Zwangsmittel fest. Rechtsgrundlage ist (oben angegeben; dazu § 14 Rn 28).

Rechtsbehelfsbelehrung.

Gemäß § 80 Abs 2 Nr 3 VwGO in Verbindung mit (dem in diesem Fall anzuwendenden Landesgesetz) entfällt die aufschiebende Wirkung des Rechtsbehelfs.

Muster 40
Festsetzung des Zwangsgeldes
Bundesrecht

Bundesbehörde

Zunächst ist auf den Verwaltungsakt und die Androhung des Zwangsmittels Bezug zu nehmen.

Sodann wird bestätigt, dass die Festsetzung des Zwangsmittels zulässig ist. Nunmehr folgt:

Leider haben Sie Ihre Verpflichtung nicht erfüllt. Deshalb setzen wir das Zwangsmittel fest. Rechtsgrundlage ist § 14 VwVG.

Rechtsbehelfsbelehrung.

Muster 41
Festsetzung des Zwangsgeldes und Anordnung der sofortigen Vollziehung

Bundesrecht

Bundesbehörde

Zunächst ist auf den Verwaltungsakt und die Androhung des Zwangsmittels Bezug zu nehmen.

Sodann wird bestätigt, dass die Festsetzung des Zwangsmittels zulässig ist. Nunmehr folgt:
Leider haben Sie Ihre Verpflichtung nicht erfüllt. Deshalb setzen wir das Zwangsmittel fest. Rechtsgrundlage ist § 14 VwVG.

Rechtsbehelfsbelehrung.
Gemäß § 80 Abs 2 Nr 4 VwGO ordnen wir die sofortige Vollziehung dieses Verwaltungsaktes an. Damit entfällt die aufschiebende Wirkung des Rechtsbehelfs.
– Begründung: § 80 Abs 3 S 1 VwGO –

Muster 42
Festsetzung des Zwangsgeldes und bundesgesetzlicher Ausschluss der aufschiebenden Wirkung
– zu § 6 Rn 188 –

Bundesrecht

Bundesbehörde

Zunächst ist auf den Verwaltungsakt und die Androhung des Zwangsmittels Bezug zu nehmen.

Sodann wird bestätigt, dass die Festsetzung des Zwangsmittels zulässig ist. Nunmehr folgt:
Leider haben Sie Ihre Verpflichtung nicht erfüllt. Deshalb setzen wir das Zwangsmittel fest. Rechtsgrundlage ist § 14 VwVG.

Rechtsbehelfsbelehrung.
Gemäß § 80 Abs 2 Nr 3 VwGO in Verbindung mit (einem in § 6 Rn 187 aufgeführten Bundesgesetz) entfällt die aufschiebende Wirkung des Rechtsbehelfs.

Muster 43
Festsetzung des Zwangsgeldes

Landesrecht

Landesbehörde

Zunächst ist auf den Verwaltungsakt und die Androhung des Zwangsmittels Bezug zu nehmen.

Sodann wird bestätigt, dass die Festsetzung des Zwangsmittels zulässig ist. Nunmehr folgt:

Leider haben Sie Ihre Verpflichtung nicht erfüllt. Deshalb setzen wir das Zwangsmittel fest. Rechtsgrundlage ist (§ 14 Rn 28).

Rechtsbehelfsbelehrung.

Gemäß § 80 Abs 2 S 1 Nr 3, S 2 VwGO in Verbindung mit (Landesrecht nach § 6 Rn 192, 193) entfällt die aufschiebende Wirkung des Rechtsbehelfs.

Muster 44
Festsetzung des Zwangsgeldes und bundesgesetzlicher Ausschluss der aufschiebenden Wirkung
– zu § 6 Rn 189 –

Landesrecht

Landesbehörde

Zunächst ist auf den Verwaltungsakt und die Androhung des Zwangsmittels Bezug zu nehmen.

Sodann wird bestätigt, dass die Festsetzung des Zwangsmittels zulässig ist. Nunmehr folgt:

Leider haben Sie Ihre Verpflichtung nicht erfüllt. Deshalb setzen wir das Zwangsmittel fest. Rechtsgrundlage ist (§ 14 Rn 28).

Rechtsbehelfsbelehrung.

Gemäß § 80 Abs 2 Nr 3 VwGO in Verbindung mit (einem in § 6 Rn 187 aufgeführten Bundesgesetz) entfällt die aufschiebende Wirkung des Rechtsbehelfs.

Muster 45
Festsetzung des Zwangsgeldes und landesgesetzlicher Ausschluss der aufschiebenden Wirkung

Landesrecht

Landesbehörde

Zunächst ist auf den Verwaltungsakt und die Androhung des Zwangsmittels Bezug zu nehmen.

Sodann wird bestätigt, dass die Festsetzung des Zwangsmittels zulässig ist. Nunmehr folgt:
Leider haben Sie Ihre Verpflichtung nicht erfüllt. Deshalb setzen wir das Zwangsmittel fest. Rechtsgrundlage ist (§ 14 Rn 28).

Rechtsbehelfsbelehrung.
Gemäß § 80 Abs 2 Nr 3 VwGO in Verbindung mit (dem in diesem Fall anzuwendenden Landesgesetz) entfällt die aufschiebende Wirkung des Rechtsbehelfs.

Muster 46
Festsetzung des unmittelbaren Zwanges
Bundesrecht

Bundesbehörde

Zunächst ist auf den Verwaltungsakt und die Androhung des Zwangsmittels Bezug zu nehmen.

Sodann wird bestätigt, dass die Festsetzung des Zwangsmittels zulässig ist. Nunmehr folgt:
Leider haben Sie Ihre Verpflichtung nicht erfüllt. Deshalb setzen wir das Zwangsmittel fest. Rechtsgrundlage ist § 14 VwVG.

Rechtsbehelfsbelehrung.

Muster 47
Festsetzung des unmittelbaren Zwanges und Anordnung der sofortigen Vollziehung

Bundesrecht

Bundesbehörde

Zunächst ist auf den Verwaltungsakt und die Androhung des Zwangsmittels Bezug zu nehmen.

Sodann wird bestätigt, dass die Festsetzung des Zwangsmittels zulässig ist. Nunmehr folgt:

Leider haben Sie Ihre Verpflichtung nicht erfüllt. Deshalb setzen wir das Zwangsmittel fest. Rechtsgrundlage ist § 14 VwVG.

Rechtsbehelfsbelehrung.

Gemäß § 80 Abs 2 Nr 4 VwGO ordnen wir die sofortige Vollziehung dieses Verwaltungsaktes an. Damit entfällt die aufschiebende Wirkung des Rechtsbehelfs.

– Begründung: § 80 Abs 3 S 1 VwGO –

Muster 48
Festsetzung des unmittelbaren Zwanges und bundesgesetzlicher Ausschluss der aufschiebenden Wirkung
– zu § 6 Rn 188 –

Bundesrecht

Bundesbehörde

Zunächst ist auf den Verwaltungsakt und die Androhung des Zwangsmittels Bezug zu nehmen.

Sodann wird bestätigt, dass die Festsetzung des Zwangsmittels zulässig ist. Nunmehr folgt:

Leider haben Sie Ihre Verpflichtung nicht erfüllt. Deshalb setzen wir das Zwangsmittel fest. Rechtsgrundlage ist § 14 VwVG.

Rechtsbehelfsbelehrung.

Gemäß § 80 Abs 2 Nr 3 VwGO in Verbindung mit (einem in § 6 Rn 187 aufgeführten Bundesgesetz) entfällt die aufschiebende Wirkung des Rechtsbehelfs.

Muster 49
Festsetzung des Zwangsmittels (hier Zwangsgeld) mit neuer Androhung eines Zwangsmittels (hier erhöhtes Zwangsgeld)
– zu § 13 Rn 121 und § 14 Rn 24 –

Bundesrecht

Bundesbehörde

Zunächst ist auf den Verwaltungsakt und die Androhung des Zwangsmittels Bezug zu nehmen.

Sodann wird bestätigt, dass die Festsetzung des Zwangsmittels zulässig ist. Nunmehr folgt:

Leider haben Sie Ihre Verpflichtung nicht erfüllt. Deshalb setzen wir das Zwangsmittel fest. Rechtsgrundlage ist § 14 VwVG.

Sollte das festgesetzte Zwangsgeld erfolglos sein, drohen wir Ihnen gemäß § 11, § 13 Abs 6 VwVG ein erhöhtes Zwangsgeld von ... an. Die Höhe ist angemessen. Denn (§ 39 Abs 1 S 3 VwVfG: Begründung).

Rechtsbehelfsbelehrung.

Muster 50
Festsetzung des Zwangsmittels (hier Zwangsgeld) mit neuer Androhung eines Zwangsmittels (hier unmittelbarer Zwang) – zu § 13 Rn 121 und § 14 Rn 24 –

Bundesrecht

Bundesbehörde

Zunächst ist auf den Verwaltungsakt und die Androhung des Zwangsmittels Bezug zu nehmen.

Sodann wird bestätigt, dass die Festsetzung des Zwangsmittels zulässig ist. Nunmehr folgt:

Leider haben Sie Ihre Verpflichtung nicht erfüllt. Deshalb setzen wir das Zwangsmittel fest. Rechtsgrundlage ist § 14 VwVG.

Sollte das festgesetzte Zwangsgeld erfolglos sein, drohen wir Ihnen gemäß § 12, § 13 Abs 6 VwVG den unmittelbaren Zwang an.

Wir werden dann folgende Maßnahmen treffen: …

Gemäß § 12 VwVG ist die Androhung des unmittelbaren Zwanges zulässig, falls ein Zwangsgeld nicht zum Ziel führt oder untunlich ist. Nach dem Sachverhalt sind hier beide Bedingungen erfüllt. Denn (§ 12 Rn 17–30; § 39 Abs 1 S 2 VwVfG: Begründung).

Rechtsbehelfsbelehrung.

Muster 51
Festsetzung des unmittelbaren Zwanges

Landesrecht: Berlin (§ 14 VwVG), Nordrhein-Westfalen (§ 64 VwVG NRW)

Landesbehörde

Zunächst ist auf den Verwaltungsakt und die Androhung des Zwangsmittels Bezug zu nehmen.

Sodann wird bestätigt, dass die Festsetzung des Zwangsmittels zulässig ist. Nunmehr folgt:

Leider haben Sie Ihre Verpflichtung nicht erfüllt. Deshalb setzen wir das Zwangsmittel fest. Rechtsgrundlage ist (oben angegeben; dazu § 14 Rn 28).

Rechtsbehelfsbelehrung.

Gemäß § 80 Abs 2 S 1 Nr 3, S 2 VwGO in Verbindung mit (Landesrecht nach § 6 Rn 192, 193) entfällt die aufschiebende Wirkung des Rechtsbehelfs.

Muster 52
Festsetzung des unmittelbaren Zwanges und bundesgesetzlicher Ausschluss der aufschiebenden Wirkung
– zu § 6 Rn 189 –

Landesrecht: Berlin (§ 14 VwVG), Nordrhein-Westfalen (§ 64 VwVG NRW)

Landesbehörde

Zunächst ist auf den Verwaltungsakt und die Androhung des Zwangsmittels Bezug zu nehmen.

Sodann wird bestätigt, dass die Festsetzung des Zwangsmittels zulässig ist. Nunmehr folgt:

Leider haben Sie Ihre Verpflichtung nicht erfüllt. Deshalb setzen wir das Zwangsmittel fest. Rechtsgrundlage ist (oben angegeben; dazu § 14 Rn 28).

Rechtsbehelfsbelehrung.

Gemäß § 80 Abs 2 Nr 3 VwGO in Verbindung mit (einem in § 6 Rn 187 aufgeführten Bundesgesetz) entfällt die aufschiebende Wirkung des Rechtsbehelfs.

Muster 53
Festsetzung des unmittelbaren Zwanges und landesgesetzlicher Ausschluss der aufschiebenden Wirkung

Landesrecht: Berlin (§ 14 VwVG), Brandenburg (§ 24 VwVGBbg), Nordrhein-Westfalen (§ 64 VwVG NRW)

Landesbehörde

Zunächst ist auf den Verwaltungsakt und die Androhung des Zwangsmittels Bezug zu nehmen.

Sodann wird bestätigt, dass die Festsetzung des Zwangsmittels zulässig ist. Nunmehr folgt:

Leider haben Sie Ihre Verpflichtung nicht erfüllt. Deshalb setzen wir das Zwangsmittel fest. Rechtsgrundlage ist (oben angegeben; dazu § 14 Rn 28).

Rechtsbehelfsbelehrung.

Gemäß § 80 Abs 2 Nr 3 VwGO in Verbindung mit (dem in diesem Fall anzuwendenden Landesgesetz) entfällt die aufschiebende Wirkung des Rechtsbehelfs.

Muster 54
Festsetzung des Zwangsmittels (hier Zwangsgeld) mit neuer Androhung eines Zwangsmittels (hier erhöhtes Zwangsgeld)
– zu § 13 Rn 121 und Beispiel § 14 Rn 24 –

Landesrecht

Landesbehörde

Zunächst ist auf den Verwaltungsakt und die Androhung des Zwangsmittels Bezug zu nehmen.

Sodann wird bestätigt, dass die Festsetzung des Zwangsmittels zulässig ist. Nunmehr folgt:

Leider haben Sie Ihre Verpflichtung nicht erfüllt. Deshalb setzen wir das Zwangsmittel fest. Rechtsgrundlage ist (§ 14 Rn 28).

Sollte das festgesetzte Zwangsgeld erfolglos sein, drohen wir Ihnen gemäß (§ 11 Rn 38; § 13 Rn 146) ein erhöhtes Zwangsgeld von … an. Die Höhe ist angemessen. Denn (§ 39 Abs 1 S 3 VwVfG: Begründung).

Rechtsbehelfsbelehrung.

Gemäß § 80 Abs 2 S 1 Nr 3, S 2 VwGO in Verbindung mit (Landesrecht nach § 6 Rn 192, 193) entfällt die aufschiebende Wirkung des Rechtsbehelfs.

Muster 55
Festsetzung des Zwangsmittels (hier Zwangsgeld) mit neuer Androhung eines Zwangsmittels (hier unmittelbarer Zwang)
– zu § 13 Rn 121 und § 14 Rn 24 –

Landesrecht

Landesbehörde

Zunächst ist auf den Verwaltungsakt und die Androhung des Zwangsmittels Bezug zu nehmen.

Sodann wird bestätigt, dass die Festsetzung des Zwangsmittels zulässig ist. Nunmehr folgt:

Leider haben Sie Ihre Verpflichtung nicht erfüllt. Deshalb setzen wir das Zwangsmittel fest. Rechtsgrundlage ist (§ 14 Rn 28).

Sollte das festgesetzte Zwangsgeld erfolglos sein, drohen wir Ihnen gemäß (§ 12 Rn 59; § 13 Rn 146) den unmittelbaren Zwang an.

Wir werden dann folgende Maßnahmen treffen: ...

Gemäß § 12 VwVG ist die Androhung des unmittelbaren Zwanges zulässig, falls ein Zwangsgeld nicht zum Ziel führt oder untunlich ist. Nach dem Sachverhalt sind hier beide Bedingungen erfüllt. Denn (§ 12 Rn 17–30; § 39 Abs 1 S 2 VwVfG: Begründung).

Rechtsbehelfsbelehrung.

Gemäß § 80 Abs 2 S 1 Nr 3, S 2 VwGO in Verbindung mit (Landesrecht nach § 6 Rn 192, 193) entfällt die aufschiebende Wirkung des Rechtsbehelfs.

IV.
Sofortiger Vollzug

Muster 56
Sofortiger Vollzug ohne vorausgehenden Verwaltungsakt
– zu § 6 Rn 250–253 –

Bundesrecht und Landesrecht

Behörde

Am … hat unsere Amtsrätin Friederike Draht folgende Maßnahme getroffen: …

Dieser Eingriff war notwendig, um die drohende Gefahr für die öffentliche Sicherheit und Ordnung abzuwehren: …

Der Verwaltungszwang ist ohne vorausgehenden Verwaltungsakt durch sofortigen Vollzug angewendet worden. Rechtsgrundlagen sind
– Bund: § 6 Abs 2 VwVG mit z. B. Bundespolizeigesetz sowie UZwG –
– Land: § 6 Rn 282 mit z. B. Sicherheits- und Ordnungsgesetz sowie UZwG –

In einem derartigen Fall sind gemäß (Bundesrecht) § 18 Abs 2 VwVG) gegen den sofortigen Vollzug die Rechtsmittel zulässig, die gegen Verwaltungsakte allgemein gegeben sind. Wir erteilen Ihnen deshalb folgende

Rechtsbehelfsbelehrung: …

Muster 57
Sofortiger Vollzug nach mündlichem Verwaltungsakt
– zu § 6 Rn 260–263 –

Bundesrecht und Landesrecht

Behörde

Am ... hat unser Hauptkommissar Reiner Ernst Folgendes mündlich angeordnet: ...

Sie weigerten sich. Daraufhin hat der Beamte unmittelbaren Zwang gegen Sie durchgeführt: ...

Dieser Eingriff war notwendig, um die drohende Gefahr für die öffentliche Sicherheit und Ordnung abzuwehren: ...

Der Verwaltungszwang ist ohne Androhung des Zwangsmittels durch sofortigen Vollzug angewendet worden. Rechtsgrundlagen sind

- Bund: § 6 Abs 2 VwVG mit z. B. Bundespolizeigesetz sowie UZwG –
- Land: § 6 Rn 282 mit z. B. Sicherheits- und Ordnungsgesetz sowie UZwG –

In einem derartigen Fall sind gemäß (Bundesrecht) § 18 Abs 2 VwVG gegen den sofortigen Vollzug die Rechtsmittel zulässig, die gegen Verwaltungsakte allgemein gegeben sind. Wir erteilen Ihnen deshalb folgende

Rechtsbehelfsbelehrung: ...

Muster 58
Sofortiger Vollzug nach schriftlichem Verwaltungsakt
– zu § 6 Rn 257 –

Bundesrecht und Landesrecht

Behörde

Mit Bescheid vom … hatten wir angeordnet: …

Unmittelbar darauf entstand am … aus nachstehenden Gründen plötzlich eine drohende Gefahr für die öffentliche Sicherheit und Ordnung: …

Bei diesem Sachverhalt war es notwendig, mit unmittelbarem Zwang einzugreifen und folgende Maßnahme durchzuführen: …

Der Verwaltungszwang ist ohne Androhung des Zwangsmittels durch sofortigen Vollzug angewendet worden. Rechtsgrundlagen sind

- Bund: § 6 Abs 2 VwVG mit z. B. Bundespolizeigesetz sowie UZwG –
- Land: § 6 Rn 282 mit z. B. Sicherheits- und Ordnungsgesetz sowie UZwG –

In einem derartigen Fall sind gemäß (Bundesrecht) § 18 Abs 2 VwVG gegen den sofortigen Vollzug die Rechtsmittel zulässig, die gegen Verwaltungsakte allgemein gegeben sind. Wir erteilen Ihnen deshalb folgende

Rechtsbehelfsbelehrung: …

Muster 59
Sofortiger Vollzug nach Androhung des Zwangsmittels
– zu § 6 Rn 256 –

Bundesrecht und Landesrecht

Behörde

Mit Bescheid vom ... hatten wir unter Androhung des Zwangsmittels ... angeordnet:
...

Unmittelbar darauf entstand am ... aus nachstehenden Gründen plötzlich eine drohende Gefahr für die öffentliche Sicherheit und Ordnung: ...

Bei diesem Sachverhalt war es notwendig, folgende Maßnahme durchzuführen: ...

Der Verwaltungszwang ist ohne Festsetzung des Zwangsmittels durch sofortigen Vollzug angewendet worden. Rechtsgrundlagen sind

- Bund: § 6 Abs 2 VwVG mit z. B. Bundespolizeigesetz sowie UZwG –
- Land: § 6 Rn 282 mit z. B. Sicherheits- und Ordnungsgesetz sowie UZwG –

In einem derartigen Fall sind gemäß (Bundesrecht) § 18 Abs 2 VwVG gegen den sofortigen Vollzug die Rechtsmittel zulässig, die gegen Verwaltungsakte allgemein gegeben sind. Wir erteilen Ihnen deshalb folgende

Rechtsbehelfsbelehrung: ...

Muster 60
Sofortiger Vollzug nach Festsetzung des Zwangsmittels
– zu § 6 Rn 257 –

Bundesrecht und Landesrecht

Behörde

Mit Bescheid vom … hatten wir das angedrohte Zwangsmittel … festgesetzt. Hierbei kündigten wir an, den Verwaltungszwang in zwei Wochen anzuwenden.

Bereits zwei Tage später, nämlich am …, entstand aus folgenden Gründen plötzlich eine drohende Gefahr für die öffentliche Sicherheit und Ordnung: …

Darum war es notwendig, bereits an diesem Tag die Maßnahmen durchzuführen.

Der Verwaltungszwang ist durch sofortigen Vollzug angewendet worden. Rechtsgrundlagen sind

- Bund: § 6 Abs 2 VwVG mit z.B. Waffengesetz, Sprengstoffgesetz, Bundes-Immissionsschutzgesetz –
- Land: § 6 Rn 282 mit z.B. Sicherheits- und Ordnungsgesetz, Landesbauordnung –

In einem derartigen Fall sind gemäß (Bundesrecht) § 18 Abs 2 VwVG gegen den sofortigen Vollzug die Rechtsmittel zulässig, die gegen Verwaltungsakte allgemein gegeben sind. Wir erteilen Ihnen deshalb folgende

Rechtsbehelfsbelehrung: …

B. Anhang VwZG: Gesetzesmaterialien

1. Allgemeine Verwaltungsvorschriften zum Verwaltungszustellungsgesetz – AVV-VwZG –[1]

i.d.F. vom 13.12.1966 (BAnz Nr. 240 = GMBl. S. 27),
geändert durch AVV-VwZG vom 27.4.1973 (BAnz Nr. 82 = GMBl. S. 235)

I. Allgemeines

1. Geltungsbereich des Gesetzes (§ 1 Abs. 1)

(1) Das VwZG gilt für das Zustellungsverfahren aller Verwaltungsbehörden des Bundes und aller bundesunmittelbaren Körperschaften und Anstalten des öffentlichen Rechts und ferner im Bereich der Landesverwaltung für alle Landesfinanzbehörden.

(2) *(gegenstandslos)*

2. Begriff der Zustellung

Die Zustellung ist die in gesetzlicher Form ausgeführte und beurkundete Übergabe eines Schriftstückes oder Vorlage seiner Urschrift. Sie ist eine besondere Form der Bekanntgabe und hat den Zweck, bei bedeutungsvolleren Vorgängen den Nachweis von Zeit und Art der Übergabe zu sichern. Zu diesem Zweck müssen bei der Übergabe des Schriftstückes bestimmte Formvorschriften beachtet werden.

3. Notwendigkeit der Zustellung (§ 1 Abs. 3)

(1) Durch das VwZG wird nicht bestimmt, in welchen Fällen ein Schriftstück zuzustellen ist. Die Anwendung des Gesetzes hat vielmehr zur Voraussetzung, dass in einem anderen Gesetz die Zustellung angeordnet ist.

(2) Außerdem findet das VwZG Anwendung, wenn die Behörde, ohne dass eine Zustellung durch Rechtsvorschrift vorgeschrieben ist, von sich aus bestimmt, dass ein Schriftstück zugestellt werden muss. Eine solche behördliche Anordnung kann vor allem in Frage kommen:

a) bei belastenden Verwaltungsakten,
b) bei Einspruchs- und Beschwerdeentscheidungen,
c) bei Ladungen, Frist- und Terminbestimmungen, soweit nicht schon gesetzlich vorgeschrieben (z. B. § 56 Abs. 1 Verwaltungsgerichtsordnung; § 63 Abs. 1 Sozialgerichtsgesetz; § 53 Abs. 1 Finanzgerichtsordnung),
d) bei der Übersendung wichtiger Urkunden.

---

1 **Anm. d. Verlages:**
Die AVV-VwZG gelten bis zu ihrer Novellierung weiter.

Widerspruchsbescheide nach § 73 Abs. 3 der Verwaltungsgerichtsordnung und nach § 85 Abs. 3 Satz 1 des Sozialgerichtsgesetzes sind stets nach den Vorschriften des VwZG zuzustellen.

4. Ausführung der Zustellung (§ 2)

(1) Das VwZG stellt mehrere Zustellungsarten zur Auswahl. Es liegt im freien Ermessen der Behörde, welcher dieser Arten sie sich bedienen will. Dies gilt auch dann, wenn nach bisherigem Recht andere Zustellungsarten als die im VwZG genannten oder ganz bestimmte Zustellungsarten vorgeschrieben sind. Derartige Vorschriften sind innerhalb des Geltungsbereichs des VwZG außer Kraft gesetzt worden, sodass sich das Zustellungsverfahren hinfort ausschließlich nach diesem Gesetz bestimmt. Bei der Wahl der Zustellungsart soll die Behörde die Höhe der jeweiligen Postgebühren berücksichtigen.

(2) Die Behörde hat die Zustellung gehörig vorzubereiten, damit sich bei der Ausführung keine Anstände oder Verzögerungen ergeben und damit die Wirksamkeit der Zustellung nicht beeinträchtigt wird. Insbesondere hat sie zu prüfen, ob die Schriftstücke unterschrieben, die Abschriften in der erforderlichen Zahl vorhanden und gehörig beglaubigt sind, ob bei Ladungen die Zeit und der Ort des Termins angegeben sind und ob die Person, an die zuzustellen ist, nach Name, Beruf, Wohnort und Wohnung oder Geschäftsraum hinreichend deutlich bezeichnet ist. Besondere Sorgfalt ist bei den häufig vorkommenden Familiennamen (Müller, Schulze usw.) und bei gleich oder ähnlich lautenden Ortsnamen (z. B. Hamm/Westfalen, Hamm/Sieg, Hamm/Rheinhessen) auf eine genaue Bezeichnung zu verwenden. Die Behörde hat darauf zu achten, dass die Postleitzahl richtig angegeben wird.

II. Die Zustellungsarten

5. Zustellung durch die Post mit Postzustellungsurkunde (§ 3)

(1) a) Der Auftrag zur Zustellung ist der Post als gewöhnlicher Brief in einem (äußeren) Umschlag nach Muster Anlage 1 zu übergeben. Der Brief hat die Anschrift des Zustellpostamtes zu tragen. Er muss das in einem besonderen (inneren) Umschlag nach Muster Anlage 2a verschlossene Schriftstück mit der Anschrift des Empfängers und der Bezeichnung der absendenden Dienststelle mit Geschäftsnummer sowie ein vorbereitetes (ausgefüllter Kopf- und Postanschrift der Behörde für die Rücksendung) Formblatt zur Zustellungsurkunde nach Muster Anlage 2b enthalten. Für mehrere Aufträge zur förmlichen Zustellung an verschiedene Empfänger im Bereich eines Zustellpostamtes braucht nur ein (äußerer) Umschlag verwendet zu werden. Dabei sind die Zustellungsurkunden so an den zugehörigen (inneren) Umschlägen zu befestigen, dass sie beim Öffnen des Briefes durch das Zustellpostamt nicht abfallen können.

b) *(gegenstandslos)*

c) Im Kopf des Formblattes zur Zustellungsurkunde ist in roter Schrift oder rot unterstrichen zu vermerken:

„Mit Zeitangabe zuzustellen“,

wenn die Angabe der Uhrzeit der Zustellung verlangt wird;

„Eine Zustellung an…
darf nicht stattfinden“,

wenn die Ersatzzustellung nach § 185 (jetzt § 178) ZPO unterbleiben soll;
„Nicht durch Niederlegung zuzustellen"
oder
„Niederlegung unzulässig",
wenn die Niederlegung des Schriftstücks nach § 182 (jetzt § 181) ZPO ausgeschlossen werden soll.

(2) Bezüglich des von Postbediensteten einzuhaltenden Verfahrens sind die Vorschriften der ZPO (§§ 180 bis 186 und 195 Abs. 2, jetzt §§ 177 bis 181) für anwendbar erklärt worden. Der Postbedienstete führt also die Postzustellung nach dem VwZG in genau denselben Formen aus, die für die gerichtliche Zustellung vorgeschrieben sind. Auf diese Weise soll sichergestellt werden, dass die ordnungsmäßige Durchführung des Postzustellungsverfahrens, dessen Handhabung ohnehin schwierig ist, nicht durch die Anwendung unterschiedlicher Verfahrensvorschriften gefährdet wird.

(3) Von der Zustellung durch die Post mit Postzustellungsurkunde sind ausgeschlossen:

a) Einschreib-, Wert- und Nachnahmesendungen,
b) durch Eilboten zu bestellende Sendungen,
c) Sendungen mit dem Vermerk „postlagernd",
d) Schriftstücke, deren Gewicht 1000 g übersteigt.

(4) Sendungen an einen Gemeinschuldner sollen nicht durch die Post zugestellt werden, wenn vom Konkursgericht die Aushändigung der für den Gemeinschuldner eingehenden Briefe an den Konkursverwalter angeordnet ist (§ 121 KO), weil die Post diese Sendungen als unbestellbar behandelt. In einem solchen Fall ist von der Zustellungsart nach § 5 Gebrauch zu machen.

6. Zustellungen durch die Post mittels eingeschriebenen Briefes (§ 4)

(1) Wenn bei der Zustellung durch die Post mittels eingeschriebenen Briefes ohne Rückschein im Einzelfall Zweifel über die Tatsache der Zustellung oder ihren Zeitpunkt bestehen und es auf eine Klarstellung hierüber ankommt, muss sich die Behörde die notwendige Kenntnis auf andere Weise zu beschaffen suchen, z. B. durch Nachfrage bei den Postdienststellen; falls notwendig, muss sie nochmals in dieser oder einer anderen Zustellungsart zustellen.

(2) Soweit es gesetzlich zulässig ist, kann die Behörde von sich aus anordnen, dass mittels eingeschriebenen Briefes mit Rückschein zuzustellen ist. Da eingeschriebene Briefe nicht durch Niederlegung (§ 182, jetzt § 181 ZPO) oder durch Zurücklassen (§ 186, jetzt § 179 ZPO) zugestellt werden können, ist eine Zustellung durch eingeschriebenen Brief mit Rückschein nur zweckmäßig, wenn zu erwarten ist, dass der Empfänger oder ein Ersatzempfänger (§ 51 Abs. 3 PostO) angetroffen und auch bereit sein wird, das zuzustellende Schriftstück anzunehmen.

(3) Nummer 5 Abs. 4 gilt entsprechend.

7. Zustellung durch die Behörde gegen Empfangsbekenntnis (§ 5)

(1) Bei der Zustellung durch die Behörde gegen Empfangsbekenntnis ist das Schriftstück dem Empfänger von dem zustellenden Bediensteten gegen ein Empfangsbekenntnis zu übergeben. Für dieses ist das Muster Anlage 3 zu verwenden.

(2) Bei dieser Zustellungsart ist eine Ersatzzustellung nach § 11 möglich (vgl. Nummer 13). Soll das Schriftstück nur dem Empfänger persönlich übergeben werden, so kann die Ersatzzustellung durch den Vermerk „zu eigenen Händen des Empfängers“ oder auf andere Weise ausgeschlossen werden.

(3) An Behörden, Körperschaften und Anstalten des öffentlichen Rechts, Rechtsanwälte, Patentanwälte, Notare, Steuerberater, Steuerbevollmächtigte, Wirtschaftsprüfer, vereidigte Buchprüfer, Steuerberatungsgesellschaften, Wirtschaftsprüfungsgesellschaften und Buchprüfungsgesellschaften kann in vereinfachter Form zugestellt werden. Bei diesen Personen braucht das Schriftstück nicht dem Empfänger durch einen Bediensteten besonders übergeben zu werden. Es genügt vielmehr, wenn es ihm in irgendeiner Weise, z. B. durch Aufgabe zur Post oder durch Boten übermittelt wird. Hierbei ist auf dem Schriftstück zu vermerken, dass die Übersendung zum Zwecke der Zustellung geschieht. Gleichzeitig ist dem Schriftstück das Empfangsbekenntnis Anlage 4 beizufügen. In diesem ist das Empfangsdatum offen zu lassen. Das Empfangsbekenntnis wird von dem Empfänger mit Datum und Unterschrift versehen und an den Absender zurückgesandt.

8. Zustellung durch die Behörde mittels Vorlegung der Urschrift (§ 6)

Diese Zustellungsart hat nur für den Zustellungsverkehr von Behörde zu Behörde Bedeutung (vgl. z. B. § 23 Abs. 1 BDO).

III. Gemeinsame Vorschriften für alle Zustellungsarten

9. Zustellung an gesetzliche Vertreter (§ 7)

(1) Es ist Sache der Behörde, die Person, an die zugestellt werden soll, festzustellen und in der Anschrift genau zu bezeichnen. Für den zustellenden Beamten ist allein die Anschrift maßgebend.

(2) Da die Zustellung an einen Geschäftsunfähigen oder beschränkt Geschäftsfähigen grundsätzlich unwirksam ist, muss das Schreiben an den gesetzlichen Vertreter (Vater, Mutter, Vormund usw.) gerichtet sein und an diesen zugestellt werden. Bei Minderjährigen empfiehlt sich die Zustellung an beide Eltern, soweit nicht ausnahmsweise die gesetzliche Vertretung nur einem Elternteil zusteht. An einen beschränkt Geschäftsfähigen selbst kann nur wirksam zugestellt werden, wenn die Zustellung an ihn gesetzlich vorgeschrieben ist (vgl. § 44 Abs. 1 Wehrpflichtgesetz, § 71 Abs. 3 Gesetz über den zivilen Ersatzdienst in der Fassung vom 16. Juli 1965 – Bundesgesetzbl. I S. 983 –).

a) Geschäftsunfähig sind:
   aa) Kinder unter 7 Jahren,
   bb) nicht nur vorübergehend Geistesgestörte, cc) wegen Geisteskrankheit Entmündigte.

b) Beschränkt geschäftsfähig sind:
   aa) Minderjährige über 7 Jahre,
   bb) wegen Geistesschwäche, Verschwendung oder Trunksucht Entmündigte,
   cc) unter vorläufiger Vormundschaft Stehende.

(3) Bei Behörden, juristischen Personen, nichtrechtsfähigen Personenvereinigungen und Zweckvermögen ist die Zustellung an diese in der Regel unter Verwendung ihrer

verbindlichen Bezeichnung (Name, Firma) ohne weitere Zusätze zu richten. Der Zusatz „zu Händen des Vorstehers ... (Name)“ ist nur dann hinzuzufügen, wenn das Schriftstück aus besonderen Gründen dem Vorsteher persönlich und nicht anderen Bediensteten (§ 11 Abs. 4) zugestellt werden soll. Sind mehrere Vorsteher vorhanden, so genügt die Zustellung an einen von ihnen.

10. Zustellung an Bevollmächtigte (§ 8)

(1) Bevollmächtigte sind insbesondere:

a) Generalbevollmächtigte,
b) Prokuristen,
c) Zustellungsbevollmächtigte,
d) Prozessbevollmächtigte,
e) Handlungsbevollmächtigte (§ 54 HGB).

(2) Die Benennung eines Bevollmächtigten berechtigt die Behörde, an diesen zuzustellen; sie ist zur Zustellung an den Bevollmächtigten verpflichtet, wenn dieser eine schriftliche Vollmacht vorgelegt hat (§ 8 Abs. 1 Satz 2) oder wenn es anderweitig gesetzlich vorgeschrieben ist (z. B. § 8 Abs. 4). Falls der Behörde ein Bevollmächtigter benannt worden ist, soll sie darauf achten, dass an ihn zugestellt wird, auch wenn keine gesetzliche Pflicht zur Zustellung an ihn besteht; dies gilt nicht für die Zustellung im Besteuerungsverfahren.

(3) Vertritt ein Zustellungsbevollmächtigter mehrere Beteiligte, so braucht nur einmal zugestellt zu werden; hierbei sind jedoch so viel Ausfertigungen oder Abschriften zuzustellen, wie Beteiligte vorhanden sind.

11. Heilung von Zustellungsmängeln (§ 9)

(1) Der Empfang des Schriftstücks, das nicht ordnungsmäßig zugestellt ist, lässt sich mit jedem Beweismittel dartun. Es genügt auch eine schlüssige Handlung des Zustellungsempfängers. Lässt sich der Zugang nachweisen, so gilt das Schriftstück als zugestellt, auch wenn Zustellungsvorschriften verletzt worden sind.

(2) Beginnt mit der Zustellung eine Frist für die Erhebung der Klage, eine Berufungs-, Revisions- oder Rechtsmittelbegründungsfrist (§ 9 Abs. 2), so wird bei einem Verstoß gegen zwingende Zustellungsvorschriften die Frist nicht in Lauf gesetzt.

IV. Besondere Vorschriften für die Zustellung durch die Behörde gegen Empfangsbekenntnis

12. Ort der Zustellung (§ 10)

Die Zustellung kann an jedem Ort bewirkt werden, an dem der Empfänger angetroffen wird. Ort ist hierbei nicht im Sinne von Ortschaft zu verstehen; es kann daher auch auf freiem Felde zugestellt werden.

13. Ersatzzustellung (§ 11)

(1) Grundsätzlich wird an den in der Anschrift bezeichneten Empfänger in Person zugestellt.

(2) Kann an den Empfänger in Person nicht zugestellt werden, so ist unter Beachtung der Vorschrift des § 11 zuzustellen. Dabei sind die folgenden Fälle zu unterscheiden:

a) Zustellung an Gewerbetreibende oder freiberuflich Tätige (§ 11 Abs. 3) (z. B. Inhaber eines Ladengeschäftes, selbstständige Handwerker, Rechtsanwälte, Ärzte u. a.m.).
   aa) Der zustellende Bedienstete hat sich in der Regel zunächst in den Geschäftsraum zu begeben, sofern ein solcher vorhanden ist. Trifft er den Empfänger dort nicht an, so kann er das Schriftstück einem im Geschäftsraum anwesenden Gehilfen (z. B. Handlungsgehilfe, Buchhalter, Geselle, Bürovorsteher, Sprechstundenhilfe) des Empfängers übergeben. Personen, die außerhalb des Geschäftsraumes angetroffen werden, sind als Ersatzempfänger ungeeignet. Ebenso wenig darf das Schriftstück dem Hauswirt oder Vermieter des Geschäftsraumes übergeben werden.
   bb) Ist die Zustellung in dem Geschäftsraum nicht ausführbar, so hat sich der zustellende Bedienstete in die Wohnung des Empfängers zu begeben und, wenn er diesen auch dort nicht antrifft, nach Buchstabe c zu verfahren.
b) Zustellung an den Vorsteher einer Behörde, Körperschaft oder Anstalt des öffentlichen Rechts oder eines Vereins (§ 11 Abs. 4).
   aa) Der zustellende Bedienstete hat sich in der Regel zunächst während der gewöhnlichen Geschäftsstunden der Behörde usw. in den Geschäftsraum der Behörde usw. zu begeben.
   Wird in diesen Stunden der Vorsteher, an welchen zugestellt werden soll, nicht angetroffen oder ist er an der Annahme verhindert, so darf das Schriftstück an einen anderen in den Geschäftsräumen anwesenden Beamten oder Bediensteten des Empfängers übergeben werden. Personen, die außerhalb des Geschäftsraumes angetroffen werden, sind als Ersatzempfänger ungeeignet.
   bb) Ist die Zustellung in dieser Weise nicht ausführbar, weil z. B. der Geschäftsraum während der gewöhnlichen Geschäftsstunden geschlossen ist, so kann die Zustellung außerhalb des Geschäftsraumes, z. B. in der Wohnung des Vorstehers, vorgenommen werden. Es kann jedoch in einem solchen Fall nur dem Vorsteher selbst übergeben werden; eine Ersatzzustellung an eine andere Person scheidet aus. Wird also der Vorsteher nicht angetroffen, so ist die Zustellung zunächst unausführbar; sie ist bei nächster Gelegenheit auszuführen, oder es ist eine andere Zustellungsart zu wählen.
   cc) Hat eine Behörde usw. ausnahmsweise keinen besonderen Geschäftsraum, so hat sich der zustellende Bedienstete zwecks Zustellung in die Wohnung des Vorstehers zu begeben. Wenn er ihn nicht antrifft, hat er nach Buchstabe c zu verfahren.
c) Zustellung an andere Personen (§ 11 Abs. 1)
   aa) Bei Zustellungen an eine andere Person hat sich der zustellende Bedienstete in der Regel in die Wohnung des Empfängers zu begeben. Wird dieser dort nicht angetroffen, so kann das Schriftstück einem zu seiner Familie gehörenden erwachsenen Hausgenossen (z. B. Ehemann oder Ehefrau, Sohn, Tochter usw.) oder einem in der Familie beschäftigten Erwachsenen (z. B. Hausgehilfin) übergeben werden. Ob eine Person erwachsen ist, bestimmt sich im Einzelnen Fall nach ihrem Alter und ihrer körperlichen und geistigen Entwicklung; Volljährigkeit ist nicht erforderlich.

Die Ersatzzustellung an Hausgenossen usw. ist nur in der Wohnung, nicht außerhalb dieser zulässig. Dagegen ist nicht erforderlich, dass der in der Wohnung beschäftigte Erwachsene in demselben Hause wohnt.

bb) Wird in der Wohnung eine solche Person nicht angetroffen, so kann die Zustellung an den Hauswirt oder Vermieter der Wohnung – auch an einen Stellvertreter (z. B. Nießbraucher, Vizewirt) – bewirkt werden, wenn dieser in demselben Hause wie der Empfänger wohnt und er zur Annahme des Schriftstücks bereit ist. An Hausgenossen und Bedienstete des Hauswirts oder des Vermieters darf hingegen nicht zugestellt werden.

14. Niederlegung des Schriftstücks (§ 11 Abs. 2)

a) Hat der Zustellungsempfänger am Ort eine Wohnung, wird er darin aber nicht angetroffen und kann die Zustellung auch nicht nach Nummer 13 bewirkt werden, so kann der zustellende Bedienstete das Schriftstück nach § 11 Abs. 2 durch Niederlegung zustellen.

b) Die Niederlegung ist bei der Gemeinde oder der Polizeibehörde (Polizeidienststelle) des Zustellungsortes durchzuführen. Unter diesen Stellen soll tunlichst die Stelle gewählt werden, die dem Empfänger am bequemsten zugänglich ist. Die Gemeinden und die Polizeibehörden (Polizeidienststellen) haben Schriftstücke, welche bei ihnen zum Zwecke der Zustellung von einem Bediensteten der Verwaltungsbehörde niedergelegt werden, anzunehmen und sechs Monate vom Tage der Niederlegung ab aufzubewahren. Nach Ablauf dieser Frist sind die niedergelegten Schriftstücke, falls sie nicht inzwischen von dem Empfänger abgeholt sind, an die Behörde, die die Zustellung veranlasst hat, zurückzusenden.

c) Über die Niederlegung muss entweder eine schriftliche Mitteilung unter der Anschrift des Empfängers in der bei gewöhnlichen Briefen üblichen Weise abgegeben oder, wenn dies nicht tunlich ist, an der Tür der Wohnung mit der Anschrift des Empfängers befestigt werden. Die Mitteilung „in der bei gewöhnlichen Briefen üblichen Weise“ wird durch Einwurf in den Hausbriefkasten, Durchstecken unter die Tür oder in sonstiger behelfsmäßigen Weise vorgenommen. Dies wird gewöhnlich „tunlich“ sein. Daher kommt die weiter vorgesehene Möglichkeit, die Mitteilung an der Wohnungstür zu befestigen, nur als äußerster Notbehelf in Betracht, zumal eine solche Mitteilung durch Unbefugte leicht entfernt werden kann. Für die Mitteilung über die Niederlegung ist der Vordruck Anlage 5 zu verwenden.

d) Außerdem ist über die Niederlegung möglichst auch ein Nachbar mündlich zu verständigen und dabei aufzufordern, den Empfänger zu unterrichten. Die Aushändigung des zuzustellenden Schriftstücks an ihn ist unstatthaft.

15. Besondere Vorschriften für Ersatzzustellungen (§ 11)

a) Bevor der zustellende Bedienstete eine Ersatzzustellung vornimmt oder das zuzustellende Schriftstück niederlegt, hat er sich davon zu überzeugen, dass die Wohnung oder der Geschäftsraum, worin die Zustellung vorgenommen oder versucht wird, auch wirklich die Wohnung oder der Geschäftsraum des Empfängers ist, und dass die Personen, mit denen er verhandelt, auch wirklich die sind, für die sie sich ausgeben, und dass sie zu dem Empfänger in dem angegebenen Verhältnis stehen.

b) Eine Ersatzzustellung ist ausgeschlossen, wenn der Empfänger verstorben ist.

c) Bei der Zustellung, die nicht an den Empfänger in Person vorgenommen wird, hat der zustellende Bedienstete das Schriftstück vor der Übergabe oder Niederlegung zu verschließen. Es ist darauf zu achten, dass die Schriftstücke in Briefform zusammengefaltet oder in einen Briefumschlag gelegt und mit dem Dienstsiegel oder einer Siegelmarke derart verschlossen sind, dass eine Einsichtnahme ohne Öffnung ausgeschlossen ist. Die Außenseite des Schriftstückes oder Briefumschlages ist mit der Anschrift des Empfängers und der absendenden Stelle zu versehen.

d) Die Person, an die das Schriftstück zum Zwecke der Ersatzzustellung übergeben wird, ist von dem zustellenden Bediensteten darauf hinzuweisen, dass sie verpflichtet ist, die Schriftstücke dem Empfänger alsbald auszuhändigen.

e) Die Ersatzzustellung darf niemals an Mieter des Empfängers, Fremde, nicht erwachsene Personen oder im Empfangsbekenntnis ausdrücklich von der Ersatzzustellung ausgeschlossene Personen bewirkt werden.

16. Zustellung zur Nachtzeit und an Sonn- und Feiertagen (§ 12)

(1) Zur Nachtzeit und an Sonntagen und allgemeinen Feiertagen darf nur mit schriftlicher Erlaubnis des Behördenvorstandes oder des Vorsitzenden des Gerichts zugestellt werden. Ein Verstoß hiergegen macht die Zustellung nur bei Verweigerung der Annahme unwirksam.

(2) Wird die Annahme trotz schriftlicher Erlaubnis verweigert, so ist nach § 13 zu verfahren.

(3) Die Abschrift der Erlaubnis ist dem Empfänger bei der Zustellung auszuhändigen. Die Urschrift bleibt aus Beweisgründen bei den Akten.

17. Verweigerung der Annahme (§ 13)

(1) Wird die Annahme des zuzustellenden Schriftstücks ohne gesetzlichen Grund verweigert, so hat der zustellende Beamte das Schriftstück am Ort der Zustellung zurückzulassen; er darf es nicht einer anderen Person übergeben, die nicht empfangsberechtigt ist. Hierüber hat der zustellende Beamte einen Vermerk zu den Akten zu nehmen. Dieser ist nach dem Muster Anlage 6 zu fertigen.

(2) Gesetzliche Gründe für die Verweigerung sind insbesondere gegeben:

a) bei Zustellung zur Nachtzeit sowie an Sonntagen und allgemeinen Feiertagen ohne schriftliche Erlaubnis (§ 12);

b) bei Zustellung an den Hauswirt oder Vermieter (§ 11 Abs. 1 Satz 2); hier ist nach Nummer 14 zu verfahren;

c) bei zweifelhafter Anschrift.

In diesen Fällen ist es nicht möglich, die Zustellung durch Zurücklassung des Schriftstücks zu bewirken.

V. Sonderarten der Zustellung

18. Zustellung im Ausland (§ 14)

(1) Bei Zustellungen in Staaten, mit denen die Bundesrepublik Deutschland diplomatische oder konsularische Beziehungen unterhält, sind die Zustellungsersuchen den zuständigen deutschen Auslandsvertretungen unmittelbar zu übersenden, soweit in den Absätzen 2 oder 3 nichts anderes bestimmt ist.

(2) Wenn es zwischenstaatliche Vereinbarungen vorsehen, können Zustellungsersuchen von der dafür zugelassenen inländischen Verwaltungsbehörde unmittelbar an die zuständige ausländische Behörde gerichtet werden.

(3) Folgende Zustellungsersuchen sind unter Hinweis auf diese Vorschrift stets dem Auswärtigen Amt zur weiteren Veranlassung zu übersenden:

a) Zustellungen an Deutsche, die als Angehörige einer Mission der Bundesrepublik Deutschland von der Gerichtsbarkeit des Empfangsstaates ganz oder teilweise befreit sind,
b) Zustellungen, die Angelegenheiten von grundsätzlicher politischer Bedeutung betreffen oder die die Sicherheit des Empfängers gefährden könnten,
c) Zustellungen, die durch Schutzmachtvertretungen für deutsche Interessen, die keine konsularischen Befugnisse übernommen haben, bewirkt werden sollen,
d) Zustellungen an nicht deutsche Exterritoriale.

(4) Bei Zustellungsersuchen nach § 14 ist der Dienstweg einzuhalten, soweit nichts anderes angeordnet ist.

(5) Kann im Ausland mangels bestehender Auslandsvertretungen (Schutzmachtvertretungen) oder aus anderen Gründen nicht zugestellt werden, so ist nach Nummer 19 Abs. 2 Buchstabe c zu verfahren, soweit kein Fall des Absatzes 3 vorliegt.

19. Öffentliche Zustellung (§ 15)

(1) Von der öffentlichen Zustellung darf erst Gebrauch gemacht werden, wenn alle Möglichkeiten, ein Schriftstück auf andere Weise zuzustellen, versagen.

(2) Die öffentliche Zustellung ist nur in den Fällen des § 15 Abs. 1 zulässig:

a) Zu § 15 Abs. 1a):
Der Aufenthalt des Empfängers ist nicht schon deshalb unbekannt, weil die Behörde seine Anschrift nicht kennt; die Anschrift muss vielmehr allgemein unbekannt sein. Dies ist durch eine Bescheinigung der zuständigen Meldebehörde oder auf sonstige Weise zu belegen. Die bloße Abmeldung bei der Meldebehörde kann nicht als ausreichend angesehen werden.
b) Zu § 15 Abs. 1b):
Die Voraussetzungen dieser Bestimmungen liegen vor, wenn der exterritoriale Dienstherr nicht gestattet, dass seine Wohnung betreten wird, um das Schriftstück dem nicht exterritorialen deutschen oder ausländischen Hausgenossen zuzustellen. An die Exterritorialen selbst wird nach § 14 zugestellt.
c) Zu § 15 Abs. 1c):
Die Zustellung außerhalb des Geltungsbereichs des Grundgesetzes ist z. B. unausführbar, wenn es in dem betreffenden Gebietsteil an geordneten staatlichen Einrichtungen fehlt. Sie ist voraussichtlich erfolglos u. a. bei Krieg; sie kann erfolglos sein bei Abbruch oder Fehlen diplomatischer oder konsularischer Beziehungen, wenn nicht dessen ungeachtet Rechtshilfeverkehr besteht. Die Zustellung ist auch unausführbar bei Verweigerung der Rechtshilfe. Wenn die Verweigerung nicht amtsbekannt ist, kann sie nur durch einen misslungenen Zustellungsversuch festgestellt werden.

(3) Zu § 15 Abs. 4:

Die Ermessensentscheidung, ob in den Fällen des § 15 Abs. 1 Buchstabe a bis c ein Auszug des zuzustellenden Schriftstückes in örtlichen oder überörtlichen Zeitungen oder Zeitschriften einmalig oder mehrere Male zu veröffentlichen ist, hängt davon ab, ob der Verwaltungsaufwand in einem angemessenen Verhältnis zur Bedeutung der Sache und zu den Erfolgsaussichten steht.

(4) Zu § 15 Abs. 5:

Die Berechtigung der Behörden, in den Fällen des § 15 Abs. 1 Buchstabe a einen Suchvermerk im Bundeszentralregister niederzulegen, ergibt sich aus § 27 des Bundeszentralregistergesetzes vom 18. März 1971 (Bundesgesetzbl. I S. 243). Welche anderen Nachforschungen geeignet sein können, den Aufenthaltsort des Empfängers festzustellen, hängt von den Umständen des Einzelfalles ab. Die Feststellung der Meldebehörde, dass der Aufenthalt des Empfängers unbekannt ist, ist nach Absatz 2 Buchstabe a eine Voraussetzung der öffentlichen Zustellung; ihre erneute Einschaltung kann deshalb erst dann Erfolg bringen, wenn diese Feststellung durch neue Erkenntnisse der Meldebehörde überholt wird. Die Ermessensentscheidung, ob ein Suchvermerk im Bundeszentralregister niederzulegen ist und andere Nachforschungen anzustellen sind, hängt davon ab, ob der Verwaltungsaufwand in einem angemessenen Verhältnis zur Bedeutung der Sache und zu den Erfolgsaussichten steht.

(5) Wenn bei öffentlicher Zustellung die Anschrift des Empfängers bekannt ist und Postverbindung besteht, so ist ihm die öffentliche Zustellung und der Inhalt des zuzustellenden Schriftstückes formlos mitzuteilen.

20. Zustellung an Beamte, Ruhestandsbeamte und sonstige Versorgungsberechtigte (§ 16)

Die Zustellung an Beamte, Ruhestandsbeamte und sonstige Versorgungsberechtigte richtet sich nach den Vorschriften des VwZG, soweit nach den Vorschriften des Bundesbeamtenrechts nichts anderes bestimmt ist (§ 175 Satz 2 Bundesbeamtengesetz). Dies gilt auch bei Zustellungen an Richter (§ 46 des Deutschen Richtergesetzes). Die Zustellung nach § 16 Abs. 1 kommt nur in Ausnahmefällen in Betracht, in denen von vornherein eine schriftliche Mitteilung entbehrlich erscheint. Voraussetzung für die Anwendung der Vorschrift des § 16 Abs. 2 ist, dass ein Zeitverlust nicht in Kauf genommen werden kann.

21. Zustellungen im Besteuerungsverfahren (§ 17)

(aufgehoben)

VI. Schlussvorschriften

22. Aufhebung der Postzustellungsverordnung (§ 18)

Mit dem Ablauf des 10. Oktober 1952 ist die nach der Postzustellungsverordnung vorgesehene Möglichkeit, die Postzustellung durch Aufgabe zur Post zu bewirken, fortgefallen.

23. Geltung im Lande Berlin (§ 20)

(gegenstandslos)

24. Inkrafttreten (§ 21)

Das VwZG und diese allgemeinen Verwaltungsvorschriften treten am 11. Oktober 1952 in Kraft.

Anmerkungen

1 Die **Muster** der AVV-VwZG sind **nicht abgedruckt.** Wegen der technisch notwendigen Verkleinerung würden sie kaum lesbar sein.

2 …

3 Im Übrigen wird die Bundesregierung mit Rücksicht auf die neue Rechtslage eine **Änderung oder Neufassung** ihrer Verwaltungsvorschriften vornehmen müssen.

…

2. Zivilprozessordnung (ZPO)

i.d.F. der Bek. vom 5.12.2005 (BGBl. I S. 3202, ber. 2006 S. 431, 2007 S. 1781), zuletzt geändert durch Art. 5 Abs. 26 G vom 21.6.2019 (BGBl. I S. 846)

– Auszug –

§ 177 Ort der Zustellung

Das Schriftstück kann der Person, der zugestellt werden soll, an jedem Ort übergeben werden, an dem sie angetroffen wird.

§ 178 Ersatzzustellung in der Wohnung, in Geschäftsräumen und Einrichtungen

(1) Wird die Person, der zugestellt werden soll, in ihrer Wohnung, in dem Geschäftsraum oder in einer Gemeinschaftseinrichtung, in der sie wohnt, nicht angetroffen, kann das Schriftstück zugestellt werden

1. in der Wohnung einem erwachsenen Familienangehörigen, einer in der Familie beschäftigten Personen oder einem erwachsenen ständigen Mitbewohner,
2. in Geschäftsräumen einer dort beschäftigten Person,
3. in Gemeinschaftseinrichtungen dem Leiter der Einrichtung oder einem dazu ermächtigten Vertreter.

(2) Die Zustellung an eine der in Absatz 1 bezeichneten Personen ist unwirksam, wenn diese an dem Rechtsstreit als Gegner der Person, der zugestellt werden soll, beteiligt ist.

§ 179 Zustellung bei verweigerter Annahme

Wird die Annahme des zuzustellenden Schriftstücks unberechtigt verweigert, so ist das Schriftstück in der Wohnung oder in dem Geschäftsraum zurückzulassen. Hat der Zustellungsadressat keine Wohnung oder ist kein Geschäftsraum vorhanden, ist das zuzustellende Schriftstück zurückzusenden. Mit der Annahmeverweigerung gilt das Schriftstück als zugestellt.

§ 180 Ersatzzustellung durch Einlegen in den Briefkasten

Ist die Zustellung nach § 178 Abs. 1 Nr. 1 oder 2 nicht ausführbar, kann das Schriftstück in einen zu der Wohnung oder dem Geschäftsraum gehörenden Briefkasten oder in eine ähnliche Vorrichtung eingelegt werden, die der Adressat für den Postempfang eingerichtet hat und die in der allgemein üblichen Art für eine sichere Aufbewahrung geeignet ist. Mit der Einlegung gilt das Schriftstück als zugestellt. Der Zusteller vermerkt auf dem Umschlag des zuzustellenden Schriftstücks das Datum der Zustellung.

§ 181 Ersatzzustellung durch Niederlegung

(1) Ist die Zustellung nach § 178 Abs. 1 Nr. 3 oder § 180 nicht ausführbar, kann das zuzustellende Schriftstück auf der Geschäftsstelle des Amtsgerichts, in dessen Bezirk der Ort der Zustellung liegt, niedergelegt werden. Wird die Post mit der Ausführung der Zustellung beauftragt, ist das zuzustellende Schriftstück am Ort der Zustellung oder am Ort des Amtsgerichts bei einer von der Post dafür bestimmten Stelle niederzulegen. Über die Niederlegung ist eine schriftliche Mitteilung auf dem vorgesehenen Formular unter der Anschrift der Person, der zugestellt werden soll, in der bei gewöhnlichen Briefen üblichen Weise abzugeben oder, wenn das nicht möglich ist, an der Tür der Wohnung, des Geschäftsraums oder der Gemeinschaftseinrichtung anzuheften. Das Schriftstück gilt mit der Abgabe der schriftlichen Mitteilung als zugestellt. Der Zusteller vermerkt auf dem Umschlag des zuzustellenden Schriftstücks das Datum der Zustellung.

(2) Das niedergelegte Schriftstück ist drei Monate zur Abholung bereitzuhalten. Nicht abgeholte Schriftstücke sind danach an den Absender zurückzusenden.

§ 182 Zustellungsurkunde

(1) Zum Nachweis der Zustellung nach den §§ 171, 177 bis 181 ist eine Urkunde auf dem hierfür vorgesehenen Formular anzufertigen. Für diese Zustellungsurkunde gilt § 418.

(2) Die Zustellungsurkunde muss enthalten:

1. die Bezeichnung der Person, der zugestellt werden soll,
2. die Bezeichnung der Person, an die der Brief oder das Schriftstück übergeben wurde,
3. im Falle des § 171 die Angabe, dass die Vollmachtsurkunde vorgelegen hat,
4. im Falle der §§ 178, 180 die Angabe des Grundes, der diese Zustellung rechtfertigt und wenn nach § 181 verfahren wurde, die Bemerkung, wie die schriftliche Mitteilung abgegeben wurde,
5. im Falle des § 179 die Erwähnung, wer die Annahme verweigert hat und dass der Brief am Ort der Zustellung zurückgelassen oder an den Absender zurückgesandt wurde,
6. die Bemerkung, dass der Tag der Zustellung auf dem Umschlag, der das zuzustellende Schriftstück enthält, vermerkt ist,
7. den Ort, das Datum und auf Anordnung der Geschäftsstelle auch die Uhrzeit der Zustellung,
8. Name, Vorname und Unterschrift des Zustellers sowie die Angabe des beauftragten Unternehmens oder der ersuchten Behörde.

(3) Die Zustellungsurkunde ist der Geschäftsstelle in Urschrift oder als elektronisches Dokument unverzüglich zurückzuleiten.

…

§ 371 Beweis durch Augenschein

(1) Der Beweis durch Augenschein wird durch Bezeichnung des Gegenstandes des Augenscheins und durch die Angabe der zu beweisenden Tatsachen angetreten. Ist ein elektronisches Dokument Gegenstand des Beweises, wird der Beweis durch Vorlegung oder Übermittlung der Datei angetreten.

…

§ 371a Beweiskraft elektronischer Dokumente

(1) Auf private elektronische Dokumente, die mit einer qualifizierten elektronischen Signatur versehen sind, finden die Vorschriften über die Beweiskraft privater Urkunden entsprechende Anwendung. Der Anschein der Echtheit einer in elektronischer Form vorliegenden Erklärung, der sich auf Grund der Prüfung der qualifizierten elektronischen Signatur nach Artikel 32 der Verordnung (EU) Nr. 910/2014 des Europäischen Parlaments und des Rates vom 23. Juli 2014 über elektronische Identifizierung und Vertrauensdienste für elektronische Transaktionen im Binnenmarkt und zur Aufhebung der Richtlinie 1999/93/EG (ABl. L 257 vom 28.8.2014, S. 73) ergibt, kann nur durch Tatsachen erschüttert werden, die ernstliche Zweifel daran begründen, dass die Erklärung von der verantwortenden Person abgegeben worden ist.

(2) Hat sich eine natürliche Person bei einem ihr allein zugeordneten De-Mail-Konto sicher angemeldet (§ 4 Absatz 1 Satz 2 des De-Mail-Gesetzes), so kann für eine von diesem De-Mail-Konto versandte elektronische Nachricht der Anschein der Echtheit, der sich aus der Überprüfung der Absenderbestätigung gemäß § 5 Absatz 5 des De-Mail-Gesetzes ergibt, nur durch Tatsachen erschüttert werden, die ernstliche Zweifel daran begründen, dass die Nachricht von dieser Person mit diesem Inhalt versandt wurde.

(3) Auf elektronische Dokumente, die von einer öffentlichen Behörde innerhalb der Grenzen ihrer Amtsbefugnisse oder von einer mit öffentlichem Glauben versehenen Person innerhalb des ihr zugewiesenen Geschäftskreises in der vorgeschriebenen Form erstellt worden sind (öffentliche elektronische Dokumente), finden die Vorschriften über die Beweiskraft öffentlicher Urkunden entsprechende Anwendung. Ist das Dokument von der erstellenden öffentlichen Behörde oder von der mit öffentlichem Glauben versehenen Person mit einer qualifizierten elektronischen Signatur versehen, gilt § 437 entsprechend. Das Gleiche gilt, wenn das Dokument im Auftrag der erstellenden öffentlichen Behörde oder der mit öffentlichem Glauben versehenen Person durch einen akkreditierten Diensteanbieter mit seiner qualifizierten elektronischen Signatur gemäß § 5 Absatz 5 des De-Mail-Gesetzes versehen ist und die Absenderbestätigung die erstellende öffentliche Behörde oder die mit öffentlichem Glauben versehene Person als Nutzer des De-Mail-Kontos ausweist.

…

§ 437 Echtheit inländischer öffentlicher Urkunden

(1) Urkunden, die nach Form und Inhalt als von einer öffentlichen Behörde oder von einer mit öffentlichem Glauben versehenen Person errichtet sich darstellen, haben die Vermutung der Echtheit für sich.

(2) Das Gericht kann, wenn es die Echtheit für zweifelhaft hält, auch von Amts wegen die Behörde oder die Person, von der die Urkunde errichtet sein soll, zu einer Erklärung über die Echtheit veranlassen.

...

3. Abgabenordnung (AO)

i.d.F. der Bek. vom 1.10.2002 (BGBl. I S. 3866, ber. 2003 S. 61), zuletzt geändert durch Art. 10 G vom 11.7.2019 (BGBl. I S. 1066)

– Auszug –

§ 34 Pflichten der gesetzlichen Vertreter und der Vermögensverwalter

(1) Die gesetzlichen Vertreter natürlicher und juristischer Personen und die Geschäftsführer von nicht rechtsfähigen Personenvereinigungen und Vermögensmassen haben deren steuerliche Pflichten zu erfüllen. Sie haben insbesondere dafür zu sorgen, dass die Steuern aus den Mitteln entrichtet werden, die sie verwalten.

(2) Soweit nicht rechtsfähige Personenvereinigungen ohne Geschäftsführer sind, haben die Mitglieder oder Gesellschafter die Pflichten im Sinne des Absatzes 1 zu erfüllen. Die Finanzbehörde kann sich an jedes Mitglied oder jeden Gesellschafter halten. Für nicht rechtsfähige Vermögensmassen gelten die Sätze 1 und 2 mit der Maßgabe, dass diejenigen, denen das Vermögen zusteht, die steuerlichen Pflichten zu erfüllen haben.

(3) …

Anmerkung:
Die Vorschrift betrifft § 6 II VwZG.

§ 107 Entschädigung der Auskunftspflichtigen und der Sachverständigen

Auskunftspflichtige, Vorlagepflichtige und Sachverständige, die die Finanzbehörde zu Beweiszwecken herangezogen hat, erhalten auf Antrag eine Entschädigung oder Vergütung in entsprechender Anwendung des Justizvergütungs- und -entschädigungsgesetzes. Dies gilt nicht für die Beteiligten und für die Personen, die für die Beteiligten die Auskunfts- oder Vorlagepflicht zu erfüllen haben.

§ 180 Gesonderte Feststellung von Besteuerungsgrundlagen

(1) …

(2) Zur Sicherstellung einer einheitlichen Rechtsanwendung bei gleichen Sachverhalten und zur Erleichterung des Besteuerungsverfahrens kann das Bundesministerium der Finanzen durch Rechtsverordnung mit Zustimmung des Bundesrates bestimmen, dass in anderen als den in Absatz 1 genannten Fällen Besteuerungsgrundlagen gesondert und für mehrere Personen einheitlich festgestellt werden. Dabei können insbesondere geregelt werden

1. der Gegenstand und der Umfang der gesonderten Feststellung,
2. die Voraussetzungen für das Feststellungsverfahren,
3. die örtliche Zuständigkeit der Finanzbehörden,
4. die Bestimmung der am Feststellungsverfahren beteiligten Personen (Verfahrensbeteiligte) und der Umfang ihrer steuerlichen Pflichten und Rechte einschließlich der Vertretung Beteiligter durch andere Beteiligte,
5. die Bekanntgabe von Verwaltungsakten an die Verfahrensbeteiligten und Empfangsbevollmächtigte,

6. die Zulässigkeit, der Umfang und die Durchführung von Außenprüfungen zur Ermittlung der Besteuerungsgrundlagen.

Durch Rechtsverordnung kann das Bundesministerium der Finanzen mit Zustimmung des Bundesrates bestimmen, dass Besteuerungsgrundlagen, die sich erst später auswirken, zur Sicherung der späteren zutreffenden Besteuerung gesondert und für mehrere Personen einheitlich festgestellt werden; Satz 2 gilt entsprechend. Die Rechtsverordnungen bedürfen nicht der Zustimmung des Bundesrates, soweit sie Einfuhr- und Ausfuhrabgaben und Verbrauchsteuern, mit Ausnahme der Biersteuer, betreffen.

(3) …

Anmerkung:

Die Vorschrift betrifft § 7 III VwZG.

§ 183 Empfangsbevollmächtigte bei der einheitlichen Feststellung

(1) Richtet sich ein Feststellungsbescheid gegen mehrere Personen, die an dem Gegenstand der Feststellung als Gesellschafter oder Gemeinschafter beteiligt sind (Feststellungsbeteiligte), so sollen sie einen gemeinsamen Empfangsbevollmächtigten bestellen, der ermächtigt ist, für sie alle Verwaltungsakte und Mitteilungen in Empfang zu nehmen, die mit dem Feststellungsverfahren und dem anschließenden Verfahren über einen Einspruch zusammenhängen. Ist ein gemeinsamer Empfangsbevollmächtigter nicht vorhanden, so gilt ein zur Vertretung der Gesellschaft oder der Feststellungsbeteiligten oder ein zur Verwaltung des Gegenstands der Feststellung Berechtigter als Empfangsbevollmächtigter. Anderenfalls kann die Finanzbehörde die Beteiligten auffordern, innerhalb einer bestimmten angemessenen Frist einen Empfangsbevollmächtigten zu benennen. Hierbei ist ein Beteiligter vorzuschlagen und darauf hinzuweisen, dass diesem die in Satz 1 genannten Verwaltungsakte und Mitteilungen mit Wirkung für und gegen alle Beteiligten bekannt gegeben werden, soweit nicht ein anderer Empfangsbevollmächtigter benannt wird. Bei der Bekanntgabe an den Empfangsbevollmächtigten ist darauf hinzuweisen, dass die Bekanntgabe mit Wirkung für und gegen alle Feststellungsbeteiligten erfolgt.

(2) Absatz 1 ist insoweit nicht anzuwenden, als der Finanzbehörde bekannt ist, dass die Gesellschaft oder Gemeinschaft nicht mehr besteht, dass ein Beteiligter aus der Gesellschaft oder der Gemeinschaft ausgeschieden ist oder dass zwischen den Beteiligten ernstliche Meinungsverschiedenheiten bestehen. Ist nach Satz 1 Einzelbekanntgabe erforderlich, so sind dem Beteiligten der Gegenstand der Feststellung, die alle Beteiligten betreffenden Besteuerungsgrundlagen, sein Anteil, die Zahl der Beteiligten und die ihn persönlich betreffenden Besteuerungsgrundlagen bekannt zu geben. Bei berechtigtem Interesse ist dem Beteiligten der gesamte Inhalt des Feststellungsbescheides mitzuteilen.

(3) Ist ein Empfangsbevollmächtigter nach Absatz 1 Satz 1 vorhanden, können Feststellungsbescheide ihm gegenüber auch mit Wirkung für einen in Absatz 2 Satz 1 genannten Beteiligten bekannt gegeben werden, soweit und solange dieser Beteiligte oder der Empfangsbevollmächtigte nicht widersprochen hat. Der Widerruf der Vollmacht wird der Finanzbehörde gegenüber erst wirksam, wenn er ihr zugeht.

(4) Wird eine wirtschaftliche Einheit

1. Ehegatten oder Lebenspartnern oder
2. Ehegatten mit ihren Kindern, Lebenspartnern mit ihren Kindern oder Alleinstehenden mit ihren Kindern

zugerechnet und haben die Beteiligten keinen gemeinsamen Empfangsbevollmächtigten bestellt, so gelten für die Bekanntgabe von Feststellungsbescheiden über den Einheitswert die Regelungen über zusammengefasste Bescheide in § 122 Absatz 7 entsprechend.

…

Anmerkung:

Die Vorschrift betrifft § 7 III VwZG.

§ 318 Ansprüche auf Herausgabe oder Leistung von Sachen

(1) …

(2) …

(3) …

(4) …

(5) Dem Treuhänder ist auf Antrag eine Entschädigung zu gewähren. Die Entschädigung darf die nach der Zwangsverwalterordnung* festzusetzende Vergütung nicht übersteigen.

§ 337 Kosten der Vollstreckung

(1) Im Vollstreckungsverfahren werden Kosten (Gebühren und Auslagen) erhoben. Schuldner dieser Kosten ist der Vollstreckungsschuldner.

§ 338 Gebührenarten

Im Vollstreckungsverfahren werden Pfändungsgebühren (§ 339), Wegnahmegebühren (§ 340) und Verwertungsgebühren (§ 341) erhoben.

§ 339 Pfändungsgebühr

(1) Die Pfändungsgebühr wird erhoben für die Pfändung von beweglichen Sachen, von Tieren, von Früchten, die vom Boden noch nicht getrennt sind, von Forderungen und von anderen Vermögensrechten.

(2) Die Gebühr entsteht:

1. sobald der Vollziehungsbeamte Schritte zur Ausführung des Vollstreckungsauftrags unternommen hat,
2. mit der Zustellung der Verfügung, durch die eine Forderung oder ein anderes Vermögensrecht gepfändet werden soll.

---

* Muss richtig lauten „Zwangsverwaltungsverordnung".

(3) Die Gebühr beträgt 26 Euro.

(4) Die Gebühr wird auch erhoben, wenn

1. die Pfändung durch Zahlung an den Vollziehungsbeamten abgewendet wird,
2. auf andere Weise Zahlung geleistet wird, nachdem sich der Vollziehungsbeamte an Ort und Stelle begeben hat,
3. ein Pfändungsversuch erfolglos geblieben ist, weil pfändbare Gegenstände nicht vorgefunden wurden, oder
4. die Pfändung in den Fällen des § 281 Abs. 3 dieses Gesetzes sowie der §§ 812 und 851b Abs. 1 der Zivilprozessordnung unterbleibt.

Wird die Pfändung auf andere Weise abgewendet, wird keine Gebühr erhoben.

§ 340 Wegnahmegebühr

(1) Die Wegnahmegebühr wird für die Wegnahme beweglicher Sachen einschließlich Urkunden in den Fällen der §§ 310, 315 Abs. 2 Satz 5, §§ 318, 321, 331 und 336 erhoben. Dies gilt auch dann, wenn der Vollstreckungsschuldner an den zur Vollstreckung erschienenen Vollziehungsbeamten freiwillig leistet.

(2) § 339 Abs. 2 Nr. 1 ist entsprechend anzuwenden.

(3) Die Höhe der Wegnahmegebühr beträgt 26 Euro. Die Gebühr wird auch erhoben, wenn die in Absatz 1 bezeichneten Sachen nicht aufzufinden sind.

(4) *(aufgehoben)*

§ 341 Verwertungsgebühr

(1) Die Verwertungsgebühr wird für die Versteigerung und andere Verwertung von Gegenständen erhoben.

(2) Die Gebühr entsteht, sobald der Vollziehungsbeamte oder ein anderer Beauftragter Schritte zur Ausführung des Verwertungsauftrags unternommen hat.

(3) Die Gebühr beträgt 52 Euro.

(4) Wird die Verwertung abgewendet (§ 296 Abs. 1 Satz 4), ist eine Gebühr von 26 Euro zu erheben.

§ 342 Mehrheit von Schuldnern

(1) Wird gegen mehrere Schuldner vollstreckt, so sind die Gebühren, auch wenn der Vollziehungsbeamte bei derselben Gelegenheit mehrere Vollstreckungshandlungen vornimmt, von jedem Vollstreckungsschuldner zu erheben.

(2) Wird gegen Gesamtschuldner wegen der Gesamtschuld bei derselben Gelegenheit vollstreckt, so werden Pfändungs-, Wegnahme- und Verwertungsgebühren nur einmal erhoben. Die in Satz 1 bezeichneten Personen schulden die Gebühren als Gesamtschuldner.

§ 343

(weggefallen)

§ 344 Auslagen

(1) Als Auslagen werden erhoben:

1. Schreibauslagen für nicht von Amts wegen zu erteilende oder per Telefax übermittelte Abschriften; die Schreibauslagen betragen unabhängig von der Art der Herstellung
   a) für die ersten 50 Seiten je Seite 0,50 Euro,
   b) für jede weitere Seite 0,15 Euro,
   c) für die ersten 50 Seiten in Farbe je Seite 1,00 Euro,
   d) für jede weitere Seite in Farbe 0,30 Euro.

   Werden anstelle von Abschriften elektronisch gespeicherte Dateien überlassen, betragen die Auslagen 1,50 Euro je Datei. Für die in einem Arbeitsgang überlassenen oder in einem Arbeitsgang auf einen Datenträger übertragenen Dokumente werden insgesamt höchstens 5 Euro erhoben. Werden zum Zweck der Überlassung von elektronisch gespeicherten Dateien Dokumente zuvor auf Antrag von der Papierform in die elektronische Form übertragen, beträgt die Pauschale für Schreibauslagen nach Satz 2 nicht weniger, als die Pauschale im Fall von Satz 1 betragen würde,
2. Entgelte für Post- und Telekommunikationsdienstleistungen, ausgenommen die Entgelte für Telefondienstleistungen im Orts- und Nahbereich,
3. Entgelte für Zustellungen durch die Post mit Zustellungsurkunde; wird durch die Behörde zugestellt (§ 5 des Verwaltungszustellungsgesetzes), so werden 7,50 Euro erhoben,
4. Kosten, die durch öffentliche Bekanntmachung entstehen,
5. an die zum Öffnen von Türen oder Behältnissen sowie an die zur Durchsuchung von Vollstreckungsschuldnern zugezogenen Personen zu zahlende Beträge,
6. Kosten für die Beförderung, Verwahrung und Beaufsichtigung gepfändeter Sachen, Kosten für die Aberntung gepfändeter Früchte und Kosten für die Verwahrung, Fütterung, Pflege und Beförderung gepfändeter Tiere,
7. Beträge, die in entsprechender Anwendung des Justizvergütungs- und -entschädigungsgesetzes an Auskunftspersonen und Sachverständige (§ 107) sowie Beträge, die an Treuhänder (§ 318 Abs. 5) zu zahlen sind,

7a. Kosten, die von einen Kreditinstitut erhoben werden, weil ein Scheck des Vollstreckungsschuldners nicht eingelöst wurde,

7b. Kosten für die Umschreibung eines auf einen Namen lautenden Wertpapiers oder für die Wiederinkurssetzung eines Inhaberpapiers,

8. andere Beträge, die aufgrund von Vollstreckungsmaßnahmen an Dritte zu zahlen sind, insbesondere Beträge, die bei der Ersatzvornahme oder beim unmittelbaren Zwang an Beauftragte und an Hilfspersonen gezahlt werden und sonstige durch Ausführung des unmittelbaren Zwanges oder Anwendung der Ersatzzwangshaft entstandene Kosten.

(2) Steuern, die die Finanzbehörde aufgrund von Vollstreckungsmaßnahmen schuldet, sind als Auslagen zu erheben.

(3) Werden Sachen oder Tiere, die bei mehreren Vollstreckungsschuldnern gepfändet worden sind, in einem einheitlichen Verfahren abgeholt und verwertet, so werden die Auslagen, die in diesem Verfahren entstehen, auf die beteiligten Vollstreckungsschuldner verteilt. Dabei sind die besonderen Umstände des einzelnen Falles, vor allem Wert, Umfang und Gewicht der Gegenstände, zu berücksichtigen.

§ 345 Reisekosten und Aufwandsentschädigungen

Im Vollstreckungsverfahren sind die Reisekosten des Vollziehungsbeamten und Auslagen, die durch Aufwandsentschädigungen abgegolten werden, von dem Vollstreckungsschuldner nicht zu erstatten.

§ 346 Unrichtige Sachbehandlung, Festsetzungsfrist

(1) Kosten, die bei richtiger Behandlung der Sache nicht entstanden wären, sind nicht zu erheben.

(2) Die Frist für den Ansatz der Kosten und für die Aufhebung und Änderung des Kostenansatzes beträgt ein Jahr. Sie beginnt mit Ablauf des Kalenderjahrs, in dem die Kosten entstanden sind. Einem vor Ablauf der Frist gestellten Antrag auf Aufhebung oder Änderung kann auch nach Ablauf der Frist entsprochen werden.

4. Zustellungen, Ladungen, Vorführungen und Zwangsvollstreckungen bezüglich Soldaten der Bundeswehr

Erlass des Bundesministers der Verteidigung vom 23.7.1998 (VMBl. S. 246), zuletzt geändert am 14.6.2004 (VMBl. S. 109)

– Auszug –

A. Zustellungen an Soldaten

1. Für Zustellungen an Soldaten in gerichtlichen Verfahren gelten dieselben gesetzlichen Bestimmungen wie für Zustellungen an andere Personen.

2. Will ein mit der Zustellung Beauftragter (z. B. Gerichtsvollzieher, Post- oder Behördenbediensteter, Gerichtswachtmeister) in einer Truppenunterkunft einem Soldaten zustellen, ist er von der Wache in das Geschäftszimmer der Einheit des Soldaten zu verweisen.

3. Ist der Soldat, dem zugestellt werden soll, sogleich zu erreichen, hat ihn der Kompaniefeldwebel[1] auf das Geschäftszimmer zu rufen.

4. Ist der Soldat nicht sogleich erreichbar, hat der Kompaniefeldwebel dies dem mit der Zustellung Beauftragten mitzuteilen. Handelt es sich um einen in Gemeinschaftsunterkunft wohnenden Soldaten, kann der Zustellungsbeamte auf Grund von § 178 Abs. 1 Nr. 3 der Zivilprozessordnung (ZPO) oder der entsprechenden Vorschriften der Verwaltungszustellungsgesetze eine Ersatzzustellung an den Kompaniefeldwebel – in dessen Abwesenheit an seinen Stellvertreter – durchführen. Der Kompaniefeldwebel ist im Sinne dieser Vorschriften zur Entgegennahme der Zustellung ermächtigter Vertreter.

5. Wird der Soldat, dem zugestellt werden soll, voraussichtlich längere Zeit abwesend sein, z. B. auf Grund eines mehrmonatigen Auslandseinsatzes, hat der Kompaniefeldwebel die Annahme des zuzustellenden Schriftstücks anzulehnen. Er hat dabei, sofern nicht Gründe der militärischen Geheimhaltung entgegenstehen, dem mit der Zustellung Beauftragten die Anschrift mitzuteilen, unter der der Zustellungsadressat zu erreichen ist.

6. Eine Ersatzzustellung an den Kompaniefeldwebel ist nicht zulässig, wenn der Soldat, dem zugestellt werden soll, innerhalb des Kasernenbereichs eine besondere Wohnung hat oder außerhalb des Kasernenbereichs wohnt. In diesen Fällen hat der Kompaniefeldwebel dem mit der Zustellung Beauftragten die Wohnung des Soldaten anzugeben.

---

1 **Anm. d. Verfassers:**
Dem Kompaniefeldwebel stehen jeweils Vorgesetzte in entsprechender Dienststellung gleich.

7. Der Kompaniefeldwebel darf nicht gegen den Willen des Soldaten von dem Inhalt des zugestellten Schriftstücks Kenntnis nehmen oder den Soldaten auffordern, ihm den Inhalt mitzuteilen.

8. Der Kompaniefeldwebel hat Schriftstücke, die ihm bei der Ersatzzustellung übergeben worden sind, dem Adressaten sogleich nach dessen Rückkehr auszuhändigen. Über die Aushändigung hat er einen Vermerk zu fertigen, der nach einem Jahr zu vernichten ist.

9. Bei eingeschifften Soldaten ist der Wachtmeister eines Schiffes bzw. der Kommandant eines Bootes – in dessen Abwesenheit sein Stellvertreter – im Sinne des § 178 Abs. 1 Nr. 3 ZPO an Bord zur Entgegennahme von Ersatzzustellungen befugt.

10. Diese Vorschriften gelten auch, wenn im gerichtlichen Disziplinarverfahren ein Soldat eine Zustellung auszuführen hat (vgl. § 5 Abs. 1 und 2 der Wehrdisziplinarordnung).

...

D. Zwangsvollstreckungen gegen Soldaten

30. Zwangsvollstreckungen, auf die die Zivilprozessordnung Anwendung findet, werden durch den dafür zuständigen Vollstreckungsbeamten, regelmäßig den Gerichtsvollzieher, auch gegen Soldaten nach den allgemeinen Vorschriften durchgeführt. Eine vorherige Anzeige an die militärische Dienststelle ist erforderlich, auch im Interesse einer reibungslosen Durchführung der Vollstreckung.

31. Auch Vollstreckungen gegen Soldaten im Verwaltungszwangsverfahren, die der Vollziehungsbeamte der Verwaltungsbehörde vornimmt, werden nach den allgemeinen Vorschriften durchgeführt. Nummer 30 Satz 2 (vorherige Anzeige an die militärische Dienststelle) gilt auch hier.

32. Der Vollstreckungsbeamte ist befugt, in Sachen zu vollstrecken, die sich im Alleingewahrsam, d. h. in der alleinigen tatsächlichen Gewalt des Schuldners befinden. Dies ist ihm zu ermöglichen.

33. Ein Soldat, der in der Gemeinschaftsunterkunft wohnt, hat Alleingewahrsam an ihm gehörenden Sachen, die sich in dem ihm zugewiesenen Wohnraum befinden. Der Vollstreckungsbeamte kann daher verlangen, dass ihm Zutritt zu dem Wohnraum des Soldaten gewährt wird, gegen den vollstreckt werden soll. Zur Durchsuchung benötigt der Vollstreckungsbeamte die Erlaubnis des zuständigen Amtsgerichts, es sei denn, der Schuldner willigt ein oder es besteht Gefahr im Verzug.

34. Dagegen hat ein Soldat regelmäßig keinen Alleingewahrsam an ihm gehörenden Sachen, die sich in anderen militärischen Räumen befinden. Anders liegt es nur, wenn der Soldat diese Sachen so aufbewahrt, dass sie nur seinem Zugriff unterliegen. Das würde z. B. zutreffen, wenn ein für die Waffenkammer zuständiger Soldat dort eigene Sachen in einem besonderen Spind verwahrt, zu dem nur er den Schlüssel hat. Nur wenn ein solcher Ausnahmefall vorliegt, kann der Vollstreckungsbeamte Zutritt zu anderen Räumen als dem Wohnraum des Soldaten verlangen.

35. Soweit Außenstehenden das Betreten von Räumen, Anlagen, Schiffen oder sonstigen Fahrzeugen aus Gründen des Geheimnisschutzes grundsätzlich untersagt ist, ist auch dem Vollstreckungsbeamten der Zutritt zu versagen, wenn Gründe der Geheimhaltung dies erfordern und es nicht möglich ist, durch besondere Vorkehrungen einen Geheimnisschutz zu erreichen.

36. Muss dem Vollstreckungsbeamten aus Gründen des Geheimnisschutzes das Betreten von Räumen, Anlagen, Schiffen oder sonstigen Fahrzeugen verweigert werden, hat der nächste Disziplinarvorgesetzte[2] des Soldaten dafür zu sorgen, dass die Vollstreckung trotzdem durchgeführt werden kann. Beispielsweise kann der Vorgesetzte veranlassen, dass die gesamte Habe des Soldaten dem Vollstreckungsbeamten an einem Ort zur Durchführung der Vollstreckung vorgelegt wird, den er betreten darf.

37. Bei jeder Zwangsvollstreckung, die in militärischen Räumen oder an Bord stattfindet, hat der nächste Disziplinarvorgesetzte[3] des Schuldners anwesend zu sein. Er hat darauf hinzuwirken, dass durch die Zwangsvollstreckung kein besonderes Aufsehen erregt wird. Will der Vollstreckungsbeamte in Sachen des Bundes vollstrecken, hat der Vorgesetzte des Schuldners den Vollstreckungsbeamten auf die Eigentumsverhältnisse aufmerksam zu machen; er soll dies auch tun bei Sachen, die im Eigentum eines anderen Soldaten stehen. Zu Anweisungen an den Vollstreckungsbeamten ist der Vorgesetzte nicht befugt.
…

2 **Anm. d. Verfassers:**
oder ein von ihm beauftragter Offizier.

3 **Anm. d. Verfassers:**
oder ein von ihm beauftragter Offizier.

5. Zusatzabkommen zu dem Abkommen zwischen den Parteien des Nordatlantikvertrages über die Rechtsstellung ihrer Truppen hinsichtlich der in der Bundesrepublik Deutschland stationierten ausländischen Truppen

vom 3.8.1959 (BGBl. II 1961 S. 1218),
zuletzt geändert durch Abkommen vom 16.5.1994 (BGBl. II 1994, S. 3710,
BGBl. II 1998 S. 1568[1]

– Auszug –

Artikel 1

Das am 19. Juni 1951 in London unterzeichnete Abkommen zwischen den Parteien des Nordatlantikvertrages über die Rechtsstellung ihrer Truppen (im Folgenden als NATO-Truppenstatut bezeichnet) wird bezüglich der Rechte und Pflichten der Truppen des Königreichs Belgien, der Französischen Republik, Kanadas, des Königreichs der Niederlande, des Vereinigten Königreichs von Großbritannien und Nordirland und der Vereinigten Staaten von Amerika im Gebiet der Bundesrepublik Deutschland (im Folgenden als Bundesrepublik bezeichnet) durch die Bestimmungen dieses Zusatzabkommens ergänzt.

Artikel 2

(1) Soweit nicht etwas anderes bestimmt ist, bedeutet in diesem Abkommen der Ausdruck

a) „Deutscher" einen Deutschen im Sinne des deutschen Rechts;
b) „Unterzeichnungsprotokoll" das Unterzeichnungsprotokoll zu diesem Abkommen;
c) „Truppenvertrag" den Vertrag über die Rechte und Pflichten ausländischer Streitkräfte und ihrer Mitglieder in der Bundesrepublik Deutschland (in der gemäß Liste II zu dem am 23. Oktober 1954 in Paris unterzeichneten Protokoll über die Beendigung des Besatzungsregimes in der Bundesrepublik Deutschland geänderten Fassung);
d) „Bundesleistungsgesetz" das Bundesleistungsgesetz vom 19. Oktober 1956 (Bundesgesetzblatt 1956 Teil I Seite 815);
e) „Schutzbereichgesetz" das Gesetz über die Beschränkung von Grundeigentum für die militärische Verteidigung – Schutzbereichgesetz vom 7. Dezember 1956 (Bundesgesetzblatt 1956 Teil 1 Seite 899);
f) „Landbeschaffungsgesetz" das Gesetz über die Landbeschaffung für Aufgaben der Verteidigung – Landbeschaffungsgesetz vom 23. Februar 1957 (Bundesgesetzblatt 1957 Teil I Seite 134);

1 **Anm. d. Verfassers:**
Gesetz zum NATO-Truppenstatut und zu den Zusatzvereinbarungen vom 18.8.1961 (BGBl. II S. 1183), zuletzt geändert durch Art. 227 der Verordnung vom 31.8.2015 (BGBl. I S. 1474).

g) „Luftverkehrsgesetz“ das Luftverkehrsgesetz in der Fassung der Bekanntmachung vom 10. Januar 1959 (Bundesgesetzblatt 1959 Teil I Seite 9).

(2) a) Ein nicht unter die in Artikel I Absatz (1) Buchstabe (c) des NATO-Truppenstatuts enthaltene Begriffsbestimmung fallender naher Verwandter eines Mitgliedes einer Truppe oder eines zivilen Gefolges, der von diesem aus wirtschaftlichen oder gesundheitlichen Gründen abhängig ist, von ihm tatsächlich unterhalten wird, die Wohnung teilt, die das Mitglied innehat, und sich mit Genehmigung der Behörden der Truppe im Bundesgebiet aufhält, gilt als Angehöriger im Sinne der genannten Bestimmung.

b) Stirbt ein Mitglied einer Truppe oder eines zivilen Gefolges oder verlässt es infolge einer Versetzung das Bundesgebiet, so gelten seine Angehörigen, einschließlich der in Buchstabe (a) erwähnten nahen Verwandten, während einer Frist von neunzig Tagen nach dem Tode oder der Versetzung weiterhin als Angehörige im Sinne von Artikel I Absatz (1) Buchstabe (c) des NATO-Truppenstatuts, sofern sie sich im Bundesgebiet aufhalten.

…

Artikel 32

(1) a) Deutsche Gerichte und Behörden können in nicht strafrechtlichen Verfahren eine Verbindungsstelle, die von jedem Entsendestaat errichtet oder bestimmt wird, um die Durchführung der Zustellung von Schriftstücken an Mitglieder einer Truppe, eines zivilen Gefolges oder an Angehörige ersuchen.

b) Die Verbindungsstelle bestätigt unverzüglich den Eingang jedes Zustellungsersuchens, das ihr von einem deutschen Gericht oder einer deutschen Behörde übermittelt wird. Die Zustellung ist bewirkt, wenn das zuzustellende Schriftstück dem Zustellungsempfänger von dem Führer seiner Einheit oder einem Beauftragten der Verbindungsstelle übergeben ist. Das deutsche Gericht oder die deutsche Behörde erhält unverzüglich eine Urkunde über die vollzogene Zustellung.

c) (i) Kann die Zustellung nicht erfolgen, so teilt die Verbindungsstelle dem deutschen Gericht oder der deutschen Behörde schriftlich die Gründe hierfür mit und nach Möglichkeit den Tag, an dem die Zustellung erfolgen kann. Die Zustellung gilt als bewirkt, wenn das deutsche Gericht oder die deutsche Behörde binnen einundzwanzig Tagen, gerechnet vom Datum des Eingangs bei der Verbindungsstelle an, weder eine Urkunde über die vollzogene Zustellung nach Buchstabe (b) noch eine Mitteilung darüber erhalten hat, dass die Zustellung nicht erfolgen konnte.

(ii) Die Zustellung ist jedoch nicht als bewirkt anzusehen, wenn vor Ablauf der Frist von einundzwanzig Tagen die Verbindungsstelle dem deutschen Gericht oder der deutschen Behörde mitteilt, dass die Zustellung nicht erfolgen konnte.

(ii bis) Hat die Person, an die die Zustellung erfolgen soll, die Bundesrepublik auf Dauer verlassen, so teilt die Verbindungsstelle dies dem deutschen Gericht oder der deutschen Behörde umgehend mit und leistet dem deutschen Gericht oder der deutschen Behörde unter Berücksichtigung des Artikels 3 Absatz (3) alle in ihrer Macht liegende Unterstützung.

(iii) In dem unter Ziffer (ii) vorgesehenen Fall kann die Verbindungsstelle auch bei dem deutschen Gericht oder der deutschen Behörde unter Angabe der Gründe eine Fristverlängerung beantragen. Entspricht das deutsche Gericht oder die deutsche Behörde diesem Verlängerungsantrag, so finden die Ziffern (i) und (ii) auf die verlängerte Frist entsprechende Anwendung.

(2) Wird durch deutsche Zusteller eine Klageschrift oder eine andere Schrift oder gerichtliche Verfügung, die ein nicht strafrechtliches Verfahren vor einem deutschen Gericht oder einer deutschen Behörde einleitet, unmittelbar zugestellt, ist dies durch das deutsche Gericht oder die deutsche Behörde vor oder unverzüglich bei Vornahme der Zustellung der Verbindungsstelle schriftlich anzuzeigen. Der Inhalt der schriftlichen Anzeige richtet sich nach § 205 Zivilprozessordnung, bei Angehörigen im rechtlich zulässigen Rahmen.

(3) Stellt ein deutsches Gericht oder eine deutsche Behörde ein Urteil oder eine Rechtsmittelschrift zu, so wird, falls der betreffende Entsendestaat im Einzelfall oder allgemein darum ersucht, die Verbindungsstelle unverzüglich im rechtlich zulässigen Umfang unterrichtet, es sei denn die Verbindungsstelle selbst wird um die Zustellung ersucht oder der Zustellungsadressat oder ein anderer Verfahrensbeteiligter widerspricht der Unterrichtung. Das deutsche Gericht oder die deutsche Behörde unterrichtet die Verbindungsstelle über die Tatsache des Widerspruchs.

...

Artikel 36

(1) Zur öffentlichen Zustellung an Mitglieder einer Truppe oder eines zivilen Gefolges oder an Angehörige bedarf es zusätzlich der Veröffentlichung eines Auszugs des zuzustellenden Schriftstückes in der Sprache des Entsendestaates in einem von diesem zu bezeichnenden Blatt oder, wenn der Entsendestaat dies bestimmt, durch Aushang in der zuständigen Verbindungsstelle.

(2) Hat ein deutscher Zustellungsbeamter einer Person, die sich in der Anlage einer Truppe befindet, ein Schriftstück zuzustellen, so trifft die für die Verwaltung der Anlage zuständige Behörde der Truppe alle Maßnahmen, die erforderlich sind, damit der deutsche Zustellungsbeamte die Zustellung durchführen kann.

...

6. Gesetz über Ordnungswidrigkeiten (OWiG)

i.d.F. der Bek. vom 19.2.1987 (BGBl. I S. 602),
zuletzt geändert durch Art. 5 Abs. 15 G vom 21.6.2019 (BGBl. I S. 846)
– Auszug –

§ 50 Bekanntmachung von Maßnahmen der Verwaltungsbehörde

(1) Anordnungen, Verfügungen und sonstige Maßnahmen der Verwaltungsbehörde werden der Person, an die sich die Maßnahme richtet, formlos bekannt gemacht. Ist gegen die Maßnahme ein befristeter Rechtsbehelf zulässig, so wird sie in einem Bescheid durch Zustellung bekannt gemacht.

(2) Bei der Bekanntmachung eines Bescheides der Verwaltungsbehörde, der durch einen befristeten Rechtsbehelf angefochten werden kann, ist die Person, an die sich die Maßnahme richtet, über die Möglichkeit der Anfechtung und die dafür vorgeschriebene Frist und Form zu belehren.

§ 51 Verfahren bei Zustellungen der Verwaltungsbehörde

(1) Für das Zustellungsverfahren der Verwaltungsbehörde gelten die Vorschriften des Verwaltungszustellungsgesetzes, wenn eine Verwaltungsbehörde des Bundes das Verfahren durchführt, sonst die entsprechenden landesrechtlichen Vorschriften, soweit die Absätze 2 bis 5 nichts anderes bestimmen. Wird ein Dokument mit Hilfe automatischer Einrichtungen erstellt, so wird das so hergestellte Schriftstück zugestellt.

(2) Ein Bescheid (§ 50 Abs. 1 Satz 2) wird dem Betroffenen zugestellt und, wenn er einen gesetzlichen Vertreter hat, diesem mitgeteilt.

(3) Der gewählte Verteidiger, dessen Vollmacht sich bei den Akten befindet, sowie der bestellte Verteidiger gelten als ermächtigt, Zustellungen und sonstige Mitteilungen für den Betroffenen in Empfang zu nehmen; für die Zustellung einer Ladung des Betroffenen gilt dies nur, wenn der Verteidiger in der Vollmacht ausdrücklich zur Empfangnahme von Ladungen ermächtigt ist. Wird ein Bescheid dem Verteidiger nach Satz 1 Halbsatz 1 zugestellt, so wird der Betroffene hiervon zugleich unterrichtet; dabei erhält er formlos eine Abschrift des Bescheides. Wird ein Bescheid dem Betroffenen zugestellt, so wird der Verteidiger hiervon zugleich unterrichtet, auch wenn eine Vollmacht bei den Akten nicht vorliegt; dabei erhält er formlos eine Abschrift des Bescheides.

(4) Wird die für den Beteiligten bestimmte Zustellung an mehrere Empfangsberechtigte bewirkt, so richtet sich die Berechnung einer Frist nach der zuletzt bewirkten Zustellung.

(5) § 6 Abs. 1 des Verwaltungszustellungsgesetzes und die entsprechenden landesrechtlichen Vorschriften sind nicht anzuwenden. Hat der Betroffene einen Verteidiger, so sind auch § 7 Abs. 1 Satz 1 und 2 und Abs. 2 des Verwaltungszustellungsgesetzes und die entsprechenden landesrechtlichen Vorschriften nicht anzuwenden.

…

§ 66 Inhalt des Bußgeldbescheides

(1) …

(2) Der Bußgeldbescheid enthält ferner

1. den Hinweis, dass
   a) der Bußgeldbescheid rechtskräftig und vollstreckbar wird, wenn kein Einspruch nach § 67 eingelegt wird,
   b) bei einem Einspruch auch eine für den Betroffenen nachteiligere Entscheidung getroffen werden kann,
2. die Aufforderung an den Betroffenen, spätestens zwei Wochen nach Rechtskraft oder einer etwa bestimmten späteren Fälligkeit (§ 18)
   a) die Geldbuße oder die bestimmten Teilbeträge an die zuständige Kasse zu zahlen oder

   …

(3) Über die Angaben nach Absatz 1 Nr. 3 und 4 hinaus braucht der Bußgeldbescheid nicht begründet zu werden.

…

§ 67 Form und Frist

(1) Der Betroffene kann gegen den Bußgeldbescheid innerhalb von zwei Wochen nach Zustellung schriftlich oder zur Niederschrift bei der Verwaltungsbehörde, die den Bußgeldbescheid erlassen hat, Einspruch einlegen. Die §§ 297 bis 300 und 302 der Strafprozessordnung über Rechtsmittel gelten entsprechend.

(2) …

7. Europäisches Übereinkommen über die Zustellung von Schriftstücken in Verwaltungssachen im Ausland

vom 24.11.1977 (BGBl. II 1981, S. 533)[1]

– Auszug –

Kapitel I
Allgemeine Bestimmungen

Artikel 1 Anwendungsbereich des Übereinkommens

(1) Die Vertragsstaaten verpflichten sich, einander bei der Zustellung von Schriftstücken in Verwaltungssachen Amtshilfe zu leisten.

(2) Dieses Übereinkommen findet keine Anwendung in Steuer- oder Strafsachen. Jedoch kann jeder Staat bei der Unterzeichnung, bei der Hinterlegung seiner Ratifikations-, Annahme-, Genehmigungs- oder Beitrittsurkunde oder jederzeit danach durch eine an den Generalsekretär des Europarats gerichtete Erklärung mitteilen, dass bezüglich der an ihn gerichteten Ersuchen das Übereinkommen in Steuersachen sowie auf Verfahren über Straftaten Anwendung findet, deren Verfolgung und Bestrafung im Zeitpunkt des Ersuchens nicht in die Zuständigkeit seiner Gerichte fällt. Dieser Staat kann in seiner Erklärung mitteilen, dass er sich auf das Fehlen der Gegenseitigkeit berufen wird.

(3) Jeder Staat kann bei der Unterzeichnung, bei der Hinterlegung seiner Ratifikations-, Annahme-, Genehmigungs- oder Beitrittsurkunde oder jederzeit binnen fünf Jahren nach dem Zeitpunkt, zu dem dieses Übereinkommen für ihn in Kraft getreten ist, durch eine an den Generalsekretär des Europarats gerichtete Erklärung die Verwaltungssachen bezeichnen, auf die er das Übereinkommen nicht anwenden wird. Jeder andere Vertragsstaat kann sich auf das Fehlen der Gegenseitigkeit berufen.

(4) Die Erklärungen nach den Absätzen 2 und 3 werden je nach Lage des Falles mit dem Zeitpunkt, zu dem dieses Übereinkommen für den die Erklärung abgebenden Staat in Kraft tritt, oder drei Monate nach ihrem Eingang beim Generalsekretär des Europarats wirksam. Sie können ganz oder teilweise durch eine an den Generalsekretär des Europarats gerichtete Erklärung zurückgenommen werden. Die Zurücknahme wird drei Monate nach Eingang der Erklärung wirksam.

---

1 **Anm. d. Verlages:**
Ausführungsgesetz vom 20.7.1981 (BGBl. I S. 665).

Artikel 2 Zentrale Behörde[2]

(1) Jeder Vertragsstaat bestimmt eine zentrale Behörde, welche die von Behörden anderer Vertragsstaaten ausgehenden Zustellungsersuchen entgegennimmt und bearbeitet. Bundesstaaten steht es frei, mehrere zentrale Behörden zu bestimmen.

(2) Jeder Vertragsstaat kann andere Behörden bestimmen, welche dieselben Aufgaben haben wie die zentrale Behörde; er legt ihre örtliche Zuständigkeit fest. Jedoch hat die ersuchende Behörde stets das Recht, sich unmittelbar an die zentrale Behörde zu wenden.

(3) Jeder Vertragsstaat kann außerdem eine Absendebehörde bestimmen, welche die von seinen eigenen Behörden ausgehenden Zustellungsersuchen zusammenzufassen und an die zuständige zentrale Behörde im Ausland weiterzuleiten hat. Bundesstaaten steht es frei, mehrere Absendebehörden zu bestimmen.

(4) Bei den genannten Behörden muss es sich entweder um Ministerien oder um sonstige amtliche Stellen handeln.

(5) Jeder Vertragsstaat teilt durch eine an den Generalsekretär des Europarats gerichtete Erklärung Bezeichnung und Anschrift der nach diesem Artikel bestimmten Behörden mit.

Artikel 3 Zustellungsersuchen

Jedes Zustellungsersuchen wird an die zentrale Behörde des ersuchten Staates gerichtet. Es ist nach dem Muster zu stellen, das diesem Übereinkommen als Anlage beigefügt ist; das zuzustellende Schriftstück ist ihm beizufügen. Das Ersuchen und das Schriftstück sind in zwei Stücken zu übermitteln; eine Nichtbeachtung dieser Formvorschrift rechtfertigt jedoch nicht die Ablehnung des Ersuchens.

Artikel 4 Befreiung von der Legalisation

Ein nach diesem Übereinkommen übermitteltes Zustellungsersuchen und seine Anlagen sind von der Legalisation, der Apostille und jeder entsprechenden Förmlichkeit befreit.

Artikel 5 Ordnungsmäßigkeit des Ersuchens

Ist die zentrale Behörde des ersuchten Staates der Ansicht, dass das Ersuchen nicht diesem Übereinkommen entspricht, so unterrichtet sie unverzüglich die ersuchende Behörde und führt dabei die Einwände gegen das Ersuchen einzeln an.

Artikel 6 Art der Zustellung

(1) Die zentrale Behörde des ersuchten Staates nimmt die Zustellung auf Grund dieses Übereinkommens vor, und zwar

---

2 **Anm. d. Verfassers:**
Aufstellung am Ende dieses Anhangs.

a) entweder in einer der Formen, die das Recht des ersuchten Staates für die Zustellung der in seinem Hoheitsgebiet ausgestellten Schriftstücke an dort befindliche Personen vorschreibt,
b) oder in einer besonderen von der ersuchenden Behörde gewünschten Form, es sei denn, dass diese Form mit dem Recht des ersuchten Staates unvereinbar ist.

(2) Von dem Fall des Absatzes 1 Buchstabe b abgesehen, darf die Zustellung stets durch einfache Übergabe des Schriftstücks an den Empfänger bewirkt werden, wenn er zur Annahme bereit ist.

(3) Wünscht die ersuchende Behörde, dass die Zustellung innerhalb einer bestimmten Frist erfolgt, so entspricht die zentrale Behörde des ersuchten Staates diesem Wunsch, sofern diese Frist eingehalten werden kann.

Artikel 7 Sprachen

(1) Soll ein ausländisches Schriftstück nach Artikel 6 Absatz 1 Buchstabe a und Absatz 2 zugestellt werden, so braucht keine Übersetzung beigefügt zu werden.

(2) Lehnt jedoch der Empfänger die Annahme des Schriftstücks mit der Begründung ab, dass er die Sprache nicht versteht, in der es abgefasst ist, so lässt die zentrale Behörde des ersuchten Staates das Schriftstück in die Amtssprache oder eine der Amtssprachen dieses Staates übersetzen. Sie kann auch die ersuchende Behörde auffordern, das Schriftstück in die Amtssprache oder eine der Amtssprachen des ersuchten Staates übersetzen oder ihm eine Übersetzung in diese Sprache beifügen zu lassen.

(3) Soll ein ausländisches Schriftstück nach Artikel 6 Absatz 1 Buchstabe b zugestellt werden, so wird das Schriftstück auf Verlangen der zentralen Behörde des ersuchten Staates in die Amtssprache oder eine der Amtssprachen dieses Staates übersetzt oder von einer Übersetzung in diese Sprache begleitet.

Artikel 8 Zustellungszeugnis

(1) Die zentrale Behörde des ersuchten Staates oder die Behörde, welche die Zustellung vorgenommen hat, stellt ein Zustellungszeugnis aus, das dem diesem Übereinkommen als Anlage beigefügten Muster entspricht. Das Zeugnis stellt die Erledigung des Ersuchens fest; gegebenenfalls sind die Umstände anzuführen, welche die Erledigung verhindert haben.

(2) Das Zeugnis wird von der Behörde, die es ausgestellt hat, der ersuchenden Behörde unmittelbar zugesandt.

(3) Die ersuchende Behörde kann die zentrale Behörde des ersuchten Staates bitten, ein Zeugnis, das nicht von dieser zentralen Behörde ausgestellt worden ist, mit einem Sichtvermerk zu versehen, wenn die Echtheit dieses Zeugnisses angezweifelt wird.

Artikel 9 Muster des Ersuchens und des Zustellungszeugnisses

(1) Die vorgedruckten Teile des diesem Übereinkommen beigefügten Musters müssen in einer der Amtssprachen des Europarats abgefasst sein. Sie können außerdem in

der Amtssprache oder einer der Amtssprachen des Staates der ersuchenden Behörde abgefasst sein.

(2) Die Eintragungen sind in der Amtssprache oder einer der Amtssprachen des ersuchten Staates oder in einer der Amtssprachen des Europarats vorzunehmen.

Artikel 10 Zustellung durch Konsularbeamte

(1) Jeder Vertragsstaat kann Zustellungen von Schriftstücken an Personen, die sich im Hoheitsgebiet anderer Vertragsstaaten befinden, unmittelbar und ohne Anwendung von Zwang durch seine Konsularbeamten oder, wenn es die Umstände erfordern, durch seine Diplomaten vornehmen lassen.

(2) Jeder Staat kann bei der Unterzeichnung oder bei der Hinterlegung seiner Ratifikations-, Annahme-, Genehmigungs- oder Beitrittsurkunde durch eine an den Generalsekretär des Europarats gerichtete Erklärung einer solchen Zustellung in seinem Hoheitsgebiet widersprechen, wenn ein Schriftstück einem seiner Staatsangehörigen, einem Angehörigen eines dritten Staates oder einem Staatenlosen zugestellt werden soll. Jeder andere Vertragsstaat kann sich auf das Fehlen der Gegenseitigkeit berufen.

(3) Die Erklärung nach Absatz 2 wird mit dem Zeitpunkt wirksam, zu dem dieses Übereinkommen für den die Erklärung abgebenden Staat in Kraft tritt. Sie kann durch eine an den Generalsekretär des Europarats gerichtete Erklärung zurückgenommen werden. Die Zurücknahme wird drei Monate nach Eingang der Erklärung wirksam.

Artikel 11 Zustellung durch die Post

(1) Jeder Vertragsstaat kann Personen, die sich im Hoheitsgebiet anderer Vertragsstaaten befinden, Schriftstücke unmittelbar durch die Post zustellen lassen.

(2) Jeder Vertragsstaat kann bei der Unterzeichnung, bei der Hinterlegung seiner Ratifikations-, Annahme-, Genehmigungs- oder Beitrittsurkunde oder jederzeit binnen fünf Jahren nach dem Zeitpunkt, zu dem dieses Übereinkommen für ihn in Kraft getreten ist, durch eine an den Generalsekretär des Europarats gerichtete Erklärung die der Zustellung durch die Post in seinem Hoheitsgebiet wegen der Staatsangehörigkeit des Empfängers oder für bestimmte Arten von Schriftstücken ganz oder teilweise widersprechen. Jeder andere Vertragsstaat kann sich auf das Fehlen der Gegenseitigkeit berufen.

(3) Die Erklärung nach Absatz 2 wird je nach Lage des Falles mit dem Zeitpunkt, zu dem dieses Übereinkommen für den die Erklärung abgebenden Staat in Kraft tritt, oder drei Monate nach ihrem Eingang beim Generalsekretär des Europarats wirksam. Sie kann ganz oder teilweise durch eine an den Generalsekretär des Europarats gerichtete Erklärung zurückgenommen werden. Die Zurücknahme wird drei Monate nach Eingang der Erklärung wirksam.

Artikel 12 Andere Übermittlungswege

(1) Jedem Vertragsstaat steht es frei, für Ersuchen um Zustellung von Schriftstücken den diplomatischen oder konsularischen Weg zu benutzen.

(2) Dieses Übereinkommen schließt nicht aus, dass Vertragsstaaten vereinbaren, zum Zweck der Zustellung andere als die in den vorstehenden Artikeln vorgesehenen Übermittlungswege zuzulassen, insbesondere den unmittelbaren Verkehr zwischen ihren Behörden.

Artikel 13 Kosten

(1) Erfolgt die Zustellung eines ausländischen Schriftstücks nach Artikel 6 Absatz 1 Buchstabe a und Absatz 2, so darf die Zahlung oder Erstattung von Gebühren und Auslagen für die Tätigkeit des ersuchten Staates nicht verlangt werden.

(2) Die ersuchende Behörde hat die Kosten zu zahlen oder zu erstatten, die durch die von ihr nach Artikel 6 Absatz 1 Buchstabe b gewünschte Form der Zustellung entstehen.

Artikel 14 Ablehnung der Erledigung

(1) Die zentrale Behörde des um Zustellung ersuchten Staates kann es ablehnen, dem Ersuchen stattzugeben,

a) wenn sich nach ihrer Ansicht das zuzustellende Schriftstück nicht auf eine Verwaltungssache im Sinne des Artikels 1 bezieht;

b) wenn sie die Erledigung für geeignet hält, die Souveränität, die Sicherheit, die öffentliche Ordnung oder andere wesentliche Interessen dieses Staates zu beeinträchtigen;

c) wenn der Empfänger unter der von der ersuchenden Behörde angegebenen Anschrift nicht zu erreichen ist und wenn seine Anschrift nicht leicht festgestellt werden kann.

(2) Über die Ablehnung unterrichtet die zentrale Behörde des ersuchten Staates unverzüglich die ersuchende Behörde unter Angabe der Gründe.

Artikel 15 Fristen

Wird ein Schriftstück zur Zustellung im Hoheitsgebiet eines anderen Vertragsstaats übermittelt, so muss dem Empfänger, wenn diese Zustellung für ihn eine Frist in Gang setzt, eine von dem ersuchenden Staat festzulegende angemessene Zeit von der Übergabe des Schriftstücks an eingeräumt werden, um je nach Lage des Falles beim Verfahren anwesend zu sein, sich vertreten zu lassen oder die erforderlichen Schritte zu unternehmen.

Artikel 16 Andere internationale Übereinkünfte oder Absprachen

Dieses Übereinkommen lässt bestehende oder künftige internationale Übereinkünfte oder sonstige Absprachen und Übungen zwischen Vertragsstaaten auf Gebieten unberührt, die Gegenstand des vorliegenden Übereinkommens sind.

…

Anmerkung des Verfassers zu Art 2:

Aufstellung der Zustellungsbehörden

Zu Art 2: Aufstellung der Zustellungsbehörden

Die gegenwärtigen Vertragsstaaten haben folgende zentrale Behörde für die Erledigung von Zustellungsersuchen bestimmt:

Belgien: Ministerium für Auswärtige Angelegenheiten, Außenhandel und Zusammenarbeit bei der Entwicklung, Brüssel.

Bundesrepublik Deutschland:

(1) **Baden-Württemberg:** Regierungspräsidium Freiburg, Freiburg i. Br.
(2) **Bayern:** Regierung der Oberpfalz, Regensburg.
(3) **Berlin:** Landesverwaltungsamt Berlin, Berlin.
(4) **Brandenburg:** Ministerium des Innern des Landes Brandenburg, Potsdam.
(5) **Bremen:** Senator für Inneres, Bremen.
(6) **Hamburg:** Justizbehörde der Freien und Hansestadt Hamburg, Hamburg.
(7) **Hessen:** Regierungspräsidium Gießen, Gießen.
(8) **Mecklenburg-Vorpommern:** Innenministerium Mecklenburg-Vorpommern, Schwerin.
(9) **Niedersachsen:** Bezirksregierung Lüneburg, Lüneburg.
(10) **Nordrhein-Westfalen:** Bezirksregierung Köln, Köln.
(11) **Rheinland-Pfalz:** Aufsichts- und Dienstleistungsdirektion, Trier.
(12) **Saarland:** Ministerium für Inneres, Saarbrücken.
(13) **Sachsen:** Regierungspräsidium Leipzig, Leipzig.
(14) **Sachsen-Anhalt:** Regierungspräsidium Magdeburg, Magdeburg.
(15) **Schleswig-Holstein:** Innenministerium des Landes Schleswig-Holstein, Kiel.
(16) **Thüringen:** Thüringer Landesverwaltungsamt, Weimar.

Frankreich: Ministerium der Auswärtigen Beziehungen, Paris.

Italien: Ministerium der Auswärtigen Angelegenheiten, Rom.

Luxemburg: Ministerium der Justiz, Luxemburg.

Österreich: Bundesministerium für Inneres für Schriftstücke, die Angelegenheiten des Flüchtlingswesens, des Waffenwesens oder des Fremdenpolizeiwesens betreffen, für das ganze Bundesgebiet, Wien;

im Übrigen für die Bundesländer:

(1) **Burgenland:** Amt der Burgenländischen Landesregierung, Eisenstadt.
(2) **Kärnten:** Amt der Kärntner Landesregierung, Klagenfurt.
(3) **Niederösterreich:** Amt der Niederösterreichischen Landesregierung, Wien.
(4) **Oberösterreich:** Amt der Oberösterreichischen Landesregierung, Linz.
(5) **Salzburg:** Amt der Salzburger Landesregierung, Salzburg.
(6) **Steiermark:** Amt der Steiermärkischen Landesregierung, Graz.
(7) **Tirol:** Amt der Tiroler Landesregierung, Innsbruck.
(8) **Vorarlberg:** Amt der Vorarlberger Landesregierung, Bregenz.
(9) **Wien:** Amt der Wiener Landesregierung, Wien.

Spanien: Ministerium für Auswärtige Angelegenheiten, Abteilung für Rechts- und Konsularangelegenheiten, Madrid.

8. De-Mail-Gesetz

vom 28.4.2011 (BGBl. I S. 666),
zuletzt geändert durch Art. 5 Abs. 4 G vom 21.6.2019 (BGBl. I S. 846)
– Auszug –

§ 1 De-Mail-Dienste

(1) De-Mail-Dienste sind Dienste auf einer elektronischen Kommunikationsplattform, die einen sicheren, vertraulichen und nachweisbaren Geschäftsverkehr für jedermann im Internet sicherstellen sollen.

(2) Ein De-Mail-Dienst muss eine sichere Anmeldung, die Nutzung eines Postfach- und Versanddienstes für sichere elektronische Post sowie die Nutzung eines Verzeichnisdienstes und kann zusätzlich auch Identitätsbestätigungs- und Dokumentenablagedienste ermöglichen. Ein De-Mail-Dienst wird von einem nach diesem Gesetz akkreditierten Diensteanbieter betrieben.

(3) Elektronische Kommunikationsinfrastrukturen und sonstige Anwendungen, die der sicheren Übermittlung von Nachrichten und Daten dienen, bleiben unberührt.

…

§ 4 Anmeldung zu einem De-Mail-Konto

(1) Der akkreditierte Diensteanbieter muss dem Nutzer den Zugang zu seinem De-Mail-Konto und den einzelnen Diensten mit einer sicheren Anmeldung oder auf Verlangen des Nutzers auch ohne eine solche sichere Anmeldung ermöglichen. Für die sichere Anmeldung hat der akkreditierte Diensteanbieter sicherzustellen, dass zum Schutz gegen eine unberechtigte Nutzung der Zugang zum De-Mail-Konto nur möglich ist, wenn zwei geeignete und voneinander unabhängige Sicherungsmittel eingesetzt werden; soweit bei den Sicherungsmitteln Geheimnisse verwendet werden, ist deren Einmaligkeit und Geheimhaltung sicherzustellen. Der Zugang zum De-Mail-Konto erfolgt ohne eine sichere Anmeldung, wenn nur ein Sicherungsmittel, in der Regel Benutzername und Passwort, verwendet wird. Der Nutzer kann verlangen, dass der Zugang zu seinem De-Mail-Konto ausschließlich mit einer sicheren Anmeldung möglich sein soll.

(2) Der akkreditierte Diensteanbieter hat zu gewährleisten, dass der Nutzer zwischen mindestens zwei Verfahren zur sicheren Anmeldung nach Absatz 1 Satz 2 wählen kann. Als ein Verfahren zur sicheren Anmeldung muss durch den Nutzer, soweit er eine natürliche Person ist, der elektronische Identitätsnachweis nach § 18 des Personalausweisgesetzes, nach § 12 des eID-Karte-Gesetzes oder nach § 78 Absatz 5 des Aufenthaltsgesetzes genutzt werden können.

(3) Der akkreditierte Diensteanbieter hat sicherzustellen, dass die Kommunikationsverbindung zwischen dem Nutzer und seinem De-Mail-Konto verschlüsselt erfolgt.

§ 5 Postfach- und Versanddienst

(1) Die Bereitstellung eines De-Mail-Kontos umfasst die Nutzung eines sicheren elektronischen Postfach- und Versanddienstes für elektronische Nachrichten. Hierzu wird dem Nutzer eine De-Mail-Adresse für elektronische Post zugewiesen, welche folgende Angaben enthalten muss:

1. im Domänenteil der De-Mail-Adresse eine Kennzeichnung, die ausschließlich für De-Mail-Dienste genutzt werden darf;
2. bei natürlichen Personen im lokalen Teil deren Nachnamen und einen oder mehrere Vornamen oder einen Teil des oder der Vornamen (Hauptadresse);
3. bei juristischen Personen, Personengesellschaften oder öffentlichen Stellen im Domänenteil eine Bezeichnung, welche in direktem Bezug zu ihrer Firma, Namen oder sonstiger Bezeichnung steht.

(2) …

(5) Der akkreditierte Diensteanbieter muss dem Nutzer ermöglichen, seine sichere Anmeldung im Sinne von § 4 in der Nachricht so bestätigen zu lassen, dass die Unverfälschtheit der Bestätigung jederzeit nachprüfbar ist. Um dieses dem Empfänger der Nachricht kenntlich zu machen, bestätigt der akkreditierte Diensteanbieter des Senders die Verwendung der sicheren Anmeldung nach § 4. Hierzu versieht er im Auftrag des Senders die Nachricht mit einer dauerhaft überprüfbaren qualifizierten elektronischen Signatur; sind der Nachricht eine oder mehrere Dateien beigefügt, bezieht sich die qualifizierte elektronische Signatur auch auf diese. Die Bestätigung enthält bei natürlichen Personen den Namen und die Vornamen, bei juristischen Personen, Personengesellschaften oder öffentlichen Stellen die Firma, den Namen oder die Bezeichnung des Senders in der Form, in der diese nach § 3 Absatz 2 hinterlegt sind. Die Tatsache, dass der Absender diese Versandart genutzt hat, muss sich aus der Nachricht in der Form, wie sie beim Empfänger ankommt, ergeben. Die Bestätigung nach Satz 1 ist nicht zulässig bei Verwendung einer pseudonymen De-Mail-Adresse nach Absatz 2.

(6) Der akkreditierte Diensteanbieter mit Ausnahme der Diensteanbieter nach § 19 ist verpflichtet, elektronische Nachrichten nach den Vorschriften der Prozessordnungen und der Gesetze, die die Verwaltungszustellung regeln, förmlich zuzustellen. Im Umfang dieser Verpflichtung ist der akkreditierte Diensteanbieter mit Hoheitsbefugnissen ausgestattet (beliehener Unternehmer).

(7) Der akkreditierte Diensteanbieter bestätigt auf Antrag des Senders den Versand einer Nachricht. Die Versandbestätigung muss folgende Angaben enthalten:

1. die De-Mail-Adresse des Absenders und des Empfängers;
2. das Datum und die Uhrzeit des Versands der Nachricht vom De-Mail-Postfach des Senders;
3. den Namen und Vornamen oder die Firma des akkreditierten Diensteanbieters, der die Versandbestätigung erzeugt und
4. die Prüfsumme der zu bestätigenden Nachricht.

Der akkreditierte Diensteanbieter des Senders hat die Versandbestätigung mit einer qualifizierten elektronischen Signatur zu versehen.

(8) …

(9) Eine öffentliche Stelle, welche zur förmlichen Zustellung nach den Vorschriften der Prozessordnungen und der Gesetze, die die Verwaltungszustellung regeln, berechtigt ist, kann eine Abholbestätigung verlangen. Aus der Abholbestätigung ergibt sich, dass sich der Empfänger nach dem Eingang der Nachricht im Postfach an seinem De-Mail-Konto sicher im Sinne des § 4 angemeldet hat. Hierbei wirken der akkreditierte Diensteanbieter der öffentlichen Stelle als Senderin und der akkreditierte Diensteanbieter des Empfängers zusammen. Der akkreditierte Diensteanbieter des Empfängers erzeugt die Abholbestätigung. Die Abholbestätigung muss folgende Angaben enthalten:

1. die De-Mail-Adresse des Absenders und des Empfängers;
2. das Datum und die Uhrzeit des Eingangs der Nachricht im De-Mail-Postfach des Empfängers;
3. das Datum und die Uhrzeit der sicheren Anmeldung des Empfängers an seinem De-Mail-Konto im Sinne des § 4;
4. den Namen und Vornamen oder die Firma des akkreditierten Diensteanbieters, der die Abholbestätigung erzeugt und
5. die Prüfsumme der zu bestätigenden Nachricht.

Der akkreditierte Diensteanbieter des Empfängers hat die Abholbestätigung mit einer qualifizierten elektronischen Signatur zu versehen. Der akkreditierte Diensteanbieter des Empfängers sendet diesem ebenfalls die Abholbestätigung zu. Die in Satz 5 genannten Daten dürfen ausschließlich zum Nachweis der förmlichen Zustellung im Sinne von § 5 Absatz 6 verarbeitet und genutzt werden.

(10) …

§ 17 Akkreditierung von Diensteanbietern

(1) Diensteanbieter, die De-Mail-Dienste anbieten wollen, müssen sich auf schriftlichen Antrag von der zuständigen Behörde akkreditieren lassen. Die Akkreditierung ist zu erteilen, wenn der Diensteanbieter nachweist, dass er die Voraussetzungen nach § 18 erfüllt und wenn die Ausübung der Aufsicht über den Diensteanbieter durch die zuständige Behörde gewährleistet ist. Akkreditierte Diensteanbieter erhalten ein Gütezeichen der zuständigen Behörde. Das Gütezeichen dient als Nachweis für die umfassend geprüfte technische und administrative Sicherheit der De-Mail-Dienste. Sie dürfen sich als akkreditierte Diensteanbieter bezeichnen. Nur akkreditierte Diensteanbieter dürfen sich im Geschäftsverkehr auf die nachgewiesene Sicherheit berufen und das Gütezeichen führen. Weitere Kennzeichnungen können akkreditierten Diensteanbietern vorbehalten sein.

(2) Über den Antrag nach § 17 Absatz 1 Satz 1 ist innerhalb einer Frist von drei Monaten zu entscheiden; § 42a Absatz 2 Satz 2 bis 4 des Verwaltungsverfahrensgesetzes findet Anwendung.

(3) Die Akkreditierung ist nach wesentlichen Veränderungen, spätestens jedoch nach drei Jahren zu erneuern.

§ 18 Voraussetzungen der Akkreditierung; Nachweis

(1) Als Diensteanbieter kann nur akkreditiert werden, wer

1. die für den Betrieb von De-Mail-Diensten erforderliche Zuverlässigkeit und Fachkunde besitzt,
2. eine geeignete Deckungsvorsorge trifft, um seinen gesetzlichen Verpflichtungen zum Ersatz von Schäden nachzukommen,
3. die technischen und organisatorischen Anforderungen an die Pflichten nach den §§ 3 bis 13 sowie nach § 16 in der Weise erfüllt, dass er die Dienste zuverlässig und sicher erbringt, er mit den anderen akkreditierten Diensteanbietern zusammenwirkt und für die Erbringung der Dienste ausschließlich technische Geräte verwendet, die sich im Gebiet der Mitgliedstaaten der Europäischen Union oder eines anderen Vertragsstaates des Abkommens über den Europäischen Wirtschaftsraum befinden,
4. bei der Gestaltung und dem Betrieb der De-Mail-Dienste die datenschutzrechtlichen Anforderungen erfüllt.

(2) Die Diensteanbieter haben die technischen und organisatorischen Anforderungen nach den §§ 3 bis 13 sowie nach § 16 nach dem Stand der Technik zu erfüllen. Die Einhaltung des Standes der Technik wird vermutet, wenn die Technische Richtlinie 01201 De-Mail des Bundesamtes für Sicherheit in der Informationstechnik vom 23. März 2011 (eBAnz AT40 2011 B1) in der jeweils im Bundesanzeiger veröffentlichten Fassung eingehalten wird. Bevor das Bundesamt für Sicherheit in der Informationstechnik wesentliche Änderungen an der Technischen Richtlinie vornimmt, hört es den Ausschuss De-Mail-Standardisierung im Sinne des § 22 an, und dem Bundesbeauftragten für den Datenschutz und die Informationsfreiheit wird hierbei Gelegenheit zur Stellungnahme gegeben, sofern Fragen des Datenschutzes berührt sind.

(3) Die Voraussetzungen nach Absatz 1 werden wie folgt nachgewiesen:

1. die erforderliche Zuverlässigkeit und Fachkunde durch Nachweise über die persönlichen Eigenschaften, das Verhalten und die entsprechenden Fähigkeiten seiner oder der in seinem Betrieb tätigen Personen; als Nachweis der erforderlichen Fachkunde ist es in der Regel ausreichend, wenn für die jeweilige Aufgabe im Betrieb entsprechende Zeugnisse oder Nachweise über die dafür notwendigen Kenntnisse, Erfahrungen und Fertigkeiten vorgelegt werden;
2. eine ausreichende Deckungsvorsorge durch den Abschluss einer Versicherung oder die Freistellungs- oder Gewährleistungsverpflichtung eines Kreditunternehmens mit einer Mindestdeckungssumme von jeweils 250 000 Euro für einen verursachten Schaden. Die Deckungsvorsorge kann erbracht werden durch
   a) eine Haftpflichtversicherung bei einem innerhalb der Mitgliedstaaten der Europäischen Union oder in einem anderen Vertragsstaat des Abkommens über den Europäischen Wirtschaftsraum zum Geschäftsbetrieb befugten Versicherungsunternehmen oder
   b) eine Freistellungs- oder Gewährleistungsverpflichtung eines in einem der Mitgliedstaaten der Europäischen Union oder in einem anderen Vertragsstaat des Abkommens über den Europäischen Wirtschaftsraum zum Geschäftsbetrieb befugten Kreditinstituts, wenn gewährleistet ist, dass sie einer Haftpflichtversicherung vergleichbare Sicherheit bietet.

Soweit die Deckungsvorsorge durch eine Versicherung erbracht wird, gilt Folgendes:

a) Auf diese Versicherung finden § 113 Absatz 2 und 3 und die §§ 114 bis 124 des Versicherungsvertragsgesetzes Anwendung.

b) Die Mindestversicherungssumme muss 2,5 Millionen Euro für den einzelnen Versicherungsfall betragen. Versicherungsfall ist jede Pflichtverletzung des Diensteanbieters, unabhängig von der Anzahl der dadurch ausgelösten Schadensfälle. Wird eine Jahreshöchstleistung für alle in einem Versicherungsjahr verursachten Schäden vereinbart, muss sie mindestens das Vierfache der Mindestversicherungssumme betragen.

c) Von der Versicherung kann die Leistung nur ausgeschlossen werden für Ersatzansprüche aus vorsätzlich begangener Pflichtverletzung des akkreditierten Diensteanbieters oder der Personen, für die er einzustehen hat.

d) Die Vereinbarung eines Selbstbehaltes bis zu 1 Prozent der Mindestversicherungssumme ist zulässig;

3. die Erfüllung der technischen und organisatorischen Anforderungen an die Pflichten im Sinne des Absatzes 1 Nummer 3 durch vom Bundesamt für Sicherheit in der Informationstechnik nach § 9 Absatz 2 Satz 1 des Gesetzes über das Bundesamt für Sicherheit in der Informationstechnik zertifizierten IT-Sicherheitsdienstleistern erteilte Testate; das Zusammenwirken mit den anderen akkreditierten Diensteanbietern kann nur nach ausreichenden Prüfungen bestätigt werden; die Sicherheit der Dienste kann nur nach einer umfassenden im Rahmen der Vergabe der Testate stattfindenden Prüfung des Sicherheitskonzepts und der eingesetzten IT-Infrastrukturen bestätigt werden; zum Zeitpunkt des Inkrafttretens des Gesetzes erteilte Zertifikate können berücksichtigt werden;

4. die Erfüllung der datenschutzrechtlichen Anforderungen an das Datenschutzkonzept für die eingesetzten Verfahren und die eingesetzten informationstechnischen Einrichtungen durch Vorlage geeigneter Nachweise; der Nachweis wird dadurch geführt, dass der antragstellende Diensteanbieter ein Zertifikat des Bundesbeauftragten für den Datenschutz und die Informationsfreiheit vorlegt; der Bundesbeauftragte für den Datenschutz und die Informationsfreiheit erteilt auf schriftlichen Antrag des Diensteanbieters ein Zertifikat, wenn die datenschutzrechtlichen Kriterien erfüllt sind; die Erfüllung der datenschutzrechtlichen Kriterien wird nachgewiesen durch ein Gutachten, welches von einer vom Bund oder einem Land anerkannten oder öffentlich bestellten oder beliehenen sachverständigen Stelle für Datenschutz erstellt wurde; der Bundesbeauftragte für den Datenschutz und die Informationsfreiheit kann ergänzende Angaben anfordern; die datenschutzrechtlichen Kriterien sind in einem Kriterienkatalog definiert, der in der Verantwortung des Bundesbeauftragten für den Datenschutz und die Informationsfreiheit liegt und durch ihn im Bundesanzeiger und zusätzlich im Internet oder in sonstiger geeigneter Weise veröffentlicht wird; dem Bundesamt für Sicherheit in der Informationstechnik wird Gelegenheit zur Stellungnahme gegeben, sofern Fragen der IT-Sicherheit berührt sind.

(4) Der Diensteanbieter kann, unter Einbeziehung in seine Konzepte zur Umsetzung der Anforderungen des Absatzes 1, zur Erfüllung von Pflichten nach diesem Gesetz Dritte beauftragen.

§ 19 Gleichstellung ausländischer Dienste

(1) Vergleichbare Dienste aus einem anderen Mitgliedstaat der Europäischen Union oder aus einem anderen Vertragsstaat des Abkommens über den Europäischen Wirtschaftsraum sind den Diensten eines akkreditierten Diensteanbieters, mit Ausnahme solcher Dienste, die mit der Ausübung hoheitlicher Tätigkeit verbunden sind, gleichgestellt, wenn ihre Anbieter dem § 18 gleichwertige Voraussetzungen erfüllen, diese gegenüber einer zuständige Stelle nachgewiesen sind und das Fortbestehen der Erfüllung dieser Voraussetzungen durch eine in diesem Mitglied- oder Vertragsstaat bestehende Kontrolle gewährleistet wird.

...

9. Vertrauensdienstegesetz (VDG)

vom 18.7.2017 (BGBl. I S. 2745)

– Auszug –

§ 1 Anwendungsbereich

(1) Dieses Gesetz regelt die wirksame Durchführung der Vorschriften über Vertrauensdienste in der Verordnung (EU) Nr. 910/2014 des Europäischen Parlaments und des Rates vom 23. Juli 2014 über elektronische Identifizierung und Vertrauensdienste für elektronische Transaktionen im Binnenmarkt und zur Aufhebung der Richtlinie 1999/93/EG (ABl. L 257 vom 28.8.2014, S. 73) in der jeweils geltenden Fassung.

(2) Unberührt bleiben Rechtsvorschriften, die die Nutzung bestimmter Vertrauensdienste und die hierfür zu verwendenden Produkte regeln.

§ 2 Aufsichtsstelle; zuständige Stelle für die Informationssicherheit

(1) Die Aufgaben der Aufsichtsstelle nach Artikel 17 der Verordnung (EU) Nr. 910/2014 und nach diesem Gesetz sowie nach der Rechtsverordnung nach § 20 obliegen

1. der Bundesnetzagentur für Elektrizität, Gas, Telekommunikation, Post und Eisenbahnen (Bundesnetzagentur) für die Bereiche
   a) Erstellung, Überprüfung und Validierung elektronischer Signaturen, elektronischer Siegel oder elektronischer Zeitstempel und Dienste für die Zustellung elektronischer Einschreiben sowie von diese Dienste betreffenden Zertifikaten nach Artikel 3 Nummer 16 Buchstabe a der Verordnung (EU) Nr. 910/2014 und
   b) Bewahrung von diese Dienste betreffenden elektronischen Signaturen, Siegeln oder Zertifikaten nach Artikel 3 Nummer 16 Buchstabe c der Verordnung (EU) Nr. 910/2014 und
2. dem Bundesamt für Sicherheit in der Informationstechnik für den Bereich Erstellung, Überprüfung und Validierung von Zertifikaten für die Website-Authentifizierung nach Artikel 3 Nummer 16 Buchstabe b der Verordnung (EU) Nr. 910/2014.

(2) Von der Aufgabenzuweisung an die Bundesnetzagentur unberührt bleiben die Aufgaben des Bundesamtes für Sicherheit in der Informationstechnik nach dem BSI-Gesetz und nach weiteren Fachgesetzen, insbesondere

1. bei der Erstellung technischer Standards in nationalen, europäischen und internationalen Gremien in Abstimmung mit der Bundesnetzagentur,
2. die Bewertung von Algorithmen und zugehörigen Parametern sowie
3. die Erstellung technischer Vorgaben und die Bewertung technischer Standards für den Einsatz von Vertrauensdiensten in Digitalisierungsvorhaben nach Maßgabe der entsprechenden Fachgesetze.

(3) Das Bundesamt für Sicherheit in der Informationstechnik ist die für die Informationssicherheit zuständige nationale Stelle im Sinne von Artikel 19 Absatz 2 der Verordnung (EU) Nr. 910/2014.

10. Verordnung über die Höhe und das Verfahren zur Erhebung einer Vollstreckungspauschale bei Inanspruchnahme von Behörden der Bundesfinanzverwaltung zur Vollstreckung öffentlich-rechtlicher Geldforderungen (Vollstreckungspauschalen-Verordnung – VollstrPV)

vom 4.12.2014 (BGBl. I S. 1996)

Auf Grund des § 19a Absatz 3 des Verwaltungs-Vollstreckungsgesetzes, der durch Artikel 1 Nummer 3 des Gesetzes vom 25. November 2014 (BGBl. I S. 1770) eingefügt worden ist, verordnet das Bundesministerium der Finanzen im Einvernehmen mit dem Bundesministerium für Arbeit und Soziales und dem Bundesministerium für Gesundheit:

§ 1 Höhe, erstmalige Überprüfung und Berechnungszeitraum

(1) Die Vollstreckungspauschale gemäß § 19a Absatz 1 des Verwaltungs-Vollstreckungsgesetzes beträgt 9 Euro.

(2) Für die erstmalige Überprüfung der Höhe der Vollstreckungspauschale wird als Berechnungszeitraum die Zeitspanne zwischen dem 1. Juli 2014 und dem 31. Dezember 2016 bestimmt. Für jede weitere Überprüfung werden als Berechnungszeitraum im Sinne des § 19a Absatz 2 des Verwaltungs-Vollstreckungsgesetzes die letzten drei vorhergehenden Kalenderjahre zu Grunde gelegt.

§ 2 Entstehung

Die Verpflichtung zur Leistung der Vollstreckungspauschale entsteht dem Grunde nach in dem Zeitpunkt, in dem die Anordnung an die Vollstreckungsbehörde der Bundesfinanzverwaltung übermittelt wird. Eine spätere von der jeweiligen Anordnungsbehörde vorgenommene Rücknahme lässt die Entstehung unberührt.

§ 3 Abrechnungsverfahren

(1) Das Bundesministerium der Finanzen beauftragt ein oder mehrere Hauptzollämter mit der Rechnungsstellung.

(2) Abrechnungszeitraum ist das Kalenderjahr. Abweichend hiervon ist der erste Abrechnungszeitraum kürzer, wenn der Tag des Inkrafttretens der Verordnung und der Beginn des Kalenderjahres auseinanderfallen.

(3) Der Rechnungsbetrag ergibt sich aus der Gesamtzahl der im Abrechnungszeitraum von der jeweiligen Anordnungsbehörde übermittelten Vollstreckungsanordnungen im Sinne des § 19a Verwaltungs-Vollstreckungsgesetz multipliziert mit der im

Abrechnungszeitraum gültigen Vollstreckungspauschale. Die Rechnungsstellung erfolgt schriftlich oder elektronisch. Sie enthält insbesondere die Anordnungsbehörde als Rechnungsempfänger, den zu zahlenden Rechnungsbetrag, die Anzahl der während des Abrechnungszeitraums von der Anordnungsbehörde übermittelten Vollstreckungsanordnungen, die gültige Vollstreckungspauschale und einen Hinweis auf die Rechtsgrundlagen zur Erhebung der Vollstreckungspauschale.

(4) Die Rechnungen werden bis zum 31. März des dem Abrechnungszeitraum folgenden Jahres an die Anordnungsbehörden versandt.

§ 4 Fälligkeit

Der Rechnungsbetrag wird einen Monat nach Ablauf des Monats fällig, in dem der Anordnungsbehörde die in § 3 Absatz 4 bezeichnete Rechnung zugegangen ist.

§ 5 Inkrafttreten

Diese Verordnung tritt am Tag nach der Verkündung[1] in Kraft.

1 **Anm. d. Verlages:**
Verkündet am 12.12.2014.

Stichwortverzeichnis

I bezeichnet die Kommentierung des VwVG, **II** die des VwZG. **Fett** gedruckte **Zahlen** verweisen auf die Paragraphen, **Einl** auf die Einleitungen zum VwVG bzw. VwZG, **Anh A** auf die Muster zum VwVG und **Anh B** auf die Gesetzesmaterialien. *Magere* Zahlen verweisen auf die Randnummern der Paragraphen und Einleitungen.